차이의 세계

비판 지리학의 시선이 개발을 묻다

Eric Sheppard · Philip W. Porter
David R. Faust · Richa Nagar 저

남수연 역

박영사

추천의 글

"600페이지가 넘는 서사적 투어 — 개발 담론과 자료의 지리적, 역사적 분석의 힘. 역사, 권력, 지식에 대한 마르크스주의, 페미니스트, 포스트모던 비평을 바탕으로 본서는 개발에 대한 아이디어와 개념의 역사적인 세계 투어로 독자들을 이끌어 사회과학 전반에 걸친 근본적인 가정에 의문을 품게 한다."

(The Canadian Geographer 2009 – 08 – 10)

"세계의 불평등한 발전이 식민지 시대 이후 서구 열강들에 의해 어떻게 생산되고 가속화되었는지를 역사적으로 추적하는 귀중한 작품. 이 지적 작업은 세계에 대한 비판적 인식을 함양하는 데 매우 중요하다. 저자들은 구체적인 예를 풍부하게 제시하고 복잡한 이론적 요점을 간단한 용어로 설명한다. 이 책은 제3세계가 어떻게 소외된 지위로 전락해왔는지, 서구의 개발모델이 어떻게 단일모델로 보급, 강제, 유지되어왔는지의 관점에서 우리가 사는 차이의 세계의 병폐를 진단하는 데 결정적인 역할을 한다."

(Human Geography 2009 – 08 – 10)

"이 책은 지리학자들뿐만 아니라 발전과 사회의 변화에 관심이 있는 모든 사람들에게 귀중한 자원이다. 식민지 프로젝트에서 기업의 세계화까지, 지역사회의 자원 활용에서 초국가적 투자의 정치까지, 그리고 개발 이론에서 실제 개발 과정의 사회적 결과에 이르기까지를 다루고 있다. 세계화의 세계가 '평탄하다'라고 주장하는 사람들과는 달리 Sheppard, Porter, Faust, Nagar는 고도로 다양하고 고르지 못한 지구의 지형을 형성하는 역사와 현대의 상호 연결을 조망한다."

짐 글래스먼, 캐나다 브리티시 콜롬비아 대학교 지리학과
Jim Glassman, Department of Geography, University of British Columbia, Canada

"범위가 인상적인 서적이다. 저자들은 역사적으로 배제되어왔던 위치와 공간에 살고 있는 사람들의 관점을 전면에 내세운다. 풍부한 묘사를 통해 이 책은 독자들에게 우리 세계의 복잡성을 소개하고, 삶, 생계 그리고 변화의 가능성을 교차적으로 형성하는 여러 세력들을 검증한다. 궁극적으로 이 책은 희망적인 분석을 통해, 세계화와 저항이 높은 곳에서 지시되는 것이 아니라 항상 특정한 맥락에서 어떻게 이루어져왔는지를 진지하게 생각해볼 수 있는 기회를 제공한다."

빅토리아 로슨, 워싱턴 대학교 지리학과
Victoria A. Lawson, Department of Geography, University of Washington

"훌륭한 업적! 세계화와 개발에 관한 강의를 위한 풍부하고 상세하면서도 접근성이 높은 교과서. 제2판은 현대 세계를 특징짓는 불평등에 대한 다양한 관점을 종합하여, 후기 식민주의나 정치경제와 같은 접근방식이 어떻게 세계의 차이를 이해하는 데 도움이 될 수 있는지를 명확히 보여주고 있다. 저자들은 자연계와 사회계의 엄청난 복잡성을 외면하지 않으면서도 깊이 생각해볼 수 있는 방식으로 글을 만들어낸 것에 대해 찬사를 받아야할 것이다. 예시, 사례 연구, 인상적인 그래픽과 사진은 학생들이 자신을 포함한 지역사회의 생활과 전 지구적 패턴을 연계시킬 수 있도록 도움을 줄 것이다."

수잔 로버츠, 켄터키 대학교 지리학과
Susan M. Roberts, Department of Geography, University of Kentucky

"이 책은 개발과 세계화에 관한 인상적이고 조직적인 주제 모음집의 제2판이다. 본 개정판은 첫판에서의 정치경제적 관점과는 다른 이론적 관점(페미니스트와 후기 식민주의 분석)을 제공하는 두 명의 저자를 추가함으로써 분석의 초점을 확대했다. 접하기 쉬우면서도 높은 가치를 지닌 이 책을 통해 학생들이 자극을 받아 아시아, 아프리카, 라틴 아메리카의 도시와 마을에서 개발과 세계화의 결과를 직접적으로 경험하고 비판적으로 생각할 수 있게 되기를 바란다."

(European Planning Studies 2009 – 08 – 10)

역자 서문

우리나라가 OECD DAC에 가입하여 본격적으로 해외원조를 실시한 이래 우리나라 국제개발협력의 역사는 벌써 10여 년이 지났다. 이에 따라 지금까지의 실적 위주 개발원조의 관행을 돌아보고 성과 및 실패에 대해 비판적으로 성찰할 시점이라 여겨진다. 본서는 우리나라의 개발원조를 정교화함에 있어 바탕이 될 수 있는 다양한 시각을 제공하기 위한 목적으로 번역되었다.

현재 우리나라 국제개발협력의 실효성에 대한 의문이 일각에서 제기되고 있으나 여전히 제한적인 것이 현실이다. 그중에서도 중요하게 제기된 문제는 지역별 특성에 대한 고려가 부족하여 일률적인 접근을 통해 해외원조를 실시하였기 때문에 실효성이 제한적이었다는 반성이었다. 이에 따라 우리나라에서는 최근 몇 년간 지역학 관련 서적이 출판되고 대학 부설 연구소가 다수 설치되는 등 지역학을 기반으로 한 국제개발협력 관련 연구가 상당히 진행되었다. 또한 지역학과 연관성을 지니는, 원조의 진행방식에 대한 문제의식도 엿보인다. 지금까지 우리나라의 공적개발원조 프로그램 실행과 평가의 주요 주체는 기관들로, top-down 방식 위주로 진행되어 현지의 복잡한 사회관계의 결과물로서의 개발수요를 적절히 반영하지 못한 점도 실효성 한계의 원인으로 지적된다. 그러나 지역학에 대한 연구를 제외하고는 지금까지의 개발원조 관행의 변화를 통해 실효성을 제고하기 위한 두드러진 노력은 찾아보기 어렵다. 본서는 이러한 문제 해결에 실마리를 제공한다.

본서는 경제 지리학 분야의 세계적 석학이면서 미국 미네소타 대학 Interdisciplinary Center for the Study of Global Change의 부소장을 역임한 후 현재 UCLA 지리학과 교수로 재직하는 Eric Sheppard를 필두로, 미네소타 대학에서 아프리카 전문 지리학자로서 지리학과 교수를 역임한 Philip W. Porter, 미네소타 대학의 Ames Library of South Asia의 남아시아 전문가로 근무하는 David R. Faust, 미네소타 대학의 Gender, Women, and

Sexuality Studies 교수인 Richa Nagar 등 4명이 공동집필하였다. 그 결과 본서는 정치경제학적, 역사적 관점뿐 아니라 후기 식민주의, 페미니즘 등 다양한 시각을 바탕으로 국제개발의 과정과 결과를 조망하고 있다. 미국의 독자를 대상으로 한 국제개발 분야 입문서로 저술되어 해당 분야 학자들의 호평을 받은 바 있으며, 지금까지 강의교재 및 교양서로 활용되어왔다.

저자들은 주로 지리학적 관점을 바탕으로 지역의 특수한 환경 및 사회적 구조가 국제개발원조와 담론적, 관행적으로 엮여오면서 개발도상국의 주민과 공동체의 현실을 규정했는지를 이론적, 실증적으로 분석하고 있다. 본서의 구체적인 내용은, 역사적 관점에서 식민주의, 세계화 등 세계의 지리적, 사회적 통합과정을 논의하고, 이러한 사회구조적 변화가 개발도상국에서 지구환경에 적응하면서 생계를 유지해가는 가구 공동체에 어떻게 영향을 미치고 있는지를 비판적으로 제시하고 있다. 또한 세계의 통합과정을 통해 역사적으로 끈질기게 유지되고 있는 세계의 구조적 불평등에 대항하고 대안을 제시하기 위해 세계 곳곳에서 진행되는 노력을 소개하면서, 이를 지지하기 위한 독자의 행동을 촉구하고 있다. 이러한 내용은 666페이지에 달하는 묵직한 분량에 걸쳐 1) 인식론적 경합과 지식의 권력성, 2) 환경적 차이에 따른 차별화된 생계형태, 3) 세계의 지리적, 사회적 통합에 대응하는 전략 등 세 가지 부문으로 나누어져 논의되고 있다.

본서의 모든 내용이 국제개발원조를 이해하는 데 도움이 되지만, 특히 우리나라 국제개발원조 관련 연구 및 정책의 지평을 넓히는 데 도움이 될 수 있을 것으로 역자가 판단한 중요한 근거는 다음과 같다. 첫째, 지리학에서 제시하는 다중 스케일적 관점이다. 본서는 전 지구적, 국가적인 상위 스케일에서의 사회구조적 변화(예: 세계화, 식민주의)가 하위 스케일에 위치한 개발도상국 주민의 생계와 공동체의 사회적 관계를 변화시켜온 양상을 다룬다. 따라서 개발도상국 주민의 삶의 질을 개선시킨다는 개발원조의 궁극적인 목적에 도달하기 위한 종합적인 관점의 예를 제시하고 있다. 둘째, 지역과 환경, 생계의 지역 차별성과 상세한 연구의 필요성을 상기시킨다는 점이다. 특히 본서는 현지에서 상당한 기간을 체류하면서 연구를 진행하는 민족지학적 연구기법을 통해서만이 도달할 수 있는 지역, 환경, 생계에 대한 이해의 수준을 곳곳에서 드러내고 있다. 이러한 접근법은 기관들 간의 top-down적 접근법 위주의 우리나라 개발원조 관행을 현지에서 진행되는 양상(on-the-ground)으로까지 확장시킴으로서 지역별로 다르게 나타나는 개발수요에 더욱 적절히 대응하는 실마리가 될 수 있을 것이다. 마지막으로 발전과 지역 구분에 대한 다양한 담론을 제시한다는 점이다. 국제개발원조 분야의 주요 주체는 원조를 제공하는 쪽(주로 선진국, 또는 제1세계, 또는 지구 북반구)과 원조를 제공받는 쪽(주로 개발도상국, 또는 제3세계, 또는 지구 남반구)으로 나누어져 자원이 오가므로 권력관계가 개입될 수밖에 없음은 주지의 사실이다. 권력관계는 국가 간의 직접적 원조 관계 형성뿐 아니라 발전에 대한 정의 및 방법론, 제1세계와 제3세계의 구분 등 지식과 개발관행까지도 관통해서 나타나게 된다. 우리나라는 과거에 - 그리고 현재까지도 - 제 3세계로 분류되어 급속한 경제발전을 이루는 과정에서 학습한 바 있는 주류 발전경로를 무비판적으로 수용하는 관행을 현재 개발원조를 제공하는 과정에서도 적용하는 것은 아 닌지 점검해보아야 할 때라 여겨진다. 발전과 발전정도를 측정하고 분류하는 기준에 대 한 비판적 점검을 통해 우리나라가 전 지구적 국제개발원조에서 차지하는 위치성을 다 시금 설정하는 데 있어 담론에 대한 본서의 비판적 분석이 출발점이 될 수 있으리라 생 각된다.

본 역서 번역 과정에서의 특이점 몇 가지를 언급하는 것이 독자의 이해를 도울 수 있으리라 생각된다. 먼저 본 역서는 24개의 장의 대부분에 해당하는 21개의 장을 순차 적으로 번역하였다(지면의 한계로 금융과 석유자원 관련 내용을 제외). 인명, 대부분 지 명, 현지어 등은 국어 발음과 원어를 병기하여 관심분야에 대한 확장적 검색에 도움이 되도록 하였으며, 수록된 표는 모두 번역하였다. 단 그림의 경우에는 국가와 대륙명의 경우 개발협력에 관심을 가진 독자라면 충분히 이해할 수 있으리라 판단하여 원문을 그 대로 실었다. 또한 방대한 본서의 분량을 고려하여 참고문헌은 QR코드를 통해 별도로 수록하였다. 역자가 지금껏 학문적 글쓰기를 주로 해오기도 했거니와 번역으로 인해 일 부 어투가 부자연스럽게 되어 거친 표현이 남아있음은 독자가 너그러이 양해해주시기를 부탁드린다.

마지막으로, 원서의 분량이 방대하기도 했거니와 역자의 사정으로 번역 기간이 길 어졌음에도 불구하고 역자가 작업을 마치기까지 기다려주신 도서출판 박영사에 감사드 린다. 특히 친절함과 인내심을 잃지 않고 작업을 독려해주었던 마케팅팀의 김한유 대리 와 거칠고 방대한 초고를 마다 않고 여러 차례 정성스럽게 교정해준 황정원 선생께 깊 은 감사를 드린다. 모쪼록 본서가 국내 국제개발협력의 연구와 정책의 지평을 넓히는 데 작게나마 지적 자극이 될 수 있기를 희망한다.

2019년 10월
남수연

단위 및 약어

단위

본서 대부분에서는 측정단위로 국제 단위체계(International System of Units)를 사용했다.

길이

센티미터	0.3937인치
킬로미터	0.62마일
미터	3.28피트
밀리미터	0.03937인치

면적

헥타르	2.471에이커
제곱킬로미터	0.386제곱마일

무게

바	10^5뉴톤즈/제곱미터
그램	0.035온스
킬로그램	2.2파운드
밀리바	기압의 단위, 0.001바
퀸탈	100킬로그램

에너지

베크렐	방사능 단위
칼로리	H_2O 1그램의 온도를 섭씨 1도 올리는 데 필요한 열
섭씨	온도단위; H_2O는 섭씨 0도에서 얼고 섭씨 100도에서 끓음

킬로 칼로리	1,000칼로리
킬로 랭글리	1,000랭글리(태양열 복사 단위)
킬로 와트	1,000와트
랭글리	태양열 복사 단위; 제곱센티미터당 칼로리 1그램
와트	전력 단위; 초당 1줄

약어

AAWORD	연구와 개발을 위한 아프리카 여성협회(Association of African Women for Research and Development)
ACLL	반곡물법동맹(Anti-Corn Law League)
ADC	아프리카 지역위원회(African District Council)
AID	국제개발기구(Agency for International Development)
AIDS	후천성 면역결핍증(acquired immune deficiency syndrome)
AK47	칼라시니코프 소총 1947년 모델(Kalashnikov automatic rifle model of 1947)
ALBA	볼리바르 동맹(Alternativa Bolivariana para los Pueblos de Nuestra América) [Bolivarian Alternative for the Americas]
APDF	여성권리 증진 및 보호를 위한 협회(Association for the Progress and Defense of Women's Rights)
ARV	항레트로 바이러스(antiretroviral)(HIV/AIDS 치료약)
ASAL	건조 및 반건조지역 프로그램(Arid and Semi-Arid Lands Programme)
ASEAN	동남아시아 국가연합(Association of Southeast Asian Nations)
ATTAC	시민지원을 위한 금융거래 과세 협회(Association pour la Taxation des Transactions pour l'Aide aux Citoyens)
AT&T	미국 통신회사(American Telephone and Telegraph Company)
BIS	국제결제은행(Bank of International Settlements)
Bq/k	킬로그램당 베크렐
°C	섭씨 온도
Cd	카드뮴
CEC	양이온 교환용량(cation exchange capacity)
CFCs	염화불화탄소(chlorofluorocarbons)
CGIAR	국제농업연구 자문그룹(Consultative Group on International Agricultural Research)

CH$_2$O	포름알데히드(carbohydrates/sugar)
CH$_4$	메탄(methane)
CIA	중앙정보국(Central Intelligence Agency)
CIAT	국제열대농업센터(Centro Internacional de Agricultura Tropical)
CIFOR	국제임업연구센터(Center for International Forestry Research)
CIMMYT	국제옥수수및밀개선센터(Centro Internacional Mejormiento de Maízy Trigo)
CIP	국제감자센터(Centro Internacional de la Papa)
CO$_2$	이산화탄소(carbon dioxide)
COMECON	상호경제원조위원회(동유럽 블록)(Council for Mutual Economic Assistance (eastern European bloc))
CPD	중요 인구밀도(critical population density)
DALY	장애보정수명(disability – adjusted life year)
DAWN	새로운 시대 여성을 위한 개발대안(Development Alternatives with Women for a New Era)
D.C.O.	지배, 식민지, 해외(Dominions, Colonies, and Overseas)
DDT	디클로로디페닐트리클로로에탄(dichlorodiphenyltrichloroethane)
DRF	David R. Faust(author)
DNA	디옥시리보핵산(deoxyribonucleic acid)
D.O.	지역 관리(district officer)
EA	센서스 기초단위(enumeration area(Tanzania))
EAAFRO	동아프리카 농업 및 임업연구지구(East African Agricultural and Forestry Research Organization)
EAVRO	동아프리카 수의연구기구(East African Veterinary Research Organization)
ECLA	라틴 아메리카 경제위원회(Economic Commission for Latin America)
EEC	유럽 경제공동체(European Economic Community)
EFTA	유럽자유무역협회(European Free Trade Association)
EOI	수출중심산업화(export – oriented industrialization)
EPZ	수출촉진구역(export – processing zone)
ES	Eric Sheppard(저자)
ESI	환경 지속 가능성 지수(environmental sustainability index)
EU	유럽연합(European Union)
FAO	국제식량농업기구(Food and Agriculture Organization)
FDA	미국식품의약국(Food and Drug Administration)
FDI	외국인 직접투자(foreign direct investment)

FGM	여성 성기절단(female genital mutilation)
FTAA	아메리카 자유무역협정(Free Trade Agreement of the Americas)
G3	독일 Heckler and Koch사의 자동소총
G8	8개 국가 그룹(Canada, France, Germany, Italy, Japan, Russia, United Kingdom, United States)
G20+	20개 이상 국가 그룹(WTO 내 개발도상국 연합)
GAD	젠더와 개발(gender and development)
GATT	관세와 무역에 관한 일반협정(General Agreement on Tariffs and Trade)
GBD	세계질병부담(global burden of disease)
GDP	국내총생산(gross domestic product)
GNH	국가총행복(gross national happiness)
GNI	세계국가소득(Global national income)
GNP	국가총생산(gross national product)
GRAIN	지역민이 유전자자원과 지역지식을 활용하여 농업 생태다양성을 지속 가능하게 관리 및 활용하도록 지원하는 국제 비정부기구
GSP	일반특혜제도(generalized system of preferences)
H_2O	물
HCFCs	수소염화불화탄소(hydrochlorofluorocarbons)
HDI	인간개발지수(human development index)
HFCs	수소화불화탄소(hydrofluorocarbons)
HIPC	과다채무빈국(Heavily Indebted Poor Countries)(World Bank/International Monetary Fund initiative)
HIV	인간면역결핍증 바이러스(human immunodeficiency virus)
IBEA	대영제국 동아시아회사(Imperial British East Africa Company)
IBM	미국의 컴퓨터 제조 판매 회사(International Business Machines Corporation)
IBRD	국제부흥개발은행(International Bank for Reconstruction and Development), 세계은행 자매기관
ICARDA	국제건조지역농업연구센터(International Center for Agricultural Research in the Dry Areas)
ICLARM	국제수산물자원관리센터(International Center for Living Aquatic Resources Management)
ICRAF	국제농림업연구센터(International Center for Research on Agro-Forestry)
ICRISAT	국제반건조열대작물연구센터(International Crop Research Institute for the Semi-Arid Tropics)

IDA	국제개발협회(International Development Association), 세계은행 자매기관
IFPRI	국제식량정책연구소(International Food Policy Research Institute)
IIMI	국제관개관리연구소(International Irrigation Management Institute)
IITA	국제열대농업연구소(International Institute for Tropical Agriculture)
ILO	국제노동기구(International Labour Organization)
ILRI	국제축산연구소(International Livestock Research Institute)
IMF	국제통화기금(International Monetary Fund)
INEAC	국립 벨기에 콩고 농경연구소(Institut National pour l'Étude Agronomique du Congo Belge)
IPCC	기후변화에 관한 정부 간 패널(Intergovernmental Panel on Climate Change)
IPGRI	국제지구유전자자원연구소(International Plant Genetic Resources Institute)
IPRs	지적재산권(intellectual property rights)
IRRI	국제쌀연구소(International Rice Research Institute)
ISI	수입대체산업화(import substitution industrialization)
ISNAR	국립농업연구 국제지원국(International Service for National Agricultural Research)
ITC	정보통신기술(nformation technology and communication)
ITCZ	열대수렴대(intertropical convergence zone)
ITD	아프리카에서 사하라의 북동풍과 대서양의 편서풍이 나누어지는 선(intertropical discontinuity)
ITDG	중간기술개발그룹(Intermediate Technology Development Group)
ITT	전자통신회사 International Telephone and Telegraph(현재 ITT 산업주식회사)
KARI	케냐 농업연구소(Kenya Agricultural Research Institute)
LETS	지역교환체계(local exchange trading systems)
MERCOSUR	남부공동시장(Mercado Común del Sur, Southern Common Market)
MFN	최혜국(most favored nation)
MSF	국경없는 의사회(Médecins sans Frontières, Doctors without Borders)
MVA	제조업 부가가치(manufacturing value added)
N_2O	이산화질소(nitrous oxide)
NAFTA	북미자유무역협정(North American Free Trade Agreement)
NASA	미항공우주국(National Aeronautics and Space Administration)
NBA	나마다강 살리기 운동(Narmada Bachao Andolan, Movement to Save the Narmada River)
NBTT	순교역조건(net barter terms of trade)

NGO	비정부기구(nongovernmental organization)
NICs	신흥산업국(newly industrializing countries)
NIEO	신국제경제질서(new international economic order)
NTB	비관세장벽(nontariff barrier)
OAU	아프리카 통일기구(Organization of African Unity)
ODA	공적개발원조(official development aid)
OECD	경제협력개발기구(Organization for Economic Cooperation and Development)
OFCs	연안금융센터(offshore financial centers)
OPEC	석유수출국기구(Organization of the Petroleum Exporting Countries)
OTA	기술평가국(Office of Technology Assessment)
PCBs	폴리염소화비페닐(polychlorinated biphenyls)
pH	액체의 수소이온 농도(potential of hydrogen)
PL 480	미공법480호 식량원조프로그램(미국)(Public Law 480 Food Aid Program, United States)
ppm	백만분율(parts per million)
PPP	구매력평가지수(purchasing power parity)
PQLI	물리적 삶의 질 지수(physical quality of life index)
PRGF	빈곤퇴치 성장지원제도(Poverty Reduction and Growth Facility)
PRM	참여적 자원관리(participatory resource management)
PRSP	빈곤감소전략 프로그램(Poverty Reduction Strategy Program)
PTA	특혜무역지대(preferential trading arrangement)
PVP	지구다양성보호(plant variety protection)
PWP	Philip W. Porter(저자)
R&D	연구 및 개발(research and development)
RAINBOW	여성신체존중을 위한 연구행동정보 네트워크(Research Action Information Network for Bodily Integrity of Women)
RN	Richa Nagar(저자)
SARDEP	지속 가능한 동물 및 초원개발 프로그램(Sustainable Animal and Range Development Programme)
SKMS	상틴 농부 및 노동자기구(Sangtin Kisaan Mazdoor Sangathan, Sangtin Peasants and Workers Organization)
spp.	종
STDs	성매개 감염병(sexually transmitted diseases)
STIT	섬유산업 노동자연합 무역협회(Sindicato de Trabajadores de la Industria Textil)

TB	결핵(tuberculosis)
TCDD	2,3,7,8 – tetrachlorobenzo – para – dioxin
TNC	다국적기업(transnational corporation)
TRIPS	무역관련 지식재산권에 관한 협정(Trade – Related Aspects of International Property Rights)
UNAIDS	유엔에이즈프로그램(Joint United Nations Programme on HIV/AIDS)
UNCTAD	유엔무역개발협의회(United Nations Conference on Trade and Development)
UNCTC	다국적 기업에 관한 유엔센터(United Nations Centre on Transnational Corporations)
UNDP	유엔개발프로그램(United Nations Development Programme)
UNESCO	유네스코, 유엔교육과학문화기구(United Nations Educational, Scientific, and Cultural Organization)
UNFPA	유엔인구활동기금(United Nations Fund for Population Activities)
UNICEF	유엔아동기금(United Nations Children's Fund)
UNIDO	유엔산업개발기구(United Nations Industrial Development Organization)
USAID	국제개발처(U.S. Agency for International Development)
USDA	미국 농무부(U.S. Department of Agriculture)
USGS	미국지질조사국(U.S. Geological Survey)
US/LEAP	미국 아메리카 대륙 노동교육 프로젝트(U.S. Labor Education in the Americas Project)
USSR	소비에트 사회주의 연방 공화국(Union of Soviet Socialist Republics)
WAD	여성과 개발(women and development)
WAEMU	서아프리카중앙은행(West African Economic and Monetary Union)
WARDA	서아프리카 쌀개발협회(West African Rice Development Association)
WCD	세계댐위원회(World Commission on Dams)
WEU	서부유럽연합(West European Union)
WHO	세계보건기구(World Health Organization)
WID	개발에서의 여성(women in development)
WTO	세계무역기구(World Trade Organization)

차 례

PART 3 글로벌 전략에 대응하는 사회관계의 차이   **401**

1

인식 방식의 차이

1

소개

"제3세계"에 대한 첫인상

아프리카, 아시아, 또는 라틴 아메리카의 소위 개발도상국 마을의 한가운데 서있어보면 마을 사람들의 일상생활에서 어떤 일들이 일어나는지 알 수 있다. 당신이 아프리카 케냐의 한 마을에 서있다고 해보자. 곧 20대 후반 남자 하나가 교복을 입은 소녀에게 의자를 가져다 달라고 부탁해서 의자를 그늘에 놓은 후 당신에게 앉으라고 권할 것이다. 그 마을 태생이라거나 하는 이유로 마을 사정을 잘 아는 사람인지 또는 처음으로 그 마을을 방문한 사람인지에 따라 당신이 마을의 물리적인 조건을 이해하는 정도는 달라질 것이다. 그리고 지나가는 사람들과 이야기를 나누어보면 그곳에 사는 사람들의 희망, 기쁨, 문제가 무엇인지에 대해서도 알 수 있을 것이다. 당신은 그곳의 삶에 빈곤이 뿌리 깊게 자리 잡고 있다는 걸 알게 되겠지만, 마을의 사회적 삶이 또 얼마나 풍부하고 활력 넘치게 펼쳐지고 있는지에 대해서도 놀라게 될 것이다.

　　마을처럼 작은 단위 지역에서 일어나는 일들은 그 지역 상황이 초래하는 것처럼 보인다. 모든 마을이 세계 체제라는 글로벌 정치경제 시스템의 일부분인 것이 항상 명확하게 나타나는 건 아니다. 당신은 마을의 첫인상을 바탕으로 마을의 빈곤이 계획, 장애물, 제한 요소들 간 복잡한 과정을 통해 나타난 것이 아닌가 하는 질문을 하게 될 수 있다. 여기서 요소라는 건 질 낮은 토양, 부족한 강수량, 부적합한 강수 패턴, 풍토병 등과 같은 환경적인 요인과 지역의 자연환경에 적응하는 과정에서 생성되었지만 생산성과 복지의 향상을 이끌 수 있는 기술적, 문화적 변화에 "장애물"이 되기도 하는 사회문화적 태도나 관습 등을 말한다.

이제 당신은 방금 그 소녀에게 당신을 위해 의자를 가져오라고 시켰던 그 남자에 대해 궁금해지기 시작한다. 그 남자는 누구이며 뭐하는 사람인가? 그 남자는 자신의 마을이나 이 세상에 대해 어떻게 생각할까? 그 소녀는 어떨까? 그 남자의 딸이나 조카인가? 나머지 가족들은 어디에 있지? 소녀의 엄마는 농장에서 일을 하거나 시장에서 물건을 팔까? 그 엄마는 마을의 인간 면역 결핍 바이러스/후천성 면역 결핍 증후군(HIV/AIDS)과 모자보건에 관한 사업을 진행하는 비정부기구와 연관이 되어있을까?

그 남자는 당신이 누구이며 왜 거기에 있는지에 대해 관심을 보이기 시작한다. 자신의 이름이 왐부아 뮤아테 Wambua Muathe라고 소개하며 당신의 이름을 묻는다. 자신이 대학을 다녔다고 자랑스럽게 말해준다. 그 남자는 세상과 단절된 사람이 아니다. 실제로 그 남자는 세상 돌아가는 일들에 대해 꽤 잘 아는 것 같다. 그는 당신이 미국에서 왔냐고 물으며 미국의 외교정책에 대해 문제를 낸다. 그 남자는 수도에서 일하는 누나 라일라 Leila와 휴대폰으로 자주 통화를 한다고 한다. 이때 그 남자가 리복이나 리바이스와 같은 브랜드 옷을 입고 있는 게 당신의 눈에 들어온다. 근처 시장이 있는 타운에는 인터넷 카페가 있는데, 비록 전기가 나가서 종종 문을 닫긴 하지만 거기서 왐부아는 인터넷을 사용하는 방법을 배웠다. 왐부아는 미네소타 로체스터에 얼마 동안 살았던 삼촌 므윈줌바 Mwinjumba와 연락하는 걸 좋아한다.

마을을 몇 번 방문하게 되면서 당신은 마을 사람들의 옷차림이 다 왐부아 같지는 않다는 걸 알아차리게 된다. 왐부아에게서 당신 이야기를 듣고 여러 명의 아이들이 호기심 어린 눈을 하고 당신이 앉아있는 주변으로 모인다. 말끔한 학교 교복을 입은 남자아이들 몇 명은 축구 연습을 하며 자기들끼리 뛰어다니고 있다. 역시 학교 교복을 입은 여학생 몇 명은 그 남학생들과 같이 뛰어다닌다. 그런가 하면 당신에게 의자를 가져다주었던 응기나 Ngina는 왐부아의 조카인데 집에서 오후에 거들어야 할 집안일들로 바빠진다. 그런데 다른 또래들은 헤지고 찢어진 옷을 걸치고 있는 것이 당신 눈에 들어온다. 그 아이들은 학교에 전혀 가지 않는 것 같다. 그중 몇은 배꼽이 불룩 튀어나오거나 다리를 절고, 몇몇은 영양실조의 기미가 보인다. 어떤 아이들은 동생들을 돌보고 있다. 나이가 든 여성들은 집 밖의 부엌과 집안을 들락거리거나 근처 펌프 우물에서 받아온 물을 지고 돌아온다. 마을에서는 이런 활동들이 계속 이어진다. 어느 집 라디오에서는 칸다 봉고 맨이라는 유명한 콩고 스와힐리 밴드의 "쿠아사 쿠아사"라는 노래가 크게 흘러나온다. 다른 어느 집에서는 오십 센트라는 희미한 소리와 함께 랩뮤직의 퍼커션 사운드가 들려온다. 그런데 왜 이렇게 남자가 적은 걸까? 남자들 중 일부는 영지, 농장, 광산에서 일을 하러 집에서 멀리 떠나있고 또 일부는 다국적 기업에서 일하느라 도시로 나가있다. 이들은 가끔씩 집에 돌아오고, 일부는 겨우 돈을 마련해서 농촌에 남은 가족들을 위해 송금하기도 한다. 웅기나의 엄마면서 왐부아의 형수인 카빈두 Kavindu는 전화를 걸면 왐부아에게 물을 더 많이 길어다 달라고 부탁하곤 하는데 그럴 때면 왐부아는 핑곗거리를 찾는다.

자, 이제 당신은 제1세계의 전형적 특징들이 여기 제3세계에서 나타나고 있다는 것을 알게 된다. 세계의 다른 부분에서 어떤 일이 일어나는지에 대한 정보가 끊임없이 흘러 들어올 뿐 아니라 유행 음악, 운동화, 청바지, 다국적 기업의 일자리 등이 여기저기 눈에 띈다. 여기서의 빈곤과 당신 나라에서 문제시되는 교육과 건강 서비스 부족을 비교하게 되면서 당신 나라에 있었다면 생각해보지도 못했을 질문들이 갑자기 당신 머릿속에 떠오른다. 그러면서 당신의 눈앞에 펼쳐지는 이 모든 것들이 서로 연결되어있음을 깨닫게 된다. 오늘날처럼 인터넷의 발달로 비디오, 오디오, 문자 메시지가 어느 곳에나 즉시 전달되는 정도까지는 아니었겠지만, 그럼에도 불구하고 세계는 오랜 시간 서로 연결되어 있었다.

물론 이 페이지를 읽는 독자들 대부분이 아프리카나 아시아, 라틴 아메리카의 어느 마을에 서있는 것은 아니다. 서구나 산업화가 진행된 사회 이외의 환경에 대한 경험이 적은 독자들은 일반적으로 제3세계에서의 삶을 간접적으로만 이해하고 있다. 그런 "다른" 세계에 대한 지식은 그저 전해들은 이야기에 그칠 뿐이며 체계적이지도 않다.

2001년 9월 11일 세계무역센터와 펜타곤으로 날아간 항공기들로 인해 우리는 다른 곳에서의 소외와 빈곤이 단순한 지역적 문제로 설명될 수 없으며, 먼 곳에서 일어나는 일의 결과가 결국 우리에게 되돌아오게 된다는 것을 다시금 깨닫게 되었다. 이 테러를 겪으며 많은 미국인들은 테러를 자행한 세력이 왜 자신들을 증오하게 되었는지에 대해 이해할 수 없다는 반응을 보였다. 이슬람 근본주의에 기반을 둔 저 먼 곳에 사는 사람들이 "우리에게 이런 식의 공격"을 기꺼이 감행했다는 날벼락 같은 사실에 당황해했다. 이런 일들이 "자유에 대한 증오"라거나 미국의 국내 정책들로 제대로 설명될 수 있을까? 식민주의와 개발이라는 미명하에 벌어진 수백 년에 걸친 일들과, 미국이라는 나라와 미국 국적 기업을 대상으로 해당 지역에서 불만이 증폭되고 있었다는 것, 그리고 특히 미국이 역사적으로 제3세계에서 자국의 이익을 위해 전략적으로 폭력 사태를 유발해왔다는 점 등의 이유 때문에 그런 폭력적인 사건이 발생했다는 것을 이해하는 미국인은 거의 없다. 테러의 희생자 중 미국인이 아닌 사람도 다수 포함되어 있었다는 점은 차치하고서라도 말이다. 많은 일반 사람들이 세계화를 겪으면서 경험하게 되는 무력감으로 인해 북미나 남아시아를 포함한 여러 곳에서 외국인 혐오를 동반한 기독교, 유대교, 힌두교, 이슬람교의 극단주의가 나타나게 됨에도 불구하고 일련의 폭력적 테러는 이슬람이라고 하면 폭력적인 근본주의와 중동을 한층 강하게 연결시키는 계기가 되었다.

9/11 이후의 세계에서 제3세계의 개발 및 저개발과 관련된 의미와 과정을 체계적으로 이해하는 일은 특히나 중요하다. 그를 위해 이 책이 도움이 되기를 바란다. 우리는 지리적, 역사적 분석 방법을 사용하여 나날이 "세계화"되어가는 세계를 구성하는 관계의 특성과 구조를 파헤친다. 이미 논의된 것처럼 "제1세계"와 "제3세계"는 단면적인 카테고리가 아니다. 제3세계의 삶과 경쟁의 복잡성을 이해하려고 노력하면서도 우리는 이러한 분류에 대해 지속적으로 질문하고 이를 문제 삼아야 한다. 지리학자 이푸 투안 Yi-Fu Tuan의 표현을 빌리면, 독자들의 "인식에 대한 부담"을 키우는 것이 바로 우리의 목적이다("빈곤 이해하기?" 참조).

차이의 세계에서 계몽주의 초월하기

> 식민주의와 글로벌 자본주의의 산물인 혼종성과 불순성을 강조하는 문화이론은 전 지구적 불평등이 지속적으로 제3세계 취약 계층의 삶의 조건을 변화시킴을 역설한다. 이 이론은 지역토착성은 정치적으로 효과적이라는 주장을 설명하기도 하지만 동시에 이러한 주장이 성립될 수 없도록 만드는 상황 또한 잘 설명한다…"토착 지식"은 움직이지 않는, 폐쇄된 구조가 아니라 그 자체가 이질적이고 위계적이며 권력과 불평등 관계로 점철되어있다…"토착적" 정체성의 효과성은 자신들의 삶의 방식이 파괴되는 바로 그 과정에 있는 가난하고 취약한 사람들을 낭만적으로 묘사하는 제국주의 향수의 지배적 담론에 그 정체성이 포섭되는가에 달려있다…
>
> — AKHIL GUPTA(1998: 18)

지금껏 당신은 빈곤을 이야기할 때 "제1세계"와는 다르게 묘사되는 소위 "제3세계"를 생각하는 것에 익숙할 것이다. 그런데 실생활에서 벌어지는 현상을 보고서 그것이 빈곤인 줄 우리는 어떻게 아는가? 그것은 만지고, 측정하고, 평가하고, 고쳐지는 것인가? "빈곤"의 정의가 어디서나 일관성을 가지고 통용된다거나 언어의 기원만큼이나 긴 역사를 가지고 있다고 생각해서는 안된다. 빈곤은 제3세계라는 우리의 고정관념이 형성된 것과 같은 방식으로 사회정치적으로 생산된 것("진흙 오두막집의 TV 세트" 참조)이라는 걸 잊지 말아야 한다(2장 참조). 또한 이렇게 형성된 우리의 고정관념은 우리의 생활 속에서 의미를 부여받게 되고, "저개발/(과도한)개발", "낙후/근대", "가진 자/가지지 못한 자" 등과 같은 이분법을 통해 명시적으로나 암묵적으로 우리의 삶에 영향을 미치게 된다. 이러한

빈곤 이해하기?

인간으로서 우리가 가진 가장 주목할 만한 역량 중 하나는 모순에도 불구하고 살아갈 수 있는 능력이다. 쾌적한 환경에서 생활하는 우리 같은 사람들은 빈곤과 불평등의 세계가 있음을 알고 있으며 가정, 학교, 예배 장소에서 어린 시절부터 배워온 가치는 더 큰 형평성과 인간 삶의 가치와 존엄성을 강조한다. 그러나 불평등에 대한 생각은 우리가 깨어있는 시간과 특히 우리의 행동을 지배하지 않는다. 그게 아니어도 인생에서 우리의 관심이 필요한 것은 많다. 전 세계 많은 부유한 사람과 마찬가지로 미국 거주자 대부분에게 세계의 빈곤과 그에 따른 문제는 멀리 있다. 체코의 소설가 프란츠 카프카 Franz Kafka(1948: 418)는 1914년 8월 자신의 일기에 다음과 같이 썼다. "독일은 러시아와의 전쟁을 선언했다. 수영장에서 오후에." 세계의 문제는 개인의 부담으로 간주하기에는 너무 크고 복잡하게 느껴진다. 이에 로버트 하일브로너 Robert Heilbroner는 대도약(The Great Ascent, 1963)에서 저개발이라는 개념을 생생하게 재현하고 있다. 그가 사용한 방법은 전형적인 미국 가정을 전형적 저개발국 가정으로 바꾸려면 무엇이 필요할 것인지 설명해보는 것이었다. 미국의 가정에서 물질적/비물질적인 것들을 지속적으로 감해가는 일련의 과정을 거치면 전환시켜볼 수 있다. 첫째, 거의 모든 가구, 의복 및 음식이 사라지고 그 다음에 집이 사라진다(근처의 창고만으로 충분할 것이다). 다음은 커뮤니케이션에 관련된 항목으로서 TV, 전화, 신문 및 서적뿐만 아니라 가족의 문해력 자체가 사라질 것이다. 이웃과 함께 쓰기 위해 라디오 한 대만 남아있을 것이다. 다음 단계는 서비스로서 학교, 보건 진료소, 의사, 경찰 및 소방서 등의 공공 서비스가 사라질 것이다. 이렇게 전형적인 미국 가정을 제3세계 빈곤 속에 사는 가정으로 전환하는 데 필요한 것들을 보여줌으로써 하루에 2달러 미만으로 사는 사람의 삶이 어떤 것인지 우리의 피부에 와닿는 방법으로 설명하고 있다. 이러한 시각은 성차별적, 인종차별적이면서 지나친 단순화의 문제점을 안고 있음에도 불구하고 개발을 둘러싼 전 지구적 정치로 인해 발생하는 불평등이 어떻게 물질적 불평등으로 연결되는지를 생생하게 보여주고 있다.

모든 것들은 우리가 누구이며, 무엇이 되어가는 중이며, 무엇이 어떻게 되기를 원하는지와 연관되어 우리의 일상생활과 문화에 매우 중요한 부분이 되었다.

　개발이란 흔히 근대성의 혜택을 누려보지 않은 이들에게 혜택을 전파시키는 것이라고 간주된다. 그러나 근대주의에 대한 반향으로 시작된 포스트모더니즘적 사고의 등장으로 이는 한층 복잡해졌다. 따라서 어떤 사람들은 빈곤과 개발에 대한 우리의 질문이 두 가지 대조적 세계관 간의 거대한 충돌을 보여준다고 볼 수도 있겠다. 그중 하나는 유럽 계몽주의에서 기원하는 선형의 진보적 세계관이고, 다른 하나는 계몽주의가 가진 파괴적 성향에 대한 반발로 형성된 원형의 생태적, 분권적 세계관이다. 계몽주의 찬성론자들에게 계몽주의는 인간을 빈곤과 억압으로부터 해방시키는 것을 궁극적인 목적으로 하는 긍

진흙 오두막집의 TV 세트

우리가 눈앞에 펼쳐진 장면을 보면서 그것이 "빈곤"이라는 걸 어떻게 알 수 있을까? 마지드 라네마 Majid Rahnema(1992: 158-159)는 빈곤이 역사적으로, 정치적으로, 지리적으로 구성되어있다고 주장한다.

세계의 여러 문화에서 가난함이라는 것이 오랫동안 그리고 항상 부자의 반대 개념이었던 것은 아니다. 삶의 중요한 기반이 없어지는 것, 노동의 수단을 박탈당하는 것, 지위나 직업에 중요한 상징성을 갖는 사물에 대한 상실(성직자가 책을 잃는다거나 귀족이 말이나 팔을 잃는 것), 보호 수단의 부족, 지역공동체로부터의 배제와 버려짐, 병약함, 공개적 굴욕감 등이 가난함에 해당했다. 남아프리카의 츠와나족 The Tswana은 메뚜기가 출현했을 때 그들이 보이는 반응으로 가난한 사람인지의 여부를 판단했다. 부자들은 가축이 필요로 하는 풀을 메뚜기가 먹어 치울까봐 겁에 질렸지만 먹일 가축이 없는 가난한 사람들은 메뚜기를 식량 삼아 먹을 수 있기 때문에 기뻐했다.

유럽에서는 여러 해 동안 극빈층은 부자가 아니라 포텐스라 불리는 권력을 가진 계층에 대립되는 개념으로 여겨졌다. 9세기에 극빈층은 구속되지 않은 자유인으로 받아들여졌지만 포텐스만이 그 자유를 제한할 수 있었다...11세기에는...가난이라는 단어는 작은 알리유(비과세 재산)의 소유주, 떠돌이 상인 그리고 심지어 에스코트를 받지 않는 기사의 아내를 포함한 모든 비전투 종사자에게 적용될 수 있었다. 전반적으로 가난한 사람들은 자신들의 터전을 잃었거나 잃을 위험에 처해있는 존경할 만한 사람들이었다.

같은 기간 유럽에서는 궁핍하고 삶의 터전이 없는 사람들과 자신의 삶을 나누기로 결정한 자발적인 빈민층이 사회에 등장했다. 이들에게는 가난하게 사는 것이 삶의 질적 하락이 아니라 오히려 삶의 승격을 의미했다. 물론 자발적인 빈곤에 대한 존경과 찬사는 동양 전통에는 항상 존재해오던 것이었다.

중상주의 경제가 확장하고 나서야 도시화 과정이 진행되었고 이에 따라 대규모의 빈곤화와 실질적인 사회의 화폐화가 진행되어 빈곤 계층은 부유한 계층이 가질 수 있는 돈과 재산을 가지지 못한 사회 집단으로 정의되었다.

빈곤에 대한 대부분의 인식이 가지는 공통분모는 "부족함" 또는 "결핍"의 개념이다. 유토피아의 "완전한" 사람은 어느 것도 부족하지 않을 것이기 때문에 이는 기본적으로 상대적인 개념이다. 게다가 가난한 사람들이 삶에 필요한 여러 가지 요소가 부족한 것으로 정의될 때, 질문이 생길 수 있다. 즉, 무엇이 필요한 것이며, 그것은 누구를 위한 것인가? 그 모든 것을 정의할 자격이 주어진 사람은 누구인가? 사람들이 서로를 잘 알고 비교가 상대적으로 쉬운 작은 지역공동체라면, 이러한 질문은 이미 대답하기 어려운 것이 되어버린다. 매스 미디어의 세계에서 오래된

친숙한 평등함과 공동으로 결정된 비교 기준은 모두 파괴되었다. 진흙 오두막집의 TV 세트에 나오는 아주 자유롭고 화려한 소비자에 비추어 자기 삶의 필수품을 정의하고 나면 모든 사람들은 자신이 가난하다고 생각하게 될 것이다.

정적이고 진보적인 운동이다. 계몽주의의 키워드는 "진보", "단순함", "보편성", "이성" 등이다. 17세기 존 로크 John Locke나 갓프레드 빌헬름 라이프니츠 Gottfried Wilhelm Leibnitz와 같은 철학자들이 계몽주의를 시작했다. 그 궁극적인 목적을 추구한 지 300년도 넘었지만 세계의 많은 부분에서 그 목적을 달성하려면 멀었다고 할 수 있으며, 실제로 반계몽주의 학자들은 계몽주의의 효과성과 윤리성에 의문을 제기하고 있다.

반계몽주의는 계몽주의와 비슷하게 빈곤과 억압으로부터의 인류 해방을 목적으로 하지만 그 전략은 다르다. 첫째, 계몽주의에서 찾아볼 수 있는 지나치게 단순화된 인식론과 실재론적 사고에 대해 비판적이다. 반계몽주의는 자본주의와 시장주도경제, 앞선 기술과 과학, 국가의 중앙집권적 권력 등으로 대표되는 서구의 도구주의에 대해 깊은 의혹을 가지고 있다. 또한 자본주의, 기술, 국가가 특정한 방식으로 결합해서 지구의 자연 자원을 고갈시키고 환경을 악화시키며 세계 구석까지 미치는 광고, 마케팅, 무역, 커뮤니케이션을 통해 제1세계의 상품과 이상을 제3세계 사람들에게 투영시켜 제3세계 사람들의 필요와 욕망을 바꾸려는 것에 대해서도 비판적이다. 반계몽주의 지지자들은 제3세계의 수백만의 사람들은 불행과 빈곤 속에서 살고 있는 와중에도 제1세계에서는 기괴하고 낭비적이며 비합리적으로 자원을 소비하고 있다는 사실을 지적한다. 반계몽주의자들은 대신에 제1세계/제3세계 사람들 모두에게 지역성과 지역공동체, 평등주의, 생태적 지속 가능성, 작은 스케일, 자급자족, 지역문화에 대한 자부심, 민족성, 전통 등의 다양성을 강조한다. 이들은 계급주의, 가부장제, 성 차별주의, 동성애 혐오, 인종 차별과 같이 권력을 가진 계층을 지원하고 보호하는 사회적 구조를 버리고 사람들이 자유, 평등, 공동체 및 물질적 복지를 누리는 세상을 이루기 위해 노력한다.

근대성이라는 세력과 이에 반대하는 세력 간 변증법적 역동성을 전제하면, 투안 Tuan(1996)의 세계(cosmos)와 고향(hearth) 간의 경쟁적 역동성을 통해 이 대조적인 논리를 이해해볼 수 있다. "세계(Cosmos)"는 이성, 과학, 기술의 응용 및 민주주의의 보편적인 형태로 추정되는 것을 토대로 한 현대의 계몽주의를 가리킨다. "고향(Hearth)"은 계몽주의 근대화에 대한 포스트모던적, 급진적인 반응을 나타낸다. 고향이 가진 시간 존중과 개별성의 가치를 회복하려는 반계몽주의는 철학적, 사회정치적, 역사적, 문학적, 과학적인 영역을 아우르는 근대성의 헤게모니적 거대 구조를 해체하려 한다(Giddens,

1991: 27ff.). 투안은 상상력을 자극하는 이미지를 통해 문화 간 교류가 일어나는 운동장을 그려 보인다. 그 운동장은 "고급문화"의 거대 구조를 해체시킴으로써 평평해진 후 "선견지명을 지닌 사람들, 민중, 농민 이민자, 소수 민족의 미니 작품"의 크기로 축소된다. "그렇게 되면 아이디어와 작품의 순위를 평가해서 봉우리, 평야, 골짜기 여럿이 이룬 지형을 그려내는 대신, 우리에게는 의견과 작품 하나하나, 그리고 다른 것들 각자가 가지는 차이점이 모두 평평한 평면 위에 날카로운 경계를 가진 다채로운 모자이크와 같이 펼쳐지게 된다"(Tuan, 1996: 128).

이러한 역동성을 이해하기 위한 또 다른 방법도 있다. 실패를 반복하면서도 실패가 개발 자체의 논리에서 비롯된 것이 아니라 원주민이나 지역적, 국가적 문제에서 초래되었다고 끊임없이 정당화되는 개발이라는 신화에 맞서는 것이다. 라투슈 Latouche (1993)는 개발과 저개발은 비대칭적인 세계 체제의 일부라고 주장한다. 그러나 문화는 경제적 지배와 더불어, 그리고 그 이전부터 이미 존재하고 있었다고 한다. 개발이라는 아이디어는 제3세계에 이식하기 위한 준비 과정을 충분히 거치지 않은, 근본적으로 서구의 문화적 발명품인 반면 저개발 현상에 대한 인식은 서구와 비서구 간 서로 다른 문화적 세계관이 충돌한 결과이다. 제3세계에도 개발에 대한 욕망이 존재하긴 하지만, 개발과 풍요로움이 초래한 광범위한 환경 파괴와 인간 소외를 생각해보면 이러한 가치들이 서구나 다른 어떤 곳에서라도 장기적으로 지속될 수 있을 것인가에 대해 의문을 제기한다. 개발 내러티브를 극복하기 위해 라투슈와 같은 학자들은 비공식 경제와 대안적인 사회관계라는 성운 속에서 후기 서구 세계가 부상하고 있다고 상상한다. "현대사회는 경제 영역을 사회적 영역에서 분리시키는 것으로 보이지만 비공식적 사회가 연대와 호혜의 네트워크를 재활성화시킴으로써 사회적 영역에 경제적 영역을 포함시키고 있다 (Saunders, 2002a: 22).

근대성 확산이라는 개념 외에도 개발을 이해하는 좋은 방법이 있다. 근대와 비근대를 구분한다는 건 쉽지 않은 일이다. 라투르 Latour는 1993년 출판된 책의 제목을 통해 우리는 지금껏 근대였던 적이 없음을 주장하며, 기드와니 Gidwani(2002)는 다중적이고 맥락 중심적 근대성의 개념을 제시한다. 계몽주의와 반계몽주의, 세계와 고향 또는 근대와 비공식 등의 대립 구도로 개발을 이해한다는 것은 서구와 나머지 세계에 대한 인위적인 이분법을 고착화시키는 커다란 위험을 안고 있다. 또한 대립 구도로 개발을 이해하면, 후기 식민주의 조건의 중요한 특징이면서 동시에 전 지구적 차원의 식민주의, 민족주의, 개발 등의 근대적 프로젝트 간의 공통점에 주목할 수 있는 기회를 놓쳐버리고 만다. 굽타 Gupta(1998: 20)가 지적한 바와 같이 이러한 공통점을 이해하려면 담론과 관행이 어떻게 융합되는지, 지역에서 실행되는 개발이 전 지구적, 국가적 차원의 개발과 어떤 방식으로 결합되어 있는지를 탐색해봐야 한다. 또한 근대적 담론에 토착적인 요소가 어떻게 겹쳐 있는지 분석하여 식민주의와 민족주의적 사고의 이분법을 의심해봐야 한다. 사회의 하층, 빈곤, 취약 계층에게 권한을 되돌려주는 것을 목적으로 하는 정치적 프로젝트의 출발점은 진짜 토착적인 것을 찾기 위해 애쓰기보다는 문화적 융합성을 인정하는 것이 우선시되어야 할 것이다. 동시에 굽타 Gupta(1998: 24)가 조심스럽게 지적하는 것처럼 "탈식민지"는 "제3세계"와 동의어가 될 수 없다. 후기 식민지 이론은 "서구"의 개발 경로를 모방하여 근대국가로 만들겠다는 계획이 실패하면서 형성된 측면이 강하기 때문에 오랜 기간 공식적으로 인정받은 독립을 유지한 지역(예: 라틴 아메리카 일부 지역), 아직도 식민지배를 받는 민족(예: 북미 및 호주의 원주민들), 민족주의의 고양으로 탈식민주의에 대한 환상을 깨는 단계까지 이르지 못한 지역(예: 남아프리카) 등에 대해서는 후기 식민지 이론을 적용하는 것이 훨씬 어려울 것이다.

탈식민지화는 다양한 형태로 진행되었는데, 이러한 형태 간 유사점과 차이점을 분석적으로 이해하는 것이 후기 식민주의를 이해하는 데 중요할 것이다.

먼저 지역들에 광범위한 구조적 영향을 미치는 근대성, 식민지주의, 자본주의, 개발 담론 및 국제 과학을 전 지구적 현상으로 보는 것이 중요하다. 그렇지만 다른 한편으로는, 이러한 전 지구적 현상이 수많은 지역에서 서로 다른 지역적 차원의 경쟁, 재배열 및 재배합의 과정을 거쳐 실제로 실행되는 방식이 보이는 차이점에 주목해야 할 것이다. "전 지구적"과 "지역적"이라는 개념 자체 간 대비는 이분법을 통해 공간적으로 구분되어있지만 이러한 구분에 의문을 제기해야 한다.(Gupta, 1998: 24)

문화와 표현의 비대칭

"문화는 우리가 누구인지 그리고 누가 되어가고 있는지이다." 그것은 우리가 식탁에 올려둔 음식이며 요리하는 방식, 먹기 위해 사용하는 식기구, 테이블에 앉아있는 사람들과 음식을 요리하고 식탁으로 서빙하는 사람들 간 관계, 남은 음식 처리, 식사 시간 대화의 주제, 식사 시간에 나오는 음악, 춤, 시, 연극, 이러한 행사에 내재된 사회적, 영적 가치 등을 모두 가리킨다. 왜냐면 문화라는 건 인류의 비전, 꿈, 염원에 대한 것이기 때문이다.

문화에 대해 이야기하지 않고 어떻게 사회경제적 개발에 관해 이야기할 수 있는가? … 읽을거리가 무엇인지 생각하지 않고 어떻게 문해력에 대해 이야기할 수 있는가? 우리는 그저 여성들이 피임약 패키지에 들어있는 복용법 설명서의 내용을 제대로 따르게 하려

고 읽기와 쓰기를 배우게 하려는 것인가? 아니면 그들 자신의 삶에 대해 읽고, 자신의 운
명에 대해 쓰고, 자신의 몫에 대해 주장하게 되기를 원하는가?

　　　　－ MEREDITH Tax with MARJORIE AGOSIN, AMA ATA AIDOO, RITU MENON,

　　　　　　　　NINOTCHKA ROSCA, and MARIELLA SALA(1999: 113)

　　개발의 과정과 관련된 정치는 "낙후/진보", "전통/근대", "역동적/정적" 등과 같이
"문화"가 정의되고 평가되는 방식과 뗄 수 없는 관계를 가진다. 이 책은 문화를 정의하
거나 설명하거나 평가하는 것을 목적으로 하지 않는다. 사실 우리는 문화라는 건 명사
가 아니라 형용사로 접근되어야 한다는 아파두레이 Appadurai(1996)의 주장에 동의한
다. 즉, 문화는 하나의 실제적 개념이 아니라 차이의 다차원성으로 받아들여야 한다는
것이다. 아파두레이에 의하면 "문화적인"이라고 형용사로 표현하게 되면 그 의미는 "지
역적으로 구현된, 중요한 맥락에 따른 차이"로 해석이 가능하다(Appadurai, 1996: 12). 그
렇지만 맥락적 차이로 문화를 접근하게 되면 엄청난 책임과 어려움이 따라온다. 즉, 무
엇을 다르게 묘사해서 우리의 "타자(other)"가 된다는 것을 보일 것인가? 즉, 무엇이 다
르다고 어떻게, 그리고 어떤 위치에서 이야기하고 쓰며 나타내야 하는가? 무엇을 목적으
로? 이러한 난제는 엘라 쇼헷 Ella Shohat(1998: 8-9)이 "권력이 비대칭적으로 분포하는
연합의 원을 왔다 갔다 한다"라고 페미니스트 간의 동맹을 묘사했던 것과 놀랄 만큼 비
슷하다.

　　백인 여성운동가의 관점은 모든 여성을 대변한다고 한다. 그러나 실제로는 "제3세계" 상
류층 여성이나 제1세계에서 활동하는 이민 계급 출신 여성운동가들의 경험을 통해 "다른"
노동 계층 여성들의 경험을 추정한 것에 불과하다. 대도시에서 활동하는 유색인종 페미니
스트들은 이런 대표성의 오류를 반드시 기억해야 한다. "제3세계" 여성운동가가 "우리 자
매들을 대변"하면서 계급적, 종교적 특권을 무시할 수 없는 것처럼 말이다. 제3세계 자매
들(같은 피부색을 가진 경우라도)을 대변하려면, 특정한 목소리와 목소리를 내는 방식이
전 지구적인 구조적 불평등을 통해 다른 것들보다 부풀려진다고 하는 대표성의 불균형을
이야기해야 한다. 아무리 좋은 의도를 가지고 있다고 해도 아프리카 여성들의 할례나 아
시아 여성의 전족 관습에 집착하는 것은 결국 아프리카나 아시아의 문화와 여성을 그러한
관습으로 축소시켜버리면서 해당 지역의 능동적 행동성과 조직성에 대해서는 무시해버리
는 유럽 중심의 피해자관을 답습하는 결과를 낳을 뿐이다. 다문화적 페미니스트 비판은
"제3세계"에 "관해" 이야기함에 있어 중심/주변부 내러티브를 파괴한다. 갈등으로 점철된
공동체 내에서 페미니스트 저항에 반대를 해도 노예제도 대 문명 또는 전통 대 근대라는

신발, 베일, 그리고 살인

고정관념을 깨기 위해 서로 다른 관점 사이를 오가면서 "우리" 자신이 억압되고 있는 방식에 대해 비판적으로 생각하도록 스스로를 채찍질하는 작업은 어려운 지적, 정치적, 감정적 노동이다. 아무리 우리가 "다른 사람들"을 희생자로 정의하고 그들의 해방을 돕고 싶어 한다고 해도 말이다. 그런데 여성운동에는 이러한 노동이 창의적으로 행해진 사례가 많다. 미국에서 활동하는 여성주의 학자인 유마 나라얀 Uma Narayan(1997)은 인도의 지참금으로 인한 살인과 미국의 가정 폭력으로 인한 살인이 대중적으로 받아들여지는 이미지를 대조시킨다. 이와 비슷하게 이집트의 페미니스트 작가이자 활동가인 나왈 엘 사다 위 Nawal El Saadawi(1994)는 두 가지 종류의 베일, 즉 여성의 머리와 몸을 덮는 것(히잡, 부르카)과 여성의 얼굴을 덮는 것이 상징하는 억압을 비교했다. 이 베일들은 여성의 신체를 목적에 맞게 형상화하는 가부장적인 동전의 양면이며 어떻게, 왜, 그리고 언제 특수한 장소와 상황에 따라 여성이 이런 베일을 받아들이게 되는지도 똑같이 복잡한 문제라고 그녀는 주장한다. 브리티시 컬럼비아 대학 인류학 박물관(University of British Columbia's Museum of Anthropology)의 전시회는 "자신"의 상황과의 비교를 통해 "다른 사람"을 이해하도록 하는 세 번째 사례이다. 이 전시회에는 공통적으로 "신발"이라고 묘사될 수 있는 문화적 유물이 나왔다. 서구에서 중국 여성들의 전족을 상기시키는 중국의 19세기 비단 신발과 1990년대 북미의 하이힐이 짝을 이루어 전시되었다. 애나 노빌 Anna Nobile(1999: 2000년 1월 4일 James F. Glassman으로부터 인용. 허가 받음)의 해설로 진행된 이 전시는 시간과 문화를 가로지르는 특정한 연속성에 대해 이야기하고 있다.

. . . **에로틱한 생각** . . .

신발, 중국, 19세기 말, 작가 미상

실크

중국 송왕조(서기 960-1270) 기간에 시작된 전족은 7–8세부터 소녀들의 발을 구부려 단단히 감싸 발바닥 뼈가 부러지고 발가락이 아래를 향해 영구적으로 굽어지도록 하는 풍습이었다. 이 관행은 극도로 고통스러운 것이었고 전족을 한 여성들은 수세기 동안 자유롭고 민첩하게 움직일 수 없었다. 전족은 초기에는 상류계급에서만 행해졌다. 그러나 이는 부와 지위와 연관되게 되어 곧 이익을 고려한 결혼에는 필수적인 전제조건이 되었다. 여성의 작은 발은 에로틱한 것으로 여겨져 비유적으로 "황금연꽃"이라 불리게 되었다. 이 풍습은 20세기 초반까지 지속되었다.

신발, 북미, 1998

가죽

오늘날 우리는 여전히 하이힐을 신고 있다. 많은 사회에서 여성의 발은 여전히 에로틱한 것으로 간주되고 하이힐의 신발은 그 집착의 물적 대상이 되었다. 하이힐은 엉덩이와 가슴을 내밀도록 만들면서 여성의 이동성과 민첩성을 감소시킨다. 또한 발가락을 압축해 굳은살이나 티눈의 원인이 되고, 발 앞꿈치에 가해지는 무게를 두 배로 늘려 건막류와 신경종을 유발하며, 무릎 주위의 힘줄을 긴장시키고 무릎 관절과 등에 가해지는 압력을 가중시킨다. 하이힐을 신는 관행은 전 세계에서 모든 사회적 계급에 걸쳐 유행하고 있다.

. . . 문화, 인종적 차이에도 불구하고, 많은 경우 우리는 매우 비슷하다.

허구적 이분법을 강화시키는 데 도움이 되지 않음을 보이는 것이다. ...이 관점은 한 사람이 가진 것에 의해 판단되는 정체성보다는 그 사람의 행동을 동일시하는 것에 더 관심이 있다. 정체성이 고정되어있고 본질적이며 단순하게 형성된다는 관점을 거부하고 공동체 간 대표성이 상호간에 더욱 풍성해질 수 있는 정치를 촉진한다.

쇼헷의 주장을 수용해 우리가 제3세계 개발을 바라보는 방식을 조금이라도 적용하려면, 우리는 제3세계에 대한 고정적이고 본질적이며 단순화시키려는 움직임을 애써 거부해야 한다. 제3세계 지역공동체와 삶의 역동적인 특수성을 지워버리고 균질화시키고 고정시키려는 시도에, 또는 개발에 대한 사고와 실행에 있어 이러한 역동성을 문제 삼으려는 과정에 특히 주의를 기울여야 할 것이다. 이를 실천하는 건 말로 하는 것보다 훨씬 어려울 것이다. 그래서 이런 실천은 책임감 있게 차이에 대해 배우고 가르치려는 사람들에게 있어 평생에 걸친 학습 여정의 일부가 되어야 할 것이다.

교육 영역을 출발점으로 이 여정을 시작하는 방법을 미국의 예를 통해 생각해볼 수 있겠다. 첫째, "저쪽"을 낙후, 억압, 전통이 지배하는 제3세계로, "이쪽"을 진보, 해방, 근대로 대표되는 제1세계("신발, 베일, 그리고 살인" 참조)로 날카롭게 구별 짓는 구분법에 대해 의식적으로 저항할 수 있다. 둘째, 우리 자신이 제3세계를 일반화시키면서 어떤 모순을 경험하게 되는지에 대해 자각하고, 이런 일반화가 어떤 것의 가능성을 촉진하거나 한계짓게 되는지를 비판적으로 생각해보아야 할 것이다.

열대성: 인간을 넘어선 세계

대중적 일반화의 또 한 가지는 제3세계와 제1세계를 구별 짓는 기준으로 문화 대신 자연을 적용하는 것이다. 특히 제3세계가 열대기후에 속하며, 개발이 이러한 열대 환경을 고려한 방식으로 이루어진다는 일반화이다(예: Diamond, 1997; Sachs, Mellinger, and Gallup, 2001). 지구의 남쪽 지역 대부분은 열대 지방이 아님에도 불구하고(2장 참조) 사하라 이남 아프리카 지역에서 빈곤과 영양실조가 지속되면서 환경을 활용한 이런 설명이 계속 동원되고 있다. 여기서도 열대의 "저기"를 온대의 "여기"로부터 분리하는 사고방식으로 빠져버리기 쉬운 위험성이 똑같이 존재한다. 우리는 그런 사고방식에 반대하면서 인간을 넘어선 세계에 무게를 두고 고민해보고자 한다.

　　본서 8장부터 12장까지는 열대성 환경의 특수성을 살펴보고 있다. 적도에 근접한 지역은 실제로 특정 기온, 강수량 패턴, 토양 조건 그리고 특정 질병의 집단적 발병 등을 특징으로 한다. 그러나 열대성이 발전의 장애물이 된다는 주장은 비인간 세계가 인간과는 별개이며 인간 생계의 가능성을 결정짓는다는 가정을 바탕으로 한다. 하지만 사실 사회와 환경은 상호 구성적이다(7장). 따라서 뚜렷하게 구분되는 위험한 질병이 열대 환경에 지속적이고 집중적으로 발병한다는 것은 열대 지방에만 원인이 있는 것이 아니다. 서양 의학의 관점에서 보자면, 예방책이나 치료법을 찾기 위한 헌신적인 노력이 부족하기 때문에 세계에서 비참한 상태에 처해있는 지역에서 질병이 계속 나타나는 것이다. 예를 들어 열대 아프리카에서 말라리아가 계속 발병되는 반면 미국에서는 나타나지 않는 이유는 기후가 달라서가 아니다. 미국에서는 모기 자체뿐 아니라 학질모기서식에 유리한 환경 조건을 제거하기 위해 오랜 기간 노력해왔기 때문이다(사하라 사막 이남 아프리카에 HIV/AIDS가 집중되어있다는 단순한 이유로 이 질병 유행의 원인이 열대성이라고 하는 것은 그런 잘못된 사고의 대표적인 예라 할 수 있다. HIV는 생물물리학적 과정에 의해서가 아니라 인간과 인간의 접촉을 통해 전염된다).

　　농업도 생계 수단에 중요한 영향을 미친다. 열대 환경이 농업에 특정한 어려움을 초래하는 것은 사실이지만, 열대성 농업 농민들의 생계에 가해지는 위협 중 기후가 주요한 부분이라는 건 맞지 않다. 식민지 시대 동안 신속한 작물 재배에 유리한 환경이 있는 곳에서 일부 원주민 농민들이 쫓겨나고 그 자리를 유럽에서 온 농민들이 차지했다. 그런가 하면 다른 원주민 농민들은 확실하게 보장되지 않은 시장에 내다 팔기 위해 수출 작물을 재배해야 했고, 자신들의 특수한 사회, 환경적 조건에 적합하지 않은 것으로 판명된 기술을 도입하도록 장려되기도 했다. 농업 노하우 발전 측면에서 보면 서구는 식민주의 이후 열대성 작물의 수확량을 개선하는 것보다 온대 기후인 자국의 식량 작물을 증가시키는 데 더 많은 노력을 기울여왔다. 이외에도 미국, 유럽, 일본 농부들에 대한 보조금과 글로벌 농업 비즈니스 경제 구조가 남반구 농업의 수익성을 저하시키는 데 어떤 환경적 장애 요인보다 더 큰 기여를 했다.

그렇다고 환경 조건의 영향이 없다는 것은 아니다. 지역 주민들이 환경에 적합한 효과적인 재배 기술을 개발했을지라도(12장) 중위도 지역에 비해 따뜻한 습기가 많은 저지대 열대 지방에서 식물이 더 천천히 자라며 토양은 더 취약하다(10장과 11장). 이러한 환경에서는 경제와 인구 증가의 기반을 확립하기 위해 농업 잉여를 극대화하기보다는 농업 구조와 사회 구조를 생계 지향적으로 만드는 것이 더 적합하다. 서구의 성장 지향적 문화와 경제 시스템이 좋은 삶으로 가는 유일한 통로라고 우리가 생각할 경우 그런 생계 지향적 구조는 불리한 것으로 보인다. 그렇지만 불리하게 보인다는 것은, 반복해서 말하지만, 성장 지향적 시스템을 "근대"로, 열대 기후의 생계를 "낙후"로 연결 짓는 것이다. 실제로 성장 지향 문화가 지구 온난화와 자원 고갈을 통해 비인간적 세계를 얼마나 변화시키고 있는지를 깨닫기 시작하면 그러한 위계적 사고를 벗어나기 위한 노력이 시작될 것이다. 우리가 더 잘살 수 있는 방법을 찾는 데 있어 열대의 생존 중심적 생계 수단에서 배울 점은 어떤 것이 있을까?

정서적 갈구와 문화의 기원들

지금 당신은 시간을 들여 우리의 글을 읽고 있다. 이 행동이 가능하게 한 것은 무엇인가? 당신의 능력은 태어나면서 시작된 기나긴 학습 과정의 결과이다. 이 책에서 당신은 "오리엔탈리즘"과 "타자"에 대한 논의를 읽게 될 것이다. 서구의 관찰자들이 비서구 문화를 "우리"와 대립된 "타자"로 보는 편견과 고정관념에 대해 우리는 할 말이 많다.

동시에, 인간 발달과 문화의 창조 및 전승에서 "타자"가 지니는 근본적인 중요성을 강조하는 관점도 생각해봐야 할 것이다. 우리가 태어나서 처음 말하게 되는 첫 번째 "타자(other)"라는 말 앞에는 "m"이라는 글자가 붙어있었다! 우리가 알고 생각하는 모든 것은 어떤 식으로든 "타자"와의 상호 작용에서 비롯된다. 개인의 몸(자아)은 공동체에 속해진다. 이를 통해 개인은 자신이 속한 사회와 문화를 알고 이해하게 된다. 우리가 인간으로서 살아가면서 끊임없이 우리 안의 "타자"와 함께 만들어져가는 상호 교환적 과정과 관계를 인류학자인 월터 골드슈미트 Walter Goldschmidt(2006)는 "정서적 갈구"라 부른다(사이드바: "정서적 갈구에 대한 골드슈미트의 접근"과 "친족 관계 계산하기" 참조).

생물학적 요인뿐 아니라 사회적·문화적 요인도 우리의 진화에 영향을 미친다. 정

정서적 갈구에 대한 골드슈미트의 접근

골드슈미트 Goldschmidt의 <인류로의 다리: 정서적 갈구가 어떻게 이기적 유전자를 이기는가>(The Bridge to Humanity: How Affect Hunger Trumps the Selfish Gene)(2006)의 커버는 한 어머니가 아기를 돌보는 파블로 피카소의 그림이 실려있다. 이 책은 문화의 발명과 사회(굶주림에 영향을 미침)가 인간 진화의 생물학(유전학)보다 우선시된다는 것을 주장하고 있다. 이 책을 읽으면서 독자들은 그 파블로 피카소의 그림이 끊임없이 연상될 것이다. "정서적 갈구는 타인으로부터 애정의 표현을 얻으려는 충동이다"(Goldschmidt, 2006: 47). 이 사이드바는 인류라는 종이 문화를 갖게 되는 과정을 추적하는 골드슈미트의 주장을 요약하고 있다(출처는 상기한 골드슈미트의 2006년 저작이다).

진화가 일어나려면 두 가지가 필요하다. 간단히 말해, 죽음 그리고 생명을 가져가는 것이다. "새로운 세대가 기존의 것을 구닥다리로 만들게 되는 새로운 특성을 가지게 되어야만 변화가 일어난다"(ix). "다른 사람들이 우리가 살기 위해 죽었으며, 다른 사람들이 살기 위해 이번에는 우리가 죽어야 한다는 것을 이해하는 것은 우리의 연속성과 영원성에 대한 감각을 강화시킨다"(ix). 더욱이 "우리는 모두 살기 위해 먹어야 하며, 살기 위해서는 생명을 없애야 한다. 다른 식으로는 진화 과정의 필수적인 부분인 인류의 지속성을 보장할 방법이 없다"(ix). 또 다른 핵심 사실은 "상호성"이다. 즉, 모든 종류의 포유류 인간들은 서로 협력하고 서로 돌보는 행동방식이 깊숙하게 새겨져 있다는 것이다(ix).

"각 종의 기본적인 생활 방식은 물려받는 것이지만 이 적응 능력의 정도와 특성은 생물체에 따라 크게 다르며, 이러한 *다양성* 자체가 *유전적 유산*이다"(1, 본문에서 강조). "호모 사피엔스는 모든 생물종 중에서 가장 적응력이 좋다"(1).

사람들이 지구 상의 거의 모든 곳에서 살아갈 수 있도록 하는 기본적인 인간 행동의 특성은 (1) 체내 온도를 조절하는 능력, (2) 태생기 출산과 관련된 특징들의 복합체(자궁 수유, 유방 섭취 및 유아와 부모 사이의 유대감이 필요한 유아의 긴 의존 기간), (3) 사회성 - 경쟁과 더불어 인간 사회 생활을 특징짓는 상호성과 협력(13-14)이다. 이 세 가지 모두에 있어 학습은 핵심적이다. "문화는 학습된 행동으로 정의되며, 그래서 인간 조건에 있어 학습은 필수적이다"(16-17). 이 요지를 삼단논법으로 전개하면 다음과 같다. "인간을 인간답게 만드는 유전적 요인은 대개 불확실하므로 섬세한 조정이 필요하다. 이러한 조정은 상황 조건에 대한 응답이다. 다른 인간의 행동이 상황적 조건을 만든다. 따라서 사회적인 영역과 생물학적 영역은 분리해서 생각할 수 없다"(19).

골드슈미트는 언어와 도구 제작이 구조적으로 논리와 유사하기 때문에 동시에 진화했을 것이라고 주장한다. 따라서 호모 사피엔스(Homo sapiens)의 진화 과정에서 훨씬 이른 시기에 언어가 발달되었을 것이라는 것이다. 네 발 운동을 직립보행으로, 전투력(큰 턱뼈, 큰 송곳니 그리고 예민한 후각)을 큰 두뇌를 담은 큰 머리로 맞바꿈으로써 호모 사피엔스는 다른 생물종과는 차별성을 지니게 되었다. 말하는 것과 물건을 만들 때 뇌에서 일어나는 과정은 본질적으로 비슷하다(21). 말을 하게 되면 (1) 미묘한 뉘앙스가 있는 소리의 표현, (2) 개념 범주(단어 및 범주)의 형성, (3) 요소들 간의 관계를 발화(문법)로 구성이라는 세 가지 작용이 일어난다. 노암 촘스키 Noam Chomsky를 요약하면서 골드슈미트는 "인간은 주변 사람들의 문법 규칙 사용법을 경험하면서 학습을 하게 되는 특별한 뇌의 능력을 가지고 있다"라고 썼다. 사춘기까지 인간이 말하는 것을 듣지 못하는 사람은 문법을 영영 배우지 못하게 된다.

한 어미 고양이가 열심히 새끼를 핥고 돌본다. 이 과정을 통해 어미 고양이는 "새끼 고양이 염색체의 정상적인 성장과 신경세포의 시냅스"를 촉진한다(47). 즉, 자극은 뇌가 발전하는 데 도움이 된다. 그러한 "촉각적 자극"을 받지 못한 유아는 정상적으로 발달하지 못한다. 아베론의 야생 소년 빅터가 그 예이다. 빅터는 1799년 프랑스 마씨프 성트랄 남부에 나무가 우거진 곳에서 발견되었다. 그는 태어나서 12년 동안 인간 사회와 분리되어 살았다. 그의 멘토인 장 마르크 가스파르 이따르 Jean Marc Gaspard Itard는 빅터를 교육하기 위해 끊임없이 노력했지만 이 청년은 결국 인간의 능력을 개발하지 못했다. 그는 약 40세의 나이로 사망했다(Itard, 1801/1962).

"정서적 갈구는 다른 사람에 의해서만 만족될 수 있다. 그러므로 그것은 사회관계의 존재와 본질에 직접적으로 연결되어있다. 분류되는 방법은 다양하지만 이러한 요구를 충족시키는 방법은 일반적으로 소속감과 성취감이 있다. 소속감은 환경 내 다른 사람들과의 일체감이다. 성취감이란 개인이 느끼게 되는 업무에서의 능력과 효율성을 의미한다"(58). "[가르치는 행위의] 결과는 신생아를 사회의 책임있고 유능한 일원으로 변화시키는 것이다. 신생아와 양육자 사이에서 일어나는 길고 친밀한 정서적 '대화'를 거치면서 어린이는 어떤 것이 자신이 갈구하는 긍정적인 반응을 불러일으키고 자신이 고통스러워하는 거부를 피할 수 있게 해주는지에 대해 학습하게 되며 이 과정을 통해 특정 문화의 미묘한 특성과 행동 양식을 점차 습득하게 된다"(61-62).

친족에 대한 용어는 언어적 의미의 사람들에 관한 것이 아니라 관계를 나타내는 것이다. "부족 사회의 신생아는 누구나 어머니, 아버지, 형제자매와 직접적으로 접촉하며 자라고, 친족은 이 친밀한 가족 간의 관계를 지역사회로 확장시켜 모든 사람을 포함하게 된다. 이에 따라 유아기 경험의 원천은 공동체 내의 광범위한 관계를 통해 확장되는 것이다"(110)(사이드바: "친족 관계 계산하기" 참조). "가족의 각 구성원이 자신의 삶이 시작되면서 가지고 있었던 경험을 바탕으로 가슴에 지니게 되는 감정을 친족관계 체계는 확장시킨다"(111). "우리는 유대를 위한 능력을 내재적으로 가지고 있으며, 이를 통해 신생아와 인간의 사회 환경 사이에 정서적인 감정을 만들어낸다. 그 환경은 지시 대상뿐만 아니라 말과도 연결되어 예상되는 정서를 그 범주에 속한 모든 것으로 확장시킨다"(111). "정서적 갈구는 개인이 사회적으로 책임있는 사람이 되게 함으로써 지역 공동체에 헌신하도록 만든다는 측면에서 인간의 진보에 긍정적인 영향을 미친다. 그러나 이것은 인간이 내부적인 생리적 필요성을 채우는 과정의 결과이다"(119).

"양육적 사랑과 정서적 갈구가 사회를 활성화시킨다. 우리가 다른 이들과 더불어 살고 사회 질서를 만들고 유지하도록 하며 또한 우리가 창조성을 가지도록 하여 더욱 정교한 사회적/물리적 구성물을 만들도록 우리의 기준을 끊임없이 끌어올리게 한다"(138).

서적 갈구는 다른 문화권에서 여러 가지 모양으로 나타나지만, 공통적으로 개인적 성장과 사회문화적 변화를 가지고 오는 근본적인 원동력이 된다. 제3세계뿐 아니라 다른 많은 국가의 개인, 특히 어린이가 자라면서 경험하는 왜곡, 박탈, 불평등, 폭력 및 불의를 생각해보면 우리는 가족 결속력 감소, 장소와 이웃에 대한 소속감 저하, 작은 숙박업소와 클럽의 실종, 사회적·종교적 네트워크의 소멸, 노동 숙련도 저하, 비인간적이며 인간소외적인 시장과 관료주의적 거래, 노인들의 외로움과 고립 등의 손실이 초래하는 장기적 영향에 대해 놀라게 된다. 우리는 정서적 갈구를 달랠 방법을 찾게 될 것이다. 그리고 그런 방법 중 일부는 자신들이 유래한 바로 그 문화를 위협하게 될 수도 있다. 예를 들어 로스앤젤레스 근처의 도시 갱들에게서는 가족 구조가 파괴되고 아이들은 핸드폰 같은 전자기기에만 몰두하고 있다. "타자"가 갱들의 행동을 아무리 반사회적인 것으로 낙인찍는다 해도, 젊은 세대에게 있어 이런 갱 집단은 지지, 정체성, 안전, 소속감의 근원이 되어준다.

정서적 갈구라는 개념은 모든 문화에 속한 모든 인간은 다른 사람들로부터의 인정과 사랑의 표현을 찾으려 한다는 것이다. 모든 사회에는 소속감과 가치를 가지려는 개인의 노력을 지원하고 검증하는 제도와 관행이 있다. 우리는 본질적으로 사회적 요구를 가지는 사회적 존재이다. 비인간적 시장 관계와 관료적 거래가 순수한 인간 간 상호 작용을 대체해버린 근대 자본주의 사회는 건강한 사회적 상호 교환의 범위를 제한할 수 있고 이는 소외와 반사회적 행동으로 이어질 수 있다. 신자유주의적 세계화가 개인에게 가치와 인정을 제공하는 사회의 기능을 손상시키거나 파괴하면서 제3세계 사람들의 삶에 큰 영향을 미치고 있다. 이럴수록 우리는 정서적 갈구의 문제가 여전히 존재하며, 지원과 검증을 통해 소속되기를 원하는 개인의 필요성은 어떤 식으로든 채워질 것이라는 점을 기억해야 할 것이다.

차이의 세계 재집필

마이크로소프트 시소러스 사전에서 "collaboration"(협업)이라는 단어를 검색하면 "팀워크", "파트너십", "그룹 노력", "동맹", "관계", "협력" 등의 뜻이 나온다. 정의에 따르면 팀워크의 목적은 "공유"이다. 그러나 각 파트너십이나 동맹 관계가 공유되는 목적에 도달하는 복잡한 과정이 다양하므로 모든 협업은 고유한 특성을 가지게 된다. 이러한 고유성은 협업 참여자가 자신들의 위치성(자신의 지리적, 사회정치적, 제도적 위치), 투자, 개개인의 목적(개인적, 정치적, 지적 등), 공동으로 추구하고자 하는 일련의 어젠다와 전략을 만드는 과정 등에 대해 협상하는 과정을 통해 결정된다. 학문적 협업에 있어 이렇게 복잡한 협상 과정의 특성을 규명하고 분석해보면 우리가 어떻게 지식의 학습자, 사용자, 평가자, 생산자가 되는지 알 수 있다. 여기서 우리는 *차이의 세계* 두 번째 판을 집필하면서 나타난 이와 같은 측면에 대해 간략하게 설명하고자 한다. 우리의 목표는 독자들에게 우리가 누구인지, 어떻게 만났는지 또는 왜 우리가 이 프로젝트에 함께 착수했는지에 관해 세세히 알려주려는 것이 아니다. 우리는 네 명의 저자 사이의 협업이 이 책을 초판(Porter and Sheppard, 1998)과는 아주 다른 책으로 만들게 된 몇 가지 방향에 대해 생각해보고자 한다.

우선, 이 신판은 다양한 후기구조주의 및 페미니즘 관점에 기반한 개발 이론을 체계적으로 논의함으로써 계몽주의와 반계몽주의의 이원법에서 벗어나기 위해 의식적으로 노력했다. 특히 이 책이 시작되는 다섯 개의 장은 제3세계가 식민통치, 국가주도 개발, 신자유주의적 세계화 등을 통해 어떻게 "알기 쉬운" 실체로 구성되고 진화하게 되었는지에 대해 역사적 관점에서 구체적으로 설명하고 있다.

이와 관련하여 초판에서는 페미니즘에 대한 논의가 젠더와 개발(Gender and Development, GAD)의 한 장으로 그쳤지만, 두 번째 판에서는 개발과 차이에 대해 페미니스트 접근 방식에서 제공할 수 있는 통찰력을 적극적으로 모색한다. 개발에 관한 광범위한 철학적 논의를 통해 평균적인 "페미니즘 접근법"을 적용하는 대신, 우리는 페미니즘이 지적인 입장과 정치적 목적 측면에서 여러 가지로 다양하게 존재한다는 관점을 가지고 집필에 임했다. 또한 우리는 페미니즘 자체에서 사용되는 언어가 개발에 관한 수사와 실천을 통해 주류로 편입되며 그로 인한 긍정적/부정적 결과가 함께 존재하는 방식에 주목하고 있다.

셋째, 우리는 여러 가지 다른 수준에서 나타나는 논쟁 주제에 더욱 주의를 기울이고 있다. 예를 들어, 우리는 "여성 문맹 퇴치", "출산율 감소", "생식기 무통"과 같은 슬로건에서 보이는 권한 부여와 폭력에 대한 내러티브가 어떻게 다층화되는지 그리고 "해방"이라는 단어가 어떻게 사회 그룹에 따라 현저하게 다른 의미로 받아들여지는지 탐구하고 있다. 우리는 또한 자연, 자원, 개발, 세계화에 관한 논쟁이 다중 스케일에서 때로는 불협화음으로, 때로는 서로 조화롭게 전개되고 있는 방식을 검토할 것이다.

그러나 기존의 내러티브를 다시 검토하고 논쟁거리와 반대 의견들을 첨가하여 이러한 변화를 어떤 식으로 두 번째 판에 반영할 것인지를 저자 네 명이 논의하는 것은 각자의 학문적 경험과 관점이 다르므로 어려운 과정이 될 수밖에 없었다. 필립 더블유 포터(PWP)와 에릭 셰퍼드 Eric Sheppard(ES)는 15년의 간격을 두고 4장에서 논하는 개발의 시대에 학문의 길로 들어섰다. 필립 포터의 학문적 관점은 동아프리카의 농부와

친족 관계 계산하기

아프리카에서 "가족"이라는 개념은 매우 광범위해서 전체 지역사회와 더불어 별 관련이 없는 개인까지 포함한다. "가족" 또는 "가정"은 편안하고, 유연하며, 호의적이며, 개방적인 개념이다. 모든 성인 여성은 어머니 또는 이모이다. 위험에 처한 어린이는 남성과 여성을 막론하고 모두의 책임이다. 서양인들은 광범위한 친족의 범위에 놀라게 된다. 케냐의 시인 레베카 니요 Rebeka Njau의 시를 케냐의 학생인 니에리 왕가티 Njeri Wang'ati에게 보여주었다. 1980년 후반 당시 그는 미네소타 대학에 다니느라 우리 가족과 미네아폴리스에 살고 있었다. "어, 이거 우리 이모예요!"라고 그녀는 외쳤다. 나는 그녀에게 그 관계를 설명해달라고 부탁했다. 잠시도 망설이지 않고 "그녀는 우리 할머니의 배다른 형제의 사위의 여자 형제"라고 말했다. 다시 말해 그녀 아버지의 할아버지는 손녀가 레베카 니요의 동생과 결혼한 두 번째 아내를 두고 있었다는 것이다. 니에리와 레베카 니요를 연결하려면 일곱 단계와 네 세대를 거쳐야 한다(첨부된 도표 참조). 나는 갖고 있던 봉투에 친족 관계를 도표로 그려달라고 그녀에게 부탁해야 했고, 그건 누구라도 마찬가지였을 것이다. 그 관계는 이미 니에리의 마음속에서 확고하게 연결되어있어 바로 알 수 있는 것이었기 때문에 설명하는 건 쉬웠다.

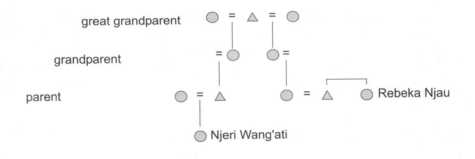

목축주의자들을 대상으로 수십 년간 현장 조사를 수행하면서 형성된 반면, 에릭 셰퍼드는 훨씬 더 거시적인 정치경제와 지역 비교에 기반한 관점을 가지고 있다. 이 두 저자와 함께 공부를 했던 리차 나가르 Richa Nagar(RN)와 데이비드 알 파우스트 David R. Faust(DRF)는 인도와 탄자니아에서 다양한 형태로 장기간 경험하고 연구했으므로 제5장에서 논의되는 페미니즘과 후기 발전주의 이론에 대한 전문성을 가지고 있다. 우리는 서로 다른 관점을 합해 새로운 하나의 견해로 내놓는다기보다 서로 간에 가지고 있는 의견의 불일치를 더욱 넓히고, 복잡성을 더욱 확대하며, 그대로 지속시키는 방식을 취했다. 이를 통해 이 책의 두 번째 판은 더욱 탄탄해질 수 있었다.

집필 중 우리의 의견이 불일치하기도 했던 근본적인 원인 중 하나는 용어, 이론, 그림, 지도, 그래프 등과 같이 각자가 익숙한 언어가 다르다는 점이었다. 이러한 차이는 우리의 세부 전공 분야나 학제 간 교육 분야, 위치한 곳, 지적 투자 정도가 달랐기 때문에 발생했다. 두 번째로, 우리는 문해력과 권한 부여라는 문제에 대해 접근하는 방식이 달랐다. 다른 문제점은 어떤 것이 일반화될 수 있다거나 일반화되어야 하며 또 어떤 것을 역사적, 지리적인 특수성을 인정하고 고유한 것으로 남겨두어야 하는가를 결정하기가 쉽지 않다는 것이었다. 마지막으로, 어떻게 제3세계 사람들과 그들이 속한 장소, 문화를 "타자화"시키지 않으면서 "다른 세계"에 대한 우리의 이해를 구성하고 해체하는 과정에 대해 쓰고 논의할 것인지를 결정하는 것 또한 어려운 작업이었다.

이러한 모든 의견의 불일치가 해결될 수 있는 건 아니다. 사실 우리는 신중하게 원고를 재집필하고 편집하는 과정을 통해 이 문제를 해결할 수 있는 것처럼 보이는 것을 원하지 않는다. 그보다 우리의 공동 작업이 가지게 되는 특성으로 인해 이 책이 개발정치학과 글로벌 정치경제에 대한 다른 저서와 차별성을 가진다는 점을 강조하고 싶다. 우선, 우리는 개발 이론에서부터 인간과 환경 간의 상호 작용과 세계 남반구의 산업화에 이르는 영역까지 상당히 깊이있는 논의를 하기 위해 노력했다. 그렇게 함으로써, 우리는 광범위하게 서로 연결된 과정에 대해 논의를 하게 된다. 그렇지만 흐름, 상호 연결성, 일련의 발전 과정이라는 개념을 모든 주제에 적용하지는 않는다. 우리 자신들 간의 이론적, 정치적 의견이 불일치하여 공동 집필을 위한 대화를 진행하는 과정에서 어려움이 있었던 점도 우리가 일련성이나 흐름이라는 개념을 애써 적용하지 않았던 이유의 일부를 차지한다.

따라서 이 새로운 "차이의 세계"는 북반구 – 남반구의 이원론, 식민주의의 공간적 이미지, 식민주의적 시선에 대해 비판적으로 접근함에도 불구하고 때론 우리가 사용하는 자료나 사이드바가 이러한 이원론과 이미지를 오히려 강화하는 것처럼 비칠 수 있다. 또는 장들 간, 한 장에 속한 부분이나 사이드바 간에도 논쟁이 여전히 존재하여 의견의 불일치를 보이는 지점이 있을 것이다. 우리는 이러한 점을 공동 작업의 결함이나 한계점으로 인식하지 않는다. 오히려 이를 통해 우리 독자인 당신들에게 두 가지 좋은 기회를 제공한다. 첫째, 우리는 여러분에게 책의 후반부에 제시되는 실증적인 자료를 책 초반부에서 제기된 이론적 논쟁들과 대비시켜 보길 권한다. 둘째, 이 책에서 나타나는 다양한 의견과 지식의 불일치가 서로 엮이면서 차이라는 개념을 어떻게 더욱 복잡하게 만드는지 생각해보길 권한다. 이 두 가지 개념은 상호 연관되어있다. 물질적 차별화는 서로 다른 지식을 거쳐 실현되며, 서로 다른 지식은 다시 물질적 차이를 재현하고 정당화한다. 우리는 이 책이 전체적으로 당신이 살고 있는 세계를 포괄적으로 이해하는 데 있어 도움이 되기를 바란다. 그뿐만 아니라 우리의 차이의 세계가 서로 다른 지식과 이런 지식을 더욱 공고히 하는 권력과의 관계를 통해 재생산되는 방식에 대해 학문적으로도 접근하게 될 수 있기를 바란다.

몸, 공동체, 지구: 차이의 세계에 대한 접근법 결정하기

"지역적인 것이 세계적인 것이다"라거나 "우리는 지구촌 마을에 살고 있다" 등은 이제 널리 통용되는 지혜가 되었다. 이러한 진리의 대중화에는 NGO, UN회의, 미국 국제개발기구 등에서 주관하는 프로젝트뿐 아니라 리바이스와 리복도 한 몫을 했다. 세계무역기구(WTO)의 협상 결과나 국제통화기금과 세계은행의 정책 또는 국가가 실시하는 농촌개발 프로그램 그리고 돌, 코카콜라, 엑슨모빌, IBM, 구글 등의 비즈니스가 모두 왐부아무아테와 그 이웃들의 삶에 영향을 미치고 있다는 것을 우리는 알고 있다. 그러나 지구적인 것이 지역적인 것이라거나 "지구촌"에서 대규모로 제외된 이들에게는 글로벌이 마을 두 개와 근방의 시골 도심 정도로 정의되곤 하는(Sangtin Writers, 2006) 사실은, 지역적인 것과 글로벌한 것에 대한 대중적인 이해와 거리가 있어 보인다. 실제로 세계화에 대한 학문적 연구와 미디어는 일정한 공간, 스케일, 주제에 대해 지속적으로 논의하는 한편 나머지에 대해서는 함구해왔다. 일반적으로,

> 세계 자본주의 담론은 지속적으로 여성, 소수 민족, 빈곤층, 지구 남반구 지역을 세계화의 일부분으로 위치시킨다. 여성 그리고 남반구와 북반구의 쇠퇴한 산업지역은 수동적인 이미지로 가공되면서 이 이미지들은 동시에 세계화를 자본주의적, 서구 중심적, 세계 경제의 유일한 미래인 것처럼 담론이 형성되게 만든다. 그 결과는 "자본주의적 근시안"이며, 이 관점을 통해 학자들은 글로벌 자본주의가 어느 곳이나 나타나고 있다고 가정하며, 다른 비자본주의적, 비공개적 영역과 주체들은 보지 못하고 만다(Nagar, Lawson, McDowell, and Han son, 2002: 262 – 263).

"차이의 세계"의 두 번째 판은 그동안 연구의 중심이 되어온 글로벌 자본주의 개발의 공간, 주제, 스케일에 대해 논하기 전에 지금껏 배제되어 온 것들에 대한 논의부터 시작함으로써 이러한 치우친 연구 경향을 바로잡으려 한다. 동시에 우리는 분석을 통해 한편으로는 지역적인 것과 글로벌한 것에 대한, 다른 한편으로는 지배적이고 종속적인 장소 및 주체 등에 대한 구분을 비판한다. 우리는 이러한 구분은 언제나 심층적으로 얽혀있으며 서로 영향을 주고받으며 형성되어간다는 점을 강조하려 한다. 이 두 가지 목

적을 정당화하기 위해 본 저서는 3부로 구성되었다. 제1부는 다양한 차이를 이해하는 방법과, 이러한 차이가 어떻게 개발의 이론과 실제의 일부분이 되었는지에 대해 설명한다. 제2부는 차이와 연관된 사회적 관계와, 이러한 관계가 어떻게 생물물리학적 과정과 연결되었는지를 논한다. 제3부에서는 차이와 연관된 사회적 관계를 살펴보고, 이러한 관계가 거시적인 글로벌 차원의 과정들과 어떻게 연계되어 있는지를 검토한다. 사회, 자연, 개발이라는 초판의 주제는 여전히 우리의 관심사다. 하지만 이렇게 두 번째 판을 세 부분으로 나눔으로써 우리는 이미 지배적인 것에만 강조점을 두는 문제를 피하면서 문화, 자연, 개발, 신자유주의적 세계화 간의 관계를 맥락 의존적이고 구성적인 담론의 실천과 물질성의 관점에서 분석하고 있다.

2

차이와 개발 측정, 묘사, 지도화

개발을 측정하는 것은 흔히 국가가 동질적인 대상이라고 가정하고 이들을 정렬하고, 분류하고, 순위를 정하는 것이다. 그러나 인도 언론인 세나쓰 P. Sainath(2006)의 칼럼 도입부는 하나의 국가(여기서는 인도)의 국경 안에 무수하게 분리되어 존재하는 세계들 간에 차이가 얼마나 큰지에 대한 단초를 제공하고 있다.

비다르바 지역 농장에서 발생한 자살은 이번 주를 기점으로 400건을 넘었다. 센섹스 주식 지수가 11,000선을 넘어섰다. 그리고 라크메 패션 주간을 맞아 이와 관련된 언론기사는 500건이 넘었다. 세 가지 사건 모두 사상 처음이다. 그리고 모두 같은 주에서 일어났다. 그리고 각각은 영리하면서도 기괴한 방법으로 인도라는 "용감한 새로운 세계"가 어디로 향하고 있는지를 포착하고 있다. 한편으로는 가진 자와 더 가진 자 그리고 다른 한편으로는 빼앗긴 자들과 필사적인 자들 간의 대규모 단절의 강력한 증거이다.

이 장에서는 세계의 사람들이 차이를 어떻게 직면하고 있는지에 대한 기본적인 자료를 살펴본다. 차이를 어떻게 대면하는지의 문제는 다양한 구조를 가지고 있어 항상 우리의 이해를 가로막고 있기 때문에 피할 수도 없고 언제나 문제가 되는 작업이다. 첫째, 언어 자체가 문제다. 시간의 흐름에 따라 단어가 모여 차이와 개발을 설명하는 어휘가 형성된다. 우리가 이런 단어를 사용하여 차이와 개발에 대한 주장을 전개하고 결론을 내리는 방식은 담론이 된다(3장 참조). 다음의 단어 목록을 생각해보자.

개발	인종
재산	계급
빈곤	자원
문해력	희소성
자율성	인구
자유	문제
무역	자연
소득	생태다양성
부	억압
지속 가능성	진실
환경의	명예
저하	치욕
오염	진보
순위	보편주의
기대수명	이성
건강	다양성
젠더	

이 단어와 문구는 각각 이론에 기반한 것이다. 이들은 캄보디아의 여성 농부, 태국 정부의 개발 관료, 뉴욕시의 증권 중개인 또는 심지어 같은 교실에 있는 학생 두 명 간에도 의미가 완전히 다르게 해석될 수 있다.

둘째, 자료의 집계와 구성의 문제이다. 대부분의 경우 자료는 정치단위인 국가(statistics라는 단어의 기원이 된 states)가 집계한다. 국제기구도 자료를 수집하긴 하지만 많은 경우 각 국가들이 수집한 자료를 사용한다. 다른 대안이 없기 때문에 분석가들은 차이와 개발을 국가 단위로 논의하게 된다. 브라질의 1인당 국민총소득(GNI)이 3,090달러라는 2004년의 통계는 우리에게 전달하는 정보도 있지만 은폐되는 정보 역시 그에 못지않다.[1] 평균 소득이라는 수치로는 브라질 사람들의 소득 범위와 수입의 분배구조를 알 방법이 없다(실제로 브라질의 소득 상위 10% 인구는 소득 최저 10% 인구의 93배나 된다). 국가 단위의 데이터 사용이 위험한 또 한 가지 이유는 등급이 매겨진다는 것이다. 우리는 국가 간 순위를 매기고 분류해서 1위인 룩셈부르크가 5위인 덴마크보다 나으며, 최하위의 208위인 브룬디에 비해 훨씬 낫다고 평가한다.

세 번째 문제는 앞에서 언급된, 차이와 개발을 설명하기 위해 우리가 사용하는 방법들이다. 국가총생산(GNP), 국내총생산(해외에서 송금되거나 해외로 송금된 돈은 포함하지 않는 GDP), 물리적 조건 지수(PQLI), UN의 인간개발지수(HDI)와 같은 지표에 우리는 익숙하다. 그러나 정도의 차이는 있지만 이 지수 중 어느 것도 개인이 얼마나 행복한지 또는 삶이 개인의 자아실현과 발전을 위한 기회를 제공한다고 느끼는지는 측정하지 않는다. 학자들은 차이와 발전의 척도를 개선하려고 지속적으로 노력하고 있다. 이러한 노력의 일환으로 부탄 왕국에서는 최근 GDP가 아니라 국민총행복도(GNH)를 계산하기 시작했다. 이 지수는 소득뿐 아니라 "건강관리에 대한 접근성, 가족과의 자유시간, 천연자원 및 기타 비경제적 요인의 보전"도 고려한 측정지표를 고안할 것을 제안하고 있다 (Revkin, 2005b: D1).

제3세계, 용어의 기원

단어는 자체적인 생명을 지닌다. "제3세계"라는 용어는 가난하고 덜 발전된 남쪽 어딘가[2]를 지칭하는 오늘날의 일반적인 사용법과는 완전히 다른 의미에서 사용되기 시작했다. "제3세계"라는 용어는 1955년 "비동맹 운동"의 의미로 만들어졌다. 따라서 본래 사용된 의미는 냉전의 산물로, 경제적인 것이 아니라 정치적인 것이었다. 1955년, 29개국 대표가 인도네시아에서 훗날 반둥회담으로 알려진 회의를 열었다. 이는 인도네시아의 수카르노, 중국의 주언라이, 이집트의 나사르, 인도의 네루 등이 참가한 회담이었다. 서부유럽과 북미의 자본경제인 "제1세계" 그리고 동부유럽과 소비에트 연맹의 중앙집권적 경제인 "제2세계"와 구별하여 "제3세계"라는 용어는 더 이상 식민지가 아닌 신생 독립국들이 중립적이고 세계정치질서로 편입되지 않는 외교 정책을 추구하기 위한 정치적 선언이었다. 라틴 아메리카 국가들은 반둥회담에 참석하지 않았다. 라틴 아메리카는 미국경제와 너무 긴밀하게 연결되어있어 세계정치질서로의 편입을 거부하는 29개 참가국의 입장과는 맞지 않았기 때문에 초대되지 않았다. 아시아와 아프리카 국가들은 2003년 7월에 반둥에서 다시 만나 1955년 반둥회담의 원칙을 재확인했다(공동 의장 선언문, 2003).

　　비동맹운동은 1961년 유고슬라비아 베오그라드에서 티토 Marshal Tito의 주최로 다시 모였다. 이번에는 많은 라틴 아메리카 국가들이 참가했다. "제3세계"를 자처하는 국가는 점차 증가하여 의제는 경제 문제를 포함하도록 확대되었다. UN 내에서도 이러한 움직임이 일어났다. 예를 들면 무역과 개발에 관한 UN 회담(UNCTAD, United Nations Conference on Trade and Development)이 1962년 창설되어 1964년 첫 회담을 가졌다. UNCTAD는 제3세계 국가들이 (1) 자신들이 생산한 품목의 가격, (2) 무역장벽 감소, (3) 제3세계에 대한 자본투자 확대 등에 대해 협상할 수 있는 제도적인 장치가 되었다. 코코아, 커피, 구리 등의 품목에 대한 모든 국제무역협정이 UNCTAD를 통해 체결되었다.

UNCTAD는 관세와 무역에 관한 일반협정(GATT, General Agreement of Tariffs and Trade)에도 영향을 미쳤다. GATT는 무역에 관여하는 모든 국가가 관세와 무역에 대한 사안을 협상하기 위한 창구를 제공하기 위해 1947년에 만들어진 후 정기적인 재협상을 거쳐 우루과이 라운드가 마지막으로 1994년에 체결되었다. 세계무역기구(WTO)가 그 뒤를 이어 1995년 설립되어 무역 관련 문제를 협상하는 기구가 되었으며 현재 진행되는 무역 협상은 "도하(Doha) [카타르] 개발어젠다"로, 2001년 11월에 시작되어 2005년 12월 홍콩에서 협상이 재개되었다.

　　제3세계 국가는 1974년의 "새로운 국제경제질서"(New International Economic Order [NIEO])를 제창하는 데 큰 역할을 했지만 제1세계 국가들도 이에 동조했다는 의미는 아니다. NIEO는 개발도상국의 개발 목표로 "기본적 필요성"에 대한 충족을 추진하자고 제안했다. "기본적 필요성" 충족이 가장 시급한 77개국이 제3세계에 포함되었다. 이를 통해 제3세계는 130개국이 넘는 국가로 이루어지게 되었다.

　　제3세계 국가들은 UN을 통해 권력의 불균형을 감소시키기 위한 다른 노력도 기울였다. 예를 들면 UN 교육, 과학 및 문화기구(United Nations Educational, Scientific, and Cultural Organization[UNESCO])는 새로운 국제정보질서를 제안하여, 제3세계 정부와 국가에 대한 언론 및 통신 산업의 권력 관계를 변화시키고자 했다. 미국은 이 제안에 강하게 반대하면서, 수년 동안 유네스코 회원국 유지 및 재정적 지원을 철회하기도 했다.

빈곤의 실증적 지표

> [여성]은 세계 성인 인구의 50%와 노동인구의 1/3을 차지하지만, 총 노동시간의 2/3 가까이를 채우면서도, 세계 소득의 1/10만 받고 세계 재산의 1% 미만을 소유한다.
>
> － UNITED NATIONS(1980: 16항)

자주 인용되는 위 문구는 성차별이 상당한 물질적 불평등으로 이어지는, 세계에 존재하는 중요한 역설을 지적하고 있다. 그렇지만 위 문구는 심지어 한 마을에 거주하는 여성 두 명 사이에도 여학생이나 성인 여성으로 경험하게 되는 삶이 완전히 달라질 수 있다는 것에 대해서는 보여주지 않는다. 수입, 교육, 건강관리, 재산, 자신들과 가족들에 대한 열망, 삶에서 꿈을 추구할 수 있는 능력 등의 차이에 대해서 말이다. 북부 인도의 한 지역 출신인 농촌 지역 활동가 일곱 명이 모여, 같은 마을에서 작은 소녀로서 각자가 경험했던 서로 다른 의미의 박탈감에 대해 생각하게 되는 내용의 책에는 다음과 같은 부분이 나온다.

우리의 삶 일곱 개의 스토리를 연결했을 때, 서로 카스트 제도의 최상위와 최하위에 속할 때도 있었지만, 우리가 그 제도의 두꺼운 밧줄에 묶여있다는 것을 반복적으로 발견할 수 있었다. ...우리 각자는 박탈감을 가지고 있었지만, 카스트 제도를 기반으로 행해지는 폭력을 통해 이러한 박탈감이 형성되고, 심화되고, 독성을 품게 된다는 것이 우리 토론의 주제가 되었다. ...우리 중 일부는, 가난하긴 해도 우연히 상위 계급에서 태어난 이유로 우리의 삶이 다른 사람들에 비해 훨씬 쉬웠다는 사실을 받아들이기 어려워했다. 굶주림의 고통은 모든 어린이에게 동일하지만, 그 고통이 제거되는 환경과 수단에 따라 한 어린이의 굶주림과 다른 어린이의 굶주림은 다른 것이 된다. 한 가정에서 먹거나 요리할 것이 아무것도 없거나 또는 수확을 마친 남의 밭에서 남은 것을 줍기 위해 자신의 갓난아기를 밭 가장자리에 눕혀야 하는 엄마의 상황과, 많은 문제가 있긴 하지만 배고픈 아이들을 먹이기 위해 렌틸콩, 땅콩, 쌀 약간씩을 남겨둘 수 있는 어머니의 사뭇 다른 상황을 어떻게 구별하지 않을 수 있겠는가?...그리고 또, 우리는 굶주린 브라만 Brahman 계급의 소녀가 이웃의 장례식에서 음식을 훔쳐 가족의 굶주림을 채워줄 수 있었던 반면, 같은 지역에 사는 달릿 Dalit 계급의 소녀는 힌두 계급이 내다 버린 음식이 길거리에 조금이라도 남아있기를 희망했을 뿐이라는 것을 알게 되었다(Sangtin Writers and Nagar, 2006: 26-27).

인종, 성별, 계급, 종교, 인종, 지리적 위치의 축을 따라 나타나는 사회경제적, 정치적 차이가 복잡한 방식으로 연동된 결과 우리 각자는 고유한 특성을 지니고 있다. 하지만 동시에 우리가 지니게 되는 사회적 특성은 어느 정도 예측이 가능하기도 하다. 고유한 것과 예측 가능한 것 간에 나타나는 긴장감은 쉽진 않지만 우리가 차이의 세계를 배워 이해하고 받아들이는 데 필요한 긴장감이다. 위 인용문에서 예를 들면, 카스트 제도가 지배하는 맥락에서는 굶주림과 박탈이 브라만 계급 소녀와 달릿/불가촉천민 소녀에게 결코 같을 수 없다는 것을 우리는 예측할 수 있다. 동시에, 인도의 같은 마을에 살고 있는 브라만 계급 소녀들과 달릿 계급 소녀들은 위에서 비교한 두 소녀와 비슷한 방식으로 굶주림을 경험한다고 하는 것은 무책임할 뿐 아니라 심지어 위험하기까지 한 일반화이다.

이는 국가의 인구처럼 그룹의 평균 특성을 나타내는 통계를 다룰 때 기억해야 할 점이다. 이 절에서 우리는 심각한 결함에도 불구하고 자주 사용되는 세 가지 지표, 즉 국민총생산(GNI), 물리적 삶의 질 지수(PQLI), 인간개발지수(HDI)와 국가경제를 살펴보도록 한다. 사진 2.1은 세계 경제의 분류를 보여주며 이 책에서 다루는 차이의 세계를

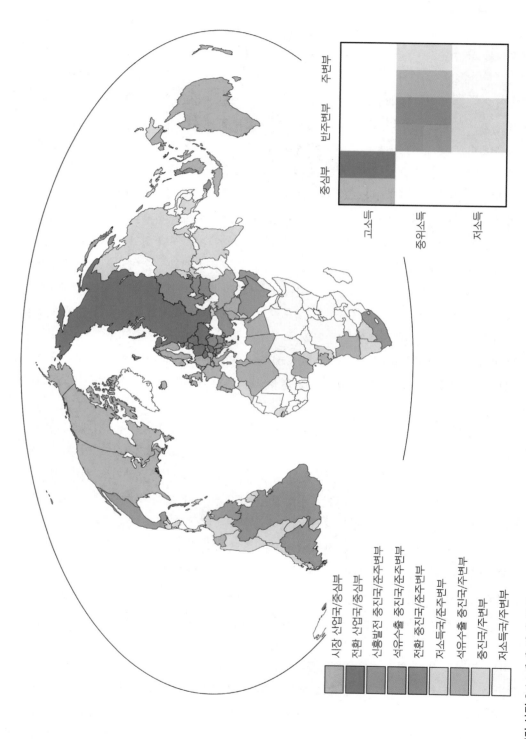

주변부

반주변부

중심부

고소득

중위소득

저소득

시장 산업국/중심부

전환 산업국/중심부

신흥발전 중진국/준주변부

석유수출 중진국/준주변부

전환 중진국/준주변부

저소득/준주변부

석유수출 중진국/주변부

중진국/주변부

저소득국/주변부

컬러 사진 2.1. 세계 경제 분류

나타내는 첫 번째 지도이다. 표 2.1과 사진 2.1은 세계의 국가들을 몇 가지 기준으로 나누어본 것이다. 이 기준들은 중심국가 대 주변국 관계, 시장 대 전환기 경제, 특수한 상황 여부(예를 들어 신흥발전국 또는 석유생산국) 그리고 소득수준 등이다. 이렇게 서로 다른 분류 기준을 교차적으로 적용하면3) 세계가 훨씬 복잡하게 나누어져있는 것을 볼 수 있다. 구소련과 동유럽은 1989년 이후 제1세계와 같은 시장 경제로 전환했기 때문에 소비에트 연맹, 동부유럽, 유고슬라비아는 산업화 단계에 따라 "전환 산업국/중심부"국가 또는 "전환 중진국/준주변부"국가로 분류했다.

표 2.1. 글로벌 경제 기본 데이터

국가	면적 (제곱마일)	인구 (2004년, 백만)	국민총생산 (2004년, 미달러)	물리적 삶의 질 지수 (2001)	인간 개발지수 (2001)	지니계수	하루 $2 미만으로 사는 인구 비율(%)
			그룹 A. 시장 산업국/중심부				
호주	2,966,155	20.1	26,900	97	0.939	35.2	—
오스트리아	32,377	7.5	32,300	97	0.929	23.1	—
바하마	5,382	0.3	14,920	86	0.812	—	—
벨기에	11,783	10.4	31,030	97	0.937	25.0	—
캐나다	3,849,674	31.9	28,390	98	0.937	31.5	—
키프로스	2,276	0.8	17,580	96	0.891	—	—
덴마크	16,638	5.4	40,650	96	0.930	24.7	—
핀란드	130,559	5.2	32,790	97	0.930	25.6	—
프랑스	211,208	60.0	30,090	97	0.925	32.7	—
독일	96,027	82.6	30,120	97	0.921	30.0	—
그리스	50,944	11.1	16,610	96	0.892	32.7	—
아이슬란드	39,769	0.4	38,620	98	0.924	—	—
아일랜드	27,136	4.0	34,280	95	0.930	35.9	—
이스라엘	8,019	6.8	17,380	96	0.905	35.5	—
이탈리아	116,320	57.6	26,120	97	0.916	27.3	—
일본	144,870	127.8	31,700	100	0.932	24.9	—
룩셈부르크	998	0.5	56,230	96	0.930	26.9	—
몰타	122	0.4	12,250	94	0.856	—	—
네덜란드	16,133	16.3	24,300	97	0.938	32.6	—
뉴질랜드	103,519	4.1	20,310	97	0.917	—	—
노르웨이	149,412	4.6	52,030	97	0.944	25.8	—
포르투갈	35,516	10.4	14,350	93	0.896	35.6	—
스페인	194,885	41.3	21,210	97	0.918	32.5	—
스웨덴	173,732	9.0	35,770	98	0.941	25.0	—

국가	면적 (제곱마일)	인구 (2004년, 백만)	국민총생산 (2004년, 미달러)	물리적 삶의 질 지수 (2001)	인간 개발지수 (2001)	지니계수	하루 $2 미만으로 사는 인구 비율(%)
스위스	15,943	7.4	48,320	97	0.932	33.1	—
영국	93,629	59.4	33,940	96	0.930	36.1	—
미국	3,679,245	293.5	41,400	95	0.937	40.8	—
그룹 B. 전환 산업국/중심부							
벨라루스	80,155	9.8	2,120	89	0.804	21.7	0.7
쿠바	42,804	11.4	2,800	94	0.806	—	—
체코	30,450	10.2	9,150	94	0.861	25.4	0.2
에스토니아	7,413	1.4	7,010	91	0.833	37.6	—
헝가리	35,920	10.1	8,270	91	0.837	24.4	1.5
폴란드	120,728	38.2	6,090	93	0.841	31.6	1.2
러시아연방	6,592,849	142.8	3,410	87	0.779	48.7	23.8
슬로베니아	7,820	2.0	14,810	95	0.881	28.4	0.1
우크라이나	233,090	48.0	1,260	88	0.766	29.0	31.4
그룹 C. 신흥발전 중진국/준주변부							
아르헨티나	1,073,400	38.2	3,720	91	0.849	52.2	14.3
브라질	3,286,488	178.7	3,090	82	0.777	59.1	22.4
홍콩	412	6.9	26,810	—	0.889	—	—
한국	38,025	48.1	13,980	94	0.879	31.6	—
말레이시아	127,502	25.2	4,650	88	0.790	49.2	9.3
푸에르토리코	3,515	3.9	10,950	62	—	—	—
싱가포르	239	4.3	24,220	95	0.884	—	—
남아프리카	433,680	45.6	3,630	69	0.684	59.3	34.1
대만	13,900	22.9	23,400	86	—	—	—
터키	300,948	71.7	3,750	82	0.734	41.5	10.3
그룹 D. 석유수출 중진국/준주변부							
바레인	256	0.7	17,100	89	0.839	—	—
쿠웨이트	6,880	2.5	17,970	89	0.820	—	—
멕시코	761,605	103.8	6,770	88	0.800	51.9	26.3
오만	82,030	2.7	7,890	83	0.755	—	—
카타르	4,416	0.6	21,500	86	0.826	—	—
사우디 아라비아	864,869	23.2	10,430	83	0.769	—	—
아랍 에미레이트	32,278	4.3	23,200	86	0.816	—	—
베네수엘라	352,145	26.1	4,020	89	0.775	48.8	30.6

국가	면적 (제곱마일)	인구 (2004년, 백만)	국민총생산 (2004년, 미달러)	물리적 삶의 질 지수 (2001)	인간 개발지수 (2001)	지니계수	하루 $2 미만으로 사는 인구 비율(%)
그룹 E. 석유수출 중진국/주변부							
알제리	919,595	32.4	2,280	75	0.704	35.3	15.1
앙골라	481,354	14.0	1,030	27	0.377	—	—
브루나이	2,226	0.4	18,600	93	0.872	—	—
에콰도르	109,484	13.2	2,180	86	0.731	43.7	36.1
이집트	386,662	68.7	1,310	71	0.648	28.9	44.0
가봉	103,347	1.4	3,940	63	0.653	—	—
인도네시아	741,101	217.6	1,140	80	0.682	51.7	34.3
이란	636,296	66.9	2,300	79	0.719	—	—
이라크	169,235	25.3	1,600	62	0.599	—	—
리비아	679,362	5.7	4,450	85	0.783	—	—
나이지리아	356,669	139.8	390	51	0.463	50.6	90.8
시리아	71,498	17.8	1,190	81	0.685	—	—
튀니지	63,170	10.0	2,630	81	0.740	41.7	6.6
그룹 F. 전환 중진국/준주변부							
보스니아헤르체고비나	19,741	3.5	2,040	90	0.777	—	—
불가리아	42,823	7.8	2,740	90	0.795	26.4	—
크로아티아	21,829	4.5	6,590	94	0.818	29.0	0.5
카자흐스탄	1,049,156	15.0	2,260	80	0.765	35.4	8.5
라트비아	24,595	2.3	5,460	90	0.811	32.4	11.5
리투아니아	25,212	3.4	5,740	92	0.824	32.4	6.9
마케도니아	9,928	2.1	2,350	89	0.784	—	—
몰도바	13,012	4.2	710	86	0.700	40.6	64.1
루마니아	91,699	21.6	2,920	89	0.773	28.2	20.5
세르비아-몬테네그로	39,449	10.8	2,620	88	—	—	—
슬로바키아	18,933	5.4	6,480	93	0.836	19.5	—
투르크메니스탄	188,456	4.9	1,340	78	0.748	40.8	44.0
우즈베키스탄	172,742	25.9	460	84	0.729	33.3	71.7
그룹 G. 중진국/주변부							
엔티가바부다	171	0.1	10,000	89	0.798	—	—
바베이도스	166	0.3	9,270	95	0.888	—	—
벨리즈	8,866	0.3	3,940	86	0.776	—	—
볼리비아	424,165	0.0	960	74	0.672	58.9	34.3
보츠와나	224,711	1.7	4,340	53	0.614	—	55.7
카메룬	183,569	16.4	800	52	0.499	—	50.6

국가	면적 (제곱마일)	인구 (2004년, 백만)	국민총생산 (2004년, 미달러)	물리적 삶의 질 지수 (2001)	인간 개발지수 (2001)	지니계수	하루 $2 미만으로 사는 인구 비율(%)
카보 베르데	1,557	0.5	1,770	79	0.727	—	—
칠레	292,135	16.0	4,910	94	0.831	57.5	9.6
콜롬비아	440,831	45.3	2,000	88	0.779	57.1	22.6
콩고	132,047	3.9	770	57	0.502	—	—
코스타리카	19,730	4.1	4,670	95	0.832	45.9	9.5
도미니카	290	0.1	3,650	91	0.776	—	—
도미니카 공화국	18,704	8.9	2,080	78	0.737	47.4	0.8
엘살바도르	8,124	6.7	2,350	81	0.719	50.8	58.0
피지	7,078	0.9	2,690	87	0.754	—	—
그레나다	133	0.1	3,760	84	0.738	—	—
과돌루프	687	0.4	7,900	76	—	—	—
과테말라	42,042	12.6	2,130	72	0.652	—	37.4
온두라스	43,277	7.1	1,030	78	0.667	59.0	44.0
자메이카	4,244	2.7	2,900	89	0.757	36.4	13.3
요르단	37,737	5.4	2,140	86	0.743	36.4	7.4
키르기스스탄	76,641	5.1	400	82	0.727	40.5	—
레바논	4,015	4.6	4,980	86	0.752	—	—
마카오	7	0.4	19,400	—	—	—	—
몰디브	115	0.3	2,510	81	0.751	—	—
마르티니크	425	0.4	14,400	—	—	—	—
모리셔스	788	1.2	4,640	86	0.779	—	—
모로코	172,414	30.6	1,520	68	0.606	39.5	14.3
나미비아	317,818	2.0	2,370	61	0.627	—	55.8
파나마	29,762	3.0	4,450	90	0.788	48.5	17.6
파푸아뉴기니	178,704	5.6	580	60	0.548	50.9	—
파라과이	157,048	5.8	1,170	86	0.751	57.7	30.3
페루	496,225	27.6	2,360	84	0.752	46.2	37.7
필리핀	115,831	83.0	1,170	86	0.751	46.2	47.5
레위니옹	967	0.8	6,000	—	—	—	—
세네갈	75,951	10.5	670	46	0.430	41.3	—
세이셸	175	0.1	2,300	89	0.840	—	—
세인트키츠네비스	104	0.4	7,600	88	0.808	—	—
세인트루시아	238	0.2	4,310	87	0.775	42.6	—
세인트빈센트그레나딘	150	0.1	3,650	88	0.755	—	—
수리남	63,251	4.0	2,250	87	0.762	—	—
스와질란드	6,704	1.1	1,660	45	0.547	60.9	22.6
태국	198,115	62.4	2,540	87	0.768	41.4	32.5

국가	면적 (제곱마일)	인구 (2004년, 백만)	국민총생산 (2004년, 미달러)	물리적 삶의 질 지수 (2001)	인간 개발지수 (2001)	지니계수	하루 $2 미만으로 사는 인구 비율(%)
트리나드토바고	1,980	1.3	8,850	90	0.802	40.3	20.0
우루과이	67,574	3.4	3,950	93	0.834	42.3	3.9
바누아투	4,706	0.2	1,340	64	0.568	—	—
서사모아	1,097	0.2	5,600	88	0.775	—	—
그룹 H. 저소득국/준주변부							
알바이나	11,100	3.2	2,080	86	0.735	—	11.8
아르메니아	11,506	3.0	1,120	88	0.729	44.4	49.0
아제르바이잔	33,436	8.3	950	82	0.744	36.0	33.4
중국	3,718,782	1,296.5	1,290	83	0.721	40.3	71.0
조지아	26,911	4.5	1,040	94	0.746	37.1	15.7
인도	1,237,062	1,079.7	620	64	0.590	37.8	32.5
북한	46,540	22.8	1,000	56	—	—	—
타지키스탄	55,251	6.4	280	83	0.677	—	58.7
그룹 I. 저소득국/주변부							
아프리카							
베닌	43,484	6.9	530	43	0.411	—	—
부르키나파소	105,869	12.4	360	33	0.330	48.2	81.0
부룬디	10,745	7.34	90	35	0.337	33.3	87.6
중앙아프리카 공화국	245,535	4.0	310	34	0.363	61.3	84.0
차드	495,755	8.8	260	36	0.376	—	—
코모로	838	0.6	530	62	0.528	—	—
콩고	905,568	54.8	120	37	0.363	—	
코트디부아르	123,847	17.1	770	38	0.396	36.7	—
지부티	8,958	0.7	1,030	47	0.462	—	
적도기니	10,831	0.5	2,700	56	0.664	—	
에리트리아	36,170	4.5	180	53	0.446	—	—
에티오피아	446,953	70.0	110	36	0.359	40.0	77.8
감비아	4,361	1.5	290	46	0.463	47.8	54.3
가나	92,098	21.1	380	65	0.567	39.6	79.8
기니	94,926	8.1	460	40	0.425	40.3	—
기니비사우	13,948	1.5	160	33	0.373	56.2	
케냐	224,961	32.5	460	57	0.489	44.5	58.3
레소토	11,720	1.8	740	49	0.510	56.0	56.1
라이베리아	38,250	3.5	110	33	0.311	—	—
마다가스카	226,658	17.3	300	56	0.468	46.0	85.1

국가	면적 (제곱마일)	인구 (2004년, 백만)	국민총생산 (2004년, 미달러)	물리적 삶의 질 지수 (2001)	인간 개발지수 (2001)	지니계수	하루 $2 미만으로 사는 인구 비율(%)
말라위	45,747	11.2	170	37	0.387	—	76.1
말리	478,767	12.0	360	30	0.337	50.5	90.6
모리타니	397,956	2.9	420	41	0.454	37.3	63.1
모잠비크	308,642	19.1	250	31	0.356	39.6	78.4
니제르	489,191	12.1	230	22	0.292	50.5	85.8
르완다	10,169	8.4	220	42	0.422	28.9	—
상투미프린시페	372	0.2	1,200	78	0.639	—	—
시에라리온	27,925	5.4	200	15	0.275	62.9	—
소말리아	246,201	9.9	500	24	0.221	—	—
수단	967,500	34.4	530	58	0.503	—	—
탄자니아	364,900	36.6	330	49	0.400	38.2	72.5
토고	21,925	5.0	380	51	0.501	—	—
우간다	93,104	25.9	270	50	0.484	37.4	96.6
서사하라	102,703	0.2	—	—	—	—	—
잠비아	290,586	10.6	450	39	0.386	52.6	87.4
짐바브웨	150,873	13.2	480	50	0.496	56.8	83.0
아시아							
아프가니스탄	251,826	27.2	700	13	0.229	—	—
방글라데시	55,598	140.5	440	58	0.502	33.6	82.8
부탄	17,954	0.9	760	58	0.511	—	—
캄보디아	69,898	13.6	320	58	0.556	40.4	77.7
라오스	91,429	5.8	390	56	0.525	37.0	—
몽골	604,250	2.5	590	78	0.661	33.2	74.9
미얀마	261,228	49.9	700	66	0.549	—	—
네팔	56,827	25.2	260	55	0.499	36.7	8.9
팔레스타인 점령구역	2,401	3.5	1,120	87	0.731	—	—
파키스탄	339,732	152.1	600	54	0.499	31.2	65.6
스리랑카	24,962	19.4	1,010	89	0.730	34.4	45.4
베트남	127,242	82.2	550	84	0.688	36.1	—
예멘	75,290	19.8	570	55	0.470	33.4	45.2
라틴 아메리카/카리브해							
프랑스령 기아나	35,135	0.1	—	—	—	—	—
가이아나	83,000	0.8	990	79	0.740	40.2	11.2
아이티	10,714	8.6	390	48	0.467	—	—
네덜란드령 안틸제도	309	0.2	—	82	—	—	—

국가	면적 (제곱마일)	인구 (2004년, 백만)	국민총생산 (2004년, 미달러)	물리적 삶의 질 지수 (2001)	인간 개발지수 (2001)	지니계수	하루 $2 미만으로 사는 인구 비율(%)
니카라구아	50,193	5.6	790	75	0.643	60.3	78.7
오세아니아							
동티모르	5,347	0.7	—	—	—	—	—
프랑스령 폴리네시아	1,544	0.3	—	—	—	—	—
뉴칼레도니아	7,366	0.2	—	—	—	—	—
태평양제도	721	0.2	1,990	—	—	—	—
솔로몬제도	10,954	0.4	1,990	80	0.632	—	—

노트. 국민총생산은 구매력지수(purchasing power parity).
출처: 면적 데이터는 Goode's World Atlas(1995), 인구, 국민총생산, 물리적 삶의 질 지수, 인간개발지수는 World Bank(2005b). 소득불평등, 하루 2달러 미만으로 사는 인구비율 데이터는 World Bank(2004g), United Nations Development Programme(UNDP)(2004).

국민총생산 또는 글로벌 국민소득

GNP는 1인당 기준으로 표현되어 인구 집단 내부의 분배를 고려하지 않기 때문에 발전에 대한 "기괴한" 지표로 묘사된다. 또한 군비지출, 병원에서의 수술, 환경 정화, 자동차 사고 후 수리 등에 대한 지출은 GNP를 증가시키는 것으로 계산되지만 지하경제, 물물교환, 환경 또는 가구 내에서 제공되는 재화나 서비스(가구 내의 예: 음식, 의류, 피난처에 대한 가구 내 공급 또는 무급 가사노동)[4]는 GNP에 포함되지 않는다. 그럼에도 불구하고 GNP 또는 보다 최근에 쓰이는 GNI는 국가의 경제적 생산성을 측정하는 방법으로 널리 사용되고 있다. 그렇게 오랜 기간 광범위하게 수집된 데이터가 GNP와 GNI 말고는 거의 없기 때문에 국가 간 비교를 위해서는 여전히 많이 쓰이는 것이다. 따라서 우리가 이러한 지표에 대해 비판적으로 접근하고 있긴 하지만 필요한 경우 사용하지 않을 수 없다(노트 1에서 언급했듯이 이 부분부터 GNI를 사용하기로 한다).

경제(GNI)성장이 일반적으로 빈곤에 대한 치유책으로 간주되긴 하지만 UN개발계획(United Nations Development Programme)의 2005년 인간개발보고서에 따르면 세계 인구 대다수에게 경제성장의 혜택이 돌아가지 않는다. 최근 수십 년간의 성장은 빈곤층의 소득을 향상시키지 못했으며, 오히려 성장의 대부분이 이미 부유한 사람들에게 흘러들어갔다. 2015년에는, 827만 명이 극심한 빈곤 속에 살게 될 것으로 마튼스 Martens는 추정했다(Martens, 2005: 3). "가진 자"와 "가지지 못한 자" 간 불평등이 증가하고 있다. "세계 상위 부자 500명은 세계 최빈층 4억 1,600만 명이 벌어들이는 소득보다 더 많은 소득을 창출한다. 이러한 극단적인 상황을 제외하고도, 하루 2달러 미만으로 생활하는 25억 인구(세계 인구의 40%)의 소득은 전 세계 소득의 5%에 불과하다"(UNDP, 2005: 4).

개발도상국 70개국에서 1996년의 1인당 소득수준은 1960년대와 1970년대보다 낮았다. 소득수준이 높은 국가와 낮은 국가 간에는 큰 차이가 존재하며, 이 차이는 점차 증가하고 있다. 1970년, 소득상위 20%의 국가가 세계 부의 88.1%를 점유한 반면, 소득하위 20%는 세계총생산(GNI)의 2%를 점유했다. 1993년이 되자, 소득상위 20%(47개국)가 차지하는 GNI는 86%였지만 소득하위 20%(인도와 방글라데시를 포함한 24개국)의 GNI는 전체 GNI의 1.1%를 차지했다. 소득상위그룹의 1인당 평균 GNI 범위는 37,400달러(룩셈부르크)에서 3,350달러(헝가리)였다. 소득하위그룹은 300달러(인도)에서 90달러(모잠비크)의 범위를 보였다. 2005년, 세계 소득상위 20%(68개국) 인구는 GNI의 85%, 하위 20%(방글라데시와 파키스탄을 포함하여 44개국) 인구는 GNI의 1.1%를 차지했다. 상위그룹에서 1인당 GNI는 56,230달러(룩셈부르크)에서 3,750달러(터키) 사이였다. 최하위권에서는 600달러(파키스탄)에서 90달러(부룬디)의 범위를 보였다. 요약하면, 2005년 현재 부유층과 빈곤층 간의 소득 불평등은 현저히 감소하지 않았다(UNDP, 2005: 4).

제1세계와 나머지 국가들을 비교하면서 이 수치를 다시 살펴보자. 1970년에 제1세계의 총 GNI는 나머지 국가들 총합의 두 배 정도로, 8.4조 달러 대 4.2조 달러(1995년 미국 달러 기준)였다. 당시 제1세계 인구는 세계 인구의 21.3%를 차지했다. 1993년, 제1세계의 GNI는 20조 달러로, 나머지 국가들은 5.6조 달러로 증가해 3.6:1의 비율을 보였다. 2004년, 제1세계 인구는 세계 전체 인구의 14%를, GNI는 29.6조 달러를 점유했다. 이때 나머지 세계는 9.7조 달러(2004년 미국 달러 기준)를 생산했다. 이에 따라 제1세계와 나머지 국가에서의 총생산 비율은 3.1:1을 기록했다. 국가 내 불평등도 증가하고 있다. 지니계수(Gini coefficient)(아래 참조)는 한 국가의 인구 집단 내의 분배 불평등을 측정하는데, 53개국(73개 자료 중 이용 가능)에서 증가했다. 이 53개국은 세계인구의 80%를 차지하고 있다(UNDP, 2005: 4).

2004년까지 제1세계(사진 2.1)를 제외한 국가 그룹 중 신흥발전 중진국/준주변부에서만 지속적으로 증가를 나타냈다. 다른 모든 그룹은 기복을 보이거나 또는 지속적으로 감소했다. 예를 들어, 저소득국/주변부 국가의 총 GNI는 4,630억 달러인 반면 1970년 GNI는 3,630억 달러였다. 이 기간 동안 인구는 4억 3천9백만 명에서 10억 4천1백만 명으로 증가했다. 따라서 저소득국/주변부 국가 59개국(그리고 인구 10억 4천만 명)은 제1세계의 8억 7,900만 명과 비교했을 때, 1인당 GNI가 333,656달러 대 444달러로 1:76의 비율을 나타낸다. 더욱 극명한 대조의 예로, 모잠비크와 호주의 1인당 GNI 비율은 1:108이며, 이보다 더한 예는 얼마든지 찾을 수 있다.

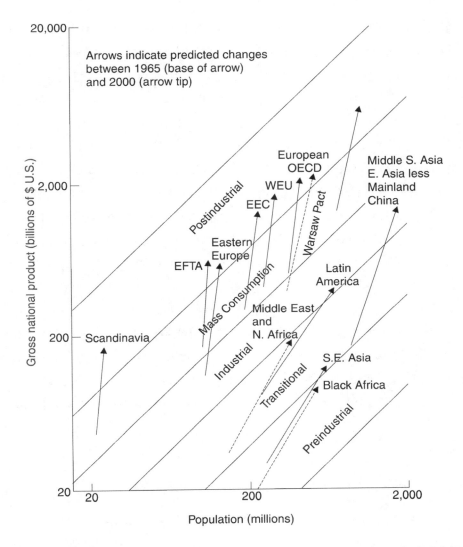

그림 2.1. 1965–2000년 세계 주요 지역의 경제발전 변화 추정. 유럽경제공동체(EEC), 유럽자유무역협회(EFTA), 경제협력개발기구(OECD), 서유럽연합(WEU). 출처: Kahn and Wiener (1967). 허드슨 연구소의 1967년 저작권. Simon and Schuster, Inc.의 허가 후 사용.

1967년, 허먼 칸 Herman Kahn과 노버트 위너 Norbert Wiener는 2000년(The Year 2000)이라는 책을 출판했는데, 그 부제는 *다가올 33년 세계경제 추정을 위한 분석*이었다. 로스토우 WW. Rostow(1960, 본서 4장 참조)의 저서에서 제시한 발전 단계에 따라 저자들은 세기 말 시점의 인구증가와 GNI로 측정된 경제성장을 추정하여(그림 2.1) 유럽경제연합(EEC), 중동과 북아프리카, 라틴 아메리카 등의 국가 그룹이 거치게 될 개발 경로를 예측했다. 예를 들어, 동유럽은 산업화 단계와 대량소비 단계를 거쳐 2000년에는 후기 산업시대로 접어들 것으로 예측되었다. 라틴 아메리카는 보다 완만한 변화의 폭을 보이며 산업화 시대로 바로 접어들고 있을 것으로 예측되었다. 흑인들의 아프리카는 비록 산업화 이전 단계에 있지만 2000년이면 전환 단계로 진입하려 하는 시기일 것으로 예측되었다. 실제로 이러한 지역 그룹들이 2000년이 되어 어떤 경로에 위치해 있는지 살펴보겠다. 칸과 위너가 분석을 했을 시점은 냉전이 한창이던 시기로, 석유수출국기구(OPEC)가 결성되기 전이었으며, 소련이 해체되기도 수십 년 전이었다. 다양한 국가 그룹의 실제적 경로와 예측된 경로를 비교한 그림 2.2와 2.3을 참조하라.

비교를 용이하게 하기 위해 칸과 위너가 사용한 경제 범주를 차용하였으며, 그와는 별도로 1인당 소득은 표 2.2에서 보여주고 있다. 그림 2.2는 앞서 설명한 세계경제분류에서 9개 그룹의 총 GNI와 총인구를 5개의 시점에서 비교하고 있다. 그래프에서 2004년 수치는 큰 원으로, 이전 수치는 작은 원으로 표시했다. 긴 대각선은 국가가 경제발전의 한 단계에서 다음 단계로 이동하는 시점에서의 1인당 소득이다. 예를 들면, 산업화 단계에서 대량소비 단계로 넘어가는 1인당 소득은 7,000달러이다(그림 2.2와 2.3의 모든 GNI값은 인플레이션의 영향을 제거하고 실제 동향을 나타내기 위해 1995년 미달러 환산액으로 표시된다. 결과적으로 그래프상의 2004년 원의 위치는 주어진 수와 다르다). 한 나라 그룹의 경로가 대각선과 평행하다면 이는 GNI가 증가하는 비율로 인구도 증가하고 있음을 나타내는 것이다. 이 점을 염두에 두고, 서로 다른 그룹이 1970년과 2004년 사이에 어떤 경

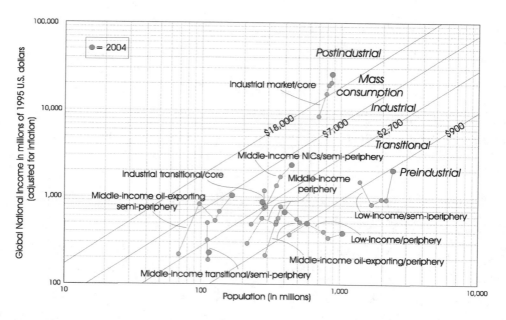

그림 2.2. 인구와 GNI는 1970년, 1980년, 1990년, 1993년, 2004년(로그 척도) 출처: World(2005b).

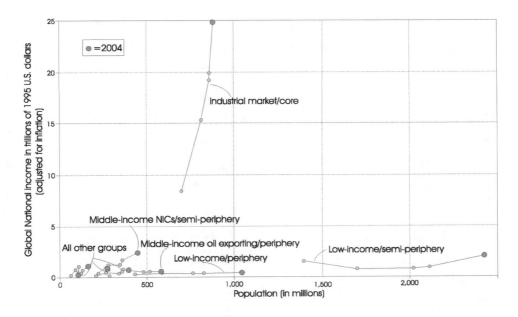

그림 2.3. 1970년, 1980년, 1990년, 1993년, 2004년 인구와 GNI(산술 척도) 비교. 출처: World Bank(2005b).

로를 통해 발전했는지 살펴보자.

　　제1세계(시장 산업국/중심부)는 두 가지 측면에서 다른 그룹에 비해 두각을 보인다. 첫 번째는 1970년에서 2004년까지 GNI는 상당 수준 증가했지만 상대적으로 인구 증가는 낮은 경로이며, 두 번째는 GNI가 절대적으로 높은 수준이라는 것이다. 제1세계에서 총 GNI(실질달러수준)는 약 8.4조 달러에서 29.6조 달러로 세 배 이상 증가했다. 이 부분은 칸과 위너의 예측대로 실현되었다. 같은 기간에 저소득국/주변부는 1970년 3,630억 달러에서 1980년 4,980억 달러로 증가했지만 1993년에는 3,770억 달러로 감소했으며 2004년에도 4,630억 달러에 그쳤다. 결과적으로 이 그룹의 국가들은 25년간 경제수준이 정체되거나 기반이 상실되었다. 2004년 각 그룹 인구는, 제1세계의 경우 8억 7천9백만, 저소득국/주변부에서는 10억 4천백 만이었다(아래 표 2.3 참조). 저소득국/주변부는 칸과 위너가 보수적인 비율로 예측한 성장률을 밑돌았다(흑인 아프리카, 중동, 북아프리카, 동남 아시아).

　　그래프를 보면 뒤따르는 기간에 비해 1970－1980년의 기간 동안 더 높은 경제성장을 보인 것을 알 수 있다. 성장했던 지표들은 뒤로 갈수록 급속한 하락세를 보인다. 이러한 흐름은 석유수출 중진국에서 더욱 두드러지게 나타난다. 1970년대에는 많은 그룹에서 극적인 경제성장을 보였지만, 1980년대와 1990년대로 갈수록 증가세가 완화되고 있다. 그런데 이 중 신흥발전 중진국/준주변부 그룹(3.4배 증가), 석유수출 중진국/준주변부 그룹(3.0), 중진국/주변부 그룹(2.3)에서는 1인당 GNI가 두 배로 증가했다. 중진국/주변부 그룹(중국과 인도)에서는 1970년에서 1993년 사이 1인당 GNI는 40%가 감소했다. 그 이후로 특히 중국은 전례 없는 경제성장을 이루었다. 1993년에서 2004년까지 중국의 1인당 GNI는 두 배 이상 증가했다. 이러한 움직임을 칸과 위너의 발전단계 분류에 따라 살펴보면, 신흥발전국은 전환기 단계에서 산업 단계로 이동하는 데 30년이 걸렸고, 석유수출 중진국/주변부 그룹은 산업화 이전 단계에서 전환기로 이동하긴 했지만 1980년에서 2004년 사이에 다시 급속히 감소했다. 1970년 이래 석유수출 중진국/주변부의 총 GNI는 두 배 이상 성장했지만 인구 또한 그만큼 증가했기 때문에, 산업화 이전 단계를 벗어나지 못하고 있다.

동유럽의 전환 산업국/중심부 경제는 1970년 대량소비로 넘어가기 바로 전 역행하여 2004년에는 전환기 단계 가장자리로 이동했다(그림 2.2에 해당 연도는 없음). 1인당 GNI는 50% 이상 감소했다. 중위소득으로의 전환을 앞둔 반주변부 국가의 경우 감소폭은 훨씬 컸다. 요약하면 제1세계 경제와, 제3세계 및 제2세계 경제의 격차는 1970년과 2004년 사이 엄청나게 증가했다. 2000년 지역경제그룹의 경로에 대한 칸과 위너의 예측은 빗나갔다.

그림 2.2는 GNI와 인구에 대해 로그 좌표를 사용하여 크고 작은 값까지 하나의 그래프에 표시하고 있다. 그러나 로그 척도로 표시된 차이는 완전히 파악하기 어렵다. 그림 2.3은 산술 척도를 사용하여 34년간 보인 경제수준의 차이와 진폭을 매우 명확하게 표시하고 있다. 이 그래프의 형태는 화성의 공기 같다. 화성은 밤에는 기온이 너무 낮아 공기가 지표면에 가라앉아있다. 산업화된 시장경제에서 GNI는 34년 동안 크게 증가했지만 인구는 완만한 증가를 보였다. 그러나 다른 그룹에서는 인구증가율은 높았지만 GNI는 비교적 느린 속도로 증가하거나 감소하기까지 했다. 저소득국/주변부와 저소득국/반주변부(중국과 인도는 1인당 GNI에서 뚜렷한 증가세를 보였음)에서 특히 이러한 경향을 보였다. 시장 산업국/중심부를 제외하고, GNI 증가 비율이 인구 증가 비율을 앞질렀

표 2.2. 2000년 추정 소득수준 및 산업발전

1인당 국민소득 범위(미달러)	1965	1995
산업전단계	50-200	225-900
부분적 산업화/전환기	200-600	900-2,700
산업화	600-1,500	2,700-7,000
대량 소비/선진 산업화	1,500-4,000	7,000-18,000
산업화 후기	4,000-20,000	18,000-90,000

출처: 미국 상공부(1976: 41 and 1992: 24), Standard and Poor's Current Statistics(1996: 12).

표 2.3. 세계경제 요약

그룹	면적 (제곱마일)	인구 (2004년 중반, 백만)	평균 GNI (2004, 미달러)	GNI 범위	평균 PQLI (2001)	PQLI 범위	평균 HDI (2001)	인간 개발지수 범위
A. 시장 산업국/중심부	12,172,121	879.3	34,325	56,230–12,550	96.7	100–86	0.930	0.944–0.812
B. 전환 산업국/중심부	7,161,229	273.8	3,829	14,810–1,260	88.9	95–87	0.794	0.881–0.766
C. 신흥발전 중진국/준주변부	5,278,109	445.6	6,254	26,810–3,090	87.2	95–62	0.782	0.889–0.734
D. 석유수출 중진국/준주변부	2,104,479	163.9	7,569	23,200–4,020	87.4	98–83	0.792	0.839–0.755
E. 석유수출 중진국/주변부	4,719,999	613.1	3,310	18,600–390	70.2	93–51	0.626	0.872–0.377
F. 전환 중진국/준주변부	1,717,575	111.4	2,486	6,480–460	85.2	93–78	0.751	0.836–0.700
G. 중진국/주변부	3,861,069	396.5	2,049	19,400–400	80.8	95–45	0.717	0.888–0.430
H. 저소득국/준주변부	5,140,588	2,424.4	985	2,080–280	87.1	95–56	0.662	0.746–0.590
I. 저소득국/주변부								
아프리카	7,133,036	481.7	312	2,700–90	42.8	78–15	0.413	0.664–0.221
아시아	1,976,382	542.6	557	1,120–260	60.4	89–13	0.531	0.731–0.229
라틴 아메리카/카리브해	179,531	15.2	575	990–390	60.0	82–48	0.547	0.740–0.467
오세아니아	20,585	1.8	1,990	1,900	80.0	80	0.632	0.632
저소득/주변부 전체	9,309,534	1,041.3	445	2,700–90	54.4	89–13	0.484	0.740–0.221
세계	51,464,703	6,349.3	6,179	56,230–90	80.3	100–13	0.688	0.944–0.221

출처: 표 2.1.

던 유일한 그룹은 신흥발전 중진국/준주변부였다. 그림 2.3을 보면 제1세계 대 나머지 그룹 전체의 대조는 거의 직각 방향으로 표시된다. GNI와 인구를 나누어서 보면 제1세계는 소득의 대부분을 차지하고 있는 반면, 나머지 세계는 인구의 대부분을 차지하고 있다.

칸과 위너가 1963년에서 2000년까지 나타날 것이라고 예측한 경제발전경로는 대부분의 경우 실현되지 않았다(그림 2.1－2.3).[5] 2004년까지 지속적으로 성장한 시장 산업국/중심부는 1980년과 1993년부터 2004년까지 후기산업단계로 진입했다. 인구증가보다 생산증가가 크긴 했지만 성장 폭이 그리 크진 않았다. 신흥발전 중진국/준주변부는 대량소비 단계에 가까워졌다. 석유수출 중진국/준주변부는 1990년에서 2004년까지 성장이 증가했다. 비록 산업화 전단계에 속해있긴 하지만, 저소득/준주변부 국가(인도와 중국을 포함)에 있어서도 마찬가지였다. ["산업화 전단계"라는 표현은 정확하진 않지만 이 그룹의 1인당 GNI가 2004년 기준으로 984달러밖에 안됐기 때문에 사용된 것이다. 그렇지만 GNI 성장률은 인구성장률보다 훨씬 상회했다.] 1990년부터 2004년 사이 중진국/주변부는 소폭 증가했다.

한편 다음의 국가그룹은 경제성장률이 큰 폭으로 하락했다. 전환 중진국/준주변부(주로 "−스탄"으로 끝나는 국가들을 포함한 소비에트 연방공화국 소속의 국가들)는 GNI는 감소하는 한편 인구는 약간 증가하며 산업 단계에서 전환기로 이동했다. 전환 산업국/주변부(러시아합중국과 동유럽 국가 일부)는 1993년에서 2004년 사이 GNI가 감소했을 뿐 아니라 인구까지 감소했다. 가장 감소폭이 큰 국가군은 저소득국/주변부(대부분 아프리카와 아시아 국가)로, 1980년 이후 20년간 GNI가 감소했을 뿐 아니라 인구도 급격히 증가했다.

물리적 삶의 질 지수

"교육 수준이 높고, 프랑스어와 아랍어를 배웠으며, 글을 잘 읽는 저 젊은 여자들처럼 되면 좋겠어. 그게 내가 원하는 거야. 교육을 받은 여자들이건 받지 못한 여자들이건, 우리는 다 같은 여자잖아. 여자는 남자처럼 능력을 가지고 있어. 그리고 나는 여성이 교육을 통해 남성과 보다 동등해지길 원해...내 딸들은 교육을 많이 받았으면 좋겠어. 일을 했으면 좋겠고 좋은 미래를 가졌으면 좋겠어. 난 여기서 읽는 걸 조금 배우긴 했지만 훨씬 더 많이 배우고 싶어. 난 모든 것을 알고 싶어."

우리가 몇 시간 후 센터를 나왔을 때, 통역사는 며칠 전 젊은 교육생이 주방에 있는 통조림에서 라벨을 벗기다가 발각됐다고 얘기해주었다. 그 교육생은 책을 구할 수 없거나 또는 살 돈이 없어서 라벨을 모아서 읽기 연습을 했다. 라벨에는 수프의 성분만이 나열되어있다는 사실은 그 학생에게 중요하지 않았다.

— PERDITA HUSTON(1979: 90), 이름을 밝히지 않은 튀니지 여성에 대한 묘사에서 인용

[여성의 권한부여 및 문맹퇴치 프로그램]을 통해 우리 중 많은 사람은 과로하면서 집안에 사는 생물체에서 불타는 페미니스트로 변모하게 된 건 의심의 여지가 없다. ...그 프로그램은 우리가 여성으로서 어떻게 억압받았는지를 보여줌으로써 우리 마음에 불을 지폈다. ...그러나 우리가 억압의 가장 근본적이고 숨겨진 원인을 찾아 다루기 시작했을 때, 그 프로그램은 근본적 기반을 뒤흔들었다. ...그러면 우리 마음에 불을 비춘 건 왜였던걸까? 그

여러 가지 문해력

다양한 문화와 공동체의 맥락에서 권력이 어떻게 작용하는지를 이해하기 위해서는 거래적, 기능적 문해력을 인식하고 (1) 사회적 문해력의 다양한 형태(예: 산문 문해력, 문서 활용 능력, 수에 대한 문해력)와, (2) 문화적 문해력(현지어, 지역 또는 지역사회 문해력)과 공적 문해력(공식 교육, 법률, 의학 및 정부와 관련된)을 구분해야 한다(Rassool, 1999). 라술은 이렇게 여러 가지의 차별화된 문해력의 정치사회적 지형을 살펴보려면 문해력이 동시에 사회적 관행, 이데올로기적 관습, 문화적 관행 및 교육 실천을 구성한다는 것을 이해해야 한다고 말한다. 따라서 문해력이 "개인의 권한부여", "사회적 변혁" 또는 "인간기본권리"의 관점에서 정의될 때, 국가의 맥락에서 결정된 경제적, 사회적, 정치적 우선순위뿐 아니라 문해력 정책 및 조항이 특정사회체제 및 거버넌스 형태의 조직 내에서 결정된다는 것을 우리는 명심해야 한다. 이러한 우선순위는 민주적 절차 참여에 대한 접근 경로, 교육 및 언어 제공과 관련된 재정적 정책, 사회적 통제, 기술 개발 수혜자의 포함 및 배제, 소수민족, 망명자와 난민의 언어 및 문화적 권리, 외부 자금조달 기관의 역할과 영향 등이 포함된다(Rassool, 1999: 47).

라술은 탄자니아(다른 언어를 희생하여 스와힐리어를 국어로 지정), 에티오피아(정치권력 확보 및 전략적 도구로 사용되는 단일/다중 언어정책), 이란(혁명 이후 농민을 대상으로 특정한 문해력을 제공하면서 여성은 제외), 니카라구아(인민운동 건설 핵심 도구로서의 여러 가지 문해력) 등의 사례를 통해 여러 가지 문해력을 설명하고 있다.

저 씁쓸함을 더하고 더 지쳐 나가떨어지게 하려고? ...봉건적인 남자들을 우리의 적으로 규정할 땐 기뻐하지만 정부를 비판하거나, 물 민영화정책에 반대하거나, 세계은행의 산림 공동체 프로그램에 반대할 때면 너무나 불행해하는 우리의 반창고 페미니즘을 어찌하면 좋을까?

　　　　　　　　　　　　　　　　　－SHIVANI, Tehri Garhwal에서 1999년 5월, RN이 인터뷰한 여성

문해력 향상 운동가들은 글자를 아는 것이 교육은 아니라고 주장한다. 그렇지만 위의 인용에서 언급된 튀니지 여성과 쉬바니는 글자를 배우는 것이 교육을 받기 위한 전제조건이 될 수 있음을 보여준다. 글을 알게 됨으로써 우리 세상에 대해 비판적으로 이해하고, 우리를 억누르거나 자유롭게 하는 사회구조나 제도를 바꾸는 움직임에 참여할 수 있기 때문이다(사이드바: "여러 가지 문해력" 참고). 개발과 인간복지에 있어 이렇게 중요한 측면은 GNI를 통해서는 알 수 없다. 물리적 삶의 질 지수는 인간복지를 나타내기 위해 대리 변수를 측정한다. 이 지수는 우리 모두가 가지고 있는 특성을 측정하여 산출해내는 종합적 지수이므로 개인적 수준의 복지에 대한 좋은 척도라 할 수 있다. 세 가지 특

성은 1세에서의 기대수명, 문해력, 영아사망률이다(사이드바: "공정성" 참조). 사이드바 "물리적 삶의 질 지수"에서는 나이지리아, 인도, 미국에 대해 모리스 M. D. Morris (1979)가 측정한 물리적 삶의 질 지수를 보여주고 있다. 표 2.1에서 보면 GNI와 물리적 삶의 질 지수 간에는 의외의 특성이 나타난다. 예를 들어 2004년에 1인당 GNI가 3,940 달러였던 석유가 풍부한 가봉의 물리적 삶의 질 지수는 상대적으로 낮았고(63) 1인당 GNI가 1,010달러에 불과한 스리랑카에서는 물리적 삶의 질 지수가 상대적으로 높았다 (89). GNI와 물리적 삶의 질 지수 간에는 일반적으로 상관관계가 있긴 하지만, 부가 복

공정성

제3세계에서 태어난 아이가 5년 이내에 사망할 확률이 20%라는 사실은 공정하지 않다. 저자 중 한 명의 어머니는 84세이신데, 집에서 24시간 호스피스를 받기 시작하시면서 당신이 운이 좋다는 것을 실감한다. 저개발국의 성과 연령에 따른 인구 피라미드는 제도의 국민에 대한 배려나 계몽성 정도를 떠나서 정의로운 사회에서 보이는 모양이 아니다(6장, 그림 6.6 참조). 정당한 사회는 상식적인 선에서 평등과 비차별적이라고 분류되는 특성을 모두 갖고 있어야 할 뿐 아니라 태어난 이상 모든 사람은 정상적이고 일반적인 수명을 살 수 있는 기회를 최대한 제공해야 한다.

암살되기 전날 밤인 1968년 4월 3일, 멤피스의 찰스 메이슨 사원에서 마틴 루터 킹 주니어 Dr. Martin Luther King, Jr.가 행한 "나는 산 정상에 다다른 적이 있다"라는 연설을 생각해보라.

지금 무슨 일이 일어날지 나는 모른다. 우리 앞에 펼쳐진 난관들도 있다. 그렇지만 지금 나한테는 아무 상관이 없다. 난 산 정상에 다다른 적이 있기 때문이다. 그리고 난 상관하지도 않는다. 누구나 그렇겠지만, 나는 오래 살고 싶다. 오래 사는 것에 대한 열망은 분명히 있다. 하지만 나는 지금 그것을 걱정하지 않는다. 나는 단지 하나님의 뜻을 행하고 싶다. 그는 내가 산으로 올라갈 수 있도록 허락해주었고 나는 약속의 땅을 보았다. 당신들과 함께 갈 수는 없을지도 모르겠다. 그렇지만 나는 당신들이 오늘 밤 백성으로서 약속의 땅에 다다를 것을 알았으면 한다. 그리고 그렇기 때문에 오늘 밤 난 행복하다. 나는 아무것도 걱정하지 않는다. 나는 어떤 사람도 두렵지 않다. 내 눈은 주님 오심의 영광을 보았다(Garrow, 1986: 621에서 인용).

최후의 만찬에 비할 만한 비범성의 요소는 뒤로 하고, 우리는 다음 구절에 초점을 맞추고 싶다. "누구나 그렇겠지만, 나는 오래 살고 싶다. 오래 사는 것에 대한 열망은 분명히 있다." 개발의 정의에는 태어난 아이 모두는 가능한 최대한의 삶을 신중하게 설계된 그리고 공정한 기회를 통해 누려야 한다는 점을 포함해야 할 것이다. 이 "기본 권리"를 제공하지 않는 국가는 개발을 성취한 것으로 간주되어서는 안된다고 우리는 생각한다.

지를 보장해주지는 않으며 1인당 소득이 낮다고 해서 반드시 복지가 낮은 것을 의미하지는 않음을 알 수 있다.

표 2.3은 표 2.1에서 사용된 9가지 분류에 따라 세계경제의 평균 GNI와 물리적 삶의 질 지수를 요약한 것이다. 인구 규모에 따라 가중치를 부여했고, 데이터가 부족한 경우는 삭제했다. 다음에 나오는 그래프 일곱 개(그림 2.4－2.10)는 제1세계와 제3세계의 차이점을 살펴보기 위해 표 2.1과 표 2.3의 데이터를 분석한 결과이다.

그림 2.4는 1인당 GNI(2004)와 물리적 삶의 질 지수(2001)의 관계를 보여준다. 그림 2.2에서와 같이 GNI는 로그화했다. 시장 산업국/중심부가 높게 나타난다. 그렇지만 이 두 가지 지표가 항상 비례하는 것은 아니다. 미국연방의 자치국으로 통계적으로 미국과 따로 분류되는 푸에르토리코를 포함한 일부 국가는 1인당 GNI가 높지만 물리적 삶의 질 지수 값은 낮다. 반대로 1인당 GNI 값이 매우 낮은 일부 국가에서는 물리적 삶의 질 지수가 높다. 몰도바, 베트남, 키르기즈스탄은 1인당 GNI가 750달러 이하지만 물리적 삶의 질 지수 값이 82에서 86사이를 보여 그래프에서 아웃라이어로 나타난다. 저소득국/주변부 그룹은 그래프 왼쪽 하단을 차지한다. 물리적 삶의 질 지수는 세네갈(1인당 GNI 670달러)이 46으로 최저, 바베이도스(1인당 GNI 9,270달러)는 95로 최고를 기록하고 있다.

동일한 데이터를 산술적으로 표시하면(그림 2.5) 제3세계 국가 대부분은 GNI와 물리적 삶의 질 지수가 모두 낮다. 표 2.3은 9개 세계경제그룹분류(저소득국/주변부 그룹의 지역 세부 사항 추가)에 따라 나타낸 것이다. 표에서 최상위는 물리적 삶의 질 지수 평균이 96.7이고 1인당 GNI가 34,325달러인 시장 산업국/중심부 국가그룹이 자리 잡고 있다. 전환 산업국/중심부 국가그룹에서 물리적 삶의 질 지수 평균은 88.9이며 1인당 GNI는 3,829달러이다. 반면, 사하라 이남 아프리카 36개국에는 4억 8,200만의 인구가 살고 있으며 2004년 물리적 삶의 질 지수 평균은 42.8이고 1인당 GNI는 312달러이다.

인간개발지수

인간개발지수는 발전 정도를 평가하는 세 번째 지표로, 최근 UNDP에서 만들었다. 그림 2.6의 2001년 자료를 보면 1975－2003년 HDI는 연평균 인구증가율과 대비된다. 인간개발지수는 인간복지의 세 가지 척도를 측정한 결과이다. 첫 번째는 기대수명, 두 번째는 교육(성인 문맹률 2/3, 학교 교육의 평균연수 1/3으로 이루어짐), 세 번째는 구매력지수이다. 구매력지수는 가중치를 둔 1인당 실질 GDP로, 구매력이 증가하면 복지가 증가(처음에는 증가하고 궁극적으로는 감소)하는 것을 감안하여 계산된 지표이다(Thomas, 1994: 74－75 UNDP, 1996). 인간개발지수의 한 가지 단점은 구매력을 지수 환산에 포함하게 되면 제

물리적 삶의 질 지수

물리적 삶의 질 지수(PQLI)는 1세에서의 기대 수명, 읽고 쓸 수 있는 15세 이상 인구의 비율, 영아사망률 등 세 가지 척도를 바탕으로 도출된다. 각 항목은 균등하게 지수에 반영된다. 각 측정치 값의 범위는 0에서 100 사이로, 가장 낮은 값에서 가장 높은 값까지 지수화된다.

1세에서의 기대수명은 38세에서 77세까지, 영아사망지수는 1,000명당 229명에서 7명, 문해지수는 0에서 100%의 범위를 보인다. [첨부표]는 3개국에 대해 지표를 지수화한 후 평균(동일 가중치)하여 PQLI를 추출하는지 보여주고 있다(Morris, 1979: 45)

따라서 PQLI 1단위는 기대수명 0.39년, 1,000명당 출산 2.22명을 의미한다. PQLI는 다음과 같이 계산된 세 구성지수를 평균하여 결정한다.

1세에서의 기대수명: (1세 – 38세)/0.39

영아사망: (229 – 1,000명당 영아사망률)/2.22

문해지수는 실제 자료 원용

1970년대 초반 1세에서의 기대수명, 영아사망, 문해율: 실제 자료와 지수값

	기대수명		영아사망		문해		
	연령	지수값	1,000명 출산당 사망	지수값	%	지수값	PQLI 값
나이지리아	49	28	180	22	25	25	25
인도	56	46	122	48	34	34	42
미국	72	88	16	96	99	99	94

출처: Morris(1979). Overseas Development Council 저작권. 저자의 허가 후 사용.

품 및 서비스에 대한 상품화나 화폐화가 가장 잘 이루어진 국가에게 유리한 방향으로 발전 정도를 평가하게 된다는 점이다. 많은 지역에서, 창출되는 부의 상당 부분은 화폐화되지 않는다. 따라서 집에서 재배되고 소비되는 농작물, 개인적 사용을 위해 지은 집 등의 가치는 자체 조달이 보편적인 사회에서는 전혀 계산되지 않는다.

그림 2.6을 보면, 제1세계 산업화 시장경제는 그래프 한 구석에 몰려있으며, 인간개발지수는 0.9를 상회하며 연간 인구증가율이 대부분 1% 미만이다. 구 사회주의 국가의 인간개발지수는 0.7–0.9이며, 인구 증가율이 낮거나 또는 감소하고 있다(불가리아, 조지아, 헝가리). 다른 한쪽 끝에는 사하라 사막 이남 아프리카에 위치한 국가 대부분이 자리하고 있으며 인간개발지수가 0.5 이하에 성장률은 연간 2.0–3.5%이다. 다른 지역 그룹은 인간개발지수가 중간 수준을 보이지만 아웃라이어나 일반적 경향을 벗어나는 예를

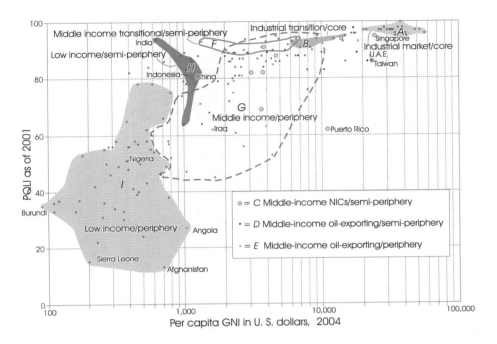

그림 2.4. 1인당 GNI(반로그 척도)와 PQLI의 관계. 출처: World Bank(2005b).

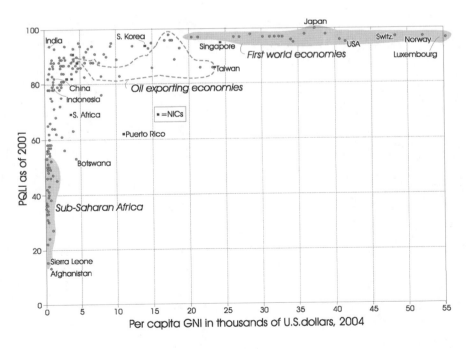

그림 2.5. 1인당 GNI(산술 척도)와 PQLI의 관계. 출처: World Bank(2005b).

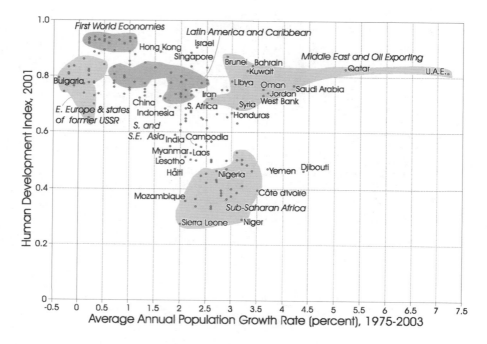

그림 2.6. 인구증가와 HDI. 출처: World Bank(2005b), UNDP(2005).

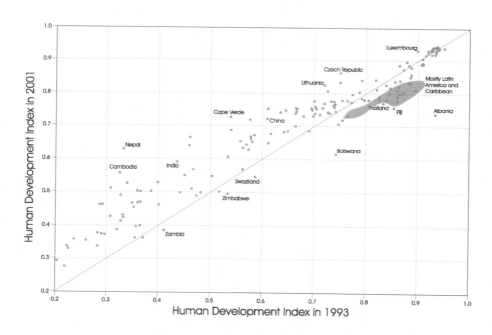

그림 2.7. 1993년과 2001년 HDI. 출처: World Resources Institute(1996b), World Bank(2005b).

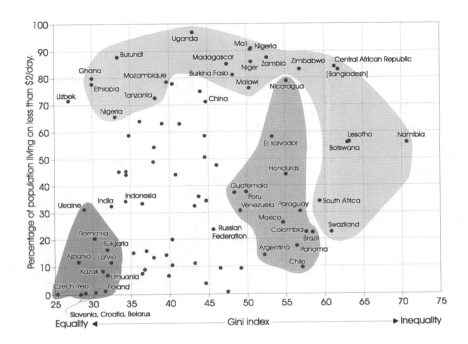

그림 2.8. 지니계수와 하루 2달러 미만으로 생활하는 사람들의 비율. 출처: World Bank(2008).

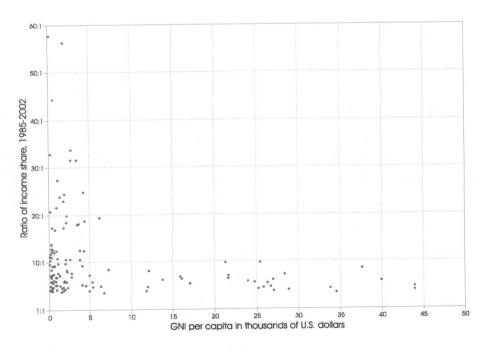

그림 2.9. 소득 격차: 최고 20% 대 최저 20%의 비율(산술 척도). 출처: World Bank(2009), UNDP(2004).

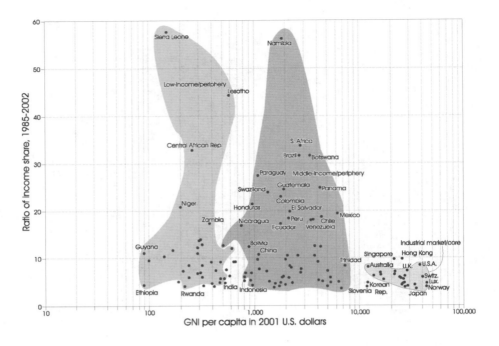

그림 2.10. 소득 격차: 최고 20% 대 최저 20%의 비율(반로그 척도). 출처: World Bank(2009), UNDP(2004).

보이기도 한다(그래프에 표시됨). 남아시아의 인간개발지수는 0.50 - 0.73의 범위를 보인다. 중동 산유국 중에는 매년 4.0% 이상의 성장률을 보이는 세 국가로 아랍 에미레이트, 카타르, 사우디아라비아가 있다. 다른 중동 또는 석유 수출국은 연간 인구 증가율이 3% 이상이다. 이러한 성장률에는 순이동과 자연 증가가 포함되므로 다른 국가, 특히 아시아 및 팔레스타인 출신의 외국인 노동자가 대규모로 이동하고 있는 것을 보여준다. 이들 국가에서는 인구증가의 30%가 해외로부터의 이주자들로 인한 것이다. 인간개발지수 그래프(그림 2.6)는 물리적 삶의 질 지수 그래프(그림 2.4 및 2.5)와 거의 동일한 경향을 보이고 있다. 개인 복지가 높은 국가는 일반적으로 1인당 소득이 높고 인구 증가율이 낮다. 다른 국가들, 특히 사하라 사막 이남의 아프리카와 남아시아에 있는 국가들은 비교적 높은 인구 증가율을 보이며 인간개발지수는 중간과 낮은 수준에 위치하고 있다.

그림 2.7은 1993년과 2001년 두 차례에 측정된 169개국의 인간개발지수를 나타내고 있다. 그 8년 동안 117개국에서는 지수가 증가한 반면 50개국에서는 감소했다(2개국 변화 없음). 그래프에서 대각선 위에 위치하는 국가는 모두 1993년에 비해 2001년에는 인간개발지수가 증가했다. 인간개발지수가 매우 낮은 국가(0.2-0.6)에서 이 기간 동안 지수 값이 상승한 것도 주목할 만하다. 예외도 보인다. 지구 상에서 가장 인구가 많은

두 국가인 중국과 인도는 인간개발지수가 크게 향상되었다. 이전 동부유럽국가 중 2개 국가(체코 및 리투아니아)에서는 지수가 증가했다. 안티구아와 바부다, 바하마, 칠레, 콜롬비아, 코스타리카, 멕시코, 파나마, 세인트키츠 네비스, 트리니다드, 우루과이, 베네수엘라 등 그림 2.7에서 음영으로 표시된 카리브해 인근과 라틴 아메리카에 위치한 국가에서는 지수 값이 0.7 - 0.9 사이를 기록해 5% 이상이 감소했다(아르헨티나와 에콰도르는 5% 미만). 5% 이상 감소한 다른 국가들은 크기순으로 보면 알바니아(21.2), 보츠와나(17.1), 피지(11.6), 태국(7.7), 짐바브웨(7.1), 스와질란드(6.7), 잠비아(6.1)와 모리셔스(5.6) 등이다. 이들 국가에서 인간개발지수가 감소한 것은 부분적으로 에이즈의 영향도 있다.

빈부격차와 불평등이 서로 밀접하게 연관되어있다고 직관적으로 생각할 수 있다. 그렇지만 꼭 그렇지 않을 수도 있다. 소득분포를 보여주는 지니계수와 구매력 평가지수 2달러 미만인 인구의 백분율을 비교하면 둘 사이에는 통계적으로 유의미한 관계가 거의 없다는 것을 알 수 있다(그림 2.8).[6] 지니계수가 1.0이면 한 사람이 모든 소득을 가지며, 0이면 모든 수입이 인구 집단에 균등하게 배분됨을 나타낸다. 지니계수는 그 값을 백분율로 나타내어 0에서 100 사이의 값을 지닌다. 지니계수 값이 70.7인 나미비아는 소득 불평등이 가장 높으며 국민의 55.8%는 하루 2달러 미만으로 산다. 하루 2달러 미만으로 사는 사람들이 전체 인구에서 차지하는 비율의 분산이 8% 미만임은 지니계수로 측정한 소득분배로 설명된다($r^2 = 0.075$).

언뜻 보기에 그래프는 거의 무작위로 분포하는 것처럼 보이지만 관련 국가를 자세히 들여다보면 특정한 경향이 드러난다. 하루 2달러 미만으로 생계를 이어가는 인구비율이 높으며 지니계수 값의 범위가 큰 국가들은 그래프에서는 바깥 경계선에 위치하는데 거의 모두가 아프리카 국가들이다(그림 2.8). 남미 국가로만 구성된 두 번째 그룹은 지니계수 37에서 60을 보인다. 니카라구아, 엘살바도르, 온두라스를 제외하면, 인구의 10 - 40%가 하루 2달러 미만으로 생계를 잇고 있다. 세 번째는 지니계수도 낮으면서 하루 2달러 미만 생계 인구의 비율도 낮은 그룹이다. 이 그룹에서는 소득이 골고루 배분된다. 동부유럽국가나 이전의 소비에트 연방에 속했던 국가들이다. 그 외 특징있는 국가들(중국, 인도, 인도네시아, 러시아 연방)의 위치도 그림 2.7에 표시되어있다.

그림 2.9와 2.10은 각국의 소득 격차 데이터를 나타낸 것이다. 그림 2.9는 산술적 척도로 나타낸 소득 격차이다. X(가로)축은 1인당 GNI이고, Y축은 최상/하위 소득 20%의 비율이다. 그래프에서 가장 두드러진 특징은 전반적인 GNI가 1인당 4,000달러 미만으로 낮은 국가에서 격차가 가장 크다는 것이다. 1인당 GNI에 대해 반대수 척도를 적용하면(그림 2.10) 국가 간 세부 사항이 나타난다. 일부 연구에서는 한 국가의 상위 20%와 하위 20%의 이율이 8:1을 넘어서기 시작하면 경제 격차로 인해 사회불안, 무질서, 국가

의 권위주적 행위, 시민사회 발달에 필요한 사회적 계약에서의 "연대성"과 수용의 저하 등이 야기된다고 하였다. 그림 2.10은 거의 모든 제1세계 국가에서는 소득 불평등률이 8:1 이하임을 보여준다. 일본(3.4:1), 노르웨이(3.9:1), 스웨덴(4.0:1), 덴마크(4.3:1), 독일 (4.3:1), 벨기에(4.5:1) 등 일부 국가에서는 이 비율이 현저하게 낮다. 이전에 제2세계에 속했던 슬로베니아(3.9:1), 슬로바키아(4.0:1), 헝가리(4.9:1)도 1인당 GNI가 중간 수준임 에도 소득 불평등률은 낮게 나타난다. 미국(2000년 8.4:1)은 8:1 비율을 초과한 지 오래되 었다. 중간소득그룹은 전반적으로 소득 불평등률이 넓은 범위에 걸쳐 분포하며, 나미비 아(56.2:1), 남아프리카공화국(33.3:1), 브라질(32.2:1), 보츠와나(32.0:1) 순으로 높은 격차 를 보인다. 브라질 인구의 상위 20%는 하위 20%가 1크루즈로(브라질 화폐단위)를 지출할 때 32크루즈로를 사용할 수 있다. 저소득국/주변부 역시 넓은 범위의 소득 불평등률이 나타나는데, 일부는 특히 눈에 띈다. 시에라리온은 평균 GNI가 200달러에 불과하지만 비율은 57.6:1이며 레소토는 44.2:1이다. 상위 10%와 하위 10%를 비교하면 격차는 더욱 두드러져서 나미비아 128.8:1, 레소토 105:1, 브라질 93:1을 나타낸다.

이러한 일반화된 지표(GNI, 물리적 삶의 질 지수, 인간개발지수, 지니지수, 5분위 및 십분 위 소득불평등)는 평균값과 총계 데이터를 기반으로 작성되며, 개인의 상황을 묘사하는 데 쓰일 경우도 마찬가지이다. 이 장의 그림과 표는 차이의 세계에 대한 첫 번째 논의이 며 다른 연구에 유용한 관점을 제공한다. 그렇지만 빈곤의 본질과 원인을 이해하기 위 해서는 특정한 장소에 사는 특정한 사람들을 만나야 한다.

지도와 위치

가정과 패턴에 대한 재지도화

지도는 하나의 언어로, 여기에는 자신의 어휘, 문법 및 규칙이 있다. 지도가 나타내는 정보는 선택적으로 선별되어 보여진다는 점에서 문어체나 구어체 언어와 동일한 기능을 가진다. 동시에 지도는 다른 "언어"와 완전히 독립적이지 않다. 많은 경우 지도는 유사 한 담론에 기반한 다른 표현법과 함께 쓰인다. 지도 제작자는 어떤 정보를 어떻게 보여 줄 것인지를 선택하는 과정에서 라벨과 분류 기준을 적용하여 특정한 정보는 강조하고 그 외의 정보는 제거하거나 축소시킨다. 따라서 지도를 만드는 작업은 권력을 행사하는 과정이다. 더 나아가 지도를 통해 지배적인 범주나 표현에 대해 저항하려고 하는 시도 마저 의도치 않게 또 다른 형태의 지배적 범주나 표현을 만들어내고 만다. 그림 2.11과 2.12에서 보는 것과 같이 조니 시거 Joni Seager(2003)의 아틀라스는 기존의 아틀라스에 서는 찾아보기 어려운 범주를 적용하고 있어, 지도라는 언어가 지닌 필연적으로 복잡한

(그렇지만 완전히 해결하기는 불가능한) 측면을 보여주고 있다.

전 세계적으로 게이와 레즈비언들은 법에 따라 동등하게 대우받을 수 있는 인권을 주장해왔지만, 동성애는 많은 국가에서 심각하게 억압받고 법적으로 금지되고 있다(그림 2.11 참조). 게이와 레즈비언들은 동성애 행위를 범죄시하는 것을 무효화시키고 "비전통적" 가정이나 가구가 사회적으로 보다 폭넓게 수용될 수 있도록 노력하고 있다. 씨거 Joni Seager(2003: 24)는 또한 "여성이 이성애라는 규범을 벗어나게 되면 이들은 이중으로 반역자가 된다. 성 소수자의 한 구성원으로서 그리고 남성의 권위를 부정하는 여성으로서 말이다." 하지만 동시에, 이 지도에 근거하여 레즈비언과 게이의 가시성, 자유, 박해에 있어 제1세계가 아프리카, 중동, 남아시아 국가보다 반드시 "앞섰다"라고 가정하는 건 틀린 것이다. 여기서 중요한 것은 누가 법률에 의해 보호되고 어떤 범주가 법률적으로 특권을 가지는지에 대해 질문하는 것이다. 제3세계에는 공식적인 레즈비언 단체가 없이도 또는 동성관계 여성들의 공동체조차 뚜렷하게 확립되지 않은 상황에서도 동성 간 관계를 확립하고 키워나가는 가난한 농촌 여성이 많지만, 세계적 동성애 담론에서 이들은 무시되기 일쑤이다. 세계에서 정치적, 사회적으로 가장 소외되어있는 여성들은 종종 자신들의 성적인 주권을 행사한다. 그리고 생존을 위한 다른 형태의 전투(깨끗한 물, 토지, 전기 및 최저 임금 등에 대한 접근성을 두고 벌이는) 가운데, 지리적, 계층적으로 매우 맥락화된 방법으로 다른 여성들과의 성적, 감정적 친밀감을 공개적으로 높여가는 경우가 많다. 비록 학자들, 각종 기관이나 콘퍼런스에서 "레즈비언"과 같은 용어, 개념, 정체성을 아무런 비판 의식 없이 사용하긴 하지만 맥락과 역사적 배경에 따라 이러한 용어는 불완전하고, 적용이 어려우며, 심지어 불쾌함을 불러일으킬 수 있다(Swarr and Nagar, 2004).

이제 또 다른 민감한 문화적 지형에 대해 생각해보자. 대중적으로는 "여성할례"(Female Genital Mutilation)라 불리고, "여성 포경"(그림 2.12)이라고 잘못 불리기도 하며, 일반적으로 결혼 준비를 위해 소녀들에게 행해지는 행위를 가리키는 관행 말이다. 씨거 Seager(2003: 54)에 따르면, "세계적으로 1억 3천만 명의 소녀와 여성이 생식기 절단을 당했다. 그리고 매년 2백만 명씩 더해지고 있다." 아무리 기독교나 이슬람 전통이 강한 곳에서도 이 관습은 문화적으로 깊숙이 뿌리박혀있다. 그림 2.12를 보면 이러한 관습이 사하라 이남 아프리카 지역에서 광범위하게 행해지고 있으며 중동과 남아시아에서도 발생하고 있음을 알 수 있다. 이 지역 거주자들이 이주를 하게 되면서 이제는 유럽, 북미 및 호주와 뉴질랜드의 이민자 그룹 일부에서 이런 관습이 행해지기도 한다. 그렇지만 여기서 우리가 잊어서는 안 되는 점이 있다. 먼저, 생식기 절단이 행해짐에 있어 성격, 정도, 스타일 및 사회적 의미가 다양하고, 다양한 공동체에서 나타난다는 것이다. 두 번째는 이러한 관행을 구별 없이 모두 "타자"에 의해 가해지는 "폭력적인" 행위로 무

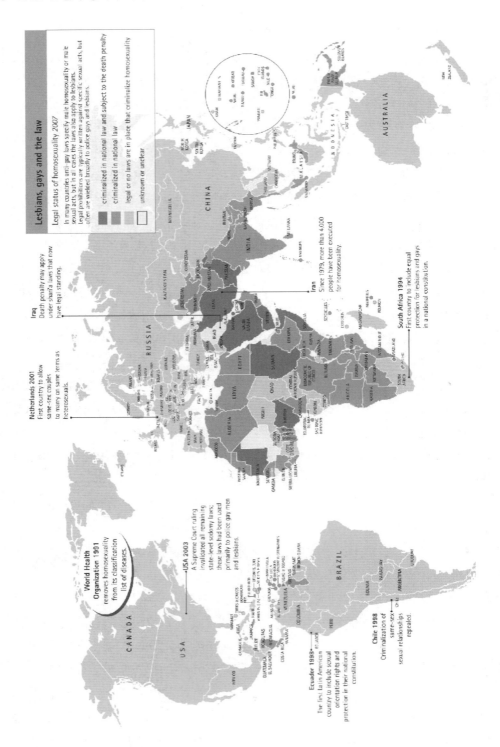

그림 2.11. 이성애적 규범에 도전하기: 여성의 동성애. 출처: Seager(2009): 사진 6, 24－25. Myriad Editions의 허가 후 재인쇄.

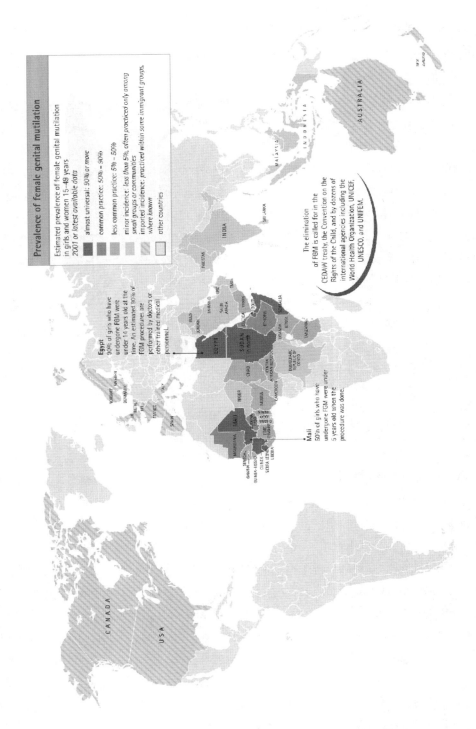

그림 2.12. 성기절단의 논쟁적 관행. 출처: Seager(2009): 사진 18, 54-55. Myriad Editions의 허가 후 재인쇄.

전사 표식에 대한 답변서

웨슬리 예술대학 조교수이며 에티오피아 출신 독립영화 제작자인 살렘 메쿠리아 Salem Mekuria는 전사 표식(Parmar and Walker, 1993)에 대한 답변으로, 나이지리아 출신이면서 뉴욕에 위치한 프랫 재단 고등교육기회 프로그램의 부국장인 라시다 이스마일리 아부박 Rashidah Ismaili AbuBakr, 수단 출신 변호사로 워싱턴 디씨에 위치한 여성, 법, 개발 센터의 이사인 아스마 앱델 할렘 Asma Abdel Haleem, 인권 관련 독립 컨설턴트로 활동하고 있는 에티오피아 출신 변호사 세블 다윗 Seble Dawit 그리고 수단 출신 외과의사이면서 뉴욕에 위치한 여성의 신체적 권리를 위한 연구현장 정보 네트워크 이사로 활동하는 나이드 투비아 Nahid Toubia 등의 주장을 글 한 편으로 정리했다. 저자들은 FGM에 대해 "육체적으로 절단되었고, 심리적으로 나약하며, 정신적으로 쇠약해진 여성들의 대륙인 아프리카에 우리의 관심을 집중하고"라는 표현에 심각한 의문을 제기하며 이러한 표현을 통해 구하려고 하는 그 사람들에게 설명을 해주거나 그들과 의견을 교환하려는 노력을 기울이지 않는다고 비판한다. FGM을 근절하기 위한 노력이 효과성을 가질 수 있는 방법을 찾기 위해서 넓은 맥락으로 우리의 시야를 돌리는 과정에서 교육을 시킬 수 있는 시간은 없어지고 만다. 메쿠리아와 동료들(1995)의 주장을 보자.

> 전통이 다양한 문화권에 뿌리내리고 있는 복잡성과 깊이에 대한 관심을 가지고 FGM이 수용되는 다양한 상황을 봐야 한다. …관행을 유지하기 위한 이유로는 보통 청결, 미학, 사산 방지, 사회 및 정치적 응집력 강화, 난잡한 성행위 예방, 남성의 성적 쾌락 향상, 결혼 기회 증가, 건강 증진, 및 다산성 그리고…처녀성 유지 등이 제시된다. …일부 사회에서는 이러한 관행이 출산력을 조절함과 동시에 여성을 건강하게 진정시키는 효과가 있다고 믿는다. 또한 아프리카 사회 대부분에서 출산력은 여성이 가정 내 또는 넓게는 사회에서 권력을 협상할 수 있는 수단이 된다. …더욱이 여성은 성적 욕망이 없다는 것을 보여야 한다는 사회적인 기대가 있다. 이 부분은 아프리카만의 전통은 아니다. 남녀 간 불평등한 관계가 여성이 살아가야 하는 삶을 규정짓는 모든 사회에서 일어나는 현상이다.
>
> 따라서 아프리카에서의 여성 생식기 절단이 지속되는 데는 남녀 간 권력관계와 연관되어 있으며, 여성 대부분이 남성에 비해 낮은 교육 수준, 사회, 경제적 지위를 가지고 있다는 것과도 연계된다. 최근 UN의 통계를 보면, 25세 이상 아프리카 여성의 75%가 문맹인 것으로 나타난다. …아프리카 여성들은 기대수명이 50세로 세계에서 가장 낮은 수준이다. 산모 사망률은 10만 명당 675명으로, 75명을 기록하는 유럽과 큰 차이를 보인다. 게다가 여아 살인, 여아에 대한 건강관리 부족, 영양가 낮은 음식, 적은 학교 교육, 더 힘든 일, 아동 결혼 및 조기 임신, 유방 확대/축소, 신경성 식욕부진 그리고 화장품과 해로운 식이요법 프로그램에 우리가 소비하는 수백만 달러와 함께 *여성 억압의 연장선상*[원문에서 강조]에서 이해되어야 한다. 이 모든 것은 여성을

생산자, 재생산자, 대상으로 바라보아 만들어지고, 성형되며, 잘리고, 꿰매어서 불완전함을 보완해야 하며, 이를 통해 남성의 쾌락을 위해 보다 매력적인 상품으로 거듭나야 한다는 이데올로기에서 비롯된 것이다. 여성 생식기 절단에서 겪은 육체적 고통을, 그만큼 명백하게 드러나지는 않지만 동일하게 강력한 방법을 통해 여성이 고통을 주는 상황과 연결시키지 못한다면, 이 문제에 대해 얕은(또는 무책임한) 분석을 하게 되고 만다.

현재 서구에서 보이고 있는 여성할례에 대한 분노는…젠더 관계의 사회정치적 현실보다 관습 자체만을 보게끔 시야를 가려버린다. 이것이 궁극적으로 아프리카 여성들을 돕는 데 있어 얼마나 효과적이겠는가? 아프리카 여성의 사회적 지위와 경제적 독립성을 높이는 것은 성기가 절제되는 것을 멈추게 할 수 있을 만큼 여성들의 전반적인 건강과 행복을 결정하는 데 중요한 요소이다.

아프리카에서 진행되고 있는 몇몇 여성단체의 활동이 이러한 우리의 주장을 뒷받침한다. 케냐의 멘델리오 야 와나와케 기구 Maendeleo Ya Wanawake Organization는 4개국에서 질적, 양적 연구를 성공적으로 수행한 후 이제 각 지역 출신 여성들이 자신들을 위해 그 관습을 근절하기 위한 프로그램을 진행하고 있다. Inter Africa Committee의 우간다 지부에서는 전통적 포경사들이 다른 직업을 통해 소득 창출할 수 있도록 하기 위한 훈련을 실시하고 성공을 거두었다. 말리의 여성 권리 향상 및 보호 협회는 정부와 긴밀히 협력하여 여성 대상 폭력의 틀 안에서 여성 성기 절단에 접근하여 근절을 위한 정책을 실시하고 있다. 성기 절단 관습이 존재하는 모든 국가에는 이를 근절하기 위한 노력을 기울이는 단체들이 있다. 우리가 해야 할 일은 이 그룹들이 어떤 점에서 어려움을 겪고 있는지를 알아내고 투쟁을 진전시키는 데 필요한 것이 무엇이며 우리가 가진 자원으로 어떻게 그들에게 최대한의 도움이 될 수 있는지 물어보는 것이다.

"마을" 안팎의 사람들은 우리보다 윗 연배 여성들이 우리와 함께 모여 이상적으로 의식을 치르는 데 필요한 것이 무엇인지 찾는 과정에 동참함으로써 이들의 사회경제적 권한은 강화될 수 있다. "마을"을 구성하는 남성과 여성, 어린이와 노인도 이 과정에 참여해야 한다. 외부의 기관이 이 과정에 도움을 주고 싶다면 통과의례 및 지위부여를 위한 의식을 집행하기 위한 비침범적이고 위해하지 않은 수단을 개발하기 위해 아프리카 각 지역 및 세계 다른 지역에서 모여 결성되는 가칭 여성 위원회라는 것을 후원하도록 하라. 이에 대한 지침 마련을 위해 토라, 성경, 코란 등 다양한 경전을 긍정적으로 사용하도록 독려하라. 지역에 기반한 아프리카 여성은 현실을 매일 살아내며 필요한 프로그램이 무엇인지 말해줄 수 있으므로 이들의 활동을 지원하라. 그러나 이러한 것들이 의미를 가지기 위해서 우리는 먼저 우리 자신의 맥락적 지위를 규명하고, 이 지위에 대해 다른 이들에게 하는 것과 마찬가지로 엄격하게 비판적으로 접근해야 한다.

출처: Mekuria(1995). 아프리카 권익향상을 위한 학자 협회의 허가를 얻어 재인쇄.

분별하게 간주하게 되면 그러한 범주 자체가 표현의 폭력적 형태로 받아들여질 수 있다는 점이다. 앨리스 워커 Alice Walker와 프라티바 파마르 Pratibha Parmar는 자신들이 제작한 FGM에 관한 영화 *전사 표식 Warrior Marks*(1993)에서 이러한 뉘앙스를 포착하지 못했다는 이유로 아프리카 출신 페미니스트 비평가들의 비난을 받았는데(사이드바: "전사 표식에 대한 답변서" 참조), 그 내용은 지금 우리가 논의하고 있는 차이, 표현, 권력, 불평등에 상당한 시사점을 지닌다.

제3세계 위치시키기

UN이 사용하는 것과 같은 기존의 정의를 수용하면 약 140개 국가가 제3세계로 분류된다. 이러한 제3세계는 거의 열대와 아열대(적도에서 약 35°N 및 35°S 위도까지)에 국한되어 분포한다. 이들은 중국 북부, 몽골, 한국, 아르헨티나와 칠레 남부 지역을 제외하고는 열대 수렴 지역(ITCZ)과 아열대 고압 지역이 주를 이룬다(9장 참조).

그림 2.13은 열대 및 아열대 지역에 제3세계가 집중적으로 분포하는 것을 보여준다.[7] 그림 2.13에서 남반구는 적도를 기준으로 대지를 모두 포개어 표시하였다. 이 그림에서 몇 가지 통계를 찾아볼 수 있다. 먼저 제3세계는 지구의 60%를 점유하고 있다(남극 대륙 제외). 그리고 적도 대신 35°의 위도를 구분점으로 열대/아열대 지역과 중위도/고위도를 구분하게 되면, 열대/아열대 지역에 제3세계의 약 86%가 위치하는 반면, 제1세계와 제2세계는 18% 미만이 위치하며, 이들 대부분은 호주 사막과 미국 남부 지역이라는 것을 알 수 있다.

물론 제3세계, 제2세계, 제1세계의 구분에는 엄청난 다양성이 있다. 제3세계 국가 중 일부는 신흥발전국(홍콩[8], 대만, 싱가포르, 한국)과 같이 세계 최초로 개발도상국을 졸업할 준비가 되어있는 반면, 다른 국가에서는 경제 및 사회 여건이 악화되어 가난한 사람들의 고통은 증가했다. 냉전 종식 후 제2세계 국가 대부분이 계획경제에서 벗어나 자유시장경제를 향해간 이후로 "제2세계"의 개념은 희미해졌다.

"세계"를 생각하는 또 다른 방법은 국가보다 작은 지역의 스케일로 접근해 제1세계와 제2세계 국가에서 흔히 제3세계의 현상으로 이해되는 저개발이 얼마나 되는지를 연구하고 역으로 제3세계 일부 계층에서 제1세계 소비 패턴과 생활수준의 정도를 연구하는 것이다.[9] 미국에서 몇 명이나 되는 사람들이 학교, 적절한 영양, 건강 시설, 주택, 고용 등에 대한 접근이 제한된 채 제3세계 수준의 삶을 살고 있는가? UNDP(2005)의 인간개발보고서는 2003년, 미국인 4천 5백만 명(2억 9천80만 명 인구 중)이 기본적인 건강 보험이 없다는 것을 밝혔다. 또한 여기서 백인과 아프리카계 미국인은 불균등한 분포를

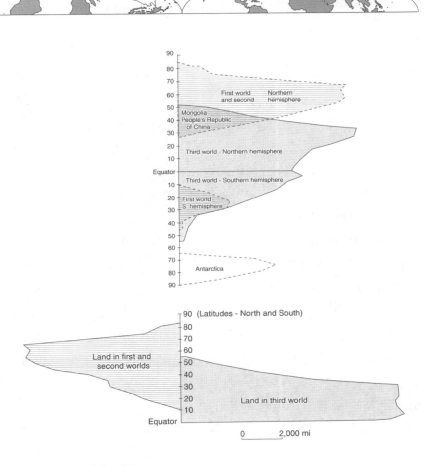

그림 2.13. 제3세계의 열대, 아열대, 대륙.

보이고 있다(Martens, 2005: 4). 반면 카라카스 또는 자카르타에서 얼마나 되는 사람들이 기본적으로 제1세계와 같은 수준의 삶을 영위하고 있는가? 아프리카 공화국은 1948년부터 현재까지(최근의 주요 변화에도 불구하고) 소수를 차지하는 백인 인구는 풍족한 제1세계와 열악한 제1세계 출신을 차별하는 정책을 실시함으로써 불균등하게 배분된 이익을 누려온 사례라 할 수 있다.

　제3세계에 대해 보다 자세히 탐색하고 위치시키기 이전에 논의를 위한 틀을 정해야 할 것이다. 즉, 논의의 바탕이 되어줄 지도를 결정해야 한다. 지도는 이 세계의 상징일 수 있으므로 세계를 분석하기 위한 도구가 되어줄 수 있다. 만약 우리에게 상징이 꼭 필요한 것이라면, 달의 밝은 갈색 분화구로 덮인 표면이 전경으로 있는 지구를 보여주면서 Apollo VIII 임무 중에 찍힌 프랭크 보먼 Frank Borman의 유명한 사진을 생각해 봄이 어떨까. 그리고 아키볼드 맥라이시 Archibald MacLeish가 다음과 같은 캡션을 작성하게 하는 건 어떨까.

우리가 지금 보는 것과 같이 영원한 고요 속에서 작고, 푸르고, 아름답게 부유하는 그 지구를 본다는 것은 우리 자신을 지구의 공동 탑승자로, 끝없는 빛 속 환한 사랑스러움 위에 함께 있는 진정한 형제로 본다는 것이다(MacLeish, 1978: xiv).

여기에 "자매", "모든 인류" 그리고 나아가 "모든 생명체"까지 추가하도록 하자. 배타적인 남성 중심적 사고가 이렇게 구성원을 추가한다고 해서 반드시 고쳐진다는 보장은 없다는 점은 유념하면서 말이다.

하지만 앞으로 진행될 분석의 기반을 마련하기 위해, 유용하면서도 상대적으로 비맹목적인 방식으로 세계의 국가를 나타낼 수 있는 지도를 찾아보자. 이 작업은 일부 장소를 경미하게 취급하거나 일부 지역민을 비하하지 않고서는 완성될 수 없다. 남극 대륙의 펭귄들은 아마 만족스럽지 않을 것이다. 자신들의 거주지가 거의 항상 세계지도에서 축소되거나 생략되기 때문이다. 지구에서 토지는 전체 표면의 약 30%에 불과하다. 그림 2.13에서 보았듯, 남쪽 대륙에 비해 훨씬 많은 면적이 적도 북쪽에 분포한다. 경도 180° 뒤쪽보다 그리니치 자오선 동서 경도 90°에 훨씬 많은 토지가 분포한다. 사실, 육지 반구의 무게 중심은 프랑스 낭트 근처의 경도 1°W 47°N에 위치한다.

등가성은 비교를 목적으로 사용되는 지도가 갖추어야 할 중요한 특징이다. 우리는 1953년 미국지리학회(American Geographical Society)에서 윌리엄 브리세마이스터 William A. Briesemeister가 발표하여 발표자 이름을 따라 명명된 브리세마이스터 Briesemeister 투영법을 선택했다(그림 2.14). 이는 보다 널리 쓰이는 몰바이데 Mollweide 투영법과 유사하게 동일면적 투영법이지만 차이점은 존재한다(그림 2.15). 브리세마이스터 투영법은 지구를 비스듬하게 볼 수 있다. 관측자에 가장 가까운 점이 위도 45°N, 경도 10°E가 되도록 투영이 회전되었다.[10] 이 지도의 이점은 다음과 같다: (1) 동등 면적 투영이다, (2) 지표면에 중심을 둔 세계를 보여준다, (3) 지구적 또는 구형의 "느낌"이 있다, (4) 제3세계 국가의 형태를 아주 심하게 왜곡시키지는 않는다, (5) 육지와 해상에서 식민지와 후기 식민지 시대의 이동과 갈등의 주된 영역을 보여준다. 물론 태평양과 태평양 연안 국가들의 공간적 관계를 잘 표현하지 못하는 약점이 있다.

이 지도의 각 "타원형"은 지구에서 백만 제곱마일(259만 제곱킬로미터)에 해당하는

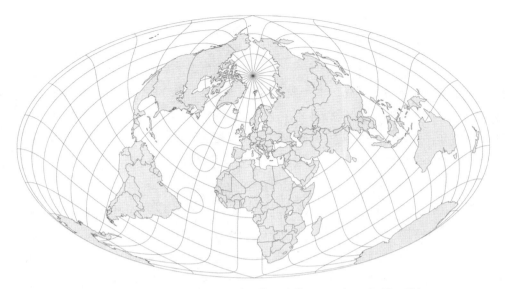

Ellipses cover an area of one million square miles. Shape of ellipses suggests angular deformation.

그림 2.14. 45°N, 10°E를 중심으로 한 브리세마이스터 투영법.

원이다. 각 타원은 완전한 원형에서 벗어나는 정도를 통해 지도가 해당 부분에서 모양을 얼마나 왜곡시키는지를 진단한다. 몰바이데 도법과 브리세마이스터 도법에서 면적은 반드시 참값이며 동일하다. 그러나 모양은 이 투영법들의 접선점에서만 실제와 동일하

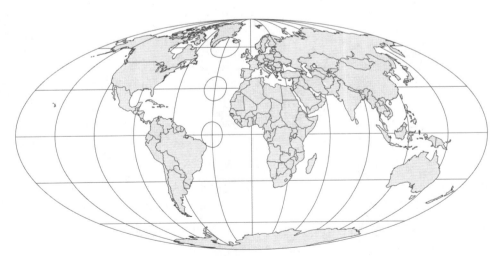

Ellipses cover an area of one million square miles. Shape of ellipses suggests angular deformation.

그림 2.15. 위도 0° 및 경도를 중심으로 한 몰바이데 투영법.

다(몰바이데 도법에서는 위도 0° 경도 0°, 브리세마이스터 도법에서는 위도 45°N 경도 10°E). 이 투영법에서 방향과 거리를 읽을 수는 없지만 구부러진 계수 선을 따라가보면 많은 지리적 관계를 알아낼 수 있다. 예를 들어, 시카고에서 남쪽으로 내려가면 유카탄을 거쳐 태평양에 도착하게 되며, 멕시코 북부의 위도는 이집트 북부나 인도 북부와 비슷하다. 브리세마이스터 투영법이 유럽 중심적인 건 맞지만, "육지 반구"도 마찬가지이다. 1500년 이래 세계 역사는 좋은 것이건 나쁜 것이건 간에 서부유럽의 "고향"으로부터의 확산으로 많은 부분이 설명되며, 우리가 선택한 투영법은 앞으로 우리가 진행할 중심부와 주변부 논의를 뒷받침해준다. 비유럽중심의 투영법을 선택할 수도 있었다. 예를 들면 세계 인구 대부분을 정면과 중심으로 가지고 와서 중국과 인도를 접선점에 위치시키는 인구 중심적 접근을 취할 수도 있었다(그림 2.16). 이렇게 투영법을 변화시키면 항상 축소되어 표시되는 남극의 펭귄에게는 별 차이 없겠지만 미주 지역의 패턴을 추적하기가 어려워질 수 있다. 지도를 통해 Chicago−Yucatan 경로가 현재 어떻게 되는지 확인해보라.

Ellipses cover an area of one million square miles. Shape of ellipses suggests angular deformation.

그림 2.16. 45°N, 90°E를 중심으로 한 브리세마이스터 투영법.

결론

이 장에서는 개발, 부와 빈곤, 인간 복지 및 삶의 기회의 차이를 설명하기 위해 사용하는 기존의 지표 중 일부를 집중적으로 다룸으로써 차이의 세계에 대한 탐구를 시작했다. 이러한 지표들은 집합체(주로 국가)를 다루며 차이의 원인에 대해 침묵한다는 점에서 분명히 불완전하다. 이 책의 초판(Porter and Sheppard, 1998)에서 한 분류에 속했던 국가들은 두 번째 판(2009)에서는 다른 분류에 속하게 되었을 수 있다. 예를 들어, 파푸아 뉴기니는 1993년 중진국/주변부 그룹으로 분류되었는데(GNI 1,130달러), 이제는 2004년 기준으로 인플레이션을 반영하지 않은 GNI가 580달러에 그쳤으므로 저소득국/주변부 그룹에 속하게 되었다. 저소득국/주변부 그룹 중 적어도 13개국은 GNI가 더 높았었다.

지금까지 첫 번째라는 용어가 세 번째라는 용어보다 더 우월하다는 가정을 포함하여 많은 측면에서 문제를 안고 있는 "제1세계", "제2세계" 및 "제3세계" 개념의 출처를 추적해보았다. 또한 책 전체를 통해 사용될 지도 투영법을 선택하여 그 속성과 선택의 이유에 대해서도 설명하였다. 우리의 다음 과제는 발전의 개념을 여러 가지 관점에서 생각해보고 부, 빈곤 및 아이디어가 전 세계에 걸쳐 인간 복지와 연관된 현실에서 막대한 차이를 가지는 원인을 밝히고 이해하는 작업을 시작하는 것이다.

노트

1) Global National Income(GNI, 세계국가소득)은 Gross National Product(GNP, 국민총생산)와 동일하다. 둘 다 국내총생산(GDP)과 외부에서 들어오는 순수익으로 구성된다. 1993년 UN 국민계정 시스템의 아틀라스 방법을 이용해 GNI를 계산한다. 이 방법은 변동 환율의 전이 효과를 완화하기 위해 3년 평균 환율을 사용한다. 이 장에서는 GNP 대신 GNI를 사용한다.

2) "남반구"라는 개념은 이전 식민지이면서 산업화가 덜 진행된 국가를 보다 풍요롭고 산업화된 북쪽의 국가와 구분하기 위해 "제3세계"라는 용어 대신 자주 사용된다. "남반구"는 "제3세계"가 자본주의 "제1세계"와 사회주의 "제2세계"에 대한 비소속 또는 제3경로를 지칭하는 원래의 의미보다는 제3위를 의미하는 것으로 간주하는 사람들이 선호하는 용어이다. 그러나 "남반구"라는 용어 역시 적어도 두 가지 측면에서 문제가 된다. 첫째, 남반구 국가들은 미국과 서유럽을 기준으로 한 위치에 따라 정의된 것이다. 둘째, 이 국가들은 북반구와 남반구의 열대 및 아열대 지방에 집중되어있다. 이러한 문제를 피하기 위해 일부 학자들은 "제1세계/북반구"를 1/3 세계, "제3세계/남반구"를 2/3 세계로 지칭하여 사람들 및 지역사회가 영위하는

삶의 질에 기반한 상대적 인구비를 나타내기도 한다(Mohanty, 2003). Brandt 위원회(Brandt, 1980, 1983)가 발간한 보고서 두 편을 통해 "남반구"와 "북반구"라는 용어가 대중화되었다는 견해도 있다. 스스로 결성된 이 위원회는 서독의 Willy Brandt가 세계 공동체의 경제, 사회적 불균형에 관한 중요한 문제들을 연구하기 위해 주최했으며, 북반구 국가들(부의 축적을 위해 가난한 국가에 의존)과 남반부 국가들(개발을 위해 부유한 북반구 국가에 의존)의 상호 의존 성을 강조하였다. Brandt Commission 보고서는 식량, 농업, 원조, 에너지, 무역, 금융 개혁 및 글로벌 협상을 중점적으로 다루면서 "개발과 관련된 문제와 적절한 빈곤 퇴치 문제에 대 한 적절한 해결책"을 찾기 위해 노력했다(Brandt, 1980: 8). 또한 환경, 군비 경쟁, 인구 증가 그리고 위원회가 남북 모두에게 해당한다고 본 세계 경제의 불확실한 전망에 관한 문제를 다 루고 있다.

3) 이 분류는 세계 체계에 관한 6가지 측정치 또는 기준의 세트를 조합하여 도출된다: (1) 중심 부 vs. 준주변부 vs. 주변부; (2) 소득; (3) 석유 수출국(OPEC 회원국 포함); (4) NIC 국가; (5) 산업 vs. 비산업; (6) 시장경제 vs. 비시장 경제. 본서에서는 제1, 2, 3세계와 몇 가지 중요 한 기준을 따라 세계 경제를 아홉 분류로 나누었다(이 분류를 적용한 결과 실제로는 11개 분 류가 있었지만 어떤 카테고리는 구성원이 너무 적어 다른 카테고리로 편입시킴).

4) 누가 측정하는가?: 섹스, 거짓말 및 세계 경제에 대한 마릴린 웨링의 견해(Bullfrog Films, 1995)는 GNP가 내포한 포용과 배제의 문제를 다룬다. 캐나다 국립 영화위원회(National Film Board of Canada)에서 제작한 이 영화는 전 세계적으로 유명한 정치경제학자, 뉴질랜드 국 회의원, 그리고 *여성까지 센다면 If Women Counted*(Waring, 1988)의 저자이기도 한 마릴린 웨링 Marilyn Waring의 주도로 제작되었다. 웨링 Waring은 경제적 가치, 경제 성장 및 경제 발전이 어떻게 측정되는지를 비판적으로 분석한다. 즉, 누구와 무엇에 특혜를 주고 누구와 무엇을 지웠는지 말이다. 그녀는 전쟁과 환경 재해가 한 국가의 GNP를 증가시키는 방식에 대해 풀어내고 있다. 반대로, 생계를 유지하기 위해 노동하고, 자녀를 양육하고, 환경을 보호 하고, 평화를 위해 일하는 사람들의 기여는 GNP 계산에 포함되지 않으며 심지어 부정적인 영향을 미치기도 한다. 그러나 유감스럽게도 세계 정치경제 체제에서는 GNP 또는 GNI 순위 에 근거해 자원배분에 관한 가장 중요한 결정이 내려진다.

5) 그림 2.1 및 2.2에 대한 참고 사항: 여러 국가 그룹 중 일부 데이터는 사실상 동일하며, 이에 따라 한 시리즈의 원이 다른 시리즈의 원을 덮게 되기도 한다. 이를 표시하기 위해 그림 2.1 과 2.2에 데이터 포인트를 연결하는 실선 또는 점선이 삽입되었다. 달러 가치는 한 세트가 2004년 기준으로 표시되고 나머지 네 개 세트는 1995년 기준으로 표시되어 있으므로 편의상 2004년이 아니라 1995년으로 통일하였다. 달러가치를 통일하여 데이터 간 비교가 가능해졌 으며 1인당 GNP/GNI를 다시 계산할 필요가 없게 되었다. 1995년의 1달러는 2004년에 0.836

달러였으므로 1995년과 2004년 사이 완만한 인플레이션이 진행되었다.

6) 가치는 구매력 평가(PPP)로 표시된다. 이것은 상품 묶음이 식별되는 시스템이며, 각 국가별로 해당 묶음을 구입하는 비용은 현지 통화로 계산된다. 이를 통해 국가 간 비교와 환율 계산이 가능해진다.

7) 그림 2.13의 면적 도표는 직선이면서 서로 평행하며 실제 스케일로 그려진 위도선을 5° 간격으로 배치하여 완성되었다. Sanson의 사인 투영법이 이러한 조건을 충족한다. 제3세계와 제1세계/제2세계로 인해 왜곡된 경도의 길이는 각 위도에 따라 합한 후 위도 5°의 길이로 곱하는 조정을 거쳤다.

8) 엄밀히 말하면, 홍콩은 과거에 또는 현재도 국가는 아니지만 일반적으로 다른 NICs와 그룹으로 다루어진다. 홍콩은 50년 동안 특수한 경제 및 정치 체제를 유지할 수 있는 협약에 따라 1997년 7월 1일 영국에서 중국으로 이관되었다.

9) 1989년 구소련이 해체됨에 따라 새로운 주가 15개 생겼다. 본서는 러시아연방과 전 소련 사회주의 연방 공화국 중 산업화를 이룬 곳을 "전환 산업국/중심부" 범주에 포함시켰다. 아르메니아, 아제르바이잔, 그루지아, 타지키스탄과 같은 일부 새로운 국가들은 저소득국/준주변부 그룹에 포함시켰다.

10) 몰바이데 도법에서 위도의 선이 평행한 반면 브리세마이스터 도법의 선은 약간 휘어져있다는 점이 몰바이데 도법와 브리세마이스터 투영법의 주된 차이점이다. 사실, 이것은 비스듬한 해머 Hammer 투영법이다. 브리세마이스터 Briesemeister 투영법의 남북 "진폭" 역시 조금 더 크므로 대륙의 모양을 나타내기에 용이하다.

제3세계 이해하기

식민주의 경험

"제3세계"와 "발전"이라는 용어는 명확하며, 서로 밀접한 연관성을 가지는 것처럼 보인다.

"선진국"이라 하면 북미(리오그란데의 북쪽), 서유럽(원래 제1세계와 제2세계를 나누던 선의 왼쪽을 가리켰지만 지금은 동쪽으로 확장하여 이전에 공산국에 속하던 유럽연합(EU)의 일부 새로운 구성원까지 포함), 호주, 뉴질랜드 그리고 일본과 같은 지역에서의 삶에 대한 이미지가 바로 떠오를 것이다. 이들 국가의 이미지는 긍정적이어서 안락한 중산층 라이프 스타일을 떠오르게 만들 것이다. 이와 달리, 제3세계와 관련된 장소와 생계는 불완전하거나 불충분하여 완전히 발달한 것에 못 미친다는 느낌을 갖게 된다(제3세계 = 3위). 물론 잠깐 다시 생각해보면 제3세계와 관련된 국가의 일부 사람들은 "선진국"의 중산층과 같은 또는 그보다 나은 삶을 살기도 한다는 것을 깨닫게 된다. 그러면서 누군가의 기준으로 보면 생계가 곤란한 사람들이 "선진국"에도 있다는 것을 깨닫는다. 또한 제2장에서 논의된 것처럼 "제3세계"라는 용어는 3위가 아니라, 자본주의도 공산주의도 아닌 제3의 노선을 의미하기 위해 쓰이기 시작했다. 그럼에도 불구하고, 앞서 생각해본 발전과 제3세계에 대한 이미지는 매우 끈질기며 영구적이다. 실제로 이러한 이미지는 유럽 사상사에서 수백 년을 거슬러 올라가 찾아볼 수 있다. 이 장과 다음 장의 목적은 자크 데리다 Jacques Derrida(1976)의 해체(deconstruction) 기법을 적용해 이러한 이미지가 어디에서 유래되었는지를 비판적으로 분석하여 의문을 제기하는 것이다.

발전과 제3세계에 대한 우리의 생각에 비판적으로 질문할 때 담론에 주의를 기울일 필요가 있다. 단어와 그로 인해 우리 머릿속에 무의식적이고 자동적으로 떠오르는 이미지들은 의도적으로 연결되어있다. "담론"이란 우리가 알지 못하는 방식으로 말할 수 있는 것을 제한하고 형성하는 사회 문화적 관습과 규범 체계로(즉, 정상적이거나, 합법 적이거나, 진실되게 보이는 것과 그렇게 보이지 않는 것), 스스로 의문을 갖지 않는 한 알아 차리기 힘들다. 간단히 말해서 담론은 우리가 믿고 있는 것에서 지식을 걸러내는 것이 다. 때로는 이런 담론적 의미가 공식적으로 표현되고 이론을 통해 언어로 표현되어 정 확한 것으로 간주된다(예: 발전). 그러나 어떤 맥락에서 정상적이고 진실되게 보이는 것 이 또 다른 맥락에서는 기괴한 것으로 보일 수 있다. 간단히 말하자면, 지식은 상황맥락 적(situated)이다. 발전과 제3세계에 대해 나이지리아 북부의 여성 상인이 가진 생각과 이미지는 뉴욕 주식 중개인과는 상당히 다른 것이다. 따라서 "지식"은 단수형이 아니라 "지식들"로 쓰여야 하는 복수형이다.

　　서로 다른 사회적, 역사적, 지리적 맥락에서 나오는 지식들은 공존할 수 없는 경우가 다반사다. 기름과 물처럼 서로 밀어낸다. 그러나 이러한 다원주의는 지식의 한 가지 형태 가 다른 형태를 압도할 뿐 아니라, 세계에 대한 부적절한 신념인 것처럼 몰아붙여 정당성 을 무너뜨리게 되면 증발해버린다. 즉, 미셸 푸코 Michel Foucault(1980)가 주장하듯 지 식과 권력 간 관계는 친밀하다. 우리가 지식이라고 받아들이는 것은 특정한 담론의 권력 과 권력자들이 가진 권력에 의해 형성되어 우리가 생각하는 방식을 지배한다. 발전과 제 3세계를 규정하는 현재 규범에 비판적으로 접근하기 위해서는 우리가 가진 이해에 대한 합의가 만들어진 곳에서 서로 다른 상황맥락을 지닌 지식들 간 벌이는 경쟁을 재구성해 볼 필요가 있다. 푸코는 이를 계보(genealogy)라고 부르는데, 이것은 서로 다른 세력 간 경쟁의 근원을 파헤침으로써 담론의 기원과 발전 과정을 재구성하는 방법이다.

　　이것은 단순히 역사적 과제일 뿐 아니라 지리적인 과제이다. 서로 다른 담론의 지 리적 맥락을 밝히고, 일부 맥락이 우리의 생각과 우리가 지식으로 받아들이는 것을 지 배하게 되는지를 추려내고, 그 결과를 추적하는 작업이다. 제국주의와 식민주의가 생계 가능성과 지식 생산에 여전히 영향력을 가진 점을 감안해보면(제3세계의 대학이나 위대한 사상가들의 이름을 당신은 몇이나 아는가?), 우리는 이 세계화 시대에까지 우리가 생각하고 행동하는 방식을 지속적으로 지배하는 식민주의/제국주의적 관점에 대해 주의를 기울여 야 한다. 데이비드 슬레이터 David Slater(2004)는 이것을 식민 통치자와 식민 피지배자, 또는 세계화시키는 자들과 세계화를 당하는 자들이 어떻게 서로를 형성해왔는지, "서 구" 지식에 의해 희석된 "비서구" 지식을 회복하고 우선순위를 부여하는 것, 이러한 생 각을 바탕 삼아 당연시되는 "서구" 지식에 의문을 제기하는 것, 그리고 자율성과 "서방" 침투에 대한 대중의 저항을 재확인하는 것에 초점을 맞추는 것으로 정의한다. "서방"이라는 용어를 사용하게 되면 바로 문제 발생의 소지가 생긴다. "서구"와 "비서구"의 구분은 세계를 임의적으로 분류할 뿐이다. 실제로 이 분류는 우리가 해체(deconstruct)하고자 하는 바로 그 담론의 산물이니 우리는 이 문제에서 출발을 하면 되겠다. "남북"을 대신 사용할 수 있었지만, 그 구분 역시 지리적으로 지나치게 단순화된 것이다(1장과 2장 참조). 따라서 이 장과 이어지는 장에서는 "중심부"와 "주변부"라는 용어를 사용하여, 주어진 시점마다 지정학적으로 지배적 주체와 피지배적 주체의 사회지리적 위치를 강조하도록 한다.

이런 형태의 분석은 지식의 생산 과정이 지리적이라는 점을 상기시킨다. 속한 장소에 따라 사람들은 식민지주의, 개발, 세계화를 아주 다르게 경험하고 이해해왔다. 이 책의 두 번째 파트에서는 발전과 제3세계에 대한 지식과 이미지를 둘러싼 투쟁에 대해 역사지리학적 시각으로 고찰할 것이다. (위에 요약된 것과 같은) 특정 아이디어가 어떻게 그리고 왜 지배적인 지위를 지니게 되었는지 분석하고 다른 가능한 형태의 지식에 대해 관심을 기울이기 시작할 것이다. 발전에 대한 사고방식이 한 가지만 존재한다고 가정하지 않고 대안적인 접근 방법을 탐색하기 시작할 것이다. 물론 세계에 걸쳐 몇 백 년간 진행되어온 그런 논쟁을 추적하는 건 불가능한 과제다. 따라서 우리는 세 가지 역사적 단계(식민주의와 제국주의, 국가주도 개발, 세계화)와 두 가지 광범위하고 막연하게 정의된 지정학적 지역(중심부, 주변부)을 기반으로 대략적인 스케치 정도만 할 것이다.

앞으로 살펴볼 것과 같이 주변부에서는 사회 변화와 발전에 대해 전형적인 "확산적" 관점을 적용한다(Blaut, 1993). 공간적 확산은 이슈가 되는 어떤 것(아이디어, 바이러스, 상품이라 치자)이 원래 있던 장소에서 퍼져가면서 장소 간 본래의 차이가 사라지는 과정을 의미한다. 개발에 적용하면, 국가가 더 부유한 국가의 개발 성과를 "따라잡기" 위해 그 관행을 그대로 따라야 한다는 관점이다. 어떤 장소에서건 발전에 대해 단일 경로를 설정하고 따르면 개발에서의 지리적 차이는 점진적으로 사라질 것으로 가정한다. 이 관점은 식민주의에서 시작되어 수정을 거쳐 오늘날까지 계속되고 있다. 하지만 이러한 관점이 친자본주의에만 적용된 입장은 아니다. 마르크스주의 학자 다수와 제2세계 정책 입안자들은 사회주의 또는 공산주의에 대한 유럽의 경험 또한 사회 변화의 한 모델로 보았고, 이 역시 전 세계적으로 선전되었다. 그러나 주변부의 상황맥락적 관점에서 보면 개발은 선전되는 것이 아니라 맞닥뜨려지는 것이라는 매우 다른 경험이 된다(Escobar, 1995). 주민에게 있어 개발은 일반적으로 식민주의의 폭력, 총포 외교, 초강대국 간의 전쟁, 빈곤, 외부 세력의 내정간섭, 원주민 제도와 문화의 해체, 환경 파괴 등과 연결된다. 대개 인간의 아이디어도 이와 같아서, 주변부적 위치에서는 중심부에서 당연시되는 사고방식을 의문시하고 심지어 해체하여 개발에 대한 사고방식에 혁명을 가지고 왔다.

중심부의 관점

진보에 대한 유럽식 사고와 개발의 발견

사회 변화를 다루는 유럽 사상사는 순환 지향적 사고에서 진보 지향적 사고로 전환되었다. 예를 들어 아리스토텔레스는 출생, 성숙, 죽음, 쇠퇴의 주기를 따르는 유기체의 발달을 국가에 적용했다. 사회 변화에 대한 순환 지향적 사고는 18세기까지도 중요한 위치를 차지했다. 이 사고방식은 18세기 후반 가장 영향력있는 책 중 하나인 에드워드 기본 Edward Gibbon(1776-1787/1993)의 *로마 제국의 쇠퇴와 타락*에서 중점적으로 적용되었다. 당시의 인물들 다수 역시 비슷한 용어를 사용하여 자연 주기를 사용해 인간 사회를 설명했다. 이는 사회적 변화가 한계를 지녀 모든 것이 결국 붕괴되고 이를 방지하기 위해 할 수 있는 일은 별로 없음을 암시한다. 이러한 아이디어는 지구라는 우주선으로 인해 발생한 한계 또는 미국의 지배가 로마가 그랬던 것처럼 붕괴될 것이라는 분석 등과 같은 논의에서 오늘날에도 여전히 볼 수 있다.

그러나 기독교 사상에서 진보에 대한 생각이 영향력을 가지기 시작했다. 히포의 성 아우구스티누스 St. Augustine of Hippo는 자연/사회의 세계가 신의 계획에 따라 형성되었다는 관점을 피력했다. 그는 모든 인류에게 적용되는 보편적 역사를 통해 비인간(nonhuman)과 사회 과정의 특정한 발달사를 서술했다(Rist, 1997). 이 관점에는 여전히 아담에서 그리스도와 마지막 심판까지 이어지는 순환적 요소를 가지고 있었지만, 인간의 개입이 그 궤적에 영향을 미칠 수 있었다. 종교적 교리와 복음주의에 순종함으로써 지구 곳곳에 미치게 된 기독교 사회는 최종 판결이 내려질 때 구원받게 될 영혼의 숫자를 극대화해야 했다. 이에 따라 개발을 추진할 수 있는 여지가 발생했다. 즉, 지식을 갖추고 신의 계획을 실현할 책임과 권한을 부여받은 전문가의 신탁통치를 통해 신의 계획을 실현하는 것이었다. 최선의 결과를 실현하기 위해 부패와 편견은 최소화될 수 있었다(Cowen and Shenton, 1996).

18세기 유럽에서 부상한 계몽주의 사상이 진보의 개념을 채택하면서 주요 설계자는 신에서 인간으로 변화했다. 특히 스코틀랜드 철학에서 강한 영향을 받아 형성되었다. 존 로크 John Locke는 인간이 노동을 통해 인간의 본성을 개선시킬 권리의 가치를 창출했다고 주장했다(Mehta, 1999). 로크는 또한 오늘날 신자유주의의 핵심 아이디어인 개인의 자유를 실현하는 데 있어 사유재산이 필요하다고 주장했다. 여기서 문제는 이러한 개인의 권리가 사회에도 이익이 되는지의 여부이다. 이 효과에 대한 설득력있는 논증이 없다면, 사회가 신의 계획에 순응해야 한다는 확고한 당면 과제에 도전하는 것은 불가능할 것이다. 18세기와 19세기 스코틀랜드와 영국의 정치 경제는 이러한 논증을 제시함으로써 진보와 발전에 대한 개념을 재구성했다. 스코틀랜드의 도덕 철학은 주관성, 이론화 욕망, 자기 이익 그리고 덕에 관한 이론을 설명했다. 버나드 멘드빌 Bernard Mandeville(1714/1970)은 *The Fable of the Bees*를 통해 자유로운 개인이 자신의 이익을 추구하기 위한 행동을 하면 사회에도 이익이 된다고 주장했다. 따라서 인간 행동이 따라야 하는 종교 도덕에 기반을 둔 자연 법칙 대신 그는 도덕적 사회로 귀결되는 인간 행동의 법칙과 이기심을 추구할 것을 제안했다. 자유주의와 무책임한 이기심에 대해 때로 신랄한 비판이 가해졌지만 아담 스미스 Adam Smith(1776, Book I, 2장)는 이것을 '보이지 않는 손'의 경제적 이론으로 발전시켜 '국부론 *The Wealth of Nations*'에서 다음과 같이 말한다: "우리가 저녁을 해결할 수 있는 것은 양조업자나 제빵사가 자비롭기 때문이 아니라 그들이 자신들의 이익을 위해 일하기 때문이다."

19세기 중반에 다다르자 영국 사상가들 사이에서 개발이라는 아이디어가 부상했다. 영국이 농업 토지 소유 사회에서 산업 자본주의로 전환되는 과정에서 창조적인 파괴의 소용돌이에 직면하면서 진보가 반드시 질서정연하게 이루어지는 것은 아니라는 점을 인식하게 되었다. 개발을 위탁받은 주체(보통의 경우 국가)가 사회적 변화에 수반되는 부정적 측면을 해결 및 완화하며 진보를 지속시키도록 개입하면서 개발이 이루어지는 것으로 받아들여졌다(Cowen and Shenton, 1996). 처음에는 국내 문제점 해결을 위한 것으로 간주되었으나, 곧 인도와 다른 영국 식민지인 해외로 확산되었다.

영국의 생각이 세계지식으로

오늘날 거침없는 자본주의가 사회를 위해서 최선이라는 생각은 헤게모니적(즉, 자명하다고 광범위하게 당연시됨)이다. 그러나 대서양 작은 섬국가의 북쪽 끄트머리에서 나온 철학적 사고가 어떻게 세계를 폭풍으로 몰아넣었는지, 그리고 개개인의 자유에 대한 아이디어가 어떻게 수많은 사람들의 자유와 삶을 빼앗았던 식민주의적 관행과 동시에 연관되어있는지에 대해 생각해볼 가치가 있다. 로크의 사유재산 자유주의와 스미스의 보이지 않는 손이 가지고 온 영향력은 단지 이 사상가들의 지성에서만 시작된다고 할 수 없다. 그들의 뛰어난 지성에 대해서는 의문의 여지가 없지만, 뛰어난 지성은 다른 곳에도 많다. 이 주장들이 영향력을 가지게 되고 세계로 확산된 부분적 원인은 권력과 영향력이 전 지구에 걸쳐 지리적으로 확산되었기 때문이다. 1492년 이전에는 번영, 부, 정교한 지식 생산이 집중적으로 이루어진 장소가 유럽, 아시아, 아프리카에 걸쳐 퍼져있었다. 실제로 유럽은 정치 시스템, 지식, 기술적 능력에 있어 다른 지역과 비교했을 때 특별히 뛰어나지 않았다. 중국과 인도의 부는 유럽에서 전설적이어서 유럽 상인들이 아시아인과 아프리카인들에게 물건을 사도록 설득하는 건 어려운 일이었다.

　　유럽은 아메리카 대륙 발견 이후 세계적으로 부상했으며, 18세기에 이르러 영국은 세계적 군사력과 경제력 그리고 가장 광범위한 식민지를 보유하면서 유럽의 패권을 장악했다. 대영 제국에는 태양이 지지 않는다고 널리 알려졌다. 권력과 지식이 밀접하게 관련되어있음을 생각해보면, 영국의 계몽 철학자들에게 얼마나 상황이 유리했는지 알 수 있다. 지역에서 시작된 그들의 사상은 도시산업 자본주의의 탄생에 정당성을 부여했던 영국에서 일단 수용되자 세계적 지식이 되었다(예: 아담 스미스는 보이지 않는 손에 대한 낙관주의 덕에 유명세를 얻게 됨, Perelman, 2000). 이는 1830년대 이후 영국의 경제정책에 적용되며 세계적으로 확장되었다.

식민지에 대한 적용

그러나 개인의 권리에 관한 철학적 원칙은 불균등하게 적용되었다. 영국에서는 오랫동안 재산을 소유한 남성에게만 국한되었으며 19세기를 거치며 모든 남성에게 선거권을 부여하도록 확대되었고 1918년 마침내 여성에게까지 확대되었다. 미국은 1776년 독립선언("모든 사람이 평등하게 태어났으며, 박탈할 수 없는 일정한 권리를 창조주로부터 부여받았으며, 이 권리는 생명과 자유와 행복 추구를 포함한다는 것을 우리는 자명한 진리로 받든다")에서 이 권리의 구분을 폐지했지만 아메리카 원주민이나 노예에게까지 확장되지는 않았다. 그러한 권리는 유럽 식민지(호주, 캐나다, 뉴질랜드, 남아프리카 공화국)의 정착민들에게 적용되어야 하지만 식민지의 원주민은 적용대상이 아닌 것으로 받아들여졌다. 따라서 제임스 밀 James Mill은 런던에 위치한 동아시아 회사 East India Company에서 일하는 동안(굳이 인도를 방문하려 애쓴 적 없이) 인도에 대한 "개념적" 역사를 써, 인도가 불가해하고, 미신적이며, 유치하므로 문명화에 뒤떨어졌다고 정의했다. 개인의 권리에 초점을 두는 자유주의에 반하여 그는, 인도인이 그러한 장소에 산다는 이유로 모든 인도인을 미성숙하다고 불렀다(Mehta, 1999). 자유주의 사상의 창시자인 그의 아들 존 스튜어트 밀 John Stuart Mill은, 어린이들은 아버지와 교사의 가르침을 받기 전에는 개인적인 권리를 부여받을 수 없다는 로크의 생각에 기반하여 미성숙한 비백인 식민지에 자유주의를 실현할 유일한 방법은 엄격한 식민 통치뿐이라고 결론짓는다. 그는 "활발한 독재정권 자체가 최선의 정부체제인 사회조건이…있다"라고 적는다(Mill, 1862/1966: 408).

　　스테판 제이 굴드 Stephen Jay Gould(1981)는 허버트 스펜서 Herbert Spencer가 19세기 영국에서 유명했던 견해를 정당화하기 위해 생물학을 기반으로 했다는 사실에 주목했다. 다윈 Darwin의 1859년 *종의 기원 The Origin of Species*은 당시 가장 영향력 있는 과학적 주장이었다. 스펜서는 가장 적합한 생물체(인간)가 항상 정상에 오르는 것을 의미한다고 진화론을 잘못 해석하면서 인류에 대해서도 똑같이 적용된다고 주장했다. 적자는 가장 성공적인 종이며, 식민주의에서와 같이 약한 종을 희생하여 번성하는 것이 정당화된다. 이 "사회적 다윈주의"는 이후 최고의 (백인) 개체를 생산하기 위한 우생학 운동으로 이어졌다.

기후, 인종, 이미지

18, 19세기 유럽 담론에서 여러 형태로 표현되긴 했지만 아시아, 아프리카 및 라틴 아메리카의 원주민 문명이 유럽 표준에 부적합하다는 개념은 매우 흔했다. 이 중 일부는 지극히 지리적이다. 당신이 살고 있는 환경에 따라 당신이 누구인지와 당신이 할 수 있는 일이 달라진다는 생각과 연관되기 때문이다. 미국의 지리학자 엘렌 처칠 샘플 Ellen Churchill Semple(1911: 620)은 몽테스키외 Montesquieu(1689–1755)의 아이디어를 기반으로 환경이 인간 문화와 행동에 어떻게 영향을 미치는지에 대해 많은 예를 제시했으며, 이를 묘사함에 있어 인종주의적 용어를 종종 사용했다.

> 일반적으로 기후와 기질 간에는 밀접한 연관성이 있다. 유럽 북부인들은 감정적이기 보다는 에너지 넘치고, 신중하며, 진지하고 사려 깊으며, 충동적이지 않고 조심성있다. 아열대 지중해 분지의 남쪽에 위치한 사람들은 느긋하고, 게이이며, 감정적이고, 상상력이 풍부한데 이 모든 특성은 적도의 흑인들 사이에서도 중대한 인종적 결함으로 나타난다.

다른 이들은 더 명백한 인종 차별주의를 적용했다. 프랑스의 소설가이자 귀족, 외교관이었던 조제프 아서, 꽁트 드 고비노 Joseph Arthur, Comte de Gobineau(1816–1882)는 자유, 평등, 우애라는 프랑스 혁명의 이상을 거부했다. 그는 무엇보다 인종주의를 민족주의에 접목하는 데 기여했다. 19세기 유럽에서는 산스크리트어와 다른 인도유럽어(게르만어 포함) 간의 언어적 연결 고리 등을 확립하기 위한 연구와 같은 문헌학, 인류학, 선사언어학 등에서 연구가 활발히 이루어지고 있었다. 고비노는 언어와 인종이 관련되어 있으며, 특정 인종 그룹의 언어가 다른 인종 그룹의 언어보다 우월하며, 그 결과로서의 문명화가 이러한 우월성을 반영한다고 믿었다(Seillière, 1903). 고비노는 네 권으로 구성된 '*인종 불평등에 대한 에세이 Essai sur l' Inégalité des Races Humaines*'(1853–1855)에서 19세기 많은 학자의 마음을 사로잡은 수수께끼인 문명의 쇠퇴와 몰락에 대해 설명했다. 그는 문명은 전쟁의 결과로 쇠퇴하는 것이 아니라 인종적으로 순수한 한 번성하는 것이라고 주장했다. "낮은 종족과의 혼혈 출산"이 인구의 순수성을 희석시킬 때 문명은 쇠퇴한다는 것이다(1932년 봄 인용). 고비노에 따르면, 아리아인(또는 노르딕)이 가장 우월하다. 스나이더 Snyder(1939: 80)에 따르면, "Aryan"은 "통치자", "귀족", "고귀한" 또는 "순수한"을 의미하는 산스크리트 단어이다. 이는 결국 나치 독일의 제3제국 기간 동안 "열등한" 종족을 통치하는 운명을 지닌 "지배자 민족"을 의미하게 되었다.

고비노의 생각은 비스마르크가 지배하던 독일의 *혈액과 철 Blut und Eisen* 시대 국가 통일 기간에 각광을 받았다. 이 아이디어는 리차드 바그너 Richard Wagner의 저서와 음악을 통해 대중화되었으며, 이어 바그너의 제자인 프리드리히 니체 Friedrich Nietzsche의 로맨틱한 이상주의와 의지 철학에 영향을 미쳤다. 인종 차별에 대한 고비노의 과학은 선험적 추론이 혼란스럽고 절충적으로 뒤죽박죽된 가짜 과학이었다(Snyder, 1939: 37). 이로 인해 몇몇 독일 학자는 어리석은 극단에 빠지게 되었다.

일반적으로, 북유럽 종족은 혼자서도 거침없는 맑은 소리를 낼 수 있지만 북유럽인이 아닌 남성과 인종의 발음은 순도가 떨어지며, 개별적 소리는 더 혼탁하여 동물이 짖거나, 코골거나, 쿵쿵거리거나 끽끽거리는 소리에 더 가깝다. 새가 다른 동물에 비해 언어를 더 잘 배울 수 있는 것은 새 입의 구조가 북유럽 구조, 즉 높고 좁으며 혀가 짧은 구조를 지녔기 때문이다. 북유럽 잇몸의 모양은 혀가 보다 우월하게 움직일 수 있도록 하므로 북유럽의 말과 노래가 더 풍성한 것은 이에서 연유한다(H. Gauch, Snyder, 1939: 121에 인용).

인종 우월의 개념은 모든 사회과학을 어떤 방식으로든 오염시키면서 악성적 역사를 길게 이어왔으며, 오늘날에도 계속 영향력을 행사하고 있다(Littlefield, Lieberman, and Reynolds, 1982). 에슐리 몬테규 Ashley Montagu는 1964년작 제목을 통해 이 개념을 *인간의 가장 위험한 신화 Man's Most Dangerous Myth*라 지칭했지만, 여전히 큰 호소력을 가지고 있다. 바그너의 딸 에바와 결혼한 "변절자 영국인(renegade Englishman)"인 휴스턴 스튜어트 챔버린 Houston Stewart Chamberlain은 고비노의 아이디어 전체를 이어받았다. 챔버린은 고비노의 연구에서는 나타나지 않았던 반유태인적 구성 요소를 추가했다. 그의 저작 19세기의 기반 *Die Grundlagen des neunzehnten Jahrhunderts* (1899/1904)은 독일에서 엄청난 인기를 얻었으며 카이저 빌헬름 2세 Kaiser Wilhelm II가 가장 좋아하는 책이었다(Montagu, 1964: 58). 히틀러 Hitler는 *나의 투쟁 Mein Kampf*을 집필하며 제3제국을 만들어내고 그 정책을 정당화하기 위해 고비노와 챔버린의 사상을 대폭적으로 적용했다(Hitler, 1925/1943).

　　인종 차별주의와 반유대주의적 감정은 16세기뿐 아니라 19세기와 20세기에 걸쳐 포르투갈에서 스코틀랜드, 프랑스에서 러시아까지 이르는 유럽 전역에서 나타났다. 이는 한 시대에는 노예제를, 다른 한 시대에는 식민지 획득과 사회, 경제, 정치적 차별을 지지하는 데 이용되었다.

　　20세기 초 수십 년 동안 우생학이라는 인종 차별과 관련된 개발이 영향력을 얻었다. 1883년 프란시스 갈튼 Francis Galton이 개체 수 증가를 위한 과학으로 창시한 우생학은 대영제국과 미국에서 특히 발전했다(Gould, 1981: 201). 이 운동은 더욱 인간적이고 건강한 인류를 창출한다는 훌륭한 목표로 시작되었지만 곧 계급 이익에 종사하게 되었다(Montagu, 1964: 226). 지리학자들은 미국에서의 지리학 역사를 통해 일부 역할을 담당했다. 엘스워드 헌팅턴 Ellsworth Huntington은 특히 거의 30년에 이르는 기간(1918-1945)에 걸친 핵심 인물로, 1934년 미국 우생학학회 회장으로 재직했으며 다른 시기에는 우생학연구협회, 국립 안락사 합법화 모임, 출산제한리뷰 등에서 중요한 역할을 담당했다(Martin, 1973: 176-191, 301). 유전과 우생학을 연구하는 다른 학자 다수와 헌팅턴은 자신의 연구에 인종적 기반은 없다고 강조했다. 그러나 인종주의 색채를 피하기가 어려워 결국 "우생학"이라는 용어는 인기를 잃게 되었다(Kevles, 1985). 1969년, 우생학 계간 Eugenics Quarterly은 사회생물학 저널 The Journal of Social Biology로 바뀌었고 1954년 영국 학술지 우생학 연보 Annals of Eugenics는 인간유전학 연보 Annals of Human Genetics로 이름을 변경했다(Paul, 1986: 27).

　　이러한 아이디어는 유럽 사회 전역에서 이른 학령기 어린이 시기까지 깊숙이 만연했다. 1850년대 젊은 미국인들은 "스미스의 첫 번째 지리학 책(Smith's First Book in Geography)"에서 세계가 어떻게 나누어져 있는지에 대한 근본적 지식을 배웠다. 아프리카에 대한 장에서는 "사람들은 대체로 우상 숭배자이거나 이교도이며 지성의 흔적은 거의 보이지 않는다. 그들의 안색은 대부분 검은 색이다"(Smith, 1854: 139)라고 적고 있다. 이 페이지의 아랫부분에 제시된 문답 부분에는 "주민의 종교와 피부색은 무엇입니까?"라는 질문이 제시되어있다. 자세한 설명을 위해 XIII장 전체를 싣는다.

계절, 생산, 동물

Q. 열대의 계절은 무엇입니까?

A. 두 개. 우기와 건기.

Q. 채소 생산 중 가장 중요한 것은 무엇입니까?

A. 커피, 차, 사탕수수, 빵, 과일, 오렌지, 향신료 등.

Q. 가장 유명한 동물은 무엇입니까?

A. 코끼리, 낙타, 코뿔소, 사자, 악어 등.

Q. 거주자를 설명한다면?

A. 피부색이 진하고 정열적이며 나태하다.

Q. 빙설대의 계절은 무엇입니까?

A. 짧고 따뜻한 여름과 길고 추운 겨울.

Q. 빙설대에는 어떤 동물들이 살고 있습니까?

A. 흰 곰, 개, 순록, 흑담비, 북방 족제비 등.

Q. 거주자를 설명한다면?

A. 피부색이 진하고 키가 낮고 무지하며 무분별하다.

Q. 온대의 계절은 무엇입니까?

A. 네 개; 봄, 여름, 가을, 겨울.

Q. 주요 생산물은 무엇입니까?

A. 밀, 쌀, 옥수수, 면화, 담배, 잔디, 과일.

Q. 가장 유명한 야생 동물은 무엇입니까?

A. 버팔로, 엘크, 늑대, 곰, 팬더, 여우, 사슴.

Q. 유용한 가축은 무엇입니까?

A. 말, 소, 양, 돼지.

Q. 거주자를 설명한다면?

A. 일반적으로 공정하고 견고하며 지능적이고 근면하다(Smith, 1854: 170−171).

그림 3.1은 19세기 후반 북미 지역에서 가장 널리 보급되어 사용된 지도책 중 하나인 가족을 위한 *존슨의 신(新)세계삽화지도 Johnson's New Illustrated Family Atlas of the World* (Johnson, 1877)이다. 지도책은 프린스턴 대학의 유명한 스위스 지리학자 아놀드 기욧 Arnold Guyot 저작인 세계인종분포 주제지도를 싣고 있는데 이는 최초 주제지도에 속한다. 표시된 범례 부분 자체가 의미를 담고 있다.

이론가, 음악가, 의료 선교사인 알버트 슈바이처 Albert Schweitzer는 아마 당시에 지구 상에서 가장 유명한 사람이었을 것이다. 1913년부터 1965년 사망할 때까지 기자들은 세계에서 벌어지는 일들에 대한 그의 견해를 끊임없이 구했다. 그들은 오고우에 강 Ogooué River(콘라드 Conrad의 *어둠의 심장 Heart of Darkness*을 여행짐에 꽂고)에서 가봉의 람바레네 Lambaréné에 이르기까지 발을 내딛으며 히로시마의 원자력 폭탄, 베를린 장벽 건설 등에 대한 그의 의견을 물었다. 그는 식민지 행정 분야에서 공통으로 나타나는 온정주의를 보였다.

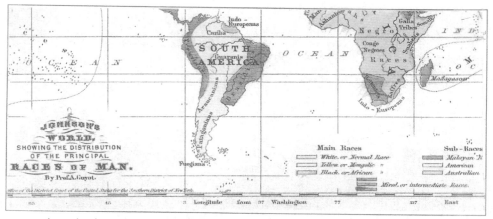

Legend and map reproduced at scale. Hand-applied aquatint affects appearance of legend boxes.

그림 3.1. Johnson의 신가족 아틀라스 삽화(Johnson, 1877)의 일부로서 "주요 인종"의 분포를 나타냄.

백인과 흑인 간 관계에 대한 한마디라. 백인과 흑인 간 성교의 일반적 특징은 어떠해야 하는가? 내가 흑인을 나와 동등하게 취급해야 하는가 아니면 열등하게 취급해야 하는가? 나는 누구나 가지고 있는 인간 개성의 존엄성을 존중한다는 것을 보여주어야만 한다. ... 그리고 중요한 것은 형제애에 대한 진정한 느낌이 있어야 한다는 것이다. ...흑인은 아이이며, 아이들에게는 권위를 사용하지 않고는 아무것도 할 수 없다. 그러므로 나의 자연스러운 권위가 표현될 수 있도록 우리는 일상생활 속 환경을 마련해야 한다. 그래서 나는 흑인에 대한 원칙을 만들었다. 즉, "나는 분명히 당신의 형제이다. 그렇지만 당신의 형이다."(조이에서 Schweitzer, 1947: 157)

슈바이처의 접근 방식은 항상 낙후된 것으로 간주되는 식민사회에 대한 유럽인들의 온정주의적 관점을 상징했지만 중동과 동아시아, 남아시아의 사회로 가면 상황은 더욱 복잡해졌다. 거기서 유럽인들은 자신들이 위대한 문명이라고 인정했던 것들이 역사적으로 존재하고 있었다는 것을 알게 되었다. 문명화를 가져오는 백인 남자와 여자는 야만적이고 비문명화된 것으로 보이는 그들에게 형(또는 아버지, 어머니, 구세주)이 되기를 원했지만 아시아의 "위대한 문명"은 은혜로 갖게 된 것으로 여겨졌다. 팔레스타인계 미국인 문학이론가 에드워드 사이드 Edward Said(1978)는 "오리엔탈리즘(Orientalism)"이라는 용어를 사용해 이런 사회를 유럽과 비교해 주변화시키는 담론을 지칭하였다. 이 담론은 18세기에 이미 유행했지만 현재까지 지속되고 있다(예를 들어 할리우드 영화나 미국 TV 시리즈에서 아랍인이 어떻게 묘사되는지 생각해보라).

사이드는 유럽(특히 19세기 영국과 프랑스)의 학자, 예술가, 작가들이 동양 문화권과 접촉 후 "서양"의 반대편으로서 정교하게 "타자"를 만들어냈다고 주장하고 있다. 오리엔탈리즘은 인종주의를 기본적으로 전제하고 있음에도 불구하고 그 생각이 이롭고 중립적으로 보이기 때문에 미치는 영향은 더욱 크다. 오리엔탈리즘을 주장하는 학자들은 동양 문화의 풍부함, 복잡성, 아름다움을 인정하면서도 동양 문화를 서양 문명과 분리시키고, 서양 문명에 반대되며, 서양 문명보다 가치가 떨어지는 특성과 가치가 있다고 강조했다. 다음의 단어짝은 문화적 모티브의 대조를 확연히 드러내고 있다.

합리적 - 미신적
문화 - 자연에 가까움
단지 - 독재
성숙한 - 유치한
문명 - 야만적
평범한 - 매혹적으로 예쁜
솔직한 - 악의적인
개방적 - 신비한
정직한 - 부패한
정숙한 - 음탕한
질서있는 - 혼돈의
평화를 사랑하는 - 폭력적인
남자다운 - 여자의
신중한 - 광신적인

이러한 위계 구조는 유럽인들을 차별화하는 데도 사용되었다는 점은 주목할 만하다. 백 년 전 영국, 독일, 프랑스 출신 미국 이민자들은 후에 미국에 도착한 아일랜드, 이탈리아 출신 이민자들을 비백인으로 분류했다.

온정주의와 오리엔탈리즘은 서로를 강화시켰다. 예를 들어, 유럽의 여성참정권운동도 억누르던 식민주의자들은 갈색 남성으로부터 갈색 여성(과 갈색 문명)을 구해내는 백인 남성으로서의 책임을 분명히했다. 라일라 아하마드 Leila Ahmed(1992)는 오리엔탈리즘의 이런 특수한 발현을 "식민주의 페미니즘"이라고 명명했다. 왜냐하면 식민 점거를 정당화하기 위해 페미니즘의 언어를 가져다 썼기 때문이다(지금도 여전히 가져다 쓰고 있다고 우리는 주장한다).

심지어 빅토리아 남성 체계가 페미니즘 주장을 반대하기 위한 이론을 고안해내고, 남성이 여성 자체를 억압한다는 개념을 비웃고 거부하면서...그 체계는 식민주의를 정당화하기 위해 페미니즘의 언어를 가져다가 타자 남성과, 타자 남성의 문화를 향해 사용했다. ...식민지 사회에서...남성이 여성을 억압한다는 생각은...식민주의 수사학에서 식민화된 사람들의 문화를 저해하고 제거하는 프로젝트를 도덕적으로 정당화하기 위해 사용되었다(Ahmed, 1992: 151).

경제이론

19세기 중반까지 유럽에서 사회 변화에 대한 논의는 경제적 질문이 지배하게 되었는데 이는 영국 정치경제가 사회적 담론에 미치는 영향을 반영하는 것이었다. 유럽의 사회 변화를 경제적으로 설명하면 이는 다른 곳에서도 적용될 수 있다고, 즉 식민지들은 유럽을 거울삼아 자신들의 미래를 볼 수 있을 것이라고 단순하게 가정되었다. 1800년 이전, 유럽국가의 경제적 성장을 가속화하는 방법으로 두 가지 견해가 두드러졌다. 16, 17세기 그리고 18세기 초반을 지배했던 견해는 "중상주의"였다. 이 관점은 국가가 강력해야 하며, 이 강력함의 기반은 특히 귀금속 형태로 된 금전적 부에 달려있음을 강조했다. 주요 메커니즘은 수입을 능가하는 수출로, 오늘날 우리가 무역흑자균형이라고 부를 법한 결과를 초래할 수 있다고 간주되었다. 서부유럽이 식민지와 동유럽과의 불균형한 상품 교역을 통해 발생하는 이익을 취하고 있었던 역사적 시기인 만큼 무역에 대한 강조는 당연한 일이었다(13장 참조). 18세기 후반이 되자 이 관점은 "중농학파"의 관점에 밀려나게 되었다. 이들은 유럽에서 새로운 농법이 땅에서 나올 수 있는 경제적 잉여에 혁명을 일으키고 있던 시기에 한 국가 경제성장의 유일한 원천은 자연이 무상으로 제공하는 자연자원인 토지를 이용하는 것이라고 주장했다(Quesnay, 1753-1758).

산업혁명으로 사회경제적 기반에 대한 사고는 폭발적으로 증가했다. 영국의 정치경제학자들은 모두 인간노동은 경제적 잉여를 생산하는 데 필요한 투입물임을 인정했다. 그러나 인간노동이 사회발전에 가지는 함의에 대해서는 의견을 달리했다. 아담 스미스(1776: 1)는 발전한 세계와 덜 발전한 세계의 차이점은 "노동력이 적용되는 기술, 손재주, 판단"에 있다고 봤다. 토마스 맬서스 Thomas Malthus(1798/1992)는 인구증가가 식량 생산에 대한 환경적 제한을 앞지를 것이며 이는 인간이 도덕을 변화시키고 성관계 횟수를 줄이지 않는 한 기아로 연결될 것이라고 주장했다(맬서스에 대한 더 자세한 설명은 6장 참조). 데이비드 리카르도 David Ricardo(1817/1951: 12)는 희소성에 초점을 맞추는 대신, 사회가 산업 상품을 생산하는 방법을 강조하여 이는 "우리가 상품을 얻기 위하여 필요한 노동을 제공한다면 한 국가에서만이 아니라 여러 국가에서 거의 제한 없이 배가 될 수 있다"라고 했다. 그러나 생산품은 토지와 자연을 소모하여 공급하는 투입물을 필요로 하기 때문에 비효율적 지역을 활용하기 위해 경제적 잉여가 더 많이 투입될수록 자본주의 경제는 결국 정체 상태에 빠지게 될 것이라고 하여 맬서스적 입장을 취했다. 스미스는 경제발전에 가해지는 이런 제한은 기술 향상으로 극복할 수 있다고 믿었다.[1]

리카르도 역시 세계경제에서 어떤 제품을 생산해야 하는지를 설명하는 자유무역 모델을 대중화했다. 그는 두 나라가 두 상품을 모두 생산할 때, 특정한 가정하에 각 나라가 자국에서 상대적으로 더 적은 노동 투입이 필요한 재화를 완전히 특화하여 생산한다면 두 재화 생산의 총수량은 더 많아질 수 있음을 보였다. 그런 다음 각국은 다른 나라와의 교역을 통해 자국이 생산하지 않은 재화를 얻을 수 있다. 이러한 특화와 무역이라는 전략을 사용하게 되면 양국 모두 경제성장을 이룰 수 있다고 리카르도는 주장했다. 그가 제시한 사례(영국은 "옥수수(밀)" 생산, 포르투갈은 와인 생산)를 실제로 적용하자 포르투갈 와인 산업이 파멸되긴 했지만(15장 참조), 이 자유무역 사상은 오늘날까지 저개발국 개발의 지배적인 사고로 영향력을 미치고 있다.

스미스, 맬서스, 리카르도는 자신들이 로크를 이어받아 스코틀랜드 계몽주의 자유주의를 경제적 영역에서 확장하고 설명한다고 보았다. 자유무역 원칙과 마찬가지로 유럽의 진보를 가속화하는 경제적 메커니즘을 식민지에 직접적으로 적용할 수 있다고 간주했다. 그러나 또 다른 큰 획을 그은 고전경제학자 칼 마르크스 Karl Marx의 생각은 전혀 달랐다. 마르크스는 자신이 살았던 자본주의 사회를 자연스럽고 영구적인 상태로 무조건적으로 받아들이지 않았다. 오히려 그는 자본주의가 한 단계 진보한 결과이긴 하지만 모순으로 인해 분열되어 조만간 붕괴될 것으로 보았다(Marx, 1867)(사이드바: "자본주의와 세계발전에 대한 마르크스의 사상").

마르크스에 의하면 자본주의는 경제생산이 사회에서 발현될 수 있는 몇 가지 형태 중 하나로, 이전의 봉건주의 시스템처럼 더 나은 시스템으로 대체될 것이었다. 그는 생산이 "생산 방식"이라 불리는 뚜렷한 형태를 몇 가지 취할 수 있다고 주장했다. 이들 각각에는 "생산 관계"(생산 기술, 노동분화)와 "사회관계"(생산 수단의 소유는 누가, 생산을 위한 노동공급 관리 메커니즘, 경제생산의 이익이 어떻게/누구에게 누적되는지 설명)라는 구별되는 집합이 포함되어있다. 그는 다섯 가지 생산 방식에 집중하여 유럽의 경험을 해석 후, 이들을 노예제도, 봉건주의, 자본주의, 사회주의, 공산주의 순으로 정렬했다. 그는 각 생산 방식이 물질적 자연환경에 대한 인간의 통제/착취와 인간 해방을 증대시키는 데 역사적인 역할을 한다고 보았다. 그러나 동시에, 이들 생산 방식은 각자 고유의 내부 모순으로 인해 한계에 직면하면서 다른 방식으로 대체된다. 이러한 변화는 사회의 물질적

자본주의와 세계발전에 대한 마르크스의 사상

마르크스는 다음과 같이 주장했다.

1. 자본주의 경제에서 이윤의 근원은 노동이다. 마르크스는 다음과 같은 논리를 통해 이 근본적 결론에 도달했다. 생산을 위해 직간접적으로 투입된 노동 시간에 따라 상품의 가치가 평가된다면(상품의 노동 가치), 노동 자체는 고유한 상품이 된다. 노동은 가치의 근원이면서 경제적 가치를 지녀야 하기 때문이다. 시간당 노동의 가치는 1로 정의된다("노동의 가치"). 그러나 그 노동자와 그의 가족이 하루 동안 소비하는 상품의 노동 가치가 노동하는 시간보다 적지 않은 한 그 노동의 구매자("자본가")가 금전적 이윤을 얻는 것은 불가능하다. 이런 노동 가치 조건의 불균형은 자유롭게 운영되는 노동시장에서 노동이 공급되는 한 항상 존재한다.

2. 자본주의 생산체제에서는 경쟁에서 살아남으려면 지속적인 성장과 이윤의 재투자를 필요로 하는데 이는 불가피하게 자본주의 생산 체제가 그 영향력을 지리적으로 확대하는 것을 추구할 수밖에 없다는 것을 의미한다.

3. 자본주의는 본질적으로 생산의 사회적 유용성보다는 화폐 가치를 극대화하는 것에 초점을 두는 불안정하고 낭비적인 생산 체제이다. 그러나 이전의 어떤 것보다 훨씬 역동적인 생산 방식이기도 하다. 이를 통해 생산성 향상을 위한 기술적 진보가 대대적으로 이루어졌을 뿐 아니라 사회적 진보도 가져왔다. 자본주의적 사회관계의 특징인 사적 소유와, 자유노동시장에 필수적인 이데올로기적 기반인 개인의 자유와 민주주의의 원칙은 기술의 사례와 같이 자본주의 과정에서 초래된 결과로 볼 수 있다.

4. 비자본주의 국가들에게 자본주의를 확산시킨 영향은 단기적으로 파국적일 수 있다. 그 예로 영국 산업 생산자가 새로운 시장에 진출할 수 있도록 인도의 건실한 국내 섬유 산업을 파괴한 사실이 있다. 그러나 이것은 장기적으로 "아시아에서 서구 사회의 물질적 토대 마련"(Chilcote, 1984: 14)을 초래했다. 산업 자본가가 아니라 상업 자본가가 지배했을 때 완전한 자본주의는 이렇게 실현되지 못했다(Brewer, 1980).

5. 모든 생산 방식과 마찬가지로 자본주의는 내적 모순을 겪고 있으며, 일정한 수준까지만 발전시킬 수 있다. 조만간 이러한 모순, 이 시스템이 초래하는 낭비, 생산 수단에 대한 고도로 집중된 소유와 그 결과로 인해 집합적 소유의 사회주의적 생산 방식이 이를 대체할 것이다. 그렇게 되면 사회주의로, 그 다음으로 공산주의로 전환되어 인간 개발이 완성될 것이다.

필요에서 초래되며, 이전 방식에서 이익을 얻던 사람들은 그 변화에 저항하게 된다. 이것이 마르크스의 역사유물론이다.

스미스와 리카르도처럼 마르크스는 국가가 발전하기 위해서는 모든 국가에서 어느 시점에는 자본주의적 생산 방식이 실현 가능하고 필요하다고 주장했다. "산업적으로 발전한 나라는 덜 발전한 국가에게 자신들의 미래 이미지를 보여줄 뿐이다"(Marx, 1867, 서문). 그러나 그는 이 점에서 유럽에 대한 자신의 전망이 잘못된 것일 수도 있다는 것을 알고 있었다. 훗날 작성된 서신에서 그는 유럽 사례에 대한 그의 분석이 자신이 주장한 것처럼 다른 국가의 상황에 적용되지 않을 수도 있다고 강조하면서 "서유럽에서의 자본의 기원에 대한 [그의] 역사적 스케치를 고유의 역사적 상황에 관계없이 모든 사람이 맞게 되는 일반적 경로를 설명하는 역사철학적 이론으로 변질시켜서는 안된다"라고 경고했다(Marx, 1877/1989: 200). 그는 유럽에서 발생하지 않았던 특유의 "아시아적" 생산 방식에 찬성하며 자본주의 기간을 거치지 않고 러시아에서 사회주의가 발전할 가능성을 예견했다(Palma, 1981). 따라서 봉건주의 → 자본주의 → 사회주의로의 진행은 일부가 주장하듯 사회 변화에 대한 마르크스 역사유물론의 잘못된 보편적 예측이라기보다는 서유럽에서 일어날 수 있는 것의 모델로 보아야 한다. 역사유물론적 접근은 인류가 생물학적 환경과 다른 사람들과의 상호 작용을 통해 생존하고 잠재력을 발전시키는 데 요구되는 물질적 필요에 의해 사회적 발전이 이루어진다는 주장이다. 이것이 반드시 발전 단계의 보편적인 순서를 의미하는 것은 아니다.

마르크스는 다섯 가지 중요한 방식에서 다른 고전경제학자들과 차이가 있었다. 첫째, 그는 자본주의를 보다 넓은 지리적, 역사적 맥락에 위치시키려 했다. 둘째, 그는 사회 변화의 경제적 측면뿐 아니라 사회적, 정치적 측면에 대해서도 논의했다. 셋째, 그의 분석은 그가 살았던 자본주의 사회를 공개적으로 비판했지만 다른 사람들은 자본주의가 지속되는 것을 당연한 것으로 받아들였고, 이러한 현상유지를 단순히 분석하는 것에만 집중했다. 넷째, 그는 자본주의가 필연적으로 식민지로 퍼지면서 경제적 파멸을 불러올 것이라고 주장했다. 다섯째, 그는 "일반적 활동으로 확대된 자유를 통해...인류의 진실하고 완전한 발전은 인간 발전에 대한 의지에 달렸다는 결론에 도달했다"(Cowen and Shenton, 1996: 119)라고 주장했다. 국가나 또는 사회주의 엘리트에게 발전을 맡기기보다 자신의 자유를 실현하기 위해 사람들은 스스로 사회를 통제해야 한다. 19세기 말 경제학에서 리카르도와 스미스의 로크식 자유주의에 가려 마르크스의 사상은 주목을 받지 못했지만 사회적으로는 산업자본주의가 초래한 빈곤을 해결하기 위한 국가의 개입을 정당화하는 진보적 자유주의에 영향을 미쳤다. 그러나 이 발전 전략은 식민지배 국가의 국민이 정착하지 않은 식민지로 확장되지는 못했다.

이러한 흐름은 자유시장체제(얼마간의 수정을 거쳐)가 발전과 인간 복지를 가져올 수 있다고 믿는 이들과 이것이 근본적으로 결함이 있으므로 대체되어야 한다고 믿는 이들 사이에 오늘날까지 이어지는 서구 사회과학 사상의 근본적인 분열과 맞닿아 있다.

식민주의 정당화

지금까지 중심부의 관점은 세계를 둘로 나누는 것임을 논의하였다. 유럽 열강세력과 그들이 정착한 식민지(원주민들이 대규모로 쫓겨나고 유럽이주민이 정착한 식민지)는 다른 사회에서는 찾아볼 수 없는 이상적인 조건을 갖추고 있었다. 유럽인의 시각에서 볼 때 이것은 식민지 시대의 폭력에 편리한 정당화를 부여했다. 즉, 유럽 "문명화"는 모두에게 좋은 것이고 유럽인이 "원주민을 문명화"시킴으로써 그들도 유럽인처럼 살 수 있다는 것이었다. 문명화를 한때 이룬 적이 있다고 할 만한 사회의 경우 바른 경로로 재위치시켜주는 것이 유럽인의 몫이다. 교리와 훈계를 적절히 혼합해 사용하면 그들을 문명으로 나아가게 할 수 있다. 개발 전략으로서 식민 통치에 대한 이러한 도덕적 정당화는 일상생활에 스며들었다. 영국작가 러드야드 키플링 Rudyard Kipling은 인도에 관한 *정글북 Jungle Book* 우화의 저자로, 1899년 시를 통해 미국이 막 식민지화시킨 필리핀을 개발할 것을 촉구했다. 이는 당시의 성가가 되었다.

> 백인의 짐을 맡아라ー
> 가장 좋은 품종을 보내라ー
> 당신의 아들들을 묶어 내보내라ー
> 당신 포로의 필요를 충족시켜주러...(Kipling, 1917: 215).

프랑스의 가장 유명한 작가로 *레미제라블 Les Miserables*의 저자이자 존 브라운 John Brown과 아브라함 링컨 Abraham Lincoln을 지원했던 빅토르 위고 Victor Hugo는 파리에서 노예제 폐지를 기념하는 연회에서 다음과 같이 연설했다(Rist, 1997: 51).

> 새로운 아프리카를 만드는 것, 구시대의 아프리카가 문명화를 받아들이도록 만드는 것이 문제입니다. 그리고 유럽은 그것을 해결할 것입니다.
> 　앞으로 나아가십시오, 국가들이여! 이 땅을 잡으십시오! 가지세요! 누구에게서? 아무도 없습니다. 이 땅을 하나님에게서 가져오십시오. ...유럽에게 하나님께서 아프리카를 주십니다. ...당신들의 노동자들을 부동산 소유주로 변화시키세요! ...성장하고, 경작하며, 번성하고, 번식하십시오! ...평화와, 자유를 통한 인간정신으로 신성한 영이 발현되도록 하십시오!

1885년 프랑스 하원의원 회의(Chamber of Deputies)는 이 견해에 준 공식적인 지위를 부여하여 세 가지 원칙을 통과시켜 식민지에서 발효시켰다(Rise, 1997: 52).

1. "식민지 정책은 산업 정책의 딸이다." 특히 국제 경쟁이 심해지면서, 생산이 성장하기 위해서는 새로운 발산처가 되어줄 새로운 장소가 필요하다.
2. "더 높은 종족"은 "더 낮은 종족"에 대한 권리와 의무를 가지며, 과학 및 진보의 혜택을 그들과 공유해야 한다.
3. 식민지화는 프랑스가 "쇠퇴의 길"을 피하는 데 필요하다. 프랑스가 식민지화하지 않는다면, 고귀한 가치와 재능이 떨어지는 다른 국가들이 할 것이다.

　　19세기 유럽에 등장한 견해, 즉 각 나라가 동일한 발달 경로상에서 다른 위치에 있으며, 덜 발달하고 문명화된 국가로 분류될 수 있다는 견해는 엄청난 결과를 낳았다. 이는 비유럽 사회(즉, 유럽인이 주거주자가 아닌)는 다를 뿐 아니라 열등한 것으로 표현되었다는 것을 의미하며, 따라서 그 열등성은 비크리스찬, 비백인, 비온대환경 등과 연관되었다. 이는 발전에는 단 하나의 경로(산업자본 북서유럽 국가들이 지나온 경로)만 있음을 의미했다. 그리고 이 경로에 대한 경험을 지닌 유럽인들은 단기적인 비용이 무엇이건 세계를 식민화하여 모두의 문명화를 촉진해야 함을 의미했다. 이를 통해 올바른 국가를 구성하는 것이 무엇인지, 이러한 지위에 도달하지 못한 특정 장소를 점령할지 그리고 이전에 아무도 존재하지 않았던 곳에 국가 영역을 확립하기 위한 경계선을 어디에 그려야 하는지 등에 대한 유럽인의 관점을 정당화할 수 있었다. 또한 자연을 재생산하여 식민지 확장에 기여하기 위한 유럽의 행동도 정당화했다. 이러한 활동은 콜럼버스의 교환(Columbian Exchange)—유럽의 질병, 작물, 동물, 생산 수단 등을 새로운 세계로 가지고 간 것—과 유럽 농업에 적합한 환경 점거, 공유지 인클로저, 자원 추출 및 착취, 현금 작물을 국가 간 이동시키는 것 등 다양한 범위에서 나타났다(봉건유럽에서 두려움의 대상이면서 존경을 받았던 자연은 이제 유럽인에게 있어 다른 비정착 식민지와 같이 지배, 통제, 착취의 대상으로 여겨지게 되었다). 에너지와 자극의 효율적 원천인 차, 커피, 설탕, 바나나 및 기타 작물을 식민 지배 통제하에 두고 노예 노동을 활용하여 저비용으로 생산하기 위해 한 지역에서 다른 지역으로 옮겼다. 공장 생산이라는 바로 그 아이디어는 이런 플랜테이션에서 만들어졌다.
　　이런 관점은 확산주의 내러티브로 보편적 원칙에 기반하여 개발의 이름으로 정당화되었다. 이를 통해 무지, 전통, 차이의 늪에서 물을 빼냄으로써 성취되어야 할 모두의 공통적 운명이라는 특정한 공간적 상상이 만들어졌다.

식민주변부의 관점

식민지 이념과 실제에 대한 논쟁

식민지 시대가 거의 끝나갈 때가 되도록 우리는 주변부의 관점에 대해 아는 것이 거의 없다. 이러한 관점은 거의 기록되지 않았다. 기록된 것이 있다고 해도 세계지식생산을 지배하는 유럽 학계로 진입하지 못했다. 한 가지 예외는 인도의 프리디시 찬드라 로이 Prithwish Chandra Roy, 서브라마니아 아이어 Subramania Iyer, 로메쉬 덧 Romesh Dutt 그리고 특히 다다바이 나오로지 Dadabhai Naoroji가 저개발 이론을 설명한 것이다. 나오로지(Naoroji, 1871/1962)는 *인도의 빈곤과 비영국 규칙 Poverty and Un − British Rule in India*이라는 책에서 "고갈이론(drain theory)"을 설명한다. 이 이론은 인도를 고갈시킨 영국과의 불평등한 관계로 인해 인도가 어떻게 고통받았는지 묘사하여 인도가 식민개발 전략의 혜택을 누렸다는 영국의 주장에 반론을 제기한다. 이런 주장의 영향력이 크지는 않았지만, 라틴 아메리카에서 생성되어 식민주의 종말 후 막대한 영향력을 미쳤던 저발전에 대한 주변부 이론 확립에 기초를 마련했다. 코웬과 셴톤 Cowen and Shenton(1996)은 1845년 개신교의 부패한 영향에 대한 저작에서 뉴먼 추기경에게까지 저개발의 아이디어를 추적해간다. 그러나 나오로지와 그의 동료들은 독자적으로 설명했다고 추정하는 것이 합리적일 것이다. 영국의 인도 점령과 관련된 폭력과 혼란을 자신들이 경험한 것을 통해 설명하고 있기 때문이다.

라틴 아메리카에서 호세 마띠 José Martí(1891/1961)는 멕시코와 미국 간 무역협정을 반대하며, 스페인을 대체하며 떠오르는 "북쪽의 거상"(미국)에 대해 라틴 아메리카가 자주성을 가져야 한다고 역설했다. 1896년 아르헨티나 외교관 카를로스 칼보 Carlos Calvo는 1902년 드라고 독트린(Drago Doctrine)에서 절정을 이루었던, 유럽 국가들과 미국이 세계 곳곳에서 자국민 및 자국민 재산에 대한 보호 권리를 주장하려는 시도를 반대했다. 미국은 공공국제법이 모든 국가가 법 아래 평등하다는 원칙을 기반으로 함을 명시한 드라고 독트린을 1906년 범아메리카 콘퍼런스(Pan − American Conference)에서 거부했다(Slater, 2004).

백인의 부담에 대한 정당성을 반박하는 증거는 환영받지 못했다. 예를 들어, 1847년부터 독립국 지위를 유지해오던 에티오피아와 라이베리아는 1957년까지 아프리카에서 유일한 흑인 독립국가였다. 아프리카 나머지 지역은 식민지, 보호령, 국제연맹통치권/UN 신탁통치 영토, 고등법무관 영토 등으로 구성되어있었다. 라이베리아와 에티오피아는 "흑인의 통치능력"에 대해 유럽에서 광범위하게 수용된 관점 − 아프리카인은 자신들을 통치할 능력이 없으며 "강하고 고매한 정신을 소유한 백인"의 손에서 장기간 자비로운 보호를 받을 필요가 있다고 하는 관점 – 에 대해 반론을 제기하는 사례가 되었다(Anderson, 1952: 115, 97).

저자 중 한 명은 라이베리아에 대해 구할 수 있는 모든 자료를 읽으며 런던왕립제국협회(Royal Empire Society) 도서관에서 몇 달을 보냈다. 서면으로 작성된 문서의 대다수는 아메리코 – 라이베리안(미국과 카리브 해안에서 풀려난 후 서아프리카 해안에 정착한 이전의 노예) 자신들과 원주민이 통치하기에 적합한지에 대해 격론을 벌이는 내용이었다. 그림 3.2는 영국, 라이베리아, 미국, 프랑스, 독일 그리고 기타 국가에서 라이베리아에 대한 도서 및 논문의 출판 건수(3년 이동평균 사용)를 나타낸다. 가장 많이 출판된 곳은 영국이었다. 라이베리아에 대한 저작물이 가장 많이 출판되던 때는 어떤 외교적 또는 재정적 위기가 발생했을 시기가 주를 이루어, 아프리카인 스스로가 지배하는 국가의 존재에 대한 식민 세력의 양가감정을 반영하고 있다. 출판된 저작물 중 상당 부분은 라이베리아의 상업 활동 및 가능성, 그리고 영국 외무장관의 부인인 사이먼 부인 Simon Lady의 책으로 촉발된 노예제에 대한 논쟁 등을 다루고 있다.

1929년 출판된 이 책 *노예제도 Slavery*는 영국, 유럽 및 미국에서 센세이션을 불러일으켰다. 그 책은 라이베리아 정부가 "노예제와 거의 구별할 수 없는" 노동 관행을 실시하고 있다고 비난했다(Simon, 82). 그 정부가 강제 노동을 활용하여, 케이프 팔마스 Cape Palmas 지역 젊은이들이 페르난도 포 Fernando Po의 코코아 농장에서 일할 것을 강요했다는 것이다(얀시 Yancy 부통령은 이 계약의 책임자이자 수혜자라고 책은 주장했다). 더욱이 정부가 "전당포(pawning)"를 용인한다고 주장했는데, 이는 돈이나 다른 혜택을 받는 조건으로 다른 사람에게 노예로 봉사하도록 사람(종종 어린이)을 넘겨주는 시스템이었다. 그 결과 대중의 격렬한 항의로 국제연맹(League of Nations)이 공식 조사에 착수했고, 라이베리아를 주요 유럽식민세력(Christy Commission, Brunot Commission)의 관리 대상으로 두기 위한 구체적인 노력이 취해졌다.

국제연맹이 만든 "원조 계획"에 따라 "라이베리아 대통령이 할 수 있는 일과 해서는 안되는 일을 알려주는 '수석고문'과 주정부 국장 등 권력을 행사하는 모든 지위에 백인 남성이 배치되었다(Anderson, 1952: 115). 왕과 부통령 얀시가 사임하긴 했지만 라이베리아 지도자들은 공격을 사전에 저지했다. 그 과정에서 그들은 미국과 더 밀접하게 연결되었고, 파이어 스톤 플랜테이션 기업(Firestone Plantations Company)에 재정적으로 귀속되었다.

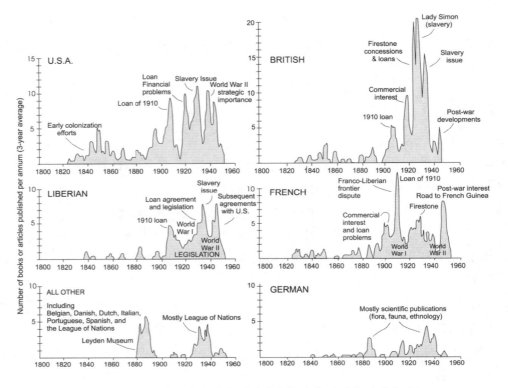

그림 3.2. 1825 – 1960년 여러 나라에서 출판된 라이베리아 관련 서적과 기사의 수.

유럽 자본주의의 기원에 대한 질문

최근 들어 훨씬 미국 지리학자 제임스 블라웃 James Blaut은 유럽이 세계경제 핵심으로
부상함에 있어 식민주의가 필수적이었음을 비판적으로 재확인했다. 그의 설명은 나오로
지, 마띠, 칼보의 주장과 맥을 같이한다(Blaut, 1976, 1993). 유럽 자본주의의 성공은 다른
유럽, 북미 학자 대부분(신고전주의 경제학, 마르크스주의 등의 진영에 관계없이)이 주장하는
것처럼 사회의 문화적, 정치적, 경제적 우수성의 결과가 아니라고 그는 주장한다. 대신
그는 다음과 같이 말한다(Blaut, 1992: 2 – 3).

　1. "중세 유럽은 중세 아프리카나 중세 아시아보다 더 앞서거나 진보적이지 않았으
며…'합리성'이나 '모험심'과 같은 고유한 재능도 없었다.
　2. 유럽은 지리적 상황(즉, 신세계에 대한 접근성) 때문에 15세기 이후 세계 자본주의
의 중심이 되었다. 신세계를 발견하면서 봉건제도에서 자본주의 사회로의 급격한 전환

이 촉진되었고, 유럽이 아프리카, 아시아의 초기 자본주의 중심과 경쟁함에 있어 결정적인 위치적 장점을 부여했다.

　3. 신세계에 대한 식민지 착취로 유럽 사회는 주요한 변화를 맞게 되었다. 신세계로부터 자본이 유입되며 유럽 계급 체제를 붕괴시켜 17세기 부르주아 혁명을 가능하게 만들었다. 또한 새로운 시장과 결합된 경제력을 통해 자본주의 생산이 유럽 내에 결정적으로 집중될 수 있었다.

이 설명에 따르면 유럽 상인과 자본가(그리고 확장하여 다른 유럽인들)는 아프리카, 아시아인과 비교해 재능을 지녔다기보다는 운이 좋았다(Abu Lughod, 1989; Amin, 1988; Frank, 1978b). 그들의 이점은 문화보다는 지리적이었다. 더욱이 유럽은 아무리 영향력이 널리 퍼져있을지라도 세계의 다른 지역에 일방적인 영향력을 행사하지는 않았다. 신세계의 기회가 없었다면 서구 사회에서 거의 출생과 함께 부여되는 권리처럼 당연시되는 유럽과 미국의 번영은 혹여 달성되었다고 해도 훨씬 늦게 달성되었을 것이다.

　이 분석의 논리적 결과는 유럽과 미국이 다른 국가의 발전에 모델이 된다는 가정에 대해 의문을 증폭시키는 것이다. 유럽의 자본주의가 우월성이 아니라 행운으로 번창했다면, 그만큼 운은 없었지만 동등하게 효과적인 다른 발전 모델이 존재할 수 있다는 것을 무시할 수 없게 된다. 간단히 말해, 블라웃은 확산론자 입장에서 벗어나 이 입장이 유럽 중심주의라고 주장한다. 왜냐하면 유럽 자본주의가 유럽의 이전 시스템, 동시대 다른 지역 시스템과 비교하여 우월하며, 제1세계의 번영을 이루고 싶다면 다른 국가도 유럽의 발전모델을 따라야 한다고 하는 이중적 가정을 제시하기 때문이다. 세계경제 내 한 국가의 상황이 그 국가의 발전 경로를 형성할 수 있음을 보임으로써 그는, 제3세계 국가가 선택할 수 있는 발전 경로가 단 한 개뿐이며 추구하지 않는 것은 그들의 탓일 뿐이라고 하는 개념에 반론을 제기하고 있다.

결론

아시아, 아프리카 및 라틴 아메리카의 사회는 식민주의 이전에 분명히 유럽만큼이나 자신들의 힘으로 대규모 사회 조직과 발전 전략을 수립할 역량을 지니고 있었다. 심지어 식민주의 비평가들도 이러한 성취를 개발 프로젝트로 보지 않는 사실은 많은 점을 시사한다. 이것은 발전을 유럽(그리고 최근에는 미국)적 사고와 동일시하는 담론이 학문적, 정책적 사고에 얼마나 깊이 퍼져 있는지를 보여준다(Gidwani, 2002). 이 담론은 너무 광범위하게 퍼져있다. 그래서 여기서 논의한 발전에 대한 주변부로부터의 시각에 기반하여 식민주의에 성공적으로 싸워 이긴 후에 수립된 독립정부조차 자국에 유럽식 개발 프로젝트를 도입했을 정도였다. 1860년대 멕시코, 칠레, 아르헨티나, 브라질(여전히 국기에 "진보와 질서"의 상징이 표기됨) 등은 발전에 대한 유럽식 사고를 도입하여 자신들의 비유럽 인구를 "문명화"하기 위해 노력했다. 네루는 인도에서 그리고 보다 최근에는 아프리카민족회의(African National Congress)가 남아프리카 아파르테이트 이후 이를 추진했다 (Cowen and Shenton, 1996). 이제 1945년 이후 제1세계와 새롭게 독립을 얻은 제3세계 국가에서 부상한 이 개발 프로젝트로 넘어가도록 한다.

노트

1) 소득은 감소하는데 영국의 인구 증가가 폭발적으로 증가하던 시점에 맬서스는 인구와 경제적 잉여 간 상호 작용에 관심을 가졌다. 그는 인구가 기하급수적으로 증가할 것이지만 토지의 생산성은 그만큼 빠르게 증가할 수 없다고 주장했다. 그는 산업 전문화가 생산성을 증가시킬 수 있는 가능성을 무시하고, 국가의 사회적 불평등이 특정 수준 식량 생산의 영양부족 가능성에 어떻게 영향을 미치는지에 대해 논의하지 않았다. 오늘날, 환경 제약이 경제성장에 제약을 가한다는(또는 가하게 될 것이라는) 견해는 아직도 "맬서스"적 관점(6장)으로 불린다.

제3세계 이해하기

개발주의 시대

시야를 넓힌다는 것은 가까운 것 너머를 보는 것을 배우는 것이다. 멀리 떨어진 것을 보기 위해서가 아니라 가까운 것을 더 큰 전체에서 보다 실제의 비율로 제대로 보기 위해서 말이다.

−HANS−GEORG GADAMER(1993: 305)

1950년 무렵이 되자 위와 아래 모두로부터의 움직임으로 인해 식민주의는 서서히 막을 내리고 있었다. 위로부터는, 서부유럽의 전시동맹이 전쟁 승리와 전후 복구를 위해 미국의 재정과 물자에 의존하게 되면서 미국은 당시 부상하던 세계적 영향력을 확대해 세계 지정학적 질서를 다시 쓰기 시작했다. 전쟁 중 작성된 브레턴우즈(Bretton Woods) 협약(15장)의 일환으로 유럽 열강들이 식민주의를 종식하기로 합의함에 따라 미국은 과거 식민주의가 통치하던 아시아와 아프리카 지역 대부분을 대상으로 무역과 투자를 할 수 있게 되었다. 이것은 미국의 역할이 제한적이었던 식민제국의 세계에서 미국이 막강 권력으로 등장하는, 국가가 구성원이 되는 세계로 전환됨을 의미했다. 독일, 이탈리아, 일본의 패배로 이들의 식민지와 영향권도 붕괴되었다. 아래로부터는, 아시아와 아프리카 전역의 반식민주의 독립운동이 이 과정을 더욱 촉진시켰다. 이 운동으로 중국, 인도, 쿠바, 탄자니아, 베트남과 같이 이념적으로 자본주의와 반대되는 노선을 가진 신생독립국이 정치 체제를 성립하게 되었으며, 이 과정은 유럽 열강과 그 미국 동맹국이 불편해질 만큼 속도가 빨랐다. 소비에트 연맹이 강압적으로 통치하는 동유럽 사회주의국가들은 한데 모여 그 경계를 확정하였다. 이에 따라 같은 이념을 추구하는 후기 식민 체제가 지원을 호소할 수 있는 공산주의 체제인 제2세계는 명실공히 창출되었다.

이런 식민 지정학적 세계질서를 둘러싼 경쟁으로 새로운 지정학이 등장했다. 1970년대 초 무렵에 이르자 세계 대부분 지역을 그 영향권으로 하는 제1세계 – 제2세계 간 막강 권력 경쟁구도하에서 지리적 재조정이 진행되면서 국가가 정치적 규제가 적용되는 기본단위가 되었다. 국내 정치, 사회, 경제 문제에 대한 주권을 (적어도 원칙적으로는) 부여받은 독립 국가로 구성된 세계가 형성되면서 제3세계에 대한 새로운 시각이 생겨났다. 해리 트루먼 Harry Truman 미국 대통령은 1949년 1월 대통령 취임 연설에서 이 새로운 방식을 제시했다. 그는 당시 동유럽에 걸쳐 확산된 공산주의에 반대하여 전후 브레튼우즈 세계를 위한 미국의 정책을 "UN 및 관련 기구에 대한 흔들림 없는 지원", 자유무역을 기치로 유럽 및 일본 경제 재건과 자유무역을 중심으로 하는 "세계경제회복", 공산주의에 반대하는 국제적 동맹, "우리의 과학적 진보와 산업진보의 혜택을 저개발 지역의 개선 및 성장을 위해 사용할 수 있도록 하는 과감하고 새로운 프로그램" 등의 네 가지를 중심으로 실시할 것을 천명했다. 네 번째 요점은 자세히 인용할 만한 가치를 지닌다.

전 세계 인구의 절반 이상이 불행한 상황에 처해있습니다. 그들의 음식은 형편없습니다. 그들은 질병에 고통받고 있습니다. 그들의 경제적 삶은 원시적이며 정체되어있습니다. 그들의 가난은 그들과 보다 번영하는 지역 모두에게 장애와 위협이 됩니다.

역사상 처음으로 인류는 이들의 고통을 덜어줄 지식과 기술을 갖추고 있습니다. 미국은 다른 국가보다 산업과 과학기술 개발에 있어서 탁월합니다. 우리가 다른 민족의 도움을 위해 사용할 수 있는 물질적 자원은 한정적입니다. 그러나 기술적 지식에 대한 우리의 무한한 자원은 끊임없이 성장하고 있으며 무궁무진합니다.

저는 *평화를 사랑하는 사람들이* 더 나은 삶을 향한 열망을 실현하도록 돕기 위해 우리가 쌓은 기술적 지식이 가져다주는 혜택을 사용해야 한다고 생각합니다. 그리고 다른 나라들과 협력하여 개발이 필요한 분야에 자본 투자를 촉진해야 합니다. 우리의 목표는 *세계의 자유 국민들이* 자신의 노력을 통해 식량, 옷, 주택 자재, 기계 동력을 더 많이 생산하도록 돕는 것이어야 합니다.

이러한 노력에 다른 국가들도 기술자원을 활용할 것을 권합니다. 그들의 참여는 따뜻하게 환영받을 것입니다. 이것은 UN과 그 산하의 모든 실행 가능한 분야의 전문기구를 통해 모든 국가가 함께 노력하는 협력 기업이어야 할 것입니다. 평화, 풍요, 자유를 성취하기 위한 전 세계적인 노력이어야 할 것입니다.

이 나라의 사업, 민간 자본, 농업, 노동 분야의 협력을 통해 이 프로그램은 다른 국가에서의 산업 활동을 크게 증가시킬 수 있으며 그들의 생활수준을 상당히 높일 수 있습니다.

그런 새로운 경제발전은 발전이 이루어진 지역 국민들에게 혜택이 돌아가도록 계획되고 실행되어야 합니다. 투자자의 이익은 자원과 노동력을 경제발전에 투입하는 사람들의 이익과 균형을 이루어야 합니다.

우리 계획에 옛 제국주의 - 열강의 이익을 위한 착취 - 는 더 이상 남아있지 않습니다. 우리가 그리는 것은 *민주적 공정거래*의 개념에 기반한 개발 프로그램입니다(Truman, 1949. 강조 추가됨).

트루먼의 연설은 본질적으로 사회 변화를 국가 경제발전의 관점에서 규정하는 사고방식의 시대를 열었다. 19세기 영국 사상의 흐름이 세계적으로 범위와 영향력을 확대했다고 보는 것이 더 정확하긴 하겠지만(Cowen and Shenton, 1996), 실제로 일부는 트루먼의 이 생각이 개발을 발명해내는 데 일익을 담당했다고 주장한다(Escobar, 1995; Rist, 1997). 국가 경제 발전에 대한 이러한 시각에 대해 몇 가지 측면을 생각해볼 필요가 있다. 우선, 경제적 과정이 개발의 핵심에 위치하여 다른 사회 과정은 여기에 부수적으로 작용한다. 이 과정에서 "새로운" 담론을 형성하여 "옛 제국주의"를 개발주의로 대체하고 백인의 부담에 대한 식민주의적 논리를 신중하게 유지했다. 즉, 빈곤과 질병에 빠져있는 원시적이고 정체되었으며 빈곤, 질병, 불행에 빠진 제3세계, 이제는 "역사상 처음으로... 그 국민들의 고통을 경감시킬 지식과 기술을 갖춘" "인류"에 의해 구원받아야 한다. 여기서 그려진 그림은 맬서스의 인구담론과 놀랄 만큼 흡사하다(6장). 트루먼의 연설은 "인간"보다는 "인류"라는 관점에서 구성되었지만, 평화, 풍부함, 자유에 대한 개념화는 기술적 논리를 거쳐 암묵적으로 남성 중심적으로 기술되었다. 사업, 민영화, 노동, 산업 활동이 협력할 것을 주문함에 있어 자연과 인류의 상호 호혜나, 국가주도적 자본주의 경제개발 외에 평화, 풍요, 자유가 존재할 수 있는 진보에 대한 대안적인 정의의 여지는 거의 남아있지 않았다.

트루먼 연설의 또 다른 세 가지 특징은 이러한 담론적 프레임워크를 드러내는 데 도움이 된다. 첫째, 국가(반식민주의 투쟁의 뒤를 이어 식민지를 소유했던 미국 자국의 역사로 인해 오랜 기간 불편한 관계를 유지해왔던 식민 제국이라는 단위를 대체)가 개발이 행해지는 기본 단위로 사고방식의 중심을 차지하게 되었다. 둘째, 트루먼은 자신의 관점에서 "평화를 사랑하는", "자유로운", "민주적"이지 않은 모든 국가를 배제했다(미국 - 유럽식 자본주의와 대표 민주주의 규범에 부합하도록 정비하지 않는 국가를 의미함). 마지막으로, 식민지주의에서와 마찬가지로 사회 변화는 공통적인 단계들로 개념화되어, 이제는 비문명화/원 시적 상태에서 문명화된 상태로 전환되기보다 낮은 발전에서 높은 발전으로, 전통에서 근대로 전환하는 것으로 설명되었다. 중심부의 시각에 의하면, 이것은 근대화와 개발에 관한 이론이 보여주는 것과 같이 모든 국가가 이룰 수 있으면서 이루어야 하는 전환이었 다. 그러나 주변부의 관점과 경험은 매우 달라서 저개발과 종속 이론으로 발전되었다.

중심부 관점

근대화 이론

근대화 이론의 핵심은 모든 국가가 "전통"사회에서 "근대"사회로 이어지는 스펙트럼 위 에 한 위치를 점하고 있으며, "근대"사회의 특징을 적용함으로써 전자 그룹에서 후자 그 룹으로 이동할 수 있다는 명제이다. 3장에서 설명한 바와 같이 이 접근법은 19세기 허 버트 스펜서 Herbert Spencer와 몇몇이 주창한 사회적 다위니즘에 그 뿌리를 두고 있 다. 퇴니어스 Tönnies(1887/1957)와 뒤르켐 Durkheim(1893)의 사회이론에도 비슷한 아 이디어가 깔려있으며, 세기 전환기 지리학에 있어 환경 결정론의 인기를 설명해주기도 한다(Peet, 1985). 그러나 최근 가장 영향력있는 연구는 2차 세계대전 후 경제호황에 대 한 낙관론 속에서 주요 저술을 완성한 미국인 월트 로스토 Walt Rostow(1960)와 탈코트 파슨스 Talcott Parsons(1961)의 이론이다.

　월트 로스토는 경제 사학자이자 존 에프 케네디 대통령 보좌였다. 그의 1960년 저 서의 부제(*비공산주의 마니페스토, A Non-Communist Manifesto*)는 마르크스의 경제발전 이론을 반박하려는 그의 목적을 나타내주고 있다. 그의 생각은 자유시장 자본주의의 세 계적 확산을 통해 제3세계 빈곤을 근절할 수 있다는 당대의 미국식 낙관주의를 잘 보여 주고 있으며, 또한 구조조정 정책의 선구자로서 오늘날 새롭게 거론되고 있으므로 면밀 히 살펴볼 만하다. 그는 사회가 전통적 특성에서 성숙으로 나아가는 5단계를 제시했다 (표 4.1 참조).

　로스토는 2단계에서 5단계로 이르는 진화를 설명하기 위해 "생산의 동적 이론"을 제안했다.

　...산출, 투자 및 소비를 아우르는 전체에 대해서뿐 아니라 경제 각 산업에 대해서도 이론 적 균형의 위치를 정의할 수 있다. 총 산출 수준을 결정하는 움직임을 기반으로 프레임워

표 4.1. Rostow의 경제 성장 단계

단계	특성
1. 전통사회	생산 및 생산성이 제한 과학적 지식은 "뉴턴 이전" 농경 지배적 사회 및 정치 구조는 계층적 운명 중심 가치체계
2. 도약의 전제 조건	여전히 제한적인 생산성 국가로의 정치체계 발전 필수 경제적 진보는 공공이익에 필수적으로 간주 일반적으로 이러한 전제 조건은 "외부로부터 유입"
3. 도약	저축의 증가와 경제적 팽창에 대한 투자 발생 농업의 기계화 및 상업화 새로운 생산수단 발전 확대되는 자본가 계급 부상 "복잡한 관심이 국가의 특성과 제도적 구조에 통합"(Rostow, 1960: 36).
4. 성숙으로 이동	생산이 인구보다 빠르게 증가 국가가 전문화와 국제무역에 연관 국가는 자신이 선택한 것 생산이 가능 "의존성은 기술이나 제도적 필요성 보다 경제적 선택의 문제"(Rostow, 1960: 10).
5. 대량소비 시대	소비재 및 서비스로 생산이 이동 실질 소득으로 식량과 거처를 훨씬 넘어서는 많은 것이 구입 가능 삶의 질이 중요해지고 기술확장의 중요성 감소
6. 대량소비 이후	삶의 비화폐적 측면에 대한 가치 증가

출처: Rostow(1960: 4−12).

크를 설정하여, 한 국가나 지역의 소득과 인구수준, 취향을 반영하는 수요, 기술수준과 기업가 정신의 질에 따라 공급을 위한 최적의 산업 부문이 결정된다. ...여기서 매우 중요한 경험적 가설을 도입해야 한다. 즉, 감속은 산업 부문의 정상적인 최적 경로이다. 수요와 공급...때문이다. ...이런 기준을 적용하여 나타나는 균형은 산업 부문별 경로로서, 여기서...투자의 최적 패턴 시퀀스가 도출된다. ...성장하는 사회의 경제사는 최적의 부문별 경로를 따라가려는 사회의 노력을 통해 형성된다(1960: 13−14).

이 구절은 깊은 인상을 주긴 하지만 이론 분석으로는 적절치 않다. 기본적으로 로스토는 소비자 수요, 기업가 정신, 기술 지식이 각 부문의 최적 성장 경로를 향해 경제를 이끌어간다고 주장했다. 그리고 그는 이러한 최적 경로를 향한 역동적 경향이 국가 경제 성장을 견인하고, 외부의 충격은 이를 방해함을 암시했다. 그렇다면 그는 최선의 사회가 할 수 있는 것에 가까이 다가감에 있어 개인의 욕구와 주도가 이끌면서도, 부드럽고 상대적으로 조화로운 진전을 제시한 것이다. 그러나 그는 어떤 과정을 통해 이것이 성취될 수 있을지에 대해 설명하지 않는다. 따라서 결국 이 이론은 주장에 그치고 만다. 로스토의 이론은 지속적으로 널리 인용되었는데, 그의 주장이 경제발전에 관한 서구의 지배적인 경제이론인 신고전이론(다음 섹션 참조)의 결론과 일치했던 것이 부분적인 이유였으며, 또한 이전 식민지가 독립을 획득하면서 유럽과 미국이 경험한 급속한 전후 경제 성장이 제3세계로 확산될 것이라는 오늘날의 대중적 낙관주의와 그의 이론이 비슷했기 때문이기도 했다.

로스토의 이론은 또한 도약에 대한 전제조건이 어떻게 유럽에서는 내생적으로 발전되었지만 다른 국가에서는 "외부 유입"에 의해서만 가능한지에 대해서도 분명히 설명하지 않는다. 역사적 증거는 반대 사실을 보여주고 있음에도 불구하고, 영국이나 서유럽에 일찍이 전환을 가지고왔던 그들의 타고난 우월성에 대한 유럽 중심주의적 사고가 여기에 분명히 존재했다(Blaut, 1993). 로스토는 자신의 이론이 마르크스의 경제 발전 개념을 논박한다고 여겼지만 마르크스 견해에 대해 자세히 밝힌 그의 입장은 거칠고 부정확했다. 로스토는 자신의 이론이 다음과 같은 점에서 마르크스주의와 다르다고 주장했다 (1960: 149–156).

1. 마르크스는 경제적 비용과 이익에 대한 합리적 계산이 행동을 전적으로 지배한다고 가정했다. 반면 로스토는 자신의 접근은 사람들이 "권력, 쾌락, 모험, 지속적인 경험과 안전"(149)을 추구할 수 있도록 한다고 봤다. 마르크스 이론은 경제적 결정론에 지나치게 치우쳐있다는 것이다.

2. 인구 변화 문제에 있어 마르크스는 로스토에 비해 맬서스적 접근을 지나치게 강조했다.

3. 마르크스는 자본의 소유권이 점점 더 집중화될 것이고, 이익이 장기간에 걸쳐 감소하면서 경제위기가 가중될 것이라고 생각했다. 그러나 로스토는 이를 반대했다.

처음 두 가지 설명은 분명히 잘못되었다. 마르크스가 인류에 대한 매우 광범위한 시각을 가지고 있다는 것은 비판론자들과 지지자들 모두에게 널리 받아들여지고 있다. 실제로 로스토의 가정을 뒷받침한 이론은 "합리적인 경제인"(Hollis and Nell, 1975)을 가정하는 신고전파 경제학자들이었다. 게다가 마르크스의 인구이론은 맬서스의 이론을 드러내놓고 근본적으로 반대했다.

로스토가 근대화 이론의 경제적 기반을 마련했지만, 이 이론은 사회학적 개념으로 널리 전파되었다. 이는 근대에 이르러 미국 사회학자 탈코트 파슨스 Talcott Parsons가

사회변화에 관한 파슨스의 설명

파슨스는 다음과 같이 주장했다.

1. 한 사회는 환경과 균형 상태를 이룬다고 여겨진다. 사회변화에 대한 분석은 환경이 변화하면서 사회 시스템에 자극을 가하여 균형 상태를 깨는 방식에 중점을 두어야 한다.
2. 그 사회는 이전 균형 상태에서 새로운 균형 상태로 이동해야 한다. 외부변화로 인해 필요하게 된 새로운 과업을 수행하기 위해서는 사회 내 새로운 역할을 창조하는 방법밖에 없다.
3. 그 결과 시스템은 시간이 지남에 따라 점점 더 복잡해지고 수행하는 역할도 점차 정교하게 차별화되어야 한다. 하나의 균형 상태에서 다른 균형 상태로 전환되면 분업화가 증가되어야 한다. 더 복잡한 시스템이 환경에 더 잘 적응할 수 있기 때문이다.
4. 그러므로 하나의 균형 상태에서 다음 균형 상태로 전환되는 과정에서 발생하는 충돌을 수습하기 위해 재통합 메커니즘을 만들어내야 한다. 이를 위해 제도를 새로 만들거나 과거의 것을 수정하여 적용해야 한다.

자신의 영향력있는 이론인 사회 "구조-기능적" 이론(Parsons, 1948)을 사회변화 문제에 적용하면서 시작되었다(Parsons, 1961, 1966). 그 외 호셀리츠(Hoselitz, 1955), 러너(Lerner, 1957), 매클란드(McClelland, 1961), 아이젠슈타트(Eisenstadt, 1965) 등이 근대화를 주제로 한 연구로 알려졌다. 매우 독창적이고 복잡한 주장을 간단히 요약하자면 파슨스의 이론은 시스템 이론을 적용해 개인이 취한 행동과 사회의 광범위한 구조와의 관계를 설명한 것이었다. 한편으로 그는 개개인의 행위가 행위자가 내린 의식적 결정의 결과라고 주장했다. 사회 구조는 그러한 결정이 이루어지는 맥락을 구성하는 "패턴 변수"를 결정하는 데 중요하다고 보았다. 파슨스는 기능주의적 관점을 적용하여, 사회가 한 해에서 다음 해로 무난하게 넘어갈 것으로 예상될 만큼 어느 정도 안정되면 사회가 지속되기 위해 필요한 것과 개인의 의식적 결정이 일치하도록 사회구조가 패턴변수에 영향을 미쳐야 한다고 주장했다. 그는 개인을 이런 방식으로 개념화했다. 즉, 개인은 자신이 원하는 바대로 행동할 수 있는 자유를 지니며 그러한 행동은 자신이 일부분으로 속해있는 사회의 안정성을 위협하지 않는다는 것이다. 결과적으로 파슨스는 한 사회는 자연계와 유사하여 사회에 필요한 역할과 기능을 사회 구성원들이 담당하게 된다고 설명했다(사이드바: "사회변화에 관한 파슨스의 설명").

　　파슨스의 이론은 모든 사회가 점차 복잡해지고 있으며 역할이 차별화되며 전문화되고 있다는 것을 의미한다. 이런 경로는 "근대화"로 불리게 되었다. 따라서 발전된 현대사회는 노동 분업이 보다 정교하고, 성공 성취를 위한 개별적 동기가 더욱 강하고, 생산과 교환을 위한 경쟁자본주의 시스템을 가지며, 교통과 통신이 보다 발달되고 유연하며, 교육의 질이 높고, 개인의 정치적 과정에 대한 참여가 더욱 활발하다고 여겨졌다 (Hoselitz, 1955; McClelland, 1961; Riddell, 1970; Soja and Tobin, 1977; Taaffe, Morrill, and Gould, 1963).

근대화는 잘 정의된 목적을 향한 계산된 합리적 행동에 기반한 활동이 증가되는 특성을 띤다고 했던 막스 베버의 제안을 파슨스의 결론에 결합시키면서 이런 근대화에 대한 정형화는 더욱 강화되었다. 이에 따라 한 사회가 근대화를 달성하는 정도는 이러한 지표들이 얼마나 통합되어있는지를 실증적으로 측정하여 알 수 있다고 받아들여지게 되었다(Taylor, 1979). 이것은 또한 맥클러랜드 McClelland(1961)가 인도에 제안한 것처럼 사업가 윤리를 제3세계 국민에게 주입시킴으로써 개발을 촉진할 수 있다는 제안으로까지 이어지게 되었다. 근대화 이론가들은 "근대" 사회를 나타내는 변수가 다른 변수보다 우세하도록 만드는 메커니즘에는 혁신적 근대화 엘리트를 양산하는 것이 포함되어야 한다고 보았다(Eisenstadt, 1965). 이를 통해 자본주의적 생산/교환, 다원주의적 정치체제, 도시화, 교육, 한층 국가주의적인 군대 등이 촉진될 수 있다고 하였다.

근대화 이론을 비판적으로 평가하려면 파슨스의 구조기능이론(structural-functional theory)을 검증하는 것에서 시작해야 한다(Taylor, 1979). 상기하자면 이 이론은 사회가 상대적으로 안정적인 경우 개인의 행동이 사회적 재생산과 일관성을 가질 수 있도록 하는 패턴변수가 존재해야 한다는 주장이다. 그런데 여기서 파슨스는 사회 시스템의 요구에 따른 사회 재생산을 보장하기 위해 정확히 어떤 현상이 발생하는지를 알 수 있는 이론적 설명을 제공하지 않고 있다. 각 사회에서 사회의 기능적 요구를 만족시키도록 적절한 제도가 발전한다는 것이 그 주장의 핵심이지만 어떻게 이루어지는지에 대해서는 설명하지 않고 있는 것이다(1장 사이드바: "정서적 갈구에 대한 골드슈미트의 접근" 참조). 따라서 이 이론은 안정성이 어떻게 발생하는지를 연역적으로 설명하기보다는 사회가 상당히 안정적이라는 관측에서 시작하는 귀납적 결론에 해당한다. 기능주의적 설명에서 공통적으로 나타나는 이 논리적 문제는 어떤 현상이 사회에 존재해야 하는지를 파슨스가 정확히 말해줄 수 없었다는 것을 의미한다. 결과적으로 그의 이론은 "우리가 사회에서 관찰하는 그런 현상은 반드시 이런 특정한 역할을 수행해야 한다"라는 경험적 일반화로 귀착되었다. 그러나 그의 이론은 명백하게 "사회가 생존하는 데 필요할 것은 우리 주변에서 관찰되는 현상에 국한된다"라는 현상 유지를 지향하고 있다. 결과적으로 파슨스와 근대화 이론가들은 "근대" 사회의 특성은 발전을 위해 필요하며, 근대화를 추구한다면 이러한 특성을 적용해야 한다는 결론에 도달할 수밖에 없었다.

로스토와 파슨스가 제시한 근대화 이론에는 두 가지 근본적인 약점이 있다. 첫째, 사회적 제도가 반응하게 되는 외부적 변화가 왜 일어나게 되는지 설명하지 않는다. 암묵적으로는 "더 진보된" 사회에서 확산되어 들어오는 것으로 생각된다. 그렇다면 어떻게 *이런* 사회에서는 변화가 시작되었는가의 문제는 논의되지 않는다. 둘째, 사회적 재생산을 보장하기 위한 특정한 현상들은 다른 가능성을 분석하여 추론되는 것이 아니라 "근대" 사회를 관찰하여 규명된다. 예를 들어 차드가 오늘날 근대화할 수 있는 방법을 찾기 위해 사용할 수 있는 정보는 과거에 다른 사회가 어떻게 근대화했는지를 관찰하여 얻는 것이 전부이다. 따라서 근대화를 위한 청사진이 유럽 중심적 특성을 지닌다는 것은 놀랄 일이 아니다. 이 이론들은 역사적 관찰에 기반한 일반화 이외에 어떤 메커니즘도 설명해주지 못한다. 실제로 개발경로―사회분화와 특화가 항상 증가할 것―에 대한 제안의 핵심 주장은 어떤 방식으로도 연역적으로 추론되지 못했다. 기껏해야 자연 유기체의 발전에 대한 우리의 지식과 "근대" 사회에 대한 우리의 지식에서 유추한 것에 지나지 않는다.

경제성장에 관한 한계주의적 이론

1867년 고전적 경제사상에 대한 마르크스의 신랄한 비판이 발표된 직후 유럽 경제학계에서 대안적인 접근법이 나타났다. 이 관점은 스미스와 리카르도(3장 참조)의 고전적 정치경제 사상을 근본적으로 뒤엎었다. 리카르도, 마르크스처럼 사회가 재화와 잉여 생산을 증가시키는 데 있어서의 조건을 분석하는 대신 이 관점은 경쟁관계에 있는 목적들 간 희소자원의 배분을 강조했으며, 상품의 시장 가격을 결정함에 있어 수요의 중요성을 강조했다. 따라서 이 학파는 자연스럽게 생산보다는 시장에서의 교환에 집중하여 마르크스가 성공적으로 분석할 수 있었던 질문과는 완전히 다른 질문을 던졌다. 이러한 사상은 1830년대부터(Cournot, 1838 참조) 유통되기 시작했지만 관심을 받지 못하다가 1870년대 영국, 오스트리아, 프랑스에서 여러 사람이(Jevons, 1871; Menger, 1871; Walras, 1874; 상세한 설명은 Pasinetti, 1981 참조) 동시에 다시 제기하면서 인기를 누리기 시작했다.

이 패러다임은 상품의 가치가 그 한계효용(희소성이 결정하는 것으로, 한 사람이 상품을 더 많이 가질수록 해당 상품에 대한 한 단위 추가가 그 사람에게 가져오는 쓸모는 점차 덜해짐)과 동일하다는 원칙에 기반을 두고 있기 때문에 "한계주의적" 혁명으로 알려지게 되었다. 이 접근법은 소비자가 구매한 상품의 가격뿐 아니라 생산자가 구매한 자본과 노동의 가격을 고려하는 것에까지 확장되자 개발에 대한 경제적 사고의 중심이 되었다. 이 확장은 생산에 대한 고전적 경제학자들의 관심을 한계주의적 접근으로 통합하여 "신고전주의 합성"으로 알려지게 되었다.

이 접근법은 국가의 경제 성장 동력을 추론할 수 있는 단순화된 모델을 산출한다. 이 접근법의 가장 단순한 버전은 다음과 같은 가정을 기반으로 한다.

a. 경제 생산은 "생산함수"를 통해 단순화된 형태로 표현될 수 있다. 생산함수에 따르면, 한 국가에서 생산되는 재화의 양은 그 나라에서 동원할 수 있는 노동, 자본, 기술적 지식의 양에 달려있다. 이 세 가지 투입 요소는 "생산요소"로 알려져있다.

b. 일반적으로 생산함수에는 다음과 같은 특성이 있다고 가정한다. (1) 모든 생산요소의 양이 같은 비율로 증가하면 생산량도 이 비율만큼 증가한다("규모에 대한 수확불변"). (2) 특정 요소의 금액이 일정 비율만큼 증가할 때 다른 요소의 공급은 동일하게 유지되는 경우 생산된 제품의 수량은 이 비율 미만으로 증가한다("생산요소에 대한 수확체감의 법칙" 또는 "한계생산 체감의 법칙"). 종합하면, 이러한 특성은 국가에서 생산되는 재화의 양, 즉 경제성장률이 생산 요소의 *상대적인* 가용성에 따라 결정됨을 의미한다.

c. 노동과 자본은 모두 동원된다. 실업이 없으며 충분히 활용되지 않는 화폐, 토지, 장비가 없다.

d. 경제시장이 자유롭게 작동한다면, 노동에 지불되는 임금과 자본에 대한 이익비율은 한 국가에 있는 노동과 자본 각각이 국가의 경제적 생산에 기여한 가치와 동일하다. 예를 들어 기술적 지식, 자본, 가용한 노동이 현재 수준이라면 노동자 한 명이 추가되어 한 국가의 시간당 생산량이 3.75달러 증가한다면 그 노동자에게 지급되는 임금은 자유시장경제하에서 3.75달러가 될 것임을 뜻한다. 다시 말해, 생산요소의 경제적 가격은 그 한계생산량과 동일하다.

e. 한 국가에서 한 생산요소의 상대적인 가용성이 클수록 한계 생산량이 낮아지고 이에 따라 가격도 낮아진다.

이러한 가정에서 출발하여 수학적으로 분석한 결과, 미국과 영국의 신고전주의 이론가이며 노벨상 수상자인 로버트 솔로우 Robert Solow와 조지 미드 George Meade는 국가경제성장에 관해 다음과 같은 결론에 이르렀다(Meade, 1965; Solow, 1956).

1. 최고의 장기적인 경제 성장률은 노동력과 기술적 지식의 성장률이 균형을 이루는 비율이다.

2. 자유경쟁조건하에서(위의 가정 d 참조), 국가 경제는 스스로 적응하여 시간이 지

남에 따라 이 최적의 성장률에 자동으로 수렴할 것이다.

그렇다면 신고전주의 이론의 핵심 제안은 한 국가에서 자유 자본주의 경쟁이 우위를 차지한다면 최적의 경제 성장률을 달성할 수 있다는 것이다. 이 결론에 도달한 신고전주의 이론가들은 자본주의 발전의 경로를 따르려고 시도했던 제3세계 국가에서 왜 역사적으로 성장률이 낮았는지 설명해야 했다. 이는 내부와 외부 조건 모두에 원인이 있는 것으로 간주되었다. 제3세계 국가 내부적으로 성장률 증가를 가로막는 요인으로는 과도한 인구 증가, 국가가 흡수하기에 과도한 노동력 창출(완전 고용 가정을 위반), 교육 및 기술지식 부족, 국내 저축 부족, 경제적 경쟁에 가해지는 제한으로 경제부문 간 생산자원이 비효율적으로 배분되도록 하는 것 등이 지적되었다. 이들 각각은 제1세계 모델과 비교하여 제3세계 국가들이 결핍되었다고 보는 것에서 비롯되는 차이점을 설명하고 있다. 외부적 요인으로는, 세계 시장이 자유롭게 작동되지 않는 것이라고 주장한다. 모든 국가가 동일한 경제 성장률을 달성하려면 생산요소의 국가 간 이동 및 국제상품무역에 가해지는 제한을 철폐해야 한다.

이 마지막 논증의 근거를 이해하기 위해서는 신고전주의적 관점에서 이러한 제한을 없애는 것이 어떻게 선진국과 저개발국 간 성장률 차이를 줄이게 되는지를 이해할 필요가 있다. 각각 순서대로 생각해보자. 먼저 생산요소의 흐름을 생각해보라. 단순한 사례를 통해 신고전주의 주장의 기초를 이해하기로 해보자. 두 개의 국가가 있다고 가정해보자. 하나는 숙련 노동력, 상대적으로 낮은 실업률을 나타내며 전반적으로 자본집약적 경제를 이루고 있다. 그리고 다른 하나는 비숙련 노동력, 높은 실업률, 자본투자에 대한 전반적 고갈 등을 특징으로 한다. 전자를 중심부 국가로, 후자를 주변부 국가로 가정해보자. 중심부에서는 높은 성장률, 노동의 상대적 부족, 자본의 상대적 잉여 등이 나타날 것이고 주변부에서는 반대의 상황이 발생할 것이라 우리는 일반적으로 생각한다. 이 조건하에서(생산함수를 정의하는, 생산성에 따라 노동과 자본에 대해 지불하고, 자본이나 노동의 가용성과 함께 한계생산성이 하락한다는 가정을 사용) 노동이 부족한 중심부에서의 임금은 더 높고, 주변부에서는 이윤율이 더 높을 것이라고 신고전주의 이론은 설명한다. 여기서 한 걸음 더 나아가, 생산요소가 국가 간에 무제한적으로 이동하게 되면 노동은 주변부에서 중심부로(더 높은 임금 추구), 자본은 반대 방향으로(더 높은 이윤율 추구) 흐를 것이라고 가정하게 되면 다음과 같은 이론적 결론을 추가할 수 있다.

3. 노동과 자본에 대한 제한이 없는 국제시장은 중심부와 주변부 간 성장률의 차이를 감소시킬 것이다. 이는 노동과 자본이 벌어들이는 경제적 보상(임금 및 이윤)이 지리

적으로 다르게 분포하는 것에 대한 반응으로 생산요소가 국제적 이동을 하여 노동과 자본량의 중심부와 주변부 간 상대적 불균형이 전반적으로 사라짐으로써 발생하게 된다.

결론 3은 이전의 명제에서 비롯된다. 성장률이 생산요소의 상대적 가용성에 따라 결정되고(가정 b), 국가 간 상대적 가용성이 감소하는 방향으로 이러한 요소들이 이동한다면, 시간이 흐름에 따라 성장률은 점점 더 비슷해져야 한다. 이 주장에서 기술의 차이는 무시되었지만 이를 고려한다고 해도 결과는 달라지지 않는다. 실제로 기술 지식은 노동, 자본과 같이 생산요소－자유로운 세계 시장에서 잉여가 발생하는 곳(중심부)에서 부족한 곳으로 이동하는 요소－로 취급된다.

국제 수준에서 자본과 노동이 국가 간 자유롭게 이동한다는 것은 거의 불가능하다고 여겨진다. 그러나 이러한 이동성이 없는 경우라도 경제발전의 기회를 동등하게 만들 수 있는 또 다른 메커니즘이 존재하기 때문에 이는 신고전파 견해에서 주요한 문제는 아니다. 이 메커니즘은 자유무역이다. 신고전주의 이론은 토렌스 Torrens와 리카르도 Ricardo의 자유무역 논의를 수용, 일반화하여 위에서 언급한 신고전이론 가정에 적용했다. 다음의 이론적 논제는 이러한 방향을 잘 보여주고 있다(Hecksher, 1919; Ohlin, 1933; Samuelson, 1953－1954).

4. 국가들이 특정 상품 생산을 특화하고 남는 생산품을 다른 국가가 생산하는 다른 상품과 교환한다면 경제적으로 이득을 얻을 수 있다. 이러한 혜택을 누리려면, 한 국가는 국가 내 가용한 다양한 생산요소의 상대적 수량과 다양한 상품 생산에 필요한 투입 요소를 조사해야 한다. 그런 다음 지역에서 가장 풍부한 생산요소를 더 많이 필요로 하는 경제활동을 특화해야 한다. 많은 국가가 이렇게 한다면, 종합적으로 보면 자급자족 전략을 통한 것보다 모든 상품을 더 많이 생산할 것이다.

이 결과는 위에 요약된 기본 가정, 특히 수량이 가장 풍부한 요소가 가장 저렴한 요소라고 하는 d 및 e에서 비롯된다. 국가가 가장 저렴한 요소를 많이 사용한다면 특화와 무역은 자급자족에 비해 더 큰 잉여를 제공한다. 이것은 직관적으로 호소력을 가진다. 즉, 한 국가의 지역 여건이 성장의 장벽으로 작용할 수 있다고 말하는 대신, 이 차이를 이용하여 국가가 이익을 얻을 수 있다고 주장하기 때문이다. 그러나 무역 흑자가 무역 국가 간 어떻게 분배되는지에 대한 중요한 질문에는 답하지 못한다. 예를 들어 저개발국이 특화와 무역에서 이익을 10% 얻는데 선진국은 15% 얻는다면, 비록 둘 다 이익을 거두긴 하지만 중심부와 주변부 간 성장률 차이는 커지기만 할 것이다. 그러므로 신고전파 이론의 가정하에서조차 자유무역이 성장률을 국제적으로 수렴시킬 것이라고 보장할 수 없다. 둘 다 성장할 수는 있지만 중심부와 주변국 간 성장률의 차이는 더 커질 것이다. 따라서 자유무역은 신고전파 이론의 가정하에서도 성장률의 국제적 수렴을 보장하지 못한다. 이 문제에 대해서는 15장과 16장에서 다시 다루기로 한다.

　요약하면, 신고전주의적 관점은 자본주의 경제체제의 세계 확산을 지지하면서 세계경제의 시장 세력을 최대한 자유롭게 작동할 수 있도록 한다면 발전 정도에 있어서 평등이 달성될 수 있다는 입장을 분명하게 견지한다. 그러나 이런 결론에 이르려면 다섯 가지 핵심 가정(a-e)을 수용해야 한다. 한때 임금과 이윤이 각각 노동과 자본의 한계 생산량과 같고(가정 d), 한계 생산량이 자본이나 노동의 가용성에 따라 체감한다는 가정(가정 e)은 가정이라기보다 생산함수, 수확체감, 노동과 자본에 대한 완전고용의 가정으로부터 논리적으로 추론될 수 있는 것이라고 여겨지기도 했다. 그런데 이는 사실이 아닌 것으로 판명되었다. 실제로 이러한 추론은 마르크스가 노동가치가 동일한 가격(즉, 모든 경제부문이 동일한 기술을 사용)이라고 주장할 때 필요한 제한조건과 동일한 조건일 때만 유효하다. 신고전주의 연구자들이 이러한 조건이 편협하다고 마르크스의 이론을 비판하여 명성을 얻었다는 점을 감안하면 이는 역설적이다(Harcourt, 1972). 더구나, 가정 d와 e가 무효하다면, 이론적 명제 1-3 중 필연적으로 사실인 것은 아무것도 없음이 밝혀졌다. 따라서 신고전파 이론이 하나의 견해를 제공하긴 하지만, 그것이 더 나은 설명이라고 받아들일 근거는 없다고 결론내릴 수 있다.

　신고전주의 이론은 적어도 선진국의 관점에서 전후 경제 호황을 통해 모든 사람이 번영의 잠재력을 실현할 수 있을 것으로 보이던 1950년대와 1960년대 초반에 인기를 누렸다. 그러나 1960년대 후반과 1970년대 세계경제위기 기간에 이원론과 중심-주변부 이론(아래 논의)이 부상하면서 그 인기는 시들해졌다. 그러나 적어도 일부 제3세계 국가에서 급속한 발전이 이루어졌다는 증거가 이 이론을 분명하게 증명하는 것으로 받아들여졌고, 새롭고 현란한 수학적 기술을 거치면서 신고전주의 이론은 재조명되고 있다. "신자유주의 세계화"라는 새로운 별명하에 신고전주의 이론은 국제정책분야에서 개발이론으로 채택되고 있다(5장).

이원론과 중심-주변부 접근법

서인도/영국인 경제학자 아서 루이스 W. Arthur Lewis(1954)는 제3세계 국가의 발전이 "근대"와 "전통"부문의 양극화를 초래하여 그 차이가 좀처럼 좁혀지지 않는 현상을 연구하여 경제발전의 이원론을 제시하여 노벨상을 수상했다. 전통적인 부문의 특징은 생계임금과 노동의 과잉이다. 이 잉여는 "비효율적인" 것으로 규정된다. 왜냐하면 훨씬 적은 노동력을 투입하고도 동일한 농산물을 얻을 수 있었기 때문이다. 근대 부문은 생산적이고 자본집약적인 기술을 사용하는 자본주의적 생산을 특징으로 한다. 루이스의 이론에서 이 두 부문은 본질적으로 서로 평행하게 존재하며, 전자는 전통적인 사회에 대한 정의와 연결된다. 전통적인 부문은 근대화가 확산되기에 어려움을 겪고 있는 영역이지만 자본주의 이니셔티브를 육성한다면 근대화 완성을 가로막는 장벽을 무너뜨릴 수 있다고 여겨진다. 자본가가 전통적인 부문에 있는 노동자를 생계 수준을 조금 웃도는 임금으로 고용하면 근대 부문으로 노동자를 유인할 수도 있고, 또한 낮은 임금을 지급함으로써 상당한 이윤을 거둘 수 있다. 이윤의 규모가 커져서 자본주의자가 생산확대에 재투자하도록 유도하게 되면 전통 부문에서 점점 더 많은 잉여 노동력이 고용되므로 두 부문 간 노동이 효율적으로 분배될 수 있다. 더 많은 사람들이 근대 부문에서 일하게 되면서 전통 부문의 노동력 부족으로 결국 식량생산 부족이 초래될 것이므로 일부 노동은 "전통적인" 활동에 머물러있게 될 것이다. 결과적으로 식량 가격이 상승하여 전통적인 부문에 종사하는 것이 더 유리할 것이기 때문이다.

이 설명을 보면 루이스의 이론이 근대화 이론과 신고전주의 경제학 이론을 명시적으로 결합시킨다는 것이 확실해진다. 근대─전통 이원론은 전자의 특징인 반면, 최적 생산과 노동의 재분배 사이의 관계는 신고전주의적인 생각이다. 루이스의 이론은 두 접근법이 얼마나 밀접하게 얽혀있는지 보여준다. 동시에 이 두 접근법에 대한 여러 가지 비판이 루이스의 이론에도 적용될 수 있다.

스웨덴의 경제학자이자 노벨상 수상자인 군너 미르달 Gunnar Myrdal(1957)은 미국의 경제학자 알버트 허쉬만 Albert Hirschman(1958), 오스트리아/미국의 계획가 존 프리드만 John Friedmann(1966)과 함께 루이스와 비슷한 이원론적 관점을 발전시켰다. 그러나 이들은 제1세계와 제3세계 국가 모두의 내부에 존재하는 지리적 차이에 더욱 중점을 두고 있으며, 그러한 공간적 이원론이 극복될 수 있을지에 대한 회의론에 있어 정도의 차이를 보였다. 이 저자들은 루이스 이원론의 지리학적 적용에 관심을 가졌다. 특히 제3세계 사회가 세계경제와 연결되어 성장하는 "근대" 중심부와 정체하는 "전통적" 주변부로 분화되는 방식이 관심사였다. 그들이 보기에 국제적 수준(부유한 나라와 가난한 나라 간)과 국가 내 수준 모두에서 이러한 분화가 일어나고 있었다. 자본주의적 발전의 역동성이 지리에 따른 경제적 복지의 격차를 점진적으로 없애는 특징을 지닌다는 신고전주의와 근대화이론의 가정에 비판을 제기하는 것이 이들 분석의 핵심이었다. 투자의 승수효과는 지역화되는 경향이 있으며 다른 지역으로 쉽게 확산되지 않을 것이라고 그들은 지적했다. 미르달은 "순환누적인과"라는 개념을 통해 이를 나타냈다. 개발이 공간적으로 확산되지 않고 이주, 자본, 국제무역의 흐름이 불평등을 감소시키기보다 오히려 악화시킬 수 있다는 "역류"효과가 나타난다고 주장했다. 허쉬만과 프리드만은 공간적으로 불균등한 성장은 예외가 아니라 규칙이라는 비슷한 주장을 전개했다. 이러한 불균등을 극복하기 위한 방법을 찾을 수 있으며, 지역승수효과가 낙후 지역을 자극하는 데 도움이 될 수 있으리라는 기대하에 낙후 지역에 투자를 집중하는 방법을 활용할 수 있다고 하며 허쉬만과 프리드만은 다소 낙관적이었으나, 미르달은 이에 상당히 비관적이었으며 불평등이 의미있는 수준으로 감소하지 않을 것으로 내다보았다. 이 저자들은 신고전주의 이론의 한계를 드러내는 데 집중하였으므로 공간 분화를 초래하는 과정에 대한 정교한 이론을 제시하지는 않았다. 그러한 이론을 개발하는 과업은 라틴 아메리카 학자들이 이어받게 된다(아래의 "주변부의 관점" 참조).

국가 주도 개발

위에서 지적했듯 경제발전 정책은 국가라는 특정한 지정학적 틀 안에서 받아들여졌다. 1940년대에는 처음으로 국가경제에 대한 아이디어가 광범위하게 퍼졌다(Mitchell, 2002). 경제 성장을 극대화한다는 명목하에, 국가의 주권은 국경을 통제하고(무역, 자본, 기술 및 노동 횡단을 규제) 국경 내 경제활동을 규제하고 관리하는 권한을 포함하는 것으로 이해되었다. 시장이 경제적 번영에 필수적인 것으로 간주되긴 했지만, 종종 이론에서 제시된 결과가 나타나지 않았기 때문에 정치적 입장을 막론하고 지속적인 국가 개입이 필요한 것으로 일반적인 합의가 이루어져있었다. 중심부의 관점에서 본다면 이것은 국가경제 운영에 대한 케인즈나 포드주의적 접근이었다. 간단히 말해, 국가는 소비자 수요를 자극하기 위해 돈을 지출함으로써 경제위기의 시기에 개입할 수 있으며 이는 새로운 경제생산으로 이어져야 한다는 생각이었다. 헨리 포드 Henry Ford는 자신의 모델 T 공장에서 이 원리를 적용하여 노동자들이 만든 차를 사기에 충분한 돈을 이들에게 지불했다. 프랭클린 루스벨트 Franklin D. Roosevelt는 공공사업 프로그램과(특히 1941년 이후) 전쟁 관련 지출을 통해 미국을 대공황에서 벗어나도록 하기 위해 국가적 수준에 그 아이디어를 적용했다. 영국 경제학자 존 메이너드 케인즈 John Maynard Keynes는 이런 정책을 정당화하는 경제이론을 제시했다.

　1950년대와 1960년대에 걸쳐 제1세계 국가들은 '거대 기업, 거대 노동, 거대 정부의 정책'이라고 하는, 자본가와 조직화된 노동자 간 관계에 대한 특별한 규제를 마련했다. 실제로 독일, 오스트리아, 스웨덴과 같은 서유럽의 여러 "협동조합주의" 정치체제에서는 대기업, 노동조합, 국가 간의 공식적 협력을 통해 국가경제를 운영한다. 노조를 통해 조직화된 근로자는 좋은 임금을 받고, 대기업이 특화시켜 생산하는 내구 소비재(자동차, 주택, 가전제품)를 구매하는 공생 정책이 수립되었다. 국가는 이러한 노선에 따라 노사관계 관리를 보조하여, 보조금 및 기타 주정부 지출을 통해 그러한 수요(예: 모기지 이자에 대한 미국 세금 공제, 교외화를 촉진하는 고속도로 건설)에 대한 촉매제 역할을 담당했다. 이러한 모든 조치를 통해 가장 취약한 계층에 대해 최소한의 안전망을 제공하는 복지국가정책을 강조했다(Aglietta, 1979; Dunford, 1990; Walker, 1981). 이를 통해 시민이 세금을 내고 투표에 참여하며 국가 복지에 기여하는 등 책임감있게 행동하는 대신 특정한 개인적 권리와 보호를 보장받는 것을 내용으로 하는 사회계약이 국가와 시민들 간에 나타났다(비시민권자에 대해서는 불평등하게 적용). 국가기관은 기여를 할 여력이나 의지가 없는 사람들에게 안전망을 제공함으로써 이들을 보호, 감찰하여 다시 궤도에 진입할 수 있도록 만드는 임무를 부여받았다. 푸코 Foucault(1991)가 "통치성(governmentality)"이라고 부른 그러한 과정을 통해 개인은 기대되는 행동을 내면화하고 재생산하게 되었다(Rose, 1999 참조). 하위 국가 수준에서는 포드주의에 기반하여 공간 간 기회 균등화 정책을 (번영, 취업 기회 등의 지리적 차이를 줄이기 위해) 종종 수립했다.

간단히 말해 국가 수준에서 시장에 대한 규제는 광범위한 사회경제적 번영과 국가성장을 종합적으로 이루는 과정에서 사회적 갈등을 완화하기 위한 목적으로 가해졌다. 개발에 대한 중심부적 접근이 강조하는 단계적 특성에 따라(즉, 개발이 미리 결정된 일련의 단계를 거치는 것을 의미한다는 개념), 포드주의 원칙도 제3세계 국가가 따라야 한다고 기대되었다. 따라서 보다 "발전한" 제3세계 국가들이 관세장벽 뒤에서(수입 대체 산업화) 자신들이 경쟁력을 지니는 제조업 육성을 시도하는 것에 대해 제1세계 국가들과 그들이 지배하고 있는 브레턴우즈(Bretton Woods)체제의 초국적 기구들(국제통화기금과 세계은행)은 우호적이었다. 그러나 이는 제1세계 국가들에게 훨씬 용이했다. 왜냐하면 제1세계 국가들은 자신들에게 유리한 방향으로 제3세계와 무역관계를 맺음으로써, 생산비용을 낮게 유지하고 제조업 생산의 잉여분을 수출할 수 있었기 때문이었다. 그러나 이 규제 시스템은 제1세계에서도 곧 부담의 징조가 나타났다(5장). 내부적으로는 조직화된 노동과 민간부문의 공생에서 많은 사람들이 배제되었고 높은 임금은 결국 수익이 정체된 산업에 부담이 되었다. 외부적으로는 제3세계 국가들(제1세계 국가 내 저임금 지역과 함께)은 신기술과 함께 저임금 생산지를 제공하여 제1세계 기업들이 고용을 해외로 아웃소싱하게 되었다.

개발에서의 여성(Women in Development)

"여성" 해방을 위한 투쟁이 제1세계에서 진전됨에 따라 개발에 대한 중심적 사고도 확대되어 젠더 문제를 포용하게 되었다.[1] 이러한 중심적 사고는 "개발에서의 여성(women in development[WID])"이라는 개념에 요약되었다. WID 이전, 복지주의는 구제원조에 대한 서구 자유주의 이데올로기의 연장선상에서 존재했으며 주로 가난한 여성을 중심으로 취약한 계층의 요구를 다루었다. 남성지배적 개발 기관 영역에서 "여성"에 대한 부르주아적 정의와 그녀가 지닌 아내와 어머니로서의 본질적 정체성이 복지 전략의 기본틀이었으며, 이런 전략이 빈곤한 제3세계 여성에게 적합한 것으로 생각되었다. 이에 따라 영양 교육, 가정경제, 여성의 재생산 역할, 모자건강, 가족계획을 다루는 프로그램이 중심을 이루었다. 이 접근법에서 인구관리는 구조나 권력적 문제라기보다 피임 정보와 피임 도구를 보급하는 역할을 하는 것으로 간주되었다(Crehan, 1983; Saunders, 2002b; Urdang, 1983).

WID의 주장을 가장 잘 나타낸다고 평가받는 연구 세 가지는 보스럽 Boserup(1970)의 경제개발에서 여성의 역할(Women's Role in Economic Development), 팅커 Tinker(1976)와 라저스 Rogers(1980)의 주류 개발이 여성에게 미치는 악영향에 대한 비판이다. 이 저자들은 사회를 생계부문과 근대부문으로 구분한 근대주의적 구분을 수용했고, 때로는 보편적 합리성에 대한 신고전주의적 개념에 크게 의존했다. 그러나 이들은 (1) 개발의 혜택이 빈곤층에게 자동적으로 확산될 것이며, (2) 모든 곳의 여성은 민간 또는 "비생산" 영역의 경제활동에 국한되어있다는 두 가지 가정에 의문을 제기했다. 예를 들어 보스럽(1970: 50)은 남아시아와 서아시아에서 나타나는 "남성 농업시스템"과 사하라 이남 아프리카와 동남아시아 일부에서 나타나는 "여성 농업시스템"(보스럽이 명명)을 대조하였다. 그리고 후자 지역에서 여성이 어떻게 "이동의 상당한 자유와 일부 경제적 자립"을 누리는지를 지적했다. 그녀는 나아가 어떻게 교육과 자금 접근에 대한 남성의 특권이 지배적인 규범으로 기능하여, 여성을 주로 생계와 비공식 부문에만 국한시킴으로써 남성이 "근대" 부문의 공식적 유급 고용에서 우위를 지니게 되었는지를 규명했다. WID 이론가들은 개발 계획가들이 계획 과정에서 여성을 보이지 않게 만들며(Tinker, 1976) 보다 효율적인 주부로만 훈련시키는 것이 적합한 부수적인 소득자로 취급한다고 비판했다(Boserup, 1970). 이런 비판을 통해 이 이론가들은 여성의 적절한 노동에 대한 서구의 가치를 덧씌우지 말고 여성들의 경쟁력과 생산력을 향상시키는 데 도움이 될 수 있는 기회를 제공하는 방향으로 계획을 수립할 것을 권고했다(Rogers, 1980).

WID는 이렇게 여성을 단순한 양육자로 보는 이미지를 비판하여 여성이 합리적, 공격적, 경쟁적인 시장 위주 자본주의 발전에 완전히 참여할 수 있는 능력을 갖추도록 노력했다. WID는 여성에게 훈련과 자원을 제공하여 여성을 개발로 통합시킬 수 있는 효율적인 주장을 전개했다. WID는 1970년대 근대화와 개발에 있어 제도화된 분야와 1970년대

서구의 페미니스트 운동으로부터 동시에 영향을 받아 처음에는 국제개발사회(Society for International Development) 내 여성단체로 부상하여, 개발 관련 국제기구 내 여성의 전문직 고용기회를 확대시키고 제3세계 빈곤층 여성 대한 개발의 악영향에 대한 자료 수집 등을 위해 노력했다. WID는 UN과 같은 국제적 조직뿐 아니라 주요 양자 및 다자 간 개발 기관에서 설득력을 인정받고 수용되면서 여성주의적 개발을 실행하는 분야에서 영향력을 갖게 되었다. 그러나 아이러니하게 WID를 지지하는 사람들은 "가난한 제3세계 여성들이 가부장제의 무력한 희생자라는 이미지를 지속적으로 활용했다. 이를 통해서만이 스스로를 해방시킬 능력이 부족한 자신들의 고객에게 계획을 통해 자유를 가져다주는 자신들의 권한이 정당화되기 때문이다"(Saunders, 2002a: 5, Spivak, 2000도 참조).

자본주의 개척자로서의 제국주의

목표 인구의 해방을 계획하는 것 또는 경제 메커니즘에 기반한 사회변화의 전략 이론을 수립하는 것은 주류 및 신고전파 경제학자의 배타적 입장과는 거리가 멀다. 우리는 앞에서 마르크스의 발전에 대한 비전 또한 모든 국가에게 적용되는 보편적 도식으로 해석될 수 있음을 언급했다. 그런 해석에 따르면(꼭 마르크스에 국한되지 않아도), 모든 인간의 진정한 해방이 이루어지기 전에 와해적이면서도 고도의 기술적/정치적 해방을 초래하는 자본주의적 단계를 통과한다. 자본주의를 해체시키고 사회주의, 공산주의적 사회시스템을 채택하는 것이다. 자본주의는 그 체제의 불평등과 모순을 밝혀내고 그 이상으로 진전하기 위해 필요한 민주적인 제도와 기술을 창출하는 필요악으로 받아들여진다. 영국 마르크스주의자인 워렌(Bill Warren, 1980)의 연구는 마르크스주의적 사고에서 확산론을 특히 강조하고 있다. 그는 모든 제3세계 국가가 개발 경로의 일부로 자본주의 발전을 경험해야 하며, 제1세계 스타일의 자본주의 확산을 제3세계에서 가속화시키는 과정에서 제3세계의 개발은 가속화되므로 정치적으로 진보적이라고 주장했다. 이 관점에서 보면, 러시아가 볼셰비키 혁명을 통해 봉건제에서 공산주의로 직접 도약하여 자본주의 발전을 경험하지 않았기 때문에 소비에트 연방에서는 공산주의가 실패했다고 설명할 수 있다.

워렌의 견해는, 자본주의를 개발경로의 필요악이 아니라 바람직한 종착점으로 보는 20세기 확산론적 관점 대부분과 근본적으로 다르다. 그럼에도 불구하고 모든 확산론적 견해는 발전에는 최선 경로가 단 하나 존재하며, 이 경로는 제1세계의 역사적 경험과 비슷하고, 제국주의와 대규모 기업이 세계 곳곳으로 뻗어가는 것은 단기적 구조조정이 어떤 문제를 초래하건 간에 장기적으로 제3세계에 좋다고 가정한다. 실제로 워렌의 실증적 분석을 보면 시장의 확산이 경제적 부의 향상과 어떻게 연관되는지 그리고 개발에 대한 공유된 비전이 정치적 이데올로기를 초월할 수 있는지를 설명하는 데 있어 신자유주의적 이론과 매우 비슷하다. 사실 제3세계 국가에 대한 제국주의의 역할과 개발을 위한 자본주의의 필요성 등에 대해 20세기 초 마르크스주의자들 사이에서도 많은 논의가 있었다. 다음 절에서 볼 수 있듯이 후자의 질문에 대한 레닌 Lenin의 부정적인 대답은 볼셰비키 개입을 위한 지적인 토대를 제공했으며, 또한 발전에 있어 대안적인 경로를 열어주었다.

주변부의 관점

우리나라와 다른 지역에서 무슨 일이 일어나고 있는지를 고려할 때, 우리는 어떤 비용을 치르더라도 가장 빠른 속도로 발전이라는 아이디어를 다시 생각해보아야 한다. 공산주의 러시아에서 인도까지, 페론의 아르헨티나에서 나세르의 이집트까지 개발이라는 미명하에 저질렀던 범죄와 어리석음은 잠시 잊고 미국과 서유럽에서 일어나는 일을 살펴보자. 생태적 균형 파괴, 폐와 영(spirit)의 오염, 젊은이들의 정신적 손상, 노인 유기, 감수성 쇠퇴, 상상력 타락, 성에 대한 가치 저하, 폐기물 축적, 증오 폭발. 우리처럼 그들도 이 모든 것을 직면하고 있는데, 우리가 어떻게 돌아서서 다른 방식의 발전을 모색하지 않을 수 있는가? 그것은 과학과 상상력 모두를 그리고 정직성과 감각 모두를 요하는 긴급한 과제이며, 서양에서 왔건, 동양에서 왔건, 우리가 아는 방식의 발전은 모두 재앙으로 이끌기 때문에 선례가 존재하지 않는 과제이다. 현재 상황에서 개발을 향한 경쟁을 벌이는 것은 파멸에 이르기 위해 서두르는 것에 지나지 않는다. ...

　　우리에게 적합한 보다 인간적인 모델을 만들 수 있을까? 변두리의 사람들 그리고 역사 언저리에 사는 주민들로서 우리 라틴 아메리카인은 서구의 뒷문을 통해 슬그머니 들어온 초대받지 않은 손님이며, 불빛이 밖으로 나오려 할 무렵 근대의 향연으로 도착한 침입자이다. 우리는 모든 곳에 늦게 도착했으며, 우리는 역사에서 이미 늦은 시점에 태어났으며, 우리에게 과거는 없거나, 혹 있다면 우리는 남겨진 것들에 침을 뱉는다. ...우리는 언제쯤 우리 자신을 위해 생각할 역량이 있게 될 것인가?

　　　　　　　　　　　　　　　　　　−OCTAVIO PAZ(1972: 46−47; ix−x)

멕시코의 작가 옥타비오 파스 Octavio Paz는 정치적으로 급진적인 사람이 아니지만 제3세계의 발전 경험은 제1세계와는 상당히 다르다는 것을 잘 알고 있다. 서로 다른 경험에 따라 세상에 대한 여러 가지 사고방식이 나타난다. 확산론적 사고는 긍정적 경험과, 다른 이들도 이러한 성공의 혜택을 누려야 하며 누릴 수 있다는 믿음에 바탕을 둔다. 따라서 발전은 이미 성공적이라고 입증된 경로를 통해 그리고 더 발전된 곳에서 덜 발전된 지역으로 전파되는 경우 이러한 발전의 경험이 보편화될 수 있는 경로를 통해 도달할 수 있는 공통의 목표로 간주된다. 개발에 대한 계몽주의적 낙관론은 한계 없는 번영에 대한 기대와, 번영을 달성하는 법에 대한 제1세계의 확신적 지식을 기반으로 하고 있다.

제3세계의 경험(제3세계 국가들 또는 제1세계 국가들의 제3세계 영토 내)은 서로 다르다. 이들은 경험을 통해 검증함으로써 근대화 이론의 교리에 도전하면서 "발전"의 의미를 다시 쓰려는 개발적 사고에 혁명을 가져왔다(Slater, 2004).

국가가 식민지 지배자로부터 정치적으로 독립한 후, 대부분의 제1세계와 제3세계 간 경제적 번영의 격차는 약속된 것처럼 수렴되기는커녕 더 커졌다. 이 때문에 주변부적 시각을 견지한 작가들은 로스토와 그의 계보를 잇는 학자들이 발전을 위한 전제조건이라고 가정한 바로 그 메커니즘은 반대의 효과를 갖는다고 주장했다. 종속이론 이론가들과 그 계보를 잇는 학자들은 확산론 사상가들과 발전(경제적 번영으로서의)에 대한 비전이 비슷하지만, 그들의 논거와 주장은 국가로 구성된 세계체제와 세계 자본주의로 제3세계 국가들이 편입되면서 어떻게 주변부에서의 저발전을 창출해냈는지를 보이고 있다. 이 이론가들은 "저발전"을 극복되어야 할 원래의 상태에서 독일 사회학자 앙드레 군더 프랭크 Andre Gunder Frank가 "저발전의 발전"이라 칭한 능동적인 과정으로 재개념화했다. 세계의 다른 지역은 서로 다른 발전 경로를 경험한다는 개념은 1920년대 러시아(그리고 유럽 주변부)의 볼셰비키 논쟁, 특히 블라디미르 레닌 Vladimir Lenin의 생각으로 거슬러 올라간다. 아르헨티나 경제학자 라울 프레비쉬 Raúl Prebisch, 라틴 아메리카의 다른 종속이론가들, 그리고 이집트의 경제학자 사미르 아민 Samir Amin 등은 이 분야에서 핵심적인 공헌을 했다. 프랭크는 영미학계에서 종속이론을 대중화했으며, 미국 사회학자 임마누엘 월러스타인 Immanuel Wallerstein과 이탈리아계 미국 사회학자 지오바니 아리기 Giovanni Arrighi도 영미학계에 기여했다.

저개발의 발전

"저개발"이라는 용어는 원래 로스토와 같은 핵심 이론가가 개발이 시작되기 전(개발 및 근대화로 극복해야 할 장벽과 한계) 한 국가에서 나타나는 상태를 지칭하기 위해 사용했다. 이 관점 자체는 개발을 위한 마차에 탑승하지 않은 사회에 대한 경멸적 시선이 내포되어있다. 이는 삶은 개발과 함께 시작되며, "전통의" 또는 "원시적" 사회 시스템은 진지하게 받아들여지지 않아, 진보를 위해서는 폐기되어야 함을 의미한다. 그러나 1945년 이후 서유럽과 북미 이외의 국가들이 개발로 인해 정치적, 사회적 문제에 지속적으로 직면하자, 이러한 국가의 학계와 정책 입안자들은 개발의 혜택이 확산되는 것은 단지 시간의 문제일 뿐이라고 하는 명제에 의문을 제기하게 되었다. 저발전을 발전의 확산으로 극복할 수 있는 문제로 보는 대신 그들은 저발전 그 자체가 자본주의 생산과 시장 교환의 전 세계적 확장과 밀접하게 연관되어있다고 주장하기 시작했다. 이러한 견해는 루이스, 미르달, 허쉬만의 관점과 유사하지만 초기 주창자들은 이런 이론가들보다 먼저 나타났다(Bagú, 1949; Lenin, 1917/1933).

유럽 주변부의 발전과 제국주의 이론

1890년대와 1920년대 사이, 개발이 취해야 할 방향에 대해 러시아에서 벌어진 논쟁은 모든 국가가 발전으로 이르는 동일한 경로를 따른다는 가정에 대해 유럽에서 첫 번째로 나온 영향력있는 도전에 촉매제가 되었다. 차르 니콜라스 2세 Tsar Nicholas II의 장관 피터 스톨리핀 Peter Stolypin은 1990년대 러시아 정치인들이 그랬듯, 1905년 사회혁명 이후 경제적 번영을 창출하기 위한 자본주의 개혁을 러시아에 도입함으로써 사회 불안을 해소하려 했다. 이로 인해 차르 러시아에 대한 급진적 반대주의자 간 맹렬한 논쟁이 시작되어, 러시아가 사회주의의 필연적 선구자로서 자본주의로 나가야 할 것인가에 대해 결국 차르를 승복시켰다(Palma, 1981). 그들의 심각한 차이에도 불구하고, 이 논쟁에서 지지자 대부분은 유럽 자본주의 국가들과 러시아 간 경제 관계는, 자본주의의 유럽적 경로가 반드시 러시아에 적절한 것은 아니라는 것을 제시할 만큼 충분히 상이한 조건을 러시아에서 이미 창출했다고 동의했다.

　러시아와 보다 전반적인 개발이론 모두에서 가장 영향력을 가지게 된 것은 블라디미르 레닌 Vladimir Lenin의 견해였다. 레닌의 분석은 차르주의 러시아의 기존 정치, 사회, 경제적 제도의 맥락에서 유럽 자본주의 국가들과 관련된 러시아의 상황에 집중하고 있다. 한편으로 러시아에서는 산업 생산이 늦게 시작되면서 잔존하면서 여전히 작동하는 전통구조와 경쟁해야 했으며 보다 효율적인 유럽 생산자들과도 국제적으로 경쟁해야 했기 때문에 산업화 과정이 훨씬 느려졌다. 다른 한편으로는 이미 유럽으로부터 러시아에 광범위한 외국 자본이 투자되었는데, 이것이 산업화 과정을 가속화하긴 했지만 러시아 고유의 자본주의 가능성을 제한하는 경향이 있었다. 동시에 금융 생산과 자본의 소유권이 몇몇에게 상당히 집중되어, 이러한 자산을 국가 소유로 전환하는 것이 용이했다고 레닌은 주장했다. 따라서 세계경제에서 러시아의 상황은 경제발전에 대한 대안적 경로, 즉 사회주의로의 직접적인 전환이 필요함을 시사한다고 그는 주장했다.

이 분석은 제국주의 이론으로 일반화되었다(Lenin, 1916/1970). 레닌의 이론은 다음과 같은 명제를 가지고 있다.

1. 자본주의는 자본의 상당 부분이 비교적 소수의 독점기업 손에 집중되는 단계에 도달했다.
2. 독점적 지위 때문에 이들 회사는 과도한 이익과 자본의 과도한 축적을 유지하고 있다. 이 돈은 은행과 산업 생산자의 합병으로 형성된 금융 과두정치, 금융자본의 통제를 받는다.
3. 이 초과 자본은 저개발국에 수출되며, 원자재와 저렴한 노동력으로 인해 생산에 대한 높은 이윤율이 가능하다.
4. 그 결과 산업화된 세계 기업들의 통제하에 상품 생산이 국제적으로 확산된다.

레닌의 접근 방식은 전환점을 나타냈다. 왜냐하면 자본주의가 비자본주의 사회에 침투했을 때 이미 다른 자본주의 사회에서 나타난 것 이외의 효과도 가져올 수 있다고 처음으로 주장하는 것이었기 때문이다. 간단히 말해 개발 또는 저발전에 대한 대안적 경로의 가능성을 보여주었다(Palma, 1981). 이것은 비록 제국주의가 산업 발전을 방해하지만 식민 채권과 독점권이 사라지게 되면 궁극적으로 산업화로 이끌게 된다고 주장했던 마르크스와 같은 제국주의 분석가들의 견해와 대조를 이루었다. 그러나 레닌은 자본주의가 더 큰 저개발을 가져온다고 했지만 이것을 그의 제국주의 이론에 완전히 포함시키지는 않았으며, 어떤 조건하에서 이것이 발생하는지에 대해 제시하지 않았다(Howe, 1981). 그럼에도 불구하고 이 결론은 소비에트가 제3세계의 사회주의 혁명을 지지하는 것을 정당화하기 위해 사용되었다.

레닌은 제국주의 이론이 마르크스가 분석하지 못했던 상황(즉, 독점 자본주의)에 마르크스의 이론을 적용하여 얻은 논리적 결과라고 봤지만 다른 사람들은 이 이론을 다른 방향으로 적용했다. 바렛 브라운 Barratt–Brown(1974)은 신고전주의, 케인즈주의, 마르크스주의 경제학자들이 제국주의에 대해 세계경제 및 정치 관계가 국가 간 권력 불평등과 비대칭적 의존 관계를 어떻게 형성했는지가 나타난 것이라고 논의했음을 지적한다. 마르크스주의 연구 내에서는 제국주의가 독점 자본주의와 관련된 막대한 이윤을 필요로 하는가에 대해(Emmanuel, 1972; Luxemburg, 1915/1951), 그리고 세계 자본주의의 영속적 특성인지(Emmanuel, 1972) 또는 식민주의에서 초래된 단기적 현상인지(Warren, 1980)에 대해 다양한 의견이 있었다. 그럼에도 불구하고 제국주의에 대한 이러한 이론은 공통된 논리가 있다(사이드바: "갈퉁의 제국주의 구조이론").

갈퉁의 제국주의 구조이론

스웨덴의 사회학자 요한 갈퉁 Johann Galtung(1971)은 제국주의의 전반적 논리를 간결하게 요약했다. 그는 세계 경제가 "중심"과 "주변"국가로 나뉠 수 있으며 그러한 각 국가 내에는 영향력있는 사회정치 그룹으로 정의되는 "엘리트"와 사회의 나머지 구성원으로 정의되는 "비엘리트"가 존재한다는 점에 주목했다. 그리고 제국주의가 중앙국가와 주변국가 간의 관계로, (1) 중심국가 엘리트와 주변국가 엘리트 사이에 이익의 합치점이 있으며, (2) 중심 및 주변국가 모두에서 엘리트와 비엘리트 간 이해 상충이 존재하지만, 이 갈등은 주변국가 내에서 더 크며, (3) 중심국가의 비엘리트 계층과 주변국가의 비엘리트 계층 간에는 이익의 부조화가 존재한다고 주장했다.

이 관점에서, 제국주의는 중심국가와 주변국가 간의 경제적, 정치적, 문화적 관계의 결과이며, 중심국가 엘리트에 의해 전파되고 주변국 엘리트에 의해 수용된다. 이러한 이유로 제국주의는 식민지 시대에만 국한된 것이 아니라 중심국가 엘리트의 이익이 주변국가 엘리트의 이익과 일치한다면 언제든지 발생할 수 있다. 그러나 이러한 관계가 주변국가 엘리트에게 이익이 되므로 주변국가 비엘리트 계층의 개발 이익에는 반하는 것이다. 마지막으로, 중심국가에서 엘리트와 비엘리트 간 이해관계의 상충이 있지만, 주변국가 엘리트에게 피해를 주는 제국주의 관계는 실제로는 중심국가의 비엘리트에 혜택을 준다. 이로 인해 주변부국가의 엘리트와 함께 중심국가의 모든 사회계층은 네 가지 사회계층 중 현저히 가장 큰 수를 점유하는 주변국가 비엘리트 계층에게 피해를 주는 제국주의 관계에 대한 지지를 강화하게 된다.

무역과 저개발

UN 라틴 아메리카 경제위원회(ECLA)는 칠레 산티아고에 본부를 둔 지역위원회로 1948년 조직되었다. 위원회장이었던 경제학자 라울 프레비쉬 Raúl Prebisch의 지도하에 개발에 대한 탁월한 설명으로 1950년대 상당히 이름을 알렸다. 프레비쉬(1959)는 라틴 아메리카에서의 발전 부족은 국제무역의 불평등한 영향에 기인한다고 다음과 같이 주장했다.

1. 역사적으로 산업 생산의 생산성 증가율은 1차 산업 생산품보다 더 빠르다.
2. 제조업 생산성의 증가는 비용감소를 가져오며, 이는 이론적으로 1차 산업 제품에 비해 가격을 낮추는 것으로 해석되어야 한다. 그러나 선진국의 노동조합과 자본가 사이의 투쟁으로 임금이 계속 높게 유지되었기 때문에 이런 일은 일어나지 않았다. 선진국은 세계시장에서 정치적, 경제적 권력을 가졌으므로 이 비용을 더 높은 가격의 형태로 선진국에 전가할 수 있었다. 반대로 1차 산업 제품의 가격은 하락했다. 그러나 이들은 주로 수출되기 때문에 저개발국의 소비자보다는 선진국의 소비자가 주된 수혜자가 되었다.

3. 따라서 선진국은 기술진보와 무역에서 얻은 이익을 파격적으로 취할 수 있었으며 그 형태는 자본으로서, 이 국가들의 성장 속도를 높이는 데 사용될 수 있었다.

4. 결과적으로 세계무역은 국가 간 경제발전 정도에 있어서의 불평등을 줄이기보다는 증가시킨다.

제조 가격이 수요량보다 생산 비용과 정치력에 의해 더 많이 영향을 받는다는 이 주장은 근본적으로 케인즈주의 경제에 뿌리를 두고 있다. 물론 이러한 신고전주의와 마르크스주의 간 타협은 좌파와 우파 모두에게 비판의 대상이 되어왔다. 신고전주의 경제학자들은 수요의 역할을 무시한다고 주장한다. 산업재 가격이 높게 유지된다면 사람들이 이 재화를 가치있게 여기기 때문이므로 가격이 높은(그리고 낮은) 것이 불공평하다고 해석할 수는 없다는 것이다. 이에 대한 응답으로 나중에 ECLA의 논의에는, 사람들이 부유해짐에 따라 식량 수요는 다른 제품에 대한 수요와 비교하여 감소하며 이에 따라 식량 수출가격이 하락하게 된다는(Hirschman, 1961, 16장 참조) "Engel의 법칙"이 포함되었다. 마르크스주의자들은 ECLA의 논의는 국제무역이론의 오류를 수정하기 위한 시도인데, 선진국과 중남미 국가에서 어떤 사회계층이 이익을 보게 되는지에 대해 명확히 하지 못한다고 지적했다.

신고전주의와 급진주의 분석가들 역시 ECLA의 정치적 결론에 반대했다. ECLA는 라틴 아메리카 발전의 열쇠는 산업화 추진이라고 주장했다(ECLA, 1951; Prebisch, 1959). 이것은 수출을 위한 1차 산업 생산 외에도, 기업을 설립하고 국제경쟁에서 이 기업을 보호하기 위해 단기적으로 국가가 개입함으로써만 달성될 수 있다. 국가는 주요 수입 산업재에 관세를 부과하고 토착 산업이 국제적으로 경쟁할 준비가 될 때까지 이들 물품의 국내 생산을 재정적으로 보조해야 한다. 유치산업을 보호하려면 가장 생산적인 부분에 희소한 외화를 제공하며, 산업 노동자에게 합리적인 임금을 부여하고, 저개발국을 무역 블록으로 배치시키며, 국내 소비를 장려하고, 유럽과 미국 기업이 선택적 투자를 할수 있도록 허용하는 정책과 결합되어야 한다. 이러한 조치는 필요한 것으로 간주되었는데, 이는 세계경제 맥락에서 이러한 국가들의 상황은 시장세력이 자유롭게 활동하기에 비효율적이라는 것을 의미하기 때문이었다. 이러한 종류의 일시적인 국가개입으로 개발에 대한 장벽이 무너질 수 있으며, 자유시장이 다시 주도권을 잡는 시점까지 제3세계 개발이 지속되어야 한다고 받아들여졌다.

미주기구(Organization of American States)는 1961년 이러한 정책을 대폭 수용하여(Cardoso, 1977) "수입대체 산업화"(ISI)로 알려진 시대를 낳았고, ECLA 또한 남미공동시장(Latin American common market)을 출범시키는 원동력이 되었다. 그러나 이러한 행동은 ECLA 분석의 배경이 되는 외부 조건을 그대로 둔 채 취해졌기 때문에 1970년대에 문제에 봉착했다(17장). 따라서 ECLA의 초기 연구에 대한 낙관적인 견해는 자본주의 세계경제 내에서 제3세계의 발전 가능성에 대한 비관론으로 바뀌게 되었다. 이 비관주의로 인해 ECLA 내부와 외부 모두에서 보다 근본적으로 라틴 아메리카를 중심에 두고 해석하는 "종속이론"이 널리 알려지게 되었다.

종속이론

종속이론은 바구 Bagú(1949)의 저서에서 시작되었고, 선진국과 저개발 국가 간 연계가 제3세계의 경제 상황을 악화시킨다는 프레비쉬 이론의 암묵적인 주제를 이어받았다. 결과적으로, 저개발은 원래의 상태로서 세계경제로 보다 밀접하게 통합됨으로써 극복해야 할 것이 아니라 그러한 통합 때문에 초래된 과정으로 보게 되었다. 종속이론은 다양한 학파의 이론적 입장에서 제시되는 저개발의 본질과 원인에 대한 일반적인 개념화를 나타낸다. 고찰을 위해 라틴 아메리카 이론가들을 "고전적" 종속이론가, ECLA 그룹, "맥락적" 종속이론가의 세 가지로 나누기로 한다. 여기서 제3세계 개발 과정에서 비슷하게 불평등을 경험했던 아프리카와 남아시아 개발이론가들도 비슷한 입장을 취하는 저작이 있다는 점을 기억해야 할 것이다.

비록 안드레 군더 프랭크 André Gunder Frank가 종속이론이 시작된 모임에 상대적으로 늦게 합류했지만, 그는 영어를 사용하는 독자들 사이에서 종속이론을 대중화했다(Frank, 1967, 1978a). "저개발의 발전" 개념을 통해 프랭크는 자본주의 생산의 확장은 라틴 아메리카에서의 발전을 저해할 뿐 아니라 저개발의 원인이라고 주장했다. 그의 이론은 칠레와 브라질에서의 발전에 대한 면밀한 역사적 연구에 기반을 두고서, 16세기 이래 유럽과의 교류는 이 국가들의 구석구석까지 깊은 영향을 받아왔음을 보이고 있다. 그 결과 그는 자본주의를 최근 들어 라틴 아메리카의 발전을 촉진하기 위해 당도한 진보적 경제세력으로 볼 수 없음을 확신했다. 오히려 라틴 아메리카에 자본주의가 오랜 기간 존재했던 만큼, 지속되는 저개발에 기여했다는 것이다(사이드바: "프랭크의 종속이론").

프랭크는 자신의 실증연구(사이드바 1, 5, 6번), 프레비쉬 이론의 요소(사이드바 2번), 그리고 제국주의에 대한 마르크스주의 분석(사이드바 4번)을 독창적으로 결합시켜 근대화와 이원론 이론에 대해 가차 없는 비판을 제기했다. 그는 또한 라틴 아메리카의 개발에 대한 정치적 논쟁에도 참여하여, 라틴 아메리카 공산주의자들 사이에 널리 공유되던 관점과 대립하였다. 이 관점은 사회주의로 향하는 긍정적인 단계로서 자본주의를 간주하였으며, 이 관점을 통해 라틴 아메리카 공산당들은 ECLA뿐 아니라 국가 부르주아들

프랭크의 종속이론

프랭크는 다음과 같이 주장했다.

1. 유럽인이 라틴 아메리카를 발견한 이후 라틴 아메리카는 자본주의 시장경제였다. 지속적으로 유럽 및 북미 자본주의 국가와 상품 교환을 해왔기 때문이다.
2. 이 교환관계는 불평등했다. 역사적으로 라틴 아메리카는 군사적으로나 경제적으로나 자본주의 국가에 종속적이었기 때문이다.
3. 그렇다면 라틴 아메리카가 현재 저발전 상태에 있는 것은 넓게는 이런 역사적 관계의 결과라 할 수 있다.
4. 자본주의 국가의 자본 축적을 지속하기 위해서는 이러한 교환관계가 필수적인 부분이며, 따라서 자본주의 시스템 자체의 일부분이므로 라틴 아메리카의 저발전은 자본주의의 결과임에 틀림없다.
5. 저발전국 내 계급관계 또한 외부와의 연계로 인한 결과이다. 이들 국가의 엘리트는 외부 자본주의의 이익을 대변하는 역할을 담당했으며, 다른 사회계급과의 관계를 통해 그들이 국제 자본주의 경제에 포함되도록 촉진했다.
6. 이러한 국가가 선진자본주의 국가와의 연계가 가장 약했던 장소와 시대에 발전이 최고조에 달했음을 보여주는 증거가 존재한다(칠레, 브라질 분석).
7. 라틴 아메리카의 저발전은 따라서 산업혁명 이전 유럽의 저발전과는 질적으로 다르다. 유럽은 외부 자본주의 경제와 이런 식의 연계를 맺고 있지 않았기 때문이다.
8. 성장이나 근대화에는 특정한 단계가 존재한다는 명제와 라틴 아메리카 사회가 이중적 구조를 가지고 있다는 명제는 따라서 모두 거부되어야 한다.

과도 연대를 형성하게 되었다(Cardoso, 1977; Henfrey, 1981). 종속주의자들은 사회주의로의 즉각적인 전환을 주장하였는데, 이는 자본주의가 주변부 상황에서는 근본적으로 해로운 특성을 지니기 때문이었다. 1960년대 후반과 1970년대 초반 라틴 아메리카의 경제위기 동안, 종속이론과 종속이론에 기반한 정치적 프로그램은 상당한 인기를 누렸다.

프랭크는 그의 이론을 발전에 대한 마르크스주의 이론이라 불렀지만 이들 둘은 명백히 다르다(Laclau, 1971). 이는 "자본주의"에 대한 프랭크의 지리적 정의가 발단이 된다. 그는 선진 자본주의 국가들과 교류하는 지구의 모든 지역이 자본주의라고 주장함으로써 자본주의의 정의에 있어 마르크스 이론과 일치하지 않는다. 3장에서 살펴본 것처럼, 마르크스 이론에서는 한 국가가 생산을 자본주의적 방식으로 하기 위해 요구되는 사회적 관계를 가지고 있기 때문에 자본주의 국가인 것이지, 자본주의자들과 교류해서가 아니다. 그렇다고 이론 그 자체가 부적합하다는 의미는 아니다. 단지 그의 이론이 마르크스 이론의 업데이트라고 하는 프랭크의 주장에 의문을 제기하는 것이다. 실질적 지적 유산이 무엇이었건, 종속이론은 세계 개발에 관한 사고방식에 지대한 영향을 미쳤다.

그 외 다수의 이론가들은 프랭크의 주장에 주로 세 가지 비판을 제기했다(Henfrey, 1981; Howe, 1981). 첫째, 이 이론은 국가 수준과 경제적 잉여에 대한 선진국의 착복을 강조하다 보니 이 잉여가 선진국에서 개인과 사회계층 간 어떻게 배분되는지를 간과하고 있다. 프랭크의 이론적 주장에서 5번(사이드바 참조)을 분석해보면 알 수 있다. 본질적으로 이 항목은 주장의 다른 부분에 영향을 미치지 않고 삭제할 수 있다. 5번에서 두 번째 문장은 1번에서 4번의 내용에서 나오는 것이 아니며, 6번에서 8번까지의 내용도 5번의 내용 없이 전개 가능하다. 이와 밀접한 연관성을 가지는 두 번째 비판은 이렇게 단지 한 측면만 강조를 하게 되면 개발 과정에 대해 근대화이론이나 ECLA만큼이나 단순한 관점을 가지게 된다는 것이다. 주장이 뒤집히고 결론이 정반대이긴 하지만 파슨스에게 근대화가 그러한 것처럼 프랭크에게 저개발은 불가피한 것이다. 이렇게 된 이유를 헨프리 Henfrey(1981)는 프랭크의 목적이 학문적이 아니라 정치적이었기 때문이라고 설명했다. 프랭크는 자본주의에 호의적인 ECLA와 라틴 아메리카 공산당의 주장에 대한 논박 명제를 제시하고 싶었던 것이다. 이러한 두 가지 비판은 외부적, 경제적 관계를 지나치게 강조하고 내부적, 사회계층적 관계에는 관심을 두지 않는 방향으로 종속이론을 특징짓는 결과를 가지고 왔다. 셋째, 많은 저자가 프랭크 주장의 형식에 대해 비판했다. 프랭크는 자본주의가 어떻게 라틴 아메리카에서는 유럽에서와 같은 방식으로 발전하지 않게 되었는지를 설명하는 데 집중했다. 그 결과 그는 핸프리가 "비역사"라고 부르는 것, 즉 일어날 수도 있었지만 결국 일어나지 않은 것에 대한 역사를 썼다. 이러한 접근 방식을 취함으로써 프랭크는 세계 중심부의 구성원이라고 단순히 명명하게 되면 설명할 수 없는 국가 간 많은 차이라는 현실에 직접적으로 대면하는 것을 피할 수 있었다.

그러나 프랭크의 견해와 종속이론을 동일시하지 않아야 한다. 라틴 아메리카에서 종속이론은 프랭크의 공식보다 훨씬 더 풍부하고 맥락을 중시한 아이디어를 중심으로 유포되었다. 종속이론의 경제적 측면을 강조한 다른 두 학자는 주목할 만하다. 브라질 경제학자 도스 산토스 Theotônio dos Santos와 루이 마리니 Ruy Marini이다. 도스 산토스(1970)는 의존성의 특성이 국가별로 다르게 나타나는 것에 대해 우려했다. 그는 의존성을 본질적으로 중상주의 식민주의의 초기 단계로서의 "식민지적(colonial)", 주변부 국가에서 원자재를 생산하기 위해 선진국으로부터의 자본 투자를 나타내는 "산업-재정적(industrial-financial)", 제3세계 지역 내부 소비를 위한 생산에 대한 다국적기업(TNC)의 직접투자를 나타내는 "기술-산업적(technological-industrial)" 등의 세 가지 종류로 분류했다. 그는 이 세 번째 형태가 ECLA가 유도한 개발 정책의 결과로서 초래된 것이라고 보았다. 이 분류는 적어도, 서로 다른 내부 상황이 의존성의 외부관계와 어떻게 다르게 상호 작용하는지에 대해 생각해볼 수 있는 기회를 제공했다.

마리니(1973)는 "종속 자본주의"에 대한 분석에 기여하여, 세계경제에서 주변부라는 위치성으로 인해 북미와 서유럽에 적합한 개발 법칙과는 다른 법칙들이 요구되는 것을 설명했다. 그는 제3세계 생산자가 자신들의 제품을 해외에 판매하기 때문에 국내 소비를 촉진할 인센티브가 없다고 주장했다. 임금을 높게 유지할 필요가 없기 때문에 생산성 증가보다는 근로 시간을 연장하여 이윤이 증가하게 된다. 반면 국내시장의 부족으로 제3세계 국가에서의 산업 생산에 대한 유인력은 떨어지게 된다. 이렇게 해서 의존성은 스스로 지속적으로 순환된다.

ECLA 회원 중 일부가 라틴 아메리카에서 개발의 가능성에 대해 비관적 입장이 되면서 종속이론의 "ECLA 학파"가 시작되었다. 초기 ECLA의 영향을 받은 정책이 제한적이고 심지어 해로운 영향을 가지고 온 점을 의식하여, 그들은 프랭크나 프레비쉬보다 국내 요인의 역할을 더 강조했다. 아르헨티나의 경제학자 카를로스 퍼타도 Carlos Furtado(1966)는 당시 브라질의 산업화는 자본집약적 사치품에 집중되어 엘리트에게만 이익이 돌아갔으며, 다른 사회계층의 고용 가능성이나 해외자본 투자의 가능성은 거의 없었다고 주장했다. 그 결과로 나타난 것이 의존성의 "정체적" 순환이라고 보았다. 차후 일부 라틴 아메리카 국가들의 무역관계가 개선되면서 이 종속학파에 속한 학자들은 낙관주의 입장을 취하여, 일부 라틴 아메리카 국가의 국내 소비가 국가 시장을 위한 생산에 대한 유인력을 충분히 증가시켜 적어도 성장의 가능성은 보이게 되는 수준에 도달했다고 주장했다. 이 성장이 소비재에 기반했으므로, 이들을 생산하는 데 필요한 자본재는 여전히 제1세계에서 수입해야 했다. 더구나 해외기업이 제3세계 생산을 주도했으며, 이 기업들이 생산한 재화를 소비하는 원주민 엘리트는 이를 지원했다. 그러나 칠레 경제학자 오스발도 썬켈 Osvaldo Sunkel(1973)은 국민 대다수의 기본적 필요에 맞춰 생산을 재조정하는 민족주의적 행동이 경우에 따라 주변부 자본주의의 성공적인 형태를 낳았다고 주장했다.

라틴 아메리카의 종속이론은 프랭크의 분석에서 나타나는 것보다 훨씬 덜 경제적이며 비관적이라는 사실을 기억해야 한다. 브라질 사회학자 페르난도 카르도소 Fernando Cardoso와 엔조 팔레토 Enzo Faletto는 종속주의자들에게 핵심 주제인 전통 – 근대화 이분법(traditional – modernization dichotomy)에 문제를 제기했다. "종속적 개발"이 몇몇 국가에서 발생하고 있는 것을 관찰하면서 그들은 의존성에 대한 결정론적 일반이론은 어떤 것도 가능하지 않다고 주장했다(Cardoso and Faletto, 1979). 그들은 모든 국가에 대해 의존성이라는 단일개념을 적용하지 않았다. 그들은 국가의 사회적, 계층적 관계(서로 다른 사회 집단 간의 동맹과 갈등 그리고 그들 자신의 목표를 실현하기 위해 그들이 가진 법적/실제적 권한)가 수행하는 개입적 역할을 훨씬 강조했다. 그들은 이러한 관계는 국가마다 다르다고 주장했다. 할 수 있는 최선은 세계경제에서 자신의 위치를 고려하여 제3세계 국가 특유의 모순과 갈등을 규명하는 것이다. 부분적이고 불완전할 수밖에 없는 이러한 윤곽은 각 경우에 대해 그 지역의 특수한 역사적 발전으로 채워야 한다. 그들은 종속이론이 의존성의 구체적인 상황에 대한 역사적 분석의 기초로 사용된다면 실증적 분석에 대해서만 유용하다고 주장했다.

그런 다음 그들은 라틴 아메리카 각국의 실제 사회정치적 발전의 "구체적 상황"에 대해 검증하여 그들 간 다양한 사회요소를 규명하고, 엘리트와 국가를 특히 강조하는 가운데 서로 다른 정치적 계층의 역사적 관계에 초점을 맞추었다. 그들은 내부 조건의 특별한 국면이 의존적인 발전을 허용하고, 발전이 이루어지지 않는 경우에는 그러한 결함을 바로잡기 위해 민족주의적 의제를 동원하여 민족주의적 포퓰리스트 운동이 발생할 수 있다고 주장했다. 그러나 이러한 접근법은 어떤 요소가 의존적 개발에 결정적인 요소인지 규명하지 못하여 개발 정책에 명확한 지침을 제공하지 못했기 때문에 비판받아 왔다(Cardoso는 1995년부터 2003년까지 브라질의 대통령이 되어 브라질 신자유주의화를 통솔했다. 5장 참조).

다른 종속주의자들은 여전히 다른 측면을 강조했다(Slater, 2004). 중요한 정치적 주제는 주권과 자치 발전의 중요성이었다. 브라질 정치학자 옥타비오 이아니 Octavio Ianni(1971)는 라틴 아메리카 사회의 군사화와, 이에 수반된 폭력 문화가 의존성 재생산에 필수적이라고 주장했다. 멕시코 철학자 레오폴도 세아 Leopoldo Zea(1963)는 정체성과 차이에 대한 문화적 질문을 강조하며, 의존성이 사고방식에 미치는 영향을 조사하여 인정받을 권리와 독립적 정체성을 부활시킬 방안을 모색했다. 카르도소, 팔레토, 이아니, 세아와 같은 지식인들의 업적은 종속이론이 지나치게 경제적이고 비관적이라며 프랭크에게 제기된 비판을 바로잡기 위한 움직임이 어느 정도 있었음을 보여준다. 영향력 있는 영미권의 종속이론 학계가 다양성(여기의 설명을 포함하여)에 대해 충분히 설명하지 못한 것은 현대 지식 생산의 비대칭적 특성을 반영한다. 그 지식생산에서는 영미권의 아이디어는 북에서 남으로 매우 쉽고 광범위하게 이동하는 반면, 남측의 지식인의 북측 지식생산 회로에 대한 접근성 제한과 북측 지식인들의 언어적 기술 부족 등은 주변부의 지식이 남에서 북으로 상호 간 이동하는 것을 방해한다. 물론 이것은 주변부적 형태 지식의 한계화를 강화시킨다. 세계체제이론의 이동 경로가 그 중요한 예이다.

세계체제론

"세계체제론"이라는 용어는 미국의 임마누엘 월러스타인 Immanuel Wallerstein에 의해 만들어졌지만 사미르 아민 Samir Amin도 동시에 이 접근법을 독자적으로 개발했다. 세계체제론은 제국주의, 종속이론과 밀접하게 관련되어 있음에도 불구하고 이 접근은 경제적으로 자본주의에 연결되어 있는 세계경제시스템의 전체적 범위를 분석한다는 측면에서 이들 이론과는 구별된다고 주장한다. 월러스타인(1979)은 "세계경제"를 세계적으로 펼쳐진 상호 의존적 경제체제로 정의했으며, 자본주의는 역사상 그러한 시스템이 지속되는 유일한 사례라고 지적했다. 중국 제국과 같은 다른 세계체제가 있었지만, 이들은 경제적이라기보다는 정치적 체제였으므로 지금의 세계체제와는 다르다. 아민과 월러스타인 둘 다 세계체제를 중심에 두고 분석했다. 이들은 이 체제 내에서 일어나는 일들은 체제 전체의 요구로 이해되어야 한다고 보았으며 이 체제 내에는 자본주의와 비자본주의적 생산이 공존하는 사실에 관심을 가졌다. 그들은 왜 비자본주의적 생산이 지속되는지에 대해 그리고 이것이 발전의 세계적 불평등을 이해함에 있어 의미하는 바가 무엇인지에 대해 연구했다. 마지막으로, 두 저자는 이 체제의 진화를 역사적으로 분석하여 그들 이론의 토대로 삼았다. 아민(1974)이 이 접근법을 처음으로 개발했다(사이드바: "아민의 세계 자본주의 이론" 참조).

월러스타인의 분석은 아민의 분석과 여러 측면에서 다르다. 단순히 국가를 중심부와 주변부로 분류하는 대신 그는 경제적 과정을 "중심부적" 과정과 "주변부적" 과정으로 나누었다. 그런 다음 그는 중심부 활동이 함께 위치하는 경향을 보일 것이며 이러한 활동이 일어나는 지역을 중심부 국가로 정의할 것이라고 주장했다. 비슷하게 주변부적 과정은 함께 끌어당기는 경향을 보일 것이며 이를 통해 주변부 국가들이 정의될 것이라 했다. 둘째, 그는 중심부와 주변부 과정이 공존하는 "반주변부" 국가의 범주를 소개했다. 셋째, 월러스타인은 세계경제가 주기적으로 진화하고 있음을 강조했다. 아민이 규명한 과잉생산의 위기는 점진적으로 해소되지 않고 과잉공급으로 적절한 이윤이 더 이상 발생할 수 없기 때문에 생산이 급격히 떨어지는 시기로 분출한다. 이러한 주기적 경기침체는 자본가에게 대대적인 격변의 시간으로서, 이 기간 동안 비효율적 생산자는 제거되고 생산과 노동의 전체 과정은 생산성을 증가시키도록 조정된다. 동시에, 중심부 국가 노동자와 주변부 국가 엘리트에게 유리하도록 소득이 재분배된다. 이로 인해 수요가 증가하며, 소득은 증가한 반면 생산성 증가로 가격은 내리게 된다.

그러나 이러한 조치가 자본주의적 생산방식의 본질적 모순을 해결할 수는 없으며, 그래서 덜 빈번한 간격으로 전면적인 세계위기가 발생하고, 체제가 붕괴되지 않으려면

아민의 세계 자본주의 이론

아민(1974)은 세계 자본주의 체제를 다음과 같이 설명했다.

1. 유럽과 북미에서 자본주의 생산이 확대되면서 제3세계의 원자재가 필요하게 되었다. 이는 제3세계가 전(前) 자본주의적 생산방식에 머물러 있었으므로 자본주의 국가에서 생존 임금으로 간주되었던 수준보다 훨씬 낮은 임금을 노동자에게 지급하면서 가능하게 되었다. 이런 식으로 제3세계의 선별된 국가들은 스스로 산업 생산자가 되지 않고 산업 자본주의 국가의 무역 영역으로 들어가게 되었다. 아민은 이 두 가지 국가그룹 중 전자를 세계자본주의 시스템의 "주변부", 후자를 "중심부"로 불러 구분했다.

2. 이것은 중심국가와 주변국가의 근본적인 차이를 실질적인 측면과 금전적 임금으로 설정한다. 결과적으로 불평등한 교역은 경제적 잉여가 주변부에서 중심부로 지속적으로 이전되도록 이끌었다.

3. 이러한 이전은 세계에서 생산된 경제적 잉여가 불균형적으로 중심부 국가로 돌아갔음을 의미한다. 이러한 잉여는 마리니(1973)와 썬켈(1973)이 이미 제안한 여러 가지 이유로 역사적으로 중심국가에 투자되었다. 주변부 국가의 노동자는 전자본주의적 사회관계에 지배를 받는 한 지속적으로 훨씬 낮은 임금을 받을 수 있다. 이것은 주변부 국가의 소비재 시장이 여전히 작다는 것을 의미한다. 따라서 그 수요를 충족시키기 위해 주변부 국가에 생산시설 투자를 한다는 것은 상대적으로 제한적이었다. 최근에서야 이러한 지역에서 생산이 증가되었다. 임금격차가 너무 커서 기업들이 중심부 국가 시장을 목표로 하는 상품생산을 주변부 국가로 위치시킴으로써 노동집약적 생산을 이제는 보다 싸게 할 수 있게 되었기 때문이다(Fröbel, Heinrichs, and Kreye, 1980).

4. 정치권력은 이렇게 불평등한 교환과정을 강화하고, 이러한 과정을 위해 필요한 전문화와 무역의 지리적 패턴을 유지하는 데 핵심적 역할을 한다.

5. 그 결과, 중심부와 주변부 간 불평등한 발전은 법칙이며, 지속적으로 그럴 것이다.

6. 제3세계에서 벌어들인 막대한 이윤은 지속적인 자본축적을 위협할 것이다. 왜냐하면 그곳의 낮은 임금과 낮은 수요는 시스템 전체적으로 봤을 때 그 이윤이 생산을 증가시키는 데 투자되는 한편, 노동자는 생산된 상품을 모두 구매할 만큼 충분히 벌지 못하는 것을 의미하기 때문이다. 이 위협은 중심부 국가에서 더 높은 임금에 대한 수요에 부응함으로써 속도 조절이 되는데, 이러한 행위는 중심부 국가의 노동자 자신들도 혜택을 누리기 때문에 그들이 세계체제를 보다 공고히 지원하게 되는 효과도 보이게 된다(Emmanuel, 1972).

7. 주변부 국가에서 발전이 이뤄지는 형태는, 전(前) 자본주의적 사회형태의 특성과 언제 그리고 어떻게 그들이 세계경제에 편입되게 되었는지에 따라 달라진다. 그러나 주변부 모든 국가의 발전은 중심부 국가와 비교하여 중심부 국가의 수요를 충당하기 위해 훨씬 더 수출지향적이며, 제조

업이 약화하고 서비스 활동이 비정상적으로 확대되며, 덜 생산적인 기술을 사용하는 경향 등 세 가지 측면에서 왜곡된다.

이를 극복할 수 있어야 한다. 이러한 전면적 위기 동안 중심부와 주변부의 구성원이 바뀔 수 있다. 월러스타인은 이 시점에서 반주변부 국가가 핵심적인 역할을 담당한다고 보았다. 왜냐하면 그들이 중심부로 상향 이동하기 위한 준비가 가장 잘 되어있기 때문이다. 그러나 그는 구성원이 바뀔 수는 있지만 세계경제의 역사에서 "역할의 분포(중심부, 반주변부, 주변부 역할의 구성원 수)는 비례에 있어 현저하게 불변성을 보인다"라고 강조했다(Wallerstein, 1984: 7). 이는 세계체제가 유지되기 위해서는 그러한 분포가 필요하다는 것을 의미했다.

세계체제 이론가들과 프랭크의 고전적 종속이론 사이에는 명백하게 강한 동질성이 있다. 둘 다 국가를 분석 단위로 사용하고 경제적 잉여의 순환과 이에 대한 중심부 국가들의 불균형적 징수를 강조한다. 이러한 유사성으로 인해 이 두 학파 연구자들 간에는 명시적인 협력이 이루어졌다(Amin, Arrighi, Frank, Wallerstein, 1982). 따라서 아민과 월러스타인은 프랭크에게 가해졌던 것과 비슷한 비판의 대상이 되었다. 즉, 그들은 내부 조건을 무시하고 대외 관계에 너무 많은 관심을 기울였다는 비난을 받았다(Brenner, 1977; Petras, 1981). 또한 세계체제 이론가들은 어떻게 자본주의적 생산의 구조적 특징으로 임금 차등과 저개발이 발생했는지에 대해 설명하지 않는다. 오히려 그들은(특히 월러스타인) 파슨스와 비슷하게 기능론적 설명을 제공하여, 관측된 발전은 (자본주의적) 세계체제가 요구하기 때문에 발생한 것으로 가정했다.

그러나 한 가지 중요한 차이점은 종속이론은 제3세계 국가의 성공을 설명할 수 없기 때문에 한국과 다른 일부 신흥발전국가의 번영을 고려했을 때 적용 가능성을 의심스럽게 만든다는 것이다(NICs, 2장 표 2.1 참조). 반대로 월러스타인이 공식화한 세계체제이론은 국가가 주변부에서 중심부로 또는 그 반대로 이동할 수 있도록 허용한다. 그러나 모든(또는 대다수라도) 국가가 동시에 세계의 중심부에 속해 번영을 누릴 수는 없다. 세계체제이론이 비록 국가가 반주변부 그리고 심지어 중심부로 이동할 수 있는 공간을 조성하는 구조적 상황을 제공하긴 하지만, 어느 국가가 성공했는지는 설명하지 못한다.

발전국가

주변부에서 국가가 경제성장과 국가번영에 영향력을 발휘하여 경우에 따라 큰 성공을 거두었다. 한편으로 반식민지 운동은 탄자니아의 아프리카 사회주의와 같이 정치적으로 진보적인 프로그램을 통해 새로운 엘리트에게 힘을 불어 넣었다. 국가들이 제1세계와 제2세계 사이의 초강대 대결에 가로놓인 세계에서 새로운 독립국가(이집트, 인도 등)만이 미국과 유럽에 맞서는 소비에트와 중국과의 관계를 단절함으로써 제3세계를 위한 제3의 길을 개척할 수 있었다. 다른 한편으로는, 국가가 이끄는 국가경제개발 프로그램에 대한 전반적 지원으로 제3세계 국가도 국내 사회에 대대적으로 개입(그리고 많은 경우, 민주세력을 탄압)하게 되었다. 그들은 주변부적인 위치로 인해 수입대체산업화(예: 브라질, 볼리비아)와 내국인 기업소유에 대한 규칙(예: 인도네시아) 등과 같이 특수한 정책을 시행하게 되었으며, 국영기업(일부는 인도에서와 같이 국지적으로 개발되었으며, 다른 일부는 인도, 필리핀 및 쿠바에서와 같이 해외 지사를 국유화하여 창출), 노동조합에 대한 국가의 억압(예: 대만, 한국), 제1세계 노하우의 활용(예: 한국), 복지, 보건, 인구 관리 및 교육 확충(예: 대만, 한국) 등을 특징으로 지니게 되었다.

요컨대, 제3세계 국가에서 국가 개입은 단순히 포드주의 모델을 따를 수 없었지만 그들의 주변부적 위치성에서 효과적인 특수한 전략을 요구했으며, 이것이 "발전국가"이다(Amsden, 1989; Evans, 1995; Glassman and Samatar, 1997; Wade, 1990). 발전주의 국가는 발전 과정에서 주도적 역할을 수행하여, 규제적/탈규제적 무역, 특정한 기업 및 산업의 성공을 촉진하기 위한 선별적 인센티브 등의 조합을 사용했으며, 이는 주로 국가기관과 금융기관 간 긴밀한 협력하에 진행되어 세계은행의 빈축을 샀다. 세계체제이론의 지적 전통에서는 세계경제 내 제3세계 국가의 상황이 경제적 번영 달성에 필수적인 이런 특수한 형태의 국가개입을 초래했다고 주장한다(Glassman and Samatar, 1997).

여성, 성, 개발

WID는 모든 여성이 직면하는 근본적인 문제로서의 성불평등을 지나치게 강조하고, 보편적 여성연대를 단순하게 가정했으며, 계급과 국가계급을 주변화시키는 경향을 지녀 1980년대에 많은 비판의 대상이 되었다. 한편으로 WID의 이러한 문제는 특히 미국 학계에서 비판적인 제3세계 페미니스트 목소리가 부상하면서 페미니즘 이론화의 새로운 시대를 촉발시키는 데 도움이 되었다. 예를 들어 이제는 고전이 된 모한티 Mohanty(1984)의 에세이인 "*서구의 눈으로 Under Western Eyes*"는 헤게모니 개발 담론에서 만들어진 "제3세계 여성"이라는 바로 그 범주를 해체하면서 동시에 그것을 되찾고 재구성해야 할 필요성을 강조했다. 이 저자들(Lazreg, 1988; Mohanty, 1984; Trinh, 1989)은 페미니스트 프로젝트에 본질적으로 내재된 모순과 위험을 강조했다. 여기서 "차이"는 외부에서 주어진 기준과 비교 대상의 틀에 따라서만 나타낼 수 있다. 알제리 페미니스트인 마니아 라즈렉 Marnia Lazreg(1988: 81)은 다음과 같이 썼다.

> 이러한 상황에서, 여성의 의식은 중동전문가와 같은 외부 사람이 남자건 여자건 이런 저런 형식으로 이미 확립해둔 대표성을 실현할 뿐이다. 이런 의미에서, 페미니스트 프로젝트는 왜곡되어있으며, 이 나라[미국]나 유럽에서와 같은 개인 해방의 가능성은 거의 없다.

다른 한편으로 WID는 제3세계 활동가, 연구와 개발을 위한 아프리카 여성협회 (AAWORD, Association of African Women for Research and Development)와 새 시대를 위한 여성개발대안(DAWN, Development Alternatives with Women for a New Era)과 같은 제3세계 활동가, 정책입안자, 연구자들 간 네트워크를 수립하여, 구조주의적 비판과 "여성과 개발"(women and development[WAD])의 문제에 관한 대안적 운동을 촉발했다. WID는 근대 부문에 대한 여성의 접근성을 확장하여 여성을 개발 *안*에 투입하는 것에 관심이 있었지만 WAD에 대한 구조주의적, 종속적 관점은 제3세계 여성이 개발과 근대화에 관계되는 방식에 문제를 제기했다. WAD 이론가들에게 있어, 여성을 개발 과정에 포함시키거나 제외시키는 것은 세계 자본주의경제에서 위계질서(중심부, 반주변부, 주변부/도시 및 농촌지역/시장 및 생계부문)를 공간화하는 것과 연관된 것이었다. 이 프레임워크는 제3세계 남성이 제3세계에서 가장 가난한 여성을 직접적으로 억압한다고 문제 삼기보다는, 고도로 자본집약적인 생산관계가 성장하는 것이 제3세계 빈곤의 주요 원인이라 간주했으며, 이 빈곤으로 인해 여성은 다른 계층에 비해 더 큰 고통을 받는다는 것을 강조했다(Kabeer, 1994). 예를 들어, 내쉬와 사파 Nash and Safa(1980: xi)는 "여성을 집안에 있도록 만드는 것은 남성이 아니다. …주부들의 무급 노동으로부터 이득을 얻는 자본주의 체제의 구조나 전쟁이 이 예비 노동공급에 의존한다"라고 주장했다. 또한 노동 계급 남성이 계급 체제에 대해 갖게 되는 좌절감은 남성주의자의 폭력과 여성에 대한 공격을 야기한다고 그들은 주장했다. 요약하면 세계 자본주의의 축적 과정은 젠더와 계급의 위계를 초래한다. 이 위계질서는 알튀세르의 기본-상부구조의 비유로 이해할 수 있는데, 이에 따르면 경제는 기초가 되는 반면 젠더 이데올로기를 포함하는 이데올로기는 (정치와 함께) 2차적 인과 중요성을 지니는 상부구조가 된다(Saunders, 2002b).

그러나 모든 구조주의 페미니스트가 젠더를 계급에 종속적이라고 보지는 않았다. 예를 들어, 독일 개발 분야에서 활동하는 페미니스트 그룹은 계급을 주요한 모순으로 우선시하길 거부하며, 여성을 무급 생계부문으로 강등시키는 것은 자본주의 체제 *그리고* 가부장적 지배에 도움이 된다고 주장했다. 이 체제를 통해 남성은 지배계급의 일원으로서가 아니라 *남성으로서* 이득을 얻는다. 마리아 미스 Maria Mies(1980)는 이들 중 가장 눈에 띄는 사상가였는데, 남성과 여성 존재로서의 본질은 수렵채집사회의 노동 활동에서부터 기원한다고 주장했다. 사회적 생식에 있어 여성의 노동 활동은 감각적이고, 자기 충족적이며, 거리를 두지 않는 특성을 지녀 혁명적인 반면, 남성의 활동은 파괴를 위한 도구를 가지고 수행되었다. 식민주의와 주부화의 상호 연관된 과정에 기반을 둔 자본주의적 가부장제는 약자에 대한 강자의 광범위한 착취를 촉진했으며 힘이 덜 강한 남자들은 "커다란 백인 남성"을 모방하게 만들었다. 이런 방식으로 성적으로 차별화된 신체가 권력관계가 형성되고 실행되는 중요한 장소라는 점을 강조함으로써 미스는 처음으로 전통적인 마르크스주의적 접근법에서 무시되어 온 신체 정치를 중심으로 한 모든 범주에서의 여성억압을 분석했다. 그러나 동시에 그녀의 접근 방식은 "세계적 가부장제", "여성", "식민지"와 같은 획일적 범주에 대한 가정에 의문을 제기하지 않았고, "큰 백인 남성"이 다른 모든 형태의 권력을 대표하는 원심력을 가진 것으로 개념화했다는 점에서 비판받았다(Kabeer, 1994; Saunders, 2002b).

GAD(gender and development) 이론가들은 WAD 접근법의 경제적 결정론을 전체적으로 비판하여 개발이 여러 지리적 스케일의 다양한 행위자가 연관된 사회적 변혁 과정의 복잡한 영역으로 재조명하려 노력했다. 한편으로 권력과 지식 그리고 다른 한편으로 이론과 실천이 서로 엮여있음에 중점을 두면서 GAD 패러다임하의 페미니스트 활동은 젠더, 카스트, 계급 등의 사회적 불평등이 특수한 맥락에서 구성되고 작동하게 되는 규칙, 자원, 제도적 실천 등이 서로 맞물린 관계에 관심을 기울였다(Kabeer and Subrahmanian, 1999: viii). 일부 GAD 저자는 또한 AAWORD 및 DAWN과 같은 제3세계 네트워크를 통하여 주장하기를, 개발에 관한 이론과 실천은 WAD로부터 급진적으로 단절할 것이 아니라 가난한 제3세계 여성의 관점에서 시작되어야 한다고 했다. 카비르 Kabeer(1994: 81)는 가난한 제3세계 여성들이 다른 주체들보다 본질적으로 더 잘 알아서가 아니라 (1) 이들은 아래로부터의 관점을 제공하기 때문에 "실질적인" 질서에 더 가깝게 개발 패러다임을 재정비하는 데 도움이 될 수 있으며, (2) 모든 사회에서 가장 가난하고 억압받는 계층의 삶을 구조적으로 전환하는 것이 개발과 공정성을 위한 선제 조건이기 때문에 이들의 관점이 유용하다고 보았다. GAD 사상가들은 또한 WID가 복지와 효율성 사이의 문제를 반대한 것에 대해 반박하여 국가복지가 지니는 재분배의 역할과 교육, 건강, 어린이 돌봄, 주택, 연금 등을 감소시킬 경우 재생산에 대한 여성의 부담이 증가한다는 것을 주장했다.

그러나 GAD는 여성에게만 협소하게 초점을 두어 여성성과 여성스러움을 지나치게 강조하여 "여성중심주의(genocentrism)"에 빠지고(Saunders, 2002b), 실천 측면에서 WID

에 맞추는 결과를 초래했다는 이유로 탈식민주의 페미니스트의 비난을 받았다. 특히 국제기구(예: UN)와 공여국이 이끄는 비정부기구(NGOs)를 통해 젠더를 주류화하고 지속가능성과 권한 강화를 제도화하게 되면 이는 풀뿌리 운동 전문화와 전환적 정치의 비급진화를 촉진하기 위해 의도치 않게 WID와 GAD를 합병하는 데 기여하는 것으로 비춰질 수 있다(Armstrong, 2004; Kamat, 2002; Roy, 2004).

결론

제2차 세계대전 이후 "개발의 30년"간 제3세계에 개발을 전파하려 했던 중심부의 확산적 관점과 개발이 제1세계 바깥에서 초래하는 부정적인 영향을 강조한 제3세계에서의 관점이 대치되었다. 비록 경제학은 개발의 언어였지만(일반적으로 민족적) 국가와 여성의 역할을 검증한 사람에게는 반대로 간주되기도 했다. 이러한 이론과 관련 담론은 이론적으로 상당히 정교화되었지만, 논쟁의 취지는 많은 경우 식민주의 시대와 다르지 않았다. 하지만 핵심적인 차이가 있었다. 즉, 1955년 반둥회의(Bandung conference)를 기점으로 제3세계 관점이 훨씬 많은 관심과 영향력을 얻게 되어 1968년 제2세계로 전해지기 전까지 라틴 아메리카 지역에서 전파되었다. 그러나 1970년대 중반 경제적 위기는 사고의 새로운 단계로 이끌어 "개발"보다 "세계화"가 우선시되면서 제1세계 관점은 다시 영향력을 발휘하기 시작했다.

노트

1) "여성"은 제1세계에서 항상 논쟁적인 범주였다. 젠더 문제와 얽혀 복잡한 역사, 지리적 방식으로 특수하게 나타나는 인종, 계급 등의 사회적 위계질서가 초래하는 포함과 배제의 문제 때문이었다.

5

제3세계와 신자유주의적 세계화

세계화의 탄생

"세계화"의 역동성－세계 다른 지역 간 인위적 연결의 범위, 속도, 강도의 증가(Held, McGrew, Goldblatt, Perraton, 1999)－은 거의 인류만큼 오래되었다. 우리는 여전히 호모 사피엔스가 언제 어디서 등장했는지 논쟁하며(아프리카가 거의 확실), 앞으로도 이 문제를 정확히 해결하지는 못할 것이다. 그러나 우리는 남성과 여성이 전 세계에 급속도로 퍼졌으며 지난 2000년간 가장 큰 바다를 가로질러서도 적어도 간헐적인 접촉이 있었음을 알고 있다. 최근 몇 년 동안 세계화가 증가한 것은 의심할 여지가 없지만 최근에 나타난 현상으로 취급하는 것은 잘못이다. 허스트와 톰슨(Hirst and Thompson, 1996)은 세계의 국가들이 100년 전에도 적어도 오늘날만큼 상호 의존적이며 "세계화"되었었다는 것을 보여주는 증거를 제시한다. 러디먼 Ruddiman(2003)은 8000년 전 인간으로 인해 지구가 눈에 띄게 온난화되었다는 증거를 발견했다. 그렇다면 왜 세계화가 최근의 현상으로 표현되는가? 이러한 관행은 수천 년 전으로 거슬러 올라가지만, 세계화가 지배적인 담론으로 부상한 것은 10년 밖에 안되었다. 온라인 검색을 해보니 "세계화"는 1996년 200번 이하로 언급되었지만 3년 동안 8배 이상이 증가했으며 1999년에는 1,700건에 이르는 것으로 나타났다(Taylor, Watts, and Johnston, 2002).

　　이러한 증가를 이해할 수 있는 한 가지 단서는 세계화를 추진하는 과정이 어떻게 개념화되는지를 살펴보는 것이다. 보다 상호 의존적으로 되어가는 세계를 상상하는 방식은 여러 가지다. 160년 전, 마르크스와 엥겔스는 "세계의 노동자들이여, 단결하라!"라고 선포했다. 그러나 이것은 오늘날 세계화와 함께 떠오르는 이미지가 아니다. 오히려 세계화는 시장주도 또는 신자유주의 세계화와 동의어로 간주된다. "신자유주의"라는 용어는 오스트리아 경제학자 프리드리히 하이에크 Friedrich Hayek가 자유시장이 개인욕구(선호도)와 생산력에 따라 사회의 부를 배분하는 사회를 제시하려고 차용한 것이다. 이 관점에 따르면 개인적 자유를 극대화하기 위해 국가와 시민사회의 다른 제도들은 가능한 한 최대로 탈규제된 민간영역에 이양해야 한다.

1970년대까지 이 사상은 인기를 얻지 못했다(4장). 제1세계에서는 수요주도형 성장에서 국가, 기업, 노동조합 간 포드주의식 협력을 할 때 번영이 가장 잘 달성될 수 있다고 생각되었다. 실제로 이것은 근로자에게 더 많은 돈을 지불하면 근로자가 더 많은 모델 T를 구매할 수 있다는 헨리 포드의 아이디어를 국가적으로 적용한 것이다. 제2세계에서는 국가가 경제를 지배했으며, 제3세계 많은 지역에서는 강력한 발전주의 국가가 경제성장의 열쇠로 여겨졌다. 이 관점에 의하면 개인의 자유는 사회에서 복지 수준이 가장 낮은 사람들에 대한 국가 개입을 통해 극대화된다. 즉, 자본주의로 인해 빈곤하게 된 사람들과 지역을 국가가 돕는 것이다. 그러나 1970년대 중반부터 1980년대 후반까지 여러 가지 영향력이 함께 작용하면서 이 합의는 해체되었다. 제1세계에 경제는 스태그네이션이 일어나 상승된 임금이 자본가의 이윤을 갉아먹고 해외로부터의 값싸고 질 좋은 제조품은 포디즘의 핵심인 중공업을 약화시켰다. 제3세계 국가들은 타국의 무역장벽으로 인해 국가주도 개발을 실현하는 데 어려움을 겪었다. 제2세계는 자체적으로 파열하면서 산업화된 세계에서의 자본주의에 대한 대안이 무효화되었다. 이로 인해 사회변화의 경제학에 대한 사고가 변하게 되었다. 1970년대에는 국가개입과 규제 그리고 종속이론 아이디어가 국가와 다자간 개발기관에서 광범위하게 적용되었지만, 이는 신자유주의 사상으로 신속하게 대체되었다. 그러나 1930년대 영국 경제학계에서 비웃음거리가 되며 내쳐졌던 하이에크(Hayek)는 놀랍게도 진보적 이데올로기를 가진 스웨덴 경제학자 군너 미르달 Gunnar Myrdal과 함께 1974년 노벨 경제학상을 수상했다. 그 이후 노벨 경제학상 수상자의 25%는 신자유주의 경제사상의 고향인 시카고 대학교(University of Chicago)에서 가르치거나 박사 학위를 받은 사람이었다.

1970년대 중반 이후, 이러한 변화는 제3세계에 대한 사고에 중대한 영향을 미치기 시작했다. 1973년 9월 미중앙정보국(CIA)이 지원했던 칠레의 쿠데타는 권위주의적인 시장개혁을 실험할 수 있는 기회가 되었고, 때때로 라틴 아메리카에서 "신자유주의"라는 용어는 시장 "충격 요법"의 과정을 묘사하는 데 주로 쓰였다. 1976년 뉴욕시 재정위기는 제1세계에서 신자유주의를 실험할 수 있는 기회를 제공했으며(Harvey, 2005), 1980년대 말에 이르자 미국에서는 로널드 레이건 대통령하에서 그리고 영국에서는 마거릿 대처 총리하에서 신자유주의 정책이 포드주의를 대체하게 되었다. 세계은행이나 국제통화기금(IMF)과 같은 국제기구는 케인즈주의에서 신자유주의로 사고방식과 정책권고를 전환해 그들이 실행하는 구조조정 프로그램에 반영했다. 1990년대가 되자 세계은행의 압력과 미국 경제학자들의 권고로 제2세계 국가들까지 국가 사회주의에서 자본주의로의 전환을 꾀해 시장주도적 성장 경로를 걷고 있었다.

처음에 신자유주의는 시장을 "자유화"하기 위해 국내와 지역의 조건을 변화시키는 것에 집중했지만 점점 더 세계화와 관련되어갔다. 중심부에서 세계화는 개발을 대체하여 제3세계 내 사회적 변화를 생각하는 프레임워크로 자리 잡게 되었다. 이는 새로운 옷을 입은 확산론 관점이다. 사회적 진보는 여전히 자본주의적 경제성장과 동일시되지만 개발은 국내시장 탈규제 및 정부 주도가 아닌 한 국제시장에 대한 개방과 동일시된다. 몇몇 두드러진 예외가 있긴 하지만(쿠바, 베네수엘라, 북한) 제3세계 엘리트는 신자유주의를 발전의 핵심적 전략으로 수용하게 되었다. 주변부에서 시장주도 세계화와 개발의 부정적 결과에 맞닥뜨린 한계화된 지역공동체는 이 과정에 대한 대안적 분석을 제시했다. 이들은 보통 *신자유주의적* 세계화를 반대하는 것이지만 중심부 평론가들은 종종 이들이 "반세계화"(즉 세계화는 어떤 종류도 반대)를 주장한다고 말한다(cf. Kitching, 2001).

중심부의 관점: 하나의 세계

신자유주의 세계화 원칙의 진화

1980년대 중반이 되자, 중심부에서 개발이론은 경로를 바꾸기 시작하고 있었다. 1985년에는 지속적으로 영향력을 미치고 있는 논문 두 개가 출판되었다. 이들은 개발사회학에서 부스 Booth가 "교착상태"를 설명한 것(Booth, 1985)과 랄 Lal이 개발경제학의 "오해"를 논의한 것이었다. 신고전파 경제사상에서 시장이 효율적으로 자원을 할당하는 임무를 수행하지 못하면 정부가 경제에 개입하게 된다. 경제학자 사이에서는, 시장실패가 만연하게 되면 정부가 이를 해결해야 한다는 관점에서 정부는 정치와 지대추구행위 때문에 시장실패를 바로잡을 능력이 없으며, 정부가 개입하면 오히려 상황이 악화된다는 관점으로 변화되고 있었다. 랄(1985: 13)은 이러한 사고방식의 변화를 잘 포착하여, "심각한 왜곡 대부분은 시장 메커니즘이 불완전해서가 아니라 정부의 비합리적 개입 때문이다"라고 말했다. 신자유주의혁명의 핵심은 시장 메커니즘을 "자유화"할 때, 즉 국내적으로는 경제에 대한 정부 규제와 개입을 감소시키고 국제적으로는 무역 상품, 노동 및 자본의 이동 등에 대한 국경 간 통제를 제거하는 동시에 투자자와 무역가에 대한 보호를 강화할 때 번영이 최대한으로 달성된다는 것이다. 그러나 신자유주의 사상은 우리가 생각하고 행동하는 방식을 구체화하는 미시적 수준에서도 중요하다. 개인의 자유는 자아실현과 관료주의로부터의 자유(필요로부터의 자유가 아니라)를 위한 역량으로 재정의되었다. 그리고 인간 행동의 모든 측면은 경제적으로 재개념화되었다. 개인은 자신들의 이익을 확대하는 선택에 적극적이기 위해 권한이 강화되고, 이러한 행동이 자신과 사회 모두의 복지를 진전시켜야 할 책임을 지닌다는 것이다.

신자유주의 정책은 앞서 밝혔듯 1970년대 취약한 지역에서 처음 시도되었다. 그러나 이 사고방식의 전환이 전 세계로 확산되기 위해서는 유리한 조건이 필요했고, 세계화가 특히 중요했다. 글로벌 제조업 시스템 국제화로 자국 내 사안에 대한 통제권을 유지하려는 국가들은 이미 큰 어려움을 겪고 있었다. 1970년대 초반에는 이러한 경향이 국가사회 및 경제 정책의 위협으로 여겨졌다. 국경통제(국가 간 무역, 투자, 노동 흐름 제한), 국내사안 규칙(외국인이 국내 기업을 통제할 수 있는 또는 외국 부품이 국내 제품에 사용될 수 있는 수준 제한) 그리고 심지어 외국 기업의 국유화에 대한 실질적인 국가적 지원이 존재했다. 이와 대조적으로 1980년대에는 신자유주의적 사고가 세계화를 구축하여 국내적으로뿐 아니라 세계적으로도 자유시장과 자유무역을 창출함에 있어 핵심이 되도록 했다. 따라서 세계화는 자유롭고 번영하는 세계사회의 핵심으로 여겨지게 되면서 방콕 빈민가 소녀 한 명이 비버리힐즈 소년 한 명처럼 번영할 수 있는 동등한 기회를 가지게 되는 경기장을 만들어냈다.

이러한 접근 방식은 제3세계에 대한 학문적 사고를 지배하게 되었을 뿐 아니라, 대중적 인기로 중심부에서의 여론 형성에 기여한 국제화 전문가들 저서의 중심이 되었다(Ash, 2005; Friedman, 2005). 이들은 세계화를 통한 새로운 개발 이론을 제시한다. "시장기반"과 아담 스미스로 복귀한 것을 주장하면서 국제화 지지자들은 국경개방, 수출지향적 접근을 추구하면 국가가 발전할 것이라고 주장한다. 따라서 국가들은 국경에 대한 주권적 권한을 폐기하여 상품 및 서비스의 자유무역, 자본과 노동의 제한 없는 국제이동, 외국인 투자자의 활동을 가능하게 하고 실제로 장려해야 한다. 많은 주민이 이런 식으로 세계화를 장려하면서 발생하는 분열에 반대하겠지만 저항은 불필요하며 비생산적이다. 세계화는 불가피할 뿐 아니라 국가발전을 위해 최고의 기회를 제공하기 때문이다. 중심부의 이러한 관점은 식민주의 및 개발 시대에 앞세웠던 관점과 유사하다(3장, 4장). 즉, 번영에 이르는 방법은 한 가지다. 이는 중심부에서 성공했으니 주변부(이제는 국가사회주의였다가 새롭게 독립한 국가와 이전 식민지배를 받던 제3세계를 모두 포함하는 것으로 정의됨)로 적용되어야 한다.

신자유주의적 접근은 시간이 흐름에 따라 변화했다. 미국, 영국 정부, 세계은행, IMF가 추진한 신자유주의 구조조정과 기타 정책 처방은 초기에 국가소유, 지출 및 경제 규제를 줄이는 것을 강조했다. 이러한 처방에 부응하여 각국 정부는 경제 거버넌스 시스템(정치 거버넌스 형태)을 상당 부분 개조했다. "건전한" 재무 및 경제 거버넌스에서 과도하게 벗어나면 그들을 벌칙을 받게 되었다. 이러한 벌칙은 국제시장에서는 대출 거부나 자본 투기를 통한 해당국 통화가치 저하 등을 통해 그리고 감시기구에서는 국제기구의 대출 및 지원 정책을 통해 가해졌다. 그러나 1980년대 중반이 되자 국가의 경제적 역할을 줄이는 것만으로는 국가가 번영의 길로 들어서지 않는다는 것이 이미 명백해졌다. 개발도상국은 시장이 번성할 수 있는 더 넓은 환경이 필요했다. 시장친화적 환경을 조성하고 지원하는 것을 돕기 위해서는 국가가 개발에 대한 사고방식에 다시 들어와야 했다. 그러나 이는 올바른 거버넌스라는 제한적 깃발 아래서였다. 실제로, 국가의 성과는 점차 모범 사례와 올바른 거버넌스에 대한 세계적 요구 사항에 얼마나 부합하는지에 따라 측정되고 있다. "모범 사례"는 보통 중심부 출신으로 구성된 전문가가 특정 문제에 대한 최선의 대응이라 보는 것을 적용하는 것을 이른다. "올바른 거버넌스"는 법치, 참여, 투명성, 책임성과 같은 것을 의미하는 것으로 간주된다. 최근 세계은행 연구는 다음의 거버넌스 핵심 차원 여섯 가지에서 높은 점수를 받은 경우 더 높은 경제성장을 이루게 된다고 주장한다(Kaufmann, Kray, and Mastruzzi, 2005).

1. 의견 표출과 책임성 - 정치적 권리, 시민 권리, 인권 등을 측정
2. 정치적 불안정성과 폭력 - 정부에 대한 폭력적 위험 가능성 측정(테러리즘 포함)
3. 정부 효율성 - 관료주의 유능성과 공공서비스 제공의 질을 측정
4. 규제 부담 - 시장 비친화적 정책 시행 측정
5. 법칙 - 계약 집행, 경찰, 법원의 질뿐 아니라 범죄와 폭력 가능성도 측정
6. 부패 통제 - 크고 작은 부패와 국가포획 포함, 사적 이익 축적을 위한 공권력 사용 측정

1990년대 초, 시장에 올바른 거버넌스를 추가한다고 해도 발전을 보장할 수 없다는 것이 확실해지자, 신자유주의적 접근 방식은 또다시 확장되어 개발 활동에 참여하는 사람들의 능력을 다루게 되었다. 참여, 시민사회, 사회적 자본 등의 개념을 통해 사람들 역시 개발이론으로 들어오게 되었다. 다양한 개인과 그룹이 참여해서 자신들의 의견이 관철되도록 하는 능력의 차이를 보이는 것은, 사람들이 집단행동을 취할 수 있도록 만드는 신뢰관계 확립을 조성하는 시민사회라고 하는 "사회적 자본"의 양이 달라서라고 설

명되었다. 시민 참여는 비정부기구(NGO)[1]가 촉진할 수 있는데, 이 비정부기구는 시민 사회 집단행동의 표현이라 간주되었다. 그렇지만 몇몇 비평가는 한편으로는 세계은행과 신자유주의 지지자들이 말하는 올바른 거버넌스, 참여, 사회적 자본은 분석적으로 모호해서 그 용어 사용자가 의도하는 대로 어떤 의미든 지닐 수 있다고 주장했다. 다른 한편으로 이러한 개념은 심각하게 탈정치적이라 주장했다. 왜냐하면 시민사회에 중점을 두면서도 조직된 정치적 사회와 사회적 차이의 구조, 이와 연관된 역학관계를 무시하고 있기 때문이다(다음 절 참조).

올바른 거버넌스와 시민사회에 대한 강조로 국가들은 거버넌스 구조를 탈중앙화, 하향분권화시켰다. 지역 단위에서 정치적 대응성과 참여를 제고한다는 이유에서였다. 그러나 이러한 일이 일어나고 있는 시기에, 기업권력 중앙화가 증가하고 있었다는 점을 알아야 한다. 이러한 상황이면 지방정부는 지역의 필요에 부응하기보다 시민들에게 기업의 이익에 따라 제시된 선택을 수용할 수밖에 없다는 사실을 알리도록 강요받는 위치에 놓일 수 있다.[2] 따라서 공식적인 민주주의 측정은 증가하지만 동시에 민주적 의사결정을 위한 공간은 축소된다. 이러한 위험은 노동조합에 대한 공격이 노동의 협상력을 침식하는 시기에 확대된다.

신자유주의 진영에서는 이러한 확장된 의제조차 지나치게 단순하다는 인식이 점차 증가하고 있다. 제프리 삭스 Jeffrey Sachs는 이전에는 국가 사회주의를 자본주의로 전환하기 위한 방법으로 충격요법을 주도했었는데, 지금은 국가들이 변경할 수 없는 자신들 지리의 포로가 될 수 있다고 주장한다. 그는 적도와의 근접성과 항해 가능한 수로로부터의 거리가 빈곤의 원인이라 하여 식민주의하의 환경결정론적 사고의 논리를 연상시키는 주장을 펼친다(Sachs et al., 2001). 삭스(2004)는 로스토처럼 경제성장이 단계를 따른다고 주장한다(그는 상업화 전단계, 상업화 단계, 산업화 단계, 지식 단계로 나누어 로스토의 이론보다 비경제적 측면을 훨씬 경시하고 있다). 그러나 지리가 불평등한 경기장을 만들기 때문에 진보는 저해된다. 이로 인해 신자유주의적 세계화가 모두에게 동등하게 혜택을 돌리는 것을 방해한다. 이에 따라 제1세계는 경기장을 공평하게 만들고 그러한 지역이 빈곤에서 벗어나도록 추가적 노력을 기울여야 한다고 주장한다(Sachs, 2005).

클린턴 행정부와 세계은행에서 광범위한 경험을 거친 노벨상 수상 경제학자 조세프 스티글리츠 Joseph Stiglitz(2002)는 세계화를 관리하는 기관(IMF, 세계은행, 세계무역기구 미국 행정부)은 빈곤층과 제3세계를 희생시켜 세계금융 및 상업자본, 미국 및 제1세계 다른 핵심국가의 이익을 체계적으로 옹호했다고 주장한다. 스티글리츠는 경제과학을 희생시키면서 이데올로기를 앞세우는 친시장주의와 친미주의에서 이 문제를 찾는다. 시장은 가장 취약 계층을 희생시킨다는 제거할 수 없는 불완전성을 지니는데 이를 해결하기 위해 국가가 개입할 필요성이 있다는 것을 이러한 접근법은 인식하지 못했다. 세계화가 불가피하다는 점과 선진국이 경기장을 자신에게 유리하게 만드는 것을 방지하기가 어려울 것이라는 점을 지적하며, 스티글리츠는 세계화를 관리하는 기관들이 보다 민주적이고 참여적이며 투명한 거버넌스를 추구해야 한다고 주장한다. 그는 또한 제3세계 국가들에게 다음과 같이 촉구한다.

> 자신의 복지에 대해 책임을 지라. ...자신들이 가진 수단 허용 범위 내에서 살아라. ...소비자들이 더 높은 가격을 지불하도록 강요하는 보호주의적 장벽을 제거하라. ...외부 투기자들과 내부 기업의 비도덕적 행위로부터 자신들을 보호하기 위해 강력한 규제를 실시하라. 가장 중요한 것은 그들에게는 강력하고 독립적인 사법부, 민주적 책임성, 개방, 투명성을 지닌 효과적인 정부가 필요하다는 것이다. ...(Stiglitz, 2002: 251).

세계화에 대한 이러한 조건에서 시장은 여전히 사회적 번영과 모두의 자유로운 선택을 보장하는 최선의 메커니즘으로 강조되고 있다. 자본주의에 대한 마르크스주의적 비판을 무시하고 케인즈주의 철학을 소생시켜 시장의 부정적 결과를 억제하기 위한 국가규제의 필요성을 역설한다. 그럼에도 불구하고, 이러한 경제학자들은 신자유주의적 입장(때로는 워싱턴 컨센서스로 알려짐)에서 출발했으므로 논란의 대상이 된다. 이는 말레이시아 마하티르 총리가 국제자본흐름을 통제했을 때처럼 시장 메커니즘을 완화하려는 제3세계 엘리트도 마찬가지다. 신자유주의자는 강력한 국가행위를 기꺼이 지지할 용의가 있다. 그러나 정부의 시장참여를 근절하기 위한 목적인 경우로 제한된다.

지리적으로 거리는 점차 중요하지 않아 지구촌으로 대표되는 더 작은 세계를 세계화가 불러올 것이라 널리 주장된다. 전 지구적 과정은 점점 더 지역에 침투하여 지역은 자신의 독특한 지역 정체성을 잃어가고 있는 것으로 간주된다. 교통 비용이 감소하고 세계적 통신네트워크가 지구의 가장 먼 지역이라도 거의 순간적으로 연결하여 정보, 지식 및 자본의 이동을 쉽게 만들어주므로 거리는 더 이상 문제가 되지 않는다(Cairncross, 1997; O'Brien, 1992). 국가는 이제 더 이상 세계 경제를 조직하는 데 적절한 공간 단위가 아니라고 한 케니쉬 오메 Kenishi Ohmae(1995)의 주장은 유명하다. 또한 세계화가 24/7의 세계를 더욱 빠르게 만들어가고 있어 금융 시장이 항상 열려 어딘가에서 거래가 진행되고, 점포는 하루 종일 열려있으며, 업무 시간은 점차 가족 및 사회활동과 레크리에이션에 쓰이는 것으로 여겨졌던 시간과 장소를 침범하고 있다. 더 큰 의미에서, 제2세계가 사라지기 전날에 대한 글을 쓰면서 프란시스 후쿠야마 Francis Fukuyama(1989: 4)는 세계화가 역사의 마지막 단계를 의미한다고 주장하며 "인간 정부의 마지막 형태로서 인류의 이데올로기적 진화와 서구 자유민주주의의 보편화의 종착점"이라 썼다. 신자유주의 세계화에 대한 열렬한 비판가인 데이비드 하비 David Harvey(1989)는 우리가 시간에 의한 공간의 소멸을 경험하고 있다는 마르크스의 경구를 상기시켰다.

확실히 세계는 점점 더 작아지고 빨라지고 있지만, 이에 따라 지리학이나 역사가 무의미해지지는 않는다. 그 지형은 언제나 그랬듯 항상 변화하고 있다. 부분적으로는 중요한 지리적 스케일의 변화를 볼 수 있다. 초국적 스케일(UN, IMF, WTO, EU[유럽연합] 및 NAFTA[북미자유무역협정]와 같은 약어들이 얼마나 많이 쓰이게 되었는지 생각해보라)과 하위 국가적 스케일(도시, 산업지구, 수출촉진지구[EPZs])이 세계경제를 형성하는 데 더욱 중요해지면서 국가 스케일은 중요성이 감소하거나 또는 "도려내지고(hollowed out)"(Jessop, 1999) 있다. EU나 아프리카 연합(OAU)기구와 같은 초국가적 스케일도 새롭게 만들어지고 있다. 국가가 주권(원칙적으로는 여전히 행사할 수 있는 권력)을 포기하도록 강요당했건 또는 국가가 직접 뛰어들었건, 분명한 건 가난한 사람들이 부유한 나라에 들어가려 할 때를 제외하고는 국경이 점점 더 열리고 있다는 것이다.

거리가 더 이상 중요하지 않다는 주장은, 한 국가가 다른 국가들과 경쟁하여 성공하기(지정학적이 아니라 지리경제학적) 위해서는 세계화하에서 올바른 거버넌스를 촉진하는 것이 필수적이라는 결론에 이른다. 또한 모든 국가는 다른 국가와 동등한 위치에 있음을 내포한다. 즉 세계화하에서 중심부나 주변부가 필요 없다는 것을 의미한다. 이 주장에서 출발한 논의 중 하나가 삭스 외(Sachs et al., 2001)로, 이들은 지역이 열대에 가깝거나 항해 가능한 수로와 거리가 있으면 불리하다고 주장한다. 개인이 신자유주의로 자신의 기회를 최대한 활용하기 위해 적절하게 행동할 책임을 지니게 된 것처럼, 국가들은 이 공평한 경기장에서 스스로의 성공이나 실패에 대한 책임을 가지게 된 것이다 (Stiglitz, 2002 참조). 이것은 종속성과 세계체제 이론 전체를 분명히 거부한다(4장). 지리학자들은 그러나 지구적 시스템 내에서의 상대적인 위치라는 의미에서의 거리는 여전히 중요하다고 주장한다(Massey, 2005; Sheppard, 2002). 거리는 새로운 운송 및 통신 기술의 개발을 통해 바꿀 수 있다(접근성은 항해 가능한 수역까지의 단순한 거리로 측정할 수 없다). 그러나 더욱 작고 빠른 세상에서, 짧은 기간과 상대적 위치의 작은 차이는 더 중요해진다. 금융정보가 뉴욕에서 런던으로 전송되기 위해 걸리는 충분한 시간은 지난 200년간 수 주에서 수 밀리 초로 급격히 감소했다. 1763년 제국주의적 기관으로 설립된 영국 베어링 은행 Barings Bank은 닉 리선 Nick Leeson이라는 소속 거래가가 오사카와 싱가폴 선물 가격에서 10분의 1초 차이를 걸고 투기하다 10억 달러를 잃으면서 1995년에 파산했다. 만약 이 시간 프레임에서 두 장소를 연결하는 통신 속도가 수 주에서 수 분으로 떨어지면 뉴욕과 런던에 비해 두 곳은 이전보다 서로 상대적으로 멀리 떨어져있는 것이 된다. 월드 와이드 웹(World Wide Web)에 대한 접근성에 영향을 미치는 중요한 요소가 "마지막 마일"(당신 가정의 인터넷 연결 및 컴퓨터의 품질)인 사이버 공간에서조차, 접근성에 있어서의 역사적 세계 불평등은 놀랄 만큼 그대로 나타난다(Graham and Marvin, 2001). 정보는 인터넷을 통해 프랑크푸르트와 로스앤젤레스 간이건 나이로비와 요하네스버그 간이건 똑같이 빠르게 이동한다. 광대역 정보교환이 주로 의존하는 전 지구적 케이블 시스템은 북미, 유럽, 일본 내에서 매우 밀집되어 있지만 아프리카(케이블이 국제해역에 놓여 있으며, 개별적 연결은 특정한 국가에만 가능)와 뉴욕 같은 도시의 빈민가에서는 여전히 많은 지역을 우회한다. 보다 구체적인 예를 들자면, 인도에서 가장 먼 시골 지역에 인터넷이 들어가 축하를 많이 받았는데 그렇다고 하루 전력 공급이 7시간 이하인 우타르 프라데시주(州) 많은 마을에 사는 사람들에게 큰 의미가 있는 것이 아니다. 물리적인 여행의 불공평성도 여전히 존재한다. 부유한 인도인이 뭄바이와 룩나우(우타르 프라데시주의 수도) 간 1,300킬로미터를 이동하는 데 2시간 밖에 걸리지 않을지라도, 시타푸르 지역 마을에 사는 보통 여성이 럭키에서 110킬로미터 떨어진 집으로 돌아가려면 4시간은 족히 걸릴 수 있다.

따라서 시간과 공간이 절대적으로 축소되어도 다른 장소와 다른 사회적 지위에 있는 사람들 간에는 상대적 위치의 차이가 증가할 수 있으며 따라서 종속이론과 세계시스템 이론이 세계화 전문가가 원하는 만큼 그렇게 쉽게 무시할 수 있을지에 대해 의문이 제기된다. 만약 공간과 시간 기반 차이가 사라지고 있다면 사회경제적 변화에 대한 성장 단계 또는 선형 역사적 관점만이 유일하게 논리적으로 가능해진다. 모든 국가가 발전을 위한 동일한 경로를 추구할 수 있다는 주장에서는 위치성이 중요하지 않다고 여긴다. 그러나 지구적 영향력에 대해 개방된다고 할지라도 상대적 지위의 차이가 지속되고 지역이 자신의 고유성을 유지한다면 이는 사회경제발전에 대한 매우 다른 시공간적 개념을 의미한다. 즉, 모든 지역이 같은 접근법을 취하더라도 모두가 이득을 얻는 것은 아니라는 것이다. 그렇다면 발전과 좋은 삶에 대해 다른 비전과 이들을 달성하는 고유한 방법에 대한 여지가 있어야 한다. 이러한 대안적 개념은 종속이론이나 세계체제 이론뿐 아니라 식민주의에 영향을 받은 국가들에게 일어났던 일과 선형역사모델의 연관성에 의문을 제기하기 위해 지난 20년간 부상한 후기 식민주의 이론에서도 제시된다(Dirlik, 1997; Massey, 1999).

1970년대 중반 이래, 생물 물리적 환경, 젠더와 같은 사회적 차이, 종교 등 세 가지 이슈가 사회 변화에 대한 사고의 중심이 되었다. 이러한 이슈는 언뜻 보기에 각자 신자유주의에 대한 중대한 저항을 촉발하여 시장기반과 신자유주의적 논리에 도전하는 것처럼 보인다. 그러나 중심부의 관점은 이들 각각을 신자유주의 모델에 포함시키려 했다.

예를 들어 생물 물리적 환경과 관련하여, 경제성장의 자연적 제한에 대한 우려(즉, 지속 가능성과 성장은 상호 모순된다고 하는)는 시장이 환경적 문제(예: 석유부족 또는 오염)를 예측하고, 이를 해결하기 위한 혁신을 개발할 수 있다는 주장과 맞닥뜨리게 되었다. 원칙적으로 이러한 시장 "외부효과"는 특정 상품의 사회적, 환경적 비용과 이익을 완전하게 설명하기 위한 메커니즘이 존재하는 한 "내재화"될 수 있으며, 시장가격에 이 "완전한 비용"이 포함된다. 그 결과는 지속 가능한 발전으로, 이들이 서로에게 대립되지 않고 조화롭게 앞으로 나아가게 된다고 주장한다. 이 주장에는 두 가지 문제가 있다. 첫째, 차이의 세계에서 한 상품의 사회적, 환경적 비용을 만족스럽게 계산하는 것이 기본적으로 가능할지가 불분명하다. 둘째, 이 주장은 외부효과 내재화의 측정이 매우 정치적이라는 사실과 자본주의 기업은 종종 이들을 차단할 인센티브와 권한을 가지고 있다는 사실을 제대로 다루고 있지 않다(7장 참조). 다음은 신자유주의가 사회 문제를 어떻게 통합시켰는지에 대한 내용으로 넘어간다.

신자유주의, 사회적 자본, 그리고 차이·참여·권한 강화의 주류화

1987년, 마거릿 대처 Margaret Thatcher가 "사회 같은 건 없습니다. 개별적 남성과 여성이 있으며, 가족이 있습니다"라고 말한 것은 유명하다. 여기에 추가할 수 있는 것은 스스로 통제하는 시장에서 합리적인 개인으로서 상호 작용하는 사람들일 것이다. 그러나 10년 후 이 고도의 신자유주의적 입장은, 개발학에서 사회적 자본을 외관으로 하는 사회가 "누락된 연결고리"라고 하는 관점에 의해 도전받고 있다(Grootaert, 1998)(여기서 말하는 "누락된 연결고리(missing link)"라는 용어는 일반적으로 원숭이와 인간 간 진화 기록에서 설명되지 않는 틈을 의미한다는 점에 주목하라). 그러나 신자유주의적 발견과 사회자본의 포용은 사회적 차이와, 이와 연관된 권력구조를 설명하는 것까지는 미치지 않았다. 학계와 운동가들은 자유화, 개발, 지속 가능한 개발의 과정에서 젠더, 인종, 계층, 카스트 등의 사회적 차이로 인해 초래된 포함 또는 배제를 오랫동안 비판해왔다. 그들은 또한 중심부의 지배적이고 남성주의적 관점이 이러한 차이점을 어떻게 구체화시키는지에 관심을 기울이지 않았으며 이러한 관점을 통해 자유화 과정에서 사람들이 어떻게 선택적으로 (특정집단을) 포함시키게 되는지를 강조해왔다. 이런 문제는 사회적 차이(예: 인종, 카스트, 부족) 중 일부는 무의미하며, 계급 차이는 개인적 장점으로 설명될 수 있는 반면 다른 형태의 차이(예: 종교)는 세속적인 사회와 완전히 분리될 수 있다는 전제에서 비롯된다. 예를 들어, 종교적 가치는 단순히 개인의 선호—그렇다면 선호는 시장교환을 통해 가장 잘 충족될 수 있다—를 결정하는 많은 요인 중 하나로 간주된다(종교 간 경쟁을 포함하여).

젠더로 오게 되면 그림은 더욱 복잡해진다. WID(Women In Development)가 출현하면서 젠더 주류화는 국제개발기관의 핵심 구성요소가 되었다는 것을 기억하자(4장). UN 젠더이슈 및 여성발전에 관한 특별자문관(2005)은 "젠더주류화"를 "여성뿐 아니라 남성도 개발을 위한 노력에 영향력을 가지고 참여하며 이익을 얻을 수 있도록 보장하기 위하여 연구, 입법, 정책 개발, 실제로 벌어지는 활동 등 모든 수준에서의 젠더 평등 촉진"이라 정의한다. 간단히 말해서, 여성이 충분히 권한을 부여받고, 그들의 문제와 선호가 경제에서 동등한 관심을 받는다면 그들은 시장주도 개발 이니셔티브에 남성과 같은 수준으로 완전히 참여하고 남성만큼 이득을 얻을 수 있다는 것이다. 이 견해에 따르면, 신자유주의 세계에서의 성공 또는 실패는 사람들의 젠더로 설명될 수 없지만, 그들의 개인적 책임이 된다.

동시에, 시장자유화의 맥락에서 젠더 주류화의 여부와 방법의 문제 그리고 그러한 주류화에 대한 찬반이 페미니스트 간 격렬히 논의되어왔다. 1980년대에는 부유한 국가에 수출하기 위해 독점적으로 제조업 상품을 생산함에 있어 제3세계 여성 노동자가 세계 상품 사슬의 중요한 부분이 되면서 젠더화된 노동과 자유무역지대를 조망하는 많은 연구가 진행되었다(Nisonoff, 1997: 179). 이러한 연구에서 지속적으로 다루는 문제는 마끼아도라(maquiladoras, 미국과의 국경을 따라 위치한 멕시코 수출조립공장)와 같은 EPZs(수출촉진구역)와 자유무역지대가 여성 임금 노동자를 가부장적 지배로부터 해방시켰는가 또는 착취적이며 열악한 공장의 근로조건과 혈연가족과 결혼가족을 지원하기 위해 여성을 집 밖으로 밀어내는 것이 가부장적 관계의 심화 또는 재정의를 상징하는가 등이었다.

예를 들어, 린다 림 Linda Lim(1983/1997)은 다국적 기업이 근대적, 전통적 부문의 지역기업보다 여성에게 더 나은 고용 대안을 제공하고, 전통적 가부장제가 여성에게 부과하는 가정 내 역할로부터 제한적으로 탈출할 수 있는 기회를 제공했다고 주장한다. 다이안 엘슨 Diane Elson과 러스 피어슨 Ruth Pearson(1981)에 따르면, 특수한 사회화 과정의 결과인 날렵한 손가락과 유순함과 같은 "자연스러운" 여성적 자질에 대한 담론 때문에 여성은 공장에 고용되었다. 그러므로 새로운 노동체제에 대한 여성의 참여는 (1) 전통적 형태의 가부장적 권력을 적극적으로 보존하고 사용하는 것을 통해 기존 형태의 젠더 종속성을 *강화하며*, (2) 여성 신체에 대한 상품화와 결혼 등의 관행을 통해 기존의 젠더관계를 해체하며, (3) 여성으로 하여금 가정의 남성 친척 대신 남성인 공장 상사에게 복종하도록 함으로써 새로운 형태의 젠더관계를 *재조직하는* 경향이 있다. 이와 유사하게 배너리아 Baneria(1989)는 세계 자본의 여성화는 세 가지 요소(노동 통제와 가단성, 생산성, 탄력적인 노동)의 함수이며, 단기 계약과 파트타임 업무에 여성이 대다수를 차지하는 것이 이러한 측면을 촉진한다고 본다. 보다 최근에는 라이트 Wright(2001, 2006)가 이 논의를 확장시켰다. 그는 미국 - 멕시코 국경의 시우다드 후아레스 Ciudad Juarez와 같은 제3세계 도시를 새로운 산업지구로 재개발한다는 계획이 실제로는 - 빈곤, 부적합한 기반 시설, 노동집약적 산업에서 기꺼이 일하려고 하는 비숙련 저임금 노동자 등을 특징으로 하는 - 현재의 기존 도시를 재생산할 뿐이라고 주장한다. 그녀는 "비숙련, 저기술, 높은 범죄의 빈민굴을 하이테크 고부가가치를 지니고, 중산층을 위한 서비스, 숙련된 전문인력, 안전한 이웃환경 등으로 가득 찬" 도시로 변형시키려고 하는 새로운 제안에서 비정규직 노동자의 처분 가능성, 전통과 여성성 사이의 결속, 남성성과 진보의 연결, 팜프파탈과 남성 영웅에 대한 구축 등이 중요한 요소가 되었음을 보여준다(Wright, 2001: 93).

페미니스트 저작의 다른 주요 관심사로는 자유무역 과정이 가능하게 만든 새로운 형태의 의식이 있다. 비록 마끼아도라가 고용시장에서 여성의 취약성을 이용했으며 특정한 공장의 노동기구가 연대감을 자동적으로 불러일으키지는 않았지만, 마끼아도라 작업의 본질과 조건을 통해 여성노동자는 새로운 도전과 맞서고, 가정 내 관계, 도덕성, 덕, 여성성 등의 영역에서 새로운 형태의 자의식을 발전시키게 되었다(Fernandez - Kelly, 1984; Wright, 2006). 말레이시아에 위치한 일본인 소유 공장의 말레이 농민 여성에 관한 옹그 Ong(1987)의 연구는 공장노동에 대한 복잡한 분석을 통해 "전통" 가부장제와, "근대 자본주의"를 통한 해방 사이에 존재하는 이분법에 이의를 제기했다. 비록 젊은 여성의 근로조건은 그들의 남성 가족구성원이 주로 협상했으나, 그들은 자신이나 기계를 "자유롭게 하는" 의식이 필요한 정신 소유를 주장하여 새로운 업무 부과와 스케줄에 혁신적으로 저항했다. 이 분석에서 가부장제, 문화적 관습, 일상의 권력과 저항의 발현은 직장, 공동체 및 가족과 완전하게 얽혀있다.

1990년대 중반, 자유화에 대한 비평가들은 주류화의 과정이 더 이상 여성 문제에만 국한되지 않고 참여와 권한부여의 영역에도 어떻게 퍼져나가고 있는지에 관심을 갖게 되었다. NGOs, 지역 기반 "참여적" 계획, 새로운 사회운동 등이 신자유주의적 세계화와 발맞추어 확산되고 있다. 이 현상은 때로 "NGO화"라 불린다. 제프 우드 Geoff Wood(1997)는 "프랜차이즈 국가"라는 용어가 NGOs와 국가 간 새로운 관계를 가장 잘 나타낸다고 주장했다. 왜냐하면 NGOs는 본질적인 사회 서비스의 관리 및 운영을 국가로부터 하청받기 때문이다. 소니아 알바레즈 Sonia Alvarez(1998: 306)와 사빈 랭 Sabine Lang(2002)은 라틴 아메리카와 독일이라는 매우 다른 맥락에서 "페미니즘의 NGO화"가 급진적/풀뿌리 페미니즘 운동을 여성문제에 대한 전문직 관리자로 변형시킨 방식을 연구했는데, 이는 국가기관이 운영되는 방식과 거의 동일한 방식이었다.

산지타 카맛 Sangeeta Kamat(2002: 166 - 167)에 있어, "풀뿌리 투쟁의 NGO화" - 페미니스트 또는 다른 식의 - 는 국가와 시민사회 간 "새로운 정치학" 영역 내 연속성을 보여준다. 새로운 사회운동을 연구하는 많은 학자는 자율 시민사회구조 국가에서 대중으로 권한이 위임된 것을 상징한다고 보는 것과 달리 카맛은 풀뿌리 조직의 구조와 실천이 특히 자본주의 세계화 시대에 있어 현상유지 상태를 재생산하는 데 어떻게 기여할 수 있는지를 보여준다. 그녀는 겉으로 보기에 서로 다른 권한 위임과 기업화의 담론이 변화의 철학을 공유하고 있다고 지적한다. 이 둘은 모두 국가 전체의 발전을 보장하기 위해서는 국가와 시민 사회가 함께 협력하여 사회(사람을 포함하여)의 생산세력에게 방향을 제시해주어야 한다고 본다. 또한 국가의 생산세력을 실현하는 것은 구조적, 도덕적 훈련을 통해 가능할 뿐이며 이를 통해 모든 계층이 역량을 최대한 발휘할 수 있고 빈민층은 역량을 실현하는 데 필요한 특별한 지원을 받을 수 있다. 국가기관과 국제사회가 생산적인 힘을 개발하기 위해 헌신하는 한, 많은 NGO는 복지국가를 축소하는 것을 수용할 수 있다고 카맛은 주장한다.

주변부의 관점: 개발과 세계화 맞닥뜨리기

개발에 대한 새로운 논쟁에도 불구하고, 중심부 사상가들은 개발이 경제성장의 첫 번째이자 가장 중요한 부분이며, 성장을 달성하는 방법과 성장 자체에 대한 지식이 모두 중심부에서 주변부로 확산되어야 한다는 것에 대체로 동의한다. 그렇지만 주변부 많은 사람의 경험은 개발이 무엇인지 그리고 그것이 실제로 좋은 것인지에 대한 의문을 지속적으로 제기한다. 이러한 생각의 경험적 토대는 제3세계에서 개발이 무수히 실패했는가 하면 "의도하지 않은 결과"로 다양한 사회, 문화, 경제, 정치 및 환경 위기를 초래했다는 사실이다. 소외, 풍요는 증가하면서도 지속되는 빈곤과 궁핍화, 부자와 가난한 자의 격차 증가, 환경 파괴, 문화 헤게모니의 과정 등도 이러한 경험에 포함된다. 이들은 결국 인종, 민족, 종교 및 지역 등과 연관된 긴장과 논쟁을 증가시키거나 악화시키고, 군사주의에 의한 억압을 증가시킨다. 물론 지배, 영양실조, 환경파괴 등은 개발에서 비롯된 것이 아니다. 그러나 개발이 일부에게 물질적 생산 증가와 자산 증가를 가져다주었지만 가장 가난하고 가장 취약한 사회 집단에게 있어서는 자신들의 삶을 꾸려나갈 수 있는 권력을 감소시키는 경향이 있다. 이런 사람들은 개발로 인해 적절한 대안은 제공되지 않은 채 그들의 사회적, 문화적 생계수단이 약화되고 환경도 악화되었으므로 개발이 파괴적이라고 생각한다.

　　개발개입에 대한 풀뿌리 저항은 긴 역사를 지닌다. 개발로 인해 피해를 입기 마련인 농촌 빈곤층(Scott, 1985 참조)의 경우 특히 그러하다. 위에서 언급한 위기는 1970년대 이래 이러한 대중저항이 꽃피도록 했으며, 제3세계 많은 지역에서 확산되는 사회운동과 지역적 실험이 확산되어 점점 중요하게 되었다. 이러한 움직임은 개발실시로 인해 억압, 빈곤화, 착취, 빈곤, 착취 및 거주지 축출 등이 심화되는 것을 경험한 사람들이 목소리를 내면서 나타났다. 지역적으로 뿌리를 둔 사회운동은 국가적 스케일이나 글로벌 스케일로 "스케일 상향(scale-up)" 또는 스케일 점프를 하여 파괴적 개발이나 신자유주의 세계화에 대항한 투쟁에서 유리한 위치를 점하는 한편, 매우 다양한 개발맥락을 지닌 지역의 다양한 사회적 현실에 여전히 맞닿아 있을 수 있다(Glassman, 2001). 환경운동, 여성운동, 농민운동, 지역사회 방어운동 등을 포함한 이러한 움직임과 실험은, 개발이 실효성이 없음을 보일 뿐 아니라 개발 재정립 및 아래로부터의 대안적 세계화 양산의 핵심이 된다고 일부는 주장한다(Brecher, Costello, and Smith, 2000; Escobar, 1995; Slater, 2004; Wignaraja, Hussain, Sethi, and Wignaraja, 1991).

이 장의 앞부분과 앞의 두 장에서 논의된 개발 사상가들은 이러한 동일한 문제와 패턴을 알고 있다. 예를 들어, 전통적 개발 지지자들은 앞서 언급된 부정적 경험은 고통스럽긴 하지만 어떤 경우에는 전술상의 실수나 실행상 실패이며, 다른 경우에는 조정을 위해 필수적인 단기적 고통 또는 시간이 지나면 메꿔지게 될 틈이라 주장한다("오믈렛을 만들려면 달걀을 깨뜨려야 한다"). 따라서 이러한 현상이 최소화되어야 하고 과정이 부드러워져야 하는 건 맞지만 개발 프로젝트의 근본적인 결함을 보여주는 증거로 볼 수 없다는 것이다.

다른 한편으로, 많은 사상가는 현재의 이론이 아무리 정교화를 거친다 해도 세계 전반에 걸쳐 이러한 문제들이 진화되어가는 양상을 만족스럽게 설명할 수 없다고 본다. 그들은 개발로 인해 생겨난 이러한 종류의 양극화는 어디서나 나타나며 주류 개발 프로젝트의 모델과 이와 관련된 국가, 시장, 시민사회로는 해결할 수 없음을 주장한다(Banuri, 1990; Escobar, 1992; Sachs, 1992; Yapa 1996a). 이러한 많은 사상가는 프랑스 철학자 미셸 푸코의 연구를 토대로 지식은 권력이라 강조한다. 우리가 보는 것과 우리가 가능하다고 믿는 것을 형성하기 때문이다. 이들의 연구는 표현의 정치적 조작 그리고 서구 남성주의 시각을 통해 표현을 정치적으로 조작하는 방식으로 "식민지화된" 현실이 특수한 사회그룹을 희생시키는 방식을 중심적으로 다룬다. 그러한 접근법 중 두 가지 방식, 즉 후기 식민주의와 후기 발전주의에 대해 논한다.

후기 식민주의

역설적이게도 후기 식민주의는 식민주의를 과거의 일로 격하시키기를 거부하는 관점일 것이다. 공식적인 식민주의가 소수의 영토를 제외하고 모두 끝나긴 했지만 식민주의의 물리적, 담론적 유산은 아직도 매우 강력하게 살아남아 지적, 제도적으로 지속되고 있음을 의미하므로 이를 식민주의적 현재라 부를 수 있다(Gregory, 2004). 후기 식민주의 학자들은 식민주의 유산의 격파를 추구한다. 그들은 민족주의가 "국가"의 이름으로 또는 "국가"라 불리는 어떤 공동체라도 식민화된(그리고 이어 탈식민화된) 대상을 대표한다고 볼 수 없다고 주장한다(Bhabha, 1994; Ismail, 1999; Said, 1978; Spivak, 1988).

후기 식민주의에 동의하는 사상가들은 지식 체계가 생각과 행동에 영향을 미치는, 따라서 권력을 표현하는 방식에 특히 민감하다. 사이드(1978)의 *오리엔탈리즘*과 같은 저작들은 민족 중심적 가정을 담은 식민지 담론이 어떻게 세계를 보는 관점을 구성하는지 보여준다. 이 관점을 통해 규범이 정립되고, 통치 정책 및 제도가 계획되고, 작동되고, 정당화되었다(3장). 후기 식민주의 비평가들은 주로 서구기관이 여전히 세계에 대한 이론을 생산하며, 서구를 다른 지역과 차별화하는 개념과 이론을 체계적으로 계속 만들어 내고 있다고 주장한다. 이들에 따르면 서구의 사고는 나머지 지역을 설명할 수 없다. 서구의 사고는 오히려 세계 나머지 지역을 동질화시키고 열등한 타자로 규정짓는다. 후기 식민주의 비평가들은 차이, 자기 주도력(agency), 주관성, 저항 등의 문제에 중점을 두고 문명화, 근대화, 발전, 세계화에 대한 그러한 서구 및 민족주의적 담론에 도전하고 불안정하게 만들기를 추구한다. 이를 위한 방식으로는 (1) 식민지와 제국정치의 중요성 강조하기, (2) 식민지배자와 피식민지배자, 중심부와 주변부, 세계화 추진자와 세계화 당한 자 등과 같은 범주가 필연적으로 서로를 구성하는 방식을 설명하기, (3) 지식을 실행하는 것은 누구인지, 그들이 어디에 있는지, 누구에게 그들이 말하는지, 그들의 우선순위가 무엇인지 등에 대해 질문하기 등이 있다.

후기 식민주의는 나아가 주류 지식담론이 사회정치적으로 소외된 사람들("서발턴 subalterns"이라고도 함)의 목소리를 막아버렸으며, 이렇게 한 것은 세 가지를 암시한다고 주장한다. 첫째, 대상으로서의 서발턴은 자신에게조차 부적절한 것으로 보일 수밖에 없다. 둘째, 지식과 권력의 지배적 담론이 지워버린 소외된 사람들의 목소리, 자기 주도력, 저항을 "회복"하는 것이 중요하지만, 역설적이게도 회복을 위한 시도가 항상 묻혀있을 것임을 인식하는 것 역시 중요하다. 셋째, 서발턴의 목소리, 생각, 행동에는 완전히 투명한 방식으로 접근할 수 없다(Spivak, 1988).³ 마지막으로 후기 식민주의 사상가들은 자율성, 전복에 대한 저항, 지식 및 행동에 대한 대안적 방식을 재확인할 필요가 있음을 강조한다. 이에 있어 그들은 종종 주변부나 남반구의 사례를 인용하여 지정학적 권력과 표현의 세계적 실체를 더욱 드러나도록 한다(McEwan, 2002; Slater, 2004).

특히 UN과 세계은행과 같은 기관의 젠더 주류화가 개발을 통해 제3세계 여성을 구제되고, 해방되며, 권한 부여를 받아야 하는 희생자로 일률적으로 구축함에 따라 후기 식민주의 비판의 몇 가지 줄기는 개발관련 페미니스트 활동으로 나타났다. 이들의 저작에서는 서구 페미니스트 담론적 관행 및 개발기관이 제3세계 여성에 대해 정치적, 지적으로 영향력을 미치고 표현하는 것이 중심 주제가 되었다. 예를 들어 마니아 라즈렉 Marnia Lazreg(1988)은 이슬람이 규정한 것으로 젠더관계를 보는 경향이 어떻게 베일, 은둔, 음핵 절제와 같은 전통의 비역사적 상징을 통해 알제리아 여성들의 실질적 존재를 대체해버리는지에 대해 다루었다. 찬드라 탈파드 모핸티 Chandra Talpade Mohanty(1984)는 제3세계 여성을 담론적 식민지화로 일률적으로 범주화한 것을 분석했는데, 이 범주에서는 제3세계 여성은 남성폭력의 희생자로 정의하는 한편 서구 여성은 진정한 페미니스트 주체로 위치시킨다. 헤게모니적 페미니즘의 그러한 경향은 제3세계 여성과 남성을 근본주의적 용어를 통해 규정하게 된다고 아이화 옹그 Aihwa Ong(1987)는 주장한다. 또한 체릴 존슨-어딤 Cheryl Johnson-Odim(1991)은 제3세계 여성의 문화적 관행에 대한 강조가 서구에 의한 제3세계의 정치경제적 지배에 관한 질문은 무시하는 것과 짝을 이루어 제1세계 페미니즘이 서구 제국주의를 돕게끔 하고 있음을 지적한다. 종합하면, 이러한 통찰력은 두 가지 아이디어를 확장할 수 있는 수단을 제공한다. 첫째, "여성"은 어떤 공유된 본질을 지녔다고 해서 미리 정의된 범주로 볼 수 없다. 오히려 "여성", 특히 근대화, 권한부여, 해방을 위한 프로젝트의 대상이 되는 서발턴 여성은 *정치적* 존재이다. 둘째, 개발담론과, 이와 상호 작용하는 더 넓은 페미니스트 담론은 정치적 이해관계로 가득 차있다.

비평가들은 후기 식민주의 이론가들이 학문적 전문가들만 이해할 수 있는 전문 용어로 글을 쓰므로 대화로부터 식민지화되고 억압된 사람을 배제하는 것을 영속화한다고 주장한다. 두 번째 비판은 후기 식민주의적 접근이 물질적 부문은 무시한 채 이론적 정교화를 이루었으며, 담론에 치중하여 물질적 권력관계 및 경제적 관계를 소홀히 하는 한편 연대 작업의 정치적, 지적 가능성 또한 초점을 맞추지 못한다는 것이다. 마지막 비판은 이러한 접근법이 과거에 몰두해있었고 즉각적인 문제를 다루는 방법이나 후기 식민지적 미래에 관해서는 할 말이 거의 없음을 지적했다. 그럼에도 불구하고 후기 식민주의 저작은 유럽중심주의와 엘리트 지식의 남성주의를 시정하기 위해 작용했으며 다양성과 대안 가능성에 대한 인식을 촉진시켰다(McEwan, 2002: 130).

후기 발전주의

후기 발전주의(때로는 "반발전주의"라고도 함) 사고는 후기 식민지적인 생각에서 비롯되며 이와 맥을 같이 한다. 후기 발전주의에 있어 개발이란

> 특수한 비전이며 이는 양심적이거나 순진하지 않다. 그것은 상호 작용하고, 변형시키고, 통치하는 권력인 지식, 개입, 세계관(한마디로 "담론")의 집합이다. 그것은 제3세계를 향한 서구 권력과 전략에 기원을 두고 있으면서 제3세계 엘리트들을 통해 제정되고 시행된다는 점에서 지정학을 구체적으로 실현시킨다(Sidaway, 2002: 16).

두 가지 중요한 비판은 개발이 혜택을 제공해야 할 사람들을 무력화시키고 빈곤화시킨다는 것이다.

무력화로서의 개발

후기 발전주의자들은 개발이 두 가지 방식으로 혜택을 제공하기로 한 사람들을 무력화시킨다고 주장한다. 첫째, 개발의 목적을 정함에 있어 의견 개진의 기회를 주지 않는 것, 둘째, 그러한 목적을 달성하기 위한 수단에 대한 논의에서 제외시키는 것이다. 개발 담론은 서로 다른 사회는 서로 다른 역사, 지리, 문화, 제도, 좋은 삶에 대한 개념 등을 가진다는 사실을 무시한다. "제3세계 사회는 다양하고 인간 양상의 가능성이 비교 불가하다고 여겨지는 대신 단 한 개의 "진보적" 궤도에 위치시켜져서 헤게모니를 가진 국가들이 만든 기준과 방향에 따라 더 또는 덜 발전되었다고 판단받는다"(Sachs, 1990: 9). 대안적 미래에 대한 고려는 사전에 차단되어있다. 그 결과 어떤 종류의 개발에 대한 이론을 적용하더라도 세계인구의 3분의 2는 자신들이 저발전되었다고 생각할 수밖에 없게 되었음을 구스타보 에스테바 Gustavo Esteva(1992)는 지적한다. 이러한 자의식은 객관적 현실에 대한 단순한 수용과는 거리가 멀며, 자발적인 지적 항복을 의미한다. 이는 자신의 목표에 대한 생각을 못하도록 만든다. 이는 자신과 자신의 문화에 대한 자신감을 훼손한다. 이는 위에서 부여한 요구에 맞추도록 만든다. 그리고 이는 참여를, 영향력을 지닌 계층이 그들에게 부여하고자 하는 것을 얻기 위해 그들끼리 경쟁하도록 하는 교묘한 속임수로 변환시킨다(Esteva, 1992: 7-8).

　이렇게 선진국을 따라잡기 위해 그들로부터 교훈을 얻는 것으로 개발을 규정하게 되면 개발자는 그렇게 복잡한 과업을 수행하는 데 필요한 지식을 독자적으로 개발, 확인,

사용할 수 있는 전문가와 기관의 집합을 통해 이끌어져야 하는 기술적 노력으로 개발을 협소하게 정의할 수 있다(Escobar, 1988: 430). 이러한 전문가가 생산하고 적용하는 지식은 과학적이고 객관적이며 보편적으로 적용될 수 있으며 유일하게 유효한 지식으로 간주된다. 다른 지식 형태는 모두 주관적이며, 특정가치와 의제가 오염시킨, 따라서 열등한 것으로 간주된다. 결과적으로 훈련된 전문가가 아니거나 개발기관, 또는 대기업에 속하지 않은 사람들은 자신의 발전에 관련된 지식이 거의 없으며 개발기관이 생산하고 적용하는 지식을 비평할 수 있는 타당한 견해가 없는 것으로 간주된다. 그들의 유일한 역할은 수동적인 개발대상이 되어 개발자의 계획에 순응적으로 참여하는 것이다. 개발담론이 이렇게 지적으로 위치되면 자신들의 이름으로 개발이 실행되는 이들과 실질적인 상의를 하거나 이들에게 실질적인 책임성을 지워야 할 어떤 필요도 없어지게 된다. 반대로 진화론적 목표의 이름으로 "저개발"이라고 공개적으로 판단된 사람들의 삶에 "더 발전된" 사람들이 개입하는 것을 어떤 것이든 거룩하게 하는 역할을 한다(Sachs, 1990: 11 – 12).

후기 발전주의자들은 개발의 기초가 되는 지식 시스템이 실제로는 개발개입이 그들의 추정된 수혜자에게 도움이 되지 않는 핵심 이유라고 주장한다. 이것은 전문적 과학지식조차도 보편적이고 객관적인 것과는 거리가 멀며, 전문가와 소속기관의 사회적 지위에 의해 형성되는 맥락적 지식의 한 문화에 불과하기 때문이다. 따라서 이러한 지식은 유럽중심주의, 중산층, 남성주의, 강력한 정치경제학적 이익에 우호적으로 치우친 이익관계, 우선순위 그리고 사고방식을 반영한다. 과학지식에 있어서의 편견은 과학의 환원주의적 특성에 숨겨져 있으며 또한 이와 복합되어있다(Shiva, 1991). 환원주의는 모든 시스템이 동일한 기본적인 이산 및 원자 구성요소로 만들어지며 모든 기본 프로세스가 기계적이라는 가정에 기반한다. 환원주의적 접근을 통해 연구자는 복잡한 현실의 한 가지 특정 측면에 매우 정확하게 초점이 맞추어진 단순화된 모델을 만들 수 있다. 동시에 환원주의적 접근은 초점에서 벗어난 다른 측면을 왜곡하거나 보이지 않게 만든다. 그러한 모델을 사용하는 과학자는 흔히 현실을 단순화하고 동질화하여 모델의 복제본으로 만들려 한다(Alvares, 1992; Scott, 1994). 그 결과, 대개 무시된 현실의 측면이 예기치 않은 부정적인 결과의 형태로 나타난다.

스캇 Scott(1994)과 쉬바 Shiva(1991, 1993)는 과학적 임업이 이러한 단순화, 동질화 그리고 결과적인 분열의 환원주의적 과정을 놀랄 만큼 잘 보여주는 예라고 설명한다. 첫 번째 단순화는 목재 판매에서 연간 수입을 최대화하는 것이 핵심 고려사항이라고 가정하는 것이다. 이러한 가정을 통해 과학적 임업은 숲 하나를 상업적 나무의 집합으로 축소시키게 된다. 그런 다음 이들은 목재, 펄프, 장작의 양을 보여주는 추상적인 나무로 축소된다. 마지막으로 숲과 땅은 시간이 지남에 따라 가장 가치가 높은 상업용 나무의 생산을 증가시킬 수 있도록 변형된다. 이 과정은 복잡하고 다양한 숲을 단종의 비슷한 연수로 구성된 나무농장으로 전환시키면서 정점에 이른다. 과학적 임업의 이러한 계산법은 모든 비상업적 동식물종의 존재 가치와 생태학적 가치, 모든 생명이 의존하는 환경 시스템을 지속시키는 숲의 중요한 역할, "수렵, 방목지, 귀중한 광물 채굴, 낚시, 숯만들기, 덫 치기, 식량 채집 그리고 마술, 예배, 피난처 등의 광범위하고 복잡하며 협의된 숲의 사회적 용도"(Scott, 1994: 3)를 포함한 거의 모든 것을 놓치고 있다.

과학적 임업에 사용된 특수한 단순화는 환경파괴와 생계를 목적으로 숲을 더 이상 사용할 수 없는 사람들에게 가해지는 폭력을 모두 간과함으로써 주정부의 수입 필요에 기여할 수 있었다. 과학적 관리에서 당연시되는 이러한 단순화는 가치절하, 배제, 소외된 사회그룹, 특히 낮은 계층 사람들과 비환원적, 비유럽적, 비남성주의적 인식론을 가진 사람에게 사용되는 폭력을 포함한 결과를 초래하는 프로젝트와 정책을 촉진하고 정당화하기 위해 과학적 지식과 실천이 사용되는(또한 무고하게, 좋은 의도를 가진 사람들에 의해) 한 가지 방법이다.

자연을 분리성과 조작성을 특정으로 하는 기계로 은유하는 것은 질서와 권력의 개념이 상호 의존성과 호혜성에 바탕을 두는 유기적 은유와 대조를 이룬다고 쉬바(1993)는 말한다. 유기적 은유에서는 맥락화되고 전체적인 방식을 통해 지식을 획득하고 확인해야 한다. 원주민의 전통 지식은 일반적으로 유기 은유에 의존하며, 그들의 지식은 문화적 관행에 직접적으로 코드화되어있다. 예를 들어, 영양 관련 지식은 식습관에 구체화되어있고, 농업지식은 종자선택 및 작물패턴과 같은 영농관행에 구체화된다(12장). 원주민 지식은 흔히 가정되는 것과는 달리 정적이지 않다. 그들은 경험, 혁신, 새롭게 접하게 되는 지식에 대한 적응 등에 따라 진화하며 지역문화와 제도를 형성한다. 전통지식과 토지이용 및 생산의 시스템이 처음에 외부 전문가들이 추측했던 것보다 훨씬 환경적으로 적절하며, 탄력적이고, 복잡한 것으로 입증되었음에도 불구하고 개발적 사고방식은 그러한 지식을 평가절하한다(Colchester, 1994: 69).

빈곤화로서의 개발

반개발주의 사상가들은 과학적 임업이 생태적으로 산림을 황폐화시키고 산림에 의존하는 사람들을 빈곤화하면서 특정한 가치를 제공하는 방식과 관련하여 또 다른 점을 지적한다. 개발주의 사고는 흔히 중산층과 상류층을 위한 상품 흐름을 증가시키지만 동시에 다른 영역에서는 희소성을 창출하고 환경을 악화시키며 빈곤하고 취약한 많은 사람들의 물질적이고 문화적인 지원시스템을 악화시키는 정책, 프로그램, 프로젝트 등을 만들어내고 정당화한다. 이러한 일이 발생할 수 있는 부분적 이유는 개발의 지식시스템은 개발이 초래하는 파괴를 알아챌 수 있는 지적인 수단이 아예 갖추어져있지 않기 때문이다(Yapa, 1996a).

개발의 실천은 사회공학의 한 가지 형태로, 다음의 또 다른 두 가지 의문의 여지가 있지만 아직 의문이 제기되지 않았던 믿음에 기반한다. 즉, (1) 인간이 누리는 혜택 모두는 경제성장에서 비롯되기 때문에 급속한 세계국가소득(GNI, Global National Income)의 성장이 발전에 있어 핵심이며, (2) 시장 및 국가기관을 통해 달성되는 기술이전과 산업화로 급속한 GNI 성장이 달성될 것이라는 것이다. "경제학자들의 자본주의 발전 세계에서 변화의 주체는 다국적기업, 기술이전, 국가, 계획 관료, 프로젝트 매니저이다. ...마르크스주의자들의 사회주의 발전 세계에서 변화의 주체는 선봉 지식인, 사회당, 국가, 계획 관료, 프로젝트 매니저이다"(Yapa, 1993b: 11). 이는 이전에는 지역지식과 상호 의무 및 상호 호혜의 관계에 기반한 사람들 간 관계에 의해 지배되던 삶의 영역으로 국가와 시장의 영향력이 점진적으로 확대됨을 의미한다. 이러한 관계는 전통적으로 시장이나 국가와의 상호 작용에 거의 영향력이 없는 빈곤층에 얼마간의 사회적 권리를 제공했다. 따라서 개발은 취약 계층을 제도적으로 약화시키는 결과를 초래하며 게다가 그들을 지적으로 무력화시킨다.

GNI 성장은 일반적으로 가난한 사람들에게 혜택을 주는 방향으로 "낙수"되지 않았다. 더욱이 환원주의적 개발개념은 GNI 성장에 초점을 맞추면서 상품 생산을 부각시키고 이로 인해 보이지 않는 다른 종류의 생산뿐만 아니라 가격으로 표현되지 않는 모든 가치를 보이지 않게 만드는 경향이 있다(2장). 보이지 않는 범주 중 하나는 주로 자신의 집에서 소비하는 재화와 용역을 사람들(대개 여성)에게 "자체공급"하는 것이다. 사람들이 집에서 키운 재료로 음식을 먹거나, 자연 재료로 만든 집에서 살거나 천연섬유로 만든 수제 옷을 입으면 이들의 생산과 소비가 일반적으로 간과되며 이들은 개발담론에서 가난한 사람으로 정의된다. 더 중요한 것은 그들이 사용하는 자원은 상품으로 변하지 않았기 때문에 충분히 활용되지 못하고 있다는 것이다. 개발의 역학관계는 그러한 자원을 전통적 또는 관습적 권리를 보유한 사람들에게 보상하지 않은 채 국가가 부과하는 새로운 재산권 체제 또는 국가나 영향력을 가진 사람들의 토지의 전용을 통해 임의적으로 상품생산으로 돌린다.

일부 사람들에게 개발은 많은 사람의 저발전과 소유권 박탈을 의미한다. 천연자원 상업화를 목표로 한 개발개입은 자원에 대한 권리가 인식되고 행사되는 방식을 크게 변화시킨다. 그것은 사회 특권 그룹을 위해 시장에서의 성장을 만들어내기 위해 공유지를 상품으로 변형시키고, 정치적으로 약한 공동체가 자원에 접근하지 못하도록 하고, 자연으로부터 자원을 빼앗는다(Shiva, 1991: 10).

이러한 상업화의 두드러진 예는 제1세계 화학자들이 제3세계 식량생산을 개선하기 위해 개발한 녹색혁명의 하이브리드 종자이다(사이드바: "개선된 종자는 무엇인가?").

두 번째 보이지 않는 범주는 인간의 삶을 가능하게 만드는 환경을 제공하는 생태학적 과정에 의한 자연적 생산이다(Shiva, 1991, 1993: 75). 경제학자들은 이제야 생태계 서비스(예: 수문체계 유지)에 가치를 할당하는 방법을 개발하기 시작하고 어떻게 자연에서 생성되어 역사적으로 축적된 부(예: 토양, 숲, 생물다양성)가 현재 상품적 부를 창출하는 과정에서 파괴되고 있는지를 생각할 수 있는 방법을 찾기 시작하고 있다. 게다가 비시장 소비, 생태 서비스, 생물종의 본질적 가치와 같이 지금까지는 보이지 않았던 가치형태의 일부를 경제적으로 환산한다는 것은 어려운 일이며 불가능하기도 하다(Blaikie, 1995: 212). 실제로 GNI 통계에서 순경제성장으로 보이는 상당 부분은 실질적으로는 생태적 부에 대한 소비(예: 숲 개간)를 나타내는데, 이는 측정할 수 없거나 수량화할 수 없는 가치를 파괴하고 있다. 이것은 지속 가능한 발전에 대한 논의에서 보는 것과는 매우 다른 인간과 자연의 관계를 보여준다(7장). 생물 물리적 환경에 대한 경제적 사용이 생태적 파괴를 가져온다면, 사회적인 지속 가능한 개발은 물론이거니와, 생태적으로 지속 가능한 개발을 만들어낼 수 있는 관리법은 존재하지 않는다(Escobar, 1995; Mies and Shiva, 1993).

주류 및 마르크스주의 경제발전 이론가들의 개발담론은 가난한 사람이 자신의 삶을 영위할 조건을 형성하는 결정에 참여할 기회를 막으며, 그로 인해 이들을 무력화시키고 빈곤하게 만든다. 따라서 후기 발전주의자들은 개발에 대한 대안에 관심을 가진다. 이러한 대안은 지역 문화와 지식을 강조하여, 현재 인정되는 과학적 담론을 향한 비판적 입장을 취하고(또는 이에 대한 전면적 거부) 지역화된 다원적 풀뿌리 운동을 방어, 촉진할 때 등장할 것이다(Escobar, 1995: 215, Rahnema and Bawtree, 1997 참조).

후기 발전주의에 대해 몇 가지 비판이 있다. 첫 번째는 마하트마 간디 Mahatma Gandhi, 이 에프 슈마허 E. F. Schumacher, 이반 일리치 Ivan Illich, 프란츠 파농 Franz Fanon 등과 같은 비평가가 앞서 제시한 바 있는 의견을 훨씬 넘어서지 않아 새로운 것은 거의 제공하지 않는다는 것이다(Corbridge, 1998). 두 번째 비판은 후기 발전주의 이론가들은 후기 식민주의자들과 같이 문명화, 근대화, 발전, 세계화 등에 대한 서구 담론에 도전하고 이를 흔드는 것을 목적으로 하는데, 이는 종종 트루먼 Truman의 1949년

개선된 종자는 무엇인가?

락쉬만 야파 Lakshman Yapa(1993a: 259)는 빈곤이 개발부족의 문제가 아니라고 주장한다. 오히려 그것은 "바로 그 경제발전의 매일 반복되는, 정상적 표현"이다. 이 사실은 학계에서 공통적으로 인정되지 않는다고 그는 말한다. 왜냐하면 개발적 사고가 우리의 관심을 다른 곳으로 돌리고 문제에 대한 이해를 왜곡시키기 때문이다. 그는 녹색혁명 종자의 사례를 사용하여 어떻게 새로운 종자가 사람들에 대한 지배와 자연에 대한 파괴의 수단으로 작용하여 높은 수확량을 제공하면서도 동시에 희소성을 만들어내는지 보여준다. 그는 전통적 개발 패러다임의 파편화된 특성이 새로운 종자가 순전히 기술향상에 대한 문제라고 속인다고 주장한다. 이러한 종자는 사회, 생태, 문화, 정치, 학문 간 상호 관계의 연결망을 구현하기도 하므로 기술적 성과뿐 아니라 사회적, 생태적, 문화적, 정치적, 학문적 변화를 초래한다는 사실에도 불구하고 말이다. 새로운 종자기술을 이런 모든 속성에 따라 평가한다면 어떻게 될까?

- 기술적 속성: 계획된 대로 사용한다면 곡물 수확량이 높아진다.
- 사회적 속성: 새로운 종자의 기술적 속성은 모든 장소에서 사용할 수 없거나 모든 농민이 적용할 수 없다는 것을 의미하므로, 이를 사용하면 사회계층 및 지역 간 증가된 수확량이라는 혜택을 불공평하게 가져다준다.
- 생태학적 특성: 새로운 종자는 유전적으로 동일하며 관개, 화학비료 및 농약이 필요하다. 이로 인해 생물다양성 손실, 토양침식 증가, 지하수 오염, 수역 부영양화, 지하수면 고갈 등을 촉진한다. 이는 생계의 기반이 되는 토양의 장기적 생산성을 저하시킨다. 다양한 곡물재배, 회전재배, 생물학적 질소 고정, 생물학적 해충방제 등과 같은 대안적인 토착기술은 무시되거나 억제된다.
- 문화적 속성: 새로운 종자의 확산은 새로운 문화의 확산이기도 하다. 이 문화는 (토양침식, 지하수오염 등을 위한) 외부 투입의 필요성을 만들어내므로 생계생산을 평가절하고 위에서 언급한 대안적 기술을 사용하는 지역 재생산의 원칙을 약화시킨다. 따라서 새로운 종자는 과학, 자본, 권위 헤게모니 문화의 효과적인 전령사가 되어 전통과 그 지식을 지키는 사람들을 예속시킨다.
- 정치적 속성: 토지개혁과 같은 식량생산 증대를 위한 대안적 수단을 촉진하지 않은 채 국가는 비료 및 농약 로비에 힘입어 고자원 투입 종자를 촉진시켜 농업 근대화의 주요 건축가가 된다.
- 학문적 속성: 종자기술은 곡물 부족을 문제로, 높은 수확량 종자를 해결책으로 간주하는 사회과학이론의 맥락에서 수행된 연구의 학문적 결과를 통해 탄생했다. 이러한 과정은 이 학문적 사각지대 자체를 숨기는 것 외에도 기아의 사회적 원인, 곡물 부족에 대한 대안적 해결책과 새로운 종자의 사회적, 생태적, 정치적 속성을 숨긴다.

녹색혁명의 사고에 대한 이러한 대안적 접근은 새로운 종자가 구현하는 기술적, 사회적, 생태적, 문화적, 학술적 관계의 연관성을 밝혀줌으로써 새로운 종자가 어떻게 높은 수확량과 함께 희소성을 창출하는지 분명히 보여준다.

취임연설(4장)에서 시작한다. 이를 통해 후기 식민주의자들이 식민지적 현재를 이해하기 위해 필수적이라 강조했던 식민주의적, 제국주의적 과정을 간과하고 있다. 이와 관련한 비판으로, 후기 발전주의 이론가들은 개발을 경험하는 다양한 주체 간 복잡하고 상호 구성적인 관계에 개발이 어떤 방식으로 연관되는지에 대해 적절히 분석하지 않는다. 후기 발전주의자들은 여러 시대와 장소에 존재하는 여러 가지의 근대성과 합리성이 있을 수 있다는 가능성에 적절하게 대처하지 못하면서 근대성과 이성을 비판하는 듯하다. 게다가 그들은 많은 스케일에서 나타나는 다른 형태의 이질성을 제대로 다루지 못하고 있다. 이는 지역을 낭만화하기 때문이며, (1) 지역의 풍습과 사회운동이 어떻게 개발대상을 해방시키는 동시에 억압할 수 있는지, (2) 개발 자체가 어떻게 이질적, 논쟁적이며 선과 악을 모두 초래할 수 있는지, (3) 지역공동체가 어떻게 차이의 위계적 구조로 특징지어지는지에 대해 소홀히 하기 때문이다(Gidwani, 2002).

이러한 비판은 심각하게 받아들여져야 한다. 이들은 정치경제 및 후기 식민주의 모두와 더욱 긴밀하게 연결됨으로써 후기 발전주의 사고가 더욱 철저하고 맥락화될 수 있는 방법을 제시하고 있다. 동시에 후기 발전주의 이론의 목적은 학문적인 것보다 정치적인 것이 더 크다는 점을 주목해야 한다. 이 이론은 매우 안정적이고 견고하며 탄력적인 것으로 입증된 개발담론에 분열을 일으키는 것을 목적으로 한다. 예를 들어 에스코바 Escobar(1995)는 개발복합체가 그들의 핵심적 권력에 대한 비판을 전용하는 방법으로 비판을 흡수하고 무력화시키는지에 대해 장문에 걸쳐 분석하고 있다. 그리고 후기 발전주의자들이 일반적인 합리성과 이성을 반대하는지도 분명하지 않다. 그들은 협소하게 도구주의적인 합리성과 지식의 환원주의적 시스템에 기반한 형태의 이성을 비판하는 일이 더 많다.

비평가들은 또한 후기 발전주의가 개발의 부작용을 과장한다고 주장한다. "발전"이 더 나은 삶을 의미하는 개념이라면(특정 상황에서 그 의미가 무엇이든 간에), 그것은 모든 사람이 원하는 것이다. 따라서 후기 발전주의나 반개발주의보다는 더욱 구체적이고 실행적인 개선된 개발에 관심을 기울여야 한다. 인간의 노력은 항상 불완전하지만, 주류 개발담론은 개발이 불완전하고 불균등하며, 모순되는 특성을 지닌다는 것을 (어느 정도)

노웨어의 노트

노웨어 Nowhere(2003)의 편집모음 노트는 기업의 세계화에 맞선 투쟁이 성장함에 따라 진정으로 귀 기울이고 반영해야 하는 혁명적 운동으로 투쟁을 그린다. 이 접근법은 다양하고 인간중심적 대안을 대표하며 "다양성, 자율성, 생태학, 민주주의, 자기조직화, 직접행동"이라는 개념으로 정의된 글로벌 정치 프로젝트에 전념하고 있다. 그러한 정치적 여정은 귀 기울이는 반역으로만 발전할 수 있으며, 그 과정에서 길을 잃는 것은 발전의 중요한 부분일 것이다.

> 귀 기울이는 반역이라는 아이디어는 투쟁의 선입견을 뒤집어엎는다. 사파티스모 Zapatismo [멕시코 치아파스에 있는 사파티스타의 접근법]은 정치적 확실성을 바람에 던지고 바뀌는 모양과 흐르는 안개에서 진부한 혁명적 슬로건이 아니라 실제 과정으로서의 변화를 파악한다. 혁명가가 잘못을 인정하고, 모든 것을 중단하고 질문할 수 있는 능력을 향한 변화. 권력의 수직구조를 해체하고 급진적인 수평으로 대체하는 진정한 정치참여에 대한 욕구로서의 변화. 기꺼이 귀 기울임, 성장하고자 하는 지혜, 변형을 향한 헌신으로서의 변화...진정한 민주주의를 배우는 것은 도달하여 가만히 앉아 단단히 붙잡고 있어야 할 어딘가가 아니다. 그것을 흔들고 다시 시작하고, 비틀고, 다시 시작하고, 지속적인 회춘과 실험을 필요로 한다. 그것은 실습, 자기지식, 자신감, 자기인식이 필요한 일련의 기술이다. 걸으면서 질문하는 것이다.
>
> 질문하는 것을 중단시키는 운동은 단기적으로는 "효과적"이지만 더 무자비해지고, 궁극적으로는 억압적이고 교리적이며 새로운 위협이나 기회에 반응할 수 없다. 간단히 말해 우리가 반대하는 것을 닮기 시작한다. 우리는 뻣뻣해져서 침체되고 거들먹거리다가 혁신하는 사람들에 의해 축출된다. 무수히 많은 급진적 운동을 몰락시킨 이러한 운명을 우리는 거부한다. 그런 일이 일어나도록 하기보다 우리는 계속 나아가고 재구성하기 위해 노력한다(노웨어의 노트, 2003: 507).

저자들은 다양한 투쟁을 한데 모으는 방법으로 실제 및 은유적 울타리를 사용한다. 그들의 목적은 배제와 가둠의 모든 울타리를 허물기 위한 프로젝트를 상호 지원하고 격려하는 것이다. 이러한 개방형 프로세스를 통해 대안적인 개발 형태와 개발에 대한 대안이 나타날 수 있다.

> 치아파스의 군사기지를 둘러싼 울타리는 제노아에서 열리는 G8 회의[8개국 회의]를 둘러싸고 있는 울타리와 같은 것이다. 무력한 자로부터 영향력 있는 자를, 목소리가 제거된 사람들로부터 목소리를 내는 사람들을 나누는 울타리이다. 그리고 그것은 어디서나 복제된다.
>
> 워싱턴에서 요하네스버그까지의 부유한 게이티드 커뮤니티를 둘러싼 울타리-이 지역은 빈곤의 바다에 떠 있는 번영의 섬이다. 이는 브라질에서 광대한 토지를 차지하는데 이 규모면 가

난한 사람들 수백만의 식량을 재배할 수 있다. 탄압되고 불만을 품은 이들이 쇼핑몰에 접근하지 못하도록 무장한 경비대원이 순찰을 돈다. 당신의 어머니와 할머니가 자유롭게 노닐던 장소에는 이제 "접근금지"라는 경고 표지판이 달려있다. 이 울타리는 부유한 세계와 가난한 세계 사이의 경계로 확장된다. 울타리는 철조망 너머 부유한 세계로 건너가려다가 붙잡힌 불운한 빈자인 난민들이 사는 셸터를 둘러싼다.

세계의 평범한 사람 모두를 치우고, 시야에서 제외시키고, 의사결정자들이 만드는 정책의 혜택에서 떨어트리기 위해 세워진 이 울타리는 또한 땅, 쉼터, 문화, 건강, 영양, 깨끗한 공기, 물 등 인간의 태생적 권리로부터 우리를 분리시킨다. 이윤에 취한 세계에서 공공장소는 민영화되며, 토지에는 담장이 둘러쳐지며, 종자, 약, 유전자는 특허화되며, 물은 양으로 측정되며, 민주주의는 구매력으로 변한다. 이 울타리는 우리 안에도 있다. 내부 경계들은 우리 마음과 심장을 가로지르며 우리는 혼자이며 우리 자신만을 위해야 한다고 말한다.

그러나 경계, 담장을 두른 곳, 울타리, 벽, 침묵은 인간의 손과 따뜻한 몸 그리고 "당신은 혼자가 아닙니다!"라는 가장 혁신적인 메시지를 외치는 강력한 목소리에 의해 무너져내리고 구멍이 뚫리며, 침입당하고 있다.

왜냐하면 우리는 어디에나 있기 때문이다.

우리는 시애틀, 프라하, 제네바, 워싱턴에 있다. 우리는 부에노스아이레스, 방갈로르, 마닐라, 더반, 키토에 있다. 이 중 많은 장소는 저항과 희망 그 어느 것의 여지도 점차 남겨두지 않는 세계에서 저항과 희망을 상징하는 항의의 아이콘이 되었다.

사파티스타 족은 울타리가 무너졌다고 믿는 수천 명의 사람들과 합류했다. 호주사막에 억류된 난민들은 감옥의 울타리를 허물었고 외부의 지지자들이 비밀리에 안전하게 해주었다. 브라질의 가난한 농촌토지 무소유자는 재배에 사용되지 않는 거대한 농장에 그들이 들어가지 못하도록 둘러쳐진 선을 끊고 부유한 부재자 소유주의 토지에 몰려들어 토지소유를 주장하고, 정착지를 만들었으며, 경작을 시작했다. 퀘벡시의 시위자들은 미주자유무역협정(Free Trade Area of the Americas) 정상회담을 둘러싼 "수치의 벽"으로 알려진 울타리를 무너뜨린다. 구부러진 울타리의 등을 타고 춤을 추는 이들의 무게에 눌려 울타리가 휘어지면서 시위자들은 최루탄의 유독가스가 꽃피는 동안에도 행복감에 젖어 기쁨에 찬 외침으로 목소리를 높인다. 남아공의 급진적인 게릴라 전기 기술자들은 전기를 불법으로 연결해주어 가난한 사람들이 전기를 공급받지 못하게 하는 민영화의 장벽을 깨고 있다. 아시아 전역 농민여성들은 상업종자를 사려면 부채를 져야 하는 시장 논리의 울타리를 무시한 채 자유롭게 종자를 교환하기 위해 함께 모인다. "자매여, 종자를 당신 손에 쥐어라!"라고 그들은 선언한다(노웨어의 노트, 2003: 21).

이미 인식하고 있으며 개발 과정을 개선하기 위해 항상 수정되고 있다. 그러므로 결점 때문에 개발을 그만두는 것은 아기를 목욕물이 묻은 채 던져버리는 것으로 보일 수 있다.

후기 발전주의 이론가들은 사람들이 더 나은 삶이라는 의미에서의 발전을 원할 수 있다는 아이디어를 비판하지 않는다. 오히려 그들은 "발전"이라는 단어의 두 번째 의미는 위에서 논의된 *특정한* 담론을 가리키며, 단어의 첫 번째 의미는 두 번째 의미와 떼려해도 뗄 수 없게 연결되었다고 본다. 결과적으로 개발은, 에스코바(1995: 39)가 지적한 바와 같이, "특정한 것들만 논의될 수 있고 심지어 상상될 수 있는 공간을 창출했다." 따라서 제3세계의 대다수의 사람에게 있어 개선된 삶은 주류 개발담론과 연관된 권력, 지식, 제도의 복합체가 초월될 때 비로소 이루어질 수 있다. 이 담론과 복합체를 초월하려면 비판적 분석도구, 정치적 용기, 이질성과 다원성에 대한 약속뿐 아니라 지속적인 자기 숙고적 검증을 내재화하는 집합적 에너지가 필요하다.

후기 식민주의 사고와 후기 발전주의 사고가 서로 보완적으로 작용할 수 있다. 후기 식민주의는 예리하고 이론적으로 정교하지만 물질적 현실과는 종종 거리가 멀다. 반면 후기 발전주의 사고는 인간적, 환경적 비극이 가해진 그리고 개발을 구성하는 권력과 지식체계가 간과하거나 말만으로 설명해버리는 날것의 상처를 다루는 데서 나오는 변화를 향한 분노의 요구가 뚜렷이 드러난다. 후기 식민주의와 후기 발전주의는 모두 두 번째로 우월한 교리를 개발하는 것이 아니라 멕시코에서 발생한 사파티스타 봉기와 같이 개방적이고 다원적이며 근본적으로 민주적인 변화과정 그리고 이와 연관하여 세계사회포럼(World Social Forum)과 같이 아래로부터의 세계화에서 희망을 찾는다(Slater, 2004; 사이드바: "노웨어의 노트").

노트

1) "비정부"라는 용어는 다소 자기 모순적이다. 왜냐하면 많은 제3세계 지역에서 비정부기구는 사실상 국가의 팔이 되었고, 과거 국가의 책임으로 간주되던 기본적 서비스를 (정부의 지원을 받아) 제공하고 있기 때문이다.

2) 예를 들어, 한편으로 기업은 지적 재산권의 무역관련 측면(Trade Related Aspects of Intellectual Property Rights)에 관한 WTO 협정을 통해 지적 재산권을 국제적으로 보호해줄 것을 강하고 일관되게 요구한다. 반면 근로자들은 임금, 복리후생, 근로자 건강, 안전 또는 노동조합 조직화에 대한 요구를 제한하여 기업투자와 일자리를 얻기 위해 경쟁해야 한다고 듣는다. 또한 지역은 저비용금융, 인프라 보조금, 세금감면, 감독규제 약화, 환경법 약화 등과 같은 양보를 하면서 서로 경쟁해야 한다. 때로 이런 양보는 특별경제구역(Special Economic Zones) 또는 수출촉진구역(Export Processing Zones)의 형태로 한번에 패키지로 제공된다.

3) 스피박 Spivak의 연구 "서발턴이 말할 수 있는가?"(1988a)는 정치적 지배, 경제적 착취, 문화적 소멸의 신식민지적 움직임을 탈식민주의 연구가 역설적으로 재현하고 조율하는 과정에 대한 그녀의 우려를 가장 잘 나타낸다 할 수 있다. 벤자민 그레이브스 Benjamin Graves(1998)는 스피박의 복잡한 연구를 잘 요약하며 그녀의 중심 질문을 다음과 같이 요약한다. 즉, 후기 식민주의 비평가는 제국주의 과업에 전혀 모르고 연루되었는가? "후기 식민주의"는 후기 식민주의가 해체하려고 하는 식민지배의 실제 방식과 동일한 측정법으로 동양을 분류하고 조사하는 제1세계의, 남성중심의, 특권화된, 학문적인, 제도화된 담론인가? 스피박에 따르면 후기 식민주의 연구는 후기 식민주의 사상가들이 특권을 가지는 것은 결국 불리한 것이라는 것을 알도록 독려해야 한다. "서발턴이 말할 수 있는가?"에서 스피박은 후기 식민 인도에서 자기주도성의 "목소리"나 집합적 중심을 찾아 재확립하기 위해 그람시 Gramsci의 용어 "서발턴"(경제적 소유권을 빼앗긴 사람들)을 재차용했으며 라나지트 구하 Ranajit Guha가 주도한 서발턴 연구의 노력을 독려하는 동시에 비판한다. 스피박은 서발턴에게 가해진 "인식론적 폭력"을 인정하면서도, 서발턴에게 집합적 목소리를 부여하여 서발턴의 상태를 개선하려는 외부로부터의 노력은 모두 (a) 이질적인 사람 간 문화적 연대라는 로고스 중심주의적 가정 (b) 서발턴이 그들 스스로 말하기보다 자신의 상태를 위해 "대신 말해주는" 서구 지식인에 대한 의존성의 문제를 겪게 될 것이라 주장한다. 스피박이 주장하듯, 집합적 문화정체성을 목소리 내어 말하고 재주장하게 되면 서발턴은 실제로는 사회 내 종속적 위치를 강화할 것이다. 서발턴의 집합성에 대한 학문적 가정은 데리다가 전체화시키고 본질주의적인 "신화"라 묘사할 서구 로고스의 민족중심적 확장과 유사해지며, 이는 식민화된 지역정치의 이질성을 설명하지 않는다.

2

생계와 비인간 세계의 차이

6

인구지리학

담론과 정치

일반적으로 저개발국은...산업화되지 않았다. 이들은 보통 비효율적이며 주로 생계중심적 농업시스템, 극도로 낮은 국민총생산과 1인당 소득, 높은 문맹률과 인구증가율 등을 특징으로 한다. 이 나라들 대부분은..."결코 발전한 적 없는 국가들"이라고 부르는 것이 거의 정확할 것이며 인구를 통제하지 않는다면 빈곤과 비참함에서 벗어날 수 없을 것이다. ... 오늘날 세계의 "가진 것이 없는 자들"은 전례 없는 상황에 있다. ...잡지, 영화, 라디오, 텔레비전을 통해 우리의 생활방식, 즉 훌륭한 집, 매우 다양한 일상식사, 자동차, 비행기, 트랙터, 냉장고 등에 대한 뉴스와 사진이 그들에게 전달된다. 우리의 풍요를 자신들도 즐기기를 자연스럽게 원하게 된다. ...뛰어난 정치적 감각을 갖지 않아도 이러한 기대가 지속적으로 좌절될 뿐 아니라 실제 생활수준이 악화될 것이라는 결과를 예측할 수 있다. 인구의 압박은 가치를 저하시키는 방향으로 작용하는 인구수로 묘사된다. [저개발국] 사람 다수에게 저하시킬 가치는 거의 남아있지 않으며, 이마저도 인류가 현재의 경로를 지속한다면 전망은 어둡다.

−PAUL R. EHRLICH AND ANNE H. EHRLICH(1970: 2−3)

미국 자체에 혹시 충격적이게도 인구문제가 있을 수 있을까? 세계에서 가장 가난한 나라뿐 아니라 가장 부유한 국가도 너무 빠른 속도로 아이들이 너무 많이 태어나고 너무 빠른 속도로 소비되는 너무 많은 자원에 대해 세금을 부과해야 하는 문제가 심각한가? 이 나라가 다른 이들에게 설교는 그만하고 자국의 인구증가에 대해 뭔가를 해야할 때가 되었는가? 얼마 전까지만 해도 이러한 질문은 터무니없는 것처럼 보였을 것이다. 이제는 아니다.

— DANIEL CALLAHAN(1971: xi−xii)

1980년대까지...인구관련 연구는 저개발국 대부분 지역에서 사실상 존재하지 않았을 뿐 아니라 일반 대중도 [인구 문제]에 관해 매우 막연한 생각을 가지고 있었다. ...오늘날은... 누구라도...높은 출산율에 대한 자신의 지론을 바로 펼친다. ...인구 문제에 대해 이렇게 대중이 관심을 가지고 인구증가 결정요인에 대한 여론까지 등장하게 된 데는 공식적 국가와 국제기구의 공동노력으로 인구문제가 최근 널리 알려진 탓이기도 하지만, 이는 부분적인 이유에 지나지 않는다. 높은 출산율의 원인에 대한 대중적 견해가 무수히 존재한다는 사실은 또한 다음을 의미하기도 한다. (a) 출산력 결정요인에 대한 명확한 견해를 제시하는 영향력을 가진 서로 다른 그룹이 두각을 나타냈고, (b) 출산율은 로비와 설득으로 정치화되기 쉬우며, 출산율 하락 이론은 자신들의 주장에 맞는 실증적 증거를 적어도 어느 정도는 가지고 올 수 있기 때문에 어떤 것이건 그렇게 이상하게 들리지 않는다.

— ALAKA MALWADE BASU(1997: 14)

위 인용문을 통해 지난 40년간 개발관련 인구라는 주제에서 논쟁의 대상이 되었던 열띤 주장을 엿볼 수 있다. 인용문에서 분명하게 드러나지 않을 수 있지만 더욱 주목할 만한 것은 지구 남반구 "과밀인구"에 대한 전제 그리고 "해법"으로서의 출산율 저감에 대해 정치적, 공적 합의가 널리 퍼져있다는 것이다. 이는 제3세계의 자신들에 대한 견해에서, 제1세계의 소위 제3세계 "인구위기"와 관련된 인식에서 나타난다(Basu, 1997; Hartmann, 1995; Johnson, 1995). 이 합의는(아무리 논쟁의 대상이 되어도 그리고 오늘날 학자들은 인구증가와 "발전"과정 간에 인과관계를 상정하는 데 주의를 기울이는데도 불구하고) 인구수와 출산율이 빈곤, 환경악화, 사회갈등의 핵심 원인이며 경제발전의 장애물이라 본다. 이 책은 많은 부분에서 사회문화적, 정치경제적, 생태물리학적 *과정*의 중요성을 강조하긴 하지만, 여기서는 지리적 감수성을 이러한 경쟁적 *담론*에 적용시키고 있다. 인구, 출산율, 인간의 자연적 증가를 강조하는 내러티브는 지리적으로나 역사적으로 특정한 사회적 의제와 불가분의 관계가 있다고 주장한다. 어떻게 그리고 누구에 의해, 서로 다른 지리적 스케일에 따라 재생산과 출산율이 통제되며 논쟁의 대상이 되는가? 그리고 그 결과는 무엇인가? 이러한 질문에 답하기 위해 위에서 언급한 합의가 도출되는 배경이 되는 핵심 이론적 틀 몇 가지를 살펴보겠다. 또한 그 합의의 기본 전제를 응용하여 "인구논쟁" 관련 용어와 이슈를 재구성하는 이론적 과정도 살펴보겠다.

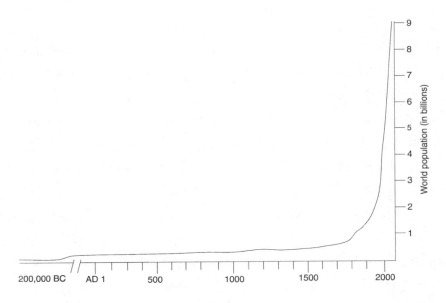

그림 6.1. 세계 인구 증가. 출처: Gore(1992: 408). 앨 고어 Al Gore 상원의원의 1992년 저작권. Houghton Mifflin Harcourt 출판사의 허가 후 사용.

그래프에 요약된 과거에서 미래까지의 인구증가 추이를 보면(그림 6.1), 몇백 년간 인구수준이 낮고 안정적이었으나 1500년경 상당히 증가하기 시작했다. 이는 유럽의 탐험과 교역확대가 시작되면서 유럽이 신대륙을 발견한 시기와 맞물린다. 1650년 지구 인구는 5억이었던 것으로 추정된다. 190년 후(1840년), 이 숫자는 10억에 달했다. 세계는 1920년(80년 후) 20억, 1965년(45년 후) 30억, 1979년(14년 후) 40억, 1986년 50억(7년 소요)에 달했다(Coale, 1974; 인구조사국 1986). 2009년 1월에 이르자 세계인구는 약 6,751,602,449명에 달했다(인구조사국, 2009).

이러한 인구증가 수치는 약탈, 노예화, 부의 획득 그리고 생산, 소비, 재분배의 과정을 통해 식민주의 역사가 식민피지배 국가가 독립한 후에도 가진 자와 가지지 못한 자를 지속적으로 만들어내는 데 미친 영향을 보여주지 못한다. 또한 정부와 국제조직이 실시하는 정책과 조건 제한 등으로 인한 영향도 보여주지 못한다. 이러한 사회경제적 과정은 장소에 따라 서로 다른 인구 역동성을 만들어낼 수 있다. 따라서 블라웃 Blaut(1993)은 유럽이 아메리카 대륙으로의 항해가 용이한 위치에 있는 이점을 지녔기 때문에 1500년 이후 인구, 산업, 상업이 성장할 수 있었다고 한다. 이를 통해 블라웃이 "식민주의의 첫 열매"(179)라 부른 신대륙에 위치한 자원에 대한 정복, 약탈, 개발이 가능해졌다. 이 과정에서 나타난 또 다른 측면은 유럽인들이 가지고 들어간 이국적 전염병과 전쟁으로 인해 아메리카 대륙의 인구가 급속히, 극심하게 그리고 광범위하게 감소했다는 것이다(Blaut,

1993: 184, 14장, 그림 14.1 참조).

1960년대 이후 인구에 관한 무수한 논쟁은 사회적 문제를 다루고자 했다. 예를 들어 빈곤국 인구통제에 대한 미국의 역할이라든가, 미국의 인구규모와 소비로 초래되는 생태적 불안정성에 대한 논의가 활발히 진행되어왔으며(Bouvier and Grant, 1994; Callahan, 1971; Johnson, 1995) 중국발 식량 불안정성도 논제로 가세했다(Brown, 1995). 그러나 정책 수준(그리고 이들의 정당성을 제공하는 당연시되는 "진리")에서는 인구수와 출산율 감소가 정부와 개발/원조 조직의 의제를 선점하여 이끌어왔으며 이는 제3세계 가난한 사람들의 삶과 신체에 대한 개입으로 나타났다.

다음 절은 인구문제에 대해 매우 다른 가정, 논리, 처방을 보이는 중요한 프레임워크 두 가지를 논의하면서 시작한다. 첫 번째는 인구의 자원에 대한 압박을 강조하여 인구증가와 이를 충당할 방법에 대한 인간의 창의적 능력 간의 경주를 중점으로 살펴본다. 두 번째는 인간의 필요와, 환경에 대한 인간의 영향을 결정하는 생산, 재생산, 소비, 분배의 관계를 형성하는 사회적 조직의 중요성을 강조한다. 이러한 광범위한 접근방식을 논의한 후 "인구학적 전환" 모델이 인구학적 변화 패턴을 이해하기 위해 어떻게 적용되었는지 살펴보겠다. 다음으로 기존의 인구문제 프레임에서 자주 무시되어온 중요한 스케일인 신체로 넘어간다. 이 스케일에서 인간의 재생산과 성생활은 서로 다른 이익집단 간 "출산의 수단, 목적, 의미"를 두고 벌어지는 갈등과 경합의 장이 된다(Kalher, 2000 : 878에서 인용된 Greenhalgh and Li). 마지막으로, 아프리카에서 인간 면역결핍 바이러스/후천성 면역결핍 증후군(HIV/AIDS)가 광범위하게 전파된 것과 출산율에 중요한 인과 영향을 미친다고 간주되는 문해력 이슈를 살펴봄으로써 인구논쟁의 선택성에 대해 생각해보기로 한다.

세계인구성장과 그로 인한 사회환경적 문제를 이해하기 위한 틀

인구 대비 자원 접근법

"맬서스의"라는 형용사는 수 세대를 걸쳐 세계의 생명에 대한 지속적인 불길한 신호로 우리와 함께 해왔다. 수를 증가시키는 인간의 유전적 능력은 인간에게 인간 수와 균형을 맞추어 이를 지속시킬 수 있는 수단을 계속 만들어내는 창조적이고 혁신적인 역량도 그만큼 요구한다. 인구문제 논쟁에 있어 인구수가 토지의 수용 역량보다 더 빠르게 증가한다고 하는 비관론자와 반대의 경우라고 하는 낙관론자 주장 모두는 맬서스적 관점을 주요 축으로 하고 있다. 양측은 모두 사회적, 기술적 혁신이 인구와 자원의 "불균형"
을 해결할 수 있는 핵심이라고 보지만 이러한 혁신의 속도와 제한에 관해서는 의견이
엇갈린다. 비관론자의 시초가 되는 맬서스의 주장과, 경제학자 에스터 보즈럽 Ester
Boserup과 줄리안 사이먼 Julian Simon과 같이 동일한 프레임워크를 사용해 낙관론적
견해를 펼치는 주장에 대해서 간단히 살펴본다.

맬서스의 주장

토머스 로버트 맬서스 목사 Reverend Thomas Robert Malthus는 33세가 되던 해인
1798년 *인구론 Essay of the Principle of Population*이라는 유명한 저서를 발표했다. 그
는 영국 성공회 성직자이자 지주 계급 구성원의 입장에서 이를 집필했다. 그의 인구 관
련 주장의 요지는 다음과 같다(아래 글 두 편은 맬서스 1798/1992에서 인용).

> 세계 인구를 설명하기 위해 아무 숫자나 들어 10억 단위라고 해보면, 인간 종족은 1, 2,
> 4, 8, 16, 32, 64, 128, 256, 512 등의 비율로, 식량은 1, 2, 3, 4, 5, 6, 7, 8, 9, 10 등의 비율
> 로 증가할 것이다. 2.25세기가 지나면 인구와 식량수단 간 비율은 512:10이 될 것이며 3세
> 기가 지나면 4096:13으로 그리고 2천 년 후에는 아무리 그때 식량이 엄청나게 늘어났을
> 지라도 거의 계산할 수 없을 정도까지 차이가 벌어질 것이다(9).

이 시나리오에서는 인구가 식량을 빠르게 넘어선다. 맬서스는 사람들이 인구증가에
대해 예를 들어 결혼을 피하거나 지체시키는 것 등을 통해 "예방적"으로 억제할 수 있
다고 보았다. 그러나 인구증가에 대한 이런 억제가 효과가 없을 때, 인구 과잉의 결과로
"긍정적" 억제(예: 전쟁, 기근, 질병, 혁명, 빈곤가정의 높은 유아 사망률)가 필연적으로 발생
한다. 그는 결혼 지연이라는 예방적 억제는 남성이 부양가족인 처와 아이들을 보살피기
위해 필요한 비용을 계산하면서 영국 사회 모든 부문에 걸쳐 일어났다고 주장했다. 그
러나 그는 또한, 영국과 그 외 지역의 가난한 사람들은 자연이 긍정적 억제를 통해 자원
과 인구수 균형을 맞추는 일이 일어날 때까지 지속해서 인구수를 증가시킬 것이라고 주
장했다.

> 인류의 악덕은 능동적이고 능력있는 인구절감 집행자이다. ...그러나 이러한 근절, 병이 만
> 연한 시기, 전염병, 역병, 이들의 조합적 발생이 수천, 수만을 제거하는 전쟁에서 실패해
> 야 하는가? 성공이 아직 불완전하다면, 피할 수 없는 거대한 기근이 뒤쪽에서 몰래 접근해

서 한 번 강력하게 휩쓸어 세계의 식량에 인구수를 맞추게 될 것이다(49).

맬서스는 자유주의, 평등, 형제애라는 프랑스 혁명 이상이 영국 전역을 가로질러 확산되면서 영국 상류층을 위협하자 그에 대항하기 위해 이 주장을 만들어냈다. 그는 이 인구이론을 통해 특권과 사회적 불평등을 방어하였으며 하층 계급의 처참한 삶이 자연 세력의 결과이므로 사회변화를 통해 인간이 해결하는 것이 불가능하다고 정당화했다. 즉 그는 첫째, "사회의 두 가지 근본적인 법칙, 즉 재산의 안전과 결혼제도가 일단 확립되면 조건의 불평등이 필연적으로 따라야 한다"(71)라고 하며 계급 차이가 불가피하고 도덕적이라고 보았다. 둘째, 아무리 자비롭고 평등한 사회라도 인구수가 식량 생산량을 넘어서면 영국 사회에 존재하는 모든 악이 필연적으로 출현할 것이라고 주장했다. 즉, "폭력, 억압, 거짓, 비참, 모든 혐오스러운 악, 절망의 모든 형태 등은 사회의 현재 상태를 저하시키고 슬프게 만드는데, 이는 가장 긴급한 상황이 되면 인간 본질에 내재하는 법칙에 따라 모든 인간의 규율과 절대적으로 무관하게 생겨나는 것 같다"(67)라고 주장했다.

맬서스는 가난한 사람에 대한 공공지원을 제공한 영국의 빈민법은 가난한 사람들의 일반적인 상태를 저하시키고 가난한 사람을 더욱 양산하므로 폐지해야 한다고 주장했다. 어쨌든 "의존적 빈곤은 수치스러운 것으로 받아들여져야 한다"(29)라는 것이다. 맬서스는 여성을 주로 남성의 소유로 보았으며, "하층 계급"의 도덕적, 성적 행동과 지적 역량을 경시하고 있었다. 그는 가난한 사람들 그리고 이들의 이른바 성적 음탕함과 증식 경향에 대해 종종 경멸과 비난을 나타냈다.

굶주림에 대한 갈망, 술에 대한 사랑, 아름다운 여성을 소유하려는 욕구로 남성들은 행동하게 되는데, 이들은 이런 일을 저지르는 순간에도 완벽히 확신하여 사회의 전반적 이익에 치명적인 결과를 초래한다(89).

어떤 국가건 하층 계급 사람들이 지적수준을 높이기 위해서는 욕구와 노동으로부터 충분히 자유로워져야 하는데, 이는 실현 불가능하다는 것을 명확하게 보이는 것이 이 에세이의 주요 주장이다(76).

요약하면, 맬서스는 변화 가능성에 대한 개인적인 신념과 함께 자신이 활용할 수 있는 불충분한 자료를 가지고 증가의 "자연적" 경로, 즉 식량생산과 인구의 경로 두 가지를 제안했다. 이런 인구의 "자연"법칙에 기반하여 그는 사회를 더욱 평등하게 만들려는 시도나, 가난한 사람들의 상황을 개선시키려는 시도조차 이상주의적이며, 현실세계에서는 가능하지 않으므로 실패할 것이라 주장했다. 실제로 낮은 하층계급에 자원을 제공하는 것은 모든 사람의 복지를 감소시키고 가난한 사람의 수를 더 증가시키므로 역효과를 낳는다는 것이다. 긍정적인 억제의 불행이 하층 계급에게 먼저 그리고 가장 무겁게 가해지는 것은 자연스럽고 불가피한 것이다. 또한 이런 빈곤, 전쟁, 기아, 질병, 혁명, 높은 영아 사망률 등을 포함한 비참함은 인구과잉의 증상이면서 억제로 볼 수 있다고 하였다.

신맬서스주의

2차 세계대전 후 개발 그리고 이후 나타난 환경적 지속 가능성의 문제로 업데이트된 맬서스주의가 나타났다. 빈곤, 기아, 영양실조, 환경파괴와 같은 문제가 인구문제를 통해 설명되었으며 가족계획의 형태를 빌려 먼저 인도에서 그리고 이후 전 세계적으로 개발전략의 중심이 되었다.

1968년 스탠포드 대학 생물학자 파울 에를리히 Paul Ehrlich는 *인구폭탄 The Population Bomb*을 발표하여 곧 지구가 충당할 수 있는 것보다 인구가 더 많이 증가하고 그 많은 입을 다 먹일 수 없기 때문에 1970년대에는 수억 명이 사망할 수 있다고 경고했다. 그 다음 해에는 캘리포니아 산타바바라 대학 생물과학 및 환경 연구교수인 개럿 하딘 Garrett Hardin이 맬서스 윤리를 세계로 확대했다. 하딘(1969, 1974)은 "구명선 윤리"(거대한 냉혹함의 모순)라는 개념을 옹호했다. 그의 설명에 따르면, 국가는 구명정이며 국가의 이민 정책은 인근에서 물에 잠겨 끌어올려줄 것을 애원하는 사람들에 대해 국민이 할 일을 결정한다. 그의 주장은 이번에는 1차 세계대전 프랑스 전장에서 사용된 "*부상자 분류*(triage)"라는 이미지를 차용한다. 부상자 분류에서는, [밀려드는 부상병을] 주체할 수 없었던 의료진이 부상병을 즉각적인 의료 처치가 없어도 회복할 수 있을 사람들, 어쨌거나 죽게 될 사람들, 전장에서 치료를 받으면 살아날 수 있는 사람들의 세 분류로 나누었다. 하딘은 세계 각국에 해당하는 구명정 170개 정도가 유사하게 부상자 분류 검사를 받아 생존하고 인구와 자원 간 균형을 이룰 잠재력이 확실한 국가에게 "의료진"이 관심을 주어야 한다고 주장했다.

하딘과 다른 많은 사람에게 방글라데시 같은 국가는 국제적으로 "구제불능"으로, 맬서스가 주장했던 기아, 전쟁, 병해, 질병이 지배하는 시기, 극심한 자연적 재해를 통한 황폐화를 경험해야 한다(그리고 실제로 방글라데시는 네팔, 인도, 부탄 고원의 민둥산에서 흘러내려오는 빗물을 받아 1988년 참혹한 홍수라는 자연재해를 경험하여 수백만 인구가 피난처를 잃었다).

국가를 구명선의 집합체로 생각하면 여러 불편한 사실을 무시해야 한다. 첫째, 다음과 같은 질문이 생긴다. 이런 구명선이 애초에 어떻게 만들어졌나? 미국 독자라면, 미국 구명선은 어떻게 만들어졌나? 둘째, 이는 현재 자원에 대한 접근이 공평하게 분배되어있다는 가정을 전제로 한다. 그러나 실제로는 미국이라는 구명선을 만들고 유지하는데 있어 다른 구명선에서 상품, 아이디어, 자본이 지속적으로 흘러 들어와야 했다. 세계 인구의 5% 이하를 차지하는 이 인구가 세계국민총소득(Global Gross National Income)의 31%를 생산, 소비하며, 이의 상당 부분이 다른 구명정으로부터 미국 뱃전으로 들여온 것이다.

2004년 1인당 국민총소득이 500달러 미만인 국가를 "구제불능"으로 선택한다면 사하라 사막 이남 아프리카 국가들 28개(에티오피아 인구 7천만 명, 나이지리아 1억 4천만 명 포함), 방글라데시(인구 1억 4천1백만 명)를 포함한 아시아 7개국 등이 목록에 포함될 것이다(표 6.1). 전반적으로 5억 6천만 아프리카인(아프리카 인구의 절반 이상)과 2억 2천3백만 아시아인을 합해 총 7억 8천2백만 명에 달하는 인구가 부상자에 분류될 것이다. 이것은 물론 다른 국가에서 500달러 미만으로 살고 있는 10억 명 이상의 사람들은 무시한 수치이다. 신맬서스주의 논리를 적용해 처분할 수 있는 인구의 위치를 이런 단순한 계산으로 결정하는 것은 "사람이 자신의 지리적, 사회적, 정신적 서식지에서 비좁은 느낌이 들기 시작하면, 그들은 생물종에서 인간으로 간주될 권리를 부정하는 단순한 해결책에 유혹받을 위험에 처한다"라는 레비스트로스 Levistrauss의 주장과도 유사하다(Harvey, 1974: 275－276에서 인용).

사람들이 개인은 무게가 없지만 자신이 국민으로 소속된 국가의 평균 국민총소득만큼 머리에 얹고 걷는다고 상상해보라. 2004년 평균 미국인 41,400달러, 부룬디 평균적 시민 90달러처럼 말이다(국가 내부에 존재하는, 말하자면 옥시덴탈 석유 Occidental Petroleum의 책임자와 워싱턴 디씨 Washington DC의 유랑여성[스카프 아래 50달러를 끼워둔] 간 차이는 일단 무시한다.). 또는 서로 다른 나라의 "국민총소득 인구밀도 GNI Population density"를 계산할 수도 있다. 이들은 우리를 지탱하는 환경에 대해 우리 각자가 지니는 수요("모욕"이 아니라면)를 어느 정도 나타낸다. 미국에서 태어난 아이에 대해 우리는 잘 입히고, 먹이고, 교육(대학까지)시키고, 질병과 폭력으로부터 보호하고, 곧 아이폰, 차, 집 등등을 소유하는 전통적인 아메리칸 드림을 실현할 것을 규범적으로 기대한다. 물론, 지구에 사는 사람 대부분에게 있어 이런 꿈을 성취한다는 건 요원한 일이다.

국민총소득 인구밀도를 1.0으로 지수화하면 미국 국민은 자원을 1제곱마일당 4.33의 비율로 사용하는 반면 나이지리아 평균 국민은 1제곱미터당 0.008의 비율로 사용하여 그 비율이 541:1이다(표 6.2). 일본같이 국토 면적이 작은 선진국의 국민총소득 인구

표 6.1. 부상자 선별: 버릴 국가?(1인당 연간 국민총소득 500달러 미만, 미달러)

국가	인구(2004년, 백만)	국가	인구(2004년, 백만)
아프리카		르완다	8.4
부르키나 파소	12.4.	시에라리온	5.4
부룬디	7.4.	소말리아	9.9
중앙 아프리카공화국	4.0.	탄자니아	36.6
차드	8.8	토고	5.0
콩고	54.8	우간다	25.9
에리트레아	4.5.	잠비아	10.6
에티오피아	70.0	짐바브웨	13.2
감비아	1.5.	합계	559.6
가나	21.2.		
기니아	8.1.	*아시아*	
기니아 비사우	1.5	방글라데시	140.5
케냐	32.5	캄보디아	13.6
라이베리아	3.5	키르기스스탄	5.1
마다가스카르	17.3	라오스	5.8
말라위	11.2	네팔	25.2
말리	12.0	타지키스탄	6.4
모리타니아	2.9	우즈베키스탄	25.9
모잠비크	19.1	합계	222.5
니제르	12.1		
나이지리아	139.8	총합	782.1

출처: World Bank(2005b).

밀도는 매우 높은 반면 캐나다, 러시아 연방은 낮은 밀도 수치를 보인다. 사람들과 소득을 조합하여 계산한 일본의 "토지이용집중도"가 지니는 제곱마일당 영향은 세계 평균의 37배이며, 나이지리아 (비슷하게 정의된) 토지이용집중도의 4,585배이다. 국민총소득 인구밀도의 개념은 웨커라젤과 리스 Wackeragel and Rees(1996)가 제안한 "생태발자국" 개념과 유사하지만 반비례한다. 생태발자국은 매년 한 국가에서 생산되는 지속 가능한 자원이 그 국가 인구를 지원하는 데 얼마나 필요한지(생산적인 해양수를 포함)이며, 한 국가 면적에서 차지하는 면적으로 표시된다. 제1세계 산업국가의 생태발자국은 고질라와 같아, 발자국이 자신들 국가보다 훨씬 큰 면적에 분포한다.

위에서 강조한 사회적 차이 문제는 중요하며, 곧 논의할 것이다. 그러나 먼저, 일부 학자는 인구와 자원 문제에 대해 훨씬 낙관적인 "견해"를 갖고 맬서스주의자와 신맬서스주의자의 주장에 논박을 제기한다는 점을 짚고 넘어가자. 맬서스는 두 가지 근거 없는 사실을 서술하면서 자신의 주장을 시작한다. 즉, 인구는 기하급수적으로 증가하며,

표 6.2. 재정의된 인구압박: 2004년 국민총소득인구와 국민총소득인구밀도 비교(선별국가)

국가	인구 (백만)	1인당 GNI (미달러)	국민총소득인구 (백만, 미달러)	면적 (제곱마일)	국민총소득인구 (백만)[1]	지수[2]
일본	127.8	31,700	4,051,260	144,870	27.965	36.68
미국	293.5	41,400	12,150,900	3,679,245	3.303	4.33
스웨덴	9.0	55,770	501,930	173,732	2.889	3.79
폴란드	38.2	6,090	232,638	120,728	1.927	2.53
방글라데시	140.5	440	61,820	555,598	1.112	1.46
캐나다	31.9	28,390	905,641	3,849,674	0.235	0.31
중국	1,296.5	1,290	1,672,485	3,718,782	0.450	0.59
러시아 연준	142.8	3,410	486,948	6,592,849	0.074	0.09
니제르	12.1	230	2,783	489,191	0.006	0.008
세계	6,349.3	6,179	39,232,325	51,464,703	0.762	1.00

출처: World Bank(2005b).
[1]국민총소득 인구밀도 = 총소득/면적(제곱마일).
[2]국민총소득 인구밀도를 세계 평균(0.762)으로 나누어 계산한 지수.

식량생산은 산술적으로 증가한다는 것이다. 이 두 가지는 모두 완전히 잘못되었다는 것이 증명되었다. 맬서스는 맬서스 시대에도 존재하던 출산율 조절에 대한 인간의 혁신성을 이해하지 못했으며, 새로운 피임기술 개발에 대해서는 더욱 그러했다. 마찬가지로 그는 혁신 가능성과 농업 혁신 적용에 대해 협소하고 비현실적인 견해를 가지고 있었다. 다음으로 에스터 보즈럽 Ester Boserup과 줄리언 사이먼 Julian Simon의 연구를 통해 낙관적 측면의 주장을 살펴보도록 한다.

에스터 보즈럽, 맬서스를 뒤집다

1965년, 덴마크 경제학자 에스터 보즈럽 Ester Boserup은 맬서스의 주장을 뒤집었다. 보즈럽은 산업화 이전 농경사회에서도 인구압박은 빈곤화와 맬서스적 억제가 아니라 농업생산량 증가를 초래했음을 보였다. 인도에서의 현장연구(1957-1960)와 다른 지역 농경역사에 대한 방대한 연구에 근거하여 농업 생산 증가의 잠재력은 사실 복합적이며 맬서스가 주장한 산술적 증가에만 국한되는 것이 아니라고 주장했다. 그녀는 인간 혁신에 따라 농업 생산이 매우 달라지며, 실제로 인구압박은 농업 향상을 이끌어내는 원동력이라 보았다.

보즈럽은 인구가 지속적으로 느리게 자원에 압박을 가하는 상황에서 사람들이 토지 단위당 농업 생산량을 증가시키는 방법(곡물생산량 증가와 같이)을 찾아낸 사회의 사례를 보여준다. 그녀는 먼저 모든 농경지를 연속선상에 배치하고, 특성에 따른 휴면 기간의 마지막에 등장하는 경관의 각 유형에 적합한(그리고 필수적인) 도구, 노동, 기반시설, 사회 및 경제제도를 살펴보았다. 이 식생경관 유형은 뒤로 갈수록 토지 사용 집중도가 증가하는 일련의 양식을 형성한다(산림 휴경 → 수풀 휴경 → 단기 휴경 → 연간 곡물재배 → 다중 곡물재배). 보편적 적용이 제한적이긴 하지만(숲이 없고 풀더미를 이용한 농업기술을 사용한 초지나 자원 빈약으로 보즈럽의 연속선상에 있는 연간 곡물재배와 다중 곡물재배에 이를 정도로 집중화할 수 없는 지역의 경우), 보즈럽은 생물물리학적 요소, 농업기술, 사회적 제도 및 실행 간 연결성에 대해 사람들이 다시 생각할 수 있도록 했다.

보즈럽은 노동의 동원에 큰 관심을 가져, 농업이 집중화됨에 따라 사회가 장기간에 걸쳐 노동을 확산하고(관개, 서로 다른 성장절기 환경 이용) 사람들이 더 열심히 일하도록 하는 방법을 어떻게 고안해내는지 보여주었다. 가정 내 노예, 일부다처제, "신랑봉사"(신랑은 그의 아내의 가족을 위해 일함), 노동 그룹 그리고 동족결혼 카스트(소속 계층 외에서는 결혼할 수 없는 카스트)와 같은 제도나 관행이 노동의 동원에 도움이 되었다. 또한 계단식 논, 관개고랑, 과일나무, 정기적 비료 사용과 같이 토지에 영구적으로 투자하게 되면 휴경기가 감소해도 수확량 증가에 도움이 된다는 것도 보였다. 그녀는 태도와 관행이 예측 가능한 수준으로 변화하면 농업이 집중화되면서 농경 형태의 변화가 촉진된다고 주장했다.

보즈럽은 단계별 농업성장을 신중하게 연구하여 집중화가 발생하면서 어떤 일이 순차적으로 벌어질지 예상하여 제시했다. 이는 농업 성장의 각 단계에 적합한 도구, 기법, 가축 및 방목지, 정착지 형태와 유통 패턴, 노동투입, 자본투입, 한계수입, 토지소유제도, 사회정치적 특성 등을 추정한 것이다(표 6.3). 이 분석은 국가 시스템의 역할, 시장관계 및 자본주의적 침투가 왜곡시키는 사회경제적 관계, 잉여에 대한 부당한 전용 등을 적절하게 설명하지 못했다는 비판을 받아왔지만, 제3세계 농경 변화를 연구하는 학자들은 그녀가 제시한 통찰력의 많은 부분을 수용했다(Blaikie, 1985; Datoo, 1978; Turner and Ali, 1996).

궁극적 자원으로서의 인간

시카고에서 공부한 미국 경제학자이자 헤리티지 재단(Heritage Foundation)과 카토재단 Cato Institute 보수진영 싱크탱크의 수석연구원인 줄리안 사이먼 Julian Simon은 맬서스의 주장을 한층 더 뒤집어 *궁극적 자원 The Ultimate Resource*이라는 책 제목을 통해 인간이 궁극적 자원임을 제안하고 있다(Simon, 1981, 1996). 사이먼(1996: 12)은 "단기적으로 모든 자원은 제한되어 있다. …그러나 장거리 달리기는 다른 이야기이다. 기록이 시작된 이래 삶의 수준은 세계인구 규모와 함께 향상되었다. 더 나은 삶을 향한 이런 추세가

표 6.3. 농업성장과 집중화에 대한 에스터 보즈럽의 예상

보즈럽의 농경단계	보즈럽의 토지이용 요인	윌리엄 엘런의 토지구분 용어	엘런의 토지이용 요인	도구	생산 시스템에서 가축의 역할	정착 형태	인구밀도
다모작	0.3-0.5	영구경작	〈1	관개, 트랙터, 개량종 살충제 등이 일반적으로 적용	가축은 경쟁력이 약하여 제외 가능	일부 도시화	높음/매우 높음
일모작	1		1		방목, 경작권을 둘러싼 갈등 심화. 사료공급 증가	일부 도시화. 기반시설 투자 시작	높음
단기 휴경	2-3	반영구 경작	2.5-3	팽이, 쟁기, 불, 역축	쟁기질과 분뇨공급을 위해 가축 활용. 방목, 경작권을 둘러싼 갈등	영구정착, 우물, 도로	보통
수풀 경작	7-13	반복 경작	4-8(10)	불, 도끼, 팽이	일부 밭 분뇨 살포를 위해 가축 활용 시작	안정적 정착. 일부 대규모 정착지 발달	낮음
삼림 경작	10-26	이동 경작	〉10	삽, 도끼, 불	가축이 농업에 동원되지 않음	불안정적으로 산재	매우 낮음

보즈럽의 농경단계	교통 네트워크	사회정치적 조직	임금경제 현금거래	사회 기반시설	토지권	노동분업	한계 생산성
다모작	지선도로, 트럭	도시중심으로 권력 이동. 협동조합, 마케팅 조직	농업 외 임금 노동력 비율 증가		영구적 소유권 및 투자. 토지 미보유 계급 등장	인구유출	
일모작	도로 네트워크 형성	(임대) 토지주/임대인	(자유보유권) 농촌 토지소유권, 소규모 농업	보건 서비스(물공급), 사회 서비스(교육) 기반시설 증가 및 이용인구 비율 증가	파편화	장시간 노동과 노동의 세분화 증가. 토지 미소유/임금노동 그룹	(투입) 노동 (위로 갈수록 노동시간이 보다 균등하게 분배)
단기 휴경	도로, 걷는 길	사회구조 차별화			개별적 사용권한		(산출) 노동시간당 생산은 아래로 갈수록 증가
수풀 경작	효율성 증가	중앙권력 다소 증가	현금거래 증가. 토지소유권 개념 등장		일정 토지를 경작할 수 있는 경작권. 개인은 "봉권적 권력"하에 경작 가능한 토지를 점유		(산출) 단위 면적당 생산은 아래로 갈수록 증가
삼림 경작	걷는 길	중앙권력 없음			토지경작의 일반적 권리. 개인은 토지를 영구적으로 점유하지 않음		

출처: Boserup(1985)과 Allan(1965).

무한히 지속되지 않아야 한다는 타당한 경제적 이유가 존재하지 않는다"라고 주장했다. 이 관점에 따르면 자본주의 사회가 지탱할 수 있는 인구수에는 사실상 제한이 없다.

시장 인센티브가 이끄는 인간의 독창성이 이런 추세를 이끄는 원동력이다. 사이먼의 경우 "더 많은 인구는 지식생산에 영향을 미친다. 새로운 아이디어를 만들어내는 생각이 더 많아지고(수요 측면), 가격을 올리고 새로운 지식창출에 대한 재정적 인센티브를 만들어낼 수 있는 소비자도 더 많아지기 때문이다(공급 측면). 이러한 지식의 창출은 궁극적으로 우리를 부유하게 만들고, 인구증가와 소득증가로 초래될 수 있는 문제를 해결한다"(Ahlburg, 1998: 322). 사이먼은 인구-환경의 주요 논쟁 주제에 대해 100년 이상 이전의 자료 다수를 포함, 100개가 넘는 그래프를 사용하여 그의 주장을 뒷받침했다. 이 자료에 따르면 인구와 부가 증가함에 따라 인간복리와 수명이 증가했으며, 기본재 가격(경제적 희소성의 척도)은 감소한 것으로 나타났다. 사이먼은 자신의 주장을 행동으로 보여 1980년 신맬서스주의 생태학자 파울 에를리히 Paul Ehrlich와 유명한 내기를 했다. 에를리히가 선택한 다섯 가지 금속이 1980년에 비해 1990년에 더 저렴할 것인지 여부가 내기 대상이었다(가격 감소는 희소성 감소를 의미). 결과는 사이먼의 승리였다. 1990년, 다섯 가지 모두 더 저렴했던 것이다.

상당한 통계적 증거가 뒷받침하는 사이먼의 통찰력과 주장은 맬서스의 비관론을 강력히 견제한다. 그러나 사람들이 궁극적인 자원이라는 그의 주장은 방향을 제시하는 시장가격 신호와, 사회가 문제해결을 위한 새로운 지식과 실천을 얼마나 효율적으로 개발할 수 있는지에 달려있다. 이러한 조건은 항상 유지되지 않을 수도 있다. 예를 들어 켈리와 슈미트 Kelley and Schmidt(1996)는 1980년대 인구증가와 1인당 소득의 성장 간에 부정적인 상관관계를 보임을 제시했다. 사이먼의 추론은 또한 환경이 점진적, 연속적, 가역적으로 변화한다는 가정을 바탕으로 한다. 그러나 환경 변화가 불연속, 비선형적일 수 있으며, 이러한 변화가 때로는 불가역적이라는 것을 보이는 과학자들의 주장이 점점 더 나오고 있다. 이러한 경우 시장은 돌이킬 수 없는 피해가 발생한 후에만 대응할 수 있으므로 시장 원리보다는 사전예방 원칙이 필요하다. 마지막으로 인구와 소비를 지속적으로 증가시키는 데 필요한 지식을 사회가 항상 창출하고 적용할 것이라는 사이먼의 신념은 그가 조사한 역사적 경향에 대한 자신의 이해를 바탕으로 한 믿음의 결과일 뿐이었다(Ahlberg, 1998: 320-323).

인구 대 자원 접근법 비판

지금까지 인구수와 인간의 식량조달 능력 중 어떤 쪽이 "자연적으로" 더 빠르게 증가하는지에 대해 장기간 치열하게 진행되었던 논쟁에서 몇 가지 핵심 주장을 살펴보았다. 이 논쟁은 종종 사회 및 기술 혁신의 속도와 한계를 다루었다. 이 논쟁의 해결책이라는 것이 너무 제한적이므로 결정적인 해결책을 찾기는 어렵다. 간단히 말해, 논쟁은 어느 정도의 인구 규모가 "너무 많은지"가 중심 이슈이며 서로 다른 사람들과 생산/소비 시스템이 사회와 자연 시스템에게 가하는 충격의 유형과 수준이 다를 것이라는 점은 고려하지 않는다. 이런 이슈는 "블랙박스"로 분류되어있다. 이러한 논쟁의 맥락을 따라 이제는 "수용능력 Carrying Capacity"이라는 개념을 집중적으로 살펴보자. 생태학자들은 일정한 토지 면적에서 토지질의 저하를 초래하지 않고 유지될 수 있는 동물의 개체 수를 나타내기 위해 수용능력이라는 개념을 개발했다. 예를 들어 목초지의 특정 지역은 야생마를 최대 100마리까지 수년 동안 먹일 수 있다고 가정하자. 만약 야생마 개체 수가 120마리까지 증가한다면 야생마들은 목초지의 풀을 과도하게 먹어치우고 짓밟아 목초지가 자신들을 먹일 수 있는 능력을 손상시키게 된다. 그렇게 되면 이주나 사망으로 야생마 개체 수는 감소할 수밖에 없다.

수용능력이라는 개념은 동물을 대상으로 할 때도 비난을 받아왔지만 인간에게 적용할 경우 특히 문제가 된다. 다른 동물은 사람에 비해 개체당 소비가 적고 안정적인 경향이 있으며, 생산이나 소비 기술을 신속하게 또는 극적으로 변화시킬 수 없다. 이와 달리, 인간의 1인당 소비량은 생물학적 최소치에서 무한대에 걸쳐있으므로 범위가 무한하다. 사회적, 기술적 생산시스템 역시 그만큼 변화무쌍하다. 동물 수용능력에 대한 주장은 모든 개체가 초래하는 소비와 손상의 관계가 상대적으로 안정되어있고 동등하기 때문에 개체 수에 초점을 맞출 수 있다. 이러한 동등성은 인간에 대해서는 전혀 적용이 불가하다. 어떤 개인은 생물학적으로 필요한 최소한에 근접한 소비에 의존해 살지만 다른 개인은 중산층의 대량소비 구성원과 극도의 부를 소유한 고소비 계층도 포함한다. 사회적으로 차별화된 인간사회의 수용능력은 이 차별화의 특성, 즉 그러한 사회의 다양한 부문이 무엇을 생산하고 소비하는지 그리고 이러한 생산/소비를 위한 사회적, 기술적 시스템이 인구 대비 자원의 논쟁으로 틀지어져 가려지고 마는지 등의 이슈에 달려 있다는 점은 분명하다(사이드바: "수용능력?" 참조).

위에 논의된 접근법은 현상유지를 각각 다른 방식으로 정당화한다. 맬서스는 인구 대 자원 프레임워크를 사용하여 소수 특권층을 보호하기 위해 이러한 사회적 질서는 인간제도가 아니라 자연법칙에 따라 만들어지고 유지된다고 주장하였다. 또 다른 극단적 주장으로, 사이먼은 자유시장과 혁신이 우리 모두의 복리를 증진시켜줄 것이므로 특권이건 자원이건 걱정할 필요가 없다고 주장했다. 신맬서스주의 주장은 발전이 광범위하게 확산될 수 있지만 인구억제를 통해 이 발전에 대한 비용을 지불해야 한다고 한다. 인구

수용능력?

티모시 미첼 Timothy Mitchell(2002)은 수용능력 개념에 근거한 주장에 대해 강력한 실증적 비판을 제기한다. 그는 이집트 사례에 대해 미국국제개발처(USAID), 세계은행과 같은 개발기구가 발행한 보고서의 주장을 체계적으로 반박하고 있다.

토지가 충분치 않은가? 누구에게?

1976년 USAID 조사를 인용하여 미첼은 이집트에 토지 자체가 충분하지 않다는 결론을 얻었다. 보유 토지의 평균 면적은 2에이커 미만이었다. 이 중 94%는 5에이커 미만이었다. 그리고 최소 50에이커 이상의 면적을 보유한 토지 소유자는 0.2%였다. 이 조사에 따르면 사용 가능한 공간에 농부가 과밀되어있다는 것을 알 수 있으며, 그 외에도 다음과 같이 중요한 점을 지적하고 있다.

- 5에이커면 충분하다! 이집트의 비옥한 토양, 연중 내내 내리쬐는 햇빛, 관개용수가 있으므로 보유 토지가 5에이커면 5인 가정이 노동을 고용하지 않고도 전업으로 일하며 자신의 땅을 일굴 수 있다. 1988년, 이러한 가정이 자급자족하기 위해 필요한 농장의 최소 면적은 0.625에이커에 불과했다.
- 그 땅은 어디로 갔는가? USAID 조사에 따르면 1976년 토지 소유자 6%가 이집트 농업 지역의 33%를 지배했다. 1982년에는 토지 소유자 10%가 농경지의 47.5%를 지배했다. 1980년대 농업 관련 기업은 베텔 국제 농업비즈니스 Bechtel International Agribusiness 부서가 10,000에이커 부지를, 델타 Delta와 슈거 Sugar의 합작 벤처가 40,000에이커 부지를 관리한 것처럼 농업기업이 광범위한 부지를 관리했다.
- 토지 개혁이 토지 소유를 3에이커로 제한하면, 적어도 토지 260만 에이커는 토지를 아예 소유하지 않거나 거의 소유하지 않는 이들에게 재분배할 수 있으며, 이집트 모든 가구는 자급을 위해 적어도 0.625에이커를 소유할 수 있을 것이다.

그러나 이집트 발전에 있어서의 장애물을 규명하는 공식적 연구들은 결코 토지 개혁에 대한 문제를 꺼내지 않았다. 이와 달리 USAID는 이집트 농촌에 "자유시장" 프로그램을 도입하여 초기의 개혁을 없애고 토지에 대한 대규모 농장 소유를 더욱 확고히했다.

식량이 충분치 않은가? 누구에게?

미첼(2002)은 세계은행이 1965년부터 1980년까지 이집트의 연간 인구증가율은 2.1%이고 농업생산량 증가는 2.7%라고 보고했음에 주목했다. 1980년대 인구는 2.4% 비율로 증가한 반면 1인당 식량생산은 17%로 더 빠르게 증가했다. 그러나 이집트는 식량을 더 많이 수입해야 했고 영양부족이 확

산되어 두 배 이상 증가한 것으로 추산된다. 이것은 음식이 부족했기 때문이 아니라 누가 무엇을 먹
는지에 중요한 변화가 생겼기 때문이다. 다음을 생각해보자.

- 1970년대 후반에서 1980년대 중반 석유 붐이 있었던 기간 동안 부유층 최상위 5%의 소득이
  농촌가구에서 25%, 도시가구에서 29%로 증가했다. 이러한 불평등은 USAID와 IMF가 가격
  보조금을 없애고 실업을 늘리고 경기 침체를 초래하는 구조조정정책을 강요했을 때 더욱 악
  화되었다.
- 1980년대에는 거주 외국인, 관광객, 중산층, 상류층 도시 거주자가 주로 소비하는 육류 및 기
  타 동물성 제품에 대한 수요가 급격히 증가했다. 1981-82년에는 닭과 소고기에 대한 부유층
  상위 25%의 소비량이 빈곤층 하위 25%보다 3배가량 높았다. 석유 붐 기간 동안 소득이 증
  가하고 미국과 이집트 정부가 막대한 보조금을 제공하면서 콩과 옥수수 위주 식단에서 덜 건
  강한 밀과 육류 제품을 토대로 한 식단으로 변화되었다.
- 1980년에서 1987년 사이 작물 생산량은 10% 증가했지만 가축 생산량은 거의 50% 증가했
  다. 붉은 고기 1킬로그램을 생산하려면 곡류 10킬로그램이 필요하다. 이러한 상관관계가 주
  식량 공급이 직접적인 인간 소비에서 동물 사료로 전환된 것(결국에는 훨씬 적지만 부유한 사
  람들에게로 향하는 식량공급)에 지니는 함의를 생각해보라.
- 미첼(2002)의 주장에 따라 다음과 같은 문장에 대해 세 가지 질문을 만들어보길 권한다: "갠
  지스 삼각주 지역에 너무 많은 인구가 밀집해있기 때문에 방글라데시 정부는 해당국가의 인구
  폭발을 긴급 우선순위로 두어야 한다."

대 자원 프레임워크가 차이를 다루지 못하므로 기존의 사회적 위계질서와 욕구 및 필요
에 대한 사회적 정의, 생산시스템, 이에 따른 결과 등의 전반을 계속 자연스러운 것으로
간주해 "보이지 않게" 만들고 현상유지를 수용하도록 촉진시킨다. 이를 통해 신맬서스주
의 비관론자들은(일반적으로 2차 세계대전 이후 실시된 인구관련 프로그램과 정책을 이끌었던
사람들) 인구억제를 도구와 목적 모두로 만들었다. 그러는 동안 사회적 차이를 간과하고,
한편으로 빈곤과 환경악화를 초래하지만 다른 한편으로는 환경을 복구하고 평등하고 지
속 가능한 사용을 촉진할 수 있는 인간주체와 사회적 구조를 밝혀낼 수 있는 여지를 차단
했다. 더욱이 인구억제 프로그램이 미치는 영향 자체가 사회마다 고르게 분포하지 않는
다. 부유한 사람이나 남성은 가족계획 프로그램의 대상이 아니다. 전형적으로 저소득층
의 빈곤 여성이 대상이 된다. 국가가 (또는 국제원조를 통해) 지원하는 출산억제 프로그램,
"국가" 개발계획에서의 배제, 자원에 대한 접근성 감소 등으로 인한 부담을 가난한 사람
이 져야 할 경우, 국가나 비정부 주체가 책임지도록 만들 수 있는 여지는 거의 없다.

사회구조 접근법

"수용능력?" 사이드바에서 살펴본 비판은 소위 "인구 문제"에 대한 사회구조 접근법의 사례를 잘 보여준다. 맬서스적 접근법과 달리 사회구조을 강조하는 접근은 자원량 대비 급격한 인구수 증가가 빈곤, 기아, 영양실조, 환경악화, 갈등 등의 근본 원인이라고 보지 않는다. 인구에 관한 사회구조 접근법은 결코 획일적이지 않아 다양한 정도의 마르크스주의자들에서 "페미니스트"라 불리는 접근의 다양한 색채까지 넓은 범위를 보이지만 이들은 한 가지 중요한 점에서 수렴하는 경향이 있다. 즉, 사회가 필요를 정의하고 생산과 분배시스템을 조직하는 방식에서 이런 문제가 유래된다고 본다는 것이다.

자본주의, 잉여인구, 악화

19세기 중반 유럽에서 글을 썼던 칼 마르크스 Karl Marx는 인구역학과 빈곤이 보편적 자연법칙의 피할 수 없는 산물이라는 맬서스의 주장을 비판하며 이는 사회적 요인의 산물이라 주장했다. 마르크스는 "인구과잉" 개념 대신 "잉여노동인구"라는 계급 관련 개념을 사용한다. 이익을 극대화함으로써 살아남는 개인 자본가들을 기반으로 하는 자본주의적 생산방식에서 잉여 노동인구는 자본축적의 전제조건이 된다. 비용을 최소화하고 수익을 극대화하기 위해 지속적인 경제성장을 추구하는 구조에서 가용한 모든 수단(기술적, 사회적 혁신과 정치적, 경제적 권력)이 동원된다. 경제가 완전고용에 접근하면서 임금이 상향 조정되고 효율성이 떨어지는 생산자가 파산하게 되면 인구 규모나 밀도에 상관없이 고용이 감소하고 임금 압박이 감소하며 실업 "잉여"인구를 양산한다. 따라서 마르크스는 맬서스와 달리 노동계급의 빈곤은 자연의 법칙에 의거해서 제대로 설명될 수 없다고 주장했다. 그것은 "자본주의 생산양식 내부의 고질적 상태"였다(Harvey, 1974: 269).
　　자본주의적 생산양식은 실업 "잉여" 인구를 체계적으로 양산할 뿐 아니라 오코너 O'Connor(1998)와 같은 생태 마르크스주의자들은 자본주의가 근로자 건강 및 안전과 환경 모두를 포함한 생산에 필요한 환경을 체계적으로 저하시키는 경향이 있다고 주장한다. 이는 근로자 건강과 환경 그리고 환경적 책임에 대한 투자는 다른 것과 비교하여 직접적인 수익이 거의 없기 때문이다. 따라서 체계적으로 이러한 분야에 대한 투자를 적게 하면서 시스템이 의존하는 바로 그 조건들의 질이 저하되는 결과가 나타난다. 자본주의 시스템에 내재된 인센티브로 인해 나타나는 이러한 질 저하는 종종 산업보건 및 안전, 공중보건, 환경보호, 그 외 유사한 조치를 위한 투쟁이라는 사회적 대응을 불러일으킨다.

재정의된 생계, 자원, 희소성

영국/미국 지리학자 데이빗 하비 David Harvey의 통찰력은 인구, 소비, 환경 간 관계 분석에 도움이 된다. 하비(1974: 272)는 어떤 사회에서건 사회적 조직이 "생계", "자원", "희소성"의 형태를 결정하는 방식을 강조함으로써 맬서스주의를 비롯한 인구 대 자원 접근법에서 다루어지지 않은 사회적 요인을 강조한다. 필요가 "자연적"이 아니라 사회 문화적으로 만들어지는 것으로 인식된다면 생계는 생산양식 내부에서 결정되며 공간과 시간에 따라 변화하게 된다. 이와 비슷하게 "본질적으로" 가용한 물질은 특정한 공간과 시대의 특수한 기술적, 문화적, 정치적, 경제적 요인 간 상호 작용과 관련시켰을 때 비로소 "자원"이라 정의될 수 있다. 이 논리에 따르면 자원의 "희소성"은 현존하는 기술과 생산 시스템에서 특정한 사회정치적 목적을 달성하기 위해 필요한 수단이 부족함을 가리키게 된다. 이러한 희소성은 보통 인간활동이 만들어내고 사회구조가 관리한다. 이 주장은 가용한 자원의 희소성에 따라 인구과잉이 정의될 수 있다고 하는 바로 그 아이디어를 무효로 만든다. 대신, 필요와 목적 그리고 이들을 달성하는 도구가 이러한 필요와 목적을 추구하는 장이 되는 사회구조 위계질서 내의 역동적 관계를 통해 *구성*(constructed)되는 방식을 강조한다. 따라서 누군가가 자원이 희소하다고 말한다면 그가 진정으로 의미하는 것은 "우리가 볼 수 있는 특정한 목적(우리가 속한 사회구조와 함께)과, 본질적으로 가용하며 우리가 사용할 방법과 의지를 가진 물질이 충분하지 않아 우리에게 익숙한 것들을 우리가 가질 수 없다는 것을 의미한다"(272).

　　이런 방식으로 프레임을 다시 구성할 때, 소위 "인구문제"는 신맬서스주의 관점에서 주장하는 인구 대비 자원의 초점을 넘어서는 질문을 불러온다. 사회구조 접근은 뒤에서 다시 더 자세히 논의하여 인구변화 자체를 이해하는 데 도움이 되도록 할 것이다. 선별된 사회그룹(일반적으로 하딘이 제시한 논리의 "부상자 선별"에 해당하는 가장 한계화된 계급, 지역공동체, 국가)에게 강제하는 인구정책이 환경과 개발의 문제를 해결하기 위한 주요한 방법이 되어야 하는가? 변화의 대상이 (1) 사회적 목적, (2) 자연에 대한 기술적, 문화적 평가, (3) 세계의 특권층 인구가 익숙한 것들, 필요, 생활양식 등에 대한 지배적인 정의에 의문을 제기하는 방향으로 전환되어서는 안되는가?(Harvey, 1974).

　　노벨상수상자이며 인도/영국 경제학자인 아마르티야 센 Amartya Sen의 기근연구는 사회구조 접근법을 더욱 강화시켰다. 그는 20세기에 발생한 기근 네 가지에 대한 심층적인 연구를 진행하여 기근, 기아, 배고픔은 식량부족으로 발생하는 것이 아니라 사람들이 식량에 대해 가지는 권리를 확보할 수 있는 수단을 통제할 수 없게 되면서 발생함을 보였다(Sen 1981, 1987; Drèze and Sen, 1990–1991). 기근으로 인한 사망은 기아가 발생한 지역에서 식량이 부족해서가 아니라 소득이나 식량권리에 대한 주장을 상실하는 것에서 기인한다.

환경안보: 사회구조 접근법?

1994년 *월간 대서양 Atlantic Monthly*은 "다가오는 무정부 상태: 희소성, 범죄, 인구과잉, 질병은 우리 지구의 사회적 조직을 급속히 파괴하고 있다"라는 제목으로 저널리스트 로버트 카플란 Robert Kaplan의 논쟁적인 에세이를 발표했다. 이 에세이는 인구증가와 환경악화로 대규모 이주와 집단 간 갈등이 발생하는 끔찍한 그림을 그리고 있다. 클린턴 행정부가 카플란의 주장을 받아들이면서, 자원부족과 인구증가로 인한 환경파괴는 미국 국가안보체제의 주요 관심사가 되었다(Peluso and Watts, 2001: 3-4).

캐나다 정치학자 토머스 호머-딕슨 Thomas Homer-Dixon은 카플란의 에세이로 대중화된 환경안보 분야에서 가장 영향력있는 학자 중 한 명이다. 호머-딕슨 모델에서 (Homer-Dixon, 1999) 환경적 "희소성"은 폭력적 충돌의 핵심 원인이다. 이 모델의 논리는 다음과 같다. 즉, (환경악화 등을 통해) 한 자원의 공급이 감소하는 동시에 수요가 증가(인구증가)하거나 구조적 불공평(자원의 불공평한 분배)의 결과로 희소성이 발생할 수 있다. 희소성이 증가하면 엘리트가 자원의 더 많은 부분을 차지하려고 하므로 구조적 희소성을 증가시키면서 이 문제는 악화될 수 있다. 인구증가와 겹쳐 나타나는 구조적인 희소성으로 가난한 사람이 강제적으로 주변 토지로 이주할 수 있으며, 따라서 주변 토지의 질은 저하된다. 이러한 과정은 "생태적 한계화"라 불린다. 희소한 자원에 대한 통제권을 위해 다투는 모든 과정에서 사회그룹은 점차 양극화, 적대적이 되며, 국가는 약화되고 사회적 갈등을 중재할 능력을 상실하기 쉽다. 이 과정은 인종 간 갈등, 반란, 쿠데타 등을 통해 절정에 달해 그 영향이 국경을 넘어설 수 있다(예를 들어 인간이 초래한 재난, 난민의 흐름, 재정위기 등을 통해). 따라서 환경적 희소성을 다루는 것은 국제안보의 문제라는 것이다. 아이티, 르완다, 멕시코 치아파스주와 같은 지역에서 벌어지는 정치분쟁은 인구과잉으로 인해 발생한 환경적 스트레스가 그 요인이라 설명된다. 이러한 요인은 이번에는 새로운 글로벌 안보 의제의 이름으로 제3세계 최빈곤 지역공동체에게 인구억제정책을 지속적으로 강요하는 것을 정당화하기 위해 사용된다.

호머-딕슨 Homer-Dixon모델이 사회구조 접근과 표면적으로 일부 유사하긴 하지만 거기에는 맬서스주의가 중심을 차지하고 있다. 첫째, 환경적 희소성은 중심적인 설명변수로 취급되지만, 특히 인구성장을 포함하여 다른 변수와 어떻게 조합되는지 구체화하지 않고 있다. 따라서 희소성에 대한 가장 확실한 예방책으로 인구통제가 제시된다. 희소성을 구성하는 변수는 모두 사회적으로 정의되고 구축되지만, 사회적 요인은 그 모델에서 엄격하게 제약적이며, 기계적인 방식으로 위치하므로 어떻게 희소성이 구축되는지를 설명할 수 없다. 둘째, 자원 확보는 왓츠 Watts(2001)의 "석유 폭력 petro−violence"에 대한 연구가 보여주듯 "희소성"이 증가해서가 아니라 탐욕, 권력, 부의 원천을 지배하려는 욕구 등으로 인해 발생한다. 생태적 한계화는 환경적 희소성의 산물이 아니라 특정한 사회그룹에 대한 사회적 한계화, 축출, 무력화 등의 증상이라 보는 편이 더 맞다.

빈곤, 기아, 영양부족 문제를 검토하는 관료, 전문가, 중상 계층의 학식있는 구성원 등이 환경파괴, "야생성", 서식지, 생물다양성의 상실 그리고 관련된 갈등을 맬서스주의적 관점에서 접근한다면, 이는 여러 이유에서 유용하다. 즉, 이 접근법은 이해하기에 간단하고 직관적이며(문제는 인구과잉), 명확한 해결책을 제시한다(해결책은 출산율 감소). 또한 개발 기제를 통해 이미 보편적으로 확고히 정립된 "상식"에 부합하며, 전 세계 사회의 특권층에게 전혀 위협이 되지 않는다. 실제로 출산율 감소 의제는 세계 특권을 지닌 사회집단의 권력, 지위, 고용 전망을 세계적 범위로 확고히 하는 동시에 그러한 개입에 대해 대상자가 기분 좋게 느낄 수 있도록 하는 강력한 도구가 될 수 있다. 이렇게 될 수 있는 이유는 맬서스주의적 관점이 위에서 언급한 모든 문제에 대한 사회적 원인을 가려버리기 때문이다.

사회구조 접근법은 앞 단락에서 열거한 문제의 원인이 주로 인구과잉과 희소성에서가 아니라 어떻게 사회가 필요를 정의하고 생산 및 분배 시스템을 조직할지를 정의하는 방식에서 시작되는지를 강조한다. 하비 Harvey(1974)가 주장하듯 이러한 사회문제를 해결할 수 있는 방법이 몇 가지 있다. 즉, (1) 우리가 염두에 두고 있는 필요(예를 들어 자본주의/소비주의와 간디의 또는 불교에서의 필요에 대한 정의를 비교해보라)와 희소성(필요는 사회적으로 구축되며 재정의될 수 있다)의 사회적 조직을 변화시킬 수 있으며, (2) 자연에 대한 우리의 기술적, 문화적 평가를 변화시키거나(서로 다른 생활양식과 기술은 생물물리계에 서로 다른 압력을 가한다), (3) 자원에 대한 접근과 소비의 패턴을 보다 평등하게 만들고, (4) 사람의 수를 줄이는 것이다. 인구전환이론(아래에 논의)이 보여주는 것처럼 1번−3번 접근법을 따르면 4번 접근법도 따라오게 될 수 있는 사회적 조건이 만들어진다는 증거가 있다. 마찬가지로 인구에 대한 여성 권익 신장적 관점은 3번이 4번의 전제조건이라 주장한다. 그러나 4번 전략을 일차적으로 강조할 경우 앞의 세 가지 전략을 실천하는 것에 아무런 도움이 되지 않는다.

사회구조 접근법은 필요에 대한 사회적 정의 그리고 인구, 환경, 개발의 정치를 형성함에 있어 생산, 축적, 재분배 과정의 중요성 등을 우리가 보다 잘 이해하도록 돕고 있다. 이 장의 나머지 부분에서는 인구변화의 사회정치적 과정에 중점을 두고 논의한다.

인구학적 변화: 패턴, 의미, 정치

인구학적 전환 추적하기

이론적 수단으로서의 "인구학적 전환"은 유럽 국가들이 산업화를 겪으면서 보인 출생률과 사망률의 역사적 경험을 기반으로 구축되었다. 초기 단계에서 유럽 국가들은 출생률과 사망률이 비교적 높고 거의 비슷했다. 그런 다음 사망률은 감소했고, 그 다음으로 출산율이 떨어지면서 두 수치의 비율이 낮은 수준에서 거의 비슷해졌다. 인구학적 전환 모델은 이러한 경험을 일반화하여 다른 국가에서도 근대화와 개발이 진행되면서 출생률과 사망률이 비슷한 역사적 변화를 보일 것이라 주장한다. 몇 세대를 거치면서 한 국가는 초기 균형 단계에서 역동적 변화와 인구증가의 단계를 거쳐 마지막 균형 단계로 나아갈 것이다. 첫 번째 단계에서는 출생률과 사망률이 모두 높으며(1,000명당 각각 40명과 30명 정도), 인구증가는 더디다(겨우 연간 1.0%). 중간 단계는 공중보건실시, 깨끗한 물 공급, 의학발전으로 사망률이 감소(1,000명당 15명 정도)하면서 시작하는데 이때 출생률은 지속적으로 높은 상태를 유지한다. 이 기간에 인구가 급격히 증가한다. 마지막 단계는 사람들이 자녀를 적게 갖는 것을 선택하여 출생률이 감소(1,000명당 20명 미만 정도)하면서 시작되며, 인구증가율은 다시 낮아진다. 이러한 전환 과정은 그래프로 나타난다. 그래프는 출산율, 사망률, 자연증가율 등의 상호 연관된 현상을 보여준다(그림 6.2). 원칙적으로 이 도표는 매년 사망률과 출생률을 나타내는 축을 통해 한 국가의 연도별 출생률과 사망률에 점을 찍어 인구학적 변화의 진행 상황을 보여준다.

그림 6.2는 인구학적 전환이 완료된 국가의 예로 자주 인용되는 일본을 보여준다. 메이지 시대(1867–1912) 이후, 일본의 인구는 천천히 성장하였는데, 이는 높은 출생률(1,000명당 30–35명)과 비슷하게 높은 사망률(1,000명당 20–25명)이 균형을 이루었기 때문이다. 이 도표에서 1905년 이후 전반적으로 출생률과 사망률이 꾸준히 감소하지만 두드러지는 추세 변화가 몇 가지 존재했다. 사망률 급등은 1919년, 인플루엔자가 전 세계적으로 확산되었을 때 그리고 2차 세계대전의 마지막 해인 1945년, 많은 전사자 수와 더 중요하게는 히로시마와 나가사키에 원자폭탄이 터지면서 대규모 인구가 사망했으며, 그 이전 도쿄와 기타 도시에서 폭탄이 투하되어 발생한 사망자까지 더해졌을 때이다. 1947–1949년 전후 베이비 붐이 일었지만 1950년 이후 출생률이 급격하게 감소하여 1955년에 이르자 일본은 인구학적 전환을 기본적으로 "완료했다." 2006년, 인구수가 1억 2,780만 명인 이 국가에서 출생률은 1,000명당 9명, 사망률은 1,000명당 8명이었으며, 연간 증가율은 0.1% 미만이었다.

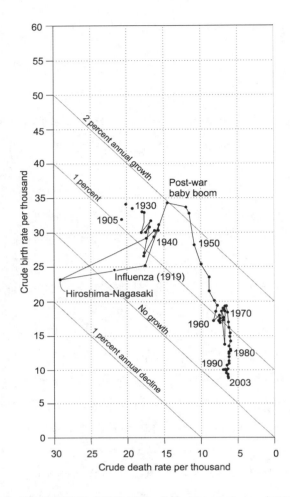

그림 6.2. 1905 – 2003년 일본의 인구통계학적 변화. 출처: United Nations(1948-2004).

이제 아프리카 대륙으로 넘어가서 다른 패턴을 찾아보자. 그림 6.3은 1966년과 2002년의 아프리카 국가를 보여준다. 1966년은 인구학적 변화에 대한 분석을 시작하기에 유용한 시기이다. 왜냐하면 아프리카 식민지 대부분이 정치적 독립을 획득한 주요 전환점이 되는 시기이기 때문이다. 그래프상의 검은 점을 군집이나 구름으로 본다면 1966년 주요한 군집(38개 국가로 구성)은 높거나 매우 높은 출생률(1,000명당 40 – 60명)과 높거나 매우 높은 사망률(1,000명당 20 – 35명)로 인구학적 전환의 1단계를 나타내는 그래프 부분에 위치하는 것을 볼 수 있다. 몇몇 국가는 2단계로 접어들어 사망률이 낮아졌지만 출생률은 지속적으로 높다. 인구학적 전환을 완료한 국가는 없다.

2002년 작은 점으로 이루어진 구름은 전혀 다른 의미를 지닌다. 거의 모든 국가가

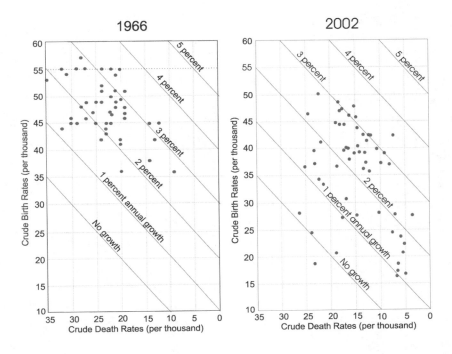

그림 6.3. 1966년, 2002년 아프리카의 조출생률과 조사망률. 출처: World Resources Institute(1996b), Population Reference Bureau(2002).

매우 높은 사망률 범주에서 벗어났으며, 대부분은 매우 높은 출생률 범주에서 벗어났다. 주요 군집의 전반적 인구증가는 일반 비율이 연간 2.5%인 1966년에 비해 높다(연간 3.0% 초과). 이들 국가는 전환의 두 번째 단계에 접어들었다.

　　아프리카의 3개국이 전환을 완료하고 있는 것으로 보인다. 이들은 모로코, 알제리, 이집트로 아프리카 대륙 북쪽 가장자리에 위치한다. 아프리카에서 4개국(모리셔스, 세이셸, 레위니옹, 튀니지)만이 인구학적 전환을 기본적으로 완료하였는데, 이 중 3개국은 섬나라이다. 이들 국가에서는 이제 인구성장이 더디다(연간 1.5% 미만). 2002년 사하라 사막 이남 아프리카의 연간 증가율은 2.5%였고 평균 기대수명은 49세였다.

　　그림 6.4와 6.5는 조출생률과 조사망률에 있어 세계 다른 지역, 세계 전역과 비교한 아프리카의 주요 특징을 나타내고 있다. 기타 제3세계 국가 대부분은 연간 사망률을 1,000명당 15명 미만으로 줄인 반면(아프가니스탄, 동티모르, 아이티 제외), 아프리카 국가들 약 절반에서 사망률은 1,000명당 15명에서 27명까지의 범위를 보이고 있다.

　　이와 비슷하게 이러한 국가 대부분이 연간 출생률을 1,000명당 40명 이하로 감소시킨 반면, 아프리카 국가 중 거의 4분의 3은 40명 이상을 기록해 1,000명당 55명까지의

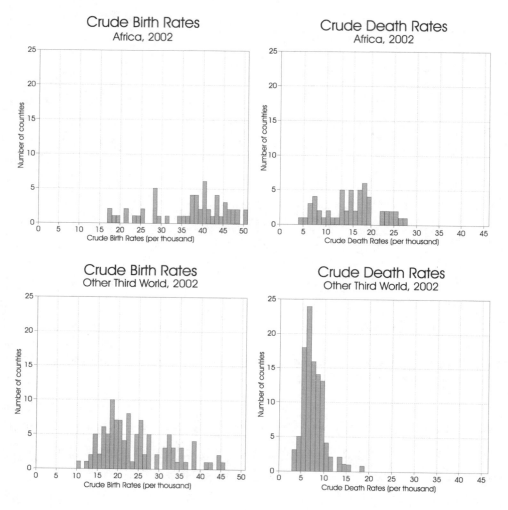

그림 6.4. 1966년, 2002년 아프리카와 그 외 제3세계의 조출생률과 조사망률 비교. 출처: World Resources Institute(1996b), Population Reference Bureau(2002).

범위를 보였다. 이는 인구전환의 세 번째 단계를 특징짓는 숫자(낮은 출생률과 낮은 사망률)가 제3세계 많은 부분에서 나타나고 있지만 아프리카에서는 그렇지 않다는 것을 의미한다. 아프리카 국가 대부분은 전환 초반 단계에 있거나, 두 번째 단계(사망률 감소, 높은 출생률 지속)로 인구가 급격히 증가하고 있는 것으로 보인다.

"다른" 제3세계 국가 내 일부 그룹은 인구학적 전환 완료의 징후를 매우 뚜렷하게 보이고 있다. 몇몇 신흥발전국가(홍콩, 싱가포르, 한국, 대만)가 이에 해당한다(표 6.4).

표 6.4. NIC와 인구통계학적 변화

국가	출산율 (2002년, 천 명당)	사망률 (2002년, 천 명당)	연간 성장률	1인당 국민총생산 (2000년, 미달러)
홍콩	7	5	0.2	16,419
싱가폴	12	4	0.8	17,746
한국	13	5	0.8	38,324
대만	11	6	0.6	13,969

출처: Population Reference Bureau(2002).

전제, 정책, 정치

인구학적 전환의 "이론"은 몇 가지 전제와 가정을 기초로 한다. 가장 기본적인 수준에서, 사회구조 사상이 일부처럼 이 이론은 자녀가 장기적으로 생존할 것이 확실하다면 가정은 자녀 수를 더 적게 가질 것이라 가정한다. 둘째, 이 이론은 출생률과 사망률의 전국 평균이 한 국가 전체에서 일어나는 변화를 대표하는 지표라는 생각에 근거한다. 다시 말해 이 이론에서는 한 국가 *내*에서도 자원접근성이 현저하게 불공평하여 인구학적 전환 패턴이 지역공동체, 구역, 지역 간 넓은 범위로 차이를 보일 수 있다는 것을 설명하지 않는다.

셋째, 인구전환모델은 사망률 관련 의미를 지나치게 단순화한다(그림 6.5). 인구학적 전환의 중간단계에 위치한 국가는 산업화가 앞선 국가들보다 훨씬 낮은 사망률을 나타내 1,000명당 3-5명 대 10-15명의 차이를 보일 수 있다(사이드바: "인구학적 정의" 참조). 출산율이 높은 국가에서 사람들이 항상 높은 비율로 "출생"하여 사망률 계산의 기반이 되는 숫자를 "수천" 단위로 부풀린다. 또한 일부 제3세계 국가에서 낮은 사망률을 보일 때 "차용한 시간"의 요인도 작용한다. 서로 다른 연령대의 사람들은 물론 죽음에 대해 동일한 위험에 처하지 않는다. 결국 환경위생, 공중보건실시 등으로 인해 더 많은 인구의 수명이 연장되면 사망 관련 통계치가 변화를 보이기 시작할 것이다. 인구가 성숙함에 따라 나이별-성별 피라미드는 기자 피라미드(이집트)보다 워싱턴 기념비의 형태를 보일 것으로 예상되며, 사망률은 연간 1,000명당 10-15명으로 꾸준히 증가할 것이다(그림 6.6).

이론과 실천 영역에서의 젠더, 빈곤, 출산율 감소

피상적 차원에서 인구학적 전환의 개념은 바람직하거나 바람직하지 않은 형태의 "개발"에 대해 가치판단하거나 처방하지 않는다. 기존의 상식에 따르면, 기술을 향상시키고 생

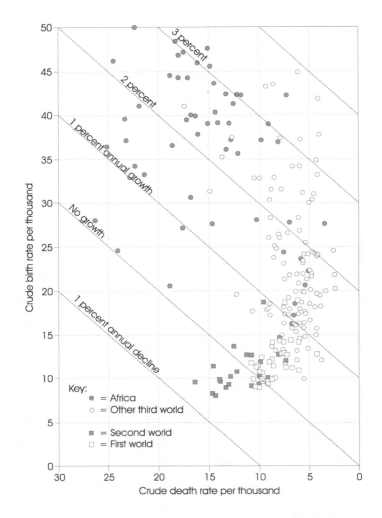

그림 6.5. 2003년 세계의 조출생률과 조사망률. 출처: Population Reference Bureau(2003).

산 및 노동 조직을 합리화하면 국가는 국민의 삶의 질을 향상시킬 수 있을 것이며, 이는 다시 사회가 인구학적 전환의 단계를 밟도록 이끌 것이다. 그러나 배리 커머너 Barry Commoner(1975)는 이 주장을 뒤집었다. 사회구조 관점을 통해 그는, 부의 재분배를 통해 사람들이 먼저 충분히 잘살게 되면 이들이 가족규모를 제한하는 동시에 생산력을 개발하고 삶의 수준을 향상하여 인구학적 전환이 자동적으로 일어날 것이라 지적했다. 그러한 전환이 일어나게 되는 한계점은 1인당 GNI가 500달러에서 900달러 사이 어딘가에 위치하게 될 때라고 주장했다. 커머너는 식민지 국가에서 인구학적 전환이 일어나지 않은 이유는 식민지배 세력이 식민지에서 창출된 잉여를 유출시켜 지역민들이 산업화를

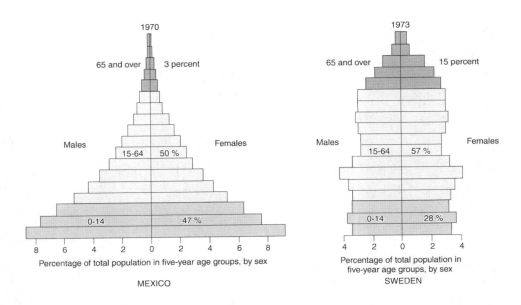

그림 6.6. 멕시코와 스웨덴의 연령 및 성별 인구 피라미드. 출처: Broek and Webb(1978). McGraw－Hill의 1978년 저작권.

이루지 못하도록 했으므로 인구학적 전환 단계가 발생하지 않은 것이라고 설명했다.

그러나 실제로 신맬서스주의 정책 결정은 대부분 유럽이 경험한 인구학적 전환모델에 제3세계 국가들을 끼워 넣는 방식으로 이루어졌다. 1960년 로스토(1960)의 경제성장 모델과 현저하게 유사한 인구학적 전환모델은 제3세계 국가가 산업화와 자연증가율 간 관계에 기반하여 제1세계 수준을 따라 잡게 될 시기를 예측하기 위해 널리 적용되었다. 이런 식의 적용은 다양한 수준의 출산율과 사망률에서의 인구학적 전환이 한 국가 내 사회구조, 국가복지정책, 사회정의를 위한 투쟁(이 모든 것은 여성의 권한부여와 권리의 경관을 형성) 등의 변화와 복잡하게 얽혀있는 방식을 간과한다. 실제로 인구학자들은 사회경제적 변화가 선진국의 출산율 변화를 최대 60%까지 설명하며, 가족계획의 효과는 15%에 그친다고 결론내렸다. 만일 지금부터 2030년 사이에 각 여성이 평균적으로 자녀 두 명을 갖고, 인구학적 전환이 모든 곳에 적용된다면 세계 인구는 2050년에 이르러 100억 명에서 안정화될 것이다. 만약 그렇지 않다면 2050년 170억 명에서 "안정화"된 인구수에 도달할 것으로 예측된다.

게다가 *계급과 젠더*의 사회적 구조가 인구과정 자체를 결정짓는 중요한 요소임을 강조해야 하며, 이는 페미니스트 비평가와 조직이 지적한 부분이다. 간단히 말해서, 자녀 수가 많아서 가난한 것이 아니라 사람들은 가난하기 때문에 많은 자녀를 갖는 편을 선택한다는 것이다. 높은 출산율의 원인으로 꼽히는 한 가지는, 노령층을 위한 사회보장

(예를 들어 연금이나 저축의 형태)이 낮고 자녀가 부모의 노년기를 지원하는 상황에서 자녀가 지니는 사회경제적 가치는 더 크다는 것이다. 또한 아동의 노동은 가구소득의 원천으로서 그리고 부모의 노동을 보조하거나 부모가 소득을 벌어들이기 위해 외부로 나갈 수 있도록 해주는 가구 내 노동의 원천으로서 가치를 지닌다. 자주 언급되곤 하는 제3세계 사망률 감소에도 불구하고 또 다른 이유는, 많은 사람의 건강과 위생 상태가 충분치 못하고, 어린이들 사이에서 치명적인 질병이 지속된다는 것이다. 빈곤, 영양실조 또는 부적절한 건강관리로 인해 사망하는 5세 미만 아동의 수가 많을수록 가정은 더 많은 자녀를 가져 발생할 수 있는 손실을 보충하려는 경향이 커진다.

스리랑카, 태국, 쿠바, 인도 남부의 케랄라주에서는 출산율이 현저하게 감소한 것으로 나타났다. 왜냐하면 이들은 건강관리, 교육, 취업과 같은 사회자원에 대해 특히 여성에게 보다 광범위한 접근을 가능하도록 했기 때문이다. 그러한 자원에 대한 접근은 가

인구학적 정의

"조출생률"은 한 해에 인구 1,000명당 출생 수이다.

"조사망률"은 한 해에 인구 1,000명당 사망자 수이다.

"출산력"이란 개인, 부부, 그룹, 인구의 실질적 재생산 실적을 이른다.

"출산율"이란 특정 연도의 15-44세 여성 1,000명당 출생 수이다.

"총출산율"이란 15-44세 연령대 인구 여성의 재생산 측정치이다. 이는 한 여성에게서 평생 동안 태어난 자녀의 평균수이다. 많은 제3세계 국가(대부분 아프리카)에서는 총출산율이 6.0을 초과하여 제1세계와 제2세계 출산율보다 훨씬 높다(예를 들어 서유럽 1.5, 동유럽 1.2, 북미 2.1). 사하라 사막 이남 아프리카의 평균은 5.6이며, 2002년 최고치는 소말리아 7.2로 나타났다. 예멘에서도 7.0으로 높게 나타났다(2002년 인구조사국). 이민인구에 의존하지 않고 인구가 대체되려면 최소 2.1 이상이 필요하다. 가임기 여성의 불임은 제3세계에서(제1세계와 제2세계 역시 마찬가지, 미국의 경우 17%) 일반적이므로 총출산율이 평균 6이라는 것은 많은 여성이 평생 동안 자녀를 6명 이상, 10명, 12명, 그 이상도 가진다는 것을 의미한다.

"영아사망률"이란 특정 연도의 출생 1,000명당 1세 미만 영아 사망자 수이다.

"인구증가율"이란 특정 연도에 자연증가나 순이주로 인해 인구가 증가하거나 감소하는 비율을 말한다. 이 비율은 기본 인구의 백분율로 표시된다.

"대체 수준"이란 평균적 여성 집단이 인구에서 자신들을 대체할 수 있을 수준으로 딸의 숫자를 유지할 때의 출산능력을 이른다.

출처: 별도 언급 없는 경우 Newman and Matzke(1984)와 Hewitt and Smyth(1992).

구 안팎에서 보다 평등한 젠더 관계를 장려하면, 이는 다시 출산율의 핵심적인 사회정치적 결정요인을 재형성하게 된다고 주장한다. 이러한 요인의 예로는 결혼 및 자녀출산에 대한 사회적 압력, 여성의 거주지 이전과 결혼 후 노동, 아들 선호, 아들과 딸 양육 관련 비용 및 기대치, 남성과 여성의 욕망과 가족적 지위에 대한 지배적 규범 등이 있다 (Hewitt and Smith, 1992: 88–89). 교육과 취업 기회가 향상된 여성은 (1) 경제적 안전과 사회적 인정에 있어 자녀에게 덜 의존적이며, (2) 자녀의 건강을 보다 잘 관리하여 영아 사망률 감소에 기여하고, (3) 피임 정보 및 메커니즘에 대한 접근성이 개선될 것으로 기대된다. 그렇다면 여기서 사회구조는 젠더화된 신체의 외부에서가 아니라, 적극적으로 참여하여 경합을 벌이고 협상하는 형태로 사회적으로 구성된 신체와 밀접하게 연관되어 있다는 것을 알 수 있다. 다음 절에서는 인간 신체와 사회정치적 위계 간 상호 구성적 관계를 좀 더 체계적으로 살펴본다.

갈등과 경합의 장으로서의 재생산과 성행위

재생산과 성행위는 오랫동안 여러 지리적 스케일에서 갈등과 경합의 장이었다. 국가 스케일에서는 한계화된 대상의 신체는 종종 젠더, 민족, 인종, 카스트, 종교의 정치의 대상 역시 되곤 한다. 가구 스케일에서 출산 조절은 여러 방식을 통해 젠더화되고 성적으로 부각된 대상에 의해 강요되고, 규제되며, 협상되고, 저항된다. 그러나 특정한 정치 집단과 로비스트들이 전 지구적 스케일과 국가 스케일의 인구담론을 활용하여 자신들의 이익을 위해 출산력을 정치화할 때 다른 복잡한 스케일의 정치가 시작된다.

　　미국 페미니스트 학자 로리타 로스 Loretta Ross(1994)와 도로시 로버츠 Dorothy Roberts(1997)는 국가 스케일에서 미국 인구억제 프로그램에 나타나는 인종, 계급, 젠더의 교차점에 대한 역사적 분석을 제시한다. 로스는 1870년대 미국에서 나타났던 우생학 운동을 연구했다. 맬서스 이론 지지자들은 1907년부터 1945년까지 우생학 법칙을 주의 정책으로 만들기 위해 백인 원주민 프로테스탄트에 합류하여 "가난하고 부적합"하게 여겨지던 원주민 4만 5천 명을 살균했다. 단라 Dhanraj(1991)의 영화 *전쟁과 같은 어떤 것 Something like a War*은 어떻게 카스트, 젠더, 자원에 대한 접근 면에서 가장 박탈당하고 영향력이 없는 인구가 의도치 않게 인도 정부가 실시한 강제적 살균 계획의 희생자가 되었는지를 생생하게 포착하고 있다(사이드바: "전쟁과 같은 어떤 것" 참조). 이와 매우 비슷한 맥락에서, 1907년 인디애나주(이런 정책을 첫 번째로 법제화한 주)의 강제소독법은 "정신질환, 간질, 성범죄, 범죄자 등 특정한 유형을 보이는 정신적으로 문제가 있는 사

전쟁과 같은 어떤 것

디파 단라 Deepa Dhanraj가 감독한 영화 *전쟁과 같은 어떤 것 Something Like a War*(1991)은 인도 중앙정부가 실시한 대규모 가족계획 프로그램을 주요 대상이 되는 여성의 관점에서 검증한다. 이를 위해 영화는 관료적 냉소주의, 부패, 잔인함을 특징으로 하는 이 프로그램의 역사를 추적하면서 동시에 한 여성 그룹(영화제작과정의 부분으로)이 성생활, 출산조절, 건강, 사회경제적 가치 등과 같은 이슈에 있어 자신들의 위치를 비판적으로 분석할 수 있는 여지를 만들어간다. 이 영화는 신맬서스주의 접근을 섹슈얼리티, 여성의 신체, 국가, 출산력 정치에 대해 비판적으로 바라보는 사회구조적 접근과 나란히 배치한다. 신맬서스주의 접근은 한 외과의사(그리고 정부의료기제 전반)가 대표한다. 이 외과의사는 가능한 한 많은 여성을 살균하기 위해 분투하며, 그에게 인구억제는 국가복지를 위해 신성한 필수조건이 되었다. 그에게 있어 목적은 수단을 정당화한다. 그는 심지어 수치심을 들어 왜 (강제적인) 살균이 우수한 수단인지를 정당화한다. 두 번째 접근은 여성 그룹이 대표한다. 이들은 자신들이 소속된 가부장적이며 계급에 기반한 관계의 맥락에서 섹슈얼리티와 출산력 조절의 정치를 비판적으로 분석하기 위해 작은 타운에 모였다. 섹슈얼리티, 가부장제, 경제적 가치, 아들 선호, 국가 압력 등에 대한 비판적 분석을 통해 여성 그룹은 자신들의 언어로 권한부여와 지역공동체 확립을 상상하고 제도화하려 한다. 이는 외과적의 접근에서는 완전히 배제된 가능성이다.

양측은 인구통제를 일종의 전쟁으로 보지만, 매우 다른 논리의 결과로 본다. 첫 번째 관점에서는 이것이 파괴적인 인구증가를 방지하기 위한 전쟁이며, 목적이 수단을 정당화한다. 두 번째 관점에서는 가난한 자들 스스로 벌이는 권한부여와 권리에 대한 전쟁이다. 그 여성 그룹은 임신과 출산통제의 정치에 대해 "페미니즘적" 해석을 모두 거부하고 여러 가지 해석, 욕망, 모순, 긴장을 강조한다. 이 영화는 또한 인구통제의 아이디어가 어떻게 사회구조와 제도를 통해 서로 다른 사회그룹에게 서로 다르게 영향을 미치고 시간이 지남에 따라 변해가며 사건으로 변환되는지도 주목한다.

람들"에게 적용되었다(인용문 출처: Ross, 1994: 20). 그 후 다른 주 30개가 인디애나주의 사례를 따랐다.

로버츠는 낙태권을 중심으로 재생산 결정에 대한 미국 여성의 통제권이 증가함에 있어 지배적인 내러티브를 분석한다. 그녀는 아프리카계 미국 여성의 삶에 고유한 방식으로 영향을 미치는 "재생산 자유에 대한 체계적이고 제도화된 거부"에 있어 침묵시키고, 인간성을 말살시키는 장기간에 걸친 역사를 강조한다. 역사 분석을 통해 미국에서 인종과 재생산 자유 간에 강력한 연결 관계를 지님을 그려 보인다. 이 역사는 노예 주인의 경제적 이해관계가 걸린 여성의 출산력에서부터, 조기출산억제정책에 부여된 인종주의적 낙인, 1960년대와 1970년대 흑인 여성을 대상으로 했던 살균 남용 그리고 신뢰할 수 있는 장기적 피임을 제공하기 위해 흑인 십대들과 생활 보조금을 받는 어머니들의 팔에 노르플랜트를 삽입하거나 데포프로베라를 주입하는 현재 진행되는 캠페인까지 포함하고 있다(Roberts, 1997: 4).

미국 페미니스트 사회학자 에이미 케일러 Amy Kaler는 신체, 가구, 지역공동체, 국가의 스케일이 서로 얽히는 과정에서 어떻게 재생산과 관련된 정치가 형성되는지 분석한다. 그녀는 식민 짐바브웨(남부 로디지아)에서 피임의 확산을 연구하여 "명시적이었건, 은밀했건, 다함께 회피했건 간에 권력과, 권력을 두고 나타나는 갈등이 어떻게 출산력을 둘러싼 사람들 간 관계의 핵심을 차지하고 있는지"(Kaler, 2000: 679)를 강조한다. 출산력은 인간을 생산하기 위한 수단이면서 문화적 연속성의 상징이므로, 여성 출산력에 대한 통제는 역사와 문화를 관통하는 권력의 기반이 된다. 생물학적으로 젊은이들과 여성의 소유물인 권력은 그러나 동시에 남성과 연장자의 사회적 권력을 위한 필수요소이므로 인간의 출산력은 불가피하게 젠더와 세대에 걸쳐 상징적, 물질적 경합과 관련된다. 케일러 Kaler(2000: 677–678)는 자신의 연구를 "발생하는 현장으로부터의"—즉, 여성과 남성의 일상생활에서의—광범위한 인구학적 변화를 조망하는 지적 움직임의 일부로 위치시켜, 출산력 규제로 인한 갈등, 저항, 파괴를 무시하는 출산력 변화에 대한 기존 인구학적 설명에 도전하고 있다. 그녀는 피임 알약과 데포프로베라 주사는 여성이 자신의 출산력에 대한 자율성과 통제권을 가지고자 하는 욕구를 충족시키고 이를 통해 남성과 연장자의 의지를 꺾을 수 있다고 주장했다. 동시에 이러한 피임 기술은 인종주의적 권력관계에서 백인 남부 로디지아 엘리트의 도구로 사용되었다. 기술확산의 대상이 된 여성의 권한부여나 삶의 질 향상을 위해 투자한 것이 아니라 "국가에 있어, 아프리카 인구 증가로 인해 야기된다고 알려진 민주적, 정치적 위협을 중화시키기 위한 동기가 크게 작용했다"(Kaler, 2000: 682). 따라서 여성들은 자신의 목적을 위해 피임법을 적용했음에도 불구하고 남부 로디시아 정부의 인종지배 프로젝트 중 하나에 의도치 않게 참여하게 되었다.

짐바브웨에서 피임에 관한 복잡한 논쟁과 동맹은 식민지 시대로 끝나지 않았다. 케일러 Kaler(1998)는 여성의 신체가 후기 식민시대에 어떻게 남성성, 민족주의, 도덕성의 정치가 서로 얽혀있는 가장 중요한 장이 되었는지를 기록한다. 1960년대와 1970년대 백인 소수민족 정부의 중앙적 인구통제전략인 데포프로베라는 남성주의적 국가 상상력을 통하면서 아프리카 신체를 의료적으로 식민지화한 것을 상징하게 되었다. 1970년대에 이 피임법이 여성들 사이에서 대규모로 유행했지만 국가는 "무질서한" 여성—데포프로베라 합성호르몬이 건강에 미친 심각한 위험성과 합해져서—에 대해 염려하게 되면서 짐바브웨 보건부는 1981년 이를 금지시켰다.

출산력 정치를 검증할 때 더 좁은 사회관계라는 지리적 스케일에 집중하는 것이 반드시 페미니스트적이거나 진보적인 것은 아니다. 미국 인구학자 알라카 말바데 바수 Alaka Malwade Basu의 출산력 정치에 대한 주장은 이의 예가 된다. 바수 Basu(1997)는 여성 권한부여에서 정치적 양극화에 이르기까지 비인구학적 목적을 달성하기 위해 인구학적 주장이 점차 많이 동원되는 것을 지켜보았다. 이러한 출산력 정치는 먼저 제3세계 국가들이 출산력 감소로 혜택을 받는다는 광범위한 동의가 있을 때 가능해진다. 둘째, 출산력 감소에 대한 거대한 이론이 없어도 출산력은 거의 모든 변수와 관계를 찾는 것이 가능하다. 셋째, 인구학적 연구가 정책적 시사점을 지녀야 한다는 압력으로 인해 출산력과 다른 현상 간 연관성을 유도하는 것은 인센티브를 지닌다. 이러한 환경에서,

> 단호하게 주장을 펼치는 압력 집단이라면 자신들의 요구가 가져올 수 있는 출산력 감소에 대한 효과에 기반[할 수 있다]. …이런 전략은 의식적이건 아니건 [출산율 감소]가 공정하거나 옳거나 또는 그 자체로 필요하다는 주장 자체만 하는 것보다 더 무게를 지닌다. 이러한 요구가 받아들여졌을 때 사회변화와 사회안정성에 미치는 영향은…이러한 요구의 특성에 따라 달라진다(Basu, 1997: 7).

출산력은 일상이 영위되는 모든 스케일(지역사회, 이웃, 가구, 신체)에서 진보적 또는 퇴행적 목적 달성에 유리하도록 정치화될 수 있다. 바수는 인도 사례 두 가지를 제시한다. 하나는 여성 조직으로 이루어진 압력집단으로, 이들은 여성의 전반적인 지위를 향상시키기 위해 출산력 관련 주장을 사용했다. 이는 국가정책 차원에서 여성에게 많은 이익을 가져다준 진보적 세력으로 볼 수 있다. 그리고 여성건강, 문맹퇴치, 권한부여 프로그램을 세계은행이 광범위하게 실시하는 것은 이들이 출산력을 낮추는 데 효과를 지닌다고 예상되기 때문이다. 그러나 이것은 위험한 전략이다. 왜냐하면 다른 변수가 출산력 감소에 더 효과적이라고 알려지면 성평등을 목적으로 하는 프로그램이 타격을 받을 수 있기 때문이다.

대조적으로, 우익 힌두교 공동체조직으로 구성된 압력집단은 두려움을 퍼뜨리는 전략으로 출산력에 기반한 주장을 사용하여 자신의 정치기반을 강화하고 무슬림 소수 집단의 사회적 정체성을 위협한다. 이 접근법은 한편으로는 모두의 긴장을 고조시키고 다른 한편으로는 무슬림 여성의 집단적 지위를 더욱 약화시키는 결과를 가지고 온다. 바수는 힌두교의 권리가 무슬림에 대해 가지는 잘못된 주장 몇 가지를 자세히 제시한다. (1) 무슬림 인구는 곧 힌두교의 다수보다 숫자가 많아질 것이다. (2) 무슬림의 출산력은 힌두교 출산력보다 높다. 왜냐하면 (a) 무슬림 남성은 아내를 여러 명 두는 경향이 있으

며 (b) 이슬람은 가족계획에 반대하기 때문이다. 바수 Basu(1997: 10)는 이 사례를 통해 다음과 같이 강조한다.

첫째, 출산력에 기반한 이런 공통적 주장은 기득권이 이 문제를 정치화할 수 있도록 충분히 기여할 수 있다. 둘째, [위와 같은] 주장에 대한 반대 증거는 충분하다. 반대 세력이 노력한다면 이 문제를 더 바람직한 방향으로 그만큼 쉽게 정치화할 수 있다. 마찬가지로 무슬림 다수파가 힌두교 소수파를 적개시키기 위해 인구학적 주장을 만들어낼 수 있다.

바수는 더 넓게는 "출산력이 그렇게 쉽게 정치화될 수 있다는 것은 출산력이 사회복지에 미치는 영향이 반드시 실제 성장률이나 자원에 대한 압박에 달려있지는 않을 수 있다는 것을 의미한다"(Basu, 1997: 14)라고 주장했다. 출산력에 대한 정치화된 주장은 인구학적 변화가 초래하는 것과 동일한 형태와 정도의 정치적, 사회적 불안정을 초래할 수 있다.

인구수사와 실천의 선택성

인구학적 전환과 인구정책 수사 그리고 정책 전반에 내포된 선택성에 대해 좀 더 생각해보자. 이를 위해 출산력과 사망의 정치와 밀접하게 연관되어있는 두 가지 문제, 즉 사하라 이남 아프리카의 AIDS와 출산력 감소 촉진을 위한 문해력 관련 정책을 간단히 살펴본다.

AIDS와 출산력

HIV/AIDS 전염병에 대해 린 브라운 Lynn Brown(2004: 291)은 다음과 같이 적고 있다.

1980년대 초반 이래...6,000만 명 이상이 감염되었으며, 2001년에만 500만이며 이 중 340만은 사하라 이남 아프리카 지역에서다. 2001년, 하루 14,000명이 HIV 바이러스에 감염되었는데, 이 중 95%가 개발도상국에서다. 지난 20년간 성인 1,400만 명가량이 AIDS로 사망했으며 이 중 82%가 사하라 이남 아프리카에서였다. 2001년, 성인과 어린이 300만 명이 AIDS로 사망했고, 이 중 230만 명은 사하라 이남 아프리카에서였다. ...오늘날 HIV 감염자의 95% 이상은 개발도상국에 살고 있으며, 이들 지역에서는 1998년, 인구의 23% 이상이 하루 1달러 미만으로 살았고 8억 명이 식량난을 겪었다. 사하라 이남 아프리카에서는 인구의 48% 이상이 하루에 1달러 미만으로 생활한다. …HIV/AIDS 전염병은 심각한 건강문제 그 이상이며 이로 인해 개발예산에 과도한 부담을 주어 파산 지경에 이를 것이라는 자각은 느리게 이루어졌다. 그러나 지난 10년간 개인에 대한 영향에서 국가발전에 대한 잠재적 영향으로 HIV/AIDS에 대한 인식이 전환되었다.

주류 개발담론이 사하라 이남 아프리카에서 발생하는 AIDS로 인한 인적 비용을 인식하기 시작했을 수 있지만, AIDS 발병률이 높은 짐바브웨 같은 국가에 사는 사람들의 경우 AIDS 전염병으로 인한 파괴적 영향과 의미로부터 동떨어져 가족계획이나 재생산 관련 의사결정에 대한 이야기를 하는 것은 불가능하다(Grieser, Gittelsohn, Shankar, Koppenhaver, Legrand, Marindo, Mahvu, and Hill, 2001). 남아프리카공화국과 보츠와나를 포함한 많은 아프리카 국가의 기대수명은 AIDS가 없었다면 2000년까지 65세 이상으로 증가할 것으로 예상되었다. AIDS로 인해 보츠와나, 말라위, 모잠비크, 스와질란드를 포함한 여러 국가에서 이 수치는 40세 이하로 급락했다(Craddock, 2004: 2-3).

그러나 치명적인 바이러스의 영향에도 불구하고, 국제개발 기관들은 출산력 절감의 필수성과 거침없는 구조조정의 필요성을 굳게 믿고 있다. 아프리카 기근 완화와 AIDS 예방을 위한 인구억제 추진이 강화되었으며, HIV/AIDS에 관한 UN 공동 프로그램(UNAIDS)의 후원으로 에이즈 퇴치를 위해 기금이 조성되었지만 연간 목표 예산 100억 달러 중 2004년까지 달성한 것은 8% 미만인 것은 불편하지만 사실이다(Bandarage, 1997; Craddock, 2004: 10). "전쟁, 시민 소요, 난민운동의 여파로 그리고 만성적으로 재정투자가 저조한 경제에서의 저고용을 필요로 하는 인구이동 패턴으로 인해 이동 비율과 도농 이동이 증가하며, 또한 빈약한 무역조건과 심각한 부채에 발목 잡힌 정부는 이 문제를 제대로 해결하기 위한 재정도, 인력도 갖추고 있지 않은"(Craddock, 2004: 5) 상황에서 심화되는 빈곤으로 AIDS는 더욱 악화되었다는 증거는 광범위하게 존재한다. 그러한 시나리오에서 AIDS에 대한 국제 사회의 무관심은 인구규모에 미치는 AIDS의 부정적 영향이 가용한 자원에 대한 압박을 감소시켜 세계가 지속하고 자족할 수 있는 능력을 향상시킬 것이라는 맬서스의 논리로(최소한 부분적으로) 정당화되는 대량학살에 해당한다고 비평가들은 주장한다(Brown, 2004: 295).

인구통제 수단으로서의 문해력

아동노동의 예를 출발점으로 문해력을 몇 가지로 살펴볼 수 있다. 1990년대 초반에 제3세계 아동노동으로 만들어진 제품에 대한 보이콧은 제3세계에 대한 미국과 다른 국가의 열렬한 논쟁점이 되었다. 아이오와주 상원 의원 톰 하빈 Tom Harbin은 파키스탄, 인도와 같은 국가의 어둡고 위험한 공장에서 축구, 양탄자, 유리를 만드는 가난한 아동들이 처한 곤경에 사람들이 관심을 갖도록 만들어 매스컴에서 영웅이 되었다. 그는 이 아이들은 어린 시절을 빼앗긴 채, 교육을 받지 못하고, 노예처럼 극도로 착취적인 환경에서 강제노동을 한다고 주장했다. 모든 아동이 적절한 어린 시절과 교육에 대한 권리를 가져야 한다는 것에는 일반적으로 동의가 이루어졌지만 일부 비평가들은 여기서 일련의 모순을 지적했다. 즉, 구조조정 프로그램으로 그 아이들의 가족구성원이 실업자가 되고 있으며 그 아이들이 학교와 병원에 접근하기 어려워지고 있을 그때, 그리고 식량보조금 철폐로 아동노동자와 가족 구성원의 영양실조와 기아가 증가하고 있을 바로 그 시기에 아동노동에 대한 보이콧이 이루어져야 한다는 요구가 제기되고 있다는 것이다. 노예상태에 있는 아동의 곤경이 이 아동들을 가정의 생계책임자로 만들어낸 정책과 동떨어져서 논의되고 있는 것은 아이러니했다. 또한 아동들이 생산한 제품에 대한 보이콧을 촉구할 때 아동들이 노동에서 해방되고 나면 무엇을 할지, 어디서 공부할지, 어떻게 먹고 살지 등에 대해서는 거의 이야기하지 않았다(인도 좌익 포럼 Indian Leftists Forum, FOIL, 1996).

권한 부여와 인구학적 전환의 핵심으로 보통 받아들여지는 문해력도 비슷한 아이러니에 둘러싸여있다. 제3세계 농촌 최빈층 여성이 문해력을 가질 수 있다면 인구문제

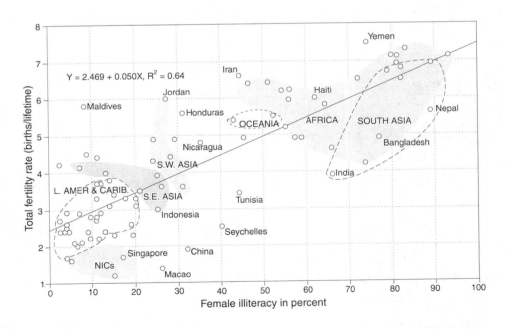

그림 6.7. 합계출산(1993년)과 여성 문맹(1990년). 출처: 출산율 자료는 United Nations Population Division 의 자료를 인용한 World Resources Institute(1996b), 문맹 자료는 World Resources Institute(1996b).

는 자동적으로 해결될 것이라고 주장한다. 실제로 이 장의 마지막 그래프(그림 6.7)는 여성 총출산율과 여성 문맹률 간에는 통계적으로 유의미한 관계가 있음을 보여준다. 일반적으로 여성 대부분이 문해력을 가진 국가에서는(문맹률 20% 미만) 총출산율(평생 출산수)이 낮거나 보통이다(2-4). 총출산율이 높은(6-7) 열대 아프리카 여성의 문맹률은 일반적으로 70%에서 95% 범위를 보인다.

그러나 잠시 멈추고 이 질문을 해보고 싶다. 최빈층 여성들이 문해력을 가질 수 있도록 하는 프로그램은 많은 경우 그들을 빈곤에 빠트리고 박탈시키는 정책과 함께 실시되는데, 어떤 종류의 문해력을 얘기하는 것인가? 예를 들어 세계은행이 지원하고 인도와 같은 중앙정부가 실시하는 모두를 위한 교육계획은 민영화로 인해 물, 숲, 토지 등 자원에 대한 접근이 지속적으로 감소하고 있는 바로 그 여성들을 대상으로 한다. 게다가 아시아와 아프리카의 여러 농촌 지역에서는 기초교육 인프라가 끊임없이 감소하고 있다. 글자를 배우는 것이 이러한 여성과 자녀를 구조에 정착시키는 데 도움이 되는 것을 의미한다면, 그들은 맨 아래로 정착할 것이다. 그래서 다음과 같은 질문이 생긴다. 누구를 위한, 어떤 목적을 가진, 어떤 종류의 문해력인가? 문해력은 가난한 여성들의 출산력을 감소시키고 점차 세계화되는 시장에서 새로운 브랜드 비누, 치약, 피임약을 사도록 도와주는 도구에 불과한가? 혹은 "문맹"이었던 사람들이 사회경제적, 정치적 시스템에서 자신들을 빈곤화시키는 과정 간의 핵심적 관계를 찾아내고 이러한 빈곤의 의미를 변화시킬 수 있는 방법을 찾아내기 위한 조건을 창출하기 위한 것인가?

이론의 정책적용

재생산에 대한 페미니스트 분석은 반(反)출생적 맬서스주의 인구억제도 그렇지만 특히 종교적 근본주의의 우익 친출생주의와도 반드시 구별 지어야 한다.

—ASOKA BANDERAGE(1997: 8)

인구학적 변화에 대해 지금까지 살펴본 광범위한 논의는 인구변화 이해의 패턴, 과정, 갈등, 선택성 등에 대해 복잡한 그림을 그리고 있다. 인구학적 전환은 일반적으로 간주되는 것보다 훨씬 다각적이고 복잡하며, 산업화나 개발에 대한 보편적, 자동적 반응에 불과하지 않다는 것을 살펴보았다. 출산력은 사회서비스에 대한 접근뿐 아니라 젠더, 민족, 인종, 카스트, 종교 등과 같은 사회적 차이의 정치와도 연결되어있다. 신체와 섹슈얼리티를 경합과 전략적 개입의 장으로 바라보는 접근은 주체 간 복잡성에 주의를 기울여 사회적 구조와 권력위계는 더욱 복잡해진다. 앞서 살펴본 남부 로데시아/짐바브웨와 인도에서의 논쟁은 글로벌, 국가, 지역사회 수준에서의 인구문제에 대한 구축이 어떻게 (1) 정부와 전문가가 사회정치적으로(젠더, 인종, 계급, 종교, 카스트, 지역 등에 따라) 표시된 신체를 인지하고 관리하는지, (2) 표시된 신체가 자신의 신체를 대상으로 하는 관리에 저항하고 협상하는 방식과 함께 진행되는지를 사례로 보여준다. 여기서 스케일의 복잡한 정치적 작동을 그 어떤 때보다 분명히 볼 수 있다. 맬서스주의는 급속한 인구통제를 통해 해결해야만 하는 인구과잉의 중대한 위험에 처한 세계의 "큰 그림"을 다룸에 있어 이 이론이 불가피한 것이라 주장함으로써 적어도 부분적으로 정당성을 획득한다. 그러나 토지와 소득을 재분배하여 권한을 부여하는 문제 또는 인구억제 정책의 "대상"이나 "희생자"가 자신의 가구나 신체 스케일에서 재생산의 옳고 그름을 결정하는 방식에 대한 문제는 국가 또는 지역 스케일의 "큰 그림"에서는 의미가 너무 협소한 것으로 간주된다(Hartman, 1999). 그러나 "큰 그림"을 기반으로 한 정당성을 주장하는 반출생 맬서스주의와 친출생 근본주의적 입장은 모두 수사와 실천을 모든 지리적 스케일에서 적극적으로 재정비하지 않는 한 지배력을 유지할 수 없다.

여성에 대한 권한부여를 출산력 감소의 필수적 전제조건으로 간주하는 일부 학자들은 인구억제와 산아제한이 중요한 차이점을 지닌다고 본다. "산아제한"은 여성 및 부부가 출산을 통제(시기, 간격, 총 자녀 수)할 수 있는 권리를 이른다. 반면 "인구억제"는 전체인구를 대상으로 출산을 통제하기 위한 하향식 정책이며, 인구 증가율 감소에 대해 인식되는 필요성과 같은 인구학적 과제를 기반으로 한다. 이 견해에 따르면 가족계획을 사용할 수 있어야 하지만, 여성의 사회경제적, 정치적 권한부여가 개발기관의 주요 목적이 되지 않는 한 실패할 수밖에 없다. 출산력 감소는 여성 자신이 자신의 필요와 욕구에 따라 적용하는 부가적인 목표가 되어야 한다(Hewitt and Smyth, 1992: 90).

여성의 사회경제적, 재생산적 권리를 중심으로 한 논쟁은 1970년대와 1980년대 이후 페미니스트 로비스트와 동맹이 개발하고 알린 후 1990년대 주요 개발기구의 수사학에 중대한 전환을 가지고 왔다. 인구증가에 영향을 미치는 여성 역할의 중요성을 인식하고 UN인구기금 United Nations Fund for Population Activities, UNFPA은 1992년 "여성 – 환경 – 개발 삼각형"의 중심에 여성을 배치했다(Hartmann, 1995: 135 인용). 마찬가지로 세계자원재단 World Resources Institute(1994)은 지구 남반구 많은 지역에서 인구압박이 어떻게 산림파괴를 초래하고 연료, 물, 기타 천연자원에 대한 접근을 감소시키며 물, 땔감, 사료를 구하기 위해 걸어 다녀야 하는 여성들의 부담을 대폭적으로 증가시키는지 지적했다. 그러나 이러한 보고서가 젠더 수사학을 다루었다고 해서 "인구과잉"에 대한 맬서스주의적 강조를 약화시키지는 못했다.

이집트와 인도에서 식민주의에 도움이 되는 방향으로 동원되었던 페미니즘과 여성 권리에 대한 담론(3장)과 마찬가지로 진보적이라 간주되는 젠더, 환경, 지속 가능성의 수사학이 현재 낡은 맬서스주의 의제를 지원하는 방향으로 동원되고 있다. "인구과잉"은 제3세계 여성에 대한 억압의 근본 원인이며 환경파괴, 빈곤, 높은 출산력, 식량 불안정의 핵심 결정요인이라 주장되었다. 따라서 "여성생식권" 의제는 출산력 억제 강조와 동의어로 계속 남아있다(Bandarage, 1997: 52−53). 출산력 감소는 부유층이 아닌 빈곤층에서의 소득증가와 보통 상관관계를 보인다는 세계은행 연구 결과는 소득 재분배에 대한 세계은행의 강력한 반대를 감소시키지도 않았고, "사회, 경제, 건강 변수를 대폭적으로 변화시키지 않고서도 출산력 감소와 피임 사용 증가를 이룰 수 있다고 하는 것은 인구학적 전환에 있어 중요한 전제조건으로 받아들여진다"(Bandarage, 1997: 43 인용)라는 세계은행의 신념을 변화시키지도 않았다.

그렇다면 국제 및 국가기관이 인구억제 대 산아제한이라는 용어를 사용했을 때 이들은 산아제한보다 인구억제에 더 관심을 기울여온 것이다. 출산에 대한 여성의 선택이 지니는 긍정적 가치를 때로 UNFPA와 같은 조직이 공식적으로 인정하기도 했지만, 이런 중요한 생각을 가족계획 프로그램에 적용하여 피임을 위해 어떤 수단이 개발되어야 하는지 또는 여성이 충분한 정보가 주어진 상태에서 자유롭게 선택할 수 있으며, 언제 어떻게 특정한 피임 수단을 사용할지 결정하며, 어디서 누구로부터 그러한 피임 수단을 제공받을지 결정하기 위해 어떤 정보를 제공해야 하는지를 결정하기 위한 노력은 상대적으로 적었다.

마지막으로 지금까지의 논의는 사회, 빈곤, 환경, 개발에 대한 문제를 자원에 대한 인구의 압박 문제로 규정하는 접근법으로는 이들 문제를 제대로 해결할 수 없음을 시사한다. 대신, 누가 무엇을, 왜, 어떻게 소비하는지, 생산, 소비, 분배에 대한 어떤 대안적 방식이 정당성을 획득하는지, 그리고 어떤 것들이 침묵되고, 간과되고, "비실용적인" 것으로 간주되는지 생각해봐야 한다.

7

환경을 둘러싼 경합
자연, 개발, 세계화의 복잡한 관계

지속 가능한 개발, 지속 가능성, 환경정의

6장에서는 사람과 자원 간 상호 연관성을 고려해보았다. 그리고 이런 관계를 개념화하고 통제하는 정책과 프로그램이 제1/3세계 경계 간, 수원자와 공여자 간, 정책 입안자와 "대상인구" 간 형성하는 개발정치에서 어떻게 위치하고 있는지 살펴보았다. 이 장에서는 더 넓은 범위의 사회-환경 간 관계로 논의를 확대한다. 본격적 논의를 시작하기 전에 환경(사회적 삶을 둘러싼 생물 물리적 과정)과 사회가 서로를 형성하며 더불어 진화한다는 점을 강조한다. 이들은 종종 예기치 못한 결과를 초래하는 복잡한 관계이다. 인간은 자연을 길들이려 하지만 자연만의 역동성이 이러한 제한을 회피하여 예기치 못한, 그리고 종종 불행한 방식으로 사회에 영향을 미친다. 이는 인간이 자연으로 인한 한계를 뛰어넘기 위해 자연에 변화를 가하는 것과 마찬가지이다. 이렇게 끊임없이 변화하는 인간과 자연의 관계는 사회적, 환경적 과정(종종 경합의 대상이 됨)을 통해 생산된다. 이 과정은 모든 사람이 사회적, 경제적, 물리적으로 어디에 위치했는지에 따라 이들의 삶의 기회와 생계 가능성에 다양한 방식으로 영향을 미친다. 따라서 여기서는 사회적, 환경적 정의와 지속 가능성의 상호 연관된 주제에 중점을 둔다. 먼저 차이의 세계에 있어 지속 가능한 발전의 개념에 대한 고찰로 시작하도록 한다.

1970년대 초반, 인공위성으로 찍은 지구 이미지로 인해 제1세계에서는 "우주선 지구"의 한계에 대한 우려가 촉발되었다. 그 후 인간이 환경을 파괴하지 않고 활용할 수 있을지를 개념화하기 위해 다양한 노력이 이루어져 "지속 가능한 발전"이 새로운 대세가 되었다. 세계환경 및 개발위원회(1987)의 *우리 공동의 미래*("브룬틀란트 보고서"로도 알려짐) 보고서와 같은 간행물을 시작으로 그리고 1992년 세계환경 및 개발회의 또는 리오 드 자네로에서의 "지구정상회담"(및 그 다양한 영향 및 후속 조치)을 통해 지속 가능한 개발은 거대한 우산과 같은 개념이 되었음과 동시에 주요한 산업이 되었다. 지속 가능한 발전에 대한 주류 사고는 환경 서비스의 이상적 흐름을 유지, 강화하면서 자본주의 경제성장과 개발을 이룰 수 있는 형태를 규명하는 데 중점을 둔다. 공통적인 미래상은 "미래 세대의 필요를 충족시키는 능력을 손상시키지 않으면서 현재의 필요를 충족시키는 개발"(세계환경개발위원회, 1987: 43)이다. 신자유주의 세계화가 널리 보급됨에 따라 비용전액 가격제와 공해 거래와 같은 시장 메커니즘이 지속 가능한 개발을 보장할 수 있다는 믿음이 점차 영향력을 더해가고 있다.

초기에는 지속 가능한 개발이 빈곤 역시 개선할 것이라고 예상되었지만 최근에는 반드시 그런 것은 아니라고 인식되고 있다. 그럼에도 불구하고 이런 논의에서 빈곤에 대한 우려는 환경에 밀려 두 번째 순위로 위치된다. 실제로 가난한 사람들은 일반적으로 열악한 환경에 처해있기 때문에 환경악화의 주요 원인이 된다고 생각된다. 이런 생각은 아이러니하다. 왜냐하면 가난한 사람과 주변부 지역은 일반적으로 개발에 따른 환경적 비용을 불균등적으로 많이 부담하기 때문이다. 이러한 불균형은 생산 및 소비 시스템이 점차 세계화되어가고 유해한 생산과 폐기물 처리 작업이 제3세계로 이동하면서 더욱 심해지고 있다.

비평가들은 지속 가능한 개발의 주류 담론은 종종 다른 사각 지대와 편견을 나타낸다고 지적한다. 그러한 담론은 "지구적" 환경문제와 제도를 "지역적"인 것들보다 우선시하고, 소비와 빈곤을 유발하는 환경이 아니라 빈곤이 환경악화의 근본 원인이라고 개념화한다. 또한 경제학적, 개발주의적 편견을 재생산하며(4장 참조), 환경을 정체된 "자원"으로 대폭 축소하여 해석한다(Escobar, 1995: 48−54; Sneddu, 2000: 525). 제1세계 국가들은 한때 산림벌채가 유럽과 북미의 산업화와 부를 창출하는 데 중심이었던 사실에도 불구하고 브라질과 인도네시아와 같은 열대 국가에게 생물 다양성의 원천, 탄소 분리, 전 지구적 이익을 위한 산소 생산 등의 원천이므로 열대우림을 보전하라고 말한다. 이러한 담론의 대상이 된 국가들은 이중 잣대에 합리적인 불만을 제기한다. 오늘날 빈곤 및 주변부 지역에게 새로운 규칙을 적용하여 *개발담론*을 강화하는 한편 이들의 *개발* 달성에 대한 장애물을 세우고 있다는 것이다. 동시에 소비 감소보다 폐기물 재활용에 대한 우려가 우선시된다. 그리고 보호지역(예: 국립공원)과 보호종(예: 호랑이 또는 고래)을 만들어내는 정책이 가난한 사람이 자신의 생계에 필수적인 환경에 대해 접근할 수 있도록 하는 것보다 우선시되는 경우가 많다. 더욱이 "님비" 운동이 더러운 폐기물, 환경적 위험을 여러 가지 형태로 부유한 지역에서 빈곤지역으로 재배치시킨다.

우리는 보통 환경이 생물학적, 물리적인 것들(아원자 입자부터 식물과 동물, 물, 대양 및 대기에 이르기까지)의 집합체로서 나노초에서 천년까지 범위의 시간적 스케일로 극소에서 전 지구에 이르는 범위의 공간 스케일에서 작동하는 일련의 생물 물리 법칙(물리 및 화학법칙, 수문학 주기, 영양주기, 대기순환)에 따라 작동한다고 배웠다. 주류의 지속 가능한 개발은 환경을 종종 정적이고 예측 가능한 자원이며 인간이 관리하는 대상으로 보는 경우가 많다. 그러나 "신생태학"과 같은 학문에서는 생물 물리적 환경이 이질적이며 복잡하고 역동적이어서 기존에 생각되던 것보다 선형적, 예측 가능적, 관리 가능적이지 않다고 본다(Sneddon, 2000). 따라서 생물 물리적 세계는 사회가 통제하는 기계가 아니라 협상해야 하는 주체이다. 결과적으로 사회와 생물 물리적 과정과 구성물이 상호 작용을 통해 다양한 지리적 스케일(예: 생태계 변화의 복잡성)에서 환경을 변화시키는 방식이라든지 또는 한 가지 사건이나 변화(예: 지구 기후변화 또는 2004년 인도양 쓰나미)가 초래하는 공간적 영향에 대해 우리는 완벽히 이해할 수 없다.

정치생태학, 환경역사학, 신제도경제학, 생태경제학, 신생태학, 과학연구, 지속 가능한 생계와 같은 분야에서의 혁신적인 작업은 여러 지리적 스케일과 시대에 걸쳐 환경과 사회의 관계를 다루었다. 이러한 다각적 연구는 차이, 맥락, 스케일 그리고 지역 간 연결되는 사회와 환경 시스템을 고려해야 한다고 강조한다. 이러한 접근법은 환경과 사회의 관계를 분리되고 관리 가능한 자연 및 사회 단위로 간주하는 것이 아니라, 생물 물리적 환경과 인간 사회가 여러 스케일에서의 상호 작용을 통해 지속적으로 서로를 동반 생산하는 복잡한 상호 작용의 집합이라 생각하는 데 도움이 된다. 한 지역에서 환경은 인간 활동을 촉진하거나 제한하는 조건과 과정의 역동적 집합을 제공한다. 환경과의 상호 작용을 통해 인간사회는 의미를 창출하고, 사회구조 형태를 생산, 재생산, 변화시키며, 가치있는 물건과 서비스를 사용하고, 환경변화의 과정에 영향을 미치기도 한다. 이러한 요인은 무수히 많은 역동적인 환경-사회 복합물에서 밀접하게 결합되어있으며 다른 모든 복합체와 상호 작용한다.

환경에 중점을 둔 제3세계 사람들의 운동을 여러 가지 살펴보는 것 또한 환경-사회관계의 복잡성을 이해하는 데 도움이 될 수 있다. 그러한 운동은 주류 환경주의나 지속 가능한 개발과는 다르다. 이들은 일반적으로 특정 환경뿐 아니라 그러한 환경이 지탱하는 삶과 생계를 방어한다. 주변의 숲, 들판, 물 등에 생계를 의존하는 제3세계 사람들에게 있어 지속 가능성은 공동 소유권, 지식이 집합적으로 공유되는 방식, 문화적 자율성, 종교의식, 그들이 의존하는 환경을 보전하거나 개발하는 방식에 대해 다른 사람의 비전을 적용하는, 외부 주도 프로그램으로부터의 자유와 밀접한 관련이 있다. 이러한 운동을 "환경생계" 운동이라 묘사할 수 있으며 종종 "환경정의" 운동으로 알려진다. 그러나 지역 생계수단이 지속 가능성과 형평성을 가진다고 당연시하는 것에는 신중해야 한다. 이들은 다른 역동적 사회 및 생물 물리적 시스템과 상호 연관되어 있으며 다수의 측면에서 나타나는 위계질서(예: 젠더, 계급, 카스트)의 영향을 받을 수 있다. 각 사례의 특수성을 살펴봐야 한다. 환경, 지속 가능성, 사회정치적 정의 간의 이러한 연결고리가 본 장의 핵심 주제이다.

차이, 그리고 경합의 대상이 되는 생물 물리적 환경

차이의 세계에서 서로 다른 계급, 생계, 지식의 방식, 가치, 사회제도에 속한 사람들은 모두 자신의 다양한 요구를 충족시키기 위해 환경과 상호 작용한다. 따라서 이들 간 욕구, 필요, 꿈은 서로 다르며, 각자 미래를 바라봄에 있어 서로 다른 비전과 목표를 향해 다양한 방식을 추구할 것이다. 특정한 한 장소에서도 인간의 욕구가 얼마나 다양한지 생각해보라. 아래 리스트는 종합적이지는 않지만 몇 가지 서로 다른 가치 유형의 예를 보여준다.

1. 생물 물리계와 소속된 모든 구성원의 *내재적 존재 가치*
2. *레크리에이션이나 경치가 좋은 장소의 가치*, 또는 그들이 삶에 의미를 부여하는 방식
3. *생명지원 가치*: 생명유지에 필요한 조건을 재생산하는 생물 물리학계의 *"자연적 경제"*
4. *상품 가치*: 재생 가능자원(예: 물, 토지, 산림)과 재생 불가능자원(예: 석유, 광물)을 포함하여 판매를 목적으로 사용되는 자원의 원천으로서의 환경
5. *사용가치*: 직접소비를 위해 지역생태계에서 충당된(재생 가능한/재생 불가능한) 자원
6. *매립가치*: 폐기물의 "무료" 처분 장소로서의 환경

이제 몇 가지 서로 다른 사회집단의 대조적 필요, 가치, 생계시스템을 생각해보자. 아마존 열대우림을 예로 들면, 국제/지역 환경보호 주의자들은 지역과 세계자산으로서의 산림보호를 정당화하기 위해 가치 1-3의 다양한 측면을 강조하겠지만, 세계시장을 대상으로 한 목재 및 가축생산에 관심이 있는 자본가와 소비자는 당연히 가치 4, 6을 강조한다. 도시에서 이주해온 빈곤층 이주자는 소농으로서 토지를 기반으로 생계를 유지

하므로 4와 5의 조합에 관심을 가질 수 있다. 산림에서 거주하는 원주민은 그들의 물리적, 사회정치적 위치와, 자신만의 고유한 산림 이용을 주장하기 위해 확립한 가치를 기반으로 자신에게 적합하도록 1－6을 조합했을 것이다. 이렇게 단순한 주체와 많은 경우 상호배타적인 용도를 나열한 리스트에서조차 아마존 열대 우림의 문제는 이미 복잡해보이며 갈등소지가 다분하다.

이러한 이익관계의 얽힘을 마주하며 우리는 토지이용 *권리*가 누구에게 있는지 단순하게 물어볼 수 있다. 우리가 이제 살펴보겠지만 이것은 매우 논쟁적인 문제이다. 왜냐하면 사회 권력관계 변화는 권리와 책임의 시스템도 변화시키기 때문이다. 인간이 환경을 사용하면서 발생한 오염, 생태계 변화, 글로벌 기후변화 등의 영향을 통해 사회와 생물 물리 시스템 간 광범위하고 깊은 상호 연관성이 사용자 자신을 훨씬 초월한 사회적, 환경적 결과를 가지고 오는 상황이 초래되면서 이 질문은 더욱 어려워진다. 경제학자들은 이러한 결과를 "외부효과"라고 부른다. 왜냐하면 이들은 시장거래의 외부에 있으므로 시장교환의 계산에 포함되지 않기 때문이다. 환경악화 비용을 "사회화된" 비용 또는 "양도된" 비용이라 부르는 것이 더 적절할 수도 있다. 왜냐하면 이는 사회의 한 부분의 행위가 사회의 다른 한 부분의 동의 없이 이들에게 부과된 비용이기 때문이다. 외부화되고 사회화된 비용은 모든 사람에게 균등하게 분포되지 않고 종종 이러한 비용에 책임이 없고 비용을 감당할 수 없는 이들에게 이전된다.

사회화되거나 이전된 환경비용은 점차 중요해지고 있다. 첫째, 경제적 세계화로 소비로 인한 영향이 나타나는 장소로부터 소비가 결정되는 장소(물리적으로나 정신적으로)를 더욱 쉽게 떨어트릴 수 있게 되었다. 예를 들어 미국에서 자동차에 휘발유를 주유할 때 주유소에서 지불하는 가격은 니제르 삼각주에서 석유를 생산하면서 초래된 사회적, 환경적 파괴를 보상하는 데 쓰이지 않는다. 우리에게 휘발유를 제공하는 비용은 그곳 사람들과 환경이 부담하게 된다. 둘째, 인간활동의 스케일 증가와 인간 기술의 힘으로 점점 광범위하고 심오한 환경변화를 초래할 수 있다. 예를 들어 기후변화는 제1세계 국가가 주요 책임이 있지만 빈곤한 제3세계 사람들이 가장 심각한 결과를 겪게 될 것임을 기후변화에 관한 정부 간 패널(IPCC, 2007a)은 경고했다. 두 경우 모두, 일부 사람들은 다른 사람들이 내린 결정으로 인한 사회적, 환경적 결과의 비용을 부담하게 되었다. 일부 집단이 (생산 및 소비 시스템을 통해) 혜택을 얻으면서도 자신의 행동으로 인한 비용 및 위험을 사회화하거나 전이하는 문제는 개발 및 세계화에 대한 논쟁의 중심을 차지한다.

6장에서와 마찬가지로 우리는 생물 물리적 환경에 대한 접근, 사용, 결정권을 구조화하는 논쟁적인 사회제도와 과정을 다룬다. 이들은 정복과 무장투쟁, 규제 시스템, 재산권 및 관습적 행위 시스템에 이르기까지 다양하다. 금, 목재, 기름, 담수와 같은 귀중한 자원을 생산하는 지리적 위치를 전략적으로 통제하기 위한 무장 투쟁의 경우 환경사용을 통제하는 수단이 분명하다. 1492년 이후 스페인과 포르투갈이 아메리카 대륙 여러 지역을 점령한 것은 주로 금과 은의 공급을 차지하려는 욕구에서 비롯된 것이었다. 뒤이은 영국, 프랑스 그리고 다른 유럽 국가의 식민지 확장은 이와 유사하게 핵심 자원을 통제하려는 욕구로 인한 것이었다. 오늘날 아랍 세계를 대상으로 한 미국정책, 특히 1980-1988년, 1990-1991년 및 2003년-현재의 페르시아만 전쟁에서 석유에 대한 접근은 핵심적 동기이다.

노골적으로 폭력적인 전쟁과 정복의 과정 외에도, 누가 환경의 어떤 측면을, 어떤 목적으로, 어떠한 조건에서, 누구에게 혜택이 돌아가도록 그리고 누구의 비용으로 사용하게 되느냐에 대해 소극적이지만 핵심적인 경합이 보다 널리 퍼져있음을 알 수 있다. 이러한 경쟁은 환경에 대한 접근과 의사결정을 구조화하는 사회제도를 둘러싼 경합을 통해 이루어진다. 일부 집단은(재산권 시스템, 환경규제, 관습적 행위, 경제 시스템과 같은) 제도의 형태를 변화시키기 위해 사회, 경제, 정치적 권력을 사용함으로써 환경에서 발생하는 이익을 점유하지만, 다른 집단은 이러한 결정으로 인한 더욱 어두운 결과를 불균형적으로 감당하도록 만들어졌다.

그러한 경쟁관계를 이해하기 위해서는 (1) 상이한 가치, 지식체계, 자원에 대한 접근, 통제, 사용에 관련된 제도(예: 제3세계 대 제1세계, 도시 대 농촌)를 가진 주체 간 차이, (2) 그러한 경쟁관계(예: 계급, 젠더, 계승 또는 습득 기술, 생계 시스템, 자연에서 가치를 전용하는 방식)에 관련된 각 국가, 지역, 지역사회 그리고 심지어 가구 내에서 존재하는 이질성 등을 살펴봐야 한다. 그러한 차이는 정치적, 경제적 측면의 계층화도 연관되어있다. 따라서 일부 목소리는 증폭되고 다른 목소리는 억압된다.

다음으로 환경을 둘러싼 변화하는 사회제도의 논쟁적 과정을 환경의 상품화, 개발 프로젝트, 환경보전 프로젝트의 세 가지로 검토하고, 일부 주체 집단이 어떻게 이익을 자신에게 향하도록 창출하는 동시에 비용을 다른 집단에게 전가시키는 방식으로 게임의 규칙을 변화시키는지 논의하도록 한다. 이 중 첫 번째 과정은 가장 광범위하며, 수백년간 지속되어왔다.

시장확대, 상품화, 환경적 경합

인류역사 대부분에서 사람들은 수렵채집, 목축, 농업 등의 활동을 통해 자신이 필요한 것을 자신이 속한 지역생태계로부터 직접 얻어왔다. 이를 보통 "자급적 생계"라 부른다.

가구가 자신의 생계를 위해 필요한 대부분을 직접 생산하기 때문이다. 자급자족을 기반으로 하는 사회는 경험을 바탕으로 한 지식을 지속적으로 발전시켜, 이 지식은 환경을 사용하는 관습에 구체화되어있으며 지역환경이 변화하면 이에 따라 진화한다(9-12장). 이렇게 생계를 둘러싸고 발전한 사회제도는 보통 물물교환의 형태, 노동 및 기타 자원 공유를 위한 제도, 공동자원(산림, 목초지, 어업 등)의 공동 소유를 포함한다. 역사적으로 이러한 생계 시스템의 시장참여는 제한적이었다. 식민주의의 과제 중 한 가지는 식민 피지배 주민들에게 식민시장에 참여하도록 강제하는 방법을 찾아내는 일이었다(13-14장).

　식민지주의, 개발, 세계화로 인해 실로 세계 구석구석까지 시장이 침투했지만 제3세계 많은 사람은 주로 자신의 지역 생태계에서 생산하거나 직접 사용할 수 있는 것을 통해 필요를 대부분 충족시킨다. 이에 상품적, 비상품적 가치 간 경합이 지속으로 벌어지고 있다. 이러한 경합은 사람들의 필요, 염원, 자신들을 위해 자원을 사용할 수 있는 능력 등을 형성하는 성별, 계급, 카스트 등 차이의 구조에 따라 조건지어진다. 또한 사람들이 살아가는 환경에 따라서도 조건지어진다(사이드바: "방글라데시 물 개발과 접근" 참조).

　자본주의 관계가 확산되고 심화되면서 사회와 생물 물리계 간 관계가 끊임없이 재구성되고 있다. 자본주의 경제가 성립하려면 원재료, 생산수단, 제품이 모두 시장을 통해 자유롭게 사고팔 수 있어야 한다. 이를 위해서는 양도 가능한 사유재산 제도, 소유권을 정의하는 일련의 법률 개발 및 이를 강제하기 위한 제도, 그러한 제도를 토지와 같은 생물 물리계 요소에 적용하도록 확장하는 것 등이 필요하다. 전자본주의적 또는 비자본주의적 사회에서처럼 시장이 사회경제적 삶을 조직하는 주요 제도가 아닐 경우, 이러한 형태의 재산 시스템은 필요 없다. 보통 생물 물리계와의 사회적 관계는 지역적으로 특수하며 많은 경우 복잡하고 다층적인 사용권, 관습, 의무를 부과하는 시스템에 따라 결정된다. 이에 따라 서로 다른 사람들이 토지와 구성원 상호 간의 다양한 권리와 의무를 동시적으로 지니게 된다. 이러한 권리와 의무의 집합은 "공유재" 시스템의 다양성을 나타내거나(사이드바: "재산체계" 참조) 종자나 동물 품종에서 나타나는 유전적 종처럼 모든 인류의 공동유산으로 간주될 수도 있다.

　생물 물리계의 일부가 시장교환에서의 상품으로 만들어지기 위해서는 법적으로 제한을 정하고(또는 인클로징) 사유화하여 공동소유된 것들의 영역에서 제거되어야 한다. 이 과정은 이전 사용자 대부분에게서 자연에 대한 권리를 빼앗아 소유자 한 명에게 할당한다. 본질적으로 이것은 법적 장치가 자행하는 절도이다. 마르크스가 "원시적" 축적 또는 "최초" 축적이라 불렀던 이 인클로저와 사유화의 과정은 여전히 진행 중이다. 하비 Harvey(2003)는 이것을 "탈취를 통한 축적"으로 설명한다. 왜냐하면 몇몇 사람들이 새로운 부를 창출하지 않고 다른 사람의 것을 탈취하여 부를 축적하기 때문이다.

방글라데시의 물 개발과 접근: 성, 계급, 자연의 엉킴

제1세계에서 인간 삶의 중심인 안전한 물에 대한 접근은 거의 보편적이며 상대적으로 저렴하다. 그러나 제3세계는 많은 경우 그렇지 않다. 방글라데시 사례는 물에 대한 접근이 어떻게 환경적 과정과, 계급과 젠더의 사회적 관계를 통해 변화되는지 그리고 개발활동이 어떻게 사회적 변화와 환경적 변화 모두를 수반하는 다차원적인 갈등으로 발전하는지 보여준다.

제3세계의 사람들이 물에 접근하는 방법은 일반적으로 다음과 같다. (1) 펌프로 물에 접근할 수 있는 토지를 소유한다. (2) 펌프를 소유한 이웃 등에서 물을 구매한다. (3) 강, 연못, 공공탱크에 대한 공동적 접근권을 지닌다. (4) 주정부가 수돗물이나 관개 등을 통해 물을 제공한다. 사람들은 보통 이러한 방식 중 하나 이상의 경로를 통해 물에 접근한다. 부유한 가구는 일반적으로 가난한 가구보다 더 안정적으로 물에 접근할 수 있다. 가난한 가구가 접근할 수 있는 물은 많은 경우 부적절하고 안전하지 않다.

빈곤한 가정 내에서 성별 분업은 물 접근에 대한 이런 물질적 불평등을 한층 복잡하게 만든다. 여성은 가정생활에 필요한 물공급을 포함하여 가구 내 소비를 위한 텃밭 일구기, 가축 기르기 등까지의 가사 노동에 일차적 책임을 진다. 남성은 일반적으로 물을 얻기 위한 네 가지 방식 모두와 관련된 결정을 내린다. 남성은 또한 관개상업농업에 일차적 책임을 지므로 음수, 조리, 위생, 텃밭 등과 같은 가구 내 사용보다는 "경제적" 목적을 위한 관개에 물을 사용하는 일에 관여한다. 따라서 가난한 여성의 물 접근은 물에 대한 물리적 접근과 여성에게 할당된 책임에 대한 우선권이 낮다는 문제점으로 인해 더욱 불리해질 수 있다. 이런 어려움으로 가난한 가족의 건강에 해로운 영향이 초래될 가능성은 증가한다. 이 광범위한 그림을 염두에 두고, 개발활동이 어떻게 계급, 젠더, 환경과 상호 작용하여 불공평한 결과와 갈등을 일으키는지에 대해 다음의 구체적 변화 세 가지를 살펴보겠다.

• 첫 번째 변화: *관개우물로 악화된 음용수 공급*. 방글라데시에서 개발은 지하수 접근 시스템에 두 가지 모순된 변화를 가져왔다. 지하수는 일반적으로 지표수보다 안전하기 때문에 개발 프로그램은 전국에 수동 펌프를 보급하여 인구의 약 97%가 안전한 식수를 얻을 수 있도록 했다. 이러한 수동 펌프는 최대 25-30피트 깊이에서 물을 끌어올린다. 그런 다음 관개를 위해 동력 펌프를 장착한 심층 우물을 설치했다. 이런 우물은 물을 지나치게 많이 끌어올려 상수면을 낮추었으며, 이로 인해 3분의 1에서 절반에 이르는 음용수 수동 펌프를 연중 일정 기간 동안 건조하게 유지해야 했으므로 깨끗한 음용수 확보가 불안정해졌다. 따라서 경제성장을 목적으로 남성이 관할하는 부문에 물을 사용하게 될 경우 여성이 관할하는 가구 내 물 공급과 건강이 위협받게 되었다. 이 경우 계획과 우선순위의 부문별 분리(건강 대 경제), 성별 분업, 지역의 수문학, 물 추출 기술 등이 특별한 방식으로 결합하여 물에 대한 불평등한 접근과 갈등을 촉진하였으며 건강은 악화되었다.

- 두 번째 변화: *물 관련 프로그램이 초래한 예기치 못한 생물 물리적 결과.* 방글라데시의 많은 지하수는 비소로 오염되어 지하수 공급이 역설적으로 독극물 중독을 대량으로 초래했다. 많은 국가에서 퇴적물에는 천연비소가 매장되어있다. 이 비소가 물에 방출되는 과정은 여전히 논란의 여지가 있지만, 관개와 음용수 프로그램을 실시하면서 수천만 명의 사람이 비소로 오염된 물을 제공받게 되었다는 것은 확실하다. 약 2천만 명이 오염된 물에 노출되어있으며 7천만 명 이상은 노출 위험에 처해있다. 오염 수준은 공간에 따라 다양하게 분포하므로 이 문제는 더욱 복잡해진다. 한 마을에 위치한 서로 다른 우물은 오염도가 다를 수 있다. 이는 모든 우물을 테스트해봐야 한다는 것을 의미한다. 오염된 우물을 확인하고 물을 정화하는 데는 많은 비용이 소요되므로 사람들은 비소 중독의 장기적인 위험과 지표수에 의한 질병의 단기적 위험 중 하나를 선택해야 할 수도 있다. 비소 문제의 영향은 계급 및 성별에 따라 구조화되어있다. 부유한 사람들이 비용을 감당할 수 있는 깊은 우물의 경우 낮은 우물보다 오염도가 덜 한 것이다. 가구 내 성역할은 여성은 일반적으로 가장 나중에 가장 적게 먹는 것을 의미한다. 가난한 가구의 사람들, 특히 여성의 경우 영양상태가 낮으므로 비소중독의 영향을 받기 쉽다. 물 공급자로서 여성과 소녀들은 더 깨끗한 물 공급에 대한 접근을 둘러싼 갈등에 연루되어있을 수 있으며 깨끗한 물을 얻기 위해 시간을 더 소비해야 할 수도 있다. 비소중독 증상(피부 궤양과 병변 등)이 나타났을 때 여성과 소녀는 건강관리를 할 수 있는 기회가 더 적다. 또한 사회적으로 배척되어 결혼할 수 없는 것으로 간주되거나 남편에 의해 버림받을 수도 있다. 동시에 비소중독으로 사망하는 사람 수는 지하수 접근의 혜택을 받게 된 사람 수보다 적은 것으로 추정된다. 지하수에 접근할 수 있게 되어 설사병 사망자의 숫자는 급감했고 영아사망률은 절반으로 감소했다.

- 세 번째 변화: *수출새우 양식.* 1980년대 방글라데시 연안 지역에서 수출용 바다새우 생산이 번창하기 시작했다. 농민들이 새우 양식을 위해 일정 토지구획을 해수로 침수시키면서 순다르반스 맹그로브 숲이 위협받으며, 생계를 위한 자원채취의 기회를 감소시킨다. 부유한 농민들은 종종 새우 농장을 만들기 위해 가난한 사람들에게서 토지를 받아 가난한 사람들이 노동자가 될 수밖에 없게 만든다. 새우 농장에서 노동하는 것은 건강에 해로우며 새우 양식은 가난한 사람들이 포기할 수밖에 없었던 벼농사에 비해 수입 기회가 적다. 새우 양식의 증가로 지하수 염화가 일어나 가정용 물을 공급해야 하는 여성의 부담이 증가했고 텃밭과 가축을 활용해 식단을 보완하기는 더 어려워졌다. 이로 인해 성역할이 음식에 대한 접근을 결정하는 중요한 변수가 되는 가난한 가정에서 특히 영양상태가 악화되었다.

탈취를 통한 축적 ─ 생물 물리적 환경 부분에 누가 접근, 사용, 통제에 대한 권한을 받는지를 규정하는 제도에 있어서의 변화 ─ 은 추가적으로 두 가지와 얽혀있다. 환경상품화는 자본가가 구매력을 지닌 이들에게 판매하기 위해 서로 다른 재화와 서비스(상품)

재산체계

> *재산*은 토지와 같은 물건이 아니라 *혜택의 흐름에 대한 권리인데 이 권리는 다른 사람들이 그 흐름을 보호하는 조건을 존중하는 의무만큼만 안전하다*는 것을 이해해야 한다. 권리를 가진 사람은 의무를 지닌 사람들이 그 권리를 법률적으로나 실질적으로 존중할 것이라는 기대를 지닌다.
>
> -BROMLEY(1991: 22, 본문 강조)

"재산체계"는 특정한 물건이나 자원에 대한 개인의 권리와 의무를 구조화하는 일련의 제도적 장치이다. 이를 살펴보기 위해 재산유형 네 가지를 생각해볼 수 있다.

- *사유재산*: 한 개인(또는 법인과 같은 법적 개인)이 자원에서 다른 사람들을 배제할 권리를 가지며 자원 사용에 대한 광범위한 재량권을 가진다.
- *국가재산*: 국가가 개인 및 단체에게 자원의 사용권한을 부여할 수는 있지만, 자원에 대한 사용과 접근을 통제할 권리는 국가에 있다.
- *공유재산*: 관리 규칙이 확립되고, 구성원들이 상호 인정된 제도적 규칙을 따르도록 하는 인센티브가 존재하며, 규칙 준수를 위한 제재를 가진 명확한 사회집단이 상호 인식하는 경계를 지닌 특정 자원의 사용과 통제를 결정한다.
- *개방접근*: 누구나 접근과 사용이 가능하며 강요할 수 있는 의무가 없다.

역사적으로 인간은 생물 물리계를 원칙적으로 공유재산 또는 개방접근으로 취급했다. 국가는 공유재산 체계가 자원파괴("공유의 비극")와 경제적으로 "비효율적인" 자원 이용으로 이어진다는 이유로 공유재산을 강제적으로 국가재산이나 사유재산으로 전환함으로써 상품화 촉진에 중요한 역할을 담당했다. 자원파괴와 비효율에 관한 주장은 모두 잘못되었다. 널리 알려진 그리고 안타깝게도(그러나 별 뜻 없는 것은 아님) 잘못 이름 지어진 "공유의 비극"(Hardin, 1969)의 비유는 개인이 공유자원을 과용하여 자원파괴를 초래할 인센티브가 있다는 것을 가리킨다. 이 비유는 그 용어 자체에 결함이 있다. 더 중요한 것은 이 비유가 공유재산 체제가 아니라 개방접근의 상황에 적용된다는 것인데, 공유재산 체제는 정의 자체에서 과다 사용과 파괴를 제한하는 일련의 규칙과 의무가 포함되어있다. 시행결과 공유재산이 사유 또는 국가재산보다 자원파괴를 더 초래하지 않는다는 것이 밝혀졌다. 더욱이 제도경제학자들은 본질적으로 사유재산이 공유재산보다 경제적으로 더 효율적인 것도 아니라는 것을 보였다(Bromley, 1991; Vatn, 2001). 바튼 Vatn(2001: 677)의 말을 빌려 결론을 맺자면,

> 재산체계를 선택하는 것은 어떤 이익관계를 보호하고 어떤 비용을 부과하며, 심지어 어떤 이익관계를 발전시키고 지속시킬 것인지를 선택하는 것이다. 우리는 이러한 체제가 효율성을 기반으

로 선택된다고 믿는 경향이 있다. 즉, 시간이 지남에 따라 근대화는 사회를 덜 효율적인 시스템에서 더 효율적인 시스템으로 발전시킨다는 것이다. 일반적으로 주요 단계는 보통 공유에서 사유재산으로 전환되는 것이라 간주되어 오늘날 세계적으로 개발 프로그램에 적용된다. 그러나 이 주장은 일관성이 없다. 어떤 이익관계가 보호되어야 하는지에 따라 무엇이 효율적인지가 결정되는 한 객관적이거나 독립적인 사실은 근본적으로 존재하지 않는다.

를 생산하면서 사람들이 환경을 사용하는 방식에 질적, 양적 변화를 초래한다. 이러한 변화는 생물 물리적 환경과 다양한 가치를 제공할 수 있는 능력의 변화로 이어진다. 오코너 O'Connor(1998: 23, 원문의 강조를 따름)는 그 과정을 다음과 같이 특징짓는다.

> 원시적 축적은 인간과 비인간의 분리였다. 공유지와 공유재산을 부유층이 해체하고 장악하여 거기서 신세계 노예를 분리시켰다. 자연 또는 토지와 인간의 진정한 분리가 발생한 것이다. 이 강압적 변화는 인간과 비인간 자연을 폭력적으로 나누었으며 이를 통해 토지를 상품으로 전환시켰다. 최초 축적은 직접 생산자 다수의 재산을 없앰으로써 그들 공동체의 해체를 초래했으며 살아남기 위해 이들이(그리고 역사적으로 더욱 중요하게는, 이들의 자손이) 노동력을 팔도록 강요하게 되었다. ..."원시적 축적"은 이후 경쟁적 축적으로 전환되었는데, 이들로부터 시작된 자연에 대한 상품화와 자본주의화는 토지 이용에 대한 전통적인 사회경제적, 문화적 제한을 제거하여 생태적으로 파괴적인 생산수단의 가능성을 열게 되었다.

자본주의 시장경제나 탈취에 의한 축적의 과정은 어떤 추상 자연적 법에 따라 "자연적으로" 출현한 것이 아니다. 둘 다 일련의 사회 제도적 변화가 경합하면서 만들어졌다. 식민지화 없이 시장경제 확산을 이룬 유럽조차 자본주의가 지배하는 사회가 되기 위해 고통스러운 전환과정을 피할 수 없었다. 지역 엘리트와 법적 변화가 결합하여 공유지를 물리적으로 인클로저하여 공유재 시스템을 점진적으로 소멸시키고 표준화된 사유재산 시스템을 전파했다. 공유재에 대한 권리를 상실한 많은 사람은 이러한 인클로저에 저항했다. 예를 들어 영국에서는 16세기 중반부터 19세기 중반까지 이러한 변화에 저항하는 지하저항운동과 지역폭동이 발생했다.

유럽 식민세력은 자신들의 재산 시스템과 관련 인클로저를 식민지로 확산시켰다. 이들은 식민지 주민이 수출시장을 위해 농작물을 생산하도록 하고, 식민행정 비용을 충당하기 위한 세금을 안정적이고 효율적으로 징수할 수 있는 방법을 찾기 위해 경작지를 광범위하게 조사하여 생산과 납세에 책임을 지는 남성에게 개별적으로 소유권을 할당했다. 식민지 정부는 사유화 전략뿐 아니라 국유화시키는 한편 공유지와 공유재를 국가통제로 전환시켰다. 그들은 산림지와 기타 비농업용 토지를 국유화하여 토지 이용을 관리하고 수입을 확보했다. 예를 들어, 식민 인도에서 정부는 산림지를 산림부의 통제하에, "폐기"토지(농업생산에 적합하지 않은 토지)를 관세부의 통제로 귀속시켜두어 국유화했다. 그런 다음 각 부서는 그 땅을 누가 어느 정도의 비용으로 사용할 수 있는지에 대한 정책을 수립했다. 가장 값나가는 목재가 있는 산림 지역은 목재 회사에게 계약을 주어 산림에 대한 접근을 차단하고 이전의 사용-관리자의 권리를 최대한 소멸시켰다.

식민지에서 진행된 탈취에 의한 축적의 과정은 유럽에서와 마찬가지로 공동재산 시스템을 훼손시키고 자연자원에 대한 관습권을 심각하게 축소시켜 항의와 저항을 초래했고 독립운동을 자극했다. 그럼에도 불구하고, 독립 이후 국가들은 과거의 불만을 시정하기 위한 노력을 거의 기울이지 않았으며 국가발전이라는 이름으로 점진적으로 생물물리계를 봉쇄하고 상품화하는 과정을 지속하여, 제3세계에 환경생계운동을 다시금 새롭게 촉발했다. 신자유주의 세계화하에서 "자유"무역협정과 세계은행, IMF(미국 행정부 역시 포함)는 압력을 가해 다국적기업(TNC)이 유전적 물질, 씨앗, 담수/수도 서비스, 인터넷 등에 대해 인클로저와 상품화를 확대할 수 있도록 하여 자본축적 전략을 진전시킬 수 있는 지렛대가 되었다. 전 세계 지역기반 및 국가 간 사회운동은 이러한 전략에 대해 저항하고 있다.

멕시코는 토지의 민영화와 상품화에 대한 경합 사례를 보여준다. 20세기 초, 멕시코의 토지는 상대적으로 소수에게 집중되어있었다. 따라서 1910년 멕시코 혁명에서 농업 개혁은 핵심 쟁점이었다. 1917년 혁명사후 헌법과 관련 농업규제를 통해 히도(ejido) 토지 제도가 복원되었다. 히도는 가족이 자신의 구역을 통제할 수 있지만 토지는 지역 공동체 소유이며 판매할 수 없는 공유재산의 형태이다. 정부의 토지 재분배 결과 히도는 국가 경작지의 약 40%를 차지하게 되어 구성원이 안정적으로 자원에 접근할 수 있게 되었다. 그러나 북미자유무역협정(NAFTA) 협상과 이행 과정에서 미국은 멕시코의 국내법을 대폭적으로 손질할 것을 요구했다. 여기에는 히도 토지의 사유화와 매각을 허용하는 멕시코 헌법 1992년 수정안이 포함되어있었다. 이것은 토착민의 권리를 앗아간 수많은 조치 중 가장 최근의 것에 불과하다. 멕시코 정부 정책에 대한 대대적인 항의가 1992년 콜럼버스 신세계 도착 500주년 기념식에서 촉발되었고, 1994년 1월 1일(NAFTA가 발효된 날)에는 무장 사파티스타 수천 명이 남부 멕시코의 치아파스주의 주요 인구 집중지와 목장 500여 개를 점령했다. 멕시코 군대가 들어오긴 했으나 사파티스타를 격파할 수 없었고 결국 휴전협정이 맺어졌다. 그 이후로 갈등이 낮은 강도로 지속되긴 하지만 사파티스타는 지역에 기반하여 자율적이고 민주적이며 공평한 대안 사회경제 질서를 확립하기 위해 노력해왔다(Slater, 2004; Mexican Solidarity Network, 2006).

인클로저를 둘러싼 투쟁은 국가 스케일뿐 아니라 전 지구적 스케일에서도 벌어지고 있다. 세계무역기구(WTO)는 무역관련 지적재산권(TRIPS)과 종자에 대한 지적재산권 적용, 생명 형태에 대한 특허권(16장 사이드바: "WTO, 지적재산권 그리고 식물 특허" 참조)을 규정하고 있다. 소위 "반세계화 운동"을 포함하는 사회운동은 이런 형태의 탈취에 의한 축적에 저항한다. 예를 들어 생명 형태 특허 문제와 그러한 특허를 가능하게 하는 "생물권침해(biopiracy)" 문제에 대해 전 세계적으로 갈등이 진행되고 있다. 또한 인도의 비즈 바차오 안돌란 *Beej Bachao Andolan*("종자 구하기 운동")과 같은 로컬운동은 다양한 전통 종자와 관련 농법을 보존한다. 다양한 운동이 국제포럼과 지역에서의 움직임을 통해 물 상품화와 수도 서비스 민영화에 이의를 제기한다. 예를 들어 2000년 4월 볼리비아의 코차밤바에서 열린 "물전쟁"에서 공동체가 광범위하게 봉기하여 정부가 세계은행의 지원을 받아 수도 서비스를 베첼 기업(Bechtel Corporation) 자회사로 넘겨 민영화하려는 계획을 무효화시켰다.

상품화 과정이 자원에 대한 기존의 접근, 사용, 통제권을 소멸시키면 이전의 사용자는 배제되어 자신의 생계를 전체적으로나 부분적으로 잃을 수 있다는 점에 유의해야 한다. 가장 가난한 지역공동체(와 특히 지역공동체의 여성)는 공유재에 가장 많이 의존하므로 시장 외에서 생계를 해결할 수 있는 이들의 능력이 감소하게 되면 생존이 위협받게 된다. 이들은 대개 노동시장의 가장 밑바닥에서 저임금, 시간제나 계절적 노동을 담당하고 종종 도시 빈민가로 이주하여 임금노동 의존도를 증가시켜야 한다.

동시에, 자원이 상품화됨에 따라 자본주의 경제에서 경쟁이 심화되고 이윤 극대화의 필요성이 중시되면서 자본주의 기업은 비용과 위험을 외주화, 사회화하면서 혜택의 흐름은 차지하고 내재화한다. 따라서 상품화로 신기술, 생산 시스템, 노동 과정, 일련의 결과물이 변화를 겪게 되고 이와 더불어 생물 물리계에 대한 사람들의 생각과 사회적 이용도 변화하게 된다. 이들은 모두 상품판매를 통해 수익을 극대화하도록 조정된다. 상품화는 또한 생물물리적 환경을 통제하고 사용하는 스케일과 위치도 재조정한다(사이드바: "상품화와 기술적 "진보"" 참조). 환경에서의 산물이 상품화되어 먼 거리에서 거래되면 그 환경이 어떻게 사용되는지에 영향을 미치는 의사결정자(예: 기업관리자, 소비자) 역시 지역맥락에서 멀어지게 되어 이들이 자신들의 결정으로 인한 사회적, 환경적 결과가 어떤 것이든 이를 경험할 기회는 거의 없다. 따라서 광산이나 공장 근처의 공기, 물, 토지 오염 또는 방글라데시 새우 양식 확대가 초래하는 피해에서 비롯되는 폭력과 환경파괴는 지역적으로는 치명적일 수 있지만 소비자나 기업 관리자의 계산에는 대개 지속적으로 들어가지 않는다. 이런 식으로 환경비용과 사회비용이 상품 제공에 있어 중심적임에도 불구하고 이런 비용은 소매 거래에서 "외주화"된다. 그러한 "외부효과"는 비자발적인 보조금을 나타내며, 보통 가장 감당하기 어려운 사람들이 이를 부담하게 된다. 따라서 다른 이들의 소비를 위해 보조금을 부담하는 인간과 환경이 자신들의 입장에 대해 이의를 제기할 때 놀라지 말아야 한다.

개발 프로젝트

비용, 위험, 이익의 분배

개발은 종종 광업, 임업, 아니면 수산업을 통해 1차 산업 자원 추출을 지향하는 프로젝트를 통해 진행된다. 이를 위해 도로, 철도, 전력 시스템과 같은 인프라를 구축하고 제철소, 제조 공장과 같은 산업 시설을 설치하거나 또는 농업 생산을 변화시킨다. 이런 모든 프로젝트에는 여러 사회 집단에 불균등하게 배분되는 일련의 비용과 편익뿐 아니라 다양한 스케일에 파급효과를 미치는 환경적 영향도 수반된다. 이런 프로젝트의 실시 여부와 추진 방법은 대개 제안된 프로젝트의 수입이 재정적 비용을 초과할 것인지를 추정하는 비용─편익 분석에 따라 결정된다. 예를 들어 정부 계획가나 자본가가 함께 또는 개별적으로 전자 공장, 제철소, 대형 댐과 같은 개발 프로젝트를 수립할 때 이들은 금전적 비용(예: 재정, 토지 구입, 건설 비용)의 총합을 추정한다. 프로젝트로 인해 발생할 것으로 추정되는 수입의 흐름은 이러한 비용과 비교되어 균형을 이루도록 만들어진다. 이런 유형의 재정 예비 분석이 프로젝트를 평가하는 표준적 방법이다. 그러나 프로젝트를 실시하려는 의지로 인해 보통 혜택은 과대평가되고 비용은 축소평가된다. 게다가 프로젝트를 실시하는 것만으로도 이익을 누릴 것으로 예상되는 당사자들은 특히 두드러지게 프로젝트의 이점을 강조하고 비용을 최소화하여 표현한다.

　개발 프로젝트의 권력정치가 작동하는 데 있어 정부기관은 중요한 주체이다. 이런 기관은 개발을 실행할 것인지 누락시킬 것인지를 결정하므로 이런 행위를 통해 프로젝트의 비용과 편익 그리고 사회적 분배를 형성하는 데 중심적인 역할을 한다. 주정부 기관은 (축출 주민에 대한 보상 없이) 토지를 통제하고 토지를 광업이나 산업적 용도로 전환시키거나 댐 건설을 목적으로 수몰시키기 위해 수용권을 사용한다. 이런 프로젝트는 대개 사람들이 사용하고 있는 토지에서 실시되며 거주민(때로는 먼 지역) 지역공동체가 의존하는 환경 서비스에 영향을 준다. 이런 사회적, 환경적 비용은 복잡하고 계량화시키기

상품화와 기술적 "진보"

시대 및 장소를 불문하고 기술변화는 보통 가치중립적이고 인류 전체의 보편적 선을 충족시키는 "과학발전"을 바탕으로 한다고 간주된다. 그러나 기술도 사회정치적으로 구축되고 영향을 받는다. 기술적 변화는 한편으로 자연과 사회에 뚜렷한 사회정치적 결과를 초래한다. 다른 한편으로 사회적 구조와 위계질서—그리고 이들의 자연과의 관계—는 신기술의 확산, 접근 가능성, 사용, 영향뿐 아니라 새로운 기술개발의 형태에도 영향을 미친다. 기술변환의 많은 사례를 관통하는 중심적 요소는 이런 변화가 초래하는 위험이 점차 사회화됨(예: 연구개발[R&D]에 대한 국가 보조금과 생산자 책임을 축소하려는 시도 등을 통해)에도 불구하고 그 변화에서 발생하는 혜택은 사유화(예: 특허법의 결과)된다는 것이다. 이러한 시각을 통해 살펴보면 기술 변화를 통해 혜택을 가져오는 과학발전과 근대화의 전진에 대한 내러티브는 이익과 위험에 대한 사유화와 사회화와, 자연과 사회 그리고 이 둘 간 상호 호혜에 대한 상품화와, 지배와 통제에 대한 이념적, 사회정치적, "과학적" 형태 등에서 변화하는 관계를 나타내는 내러티브와 같아진다. 2002년 데보라 반트 Deborah Barndt의 "토마토 트레일" 연구와 2004년 이라크에서의 새로운 종자법에 대한 Focus on The Global South and GRAIN(농업 생물다양성의 지속 가능한 관리 및 사용을 촉진하는 국제 비정부기구)의 보고서는 이렇게 변화되는 관계를 생생하게 강조하고 있다.

전 지구적 농업 산업화와 종의 생물다양성 상실은 사회적, 문화적, 정치적 과정이다. 이러한 과정을 데보라 반트(2002: 31-48)는 토마토 이야기에 중점을 두어 16세기 이래 다섯 가지 역사적 "순간"으로 나뉘는 "현대농업의 얽힌 경로들"을 밝히고 있다. "순간"이란 용어는 특정한 유형의 관행이 나타나도록 하는 다양한 경제적, 정치적, 이데올로기적 세력이 수렴되는 시점을 의미한다.

1. *과학의 순간과 식민주의*(16, 17세기경 시작). 많은 원주민 공동체와 농장 노동자가 식물과 동물에 영혼이 깃들어있다고 믿어 자연의 자생적 재생 능력을 중시했으나, 식민지 시대 서양 과학이 출현하면서 식물과 동물—'야만인'과 더불어—은 영혼이 없다고 선언했다. 이 과학은 "문명화된" 인간의 우월성을 주장하면서 인간이 다른 생명체와 호혜성을 지닌다는 개념을 부정하고 자연만의 주기가 인간을 지탱한다고 했다. 그렇다면 토마토를 살아있는 생명체로 보기 어려운 것은 자연의 자생적 특성을 부정하는 환원주의적이고 파편화된 과학이 출현한 것에 뿌리를 두고 있다 할 수 있다.

2. *산업의 순간과 자본주의*(18, 19세기경 시작). "자원(resource)"의 어원은 "다시 일어남"을 의미한다. 그러나 유럽 산업혁명이 시작되면서 자생적 생명체계라는 "자원"의 의미가 식민지와 자연에서 제거되면서 산업재 생산과 식민무역을 위한 투입물을 의미하는 것으로 전환되었다. 농업 산업화—기계화, 화학화, 신작물 육종 우선순위—의 주요 구성요소는 노동 비효율성과 수확 등의 문제를 해결했지만 침식, 에너지 의존, 자본비용, 이자 지급, 농장 규모 증가, 농부의 규모 감

소, 생계상실 등과 같은 새로운 문제를 만들어냈다. 이제 토마토 생산은 일련의 산업과정과 생산품으로 점철되었다. 즉, 묘목을 생산하는 온실, 비료, 살충제, 관개시스템, 해충 접근 방지, 냉장실까지 토마토를 운반하는 데 필요한 기구에 해당하는 습기를 유지하는 비닐 시트, 버킷, 상자, 그물, 스키드, 지게차 등이 필요하게 되었다.

3. *화학적 순간과 개발*(20세기 초부터 시작). 녹색혁명, "기술 패키지"의 확산과 실행으로 대표되는 이 순간을 통해 자생적인 생태적 생산이 비자생적인 기술적 생산으로 전환되었다. 예를 들어 멕시코의 경우, 토마토를 포함한 작물의 기술적 패키지에는 자체 생산이 불가한 잡종 종자, 다양한 범위의 비료, 살충제, 살균제, 살포기구(배낭 분무기에서 트랙터가 끄는 분무기, 비행기에 이르기까지), 더 많은 물과 물을 대기 위한 관개 시스템과 펌프 등이 포함된다. 이러한 화학적 시스템은 제3세계 농민에게는 매우 비싼 투자이므로 급격한 박탈을 초래한다. 자생적 과정에서 비자생적 과정으로 전환되면서 토지 비옥성 상실, 새로운 해충, 잡초, 균류의 출현, 강 유역과 댐 건설로 인한 생태계 파괴 등을 통해 생태다양성도 급격히 감소되었다.

4. *유전적 순간과 신자유주의*(20세기 후반경). 생물종 간 교잡(종 내부적 교잡과는 대조적)은 이윤, 권력, 신체적 재배열이 생명공학을 글로벌 관행으로 정의하는 "신세계 질서 주식회사 금광 지대에 있는 위험신호"이다(Haraway, Barndt에서 인용, 2002: 39). 유전공학은 유전자와 DNA 조각을 취하여 한 종의 특정한 특성을 코드화하여 다른 종에 삽입하는 것을 포함한다. 다국적 기업은 최근의 다자간 협약(예: 관세 및 무역에 관한 일반 협정의 우루과이 라운드에서 나온 생물다양성 협약 및 무역관련 지적재산권 조치[TRIPs])뿐 아니라 미국 특허법을 통해 보호를 받았다. 생물 유전학의 연구와 개발을 지원하는 회사는 많은 경우 생물다양성이 풍부한 제3세계 국가의 자원을 사용한다. 이들은 한 자원의 유전자적 구성요소 중 한 가지 요소를 변화시켜 신소재나, 신제품 설계에 이용되는 혁신적 과정에 대해 특허권을 주장할 수 있다. TRIPs는 지적재산권(IPRs)을 사적 권리로만 인정하므로 농장 노동자나 원주민 공동체의 "지적 공유재"에서 공유되는 아이디어의 집합적 본질은 배제된다. 또한, 산업적 응용이 가능한 혁신만이 지적 재산권으로 간주되어, 이익 극대화 외 다른 사회적 이익을 목적으로 하는 용도를 훼손시킨다.

반트는 생명공학의 기술과학적, 정치적, 경제적, 생태적, 인식론적 측면이 상호 작용하는 방식을 설명하기 위해 프레브 세이브 Flavr Savr 토마토 사례를 논의한다. 캘리포니아 대학 연구원의 도움으로 칼진 Calgene(캘리포니아 데이비스에 있는 회사)이 1980년대 후반에 개발한 프레브 세이브 토마토는 일 년 내내 "여름의 맛"을 제공하겠다고 약속했다. 기술적으로 이것은 토마토 숙성과 부패에 관여하는 프로모터 유전자를 비활성화시키는 "안티센스(antisense)"라는 과정을 개발하여 탄생했다. 1992년에서 1994년 사이, 칼진은 개선된 토마토와 안티센스 기술로 미국 특허를 획득했으며, 미농무부 허가 없이도 유전자 변형 토마토를 상업적으로 재배할 수 있는 허가도 획득했다. 그리고 새로운 토마토가 FDA(Food and Drug Administration)의 식품안전 요구사항을 충족시킨다는 통지도 FDA에서 받았다. 그러나 1995년 엔조 바이오캠 Enzo

Biochem이라는 또 다른 회사가 안티센스 기술특허 침해 혐의로 칼진을 상대로 소송을 제기했다. 또한 캠프벨 Campbell의 수프 컴퍼니 Soup Company는 제네카 Zeneca A.V.P.와 함께 프레브 세이브를 기반으로 하는 제품에 대한 독점권을 가지고 있었는데, 유전자 변형 식품에 대한 고객의 우려로 인해 1995년 계약을 철회하여 칼진의 문제는 더욱 악화되었다. 계속되는 재정적 손실로 칼진은 결국 종말을 맞아 곧 몬산토 Monsanto가 이를 매입했다. 프레브 세이브 토마토는 사라졌지만 몬산토는 생물 유전학의 동일한 연구를 다른 식품에 적용하고 있다.

5. *컴퓨터 순간과 세계화*(20세기 후반경). 전산화는 특정 업무를 대체하고, 풀타임 근무에서 파트타임 고용으로의 전환을 촉진시켰으며 출납원 같은 근로자에 대한 모니터링 증가를 촉진시켰다. 스캔 데이터는 생산성 수준 확인에 사용되며, 높은 점수를 기록한 직원에게는 더 많은 근무시간을, 평균 이하를 기록한 직원에게는 징계조치를 취한다. 마찬가지로 바코드는 광고, 판매, 재고 기록에서 개인과 그룹의 동향, 조직 감시, 합리적 의사결정, 자체 모니터링 등을 문서화하는 기능까지 제공한다. "기업의 토마토가 농업 생산업체, 중개인, 도매업자 그리고 적시 생산을 위해 재고를 관리하는 소매 업체에 의해 모니터링되는 것과 마찬가지로 토마토를 포장하고 캐나다 컴퓨터에서 토마토를 스캔하는 작업자의 모든 움직임은 모니터링된다. 과일/상품, 근로자, 기술은 실리콘 칩 내에서 완전히 얽혀있고 통제된다."(Barndt, 2002: 46-47).

이 다섯 가지 순간에서 작물과 근로자는 식량 시스템 내의 파편화와, 지속적으로 증가하는 기업 의사결정권자의 통제를 가능하게 해주는 통일성을 통해 상품화된다. 반트는 이러한 순간을 분석적으로 구분하지만 이는 현재 작업장에서도 동시적으로 나타난다. 이라크가 사례가 된다. Focus on the Global South and GRAIN(2004)이 발표한 보고서에 따르면, 미국이 새로 제정한 법안은 미국이 점령한 이라크의 농부들이 법에 등록된 "새로운" 식물품종 종자를 재사용하지 못하도록 규정하고 있다. 즉 종자를 저장해 재사용할 수 없다는 의미이며, 실제로 몬산토와 같은 다국적 기업에 종자 시장을 넘겨주게 된다. 보고서를 인용하면:

> FAO[UN 식량농업기구]는 2002년 이라크 농민의 97%가 [지난해] 수확 후 저장해두었거나 또는 현지 시장에서 구입한 종자를 사용했다고 추정했다. 식물다양성보호(PVP)에 관한 새로운 법률이 시행되면 종자 저장은 불법이 될 것이며 초국적 농업기업이 "발명하여" "PVP 보호"로 등록된 식물 재료만이 시장에서 판매될 것이다. …그 결과 농민은 자유를 상실하게 되고 이라크의 식량 주권을 심각하게 위협받을 것이다. 이런 식으로 미국은 이라크 농민을 향해 새로운 전쟁을 선포했다(Focus on Global South and GRAIN, 2004).

어려우며 사회로 전가시킬 수 있을 때 대개 경시되었다. 공무원들은 프로젝트의 사회적, 환경적 영향 대부분을 무시하여 비용의 사회화를 암묵적으로 승인한다. 또는 이런 비용을 무시할 수 있거나 목소리를 차단시킬 수 있는 이들에게 전가한다. 이런 비용은 성별, 계급, 위치, 민족성이 특정한 방식으로 결합한 중첩성(intersection)을 가진 사람을 더욱 곤경으로 내몬다. 아니면 이들의 존재 자체가 환경악화로 간주되기도 한다(도시 빈민가로의 취약한 이주민이 됨). 대규모 댐의 사례는 이런 과정 일부를 보여준다.

대형 댐의 약속과 위험

대규모 댐에 대한 세계적 논쟁은 매우 복잡한데 근본적으로는 간단하다. 이 문제가 복잡한 이유는 문제가 댐 자체의 설계, 건설, 운영에 국한되지 않고 개발과 향상된 복지에 대한 인간의 열망이 달려있는 사회적, 환경적, 정치적 선택의 범위를 포함하기 때문이다. 댐은 강과 자연 자원의 사용을 근본적으로 바꾸어 혜택을 지역 하천 사용자로부터 더 큰 지역이나 국가적 수준의 새로운 수혜자 그룹에게 재할당하는 경우가 종종 있다. 댐에 관한 논쟁의 핵심은 형평, 거버넌스, 정의, 권력 등 인류가 직면한 다루기 어려운 여러 문제들이다(댐에 관한 세계위원회 World Commission on Dams[WCD], 2000: xxvii–xxviii).

대규모 댐은 전형적 개발 프로젝트이다. 수력발전, 홍수조절, 개간 등을 위해 건설되는 대규모 댐은 광범위한 계획과 기념비적 건축 작업이 포함되어 엄청난 사회적 변화와 환경 변화를 일으킨다. 댐은 또한 근대적 개발의 강력한 기술적 상징이기도 하다. 우리 사회가 고대부터 댐을 건설했지만 2차 세계대전 이후 대규모 댐(높이가 15미터 이상으로 정의) 건설의 급속한 성장은 탈식민화 물결과 개발산업 성장과 함께 나타났다. 1950년 대규모 댐은 5,268개 있었는데 이 숫자는 1986년에 이르러 36,000개 이상, 2005년에는 40,000개 이상으로 증가했다. 중국만 해도 거의 19,000개에 달하는 대규모 댐을 건설했으며, 인도는 약 1,600개를 건설했다. 라틴 아메리카에도 커다란 댐이 건설되었고, 1960년대에는 새로 독립한 아프리카 국가 다수가 댐을 건설했다(McCully, 1986: 2–5).

이러한 댐 건설의 호황으로 환경에 대한 우려가 제기되었다. 그러나 댐의 사회적 비용에 대한 우려는 옆으로 밀려났다. 계획가들은 댐 건설로 사람들이 거주지를 옮겨야 하는 문제에 대해 항상 인지하지만, 집과 땅이 수몰된 사람들을 이전하고 재활시키는 필요성에 대해서 립서비스 이상의 행동은 거의 없었으며, 댐 관련 건설과 인프라로 쫓겨난 이들은 대체로 간과되었다. 실제로 댐 건설과 수몰로 인해 강제 이주해야 했던 사람들은 보상은 고사하고 숫자조차 거의 파악되지 않았다. 수몰로 인한 비용은 엄청났다. 매년 약 400만 명의 사람들이 댐으로 인해 쫓겨나고 있으며 이들 중 많은 사람이 빈곤 상태에 처하게 되었다고 세계은행은 추정했다(1994). 맥컬리 McCully(1996)는 대규모 댐으로 인해 30–60만 명의 사람들이 쫓겨났으며, 이들 중 경제적, 심리적으로 회복할 수 있는 사람들은 거의 없다고 추정했다.

댐의 사회적, 환경적 비용에 대한 우려와 댐에 문제를 제기하는 사회운동이 대규모로 나타났지만 정부개발기관, 세계은행과 같은 국제기금 제공자, 건설 회사, 예상 수혜자 등은 동맹을 형성해 새로운 댐 프로젝트를 지속적으로 수행했다. 이런 강력한 국제적 이익관계에 직면하여, 대규모 댐에 맞서 싸우기 위해 전 세계적으로 전개되는 사회운동은 영향력을 확보하기 위해 국내적, 국제적 네트워크를 형성할 필요가 있음을 알게 되었다.

1990년대 인도 서부에서는 나라다 바차오 안돌란 Narada Bachao Andolan(NBA, 또는 Narmada를 구하는 운동)이 마을에서 주정부, 국가, 국제 스케일 간의 동맹을 형성했다. NBA는 처음에는 사르다르 사로바르 Sardar Sarovar 댐과 나르마다 강 계곡의 관련 프로젝트로 쫓겨난 사람들이 재정착 및 재활지원을 받을 수 있도록 애쓰고 있었다. 나중에 NBA는 대규모 댐을 기반으로 하는 개발 모델을 반대하는 비판으로 확장되었다. 그 이유는 이들은 그런 프로젝트 옹호자가 프로젝트를 타당성있게 보이도록 만들기 위해 비용을 과소평가하고 혜택을 과대평가한다고 믿기 때문이다. 또한 가장 중요하게는 대규모 댐이 엄청난 사회적, 환경적 비용을 수반한다고 믿기 때문이다. NBA는 국제동맹을 만들어 사르다르 사로바르 프로젝트에 자금을 지원하는 국제 지원기관이 특히 환경 영향과 축출된 사람들의 재정착 및 재활과 관련하여 자체의 기준을 따르지 않는다며 프로젝트를 재검토하도록 압력을 가했다. 세계은행 조사단은 NBA의 주장을 대체적으로 확인했다. NBA와 그 동맹의 활동으로 나르마다 강 사르다르 사로바르 댐에 대한 일본 정부와 세계은행의 자금지원이 종결되고, 법정에서 댐 건설이 연기되었다. 이 프로젝트는 나르마다강 계곡에서의 지속적 저항과 탄원, 공개 항의, 항의 시위, 법원 소송 등으로 인해 느리게 진행되는 중이다. 비자발적으로 이주한 사람들을 공평하게 재정착시키고 재활시킬 것을 NBA는 여전히 요구하고 있다.

이러한 투쟁과 관련한 논쟁과 대규모 댐으로 인한 사회, 생태적 비용에 대한 국제적 논란이 커지면서 세계 댐 위원회(World Commission on Dams[WCD])가 설립되었다. WCD는 다양한 주체가 참여하는 사실 확인 위원회로 대규모 댐으로 인한 전체적 비용 및 편익과 더불어 이의 분배에 대한 광범위하고, 심층적, 비편파적인 이해를 통해 의사결정 프레임워크를 개발하는 것을 목적으로 한다. WCD의 2000년 보고서는 거의 400페이지에 달하지만 대규모 댐의 성능에 대한 핵심 결과를 요약해둔 내용은 도움이 된다(사이드바: "대형 댐의 실적" 참조). 이 보고서는 대규모 댐의 사회적, 경제적 혜택은 오늘날 상대적으로 부유한 사람들에게 주로 흘러가는 반면, 사회적, 환경적 비용 및 위험은 가난한 사람들, 다른 취약계층, 미래 세대에게 압도적으로 전가됨을 강조한다. 보고서는 인권과 지속 가능한 개발에 대한 기존의 약속을 감안할 때 이러한 결과는 받아들일 수 없음을 주장하고 있다(WCD, 2000: xxxi).

만일 비슷한 위원회가 광업, 유정 또는 산업시설을 검토한다면 결과는 비슷할 것이다. 예를 들어 가질과 구하 Gadgil and Guha(1995)는 개발의 주요 수혜자가 인도 인구의 약 1/6만을 차지하는 반면 인구의 거의 1/3이 강제적으로 생태적 난민이 되어왔다고 추정했다. 의사결정 과정에서 소외되거나 제외된 사람들은 다음의 "다섯 가지 D" 중 하나 이상에 해당될 수 있으므로 이들은 환경의 사회적 사용을 둘러싼 문제 제기에 참여해야 한다.

- *질병/상해*(Disease/injury): 직업이나 환경이 점차 덜 안전해지면서 질병이나 부상으로 사람들은 질병을 앓거나 상해를 입는다. 예를 들어 공장과 발전소는 종종 주변 공기, 물, 토지를 오염시키는 해로운 오염원에 만성적으로 노출되게 만든다. 농업용 비료와 살충제는 그 자체로 사람과 환경에 해로울 뿐 아니라 공기와 물의 이동으로 운송되는 장소(농약 처리된 식품이 소비자에게 주는 위험은 말할 것도 없이)에도 해로울 수 있다. 댐과 관개 시스템은 말라리아 모기나 주혈충과 같은 질병 매개체의 활동 영역 확장을 촉진한다.

- *재난위험*(Disaster risk): "자연적" 또는 인위적으로 유발된 재앙적 사건으로 인한 사람들의 위험이 증가했다. 유니언 카바이드 Union Carbide는 세계에서 가장 치명적인 사업 재해로 기록된 1984년 12월 3일 자정 직후 독성가스 누출 사고가 날 때까지 인도 보팔(Bhopal)시 인구밀집지역에서 살충제를 생산했다. 안전 시스템이 작동하지 않아 경보가 울리지 않았다. 약 50만 명의 사람들이 가스에 노출됐고, 대부분은 잠을 자고 있었다. 가스 노출 결과로 2만 명이 사망했으며, 12만 명 이상이 사고 현장과 공장 현장의 오염으로 고통을 겪고 있으며, 이들 중 다수는 장애를 갖게 되었다. 5년간의 혼란 끝에 유니언 카바이드는 인도 정부에 4억 7,000만 달러의 보상금을 지불했지만 많은 희생자는 여전히 보상을 기다리고 있다. 댐은 지진의 위험을 증가시킬 수 있으며 댐이 실패하면 급작스런 홍수를 일으킨다. 산허리 민둥산화는 산사태와 산 하부지역 홍수를 유발할 수 있다.

- *악화*(Degradation): 사람들이 삶과 생계를 위해 의존하며 이들 삶에 의미를 부여하는 환경에 외부 행위자는 직간접적 저하를 초래한다. 따라서 펌프를 구입할 수 있는 사람들이 지하수를 과도하게 추출하면 수위가 줄어들어 얕은 우물에 의존해야 하는 사람들이 적절한 물 공급을 받지 못하게 된다. 오염, 벌목, 채광 작업은 시골 빈민이 음식, 조리연료, 수입을 위해 의존하는 자원을 훼손시킬 수 있다. 토지와 물의 질이 저하되면 농작물과 가축 생산을 저해할 수도 있다. 종합하면 이러한 악화는 영양을 감소시키고 건강을 해친다.

- **축출(Displacement)**: 사람들은 생계와 먹고 사는 것을 위해 의존하는 환경에서 물리적으로 제거된다. 세계은행 연구에 따르면 제3세계의 개발 프로젝트로 인해 연간 최소 1천만 명의 비자발적 축출이 발생했으며, 축출 당시 가난했던 이들 대부분은 축출의 결과 더욱 빈곤해졌고, 사회적 지원 네트워크도 분해되었다(World Bank, 1994).
- *탈취(Dispossession)*: 사람들은 지속성 및 생계유지를 위해 의존하는 환경에 대한 접근, 통제, 사용의 권리를 박탈당한다. 예를 들어 산림은 주정부 재산이 된 후 목재 계약자에게 임대되지만, 이 계약에서 지역 사람들은 제외된다.

사실 위의 다섯 가지 D가 모두 환경과 관련한 탈취에 의한 축적이라 볼 수 있다. 그러므로 이런 프로젝트가 종종 억압으로 인한 저항을 일으킨다는 것은 놀라운 일이 아니다. 그러한 저항은 때로 반개발로 특징지어지기도 하지만, 실제로 이들은 일부 사회집단에게 혜택이 집중적으로 흘러들어가는 반면 비용은 사회화하거나 다른 이에게 전가되는 형태의 개발을 초래하는 권력정치에 대한 분명한 항의 시위이다. 차이의 세계에서 사회적, 환경적으로 평등하고 지속 가능한 이니셔티브나 프로젝트를 계획하고 실행하는 사회를 향해가려면 무엇이 필요한지 우리는 자문해야 한다.

대형 댐의 실적

대규모 댐의 기술적, 재정적, 경제적 실적이 존재하지만 이는 심각한 사회적, 환경적 영향에 의해 복잡해지며, 이 비용은 가난한 사람들, 원주민 그리고 기타 취약 집단에게 불균형적으로 부담된다는 것을 지금까지 축적된 지식은 알려주고 있다. 대규모 자본이 투자된 대규모 댐에 대해 세계 댐 위원회(WCD)는 실질적으로 완료된 프로젝트를 대상으로 진행된 평가가 거의 없고, 범위가 좁으며, 영향 카테고리와 스케일 간의 통합은 불충분하고, 운영 과정의 의사결정과 부적합하게 연결되어있음을 지적했다. 댐에 대한 평가결과 WCD는 다음과 같은 사실을 발견했다.

- 대규모 댐은 예상된 물과 전기 서비스(및 관련 사회적 혜택)를 제공함이 매우 불안정하다. 상당 부분은 물리적, 경제적 목표에 미치지 못하는 반면 다른 부분이 30-40년 후에도 계속적으로 이익을 창출하기도 한다.
- 대규모 댐은 일정이 지연되고 비용을 현저하게 초과하는 경향을 뚜렷이 보여왔다.
- 관개 서비스를 제공하기 위해 설계된 대규모 댐은 일반적으로 물리적 목표에 도달하지 못하고 비용 또한 회수하지 못했으며 경제적 측면에서 예상보다 이윤이 적게 나타났다.
- 대규모 수력발전 댐은 전력 생산 목표에 좀 더 근접한 (하지만 여전히 목표에 못 미치는) 경향

을 보였다. 이들은 일반적으로 재정적 목표를 충족하지만 목표 대상에 따라 경제적 성과는 다양하게 나타나, 이들 간 목표 미달성과 초과 달성의 수치는 큰 차를 나타낸다.

- 대규모 댐은 일반적으로 강, 유역, 수중 생태계에 광범위한 영향을 미친다. 이러한 영향은 긍정적이라기보다 부정적이며, 많은 경우 종과 생태계에 돌이킬 수 없는 손실을 가져왔다.
- 대규모 댐이 생태계에 미치는 영향에 대응하기 위한 지금까지의 노력은 기대되거나 회피되는 영향에 대한 관심이 부족했고, 예측의 질이 낮고 불확실했으며, 모든 영향에 대한 대처가 어려웠고, 완화 조치를 부분적으로 실행했으나 일부만 성공하는 등의 이유로 그다지 성공하지 못했다.
- 잠재적인 부정적 영향의 범위 평가, 축출민을 위한 적절한 완화, 재정착, 개발 프로그램 실시 등에 대한 광범위하고 체계적인 실패 그리고 대규모 댐이 하류 생계에 초래하는 결과를 설명하지 못한 점 등으로 인해 수백만의 빈곤화와 고통을 초래했으며 이에 영향을 받은 전 세계 공동체는 점차 댐을 반대하고 있다.
- 대규모 댐의 환경 및 사회적 비용이 경제적 측면에서 제대로 설명되지 않았기 때문에 이러한 계획의 진정한 가능성은 아직 파악하기 어렵다.

아마도 가장 중요한 것은 사회적, 환경적 비용과 대규모 댐의 위험을 감당하는 사회집단, 특히 빈곤층, 취약 계층, 미래 세대는 대개 물과 전기 서비스를 받거나 이를 통해 사회적, 경제적 혜택을 취하는 사회집단이 아니라는 사실이다. 대규모 댐의 비용과 혜택을 평가함에 있어 이렇게 "대차대조표" 접근법을 적용하면 비용과 이익분배에 커다란 불평등이 존재하는 것으로 나타난다. 이는 기존의 인권과 지속 가능한 개발에 대한 약속을 감안할 때 받아들일 수 없는 것이다.

출처: WCD(2000: xxxi).

보전과 충돌

자급자족하는 사용자에게서 환경의 혜택을 임의적으로 분리해내 재분배함으로써 경쟁을 일으키는 것은 상품화와 개발 과정만이 아니다. 환경보전이나 재생을 위한 프로그램에서도 마찬가지이다. 환경보전을 촉진하는 일반적인 방법은, 사람의 접근을 제한하고 지역주민의 관례에 따른 사용을 금지하거나 심각하게 제한하는 국립공원과 같은 보호구역을 지정하는 것이다. 이는 지금까지의 공유자원 사용을 제한하여 기존 사용자에게 보상되지 않는 손실을 초래한다. 따라서 환경보전을 위한 공간은 갈등의 영역이 되어 특수한 자원관리 패턴을 가진다(Zimmerer and Bassett, 2003: 5). 역설적이게도 "지구적" 또는 "추상적"인 생태학의 비맥락적 비전은 장소 특정적 생태학과 확연히 구분되는 프레임워크를 생산해낼 수 있다. 예를 들어 환경계획은 자연을 시장성있는 활동을 둘러싼 환경으로 보호하려고 하는 반면 농촌 여성, 농민, 원주민들은 자연을 자신들의 가정과 화로를 둘러싼 환경으로 보호하고자 할 때 갈등이 발생한다.

산림 경영에서 보통 그렇듯 환경보호가 상업 활동과 관련되어있을 때 갈등은 더욱 강력하게 나타날 수 있다. 목재 및 펄프 회사, 환경보호주의자, 지역 산림 이용자는 모두 자신의 이익을 추구한다. 인도 북부의 유명한 *칩코 Chipko*(나무를 안아주는) 운동이 그 예이다. 영국은 건전한 산림 관리라는 명목으로 인도 산림을 국유화했다. 그들의 관심사는 주로 목재의 지속적인 공급을 보장하는 것이었기 때문에 지역 사용자의 접근을 제한하고 대신 상업 계약자가 목재를 수확하도록 허용했다. 이 관행은 독립 후에도 계속되었다. *칩코*는 지역의 가구가 산림 생산물, 장작 또는 가정용 필요를 충족하기 위한 작은 목재를 얻을 뿐 아니라 산림으로부터 환경적 혜택을 받을 수 있도록 지역 산림을 상업 산림 계약자의 도끼로부터 보호하기 위해 노력했다. *칩코*와 같은 운동 그리고 이들이 국내 및 국제적으로 맺은 동맹이 압력을 행사한 결과 인도 정부는 보전 강화를 위한 산림 규제와 집행을 변경했다. 그러나 주정부기구는 산림보호를 위한 새로운 규정이 상업적 목재 이용을 제한함으로써 지역적 삶과 생계를 보호하기 위해 싸운 *칩코* 회원들과 같은 사람들을 또다시 해치는 결과를 초래했음을 이해하지 못했다. 이러한 근시안은 보복으로 나무 베어버리기 저항운동을 포함한 새로운 문제를 촉발시켰다(Guha, 2000; Rangan, 2000).

칩코 자체는 매우 이질적이었지만, 이 짧은 이야기는 그들의 투쟁이 단순히 환경에 관한 것이 아니라 생계와 정의가 환경 이용과 밀접하게 관련되어있는 방식에 관한 것임을 시사한다. 이 경우에 있어 식민지 및 후기 식민지의 국가와 상업적 이해관계는 보전과 지속 가능한 산림 경영 담론을 탈취에 의한 축적의 구실로 삼았다. 상업과 보전의 행복한 결합으로 보이는 생태 관광도 대개 부유한 휴가객에게 이국적인 환경을 판매하기 위해 특정 지역에서 지역 사용자를 제외시키면 동일한 문제의 역동관계를 초래할 수 있다.

"참여적 자원 관리"(PRM, participatory resource management)라고 일반적으로 지칭되는 점차적으로 보편화된 접근 방식은 개발, 평등, 지속 가능성의 문제를 해결하기 위해 지역 주체들을 다시 테이블로 불러들인다. 이 테이블에서 지역 자원 사용의 미래가 결정된다. 예를 들어 참여적 산림관리 또는 참여적 유역관리 등과 같은 PRM에서는 지역사회 구성원이 관련 정부관료 및 전문가와 협력하여 지역 자원의 우선순위와 관리를 공동으로 차트화하여 다양한 요구와 관심사를 조율한다. PRM은 근대화, 진보 또는 개발의 이름으로 이루어진 개입이 보다 지속 가능하고 사회적으로 공평할 수 있는 기존의 관리체계를 일부 붕괴시켰다는 사실을 뒤늦게 인식한 결과 나타난 접근법이다. 그렇게 함으로써 PRM은 이전의 공유재 시스템하에 존재하던 여러 유형의 관행을 복원하려 한다.

PRM 접근법이 환경과 사회정의의 가치를 증진시킨다고 약속할지라도, 복잡한 지형에 따라 입장을 조율해야 한다. 한편으로 "'지역공동체'는 특정 이슈에 대한 (불안한) 동맹 관계로 특징지어지는 만큼 이질성으로도 특징지어진다"(Zimmerer and Bassett, 2003: 6)라는 것을 인식해야 한다. 지역공동체는 성별, 카스트, 계급, 종교 또는 다른 차이의 측면과 위계에 기반하여 자신만의 권력관계와 배타성을 가지고 있다. 다른 한편으로 이렇게 내부적으로 다양한 PRM 그룹은 다중 스케일적 사회적, 생물 물리적 과정에 포함되어있다. 그러므로 지역참여제도의 효과성과 지속 가능성은 그들 구성원이 상업적 기업, 정부관료 그리고 비정부 기구(NGO)와 (개별적으로, 그리고 집합적으로) 사회적 네트워크를 통해 상호 작용하는 방식에 따라 달라진다. 이러한 각각의 주체는 자신의 가치, 우선순위, 지식체계가 서로 다를 뿐 아니라 개별적 구성원과 서로 다른 관계를 가지고 있을 수 있다. 이러한 "보전을 위한 접촉(conservation encounters)"은 경관과 생계를 모순적 방식으로 형성할 수 있다. 예를 들어 NGO는 "보존과 개발에 대한 지역과 세계의 우려를 연결하는 중요하면서도 모호한 중개자"이다(Zimmerer and Bassett, 2003: 6).

또한 생물 물리적 역동성(계절성, 강수량 패턴, 침식 및 퇴적, 동식물 수명주기)과 연관된 생태계 변화는 자원이용제도와 갈등이 발전, 형성됨에 있어 중요한 역할을 할 수 있다. 이런 과정은 또 사회적 관할구역과 일치하는 스케일에서 진행되는 경우는 드물며, PRM 집단이 하는 것은 그 경계를 넘어 갈등의 가능성을 증가시키며 외부의 사람들에게도 영향을 미친다는 것을 의미한다.

PRM은 사회 주체와 생물 물리적 과정 간 맥락 특정적인 상호 작용을 통해 지속적으로 생산되는 다차원적 갈등을 잠정적으로 해결하기 위한 민주적이고 책임성있는 과정이어야 한다. 따라서 이는 확산될 제도적 모델이 아니라 평등하게 차이를 수용하고 협상을 촉진하고자 하는 장기간에 걸친 변화 과정이다. 모든 위험과 복잡성을 지니고도 PRM은 지역 환경에 대한 사회정의와 환경적 지속 가능성의 가능성을 지지한다. 그러나 참여적 관리를 전체 세계로 "스케일 업"하는 것이 가능할 것인가? 외부 압력에 직면하여 지역화된 참여 체계는 어떻게 지속될 것인가?

결론

이 장에서는 주로 환경에 대한 논쟁이 자원기반이 감소한 결과가 아니라 환경의 사회적 이용을 중재하고 규제하는 역동적 과정에서의 비용과 혜택의 분배를 둘러싼 경합을 통해 생산되는 방식을 살펴보았다. 환경과 사회갈등에 대한 이러한 논의를 결론짓는 방법으로, 주제나 사례를 통해 직접적으로 또는 암시적으로 언급한 논쟁의 원인 세 가지를 검토한다.

첫째, 냉전종식 이후 지속 가능한 개발 프로젝트에 대한 제3세계 국가의 참여가 제3세계 국가의 변화하는 권력관계를 통해 훼손, 향상, 형성시키는 방식에 대해 생각해보아야 한다. 국제개발기구의 지원을 받는 제3세계 국가는 독립 후 수자원, 산림과 같은 자원을 개발하고 관리하는 지배적인 주체였다. 이러한 국가중심 접근 방식은 1970년대 이래 세 가지 방향에서 비난을 받았다. (1) 전 세계 다양한 사회운동은 국가의 관리가 불평등하고 환경적으로 지속 불가능하다는 이유로 비판했으며 자원 관리에 대한 대중참여 확대를 추구했다. (2) 1980년대의 신자유주의 혁명은 사적 소유와 시장의 중요성을 효율적인 자원 배분과 급속한 경제성장을 보장하기 위한 수단이라 주장하면서 국가에 대한 공격을 시작했다. (3) 국가 및 국제기구 내 실용주의자들은 예컨대 산림 및 수자원 관리와 같은 사업의 재정적 비용 급증으로 골머리를 앓고 있었다. 이러한 변화는 적어도 상업적 이익과 충돌하지 않는 선에서 환경의 지역적 사용을 관리함에 있어 지역 주민이 참여를 확대할 수 있는 가능성을 열었다. 반면 신자유주의 정책은 국가들이 국제 협정에 서명하고 더 많은 영역에서 인클로저를 허용하는 법률을 통과시킴에 따라 기업에 대해 공포하고 실행하는 규제가 감소한다는 것을 의미할 수도 있다.

두 번째 차원은 지속 가능한 개발이 대중적으로 개념화되면서 젠더 평등 그리고 더 일반적으로는 여성 참여의 개념이 어떻게 강조되고, 정치화되고, 환원적으로 사용되었는지에 대한 것이다. 1992년 지구정상회담 직후 세계자원연구소와 세계은행은 여성을 지속 가능한 발전 개념화에 투입했다. 예를 들어 세계자원 연구소(World Resources Institute, 1994: 43)는 "지속 가능한 발전"의 개념을 다음과 같이 정의했다.

한 국가는 보편적인 교육과 고용 기회, 보편적인 건강과 재생산 관리, 자원에 대한 공평한 접근과 분배, 안정된 인구, 지속적인 자연 자원 기반 등과 같은 사회적, 환경적 목표를 동시에 달성하지 않고는 경제적 목표를 달성할 수 없다는 인식에 기초한다. 자료의 부족이나 지역적 특성으로 인해 계량화하기 어렵지만, 여성이 실제로 지속 가능한 발전의 여러 범분야적 요소에 중대하고 편중된 영향을 미치므로, 지속 가능한 개발의 성취는 여성 평등 달성과 불가분의 관계에 있다. 이들은 서로를 달성하지 않고는 성취될 수 없다.

그러나 지속 가능한 개발에 대한 이러한 정의는 환경 문제가 주로 지구 남반구의 가난한(그리고 주로 농촌) 여성들의 문제이며 이들은 더 나은 농촌 환경 관리자가 되기 위해 교육받을 필요가 있다는 것을 지속적으로 암시했다. 또한 근대적 진보라는 명목으로 행해진 다양한 유형의 개입이 일반적으로 더 지속 가능하고 사회적으로 평등했던 기존의 환경관리 관행 다수를 파괴했다는 것은 전혀 언급하지 않았다.

기부자 중심의 개발 프로그램에서 젠더, 참여, 권한부여, 지속 가능성은 새로운 어젠다 창출의 가능성을 만들었지만 정치적으로 제한적이고 현 상태 유지를 강화하는 특성을 가졌기에 이런 프로그램 다수는 문제를 초래했다. 예를 들어 일부 제3세계 국가에서 기부자가 후원하는 여성권한부여 프로그램은 수자원과 산림을 민영화하는 국가정책에 반대하는 선동에 여성이 참여하는 것을 효과적으로 막으면서 이들이 자신의 종자를 저장하기 위해 선동하는 것은 허용한다. 이것은 까다로운 주제이다. 한편으로 농촌 여성의 역할은 지역 공동체 자연 자원의 주요 관리자로서 사회정치적으로 광범위하게 구축되어 있으므로 이들의 사회적 관심사는 환경과 밀접하게 연결될 수밖에 없다. 실제로 자연 자원에 대한 접근이나 박탈과 관련된 풀뿌리 운동 다수는 여성이 이끌고 유지했다. 동시에 기부기관과 주류 개발 프로그램은 지속 가능한 발전 담론을 이용해, 더 나은 자연 자원 관리자가 되도록—고전적 맬서스주의 관행에 따라—개발의 주체로 대상화하기만 하면 되는 비맥락화된 여성에게만 종종 초점을 맞추었다. 더욱이 참여 자체는 참여를 수용한 각 지역공동체 내에서 그 특성이 집합적으로(때로 완전히 다른 방식으로) 구성, 협상, 실행되는 관행이라기보다 모든 지역공동체에 균일하게 적용될 수 있는 비맥락화된 개념으로 사용되어왔다.

셋째, 지속 가능한 개발 담론의 대중화를 통해 제1세계와 제3세계의 역할, 책임, 이해관계가 어떻게 정치화 또는 제거되었는지 생각해보아야 한다. 폴 에킨스 Paul Ekins (1993: 99)가 주장하듯, 지속 가능한 개발은 다음 세 가지 원칙이 충족될 때만 가능하다. (1) 북반구는 현재의 환경 위기에 자신들이 주요 책임을 지닌다는 것을 인식하고 이를 해결하기 위한 급진적 행동을 결정해야 한다. (2) 나아가 북반구는 현재의(무역, 원조, 채무에 있어) 상호 의존적 위계 구조가 남반구의 지속 가능한 발전을 불가능하게 만든다는 것도 인식해야 한다. 진정한 지속 가능성을 달성하려면 WTO, 세계은행, IMF와 같은 기관을 완전히 개혁해야 한다. (3) 남반구 엘리트들은 지속 가능한 발전의 주요 관심사가 자국의 빈민층과 함께해야 한다는 것을 인식해야 한다. 제3세계 많은 부분에서 특정 지역 주체와 사회운동이 문제를 제기하여 강력한 정부와 국제적 주체들에게 이를 깨닫도록 만들었다.

또한 "지속 가능성"과 "개발"의 개념을 항상 함께 사용하는 것은 위험할 수 있다는 것도 생각해보아야 한다. "지속 가능성"에 대한 맥락 특정적 고려는 "지속 가능한 개발"보다 뉘앙스를 지니며, 유연하고, 반위계적 방식일 수 있다. 이러한 개념의 "지속 가능성"은 협소한 주류 해석에 아직 도입되지 않았다. 맥락 특정성은 다음의 핵심적인 질문을 하도록 만들기 때문에 중요하다: 어떤 스케일에서, 누구에 의해, 누구를 위해, 어떤 제도적 메커니즘을 통해 정확히 무엇이 지속 가능해지는가?(Sneddon, 2000: 525).

> 정치가와 정부 관료가 지속 가능한 개발이라는 만트라를 읊조리는 것을 듣고 반응하는 대신 다양한 주체는 지속 가능성은 동시에 이데올로기적 입장이라는 사실을 시작점으로, 정치적 투쟁을 위한 단결의 지점으로 그리고 개발활동 실적의 측정으로 이용할 수 있다. 첫 번째 측면은 친화력을 기반으로 비전과 정치적 행동으로, 두 번째는 조직 수단으로, 세 번째는 공공-민간 개발 프로젝트를 책임감있게 지속시키는 수단으로 전환될 수 있다 (Sneddon, 2000: 525).

지속 가능한 개발의 담론은 결국 제도와 사회적 맥락을 가로질러 광범위하게 수용된다. 따라서 지속 가능한 개발이 유용한 수단으로 기능할 수 있을지 또는 과도하게 단순화된 지속 가능한 개발이 도입되었을 경우 이를 거부하고 각각의 투쟁이 지니는 뉘앙스에 주의를 기울이는 사회정치적, 환경적 정의를 새롭게 구성하여 대체하는 것이 더 현명할지를 결정함에 있어 다차원성, 맥락성, 역동성, 책임성이 핵심적으로 고려되어야 한다.

8

질병과 건강[1]

이 책이 집필 중일 때 미국에서는 보편적 건강관리를 어떻게 제공할 것인가에 대한 국가적 논의가 진행 중이었다. 보건서비스 비용은 미국 국내총생산(GDP)의 16%를 차지한다고 알려져 있다(메디케어와 메디케이드 서비스 센터 Medicare & Medicaid Services Center, 2008). 그것은 거대한 주제이지만, 미국에 나와있는 지리학 서적에서 질병과 질병 통제의 분포에 대한 내용은 많지 않다는 것은 흥미로운 일이다. 질병은 제3세계에 항상 존재하는 문제이다. 질병은 기대수명을 현저히 단축시키며 모든 사람의 일과 복지에 영향을 미친다.

　　본서 *차이의 세계* 초판이 출판된 이래 예외 몇 가지를 제외하고는 질병의 패턴과 확산은 크게 개선되지 않았다. 아프리카에서는 주목할 만한 성공 사례 세 가지가 있었다. 첫째, 회선 사상충(강변 실명증)이 현저히 감소했는데, 서아프리카 11개국에서 사실상 사라졌다. 세계보건기구(World Health Organization[WHO], 1999b)는 서아프리카에서 강변 실명증에 감염되었던 150만 명은 이제 감염 상태를 벗어났고 30만 건을 예방했다고 보고했다. 두 번째 사례는 메디나충(Guinea worm disease)에 대한 것이다. 조지아주 애틀랜타에 본사를 둔 카터센터(Carter Center)는 메디나충(dracunculaisis)을 제거하기 위해 세계적인 프로그램을 실시해왔다. 1986년 이 질병에 걸린 사람은 350만 명이었다. 2004년에는 16,026건(주로 가나와 수단에서)으로 99.5% 감소했다(Carter Center, 2005). 세 번째 성공 사례는 우간다의 인간면역결핍 바이러스(HIV)와 후천성 면역결핍 증후군(AIDS)에 관한 것이다. 1991년과 2001년 사이 HIV 양성율이 21.1%에서 6.4%로 감소한 반면(Low-Beer, 2005: 480) 지난 10년 동안 HIV와 AIDS는 전 세계적으로 퍼졌다. 결핵(TB)과 같은 관련 질병 발병률도 증가했다.

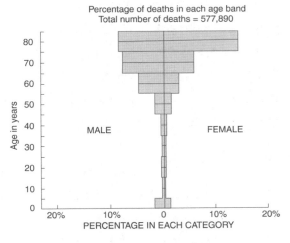

ENGLAND AND WALES, 1981

Percentage of deaths in each age band
Total number of deaths = 577,890

MALE   FEMALE

PERCENTAGE IN EACH CATEGORY

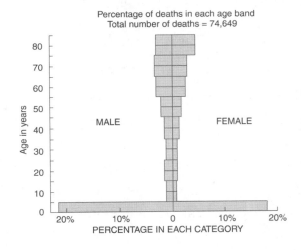

VENEZUELA, 1979

Percentage of deaths in each age band
Total number of deaths = 74,649

MALE   FEMALE

PERCENTAGE IN EACH CATEGORY

그림 8.1. 영국과 웨일스(1981년), 베네수엘라(1979년)의 사망 연령대. 출처: Madeley, Jelley, Epstein, and O'Keefe(1984). 스웨덴 왕립 과학 아카데미의 1984년 저작권. 허가 후 사용.

제1세계와 제2세계 대 제3세계

그림 8.1은 제1세계와 제3세계 국가 간 사망 시기의 대조를 보여준다(Madeley, Jelley, Epstein, and O'Keefe, 1984). 베네수엘라에서는 연간 사망자 중 40%가 0－4세 연령 집단에 속하며 55세까지 모든 집단에서 (영국과 웨일즈와 비교하여) 더 일찍 사망한 것으로 나

타났다. 건강 문제에 있어 광범위한 유형 세 가지는 전염병, 비전염성 질병, 상해이다. 질병은 제3세계 사망 및 질병률의 주요 원인이다. 앞으로 살펴보겠지만, 제3세계에 있어 전염 가능한(전염병 및 기생충 질환) 질병과 비위생적 환경으로 인한 질병 부담은 매우 크며, 이러한 질병은 종종 환경조건과 직접적으로 관련되어있다. 모든 질병을 다 살펴볼 수는 없지만, 몇 가지 예를 통해 제3세계 사람들의 건강을 개선하는 데 있어 존재하는 어려움이 얼마나 큰지에 대해 얼마간이라도 이해하게 될 수 있기를 바란다.

질병과 부상의 심각성을 어떻게 측정해야 할까? 일반적으로 근무하지 못한 일수와 사망자 수가 질병 영향의 평가 기준으로 사용된다. 그러나 세계보건기구(WHO)의 인구학자들은 질병 부담을 보여주기 위한 수단으로 장애보정수명(Disability–Adjusted Life Year[DALY])이라는 측정법을 사용하기 시작했다. DALY는 건강한 상태로 "살지 못한", 즉 조기 사망이나 장애로 인해 잃어버린 연수를 측정한다. 이 측정치는 여성 82.5세, 남성 80세의 예측기대수명을 기반으로 하며, 감소하는 "연령 가중치"(X 연령에서 한 해가 지니는 가치로 25세가 가장 높다), 장애 심각성에 따른 6가지 등급(세계은행, 1993: 26, 213) 등으로 이루어진 복잡한 시스템이다. 장애평가에 대한 DALY는 생산적이고 성취적인 삶이 중증장애인에게 가능하다고 주장하므로 오류이며 충분히 숙고하지 않았다고 비판받는다(Metts, 2001). 그럼에도 불구하고 DALY는 유용한 비교 정보를 제공한다. DALY의 총손실은 "세계질병부담"(Global Burden Of Disease[GBD])이라 한다. 여기 제시된 데이터는 가장 권위적이고 공식적인 정부 통계를 기반으로 하지만 정확성과 완전성의 편차는 크다. "자료수집, 통계기법, 정의 등의 편차로 인해 비교 가능성은 제한적이다"(World Bank, 1993: 195). 사용된 정보를 통해 일반적인 비교만 할 수 있다.

2003년 0–4세 어린이 85만 3천 명 이상이 말라리아로 사망했다(2005년 질병 통제 예방센터 Centers for Disease Control and Prevention). 이와 같은 문구는 직접적으로 쉽게 이해된다. DALY와 GBD의 개념은 이보다 더 추상적이지만, 이를 통해 특정 지역에 대해 그리고 제1세계/제2세계 대비 제3세계에 대해 체계적으로 비교할 수 있다. 표 8.1–8.3 그리고 연관된 그림 8.2–8.5를 주의 깊게 살펴보면 독자들은 질병 패턴과 결과에 대해 많은 것을 이해할 수 있을 것이다(이 그림에서 밝은 막대는 저개발국을, 어두운 막대는 선진국을 나타낸다).

질병 부담이 전 세계 사람에게 동일하게 분배되어 있다면 세계인구의 22%를 차지하는 제1세계와 제2세계에 질병이 22% 분포한다고 예상할 것이다. 사실 이들의 부담은 11%이며, 나머지 89%는 제3세계 사람들이 짊어지고 있다. 저개발경제와 선진경제 간 인구수가 다르므로(11억 1천4백만 명 대비 41억 2천3백만 명) 여기서는 자료를 표준화하고 비교가 가능한 1,000명당 DALY를 사용한다.

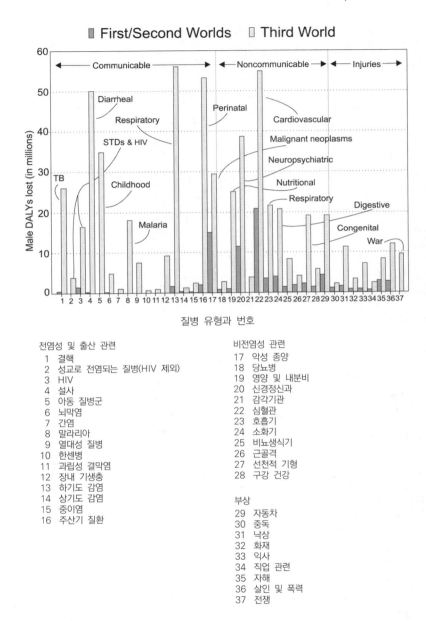

그림 8.2. 총 남성 질병 부담(백만 DALY당). 출처: World Bank(1993).

전염성 및 출산 관련
1 결핵
2 성교로 전염되는 질병(HIV 제외)
3 HIV
4 설사
5 아동 질병군
6 뇌막염
7 간염
8 말라리아
9 열대성 질병
10 한센병
11 과립성 결막염
12 장내 기생충
13 하기도 감염
14 상기도 감염
15 중이염
16 주산기 질환

비전염성 관련
17 악성 종양
18 당뇨병
19 영양 및 내분비
20 신경정신과
21 감각기관
22 심혈관
23 호흡기
24 소화기
25 비뇨생식기
26 근골격
27 선천적 기형
28 구강 건강

부상
29 자동차
30 중독
31 낙상
32 화재
33 익사
34 직업 관련
35 자해
36 살인 및 폭력
37 전쟁

제3세계 사람들의 수명은 확실히 짧으므로 제1세계/제2세계 사람들에 비해 이른 나이에 질병을 얻는다. 따라서 질병과 상해의 종류는 나이든 사람이 겪는 것과 다르다. 전염성 질병의 경우, 제3세계에서는 일생 중 초기 5년 동안 DALY 62.8%를 상실한다 (696.7 DALY/1,000명). 이와 대조적으로, 제1/2세계에서는 같은 연령대인 0−4세까지 전

표 8.1. 1990년 남성 총 질병 부담(백만 DALY)

질병 유형	제1/2세계	제3세계	합계	제3세계 DALY 비율
전염성 및 출산 관련				
1 결핵	4.1	260.5	264.6	98.5
2 성교로 전염되는 질병(HIV 제외)	0.3	38.3	38.6	99.2
3 HIV	13.7	165.5	179.2	92.4
4 설사	2.3	499.4	501.7	99.5
5 아동 질병군	0.7	347.7	348.4	99.8
6 뇌막염	1.4	48.4	49.8	97.2
7 간염	0.6	9.8	10.4	94.2
8 말라리아	0.0	182.3	182.3	100.0
9 열대성 질병	0.0	75.0	75.0	100.0
10 한센병	0.0	5.1	5.1	100.0
11 과립성 결막염	0.0	9.3	9.3	100.0
12 장내 기생충	0.0	91.8	91.8	100.0
13 하기도 감염	5.4	560.9	576.3	97.3
14 상기도 감염	2.9	11.9	14.8	80.4
15 중이염	2.3	23.6	25.9	91.1
16 주산기 질환	19.8	532.0	551.8	96.4
비전염성				
17 악성 종양	149.4	294.6	444.0	66.4
18 당뇨병	7.9	26.8	34.7	77.2
19 영양 및 내분비	9.8	250.6	260.4	96.2
20 신경정신과	113.4	386.4	499.8	77.3
21 감각기관	0.5	38.6	39.1	98.7
22 심혈관	210.7	548.6	759.3	72.3
23 호흡기	34.2	217.1	251.3	86.4
24 소화기	37.9	207.8	245.7	84.6
25 비뇨생식기	13.8	81.9	95.6	85.6
26 근골격	17.3	40.9	58.2	70.3
27 선천적 기형	20.7	190.7	211.4	90.2
28 구강 건강	12.5	56.5	69.0	81.9
부상				
29 자동차	41.2	190.1	231.3	82.2
30 중독	8.7	20.7	29.4	70.4
31 낙상	13.6	110.6	124.4	89.0
32 화재	5.8	32.7	38.5	84.9
33 익사	7.0	70.2	77.2	90.0
34 직업 관련	4.4	22.3	26.7	83.5
35 자해	26.3	79.7	106.0	75.2
36 살인 및 폭력	23.7	118.3	142.0	83.3
37 전쟁	0.0	92.5	92.5	100.0
합계	822.3	5,939.0	6,761.3	87.8

출처: World Bank(1993).

염병으로 인한 상실은 36.6%를 차지한다(66.1 DALY/1,000명으로, 제3세계의 10% 미만). 비전염성 질병의 경우 DALY 상실의 가장 큰 원인은 심혈관 질환, 악성종양(암), 신경정신병 질환이다. 상해에 있어서는, DALY 대부분(91%)이 제3세계에서 0−44세에 나타나는 반면 선진국에서는 DALY의 89%가 15−60세 이상에서 나타난다.

그림 8.2는 남성 세계질병부담의 원인을 보여주며, 제3세계 경제(밝은 음영 막대)와 제1/2세계(어두운 음영 막대) 사이를 구분 짓고 있다(World Bank, 1993). 이 그래프는 표 8.1을 참고하여 보아야 한다. 이 그림의 왼쪽 부분은 전염성 질병을 다루는데, 대부분은 감염병과 기생충으로 인한 것이다. 그중 첫 번째는 전 세계적으로 발병률과 항생제에 대한 내성이 증가하고 있는 결핵이다. 성적인 경로를 통해 전달되는 질병(Sexually Transmitted Diseases[STD]) 중 HIV도 유행성으로 확산되고 있다(3). 감염질환 중 아동에게 특히 영향을 미치는 그룹 두 가지는 설사질환(4)과 "유년기 클러스터"(5)인데, 이 클러스터는 백일해, 소아마비, 디프테리아, 홍역, 파상풍을 포함한다. 설사질환으로 인해 1990년 제3세계에서는 286만 6천 명이 사망했고, 이 중 0−4세가 86%(246만 5천 명)였다. 아동기 질병으로 인한 사망 186만 명 중 86% 가량이 1−4세 아동에게 발생했다. 수막염(6)과 간염(7)은 비교적 덜 중요하다. 말라리아(8) 역시 5세까지 영유아에게 큰 영향을 미치며, 1990년 말라리아로 인한 사망 92만 6천 명 중 68% 이상이 0−4세 아동에게 발생했다.

감염병 중 또 다른 그룹은 "열대 클러스터"(9)라 불리며, 트리마노소마증, 샤가스병, 주혈흡충병, 리슈마니아증, 림프사상충증(상피병), 강변 실명증 등을 포함한다. 제3세계에서 나환자(10)는 낮은 수준으로, 트라코마(12)는 중간 수준으로 발병하며, 다른 곳에서는 기본적으로 발병하지 않는다. 회충, 편충, 십이지장충 등의 내장 기생충은 제3세계에서 흔하다. 이들은 특히 동남아시아, 태평양섬, 중국, 라틴 아메리카, 카리브해에서 심각하다. 이 전염병에 대한 조사(그림 8.2)에서 끝에서 두 번째로 높은 것은 보다 낮은 호흡기감염(13)이다. 전염병 범위에서 제1/2세계는 HIV와 출산 전후 질환에 관련해서만 나타나는 것을 볼 수 있다. 선진국에서는 전반적으로 전염병이 통제되고 있다.

비전염질병과 상해는 선진국 국민이 더 많이 앓고 있다. 심혈관질환(22), 악성 종양(17), 신경정신질환(20) 등 세 가지 비전염성 질환군에서 유일하게 제1/2세계 사람들이 높은 수준을 보인다. 이러한 질병으로 나타나는 DALY의 3분의 2 이상은 여전히 제3세계 사람들에게서 나타난다. 영양과 내분비 질환(19)은 압도적으로 제3세계의 문제이다. 내분비 질환은 갑상선, 뇌하수체, 부신과 기타 분비에 영향을 미치며 분비물은 인간의 성장과 혈관, 골격 발달에 영향을 미친다. 영양성 질병으로 특히 인도에서 두드러지는 콰시오르코크(단백질 결핍성 영양실조), 소금을 요오드화하여 쉽고 저렴하게 치료할 수 있는 갑상선종(요오드 결핍증), 비타민 A 결핍증, 빈혈 등이 있다. 영양부족으로 인한 다른 질병으로 펠라그라(비타민 B 니아신 결핍), 괴혈병(비타민 C 결핍), 구루병(비타민 D 결핍으로 골격 성장 저해)이 있다.

상해는 비의도적 상해(즉, 사고)와 자발적인 상해(자살 포함), 살인과 폭력으로 인한 피해(36), 전쟁으로 인한 피해(37)로 나눌 수 있다. 1990년 전쟁으로 초래된 9,250만 DALY가 선진 경제에서는 하나도 발생하지 않고 모두 제3세계에서 발생했다는 것은 주목할 만하다. 비의도적 상해 중 가장 두드러진 것은 자동차 사고로 인한 것이다(29). 다이어그램에서 자동차 부상 바로 옆으로 나타낸 상해 유형은 중독(30), 낙상(31), 화재(32), 익사(33), 산업재해(34)로 인한 것이다. 이들은 제1/2세계에 비해 제3세계에서 훨씬 많이 나타난다.

그림 8.3은 여성의 질병 패턴을 보여준다(표 8.2 참조). 대체적으로 남성과 비슷하므로 주요 차이점을 강조해 살펴보겠다. 그러나 그전에 제3세계 여성에게서 나타나는 질병(제1세계 여성도 마찬가지)은 여성에 대한 의학 연구에서의 틈, 부재, 부주의, "침묵" 등으로 인해(Holloway, 1994) 남성의 경우보다 기록이 충실하지 않다는 점을 기억할 필요가 있다. 일부에서는 단순히 남성중심적 의사들이 여성의 질병을 질병으로 인정하지 않았기 때문에 부실하게 기록되었다고 주장한다. 이를 통해 여성의 질병 발생률이 낮아질 수 있다. 또한 임상시험에 여성의 참여가 보통 더 낮다. 소녀들은 영양실조율이 더 높다(인도에서 연령대비 저발육은 여자 아동이 남자 아동에 비해 약 5배가 높다). 더욱이 초음파 검사 결과 태아의 성별을 부모에게 알리면 여성 태아가 "선별"되어 낙태된다. 아마티야 센 Amatyar Sen은 세계인구에서 여성이 1억 명 실종된 것으로 추산하고 있는데, 이는 낙태, 차별적 급식 및 보육과 관련된 사회적 관행 때문이다(Holloway, 1994: 80 참조). 일부 사회에서 소녀들은 패혈증과 감염으로 인한 치명적인 합병증을 동반하곤 하는 성기절단(음부봉쇄술과 음핵절제술 또는 소위 "여성할례")의 대상이 된다. 26개 아프리카 국가의 여성 200여 만 명은 매년 음핵절제술이나 음부봉쇄술을 받으며, 이 시술을 거친 여성은 모두 1억 1천4백만에 달할 수 있다(Holloway, 1994: 83; 2장 및 12장 참조). "사회관습, 보건정책 그리고 전반적으로 남성 중심인 의료공동체는 여성을 아내와 자궁으로 밖에 취급하지 않는 경향이 있다"(Holloway, 1994: 77).

일반적으로 남성은 골반 염증성 질환과 클라미디아 질환에 걸리지 않기 때문에 성교를 통해 감염되는 질병(STD)와 관련된 DALY는 여성에서 눈에 띄게 높게 나타난다. 그 다음으로 여성에게만 주로 나타나는 주요 질병군은 모성 관련 질병이다. 여기에는 출혈, 패혈증, 자간증(혼수상태 및 임신 중 경련), 고혈압, 폐쇄분만, 낙태가 포함된다. 이중 출혈, 패혈증, 폐쇄분만으로 DALY 중 78%가 상실된다. 제3세계 여성들은 상해와 질

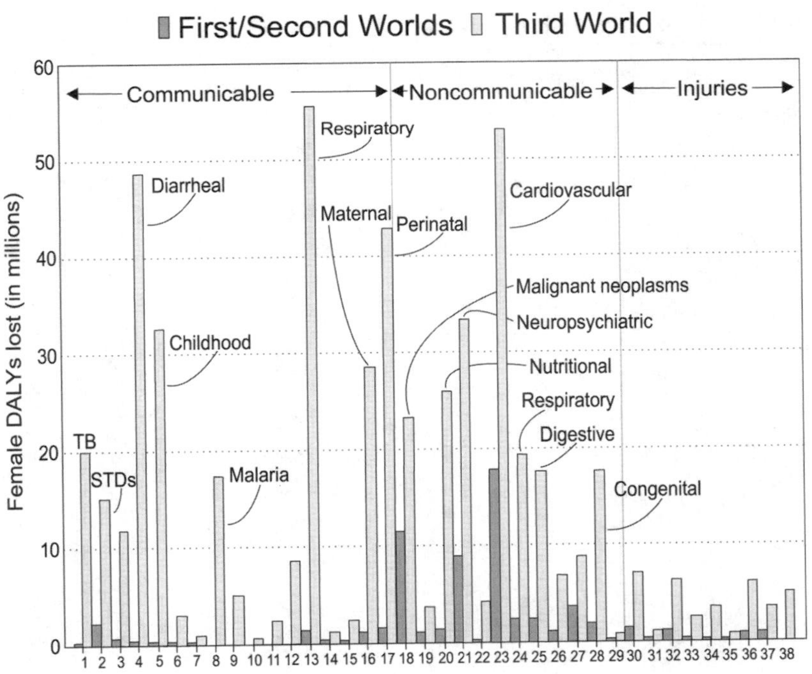

■ First/Second Worlds □ Third World

그림 8.3. 총 여성 질병 부담(백만 DALY당). 출처: World Bank(1993).

병에 대한 노출이 지속되는 노동 패턴으로 인해 출산 관련과 기타 질병으로 이어진다. 예를 들어 많은 케냐 여성은 나무와 물을 다량 운반할 때 이마에 거는 벨트를 사용하는

표 8.2. 1990년 여성 총 질병 부담(백만 DALY)

질병 유형	제1/2세계	제3세계	합계	제3세계 DALY 비율
전염성 및 출산 관련				
1　결핵	1.0	198.8	199.8	99.5
2　성교로 전염되는 질병(HIV 제외)	20.5	151.7	172.2	88.1
3　HIV	3.6	119.1	122.7	97.1
4　설사	2.2	487.2	498.4	99.6
5　아동 질병군	0.6	327.1	327.7	99.8
6　뇌막염	1.0	30.1	31.1	96.8
7　간염	0.4	8.4	8.8	95.5
8　말라리아	0.0	175.0	175.0	100.0
9　열대성 질병	0.0	51.0	51.0	100.0
10　한센병	0.0	5.1	5.1	100.0
11　과립성 결막염	0.0	23.7	23.7	100.0
12　장내 기생충	0.0	87.9	87.9	100.0
13　하기도 감염	12.8	558.3	571.1	97.8
14　상기도 감염	3.3	11.1	14.4	77.1
15　중이염	2.2	23.1	25.3	91.3
16　출산관련	10.4	286.8	297.2	96.5
17　주산기 질환	14.5	430.3	444.8	96.7
비전염성				
18　악성 종양	115.5	234.7	350.2	67.0
19　당뇨병	9.5	35.5	45.0	78.9
20　영양 및 내분비	13.7	262.1	275.8	95.0
21　신경정신과	91.3	335.3	426.6	78.6
22　감각기관	0.9	42.2	43.1	97.9
23　심혈관	180.3	532.9	713.2	74.7
24　호흡기	22.6	196.3	218.9	89.7
25　소화기	23.2	177.8	201.0	88.5
26　비뇨생식기	10.0	69.5	79.5	87.4
27　근골격	35.8	90.2	126.0	71.6
28　선천적 기형	18.6	178.4	197.0	90.6
29　구강 건강	1.2	8.5	9.7	87.6
부상				
30　자동차	13.7	72.6	86.3	84.1
31　중독	2.5	11.4	13.9	82.0
32　낙상	10.2	64.4	74.6	86.3
33　화재	3.1	25.7	28.8	89.2
34　익사	1.4	36.7	37.1	96.2
35　직업 관련	0.7	7.0	7.7	90.9
36　자해	7.4	61.9	69.3	89.9
37　살인 및 폭력	7.5	34.0	41.5	81.9
38　전쟁	0.0	49.8	49.8	100.0
합계	641.6	5,500.6	6,142.2	89.6

출처: World Bank(1993).

데 이 벨트는 척추와 골반 부위에 영향을 주어 출산 시 합병증을 일으킨다. 연기로 가득한 주방이나 헛간에서 일을 하므로 여성들은 호흡기 질환에 취약하다. 류마티스성 관절염과 골관절염을 포함하는 근골격계 질환(그림 8.3의 27)에 대한 DALY 수치는 남성보다 여성에서 상당히 높다. 그러나 부상 비율은 남성보다 여성이 모든 범주에서 낮게 나타난다(표 8.3 참조).

전체 여성과 남성의 질병 부담은 그림 8.4와 8.5에서와 같이 다른 방식으로 나타낼 수 있다. 앞선 그래프들이 제1/2세계 대 제3세계 질병 부담을 대조적으로 보여주었다면 이번 그래프는 인구 1,000명당 DALY를 나타낸다. 모든 사람은 어떤 이유에서건 죽는데 "노년기" 또는 "기력쇠퇴" 등의 원인이 사망진단서에 기록되는 사례는 매우 적다. 사람들 대부분은 질병이나 다른 원인으로 사망한다. 따라서 선진국에서 명암이 어둡게 나타난 막대는 그림 8.2나 8.3에 비해 그림 8.4와 8.5에 훨씬 크게 나타난다. 그리고 비전염성 질병, 특히 연령이 증가하면서 발병률이 상승하는 질병이 압도적으로 나타난다(심혈관 질환[23], 악성종양[18], 신경질환[21]은 여성의 경우를 나타내며, 그림 8.5에서 이에 대응하는 남성의 경우는 22, 17, 20이다). 여성의 1,000명당 DALY가 이보다 낮지만 그래도 중요하게 나타나는 질병으로는 호흡기(24), 소화기 계통(25), 근골격계 계통(27), 선천성 질환(28), HIV(3) 및 기타 성병(2) 등이다. 남성의 경우에도 호흡기(23), 소화기(24), 선천성 질병(27)과 같은 동일한 질병이 약간 높은 수치를 기록하면서 중요하게 나타난다. 또 중요하게 나타나는 상해로는 자동차(29), 자해(35), 살인과 폭력(36) 등이다. 비교 요약하면, 개발도상국은 선진국 주요 사망 원인 세 가지(심장질환, 암, 신경정신 장애)를 "피하고" 있지만 이는 단지 많은 사람이 전염병과 영양실조, 사고로 인한 합병증의 결과 젊은 나이에 사망하기 때문이다. 지금 논의하는 비교는 매우 넓은 범위(제1/2세계 대 제3세계)이므로 각 범주 내 많은 차이점은 나타나지 않는다. 예를 들어 웨일과 스카파치 Weil and Scarpaci(1992)는 라틴 아메리카 내 국가 간 또는 한 국가 내 사회부문 간 나타나는 차이를 분석한 바 있다. 1991년 콜레라 전염병과 HIV/AIDS 전염병 같은 공중보건위기에 직면하여 라틴 아메리카 국가들은 다양한 방법으로 대응하고 있다.

특정 질병은 제1세계와 제2세계보다 제3세계에서 몇 배나 많이 나타난다. 표 8.3은 일부 질병의 비율을 보여준다. 물론 제3세계에서 발생하는 질병이 제1세계와 제2세계에는 없다면 그 비율은 무한하다. 남성과 여성 모두에서 무한 배를 보이는 질병은 말라리아, 열대질병군(트리판토코스증, 편백선증, 리슈마니아증, 임파선 필라리스 및 사상충증), 나병, 트라코마, 장 기형, 전쟁 등이 해당된다. 남성에게서 두드러지는 비율을 보이는 것은 아동기 질병(5) 131:1, 설사병(4) 57:1, HIV를 제외한 성병(2) 34:1, 감각기관(특히 시각) 질환(21) 20:1 등이 있다. 여성에게서 두드러지는 차이는 아동기 질환(5) 159:1, 설사병(4) 65:1,

표 8.3. 남성과 여성 질병 비율의 제1/2세계와 제3세계 비교(인구 천 명당 DALY)

No	질병	제1/2세계 남성 (1+2)	제3세계 남성 (3)	비율 3/(1+2)	No	질병	제1/2세계 여성 (1+2)	제3세계 여성 (3)	비율 3/(1+2)
전염성 및 출산 관련					*전염성 및 출산 관련*				
1	결핵	0.74	12.41	16.8	1	결핵	0.17	9.82	58.0
2	성교로 전염되는 질병	0.05	1.82	33.7	2	성교로 전염되는 질병	3.47	7.49	2.2
3	HIV	2.47	7.88	3.2	3	HIV	0.61	5.88	9.6
4	설사	0.42	23.79	57.3	4	설사	0.37	24.07	64.6
5	아동 질병군	0.13	16.56	131.0	5	아동 질병군	0.10	16.16	159.0
6	뇌막염	0.25	2.31	9.1	6	뇌막염	0.17	1.49	8.8
7	간염	0.11	0.47	4.3	7	간염	0.07	0.42	6.1
8	말라리아	0.00	8.68	무한	8	말라리아	0.00	8.65	무한
9	열대성 질병	0.00	3.57	무한	9	열대성 질병	0.00	2.52	무한
10	한센병	0.00	0.24	무한	10	한센병	0.00	0.25	무한
11	과립성 결막염	0.00	0.44	무한	11	과립성 결막염	0.00	1.17	무한
12	장내 기생충	0.00	4.37	무한	12	장내 기생충	0.00	4.34	무한
13	하기도 감염	2.78	26.72	9.6	13	하기도 감염	2.17	27.58	12.7
14	상기도 감염	0.52	0.57	1.1	14	상기도 감염	0.56	0.55	1.0
15	중이염	0.42	1.12	2.7	15	중이염	0.37	1.14	3.1
16	주산기 질환	3.58	25.34	7.1	16	출산관련	1.76	14.17	8.0
					17	주산기 질환	2.46	21.26	8.7
비전염성					*비전염성*				
17	악성 종양	26.98	14.03	0.5	18	악성 종양	19.57	11.60	0.6
18	당뇨병	1.43	1.28	0.9	19	당뇨병	1.6	1.75	1.1
19	영양 및 내분비	1.77	11.94	6.7	20	영양 및 내분비	2.32	12.95	5.6
20	신경정신과	20.48	18.41	0.9	21	신경정신과	15.47	16.57	1.1
21	감각기관	0.09	1.84	20.4	22	감각기관	0.15	2.08	13.7
22	심혈관	38.05	26.13	0.7	23	심혈관	30.54	26.33	0.9
23	호흡기	6.18	10.34	1.7	24	호흡기	3.83	9.70	2.5
24	소화기	6.84	9.90	1.4	25	소화기	3.93	8.78	2.2
25	비뇨생식기	2.49	3.90	1.6	26	비뇨생식기	1.69	3.43	2.0
26	근골격	3.12	1.95	0.6	27	근골격	6.06	4.46	0.7
27	선천적 기형	3.74	9.08	2.4	28	선천적 기형	3.15	8.81	2.8
28	구강 건강	2.26	2.69	1.2	29	구강 건강	0.20	0.42	2.1
부상					*부상*				
29	자동차	7.44	9.06	1.2	30	자동차	2.32	3.59	1.5
30	중독	1.57	0.99	0.6	31	중독	0.42	0.56	1.3
31	낙상	2.46	5.27	2.1	32	낙상	1.73	3.18	1.8
32	화재	1.05	1.56	1.5	33	화재	0.53	1.27	2.4
33	익사	1.26	3.34	2.6	34	익사	0.24	1.76	7.4
34	직업 관련	0.79	1.06	1.3	35	직업 관련	0.12	0.35	2.9
35	자해	4.75	3.80	0.8	36	자해	1.25	3.06	2.4
36	살인 및 폭력	4.28	5.64	1.3	37	살인 및 폭력	1.27	1.68	1.3
37	전쟁	0.00	4.41	무한	38	전쟁	0.00	2.46	무한
	합계	148.51	282.91	1.9		합계	108.69	271.75	2.5

출처: World Bank(1993).

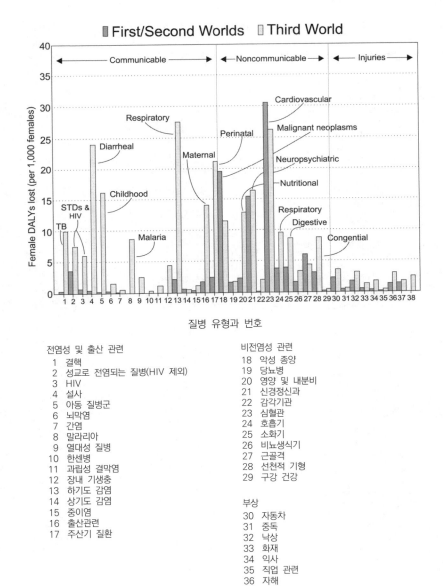

그림 8.4. 여성 질병 부담률(DALY/1,000명 여성). 출처: World Bank(1993).

결핵(1) 58:1, 감각기관 질환(22) 14:1, HIV(3) 10:1, 호흡곤란(13) 13:1, 출산 관련(16) 8:1 등으로 나타났다. 표 8.3에서 1.0보다 작은 값은 1,000명당 질병으로 인한 사망 또는 장애가 선진국에서 더 많은 경우를 나타낸다. 이 비율에서 가장 높은 수치는 남성의 경우 0.52 또는 1.92:1이다. 즉, 남성 1,000명당 암발병 건수에 있어 제1/2세계는 제3세계에

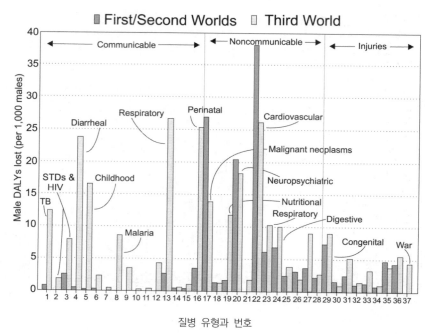

그림 8.5. 남성 질병 부담률(DALY/1,000명 남성). 출처: World Bank(1993).

전염성 및 출산 관련
1 결핵
2 성교로 전염되는 질병(HIV 제외)
3 HIV
4 설사
5 아동 질병군
6 뇌막염
7 간염
8 말라리아
9 열대성 질병
10 한센병
11 과립성 결막염
12 장내 기생충
13 하기도 감염
14 상기도 감염
15 중이염
16 주산기 질환

비전염성 관련
17 악성 종양
18 당뇨병
19 영양 및 내분비
20 신경정신과
21 감각기관
22 심혈관
23 호흡기
24 소화기
25 비뇨생식기
26 근골격
27 선천적 기형
28 구강 건강

부상
29 자동차
30 중독
31 낙상
32 화재
33 익사
34 직업 관련
35 자해
36 살인 및 폭력
37 전쟁

비해 두 배임을 뜻한다.

　세계질병부담(GBD)을 보는 또 다른 방법은 의료비 지출과 관련한 DALY를 살펴보는 것이다. 제1세계와 제3세계 간 소비 금액은 큰 차이를 보이지만 대규모 지출이 DALY에 대한 낮은 부담과 동의어는 아니다. 그림 8.6에서, 중국의 보건서비스에 대한 1인당 연간 지출이 11달러에 불과하지만 DALY로 측정되는 건강 부담은 매우 낮게 나타나고 있다. 이전 사회주의 경제(제2세계) 역시 마찬가지이다. 이 지역의 부담은 1990년 1인당 평균 1,860달러를 소비한 선진시장경제(제1세계)와 비교했을 때 약간 높다. DALY로 측정된 1인당 부담이 가장 높은 지역은 사하라 이남 아프리카로, 건강관리를 위해 1인당 24달러밖에 지출되지 않았다. 중국과 사하라 이남 아프리카가 차이를 일부 보이는 것은 위생, 물공급, 공공보건 프로그램 등의 질이 중국에서 더 높기 때문일 것이다. 또 하나의 요인은 중국이 설사질환, 말라리아, 아동 및 열대성 질병군을 크게 감소시켰기(또는 성공적으로 예방했기) 때문이다. 또한 중국은 호흡기 감염이 DALY 수치의 절반에 불과하고 모성질환 수치는 3분의 1에 불과하다.

　　보건의료 문제 몇 가지에 있어서는 제3세계 국가와 제1/2세계 국가에게서 공통적으로 나타난다. (1) 이미 희소한 자원을 잘못 배분 - 예를 들면 고비용 교육 병원에 돈을 지출하지만 아동 질병이나 결핵처리 등과 같이 매우 비용 효율적인 프로그램은 실시하지 않음, (2) 불평등 - 예를 들어 부유한 도시 사용자에게는 불균형으로 과도한 돈을 지출하면서 농촌진료소 서비스는 무시, (3) 비효율 - 예를 들어 일반적 의약품으로도 충분한데 브랜드있는 의약회사의 제품에 돈을 낭비하는 등의 문제가 이에 해당된다. 그러나 이러한 세 가지 문제 모두는 전반적인 지출이 훨씬 낮고 기본 영양 및 건강 요구가 충족되지 않는 제3세계에서 훨씬 극적으로 영향이 나타난다(World Bank, 1993: 3-4).

제3세계 주요 질병군

질병의 일반적인 패턴을 고찰하였으니, 이제 제3세계에서 중요한 특정 질병군에 대해 살펴보겠다. 이들 대부분은 강한 환경적 요인을 나타낸다. 이 부분에서는 환경조건, 빈곤, 식이, 정책 패턴, 젠더 역할, 성역할 및 생계 관행이 상호 작용하여 종종 질병의 발병과 확산을 초래하는 것을 보이도록 한다.

영양실조와 설사질환

표 8.4는 세계은행(1993: 76) 보고서의 일부로, 1990년 영양 질병이 세계질병부담에 미치는 영향을 나타낸다. 제3세계 경제에서 약 1,440만 DALY 또는 1,000명당 3.5 DALY가 영양실조와 이로 인한 간접적 영향으로 인한 것이었다. 영양실조 단일 요인이 1,000명당 인도에서는 18.3 DALY, 사하라 이남 아프리카에서는 13.8을 차지했다. 당연히 0-4

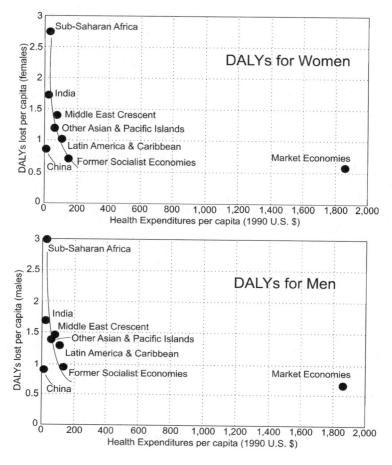

그림 8.6. 1인당 건강 지출과 여성, 남성의 1인당 질병 부담. 출처: World Bank(1993).

세 아동의 경우 DALY의 55%가 영양실조로 인한 것이었다. 위스너 Wisner(1989: 155-156)는 1984년 아프리카에서 영양실조를 겪은 어린이의 비율을 추정했다. 모리셔스가 2%로 가장 낮았고, 부르키나 파소가 40%로 가장 높았다. 나이지리아 6-60개월 인구의 23%인 1,500만 이상의 어린이가 영양실조를 겪었다.

    설사는 여러 질병에서 심각한 요인일 뿐 아니라, 영양실조의 한 형태이기도 한다. 앞서 언급했듯 설사는 특히 탈수증의 영향으로 0-4세 아동 사망의 주요 원인이다. 식량과 물을 비위생적으로 처리할 경우 발생하는 설사는, 발병할 경우 섭취된 음식이 신체에서 신진대사로 처리되지 않고 장에서 소실되므로 영양실조에 중요한 역할을 한다. 보통 아기가 젖을 떼는 시기에 발병한다. 설사는 질병이기도 하지만 굶주림의 한 형태로 볼 수도 있다.

영양실조의 다른 원인으로는 건강한 음식을 어느 정도 이용할 수 있는지와 가구 내에서 음식이 나누어지는 방식 등이 있다. 일반적으로 가정에서 아동에게는 음식이 맨 마지막 또는 성인 여성 바로 전의 순서로 제공된다. 보통 남성이 음식을 더 많이 소비하며, 음식 종류를 선택한다(예로 고기를 언제 먹을지 등). 아동이 학교에 가게 되면 야생 과일, 너트, 씨앗, 기타 풀에서 나는 식품을 채취하기 위해 농촌을 돌아다닐 시간이 줄어든다. 더욱이 여성이 식량을 구하기 위해 시장을 더 많이 이용하게 되면서 풀에서 나는 식품과 기근 식품에 대한 그들의 지식(자녀들의 지식 역시)은 감소하고 있다(Tallantire, 1975: 244). 농부들이 면화, 차, 담배와 같이 노동이 요구되는 현금 작물을 키우게 되면 손이 덜 가는 식량 작물을 심게 될 수 있다. 손가락기장, 사탕수수, 수수, 블러쉬밀레트 등의 곡물 대신 카사바가 재배되는 것이 그 예이다. 심고 내버려두면 거의 스스로 자라며, 일단 뿌리가 성숙하고 나면 오랜 기간에 걸쳐 추수가 가능하다. 안타깝게도 카사바는 탄수화물 가치가 높지만 단백질과 다른 많은 영양소는 적어 균형식을 유지하기 위해서는 다른 식품을 보충해야 한다. 개발의 식민지 시대를 거치면서 식단의 빈곤이 초래

표 8.4. 1990년 영양실조가 세계질병부담에 미치는 직간접적 영향(백만 DALY)

영양실조 유형	사하라 이남 아프리카	인도	중국	그 외 아시아 태평양	라틴 아메리카와 카리브해	중동	이전 사회주의 경제	선진 시장경제	세계
직접적 영향									
단백질-에너지 영양실조	2.2	5.6	1.7	0.9	1.0	1.0	0.2	0.2	12.7
비타민 A 결핍	2.2	4.1	1.0	2.5	1.4	0.5	0.0	0.0	11.8
요오드 결핍	1.7	1.4	1.0	1.3	0.5	1.4	0.0	0.0	7.2
빈혈	1.0	4.5	2.7	2.3	1.0	1.5	0.4	0.6	14.0
직접적 영향 합계	7.0	15.5	6.3	7.0	3.9	4.5	0.6	0.9	45.7
천 명당 총 DALY	13.8	18.3	5.6	10.3	8.9	8.9	1.7	1.1	8.7
간접적 영향(최소 추정치)									
일반적 체중미달로 인한 기타 질병 사망[1]	23.6	14.9	3.3	8.0	2.4	8.0	0.0	0.0	60.4
비타민 A 결핍으로 인한 기타 질병 사망[2]	13.4	14.0	1.0	7.0	1.8	2.0	0.0	0.0	39.1

출처: World Bank(1993: 76). 저작권은 1993년 국제재건개발은행(IBRD). Oxford University Press의 허가 후 재인쇄.
[1] 5세 미만 소아의 결핵, 홍역, 백일해, 말라리아 및 설사 및 호흡기 질환으로 인한 사망으로 기인한 GBD에 기반; 개발도상국에서는 25%의 사망자가 경도 또는 중등도의 체중 감소로 인한 것임.
[2] 6-11개월과 1-4세 연령 그룹의 비타민 A 결핍으로 인한 추정 사망자 수. 고위험 국가에서 이러한 모든 사망자의 10%와 30%를 차지하며, 그 외 국가에서는 사망자의 3%와 10%를 차지함. DALY에서 30의 부족분은 각 어린이 사망으로 인한 것임. 손실은 지역별로 재분배됨.

되었다는 사례는 많다(Porter, 1979: 69-76).

셔먼 Sharman(1970: 77, 스크림쇼 Scrimshaw의 1966년 논문 두 편을 인용)은 영양실조로 인한 여러 인간비용을 다음과 같이 요약했다.

저개발국가에서 영양실조로 인한 비용은 매우 높다. 이는 유아가 사회에서 역할을 담당할 수 있는 시민이 되기 전에 사망할 경우 육아에 소요된 자원에 대한 낭비와 영양실조에 걸린 어른의 노동 역량 감소 등이 포함된다. 학령기에 도달하기 전 어린이의 4분의 1에서 3분의 1 이상이 대개 영양 공급이 원활한 아동에게는 치명적이지 않은 감염이나 이전에 발생한 급성 전염병 발작으로 인한 임상적 영양 결핍으로 사망한다. ...저개발국에서 빈곤 인구의 거의 모든 아동은 학령기에 이르면 더딘 성장과 발달을 보인다. 또한 학령기에 심각한 영양실조를 겪는 일은 거의 없지만, 취학 전 수년에 걸쳐 축적된 영양부족을 만회하지는 못한다.

최근 증거에 따르면 유아기에 신체 발달이 지연되면 이에 따라 영구적일 수 있는 정신발달 장애를 동반한다. 이는 어린 시절의 심각한 영양실조로 한 국가의 미래발전이 저해된다는 것을 의미한다. 더욱이 영양실조로 인한 아동 및 성인의 질병이 증가하고 기간 역시 길어지면서 적절한 의료 서비스를 제공하려 할 경우 복잡해지고 더욱 비용이 많이 든다.

호흡기 질환

호흡기 질환은 여러 가지 형태를 취하며, 다수의 박테리아(특히 폐렴사슬알균)뿐 아니라 라이노 바이러스, 인플루엔자 바이러스, 아데노 바이러스, 기타 바이러스 형태 등이 원인이 된다(Benenson, 1990: 367 ff.). 그러나 가장 흔한 형태는 폐렴과 소아 폐렴이며 이들은 제3세계에서 가장 큰 사망의 원인이다. 세계은행(1993)은 1990년 이 호흡기 감염으로 431만 4천 명의 인구가 사망한 것으로 추정했다. 개발도상국에서 호흡기 질환으로 인한 DALY는 1990년에 1억 1,900만이었으며, 이는 인구 1,000명당 28.8명에 해당한다.

제3세계 도시 및 가정의 대기오염은 담배 흡연과 마찬가지로 호흡기 질환의 원인이 된다. 폐를 손상시키는 주요 원인은 제3세계 도시의 교통 혼잡으로 인해 자동차와 트럭에서 배출되는 일산화탄소이다. 이것은 많은 제3세계 도시 상공에 짙은 먹구름으로 걸쳐있다. 가정 내 발생하는 연기와 조리대는 여성과 아동에게 특히 해를 끼친다. 실내 오염을 줄인다면 아동기 폐렴 발생 빈도가 절반으로 감소할 것이라 한다. 과밀 또한 공기를 통한 오염 물질 전달이 촉진시키므로 호흡기 질환의 원인이다. 광산과 공장의 먼

지뿐 아니라 많은 제3세계 지역 건기에 미세먼지에 노출되는 것은 호흡기 문제의 또 다른 원인이다.

어떤 지역에서는 다른 지역에 비해 대기오염이 훨씬 심각하다. 예를 들어 폐쇄된 분지에 위치한 멕시코시티는 오랜 기간 해상의 육상풍파의 영향을 받는 다카와 비교했을 때 심각한 공기 오염 수준을 보인다. 멕시코시티는 대기오염을 개선하기 위해 자동차 배출가스를 줄이려는 노력을 실행 중이다(World Bank, 1993: 97).

말라리아

앞서 1990년 0−4세 아동 사망자 92만 6천 명 중 말라리아로 인한 사망이 68% 이상이었다는 사실을 인용하여 말라리아의 심각성을 지적했다. 벡터는 학질모기 암컷이다. 아프리카에서는 아노펠리스 감비아 모기가 가장 중요한 벡터이다. 해안과 저지대 습지에서 많이 출현하며 고원 지대에서는 벡터가 거의 없다. 이러한 모기가 출현하는 데 유리한 벡터나 환경을 제거할 수 있는 실질적인 방법은 없다. 모기는 도랑, 연못, 화장실, 낙엽, 깡통 및 버려진 자동차 타이어에 고인 물에서 번식한다(국소 해부학자의 입장을 대변하자면, 타이어의 형태가 가장 문제이다. 어떤 방향으로 돌리거나 뉘어놓는다고 해도 빗물이 고여 저장되어 모기에게 이상적인 번식 환경을 제공한다).

말라리아는 감염된 지역에서 거의 100% 보급된 것으로 알려져있다. 모든 사람이 보유하고 있으며 살아남은 사람은 대부분 면역체계를 발달시킨다. 겸상 적혈구병은 빈혈의 한 형태로 말라리아에 대한 저항성과 관련이 있으며, 선별 과정을 통해 부각되었다. 정상적인 상태에서 둥근 형태를 띠는 적혈구 모양에서 이름이 유래되었다. 서아프리카인들에게서 유행하며 아프리카계 미국인 다수에게도 발견된다.

말라리아에는 4가지 유형이 있으며, 그중 일부는 매우 심각한 결과를 초래한다. 사람들이 내성을 갖게 된다 해도 발병하면 신체를 약화시켜 일할 수 있는 능력을 감소시킨다. 말라리아는 정기적으로 사람들을 공격해 며칠 동안 일을 할 수 없게 만든다.

말라리아가 정복될 수 있을까? 습하거나 우기−건기 열대성 환경에서 지저분한 모기를 제거하는 건 어렵겠지만 인간 정착 지역에 국지적 조치를 취할 수 있다. 최근에는 침대 매트를 무독성 제충국 기반 용액에 담그는 비싸지 않은 방법을 활용해 모기 방제에 성공했다. 이산화탄소와 수면 중인 인간 신체의 냄새에 유인된 모기들이 그물에 앉으면 죽게 된다. 모기가 생존하지 못해 번식하지 못하므로 모기 개체 수가 감소한다. 잔지바르와 탄자니아 북동부에서는 다른 기술을 시도했다. 고인물(연못, 웅덩이, 도랑, 특히 화장실) 표면을 비싸지 않은 폴리스티렌 구슬로 덮어 모기 유충이 호흡하지 못하도록 하는 것이었다. 한 실험군을 대상으로 한 실험에서 5년에 걸쳐 모기 번식에 의한 필리리아병이 50%에서 3%로 감소했다(World Bank, 1993: 94).

　　최근에는 말라리아 백신(콜롬비아 연구자가 개발)의 임상 실험이 수행되었다. 말라리아 원충(말라리아 기생충)이 시간이 지남에 따라 약물에 내성을 갖기 때문에 백신 접종을 하는 것이 좋다. 태국에서는 사용 가능한 모든 약품에 대해 모기가 저항력을 갖게 되어 말라리아로부터 보호하기 위해 사용할 수 있는 약품이 현재로서는 없다. 우간다 캄팔라에서 외교공관에 근무하는 인원 24명이 클로로퀸을 복용했음에도 불구하고 말라리아에 동시에 걸린 후 1992년 미 국무부는 외교 및 국제원조 임무를 수행하는 모든 사람에게 메플로퀸(항말라리아제)(또는 이와 관련된 면제서류에 서명) 복용을 의무화했다. 이 항말라리아 약을 지속적으로 복용하는 것은 시력에 영향을 줄 수 있으므로 바람직하지 않을 수 있다. 중간 위도의 고향으로 돌아갈 수 없는 제3세계 사람들에게 있어 장기적 해결책은 까다로운 질문을 제기한다. 사람들에게 백신을 투여하면 일생 동안 걸리지 않을 수 있을까? 인구의 상당 부분을 위험으로부터 보호한 후 나중에 이들이 면역력을 갖추지 못한 새로운 균주에 노출시키는 데 따르는 위험은 무엇인가? 이러한 고려 사항은 제3세계에서 질병 근절 및 통제에 관한 정책 개발에 반영되어야 한다.

후천성 면역 결핍증 증후군

먼저, 다음의 인용문을 통해 우리가 생각하는 AIDS와 HIV의 특성을 나타내본다.

> 에이즈는 심각하고, 생명을 위협하는 임상 상태이다. ...[그것은] 인간 면역결핍 바이러스(HIV) 감염의 후기 임상 단계를 나타내며, HIV는 면역계 및 기타 장기 기관, 특히 중추신경계에 점진적인 손상을 초래한다. ...HIV 관련 질병은 일반적으로 면역체계 기능장애의 정도와 직접적으로 관련이 있다. 임상 증상은 일반적으로 림프절 병증[림프절 부종], 식욕부진, 만성 설사, 체중 감소, 발열 및 피로와 같은 비특이적인 증상을 동반하며 서서히 진행된다(Benenson, 1990: 1).

세계적 패턴

2004년 전 세계적으로 4,000만 명 이상이 HIV에 감염되었다(표 8.5). 지금까지의 누적 수치는 많게는 4,970만 명, 적게는 3,420만 명으로 추정치 간 넓은 범위를 보인다(HIV/AIDS에 대한 UN연합(UNAIDS), 2005). 그러나 불확실성이 다분하다. 2007년 11월 UN은 HIV 감

표 8.5. 2003년 HIV/AIDS 인구 추정치

지역	HIV 감염 추정 인구
호주와 뉴질랜드, 오세아니아	35,000
카리브해	440,000
동아시아, 태평양[1]	2,300,000
유럽, 중앙아시아	1,400,000
라틴 아메리카	2,000,000
중동, 북아프리카	540,000
북아메리카	1,000,000
남/동남 아시아[1]	7,100,000
사하라 이남 아프리카[1]	25,400,000
서유럽	570,000
합계	41,085,000

출처: United Nations Programme on HIV/AIDS(UNAIDS, 2005); World Bank(2004a: 1, 2004b: 1).
[1] 본문에서는 다른 출처를 사용.

염자 추정 수를 4,000만에서 3,300만으로 줄였다(Bernard, 2007). 2003년 새로운 HIV 감염 사례는 420만 명에서 630만 명으로 추정된다. 저소득 및 중위소득 국가에서 항바이러스제(ARV) 의약품을 필요로 하는 인구 중 소수만이 이를 제공받고 있었다.

동아시아, 남아시아, 동남아시아의 인구가 37억(세계의 약 57%)임을 감안할 때, HIV/AIDS 확산에 대한 통제 여부에 따라 세계의 인구학적 미래가 결정될 것이다. "중국, 인도네시아, 인도의 유병률이 현재 태국과 캄보디아에서 나타나는 속도로 증가한다면 HIV/AIDS에 감염된 사람의 수는 두 배가 될 것이다(World Bank, 2004b: 1). 현재 동아시아 및 태평양 HIV 감염자는 110만 명에 달하는 것으로 추산된다. 남아시아와 동남아시아의 HIV 감염자 수 640만 인구 중 510만 명이 인도에 살고 있다. 세계은행은,

남아시아를 에이즈 전염병의 위험에 처하게 하는 중요한 구조적, 사회경제적 요인: 인구의 35% 이상이 빈곤선 이하에 살고 있음, 문해력 낮음, 다공성 국경, 남성 인구가 농촌에서 도시로 또는 주 경계 간 이주, 매춘에 여성과 소녀 매매, 성과 섹슈얼리티에 관련한 높은 오명, 비정규적 파트너와의 상업적, 캐주얼 섹스가 구조화, 콘돔 사용에 대한 남성의 저항, 높은 성병(STD) 발병률, 여성의 낮은 지위로 안전한 성관계를 협상할 수 있는 여성의 능력 부재(World Bank, 2004c: 1-2).

이라고 보고했다. 이 요인들의 목록은 HIV/AIDS가 유행하는 다른 지역에서도 전반적으

로 적용 가능하지만 다른 문화권에서는 섹스와 성에 관한 태도, 행동, 관행이 크게 달라 일부 지역에서는 오명이 될 수 있지만 다른 지역에서는 자연스러운 것으로 본다는 점에 주목해야 한다.

라틴 아메리카와 카리브해 지역에서는 200만 명이 HIV에 감염되었다. 아르헨티나와 우루과이의 약물 사용자, 페루와 멕시코의 동성애 파트너 그리고 바하마, 아이티, 가이아나의 이성전염(Stanecki, 2004: 12) 등에서 보듯 비율은 국가 간과 국가 내에서 위험에 처한 그룹에 따라 상당히 달라진다. HIV 감염은 카리브 해에서 아이티(성인 중 6.1%)가 가장 높다(Stanecki, 2004: A−5). 일부 지역에서는 ARV 치료법이 좋은 결과를 나타내고 있다. 2002년 1월 ARV 약물이 보편적으로 사용 가능해진 이후 바베이도스의 HIV/AIDS 사망률은 43%나 감소했고(World Bank, 2004d: 2), 브라질에서도 ARV 약품 사용이 매우 증가했다(Stanecki, 2004: 13).

중동과 북아프리카에서는 HIV 보급률이 여전히 낮아 유행성 독감의 확산을 "저지하는" 중요한 역할을 한다(World Bank, 2004e: 1). 해당 지역 성인 인구의 0.3%가 HIV 항체 양성인 것으로 추산된다. 유럽과 중앙아시아에서 성인 HIV 보급률은 1% 이상이며 AIDS 발병은 급속도로 증가하고 있다. "AIDS는 약 6만 명의 생명을 앗아갔으며 약 21만 명이 새로 감염되었다"(World Bank, 2004f: 1). 가장 심각한 전염병은 우크라이나와 러시아 연방에서 발생했으며 다른 곳에서는 특정 집단이 위험도가 높다(청소년 및 주사마약 사용자). 구소련 국민 간 결핵의 확산에 특별한 주의가 요구되는데, 이는 면역 체계가 약해진 사람들이 취약하며 결핵이 많은 사람에게 잠재되어있기 때문이다.

ARV 약품의 일반적인 버전이 생산되면서, 개인 치료에 소요되는 비용은 연간 150달러 정도에 불과할 수 있다(Over, 2004: 311). 이것이 고무적인 소식인 것은 맞지만, 수백만 명의 HIV 양성 반응자가 하루에 1달러 미만으로 살고 있기 때문에 ARV 치료 비용을 지불할 수 없다는 사실 역시 생각해야 한다.

아프리카 사하라 이남의 HIV/에이즈

몇 년 전, *Back to the Future*라는 제목의 유쾌한 영화 판타지가 등장했다. 현재의 HIV/AIDS 위기를 감안하면 사하라 이남 아프리카에 관한 영화는 *과거로의 전진 Back to the Past*이라는 제목을 붙여야 할 듯하다. 그런데 이건 판타지가 아니다. 사하라 이남 아프리카 사람들, 특히 아프리카 남부 사람들의 미래는 가장 심각할 것으로 예상된다. 한 추정에 따르면 전 세계 HIV 양성 반응자 4,000만 명 중 약 70%인 약 2,850만 명이 사하라 이남 아프리카에 거주하고 있다(Stanecki, 2004: 11). 아프리카 여성은 HIV 양성균 감염의 58%를 차지한다. 보츠와나, 레소토, 나미비아, 남아프리카 공화국, 스와질란드, 잠비아 및 짐바브웨와 같은 아프리카 남부 끄트머리에 위치한 7개국은 15−49세 성인의 HIV 보균율이 20%를 상회한다. 이 국가들에게서 높은 비율이 나타나는 까닭은 부분적으로, 광산, 공장, 농장으로 많은 남성이 노동을 위해 이주하여 가족과 분리되기 때문일 수 있다(Jayne, Villareal, Pingali, and Hemich, 2004: 5). 보통 붐비는 기숙사나 주택단지에서 장기간 거주하는 남성은 위험한 성행위에 가담할 가능성이 증가한다(Campbell, 2004). 보츠와나(Botswana)는 가장 높은 혈청 항원 양성률을 보여 15−49세 성인 38.8%를 기록했다. 서 아프리카의 HIV 감염률은 낮다. 이는 HIV−1뿐 아니라 HIV−2의 존재와 관련이 있을 수 있다. 1986년에 발견된 이 HIV 두 번째 유형은 감염성이 적은 것처럼 보이고 짧은 기간 동안 나타난다. 면역결핍은 "더 천천히 진행되고 심하지 않은 것처럼 보인다"(질병통제 및 예방센터, 2006). 사하라 이남 아프리카에서 HIV 양성 반응을 보이는 사람은 일반적으로 10년 안에 사망한다. 인구, 경제, 사회에 대한 불길한 전망이 실현되면 사하라 이남의 아프리카는 19세기 후반과 유사한 조건으로 되돌아가버릴 수도 있다(그림 8.7과 8.8).

AIDS 한 가지로 인해 한 국가(세네갈)를 제외한 사하라 이남 37개국의 미래 인구는 조사망률이 0−10 범위를 벗어나게 된다(그림 8.8). 또 다른 효과는 연간 증가율을 약 1% 낮추는 것이다. 대부분 국가에서 2−3+%에서 1.5−2.5%로 감소할 것이다. 몇몇 국가에서는 실제 인구 감소가 발생할 것이다. 이들은 모잠비크, 스와질란드, 레소토, 남아프리카 공화국이며, 특히 보츠와나에서는 연간 2% 이상 감소할 것이다.

사망이 발생하면, 연령별−성별 피라미드에서 볼 수 있듯이, 연령대별로 비율에 반영된다. 보츠와나는 두 가지 이유에서 흥미로운 사례이다. 첫째, 최근 수십 년 동안 경제성장과 사회개선을 이루었다(Samatar, 1999). 둘째, HIV 양성 반응이 세계에서 가장 높다. AIDS의 현재 상황과 AIDS를 피했다면 벌어졌을 상황을 고려했을 때, 보츠와나의 미래에는 인구학적 결과를 포함한 문제를 경감하기 위해 대담한 계획이 실시될 것이며 이는 AIDS를 경험하는 다른 국가에서보다 더 적극적으로 행해질 것이다. 그림 8.9는 현재 보츠와나의 인구구조가 AIDS에 걸리지 않았으면 2020년에 어떻게 될지, 에이즈 상황을 고려할 때 어떻게 될지 예상하고 있다(du Guerny, 2002). 인구학자들은 이런 형태의 인구 피라미드를 본 적이 없다(Stanecki, 2000). 2010년 보츠와나의 평균 수명은 26.7세로 추정되었지만 AIDS가 없을 경우 추정 수명은 약 74.7세이다(Stanecki, 2004: 17). 사하라 이남 아프리카 11개국은 2010년까지 기대수명이 40세 미만일 것으로 추정되었다. 이는 19세기 말 이후로는 나타나지 않았던 비율이다.

AIDS가 인구에게 심각하게 퍼지면 사회의 모든 분야에서 기나긴 연동 효과를 나타

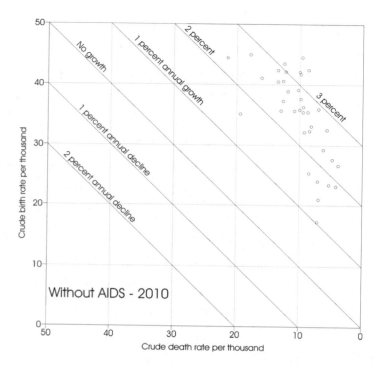

그림 8.7. AIDS가 없을 경우 사하라 이남 아프리카의 2010년 조출생률과 조사망률. 출처: Staneki(2004: 17).

낸다. 순서대로 살펴보자. 가장 큰 영향을 받는 것은 가장 생산적인 시기인 15－39세 남녀이다. 이들은 교육을 받고 사회에서 생산적 핵심을 형성하는 사람들이다. 또 어린이의 부모이며 노인을 돌본다. 이들이 없어지면, 더 낮은 연령대 인구에게 영향을 미친다. 부모가 사망하면 그 자녀들은 고아가 된다. 아동복지의 책임은 동세대 간 형제나 자매(또는 다른 친족)에게 돌아가거나 세대를 초월하여 조부모에게 돌아간다. 더욱이 HIV/AIDS는 여성의 출산력을 감소시키고 출생하는 자녀의 수를 감소시킨다. 그림 8.9는 AIDS가 아니었으면 태어났을 0－14세 아동 약 30만 명이 인구에서 없어질 것이라는 예상치를 보여준다. 40세 이상 연령층의 연령별－성별 패턴은 피라미드가 아닌 좁은 "굴뚝" 형태가 된다. 노년기까지 살아남은 사람은 AIDS로 인해 결핵에 걸린 가족에게서 결핵이 전이될 가능성이 높다(du Guerny, 2002: 3). 가장 놀라운 것은, 30세에서 39세 연령대에는 여성이 남성보다 더 적다는 것이다. 2000년 35－39세 연령대는 여성 100명당 남성 90명이 있었다. 2020년에는 여성 100명당 남성 138명일 것으로 예상되며, 합계인구수는 남성과 여성 모두에게서 크게 감소할 것으로 예상된다. 이는 노동의 질과 가용성뿐 아니라 노동 분업에 대해서도 중대한 영향을 가지고 올 것이다. 농촌 지역에서는 심각한 농업 노동력 부족, 식량 생산성 저하, 식량부족 증가, 가치와 영양가가 덜한 식품으로의 전환, 도시로의 이주 등의 가능성이 높다. 도시 지역으로 이주한 농촌 주민은 HIV에 감염될 위험이 훨씬 크다. 2020년까지 보츠와나는 농업 노동력의 23.2%를 잃을 것으로 예상된다(du Guerny, 2002: 4). AIDS에 걸린 여성은 특히 취약하다. 루이즈 토마스－메이플레 Louise Thomas－Mapleh는 다음과 같이 말했다:

> HIV/AIDS 문제는 젠더 문제이다. 생물학적, 역학적, 사회적 이유로 인해 여성이 일반적으로 더 취약하기 때문이다. 아내 상속과 같은 뿌리 깊은 젠더 차별, 경제적 소외, 문화적 관행과 아프리카에서 여성의 생존에 대한 대안적 원천의 필요성 증가 등이 이들을 HIV 감염의 위험에 노출시킨다(남아프리카 연구위탁사업의 여성과 법률, 남아프리카 AIDS 정보 보급 서비스[IPS/WLSA/SAfAIDS], 2001: 1).

노동력은 AIDS로 인한 사망 이상으로 영향을 받는다. HIV/AIDS 환자는 건강이 좋지 않으며 업무량도 적다. 그들은 다른 사람으로부터 보살핌을 필요로 한다(이런 보살핌

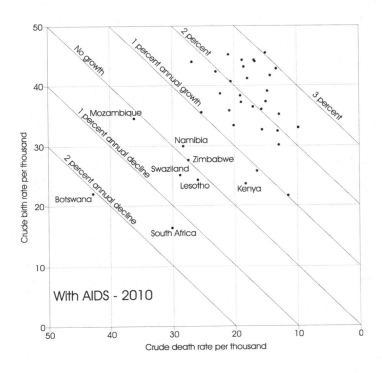

그림 8.8. AIDS가 있을 경우 사하라 이남 아프리카의 2010년 조출생률과 조사망률. 출처: Staneki(2004: 17).

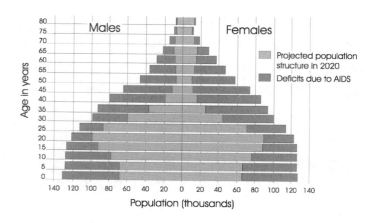

그림 8.9. AIDS가 있는 경우와 없는 경우 보츠와나의 2020년 인구구조 예측. 출처: du Gerny(2002: 8).

에는 돈이 필요하며, 따라서 이 돈은 다른 용도로 쓰이지 못한다). 또한 이들의 죽음으로 살아 남은 사람들이 긴 기간 애도하게 될 수 있다(Jayne et al., 2004: 4). AIDS로 인한 또 다른 심각한 잠재적 손실은 부모로부터 자녀에게 전수될 수 있는 지역 지식과 기술이다 (Jayne et al., 2004: 4). 특히 여성이 가진 의약, 기근 예방, 기타 목적으로 쓰이는 식물에 대한 지식은 없어질 수 있다. 이것은 부모가 다하지 못하는 책임을 조부모가 져야 하는 또 다른 분야가 되기도 한다(du Guerny, 2002: 6).

전반적으로 HIV/AIDS 전염병은 세계가 직면한 가장 심각한 개발관련 문제이다. 모든 정부와 국제기구 다수(UN, 세계은행, IMF, 식량농업기구[FAO], UN 교육과학 문화기구 [UNESCO], 미국국제 개발기구[USAID] 등)는 전염병의 영향을 최소화하고, 감염률을 줄이며, 임신 기간 동안 모성의 HIV 전염을 막고, HIV가 발병한 사람에게 ARV 요법을 사용하여 건강과 삶을 개선하려고 노력하고 있다. 능동적이고 헌신적으로 개입한다면 HIV/AIDS의 영향을 줄이기 위해 보츠와나 그래프(그림 8.10)에서 알 수 있듯 많은 것을 행할 수 있다(Masha, 2004: 302). 로우-비어 Low-Beer(2005: 480)는 "AIDS에 대한 아프리카의 성공적인 대응, HIV 예방의 보편적 구축 요소는 "주요 성행위의 변화, AIDS와 AIDS를 지닌 사람에 대한 공개된 의사소통, 지역사회 수준 지원, 접촉, 보살핌의 구조화" 등으로 분명하다고 주장했다. 21세기 "느린 전염병"인 HIV/AIDS 전염병은 아직 집필해야 할 장이 많이 남아있다(Gould, 1993; Barnett and Blaikie, 1992).

"열대성 클러스터"

"열대성 클러스터"는 세계은행(1993)이 *건강에 대한 투자 Investing in Health* 보고서에서 사용한 용어이다. 열대성 질병은 하나를 제외하고는 모두 기생충 질환이며, 대부분은 무는 곤충, 즉 모기, 체체파리, 흑파리, 모래파리, 원추형 곤충 등이 전염시킨다. 예외는 주혈 흡충증인데, 수중에서 이 물질의 자유 전염성 유충 형태의 결절이 피부를 통해 체내로 들어올 때 전염된다. 이 질병의 대부분은 "대체 숙주" 형태를 가지고 있으며 전염원은 사람과 다른 동물이다. 이러한 질병은 위생, 쓰레기 처리, 가정 근처 번식지 등 환경에 특별한 주의를 기울여야 한다(Hunter, Rey, Chu, Adekolu-John, Mott, 1993).

중위도 지역에서 발생할 수 있는 말라리아는 이 집단에 포함되지 않는다. 이러한 질병은 주로 열대 지방에서 발견되지만, 지구 온난화가 심할 경우 고위도로 확산될 수 있다. 온난화로 5°C가 상승하면 유럽, 러시아, 중국 북부, 로키산맥 동쪽에 위치한 미국 등으로 말라리아가 확산될 가능성이 높다(Stone, 1995: 957). 열대성 클러스터(주혈흡충병, 필라리아병, 사상충증, 트리파노소마증, 뎅기열, 황열병) 또한 확산될 것이다.

트리파노소마증 (그리고 샤가스병)

트리파노소마증은 사람의 경우 "수면병", 가축의 경우 *나가나병*으로 불린다. 이는 혈류에 사는 단세포 기생충에 의해 유발되고 체체파리에게 물릴 경우 전염된다. 따라서 "대체숙주" 질병이다. 동물은 사람에게 영향을 주는 기생충을 가지고 있을 수 있지만 동물 자체는 다른 종의 영향을 받으며, 이는 사람에게 해를 끼치지 않는다. 그들을 제공하는 수풀과 덤불은 체체파리에게 필수적이다. 이 파리는 사람, 특히 목덜미를 무는 것을 좋아한다. 대모등에붙이처럼 생겨서 날개가 다른 날개 위에 특수한 형태로 겹쳐져있다.

체체파리는 우기에 삼림지대에서 사바나로 확산된다. 이 파리는 반드시 혈액을 먹어야 한다. 사람이 가장 선호하는 숙주는 아니며, 동물을 더 선호한다. 그늘이 없으면 체체파리는 죽는다. 40°C(104°F) 이상의 온도는 체체파리에 치명적이다. 체체파리는 종류에 따라 서로 다른 생활 습성을 지녀, 일부는 시냇가에, 다른 일부는 수풀 속에 서식한다.

이 질병에는 두 가지 유형이 있다. 트리파노소마 로데시엔스는 급속하고 치명적이며, 트리파노소마 감비엔스는 경미하지만 결국 말기에 이른다. 아프리카 대부분에서는 트리파노소마 감비엔스 형태가 나타난다. 트리파노소마 감비엔스의 영향을 받게 되면 사람들은 일반적으로 무기력해지며 가벼운 발작의 간질 증상을 보인다. 최종적으로 사

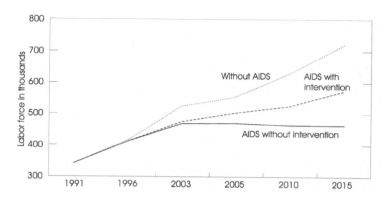

그림 8.10. 보츠와나의 노동력 규모(단위: 천 명). 출처: Masha(2004: 302).

망에 이르긴 하지만, 사망에 이르기까지 긴 시간이 소요될 수도 있다. 사람은 수년 동안 살 수 있지만 생산적인 사회 구성원이 될 수는 없다.

　때로 대규모로 발병이 되기도 했다. 예를 들어 오늘날 르완다와 브룬디가 독일 식민지 통치하에 있던 1910년 전염병이 돌았다. 그 시대 수의과 부서가 발행한 보고서들은 전선, 돌출부, 공격, 진격, 후퇴, 적을 격퇴하기 위한 전략 등의 용어로 가득해 마치 전쟁 단신을 읽는 것 같다.

　곡물과 가축을 함께 기르는 혼합 농법은 아프리카 개발에 있어 많은 장점을 지닌다. 식량 이점, 토지이용 이점(토질이 높은 토지는 농작물 생산에 이용하고 낮은 토지에 가축을 놓아 먹임), 가축을 수레를 끌기 위한 용도와 농장 비료 생산을 위한 배설물 제공에 사용하는 이점 등이 있다. 그러나 체체파리가 나가나병을 전염시키면 혼합 농법이 자리잡지 못하게 된다. 이에 "체체파리는 아프리카의 진정한 통치자이다"라는 오랜 속담이 있다.

　이를 통제하기 위해 많은 시도가 이루어졌다. 인구밀도가 충분히 높고 토지가 잘 관리된다면 분명히 성공할 수 있다. 식생 제어나 수풀 제거가 가장 일반적으로 사용되는 방법이다. 야생동물 보호구역을 없애보려는 노력도 있었다(동물은 기생충을 견딜 수 있지만 게임에 사용되는 동물은 감염의 중요한 전염원이기 때문에). 땅과 공기에 살충제(디클로로디페닐트리클로로에탄[DDT]과 딜드린)를 살포했으며 가축이 체체파리가 있는 지역으로 보내지기 직전 이 살충제에 가축을 담그거나 살충제를 가축에 살포했다. 풀숲을 제거한 지점으로 소를 보내 마지막 남은 파리 몇 마리를 잡았다. 이전에는 덫을 사용하여 빈도수를 셌다. 체체파리의 내성균주가 곧 개발되었다는 것을 알게 되었지만 멸균 수컷 방출, 브롬화 에티듐 사용, 접종 등 다른 기술이 시도되기도 했다. 동물의 이동을 통제하기 위해 울타리를 치고 약물 치료를 시도하기도 했다. 탄자니아의 산다웨족에서 작업했던 제임스 뉴먼 James Newman은 랜드로버를 타고 체체파리가 들끓는 덤불을 지날 때 체체파리가 하도 많아서 두건과 윈드쉴드에 눈더미처럼 쌓였다고 묘사하기도 했다(개인 서신, 1966년 7월).

　최근 수년 사이 중앙 아프리카와 동부 아프리카에서 체체파리를 통제하기 위한 새로운 방법인 챌리어 덫(Challier trap)이 개발되었다. 체체파리는 가축의 호흡(그리고 이동)으로 유인되며 가축에 서식한다. 적어도 체체파리에게 이 덫은 암소와 비슷하도록 만들어졌다(사진 8.1 참조). 사용된 색깔과 "암소"의 등이 위치한 지점의 높이는 면밀한 실험을 통해 결정되었다. 이 덫은 검은색, 파란색, 흰색 등 세 가지 색깔로 된 비싸지 않은 천으로 봉합되어 있다(덫은 사람이 지키지 않고 덤불에 두어야 하므로 이 천은 사람들 옷을 만드는 등의 다른 목적으로는 쓸모가 없는 천으로 만들어져야 했다. 따라서 수십 개의 작은 가위질 자국을 천의 여기저기에 내서 만든다). 파란색 천이 몸통을 구성하고, 검은색은 앞다리와 가슴을 형성하고, 흰색은 머리를 만든다. 덫이 처음 개발되었을 때, 천을 소의 소변에

사진 8.1. 르완다 남동부에서 체체파리를 잡기 위해 설치된 챌리어 덫. 체체파리는 암소의 호흡(과 움직임)에 의해 유인된다. 이 저렴하면서 효과적인 덫은, 적어도 체체파리에게는, 암소의 형태와 호흡 냄새(후자는 옥테놀과 아세톤을 사용하여 시뮬레이션 됨)와 유사하게 만들어졌다. 덫은 검은색, 파란색 및 흰색의 세 가지 색상의 저렴한 천으로 꿰매어 만들어진다. 파리는 내려앉고, 빛을 찾아 위로 날아오르다 비닐봉지로 들어가 덫에 잡힌다.

담갔지만 옥테놀과 아세톤을 사용하면 암소의 숨과 비슷하게 만들어낼 수 있다는 것이 밝혀졌다. 이 "대리" 암소는 막대기와 사이잘로 만든 끈으로 묶인다. 머리 꼭대기에는 비닐봉지가 있다. 파리가 내려앉아 위로 날아오르며 빛을 찾다가 그 비닐봉지로 들어가 갇히게 된다. 며칠이면 천 암소 한 마리는 1제곱킬로미터 크기의 파리 활동 지역에서 파리를 95% 이상 제거할 수 있다. 파리가 활동하는 삼림 지역에서 파리를 없앨 수 있는 이 저렴한 방법은 식생과 야생 동물에게 영향을 주지 않으면서도 아프리카 토지 이용과 정착에 큰 도움이 될 수 있었다.

1990년 트리파노소마로 인한 사망자 수는 55,000명이었다. 추가로 23,000명이 트리파노소마의 라틴 아메리카 형태인 샤가스병으로 사망했다. 이 두 가지 질병으로 인해 상실된 제3세계 DALY는 1990년 남성의 경우 240만, 여성의 경우 210만으로 추산되었다(World Bank, 1993).

주혈흡충병

앞에서 언급했듯이 주혈흡충병(또는 빌하르츠 주혈흡충병)은 사람들이 서 있거나 물에서 수영할 때 사람들에게 들어가는 혈액촌충(흡충) 감염이다. 유영하는 유충형태(미충)는 연조직을 통해 몸에 들어간다. 여기에는 두 가지 주요 형태가 있다. (1) 일반적으로 장의 통증과 간의 문제를 일으키는 만선주혈흡충과 일본주혈흡충. (2) 요로에 영향을 주는 빌할쯔주혈흡충. 달팽이는 중간 숙주이다(Weil and Kvale, 1985: 197). 만선주혈흡충은 아프리카, 아라비아 반도, 라틴 아메리카 일부 지역(수리남, 베네수엘라, 브라질 및 일부 카리브해 제도)에서 발견된다. 빌할쯔주혈흡충 역시 아프리카 전역과 중동에서 발견된다. 다른 형태는 동남아시아 반도(라오스, 캄보디아, 태국), 인도네시아, 필리핀에서 발견된다. 1990년 주혈흡충병으로 인한 사망자 수는 38,000명으로 추정된다. DALY 대부분은 아프리카에서 주로 발생하고 남성에게 압도적으로 나타나며 인구 1천 명당 6.8이다.

주혈흡충병의 싸이클에는 중간 숙주가 포함되므로, 발병을 방해할 가능성이 있지만, 예방을 위해서는 많은 조건이 갖추어져야 한다. (1) 기생충의 알을 포함하는 사람 배설물과 소변이 물을 오염시키는 것을 방지하기 위한 위생, (2) 자유 유영 애벌레에 대한 노출 회피, (3) 연체동물을 활용한 중간 숙주 개체 수 감소, (4) 감염된 개체가 알을 퍼트리지 못하도록 예방, (5) 한 지역의 출입을 모니터링하는 것 등이다. 전염을 위한 다른 핵심 요인으로는 흡충에 오염된 물에 대한 노출의 빈도수, 정도, 기간이다. 수단 게지라(Gezira)의 면화 재배 농민, 나이지리아 사무국이 개발한 말리지역 관개농부 등과 같이 관개가 중요한 지역의 거주자는 매우 빈번한 감염률을 나타낸다. 블루 나일강(Blue Nile)의 물로 관개를 하는 거대한 지역인 게지라(Gezira)에서는 여성들이 물을 모으면서 몸에 물이 닿으므로 시간이 길지 않다. "반면에 남자와 아이들은 들판에서 일하거나 수영과 같은 활동을 하는 동안 오랫동안 몸을 담그는 경향이 더 많았다"(Weil and Kvale, 1985: 209).

리슈마니아증

리슈마니아증은 세포 내 원생동물에 의해 유발되는 피부병이다. 이 병은 피부 병변과 궤양 증세가 나타나며 모래파리 암컷이 물면 전염된다. 숙주는 사람, 야생 설치류, 나무늘보, 유대류, 육식동물(집에서 키우는 개 포함), 말(도시 지역) 등이다. 파키스탄, 중동, 아프가니스탄, 서 아프리카 사바나 주(수단 포함), 에티오피아 고지대, 동 아프리카 남부에서 나미비아에 이르기까지 광범위하게 발생한다. 중미 전역과 남미 대부분 지역에서도 발견된다. 변종은 간, 비장 및 내장에 영향을 미치는 내장 리슈만 편모충인 흑혈병이다. 리슈마니아증은 치료하지 않으면 치명적이다. 일반적으로 제3세계에서 발견되는 리슈만 편모충으로 170만 DALY, 즉 인구 1,000명당 0.4 DALY의 부담이 초래된다. 세계은행은 리슈마니아증으로 인한 사망을 1990년 54,000명으로 추정했다(World Bank, 1993).

임파선 필라리아증과 장벌레

임파선 필라리아스를 일으키는 기생충은 모기에 물려 전달되는 긴 실 모양의 벌레이다. 전염원에는 사람, 고양이, 비인간 영장류가 포함된다. 벌레 암컷이 미세지질세포를 만들어내는데, 이는 아프리카에서 흔히 볼 수 있는 한 형태로 밤에(10p.m.에서 2a.m.) 말초 혈액에서 순환한다. 전염되면 발열과 야행성 천식을 경험할 수 있지만, 가장 일반적인 증상은 무릎 아래 다리 부분에 오는 상피병이다(사진 8.2 참조). 이 질환이 만성이 되면 수류(고환에 혈청과 같은 체액이 고이는 것), 천식 그리고 팔다리, 가슴, 생식기의 상피증으로 나타난다. 필라리아증은 습한 열대 지방에서 서식하며 인도네시아와 티모르 섬에서 특별한 변종이 발생한다. 여성보다 남성이 더 취약하다. 전반적으로 1990년 필라리아증은 0.2 DALY/인구 1,000명밖에 안되었지만, 전염된 사람들은 심각한 고통을 받는다.

　　창자벌레가 신체로 침투하는 것은 세계은행(1993)이 정의한 열대성 클러스터에 포함되지 않지만 제3세계에서 널리 퍼져있으므로 여기서 필라리아증과 함께 다루기로 한다. 사상충 벌레와 마찬가지로 회충, 편충, 십이지장충과 같은 창자벌레 또는 연충류는 위생, 물 공급, 개인위생을 개선하면 없앨 수 있다. 제3세계에서 모든 기생충의 질병 부담은 4.3 DALY/인구 1,000명에 이른다. 회충은 특히 동남아시아와 태평양섬, 중국, 중

사진 8.2. 탄자니아의 바가모요에서 코끼리증을 가진 한 남자가 바오 경기에서 모든 참가자들과 대결하고 있다. 그는 경기 결과에 걸린 판돈으로 생계를 유지한다. 이 병으로 왼쪽 다리가 부어있고, 절단된 오른쪽 다리는 나무로 지지하고 있다.

남미에서 평균 3.7 DALY/인구 1,000명에 이른다. 나머지 유형 두 가지는 편충이 동남아시아 및 태평양 섬에 3.5 DALY/인구 1,000명을 기록하는 것을 제외하고는 훨씬 덜 퍼져있다. 1990년, 기생충으로 29,000명이 사망했다고 추정된다.

사상충증 (강 실명증)

사상충증은 선충류에 의한 것인데 일반적으로 치명적이지 않은 질환이다. 이는 피부 아래 자극성 섬유질 결절의 축적으로 이어지고, 또한 종종 실명에 이르게 한다. 검은 파리(시물륨속 spp.)가 혈액이 포함된 먹이를 먹는 과정에서 전염되며 습하거나, 건기–습기로 나뉘는 아프리카에서, 특히 서 아프리카에서 발견된다. 또한 멕시코 남부(치아파스와 오악사카주)에서 에콰도르와 브라질 서부까지 라틴 아메리카 서부 지역에서 발견된다. 파리는 통기성이 있는 흐르는 물에 서식한다. 파리에게 물리는 것을 피하고 자연분해성 살충제를 뿌리면 전염을 피할 수 있다. 서 아프리카에서 번식지에 공중 살포가 이용되었고, 특히 볼타 강 유역에서 공중 살포를 통한 통제 프로그램이 성공적으로 실시되었다. 사상충증의 세계질병부담은 아프리카 거의 전역에서 나타나며 64만 DALY, 즉 인구 1,000명당 1.25 DALY에 이른다. 1990년 강 실명증으로 사망한 사람은 3만 명으로 추정된다.

기타 질병

벤슨 Benenson(1990)은 절지동물 매개 바이러스, 즉 모기, 진드기, 모래파리 또는 간혹 깔따구, 각다귀가 퍼트리거나 연무제의 형태로 퍼지는 바이러스 101종 리스트를 작성했다. 더 많이 알려진 절지동물 바이러스 질병은 뎅기열(또는 쇠약열병), 진드기 매개 뇌염, 황열병, 리프트 밸리열, 출혈열 등이다. 그 외에도 다른 여러 가지 질병이 존재하며, 여기에는 결핵(최근 들어 발병률이 급격하게 증가), 수막염, 요로감염(열대성 매독), 가축에 영향을 미치는 진드기 매개질환(이스트 코스트 열병, 아나플라스마증, 피로플라스마병, 혈뇨열, 심수병) 등이 있으나, 공간이 부족하므로 이 정도에서 마무리하도록 한다. 만성 알코올 중독과 그에 따른 경제적 사회적 영향에 대해서도 길게 논의할 수 있었다. 알코올 중독은 남성 사이에서 특히 심각한 문제이다.

질병의 예방과 치료: 제3세계의 문제와 해결책

제3세계 질병 예방과 치료 문제는 거대하고 심각하다. 환경 조건(열, 그늘, 먼지, 고인물, 비위생적 조건)은 많은 질병의 원인과 통제에 핵심적인 역할을 하며 자금조달과 숙련된 의료진 등 가용한 자원은 제한적이다.

전통적 의료서비스의 역할

아프리카의 보건 분야 개발원조는 1990년 12억 5,100만 달러 또는 1인당 2.45달러로 아프리카 보건 지출의 10.4%를 차지했다(세계은행, 1993). 개발원조를 통해 보건 분야 총지출이 1인당 23.55달러까지 증가되었다. 세계은행의 계산에서는 당연히 전통적 치료자를 통한 건강관리 지출(현금과 현물)은 제외되었다(Good, 1987). 이 건강관리 서비스 제공자는 국가에 따라 다양한 학위로 전문성을 인정받는다. 중국에는 "맨발의 의사"와 전통적 건강관리자의 시스템이 잘 확립되어있다. 중국에서는 "서양" 의사들을 교육시킬 때조차 전통적 의약품과 치료법을 상당히 많이 포함시킨다. 탄자니아에서는 정부가 전통적 의

사를 인증한다(사이드바: "전통의사 오스만 와지리 Osman Waziri" 참조. 또한 탄자니아의 또 다른 의사 사례도 아래 상세히 논의하고 있음). 이러한 의료 시술자들은 인간의 본성에 대한 이해뿐 아니라 광범위한 약리학 지식을 가진 경우가 많다. "의사가 진료 중"인 경우 의사의 클리닉으로 이어지는 도로나 골목길을 따라 긴 줄이 늘어서있는 것을 볼 수 있을 것이다. 이러한 의사들은 제3세계 사람의 건강에 큰 기여를 하고 있다.

약물이나 치료법이 개발되었다 하더라도 비용을 감당할 수 없는 많은 사람에게 영향을 미치는 질병은 선진국의 제약회사의 질병과 임상에 관한 연구에서 지속적으로 존재하는 문제이다. 연구개발(R&D)은 대부분 제1세계 질병을 대상으로 한다. 제약회사는 제3세계에 필요한 약을 개발하는 데 돈을 많이 쓰기를 꺼린다. 왜냐하면 질병에 걸린 사람들이 그 약의 비용을 부담하지 못할 것이기 때문이다. 이처럼 제3세계 사람들의 건강 필요성을 고려하기 꺼리면서도 서방 제약회사는 열대 지방에 서식하는 꽃, 동물군, 곰팡이 다양성 등에서 새로운 의약품을 찾는다. 서양과학자들은 평소에는 제3세계 동종요법 시술자들을 무시하지만, 정작 신약의 기초를 형성할 수 있는 활성 성분을 지닌 물질을 규명할 때면 이들에게서 유용한 도움을 받는다.

탄자니아 사례: 므테마이 박사의 약제상

탄자니아 북동부 매거마 Magoma에 위치한 일요 시장에 나와있는 큰 게시판에는 의약품과 기타 서비스를 판매하는 므테마이 알레후 매수워메일 박사 Dr. Mtemi Alahu Maswumale가 치료할 수 있는 질병과 통증이 열거되어있다(사진 8.3 참조)(이 사진은 1993년 2월 28일 촬영되었지만 이 섹션을 서술하는 데는 "민족지학적 현재시제"를 사용한다).

시장

매거마 시장은 코로그웨에서 북쪽에 위치한 있는 르웬그라 밸리를 통과하는 남북 고속도로 양쪽으로 펼쳐져있다. 가까운 사이잘 부지와 동서로 자리 잡은 둔덕 지역에서 시장 이용자가 온다. 시장이 서는 날은 일요일이므로 사이잘 부지에서 일하는 사람들이 올 수 있는 자유 시간이 있는 날이다. 이 시장은 크고 활기차고 시끌벅적하다. 사람들은 자신이 파는 물건을 외치며 고객을 끌어들이려 하며, 닭(사이잘 노끈으로 다리가 묶여 운반된)이 꽥꽥거리고 염소가 날카로운 소리로 매매거린다. 생선 냄새, 햇볕에 이글거리는 땅, 먼지, 썩은 과일과 야채 냄새가 난다. 주기적으로 트럭이 먼 거리에서 접근하여 거대한 먼지 구름을 일으키면 사람들은 치이지 않기 위해 이를 피해 도로 옆으로 비켜설

전통의사 오스만 와지리 Osman Waziri

다음은 탄자니아에서 일하는 동안 저자 중 한 명과 그의 가족이 현장 연구 후 보관하던 일기의 도입 부분이다.

> 오전 9시[1993년 2월 15일]. 우리는 66세인 오스만 와지리 Osman Waziri와 인터뷰하고 있었다. 인터뷰를 하는 동안 그는 수시로 자신의 집 옆에 있는 초가지붕으로 된 건물에 있는 자신의 사무실에 가서 노트북(자녀의 생년월일 확인을 위해), 자격증, 서류 다발을 가지고 왔다. 그는 두 번째 아내(첫 번째 아내는 사망)와 아들 넷, 딸 여덟의 대가족을 거느리고 있었다. 그는 기록하기를 좋아했고 깔끔한 필체를 지니고 있었다. 인터뷰를 통해 그가 지역 므강가[의사]라는 것을 알게 되었다. 실제로 그는 1992년에 마힘빌리 병원[다르에서 살람지역]에서 므게라 지역 전통의사라는 것을 증명하는 1992년 발행 인증서를 가지고 있다. 그의 "수술실"에는 많은 병이 올려져 있는 테이블이 있었고, 서까래에는 식물 재료가 줄줄이 늘어서있었다. "수술실" 바깥에는 물쑥 덩어리와 의료용 박하가 있었다(Porter and Porter, 1993: 71-72).

사진 8.3. 탄자니아 북동부 매거마의 일요시장에 커다란 게시판이 진열되어, 므테마이 알레후 매수워 메일 박사가 치료하는 질병과 통증을 나열하고 있다. 의약품은 제약회사가 생산한 의약품을 담았던 작은 유리나 플라스틱 용기에 담겨있다. 게시판에 열거된 질병과 문제에 대한 보다 자세한 사항은 아래 논의되어있다.

수밖에 없다. 버스는 새로운 승객을 태우고 도착한다.

시장에는 판매를 위한 많은 제품이 나와있다. 의약품, 과일, 채소 및 생선 외에도 모든 종류의 육류, 보석류, 화장품, 주방용품, 속옷, 브래지어, 티셔츠, 벨트, 끈, 신발과 샌들, 칼, 아랍캡(코피아) 및 기타 모든 종류의 의복이 있다. 커다란 인쇄 면화 키텡게와 캉가가 있으며, 비닐 시트 위에 중고 의류가 엄청나게 깔려있다. 중고 옷은 농담으로 카파 울라야(kafa Ulaya)라고 불리는데 이는 "유럽에서 사망한 사람에게서"라는 뜻이다.

므테마이 박사의 좌판과 그 내용

므테마이 박사의 좌판은 동쪽 가장자리의 시장 축을 따라 중앙에 위치하고 있으며 전시해둔 물건을 사람들이 볼 수 있도록 앞뒤로 공간을 두었다. 게시판은 시장 주요 군중이 있는 곳과 맞닿아있으며 그와 그의 동료는 그 옆에 앉는다. 박사는 신체보다는 심리적인 것에서 유래하는 질병을 포함하여 광범위한 질병을 치료하는 약을 판매한다. 우리는 일반적인 행동 요령을 숙지하지 못하고 있다. 의약품은 어떤 경우 강력한 활성 성분을 함유한 허브와 뿌리로 만들어질 수 있고, 다른 경우 활성 성분이 없을 수도 있다. 예를 들어 어떤 치료법은 코란 한 구절을 종이에 적어 물에 담그라고 한다. 잉크가 녹은 후 환자는 그 물을 마시며 인용문을 암송한다.

의약품 관리방법은 다양하다. 주로 섭취하는데, 일부는 국소적으로 바르고 또 어떤 것은 향료로 가열, 증발시켜 천이나 담요로 완전히 막은 후 환자가 향료 그릇 위에 몸을 구부려 들이마신다. 일부 의료품은 목욕물에 쏟아붓거나 수술절개부위에 쓰고, 다른 것(특히 공격적인 위협으로부터 보호하는 기능이 있는 것)은 주택 출입구 위에 놓거나, 집 주변 땅에 붓거나 "질병이 오는 길"을 따라 뿌려준다. 여러 관행은 믿음과 관련이 있다. 주변의 모든 사람이 액운을 막는 부적, 행운을 유인하는 부적 또는 의약품 등의 효능을 믿는다면 그 사람 역시 이를 따를 것이기 때문이다.

의약품은 제약회사가 제조한 의약품이 들어있던 작은 유리 또는 플라스틱 용기에 넣어 판매된다. 쓰고 버려진 용기는 병원과 보건소에서 구입할 수 있다. 어떤 사람들은 개인적인 특성의 문제(발기 부전, 생리 기간 불규칙 등)에 대한 약을 구하는 것을 꺼릴지도 모르며, 그들의 사생활 보호나 기밀유지를 어떻게 보장하는지 우리는 모른다. 전통적 의사 일부는 수술실이 있으며, 시장에서는 부스나 밀폐된 공간이 있어 사생활을 보호할 수도 있다.

므테마이 박사는 특별히 궤양을 치료하는 의약품을 광고하지 않는다는 점에 주의할 필요가 있다. 이는 궤양을 문제로 취급하지 않거나 또는 궤양은 명치(스와힐리어로

chembe cha moyo)의 복통으로 다르게 진단되어서일 수도 있다.

AIDS에 관해서 므테마이 박사는 덜 까다로운 의약품 행상인처럼 치료법이 있다고 주장하지 않는다. 혈액 검사가 신뢰할 만하지 않고 만성 말라리아, 빈혈, 결핵, 기생충 질환, 설사 장애 및 기타 질병과 관련된 증상과 유사하기 때문에 AIDS 자체는 진단하기가 매우 어렵다. 전통 의사들은 일반적으로 AIDS를 치료한다고 주장하지는 않지만, 영양과 의약품을 통해 환자의 삶을 연장할 수 있었다.

므테마이 박사의 간판

므테마이 박사의 간판(사진 8.3 참조)은 일반적인 초대의 말로 시작하여 그가 치료하는 문제가 나열되어있다.

탄자니아의 전통의학

탄자니아에는 약 2만 8천 명당 서양에서 교육받은 의사가 약 한 명 있는 반면 선량하고 등록된 전통의사는 약 6만 명이 있다(1:463 비율). 다르 에스 살람 Dar es Salaam의 므힘빌리 병원(Muhimbili Hospital)은 신중한 평가 후, 전통의사(waganga)에게 증서를 수여한다. 의료 서비스 접근성에는 차이가 있다. 서구 병원과 진료소는 수 마일 떨어져있을 수 있으며 비용이 많이 들지만, 지역 의사는 일반적으로 훨씬 더 가깝고 저렴하다. 서양 교육을 받은 의사들은 전통적인 의사를 무시하고 그들이 제공하는 약과 치료제를 묵살하여, 두 종류의 의사 간에는 불신과 경쟁이 존재한다. 실제로, 므강가는 마술사가 아니라 (다른 것 중에서도) 많은 의약품을 사용하는 것이 증명하듯 마술에 대항하는 의사이다. 탄자니아에는 므테마이 박사를 포함하여 국민에게 의료 서비스를 제공하는 전통의사 6만 명이 활동하고 있다.

결론

이번 장에서는 제3세계 질병(과 상해)으로 인한 사망과 장애를 중점적으로 살펴보았고, 유아와 어린이가 지는 부담의 비율이 높다는 점을 지적했다. 치명적이거나 장애를 일으키지는 않지만 많은 질병이 수백만 명의 사람에게 지속적으로 영향을 미친다는 것을 잊지 말아야 한다. 이 질병들로 에너지, 직업 능력, 웰빙에 대한 느낌, 가계 재정이 끊임없이 소모된다. 질병을 어떻게 관리하고 치료해야 하는지를 포함해서 개발의 여러 측면이 논쟁의 대상이 될 수 있다. 그러나 건강 증진, 수백만 이상의 DALY – 건강한 삶을 "살지 못한" 연수 – 가 살아져야 하며, 생산적으로 살아져야 한다는 목표에는 모두 동의한다. 고무적인 발전은 빌과 멜린다 게이츠 재단이 제3세계 질병 다수를 제거하기 위한 연구 및 실천 프로그램 기금을 장기적으로 지원하겠다고 밝힌 것이다. 여기에는 서구 의학자나 제약회사가 오랫동안 무시되어온 것도 포함되어 있다(Paulson, 2001).

노트

1) 질병과 건강에 대한 이 장을 집필하는 과정에서 우수하고 필수적인 자료를 참고했다. 첫 번째 는 아브람 벤슨 Abram Benenson(1990)의 전염성 질병 통제(Control of Communicable Diseases in Man)이다. 두 번째 보고서는 1993년 세계은행이 매년 발행하는 세계은행 개발 보고서(World Bank Development Reports)(제16차 보고서) 중 하나이며, 1993년에는 건강을 주제로 건강에 대한 투자라는 부제가 달려있다(World Bank, 1993). Gesler(1991), Good(1987), Learmonth(1988), Meade, Florin, and Gesler(1988) 및 Wisner(1989)도 도움이 되는 자료이다. 위즈너 Wisner는 강력한 "기본필요 접근법"을 통해 지역단체가 기구, 지역 정치권력, 자신들의 건강, 음식, 필요 공급에 대한 적극적 참여 등을 통제할 것을 제안했다.

9

불확실한 비

대기에너지 순환과 물순환

카이테무 와 응굴라이와 그의 가족

카이테무 와 응굴라이 Kitemu wa Nguli는 1장에서 언급한 왐부아 무에쓰 Wambua Muathe의 외조부모이다. 그와 그가 속한 대가족은 키브위즈 Kibwezi에서 멀지 않은 킬룽구 Kilungu, 케냐 남동부의 유캄바니 Ukambani에 산다. 카이테무는 문화적으로는 아캄바 Akamba이다. 77세이며 음베케 Mbeke와 음뷸라 Mbula라는 아내 두 명이 있다. 음베케에게는 아들 셋, 딸 둘이 있다. 이들 중 아들 키오코 Kioko는 카이테무 Kitemu의 농장에서 산다. 딸 수칼리 Sukali와 은질러니 Nzilani는 결혼해서 다른 곳에 살고 있다. 음뷸라 Mbula에게는 아들 둘, 딸 둘이 있다(그중 한 명은 약 1살 때 죽었다). 두 아들인 무티시야 Mutisya와 존 John은 결혼했으며, 그들과 그들 가족은 카이테무와 함께 산다. 딸 카투라 Katura는 결혼하여 근처에 산다. 모두 모이면 20명이 넘는 대가족이다(사진 9.1이 이들 중 일부를 보여줌). 우리는 지역 주민의 관점에서 환경과 자원을 이해하기 위해, 이 장과 이어지는 장에서 카이테무와 그 가족을 계속 살펴볼 것이다.

다음 문장을 생각해보자.

농업은 세계인구가 약 500만 명이던 5천 년에서 만 년 전부터 시작되었다. 인구는 두 배씩 여덟 번에 걸쳐 증가하여 19세기 중반에는 약 16억 명이 되었다(Norgaard, 1994: 40).

사진 9.1. 카이테무 와 응굴라이와 그의 가족 일부. 카이테무는 왼쪽에, 음베케는 중앙에, 존은 가장 오른쪽에 자리 잡고 있다.

사람들은 자신의 환경과 적응적이고 가장 지속 가능한 방식으로 상호 작용하여 이 모든 것을 이루어냈다. 그 결과 전 세계에 걸쳐 생계 시스템 수천 개가 모자이크를 이루게 되었다. 이 모자이크를 이루는 각 타일은 자신들과 자신이 사는 장소에 대한 전통 지식을 지닌 사람들이 관리했다.

농업은 복잡한 시스템이다. 리차드 노가드 Richard Norgaard(1994: 81)는, 모든 복잡한 시스템은 많은 요소 간의 장기간에 걸친 상호 작용을 통해 출현한다고 주장했다. 이들은 *사회적* 시스템과 *환경적* 시스템이 함께 진화하는 과정의 결과이다. 농업은 경작지 작물관리와 이용하는 환경의 특성을 매치시키는 인류의 지적 능력과 독창성을 잘 보여준다. 카이테무와 그의 가족이 자연이 주는 가능성과 도전의 변화에 따라 농경 방식을 어떻게 적응하는지 살펴볼 것이며, 이러한 적응은 땅에 기반을 두고 사는 사람들이 속해있는 경제적, 사회적 맥락이 변화함에 따라서도 조건지어진다는 것 또한 살펴볼 것이다.

제3세계 사람 대부분에 있어 농업은 중심적이다. 저장, 낚시, 사냥, 임업, 야생물 수집, 다양한 공예품 및 가내 수공업도 중요할 수 있지만 말이다. 역사적으로 그리고 오늘날 다양한 방식으로, 이러한 사회에서는 친족 내에서의 위치가 노동의 사회적 분업, 나아가서는 삶의 기회와 기대를 형성한다. 농업이 중심적이고 광범위하게 분포하는 경제활동이므로 이를 "계보농업"이라 부르기로 한다. 그러나 다수가 어업이나 축산업에만 종사하는 사회와 수렵 채집을 하는 몇 십만 인구에게서도 동일한 특성이 나타난다. 이는 "(식민주의 이전) 가족농업"이라 불릴 수도 있으며, 어떤 이들은 전자본주의적 생산방식이라 부른다. 이전의 설명을 빌리자면(Porter, 1979: 31–32),

먼저 안정적이고 생산적인 방식을 강조하여 계보농업의 특징을 규명하도록 한다. 여기 참여하는 이들은 자신들이 생산하는 것을 팔거나 교환해서 자신들에게 필요한 것을 사는 것이 아니라, 자신들이 생산한 것을 사용하는 것에 주로 관심을 가진다. 물론 잉여의 교환이 일상적으로 이루어진다고 할지라도 농업에 종사하는 가족은 자신들이 소비하는 것 대부분을 생산한다. 폴라니 Polanyi(1971)는 이를 *교환가치*가 아닌 *사용가치*라 불렀다. …식민지 이전 농업에 종사하는 가족의 사업은 차야노프 Chayanov가 '가족 필요의 만족과 노동의 고됨 간'(Chayanov, 1966: xv)의 노동-소비자 균형이라 불렀던 것을 통해 판단해야 한다. 그 후 순생산(농장이 "종자, 사료, 수리, 만료된 축산물과 마모된 장비 교체 등을 농업년이 시작될 때와 동일한 생산수준으로" 채운 후 남은 것)은 소비, 농장 생산 잠재력 향상을 위한 자본투자, 저축 등으로 나누어질 수 있다(Chayanov, 1966: xv).

그림 9.1은 식민 기간 이전에 존재하던 요소가 다수 포함되긴 하지만, 동부 아프리카 반건조 지역에 거주하는 카이테무 가족에게 식민점령기 중 전반적으로 적용되던 연결과 관계를 보여준다. 이 그림은 특정 장소, 시간, 환경 유형(케냐 중부, 1960년대 초, 반건조)에 기반하긴 하지만, 제3세계 전반에 걸쳐 나타나는 상황이다. 첫 번째로 주목해야 할 것은 농장에 거주하는 가족이 생산자이자 소비자가 된다는 것이다. 두 번째 주목해야 할 것은 연결의 다양성이다. 가축 기르기, 사냥, 어업, 채취 외에도 지역공동체에 유용하고(공예품과 제조품) 무역가치를 지니는 생산품을 만들어내는 많은 기업의 활동도 행해지고 있다. "자체공급(self-provisioning)" 사회(미국국제개발기구(USAID)가 선호하는 용어) 대부분은 장거리를 포함한 무역을 일부 행하기도 한다. 완전히 자족적인 사회는 거의 없다. 세 번째로 주목해야 할 것은 이런 다양한 활동의 목적이 가족의 식량부족이나 다른 어려움을 해결하기 위한 것이라는 점이다. 여기에 활용되는 전략은 사회적, 경제적, 환경적 맥락에 따라 변화하는데, 여러 가지 전략을 세 가지, 즉 (1) 장소를 이용하는 전략, (2) 생태 물리적 상황을 이용하는 전략, (3) 사회적 상황을 이용하는 전략 등으로 나눌 수 있다.

장소를 이용하는 첫 번째 전략은 한 그룹이 환경에 대해 알고 있는 것을 기반으로 한다. 서구에서 교육받은 후 이 문제를 연구하는 과학자들은 언제나 환경에 대한 토착적 이해를 맞닥뜨리게 된다. 이는 보통 관행적으로 적합하며(실용적이고 유용한), 많은 경우 복잡하고 정교하며, 절묘하고 매우 효과적이다(Conklin, 1957; Frake, 1962; Richards, 1985; Porter, 2006). 표준적 서양 과학의 실험 설계와 가설 테스트 방법의 결과가 아닐지라도 경험, 관찰, 시행착오에 기반하여 축적한 지식을 나타낸다. 동부 아프리카의 자체 공급 사회에서 사용하는 중심적 전략은 넓은 지역을 경작하여 강우량이 충분하지 않을 경우라 해도 낮은 생산량으로도 최소한의 생계를 유지할 수 있도록 하는 것이다. 이것은 농장 가족이 거의 매년 최소한의 필요를 어느 정도 웃도는 생산을 거둔다는 것을 의미한다. 윌리엄 앨런 William Allan(1965)은 이러한 관행 결과를 "정상적 잉여"(10장 참조)라 부른다.

농부들은 생물 물리적 환경을 활용해 농경관행, 사냥, 어업, 필요를 채우기 위한 공유지에서의 채집 등 생계를 지역적으로 특수한 방식으로 조합하여 다양화시킨다. 예를 들어 동부 아프리카에서는 농부들이 농경지를 서로 멀리 배치한다. 열대 지방 넓은 지역의 폭우는 범위가 작고 집중적이다. 비가 한 번 충분히 오면 추수를 많이 할 수 있다 (Jackson, 1969). 경작지 분산은 일종의 보험이다. 비가 한 지역에 내리지 않아도 다른 지역에서는 필요한 만큼 올 수 있다. 지역의 지형이 급격하게 변할 경우 생태학적으로 매

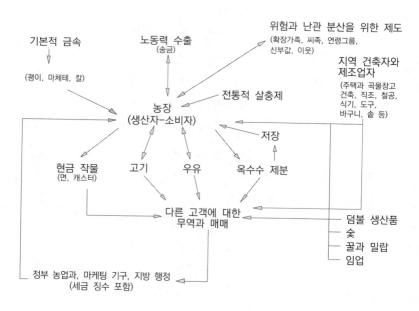

그림 9.1. 친족 기반 농촌경제: 케냐 반건조지역에서의 예.

우 다른 구역이 도보 거리에 위치할 수 있다. 이 경우 사람들은 거주, 토지 이용, 정치적 영토를 조정하여 각 가족이 서로 다른 환경 몇 가지를 이용할 수 있도록 한다(Porter, 1976a, 12장 참조). 사람들이 사회적 상황을 활용하는 방식(세 번째 전략 그룹)은 12장에서 다루고 있으며, 7장에서는 개발과 세계화와 같은 더 광범위한 스케일에서의 사회적 변화가 식민주의 과정을 통해 그러한 사람들의 생계 가능성에 영향을 미치는 방식을 일부 논하였다(13–14장 참조).

　　그림 9.2는 카이테무와 그의 가족이 사는 곳의 강우 분포를 보여준다. 이 패턴은 두 가지 시스템으로 이루어진다. 즉, 비가 오는 계절이 두 차례 있는데, 하나는 4월에, 다른 하나는 11월에 정점을 이루며(지역에서는 "잔디비"로 불림), 11월 강우가 더 강하다. 우기 동안 내리는 강우량은 월별로 큰 변동을 보여, 예를 들어, 1960년 11월에는 13mm, 1962년 11월에는 626mm가 내렸다. 한 달간의 강우량을 통해 그 다음 달의 강우량을 예측할 수는 없다. 그림 9.3은 11월의 강우량을 통해 12월의 강우량을 예측하는 산포도 인데, 11월의 강우량은 12월 강우량의 1%밖에 설명을 못한다. 따라서 매월 강우량은 통계적으로 독립적이라고 할 수 있다. 다른 말로 하면 11월 강우량이 160mm였다면 12월 강우량은 140±167mm가 될 것이라고 카이테무와 그의 가족에게 예측해줄 수 있다. 즉, 강수량이 적어도 0mm이며 307mm 미만이 될 것이라고 95% 확신할 수 있다! 카이테무 가족의 농업은 이런 강우량의 예측 불가능성과 편차성에 적응해야 한다.

　　카이테무 가족은 작년에 옥수수, 동부콩, 수수, 부들 및 다른 종류 기장, 비둘기 완두, 조롱박, 호리병박, 파파야, 담배 등을 재배했다. 표 9.1에는 곡물 8종을 포함한 작물 약 20종을 나열하고 있다. 킬룽구에서 작물을 재배하기 위해서는 여러 전략이 필요하며, 그중 한 가지는 각 경작지에 다수의 서로 다른 종자를 함께 심는 것이다. 작물은 시간에 맞게 심어져야 작물이 자라는 시기와 강우량이 많은 시기를 맞출 수 있다. 11월 강우량은 매우 갑작스럽게 시작되는 것을 볼 수 있을 것이다. 킬룽구 강우량은 왜 두 가지 시스템인가? 왜 이들은 이렇게도 편차가 크고 의존하기 어려운가? 이러한 질문에 대답하기 위해서는 에너지와 수문학 주기 원칙을 살펴봐야 한다.

스케일 변화

열대와 아열대 같은 생물 물리계에 대한 우리의 지식은 기술적, 자연 역사적 수준에서 과정적, 분석적 수준으로 점진적으로 발전했다. 이에 기반하여 생물권을 구성하는 요소와 흐름을 측정할 수 있고, 이들을 서로 연결시킬 수도 있다. 제3세계 지역 또한 생물학

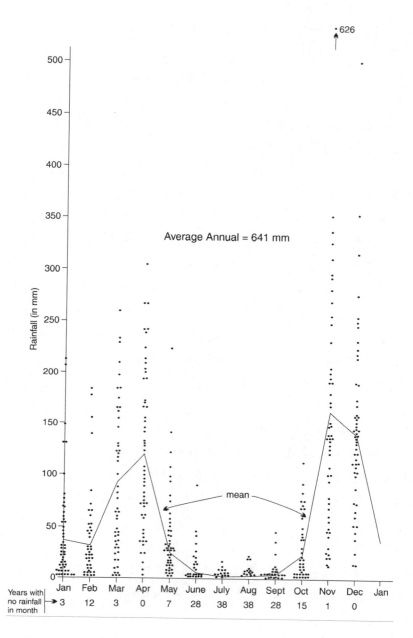

그림 9.2. 케냐 킵웨지의 강수량 그래프(기간: 53년). 출처: 동 아프리카 기상부의 자료를 활용한 Porter (1979)에서 적용. 시라큐스 대학의 Maxwell School of Citizenship 및 Public Affairs에서 1979년에 허가 후 사용.

적 특성과 이를 활용하는 인간의 잠재력을 연구할 수 있다.

환경을 이해하는 유용한 접근은 첫 번째로 생물권 태양 에너지 흐름, 두 번째로 특

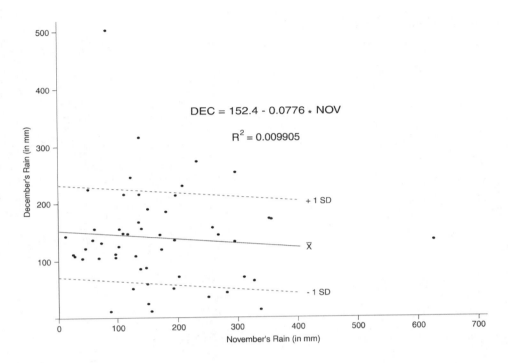

그림 9.3. 1918－1970년 케냐 킵웨지의 11월 강수량(12월 강수량 예측지표). 출처: 동아프리카 기상부의 자료를 활용한 Porter(1979)에서 적용. 시라큐스 대학의 Maxwell School of Citizenship 및 Public Affairs에서 1979년에 허가 후 사용.

정한 장소의 에너지와 수증기 간 상호 작용―"에너지－물 균형"으로 알려진 개념―을 순차적으로 검토하는 것이다. 에너지와 수증기 패턴은 인간활동이 발생하는 근본적인 환경을 제공한다. 이들은 토양과 식물 내에서의 화학적, 물리적, 생물학적 반응에 영향을 미치며, 수문학, 농업, 축산, 임업, 교통, 건축, 도시계획, 상품시장, 삶의 하루하루와 계절적 리듬에도 영향을 미친다. 따라서 이 장(과 10, 11장)에서 제시된 자료 일부가 익숙하지 않거나 도전적일 수 있지만 이를 통해 이 책의 근본적 구조 세 가지(사회/문화적 차이, 환경적/자원 차이, 정치/경제적 차이) 중 두 번째에 대해 좀 더 이해하게 될 것이다.

한 장소의 강우량과 일조량은 그 지역의 자원에 포함된다. 카이테무와 그의 가족이 생계를 안정적으로 꾸려가려면 이 자원을 잘 이해하고 있어야 한다. 비가 올 때 비가 오는 원인이 무엇인지 또는 강우량이 왜 그렇게 들쭉날쭉한지 이해하지 못할 수도 있다. 그러나 자신이 활용하는 환경에 적응해야 한다. 이 책의 독자들도 원인을 이해할 *필요*는 없지만, 대기 순환과 수문학적 흐름으로 형성되는 자원의 패턴을 이해하는 것은 중요하다. 패턴을 이해하는 가장 좋은 방법은 형성 과정을 이해하는 것일 것이다. 이런 이유로 지구의 에너지순환과 대기순환에 대한 내용을 본서의 초판에 실었었다. 그러나 많

표 9.1. 케냐 마차코스 지구 킬룽구의 농업력

작물	8월	9월	10월	11월	12월	1월	2월	3월	4월	5월	6월	7월	8월
옥수수			심기	잡초				추수					
옥수수(2차 재배)								심기	잡초	잡초	추수		
수수													
muvovi								심기		추수			
muthio								심기		추수			
mwembe				심기						추수			
muveta				심기			추수		심기	추수			
버섯		심기					추수						
손가락기장		심기							추수				
콩		심기	잡초				추수						
무지개콩		심기	잡초				추수(마른콩)					추수	
비둘기콩				심기								추수	
호박				심기					생산 시작	추수 1	추수 2	추수 3	
조롱박				심기						추수 1	추수 2	추수 3	
고구마				심기					적당한 추수시기 없음. 2년에 걸쳐 추수하며 저장 안함				
카사바				심기					생산가능하나 추수 안하고 12개월간 그대로 둠				

은 학생이 그 부분이 지나치게 기술적이며 개발에 대한 자신들의 관심과 동떨어져있다
고 여긴 관계로 이번 판에서는 그 부분을 삭제했다. 기후 패턴의 원인을 이해하고자 하

지구 온난화, 북극 및 기타 지역

북극 지역에는 지구 온난화의 증거가 극적으로 나타나고 있다. 빙하가 후퇴하고, 빙판이 얇아지며, 영구 동토층이 해빙되고, 해안선이 무너지고 있다. 그 결과는 심각하고 즉각적이면서 장기적이다. 결과적으로 북극 지역 거주민 400만 명의 삶에 부정적인 영향을 초래했다(Myers, Revkin, Romero, and Krauss, 2005). 온난화가 발생하면 태양 광선을 높은 반사율로 우주 공간으로 되돌려보내기 때문에 수십 개의 얼음으로 덮인 북극 호수는 녹아내리고 있다. 물은 얼음보다 반사율이 훨씬 낮다. 게다가 토양이 녹으면 일부 호수가 흘러나와 더 어두운 곳에서 에너지와 열을 더 많이 흡수한다. 이로 인해 식물과 동물의 생명뿐 아니라 수중 생물과 인간의 활동까지 위협한다(Biever, 2005).

영구 동토층이 녹아내리면 집, 도로, 파이프라인, 활주로 등 사람들이 세운 구조물의 가장 밑바닥 기초가 사라지게 된다. 집이 땅으로 가라앉으면서 이들을 구하기 위한 조치가 대규모로 취해져야 한다.

전 세계의 탄소 중 약 14%가 북극 토양에 있다(10장 그림 10.2 참조). 북극의 토지가 해빙됨에 따라, 이 탄소는 세균 작용을 통해 대기로 배출되어 지구 온난화를 더욱 가속화한다(Solcomhouse, 2005: 4). 산업혁명 초기에 대기에는 이산화탄소(CO_2) 280ppm(parts per million)이 있었는데, 이 수치는 수천 년간 지속되던 것이었다. 2000년에 이르자, 이산화탄소 수치는 ~370ppm까지 상승했으며 매년 약 1.5ppm 상승하고 있다(World Climate Report, 2004).

겨울철 북극해 극지방의 얼음이 없어지면 허드슨 해협과 보퍼트 해를 경유하는 전설적인 북서쪽 통로가 현실화될 수 있으며 바렌츠 해를 경유하여 유럽에서 동아시아까지 해상교통이 가능해질 수 있다. 허드슨만에 있는 처칠과 마니토바가 북부 시베리아에서 오는 유조선 교통을 받게 되도록 하는 작업이 이미 진행 중이다. 이렇게 되면 유조선 이동의 표준적 경로가 될 테지만 석유 유출로 인해 어업과 야생동물은 위험에 처할 것이다. 북부 시베리아에서 동아시아 지역(일본, 중국, 한국)을 향하는 교통도 발전할 수 있다.

지구 온난화의 결과를 느낄 수 있는 곳은 북극만이 아니다. 대서양과 태평양과 달리 자연적 변동성이 떨어지는 인도양의 온난화로 남부 아프리카에 가뭄이 더욱 빈번해질 것이라고 과학자들은 예측하고 있다. 동시에 1970년대 가뭄과 기근으로 고통을 겪었던 사헬 인근 지역은(이후 50년간 강수량이 더 높았음에도 불구하고) 더욱 극심하게 건조한 시기를 보내게 되어 취약한 인구에 심각한 영향을 미치게 될 것이다(Revkin, 2005a: D3). 과학자들이 현재 주의 깊게 연구하고 있는 지구 온난화의 가장 심각한 잠재적 결과는 (1) 증발산의 변화와 이로 인한 농업의 영향, (2) 생물다양성 손실, (3) 세계 산호초 표백과 세계 어업에 대한 영향, (4) 되돌리기 위해서는 1만 년이 걸려야 하는 해수면 상승, (5) 북유럽 기후를 온화하게 하는 해류가 200년 내 사라질 위험 존재 등이다. 우리가 7장에서 환경의 "외부효과"나 특정한 개인의 선택으로 인해 발생되는 환경비용의 사회화라고 부른 것들이 이런 사례이다.

는 독자는 초판을 참조하기 바란다. 여기서는 그 결과적 패턴으로서 농부, 목축업자 등이 생계 전략을 짤 때 고려해야만 하는 자원의 구성을 집중적으로 다룬다.

대기 순환

태양 복사는 지구를 강타해 대기라는 광대한 엔진을 구동시킨다. 대기는 중력에 의해 지구 부근에 머무르는 가스의 박막(대류권 질량의 90%가 지표면으로부터 10킬로미터 이내)이다. 공기 밀도는 지표면에서 가장 높고 올라갈수록 낮아진다(고교 물리학 수업에서 배운 표준 온도 및 압력 가정−1013.25밀리바, 평균 해수면에서 20°C−을 생각해보라). 이 공기층은 얇다. 해발 고도가(에베레스트산 고도와 같음) 지구 반경의 0.002% 또는 지구의 0.0003 인치보다 작기 때문에 지구 반경을 16인치 지구본의 스케일로 줄이게 되면 이 수증기 주머니는 손으로 느껴지지도 않을 것이다.

　　태양으로부터의 복사 에너지가 열대와 아열대에서는 강하지만 고위도에서는 계절에 따라 선별적으로 도달하여 대기와 지표를 서로 다르게 가열하기 때문에 이 얇은 대기층은 복잡한 양상으로 지속적으로 움직인다. 대기(그리고 기저의 바다)는 열을 재분배하는 일종의 기계로 작동하지만, 재분배가 완벽한 것은 아니다. 기계의 작동과 더불어 이따금 일어나는 완벽한 작동의 실패 과정을 통해 열대와 아열대는 우기와 건기의 특성이 형성된다. 이러한 요인이 기반암 지질학, 고도 그리고 생물 형태와의 상호 작용을 통해 열대 및 아열대 토양, 식물, 생태군 등을 결정한다. 지구 대기순환에는 에너지와 습기가 한 장소에서 다른 장소로 움직이는 것뿐 아니라 훨씬 더 많은 부분이 있다(사이드바: "지구 온난화, 북극 및 기타 지역" 참조). 더 나아가, 대기는 육지와 바다에서 움직이며 그곳에 축적되는 모든 종류의 물질로 가득 차 있다(사이드바: "동떨어진 장소는 없다").

강우 분포

그림 9.4와 9.5의 두 지도는 1월 평균 강수량과 7월 평균 강수량을 통해 우리가 사는 차이의 세계를 보여준다. 독자가 몇 분 동안 이 지도를 살펴보고 이들이 어떻게 다른지 생각해보기를 권한다. 이들은 남반구 여름(1월)과 북반구 여름(7월) 강우 상황의 대략적 특징을 나타낸다. 어떻게 이런 패턴이 나타나게 되었나? 독자는 이를 설명할 수 있는가?

　　1월(또는 7월) 이전 3−4주 동안 대기 중 각 공기층의 움직임을 추적할 수 있다면, 지역 TV에서 움직이는 날씨 패턴을 우리가 보는 것과 같은 방식으로 이 공기 흐름이 어디에서 왔는지, 어디로 갈 것인지를 확인할 수 있을 것이다. 대기 움직임의 원인까지 여기서 다루게 되진 않지만 "유전적" 기단의 기후학은 살펴볼 것이다("유전적"이라 부르는 이유는 1월과 7월 공기 이동의 일관된 패턴을 초래하는 과정에 대한 연구로 얻게 되는 결과이기 때문임).

남반구 아열대와 중위도에서 1월은 여름의 절정을 나타내어 북반구 지역에서의(그리고 이 지역 독자 대부분에게 역시) 7월에 해당한다. 그림 9.4를 보면 1월에 최고 수준의 강수량은 적도의 남쪽인 아마존강 유역, 남부 아프리카, 호주 북부, 동남아시아의 섬 군도 지역에 집중되어있다. 월간 최고 강수량은 300−400mm(12−16인치) 정도이다.

북반구는 더 많은 육지를 포함하여 여름 동안 대기를 가열하기 때문에 이곳의 7월 패턴은 더욱 극단적이다(그림 9.5). 이는 인도 아대륙에서 가장 잘 나타날 뿐 아니라(몬순 기간이면 월 400mm를 초과하는 강우량이 시암만에서 델리까지 뻗어있는 넓은 지역에 나타남), 아프리카 서해안(시에라리온, 라이베리아, 코트 디 부아르)과 중미 반도(과테말라, 온두라스, 니카라구아) 등 남서쪽 몬순 지역 두 곳 역시 영향을 미친다. 아열대 지방에서는 여름이 따뜻하고 비가 내리기 때문에 이 시기가 농업의 적기이다. 아열대 지방에서 "저−태양 기간"에는 시원하면서 강수량도 적기 때문에 식물 성장에 좋은 시기가 아니다. 우리가 살펴보게 될 것과 같이 적도에 가까운(겨울이 존재하지 않는) 지역에는 공통적으로 우기가 두 번 있다. 따라서 강수량에 따라 두 번 또는 한 번일 수도 있는 수확 기간에 걸쳐 지속적으로 경작할 수 있다.

제3세계의 기단기후학

열대 지방의 지표면에 가까운 공기는 고기압 지역에서 저기압 지역으로 이동한다. 이 공기는 평형을 추구하는 재분배 시스템으로서, 불완전하고 끊임없이 변화하는 상태이다. 고기압에서 저기압으로의 대기 흐름을 살펴보면(그 흐름이 지나는 해양과 육지 표면과 그 흐름이 어떻게 상호 작용하는지에 주목) 기단에 대한 역동적이며 개요를 보여주는 시각과 기초적인 기단기후학을 구성해볼 수 있다. 이를 통해 지구기후 지도를 만들어 개발도상국에서 장소마다 서로 다른 지열과 습도를 이해하는 데 참고할 것이다. 이 지도는 또한 토양 및 식생에 영향을 미치는 생물학적, 화학적, 물리적 과정을 이해하는 데도 유용하다.

존 보처트 John Borchert(1953)는 기단이 일관적인 특성을 보이는 지역(기압, 습도 등이 유사성을 나타내는 점진적 기후배합)과 그들 간 경계선(급속하지만 위치적으로 일관적인 날씨 "배합")을 조사하여 지구 기후의 유전적 분류를 만들어냈다. 그는 대기의 일반적 순환을 연구하여 경계선이 생성되는 데는 네 가지 요인이 있음을 밝혔다. 이들은 "1) 대조

동떨어진 장소는 없다

대기의 순환을 통해 에너지와 열이 재분배된다. 인간 활동의 "유출물(effluents)"도 세계적으로 순환하여 결국 발생처와는 거리가 멀어지게 된다. 이들은 바다와 육지에 퇴적되며, 일부는 먹이사슬을 통해 흡수되어 육상과 해양 동물의 지방조직과 다른 부위에 쌓이게 된다. 따라서 인간을 포함한 동물은 온갖 종류의 위험하면서도 건강을 위협하는 물질을 흡수하게 된다. 이런 물질은 열거하자면 많다. 지구 온난화의 원인이 되는 이산화탄소(CO_2), 아산화질소(N_2O), 메탄(CH_4)과 같은 온실가스 외에 폴리염화 비페닐(PCBs), 수은, 2,3,7,8-테트라클로로디벤조 파라다이옥신(TCDD)으로 가장 잘 알려진 다이옥신, 수소불화탄소(HFCs), 프레온가스(CFCs), 염화불화탄소(HCFCs), DDT 등이 포함된다. 식물에 집중되어 그 식물을 먹게 되는 동물과 인간으로 옮겨가는 방사성 요소도 추가할 수 있다.

1986년 체르노빌의 원전사고로 소련, 동유럽, 스칸디나비아 국가는 방대한 규모의 방사선 물질에 노출되었다. 대량의 세슘 137과 스트론튬 90이 그날 비가 내렸던 스웨덴과 노르웨이의 지역에 쌓이게 되었고, 순록의 주요 먹이인 이끼류에 흡수되었다. 사미(Sami)인은 역사적으로 순록에 의지해 생존을 유지해왔으며 순록은 이들 식단의 중요한 부분이다. 인간이 순록 고기를 소비할 수 있는 "안전한" 수준이 스웨덴에서는 300베크렐/kg, 노르웨이에서는 6,000베크렐/kg인데 노르웨이 일부 지역 순록은 갑자기 높은 방사능 수치를 나타냈다(70,000베크렐/kg 이상)(Stevens, 1987: 2). 낙진으로 물, 우유, 물고기 역시 오염되었다(Strand, Selnaes, Boe, Harbitz, and Andersson-Sorlie, 1992: 385).

식량 공급과 생계에 심각한 위기를 겪은 사미인은 사람이 소비할 수 있는 육류의 오염 정도를 인구별로 차별화했다. 안전하거나, 이미 저장된 육류이거나, 방사능 수준이 낮은 고기는 어린이와 임산부 또는 고령자에게 제공했다. 오염된 육류는 파란색으로 표시하여 인간 식용으로 판매할 수 없도록 했다. 이들 일부는 모피 사육 농장에서 밍크와 여우에게 먹이로 주었고 대부분은 "본질적으로 핵폐기물 처분장"(Stevens, 1987: 4)이라 할 수 있는 사람이 살지 않는 지역에 묻어버렸다. 이러한 조치가 없었다면 사미인들은 방사성 세슘을 실제보다 400-700% 많이 섭취했을 것이다(Strand et al., 1992: 1).

심리적인 결과가 가장 심각했다. 사미인은 "체르노빌 이후 일부가 분열된" 심각한 분해의 감정을 느꼈다. 노르웨이의 남부 사미인 양치기인 이반 토벤 Ivan Toven은 이렇게 말했다.

제일 어려운 건 위장을 해야 한다는 사실이다. 동물이 땅으로 던져지면 우리 손에서의 일은 끝난다는 것을 알고 있다. 그렇지만 우리가 아는 사슴을 다루는 유일한 방법은 우리 아버지들이 가르쳐준, 사슴을 신중하게 다루는 방법이며, 이를 우리 아이들에게 가르쳐줄 수 있기를 바란다. 그래서 우리는 희망을 가지는 척 한다. 그 외에 우리가 무엇을 할 수 있겠는가? 이게 내가 아는 삶이다(Toven, Stevens, 1987: 4에서 인용).

이 인용문은 사미인들의 문화와 그들의 삶에 의미를 부여하던 모든 것이 갑자기 파괴되었을 때 사미인들이 경험하게 된 트라우마 중 한 가지만을 보여주고 있다.

이번에는 수은에 대해 생각해보자. 메틸 수은 중독은 1950년대 일본 미니마타 만에서 일어난 것처럼(공장에서 만드는 플라스틱, 약품, 향수 등의 배출로 물고기가 오염된 사례) 심각한 결과를 초래할 수 있고 사망으로 이어질 수 있다. 수은은 신경, 위장관, 심혈관, 신장 및 면역 등 신체의 거의 모든 시스템을 손상시킬 수 있다. 수은은 많은 제조 공정뿐만 아니라 전력 생산을 위한 석탄 연소 공장에서도 대기 중으로 방출된다. 화석연료 소각, 태우는 쓰레기 소각은 해마다 11,500톤의 수은을 대기 중으로 배출한다. 인간을 향한 경로는 다음과 같다. 즉, 공기에서 물과 땅으로, 호수나 해저에 가라앉은 후 박테리아의 작용으로 수은이 메틸 수은으로 변하게 된다(미국 지질 연구소, 2000: 2). 그런 다음 먹이사슬로 들어가 식물성 플랑크톤 → 동물 플랑크톤 → 작은 물고기 → 큰 물고기 → 물고기를 먹는 새와 동물 순으로 이동한다. 따라서 "바다표범, 고래, 홍어와 같이 물고기를 먹는 표유류와 새는 조직에 많은 양의 수은을 포함하고 있다"(Gardner, 2005: 3).

알래스카와 캐나다 북부의 이누잇 족 식단은 대부분 물고기와 물개 지방으로 이루어진다. "식생활로 인해 이누잇 사람들은…지구 상에서 가장 많은 수은에 노출된 사람들 중 하나이다"(Gardner, 2005: 2). 그러나 사미인과 마찬가지로 이누잇 족은 어업과 물개사냥이 그들의 삶의 방식과 경제에 중심적이라고 여긴다. 수은을 피하기 위해 식단을 바꾸라고 권하게 되면 이누잇 생계에 있어 중요한 문화적, 종교적 측면을 무시하게 된다. 정부는 이 문제를 해결해야 한다. 위험에 처한 수은 소비자가 아니라 수은 생산자의 행동을 변화시켜야 한다. 직물 필터를 굴뚝에 씌운다면 석탄 발전기에서 배출되는 수은을 99% 제거할 수 있다(Gardner, 2005: 5).

휘발유 첨가제 공정과 폐기물 처리에서 나오는 납, 미국의 화석연료 연소와 캐나다의 산업공정에서 주로 배출되는 카드뮴에 대해서도 이누잇 족의 수은과 유사한 이야기가 나올 수 있다. 이 금속들도 같은 방식으로 대기와 먹이 사슬에서 순환한다. 허드슨만 남동부 벨처 제도의 이누잇 지역사회에서는 납이 일일 허용 섭취량보다 훨씬 높은 수준인 것으로 나타났다(Hermanson and Brosowski, 2005: 1308).

다이옥신과 PCB도 생각해보자. 이들은 먹이 사슬에서 "생체축적"하는 잔류성 유기 오염 물질이다. 세계 곳곳의 "공기, 토양, 물, 침전물 및 음식, 특히 낙농제품, 고기, 물고기, 조개류"에서 발견된다(WHO, 1999a: 1). 다이옥신의 출처는 "제련, 종이 펄프 표백, 일부 제초제 및 살충제 제조와 같은 광범위한 제조공정"(WHO, 1999a: 1)이다. 다이옥신이 인체에 미치는 영향은 암, 생식 과정에 미치는 영향, 호르몬 시스템에 대한 영향, 신경계 발달 지연, 당뇨병, 간 및 심장 질환, 피부 질환, 결막염 및 피로 등을 포함하여 광범위하다. PCB로 인한 문제도 비슷하다. 이누잇 족은 몸에 다이옥신과 PCB가 많이 함유되어있다. PCB는 중위도에서 증발하고 고위도에서 응축된다.

세계의 한 부분에서 일어난 행동이 수천 마일 떨어진 다른 사람들에게 영향을 미치며, 한 집단의 사람들이 자신의 이익을 위해 특정한 행동을 취할 때 환경과 사회 비용을 다른 장소의 다른 사람들에게 어떻게 옮기는지를 보여주는 데 이 정도면 충분할 듯하다(7장). 모든 사람이 자신의 이익을 추구하면서 다른 사람을 해할 암묵적인 권리를 가지는 대신, 모든 사람이 다른 사람의 생산과 소비가 초래한 결과로 인해 해를 입지 않을 권리가 있다고 가정해보라. 그런 세상이라면 이 사회의 생산 시스템과 소비 결정은 어떻게 변화될 것인가?

적 표면[육지와 해양] 간 경계, 2) 가파른 산악성 배합, 3) 대기흐름 간 이상 경계, 4) 낮은 공기의 급속한 발산 벨트"(Borchert, 1953: 15)이다.

"발산(divergence)"과 "수렴(convergence)"의 두 용어를 먼저 정의하는 것이 도움이 되겠다. 고기압인 지역에서 해수면에 인접한 공기(공통적으로 해수면을 덮고 있는 공기)가 발산되는데, 무작위로 발산하는 것이 아니라 저기압 지역을 향해 바깥쪽으로 움직인다. 공기가 고기압 지대를 벗어나면 하부 공기가 이를 대체한다. 그런 침강 영역은 맑고 푸른 하늘, 비, 낮은 습도 등의 특징을 보인다.

육지 또는 해상에 상관없이 이런 구역은 사막이다. 상부에서 침강하여 공급되는 대기 흐름은 상대적으로 건조하고 안정적으로 유지되지만 공기가 지표면을 가로질러 길게 흐를 경우 지표면과 상호 작용한다. 예를 들어 따뜻한 바다를 가로질러 움직이는 대기는 대기 자체가 따뜻해지며 수분 함량이 증가한다. 고기압에서 저기압 지역으로 이동하는 대기의 어떤 지점에서 대기의 흐름은 서로 평행을 이루기 시작하며 결국 저기압 구역에 접근하면서 수렴을 시작한다. 이 과정에서 흐르는 대기는 같은 공간을 차지하기 위해 인접한 하천을 "떠밀며(jostle)" 일부 기단은 위로 보내지거나 불안정해진다. 이로 인해 저위도, 비오는 열대 지방의 특징인 대규모의 대류성 강우가 발생한다.

그림 9.6은 1월과 7월의 대기순환을 보여준다. 극지방 편동풍은 중위도 편서풍의 극지 방향에 위치하며 저위도 편서풍과 경계를 이루게 된다. 편서풍은 1월에 제3세계 일부와 북반구 아열대 지방(카리브해, 북아프리카, 중국 중부)에, 7월에는 남반구의 열대 지방(우루과이, 남부 브라질, 남아프리카 해안, 호주 남부)에 이르기까지 다양한 지역에 저기압성 겨울 태풍을 발생시킨다. 그림 9.7과 9.8은 1월과 7월 각각 우세를 보이는 바람이 지역적으로 다르게 나타남을 보여준다. 지도는 대기 흐름을 표시하기 위해 다음과 같은 용어를 사용한다. 즉 P-극지방 빙하, C-건조한 대륙, MP-해양 극지방(비교적 따뜻한 중위도) 바다, MT-해상 열대 바다로 표시한다. 바다 위 평균 발산은 지도에 *div*로 표시된다. 지역 기단 사이의 경계는 경계 생성 원인에 따라 서로 다른 선으로 표시된다(경계의 종류는 그림 9.7의 캡션에 나열되어있다). 1,624미터(5,000피트) 이상인 지역은 어둡게 표시되었다. 주요한 전이 경계(그림 9.7과 9.8에서 점선으로 표시)는 바다 위의 공기 흐름이

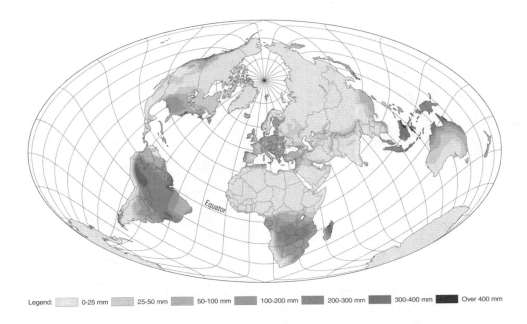

그림 9.4. 1월 평균 강수량. 출처: Bartholomew(1950)에서 발췌. John Bartholomew와 Son, Ltd.의 1950년 저작권.

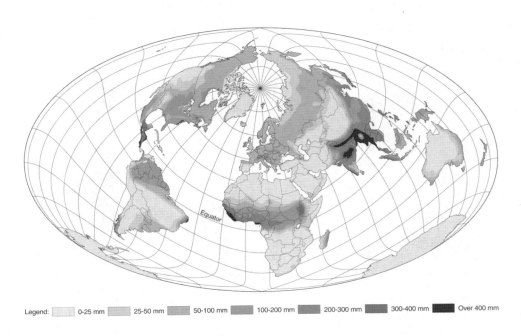

그림 9.5. 7월 평균 강수량. 출처: Bartholomew(1950)에서 발췌. John Bartholomew와 Son, Ltd.의 1950년 저작권.

발산에서 수렴으로 변화하는 지역을 표시한다. 이렇게 표시된 지역에서는 산악지형에 의해 유발되지 않는 한, 좀처럼 비가 오지 않는 날씨에서 대규모 강우의 가능성이 매우 높은 날씨로 변화함을 나타낸다.

1월 패턴은 해양성 공기에 따라 해당 연도에 비가 오는 지역(남반구 대륙)이 결정됨을 보여준다(그림 9.7에서 그림 MT와 수렴 화살표가 이 구역들을 나타낸다). 주로 남반구에 위치하는 제3세계 국가에는 이 시기에 비가 많이 내리는 반면, 해양에서 시원하고 극방향의 궤적을 지닌 흩어져있는 공기 흐름의 영향을 받는 남반구 대륙의 서부 해안에는 비가 적게 내리고 온도가 자주 변하며(따뜻한 공기층이 차가운 공기층 위에 위치할 때) 해안 안개(칠레, 페루, 나미비아, 앙골라)가 나타난다.

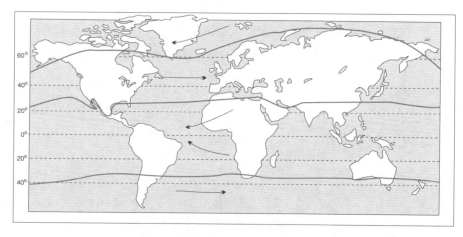

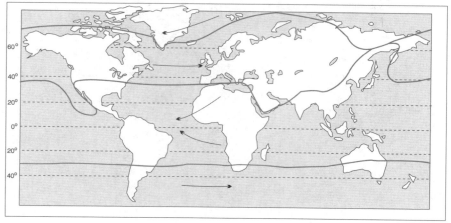

그림 9.6. 1월(위)과 7월(아래), 고위도, 중위도, 서위도 서풍 간 구역경계. 출처: Borchert(1953)에서 발췌. 1953년 미국지리학자협회(Association of American Geographers) 저작권. Blackwell 출판사의 허가를 받아 수정.

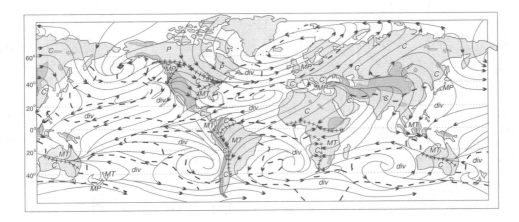

그림 9.7. 1월 주요 바람의 지역별 차이. 진원지에 따른 공기 흐름을 나타내는 기호는 다음과 같음. P−극지방 빙하, C−건조한 대륙, MP−비교적 따뜻한 중위도 바다, MT−열대 바다. 지역 경계를 생성하는 방식에 따른 지역 경계 기호는 다음과 같음. 십자모양−예상 외 진원지에서의 공기 흐름, 파선−발산; 점선−해양 공기의 산악 장벽, 실선−해안선; 점선/파선−빙하 경계. 해발 5,000피트 이상의 산간과 그 고원은 음영으로 나타냄. 바다 위 평균 발산 지역은 "*div*"로 표시. 출처: Borchert(1953)에서 발췌. 미국지리학자협회(United Atlantic Association of American Geographers)의 1953년 저작권. Blackwell 출판사의 허가를 받아 수정.

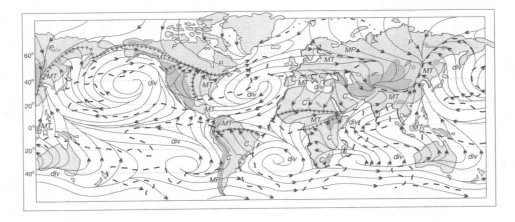

그림 9.8. 7월 주요 바람의 지역별 차이. 그림 9.7과 동일한 기호 사용. 출처: Borchert(1953)에서 발췌. 미국지리학자협회의 1953년 저작권. Blackwell 출판사의 허가를 받아 수정.

　　북반부가 1월일 때, 제3세계 국가는 일반적으로 건조한 대륙성 대기의 영향을 받는다. 시원하며 겨울의 건조한 계절이다. 모로코, 알제리, 튀니지와 같은 서해안 중위도 지역은 예외로 서풍의 적도 부근의 저기압 폭풍으로 겨울철 강수와 때로는 서리를 가지고 오는 소위 "지중해 기후"가 나타난다.

　　북반구의 여름인 7월, 아시아 지역에서는 강력한 저기압이 아시아 대륙에 발달하여 북부 아프리카까지 확장되므로 패턴이 반대로 되어 실제로 상승한다. 아열대 고기압권의 위치가 북쪽으로 이동하는 반면, 남측과 북측 해양에서 이 고기압 구역은 서향으로 바뀌어 남아메리카 남부와 아프리카에는 맑은 하늘과 건조한 기후가 나타난다. 일 년 중 이 시기, 적도 북측 열대지역에는 비가 내리며(인도대륙과 동남아시아의 몬순 강우), 북아프리카와 같은 아열대성 고원 지대에 있는 지역에는 비가 내린다.

　　1월과 7월의 대기권경계 위치도를 겹쳐보면(그림 9.9), 간단하지만 유용한 정보를 나타내는 세계기후 지도가 나타난다. 이 패턴은 지표, 기복, 위도, 경계 간 상호 작용의 차이의 관점에서 흐르는 공기의 시간적(1월과 7월) 위치를 검토하여 나타낸 지도이다. 제3세계에 있어 나타나는 주요한 "기후"는 $MT-MT$(강우성 열대), $MT-C$와 $C-MT$(습식 건조 열대), $C-C$(사막)이다. 이 "기후"의 여백에 위치한 지역은 반건조초원 또는 스텝과 같이 중간 전이적 형태이다. 제3세계 국가 경계를 참고하여 기단 "기후"의 패턴을 검토해보면 기후가 조건 짓는 저개발국의 자원기반 지리를 파악하는 데 매우 유용할 것이다(그림 9.4, 9.5와 9.9를 비교해보라). 제3세계 사람 대다수는 어떤 형태건 농업에 의지해 살고 있다. 농사에 가용한 수자원의 양과, 이것이 계절별로 또는 항상 주어지는지 또는 거의 주어지지 않는지는 생계를 성공적으로 꾸려나가는 노력에 큰 영향을 미친다.

　　지금까지 살펴본 기단기후와 연관된 주요한 환경적 특성을 살펴본다(그림 9.9). 비가 오는 열대 지방 대부분은 침출토양으로 이루어지며, 열대우림을 유지하며(방해받지 않은 경우), 오랜 휴경 기간을 기반으로 하는 농업 형태를 보이며, 주요 작물은 일반적으로 뿌리작물이나 담수재배벼이다. 제3세계에 $MT-MT$는 많지 않다(에콰도르와 콜롬비아 일부, 기아나, 브라질 아마존 분지 북부, 서아프리카 해안, 카메룬 일부, 중앙아프리카공화국, 가봉, 콩고공화국, 콩고민주공화국(이전 자이르), 마다가스카르 동부). 아시아에서는 인도네시아, 필리핀, 파푸아 뉴기니의 여러 섬 군도가 $MT-MT$기후에 해당된다.

　　습식 건조 열대 지방(MT-C 또는 C-MT)은 우기 열대 지방보다 10배 정도 크다. 정의상, 이들 지역에는 우기와 건기가 한 번씩 있는데, 이들은 지속기간, 지역, 연도별로 큰 차이를 보인다(아래 더 자세히 설명). 습식 건조 열대 지방도 침출토양, 산림과 초원의 개방 형태, 한해살이 기반 농업(특히 펄 밀렛, 사탕수수, 옥수수와 같은 시리얼 곡물)을 특징으로 한다. 가축 사육도 더욱 중요하다. 작물을 심고, 잡초를 제거하고 수확하는 등의

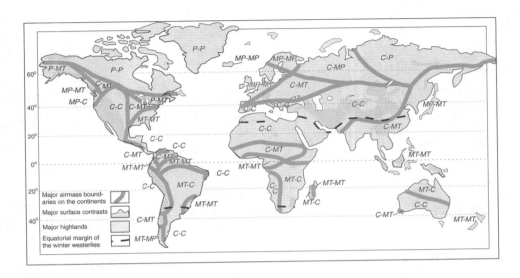

그림 9.9. 주요 기단 지도 상 나타나는 기후지역. 각 위치에서 첫 번째 문자 기호는 1월, 두 번째 문자 기호는 7월 기단을 나타냄. 출처: Borchert(1953)에서 발췌. 미국지리학자협회의 1953년 저작권. Blackwell 출판사의 허가를 받아 수정.

노동이 지속되는 시간에 맞추어 농업의 계절적 주기가 조정된다.

　　습식 건조 열대 지방은 브라질, 콜롬비아 해안, 베네수엘라, 중앙아메리카 일부 지역에 분포한다. 아프리카에서는 서아프리카의 사헬 인근 국가(세네갈에서 차드까지)가 이 기후에 해당하여, 적도 북쪽에는 남부 수단과 에티오피아, 적도 남쪽에는 케냐에서 남아프리카에 이르는 고원 지대인 앙골라와 모잠비크가 포함된다. 인도 대륙에서는 인도, 방글라데시, 페닌 제도의 동남아시아 및 중국 남부 지역에서 강한 몬순과 습한 기후가 나타난다.

　　건조한 기후(C−C)에서는 "외부" 수원(나일강과 같은 강 또는 지하수나 대수층)이 있는 예외적인 지역을 제외하고는 농작물이 거의 재배되지 않는다. 그런 곳에서는 오아시스가 나타나기도 한다. 이 지역은 대부분 온도가 매우 높으며 먼지가 많다. 건축과 의복은 뜨겁고 건조한 환경에 적응하도록 발달했다. 건물에는 거대한 벽, 환기 굴뚝 그리고 과수원 나무와 정원으로 꾸며진 안뜰이 있다. 많은 경우 가축이 주요한 생계수단이다. C−C 기후에는 카리브해, 브라질 북동쪽 해안(포르탈레자), 페루, 북쪽 칠레 해안이 포함된다. 아프리카에서는 광대한 사하라 사막뿐 아니라 남서부의 나미브와 칼라하리 사막도 포함된다. 아시아의 경우 거의 모든 중동 국가가 준건조 또는 건조로 분류되며, 파키스탄, 인도 북서부 및 중앙아시아까지 해당된다.

　　간혹 식물군이 급격한 변화를 보이긴 하지만, 다른 기후 간 기단 경계는 전이구역이며 경관에 분명하게 나타나지 않는다는 점을 유의할 필요가 있다. 일반적으로 언덕을 기준으로 바람이 올라가는 측과 언덕을 지나 내려오는 측의 식물군은 두드러진 차이를 보인다.

열대 지방의 생계수단을 연구함에 있어, 습기와 열에너지의 분포에 큰 영향을 미치는 대기분배 시스템의 규칙성과 다양성에 적응하는 과정에서 사람들이 나타내는 독창성과 지적 능력을 알아가는 것은 무척이나 흥미로운 과정이다.

수문학적 순환

삶에 있어 물의 중요성에 대한 주제 문장을 만약 당신이 작성해야 할 경우, 물의 중요성을 충분히 전달할 만한 문장을 쓰기가 매우 어렵다는 것을 깨닫게 될 것이다. 물은 우리 몸의 97%를 구성한다. 물을 마시지 못한다면, 우리는 며칠 만에 죽는다. 예를 들어, 당신이 그늘에서의 일일 최고기온이 120°F(49°C)에 이르는 사막에 있다면, 2쿼트의 물을 가지고 밤에만 지칠 때까지 걸으며 나머지 시간은 쉴 경우, 이틀 동안 생존할 수 있다 (Approach, 1964: 26).

물은 지구의 70%를 덮고 있다(잠깐 다른 주제로, 우리의 피의 염분은 바다의 염도와 매우 비슷하다). 그러나 물이 어디에 있는지에 따라 여러 영역으로 나누어보면 우리에게 그토록 중요한 물이 전체의 아주 작은 부분만 차지한다는 것을 알 수 있다. 표 9.2는 총량, 지구 표면에 펼칠 경우의 깊이, "체류 시간" 또는 "거류 기간" ─ 즉, "수문학적 순환"의 폐쇄된 균형 시스템상에서, 물이 다른 지역으로 이동하기 전 특정 지역에 머물러있는 기간 ─ 등을 영역별로 나눈 것이다(아래 참조). 인간 생명에 매우 중요한 물은 생물학적이며, 대기, 지구표면(민물호수와 저수지, 강 흐름, 토양, 늪지), 다양한 특수 상황에서는 지하수(자분정 및 펌프우물)와도 연관된다. 이러한 영역에 있는 지구 상 물의 비율은(지하수는 제외) 실질적으로 바다의 양과 비교할 때 매우 작아 얼음과 지하수까지 포함해도 지구 상 물의 7.6%에 불과하다. 이러한 관계는 물이 지구 표면에 균일하게 분포되어있는지 확인해보면 시각적으로 쉽게 드러난다. 대기 중 수분은(구름 속 수분과 공기 중 수증기) 25mm(1인치) 높이가 된다. 생물학적 물(모든 식물, 미생물, 동물, 인간을 포함)은 1mm이다. 60m(197피트)에 달하는 녹인 빙하와, 바다 자체(2.5킬로미터(8,200피트))가 큰 부분을 차지한다.

물을 대양에서 대기로(증발), 육지 및 생물권으로(강수) 그리고 마지막으로 대양으로(유수 및 배수) 이동시키고 되돌려보내는 시스템을 "수문학적 순환"이라고 한다. 수문학적 순환 작용을 통해 육상 생물이 의존하는 물이 배분된다. 이 절에서는 수문학적 순

표 9.2. 세계 물 분포

기준	부피(세제곱킬로미터)	계산된 높이*	평균 체류시간
대기 중 수증기	13,000	25 mm	8 - 10일
대양 및 바다	1,370×106	2.5 km	4,000년 이상
담수호 및 저수지	125,000	250 mm	
강	1,700	3 mm	2주
습지	3,600	7 mm	해마다 증가
생물학적 물	700	1 mm	1주
토양 내 수분과 불포화 구역	65,000	130 mm	2주에서 1년
지하수	4×106에서 60×106	8 - 20 m	수일 - 수만 년
결빙수	30×106	60 m	수십 년 - 수천 년

출처: UNESCO(1971: 17).

* 지구 전체에 균일하게 분포해 있다는 가정하에 계산됨.

환에서 물의 중요성을 (1) 지리적 분포, (2) 해수 분포와 시간적 다양성, (3) 지역마다 서로 다른 생계수단 종류와의 연관성 등 세 가지 주제로 나누어 살펴본다. 수분 분포에서의 일반적 패턴은 대기에너지 순환을 살펴볼 때 일부 다루었다. 여기서는 물, 식물 성장 및 생계 간 연결 고리에 대해 자세히 살펴본다.

　　그림 9.10은 수문학적 순환의 주요 영역 간 수분의 흐름을 나타내고 있다(Postel, Daily, and Ehrlich, 1996). 균형 상태에서, 한 해 동안 대양의 증발에서 육지의 강수로 물 4만 세제곱킬로미터가 전해지며, 또한 이에 상응하는 4만 세제곱킬로미터가 배수를 통해 대양으로 되돌려진다. 육지 강수 중 7만 세제곱킬로미터(약 64%)는 대양 표면이 아닌 육지로부터 증발된 것으로 이 출처의 수분 공급은 직관적으로 명확하게 확실하지는 않다. 예를 들어, 우간다와 빅토리아 호수 유역에서 비는 대부분 예전 자이르의 울창한 숲에서 흘러내린 물로 이루어지며, 이어서 증발을 통해 대기로 되돌아간다. 또 다른 놀라운 사실은 대서양으로 300킬로미터까지 침투하는 아마론 Amaron으로부터 물줄기의 약 20%가 나온다는 것이다(UNESCO, 1971). 실제로 아마존 해안과 델타를 탐사한 최초의 유럽인 빈센트 야네즈 핀존 Vincente Yanez Pinzon은 육지의 채소가 물에 떠다니는 점과, 물이 짜지 않은 점 등으로 미루어 인근에 육지가 있을 것이라는 생각을 가지게 되었다.

에너지 – 물 균형

한 지역의 한 해 강수량이 평균 1,000mm(40인치)가 되는 것과 강수량이 농업에 적당하다는 것은 다른 이야기이다. 모두 경우에 따라 다르다. 복사 에너지와 관련되어 언제 비

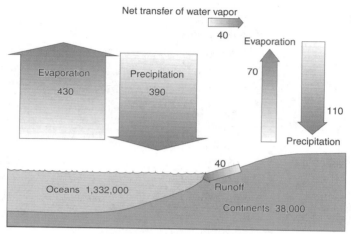

그림 9.10. 세계 물의 균형: 수문학적 순환에서 수분의 흐름. 출처: Postel et al.,(1996).

가 오는지, 순복사가 얼마나 되는지(대기를 가열하고 증발과 식물 증산을 촉진), 강우량이 1년 동안 어떻게 분포하는지, 한 해 동안 강우가 어떻게 분포하는지 그리고 해마다 강우량이 얼마나 꾸준한지와 같은 조건에 따라 달라진다. 강우량이 해마다 큰 폭으로 변하는 곳에서는 농작물에게 지나치게 많은 또는 충분치 않은 강수량을 농부들이 경험하게 될 위험이 상당히 크다.

이렇게 다양한 강수량 분포의 특성을 알기 위해서는 한 장소의 수문학에 대한 접근인 에너지-물 균형을 이해할 필요가 있다. 이 균형은 한 장소의 잠재력을 추정하는 데 많은 도움이 된다. 그림 9.11은 표 9.3에 주어진 자료에 근거한 에너지-물 균형 도표를 보여준다. 이는 기니 비사우의 주요 도시이면서 서아프리카의 대서양 연안에 있는 항구인 비사우 Bissau의 에너지-물의 흐름을 매월 추적한 것이다(아래 그림 9.13 참조).

그림 9.11과 그림 9.12를 자세히 살펴보기 전 몇 가지 용어를 정의하기로 한다. 톤스웨이트 Warring Thornthwaite(1948)가 개발한 에너지-물 균형은 (1) 실제 증발산(AE), (2) 잠재적 증발산(PE), (3) 강수량(P)의 세 가지 곡선 간 상호 작용을 기반으로 한다. AE란, 특정한 월 동안 식물에서 실제로 증발된 수분의 추정치이다. AE는 (1) 한 달 동안 내리는 비와 (2) 토양의 수분(ST 또는 저장 장치-매월 초에 토양에 존재하는 공급원)으로 구성된다. 즉, AE = P + ST이다(ST는 이전 달과 해당 달 사이의 저장 공간의 변화).

PE는 식물로 덮인 육지 표면에서 자유롭게 지속적으로 공급되는 수준 중 증발할 수 있는 양이다. 한 달 동안 PE가 AE를 초과하면 물 부족(Water Deficit, WD)이 발생하

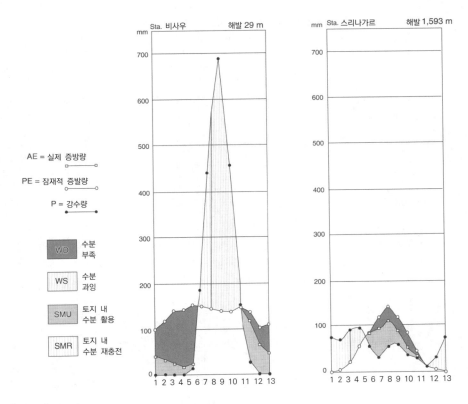

그림 9.11. 에너지 – 물 균형 도표 – Bissau and Srinagar. 출처: 표 9.3.

며 AE는 PE를 초과할 수 없다. P는 강우량이다(얼음, 진눈깨비, 눈 포함).

　세 곡선의 상호 작용을 통해 농사에 중요한 시기와 물, 에너지의 과잉 또는 결핍상태를 판단할 수 있다. PE > AE인 건기에는 WD(그림 9.11. 11월에서 5월까지 비사우 참조)의 상태이다. 건조한 기간이 시작될 때 토양에 저장 후 사용될 수 있는 수분이 충분한 경우("토양 수분 사용" 또는 SMU) AE는 PE와 같을 수 있다. 11월이면 AE는 PE와 가까워지긴 하지만 같아지진 않는다(118 대 136mm). 건기에는 토양이 AE에 수분을 283mm 공급한다.

　비가 내리는 계절이면 P가 PE를 초과할 수 있다(비사우, 6월에서 10월까지). 그때 PE에 사용되지 않는 수분은 먼저 토양을 재충전한다. 토양이 "농포 수용량(field capacity)"이라고 불리는 수분 함량에 도달하면 유출과 배수(하층토를 통한 물 손실)가 발생한다. 이 두 단계 중 첫 번째 단계는 토양수분 재충전(SMR)이라 하며(비사우의 6월과 7월 일부), 두 번째 단계는 물 과잉(Water Surplus, WS) 또는 유거수(run–offs)라 부른다(비사우의 7월과 11월).

　전 지구적 비교를 위해 톤스웨이트 Thornthwaite(1948)는 평균 토양의 저장 용량을

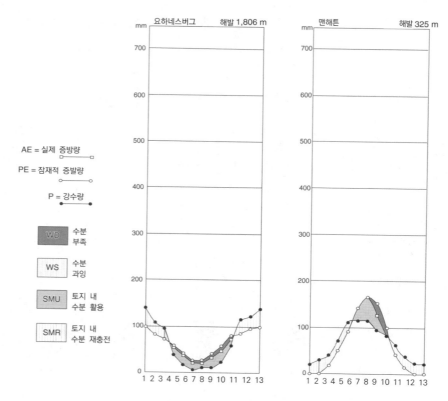

그림 9.12. 에너지-물 균형 그래프 - 요하네스버그와 캔자스의 맨해튼. 출처: 표 9.3.

300mm로 가정했다. 비사우에서 ST는 7월에 300의 수치를 나타낸다(표 9.3 및 그림 9.11). 7월 SMR은 300mm에 도달하고 WS는 52가 된다(WS = P − PE − ΔST 또는 52 = 444 − 145 − [300 − 53]). WS는 몇 달 더 지속된다. PE와 P 사이의 균형은 습도와 건조도 정도를 다양하게 나타내는 습도지수(I_m)라 불리는 측정치를 통해 특징지어진다(표 9.4; I_m 계산을 위한 공식은 표의 각주 참조). 한 장소에서 연간 기준으로 P와 PE가 정확히 같으면 (둘 다 932mm), I_m = 0이고, 그 장소는 제로 수위 균형 라인에 위치한다고 한다(습하지도 건조하지도 않음). 비사우의 경우를 계산해보면 값은 23이며, 이곳은 물균형 라인의 습한 쪽에 있다는 것을 의미한다. 그림 9.13은 지구의 육지 지역에 대한 평균 제로 균형 라인을 보여준다. 지도의 어두운 음영 부분은 연간 기준으로 평균적으로 PE보다 P를 더 많이 받으며, 밝은 부분은 덜 받는다.

　　비사우(Bissau, 그림 9.11)는 서아프리카의 선에서 남쪽으로 약 140킬로미터 떨어져 있다. 농부들은 연평균이라는 추상적인 세계가 아닌 실제 세계에서 살고 있다. "I_m = 23"이라는 식은 농부에게 무엇을 의미하는가? 서아프리카 습한 지역의 농부들은 햇볕이

표 9.3. 4개 도시 물 균형 데이터(mm)

	1월	2월	3월	4월	5월	6월	7월	8월	9월	10월	11월	12월	연간
기니아 비사우의 비사우, 해발 29미터, I_m=23, 습윤													
PE	102	117	141	143	152	149	145	138	135	145	136	101	1,604
P	0	1	0	0	13	185	444	682	462	157	22	1	1,967
ST	102	69	43	26	17	53	300	300	300	300	204	143	—
AE	41	34	26	17	22	149	145	138	135	145	118	62	1,032
WD	61	83	115	126	130	0	0	0	0	0	18	45	578
WS	0	0	0	0	0	0	52	544	327	12	0	0	935
인도 스리나가르, 해발 1,593미터, I_m=-7, 건조아습윤													
PE	0	3	21	50	89	118	142	131	87	45	17	4	707
P	74	71	91	94	61	36	58	61	38	30	10	33	657
ST	200	268	300	300	273	214	156	123	104	99	97	126	—
AE	0	3	21	50	88	95	116	94	57	35	12	4	575
WD	0	0	0	0	1	23	26	37	3	10	5	0	132
WS	0	0	38	44	0	0	0	0	0	0	0	0	82
남아프리카 요하네스버그, 해발 1,806미터, I_m=-2, 건조아습윤													
PE	99	82	76	58	40	27	27	40	58	80	83	96	766
P	139	108	97	38	18	5	11	11	22	61	119	120	749
ST	271	297	300	280	260	241	228	207	183	171	207	231	—
AE	99	82	76	58	38	24	24	32	46	73	83	96	731
WD	0	0	0	0	2	3	3	8	12	7	0	0	35
WS	0	0	18	0	0	0	0	0	0	0	0	0	18
캔자스 맨해튼, 해발 325미터, I_m=2, 습윤아습윤													
PE	0	0	19	51	93	139	164	150	101	52	14	0	783
P	20	30	38	71	111	117	115	95	86	58	38	22	801
ST[1]	72	100	100	100	100	78	29	0	0	6	30		52
AE	0	0	19	51	93	139	164	124	86	52	14	0	742
WD	0	0	0	0	0	0	0	26	15	0	0	0	41
WS	0	2	19	20	17	0	0	0	0	0	0	0	58

노트. I_m은 수분지수(표 9.5 참조).

출처: Laboratory of Climatology(1962-1965).

[1] 저장용량은 100mm로 가정.

강한 기간(대략 4-9월) 쌀, 옥수수, 땅콩과 같은 작물을 재배한다. 강우가 3-4개월간 집중되는 더 북쪽에 위치한 반건조 지역에서는 이 기회를 활용하여 진주기장과 사탕수수

표 9.4. 수분지수

표기	용어	수분지수(Im) 경계
A	과습윤 기후 Perhumid	
B	습윤 기후 Humid	100
C2	습윤 아습윤 기후 Moist subhumid	20
C1	건조 아습윤 기후 Dry subhumid	0(물균형 0선)
D	반건조 기후 Semi-arid	-33
E	건조 기후 Arid	-67

노트. 수분지수 계산식: $I_m = 100(P/PE - 1)$.

와 같은 작물이 재배된다. 비사우의 그래프를 보면 장마철(6월-10월)과 건기(11월-5월)가 있다는 것이 확실하게 나타난다(그림 9.11). 이렇게 대조되는 두 계절의 I_m을 계산해보면 놀라운 결과가 나온다. 6월에서 10월까지 비사우는 뜨겁고 젖은 "습기 찬" 지역인데(I_m = 177) 11월에서 5월까지는 건조하고 먼지가 많은 사막인 "건조한" 지역이다(I_m = -96). 따라서 한 지역의 실질적 현상을 이해하려면 연간 평균 수치 "이면"을 살펴봐야 한다.

　　비사우와 캔자스의 맨해튼을 비교해보라(그림 9.11과 9.12). 맨해튼의 I_m 값은 2인데, 이는 습기 찬 소취제 등급에 해당하며 물 균형 선상에 있다. 매월 평균적으로 PE와 AE는 거의 완벽하게 일치한다. 다시 말해, 수분에 대한 에너지 수요는 모두 P나 P와 토양 수분활용(SMU)의 조합을 통해 거의 항상 공급된다. 이것이 농부들에게 시사하는 바는 물의 수요(PE로 표현)와 공급(AE로 표현)이 전반적으로 일치하므로 꾸준한 강수량을 필요로 하는 농업 형태가 가능하다는 것이다. 물론 그래프는 평균적인 조건을 보여주며 해마다 변이를 고려해야 한다. 이제 남아프리카 요하네스버그에서 I_m 값 -2를 생각해보라. 이 수치는 요하네스버그를 건조한 습도로 분류하고, 역시 거의 제로 수분 균형 선상에 위치시킨다(그림 9.12). 캔자스 맨해튼의 경우와 마찬가지로 물 필요량과 물 공급량의 평균치는 매우 가깝다. 겨울에는 아주 적은 부족이 발생한다.

　　이와 달리 인도의 잠무와 카슈미르 고원의 스리나가르에서는 한 해를 걸쳐 비가 내리는데, 필요한 증발량과 불일치한다(그림 9.11과 표 9.3). 태양이 낮은 기간(11월에서 3월까지) 대부분 동안에는 비가 많이 내린다. 그러나 여름에는(5월에서 9월), PE가 강우량보다 훨씬 높다. 결과적으로 스리나가르의 주요 농업 절기에 심각한 물부족이 발생하게 된다. 이 경우 작물은 가뭄에 대한 내성을 지니거나 가뭄 회피성(빠른 숙성 품종)을 기준으로 선택해야 한다. 그렇지 않으면 관개를 보충해야 한다.

강우량 변동성

비사우 균형도표(그림 9.11)는 또 다른 종류의 다양성을 내포하고 있다. 비사우의 1월 평균은 7월과 매우 다른 것을 볼 수 있는데, 그렇다면 7월은 모두 일정한가? 그림 9.14는 탄자니아 중앙고원에 위치한 도도마의 강수량 기록을 나타내는데, 여기서 이 달의 변동성을 찾을 수 있다. 그림 9.14의 각 점은 도도마의 한 달 치 강수량을 나타내며, 각 월에는 점이 36개 있다(실질적으로는 점들에 더하여 각 달 아래에 숫자로 표시되어있는, 비가 전혀 내리지 않은 달도 포함). 도도마에서 12월 강수량은 평균 100mm이지만, 해마다 큰 차이를 보인다. 어떤 해에는 비가 아예 내리지 않았으며, 다른 해에는 220mm가 내렸다. 4년 중 1년은 12월에 50mm 이하가 내린다. 비사우처럼 도도마도 우기 5개월과 건기 7개월이 있다. 그렇지만 도도마의 연간 평균 강수량은 비사우보다 적은 반면(536 대 1,967mm), 1월에 강수량이 가장 많다는 점은 이 지역이 남반구에 위치함을 보여준다.

　　매년 작물에 필요한 만큼 비가 올 것이라는 것을 농부들이 얼마나 확신할 수 있을까? 강수량 변화를 연구하여 답을 내놓을 수 있긴 하지만(그림 9.9 참조), 여러 건기－우기 열대지역에서 그 답은 확실치 않다. 건조, 반건조 지역에서 강수량의 변이가 가장 클 것이라고 예상할 수 있다. 통계적 의미에서는 맞다. 때때로 폭풍이 비정상적으로 많은 강수량을 초래하여 평균을 왜곡시키는 경우가 많기 때문이다. 사실 강수량은 더 습한 열대와 중위도 습한 지역에 비해 건조, 반건조 지역에서 변동 폭이 약간 더 클 수 있다

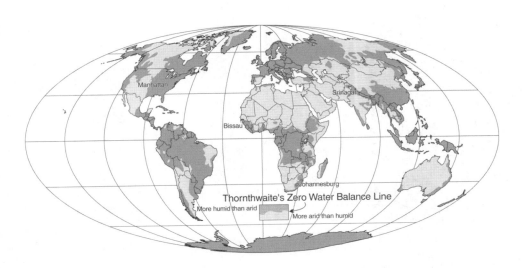

그림 9.13. 제로 물 균형 라인. 출처: Willmott and Feddema(1992)에서 발췌. 미국지리학자협회(Association of American Geographers)의 1992년 저작권. Taylor & Francis의 허락을 받아 수정.

(Jackson, 1977: 46 ff.). 그러나 낮은 강수량이 농업과 가축사육에 초래하는 결과는 매우 크므로 반건조 지역에서 사람들은 강수량 변동에 대해 더욱 예민한 감각을 가지게 된다. 강수량 변동은 연간 평균치에서 시작하기보다는(강수 데이터는 일반적으로 정규분포를 보이지 않으므로 평균으로부터의 표준편차와 같은 통계적 측정치로 적절히 설명할 수 없다), 강수가 시작되는 시기의 변동, 작물재배 기간 중 강수량 규모의 변동, 개화시기에 비가 내리지 않을 확률 등과 같이 생계 순환에서 중요한 시기와 연관시켜 살펴보는 것이 가장 효과적이다.

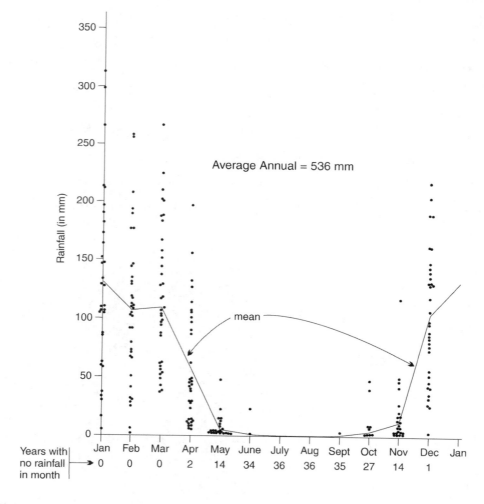

그림 9.14. 탄자니아의 도도마의 36년간 강수량 도표. 출처: 동아프리카 기상관청의 데이터를 사용한 Porter(1979). 시카고 대학의 Maxwell School of Citizenship and Public Affairs의 1979년 저작권. 허가 후 사용.

　적도 부근에서 지구를 돌고 있는 지역에서 또 다른 패턴의 분포를 볼 수 있다. 확연히 구별되는 강수 기간 두 가지는 각각 머리 위로 태양을 지나치는 것, 그리고 몇 주 후 이어지는 열대성 불연속(ITD 또는 ITCZ)과 연관을 지닌다. 일반적으로 두 개의 모드를 지닌 패턴은 너비가 200－1,000킬로미터인 위도 벨트에 나타난다. 이 장의 앞부분에서 그림 9.2를 통해 케냐의 킵웨지(Kibwezi)(적도에서 남쪽으로 2° 20′)의 절기 두 가지, 즉 4월의 절정 그리고 어느 정도 습한 절기의 절정인 11월을 살펴보았다. 도도마와 같이 주어진 달의 강수량 변동 폭은 클 수 있다.

　체계적 패턴에 대해 알게 되면 한 지역 농부가 경험하는 기후로 인한 혜택과 도전을 이해할 수 있다. 스케일을 지역으로 전환시켜보면, 카이테무 와 응굴라이, 그리고 다른 농부가 절기가 시작될 때 건조할지 습할지를 예측할 수 있을 것이다. 이 예측에 기반하여 이들은 적어도 계획을 세워 농작물을 심을 수 있을 것이다. 얼핏 보면 이는 불가능한 것으로 보인다(그림 9.2와 9.3). 농부 한 명이 어떻게 기본적인 농경 요소에서 그러한 변동에 맞게 계획할 수 있겠는가? 그런데 이안 스튜어트 Ian Stewart의 연구는 계획이 가능함을 보인다. 농작물 절기 약 50일 동안 농부는 적어도 비가 평균 이상이거나 평균 이하인지 여부를 맞출 수 있다(Stewart and Hash, 1982; Stewart, 1988). 대기 에너지와 수문학적 순환에서 이동하는 물의 변동에 따른 불확실성과 농업 위험에 성공적으로 대응함에 있어 제3세계 토착지식 체계가 큰 역할을 한 예는 무수하다. 이러한 지식 체계는 식민주의, 개발, 세계화의 과정을 통해 변화해온 특정한 사회 시스템 및 생계 전략과 밀접한 연관성을 지닌다. 따라서 이 지식은 깨지기 쉽다. 한 세대에서 유용했던 지식은 유실되거나 또는 다음 세대로 가게 되면 유용성을 상실하고 만다. 이 주제에 대해서는 10장과 12장에서 더 자세히 다루게 된다.

10

농촌 생계의 다른 문제들
토양, 식물, 해충

카이테무 와 응굴라이는 변화무쌍하면서 가끔 오는 비뿐 아니라 다른 다양한 생계의 위협과 조건에도 적응해야 한다. 그의 가족은 많은 소, 양, 염소를 관리하므로 이 가족은 "농경목축(agropastoral)"에 종사한다고 봐야 할 것이다. 토양은 검은색 토양 *muthanga mwiu*, 붉은 토양 *muthanga mutune*, 모래 토양 *nthangathi*, 검은 면화 토양 *ilivi*의 네 가지로 나누어진다는 것을 이들은 알고 있다. 처음 두 개는 옥시솔이고 세 번째는 엔티솔이며 네 번째는 버티졸이다. 작물은 검은색 토양과 붉은 토양에만 심는다. 킬룬구 (Kilungu)에 농작물을 심을 땅은 많은데, 카이테무의 집 근처에는 방목을 위한 구역을 전략적으로 남겨두었다. 이곳을 활용해 동물들이 물을 구하는 장소로 오가며 풀을 먹을 수 있도록 해둔 점이 특징적이다. 해충과 해로운 야생동물은 카이테무의 농작물이 자라는 동안이나 추수한 후에 다양하고, 때로는 매우 심각한 피해를 입힌다. 특히 카이테무의 아내인 음베케 Mbeke와 음불라 Mbula 그리고 자녀 몇몇은 가축용수와 가정용수도 담당하고 있다. 이제 이들 주제를 폭넓게 살펴보자.

열대토양

우리는 때로 토양이 사람보다 훨씬 복잡하고 개별적인 건 아닌지 궁금해진다. 우리 동료인 필 거스멜 Phil Gersmehl은 토양 변이의 약 50%는 일반적으로 어느 장소에서건 100걸음만 떨어지면 나타난다고 말한다(많은 경우 1–2미터 이내). 매우 다양하고 공간적으로 복잡한 질문의 주제는 어떤 것이건 지역과 전 지구적 스케일에서의 일반화를 매우 어렵게 만든다.[1] 그러나 이 어려움을 해결할 방법은 있다. 출처 재질, 날씨, 내부의 화학적이며 생물학적인 과정, 이들의 결과로 가지게 되는 영양소와 수분의 저장소로서의 특징 등의 측면에서 제3세계 토양복합물의 종류를 특징짓고 분류하는 것이 가능하다. 또한 사람들이 그것을 여러 가지 방법으로 사용할 때 전형적인 토양에 어떤 일이 일어나는지 기술할 수 있다. 따라서 어떤 장소 토양의 정확한 특성을 독자에게 제시할 수는 없지만, 눈앞의 토양 종류와, 그들이 농작물 생산, 토양침식, 철도 건설 등에 초래할 수 있는 영향에 대한 일반적인 개념은 전달할 수 있다. 농업과 운송은 재화의 생산과 유통에 중요한 역할을 하는 조건이므로, 제3세계의 토양은 생계에 직접적인 영향을 미친다.

탄소

선명한 대조를 나타내는 지도 두 개를 활용하여 탄소부터 시작해보자. 그림 10.1은 바이오매스로서 매년 생산되는 탄소의 세계적 분포를 보여준다. 그림 10.2는 토양에 보존된 탄소의 세계 분포이다(Box and Meentemeyer, 1991). 탄소는 열대 지방에서 주로 지상에 머물고 토양에는 보존되지 않는 반면, 중위도에서는 매년 바이오매스가 적게 생산되지만 토양의 탄소 비율은 확연히 높다.

이 지도 두 개는 특정한 환경에서 작용하는 과정과 식물 및 식물을 이용하는 생물의 전략을 나타내는 것으로 생각할 수 있다. 한편으로 중위도 토양은 탄소와 미네랄 영양분의 저장소이다. 열대 토양에는 땅 밑 지하 공간이 많아 납작 엎드릴 공간도 없다. 다르게 표현하자면, 식생을 바이오매스 공장으로 본다면, 열대기후에서는 "적시" 생산시스템을 사용하는 반면, 토양 내의 저장 공간은 더 서늘하거나 온난한 환경에서의 토양에 존재한다. 열대우림 지대에서는 남아도는 성분이 거의 없으며, 토양 자체에는 일반적으로 탄소, 질소, 칼륨, 인 등이 적게 함유되어있다. 영양소는 식물 조직에 빠르게 흡수되지 않으면 토양에서 침출(용해되어 씻겨 나옴)된다.

제3세계 토양의 노후성과 특성

열대와 아열대 지방 대부분은 고대 곤드와나 Gondwana(로라시아 대륙과 함께 판구조론 연구에서 핵심적인 "초대륙" 중 하나)의 일부이다. 곤드와나는 남미, 아프리카, 남아시아(인도, 파키스탄, 방글라데시), 호주, 남극 대륙으로 분리되었다. 대륙 표면은 태양, 바람, 물, 미생물 활동의 침수 과정에 장기간(6천5백만 년 이상) 노출되어왔다. 더 작은 토양 단위는 최근의 화산 유출이나 충적을 통해 형성되었거나, 모재(the parent material)는 물론 매우 다양하고 날카로운 과립, 모래 토양으로 분해되는 고대 석회암, 편마암, 화강암과 풍화 시 점토의 큰 덩어리를 구성하는 셰일, 슬레이트, 마일로 구성된다. 습식 및 습건식 풍화로 광물의 풍화와 침출, 가수 분해(산성수의 화학 작용), 산화를 통한 철과 알루미늄 산화물의 형성 등의 화학적 작용이 일어난다. 산림으로 덮여 보호되지 않는 토양에서는 이런 과정이 가속화되지만 과정 자체는 토양의 깊은 저층부에서 이루어진다. 고지대에서 숲이 방해 작용을 받지 않는 경우 탄소와 영양분이 풍부한 토양이 발달할 수 있다. 이동경작의 경우처럼 식생이 없어지면 토양 온도(상승), 유산소 활동(증가), 지역 수문학(감소된 증산을 보충하고도 남을 만큼 유출수와 증발이 증가)에 큰 변화가 발생한다. 한 지역이 회복을 못할 경우, 영양분 손실, 토양의 산성화와 오염, 토양 침식 및 구곡 침식 등이 이어질 수 있다. 지하수면이 감소할 수도 있으며, 수풀종과 수목종의 변화가 생길 수 있다. 또한 많은 경우 잡초가 많은 풀이 침입하고 덤불이 형성된다. 이처럼 이상적이지 않은 방향으로 변화가 초래될 수 있다.

　　강수량이 적은 건조 지대와 반건조 지대에서는 주로 산화와 실질적인 물리 작용(암석의 가열과 냉각, 풍마)이 일어난다. 이런 곳에서 외부충격을 거의 받지 않는 토양은 숲이나 산림이 아니라 수풀과 작은 덤불, 나무 등으로 덮여있기 마련이다. 이 지역은 열

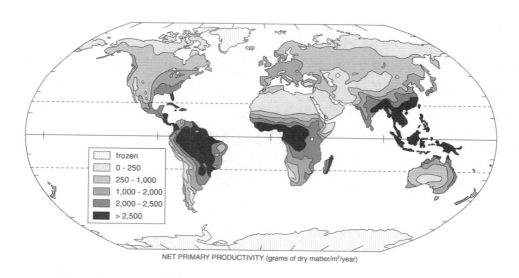

NET PRIMARY PRODUCTIVITY (grams of dry matter/m²/year)

그림 10.1. 그림 10.1. 연간 탄소생산의 세계분포. 출처: Box and Meentemeyer(1991). 1991년 Elsevier Science사 저작권. 허가 후 사용.

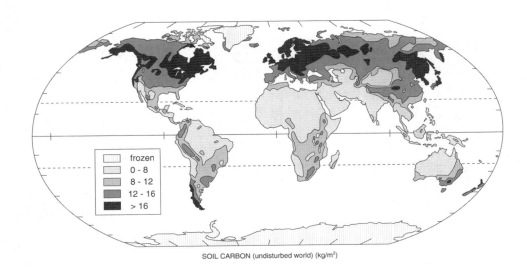

SOIL CARBON (undisturbed world) (kg/m²)

그림 10.2. 그림 10.2. 토양 내 탄소의 세계분포. 출처: Box and Meentemeyer(1991). 1991년 Elsevier Science사 저작권. 허가 후 사용.

부하와 토양 온도가 더 높게 나타난다. 그리고 미생물의 유산소 활동이 매우 가속화되어 유기물과 산화성 영양물을 분해한다(유기물은 중위도 지방보다 열대 지방에서 훨씬 빠르게 분해된다. 한 연구에서는 열대 아프리카와 영국 로담스테드 Rothamsted의 분해율이 4:1임을 밝혔으며, Meentemeyer(1984)는 이 비율을 더 높게 인용했다). 수분은 빠르게 기화되며, 계절에 따라 모세관 현상을 통해 지표면으로 움직이는 경향이 있다. 토양 층위(깊이에 따른 측면 차이)는 얕아지며 비가 지표면에 깊게 침투하지 않는다.

습한 열대 지방 토양 중 옥시솔(35%), 울티솔(28%), 인셉티솔(15%), 엔티솔(14%)이 92%를 차지한다(표 10.1). 옥시솔은 우수한 물리적 성질(작업하기 좋고 통기성이 좋음)을 가지지만 영양소와 수분 유지력이 떨어진다. 점토 함량은 낮다. 울티솔은 물리적 성질은 옥시솔과 유사하지만 깊은 곳에 점토의 양이 더 많다. 미네랄 함유량이 약간 더 많지만 이 토양 역시 산성으로 비옥도가 떨어진다(울티솔은 아시아의 습한 열대 지방에 특히 풍부). 가파른 경사면에 주로 분포하며, 쉽게 침식된다. 옥시솔과 울티솔은 − 이전에는 붉은색을 띠며 고도로 침출된 "라토솔"이라는 용어를 사용 − 비슷한 성질을 지닌다고 볼 수 있다. 열대성 토양은 산화철이 함유되어 생생한 붉은색을 띠는 특징이 있다. "이 토양은 화학적으로 중요한 한계를 지닌다. 즉 높은 토양 산도, 알루미늄 독성, 인, 칼슘, 마그네슘, 유황 및 기타 미량 영양소의 부족 그리고 침출 잠재력을 나타내는 유효 양이온 교환 능력의 낮은 수준 등이다"(국립연구위원회 National Research Council, 1982: 44).

인셉티솔과 엔티솔은 형성된 지 오래되지 않은 토양이다. 인셉티솔은 공통적으로 하천에서 유래하며 중간에서 높은 수준까지의 비옥도를 지닌다. 인셉티솔은 화산에서 나온 토양이다. 동남아시아 일부에 특히 지배적으로 분포하며, 영구관개 재배에 사용되어 높은 인구밀도를 유지시킨다. 엔티솔은 매우 신생인 관계로 아직 연직방향 분포를 나타내지 않기 때문에 고전적인 의미의 토양이 아니다. 높은 비옥도를 지닌 충적토, 산성으로 낮은 비옥도를 보이는 사먼트(해변가 등과 같이 깊은 모래 토양), 비옥도가 낮은 리토솔 (암석의 얕은)을 포함한다.

알피솔, 버티솔, 몰리솔의 세 가지 토양도 있다. 이들은 배수가 양호하며 비옥도가 높은 토양이다. 알피졸은 물리적 특성 및 색상이 옥시졸 및 울티솔과 비슷한 반면 "높은 기반 함량"을 보인다. 즉, 식물이 흡수할 수 있는 미네랄을 함유한다는 것이다.[2] 일부 알피솔은 물리적 특성이 빈약하며 대개 표면 조도와 점토 표면층이 거친 질감을 보인다. 표면 응고 및 침식에 취약하다. 이 토양은 습한 열대 지방 토양의 3.6%에 불과하지만 농업적으로 매우 중요하다. 수많은 랜드로버를 진흙탕에 빠지게 만들며 아프리카에서 "검은면화 토양"으로 불리는 악명 높은 버티솔은 낮은 지대에 분포한다. 이들 지역은 동부 및 남부 아프리카에서 공통적으로 *mbuga, dambo* 또는 *vlei* 라 불리며, 일반적으로 나무가 없고, 수풀로 덮여있으며 계절에 따라 범람하는 지역이다. 장마철이 되면 이 지역은 지나다닐 수 없으며, 건기가 되면 이 "균열 진흙"에는 깊은 다각형 틈이 형성된다. 이 무거운 찰흙에는 질소와 인이 결핍되어있긴 하나 비옥하다. 버티솔은 물리적 특성이 좋지 않으며 활용이 어렵다.

중위도에서 가장 우수한 농업 토양 중 하나인 몰리솔은 석회암 및 경사면이 있는 열대 지방에 분포한다. 몰리솔은 라틴 아메리카와 아프리카에서 흔하지 않으며, 습한 열

표 10.1. 습한 열대 지방 토양의 지리적 분포(백만 헥타르)

토양 종류	습윤열대, 합계	습윤열대 미주	습윤열대 아프리카	습윤열대 아시아
옥시솔	525	332	179	14
울티솔	413	213	69	131
인셉티솔	226	61	75	90
엔티솔	212	31	91	90
알피솔	53	18	20	15
히스토졸	27	—	4	23
스포도솔	19	10	3	6
몰리졸	7	—	—	7
버티솔	5	1	2	2
아리도솔	2	—	1	1

출처: National Research Council(1982: 41). 1982년 National Academy of Sciences 저작권. National Academy Press의 허가 후 재인쇄.

대 아시아 토양의 2% 미만을 구성한다. 전반적으로 아시아는 중남미 및 아프리카보다 농업 토양의 비중이 더 크다.

질소

질소는 특별한 문제를 야기한다. 열대 토양 내 질소의 수준은 매우 낮지만 작물에서 다량의 건조 물질과 단백질을 얻기 위해서는 필요한 성분이다. 모든 위도에 분포하는 콩과 식물은 질소를 고착시키는 역할을 한다. 살갈퀴, 알팔파, 완두콩, 콩아과 클로버, 개오동나무 등과 같은 초본 콩과 식물은 고위도에 분포한다. 질소를 고착시키는 콩과 식물은 적도에 가까워질수록 나무에 가까워지게 된다. 무지개콩, 비둘기 완두, 녹두, 땅콩 등은 모두 질소를 고착시키지만 비둘기 완두는 다년생으로 둘 경우 큰 나무가 우거진 수풀이 된다. 미모사아과인 아카시아와 자귀나무 역시 콩을 생산하며 질소를 고착시키는 식물이지만, 여기서 얻는 질소는 토양을 개선하기 위해 쉽게 이용할 수 있는 형태가 아니다.

열대 연구기관들은 질소 고착 식물이 아직 수풀일 때 잘라낸 식물 일부를 뿌리덮개와 비료로 사용하여 토착종과 수입종에 대한 실험을 진행했다. 가장 성공적인 것은 래우케나 레우코세팔라였다. 이 식물은 생울타리 내 경작지의 고랑 사이에 심어진다. 식물에서 잘라낸 부분은 토양에 혼합되어 질소, 칼륨, 인산염, 칼슘, 마그네슘 상당량을 공급하게 된다(국제열대농업연구소(IITA), 1986: 29).

토양 연접군 (The Soil Catena)

토양은 지역마다 매우 다르지만, 열대 지방에서 나타나는 변이성에는 경사, 배수, 고도에 따른 규칙성이 존재한다. 밀네 Milne(1935)는 "토양연접군 *catena*"(사슬을 나타내는 라틴어)의 개념을 정립하였다. 즉, 언덕 꼭대기, 골짜기 쪽, 골짜기 바닥 등 경사면의 각 부분에서 토양의 질감, 배수, 응고밴드 유무 등이 서로 다르게 나타나는 점에 착안하여 언덕 경사면을 따라 서로 다른 토양의 집합이 규칙적으로 분포하는 것을 정리한 것이다.

12장에서는 케냐 서부 중앙의 포콧 족의 토양에 대한 인식을 논의한다. 그림 10.3은 이들의 연접군 또는 토양-지형에 관한 지식을 서구 토양 과학에서 사용하는 용어 중 가장 유사한 용어와 함께 제시한 것이다.[3] 단일 경사면에 분포하는 토양 변화를 나타내는 이 하나의 사례가 내포하는 복잡성은 제3세계에 위치한 모든 언덕과 계곡에 적용될 수 있다. 열대와 아열대 지방의 농업 가능성에 대한 평가는 매우 국소적이며, 장소-

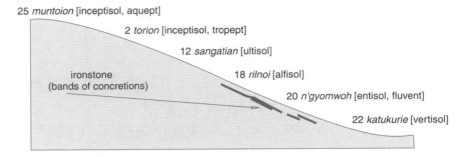

그림 10.3. 포콧의 토양 연접군.

특정적인 문제이다. 답이 있긴 하지만, 일반화할 수 없다.

토양 과학은 위치를 초월하는 일반화된 관리 원칙을 발전시켰지만, 각 장소는 고유한 토양을 지니며 따라서 고유한 관리법을 필요로 한다. 토양에 대한 토착 지식이 복잡하다는 사실은 토양 자체가 복잡하다는 것을 의미한다. 농업 및 목축 관행을 자연의 가능성에 적응시킬 수 있도록 하기 위하여 토양에 대한 토착 지식이 발달하게 되었다.

식생

카이테무와 그의 가족은 식생을 능숙하게 읽을 줄 안다. 무엇이 자라고 있는지, 경작이나 목축에 어떤 토지가 좋은지, 어떤 토지에 변화가 생겼는지, 어떤 토지의 사용이 다했으며, 어떤 토지가 다시 사용할 수 있는 상태로 회복이 되었는지 등을 구별할 줄 안다. 예를 들어 *mbwea*(최대 Panicum), *kikii*(Themeda triandra), *ikoka*(Cynodon spp.), *nthata kivumbu*(Cenchrus pennisetiformis), *mbeethua*(Eragrostis superba), *kisemei*(Acacia nilotica), *kithii*(Acacia mellifera) 등의 식물과 나무는 좋은 토지임을 나타낸다. 잡초 *muvongolo*(Datura strimonium)는 밭에 비료가 공급되었음을 나타낸다. 이 식물은 가축 구역 근처에서 자라며, 식물 자체는 사람에게 해로운데 가축이 씨앗을 먹어 전달된다. 식물은 토양의 특성과 수분 상태를 나타내준다. 또한 아캄바족은 음식, 의약품, 독약, 공예품, 건축물, 장작, 숯 등에 어떤 식물을 사용할 것인지에 대해 풍부한 지식을 가지고 있다.

식물의 전략

열대우림에 꽃의 종류가 다양하다는 것은 주지의 사실이며, 다양한 식물 형태가 번식하기 위해 물과 빛을 활용한 여러 전략을 구사하는 것으로도 잘 알려져있다. 강수량이 높을수록 식생은 복층림을 이루는 경향이 강해진다. 폐임관인 열대 저지대 산림은 3–4개 층으로 이루어진다. 대개 산림의 바닥은 어둡지만 빈 곳이 많다. 크기가 클수록 나무는 공통적으로 나팔 모양의 버팀벽처럼 생긴 뿌리 체계를 가진다. 하나는 덩굴 식물이고, 위쪽의 가지에서는 난초와 같은 착생식물(지지를 위해 다른 식물에 의존하는 식물 – 영양을 의존하는 것은 아님)이 위치한다. 1헥타르당 수종이 100여 개에 달하기도 한다. 또 다른 공통적인 특징은 주요 줄기 또는 가지에서 짧은 줄기를 통해 꽃과 열매가 자라는 "간생화(cauliflory)"이다(커다랗고 이상하고 낮설게 생긴 잭푸르트 Artocarpus heterophyllus가 열대 마을 나뭇가지에서 직접 자라는 광경은 정말 놀랍다).

더 시원하고 건조한 곳으로 이동하면 식생이 적응하여 키가 작아지고 캐노피가 더 많이 열려 관목과 풀의 범위가 커진다. 그림 10.4는 아프리카 습한 지역에서 건조한 지역으로 그리고 고온 지역에서 시원한 지역으로 이동함에 따라 일반적으로 나타나는 식생 유형을 보여준다. 풀과 나무의 종류가 다르지만 남아메리카와 아시아에서도 비슷한 패턴이 나타난다.

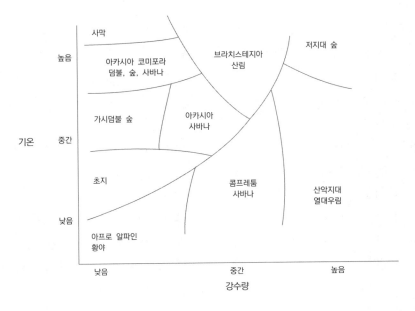

그림 10.4. 아프리카 식생.

어떤 경우에는 극심한 건기, 매년 발생하는 화재, 특별한 토양, 지하수 조건 등에 대한 적응의 결과로 특수한 식물 군집이 형성되기도 한다. 예를 들어, 브라치스테지아 산림은 여름철 장마 한 번을 제외하고는 장기간 지속되는 심한 건기에 적응했다. 이 산림 유형은 강수량이 우림을 조성하기에는 불충분하고 가시덤불 숲을 조성하기에는 지나친 온건한 지역에서 나타난다. 이곳의 식생은 길고 건조한 날씨에 생리학적으로 적응했으며 건기가 끝나기 직전 나무는 잎을 피운다. 그림 10.4의 왼쪽 가장자리를 따라 뜨거운 사막 조건에서의 아카시아 콤미포라 덤불, 가시 숲과 덤불, 한층 시원한 초원, 그리고 아프로 알파인의 황야에 이르기까지 이러한 식생이 이어진다. 적도지역 산간에 위치하는 고산 식물은 때로는 매일 밤마다 얼고(겨울) 낮마다 데워지는(여름) "극도로 불안정한" 상태에 적응해야 한다. 아카시아 사바나는 온화한 온도와 습도 조건에서 발생하며, 나무는 평평하고 작은 특이한 잎을 지녔다. 콤브레툼 사바나에는 콤브레툼 나무와 관목이 분포하며 아카시아 사바나보다 약간 시원하고 습한 지역에서 나타난다.

그래프의 오른쪽 측면을 따라 위에서 설명한 것처럼 뜨거운 저지대에서 열대 우림이 나타날 수 있다. 해발고도가 증가함에 따라 기온은 떨어지며 종 다양성은 약간(헥타르당 최대 40종까지) 감소한다. 식물은 주로 두 개의 층으로 이루어지며 등반 덩굴은 적게 나타난다. 공통적으로 착생식물이 자란다.

토양과 식생 관리

제3세계 농민들은 시행착오를 통해 열대 및 아열대 환경이 제공하는 혜택과 제약에 적응하는 법을 익히게 되었다. 예를 들어 카이테무의 가족은 이동경작을 행한다. 여러 곡식을 동시에 재배하는 것과, 작물심기, 추수, 두 번째 시즌을 위한 작물심기 등으로 이루어진 복잡한 스케줄 탓에 밭은 혼란 상태처럼 보일 수 있다. 그러나 여기에는 수분 공급과 작물보호 환경을 보장하기 위해 만들어진 토착적이고 적응적인 요소가 다수 존재한다. 아래 열거된 내용은 대부분 킬룬구 Kilungu의 정보 제공자가 작성했으며, 식물 생리학자와 농경기후학자들의 작성 부분도 일부 포함한다.

먼저, 순서를 눈으로 보이도록 배치한다.[4] 킬룬구의 농부는 옥수수, 콩, 무지개콩, 사탕수수, 땅콩, 참외, 기장, 카사바, 호박, 호리병박, 비둘기완두 등을 큰 밭 하나에 모두 섞어 심는다(사진 10.1). 작물에서 덩굴, 나뭇잎, 줄기가 풍부하게 섞여나온다. 잡초는 거의 없다. 비가 첫 번째로 내리면 토양 내 인이 유출되어 작물에게 공급된다. 수분이 잘 공급된 토양에 뿌리와 튼튼한 잔뿌리를 늦게 내리는 작물(예: 옥수수)은 다른 식물과 경쟁해야 한다. 따라서 1미터 이상 깊숙이 뿌리를 내린다. 이렇게 깊게 내린 뿌리는 시즌의 막바지에 전성기에 이른다. 함께 심어진 작물은 모두 수분 사용 비율이 높지만 충분한 수분을 흡수할 수 있는 계절에 수분을 한 번에 사용하게 된다. 또한, 혼합 심기 덕분에 나뭇잎으로 이루어진 덮개(캐노피)가 연속적으로 위치하여 그 안에서 광합성이 진행될 수 있다. 열대 지역은 일 년 내내 일조량이 비교적 균일하기 때문에 캐노피가 연속적으로 이어져 위치하는 것이 광합성을 위한 복사 에너지를 가장 효율적으로 사용할 수 있는 형태이다(Chang, 1968). 혼합 심기를 한 농부의 밭과 활짝 펼쳐진 캐노피로 덮여 때로 다층을 이루고 있는 열대의 많은 생태 시스템의 자연식생은 열대 지방 복사 균일성에 대해 적응한 결과이다(Geertz, 1963).

약 7-8주 후면 일부 작물은 수확된다. 콩은 녹색 채소에 포함하여 수확할 수 있다. 시즌이 진행되면서 기장을 수확하고, 씨를 만들기 위한 콩도 수확하며, 덩굴은 끌어올려진다. 토지 1제곱미터당 식물 수는 감소하기 시작하고, 성숙에 더 긴 시간을 요하는 작물만 남게 된다. 식물 사이에 잡초가 없는 흙은 건조하여, 지표면으로 이동하는 수분을 보존하기 위해 수증기 장벽을 형성하여 수분 증발을 감소시킨다. 남아있는 산발적으로 분포한 식물은 인접한 식물과 경쟁할 필요 없이 더 많은 토양으로부터 수분을 흡수

사진 10.1. 카이테무 와 응굴라이의 주요 밭의 일부. 유포르비아가 흩어진 아카시아와 콤미포라 덤불이 배경을 이루고 있다.

할 수 있다. 이 수분은 "잔디 비"의 끝에 적게 내리는 비와 합해져 보통은 옥수수와 더 길게 자라는 기장을 수확하기에 충분하다. 이 식물은 또한 본격적인 우기에 자라기 시작하는 농작물에 약간의 그늘을 제공한다. 또한 식물 덮개의 두꺼운 매트에 "잔디 비"가 몇 주 동안 내리고, 그 이후에도 내려 토양을 유지하는 역할을 한다. 비가 소진하게 되면 일부 작물을 미리 수확하여 농업을 위한 수고가 헛된 것이 되지 않도록 대비하는 것도 적응성을 나타내는 요인이다. 또한 혼합 작물 재배를 시행할 경우 농민들이 제초하는 시간이 줄어들어 작업량을 상당히 줄여준다. 대개 제초에 드는 품은 농업, 특히 대규모 농장을 관리하는 데 가장 큰 장애물이다.

킬룬구 지역에서는 농민이 서로의 논밭에 거리를 두는 점이 특징적이다. 이렇게 밭을 분산시키면 한 지역에서 비가 내리면 그 계절의 농사를 위한 노력이 통째로 손실되지 않도록 해주는 효과가 있다. 폭풍은 아주 작은 규모이다. 비가 한 번 충분히 오거나 또는 오지 않게 되면 특정한 밭은 풍작과 흉작을 오가게 된다. 따라서 밭을 분산시키는 것은 보험의 한 형태이다.

토양과 식물의 일반적 관리

토양과 식생은 토질의 악화나 종의 손실이 거의 없도록 관리할 수 있다. 그러나 그렇게 하려면 각 열대 생태계를 완전히 이해하고 있어야 한다. 라틴 아메리카와 아프리카의 토양은 한계적 고산지대 유형이다. 관개에 적합한 토지는 거의 없으며, 적합하다고 할지라도 주혈흡충증, 사상충증(강변 실명증), 말라리아 등 건강을 심각하게 위협하는 질병에 노출된 지역에 있을 수 있다(Lal, 1987).

농업 용도의 토양을 관리하는 두 가지 기법은 (1) 침식을 방지하고 (2) 광물과 물을 보유하는 능력을 보존하고 향상시키는 것이다. 하나는 표면과 경사면에 집중해야 한다. 표면이 노출되어 토양이 비에 쓸려갈 수 있으면 안된다. 이동경작은 본질적으로 밭에 쓰레기를 많이 남기므로 토양을 비와 태양으로부터 보호하고 침식을 줄이며 토양 수분을 보존한다. 제로 경작이나 뿌리 뽑기와 같은 현대 기술도 토양과 습기를 유지하는 데 많은 역할을 한다(Blaut, 1963, 1993: 74). 경사면에 있어, 토지를 수평으로 만들 수 있다면 침식의 위험이 감소하고 강우량을 포착할 수 있는 토양의 능력을 강화시켜 토양이 쓸려가는 것을 줄이거나 지연시킬 것이다.

이동경작을 시행하게 되면 토양은 사용된 후에는 장기간의 휴면 기간을 두어 식생이 다시 자라 초기 단계에서와 같이 비옥해지도록 한다(자라는 식물은 탄소와 기타 미네랄 영양분을 지상에 고착화시킨다). 농부들은 식물 뿌리를 이용해 토양 구조를 개선하기도 한

표 10.2. 지표면 종류에 따라 가속화되는 침식과 유수

토지 사용 유형	침식으로 인한 토양 유실(헥타르당 미터톤)	유수로 인한 물 손실(강우의 %)
방목하지 않은 덤불	0.0	0.4
풀	0.0	1.9
수수	78.0	26.0
노출 휴한지	146.2	50.4

출처: Sundborg and Rapp(1986: 216).

다. 버려지는 잎으로 뿌리를 덮어 침식을 방지하며, 소각을 통해 영양분과 재(인을 증가시킴)를 증가시킨다. 깊은 뿌리를 가진 다년생 초본은 땅 위로 영양분을 가져와 이를 다시 토양으로 흡수될 수 있도록 한다. 또한 광범위한 작물종을 밭에서 혼합 재배하여 해충을 방제하기도 한다.

표 10.2에 제시된 수치를 비교하면, 토양이 덤불이나 풀 등으로 잘 덮여있을 때 토양 손실이나 유출이 거의 없음을 알 수 있다. 그러나 이들이 제거되어 토양이 노출되면 급격히 증가할 수 있다. 토양의 손실과 유출을 예방하거나 줄이기 위해 주로 지역 농부들이 고안한 몇 가지 방법을 사용할 수 있다. 여기에는 수확 후 쟁기질을 통해 윤곽선을 만든다거나, 식물의 뿌리덮개를 분뇨와 농작물 잔여물을 토양에 섞어 덮어주거나, 풀잎을 포함하여 작물 로테이션을 활용하거나(즉, 밭을 한 번 초원이나 풀밭처럼 관리하는 것), 줄무늬로 자르거나, 계단 형태로 만드는 등의 방법이 있다. 계단 만들기에는 여러 형태가 있다. 가장 널리 쓰이는 것은 좁은 형태(능선형) 테라스인 *fanya juu*(아래 설명 참조), 전방 경사 계단식, 수평 계단식, 역방향 경사 계단식, 변형된 계단식(계단식 또는 과수원식이라고도 함) 등이 있다(Thomas, 1978: 33). 폭이 좁은 능선형 계단식 경작지와 폭이 좁은 채널형 계단식 경작지는 최대 10°의 경사면에 사용되며, 다른 형태는 최대 27°의 경사면에 사용된다. 변형된 계단식 경작지는 더 가파른 경사면에 사용된다.

계단식 기법에는 또한 장벽, 방향을 바꾸는 도랑, 줄기 작물, 풀밭 배수로 등을 사용할 수 있다(Ngugi, Karau, and Ngoyo, 1978: 49). 케냐에서 널리 사용되는 기술 중 하나는 *fanya juu*("위로 만들다" 정도의 뜻)라고 불리는 것으로 경사진 밭의 윤곽을 따라 도랑을 파내면 도랑을 만드느라 퍼올려진 흙을 경사면 바로 위쪽으로 쌓는다. 그다음 침식으로 퇴적물이 경사 아래편으로 내려와 이들이 만나게 된다. 시간이 지남에 따라 이것은 물의 흐름에 대한 장벽을 만들어 비가 올 때 수분 흡수를 개선시키며 토양 손실을 줄이거나 막는다. 타일로 바닥을 놓아 물을 모판의 뒤쪽으로 향하게 해서 땅속에서 이를 따라 계단 끝에 있는 잔디로 덮인 배수로로 물이 흐르게 한다고 해도 계단식 경작지는 매우 복잡할 수 있다.

경사면으로 인해 필요한 경우 계단을 만드는 것이 침식을 예방하고 토양 비옥도와 수분 이용도를 향상시키는 가장 좋은 방법이긴 하지만, 동시에 노동력과 시간을 가장 많이 요구하는 방법이기도 하다. 콜린스 Collins(1987: 32)는 페루에서 유지 보수가 거의 없이 20년 동안 지속될 수 있는 흡수식 계단식 경작지 1헥타르를 조성하기 위해 752명 이 하루 동안 일해야 했다고 전했다. 탄자니아와 케냐에서 강제 노동을 통해 조성된 계 단식 경작지는 대중의 큰 반발을 일으켜 이 문제를 중심으로 1950년대 후반 독립 운동 이 일어나게 되었다(Young and Foke, 1960). 계단식 경작지를 조성하는 일은 물론 모든 정규적인 연간 농업 스케줄과 조정하여 수행되어야 한다.

중장비(예: 트랙터, 불도저)를 활용해 기계식으로 토지 정리를 할 경우 "토양은 보통 더 복잡해지며 침출 및 침식률이 증가하고 토양 비옥도가 급속히 고갈되며 부지의 생산 능력이 곧 감소하기 마련이므로 손으로 하는 토지 정리의 결과에 비해 회복이 훨씬 느 리다"(국가연구위원회 1982: 164). 표 10.3을 보면 이를 분명히 알 수 있다. 중장비가 사용 된 후 서구의 전통적인 경작 방법을 적용했을 때 유출을 통한 물 손실량은 0.6%에서 56%로 크게 증가했으며 토양 손실은 헥타르당 0.01톤에서 헥타르당 19.57톤으로 증가 했다. 이러한 방법을 사용했을 때 수확량이 다소 더 높긴 했지만(헥타르당 0.5톤에서 1.8 톤), 농사를 오랫동안 유지할 수 없는 것은 확실하다. 또한, 토양이 압축되어 농사짓기가 더 힘들어진다.

임업에 있어 열대 우림종의 그 다양성은 특수한 문제를 초래한다. (일부 중서부 산림 에서와 같이) 성숙한 나무의 순수한 줄기를 수확할 수 없다. 그리고 여러 종류의 견목은 활용도가 다양하나 이를 포기하고 경제적 목적을 위해 사용해야 한다. 열대우림을 베어 버리면 이런 종의 손실로 이어져 식생이 이전의 상태로 돌아갈 수 없게 된다. 이렇게 되 면 실제로 사바나나 초원으로 발전하여 새로운 경관이 출현할 수도 있다. 이는 또한 토 양의 압축과 지하수의 산성화를 초래한다.

채소재배와 원예

아프리카의 여러 습한 열대체계는 종자에서 발아하는 것보다 식물의 절단 부분에서 생 장하기 시작하는 원예나 채소 재배의 형태이다. 이러한 체계에서는 카사바, 참마, 감자, 고구마, 토란, 갈저, 엔시트와 같은 뿌리작물과 코코넛, 감귤류, 바나나와 같은 나무작물 이 주작물이다(바나나는 실제로 뿌리줄기를 심어 전파되므로 실제로는 나무가 아니며, 본질적으 로 종자에서 전파될 수 없다).

이러한 시스템은 이들이 이식되는 자연 시스템과 연관성이 있다. 사람이 많이 거주

표 10.3. 나이지리아 이바단의 알피졸 토양에서 대체 토지 개간과 준비 시스템이 토양 특성과 옥수수 수확량에 미치는 영향

벌목 수단	토양 고르는 수단	벌목 소요 노동 (1인/하루/헥타르)	트랙터 시간 (시간/헥타르)	침식 유실 (톤/헥타르)	유수 유실 (강우량의 %)	옥수수 수확량 (톤/헥타르)	표피 토양 pH	가용 P (ppm)
전통적 화전 식재	손	57	—	0.01	0.6	0.5	6.6	14
화전 완료	무경운	117	—	0.37	3.5	1.6	6.8	13
화전 완료	관행 경운	117	—	4.64	12.1	1.6	6.8	19
절단기 장착 불도저	무경운	—	1.9	3.82	19.1	2.0	6.2	10
뿌리 제거기 장착 불도저	무경운	—	2.7	15.36	34.2	1.4	6.3	4
뿌리 제거기 장착 불도저	관행 경운	—	2.7	19.57	56.0	1.8	6.5	10

출처: National Research Council(1982: 164)(International Institute for Tropical Agriculture(IITA)의 1980년 자료 사용). National Academy of Sciences 1982년 저작권. National Academy Press의 허가 후 사용.

하는 아프리카 열대와 아열대 대부분은 인간 거주지가 없다면 토양과 기후 조건에 따라 일종의 숲이나 삼림 지대를 형성할 것이다. 아시아와 라틴 아메리카에서도 마찬가지이다. 폐쇄 캐노피 숲과 열린 캐노피의 낙엽성 활엽수와 숲 지대가 넓게 분포해있을 것이다. 즉, 나무가 경관의 대부분을 차지할 것이다. 이전에 언급했듯 나무를 제거하게 되면 토양 조건(토양 수분, 토양 온도, 토양 화학, 토양 이동/침식, 수문학적 조건)에 일련의 변화를 초래하여 경관과 특유의 식생이 자라도록 하는 환경을 바꾸어놓는다. 오래전 기어츠 Geertz(1963)는 다층을 이루며, 혼합 식재, 집중적 경작 등의 특징을 보이는 인도네시아 농업을 연구한 결과 열대 지방의 토착농업 시스템은 숲의 식생 형태와 환경적 결과를 모방하는 경향이 있음을 제시한 바 있다. 이러한 시스템은 노가드 Norgaard(1994: 81)가 제시한 "공진화 과정(complex process)"의 예이다. 즉, 환경과 사회 시스템은 예측이 가능한 보편적인 과정을 따르는 것이 아니라 특수한 맥락(장소 및 시간)에 맞는 방식으로 함께 진화한다는 것이다.

농작 해충과 야생동물

카이테무는 야생동물, 특히 옥수수와 호박을 먹어치우는 고슴도치 때문에 골머리를 앓고 있다. 이비비 *ivivi* 라는 해충은 비둘기 완두와 동부콩에 피해를 입힌다. 다행히 옥수수에 피해를 입히는 해충은 없다. 새는 기장과 사탕수수에 해를 입힌다. 가장 큰 피해를 주는 새는 엥웨이 *ngwei*이다. "농작해충과 야생동물"은 새로 심은 씨앗, 자라는 작물, 보관된 작물 등 농업생산주기의 모든 단계에서 작물에 해를 입히는 동물, 조류, 곤충 등을 가리킨다.

솔로몬 Solomon(1949)과 오웬 Owen(1973)의 인용문을 통해 농업 야생동물의 환경적 맥락을 이해할 수 있다.

> 넓은 의미에서 생태학적 복잡성의 정도에 따라 지리적으로 구획이 이루어진다. 열대우림에서 온대 지역 또는 극지방과 기타 불모지로 갈수록 육상 생물의 개체 수 및 다양성이 감소한다는 것은 널리 알려져 있다. …개체 수 밀도의 변동성도 이에 따라 더 커질 것이다. 이러한 결론을 뒷받침할 수 있는 증거가 있다. …북극 지역으로 갈수록 산림곤충은 더 널리 주기적으로 나타난다. 열대우림에서는 가장 적게 나타날 것이다.
>
> …열대우림 대다수 종의 밀도는 상대적으로 낮은 편이며, 이는 적과 경쟁자에 대한 투쟁이 더욱 치열하기 때문일 수 있다. …매우 이질적인 물리적 환경에서는 일반적 환경이 아무리 가변적이라 해도 생식에 유리한 소규모 서식지가 지속적으로 공급될 가능성이 더 높다. 다른 한편으로, 특정한 시기에는 그런 환경의 특정 부분만이 유리할 수 있다. 이런 상황은 개체 밀도가 극단적으로 변화하는 것을 저감시킬 수 있다(Solomon, 1949: 30).
>
> 단일 작물을 재배하게 되면 그 작물 및 작물과 연관된 야생종을 섭취하는 곤충의 개체 수 증가를 초래할 가능성이 높다. 농부가 키우는 작물종의 다양성은 작물에 대한 곤충의 영향을 감소시키지만, 작물을 큰 규모로 넓은 지역에서 재배하게 되면 해충 군집이 형성된다. 따라서 많은 토지를 단일 작물로 전환하여 농업을 개발하려는 계획은 해충 군집의 증가를 예방하기 위한 조치가 취해지지 않는 한 실패할 가능성이 높다(Owen, 1973: 85).

열대와 아열대 생태계 관리에 관한 장에서 농작 해충과 야생동물에 대한 섹션을 포함한 것이 의외일 수 있지만, 이것은 토착적 관행에서건 서구과학에서건 매우 심각한 문제이다. 제3세계 국가의 농부들은 곡물 수확기 이전에 밭에서나 곡물 수확 이후 곡물 저장고 또는 다른 저장 장소에서 엄청난 손실을 보곤 한다. 탄자니아에서 야생동물로 인한 피해는 다음과 같이 생생하게 묘사되고 있다.

> 1944년, 탱가 Tanga지역에서는 야생 돼지로 인한 피해가 남부지역은 작물의 10−15%, 북쪽 지역은 25−35%에 달했다고 추정되었다. …1952년, 가뭄으로 식량 공급이 이미 고갈된

서쪽 킬리만자로 지역에서는 새들이 곡식 작물을 해치기 시작해 기근에 가까운 상황을 초
래했다. 동부 지방 여러 곳에서는 1958년, 쥐, 비비, 원숭이, 돼지가 생산된 식량 작물의
1/3을 소비한 것으로 추정되었다(Mascarenhas, 1971: 259).

"열대 지방에서 곤충으로 인한 저장 식품 손실률이 10%에서 50%에 이른다"라고
호웨 Howe(1965: 285)는 밝혔다. 한 언론가가 아래와 같이 지적한 것처럼 제1세계가 식
량을 수입하는 것은 해결책이 될 수 없다.

경우에 따라 다르지만 식량 손실량은(성장 중이거나 이미 저장되어있는) 대략적으로 곡식
의 30−50%에 이른다. 그러나 손실된 작물을 대체하기 위한 비용은 2−3배에 달하는데
이는 손실작물을 대체하기 위해 수입해야 하는 식량은 조건이 더 까다롭고, 필요한 가공
을 거쳐야 하며, 운송 비용이 추가되어야 하기 때문이다(Ceres, 1976: 8).

탄자니아 야생동물 사례

탄자니아 최초의 농업인구조사와 농업기후조사를 행한 다르에스살람 대학(University of
Dar es Salaam)의 연구 자료를 바탕으로 작성된 표 10.4와 표 10.5는 제3세계 사람들이

표 10.4. 탄자니아 농부들이 평가한 농업 문제 순위

문제	1위	2위	3위	4위 이하	언급횟수	계산된 경작지 면적의 %[1]
멧돼지와 그 외 야생동물	366	245	112	105	828	90.4
강수 부족	89	47	54	142	332	36.2
강수 시기 부적합	87	45	51	137	320	34.9
새	80	165	94	275	614	67.0
해충	56	70	68	27	221	24.1
토지 부족	46	21	32	60	159	17.4
가격 변화	38	90	82	138	348	38.0
고립과 의사소통 어려움	29	60	50	121	260	28.4
지나친 강우	22	21	17	81	141	15.4
절도	18	29	46	106	199	21.7
낮은 토양질	10	7	16	11	44	4.8
자본 부족	7	3	6	41	57	6.2
홍수	3	4	1	10	18	2.0

출처: Porter(1976b).
[1] $N = 916$.

표 10.5. 탄자니아 농부들이 평가한 야생동물별 작물에 대한 피해

야생동물 유형	1위 경작지 수	2위 경작지 수	4위까지 경작지 수	계산된 모든 경작지의 % (N=916)[1]
멧돼지	430	102	554	60.5
새	144	208	517	56.4
원숭이	88	127	292	31.9
해충	56	70	222	24.2
쥐	36	34	112	12.2
개코원숭이	28	38	85	9.3
호저	18	24	57	6.2
코끼리	10	13	42	4.6
하마	9	15	37	4.0
기타[2]	31	31	94	10.3

출처: Porter(1976b).
[1] 총언급: 219.6(또는 경작지당 2.2 야생동물).
[2] 영양, 물소, 덤불다람쥐, 소, 염소, 고슴도치, 하이에나, 자칼, 표범, 사자, 두더지, 몽구이, 토끼, 코뿔소, 양, 달팽이, 사마귀호그 등.

해충과 야생동물을 얼마나 심각하게 생각하는지를 보여준다(Porter, 1976b).[5]

이 대학 연구원들은 조류, 곤충, 그 외 해충이 지니는 심각성에 놀랐다. 멧돼지와 그 외 몇몇 야생동물은 "가장 심각한 문제"(표 10.4 참조)로 목록의 최상위에 위치해있었다. 10가구 중 9가구가 심각한 문제로 언급했다. 비의 양과 시기는 "가장 심각한 문제"의 2위와 3위를 차지했으며, 그 다음으로 조류와 곤충이 뒤따랐다. 그러나 조사에서 조류에 대한 언급은 강우 문제의 두 배에 달했다(강우 시기는 34.9%, 강우량은 36.2%인 반면 조류는 67%). 농업 개발에 있어 제1세계 농민이 직면하는 작물 가격, 수송의 질, 자본 부족, 척박한 토양, 토지 부족 등과 같은 여러 제약 사항은 탄자니아 농민에게 있어 큰 고민거리가 아닌 것으로 나타났다. 문제가 언급된 횟수를 보면 야생동물－새－곤충은 1,663회를 기록했으며 물 관련 문제(홍수 포함)는 811회, 토지 관련 항목은 293회, 그 외 다른 문제들(모두 사회 경제적)은 864회를 기록했다. 농민이 꼽은 가장 심각한 문제의 거의 60%가 야생동물－새－곤충의 문제였다.

표 10.5는 야생동물이 초래한 피해의 심각성에 대해 농민들이 순위를 매긴 결과이다. 여기서도 멧돼지는 가장 높은 순위를 차지했으며, 새의 순위도 크게 뒤떨어지지 않는다. 어떤 특정한 야생동물이 문제를 일으키는지는 탄자니아 지역별로 상당한 차이를 보인다. 예를 들어 빅토리아 호수 남쪽 므완자 지역 Mwanza Province에 있는 스쿠말랜드 Sukumaland라는 면화 재배 지역에서는 호저가 심각한 문제가 되었다. 관광구역 인근 거주지에서는 코끼리가, 강과 호수 근처 지역은 일반적으로 하마가 초래하는 파괴가

탄자니아의 파괴적인 동물과 곤충

멧돼지

멧돼지(아래 그림)는 밤에 먹이를 찾으러 다닌다. 전음 발신기 5-20의 소리를 내며 돌아다니며, 특히 옥수수와 카사바에 큰 피해를 입힌다. 덤불, 키가 큰 풀, 갈대밭, 울창한 수풀 등에 서식한다. 몸집이 큰 수컷은 체중이 77킬로그램이고 어깨 높이가 80센티미터이다. 이들은 어금니로 곡물을 뿌리째 뽑아 버리고 농작물을 짓밟고 먹어치워 자라고 있는 농작물에도 큰 피해를 준다. 탄자니아 해안 지역에서는 이슬람교 사람들이 돼지고기를 먹지 않기 때문에 멧돼지를 잡는 것은 식량과 관련한 이점이 없다.

조류

여러 조류 품종 중에는 농작 해충이 있다. 가장 중요한 것으로는 수단 디오크 Sudan dioch나, 깔끔하게 지은 둥지로 인해 위버라고도 불리는 엥웨이다. 이 새는 큰 떼를 이루어 날아다니며 밭을 습격하여 씨앗을 먹어치운다. 1백만 마리가 하루 5만 5천 킬로그램의 곡물을 먹어치울 수 있다. 곡식이 익어갈 때면 새 떼로부터 곡식을 지키느라 많은 시간을 소비해야 할 수 있다.

이들이 선호하는 서식지는 아카시아 멜리페라이며, 일반적으로 연간 강수량이 약 750mm가 되는 지역에서 서식한다(Disney and Haylock, 1956). 공중 및 지상 분무, 화염 방사기, 대규모 작업인력의 투입 등을 통해 둥지가 밀집된 지역을 파괴시킬 수 있다. 둥지가 대규모로 밀집한 경우 야간에 나무 밑에 석유나 등유를 다량으로 두고 동시에 발화시켜 거대한 화구의 폭발을 유도함으로써 모든 새를 한 번에 없애는 방법을 쓸 수 있다. Mascarenhas(1971: 262)는 13년에 걸쳐 소탕한 엥웨이의 숫자를 추정하여 발표했다(아래 그래프 참조).

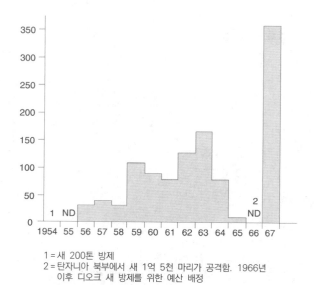

1 = 새 200톤 방제
2 = 탄자니아 북부에서 새 1억 5천 마리가 공격함. 1966년
    이후 디오크 새 방제를 위한 예산 배정

1965년에서 1967년 동안의 엥웨이 수백만 마리 방제기록. 출처: Mascarenhas(1971).

원숭이

원숭이는 20-30마리가 집단으로 다닌다. 일반적인 버빗 원숭이는 군집을 이루는 특성이 강하고, 적극적이며, 교활하고, 호기심이 많으며, 모든 농산물, 특히 과일과 옥수수를 끔찍하게 파괴한다. 한 연구에서는 원숭이의 약탈을 '바나나는 총 작물의 28%, 면화 21%, 옥수수 20%, 땅콩 18%, 카사바 19%'로 전했다(Mascarenhas, 1967).

곤충

작물의 성장과 저장 기간에 영향을 미치는 곤충의 종류는 당연히 수백 가지에 달한다. 예를 들어 커피에 영향을 미치는 주요 해충 800종 중 45종은 탄자니아에 서식한다(Price Jones, 1974: 184). 작물 손실은 곤충으로 인한 것이 야생동물로 인한 것보다 크겠지만, 곤충으로 인한 손실이 얼마나 되는지 농부들은 잘 알지 못할 수 있다. 보기에 멧돼지로 인한 손실은 엄청나지만, 곤충으로 인한 손실은 곤충 여러 종류가 여러 곡물에 초래한 피해를 종합하므로 그보다는 덜해 보일 수 있다. 탄자니아의 식생 모자이크는 열대우림과 마찬가지로 생물학적으로 복잡하고 다양하다. 본문에서 지적했듯, 곤충 개체 수의 급격한 변화와 피해 건수는 상대적으로 적다.

탄자니아에서 널리 실행되는 작물 간 혼합재배는 해충과 질병 수준을 감소시키는 데 기여한다. 단일 식량 품종이 대규모로 생산되어 해충 단일종에 유리한 환경을 조성하지 않는 점이 그 일부 원인이다. 농부는 특정 상황(예: 주기적 사이클이나 호우와 같은)으로 곤충이 발생하게 될 경우를 제외하고는 곤충으로 인한 어느 정도의 손실을 감내한다. 즉 곤충은 농부에게 어느 정도의 변동세를 부과한다 할 수 있다. 농민이 단일 품종을 재배하기 시작하면 피해는 훨씬 커질 수 있다. 예를 들어 면화에서의 손실은 매우 높다.

　　외딴 지역에서 번식하는 메뚜기(예: 붉은 메뚜기, 사막 메뚜기)도 특수한 문제를 유발한다. 이들은 군집 단계에 이르면 떼를 지어 함께 서식하며, 수렴기류를 통해 비가 많이 내리고 녹색 식생이 많아져 먹잇감이 많아진 지역으로 이동하게 된다(Rowley, 1993). 사막 메뚜기 조사는 사막 메뚜기가 번식한 지역을 수년에 걸쳐 모니터링한 결과이다. 군집을 이루기 이전 단계에서 메뚜기를 제거하면 잠재적 피해를 예방할 수 있다. 기차 엔진이 헛바퀴를 돌게 할 만큼 땅속 깊숙이 침투하여 대지를 덮는 조밤나방(Spodoptera exempta)과 같이 무리를 지어 서식하는 다른 많은 곤충도 피해를 입힌다. 곤충이 언제 침투했는지에 따라 농부들이 농작물을 다시 심어야 하거나 수확물의 손실을 초래할 수도 있다.

생쥐와 들쥐

탄자니아에서는 설치류의 거의 모든 종류를 찾아볼 수 있다. 거대 쥐와 지팡이 쥐를 포함한 생쥐와 들쥐는 야행성으로, 밭과 저장고 모두에서 작물(특히 곡물)에 심각한 해충이다. 이들은 대개 울창한 수풀이나 덤불 지역에서 지하를 파고 머문다. 서식지를 박멸하는 것은 본질적으로 불가능하며, 탄자니아 농민들은 전염병이 일정 수준에 달할 때를 제외하고는 일반적으로 쥐와 생쥐에 무관심하다.

비비

비비는 탄자니아의 모든 곳에서 볼 수 있는데 특히 바위가 많거나 산림이 많은 숲이 우거진 곳에서 볼 수 있다. 이들은 커피, 바나나, 캐슈, 카사바, 콩, 땅콩, 옥수수, 고구마 등에 심각한 피해를 준다.

호저와 고슴도치

고슴도치와 동부 아프리카 고슴도치는 지하에 굴을 파고 살며 야행성이다. 다 자라면 몸무게가 9-13킬로그램이며, 밤에 음식을 찾기 위해 16킬로미터까지 다닌다. 특히 고구마, 땅콩, 카사바와 같은 뿌리작물을 파괴한다. 고슴도치를 없애기 위한 방법으로 약이 자주 쓰인다. 수풀에 약을 두면 인간에게 해를 끼치지 않게 된다.

코끼리

부시 코끼리는 특히 국립공원, 사냥금지구역, 통제구역에 널리 분포되어있다. 이들은 매우 파괴적이며 발밑의 모든 것을 짓밟는다. 관광자원으로 가치를 지니므로 정부가 정책적으로 보호하지만 생명, 재산, 생계에 위협을 가하므로 해를 입히는 동물로 취급된다. 일반적으로 무리의 리더(암컷)가 살해되면 나머지는 인간이 거주하지 않는 지역으로 이동하도록 유도할 수 있다. 1955년에서 1967년 사이 탄자니아 야생 자연부는 코끼리 34,174마리를 죽였지만 이는 일부에 불과했다.

하마

하마는 강과 호수에 서식한다. 이들은 물에 인접한 지역의 초목에서 거주하며, 야행성이다. 대부분의 지역에서 이들을 사냥하는 것을 불법으로 규정하고 있으며, 대규모 범람원 근처에서 인간 정착지에 엄청난 피해를 줄 수 있다.

기타 야생동물

이외에도 설문 응답자들은 바위너구리, 도마뱀, 토끼, 오소리, 또는 꿀벌 오소리, 수풀 다람쥐, 하이에나, 사자가 포식자인 야생 개, 버팔로, 비단뱀 등 다수의 야생동물이 작물에 피해를 준다고 언급했다 (표 10.5 참조).

더 문제가 된다. 계절에 따라 피해가 달라질 수 있다. 일부 야생동물(예: 멧돼지, 고슴도치, 사마귀, 설치류, 하마)은 야행성인 반면 또 다른 야생동물(예: 원숭이, 개코원숭이, 새)은 낮 시간 동안 활동하므로 때로는 작물을 24시간 동안 지속적으로 지켜야 한다. "탄자니아의 파괴적인 동물과 곤충" 사이드바는 탄자니아의 주요 야생동물, 피해 시기, 위치 등을 요약적으로 제시하고 있다.

사이드바를 보면 야생동물을 퇴치하기 위한 방법은 종류에 따라 다르다는 것을 알 수 있다. 또한 탄자니아의 식생은 재배지, 휴경지, 방목지, 산림, 관목이 모자이크와 같이 산재한다. 이렇게 배열되어있으므로 곤충에 대한 취약성은 감소시킬 수 있지만 야생동물의 모든 잠재적 서식지를 없애는 것은 불가능해진다. 대규모 관광구역에는 해충 서식 저수지도 있다. 탄자니아의 관광공원은 1896년에 설립되었다. 인구가 증가함에 따라 국가 및 지역 단위 관광공원, 구역, 보전 지역, 관리 구역 인근에 사는 인구는 점점 증가하고 있다. 이로 인해 농민, 농작물, 가축이 야생동물로 입는 피해는 더욱 증가하게 되었다.

인간이 생태계를 지배하기 위해 다른 생명체 또는 생계유지를 위해 적어도 그 일부를 다루어야 하는 문제는 많은 다른 영역과 연관되어있다. 예를 들어 파동편모충증(trypanosomiasis)의 대체주인 체체파리는 열대 아프리카에 널리 퍼져 대륙에서는 소를 넓은 지역에 걸쳐 기를 수 없다. 식생이 제거된 토지라면 파리를 방제하고 관련 질병을 제거할 수 있다. 가축에 영향을 미치는 또 다른 질병 벡터는 진드기(*Amblyomma* spp.)이다. 진드기 매개 질병은 열대 및 아열대 지역 가축과 야생동물에게 영향을 주어 심수병, 혈뇨열, 이스트 코스트 열병, 아나플라즈마감염증 등을 유발한다.

수확 후 손실

수확 후의 손실 문제는 따로 다루어야 한다. 동물과 곤충 이외에도 작물의 판매량과 가치를 감소시키는 여러 가지 곰팡이와 균류를 생각해봐야 한다. 골드만 Goldman(1991)은 케냐의 사례를 통해 제3세계 농민들이 저장고에 작물을 저장하기 위해 사용하는 수많은 기술을 제시하고 있다. 수확 후 손실을 관리하는 전통적인 기술에는 처음부터 잘 자랄 수 있는 최상의 작물이나 품종을 선택하기, 태양에 건조시키기, 옥수수를 껍데기에 저장하기(보통 옥외 걸개나 프레임 사용), 냄비 또는 조롱박에 씨앗(특히 내년 씨앗)을 밀폐 보관하기, 저장고에 곡물을 훈제 또는 훈증하기, 곤충의 습격이 밭에서 시작되기 때문에 수확물을 저장하기 전에 곤충의 영향을 받은 곡물을 솎아내기, 곡물을 재 또는 고춧가루와 혼합하기, 새 수확물을 넣기 전에 저장고를 완전히 청소하기, 저장고 주변에 곤충 방제용 식물(예: 마리골드) 심기 등이 있다. 저장 곡물을 분쇄하는 데 말라티온(malathion)과 같은 상업적 제초제가 점차 많이 사용되고 있다. 또 다른 "기술"은 작물을 저장하기보다 팔아버려 다른 사람이 감염에 대비하도록 만드는 것이다.

물

물을 길어오는 것은 음베케와 음뷸라의 수많은 일 중 하나에 불과하다. 린드블럼 Lindblom은 캄바어로 쓴 책(Kitabu tja Kusoma)에서 여성의 역할에 대해 다음과 같이 설명한다(1920: 543－544).

> 그 여자의 일은 옥수수 가루내기, 밀가루 빻기, 나무 자르기, 물 길어오기, 채소를 찾아 요리하기, 남편과 자신이 먹을 음식 요리하기(!)이다. 그 외에도 소젖 짜기, 버터 만들기, 밭 갈기, 씨뿌리기와 작물 심기, 옥수수 수확하기, 기장, 페니실라리아, 비둘기콩 타작하기, 타작하기 위해 짚풀을 잘라 나르기, 오두막 쓸기, 가축 사육장의 입구를 닫고 청소하기(매우 가끔), 짚을 꼬아 가방 만들기, 호리병박 고치기, 아이들 먹이기(매우 중요한 의무), 젖 먹이기, 돌보기, 키우기(그러나 우리 개념의 교육은 존재하지 않는다).

이러한 목록에는 잡초 작업은 포함되지도 않았으며, 농번기에 할 일은 끝이 없다.

남자들(아마 여자들도 마찬가지겠지만)에 따르면, 아캄바의 아내는 항상 쓸모있는 것을 하고 있어야 한다. 아캄바에서는 이것이 여성의 덕목이다. 나(저자 중 Philip W.

Porter)는 길을 따라 걸으며 손으로는 사이잘 바구니나 가방을 짜는 등 공예품을 만드느라 바쁘게 손을 놀리는 여자 몇 명을 두고 아캄바 남자들이 칭찬하는 말을 들었다.

가구 내 물 공급

농촌 지역에서는 요리, 식기세척, 청소 등을 위해 필요한 집에서 사용하는 물은 보통 먼 거리에서 가져와야 한다(Adams, 1992; Gischler, 1979; White, Bradley 및 White, 1972; Thompson, Porras, Tumwine, Mujwahuzi, Katui − Katua, Johnstone, Wood, 2004). 이 작업에는 많은 시간이 걸릴 수 있으며, 특히 여성과 어린이에게 그렇다. 9개 마을(167가구)을 대상으로 진행한 한 연구에 따르면 여성과 어린이가 물을 길어오는 가구는 92%였다(Warner, 1969). 이것은 하루 네 번 정도 물이 있는 곳을 다녀와야 하는 것을 의미할 수 있으며, 일반적으로 어린이는 성인 여성의 1/3을 들 수 있다. 아프리카 동부의 여성들은 플라스틱 통이나 5리터들이 물통의 물 약 18리터(약 18킬로그램 또는 40파운드의 무게)를 머리에 이고 운반한다. 물을 얻는 데 걸리는 시간과 이동거리 사이에는 자연스럽게 체계적인 관계가 형성된다(그림 10.5)(Warner, 1969; Tschannerl, 1971). 가구에서 소비되는 물의 양과 운반해야 하는 거리 사이의 관계는 덜 강하다(그림 10.6). 어쨌든, 한 가구의 성인 여성은 매일(보통 아침에) 물을 나르는 데 몇 시간을 사용한다. 가까운 옥외 수돗가에서 물을 길어올 경우 멀리서 물을 길어온 경우보다 물 사용량은 약간 더 많을 수 있다. 그러나 실내 수도관(수도꼭지와 함께 화장실, 샤워기 포함)을 사용하여 집 내부에서 물 공급이 이루어질 경우 소비량은 20배 증가한다(왕가티 Wang'ati의 개인서신, 1989). 아프리카 사회에서 물은 모든 사람에게 똑같이 적용되는 무료 상품으로 간주되곤 한다(Carruthers, 1969: 12). 이러한 태도는 정부나 비정부기구(NGO)가 후원하는 프로젝트를 통해 물이 공급되는 경우에도 적용될 수 있다. 따라서 모든 수자원 개발 프로젝트에서는 어떻게 비용을 충당할 것인지를 준비해야 한다.

급수의 개선은 노동 시간, 거리, 양의 관점에서 접근할 필요가 있다. 수질과 건강 문제도 고려해야 한다. 헤지넨과 컨여스 Heijnen and Conyers는 수자원 개발의 영향에 관한 14가지 가설을 세웠다(1971: 55−62).

1. 물을 얻기 위해 걷는 거리가 줄어든다.
2. 사용되는 물의 질이 향상된다.
3. 물을 얻는 데 사용되는 시간과 에너지 소비가 감소한다.
4. 사용되는 물의 양이 증가한다.

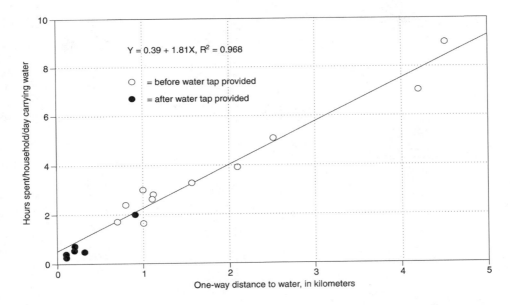

그림 10.5. 물: 탄자니아 11개 마을의 시간－거리 관계. 출처: Warner(1969) and Tschannerl(1971).

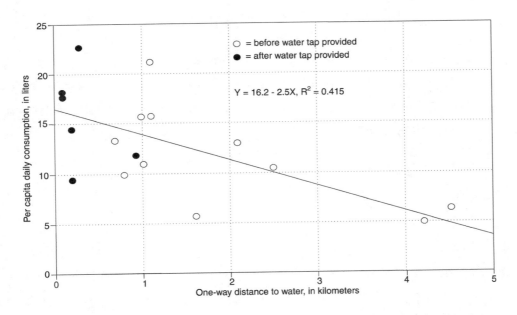

그림 10.6. 물: 탄자니아 11개 마을의 소비－거리 관계. 출처: Warner(1969) and Tschannerl(1971).

5. 물 공급이 개선되었을 뿐 아니라 더 안정적이 된다.
6. 너무 멀리 거주하는 사람들을 제외한 모든 사람이 개선된 물 공급처를 사용할 것이다.
7. 물 공급이 개선되어 발생하는 추가 시간이 생산적인 목적을 위해 사용된다.
8. 물 공급이 개선되어 건강이 향상된다.
9. 가축에게 양적, 질적으로 향상된 물을 공급하여 가축 사육으로부터 발생하는 소득을 증가시킨다.
10. 소규모 관개에 물을 과량으로 사용하여 물 공급 프로젝트의 경제적 이익을 증가시킬 수 있다.
11. 지표 수자원의 경제적 이익을 어업에 사용하여 증가시킬 수 있다.
12. 물 공급이 개선되어 부수적 경제활동 개발을 촉진한다.
13. 새로운 급수 시설은 물 공급처 주변에 정착지를 형성시킬 것이다.
14. 개선된 물을 사용하여 전반적 농촌 개발에 인센티브를 제공한다.

물 공급이 개선되어 혜택이 발생하는 것은 의심의 여지가 없지만, 모든 개발이 긍정적인 것은 아니다. 물 공급처에 도달하는 데 보다 적은 시간이 걸릴 경우 대기를 위한 줄이 더 길어져 절약되는 시간은 예상보다 적을 수 있다. 물의 질은 좋아질 수도 있고 그렇지 않을 수도 있다. 맛, 냄새, 선명도, 탁도는 수질의 매우 중요한 측면이며, 사용자가 새로운 물보다 이전 물을 선호할 수도 있다. 물 공급이 개선되었다 해도 구멍이나 펌프 시스템이 고장나거나 유지보수 문제가 발생할 수 있으므로 안정된 공급이 이루어지지 않을 수 있다. 장기적인 개발을 위해서는 급수 시스템이 견고하고 사용하기 쉬워야 한다. 공동으로 사용하는 물 공급원은 특히 저지대, 골짜기, 연못 등의 고인 물이 있을 경우 건강에 심각한 위험을 초래할 수 있다. 이들은 대장균 박테리아, 전염병(예: 콜레라, 장티푸스), 구충, 빌하르츠 주혈흡충, 말라리아 등을 전파시킬 수 있다. 물 공급처가 가축을 키우는 용도로도 사용된다면, 그 지역은 곧 짓밟히고 휘저어지며, 가까운 주변의 풀이 완전히 사라지고, 도랑이 생기며 토양 침식이 진행된다는 느낌을 줄 수 있다.

환경 위생

물은 또한 사용 후 품질을 검사해야 한다. 산업 폐기물, 하수, 쓰레기, 가정 쓰레기뿐 아니라 살충제, 화학 비료 등은 물 공급원을 쉽게 오염시킨다. 도시 지역이 클수록 회수되는 물과 오염원을 관리하는 것은 더 중요해진다. 제3세계 도시에서는 인구의 필요를 충족시키는 물 공급원, 빗물 배수, 하수도 처리 시스템이 있는 경우는 거의 없다. 많은 도시에서는 쓰레기 수거가 이루어지지 않는다. 대신 각 집 바깥쪽에는 쓰레기를 버리고 주기적으로 태우는 구덩이가 있어 지역 전반에는 불쾌한 냄새가 자리 잡고 있다. 비가 내리면 많은 사람이 홍수 피해를 입어 구덩이 화장실의 유출물은 쓰레기, 넘치는 빗물과 혼합된다. 그 결과 건강에 해롭고 살기가 불편할 뿐 아니라 위험한 상태가 된다.

상하수도 시스템을 구축하고 유지하는 비용은 시 정부의 능력을 넘어서는 것일 수 있다. 1970년대 초, 63킬로미터 떨어진 루뷔(Ruvu)강으로러 다르 에스 살람(Dar es Salaam)까지 파이프로 전송된 물 공급은 매우 안전하고 깨끗하여 누구나 수도꼭지에서 바로 마실 수 있었다. 수압도 좋았으며, 안정적으로 공급되었다. 1990년대 초반 인구가 두 배 이상 증가하자 공급이 불규칙해졌다. 수압은 가변적이었고 높은 곳에 위치한 건물에 물을 공급할 수 없었으며, 물을 끓여서 여과해야 했다. 정화하기 위해 물을 받아두면 하룻밤 사이에 바닥에 퇴적물이 쌓였다. 물을 끓여 안전하게 만드는 데 필요한 연료(전기, 목재, 숯) 구입을 위해 시간, 돈, 자원이 낭비된다.

제3세계의 농촌의 농업과 생계

우리는 카이테무 와 응굴라이와 그의 가족을 때때로 지켜봐왔다. 다음을 통해 친족 기반 생활을 좀 더 살펴보고 개선 방법을 생각해보자.

애착의 경제[6]

친족 사회는 구성원 각자에게 온전한 삶을 제공한다. 사람은 자기가 소비할 것을 생산하고, 자신이 살 집을 지으며, 친족 및 이웃 간 광범위한 네트워크를 통해 어려움과 위험에 대처하고, 가치와 예상치가 비교적 명확한 삶을 산다. 이들은 자연 속에서 살며, 자연을 정복하려 하지 않는다. 경험을 해석하는 방법은 시, 노래, 이야기, 춤, 유연한 표현, 지역 예술, 종교 관행 등으로 전체 맥락을 중시하고 강화한다. 퇴니에스 Tönnies(1887/1957)의 게마인샤프트 Gemeinschaft와 같이 출생과 함께 지역공동체의 일원이 된다. 사람들은 다른 사람과 일하게 되는 기회를 서구의 일반적인 비용회계("나에게 어떤 비용이 얼마나 들까? 시간은 얼마나 걸릴까?")에 따라 평가하지 않는다. 아프리카 개발을 공부하는 스웨덴 학생인 고란 하이든 Göran Hydén(1983)은 이를 "애착의 경제"라 칭하여 근대 산업국가의 시장경제나 중앙계획국가와 대비시켰다. 세계 시장경제는 거의 모든 곳에서 애착의 경제에 침투하고 영향을 미친다. 반면 친족기반 사회의 요소는 정도는 다를지라도 물물 교환,

공조, 기타 비공식 배치를 통해 근대사회에서 지속되고 있다. 친족기반 요소는 가난한 사람들과 소수 그룹에서 가장 강하게 발달하는데 그 부분적인 이유는 이 사람들이 시장 경제 상당 부분에 참여하지 못하기 때문이다. 캐롤 스택 Carol Stack(1974, 1996)은 이러한 친족관계에서 아프리카계 미국인들과 비슷한 패턴을 발견했다. 즉, 광범위하고 복잡한 친족 간 연결과 상호부조 패턴이 미국 북부의 도시 거주자와 지구 남반구의 그들의 농촌 출신 지역을 연결해준다는 것이다.

자매 간 유대는 특히 강하고 오래간다. 주어진 연령대의 청년 남성 또한 강하고 평생 지속되는 우정을 형성한다. 권위는 일반적으로 가부장적인 장로회의에 귀속된다. 젊은 남성과 여성은 연령대별로 다른 종교의식을 치른다. 친족 사회에서 구성원은 출생의 권리를 통해 소속되며, 삶의 과정에 대해 분명한 시각을 가지고 있다. "나는 누구인가? 나는 무엇을 할 것인가? 나는 무엇이 될 것인가?" 등과 같은 다양한 질문에 대한 대답을 모두 명확히 알고 있다. 각 사람은 세대를 거치며 끝없이 이어지는 친족의 일부가 된다.

우리는 애착의 경제를 좋아함 같은 감정과 혼동해서는 안된다. 하이든 Hydén(1983: 8)에 따르면, 애착 경제는 혈액, 친족, 공동체 또는 "종교"와 같이 유사성으로 연결되어 구조적으로 정의된 그룹 간의 지원, 연결, 상호 작용의 네트워크를 나타낸다. 친족과 농촌을 기반으로 정착한 삶에서 경험할 수 있는 아픈 감정과 내적 갈등의 범위는 광범위하다. 협력과 호혜의 상호 의무(교류와 공유)와 더불어 은밀한 적대감, 공포, 침략(일반적으로 간접적으로 표현됨), 세대 및 성별 간 갈등과 불평등, 질투, 불만, 소문, 주술 등 덜 우호적인 특성도 함께 존재한다(Edgerton, 1971; Lee, 1984: 87). 많은 경우, 강한 자는 약한 자를 착취하고 희귀 자원을 불평등하게 배분한다.

위험을 분산시키고 어려움을 나누기 위해 가족이 애착 경제를 어떤 방식으로 사용하는지에 특히 주목해야 한다. 모든 인간 집단은 문제를 해결하기 위해 활용할 수 있는 제도와 행위 방식을 가지고 있다. 인류학에서는 상호 부조가 친족관계, 동일한 연령 집단이나 씨족의 멤버십 또는 결혼이나 다른 계약 관계를 통해 어떻게 강요되고 제공되는지를 단계별로 방대하게 연구하고 있다. 계보 기반 사회 구성원에게 복지를 보장하는 방법의 풍부함과 사회적 파급 효과에 대한 이해를 돕기 위해 한 가지 예를 다소 자세히 제시한다.

목축은 계보 농업과 많은 공통점을 지니며, 가축의 필요에 대한 끊임없는 관심을 요구하는 삶의 방식이다. 방목업에 종사하는 가족의 구성원은 매일 방목, 물, 소금, 보호, 가축을 내보내고 들이는 등을 위한 자원을 제공해야 한다. 이 생계 수단에는 여러 가지 위험이 따른다. 일부 목축 사회제도는 위험을 분산시킬 수 있는 방법을 만들어냈고, 이를 통해 다른 중요한 사회적 목적도 달성되었다.

엘곤 Elgon 산 아래쪽(우간다 동부)과 이 산의 북서쪽에는 목축을 주업으로 삼으며 세베이 언어를 사용하는 사람들이 거주한다(Goldschmidt, 1969, 1976). 한 사람이 다른 사람에게 가축을 넘길 때 위험을 분산시키기 위해 사용할 수 있는 방법에는 다섯 가지가 있다. 이 중 하나는 *namanya*라고 불리며 "소의 선물" 계약이라 생각할 수 있다. 일단 라부 Labu와 므왕가 Mwanga(실명 아님)가 가축 교환에 동의한다. 라부는 잔치에 황소가 필요해 암송아지와 황소를 교환한다. 므왕가는 이 암송아지를 키워 다 자란 암소가 또 암송아지를 낳아 성장하여 생산력이 있음을 보여줄 만큼 많이 자라면, 라부에게 처음 암소와 그 암소가 생산한 수컷을 돌려준다. 이 거래 주기는 적어도 5년이 걸리며 평균은 10년 가까이 된다. 이 모든 일이 10년 안에 일어난다고 생각해보라. 세베이 목축업자들은 다른 사람(가까운 친지와 멀리 떨어져 사는 친척과 친구)과 수차례 *namanya* 계약을 할 수 있다. "달콤한 것은 빚진 암소"라는 격언이 있다. 이러한 방식으로 가축을 나누어 두면, 가축 질병, 번개, 절도 등으로 가축을 한 번에 모두 잃게 되는 위험이 감소한다. 가축이 도난당했을 때 마을 내 가축을 많은 사람이 소유했을 경우 절도범을 색출해내는 데 도움을 받는 것도 쉬워진다. 한 사람의 가축이 흩어져 있을 경우, 그의 가축의 수를 세거나 가축에 대한 세금을 매기는 것은 더 어려워진다.

세베이의 가축은 한 가구 내에서 가장, 아내, 자녀들과 구조적으로 연결되어있다는 것을 골드슈미트는 알게 되었다. 소의 계보는 계승의 형태로 표현된 끝없는 가계보이며, 이 계승성이 가계의 연속성을 강화한다. 가장은 아내에게 가축을 맡기는 것을 결정할 수 있으며 이는 *teita nye kityeilwo*("덧발라진 가축")이라 하여 아내가 가축에게 소똥을 바르는 의식을 통해 이루어진다. 의식 이후 아내는 가축을 아들과 동격으로 취급하는 관계를 맺게 된다. 남편을 포함하여 누구도 그녀의 허락 없이 그 가축을 팔거나 거래하거나 다른 계약을 할 수 없다. 세베이 사회에서 이 행위는 아내에게 지위를 부여하고, 아내는 이를 크게 기뻐한다.

*Namanya*을 비롯한 계약을 많이 지닌 부유한 목축업자가 죽게 되면, 그는 복잡한 재산을 남긴다. 골드슈미트는 캄부야 Kambuya의 재산에 대한 "유언공증"에 참관했다.

살마 Salma[캄부야 Kambuya의 장남]가 아버지의 가축을 나누어 700마리 가축과 그 출처 및 교환, 현금으로 받은 양, 교환을 주고받은 사람, 간혹 가축의 특이점 등 자신의 출생 이전까지 거슬러 올라가는 자료를 읊는 것을 보는 것은 가장 놀라운 경험이었다(골드슈미트의 1968년 개인서신).

살마 Salima는 각 동물이 자신의 계보에 속해있기 때문에 이렇게 거슬러 올라가서의 자료도 알 수 있었다. 모든 가축은 "소속"된다. *Namanya* 및 다른 형태의 교류를 통해 세베이 목축업자들의 운명은 뗄 수 없도록 연결되어있다. 계약은 세베이 목축업자들이 필연적으로 수년에 걸쳐 이익을 나눌 수밖에 없을 만큼 오랜 시간 지속된다("빚은 결코 썩지 않는다"라는 또 다른 세베이 격언이 있다). 이들은 가축 계약을 통해 깊은 우정을 발전시킨다. 따라서 경제적 위험을 감소시키는 제도는 사회적 의무, 책임, 공동의 이익, 우정 등도 만들어낸다. 계보 기반 사회는 확장성을 특징으로 한다. 권리와 의무의 네트워크 안에서 그들은 상호 원조를 제공하고 위험과 어려움을 공유한다. 이 책의 12장에서는 케냐 서부 포콧 Pokot(세베이 인근 이웃)의 사회, 공간적 제도에 대한 사례를 소개한다. 그 사례는 포콧의 농업 및 가축 유지를 위한 생태계 관리에 있어 필수적인 권리와 의무 그리고 스트레스에 직면했을 때 그들의 생계와 삶이 어떻게 안전하고 회복탄력성을 지니게 되는지 보여주고 있다.

제3세계 농업 생산성

제3세계 여러 농업 시스템이 개선된 종자와 비료, 농약, 제초제와 같은 기술적 투입물을 사용했을 경우에 비해 단위당 생산량이 낮다는 것은 의심의 여지가 없다(11장, 표 11.1 참조). 그러나 이러한 지역 시스템은 산업 농업과 비교했을 때 노동 단위당 높은 생산량을 나타내고(텃밭 또는 집중적 원예 양식과 같이), 때로는 단위 면적당 높은 산출량을 나타낸다. 또한 특성상 재정지출이 대규모로 필요하지 않다. 이러한 시스템의 문제는 고정된 자원을 활용하여 더 많은 사람에게 나누어주어야 한다는 점이다. 농경 시스템이 부적합한 지역으로 확장되거나, 토양 비옥도를 유지하기 위한 조치를 취하지 않은 채 똑같은 시스템을 더 많이 사용하게 되면 시스템은 스트레스를 받아 환경 악화가 초래된다. 다음 재배 이전, 휴경 기간이 끝날 시점에 토지가 이전에 지니던 비옥도를 완전히 회복하는 것이 중요하다.

　　1965년, 윌리엄 앨런 William Allan의 *아프리카 농부 The African Husbandman*라는 책이 나왔는데 이는 에스터 보즈럽 Ester Boserup의 생각을 많이 담고 있었다(6장, 표 6.3 참조). 이 책은 앨런이 훨씬 전에 오늘날의 잠비아에서 수행한 연구를 요약하고 있다. 앨런은 생태학자 콜린 트렙넬 Colin Trapnell, 인류학자 맥스 글럭맨 Max Gluckman과 함께 1930년대 아프리카 지역에서 생계에 필요한 토지의 양을 결정하는 방법을 만들어냈다. 이 방법은 지역별로 지역의 생계체계에 필요한 토양과 식생을 평가하고, 토지의 "수용능력"을 계산한다. 이를 위해 지역 주민에게 다음과 같은 주요 질문 네 가지를 했다. (1) "당신은 농사에 어떤 토양을 사용하며 토양은 무엇이라 부릅니까?"

(2) "이 토양을 사용한 후 얼마 동안 이들 토양 각각을 쉬게 합니까?" (3) "몇 번 재배 후 이 토양을 쉬게 합니까?" (4) "금년에 사용되는 밭 외에 휴경기에 있는 밭이 몇 개 필요합니까?" 그런 다음 그는 밭을 측정하여 한 가족이 필요한 토지의 양을 결정했다. 어떤 농업 체계건 이 정보가 있으면 미사용 토지를 측량하여 가용한 서로 다른 토양의 양을 파악한 후, 환경이 스트레스를 받아 비옥도 회복을 하지 못하여 토양의 질이 저하되기 시작하는 인구밀도 임계치(Critical Population Density[CPD])를 계산해낼 수 있다.

앨런에 따르면, 한 지역이 인구밀도 임계치를 초과하면, 수확량이 감소하는 하향식 나선형에 빠지게 될 것이므로 영구적인 환경 악화가 발생할 것이다. 수확량이 낮으면 농부들은 관습적 휴경기가 끝나기 전, 즉 비옥도가 회복되기 전에 밭으로 돌아가야 한다. 수확 결과, 그 밭은 이전보다 낮은 수확량을 낼 것이며, 농부는 더 넓은 지역을 경작해야 할 수밖에 없을 것이고, 다시 휴경지를 침범할 수밖에 없을 것이다. 따라서 승수효과가 존재하며, 시스템이 변경되거나, 인구-자원 관계가 인구전출을 통해 다시 균형을 맞추거나 또는 토양 비옥도를 회복하기 위한 조치가 취해지지 않을 경우 토양 악화가 불가피하다. 지속 가능하기 위해서는 활용되는 수단이 실제적인 손실(침식)이건 화학물리적 변화를 통해서건 토양을 장기적인 관점에서 손상시켜서는 안된다. 토지를 연속체로, 농업을 휴경기간에 따라 서로 다른 식생-토양의 복합체에 대한 관리로 보았던 보즈럽의 통찰력에 앨런도 독립적으로 도달했다. 그의 용어 중 일부는 표 6.3에 나타나있다.

앨런의 질문 네 가지는 CPD 계산 공식에 적용되어있다.

$$CPD \ = \ 640 \ / \ (100 \cdot LU \cdot C \ / \ P)$$

여기서 CPD는 생태 임계점인 인구밀도 임계치이다. LU는 토지이용계수 = (fl/cl + 1), 휴경기 연수(fl)를 재배 연수로 나눈 후 1을 더한 수이다(이를 통해 위 엘런의 네 번째 질문에 답을 할 수 있다). C는 경작 요소인 1인당 평균 재배 면적, P는 토지 중 경작 가능한 부분의 백분율이다. 표 10.6에 인구밀도 임계치를 계산한 사례가 제시되어있다.

앨런의 계산은 최상의 접근법이지만 동시에 가장 나쁜 접근법이기도 하다. 비옥도의 유지 및 균형의 관점에서 물리적 자원(토양-식생 간 상호 작용)과 이에 대한 인간의 실질적 활용을 직접적으로 연결시키고 있으므로 가장 좋은 접근법이다. 반면 균형이 폐쇄된 시스템에서 유지되므로 변화를 예측할 수 없기 때문에 최악의 접근법이다. 농업 시스템은 대개 역동적이며 시간이 지남에 따라 변화한다. 영국의 식민지 관리였던 앨런은 "게임 파크" 또는 "목장 관리" 모델을 소규모 농업에 적용했다. 목장과 게임 파크에서는 방목풀의 양과 가축 수 간 불균형이 생기면 균형을 회복하기 위해 가축을 죽이거

표 10.6. 윌리엄 앨런의 인구밀도 임계치: 실제 사례

	토지이용계수	일정 토지를 경작하는 데 소요되는 시간 %	경작 면적 (에이커)	휴경 면적 (에이커)	비사용 면적 (에이커)
1제곱마일(640에이커, 259헥타르)의 면적이 다음과 같이 경작된다고 가정한다					
매년 10% 사용 가능	LU = 1	100	64.0	—	—
2년에 한 번 20% 사용 가능	LU = 2	50	64.0	64.0	—
10년마다 60% 사용 가능	LU = 11	9	34.9	349.1	—
10% 사용불가	—	—	—	—	64.0
합계			162.9	413.1	64.0

노트. 경작 가능한 비율(P)은 90. 평균 토지이용계수는 3.53. 이는 총 휴경 토지를 총 경작 토지로 나눈 후 (413.1/162.9 = 2.54) + 1. 경작요인(C)은 1.0으로 가정. 앨런의 식으로 대입하면, CPD = 640/(100 · 3.54 · 1.0/90) = 640/(354 · 0.0111) = 640/3.9294 = 162.9. 따라서 CPD는 제곱마일당 162.9명 또는 제곱킬로미터당 62.9명.

나, 팔거나, 이동시킬 수 있다. 앨런의 시스템에 따르면, 인구밀도 임계치가 초과하지 않도록 하기 위해 인간에 대해서도 마찬가지로 출입제한이나 거주금지 등이 필요할 것이다. 이렇게 정적이고 단순한 식은 농업 수용능력모델의 심각한 단점 중 하나이다.

농산물 관련 문제에 대한 해답은 유기농이나 산업농업을 취하거나 버리는 입장을 정하는 데 있지 않다(사이드바: "쿠바의 지속 가능한 농업" 참조). 축산의 신중한 사용이나 기술적 투입 활용 중 어느 것 한 가지만으로도 생산량은 증가할 수 있지만, 두 가지 모두를 혼합하여 사용할 경우 수확량은 더욱 향상된다. 앨런(1969)의 "옥수수 다이아몬드"는 이 점을 잘 보여준다(그림 10.7). 실제 현장 실험을 토대로 하는 다이아몬드는 축산을 적절히 활용하는 것과 기술적 투입의 상대적 가치와 두 가지를 함께 사용할 경우의 이익을 설명하고 있다. 기술적 투입과 부적절한 축산에 지불하는 것은 아무 소용이 없다는 것을 앨런은 알게 되었다. 비용은 혜택을 상쇄했다(327케냐 실링 대 358케냐 실링). 기술적 투입 없는 적절한 축산은 생산량을 두 배 이상 증가시켰다(헥타르당 49.0퀸틀 대 19.8퀸틀). 잡종 종자 및 비료 사용과 결합된 적절한 축산은 수확량을 4배로 늘렸다(헥타르당 80.4 vs 19.8퀸틀).

그러나 근대적 투입을 선택하는 것은 심각한 단점이 있다. 농민들이 잡종 종자를 지역 종자보다 선호하게 되면서 농민들은 새롭고 복잡한 관계의 세계로 들어가게 된다(Yapa, 1993a, 1996b; 5장 사이드바: "개선된 종자는 무엇인가?" 참조). 첫째, 잡종 종자를 구입해야 한다. 둘째, 농부들은 잡종 종자로 재배된 작물에서 수확한 종사를 다음 농사 기간에 사용할 수 없다. 이어지는 재배마다 새로운 씨앗을 구입해야 한다. 셋째, 농민들은 잡종 종자 및 이와 관련된 투입물을 적시에 공급받기 위해 외부의 조직에 의존하게 된

쿠바의 지속 가능한 농업

쿠바가 1989년 소연방에서 해체되면서 소련이 쿠바에 지급하던 석유와 기타 보조금이 중단되었다. 이로써 지속 가능한 농업 분야에서 흥미로운 "자연적 실험"이 쿠바에서 행해질 수밖에 없는 조건이 형성되었다(Rosset and Benjamin, 1994a). 실제로 하룻밤 사이에 석유 공급이 53% 감소했고, 휘발유 가격은 엄청나게 올랐다. 비료, 살충제, 기타 화학 물질 재고는 80%가 넘게 감소했다(Rosset and Benjamin, 1994b: 83). 1992년에는 고도로 기계화된 쿠바의 국가 농장에서는 트랙터 약 2만 대를 유휴 상태로 두어야 했다.

외부지원 중단의 가능성은 오랜 기간 군사적 고려사항이었으므로 그 가능성에 대해 정부가 준비가 안된 것은 아니었다(Levins, 1990: 134). 민간방위 매뉴얼에는 농업 생산이 포함되어있었으며, 시립 농장은 수년간 쿠바 농업의 특징이었다. 또한 쿠바인들은 오랫동안 유기농과 지속 가능한 농업에 관심을 가지고 있었다.

이 상황이 발생하자, 정부 주도의 "토지로 돌아가기" 프로그램이 실시되었다. 국가농장을 협동조합 농장으로 재편한 후, 이전의 농업산업적 수단을 대체하여 유기농업을 실시하고, 쟁기질과 운송을 위해 동물을 사용하며, 지역에서 제조한 비료(퇴비, 농장 배설물 등)를 사용했으며, 통합 해충 관리, 인간 노동력 투입 증가 등이 실행되었다. 이 과정에서 쿠바가 과학을 거부한 것은 아니었다. 대신, 이전의 높은 에너지 및 화학적 투입 방식보다는 토양, 작물 및 해충 관리에 생물학적이고 유기적 접근법을 사용하도록 재구성되었다. 이는 페로몬 함정, 개미 식민지, 기생 말벌, 해충 방제를 위한 세균 및 곰팡이 살포로 구성되는 정교한 접근이었다. 또한 "동반 작물"(예: 고구와 옥수수/카사바와 콩)을 함께 재배함으로써 토양의 질을 향상시키고 토양 영양분을 효과적으로 사용하도록 하였다.

대다수 인구가 도시에 거주하는 쿠바 국민은 이러한 농업 변화에 참여했다. 일부 가구는 주택 및 다른 특전에 대한 대가로 협력 농장에 가입했다. 도시가정 집단은 일부 주정부 농장을 협동 농장으로 재구성했다. 학교 아이들, 공무원, 공장 노동자 및 기타 도시 거주자들이 농번기 기간에 교대 시간표에 따라 농촌의 농업 협동조합에서 2주씩 머물며 노동력을 제공한다. 도시에서는 많은 사람이 "배분 allotment"(작은 공동체 농장)을 조성하여 식량 생산에 기여한다. 식량 가공 및 보존에 대한 수업을 실시하여 19세기와 20세기 초 미국의 가정 농장을 연상시키는 방법이 다시 사용되었다.

이렇게 불가피하게 진행되었던 지속 가능한 농업에 대한 실험은 쿠바 국민이 식량자급을 달성했다는 의미에서 성공했다. 여기에는 상당한 노동력 우선순위와 식량 배급을 재조정하고 어느 정도의 어려움을 감수해야 했다. 그러나 더 이상 고에너지, 고화학 물질에 의존하지 않는 지속 가능한 농업에 대한 흥미로운 교훈을 제공한다.

다. 넷째, 종자와 특정한 노동 방식이 포함된 녹색혁명 패키지를 사용해야만 잡종 종자를 재배하여 수익을 올릴 수 있다. 농부들은 잡종 종자를 사용하여 생산량을 증가시키기 위해 제초제, 살충제, 살균제, 비료를 구입해야 할 것이다. 추가적인 비용이 드는 관개용수를 공급해야 할 수도 있다. 다섯째, 잡종 종자로 전환되면서 농업의 연속성이 급격하게 단절되는 심리적 측면이 있을 수 있다. 농부와 과거 농작물과의 계통학적 연관을 상징하여 농부가 씨를 심고 재배한 후 다음 해를 위해 저장하는 것이 더 이상 이루어지지 않는다. 농업 비수기에 종자는 안전하게 집안에 보관되지 않고 다른 곳에서 상품으로 구입해야 하므로 종자 공급원 및 다른 투입물과의 새로운 종속 관계를 형성하게 된다.

농산물 무역

제3세계 농업개발과정을 이해하기 위해서는 최근 수십 년간의 세계 식량 체계, 국제 노동 분업, 제3세계 산업화를 알아야 한다. 제3세계 국가의 농산물 수출은 1950년에는 53%를 차지했으나 1992년에는 24%로 하락했다. 이 기간 동안 세계 제조업 생산량에서 일본과 제3세계 중간소득 국가 그룹의 비율은 19%에서 37%로 증가했다. 여기에는 식품 정책뿐 아니라 산업정책도 부분적으로 기여했다. 1947년 관세 및 무역에 관한 일반협정(GATT, General Agreement on Tariffs and Trade)이 설립되었을 때, 미국의 완고한 입장으로 인해 무역 자유화와 관세장벽 철폐를 위한 노력에서 농업부문은 특별히 제외되었다. 그리하여 미국은 수입 쿼터와 수입 관세뿐만 아니라 작물가격 보조금을 통해 미국 농민들을 보호했다. 가격 지원은 밀, 옥수수, 쌀, 설탕, 면화 등 다섯 가지 곡물을 중심으로 이루어졌다. 이러한 보호 아래, 미국 농민들은 잉여 식량을 생산하게 되었다.

　　1954년 미국 연방의회에서 통과된 미공법 480호 식량지원 프로그램 Public Law 480 Food Aid Program(PL 480로 알려짐)은 미국 농부들이 해외시장에서 잉여 식량을 처리할 수 있는 기회가 되었다. PL 480 프로그램은 I－현지 통화를 활용하여 할인된 가격의 상업적 판매, II－기근 구호 및 식량 원조, III－일반적으로 광물을 지칭하는 전략적 재료의 물물교환의 세 부분으로 이루어져있었다. 식량 원조는 일찍이 PL 480 프로그램의 주요 구성 요소가 되었으며, 이의 상당 부분이 제3세계 식량 부족을 완화하는 데 사용되었다. 작물 가격이 보조되므로 농산물은 해외 시장에서 지역 농부들과 심각하게 경쟁하며 싼 가격에 판매될 수 있었다. 이는 농촌 생계가 처하게 된 수많은 어려움 중 한 가지가 되었다. 농촌 생활이 어려워짐에 따라 많은 사람이 농촌 지역을 떠나 도시로 이주하여 저임금 및 한계적 고용 근로자 계급에 합류했다. 한국과 같은 일부 국가에서는 이주자들이 저임금 산업 인력으로 편입되었으며, 이로 인해 국가의 야심찬 산업 목표를 촉진하는 데 도움이 되었다. 이와는 대조적으로, 식량 원조의 영향으로 콜롬비아 농업의 상당 부분이 무너졌지만 도시로 이주할 수밖에 없었던 사람들을 위한 산업부문 일자리가 거의 없었다. 따라서 PL 480과, 이의 실행에 도움이 된 국제식량 시스템은 일부에 국한하여 제3세계의 산업화를 돕긴 했지만, 제3세계 농업을 훼손하고 도시 슬럼 주택가와 강제적으로 토지를 떠나 실업 상태가 된 사람들을 양산하는 데 기여했다(McMichael, 1996: 59-73).

1966년까지 미국 밀수출의 80%는 식량 원조였고, 미국은 모든 식량 원조의 90%를 차지했다(McMichael, 1996: 62). PL 480을 통해 창출된 현지 통화는 미국의 사업 침투를 지원하고 지역, 특히 도시인구의 음식 기호를 바꾸기 위한 미국의 국제개발계획의 일환으로 사용되었다. 예를 들어, 한국에서는 밀가루로 만든 빵과 패스트리가 쌀을 대신하여 엄청난 이익을 얻었다. 맥마이클 McMichael(1996: 61)은 학교 점심에 빵을 무료로 제공하는 프로그램을 실시하고 한국 여성에게 샌드위치 만드는 방법을 가르친다는 것을 알렸다. 제3세계 식단을 바꾸려는 노력에는 쇠고기, 돼지고기, 가금류의 소비 촉진도 포함되었다. 농업 관련 비육 조건에 의해 소, 돼지, 닭은 사료 곡물(옥수수, 사탕수수, 귀리, 보리), 알팔파, 대두의 조합을 통해 사육한다. 세계 옥수수 무역은 눈부시게 증가했으며 1980년대 후반, 제3세계 축산업 성장의 직접적 영향으로 인해 밀 무역량의 6배에 달했다(McMichael, 1996: 67).

1960년 이래 전 세계적으로 식량 생산은 인구 증가보다 앞섰다. 1961년에서 2003년 사이 1인당 식량 생산은 약 25% 증가했다(그림 10.7). 특히 아시아 지역은 생산량이 43%가 증가했다. 사하라 이남의 아프리카의 식량 생산은 상대적으로 정체되어있으며, 2003년까지 42년 전 지수에 비해 8% 증가하는 데 그쳤다. 곡물 수입은 다른 방법으로

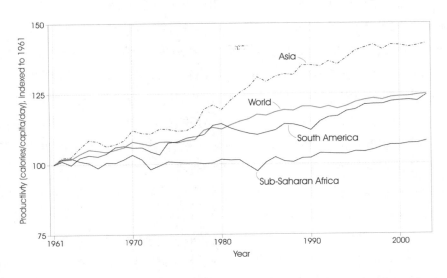

그림 10.7. 1961년부터 2003년까지 세계 1인당 식량생산. 출처: Food and Agriculture Organization(2006).

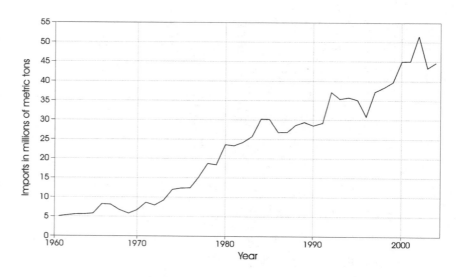

그림 10.8. 1961년부터 2004년까지 아프리카로 수입된 곡물. 출처: Food and Agriculture Organization(2006).

사용될 수 있는 귀중한 경화를 소비했지만(그림 10.8) 그럼에도 불구하고 식량 부족이 악화되기도 했다(Watts and Bassett, 1985: 23). 1961년 이래 아프리카로 수입된 곡물은 10배 증가했는데, 이는 PL 480 프로그램의 영향으로 인한 것이었다.

독성 화학물질과 생물권에서의 움직임

살충제 사용은 제3세계 국가에서 증가하고 있는 반면, 중위도 지역에서는 통합 살충제 관리에 대한 관심이 증가하면서 안정화되거나 감소하고 있다.[7] 살충제, 제초제, 살균제는 해충과 잡초를 방제할 수 있지만 심각한 오염 문제도 야기한다. 다양한 화합물(유기 화합물, 유기인 화합물, 벤젠 육염화물, 구리 곰팡이균)이 사용되고 나면 토양, 지하수, 생물체에 지속적으로 남아있게 된다(Adams, 1990: 117–122). 이들은 독성을 오랫동안 유지한다. 먹이 사슬에 들어가면 어류, 동물, 가축 그리고 궁극적으로 이러한 생물체를 소비하는 인간의 몸속이라는 더 높은 영양 단계에서 농축될 수 있다. 사람들은 또한 과일, 채소 곡물의 표면과 내부에 잔류물을 통해 살충제를 섭취한다.

    살충제가 더 많이 사용될수록 살충제의 대상인 해충은 이에 대한 내성을 키운다는 점이 문제다(National Research Council, 1986). 예를 들어, 한 보고서는 1984년까지 "전 세계적으로 638개의 해충종(절지동물 428개, 잡초 50개, 식물병원체 150개, 작은 포유류 해충 및 식물공격 선충 10개)이 하나 이상의 균주에 내성을 가진 균주를 보유한 것으로 알려졌다."(기술평가사무국 Office of Technology Assessment[OTA], 1988: 261). 살충제에 대한 내성발달은 살충제 과용으로 이어질 수 있다(Norman, 1978).

제3세계 국가로 유입되는 독성 화학물질의 흐름은 제대로 기록되어있지 않지만 크게 증가하고 있다. 인도의 살충제(녹색 혁명의 주요 구성요소) 소비는 1980년대 중반 2,000톤에서 1980년대 중반 80,000톤 이상(1인당 기준으로는 적은 양)으로 20년 동안 40배가 증가했다. 포스텔 Postel(1988: 121)은 "전 세계적으로 농약 중독은 매년 40만－200만 건이 발생하며 그중 대부분은 개발도상국의 농민들에게서 발생한다"라고 밝혔다. 농약 중독으로 매년 만 명에서 4만 명이 사망하는 것으로 추정되며, 만성적이거나 저량 노출로 인한 건강상의 영향도 있다. 1984년 인도 보팔에서 유니언 카바이드(Union Carbide) 살충제 공장에서 발생한 산업 폭발로 유독가스가 도시로 퍼져 거의 7,000명이 사망하고 주민 수십만 명의 건강에 장기적인 해를 끼쳤다. 이는 사고로 인한 노출인지의 여부에 관계없이 살충제가 미치는 해로운 영향 수백 가지 중 두드러지는 예일 뿐이다.

제3세계 국가에서 살충제에 대한 통제는 매우 허술하다(Bull, 1982). 제3세계 어느 시장을 가건 살충제의 이름이나 사용법이 명기되어있지 않은 유해 살충제가 작은 비닐백에 포장되어 판매되는 것을 볼 수 있다. 이러한 상황에서 살충제는 위험한 방식으로 다루어지고 남용되기 쉽다. 그 예로, 위험에 대한 정보를 제공받지 못한 어머니들이 머릿니를 없애기 위해 아이들의 머리에 살충제를 문지르는 것을 흔히 볼 수 있다. 기술평가사무국(1988: 261)에 따르면, 미국 살충제 수출의 약 25%가 국내 시장에서는 엄격히 제한되거나 중단되거나 금지된 화학 물질이었다. 1950년대에 사용되던 유기염화물(예: dichlorodiphenyltrichloroethane 또는 DDT)은 제3세계에서도 이제 거의 사용되지 않고 있다. 현재 많은 제3세계 국가는 잠재적으로 질병을 일으키는 식물과 위험한 살충제의 흐름을 통제하기 위해 필요한 법률이나 제도적 역량(검사, 기록 보관, 격리 시설 등)을 갖추고 있지 않다.

살충제는 제3세계 농부들에게 점점 더 인기가 있으며, 저장 중인 식품을 보호하는 데 특히 효과적이다. 농작물이 자라는 동안 농약을 사용하는 것은 부인하기 어려운 확실한 이점이 있다. 때로는 살충제를 사용한 작물의 수확량이 사용하지 않은 작물의 수확량보다 10배 더 많다. 해결책은 정확한 양을 정확한 시기에 신중하게 사용하면서 건강에 문제를 야기하고, 불필요한 비용이 들며, 해충종의 살충제 저항성을 강화시키는 남용과 오용을 피하는 것이다.

지속 가능성 과학

러탄 Ruttan(1994: 211)이 지적했듯 "사회운동이 아직 방법론이나 기술을 정하지 못한 상태에서 이 데올로기의 지위를 얻는 것은 드문 일이 아니다." 또 다른 특징은 진보적이지만 소외된 집단이 제안한 새로운 용어를 주류 조직이 흡수하거나 "확립 과정에서의 전용(establishment appropriation)"이 이루어질 수 있다(Ruttan, 1994: 211). 이러한 과정이 지속 가능성에 발생했다. 일부 정의에 따르면, 지속 가능성은 계급 및 사회관계와 관련된 형평성 문제를 가려서 자연보호라는 추상성을 대신 강조하는 기능 때문에 활용되기도 한다.

지속 가능성과 지속 가능성 과학에 대한 아이디어는 *차이의 세계* 초판이 출판된 이래 범위와 정교함이 상당히 발전했다. 2005년 스위스 다보스(Davos)에서 개최된 세계경제포럼(World Economic Forum)에서 환경지속 가능성지수(ESI)가 공개되었다(Yale Center for Environmental Law and Policy, 2005a). ESI는 76가지 변수(환경에 관한 데이터), 이를 21개 지표로 나눈 환경 지속 가능성 지표 그리고 지속 가능성의 근본요소 다섯 가지로 이루어진다. "ESI는 천연자원 보유, 과거와 현재의 오염 수준, 환경 관리 노력, 전 지구적 공공재에 대한 공헌 그리고 시간의 경과에 따라 환경을 향상시킬 수 있는 사회 역량 등 21가지 요소에 따라 국가의 순위를 평가한다"(Yale Center for Environmental Law land Policy, 2005b: 1). 예를 들어, 대기 중의 이산화질소, 이산화황 및 미립자 농도와 실내 공기의 질은 대기의 질에 영향을 미친다(21개 지표 중 하나). 대기의 질, 생물다양성, 토지, 수질, 수량은 환경 시스템을 구성한다. 다른 네 가지 구성 요소는 환경 스트레스 감소, 인간 취약성 감소, 사회 및 제도적 역량, 전 지구적 책무 등이다. ESI 연구와 출판 프로그램의 주요 목표 중 하나는 개별 국가에 대한 기준치를 제공하여 그들이 다른 국가와 비교하여 어느 부문이 강하고 어느 부문에서 실적을 향상시킬 수 있는지를 알 수 있게 하는 것이다. 기준치는 정부가 "데이터 중심" 정책을 수립할 수 있도록 양적 데이터를 제공한다. ESI와 가장 밀접하게 관련된 변수는 시민 및 정치적 자유, 정부의 효과성, 정치적 제도, 국제 환경 협약 참여 등이다.

지금 시점에서 환경적으로 완전히 지속 가능한 국가는 없지만 다른 국가에 비해 훨씬 좋은 실적을 보이는 국가는 있다. 핀란드는 75.1점으로 1위에 올랐지만 북한은 29.2점으로 146위를 차지했다. 미국은 아르메니아와 미얀마 사이인 45위이다. 미국은 수질, 환경보호 역량과 같은 일부 점수에서 높게 평가되지만, 온실가스 배출량과 폐기물 발생량이 합산되면 전체 점수가 훨씬 낮아진다. ESI 관련 다수의 정보출처는 온라인에서 찾아볼 수 있다(www.yale.edu/esi 참조).

농업 연구

식량 수요를 충족시키기 위해 제3세계 사람들은 농업 연구와 농업지도사업을 확장시키고 특정한 기술적 진보를 수용해야 한다. 어떻게 이를 성취할 수 있을까? 전 세계 모든 농경기후 지역에서 중요한 작물 각각에 대해 기초연구를 수행할 수 있는 제도적 역량을 구축하는 것이 답이 될 수 있다(Rutan, 1986: 307). 소규모 제3세계 국가들은 그러한 역량 구축이 특히 어려우며 지역 컨소시엄도 효과적이지 못한 것으로 나타났다.

농업 생산을 증가시키기 위한 전 지구적 제도는 1917년 설립된 대영제국 면화재배 회사와 같이 식민적 농업 서비스에서 시작되었다(Masefield, 1950: 87). UN은 1950년대 초 식량농업기구(FAO)를 설립했다. 포드 재단과 록펠러 재단의 국제농업연구는 1950년대에 시작되었으며 2005년에는 국제농업연구 자문그룹(CGIAR)을 구성하는 기관 15개 이상으로 진화했다. 그림 10.9에는 국제농업연구 자문그룹 회원 기관의 정식 명칭이 나와 있다. 국제농업연구 자문그룹에 처음으로 등록한 기관은 1960년 IRRI(International Rice Research Institute), 1966년 CIMMYT(Centro Internacional de Mejora－miento de Maíz y Trigo), 1967년 IITA, 1968년 CIAT(Centro Internacional de Agricultura Tropical) 등이며, 포드와 록펠러의 지원으로 시작되었다. 이 센터들은 쌀, 옥수수/밀, 열대성 작물(카사바, 참마, 고구마, 열대콩)에 각각 집중하고 있다. 1968년에서 1980년 사이, 기관 아홉 개가 추가되었고, 최근 몇 개가 더 설립되었다(그림 10.9). 세 곳을 제외한 모든 CGIAR기관은 열대 또는 아열대 지역에 위치하고 있다. 그들은 감자(페루 리마의 Centro Internacional de la Papa[CIP]), 비둘기완두, 진주, 사탕수수, 땅콩과 같은 반건조지역 작물(인도 파탄체루의 반건조 열대성 작물 재배 연구소[ICRISAT]와 시리아 알레포의 건조지역 농업연구센터[ICARDA]), 쌀(베닌 코토누의 아프리카 쌀센터 Africa Rice Center, 이전에는 서아프리카 쌀개발협회 West African Rice Development Association[WARDA]), 가축 및 가축질병 통제(케냐 나이로비의 국제 가축연구원 International Livestock Research Institute[ILRI]) 등을 포함하면서 연구 범위를 확대했다. 현재 열대, 아열대 지방 외의 지역에 위치한 두 곳은 전 세계적 식량 정책을 다루는 워싱턴 디씨의 국제식량연구기구[IFPRI]와 세계를 범위로 식물유전자원을 수집, 목록 작성, 유지하는 이탈리아 로마의 국제식물유전자자원[IPGRI]이다. 농업연구 및 기관 설립을 다루는 국제농업연구기구(ISNAR)는 2003년 네덜란드 헤이그에서 에티오피아 아디스 아바바로 옮겼다. 현재 IFPRI가 관리하고 있다. 국제농업연구 자문 그룹 CGIAR의 장점 중 하나는 감독과 장기적인 계획이다. 연구기관은 자율적이지만 국제농업연구 자문그룹과 기술 자문위원회(Technical Advisory Committee)가 활동을 검토하고 주기적으로 평가한다.

1990년대 초에는 국제물관리기구(IWMI), 국제산림연구소(CIFOR), 세계농림업센터(Agroforestry Centre)에서 이름을 바꾼 국제농림업연구센터(ICRAF), 세계어류센터에서 이름을 바꾸었으며 수산업과 양식업을 다루는 국제수생연구관리센터(ICLARM) 등 국제농업센터 4개가 합류했다. 그러나 시스템이 확장됨에 따라 설립된 센터와 신생 센터 모두에 대한 재정적 지원의 규모가 줄어들었다. 이들은 부분적으로는 냉전 종식의 희생자이다. 또한, 일부 기존 센터는 초창기의 약동성, 역동성, 생산성이 저하되었다. 이것은 모든 연구소가 거치게 되는 창의력과 정체의 싸이클인 "연구기관의 자연사"를 반영한다 (Ruttan, 1986: 312–313).

그렇다면 제3세계 국가의 정부가 설립한 센터는 어떠한가? 다른 많은 제3세계 국가에서 적용될 수 있는 예를 동아프리카에서 찾아볼 수 있다. 케냐, 우간다, 탕가니카 (1961–1963)가 독립했을 때 케냐의 나이로비에서 서쪽으로 31킬로미터 떨어진 무구가 Muguga에 수준 높은 농업 및 임업 연구기관이 있었다. 이것은 동아프리카 농업 및 임업 연구기구(EAAFRO)로 알려졌다. 동반적 연구기관인 동부 아프리카 수의학 연구기구 (EAVRO)가 인근에서 연구를 활발히 수행했다. 동아프리카 농업 및 임업 연구기구 EAAFRO의 방대한 연구 도서관은 이전에 제1차 세계대전 기간에 영국이 흡수한 탕가니카의 아마니에 위치해있던 독일 연구 도서관 인근에 지어졌다. 1976년 말 동아프리카

국제농업연구 자문그룹[CGIAR]

WARDA – 아프리카 쌀 센터 베닌 코토누
CIAT – 국제열대농업센터, 콜롬비아 칼리
CIFOR – 국제임업연구센터, 인도네시아 보고르
CIMMYT – 국제 옥수수, 밀 센터, 멕시코 멕시코시티
CIP – 국제감자센터, 페루 리마
ICARDA – 국제건조지역 농업연구센터, 시리아아랍공화국 알레포
ICRISAT – 반건조지역 국제작물연구소, 파타체루 인도
IFPRI – 국제식량정책연구소, D.C. 미국
IITA – 열대농업국제기관, 나이지리아 이바단
ILRI – 국제가축연구소, 케냐 나이로비
IPGRI – 국제식물유전자원연구소, 이탈리아 로마
IRRI – 국제쌀연구소, 필리핀 로스바뇨스
ISNAR – 농업연구를 위한 국제 서비스, 에티오피아 아디스 아바바
IWMI – 국제 물관리 연구소, 스리랑카 콜롬비아
ICRAF – 세계농림업센터, 케냐 나이로비
ICLARM – 세계어류센터, 말레이시아 페낭

그림 10.9. 국제농업연구 자문그룹(CGIAR)과 회원그룹.

공동체가 해체됨에 따라 협동적 과학기관은 해체되었다. 동아프리카 농업 및 임업 연구기구 AAFRO는 케냐농업연구소(KARI)가 되었다. 우간다와 탄자니아 직원들은 귀국했으며 외부의 자금지원이 감소했다. 국외 학자들이 떠나면서 케냐 과학자들이 점차 그 자리를 채웠지만 많은 경우 이들은 해외(호주, 네덜란드, 영국 등)에서 과목을 수강하거나 높은 수준의 학위를 취득한 직원이었다. 케냐농업연구소 KARI가 연구 프로그램을 운영하는 조직적 역량은 약화되었다. 실제로 국제농업연구 자문그룹(CGIAR)은 더 높은 임금과 더 나은 기회를 제공하면서 국가농업연구기관으로부터 실력이 더 뛰어난 과학자들을 끌어들이고 있다(왕가티의 개인서신, 1989).

1993년, 우리 중 한 명(PWP)과 그 가족은 탄자니아 북동부 탕가 지역의 믈링가노 농업연구기관에서 몇 달을 보냈다. 그 기관은 탄자니아의 우수한 토양연구기관으로서, 토양 및 농업에 관한 연구 정책을 수립하고 탄자니아 토양 지도를 작성한다. 우리가 그곳에 있는 동안 전기 부족 문제가 계속 발생했다. 연구 노트에는 다음과 같이 적혀있다.

1993년 2월 22일 – 우리는 응준두 Mzundu에 가기 전에 피티오 Pitio가 전화를 걸어 믈링가노의 발전기 임대 기간이 끝났으며 발전기 업체가 와서 발전기를 가져갔다는 나쁜 소식을 전했다. 이로 인해 믈링가노 농업연구기관과 관련 농업훈련기관에는 전기가 끊겼다. 완료된 일도 없고, 실험실 일도 안됐고, 작동되는 컴퓨터도 없으며, 지도 제작, 인쇄, 수많은 분석 절차들. 타네스코 Tanesco[국영 전기회사]는 두 달 늦은 고지서를 두 배로 청구했고, 큰 논쟁이 계속되고 있다. 그 사이에 [탄자니아 토양 연구역량 개발을 돕는] 네덜란드 팀은 그들이 할 일을 결정하기 위한 대토론을 진행했다(화요일에 그들과 이야기해보니 이들은 네덜란드로 돌아갈 수도 있다고 한다. 목적은 탄자니아인의 역량을 확립하는 것이었는데, 네덜란드 팀이 탕가로 철수해 자기들끼리 일을 계속하게 되면 그 목적을 달성하지 못하게 될 것이기 때문이었다. 11월 초 대규모 콘퍼런스의 주제였던 제도 구축이 도움이 되지 않을 터였다)(Porter and Porter, 1993: 77).

1993년 3월 10일 – 아침에 믈링가노에 갔다. 모두 회의 중이었고 아직 전기가 안들어왔다. 우리는 도서관에 갔지만 도서관에는 사서조차 없었다. 신문을 읽는 사람은 거의 없었다. 도서관 내 대부분의 저널은 1973년 무렵에 중단된 것으로 보였다(Porter and Porter, 1993: 88).

효과적인 국가농업연구 시스템을 만들어내고 유지하는 어려움은 러탄 Ruttan 이 전하고 있다(1986: 318–319).

1) 과학기술 인력 양성과 비교하여 연구시설에 대한 과도한 투자..., 2) 일상적인 조사와 연구 기업가 정신 모두를 유지하는 데 요구되는 과도한 행정 부담..., 3) 보조기관 자문을 통해 일반적으로 진행되는 주요 연구 시설의 위치 결정은 생산적 연구 위치에 기여하는 요소에 제대로 비중을 부여하지 못함[잘 선택된 농경 기후 위치, 적절한 전문적 기반, 시설자원(토양, 물), 기반시설(전기, 교통, 편의시설)]..., 4) 연구 예산과, 주요 재화 또는 상품 분류의 경제적 중요성 간 일치성 결여..., 5) 일부 국가 시스템에서 농업과학 연구를 과학자 없이 수행할 수 있다는 명시적인 가정..., 6) 연구 우선순위 설정에 필요한 정보와 분석의 부족...

농업과 지속 가능성

제3세계에서 인구가 증가함에 따라 지속 가능성을 기반으로 농업 생산성을 높이는 것이 더욱 시급해졌다. 과거에 농업생산 증가는 주로 토지를 추가적으로 이용함으로써 달성되었다. 현재는 현재 이미 활용 중인 토지에서 농업 생산을 집중화함으로써 생산성을 증가시켜야 한다(Ruttan, 1994: 212). 제1세계에서는 비료사용을 통한 생산량의 변화가 둔화되어, "유지 보수 연구"(현재의 생산량이 감소하지 않도록 유지)의 비중이 증가했다(Plucknett and Smith, 1986).

환경에 대한 우려가 커짐에 따라 무한정 지속될 수 있는 환경을 이용하는 방법을 찾기 위한 노력이 많아졌다. 환경문제에 대한 현재의 관심사는 오존층에 대한 염화불화탄소(CFCs)의 위협, 해수면 상승 위험을 동반하는 지구 온난화, 열대성 질병의 극적 확산, 기후 변화로 인해 식생과 농업에 주어지는 스트레스, 동식물종 감소 및 종멸종, 토양 악화 및 토지 침식, 빈곤, 습지 및 염류화, 삼림 벌채, 산업과 도시로 인한 공기, 토양, 하층토, 해양환경의 오염, 마지막으로 이러한 변화가 제기하는 세대 간 공평성과 윤리의 질문 등을 포함한다.[8] 그러므로 "지속 가능성"이라는 용어는 서로 다른 목적을 지닌 집단에 의해 다양하게(그리고 모호하게) 정의되고 차용되고 있음에도 불구하고 단기간에 새로운 표어가 되었다(사이드바: "지속 가능성 과학" 참조). 윌리엄스와 밀링턴 Williams and Millington(2004: 99)은 지속 가능성에 대해 "80가지 서로 다르고, 상충적이며, 모순적인 정의"를 내리고 있는 한 연구를 인용하였다. 위에서 언급한 변화가 전 지구적으로 일어나고 있지만 농업 생산은 증가해야 하며 궁극적으로 지속 가능한 방식으로 수행되어야 한다.

식물 재료에는 엄청난 가소성이 있기 때문에 열대작물은 수확량과 생산성을 대폭 개선할 수 있는 여지가 있다. 서구 농업경제학에서는 이를 아직 잘 연구하진 않았지만 원주민이 가진 지식에서 이들의 특성과 장점을 찾아볼 수 있다. 국제개발을 위한 과학과 기술위원회(1996)는, "재발견"하여 사용할 수 있는 토속 곡물과 과일이 2,000여 종류에 달한다고 주장하였음은 본서의 11장에서 언급하고 있다. 서구의 과학이 아마란스(*Amaranthus* spp.), 보나비스트 콩(*Lablab niger*), 퀴노아(*Chenopodium quinoa*), 녹두(*Phaseolus aureus*) 등 이제껏 충분히 연구되지 않은 작물에 점차 관심을 기울이게 되면서, 지속 가능한 농업과 식량 안전을 추구하는 데 있어 제3세계 남성 농부와 여성 농부의 토착지식, 즉 그들의 과학과 기술이 실질적으로 도움이 될 수 있다.

결론

이 장에서는 제3세계의 생물 물리적 환경이 복잡하고, 훼손되기 쉬우며, 고위도 환경과는 다른 다양한 기회와 난관을 제공한다는 것을 살펴보았다. 생물 물리적 환경으로 인해 제3세계가 가난하거나 소외되었다는 것을 의미하는 것은 아니다. 그보다는, 열대 및 아열대 지방 특유의 기회와 도전에 적응하기 위해 사람들이 노력해야 한다는 것을 의미한다. 열대 및 아열대 시스템(토양, 식생, 곤충 및 야생동물, 물)에 해를 가하지 않도록 관리하기 위해서는 많은 지식이 필요하다. 지역 지식 그리고 서구 농학과 공학 모두의 기술은 제3세계 농업에서 장소마다 다르게 무엇을 지속 가능하게 할 것인지를 결정하는 데 중요한 역할을 수행한다. 환경 관련 지식 대부분은 토착 그룹이 오랜 기간에 걸쳐 시행착오를 거치면서 어렵게 습득한 지식이다. 서구의 농경 지식 역시 오랜 기간에 걸쳐 진화했으며, 특히 북부 유럽이라는 또 다른 지리적 맥락에서 발달했다. 열대 환경에 서구식 농경기법을 적용했을 때 계획한 바가 항상 작동하지는 않는다는 것은 놀랄 일이 아니다.

　　토착적 관행이 언제나 지혜롭고 환경적으로 건전하다거나 서구 기술이 항상 해가 된다고 주장하는 것은 어리석을 것이다. 우리는 인간이 열대지역을 지속적으로 사용하는 것에 대해 희망을 가질 수 있다. 열대와 아열대 생태 시스템에 관한 지식과 경험을 생산적으로 공유할 수 있는 여지가 많으며, 진실되고 유익한 교류가 양방향으로 확실히 이루어질 수 있다(Breemer, Drijver, Venema, 1995; Goldman, 1995).

　　열대와 아열대 지역 농업 연구에는 시급한 과제가 많이 있다. 현재 사용하고 있는 더욱 광범위한 화전이나 또는 더 장기간에 걸친 로테이션 시스템을 대체할 수 있는 실현 가능한 단기 로테이션 시스템을 고안하고, 앞서 언급한 소로 재배 방법과 같이 질소 고착을 증가시킬 수 있는 방법을 찾아내는 것 등이 특히 필요하다(Ruttan, 1986: 315). "개발도상국가가 자급자족적인 과학을 위한 실현 가능한 기반을 확립하여 생산성 향상을 달성하려 한다면, 열대환경에서 특히 중요한 근본적인 문제를 해결하는 역량을 확립하는 것이 중요하다"(Ruttan, 1986: 310). 그리고 우리는 지속 가능한 생산성 증가가 단순히 기술적인 문제가 아니라 다양한 가치, 지식, 제도, 생계, 경제와 연결되어있다는 것을 잊어서는 안 될 것이다. 국제 및 국가 연구 시스템과 농업을 기반으로 살아가는 사람들 사이에서 경쟁이 아니라 협력과 협업이 요구된다. 카이테무 와 응굴라이와 그의 가족이 보여준 것과 같은 토착 지식 역시 우선순위 결정, 연구 계획과 실행, 실효성 평가 등에 기여해야 할 것이다.

노트

1) 열대 및 아열대 지역의 토양 연구는 무척이나 복잡하지만 매우 유용한 참고문헌이 있다. Coleman(1996), Gersmehl, Kammrath, and Gros(1980), Greenland and Lal(1977), Moran(1987), National Research Council(1982), Sanchez and Cochrane(1980), Silva(1985) 등을 읽을 것을 권한다.

2) 양이온 교환 용량(Cation Exchange Capacity, CEC)은 토양 입자가 칼슘, 마그네슘 및 인과 같은 무기물의 양으로 하전된 이온을 보유하는 능력을 측정한 것이다. 즉, CEC는 수납함의 크기이다. 염기 포화도(알루미늄과 수소가 아닌 양으로 대전된 이온의 비율, 예: 마그네슘, 칼륨, 칼슘)는 사용 가능한 염기가 차지하는 CEC의 백분율이며, 식물 섭취가 가능한 최소 단위이다. 이들은 옥시졸과 엔티솔류의 상층과 같이 고도로 침출된 토양에서는 점성이 낮고 점토 분율이 큰 토양에서는 높은 경향이 있다. 토양의 산도(acidity) – 알칼리도(alkalinity)의 정도를 나타내는 pH는 균형의 척도이다. (일반화에는 예외가 따르기 마련이다. 침출된 토양은 CEC가 높을 수 있고 염기 포화도가 높은 비포착된 토양은 CEC가 낮을 수 있다.) 수소와 다른 원소의 자유 이온 사이. 균형이 맞으면 숫자는 7이다. 눈금은 1에서 14까지이며 각 정수는 한 자리 수의 변화를 나타낸다. 따라서 pH 6의 토양은 7의 토양보다 산성이 10배 많으며, pH 5의 토양은 100배 이상의 산성(7보다 높은 값은 알칼리도를 나타냄)이다. 우리 경험에 따르면, 열대성 토양은 몬탄 산림 토양의 pH 7.2와 고도로 침출된 옥시콜의 pH 4.5 사이에 분포한다. 식물 영양소에는 후자의 토양이 부족할 뿐 아니라 단점이 두 가지 있다: (a) 낮은 CEC와 염기 포화도를 보일 수 있다(따라서 농부가 미네랄을 공급해도 가지고 있을 수 없다). (b) 토양의 보유 역량이 낮기 때문에 비가 부족하면 수분 스트레스에 취약한 작물이 된다. 제

3세계 대부분의 토양은 다소 산성이며(예를 들어 pH 6.5), CEC가 낮은 토양은 심지어 수소 또는 알루미늄 이온을 저장하지 않기 때문에 중성을 나타낼 수 있다.

3) Scott(1969)의 토양 지도에 기반하여 이러한 토양을 더욱 자세히 표시한 각주는 초판에 기재되어있다.

4) 이 절은 Porter(1976a: 134−135)에서 인용.

5) 탄자니아의 농경기후학 조사는 탄자니아의 다르 에스 살람 대학교 자원 평가 및 토지 이용 계획국(Bureau of Resource Assessment and Land Use Planning)의 연구 프로젝트였다. 탄자니아 최초의 농업인구조사가 1971년 9월부터 1972년 10월까지 수행되었다. 인구조사는 현장 조사원 380명이 농가 약 16,000개를 표본조사한 것이었다. 이 조사는 지역, 지구 및 부문별로 계층화된 1,083개 영역(EAs)의 샘플을 기반으로 했으며, 디스트릭트 인구수의 비율에 비례하여 표본추출되었다. 1972년 10월과 11월에 실시된 탄자니아 농업 통계 조사의 센서스 일정은 1,040개의 영역을 완료했다. 이 중 추가 분석의 가치가 있다고 판단된 표본은 916명(88%)이었다. 이 분석은 16,000가구 농가에 대한 샘플 조사가 되었다.

6) 이 절의 첫 번째 부분은 포터(Porter, 1987: 3−4)에서 발췌했다. 1987년 Geografiska Annaler에 저작권이 귀속되어있으며, 허가를 통해 사용함.

7) 살충제, 생물권의 독성 물질, 기타 여러 환경 문제에 대한 최근 연구의 출처는 스웨덴의 인간 환경 저널인 *Ambio*이다. 산성화에서 아연에 이르기까지의 주제를 다룸에 있어 대기 오염, 카드뮴, DDT, 에너지, 산림, 담수, 건강, 중금속, 해수, 수은, 질소, 원자력, 핵전쟁, 유기 염소, 오존, PCBs, 살균제, 오염 및 폐기물의 주제를 다룬다(Ambio, 1986).

8) 지속 가능한 개발에 대한 일반적 지침에 따라(Wilbanks, 1994), 생물 다양성과 종의 멸종 (Wolf, 1988), 오랜 기간 고민거리인 사막화와 토양 악화(Dalby and Church, 1973; Eckholm and Brown, 1977; Brown and Wolf, 1985; Adams, 1990; Little and Horowitz, Nyerges, 1987; African Academy of Sciences, 1989; Blaikie, 1985; Bot, Nachtergale, Young, 2000; Food and Agriculture Organization, 2000), 열대 우림 파괴에 따른 서식지 손실, 삼림지와 사바나에서의 작물재배와 과도한 방목, 생태계에 대한 지속 가능한 관리(Merchant, 1992; Brown et al., 1984−2007; Gore, 1992; Turner, 1990), 그리고 환경윤리와 세대 간 형평성(Naess, 1990; Norgaard, 1994; Kalof and Satterfield, 2005; Curtin, 2005; Paavola and Lowe, 2005)에 대해 최근 많은 논의가 있었다.

11

위도에 따라 달라지는 자연

탄소순환과 식물성장

카이테무 Kitemu는, 날씨가 좋을 경우 자신의 밭(사진 10.1 참조)에서 옥수수 40자루, 동부콩 4자루, 사탕수수 2자루, 기장 6자루(90.9 킬로그램 들이 자루)를 수확할 수 있다고 추산한다. 팔고 나면 그 밭에서 남는 이문은 8자루 정도밖에 안된다. 동부콩은 팔지 않는다. 비둘기콩 작황은 그리 좋지 않지만 무코코니 Mukokoni 농장에서는 더 잘된다. 카이테무는 지난 몇 년간 킬룬구 Kilungu에 있는 자신의 밭 전체에서 작물을 종류별로 여섯 자루를 수확했고, 옥수수는 사야만 했다. 무코코니 농장이라면 카이테무는 날씨가 좋은 해에 옥수수 80자루, 동부콩 6자루, 기장 9자루, 사탕수수 7자루, 비둘기완두 8자루를 수확할 것이다. 지난 몇 년간 수확은 옥수수 2−3자루, 기장 2자루, 수수 1자루, 동부콩 1자루에 그쳤고, 비둘기콩은 거의 실패했다. 이를 통해 알 수 있듯, 수확량은 날씨에 따라 엄청나게 요동을 치므로 "평균 작황"이라는 것은 다소 작위적인 의미를 지닌다. 카이테무의 밭의 생산량은 날씨가 좋은 해에는 헥타르당 6.1퀸틀 정도이고, 날씨가 나쁜 해에는 헥타르당 1.1퀸틀 이하이다(1퀸틀은 100킬로그램 또는 220파운드이며, 1헥타르는 2.471에이커).

 이는 매우 적은 수확량이며, 단위당 수확량이 이렇게 낮으므로 카이테무는 넓은 면적을 재배해야 한다. 우캄바니 Ukambani의 다른 지역에 좋은 작황을 낼 수 있는 지역에서는 수확량이 더 높다는 것을 그는 알고 있지만, 전체적인 이야기는 알지 못한다. 열대 지방에 거주하며 곡물을 재배하는 사람들에게 자연이 적용해온 "비열한 계략"을 모르는 것이다. 독자 중 일부 역시 자연이 "위도 사기꾼"이라는 것을 잘 모를 것이다.

광합성과 탄소순환

"겨울이 오지 않는 곳!" 이것은 즐거운 아이디어이며, 많은 독자의 마음속에 따뜻함, 식물의 풍성함, 편안한 삶의 이미지를 불러일으킨다. 실제로 이 문구는 '열대 지방의 인간과 자연에 관한 연구'라는 부제가 붙은 마스턴 베이츠(Marston Bates, 1952) 저서의 제목이다. 일반적으로 열대 지방에는 환경적 단점(척박한 토양, 안정적이지 않은 비, 풍토병)이 일부 있을 수 있지만 일조량 문제는 없어 거의 모든 작물을 재배할 수 있다고 널리 알려져있다. 그러나 이 견해는 본질적으로 중요한 사실을 감안하지 않고 있다. 광합성의 양은 전 세계적으로 다르게 분포하여 열대 지방에 비해 중위도 지방이 농사짓기에 상당히 유리하다. 이 이점은 자연적으로 발생하는 것이며 아무리 생물공학적으로 보완한다 해도 제거하지 못한다. 이 장에서는 이 중요한 차이를 탐색해보도록 한다.

식물의 광합성은 엽록소가 가시광선을 이용하여 물과 이산화탄소(CO_2)에서 식물의 성장에 필요한 탄수화물을 생산하는 화학적 과정이다. 탄소는 우리가 "탄소순환"이라 부르는 창조와 분해의 연속적이고 복잡한 흐름에 연관되어있다. 탄소순환은 가장 간단한 형태로 아래의 방정식과 같이 표현할 수 있다.

$$\text{빛} + H_2O + CO_2 \rightarrow O_2 + [CH_2O] \rightarrow CO_2 + H_2O + \text{열}$$

이 방정식에는 "우려스러운 대칭"이 있다. 탄소는 한동안 수소와 산소 원자에 묶여 탄수화물 형태로 존재하는 한편 산소는 대기 중으로 방출된다. 그러나 궁극적으로 탄수

생물학적 탄소 순환

생물권에서 탄소의 흐름은 아래 그림에 개략적으로 나타나있다. 대기와 육지 사이 그리고 대기와 대양 사이의 두 가지 별개이지만 상호 연관된 순환이 있다. 산업혁명 이전 그리고 화석 탄화수소(석탄과 석유)가 널리 보급되기 이전의 시스템은 균형을 이루고 있었다. 이산화탄소를 대기로 방출하는 석탄과 오일의 연소로 지난 150년 간 대기에서 이산화탄소 양은 점진적으로 증가해왔다. 인류가 대량

으로 석탄을 태우기 전, 이산화탄소 수준은 일반적으로 약 280ppm이었다. 2000년에 이르자 이 수치는 ~370ppm에 달했다.

"온실 효과"와 지구 온난화에 대한 우려는 요즘 뉴스에서 많이 다루고 있으며, 최근의 온난화가 지구 기후에서 진행되고 있는 장기적 변화를 나타낸다고 기상학자와 해양학자들은 입을 모은다(기후 변화에 관한 정부 간 패널[IPCC], 2007a, 2007b).

정부, 산업, 개인이 어떤 행동을 취해야 할지에 대해서는 합의가 이루어지지 않았다(National Geographic Society, 1993 참조). 이론적으로 대기 중 이산화탄소의 증가는 살아있는 식물의 탄소 고정량을 증가시키지만 대기의 온난화는 더 큰 영향을 미친다. 이로 인해 식물의 수분 증발량이 증가하고 이에 따라 물의 필요량도 증가하며 시원한 환경에 적응한 식물에 가해지는 열과 습기로 인한 스트레스 등의 문제가 초래된다(9장의 사이드바: "지구 온난화, 북극 및 기타 지역" 참조).

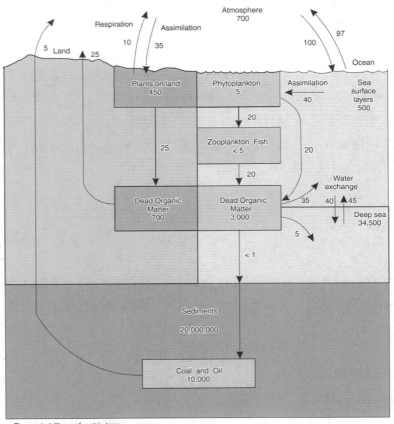

생물학적 탄소순환. 생물권에서의 탄소순환. 출처: Bolin(1970). *Scientific American*사의 1970년 저작권. 허가 후 사용.

화물은 분해를 통해 초기상태(H_2O와 CO_2)로 되돌아가는데, 열이 아니라 빛을 최종 산물로 남긴다는 점이 달라진다(이 과정에서 천국과 지옥이 나뉘는 것을 볼 수 있다.).

탄소, 수소, 산소가 생물권의 구성요소 사이를 흐르면서 장기적으로 균형 상태를 이루어 생물 공동체에 매우 중요한 산소를 포함한 대기를 유지하므로 탄소의 전 지구적 분포는 불안감을 일식시켜준다고 보는 것이 타당할 것이다(사이드바: "생물학적 탄소 순환" 참조). 지질학적 시간 스케일을 고려해도 우려는 감소한다. 대기 중 CO_2가 엄청난 변동이 있었음에도 불구하고(1억 년 전 백악기에는 오늘날 대기에 비해 CO_2가 18배에 달했을 것이다), 생물체는 번성하고 진화해왔다(Berner and Lasaga, 1989: 19).

농업은 충분한 물과 토양 영양분이 있는 상태에서 태양 에너지를 이용하여 식물의 유전적 구성에 영향을 미치는 과정으로 정의할 수 있다. 온도가 성장에 우호적이며 대기 중 CO_2 농도가 상수일 때, 광합성 비율은 태양의 복사로 일명 "포화 광도(saturation light intensity)" 지점까지 증가한다. 먼티쓰 Monteith(1965: 18)는 빛과 광합성(그림 11.1) 간 관계를 다음의 방정식으로 나타낸다.

$$P = (a + b / I)^{-1}$$

여기서 P는 광합성 비율, a는 CO_2의 확산 저항에 비례하는 상수이고, b는 광화학 저항에 비례하는 상수이며, I는 제곱센티미터당, 분당 열량을 그램으로 나타낸 광도이다.

P를 잎의 제곱미터당, 시간당 탄수화물을 그램으로 나타내고 I를 분당 난각으로 나타낼 때, b 값은 그램당 3×10^4 칼로리에서 거의 일정하지만, a 값은 식물종에 따라 다르다. 이를테면 제곱미터/시간/그램당 0.25인 사탕수수에서 1.30인 토마토까지 다양하게 분포한다(랭글리는 에너지의 측정값으로, 1랭글리 = 1그램 칼로리/제곱센티미터이고, 590 그램 칼로리/제곱센티미터면 물 1세제곱센티미터를 증발시키는 데 충분하다. 이 마지막 값은 증발과 작물재배에 필요한 물의 양을 계산할 때 유용하다). 그림 11.1은 태양 복사가 증가함에 따라 광합성의 속도가 급격히 증가하지만 그 후 감소하는 것을 보여준다(제곱센티미터/분당 0.5 칼로리에서). 속도가 감소하는 이유는 기공(잎의 세포 구조)이 광합성이 일어나는 속도를 제어하기 시작하기 때문이다. 욕조를 상상해보라. 물을 더 부을 수 있지만 그만큼 빨리 배출된다.

식물 성장과 관련된 화학 과정에서도 에너지가 사용된다. 이는 광합성을 통해 저장된 일부 유기 화합물이 호흡을 통해 손실되는 것을 의미하며, 이 과정을 통해 CO_2는 다시 대기로 방출된다. 광합성은 낮의 햇빛이 비치는 동안에만 발생하지만(크레슐란 대사의 복잡한 과정은 우리의 관심 범위 밖이므로 이를 제외), 호흡은 항상 지속된다. 밤에는 암호흡

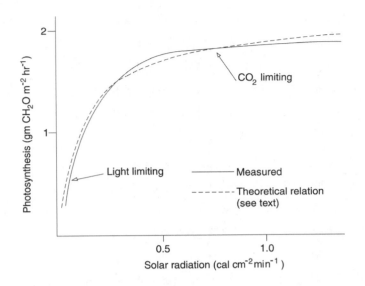

그림 11.1. 사탕무 잎의 흡수 비율. 광합성은 탄수화물 그램/잎의 제곱미터/시간으로, 태양 복사는 칼로리 그램/제곱센티미터/분(즉, 랭글리/분)으로 표시. 출처: Monteith(1966). 1966년 케임브리지 대학 출판부의 저작권. 허가 후 사용.

이 계속된다. 낮 동안에는 광호흡과 광합성이 함께 진행되어 광합성만 진행되는 것보다 CO_2를 더 많이 고정시키는 순균형을 유지한다. 실제로 나무 꼭대기 높이에서의 대기 중 이산화탄소 함량에는 하루 단위의 주기가 존재하는데(그림 11.2) 정오에는 약 305ppm으로 감소하고 밤에는 약 340ppm으로 증가한다(Bolin, 1970).

호흡은 온도에 따라 선형적으로 증가한다. 예를 들어 알팔파는 이러한 관계를 보여준다(Chang, 1968):

$$R = 0.533 + 0.078T$$

여기서 R은 64분당 호흡하는 CO_2를 그램으로 나타낸 것이며 T는 섭씨온도(°C)이다.

호흡의 순효과는 식물 조직에 영구히 고정된 광합성 물질의 양을 줄이는 것이다. 이는 "세금"(총 광합성 − 호흡손실 = 순 또는 잠재적인 광합성)으로 볼 수 있다. 온화한 기후에서 식물 대부분은 총 광합성의 20−30%를 호흡을 통해 손실하게 된다. 열대 지방에서는 호흡 손실이 대개 50−60% 범위이다(Chang, 1968; Monteith, 1972: 756).

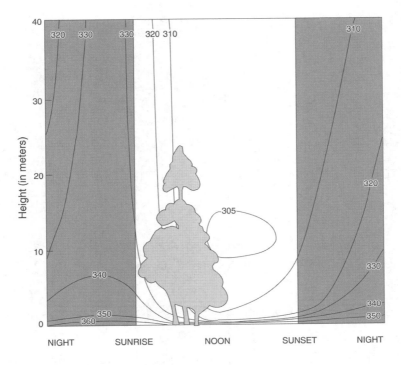

그림 11.2. CO_2의 수직 및 일일 분포(백만 개당 분자 수). 출처: Bolin(1970). Scientific American사의 1970년 저작권. 허가 후 사용.

광합성과 위도의 대조

빛과 온도의 지리적, 시간적 분포를 조사해보면 광합성의 정도에 따른 지형이 나타난다. 겨울이 없는 열대 지방에서는 낮 시간이 거의 정확히 12시간이다. 해가 지면(그리고 달과 날씨에 따라) 하늘에는 백만 개의 별이 빛난다. 황혼은 길지 않다. 그러나 중위도와 고위도에서는 여름철이 되면 낮이 길고 밤은 짧다. 매일 광합성은 여러 시간에 걸쳐 발생할 수 있으며, 밤이 짧아지기 때문에 암호흡은 감소한다. 밤이 따뜻한 지역보다 암호흡(밤 시간)이 낮으므로 낮이 따뜻하고 밤에 시원한 것이 식물 성장에 이상적이다. 일광의 길이와 암호흡 비율은 위도와 절기에 따라 체계적으로 다르다. 해마다 열대 지방에서는 반구의 여름 기간 4—5개월 동안(대부분의 주요 곡물이 자라는 "창") 광합성이 이루어지므로 광합성의 잠재력은 크지만 광합성 비율은 열대 지방보다 중위도에서 훨씬 크다. 결국 낮의 길이에 있어서는 중위도의 한 달이 적도에서의 격월과 거의 같다.

일광의 기간이 길어지고 암호흡이 감소한다면 여름 4개월 동안 중위도와 고위도에서 광합성의 잠재력이 상당히 강화되는 것을 알 수 있다. 그림 11.3은 일 년 중 일광이

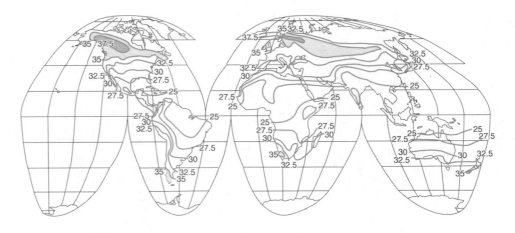

그림 11.3. 4개월 계절(북반구 5 − 8월, 남반구 11 − 2월)의 잠재적 광합성률(그램/제곱미터/일).
출처: Chang(1970). 미국지리학자협회의 1970년 저작권. Blackwell Publishers사의 허가 후 사용.

가장 많은 4개월 간 잠재적 광합성의 패턴을 보여준다(북반구의 5 − 8월, 남반구의 11 − 2월).
제3세계 열대 지방의 잠재적 광합성 비율은 하루에 보통 25그램/제곱미터인데 아열대 지
방 인근으로 가면 30으로 상승한다. 세계의 "곡창지대" − 밀과 옥수수가 재배되는 평원
지역(미국의 대평원과 옥수수 밭, 캐나다, 유럽, 구소련, 아르헨티나, 호주 남부, 중국 북부의 평야
지대) − 는 모두 잠재적 광합성 비율이 하루에 30그램/제곱미터를 초과하는 지역으로, 캐
나다와 구소련의 광범위한 지역에서 하루 35그램/제곱미터 이상으로 증가했다(Chang,
1970).

　　서로 다른 국가의 잠재적인 광합성과 작물 재배량을 나타내는 그래프를 살펴보면
작물 잠재력의 차이가 다시 두드러진다. 그림 11.4와 그림 11.5는 선별된 국가에서 곡물
이 성장하는 기간 동안 측정된 잠재적인 광합성 추정치와 쌀, 면화의 수확량 간 관계를
보여주고 있다. 수확량이 낮은 국가는 제3세계의 저위도 부분에 위치하는 경향이 있다.
이러한 차이가 단순히 기술과 축산의 질의 차이로 설명될 수 있을까? 창 Chang(1968)은
연구기관 소속 농업경제학자들로 하여금 최고의 기술을 사용하여 쌀을 재배하도록 했던
실험에 대해 기술하고 있다. 중위도에 위치한 지역 두 개(일본과 호주)는 평균 14.3톤/헥
타르를 기록한 반면 열대 국가 두 개(필리핀과 말레이시아)는 평균 12.3으로 16%의 차이를
보였다. 따라서 열대 지방과 중위도 지역 간 농업 잠재력의 차이는 실재하는 것이다. 탄
자니아와 우간다의 농부들이 무엇을 하건 이집트와 이스라엘의 면화 수확량이 이들의 수
확량의 30 − 40%를 초과할 것이다(Isaacman and Roberts, 1995: 47). 장기적으로, 녹색 혁명
의 농경 기술과 식물 번식 기술을 엔시트(Ensete edulis), 테프(Eragrostic tef), 손가락 수수

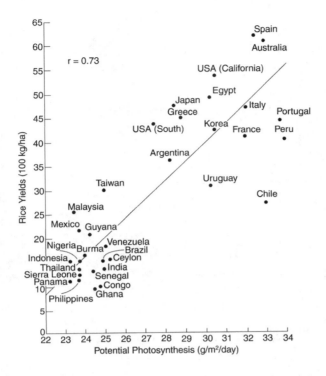

그림 11.4. 4개월 간 쌀 수확량과 잠재적 광합성률의 관계. 수확량은 100킬로그램/헥타르, 잠재적 광합성률은 그램/제곱미터/일. 출처: Chang(1970). 미국지리학자협회의 1970년 저작권. Blackwell Publishers사의 허가 후 사용.

(Eleusine coracana), 진주 또는 블러쉬 수수(Pennesitum typhoideum), 포니오 또는 "배고픈 쌀"(Digitaria exilis), 된장풀, 기타 수수(Sorghum vulgare), 무지개콩(Vigna unguiculata), 비둘기콩(Cajanus cajan), 밤바라 견과류(Voandzeia subterranea), 기니아얌(*Dioscorea* spp.) 등과 같은 아프리카 고유의 곡물, 채소, 뿌리작물에 적용함으로써 수확량의 차이를 일부 줄일 수 있다. 국제개발을 위한 과학기술협의회(The Board on Science and Technology for International Develoment, 1996)의 보고서에 따르면 향후 발굴하여 활용할 수 있는 토속 곡물과 과일이 2,000종에 달한다.

중위도에서 생산된 곡물은 계속해서 세계 곡물생산과 무역의 많은 부분을 차지할 것이다. 중위도 곡물 재배자들은 수확량이 많아서 지금까지 주요 곡물(밀, 옥수수, 쌀, 귀리, 사탕수수, 보리)의 세계 시장 가격을 통제해왔다는 것은 잘 알려져있으며, 서구의 곡물 거래자들은 세계 곡물무역을 지속적으로 장악할 것이다.

겨울이 없는 열대 지방에는 이점이 있을까? 어쨌든 성장기가 연중 계속되며, 연간 두 번, 심지어 세 번까지 추수가 가능하다. 열대 지방은 특정 다년생 작물을 생산하는

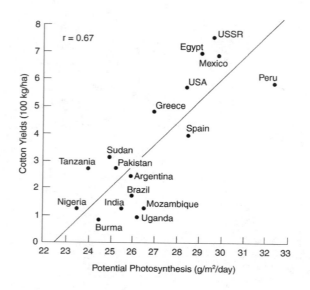

그림 11.5. 8개월 간 목화 수확량과 잠재적 광합성률의 관계. 수확량은 100킬로그램/헥타르, 잠재적 광합성률은 그램/제곱미터/일. 출처: Chang(1970). 미국지리학자협회의 1970년 저작권. Blackwell Publishers사의 허가 후 사용.

데 분명히 이점이 있다. 크고 영구적인 나뭇가지와 잎의 캐노피를 형성하는 작물은 습윤, 아습윤 열대 지방 식생의 특성과 더 가깝다. 상록수와 낙엽 열대림과 같이 그들은 입사광의 대부분을 차단하고 따뜻한 조건하에서 가능한 한 효율적으로 광합성을 활용한다. 가지와 잎으로 이루어진 커다란 "인프라"가 매일 약 12시간 동안 광합성을 위해 기능할 수 있기 때문이며, 매년 건기에 적응할 수 있는 광범위한 뿌리 시스템을 지니고 있기 때문이기도 하다. 고무는 매일 수확할 수 있으며 찻잎도 거의 매일 딸 수 있다. 고무, 카카오, 커피, 차, 바나나, 오렌지, 기타 감귤류, 캐슈넛, 코코넛, 기름야자나무 등 일 년 내내 또는 짧은 건기만 견딘 후 성장하는 작물은 열대지역에서 잘 자란다.

물론 옥수수, 수수, 쌀, 콩, 완두콩과 같은 일년생 작물도 재배할 수 있지만 필요한 비료, 종자, 관개수와 같은 노동력과 기술의 투입량이 두 배로 증가한다. 경제적 측면에서 볼 때, 성장기간이 길어지면 중위도의 농부가 누리는 것과 같은 이점은 누리기 어려워진다.

광합성의 또 다른 잠재적 특징은 자연이 열대 지방 사람들에게 주던 "비열한 속임수"를 어느 정도 완화시킨다는 점이다. 열대 고지대는 저지대에 비해 일년생 작물의 광합성 가능성이 상당히 높다. 장점은 두 요소로 정리할 수 있다. 하나는 평균 기온이 낮고 일주 기온(하루 고온과 저온의 범위)이 고원 지대에서 더 커서 암호흡률이 훨씬 낮다는

표 11.1. 동아프리카 3가지 고도 지역의 옥수수 생산량

옥수수 유형	생산량[1]			중간지대 및 저지대 대비 고지대의 생산이익	
	0-859미터 (저지대)	900-1,600미터 (중간지대)	1,650미터 이상 (고지대)	중간지대 (기본값 100)	저지대 (기본값 100)
지역 농부	25.7	32.6	49.9	153	194
H611C[2]	33.8	45.3	71.1	157	210
H613B[2]	29.3	40.4	69.6	172	238

출처: Porter(1979: 23). Maxwell School of Citizenship and Public Affairs. 시라큐스 대학의 1979년 저작권. 허가 후 사용.
[1] 생산량은 헥타르당 퀸탈. 1퀸탈은 100킬로그램, 또는 220파운드. 1헥타르는 2.741에이커.
[2] 해발 1,829미터 이상의 농업에 적합하도록 개발된 혼합종 명칭.

것이다. 다른 하나는 일년생 작물이 종자나 열매에 광합성 물질을 동화시키는 데 저지대에서의 같은 작물에 비해 더 많은 시간을 소비한다는 것이다. 표 11.1은 동부 아프리카 고원 지대와 인접한 인도양 연안에서 나타내는 이 이점의 비율이 2:1 정도임을 보여준다.

제3세계 국가의 식량 정책을 수립하는 사람들은 국가의 식량 자급자족, 식량 공급의 경제 및 효율성, 토착 농부 지원, 농업 부문 시장의 발전, 수입을 위한 경화의 효과적 활용 등 서로 충돌하는 여러 가지 목표로 인한 복잡성을 다루어야 한다. 한편으로는 주요 식량 곡물(밀, 쌀, 옥수수)을 수입하여 지역 소비를 충당하도록 하는 것이 더 저렴할 수 있지만, 그렇게 할 경우 (1) 지역 생산자를 약화시키고 지역 농업의 발전을 저해하며, (2) 귀중한 경화를 사용하며, (3) 국가를 외부 공급원에 의존하게 만드는 등의 문제점이 발생할 수 있다. 반면, 지역 생산으로 충당하게 되면, 정부가 도시의 정치적 불안에 대해 예민하게 지켜보고 있으므로 가격이 상승하거나 정부 보조금이 많이 드는 결과를 초래할 수 있다. 또한 가뭄, 해충, 부적절한 운송 시스템으로 인해 식량 공급이 불규칙하거나 불안정하게 될 수도 있다. 많은 제3세계 국가는 농업 정책에서 혼합 전략을 추구하고 있다. 한 나라의 내수 시장이 클수록 지역 농민들이 지역의 식품 수요를 충당할 수 있는 가능성은 커진다.

제3세계 국가 간 위도와 고도에 광합성 잠재력은 매우 크지만 이는 관리가 가능하다. 열대 고지대를 포함한 제3세계 국가에게는 이를 극복할 수 있는 자원이 있다. 식민지 시대에 걸쳐 유럽인들이 착취했던 이 지역은 잠재력이 높은 지역이었다(13장, 14장 참조). 제3세계 국가가 곡물생산량이 떨어지는 것은 사실이지만 중위도에서 곡물을 생산하여 공급하는 국가에 대한 의존은 가능한 한 피해야 한다. 곡물 가격이 다른 요인(중위도의 가뭄, 작물 질병, 아플라톡신 발생 등)에 따라 달라지기 때문이다. 도시 시장에 대한 공급을 위해 열대 지방에서 잘 자라는 다양한 결절 작물을 포함한 토착 식량의 생산을 촉진하는 것이 훨씬 더 지속 가능하다. 쌀 생산을 자급자족하는 인도네시아처럼 일부 국가는 식량 안보 달성에서 주목할 만한 성과를 거두었다.

열대지역은 환경적으로 "위치적 이점"을 지니므로, 가능한 한 농민이 지역 전문가가 되어 그곳에서 가장 잘 자라는 작물을 재배해야 한다. 위에서 언급했듯 이들은 주로 숲 형태의 다년생 작물(고무, 커피, 카카오, 바나나, 감귤류 등)이다. 안타깝게도 이 작물들은 기본 식품이 아니므로, 중위도 지역의 수출 시장에 따라 소득이 달라진다. 이러한 열대 제품을 수입하는 회사는 항상 비용을 최소화하기 위해 노력할 것이며, 따라서 종자 혼합이나 중위도에서 재배된 대용품을 포함하여 공급을 다변화하고 대체 자원을 확보하기 위해 노력할 것이다. 석유에 대한 석유수출국기구(OPEC)와 같이 열대작물을 중심으로 카르텔을 형성하려는 시도는 효과를 거두지 못했다. 열대 제품의 생산을 통제하는 국제협약이 합리적이고 안정된 가격을 보장할 수 있는지 여부는 여전히 의문의 여지가 있다(16장 참조).

12

열대와 아열대 생태계 관리
서부 중앙 케냐 포콧의 토착적 지식 체계[1]

이 장에서는 포콧 지역 사람들 Pokot의 생태적 지식과 관행을 고찰한다. 이들은 칼렌진 Kalenjin 언어를 사용하며, 언어학적으로 고원 나일강 유역 주민의 일부분이면서 마라쾻 Marakwet, 카라수크 Karasuk 민족과 밀접히 관련되어있다(Ehret, 1969). 이 장에서 다루는 내용에는 세부적 내용과 낯선 용어가 많이 포함되어있다. 독자는 세부 내용과 용어에 집중하기보다 포콧 지역 사람들 세계관의 복잡성과 지역 지식－이들이 자연과 정치경제를 해석하고 환경을 활용하기 위해 경제적, 사회적 제도를 형성해온 방식－에 나타난 이들의 지성 및 독창성을 일반적인 수준에서 이해해볼 것을 권한다.*

　　1999년 기준으로 약 308,000명 정도인 포콧 지역 사람들은 케냐 서부 중앙의 그레이트 리프트 밸리의 서쪽에 위치한 서부 포콧 지구의 해발 1,000미터(3,500피트)에서 3,350미터(11,000피트)에 살고 있다. 이 장에서는 메이솔 Masol 반건조 평원에서의 목축업 생계, 탐칼 Tamkal 골짜기에서의 농업 생계 그리고 리프트 밸리의 서쪽 가장자리를 따라 거주하는 포콧 지역 사람들 수백 명으로 구성되어있으며, 작물재배를 위해 거의 전적으로 관개에 의존하는 쿠룻족 the Kurut 등 세 가지 시스템을 살펴볼 것이다. 이 사례 연구의 목적은 토착적 지식과 관행의 시스템이 지배하는 제3세계에서의 삶에 대해 느껴볼 수 있는 기회를 독자에게 제공하는 것이다. 영국이 식민통치를 하면서 19세기에 포콧 지역 사람들이 접근할 수 있었던 지역보다 훨씬 작은 지역으로 이들의 활동을 국

---

* 역자 주) 따라서 본 장에서는 지명, 인명에 대해 영어 원문을 부분적으로 그대로 실었다.

한시켜 큰 영향을 미쳤지만, 이 장에서는 토착 지식과 관행을 중심으로 논의한다. 식민지 케냐의 여러 그룹과 비교했을 때, 포콧 지역 사람들이 받은 영향은 훨씬 덜했다.

포콧 지역의 정치경제(1880-1962년)

먼저 포콧 지역에 영향을 미치는 주요 사건을 살펴보겠다. 이 지역은 1880년까지 언덕

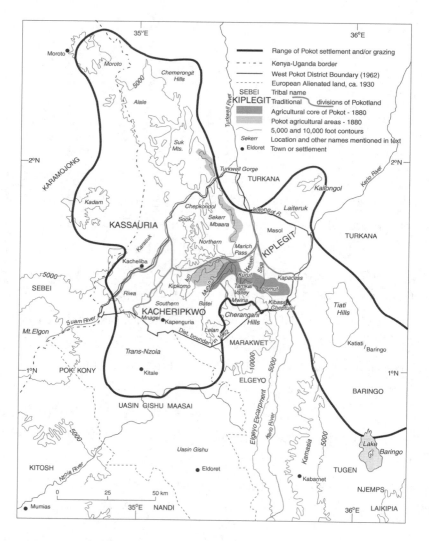

그림 12.1. 1880-1930년 포콧 지역의 중심 및 범위.

에서의 농업과 평야에서의 목축업이 지역적으로 통합된 특화 경제를 특징으로 했으며 이 체계는 역사가 긴 것으로 추정된다. 농업에 종사하는 포콧 지역 사람들은 관개를 하여, 관개가 가능하며 필요한 곳에서만 농사를 지었다. 따라서 Cheptulel, Lomut, Mwina, Weiwei, Sekerr, Murun, Iun Rivers의 배수로를 중심으로 한 내부 분지에서 농업을 기반으로 정착했다(그림 12.1). 오늘날 Sebit과 Ortum 근처인 이곳은 인구는 희박했지만 관개 시스템은 잘 확립된 것으로 보인다.

포콧 지역 사람들에 관한 문헌을 광범위하게 검색한 결과, 관개와 무관한 농업 공동체의 증거는 찾을 수 없었다. 예를 들어 Chepkondol과 Mbaara(관개를 필요로 하지 않는 농업 공동체)라는 이름은 포콧 지역 관련 문헌에 1933년까지 나타나지 않는다. 이 정착지들은 새롭지 않을 수 있지만, 곡물 창고로서의 명성은 최근에 생겨난 것이다.

Kiplegit 농부들은 Cheptulel, Lomut, Mwina, Weiwei에서 포콧 지역 문화의 중심이 되었다. Marich Pass와 Turkwell River Gorge 사이에 있는 리프트 밸리(Rift Valley)의 고원 지대를 따라서는 Kacheripkwo 농부들이 거주하였다. Kacheripkwo의 많은 사람은 가축을 키울 적절한 방목지가 없어 농사를 지을 수밖에 없던 목축업자들이었다(케냐 토지위원회, 1934, Vol.2: 1744).

1890년대는 동아프리카 전체에서 대규모로 가축 손실이 발생했으며, 포콧 지역도 예외는 아니었다(Ford, 1971). 1894년에서 1896년까지, 우역(lopit 또는 molmolei)이 포콧과 카라모하를 휩쓸어 가축의 90%가 죽고 이로 인해 광범위한 기아가 발생했다(Dietz, 1987: 88). 목축업은 거의 붕괴되었다. 사람들은 이주해서 적은 수의 가축과 작물에 더 의존하게 될 수밖에 없었다. 포콧 지역 사람들은 항상 가축을 중시하였으므로, 가축 떼를 다시 일으키기 시작하여 가축 수가 증가했다. 이는 포콧 지역 사람들에게는 원래 상태를 되찾는 것을 의미했지만, 지역의 수의사 관리들에게는 놀랍고 통제되지 않으며 생태학적으로 지속 불가능한 성장으로 해석되었다.

우간다와 북부 케냐에 영국 행정부가 부임하고 유럽인이 정착하기 위해 Trans-Nzoia 사람들을 내쫓으면서 1908년경부터 포콧 지역 사람들의 움직임과 생계를 제한하기 시작했다. 이 시기 이전 포콧 지역 사람들은 때로 모든 측면으로부터 공격을 받곤 했지만 보통 정면에서 퇴각을 해야 할 경우 다른 면으로 물러설 수 있었다. 19세기 후반 대개 동쪽에서 서쪽으로 그리고 북쪽에서 남쪽으로(북쪽과 동쪽의 투라나 Turana 지역에서 서쪽의 Karamoja로, 남쪽의 Trans-Nzoia와 Baringo로) 움직였다(Turana족은 북쪽의 포콧에 접한 목축업 종사자들이다). 1920년대 후반부터 포콧 지역 사람들은 모든 측면에서 경계가 제한되었고 이후 그들의 생계는 제한된 영역 내에서 꾸려져왔다. 인구는 Mnagei 와 Lelan의 산지에서 크게 증가했다.

영국이 도입한 경계 제한의 효과는 컸다. 남쪽으로는 유럽인들에게 둘러싸였으며, Karamoja의 Suam강 서쪽과 북쪽에 있는 방목지역을 빼앗겼다. Laiteruk에서 이주해 Lotongot 강으로 돌아와(Turkana에게 유리하도록) 포콧 지역 사람들이 움직일 수 있는 유일한 장소인 위쪽의 Baringo로 확장하려는 시도를 하자 정부와 경쟁 단체들이 지속적으로 이들을 괴롭혔다. 방목과 화전 기술을 Mwina, Batei, Kipkomo, Mnagei 언덕 지대의 가파른 경사면에 적용한 결과 발생한 황폐화는 수의사 관리 보고서에 등장하는 주제가 되었다. 공간의 한계로 인해 포콧 지역 사람들은 잔디가 회복될 수 있도록 1년간 관목 숲을 쉬게 만드는 일상적인 관행을 지키지 못했다(케냐 토지위원회, 1934, Vol.2: 1734).

식민지 정부는 방목 시스템을 도입하고 집행함에 있어 포콧 지역 사람들의 전반적인 생계 요건을 고려하지 않았다. 1960년에 수립된 방목 시스템은 포콧 지역 가축의 20%만을 수용했기 때문에, 약 10만 마리의 소와 12만 마리의 양과 염소가 시스템을 벗어나 토양은 더욱 심각하게 황폐화되었다.

정부의 방목 시스템은 불신과 철저한 반동(DYM, 또는 dini ya msambwa, 천년왕국 운동은 Kipkomo에서 방목 시스템을 실시)으로 생겨났다. 그들은 적대감, 무단 침입, 불이행 등을 통해 세를 확장했다. 독립 이후 포콧 지역 목축업 종사자들이 자신의 이슈에 대해 정부 대신 스스로 통제하기로 결정한 이후 그 시스템은 폐기되었다.

1926년 이후 포콧 지역 서부의 경계를 고착시켜 포콧 지역 사람들과 그들의 가축을 제한시킨 것은 가축 방목지를 찾아다니기 위해 필수적인 이동성이라는 포콧 지역 사람들 삶의 지리적 근본요소를 무시한 것이었다. 아투첼리 Atuchalei의 아들인 로둑 Loduk은 1932년, 포콧 지역 사람들의 관점에서 완벽하게 이를 요약하여, "우리 땅에서 경계를 제외하고는 모든 것이 다 좋다"라고 말했다(케냐 토지위원회, 1934년, 2권: 1733에서 인용).

포콧 지역 사람들의 지역 지식과 생계

포콧 지역 사람들은 경제적 필요를 충족시키기 위해 몇 가지 생태 지대에서 실행 가능한 생계를 확립했다. 또한 농업과 목축업 분야 간 곡물과 가축을 활용해 경제 특화와 지역 무역도 확립했다. 농업과 목축업의 근본적인 위험은 특정한 사회제도를 통해 공간적, 사회적으로 분산되어있다.

우리는 환경에 대한 포콧 지역 사람들의 견해를 알고 싶다. Merkol이 다음 자료를 설명하는 것을 상상해 보라(사진 12.1 참조). 실제로 Merkol은 이 장에서 논의하고 있는 많은 것을 설명했다. 그의 설명은 결국 포콧 지역 사람들의 자연에 대한 이해로, 이에 기반해 그들은 결정하고 행동한다. 계절, 기후, 토양, 지형에 대한 포콧 지역 사람들의 생각은 농경 및 목축 활동을 이끄는 관습, 관행과 밀접하게 연관되어있음을 보여준다. 여기서는 포콧 지역 사람들이 그들의 지형과 토양에 대해 말하는 것을 제시한다. 이 장 대부분에서 "민족지학적 현재 시제"가 사용되었지만, 작성 시기는 케냐의 독립 직전인 1962년이다. 독립 이후의 사건에 대한 논평(1963)과 현재 상황을 논의하면서 이 장을 마치게 될 것이다.

포콧 지역의 기후와 지형 유형

그림 12.2의 블록 도표는 포콧 지역의 세 가지 영역을 보여주고 있다. 포콧 지역 사람들은 *keo'gh, tourku, masob, kamass, touh, sos, kide*와 같이 명확하고 일관된 용어를 사용해 그들이 사는 지역의 종류를 설명한다. 평야가 리프트 밸리의 절벽까지 서쪽으로 이

사진 12.1. 머콜 Merkol이 탐칼계곡을 거쳐 고도에 따라 변화하며 코록 korok의 영역별 특성을 부여하는 포콧 지역의 기후 유형을 설명하고 있다(그림 12.2 참조).

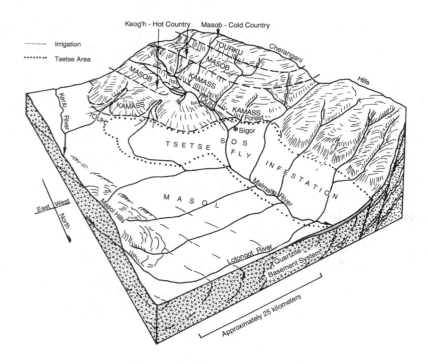

그림 12.2. 포콧 환경: 케냐 북서부 리프트 계곡의 서쪽 가장자리. 출처: Knight and Newman(1976). 1976년 Prentice Hall의 저작권. 허가 후 사용.

어지면서 지역의 동부에서 갑작스러운 변화가 나타나기 때문에 장소 대부분에서 지형의 경계가 명확하게 표시되어있다. *touh*가 어디서 *kamass*가 되는지 등이 잘 나타나있다.

포콧 지역 서부 지구에는 주요한 "기후" 종류가 두 개 있다. 포콧 지역 사람들은 기후가 나타난 곳과 기후를 분리하지 않는다. 따라서 *masob*이라 불리는 기후는 "추운 기후"가 아니라 "추운 지역"을 의미한다. 낮은 언덕과 계곡에서 평원으로 이어지는 다른 유형은 *keo'gh*, "뜨거운 나라"라고 불린다. 이 두 종류의 나라는 더욱 세분화될 수 있다. 춥고, 높으며, 숲이 우거진 나라는 *Tourku* 라고 불린다. *Tourku* 는 습한 몽타주 숲, 대나무 숲, 고사리와 황야가 공존하는 작은 지역 등으로 이루어진 지역이다. 숲은 높은 골짜기의 경사지에 있다. 점차 범위가 넓어지고 있는 초원/황야가 언덕 꼭대기를 차지한다. 거기에 사람은 많지 않다. 따라서 기본적으로, 포콧 지역 사람들이 *masob*이라 하면 산골짜기 위의 높은 산을 따라 위치하며 인구가 더 많은 숲 아래 땅(해발 2,100미터)을 의미한다. 이 높은 지역은 거의 항상 구름으로 덮여있다. 해발고도가 더 낮은 *keo'gh*에 비해 비는 더 오고 태양은 덜 비친다.

뜨거운 나라인 *Keo'gh*는 언덕지역에서 *Kamass*와 *Tou*의 두 부분으로 나뉜다.

*Kamass*는 낮은 경사면의 지역이다. 집, *kraals*(가축을 가두기 위한 가시덤불) 그리고 일부 밭은 *Kamass*에 있다. 집을 그곳에 지은 것은 역사적으로 방어에 사용된 지점이기도 하고 계곡의 말라리아를 피할 수 있는 곳이었기 때문이다. 또한 경관을 고려해 *kamass*에 집을 짓기도 한다(Conant, 1966, Chapter 5: 15c). 게다가 계곡은 밤이면 *kamass*보다 추워지므로 가축을 키우기에 나쁜 곳이다. 계곡 바닥은 *touh*이다. 이곳에서는 위쪽 계곡에서 끌어온 계류를 관개 밭고랑을 통해 공급하여 농사를 짓는다. 작물시기가 진행되면서 이런 고랑이 열려 감소하는 비를 보충한다.

다른 지형 지역 두 곳은 언덕이 아니라 평원에 위치한다. 하나는 *sos*라 불리는 지역으로, 산의 가장자리 가까이에 있으며 높이가 약 5미터인 아카시아 산세베리아 덤불이 있다. 이 덤불을 통해 평야로 흘러 들어가는 강 양쪽의 낮은 충적평원은 장마철에 범람하기 쉽다. 매우 건조하고 뜨거우며 더 멀리 위치한 평원은 *kide*라 불리는 지형이다 (우리가 많이 사용하는 용어는 가축에게 좋은 풀 종류를 따라 이름을 붙인 *masol*이다). "동쪽과 관련된" *kide*는 토양이 거의 없는 것으로 묘사되며, 일 년 내내 물이 거의 없다. 그러나 질병이 거의 없으므로 가축에게는 좋은 장소이다.

포콧 지역에서의 삶은 사람이 사는 곳과 관계없이 하나 이상의 구역을 사용해야 한다. 목축업 종사자가 메이솔 평야를 점유하며, 절기에 따라 메이솔 언덕과 파리가 들끓은 말말테 강 Malmalte River 서쪽 구역으로 이동한다. 탐칼 Tamkal 골짜기 농부는 시고르 Sigor 남쪽으로 이어지는 골짜기를 점유하며, 쿠룻족 Kurut은 관개 통로가 보이는 시고르 Sigor 바로 남쪽의 평야와 언덕(kamass)을 차지한다.

메이솔의 목축업 종사자들

평원에서 목자로 생활하는 로페타쾅 Lopetakwang의 가족은 뜨겁고 건조한 메이솔에 살고 있다. 그는 *Kakolmong korok*(영토 단위로 아래에 설명)에 속해있다. 그는 여기서 태어나고 자랐으며, 멀리 떠나본 경험이 없다. 약 45세의 남성이며 아내 두 명(그중 1명은 꽤 어리다)과 2세에서 15세까지의 자녀 일곱 명이 있다. 셈카야 Cemkaya는 첫째 부인으로 자녀 일곱 명을 낳았고, 그중 네 명이 생존했다. 메이솔에서의 삶은 쉽지 않다. 세파라손 Ceparason은 두 번째 부인으로, 세 자녀가 있으며, 넷째를 임신 중이다.

로페타쾅과 그의 가족의 행동은 *sapana* 또는 연령대에 따라 결정되는 특정한 "색상 섹션"의 어디에 속해있는지에 따라 달라진다. 이 연령대 기준에 따라 노동 구성, 재고 관리나 군사 행동의 전략 수립, 의식 순서 등이 결정된다. Turkana 모델에는 두 가지

sapana 그룹이 있으며, 25년마다 주기적으로 순환한다. *munian*이라 불리는 의식은 *sapana: camarmar*("zebra")와 *nyimur*("stones")의 두 그룹 중 하나에 연령대를 부여하는데, 여기서 색상 섹션이 시작된다. 색상 섹션은 약 12년마다 바뀐다. 포콧 지역 사람들의 색상 섹션은 흰색 배경에 붉은 갈색 줄무늬(얼룩말) 또는 흰색 배경에 붉은 갈색 점(바위)으로 칠한 진흙이나 털로 만든 모자의 앞쪽 절반(syoliup)인 *atoro*에 표시되어있다. 로페타쾅은 1930년대에 그의 *sapana*를 했고, *camarmar* 색상 그룹의 구성원이다.

　　*sapana*는 청년이 성인으로 되었음을 표시하며, 보통 할례 후와 결혼을 앞두고 개별적으로 진행된다. 따라서 경쟁적이고 힘든 통행 의례는 아니며 오히려 동년배 그룹에 젊은 구성원이 입문하는 것이라 할 수 있다. 실제로 *sapana*는 젊은이가 가축 떼를 형성하기 시작하여 결혼할 수 있도록 하는 전략 중 한 가지이다. *sapana*에 속하는 젊은 남성의 나이는 보통 12세에서 20세 사이이다. 일반적으로 한 청년의 아버지는 친구와 계약을 맺어 황소를 얻고, 아버지의 아들은 의식에 참가한 동년배와 다른 여성 및 노인을 위해 창으로 그 소를 잡는다. 상당수의 인원이 의식에 참여해야 하며, 춤을 추고 축제를 즐기는 동안 고기(염소 포함)와 조롱박에 담은 신 우유가 많이 소비되어야 한다. 이 멋진 3일간의 파티는 많은 동년배와 다른 사람들이 젊은 남성에게 빚을 주게 하여 시간의 흐름을 따라 진행되는 가축 떼 교환을 통해 그가 자신의 가축 떼를 형성할 수 있도록 의도된 것이다(Peristiany, 1951). 어린 시절부터 성인기로 전환하는 *sapana*와 같은 공식적인 행사 중 여성을 대상으로 하는 것은 없다. 가부장제가 강하게 작용하는 이 사회에서 여성들의 정체성은 결혼 전에는 아버지가, 결혼 후에는 남편이 정의한다.

　　포콧 지역에는 "가장(家長) 위원회 앞에서의 발언에 활용하기 위한"에 해당하는 용어가 있긴 하지만, 메이솔의 가축 관리에 대한 많은 용어는 Turkana 단어이다(Conant, 1966, 4장 23절). 여기서 Turkana 용어를 사용하면 영어와 프랑스어가 서로에게서 차용하는 것과 같이 겉보기의 그럴듯함만 추가할 수도 있어 안하도록 한다(우리가 대영 해협을 가로지르는 배에 승선해있을 때, 뷔페가 시작되었음을 알리는 공공 안내방송이 영어로 나오면서, 영어를 차용해 프랑스어로 "le snack bar"로 언급하는 것을 들은 적이 있다).

　　로페타쾅을 포함하여 학교를 다닌 가족은 없으며, 자녀 역시 그럴 것으로 예상된다. 가족의 삶은 가축을 중심으로 돌아간다(사진 12.2, 12.3, 12.4a, 12.4b 참조). 로페타쾅은 자신의 *kraal*에 가축 13마리와 20마리를 조금 웃도는 염소를 소유하고 있다. 사실 그는 다른 가축도 소유하고 있지만 이웃의 *kraal*에 보관하여 한 무리로의 위험을 분산시킨다. 이 평원에서 동년배 간의 부와 지위를 따져보면, 그는 평범한 수준보다 약간 낮지만 눈에 띄게 높거나 낮지는 않다. 그는 때때로 메이솔 방목 시스템에서 경비원으로 근무하여 돈을 벌었다. 이 업무의 한 달 수당은 30 동부 아프리카 실링으로, 이는 1996

년 기준 36 미국 달러에 해당한다.

정부의 간섭이 없다면 포콧 지역 사람들은 메이솔 평야와 여기에 동서로 인접한 언덕과 개울을 시간, 장소, 거리, 가축 방목 관행, 가축관리, 비 등에 따라 신중하게 '춤을 추듯' 계절마다 유연하게 운용한다. 여기에는 적어도 3일 간격으로 물을 제공해야 하는 필요성과, 나중을 위해 사료를 저장할 필요성, 비를 통해 초지가 풍성하게 된 곳으로 가야할 필요성, 소금을 공급할 필요성, 곡물이 추수된 서부 언덕사람들과 식량을 교환해야 할 필요성 간의 밀고 당기는 전략이 적절하게 사용된다. 프란시스 코넌트 Francis Conant(1966, 4: 14)는 한 가정이 어디에서 가축을 키울 것인지에 대해 결정하는 과정을 다루었다. 본질적으로 우기에는 메이솔의 중심에 가구와 가축이 집중되어있으며, 건기에는 동쪽과 서쪽에 이르는 임시 캠프에 가축이 분산된다.

가축 이동의 연간 그리고 이보다 짧은 주기는 6가지 유형의 식생구역 내에서 나타난다(표 12.1). 각 지구는 각자의 절기, 가축과 운반을 위한 가축에 대한 적합성, 다른 자원에 대한 근접성을 지닌다. 결과로 나타나는 "춤"은 강한 동–서부의 요소가 나타난다. 비옥한 계절(4월–8월)에 가축은 메이솔 중부의 아카시아 가시 관목에 몰려있으며 건조한 달(9월 또는 10월–3월)에는 분산된다. 2월의 단어인 터터 *Turtur*는 "분리, 분출"을 의

사진 12.2. 저녁에 젖을 짜기 위해 소 떼를 크랄로 데려오는 메이솔 포콧인.

사진 12.3. 메이솔 평원에 있는 목축업자의 집. 로페타캉의 집을 둘러싸고 커다란 가시덤불 크랄이 있으며, 그 안에는 송아지와 염소들을 위한 작은 외양간 몇 개가 있다. 지붕에 진흙과 똥을 새로 입힌 집은 새로 지은 것이다. 이곳의 식생은 아리스티다 풀이 우세한 아카시아 서식지이다.

미한다. 건기에 다 자란 가축은 풀을 찾아 리프트 계곡 기슭과 모솔 언덕 Mosol Hill까지도 간다(여기서 방목은 *keitakat*으로 불려, "나중을 위해 저장해두는 풀"이라는 의미를 지닌다). 어린 가축과 양들은 말말테 강을 따라 갈라진 숲(강줄기를 따라 더 큰 나무가 서식)과 서쪽의 저지대 평야의 아카시아 가시덤불까지도 옮겨져 체체파리로부터 안전하게 보호된다. 덤불 지역은 통과할 수는 있지만 보통은 피한다. 운반을 위한 가축(염소, 당나귀, 낙타)은 동쪽의 반사막 가시관목지역을 통해 이동한다. 이러한 조치는 지표수의 소실과 우물파기를 고려한 것이다. 우물 굴착에 선호되는 장소는 로통곳 Lotongot, 말말테 Malmalte, 케리오 Kerio 강이다(그림 12.2). 가축의 이동이 북–남 방향으로 덜한 것은 폭풍의 변덕, 목초지의 질, 근처 언덕 식량 곡식의 이용 가능성 등 때문이다. 식량은 어떤 때는 북서쪽의 세케르 Sekerr 지역에 풍부하며, 다른 때는 탐칼 계곡, 남서쪽의 리프트 계곡을 따라 로뭇 Lomut에서 풍부하다.

어린 소년과 소녀들은 "물 떠오기, 울타리와 장작을 위한 나뭇가지 모으기, 똥 모으기, 가구 뜰 안에서 가축 돌보기(특히 진드기 제거), 착유와 흰개미, 꿀, 아라비아 고무 모으기 및 식용 뿌리 채취 등을 포함한 음식 준비 돕기" 등 많은 가사일을 한다(Conant, 1966, 4장 32절). 10대 후반과 20대 초반의 청년들은 상품 거래 무리를 형성하고 거래를 위한 원정을 떠나 몇 개월을 함께 시간을 보낼 수 있다. 가끔은 농가가 가축을 대가로

(a)

(b)

사진 12.4a, 12.4b. 메이솔의 우유 짜는 시간. 로페타캉의 첫 번째 부인인 쾜카야는 밀크를, 세파라손은 최근에 죽은 송아지의 가죽을 사용해 다소 사나운 이 동물을 안심시킨다. 헤어스타일, 구슬, 반지, 팔걸이, 수많은 목걸이, 가죽 앞치마 등은 메이솔 여성들의 표준적 스타일이다. 나무 우유통도 주목할 것.

표 12.1. 계절의 변화에 따른 메이솔 포콧의 가축 관리(서-동 경계를 따라 식생 구역 위치)

식생 유형	면적		사용되는 계절	가축 유형[1]	고도
	제곱킬로미터	백분율			
서쪽					
커미포라 덤불	70	5.0	건기	성숙	리프트 계곡 언덕과 인근 평야
아카시아 솔새	57	4.0	건기	성숙	
아카시아 가시덤불	60	4.3	건기	미성숙/양	
산세베리아 덤불	134	9.5	건기	–	서부 리프트 계곡 평야
밀집 덤불	87	6.2	(보통 피함)		
강변숲	107	7.6	건기	미성숙	말말테 강
덤불이 드문드문 분포한 아카시아 가시덤불	308	21.9	우기	모든 가축	서부 중앙 메이솔
흑면화 토양 풀숲	34	2.4	우기	모든 가축	서부 중앙 메이솔
반사막 가시덤불	405	28.7	일 년 내내, 특히 건기	염소, 당나귀, 낙타	동부 중앙 메이솔, 케이로 계곡
커미포라 덤불	147	10.4	건기	성숙	메이솔 고원
동쪽					

[1] 특별한 언급 없는 경우 소.

아들 한 명을 가축 돌보는 인력으로 보낼 수 있다. 이 소년은 자신 소유의 가축을 형성한 후 돌아갈 수도 있다(Conant, 1966, 4장 43절).

건기가 끝나면서 개천의 흐름이 줄어들어 간헐적으로 흐르는 사이로 넓고 평평한 모래 바닥이 드러난다. 지나친 방목으로 황폐해진 지역에서 충적층으로 막힌 이런 넓은 하천 통로가 나타난다. 식생이 없어진 이런 지역에서는 물이 곧바로 완전히 유출된다. 많은 침전물이 하천의 수로에 쌓인 후, 하천의 수위와 속도가 감소함에 따라 감소한다. 지하수면은 표면 아래로 떨어져 모래에 계단식 우물을 굴착하여 단계적으로 수원에 도달하도록 한다. 건기가 끝나면 로통곳 강과 같은 큰 강 유역에서 우물은 20미터가 넘는 깊이의 지하수면에 도달할 때까지 아래로, 또 아래로 파진다. 항상 그런 것은 아니지만 여성들은 일반적으로 줄에 매단 양동이를 이용해 물을 길어 올린다. 즉, 나무 양동이에 담을 물을 한 여인에게서 다음 여인에게로 전달되도록 하여 남성이 가축에게 물을 가져다주는 더 큰 나무 여물통에 계속 채운다.

포콧 지역 사람들은 건기 동안 풀과 물을 구하기 위해 먼 거리를 이동해야 한다. 땅은 소유되지 않고 사용만 할 수 있다. 가축이 어느 물을 마실 것인지 아무도 지정할 수 없는 것과 같이, 누구도 특정한 목초지를 자신의 가축만을 위해 마련할 수 없다. 우기에는 문제가 없다. 개천에는 물이 있으며, 악어가 파괴하지 않는다면 하퍼 *hafirs*(수로를 따라 만든 간단한 계절적 댐)는 가득 차있고, 매니야타 *manyattas*(집과 함께 가시덤불로 둘러싸인 크랄 Kraal) 근처의 평원에는 풀이 풍부하다. 건기가 심화됨에 따라 가축 관리 방식도 변한다. 건기가 심해지면 가축은 물을 마신 후 3일간 버텨야 한다. 건기 동안 메이솔의 변방에서 생존하려면 튼튼한 가축이 필요하다. 물 없이 3일간 버틸 수 있는 가축이면 튼튼한 가축이다.

슈나이더 Schneider(1959: 151)에 따르면, 포콧 지역 사람들은 번식을 위해 소수의 황소를 제외한 모든 수컷 소를 거세시킨다. 1952-1953년 수의사 관리는 비슷한 현상을 관찰하여 "터카나처럼 메이솔 사람들은 황소의 고환 하나를 제거한다. 이렇게 하면 가축이 심각한 가뭄을 더 잘 견딜 수 있다고 믿기 때문이다"(수의학 서비스과, 1953).

일부 가족은 보통 때는 메이솔 언덕에 산다. 건기에는 이 언덕에서 가축과 함께 이틀을 보낸 후, 하루 동안 강가로 가서 가축에게 물을 공급한다. 평원에 사는 사람들은 반대로, 언덕에서 하루를 보낸 후 말말테에서 다음 날을 보낸다. 낭게타 Nan'gaita에서 로통곳 Lotongot에 이르는 메이솔 언덕의 서쪽 경사면에 사는 사람들은 다른 수원을 찾을 수 없을 때 말말테 강으로 간다.

동쪽 경사면에 사는 사람들은 가축을 케리오 강 Kerio River으로 데려간다. 8월에, 로통곳 Lotongot 사람들은 강물 안에 판 우물에서 물을 얻기 시작한다. 때로는 말말테 Malmalte에 가지 않고 건기를 지내기도 하지만, 이는 드문 경우이다. 말말테 Malmalte를 따라 체체파리가 나타나는 구역이 있지만 건기에는 가축을 강으로 데리고 가도 안전하다. 게다가 가는 길에 귀중한 방목지를 탐색할 수도 있다. 건기 동안 이 평원과 언덕을 왕복하는 것은 전통적인 방식으로 이 활동을 이르는 용어가 있을 정도이다. 카바티치 롱고 *kabatich rongo*는 말 그대로 "소는 산에 풀을 뜯으러 갔다"이며 카바티치 케오 *kabatich keoh*는 "가축은 평야에서 풀을 먹는다"로 해석된다. 앞서 언급한 것과 같이, "나중을 위해 저장된 풀"을 의미하며 항상 산에 있는 케이타캇 *keitakat*도 있다.

이 지역에서 흔히 볼 수 있는 풀은 개기장(Panicum), 그령(Eragrostis), 클로리스 트랜시엔스(Chloris transiens), 아리스티다(Aristida) 등이다. 가축이 먹는 풀은 아카시아 밀리페라(Acacia mellifera), 미세라(A. misera), 기타 아카시아이다. 메이솔 masol 가축이 먹을 수 있는 짭짤한 풀도 하나 있는데, 응질릿 *n'geeleet*(Sporobolus marginatus 또는 S. melimis, 당밀 잔디)라고 불리며, 어디에서나, 모든 계절에 이용할 수 있다. 투르카나 Turkana 지역에서도 소금이 난다. "메이솔 masol 사람들은 투르카나 Turkana 안에 있는 쿨라소금을 핥아 사용한다. 이것은 암석을 통해 흘러나오는 따뜻한 샘물에서 소금기를 포함하는 내용물이다"(수의학 서비스과, 1953).

언덕 풀과 저지대 강 음수를 위한 장소 간을 왕복하는 것은 모든 지역 목축업 종사자가 보이는 패턴이다. 그러나 산지로 이동하는 데 위험이 없는 것은 아니다. "비가 오는 동안 방목을 통제하는 역할을 하는" 동부해안 열병 벨트는 가축이 침범하는 건기에 필요한 존재이다(수의학 서비스과, 1953). 가벼운 손실로 그칠 때도 있지만 가끔 상당한 손실이 발생하기도 한다. 또한, 소 폐렴, 구강질병(norien), 옴, 진드기 매개 심장 수열이 고지대에서 발생하기도 한다.

손가락기장과 사탕수수를 재배하기 위한 시도가 가끔 있다고 인터뷰에 응한 사람들이 말하긴 했지만 메이솔 masol에서 농업을 할 수 있는 가능성은 거의 없다. 메이솔 masol 언덕에서 소량의 담배가 자란 것으로 알려졌으며, 산악 지역 최남단에서 작은 밭 몇 개를 경작하려는 시도가 항공 사진에 포착되었다. 메이솔 masol에서는 운반이 매우 어렵다. 자렛 Jarrett(1957)의 체체파리 조사에서는 메이솔 masol 언덕에서 1:40 비율(목초지 40에이커(또는 16헥타르)당 짐승 1마리)을, 말말테 강을 따라서는 1:30−40 비율(1:12 헥타르), 남쪽의 검은 목화 토양(방목 시스템 실행지 외부)에서는 1:30의 비율을 권장했다. 그러나 이 지역의 약 3분의 1이 맨땅이라는 점을 감안해 그 비율을 적절히 높이는 것이 좋다고도 제안하고 있다(Jarrett, 1957). 메이솔 masol은 제곱킬로미터당 1명을 초과하는 인구가 살기에는 적합하지 않다. 메이솔 masol에서 평균 가구 규모는 7.03명이다.

포콧 지역에는 영구적 정착지를 나타내는 특정한 용어가 있다. 카미피노 *kamipino*는 "장기간의 마니야타 *manyattas*"를 의미하여, 건기 디아스포라 기간에 설치되는 임시적 가축 캠프와 대조를 이룬다. 1956년 2월 케냐 정부에서 찍은 항공 사진을 보면 초기 정착지의 패턴이 유지되고 있다. 대체적으로 마니야타는 반사막 가시덤불에 있는 언덕에서 멀지 않은 높고 경사진 평야에 집중되어있다. 그들은 메이솔 언덕에서 말말테 강으로 직접적으로 연결되는 지점에 쉽게 접근할 수 있도록 위치하고 있다. 집들과 크랄은 이 높은 평원 지대를 따라 남북 축에 흩어져 있다. 말말테 강 가까이에는 정착하지 않는 이유가 몇 가지 있다. 체체파리와 말라리아 외에도 이 아카시아 가시덤불 지대에는 코끼리와 물소가 풍부하기 때문이다.

메이솔에 있는 포콧 지역 사람들의 식단은 주로 우유와 유제품, 서쪽의 언덕에 사는 사람들과 교환을 통해 얻은 곡물로 준비한 음식, 화살을 이용해 가축에서 취한 혈액 등으로 구성된다.(사진 12.5 참조). 섭취 시 일반적으로 혈액과 우유를 혼합한다(사진 12.6 참조).

가축은 생존을 위해 활용되지만, 포콧 삶의 다른 측면 몇 가지에도 영향을 미친다(Conant, 1965; Herskovits, 1926). 가축에 대한 목축업 종사자의 애착은 다양한 방법으로 표현된다. 자신이 좋아하는 황소의 이름을 자신의 이름으로 쓰기도 하고, 가축을 향해 애정을 가지거나 동일시하기도 하며, 가축과 관련한 특정한 섹스 금기를 지키고, 출생, 할례, 결혼, 사망 등과 같은 삶의 의례에 가축을 결부시키기도 한다. 포콧 지역 사람들은 가축을 단순히 좋아해 이들을 바라보고, 냄새를 맡으며, 만지기를 좋아한다. 가장 중요한 제도는 "신부값(*kandin*)"이다. 가축의 생계를 위한 역할이 우선시되어야 함을 주장하긴 하지만, 슈나이더는 "가축은 문화마다 약간씩 수정을 거치고 특성이 다르지만...동아프리카 목축업에 종사하는 사람들에게는 여전히 유효하다. ..."라고 언급했다(Schneider, 1957: 278). 그에 따르면, 포콧 지역 사람들은 미적 아름다움을 (1) 새롭고, 깊게 생각하는 것이 즐거운(*pachigh*) (2) 기능적이고, 실용적이며, 좋은(*karam*)의 두 부분으로 나눈다. 모든 경우에 가축은 카람 *karam*이지만, 가죽의 색과 무늬가 (1)의 아름다움일 수 있다(Schneider, 1956). 색상, 패턴, 수사, 뿔 모양, 성격 및 기타 소의 세부 사항을 설명하는 용어는 수십 가지에 이른다. 뿔을 하나는 앞을 향해 그리고 다른 하나는 뒤를 향해 인위적으로 만들어낸 카말 *kamar*이라 불리는 뿔을 지닌 황소를 사람들은 어릴 때부터 가장 소중히 여긴다(Peristiany, 1951: 201). 아, 그 고귀한 짐승과 그가 죽인 코끼리를 향한 노래여!

　사람들은 사파나를 비롯한 여러 의식을 위해 가축을 도살하여 먹지만, 목축업자는

사진 12.5. 포콧 목동들은 피를 뽑기 위해 암송아지를 잡는다. 막힌 화살을 가까이에서 주근맥으로 쏜다. 피 약 1리터를 뽑은 후 상처를 흙으로 봉한다. 무릎을 꿇고 있는 청년은 사파식과 할례를 행하지 않아서 아직 시올립 syoliup(머리에 쓰는 해골캡)을 하지 않고 있다.

사진 12.6. 메이솔 로페타쾅 자녀들의 식사 시간. 로페타쾅의 친구인 코몰링골 Komolingole은 로페타쾅의 어린 아이들에게 차례로 우유와 소의 피를 섞어서 준다.

자신 소유의 가축을 일련의 가축 거래를 통해 분산시킨다. 이 거래는 틸라 *tilia*로 불리는 공식적 파트너십으로 말 그대로 "가축 친족"을 의미한다(Peristiany, 1951; Schneider, 1957; Conant, 1966). 한마디로 암송아지를 얻기 위해 황소와 교환하는 것이다. 황소를 받은 사람은 황소를 도살하여 식량으로 사용하거나, 빚을 상환하거나 또는 점을 치는 비용으로 사용하기도 한다. 암소를 받은 사람은 암송아지를 낳을 때까지 그 소를 기른다. 그 소가 번식 능력이 있다는 것이 증명되면 그 소의 원래 소유주는 그 소가 낳은 소와, 심지어 그 소의 새끼가 낳은 새끼까지도 요구할 수 있다. 이 주기는 최소 6년이 소요되며(평균 10년), 일부 틸라는 아들이 상속받을 수 있다. 틸라 시스템은 여러 가지 형태로 변형될 수 있다. 코넌트는 (1) 암소가 주어졌지만 황소를 받지는 않음, (2) 황소가 주어졌으나, 아무것도 되돌려 받지 않음, (3) 가축이 포함되지 않은 교환(예: 염소가 벌집 여러 개와 교환됨), (4) 신부 값 상환, (5) 평야 사람들과 언덕 농부들 간 교환관계(후자는 곡물 공급)로 다섯 가지 형태를 제시하고 있다. 마지막 두 개의 형태는 "복잡하고 논쟁적인 역사적 사례"로 종종 인용된다(Conant, 1966, 4장 41절). 다른 사람을 대신해 가축을 돌보는 것은 케마나칸 *kemanakan*이라 부른다.

　　메이솔의 포콧 지역 사람들 간 그리고 메이솔과 언덕 사람들 간의 틸리아와 다른 교환 활동에서 구체화되는 경제 시스템은 "복잡하고 부담스럽고, 보람된" 것일 뿐 아니라 오래 지속된다(Conant, 1966, 4장 44절). "젊은이와 염소 몇 마리를 통한 거래 원정이 기원일 수 있는 이 틸리아 관계를 통해 반세기가 넘는 기간에 걸쳐 피와 결혼, 동료집단 간 관계로 간접적으로 얽혀있는 의존관계 네트워크를 형성할 수 있다"(Conant, 1966, 4장 40절).

가축 교환으로 인해 가족이 소유하는 가축의 규모는 크랄에 수용된 가축의 숫자만 으로는 알 수 없다. 로페타쾅은 틸리아를 여러 개 가지고 있으므로, 그의 재산은 이웃의 재산과 뗄 수 없는 관계로 묶여있다. 틸리아 파트너십의 네트워크는 질병이나 도난으로 인해 가축을 전부 잃을 수 있는 경우에 대한 보험의 역할을 할 뿐 아니라, 로페타쾅이 곤경에 처했을 때(예를 들어 우발적인 살상) 우정에 기반한 이 네트워크에 도움을 청할 수 있다.

틸리아 거래는 정치적 영역을 의미하며(다음 섹션에서 논의) 평원에 적용될 경우 수 정되는 코록을 생각해보면 더욱 중요한 의미를 갖는다. 메이솔의 코록은 씨족이나 계보 의 힘을 유지하는 데 도움이 되지 않는다. 코록을 구성하는 사람들은 평원과 언덕 간 매 우 큰 차이를 보인다. 언덕의 코록은 소수의 씨족이나 혈통만으로 구성된 경향이 있지 만, 평원의 코록 korok은 많은 수의 계보를 대표한다(Conant, 1965: 431). 페리시아니 Peristiany(1954: 24)는 "끊임없는 개인의 움직임은 혈통의 국지화를 방지했으며, 관개인 구보다 [포콧 목축인] 마을 구성원 사이에서 친족관계가 더 적다"라고 기술했다.

가축 소유에 따라 명성이 따라오며, 적절한 결혼 상대, 서쪽 언덕 정착촌과 더 남쪽 의 카담 Kadam, 티아티 언덕 Tiati Hills에서 생산한 곡물 등 삶의 좋은 것들도 함께 따 른다. 소는 생계 보험이다(Schneider, 1964). 최악의 경우, 그들은 도살되어 고기는 소비 되며, 평소에는 우유와 피를, 특별한 날에는 고기를 모두에게 제공한다. 고기가 없다면 어떻게 축제를 즐기면서 친구들을 즐겁게 할 수 있을까?

탐칼 계곡

탐칼 계곡은 서쪽의 리프트 계곡의 벽과 동쪽의 고지대의 사지 사이에 자리 잡은 좁은 골짜기이다(그림 12.2 참조). 북쪽에 위치한 입구는 코 *Koh*라고 불리는 봉우리의 영향권 아래 있다. 코 *Koh*는 모양이 닮은 "소의 혹"을 의미한다(사진 12.7과 아래 12.11 참조). 탐 칼 계곡의 연간 강수량은 1,000mm를 초과한다. 두 번째 작물기에는 탐칼의 낮은 계곡 바닥을 따라 수수를 생산한다. 탐칼 계곡에서 밀도 높은 정착지가 형성된 지역의 식생 은 콤브레텀−하이파르헤니아 *Combretum−Hyparrhenia*로, 계곡 바닥과 더 건조한 동

사진 12.7. 서부 포콧의 탐칼 계곡 전경. 코크와탄드와 Kokwatandwa에서 바라본 포콧 서쪽지구의 탐칼 계곡. 남동쪽으로 바라본 탐칼 계곡의 파노라마. 사진은 웨이웨이 강 Weiwei River을 이루고 있는 마린 강과 케일 강 Marin and Kale Rivers의 합류지점을 보여주고 있다. 이 두 강 사이의 땅은 아사르 Asar의 코록이다. 왼쪽(마린강 동쪽)에는 키토뇨 Kitonyo, 와토르 Wator, 가미치치 Kamicich, 터토이 Tirtoi, 탈람 Ptalam, 성구트 Sungwut, 마린 Marin 코록이 있다(그림 12.3 참조). 눈에 띄는 봉우리인 고 Koh는 왼쪽으로 계곡을 따라 위치한다. 계곡 바닥(토우 touh)은 관개되어 주로 옥수수와 수수 약간을 기르는 데 사용된다. 계곡의 아래쪽 경사지(카마스 kamass)는 덤불에 손가락기장을 심는다. 일부 밭에는 관개할 수 있다. 정착지는 카마스에 밀집되어있다. 계곡 쪽 높은 곳에는(masob), 정착지와 밭이 더 많다. 더 고도가 높은 숲(tourku)은 보통 구름에 둘러싸여있다.

쪽 경사면의 아카시아 테메다 *Acacia – Themeda* 방향으로 형성되어있다. 탐칼 계곡 인구밀도는 제곱킬로미터당 40명을 초과하며, 가구 규모는 평균 4.75명이다. 포콧 지역 사회에서 중요한 코록 *korok*과 다른 용어를 설명하고, 토양에 관한 포콧 지역 사람들의 생각을 고찰한 후, 탐칼 계곡의 농업과 가축 사육 관행을 살펴본다.

코록

코크와 *kokwa*와 코록 *korok*은 앞서 설명한 다양한 기후와 지형의 유형을 사용하기 위해 특별히 설계된 포콧 지역의 제도이다. 코크와는 일종의 위원회로 그룹의 삶에 관련된 결정을 내린다. 특정한 지역의 가장이 코크와의 회원이 된다. 남성 연장자나 존경받는 인물("언변이 좋은 사람"을 의미하는 킬워킨 *kirwokin*)이 회의 감리의 역할을 담당한다.

코크와 내에서 하나 또는 두 개 혈족이 수적으로 많은 수를 차지하는 경향이 있기는 하지만, 기본적으로 코크와는 친족이나 혈연관계로 결정되지 않는다. 그보다는 특정한 지리적 경계 내에 사는 사람으로 정의되며, 이 지정학적 공간을 코록 *korok*이라 한다. 이는 포콧 지역에서 가장 작은 정치적 영토의 단위인데, 주요 하천의 가장 낮은 땅으로 구성되어있다. 측면은 언덕에서 주요 하천으로 직각으로 내려오는 간류를 통해 정의되며 언덕 꼭대기는 상부 경계를 형성한다(그림 12.3).

다시 말하면, 코록은 그 경계 안에 토우 *tough*(계곡 평원), 카마스 *kamass*(낮은 언덕 경사면), 메이숍 *masob*(높은 언덕지대) 그리고 2,100미터 상의 구역에 위치한 탐칼 계곡을 포함하도록 디자인된 지리적 공간 단위이다. 여기에는 예를 들어 메이숍 부분이 없는 코록, 메이숍에서 시작해서 투르쿠 *tourku*의 경사면으로 올라가는 코록 등 많은 예외가 존재한다. 그러나 단일 정치 공간 내에 다양한 쓰임새를 지닌 환경을 포함시킨다는 목적은 대부분 이루어진다. 어떤 코록에서는 하천보다 언덕 측면으로 경계의 경사면을 표시한

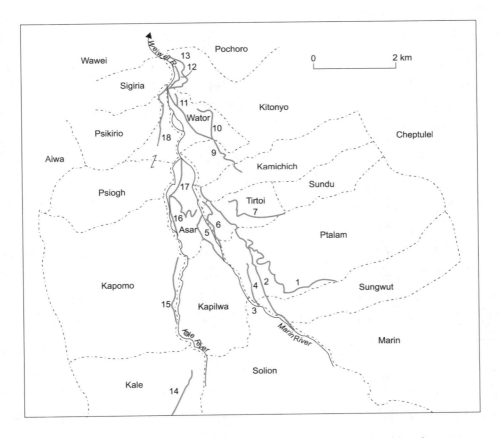

그림 12.3. 서부 포콧 탐칼 계곡의 코록과 고랑. 숫자는 표 12.5의 고랑 이름을 표시.

다. 온전히 목축업을 기반으로 삶을 꾸려가는 메이솔 사람들에게 있어 코록과 관련된 흥미로운 일들은 여전히 많이 일어난다. 메이솔의 코록은 거의 2차원이지만 이 정치적, 사회적 실체의 기초와 양면을 경계 짓는 하천을 통해 구분되어진다(Conant, 1965).

따라서 코록은 구성원에게 몇 가지 생태적 구역을 제공하기 위한 지정학적 도구로서 포콧 지역 사람들이 고안한 것이다. 포콧 지역 사람들은 코록 구성원이 생계를 꾸려가는 데 일련의 환경을 활용하는 것이 한 가지를 이용하는 것보다 더 안전하고 생산적인 것으로 분명히 보고 있는 것이다. 이것이 실제 농업 관행에서 어떻게 작용하는지에 대해서는 이 장의 뒷부분에서 다루고 있다.

토양에 관한 포콧 지역 사람들의 관점

포콧 지역 농민들은 농업에 중요한 토양을 잘 이해하고 있다.[2] 포콧 지역 토양 유형에 대한 연구를 통해 밝혀진 주된 내용은 밀네 Milne(1935: 183)가 처음으로 제안하고 이후 열대 아프리카 토양 과학자들이 널리 적용한 "사슬연결"의 개념인데 이것이 포콧 지역 사람들의 사고에는 이미 존재한다(Scott, 1962: 67−76, Chenery, 1960). "카테나 catena"는 "지형뿐 아니라 토양 내 물질이 변화하면서 발생했을 수 있는 변화로 인해 경사면 아래로 내려가면서 토양이 순차적으로 반복"되는 것이다(Scott, 1962: 71). 포콧 지역 토양의 특성과 유형을 포콧 지역 사람들이 어떻게 이해하고 있는지에 대해 아래에서 설명한다(본서의 10장 그림 10.3 참조).

포콧 지역 토양은 산골짜기 횡단면을 따라 지리적 위치의 순서로 이루어져있을 수 있다. 단, 탐칼에서 쿠룻−시골 Kurut−Sigor, 메이솔에 이르는 다양한 용어로 인해 복잡성이 더해진다. 먼저 토리온 *torion*과 문토이온 *muntoion* 숲 그리고 더 높은 고지의 초지 토양이 있고, 다음으로 눈구탄 뇨 *nun'gutian nyoh*부터 이전에 숲이었던 메이솝 고원의 검은 토양 그리고는 카마스 가파른 경사지의 척박한 토양에 해당하는 상가탄 *sangatian* 또는 응고리오 *ngoriow*가 뒤를 따른다. 그 바로 밑의 카마스에는 피리웍 *pirirwok*이 있으며, 이는 손가락기장 작물의 성장에 필요한 적색 침출 토양이다. 카마스에서의 이 전환이 나타나는 지역 내 백색이나 회색 토양은 릴노이 *Rilnoi*이다. 토우의 평평하고 좁은 계곡 바닥에서는 점토 토양인 무노 *munoh*와 모래질 충적토인 응굠워 *n'gyomwoh*의 두 가지 충적토가 있어, 농업용으로 많이 이용되고 있다. 토우의 강둑 인근에는 람요 *ramyo*라는 모래토양이 있는데, 이는 뇨기요 *nyogywoh*와 관련이 있을 수 있다. 쿠룻−시골 지역에서는 이 모래 토양을 토쿄온 *tokoyon*이라 부르며, 메이솔에서는 응가얌 *ngayam*이라고 한다. 좁은 탐칼 계곡의 끈적끈적한 점토 무노 *munoh*는 쿠룻−

시골 지역에서는 무니온 *munion*, 메이솔 지역에서는 카투쿠리 *katukurie* 또는 아라이
욘 *arai'yon*이라고 불린다.

- 토리온 *Torion*: 이 단어는 "검음"과 "목탄"의 두 가지 의미를 지닌다. 인터뷰에
참여한 사람 한 명은 "막 시작되어 탄 밭(*shamba*)"을 나타낸다고 했다. 토양은 검은색이
며, 토리온은 숯과 흙의 혼합물이다. 토리온은 두꺼운 메이솝의 윗부분에 있는 포도까르
푸스와 삼나무 숲에 분포한다. 그 위를 걷게 되면 썩은 나무와 나뭇잎에 발이 빠질 것이
다. 토양은 검은색이지만, 완전히 검은색은 아니고 갈색이나 푸른빛을 띠는 검은색일 수
있다. 토양 아래에는 물이 있지만 위에는 없다. 토양을 파내려가면 물이 나온다. 이 토
양에서 자랄 수 있는 작물은 손가락기장, 영국 감자, 옥수수 등이다. 옥수수는 토리온이
분포하는 저지대에서만 잘 자란다.
- 문토이온 *Muntoion*: 토리온과 공존하는 토양이다. 그리고 높은 고지대 초원의
토양이다. 일부 지역에서는 검은색이면서 점성을 가지며, 다른 지역에서는 많은 돌과 섞
여있기도 한다. 이 초지 토양의 낮은 고도에서는 옥수수와 손가락기장을 재배할 수 있
다. 더 높은 고도에서는 감자, 콩 그리고 완두콩 정도만 재배할 수 있다.
- 눈구탄 뇨 토 *Nun'gutian nyoh to*: 문자 그대로 "검은색 토양"을 의미한다.
*Nun'gutian*은 "토양"과 "검은색"을 의미하는 포콧 단어이다. 이 토양은 주로 메이솝과
덤불의 낮은 고도에서 나타난다. 질이 좋은 토양이며, 옥수수 재배에 가장 적합하다. 실
제로 이 토양에서는 옥수수를 4-5년 연속으로 심을 수 있다. 점성은 없다. 때로는 집의
벽을 바르는 용도로 사용된다. 인터뷰에 참여한 한 사람은, "그 토양이 있는 곳은 어디
건 간에, 거기서 숲이 형성되었었다는 것을 우리는 안다." 이러한 관찰을 통해 역사적으
로 숲이 제거되었던 지역을 지도로 만들 수도 있다.
- 상가탄 *Sangatian* 또는 응고리오 *n'goriow*: 이것은 토양과 돌을 섞은 것인데 토
양보다 돌이 더 많다. 돌은 붉은색과 검은색 토양과 섞여있기도 하다. 이 토양에서는 손
가락기장만, 1년 동안만 재배할 수 있다. 이 토양은 경사면의 카마스에, 보통은 피리웍
윗부분에 분포되어있다(아래 참조).
- 피리웍 *Pirirwok* 또는 피리노 *pirirnoh*: *Pirir*는 "빨강"을 의미한다. 강 근처가 아
닌 경사가 시작되는 계곡에서 나타난다. 이 토양에는 모래가 없다. 진흙이 많으며, 작은
돌도 같이있다. 이 토양에는 손가락 수수의 재배가 가장 적합하다. 옥수수는 1년 동안만
자랄 수 있으며, 손가락기장도 1년 동안만 자랄 수 있다. 두 번째 해가 되면 잡초가 너
무 강하게 자란다. 이 토양에서 카사바 나무와 수수는 잘 자란다. 비가 많이 내리지 않
는 한 일반적으로 피리웍을 통해 작물에 관개를 한다. 피리웍은 가게에서 구입할 수 있

는 일반 소금과 섞어 염소에게 먹일 수 있으며, 집 벽을 진흙으로 바르는 데 사용할 수도 있다.

- *릴노이 Rilnoi*: 일종의 흰색 또는 회색 흙이다. *ril* (또는 rel)은 "하얀" 또는 "백색"을 의미한다. 흙은 점토와 유사하고 물을 매우 쉽게 흡수하며 연성 물질은 쉽게 침식되어 유출수에 쓸려 멀리 이동한다. 이 토양에서 옥수수를 재배할 수 있지만 수년 동안 재배할 수는 없다. 손가락수수는 1년 동안 재배할 수 있다. 릴노이 *rilnoi*는 카마스의 제한된 부분에서만 분포한다. 소 말고 염소가 소금 섭취를 위해 이 토양을 핥는다. 이 토양은 또한 벽에 진흙을 바르는 데 사용되며, 할례 시, 소녀들의 몸에 펴 바르는 데 사용되기도 한다.

- *무노 Munoh*: 이 단어는 "끈적함"을 의미한다. 이 형용사는 다른 물질에는 해당되지 않고 토양을 설명할 때만 사용된다. 벌꿀로 덮여있는 것은 무노가 아니다. 무노는 화분과 흙 파이프를 만드는 데 사용되며, 이 단어는 냄비를 만드는 재료를 묘사할 때 사용한다. 무노는 귀중한 농업 토양이다.

- *무니온 Munion*: 이 단어는 검은 흙, 진흙, 검은 면화 흙을 나타내며 사탕수수, 손가락기장, 옥수수 재배에 좋다. 또한 집의 벽을 바르는 데 사용된다. 저지대에서 확연히 나타나는 토양이다. 비록 냄비와 진흙 파이프를 만드는 데 사용될 수도 있지만, 앞서 언급한 것처럼 냄비와 파이프를 만드는 물질은 무노이다.

- *아라이온 Arai'yon* 또는 카투쿠리 *katukurie*: 메이솔 사람들 사이에 잘 알려진 저주를 뜻하는 검은 면화 흙을 부르는 용어이다. 농업에 사용되지는 않으나, 사판 의식을 거치지 않은 메이솔 청년들은 머리 뒤쪽 올림 장식인 로토콘 *lotokon*을 만들기도 한다. 아라이온 *Arai'yon*과 카투쿠리 *katukurie*는 다른 포콧의 저지대 토양인 무니온 *munion*과 무노 *munoh*와 비슷한 특성을 가지고 있다.

- *응곰워 N'gyomwoh*: 이것은 모래 충적토이다. 응곰워 N'gyomwoh와 무노-피리워 두 가지 모두에서 작물이 잘 재배된다. 이 모래 토양은 더 따뜻하고, 두 토양에 동시에 심어진 옥수수는 응곰워 *n'gyomwoh*에서 더 빨리 자란다. 응곰워 *n'gyomwoh*는 언덕의 농업 토양이긴 하지만, 메이솔에서 마른 강물을 메마르게 하는 모래와 작은 돌을 의미한다.

- *라미안 Ramian* 또는 응가얌 *ngayam*: 라미안 *Ramian*은 언덕에서 사용되는 용어이다. 메이솔 사람들은 평원에서 응가얌 *ngayam*을 사용한다. 이 토양은 강둑을 따라 분포한다. 카마스에서 나온 토양은 강 옆에 쌓여있으며 때로는 강 자체가 범람하여 이 토양이 더 많아진다. 라미안 *Ramian*은 모든 종류의 토양의 혼합물이다. 주로 토양이지만 작은 돌도 있다. 거의 모든 작물에 좋지만, 보통 옥수수와 사탕수수를 심는다. 옥수수를

10년간 재배할 수 있다. 이런 종류 토양의 문제는 홍수가 나면 작물과 함께 휩쓸려나간
다는 점이다. 이 토양은 매우 깊이 분포한다.

　　포콧 지역에는 온전히 비농업적인 "토양"도 여럿있다. 포콧은 토양을 분류하는 데
있어 이 중요한 분류 기준을 명확히 적용하여 눙구탄 *nun'gutian*과 진흙, 문얀 카파갓
*munyan kapagh'yat*을 구분한다.[3] 메이솔에서는 머리 장식을 만들기 위해 사용하는 진
흙의 종류가 적어도 여덟 가지이다. 이들 중 피코스 *pikos*는 널리 활용되는 붉은 진흙이
다. 포경을 한 소년은 장식을 위해 이것을 몸에 바른다. 할례를 거친 소녀는 할례 직전
성기에 바르거나, 춤추기 전 장식을 위해 몸에 기름 위에 피코스를 덧바른다.

표 12.2. 포콧 지역의 토양 연접군

설명	포콧 지역 토양 명칭
배수가 뛰어난 토양	
습윤 지역	
2[1] 짙은 갈색 양토	토리온
	눈구탄 뇨 토
반건조 지역	
12 검붉은 모래진흙	상가탄
	피리웝
12/18	무노
계절에 따라 다소 배수가 원활하지 않은 토양	
18 붉은색에서 검붉은색을 띠는 부서지는 진흙(지평선은 홍토)	릴노이
	무니온
20 진한 갈색에서 옅은 황색을 띠는 모래흙(지평선은 홍토)	응쿰워
	라미안
	토코욘
	응가얌
배수가 다소 원활하지 않은 토양	
22 검정에서 짙은 갈색 진흙	카투쿠리
	아라이온
배수가 원활하지 않은 토양	
25 짙은 회색빛 갈색에서 매우 짙은 갈색 토양	문토이온

[1] 번호는 Scott's Soil Topography Associations. 출처: Scott(1962: Map 6).

응옝 *N'yen'g*은 지하 표면 "토양"이다. 맛이 짜며, 가축에게 먹인다. 평평한 지역의 큰 강 유역을 따라 분포한다. 색깔에 따라 차별화된다. 따라서 응옝 노 릴 *N'yen'g* nyoh ril(흰색)과 응옝 노 피릴 *N'yen'g* nyoh pirir(빨간색)이라 말할 수 있다. 그것은 웨이웨이 Weiwei, 사마키톡 Samakitok, 마리치 Marich 강을 따라 분포한다.

톨롯 *Tolot*(또는 *talan*)은 토양 수분 상태이다. 그것은 "안에 물이 든"을 의미하며 젖거나 포화상태의 토양을 묘사하는 데 사용된다. 한 인터뷰 참여자는 "평평한 땅에 물이 안에서 퍼지면서 거기서 풀과 같은 녹색 생물이 항상 자라면, 그것이 톨롯 tolot이다"라고 말했다. 메이솝 사람들은 이런 지역을 소스 *sos*라 부른다.

표 12.2는 포콧 토양 분포를 서양의 토양 과학 기준으로 나타낸 것이다. 영어로 된 용어는 동아프리카 자연 자원(Scott, 1962: Map 6)이라는 토양 지도에서 차용했다. 세부적 분포를 나타내기 어려운 문제를 지도를 활용함으로써 해결하고 있다. 여기서 토양은 36가지 유형으로 나뉜다. 이들은 지형, 경사, 고도에 따라 조합과 재조합을 반복해 토양-지형 조합 48개로 나타낸 것이다. 이 지도를 통해 특정 장소의 토양에 대한 많은 상세 정보를 얻을 수 있다.

스캇 Scott의 분류에 따르면 포콧의 토양 분포는 축축한 메이솝 지역과 배수가 과도한 카마스 지역으로 넘어가는 것과 달리 습한 지역에서는 반건조 지역 유형으로 건너뛴다(그림 12.2 참조). 이러한 구간의 특성을 포콧 지역 사람들은 인지하고 있으며, 이를 몇 가지 고도구역으로 나누어 작물이 익는 시기에 필요에 따라 열리는 정교한 관개 채널 네트워크를 설치하여 운영하고 있다.

포콧 지역 사람들은 토양 유형 간 여러 가지 구별을 실질적으로 적용하고 있어 토양에 대한 기능적 지식이 잘 발달되어있다. 탐칼 계곡, 쿠룻-시골, 메이솔 간 용어의 차이는 있지만 토양을 구분하는 주요 기준을 일관적으로 적용하고 있다. 실험실 분석에 따르면 스캇의 분류에서 함께 분류된 토양조차도 물리적으로 서로 다르다. 포콧 지역 사람들은 토양을 색상이 아니라 질감, 유기물의 비율 또는 다른 특성에 따라 구분한다. 표 12.3은 표 12.2에서 함께 분류된 포콧 지역의 토양이 어떻게 다른지 나타내고 있다. 물론 포콧 지역 농부들이 표 12.3에 열거된 모든 기준에 따라 토양을 구분하는 것은 아니며, 다시 말하자면, 색상, 질감, 유기물 포함 여부, 습기 등을 통해 구분한다.

이들은 다음 주제에 있어서도 자신들 토양의 농업 잠재력을 잘 알고 있다. 이 잠재력에 있어 햇빛과 강수량은 토양만큼이나 중요한 문제이지만, 포콧 지역 사람들은 밭을 얼마나 오랜 기간 사용할 수 있는지, 어디에 무엇을 심을지, 언제 관개를 할지 그리고 언제 새 밭의 덤불을 잘라낼지를 알고 있다. 그들은 [작물 성장이] 빠른 토양과 따뜻한 토양에 대해 이야기하며, 습기 포화를 일컫는 용어가 있는가 하면, 토양과 변형이 불가

표 12.3. 포콧 지역 토양의 구별적 특성

토양군		토양군의 구별 특성
토리온 문기탄	}	질감, 인
상가탄 피리웍	}	질감, pH
상가탄 무노	}	pH, 유기물 비율, 인
피리웍 무노	}	질감, pH, 유기물 비율, 인
응굠워 응가얌	}	색상, pH, 유기물 비율, 인, 칼륨

한 흙(점토, "딱딱하지 않은 돌")을 구별한다. 토양에 대한 포콧 지역 사람들의 지식은 다른 엄격한 분류 체계에 맞지 않을 수 있지만, 내부적 일관성을 지니며 포콧 지역 사람들의 삶에 있어 중요한 토양 분류를 만들어냈다.

탐칼 계곡의 농업

이 섹션에서는 로론젤로시 Lorongelosi 가족의 생활에 대해 살펴본다. 털토이 코록 Tirtoi *korok*에 사는 카이트 로론젤로시 Pkite Lorongelosi는 30대 중반이다. 그는 아이를 낳지 못한 첫 번째 아내와 헤어졌다. 두 번째 부인인 쳅톤요 Cheptonjyo가 낳은 아들과 딸 셋은 모두 살아있다(사진 12.8 참조). 자녀 중 둘은 사춘기이며 다른 아이들은 4세 미만이다. 근처에 위치한 집에 사는 형 키시툿 Kisitut까지 가족에 포함된다. 카이트는 여행을 많이 다녔으며 포콧 지역에서 자기 또래(5년)에 비해 학교를 더 많이 다녔다. 그의 아버지처럼, 그는 태어나서 털토이에서 자랐으며 포콧 지역의 전통적 신념을 따르는 종교를 가지고 있다. 포콧 지역 사람들 기준에서 그는 상류층에 속하며 동료들의 사회적 존중을 받는다. 1962년, 담배 판매를 통한 소득이 30 동아프리카 실링이라고 그는 추산했지만 잉여 옥수수와 바나나를 판매해 소득은 그보다 상회했을 것이다. 어쨌든 카이트의 현금 수입은 극히 적으며, 그는 포콧 지역 기준에서 보더라도 "세계" 경제에 적게 참여하고 있다.

사진 12.8. 탐칼 계곡에 거주하는 카이트는 조롱박에 작은 구멍을 뚫고 가운데 부분을 따서 나중에 마개로 사용한다. 이 조롱박은 이후 불 근처에 두어 말린다. 이런 조롱박은 집에서 맥주를 제조하는 용도로 보통 사용한다. 카이트는 맥주를 마시지 않지만 그의 친척과 이웃은 마신다. 사진 제공: Francis P. Conant.

  카이트는 에너지가 넘치며 매우 열심히 일한다. 그는 포콧 지역 사람들의 일반적인 특징과는 달리 농업 관련 일에 대해 거의 칼빈주의적 태도를 가지고 있는 듯하다. 그는 또한 다소 실험적으로 농사를 짓는데, 이 또한 일반적이지 않다. 그러나 카이트는 많은 면에 있어 탐칼 계곡의 농부를 대표한다.
  가축 소유권에 있어 카이트는 계곡에 사는 사람들과 유사하다. 그에게는 소 두 마리, 양 다섯 마리, 염소 다섯 마리가 있다. 거의 모든 가구의 가장은 가축을 소유하며, 평균 수치(Francis Conant가 수집한 데이터)는 소 다섯 마리, 양 네 마리, 염소 세 마리이다. 카이트의 가축은 다른 형제인 치로톼 Chirotwa의 가축과 함께 길러지고 있는데, 치로톼는 자신 소유의 가축에 대한 세부 사항을 밝히고 싶어하지 않았다.

토지 소유권과 통제권

카이트는 많은 토지를 소유하고 있으며, 이 대부분은 아버지로부터 물려받았다. 여기 저기 땅이 적어도 14개 있는데 그중 절반 이하에서 작물을 재배하고 있다. 카이트가 땅을 많이 가졌다고 말할 수는 없는 것이, 모든 사람이 숨쉬기에 충분한 공기가 있는 것과 같이 모든 사람이 농사를 지을 수 있는 땅이 계곡에는 충분히 있다. 메이솔에서는 목축업자들이 토지를 공동으로 운영하는 것과 달리 탐칼 계곡에서는 토지를 소유하고 상속한다. 토지 측량은 특별한 형태를 띠고 땅에 수직으로 꽂혀있는 돌(*kaeghae*)로 표식되어있는 경계를 기준으로 이루어졌다. 이 경계석은 대지 경계선을 따라 약 8-10미터 간격으로 놓여있다. 서양인들이 일반적으로 토지라는 용어를 사용할 때와 같은 의미에서 토지를 사고팔지는 않는다. 통상적으로 토지를 취득하는 사람이 염소를 지불한다. 1962년 20-22 동아프리카 실링(당시 3 미국 달러, 1996년은 15.40 미국 달러)의 가치를 지니는 염소가 상품권으로 사용되어 교환의 가치를 실질적인 것으로 바꾸어준다. 실제로 이러한 과정을 통해 거래된 땅은 "염소의 *shamba*"라는 의미의 파라 *paragh*라고 불리게 된다. 소유주는 그 땅을 영원히 소유하게 되어 아들에게 상속할 것이다. 카이트가 소유한 밭 중 하나는 멀리 이사가 땅을 팔기 원했던 친족 형제 쳅초이 Chepchoy에게서 구입한 파라이다. 카이트가 물려받은 밭은 각각 파렌쟈 *parenjya*로 불리는데 이는 문자 그대로 "우리 소유의 밭"을 의미하며, 휴경인 경우 "우리 소유의 덤불"을 의미하는 우텐쟈 *wutenjya*로 불린다.

파라와 파렌쟈는 모두 자유보유권으로 간주되어야 한다. 토지 보유권의 두 번째 유형은 면역지대 또는 토지 임시대출이라 할 수 있는데 키마나켄 *kimanaken*이라고 불린다. 이 땅은 실제로 빌려주지는 않는다. 이것은 포콧에서는 "일어날 수 없는" 일이라고 카이트는 전한다. 그러나 예를 들어 한 남자가 짧은 시간(예를 들어 1-2년) 동안 카이트의 밭 중 하나를 사용하기를 원하면 그는 카이트에게 줄 맥주를 만들 것이다. 이것은 염소를 주는 것보다 훨씬 겸손하고 일시적인 상품권이다. 수확 후 카이트는 언제든지 그 남자에게 땅 사용을 중단할 것을 요청할 수 있다. 이는 포콧 지역에 존재하긴 하나 널리 실행되지는 않는 토지 소유 유형이다. 키마나켄 *kimanaken*이란 용어는 토지뿐 아니라 가축에게도 적용될 수 있다. 차용자는 우유만 가져온다. 대출 기간에 생산된 송아지는 소 주인에게 소를 돌려줄 때 모두 되돌려준다. 소 주인은 소를 가지러오면서 맥주를 한 동이 가지고온다.

임대된 땅이 없는 것처럼, 공동 소유의 땅도 없다. 공동으로 울타리가 쳐진 곳에 농장이 조성된다. 밭에 물을 공급하는 고랑은 공동으로 유지, 관리한다. 수확 후 그루터기는 모든 가축이 먹도록 하며, 밖으로 가지고 나가는 사람은 없다. 몇 사람이 작물을 재배하는 땅이 포함된 넓은 밭은 파라고무초 *paraghomucho*라 불린다. 목초지로, 모든 사람이 사용하는 땅은 고무초 *gomucho*라 불린다. 그 외에도 카나시안 *kanasian*과 시지리오 *psigirio*는 공동으로 관리하는 넓은 밭을 이르는 용어임을 코넌트는 밝혔다(Conant 1966, 5장 19절).

카이트 소유의 밭을 살펴보면서 확실해지는 점은 파라고무초가 포콧 지역 사람들의 삶에 매우 중요한 기능적 농업 주체라는 것이다. 이는 한 농부를 중심으로 그의 친족과 이웃이 연관되는 조직 단위이다. 다음번에 어떤 파라고무초를 열 것인지, 누가 포함될 것인지 그리고 준비를 위한 작업을 언제 마칠 것인지 등에 대해 사람들이 동의를 해야 하므로 그것은 사회적 함의를 지닌다. 덤불을 자르고, 불에 태우고, 울타리를 세우고 테라스를 내다버리는 일은 남자들이 그룹으로 한다. 작물 심기와, 허리를 굽힌 채 해야 하는 잡초제거의 끝이 보이지 않는 노동으로 인해 여성은 뜨거운 태양 아래에서 함께 오랜 시간을 보낸다. 그러나 이 모든 과정을 통해 손가락기장의 익은 열매는 여성이 소유한 곡창고에 보관하여 여성(일반적으로 아내)이 주인이 된다. 그 이후 어떻게 쓰일 것인지도 그녀가 결정한다. 언덕 경사면을 따라 올라가는 좁은 띠 모양의 밭은 분명하지 않을 수 있지만, 푸르고 싱그럽게 자라는 손가락기장 아래에는 각 땅의 경계를 표시하는 돌이 줄지어 놓여있을 것이다. 포콧 지역의 농부들은 파라고무초를 통해서뿐 아니라 고랑에서 물을 차례대로 함께 사용함으로써 다른 많은 사람과 관련된다. 카이트의 토지보유를 자세히 살펴보면, 포콧 지역 농업공동체의 관계망이 얼마나 복잡하게 얽혀있는지가 분명해진다.

성별과 노동분업

포콧 지역 여성들은 농업노동을 하므로 자원과 관련 결정에 대해 상당한 통제권을 지닌다. 한 여성의 밭에서 난 수확물은 그의 곡창고로 들어간다. 이 여성은 저장된 식량 중 어떤 것을, 언제, 얼마나 사용할 것인지를 결정한다. 그가 기른 작물 중 일부를 팔려고 하면 그의 동의를 반드시 받아야 한다. 따라서 남성은 포콧 지역 경제 중 위신이 높은 부분(가축 유지)에 관한 결정을 내리는 반면, 여성은 그 경제에서 보다 근본적으로 중요한 부분(곡물 및 기타 작물 생산)에 관련된 노동을 하고 관련 결정을 내린다. 씨를 뿌리는 것은 여성의 배타적 영역이며, 때로는 자녀의 도움을 받아 여성은 땅을 파고, 잡초를 제거하고, 밭을 지키는 연속적인 업무를 수행한다(Conant, 1966, Chapter 5: 10, Conant, 1973, 1982b 참조). 평야의 가구에서 여성이 염소와 양을 관리하기도 하지만, 가축 관리는 주로 남성이 한다.

　　아내는 다른 방식을 통해서도 권력과 자율권을 지닌다. 한 가지는 남편에게 제공하는 음식에 독을 넣는다고 하는, 평소에는 생각하지 않지만 항상 가능한 방법이 있다. 여성의 요술 관행에 대해 남성은 때로 두려워하기도 한다(Edgerton, 1971: 288 ff.). 그러나 이들은 은밀하게 숨겨져있으며, 거의 사용하지 않는 제재이다. 포콧 지역 여성들이 보다 공개적으로 활용할 수 있는 킬라팟 *kilapat*, 또는 수치 파티라는 것이 있다. 한 남자가 아내를 학대하면, 그녀는 다른 부인, 여자 형제, 마을의 다른 여성들의 도움을 얻을 수 있다. 이들은 한데 뭉쳐 말뚝이나 나무에 그 남자를 묶고 그에게 말로 조롱할 뿐 아니라, 그의 어깨에 발을 올려놓고 그들의 은밀한 부분을 그 남자가 보도록 만드는 것과 같이 극단적 모욕을 주는 신체적 행동을 취한다(Edgerton and Conant, 1964). 포콧 지역 여성에게도 다른 제3세계 사회에서와 마찬가지로 권한부여나 자원통제권을 위한 수단이 없는 것이 아니다.

밭

카이트는 작물이 있는 밭 여섯 개와 덤불이 있는 밭이 적어도 여덟 개 이상이 있다(표 12.4 및 그림 12.4).[4] 작물을 재배하는 밭에 대해서는 정확한 면적이 계산되었지만, 덤불이 있는 밭의 규모는 추측할 수밖에 없다. 밭이 마지막으로 사용되었을 때 있던 경계석이 덤불 속에 아직 있기 때문에 필요한 경우 이들을 지도화할 수도 있다. 덤불이 있는 밭에서 작물재배를 준비할 때 보통 이전에 사용하던 돌을 다시 찾아내는 것에서 시작한다. 휴경지는 현재 카이트가 작물을 기르고 있는 밭과 규모가 비슷한 범위라고 가정할 수 있다. 옥수수(알파)를 심은 그의 첫 번째 밭(No. 1)은 자신의 집 근처에 있다. 그의 집은 음바야 강 Mbaya River의 짧은 지류의 계곡을 내려다보며 계곡의 동쪽 카마스에 위치해있다. 그 가장자리에는 염소와 양을 머물게 하는 집이 있으며 이 집에서 언덕 바로 아래에는 인근 밭에서 사용하는 배설물이 쌓여있다. 이 밭은 파라스콘 *paraskon*으로 불리며, "배설물 밭" 정도의 의미이다.

산골짜기 건너편에는 손가락기장(maiwa)과 옥수수(No. 2) 밭이 있으며, 음보코 *Mbokor*라 불리는 고랑을 통해 관개한다. 그 인근은 치로톼와 공유하는 밭으로, 옥수수, 카사바, 바나나, 여러 야채를 재배한다(No. 3). 이는 파랑이온 *paran'gion*이라는 특별한 이름을 지닌 작은 밭으로(0.3헥타르), 포콧 지역 여성이 아닌 남성이 소유하는 작은 정원이다. 이것은 다른 아프리카 문화에서 공통적으로 여성이 집 근처에 가꾸는 텃밭과 비슷하다.

카이트는 서쪽의 마린 Marin을 가로질러 작은 옥수수−콩밭 두 개를 소유하고 있다(No. 4와 No. 5). 이것은 대규모 파라고무초 안에 있는데, 여기에는 다른 땅 29개가 있어 카이트의 이웃 25명이 관련되어있다. 이 밭은 마린 강 상류에서 발원하며 쳄완야 *Chemwanya*라고 불리는 좋은 고랑이 물을 댄다.

카이트 소유 중 재배되는 나머지 땅은(No. 6) 마린 강의 지류인 루누 강 Runu River 협곡 계곡에서 남쪽으로 약 2.5킬로미터 떨어져 있다. No. 6 밭은 손가락기장을 재배한

표 12.4. 카이트가 관여하고 있는 농장

밭 번호	설명	참여자 이름	카이트의 친족여부	농장주 거주 코록	마린 강에서의 위치
1	카이트 집 인근 옥수수 밭	Pkite		Tirtoi	동쪽
2	카이트 집 반대편의 손가락기장 밭	Pkite		Tirtoi	동쪽
		**Kanakwang	k	Tirtoi	동쪽
		**Chepokoweri	k	Tirtoi	동쪽
		**Cheptonjyo (f)	k	Tirtoi	동쪽
3	옥수수, 콩, 바나나 밭	Pkite		Tirtoi	동쪽
		***Chirotwa	k	Tirtoi	동쪽
4/5	마린 강 건너편 대규모 상업 목적 옥수수 재배	Pkite (2)		Tirtoi	동쪽
		***Chirotwa	k	Tirtoi	동쪽
		**Lotilem	k	Tirtoi	동쪽
		**Kanakwang	k	Tirtoi	동쪽
		**Psintag	k	Tirtoi	동쪽
		**Chepokoweri	k	Tirtoi	동쪽
		**Cheptonjyo (f)	k	Tirtoi	동쪽
		**Yaranyang	k	Tirtoi	동쪽
		Lokor		Asar	서쪽
		Kapkai (2)		Asar	서쪽
		Kapasir (2)		Asar	서쪽
		Kisitut		Tirtoi	동쪽
		Perechu		Tirtoi	동쪽
		Sangwate		Tirtoi	동쪽
		Kortchome		Tirtoi	동쪽
		Chepenut (2)		Asar	서쪽
		Kinjeltum		Tirtoi	동쪽
		Lokwameru		Kokwatandwa	서쪽
		Psirkoi		Kapkomo	서쪽
		Koitum		Asar	서쪽
		Lokalis		Asar	서쪽
		Lorongolima		Asar	서쪽
		Murun		Psiogh	서쪽
		Longurasia (2)		Asar	서쪽
		Siwareign		Asar	서쪽
6	멀리 북측의 손가락기장 밭	Pkite와 ***Chirotwa		Tirtoi	동쪽
		**Psintag		Tirtoi	동쪽
		Kisiautum		Tirtoi	동쪽
		Mokono		Tirtoi	동쪽
		Karuno		?	?
		**Lotilem		Tirtoi	동쪽

Tambach	Tirtoi	동쪽
**Yaranyang	Tirtoi	동쪽
Loitareigm	Tirtoi	동쪽
Chepinyin	Tirtoi	동쪽
Chepenyorio (f)	Kitonyo	동쪽
Kapchok	Ptalam	동쪽
Kapundos	Ptalam	동쪽

** = 두 번 언급된 이름, *** = 세 번 언급된 이름, (f) = 여성, (2) 해당 농장에 밭이 두 개 있는 사람.
총인원: 35명.

다. 다른 밭과 떨어져 카마스 남쪽으로 가파른 경사면(54%)에 위치한다. 이 밭에는 14명이 관련되어있으며, 이들 중 아홉 명이 카이트와 관련을 맺고 있고 이들 모두는 마린 강코록의 주민이다. 카이트와 치로톼가 그 밭을 공동으로 소유하기 때문에 카이트의 땅은 특이하다. 이들의 아버지는 그 밭을 누구의 소유로 할 것인지를 말하지 않고 사망했다. 밭을 나누기에는 너무 좁으므로 카이트와 치로톼는 매년 생산물을 똑같이 나누며 쳅톤요와 치로톼의 아내가 잡초 제거 등의 일을 함께 한다. 카이트는 지금까지 넓은 손가락기장 밭을 현재 사용하고 있는 다른 밭과 의도적으로 따로 위치시켜왔다. 그는 이렇게 말한다. "밭들을 분리시켜두면, 밭 하나에서 실패할 수 있지만 모든 밭에서 실패하지는 않을 것이다. 예를 들어 명충나방이 올해 내 집 근처 옥수수 밭을 망쳤지만, 다른 밭에서의 수확은 좋았기 때문에 식량을 마련할 수 있었다." 같은 계곡 환경에서 서로 멀리

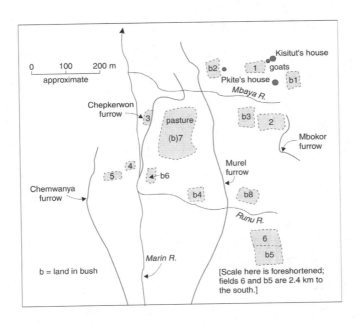

그림 12.4. 카이트 로론젤로시 가문의 토지 소유도.

떨어져 밭을 위치시키는 것은 강우의 변화보다는 질병 해충에 대비하기 위한 조치이다.

현재 사용하지 않는 수풀 이외에, 카이트는 No. 3 밭 근처에 있는 저지대의 개방 목축지를 관리하고 있다. 카이트는 옥수수 1.13헥타르, 손가락기장 0.61헥타르, 그리고 바나나, 카사바, 채소 등 0.28헥타르를 재배하고 있어 총 2헥타르에 걸쳐 작물을 재배하고 있다.

이상으로 카이트의 삶의 정적인 요소를 고찰해보았다. 이를 통해 카이트의 밭이 어떻게 카이트의 재산을 다른 34명의 재산과 깊숙이 연관시키는지 살펴보았다. 다음으로 탐칼 계곡에서의 농사와 목축 관리로 넘어가도록 한다.

밭 경작과 작물 재배

밭을 새로 경작하려면 2월이면 작업을 시작해야 한다. 카이트와 그의 아내 쳅톱요가 일굴 수 있는 규모의 작은 밭을 통해 가장 간단한 과정의 형태로 살펴보겠다. 쳅톱요는 모르 *mor*라고 불리는 작은 낫으로 수풀을 베어낸다. 카이트는 어디서나 흔한 팡가 *panga*를 사용하는데, 이것은 평평하고 날이 넓은 칼이다. 그들은 큰 나무를 제외하고 모든 수풀을 자른다. 큰 나무에 낮게 있는 가지도 자른다. 그 외 수풀을 자르는 데 사용되는 도구로는 포콧 지역 도끼인 오아와 *oiwa*, 팡가보다 작으며 양날 칼인 추크 *chouk* 등이 있다.[5] 추크는 일종의 짧은 진짜 검이다.

수풀은 건조를 위해 3월 중순까지 한 달여를 방치한다. 밭의 맨 아래에 불을 놓고 언덕 위쪽까지 타도록 한다. 때로 불이 번지면 녹색 잎이 달린 가지로 쳐서 불을 끈다. 수풀을 태운 후 밭을 다시 일주일간 방치한다. 그 후 카이트는 타지 않고 남은 쓰레기를 모아 일부는 태우고 일부는 울타리를 치는 데 사용한다. 울타리 높이는 거의 2미터에 이르며, 아래 부분은 매우 빽빽하도록 만든다. 다음 날 쳅톱요가 함께 밭으로 가서, 카이트가 울타리를 치는 동안 손가락기장 씨를 심고 밭을 경작하기 시작한다. 그는 이 작업에 카펨바 *kapemba*라고 불리는 작은 괭이를 사용한다. 카이트는 울타리를 만들면서 쓰레기장도 같이 만든다.[6] 물론 넓은 밭에서 이 과정이 진행되는 경우에는 다른 사람들과 함께 작업한다.

손가락기장이 25-30센티미터 정도까지 자라면 잡초가 함께 자라게 된다. 쳅톱요가 제초를 빨리 마치지 못할 때는 카이트가 와서 돕는다. 잡초 제거는 6월에 이루어지며 온전히 4주가 걸린다. 그 이후 8월 수확까지 밭을 그대로 둔다. 수확을 몇 주 앞두고, 낮 시간 동안 새들의 공격이 시작되며, 작물을 지키는 일은 작은 아이들의 몫이 된다. 이 아이들은 단상에 앉아 새에게 크고 작은 돌을 던진다. 그루터기와 바위에는 백색

수정바위를 햇빛에 반사되도록 둠으로써 새들이 놀라 달아나도록 한다. 새는 사와치 *sawatch*라고 불리며, 갈색 등에 흰 가슴을 지닌 작은 되새류이다. 이들은 무리지어 앞 뒤로 휙휙 날아다닌다. 이 새들은 수확기에만 골칫거리가 된다. 이 기간에는 또한 새, 비비, 원숭이, 염소 등은 낮에, 돼지, 고슴도치, 자칼 등은 밤에 활동하므로 밤낮으로 짐 승으로부터 지켜야 한다. 이를 위해 보통 밭에 임시 오두막을 짓는다.

카이트의 밭에서 작은 칼을 가지고 손가락기장을 수확하는 것은 쳅톤요의 몫이다. 그는 손가락기장 종자를 삼불 *sambur*이라 불리는 큰 자루에 넣어 곡식창고로 가지고 간다. 저장된 손가락기장의 양은 매일 증가하며 손가락기장 추수를 마칠 때까지 반복된 다. 카이트의 첫 번째 부인이 아직 그와 함께 살고 있다면, 그는 자신 소유의 손가락기 장과 곡식창고가 있을 것이다. 카이트에게는 옥수수용 곡식창고가 있다. 옥수수와 기장 은 곡식창고에서 섞이지 않게 보관하여 곡식창고 하나에 보관하는 경우라도 서로 다른 층에 보관한다.

손가락기장은 사용할 때마다 조금씩 씻는다. 머리는 날카로운 돌로 쳐서 곡물에서 줄기를 잘라낸다. 기장은 손으로 키를 치고 알곡과 쭉정이는 손으로 문지른다. 그다음 알곡은 동물 가죽으로 만든 룹카 *rupka*라는 헝겊 자루나 쿠사 *kusa*라는 얇은 대나무 바 구니에 넣는다. 옥수수, 손가락기장, 수수를 가루로 만들 때는 기초적인 제분 과정을 거 친다.

평지의 옥수수 밭을 관리하는 방법은 카마스 경사면의 손가락기장 밭과는 약간 다 르다. 이 밭은 땅을 경작한 후 울타리를 치며, 옥수수 종자를 줄지어 뿌린다는 점을 제 외하고는 언덕의 농장을 관리하는 방식과 시간이 거의 동일하다. 식물에 잎이 다섯 개 정도 달리자마자 제초하며, 이후 잡초가 다시 자랄 때까지 밭을 그대로 둔다. 이 첫 번 째 제초는 6월에 이루어지며 두 번째는 그달 말에 이루어진다. 옥수수 심기 및 제초 모 두에는 괭이를 사용한다. 8월의 수확은 카이트와 쳅톤요 두 사람만으로도 가능하다. 수 확물을 어떻게 할 것인지는 카이트의 몫으로, 그의 곡창고에 저장되어 원하는대로 일부 또는 전부를 팔 수 있다. 팔기로 결정하면 그는 상점이나 시골 Sigor의 경찰서[7]에서 껍 질을 벗긴 옥수수를 한 데베 *debe*(5갤런이나 19.9리터)당 6실링(1962년 0.84달러, 1996년 4.30달러)을 받을 수 있다. 또는 남은 양이 충분하다면, 염소와 교환할 수도 있다. 메이 솔, 로룩 Roruk, 카파세스 Kapacess의 사람들은 우유와 가축을 교환하여 옥수수, 손가 락기장을 사기 위해 산골짜기로 온다.

농업 작업량이 카이트와 쳅톤요가 감당할 수 있는 것을 넘어서게 되면 그들은 키유 치 *kiyuch*, 또는 작업반을 활용해야 할 것이다. 쳅톤요가 아프거나 수확 기간에 아이를 낳는다면 이 과정은 꼭 필요하게 된다. 그렇지만 일반적으로 키유치는 손가락기장을 추수할 때 활용한다. 카이트는 상점에서 산 설탕으로 만든 쿰바채 *kumbachai*, 발효시킨 꿀로 만든 쿰바마긴 *kumbamageen* 또는 옥수수와 싹이 난 손가락기장으로 만든 기장 맥주(*maiwa*) 중 한 가지 맥주를 3−4개 조롱박에 만든다. 맥주 준비와 작업반에 대한 소식이 알려지거나 카이트가 실제로 이웃을 방문하여 참가자를 모집할 수 있다. 대부분 씨족 친척인 남성, 여성, 소녀 등 이웃 10명 이상이 오게 된다. 이들은 낮 동안 손가락 기장 밭 한두 개를 제초하며 일을 충분히 해준다. 그런 다음 이들은 카이트가 맥주를 내 와서 돌릴 때까지 앉아서 휴식을 취하고 이야기를 나눈다.

관개

그림 12.3은 탐칼 계곡의 카마스와 토우 부분에서 발원하는 관개고랑(*orapagh*, "물의 경 로")의 분포를 보여준다. 루누 강의 높은 곳에 위치한 고랑을 포함하여 적어도 22개가 있다. 계곡의 하단에는 두 곳의 커다란 고랑 시스템이 있어 시골 근처의 평원을 경작하 는 쿠룻의 모든 사람에게 물을 공급한다(아래에서 설명). 이 매우 긴 쿠룻의 밭고랑을 제 외한 관개수로의 평균 길이는 1.4킬로미터이다. 3.7킬로미터 길이의 무렐 Murel은 계곡 자체에서 가장 긴 고랑이다. 탐칼 계곡의 8킬로미터 구간에 있는 밭고랑 17개의 총 길 이는 24.6킬로미터이다. 이것은 골짜기의 이 구간 전체를 세 번 왕복하는 길이다. 밭고 랑은 일반적으로 짧고 하나의 코록 안에 들어있다. 일부는 다른 코록에서 시작하지만 상류 코록에는 관개할 수 있는 땅이 많지 않으므로 분쟁의 대상이 되지 않는다. 밭고랑 두 개는 길며, 코록 간에 물을 두고 분쟁이 발생한다. 무렐 고랑은 성궂 Sungwut, 탈람 Ptalam, 터토이 Tirtoi, 카미치치 Kamicich 코록을 거친다. 먼 하류에 위치하며 2.4킬로 미터의 길이를 지닌 아트릴 Atril은 와토르 Wator와 키톤요 Kitonyo 코록을 흐른다. 표 12.5는 이러한 고랑의 세부 사항을 보여주고 있다.

　　이러한 고랑의 기원은 알려지지 않았다. 포콧 지역 사람들은 자신들이 이 지역으로 왔을 때 고랑 일부가 이미 있었다고 주장한다. 확실한 것은 이 기술이 오래된 것이며, 동아프리카 사람들 대부분에게 알려져있다는 것이다. 포콧 지역의 남쪽에서 탐바치 Tambach까지 뻗은 엘게요 Elgeyo 절벽에 거주하는 엘게요 Elgeyo 사람들과 마라크웻 Marakwet 사람들이 사용하는 관개공학은 훨씬 더 발전한 것이다. 그곳에서는 높은 곳 의 수로가 계곡을 가로질러 물을 날라, 먼 거리에 위치한 밭으로 흘러 물을 댄다. 탐칼 계곡의 밭고랑(쿠룻 농민은 제외, 뒤에 설명)은 가뭄에 대비한 대책으로 간주되어야 한다. 비가 적당히 지속되면 밭고랑은 사용되지 않는다. 그러나 비가 충분하지 않아 농작물에 가뭄 징후가 나타나기 시작하면 사람들은 밭고랑을 수리하고 사용을 시작하기 위한 조

표 12.5. 탐칼 계곡과 쿠룻의 고랑 길이

번호	이름	길이(m)	고랑이 거치는 코록의 개수
탐칼 계곡 고랑			
1	Mbrunuh	2,960	1
2	Murel	3,705	4
3	Sangat	425	1
4	Tapar	840	1
5	Chemwanya	1,340	2
6	Songoch	995	1
7	Mbokor	1,595	1
8	Cheperkwon	275	1
9	Narah	1,145	2
10	Sirimun	925	1
11	Chepkirnoi	1,460	1
12	Ataril	2,400	2
13	Chepkontol	?	?
14	?, in Kale korok	945	1
15	?, in Nurpotwa korok	1,450	1
16	Psintag	2,140	1
17	Turkowo	1,040	1
18	?, in Psiogh korok	890	1
쿠룻 고랑			
19	Ara Pupuh Kan'gora	8,015	1
20	Ara Pupuh Mochowun	6,920	1
21	Ara Pupuh Kapirich	?	1
22	Right bank Weiwei furrow	4,510	1

치를 취할 것이다.

고랑 유지 보수 및 건설. 관개를 통해 물을 보충해야 할 시점이 되면 사람들은 코크와를 부른다. 사용하게 되는 고랑이 코록 몇 개를 거쳐 흐르면 각 코록의 코크와를 부르게 된다. 각 코록의 사람들은 자신의 지역을 흐르는 고랑에 필요한 조치를 취하게 된다. 만약 한 그룹이 수리를 일찍 마치게 되면 이들은 다른 이들을 도우러 간다. 이 작업은 보통 물이 필요하기 직전인 8월 말이나 9월에 이루어진다.

이 작업에 참여하는 사람들은 밭을 소유하면서 끌어오는 물을 사용하게 될 사람들이다. 수리는 작업반이 담당한다. 물을 사용하지 않을 가구는 이 작업반에 참여할 필요가 없다. 그러나 이 가구가 물을 나중에라도 사용하려 한다면 수컷 염소를 잡아 작업에 참여했던 사람들에게 그 고기를 주어야 한다. 밭고랑을 다시 만드는 작업에 개별적인 책임(예를 들어 개인의 밭을 지나는 고랑의 길이에 비례한다거나 하는)은 없다. 이 작업은 공동체의 것으로, 완성되기까지 모든 사람이 돕는다.

포콧 지역 고랑의 구조는 간단하다. 물이 고인 지역이 발원점이 되어, 하천 바닥에 바위를 쌓아 올리고 한쪽 가장자리에 물의 흐름을 조절하는 수문을 만든다. 카마스의 고랑은 약간 경사진 윤곽의 경로를 따라 언덕의 측면을 감아 돈다. 토우에서는 발원점에서 빗겨나와 토우와 카마스 간 경사의 급격한 변화를 따라 흐르도록 함으로써 고랑과 주류하천 간 모든 밭에 관개가 가능하도록 한다. 도랑 구축과 수리는 고랑을 따라 물이 흐르는 것을 보고 경사를 측정하기 위해 장마철에 이루어진다. 얇은 도랑을 파서 여기서 나온 흙은 아래 방향으로 두어 연결되는 제방을 형성하게 된다. 한 구역을 파고나면 상부에 가두어진 물이 다음 구역으로 흐를 수 있게 된다. 물길이 고이거나 먼 쪽 끝까지 미치지 못하게 되면 도랑을 더 깊이 파서 더욱 경사지게 만든다. 토우의 전형적인 밭고랑의 경사면을 조사해보면 100미터당 고도가 평균 약 50센티미터 낮아졌다. 관개수로의 경사가 서구의 관점에서는 높지만, 포콧 지역 환경에서는 매우 적합하다. 카마스에 있는 고랑의 경우 고도 변화는 다르게 설치된다. 긴 구역의 경우 갑자기 물줄기가 급격히 떨어졌다 다시 원래 수준으로 회복되면 거의 100미터당 50센티미터씩 낮아진다. 이렇게 되는 이유는 관개되는 토지의 종류와 관계가 있다. 어떤 땅은 너무 가팔라서 관개가 안된다. 따라서 고도가 갑자기 낮아지는 구역은 관개되는 토지의 높은 면에 고랑을 유지시키는 기능만을 담당한다. 보통 고랑의 물은 협곡으로 떨어지고, 하천과 합류하며, 하천 경로를 따라 이동한다. 그런 다음 조금 더 멀리 가면 전체 흐름(고랑과 하천)은 고랑이 연속될 수 있도록 방향을 바꾸게 된다.

주요 고랑에서 밭으로 물이 흘러가는 수로는 소치욧 *sochyot* 이라 불린다. 물을 밭 여기저기로 운반하는 작은 수로는 모룻 *morut* 이라 한다. 사탕수수나 옥수수는 위에서 아래로 관개된다. 일반적으로 한 농부의 밭 경계와 인접한 밭의 경계를 따라 흐른다. 일련의 갈매기 모양으로 절개를 만들어 밭의 한 부분으로 물의 방향을 전환시킨다. 그 부분에 충분히 물을 주게 되면 작은 도랑은 제거되고 밭의 더 낮은 부분에 새로운 절개 세트를 만든다. 고구마와 카사바 같은 농작물을 재배하는 과정은 다르다. 산마루는 등고선 근처에서 형성되거나 수평을 이루고, 산마루 사이의 골짜기 각각에는 교대로 급수한다.

고랑 사용과 소유권. 밭고랑의 개시는 코록에서 가장 나이 많은 남성이 수행한다. 이 사람은 잇씨요트욘 *itcyotyon* 또는 "리더"로 알려져 있으며 사용되는 맥락에 따라 다르지만 이 용어는 "재판관", "관개 개시인" 또는 "잔치를 만드는 사람"을 의미한다(Conant, 1966, 5장 25절). 밭고랑이 가동되면, 물 사용에 관한 결정은 코크와에서 이루어진다. 관개가 지속되는 동안 매일 오후마다 코크와는 누구의 밭이 가장 건조해서 관개가 가장 필요한지를 결정한다. 이러한 결정은 매일 이루어진다. 만약 예를 들어 탈람과 털토이의 두 코록이 관련된다면 탈람이 5일 동안 사용할 수 있도록 할 것이다. 그 후 5일 동안의 사용은 털토이의 차례가 될 것이다. 한 코크와에서 5일이 되기 전에 관개를 마치면 이들은 다른 코크와에게 관개를 시작할 수 있다고 알려주게 된다.

누군가 다른 사람이 끝내기 전에 물을 가지고 가면 다툼이 발생한다. 공유하는 밭고랑의 사용 문제로 인접한 코록 사람 간 감정이 나빠질 수 있다. 그렇지만, 고랑은 누구의 소유도 아니다. 예를 들어 한 사람이 밭을 관개하기 위해 고랑을 만들면, 만든 사람은 다른 사람이 고랑을 연장해서 쓰는 것을 허락해야 한다. 보통 돌아가며 물을 쓰기에 충분하므로 물 부족으로 인한 마찰은 거의 발생하지 않는다.

요약하자면, 파라고무와 마찬가지로 밭고랑은 사람들이 공동의 관심사를 공유하는 일상생활의 특징이다. 밭고랑이 코록 경계를 넘게 되면 물을 공유하는 것이 때로는 인접한 코크와틴 *kokwatin* 사람들 사이에 분쟁거리가 된다. 탐칼 계곡의 농업은 대부분 강수량에 의존한다. 비가 많이 오는 해에는 고랑을 전혀 사용하지 않는다. 따라서 적어도 탐칼 계곡에서 관개는, 우기를 연장시키고, 강우가 본질적으로 가지는 해마다의 변동성에 대처할 수 있도록 하는 포콧 지역 사람들의 농업 장치로 볼 수 있다.

매일의 일상

탐칼 계곡에서 매일의 리듬은 거대한 시계—태양과 그림자가 고요히 시간의 흐름을 가리키는 계곡 자체—를 통해 측정된다. 탐칼 계곡은 높은 벽으로 이루어져있으며 그 축은 거의 완벽하게 북—남 중심을 이루고 있다. 따라서 계곡에는 아침(*tpokwogho*)부터 오후(*munon*)까지 서로 다른 종류의 빛이 연속적으로 비치게 된다.

1. 대략 오전 6시인 해돋이(*kaposoasis*) 때, 머리 위 빛이 하늘에는 있으나 땅에는 없다.

2. 대략 오전 7시, 태양이 계곡 서쪽 벽 높은 지역을 비추기 시작하는 "태양의 표식"(*kawatasis*)이 일어난다.

3. 마침내 태양 자체를 계곡 바닥에서도 볼 수 있으며, 몇 분이면 햇빛이 전체 계곡을 비춘다. "태양은 높아지고 있다" 정도를 의미하는 *kechoachasis*로 불린다. 대략 오전

9 – 10시 사이이다.

4. 정오, 태양이 가장 높은 곳에 이를 때, *keghioasis*(keghio, "일어나기")라고 한다.

5. 태양이 확실히 서쪽으로 기울기 시작한 1 – 2시 사이를 *kamalassis*라 부른다.

6. 태양이 "질" 때, 이 시간은 상당히 이르다. 왜냐하면 체랑가니 Cherangani 언덕이 하늘을 가릴 때 태양은 하늘에 여전히 높이 떠 있기 때문이다. 이 시간을 가리키는 용어는 *karaetoasis*이다.

7. 그림자의 가장자리가 곧 계곡의 동쪽 벽으로 올라가며 *kapirtoi rurwonya* 시간이 된다. 이는 계곡 전체에 햇볕이 비치지 않는다는 것을 의미한다. 오후 6시 30분경까지 계속된다.

카이트의 가축을 예로 들어 하루 단위 활동을 살펴본다. 카이트는 가축을 기르지 않는다. 그의 가축은 카이트의 형인 치로톼의 크랄에 두고, 치로톼가 자신 소유의 가축과 같이 돌보고 있다. 카와타시스 *kawatasis*(오전 7시) 정도가 되면 소젖을 짜고, 송아지 먹이를 준 뒤 소를 먹이러 몰고 나간 동안 송아지는 집에 가둔다. 치로톼가 소를 몰고 나가 오전 내내 가축들과 함께 있다. 정오 무렵이 되면 자신의 일을 하러 돌아간다. 가축을 지키는 사람은 없지만 그는 오후 동안 몇 번에 걸쳐 확인을 한다. 일몰 직전에는 가축에게 가서 크랄로 들여보낸다. 크랄에는 날이 어두워지기 직전 도착하게 된다. 이젠 여성이 소의 젖을 짜고, 송아지를 먹인 후 집에 가두고, 가축의 크랄은 닫힌다.

송아지는 아직 어릴 때는 젖을 뗄 때까지 소와 분리시킨다. 그 후에는 소들과 함께 갈 수 있다. 송아지는 아침이 되면 제일 먼저 집안에 갇혀 시간을 보낸다. 오전 9시경 치로톼는 송아지를 집에서 약간 떨어졌으며, 소들이 간 곳과는 다른 방향으로 데리고 나온다. 그런 다음 송아지에게 풀을 먹인다. 때로 송아지들은 떨어져나가 어미를 찾아 나서기도 한다.

카이트는 염소를 자신의 집 근처에 두고 직접 돌본다. 실제로 염소는 전혀 감시하지 않아도 자신들이 스스로 무리를 지어 지낸다. 때로 카이트가 마린 강 근처 평평한 땅으로 이들을 데리고 내려가면 이들은 크랄로 돌아가는 길을 스스로 찾는다.

어떤 의미에서 하루의 시작과 끝을 의미하는 우유 짜기는 쳅톤요와 다른 여성들의 하루 일정의 나침반이다. 잡초와 기타 농업 작업은 일반적으로 시원한 아침에 이루어진다. 집안일, 옥수수와 손가락 수수의 제분, 맥주 만들기 등은 일반적으로 오후 시간에 행해진다.

농업의 계절적 패턴

농업과 가축 관리 분야에서는 하루 단위 리듬뿐 아니라 계절적 리듬도 있다. 이를 자세히 살펴보면 생태적 특성에 대한 포콧 지역 사람들의 사고방식과 이로 인해 생업에 어떤 영향을 미치는지에 대해 상당한 통찰력을 얻을 수 있을 것이다.

탐칼 계곡 농부들은 토우, 카마스, 메이솝, 투르쿠 등 계절마다 서로 다른 각각의 특징을 지니는 토지를 사용하기 때문에 농부들의 계절적 순환은 복잡한 양상을 띤다. 카마스에 살면서 토우, 카마스에 위치한 밭을 경작하는 카이트 가족의 토지 소유와 농업 순환을 앞서 살펴보았다(사진 12.9 참조). 여기서는 몇 가지 구역에서 나타나는 노동 분담의 계절적 리듬을 보다 공적인 방식으로 보여주는 다른 한 가지 사례를 살펴본다.

메이솝에 사는 한 가족(그림 12.5)은 카마스, 토우에도 토지를 일부 소유하고 있다. 많은 경우, 한 해 동안 토우에 옥수수 밭 하나, 카마스에 손가락기장 밭 하나, 메이솝에 옥수수와 손가락기장 밭을 각 한 개씩 가지게 될 것이다(사진 12.10 참조). 이 다이어그램은 남편 그리고 더 중요하게는 아내가 하게 되는 일련의 작업을 나타내고 있다. 고도가 서로 다른 세 구역을 활용함에 있어, 그 가족은 종자 작업 3개월, 제초 2개월, 추수 3−4개월을 계획한다. 카마스와 토우에는 3월에 손가락기장과 옥수수를 심고, 메이솝에는 옥수수를 4월에, 손가락기장을 4월 말과 5월에 심는다. 토우와 카마스에서는 옥수수, 손가락기장이 익는 데 6개월 밖에 안 걸리지만, 메이솝에서는 7−8개월이 걸린다. 이보다 더 오래 걸릴 것이지만 메이솝에 종자를 늦게 심어 건조한 10−11월에 걸쳐 익도록 하는데, 이 시기에는 모든 계곡에 햇빛이 비치면서 메이솝이 따뜻해지는 시기이다. 포콧 지역 사람들은 이렇게 몇 가지 환경을 활용하는 목적을 두 가지로 설명한다. 즉, (1) 해당 농업력에 걸쳐 작업을 보다 균등하게 분배하고, (2) 질병이나 물 부족으로 인해 작물이 손실되는 위험을 분산시키는 목적을 지닌다는 것이다.

포콧 지역 가족의 식단을 보면 그들이 거주하는 장소의 주요 산업이 반영되어있다. 목축업 종사자는 가축에서 난 식품을, 농부는 곡물과 채소를 더 많이 소비한다. 그러나 모든 포콧 지역 사람들은 보통 손가락기장 간 것, 수수 또는 옥수수로 만든 우갈리 *ugali* 라고 불리는 죽을 먹는다. 수수나 손가락기장으로 만든 죽을 더 선호한다. 또한 카사바의 뿌리와 영양가 높은 시금치가 되는 이파리, 주방 텃밭에서 가꾼 토마토, 양파, 고구마, 배추, 바나나(단맛을 지닌 채소 형태) 등의 품목이 식단에 포함된다. 고도가 더 높은 곳에서는 영국 감자를 먹는다. 사람들은 또한 하루 단위 일상 중에서 장소를 이동하거나 가축을 돌보면서 지나게 되는 수풀에서 얻는 베리, 과일, 씨앗 등을 모아 먹는다. 벌통은 날것으로 먹거나 발효 벌꿀 술을 생산하기 위해 관리한다. 손가락기장으로 만든

사진 12.9. 로뭇에 위치한 크랄이 있는 언덕 거주지. 집과 곡물 창고는 카마스 위에 위치하여 말리리아와 체체파리가 있는 평원에서 떨어져있다. 왼쪽 저지대에는 관개수로가 설치된 사탕수수 밭이 보이며 양쪽의 통로로 표시되어있다. 크랄의 입구 규모를 보면 이 가족은 양과 염소만을 기르는 것을 알 수 있다.

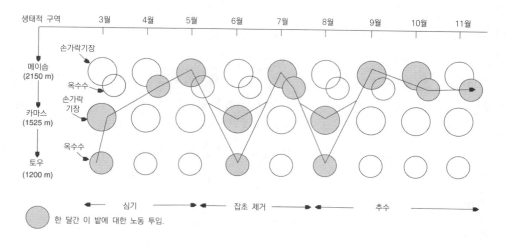

그림 12.5. 서부 포콧지구의 탐칼 계곡에서 심기, 잡초 제거, 추수의 순환도. 메이솝에 사는 한 가족의 작업 패턴 사례. 출처: Knight and Newman(1976). Prentice–Hall의 1976년 저작권. 허가 후 사용.

사진 12.10. 메이숍 지역 손가락기장. 사무엘 티소 춤마케멜 Samuel Ptiso Chumakemer과 그의 형제가 관리하는 이 밭에는 1년 동안 여기에서 자랄 수 있는 손가락기장(Eleusine coracana)이 심어져있다. 2년 차가 되면 잡초가 지나치게 많아진다. 가지가 갈라진 채 서있는 나무의 그루터기가 특징적인 경관을 형성한다. 코크와탄드와 Kokwatandwa에서는 일조량이 줄어들고, 농작물이 자라기 위해서는 이 일광을 다 받아야 한다. 높은 덤불 울타리가 왼쪽으로 경사면을 올라가며 둘러진 것이 보인다. 토양이 쓸려나가는 것을 방지하기 위한 테라스는 농업 보조 프로그램으로 만들어졌다.

맥주도 있다. 작은 영양, 또는 콜로부스 원숭이를 사냥하면 고기가 생긴다. 계란도 먹는다. 포콧 지역 사람들은 낚시는 하지 않는다. 목축업에 종사하는 사람들은 우유에 대한 의존도가 더 높아, 신선한 우유뿐만 아니라 시게 만들거나 굳힌 우유 또는 부드러운 치즈로 만들어 소비한다. 그들은 고기, 특히 염소 고기를 더 많이 먹고, 신선하거나 응고시킨 소의 혈액을 섭취한다. 옥수수, 손가락기장, 축산물에서 난 제품 등이 특히 우세한 중에서도, 포콧 지역의 식단은 다양하고 균형이 잡혀있다.

포콧 지역 사람들은 여러 고도에서 토지를 사용하기 때문에 종자 심기, 제초, 수확을 단계적으로 계획할 수 있다. 따라서 모든 달의 농업작업에 대처할 수 있다. 이들의 가축 관리 또한 생태의 계절적 차이를 민감하게 반영하고 있다. 가장 가까운 곳에서 당장 작업해야 할 때는 그 지역에서 가축을 먹이기에 가장 좋은 때이다. 농업적 활동을 멈추게 되는 건기 대부분 동안에는, 방목지를 찾기 위해 가축을 먼 곳으로 데려갈 때가 있

사진 12.11. 쿠룻은 사탕수수에 관개를 한다. 쿠룻족은 웨이웨이 강 양쪽의 평평한 충적층에 거대한 관개용 공동 밭을 가지고 있다. "암소 고비"를 의미하는 코 *Koh*로 불리는 랜드 마크가 왼쪽에 있다(그림 12.2 참조).

다. 고도구역 한곳만으로는 생계가 불가능하다고 포콧 지역 사람들은 굳게 믿고 있다. 여러 고도를 활용할 필요가 있다는 포콧 지역 사람들의 이러한 견해는 코록의 형태 및 지리적 구성과 일치한다.

쿠룻족

쿠룻족은 수백 가구로 구성된 그룹으로, 시골 Sigor을 지나는 평원에 걸쳐 흐르는 웨이웨이 강의 서쪽과 남동쪽에 있는 카마스 지역에 살고 있다. 다른 포콧 지역 사람들과 비교했을 때, 쿠룻 사람들은 관개되는 밭을 웨이웨이 강 양쪽에 있는 평평한 충적층(*sos*)에 대규모로 가지고 있다(사진 12.11 참조). 이 지역에서는 강수량만으로는 농사를 지을 수 없다. 사실, 시골 Sigor에서 가뭄이 아닌 시기는 4월 한 달뿐이다. 따라서 사람들은 웨이웨이 강의 물에 거의 전적으로 의존하여 사탕수수(*masong*)를 중심으로 하는 작물에 관개한다.

    첫 번째로 살펴볼 문제는 이 충적층 지역의 고랑과 들판의 배치이다(그림 12.6). 웨이웨이 강의 서쪽에는 고랑이 세 개 있는데, 그중 두 개의 발원 지점은 같다. 오른쪽 충적층 둑에 고랑이 하나 더 있다. 왼쪽 충적층 둑의 이름은 아라 푸푸 캉고라 Ara Pupuh Kan'gora, 아라 푸푸 모초운 Ara Pupuh Mochowun, 아라 푸푸 카피리치 Ara Pupuh Kapirich(작은 것)이다. 주요 이륙 지점에서 왼쪽으로 내려가면서 몇 백 미터 인근 토지에서는 자갈이 섞인 토양으로 인해 농사를 짓지 않는다. 두 갈래로 나뉘는 것은 약 1,800미터 지나서이다. 아라 푸푸 캉고라는 시골 근처의 높은 지대를 가로질러 흐르는 반면, 아라 푸푸 모초운은 웨이웨이 강에 가까운 저지대를 가로지른다.

후자의 밭고랑이 흐르는 경로에는 올루와 Oluwa라는 숲의 가장자리를 따라 흐르는 것이 포함된다. 이 숲은 예전에 사람들이 밭에 있을 때 공격을 당하면 도망쳐 피난하고 공동 방어를 할 수 있는 장소였다. 오늘날 도피의 필요성은 덜해졌지만 숲은 여전히 존재한다. 이 밭고랑 두 개는 웨이웨이 서쪽의 쿠룻 사람들을 아라 푸푸 캉고라 Ara Pupuh Kan'gora 인근의 응고라 N'gora 사람들과 아라 푸푸 모초운 Ara Pupuh Mochowun 인근 타코우 Ptakough 사람들이라는 독립적 그룹 두 개로 분리하고 있다. 두 그룹의 사람이 통혼할 경우라 해도 양쪽 고랑 구역 모두에 땅을 가진 사람은 거의 없다.

농장은 가구주 100명이 참여할 만큼 대규모의 공동체 기업이다. 재배 지역 전체를 두르는 공동의 울타리가 있으며, 한 인터뷰 참여자는, "걸어서 한 바퀴를 도는 데 한 시간 정도 걸릴 것이다"라고 했다. 큰 농장 여섯 개의 밭을 고랑 한 개가 충당한다. 이 농장 여섯 개는 이름이 있으며 순차적으로 사용되는 것으로 보인다(표 12.6).

이들은 일 년에 이모작을 행한다. 주요 경작 기간은 강우량이 집중되는 시기이다(3-9월). 두 번째 경작 기간은 강우량이 감소하면서 시작되며 건기가 끝날 때까지 지속

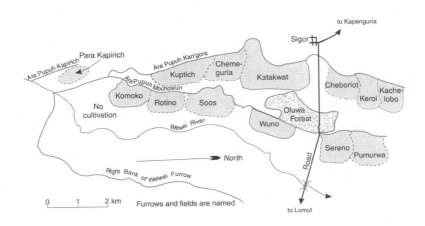

그림 12.6. 쿠룻의 관개고랑과 농장(개략도).

된다. 때로는 1월까지 웨이웨이 강이 단순한 물줄기로 잦아들어 관개가 더 이상 불가능해지기도 한다. 그런 경우라면 작물의 수확량은 감소할 것이다. 건기 작물을 통해 기근을 어느 정도 가늠할 수 있다. 즉, 첫 번째 작물의 수확량이 적절한 경우 사람들은 두 번째 경작기에 작물을 심지 않기로 결정할 수도 있다. 그러나 대부분 해에는 두 번째 경작이 이루어진다. 밭에 종자를 심게 되면, 밭에 덤불숲이 있으면 좋지 않으므로 밭 전체에 걸쳐 심게 된다.

아란야톰 리케노 Aranyatom Likeno의 가족은 쿠릿 Kurit 가족을 대표한다고 할 수 있다. 아란야톰은 현재 꽤 연로하여 아마 60대는 훌쩍 되었을 것이다. 그는 그의 아버지와 아버지의 아버지가 그랬던 것처럼 웨이웨이 지역에서 태어났다. 그는 2년 동안 아프리카 지방법원 형사재판소(African District Council criminal court)의 회원이었는데, 이를

표 12.6. 아라 푸푸 캉고라 밭의 연속적 활용

월	연도	밭 이름
9월	1962	Katakwat
1월	1962	Kuptich
9월	1961	Cheboriot
1월	1961	Keroi
9월	1960	Katakwat
1월	1960	Cheboriot and Kachelobo
9월	1959	Keroi
1월	1959	Katakwat
9월	1958	Chemeguria
1월	1958	Kuptich
9월	1957	Chemeguria

남쪽　----　Kup　----　Chem　----　Kat　----　Cheb　----　Ker　----　Kac　----　북쪽

시간	Kup	Chem	Kat	Cheb	Ker	Kac
S/62			*			
J/62	*					
S/61				*		
J/61					*	
S/60			*			
J/60				* _____		*
S/59					*	
J/59			*			
S/58		*				
J/58	*					
S/57		*				

표 12.7. 아란야톰의 밭

농장 이름	아란야톰 아버지에게서 물려받은 밭 개수	아란야톰이 잠정적 권리를 지니는 밭의 개수
Kuptich	2	1
Katakwat	4	2
Cheboriot	2	1
Keroi	1(매우 큼)	1
Kachelobo	1	1

제외하고는 그 지구의 행정에 관여하지 않았다. 그가 집을 떠나 가장 멀리 가본 곳은 80 킬로미터 떨어진 카라숙 Karasuk이다. 아란야톰은 학교를 다니지 않았다. 그가 어릴 적만 해도 학교가 없었다.

아란야톰은 8월에 경작 중인 밭이 두 개 있으며, 휴경 중인 밭은 열두 개 이상이다. 아라 푸푸 캉고라와 같은 고랑으로 이들 모두를 관개할 수 있다. 주요 우기 동안에는 쿠피치 Kupich라는 이름의 대규모 농장을 재배한다. 이를 이어 9월에 경작할 밭은 카타크왓 Katakwat이다. 아란야톰은 쿠피치에 경작하는 밭이 두 개 있고, 다른 하나는 휴경 중이다. 그가 물려받은 밭 중 하나는 아내인 시코와 Sikohwa의 것이다. 다른 밭은 그가 아버지로부터 물려받았다. 시코와 소유의 밭은 그 아들에게 상속될 것이다. 아란야톰 소유의 밭은 표 12.7에 정리되어있다.

자신과 두 아내를 먹여 살려야 하는 아란야톰이 작물을 재배하는 밭은 거의 1헥타르에 이른다. 그의 아들도 자신들 소유의 밭이 약간 있다. 사탕수수 면적은 0.6헥타르, 손가락기장의 면적은 0.16헥타르이다. 작은 사탕수수 밭(0.15헥타르)에서의 수확량은 4 솜버 *somburh*로 그는 추산한다. 이는 1,125킬로그램/헥타르의 산출량을 나타낸다. 큰 밭에서는 사탕수수 10솜버(980킬로그램/헥타르), 손가락기장 3-4(900-1,125킬로그램/헥타르)를 수확했다. 두 번째 경작은 약 0.8헥타르에 걸쳐 수행한다고 가정하면, 1년에 생산된 식량은 작은 곡물 1,640킬로그램이 될 것이며, 이는 그 가족의 필요에 충분할 것이다.

표 12.6은 연간 농업 주기를 나타내고 있다. 두 가지 순환이 실제로 동시에 진행된다. 8월에는 쿱티치 Kuptich에서 사탕수수와 손가락기장 수확이 진행된다. 그러나 매일의 코크와틴 동안, 카타크왓이라 부르는 농장을 정리하기 위한 계획을 세우고, 추가적으로 필요한 밭고랑을 추가하는 준비를 갖추기 위해 작업반이 조직된다. 손가락기장은 사탕수수에 이어 5월에 심어지고 사탕수수가 익기 직전인 8월에 수확된다. 사용하는 도구는 탐칼 계곡과 같다. 쿠룻 사람들은 이외에도 카사바와 작은 옥수수를 재배한다. 담배는 집 주변 카마스에서 재배된다. 담배와 옥수수를 재배하는 이유 중 일부는 지역 내 무역, 특히 메이솔 사람과의 거래에서 현금 작물로 사용하기 위해서이기도 하다. 돈은 시

사진 12.12. 쿠룻 농부인 아란야톰은 자신 몫의 관개용수를 자신의 사탕수수 밭으로 향하도록 한 후 관개수로를 닫는다. 그는 순번에 따라 물을 번갈아 사용하는 다른 농부 네 명과 협력한다. 그의 가족은 웨이웨이 강의 물을 활용해 시골 Sigor 인근 저지대를 관개하는 농가 수백 개 중 하나이다(그림 12.6 참조).

골 Sigor의 작은 상점에서 알루미늄 냄비, 프라이팬, 구슬, 철사, 의류, 기타 무역 용품 등을 사기 위해 사용된다.

　　코크왓은 어느 밭에 종자를 심을 것인지를 결정하고, 밭고랑 수리와 물의 배분을 조정한다. 밭 사이로 물이 이동하도록 재건할 때, 밭이 하나씩 연속적으로 위아래로 고랑의 길이를 따라 연결되는 순서를 대략적으로 따른다(그림 12.6, 표 12.6 참조). 12절기의 패턴을 보면 고랑의 남쪽 끝 이륙 지점 인근에 위치한 밭은 중앙에 있는 밭(Katakwat, Cheboriot 및 Keroi)보다 더 오래 휴경의 상태임을 나타낸다. 이는 쿱티치 Kuptich의 모래 토양(pirirwok, n'gyomwoh)이 반복되는 작물 재배에 적합하지 않기 때문일 수도 있다. 고랑을 개시하는 잇씨요트욘 Itcyotyon 또는 지도자의 호출은 관개용수에 대한 의존도가 훨씬 높은 쿠룻에서 더 길게 이루어진다(Conant, 1966, Chapter 5: 30).

　　하나의 공동 농장에 100가구 이상이 참여하면서 관개용수의 배분과 관련하여 명백하게 나타나는 문제가 있다. 관개 시간에 코크와는 매일 만난다. 사람들이 물을 받는 순서는 고랑 시작점과 얼마나 가까운지에 따라 달라지지만 모든 사람에게는 차례가 있다(사진 12.12 참조). 고지대의 사용자는 저지대 사용자에 앞서 물을 받는다. 한 사람은 저녁부터 그다음 날 하루 종일까지 물에 대한 권리를 가지며, 한 주가 지난 후 고랑을 다시 사용하게 된다. 사용자는 소치욧 *sochyot* 이라는 공동수로를 사용하는 6명 또는 8명 그룹으로 나뉜다. 사람들은 특정한 날에 누가 물을 사용할 것인지 스스로 결정한다. 공동농장 하나에 이러한 그룹이 20여 개가 된다고 아란야톰과 그의 아들은 추정하는데, 이를 통해 계산해보면 100가구가 초과한다.

밭은 탐칼 계곡처럼 띠 모양으로 되어있으며, 이 띠들이 농장 넓이의 절반까지 뻗어있다. 즉, 아래로 향하는 고랑에서 농장의 낮은 가장자리로 흐르는 땅덩이가 두 개 있다는 것이다. 경계선은 돌로 표시되어있으며 수년간 고정되어있다. 이것은 분쟁의 원인이 아니다. 물을 둘러싼 분쟁은, 특히 젊은 남성 간에 발생한다. 이러한 분쟁은 코크와에서 중재한다.

쿠룻의 농업 운영에 있어 작업반은 매우 두드러진, 그리고 지속적인 특성이다. 아란야톰은 큰 작업을 위해서는 항상 작업반을 조직하며, 다른 사람들의 작업반에 참여한다. 이 해(1962) 첫 번째 절기에 그의 밭에는 덤불 청소를 위한 것 하나, 경작을 위한 것 하나, 이렇게 작업반 두 개가 돌아갔다. 그는 세 번째 작업반(아이들로 구성된 제초를 위한 그룹)에는 맥주를 제공하지 않았다. 아이들은 새들로부터 작물을 지키기 위한 중요한 업무를 부여받는다. 약 25-30미터 간격으로 플랫폼을 두고 아이들이 앉아서 위버 새 떼를 쫓는다. 이들은 길고 유연한 막대기(*sitoprum*) 위에 습한 진흙 공을 납작하게 만들어 올린 후 새들에게 던진다. 쿠룻 지역에는 야생 돼지, 새, 검은 얼굴 원숭이, 고슴도치, 비비, 사탕수수와 손가락기장에 해를 입히는 마촌 *machon*이라 불리는 벌레 등의 해충과 질병이 있는 것으로 아란야톰은 보고 있다. 절기가 진행되고 사탕수수 줄기가 2-3미터 높이에 이르면 줄기는 바람 피해를 막기 위해 묶음으로 만들어지며, 이로 인해 밭은 썰물의 거대한 맹그로브 숲 모양을 띠게 된다.

쿠룻 지역은 체체파리가 서식하는 밀도 높은 아카시아 산세베리아 덤불로 둘러싸여있다. 이 지역 또한 말라리아 감염 지역이다. 따라서 카마스에 사는 사람과 가축은 모두 낮에 평야로 내려간다. 쿠룻 사람들이 직접 가축을 기르지는 않지만 양과 염소는 다수 소유하고 있다. 자신이 가지고 있는 가축의 숫자가 얼마나 되는지 아란야톰은 말하지 않을 것이지만, 그는 한 무리당 평균 양과 염소가 15마리이며, 어떤 사람은 가축을 많이 갖고 있지만 평균적으로 한 개나 두 개의 가축 무리를 가지고 있다고 이야기한다. 가축 대부분은 친족 형제나 친구가 다른 곳에서 돌보고 있다. 그는 양을 많이 소유한 사람은 거의 없다고 주장한다.

아란야톰에게는 양과 염소를 보살펴주는 손자가 하나 있다. 그의 가축은 농작물이 자랄 때 밭고랑과 카마스 사이에서 방목할 수 있다. 그들은 현재 휴경 상태인 카타크왓으로 이동할 수도 있다. 우기에는 염소와 양을 카마스에 방목한다. 쿠룻 사람 다수는 소를 오르툼 Ortum(서쪽) 위 바테이 Batei와 킵코모 Kipkomo 등 다른 곳에서 키우고 있다. 그리고 일부 소는 메이솔에 있는데 이들이 보통 건기에 풀이 없어 죽기 때문에 많지는 않다.

염소가 내는 우유는 양이 적으면서 변동 폭이 크다. 또 양은 피, 고기, 가죽도 공급한다. 어떤 의미에서 염소는 생계와 의식 모두에서 소를 대체할 수 있다. 메이솔의 소처럼 염소의 피를 받아 이를 우유와 섞는다. 메이솔에서 사용되는 짧으면서 막힌 화살 대신, 얇은 속이 빈 갈대를 염소의 눈꺼풀 아랫부분에 넣어 혈액을 채취한다.

쿠룻은 사냥을 많이 하지 않지만 일부 사람들은 웨이웨이 강에서 갈고리와 줄을 사용해 낚시를 한다. 바구니와 어살도 사용한다. 아란야톰은 벌집을 약 10개 가지고 있으며 연 4회 벌꿀을 채취한다. 쿠룻은 포콧 지역 사람들 중에서도 농업 작업의 규모와 노동 강도에 있어 독특하다. 거의 모든 활동은 소스 *sos* 라는 하나의 영역에 집중되어있다. 시골 서부의 카마스는 너무 건조해서 토지를 경작할 수 없다. 그럼에도 불구하고, 소스에서는 사람이건 가축이건 살 수 없기 때문에 이 두 가지 환경 모두는 삶에 필수적이다.

포콧 지역 사람들의 토착지식과 적응력

포콧 지역 사람들은 환경과 이것이 삶에 제공하는 가능성에 대해 적극적으로, 정보에 기반하여 이해하고 있다. 또한 그들은 자신의 토지에 대한 지식을 활용해 공간의 구성, 자원 사용, 내부적 사회관계 조직, 외부 사회 경제적 현상에 대한 대응 및 반응을 결정한다. 여기서 이러한 요소를 논의할 수 있다면 좋겠지만 실제로 이들은 복잡하게 얽혀있어 독자들이 아래 요약에서 찾아보길 권한다. 예를 들어, 코록은 공간 구성과 자연자원 평가에 관한 것이다. 또한 개인과 지역 사회의 위험 분배, 정착 패턴, 노동 동원에 있어서의 사회적 관계에 영향을 미친다.

첫째, 지역 특화와 지역 간 무역이 존재한다. 이를 통해 일부 공동체는 가축에 전문화되어있고, 다른 공동체는 작물을 재배하는 것과 같이 기본적인 노동 분화가 이루어진다. 농사와 목축은 여러 가지 형태로 통합된다. 예를 들어, 농부는 자신 소유의 가축 떼를 평원에 사는 친인척으로 하여금 기르게 할 수 있다. 농부의 어린 아들은 일정 기간 메이솔의 가정에서 가축을 돌본 후, 농장으로 돌아온다. 농가의 딸은 평원에 거주하는 가정과 결혼하고, 신부 값으로 쓰이는 가축은 언제나 그 가정에서 사육한다.

포콧 지역 어디서든 경작과 목축은 조화를 이루며 혼합되어있다. 염소에 중점을 두는가 하면 다른 곳에서는 사탕수수와 블러쉬밀레트에 더 의존하기도 하며, 고원지대 공동체에서는 관개가 이루어지지 않는다. 거기에는 사탕수수에 대한 의존도가 높고 일부 고원공동체에는 관개가 없다. 각 형태는 환경 적합성에 대한 포콧 지역 사람들 나름의 합당한 평가를 반영한다. 쿠룻 공동체는 웨이웨이 강에서 끌어온 물을 활용해 건조한 토지에 관개함으로써 이 방법이 없었다면 어려움을 겪었을 수백 명의 사람이 잠재적 자원을 대폭적으로 이용할 수 있는 기회를 제공하고 있어, 대규모 협동의 사례이다. 협동은 위계적(관개용수를 공유하는 약 5개 가구로 구성된 그룹, 하나의 대규모 밭을 한번에 사용하는 100가구 정도로 구성되는 코크와)으로 구성된다.

포콧 공동체의 경계 영역을 나타내는 코록은 가능하면 다양한 생태 지역을 포함할 수 있도록 특별히 디자인되었다. 이를 통해 개별적 가구뿐 아니라 전체 공동체도 모두 다른 곡물을 재배하고, 공간을 분산시켜 작물 재배가 실패할 위험을 줄이며, 노동 투입을 늘리고 균등화시킬 수 있다. 고원지역에서는 서로 다른 생태 구역이 인접하므로 코록이 그 효과를 가장 크게 나타낸다. 목축업이 행해지는 지역에서의 효과는 덜하며, 그보다는 가축 교환에 기반한 이동성과 사회적 유대감이 더 중요해진다.

파라고무초와 밭을 관리하기 위한 여러 공동 작업은 포콧 지역 사람들의 지식을 보여준다. 밭 하나를 그룹으로 관리함으로써 노동 동원, 사교성 제공(예: 여성들의 공동 제초 작업), 인건비 절감(예: 익은 사탕수수나 손가락수수를 새로부터 지키거나, 작은 밭 여러 개 대신 큰 밭 하나만 울타리를 침)에 효과적이며, 그러면서도 여성이 개별적으로 표시해둔 밭의 수확물에 대한 이들의 소유권을 인정한다. 포콧 지역 사람들은 작물을 비추는 햇빛이 가려지는 것을 막기 위해 나뭇가지를 잘라낸다. 이들은 비료와 가정에서 나오는 재를 텃밭의 토양에 섞어 영양을 준다. 작물 선택, 종자 심는 시기, 관개 보충, 혼합 작물 재배 등은 모두 포콧 지역 사람들이 밭을 관리하는 데 있어 성공적인 사례이다. 다른 재배 관행도 차용하거나 도입할 수 있다. 예를 들어, 지역 농업 관리의 권유로 계단식 테라스가 만들어졌으며(하지만 포콧 지역 사람들은 농업 관리가 오기 전에 시행하고 있었다고 함, Conant, 1966, 5장 12절), 흰 감자 재배는 1930년대에 유럽인들이 소개했다. 그러나, 적용된 관행은 대부분 오래되었으며 시간이 지나면서 그 기원은 알 수 없게 되었다. 예를 들어 현재는 사라진 시리크와 Sirikwa 사람들에게서 포콧 지역 사람들이 관개를 배웠을 수도 있다. 따라서 토착 지식은 정적인 것이 아니며, 유용한 관행을 다른 곳에서 도입한 후 변화하는 조건에 따라 적응하는 과정에서 지속적으로 진화하고 있다.

관개는 많은 농업 공동체에서 완충장치 또는 보험 시스템으로 활용된다. 필요한 경우가 되면 관개수로를 가동하기 위해 노동력을 활용한다. 이를 통해 노동력을 불필요하게 소모하는 위험을 최소화할 수 있다.

메이솔과 탐칼 계곡에서는 가축 이동을 신중하게 계획한다. 메이솔에서는 물의 계절적 가용성과 목초지의 위치를 고려하여 일정을 짠다. 우기에 작은 폭풍이 발생하여 하나의 유역을 형성하면서 다른 곳에서는 사라진다면 좋은 목초지의 분포 자체가 바뀔수 있다. 가축은 상당한 거리를 이동할 수 있으며, 이 과정에서 새로운 캠프를 만들기도 한다. 탐칼 계곡에서는 가축 이동의 일정이 지니는 중요성이 덜하며 전체 공동체가 움직이지도 않는다. 일정은 농가의 노동력 수요를 고려해서 수립한다. 가축을 먹이기 위해 상당히 멀리 나가는 경우도 있으며, 밭에서 할 일이 지나치게 많은 경우에는 그렇게 하지 못한다.

메이솔의 목축업 종사자는 탐칼 계곡의 농부와 여러 가치와 사회적 관행이 일치하면서도, 개별적, 공동체적 행동과 사회 제도에 대한 강조 측면에 있어 현저한 차이를 보인다. 주요하게는 언덕에서 농사를 짓는 삶의 정착성과 연간 활동의 안정성이 평원에서 가축을 기르는 삶의 이동성, 불확실성, 불안정성과 대비된다. 전자에서는 코드화된 관행과 규칙적 행동이 발달하는 반면, 후자에서는 융통성과 결단력이 요구된다. 언덕에서 코록, 코크와, 파라오무초, 키유치(작업반), 친족 등은 중심적이면서 안정적인 요소들이다. 틸리아, 카마나칸, 무역 그룹, 연령대에 따른 업무 분장(사파나 그룹) 등은 평원에서 노력과 위험의 위치를 분산시킨다. 평원의 목축업 종사자 사이에서 씨족과 코크와 사회적 삶의 요소이지만, 가축 교환의 흐름, 장마철, 건기, 가뭄기의 연속 과정에서 가족과 가축 떼의 계절적 분열과 상봉, 신부 값, 가축 질병, 절도 등으로 인해 변화되는 가족의 운명 등을 거치며 그 중요성은 불분명해진다.

땅의 잠재력에 따라 포콧 지역 사람들은 전략을 다르게 활용하고, 많은 경우 여러 개를 동시에 적용한다. 이들은 토지의 잠재력에 따라 관리 방법을 달리한다. 이러한 전략에는 공간적/지정학적(*korok*), 환경적/자원 특성적(Kurut의 관개), 사회경제적(*tilia*) 또는 더 큰 정치경제와 연결된(트랜스 응조이아에서 일하거나, 자녀를 기숙학교에 보냄으로써 식구를 한 명 줄이는 것) 관행 등이 있다. 그러나 모든 경우에 있어 전략은 무엇이 가능하며 바람직한지, 예상되는 결과(위험 감소, 생산량 확보, 부의 증가)는 무엇인지 등을 평가한 결과를 반영한다. 포콧 지역에는 자신의 물리적, 사회적 세계를 현실적으로 이해하기 위한 여러 가지 방법이 있다. 각 상황과 환경에 따라 다양한 기술과 제도적 장치가 적용된다. 1963년에서 2008년 사이에 일어난 그 모든 일에도 불구하고(다음 부분에서 설명) 포콧 지역에서는 일반적으로 좋은 삶이란 자율성, 질 좋은 방목지, 작물이 있는 밭 약간, 대규모 가축, 가족의 번영을 의미한다.

포콧 지역과 케냐의 정치 경제

앞부분에서는 의도적으로 포콧 지역 사람들의 토착적 지식 시스템과 관행에 대해 중점을 두고 살펴보았다. 그러나 다른 곳의 사람들과 사건은 언제나 포콧 지역 사람들의 삶에 영향을 미쳐왔다. 이 부분에서는 케냐가 1963년 독립을 쟁취한 이후 포콧 지역에 어떤 일이 일어났는지에 대해 간략히 알아보려 한다. 해가 거듭될수록 포콧 지역은 케냐의 다른 지역과, 세계 경제와 더욱 밀접한 관계를 맺고 있다(Dietz, 1987; 2005년 6월 8일 개인서신, Andiema, Dietz, Kotomei, 2003). 포콧 지역에서 최근 일어난 사건은 본서의 III부("글로벌 전략에 대응하는 차별화된 사회적 관계")의 주제를 미리 보여주고 있다. 1994년 21세의 나이에 뉴욕 마라톤대회를 시작으로[8] 수많은 마라톤대회에서 우승한 마라톤 선수인 테글라 로루페 Tegla Loroupe의 수상 실적은 유럽과 북아메리카 사람들이 포콧이라 불리는 사람들이 있다는 것을 알게 되는 데 상당히 기여했다.

일반적으로 서부 포콧 지구는 독립 이후부터 케냐의 주변부에 머물렀다. 1960년대와 1970년대에 소(牛)의 습격, 응고로코 *ngoroko* 갱단의 출현 등으로 인해 동부, 북부, 북서부에 경제적, 사회적 혼란이 초래되어 법의 지배가 약화되었다. 이 갱단 그룹 중 일부는 우간다 이디 아민의 부정통치의 혼란기에 결성되어 우간다에서 넘어온 것이 확실하다. 1980년대와 1990년대, 새로운 세기에 접어든 몇 해 까지도 혼란은 지속되었다. 수단 남부뿐 아니라 케냐와 소말리아 군수품 상인들이 무기를 공급하고 있다는 것을 뒷받침하는 증거가 존재한다(Dietz, 2005년 6월 8일 개인서신).

1970년대 초, 정부는 이 지역 개발을 위해 많은 노력을 기울여, 가축 마케팅, 수의학 서비스, 옥수수 시범 재배, 지역사회개발 및 자조 프로젝트에 중점을 두는 특별농촌개발 프로그램(Speical Rural Development Programme)을 실시하였다(Widstrand, 1973: 36). 코리데일 양 순종이 를란에 성공적으로 도입되었으며, 하이브리드 옥수수, 제충국, 콩, 기타 채소(예: 양배추, 케일), 과일 등의 상업 재배가 탐칼 계곡, 메이솔에서 멀리 떨어진 남부의 고원지대 므나게 Mnagei까지 확대되었다. 그러나 다른 곳에서는 소와 소규모 가축이 급격히 감소했으며 일부 지역에서는 농업에 대한 관심이 감소하면서 관개고랑은 무시되었다.

포콧 지역 사람들 수천 명이 뛰어든 골드러시는 이러한 쇠퇴와 방치를 가속화했다. 1979년부터 므위나 Mwina와 세케르 Sekerr 및 숙 Sook(포콧의 중부 및 다른 지역)의 많은 지역에서 충적토 금을 캐기 시작했다.[9] 비록 주요 수혜자는 금 거래자와 금 채취 공동체에 재화와 서비스를 제공한 사람들이었지만 포콧 지역 사람들은 주로 비수기 활동으로 금을 채취했으며, 이를 통한 수입은 가구 소득에 상당히 도움이 되었다. 주로 11월에서 4월 사이의 건기에 많은 사람이 금광산에서 파트 타임으로 일한다(Dietz, van Haastrecht, Schomaker, 1983c: 15). 금 채취는 항상 소규모로 유지되는데, 특히 작황이 나쁜 해에는 남성, 여성 및 어린이 수천 명이 일을 한다. 금 거래자 중 일부는 소말리아인이지만, 포콧 사람도 다수를 차지한다. 금 채취가 활발한 지역은 올텀 Orthum과 시골 Sigor 사이의 무룬 강 Murun River 하류가 포함된다.

므나게 Mnagei와 를란 Lelan에서는, 새로운 농장을 만들기 위해 포콧인과 그 외 사람들이 숲이 우거진 땅을 잠식해왔다. 1982년, 캅카냐 Kapkanyar 숲은 대통령령에 따라 "탈규제"되었다(즉 정부 보호에서 제외됨)(Dietz, van Haastrecht, Schomaker, 1983a: 6). 를란에 있는 캅카냐 숲에서는 불법 벌목이 계속되고 있다(Daily Nation지, 2005년 2월 28일). 도로 교통수단이 일부 향상되었는데, 이는 투르크웰 고지 Turkwell Gorge 다목적 수력발전 프로젝트의 개발, 키테일 Kitale과 로드워 Lodwar를 연결하는 활주로 마리치 패스 Marich Pass 건설, 금 광산 관련 도로 개량 등으로 인한 것이었다.[10]

1960년대와 비교했을 때, 탐칼 계곡 사람들은 노동력은 고용하고, 식량은 구입하며, 현금 경제에 참여하는 한편 자녀를 학교에 보내는 경향이 더 큰 것으로 나타났다(Dietz, van Haastrecht, and Schomaker, 1983b: 19). 시골에서 탐칼로 이어지는 도로는 1980년대 중반에 크게 개선되었다.

탐칼 계곡에서 관개고랑의 사용은 감소했다(Dietz et al., 1983b: 22). 이는 부분적으로 많은 농민이 수수의 이모작을 하지 못했기 때문이다. 수수의 이모작을 위해서는 관개를 활용하며 고랑이 작동해야 한다. 수많은 사람이 금 채취를 향한 열병에 사로잡혔으며 임금노동을 하기 위해 므나게와 를란으로 이사했다(Dietz et al., 1983b: 24).

메이솔 평원에서는 1967년 포콧 지역 사람들과 투르카나 Turkana 간 분쟁이 재개되었으며, 1974 – 1977년에는 상황이 특히 악화되었다. 동부 평원에서는 포콧 지역 사람들이 모두 사라졌다(Dietz et al., 1983b: 19). 이로 인해 포콧 지역 사람들은 말말테 강 서쪽의 절벽 아래로 형성된 피난민 수용소에 모여들었으며 끔찍한 경제적 어려움을 겪었다(Conant, 1982a). 이로 인해 피난민이 점령한 지역뿐 아니라 이들이 버린 메이솔 평원 지역에 아카시아 나무가 우세한 덤불이 형성되어 목초지를 침범함으로써 식생 또한 변화되었다(Conant, 1981).

인구자료를 보면 포콧 지역 사람들이 아니면서 이 지역에 거주하는 인구가 1979년까지 증가한 것을 알 수 있다. 이러한 인구 대부분은 므나게 지역(트랜스 응조이아 지역에 인접한 남쪽 중앙 고원 지대)에 거주했으며, 이들 중 다수는 정부 공무원이었다. 이 사람들과 일부 부유한 포콧인이 운영하는 기업으로 인해 므나게 지역에는 사회적 계층화와 경제적 격차가 증가되었다(Reynolds, 1982). 1999년 케냐 센서스에 따르면 포콧 지구의 인구는 308,086명이었다(중앙 통계국, 1999, 1권: 표 3). 이 수치는 1979년의 170,000명과 큰 차이를 보인다. 부분적으로 목축업을 행하는 사회는 연간 2.4%로 급격히 성장했다(Lang and Bollig, n.d.: 1). 포콧 지역 젊은 세대는 전통적 삶의 방식에 대해 불평을 하면서도 관심을 가지고 있으며, 세대 간 갈등이 존재한다. 디에츠 Dietz(2005년 6월 8일자 개인서신)는 "청소년들 사이에 '목축업의 정체성'이 부흥하는 것을 발견했으며, 이 자체는 예를 들어 카첼리바 Kacheliba 같은 지역 청년들에게 강력한 '재포콧화'의 정체성이 형성되고 있음을 나타낸다. 시중에서는 다시 긴 검은색 외투가 판매되고 있다. 심지어 교육을 받은 이들을 포함하여 청년 다수는 전사가 되는 것을 다시 선택하고 있다."

　　포콧 지역에서 빈부격차 증가가 어떤 결과를 초래할 것인지에 대해 간단히 말할 수는 없다. 동부 아프리카 다른 집단 대부분과 같이 포콧 지역에는 항상 "빅맨"과 빈민이 있어왔다. 연령은 하나의 요인이 될 수 있다. 젊은 부부는 일반적으로 나이가 들면서 일가를 이룬 가족보다는 가난하기 때문이다. 토지를 소유하지 못하면서 가난한 이주자 사회계층(포콧과 포콧이 아닌 사람을 모두 포함)이 출현했으며, 이들은 다른 사람에게 고용되어 일한다. 서부 포콧 지구에 거주하는 이들은 주인이 농업과 축산업을 넘길 때까지 몇 년간 므나게와 를란(트랜스 응조이아 지구에 인접한 남부 고지대)에 거주하며, 땅을 개간하고, 목탄을 만들고, 농사일을 돕는다. 기간이 다하면 이 토지가 없는 사람은 다른 주인에게 고용되어 이 순차적 노동을 반복할 수 있기를 바라면서 다른 곳으로 가야만 한다.

　　독립이 실현되면서 다른 사람들이 므나게 땅에 들어와서 이 지역을 점거할 수 있다는 포콧 지역 사람들의 우려가 현실이 되었다. 토지 등록을 포콧 지역의 통제권 아래 두기 위해 일부 포콧인이 상당한 노력을 기울였지만 포콧 외 사람들이 토지 소유권을 획득할 수 있게 되었다. 지역에는 조직 두 개(포콧 복지 협회, Cherangany 조합)가 있었으나 이들은 포콧 지역 사람들과 생웨 Sengwer 거주민들이 원하는 방향으로 토지 등록을 조정하는 데 한계를 나타냈다.

　　지구에서의 정치적 변화 또한 포콧 지역 사람들의 자율권에 영향을 미쳤다. 1960년대와 1970년대 케냐 정부의 공식 정책은 행정부에 권력을 집중시키는 것이었다. 1969년, 정부는 의료 서비스, 교육, 도로에 대한 책임을 자체 부처로 이전하여 포콧 지역 위원회 Pokot Area Council과 같은 지방 및 지구단위 협의회가 지니는 권한과 목적을 효과적으로 없앴다(Reynolds, 1982: 124). 또한, 민족 단체에게는 운영 중단이나 비정치적 영역으로만 활동을 제한할 것을 요구했다(Reynolds, 1982: 218). 게다가 레이놀즈 Reynolds에 따르면, 정부 관리는 자조와 정부의 자금 지원을 매칭하는 기금 모금 기법인 하람비 *harambee*를 채택함으로써 "지역공동체 *저개발*을 위한 기구"로 활용하였으며, 이는 많은 경우 비생산적 서비스나 소수의 사람에게만 혜택이 돌아가는 프로젝트를 지원했다(1982: 5, 강조부분은 원문에 따름).

더욱 최근에 포콧 지역에 영향을 미친 사건으로는 1984년, 1986년, 1992 – 1993년, 2002년에 발생한 심각한 가뭄이 있었고, 건조 및 반건조 지대 프로그램(특별농촌개발 프로그램을 계승한 Arid and Semi – Arid Lands Programme, ASAL)에 대한 정부의 자금지원 능력이 감소한 것이 있다. ASAL은 1981년부터 2000년까지 지속되었으며 네덜란드 개발청(Dutch Development Agency, DDA)의 지원을 받았다. 개발을 지원할 자금이 부족한 케냐 정부는 공여국에게 케냐의 건조, 반건조 지구를 "입양할(adopted)" 것을 요청했다. 네덜란드는 서부 포콧과 엘게요 – 마라크웻 Elgeyo – Marakwet 중 포콧 바로 남쪽에 위치한 부분을, 그리고 후에는 카지아도 Kajiado와 라이키피아 Laikipia 부분을 "입양"했다. 이 프로그램은 여러 분야에 걸친 개발 프로그램(건강, 교육, 농업, 축산/수의학, 식림, 물 공급, 특히 여성과 어린이를 위한 사회 서비스)으로 진화했다. ASAL 전략의 궁극적 목적은 각 부처의 지방 의회와 공무원이 프로그램 운영에 대한 책임을 지도록 돕는 것이었다(Dietz and de Leeuw, 1999: 43).

디에츠와 동료이면서 포콧인인 레이첼 안디에마 Rachel Andiema와 알비노 코토메이 Albino Kotomei는 1980년대, 1990년대 ASAL 및 다른 조직의 성공과 실패에 대한 포콧 지역 사람들의 의견을 알아보기 위해 ASAL에 대한 경험을 평가했다. 포콧 지역 사람들은 전반적으로 정부와 관련된 프로젝트를 "좋지 않은" 것으로 그리고 NGO 관련 프로젝트 다수가 지속 가능하지 않은 프로젝트를 수행하고 있는 것으로 인식했음에도 불구하고 교회나 비정부기구(NGO)와 연결된 프로젝트는 "좋은" 것으로 인식하고 있었다(Andiema et al., 2003: 11 – 12). 포콧 지구에는 많은 교파의 교회와 교회 관련 NGO가 활동하고 있다. ASAL이 실행되지 않는 지역에 비해 ASAL이 실행되는 지역에서는 소규모 농민들과 목축업 종사자들의 현금 수입이 더 높은 것으로 나타났다(Dietz와 de Leeuw, 1999: 51). 이는 ASAL 자체 때문은 아닐 수도 있다. "축, 금, 보석, 미네랄, 미라(즉, 마약 식물), 무기 등의 무역은 정부의 궤도 밖에 있으므로 현금 수입은 ASAL 프로그램의 영역을 크게 벗어나기도 한다"(Dietz와 de Leeuw, 1999: 51).

1991년 케냐에서 다당제 민주화가 시작된 후, 포콧 사람들과 포콧 출신이 아닌 사람 간의 긴장이 발생했다. 이 긴장은 1991년 10월, 대통령 다니엘 아랍 모이 Daniel Arap Moi가 이끌면서 칼렌진 Kalenjin이 우세적인 케냐의 여당(케냐 아프리카 지역 조합, Kenya African National Union)이 지역주의(majimboism)를 공표하면서 촉발되었다. 1964년 이전의 정책으로 돌아가기 위한 이 아이디어는 케냐 정부의 강력한 분권화와 민족성에 기반한 지방정부 구성을 표방하고 있었다. 1993년 10월 나룩 Narok 북쪽에서 발생한 무력충돌로 17명이 사망하고 수많은 부상자가 발생했으며, 대부분 키쿠유 Kikuyu 언어를 사용하는 사람들 30,000명이 나록 Narok 지구를 떠났다. 그 후 1994년 12월, 중부 지방의 "조상 거주지"로 난민 다수가 강제 송환되었다(Dietz, 1996: 7). 언어문화적으로 칼렌진 Kalenjin 인종인 포콧은 키쿠유 사람들이 칼렌진과 마사이의 조상 땅에서 일시적인 권리를 가진 "국외 추방자"라 생각하는 마사이와 칼렌진의 관점을 가지고 있었다. 따라서 1993년, 포콧 지구, 특히 키쿠유 다수가 땅을 차지한 므나게와 를란에서 일종의 "인종 청소"가 시작되었다. 많이 알려지진 않았지만 치열했던 전투로 인해 키쿠유와 다른 "민족적 외부인"은 그들의 가정과 농장을 버려야만 했다(Dietz and van Woersem, 1996: 18). "정치적 자극으로 촉발된 인종적 증오는 서부 포콧에서 가장 비극적인 결과를 초래하여 포콧인이 아닌 인구의 상당 부분이 쫓겨났다(또는 공황 상태에서 도망갔으며, 감히 돌아오지 못했다)"(Dietz와 van Woersem, 1996: 21). 카펜구리아, 를란, 트랜스 응조이아 지구 주변의 고용 기회를 추구하는 노동력의 이동과 트랜스 응조이아 지구의 새로운 토지에 영구적으로 정착하기 위한 이동을 통해 이주는 지속적으로 포콧 지역 사람들 삶의 주요 요인이 되고 있다(Dietz, 2005년 6월 8일 개인서신). 포콧 지도자들은 지금, 1934년 카터 위원회 Carter Commission에서 포콧이 증언한 내용(Kenya Land Commission, 1934, Vol. 2: 1763)을 기반으로 트랜스 응조이아의 일부 또는 전부가 "전통적인 포콧의 영토"라고 주장한다. 트랜스 응조이아에서 부재자 소유의 유휴 토지를 두고 분쟁이 계속되고 있다. 키탈레 Kitale 평화 및 사법위원회의 데이빗 코싱 David Pkosing은 트랜스 조이아 지구에서 6만 에이커의 토지가 유휴 상태라고 밝혔다(Daily Nation지, 2004년 10월 17일). 또한 포콧 가축을 우간다, 트랜스 조이아 지구 그리고 메이솔, 세케르, 시골에서 동쪽 북 바링고 지역으로 이동시키는 목축의 움직임이 상당히 발생하고 있다. 트랜스 응조이아 지구는 또한 2008년 초반에 혼란을 겪어, 므와이 키바키 Mwai Kibaki와 랄리아 오딩가 Ralia Odinga 간에 대통령 선거를 두고 분쟁이 발생했다.

1990년대 후반부터 포콧 지구의 사람들은 노상강도와 소도둑질로 인해 삶과 생계에 끊임없는 혼란을 겪었다. 소도둑들은 이제 이동전화를 사용하여 활동을 정비하고 경찰 움직임을 감시한다는 보고가 있다(Obare, 2008). 소와 작물 손실의 경제적 비용은 컸다. 케냐 전체를 통틀어 1990년에서 1999년까지 소도둑으로 인한 손실은 4억 달러에 달했다고 한다(중급 기술 개발 그룹 Intermediate Technology Development Group(ITDG), 2003: 1). 강도로 인해서는 1995년에서 2000년 사이 1,200명의 목숨이 희생되었다. 또한 계속 늘어나는 인구로 인해 토지와 목초지에 대한 압박이 가중되었다.

지구 내와 인근 지역의 그룹(특히 Turkana, Karamojong, Sabiny[Sebei])으로 구성된 포콧 무장 단체가 이런 가축 습격, 도둑질, 강도질 등을 저질렀다. 오래전부터 인종 간 습격은 있어왔다(Bollig, 1990). 응고로코 *Ngoroko*라 불리는 갱단은 일반적인 창과 함께

AK47과 헤클러-코 Heckler-Koch G3 공격 소총으로 무장하고 있다. 가톨릭교회 평화 및 사법위원회 Catholic Church Peace and Justice Commission는 서부 포콧 목축업자들의 손에 있는 불법 총기가 6만 개에 달한다고 보고했다(Obare and Maero, 2005).

이 갱들이 야기하는 혼란은 가축과 다른 소유물의 손실을 훨씬 넘어선다. 사람들이 습격 중에 살해당하며, 여자들은 강간당하고 과부가 되며, 농가가 불태워지고, 사람들은 집과 밭을 두고 도망가고, 학교가 폐쇄되며, 건강 진료소가 버려지며, 사회적 제도의 기능이 멈추어진다. 누군가는 이러한 가축 습격으로 이익을 얻으며, 유력한 가축 및 무기 거래자가 습격을 조직하고 여기서 이익을 취하고 있을 수도 있다. 한 보고서는 "소 습격이 일어난 지 2-3일 만에 대형 화물차에 실린 소가 지역 밖으로 운반되는 것이 목격되지만, 가축 습격과의 연관성을 확인하기 위한 조치는 아직 취해지지 않고 있다"라고 지적했다(Ramani, 2001). 한 연구에 따르면 카세 Kasei와 알랄 Alale 지역의 40%(거의 16,000명)가 충돌로 인해 직접적인 영향을 받았으며, 24%는 간접적으로 영향을 받았다고 추정했다(Pkalya, Adan, and Masinse, 2003: 44). 목축주의는 붕괴되지는 않았지만 생계에서 차지하는 비중이 크게 감소했다(Dietz, 2005: 2). 상당수 실향민은 더 높은 고도로 이동하여 고원의 토지에 대한 압력을 가중시키고 있다.

다른 프로젝트에 자금이 지원되기도 했다. 이탈리아 정부는 웨이웨이 관개 프로젝트를 위해 케냐 실링 10억 달러(1,260만 미달러, 1994년)를 지급했으며 이 계획은 크게 성공한 것으로 알려졌다(Daily Nation지, 2004년 12월 18일). 2004년 케리오 계곡 개발청 Kerio Valley Development Authority(KVDA)은 스페인 정부와 협상하여 240억 케냐 실링의 비용이 소요될 것으로 예상되었던 설탕 관개 프로젝트를 수주했다(Daily Nation지, 2004년 12월 18일).

포콧 지역은 관광 홍보를 위한 노력도 하고 있다. 그중 하나는, 스위스 공여국이 기금을 지원하는 포콧 로뭇 문화마을 Pokot Lomut Cultural Village(The East African Standard지, 2005년 3월 5일)이다. 그러나 지구를 방문하는 관광객이 첫 관문으로 경찰서에 들러 무장 호위병의 에스코트를 받아야 하는 상황에서 관광업이 어떻게 성장할 수 있을 것인지를 전망하긴 쉽지 않은 일이다(Butt, 2005년 3월 26일 개인서신).

전반적으로, 지난 10년 동안 포콧 지역 사람들 대부분의 삶은 개선되지 않았다고 하는 편이 맞을 것이다. 특히 최근에는 HIV/AIDS 전염병으로 인한 포콧 지역서의 희생자가 증가하고 있어 어려움은 배가하고 있다(Dietz, 2005년 6월 8일 개인서신). 포콧 지역 사람들은 정기적인 무역과 결혼을 통해 농부와 목축업 종사자 간의 특색있는 이중 지역 경제를 유지하기 위해 계속 노력하고 있다. 그러나 무장 단체(그리고 지금은 HIV/AIDS)의 끊임없는 위협으로 그 누구도 안전하고 안정적인 생계를 유지할 수 없다(Bollig, 1998,

2000; Bollig and Schulte, 1999; Wagongo, 2003). 정부, 교회 지도자, NGO, 공여국, 포콧 자신들은 분쟁 집단 간 중재, 군축, 분쟁 해결 등을 요구하지만, 그 땅과 국민에게 지속적인 평화를 가져다주지는 못했다(The East African Standard지, 2005년 2월 5일, ITDG, 2003; Pkalya et al., 2003; Musambyai, 2003; Bollig, 1993).

노트

1) 이 장은 포콧에 대한 훨씬 긴 연구, Adaptation in Ecological Context: Studies of Four East African Societies(Porter, n.d.)의 일부를 압축한 것이다.

2) 토양 이름과 특성은 Lokweliapit(이전에는 Lomut에서 활동하던 Tamukal Valley의 농업 강사), Mwina의 Pkite Lorongelosi, Kokwatandwa의 Samuel Ptiso Chumakemer, Lelan의 Lotinyang Alenga, Kitumo라는 이름의 노인 등이 제공한 정보를 기반으로 작성되었다. 우리가 농장을 지도화하고 토양 표본을 채취하는 동안 용어 및 용법에 대한 검증이 지속적으로 이루어졌다. Francis Conant는 이 섹션에 도움이 되는 비판을 해주었다. 이 섹션을 작성하기 위해 Alexander and Cady(1962), Buckman and Brady(1962), Gelens, Kinyanjui, van de Weg(1976), Siderius and Njeru(1976) 등도 참고하였다. 여기서 포콧 토양 용어에 대한 영어 번역은 엄격한 문자상의 번역이라기보다 넓은 의미에서의 해석에 가깝다. 포콧 지역 각기 다른 지역에서 동일한 토양 유형을 일컫는 다른 용어가 있는 것으로 보이지만, 이것은 방언의 차이로 보면 안될 것이다. 메이솔 출신 사람은 점토 토양을 나타내는 용어 *arai'yon*을 사용하면서도 Tamkal 용어 *munoh*와 Kurut 용어 *munion*을 점토 토양으로 이해할 것이다. 실험실에서 토양을 분석하기도 했는데 이 부분은 제외시켰다.

3) 농업용으로 사용되는 변형된 토양 물질과 농업에 적합하지 않은 상대적으로 변형되지 않은 토양 물질 간 구분을 하고 있다. 이 구분을 통해 토양 과학자들은 수직 프로파일(식물, 열, 미생물, 미네랄, 물 간 상호 작용의 증거)을 보이는 풍화된 토양과 수직 구조를 나타내지 않아서 실제 토양으로 분류되지 않는 사막 맨틀 사이를 구분 짓는다.

4) 현장 감각을 전하기 위해 현재 시제를 유지했음을 다시 밝혀둔다. 여기서의 설명은 1962년 8월 상태를 기점으로 한다(이 장의 뒷부분에 나오는 Kurut 농업에 대한 논의 역시 마찬가지이다).

5) 케냐의 다른 종족은 포콧 지역 사람들을 때로 숙 Suk이라 부르기도 한다. Suk이라는 용어는 마사이 Maasai가 포콧에게 붙여준 이름인 것으로 보이며, 확신할 수 없는 추측에 따르면 이 용어는 포콧 지역 사람들이 때로 착용하는 칼집이 있는 단검(*chouk*)의 특성에 따라 붙여진 것이라 한다.

6) 이 계단식 테라스는 *bwana shamba*(지역 농업 공무원)의 요구 사항이었고, 각 지역 사회는 농업 강사로부터 정기적으로 검사를 받았다.

7) 1962년 Sigor 지역 옥수수 가격은 껍질을 벗긴 옥수수 2백 파운드(90.9킬로그램)가 44 동아프리카 실링($6.16)이었다.

8) Tegla Loroupe는 많은 마라톤에서 우승했다. 그녀는 1995년 뉴욕에서 또다시, 1997년부터 1999년까지 로테르담에서 3번, 2000년 런던과 로마에서 그리고 2002년 스위스 로잔에서 우승했다.

9) 금 채취 붐은 이 지구의 두드러진 변화 중 하나이다. 터키인 노동자들과 함께 한 유럽인 반위익 Van Wijk은 투르켈 고지 Turkwell Gorge에서 1940년대부터 1963년 이 지구를 떠날 때까지 금을 채취했다(Dietz et al., 1983b: 19). 1980년 무렵부터 금광은 크게 증가했다. 1983년 4월 세케르 지구 Sekerr Location에서 약 5,000명의 사람들이 금을 채취했고, 1982년에는 약 40킬로그램의 금을 생산하여 약 400만 케냐 실링을 벌어들였다(Dietz et al., 1983b: 23-24). 1981년, 숙 Sook 지역의 크리치 Kriich에서 엄청난 금광이 발견되어 한때 최대 2,000명의 사람들을 끌어들였다. 알랄 Alale 지역 중심지인 코르푸 Korpu에서 1982년 금 생산량은 10킬로그램을 초과했다(Dietz et al., 1983b: 23).

10) 논쟁의 여지가 있는 투르켈 고지 수력·전력 Turkwell Gorge Hydro—Electric Power 프로젝트는 원래 견적의 3배인 4억 5천만 달러의 비용이 들었고, 예상 전력인 160메가와트의 약 절반인 85메가와트 밖에 생산하지 못했다(Hawley, 2003: 29). 콘젤레 Kongelai에서 투르켈 Turkwell이 되는 수암강 Suam River은 엘곤 Elgon 산에서 흐르며 댐의 주요 공급원이다. 콘젤레 Kongelai와 투르켈 고지 Turkwell Gorge에서 수행된 수문 분석은 그 자체로 부적절하여 유량을 심각하게 잘못 예측했으며, 연평균 배출량을 과도평가했으며, 오후 집중 폭풍으로 인한 갑작스런 홍수를 지나치게 과소평가했다(Radwan, ca. 1995). 수암강과 그 지류에 의해 토사가 연간 1억 6천만 세제곱미터가 운반되는 것으로 추산된다(Dietz et al., 1983c: 26—27). 호수에 대규모 침전이 있었다. 2000년 현재 저장소 수준은 전체 용량보다 50미터 부족했고, 댐 아래에서 환경 악화가 발생했으며, 댐 아래에 건설될 것으로 되어 있던 관개시설은 투르카나와 포콧에 도움이 되지 못했다. 관개용수는 수출 지향적 대규모 농장에 공급되기 시작했다(Hawley, 2003: 28 ff.). 프랑스 회사인 스피 바띠뇰 Spie Batignolles과 소레 Sogreah가 건설 계약을 수주하는 과정에서 대규모 부패가 연관되었다. 현재 일본 개발 그룹이 투르켈강 Turkwell River에서 관개 프로젝트를 수행하려 하지만, 사회 조건이 너무 불안정하기 때문에 프로젝트 수행인력을 채우기 어려운 상황이다(Butt, 2005년 3월 26일 개인서신).

식민주의와 노예무역의 역사지리학

오늘날 우리가 살고 있는 차이의 세계를 이해하기 위해서는, 500년 식민주의 시대가 이 세계와 우리의 세계관을 지금까지도 중대한 방향으로 재설정했으며, 그 영향력은 비단 삶을 통해 식민주의를 직접적으로 경험한 생존자에게 국한되지 않음을 알 필요가 있다. 아메리카를 "발견"하면서 유럽의 상상력에 영원한 변화를 가지고 온 1492년경을 시작으로 약 500년간을 식민지 시대라 할 수 있다. 식민지 시대에는 세계 경제가 만들어져 진화하였으며 연관된 권력과 지식의 구조 안에서 차이를 착취하고 재설정하는 과정이 강화되었다. 이 장에서는, 특히 노예무역에 중점을 두고, 시간과 공간을 따라 변화하는 식민주의의 패턴을 간략히 살펴보겠다.

식민지 시대는 5세기 동안 지속되었지만, 특정 지역 식민지화의 시작, 끝, 기간 그리고 식민주의의 경험은 매우 다양했다. 시간의 경과에 따라 식민주의, 주요 식민지 강국, 식민지화된 장소의 물결을 그려보면, 식민주의의 역사지리학 도표를 만들어볼 수 있을 것이다. 식민주의의 첫 물결은 15세기 말에 시작되어 18세기 후반에 절정에 달했고, 아메리카 국가들이 독립하면서 1825년에는 최저점을 기록했다. 1825년부터 1925년까지 식민주의가 다시 증가하면서 두 번째 물결이 시작되었고, 이는 1990년 나미비아가 독립하던 1990년까지 감소하였다(그림 13.1과 13.2)(인산염이 풍부한 서부 사하라를 둘러싼 지속적 분쟁으로 인해 모로코와 폴리사리오 전선 모리타니아 간 벌이고 있는 30년 전쟁을 포함하여 여러 해외 영토와 의존관계 등은 여전히 불확실한 상황이다). 식민주의 첫 번째 물결에서는 아메리카 대륙에 대한 스페인과 포르투갈의 식민주의가 지배적이었으며, 뒤이어 식민강국으로서 영국, 프랑스, 네덜란드가 부상하고 스페인, 포르투갈, 네덜란드제국이 전락하

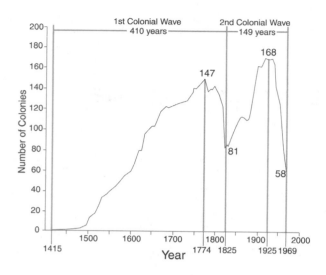

그림 13.1. 식민주의의 물결. 출처: De Souza(1986). 미국지리학회(American Geographical Society)의 1986년 저작권. 내용은 사용 권한에 따라 조정됨.

는 것을 볼 수 있다. 식민주의 두 번째 물결에서는 아시아와 아프리카를 대상으로 하는 영국과 프랑스의 식민지 확장이 지배적이었으며, 그 뒤로 전 세계적인 독립 투쟁과 공식적 독립이 이어졌다. 이 그래프에서 찾아볼 수 없는 것은, 식민주의의 첫 물결이 상인 자본주의의 중요성을 증가시켰고 그 후 산업 자본주의가 시작되었다는 것이다. 이 물결은 노예거래의 흥망성쇠를 동반했다. 두 번째 물결에서는 산업 자본주의가 성장하고 진화했다.

현재 제3세계에 속한다고 정의되는 국가 대부분이 한때 식민지였다는 사실은 흥미롭다. 캐나다, 뉴질랜드, 호주, 미국과 같은 고위도 국가들은 예외인데, 이러한 국가들에서는 영국-유럽 문화를 지닌 사람들이 자신의 이미지로 장소를 재구성하면서 토착민들이 죽임을 당하고 소외되었다. 더 흥미로운 것은 이 각각의 식민지 시대를 걸쳐 제3세계에서 대규모 사람들이 이주한 사실이다. 아래에서 논의되는 바와 같이 수백만의 아프리카인이 강제로 이주한 것 외에도, 시리아인과 레바논인들이 서아프리카로, 인도인들이 고용노동자로 동부 아프리카, 남아프리카, 모리셔스, 말레이시아, 피지, 영국 카리브해로, 말레이시아인들이 남아프리카의 케이프 섬으로, 중국인은 동남아시아, 미주, 남아프리카로, 그리고 유럽인들 자신도 제3세계 식민지로 이주하는 등 서, 남, 동 아시아 대륙 간 이동이 있었다. 식민지 제국 복무, 해상 무역 등의 의도하지 않은 결과로서 식물, 동물, 질병 또한 새로운 지역으로 확산되었다. 지식, 이데올로기, 제도 같은 무형의 경우에도 마찬가지였다.

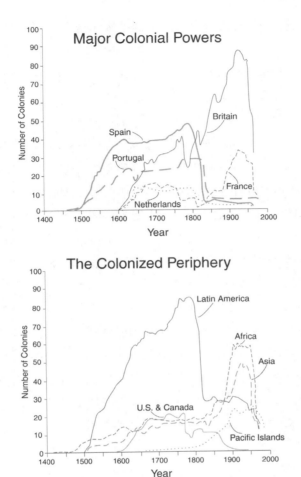

그림 13.2. 주요 식민지 강국과 식민화된 주변 지역. 출처: De Souza(1986). 미국지리학회(American Geographical Society)의 1986년 판권. 내용은 사용 권한에 따라 조정됨.

식민주의: 첫 번째 단계

1492년, 세계는 크고 작은 다양한 사회로 구성되어 도시화 정도는 달랐으며, 다양한 장인산업과 농업 시스템 그리고 서로 다른 정도와 유형의 사회적 계층구조를 가지고 있었다. 사람들 대부분은 농업을 통해 가족을 부양했다. 상인들과 무역인들은 엘리트들에게 때로는 먼 거리에서도 사치품을 공급했다. 유럽이 사회적, 기술적 발전이나 상업적 무역에 있어 예외적으로 발전한 것은 아니었다. 사실 유럽은 유라시아－아프리카 무역 경제의 서쪽 주변부에 있었다. 15세기 두 주요 유럽 강대국인 스페인과 포르투갈은 육로 여행이 위험하고, 비용이 많이 들며, 불확실해졌기 때문에 동양으로 가는 실행 가능한 항로를 확보하기 위해 서로 경쟁했다. 그 육로는 서쪽으로는 오스만 제국이, 동쪽으로는 전투로 쇠약해진 몽골 제국의 남은 세력이 통제하고 있었다. 지구 둘레에 대한 보다 정확한 측정치를 가지고 있던 포르투갈은 최단 경로는 아프리카 주변을 거치는 것이라고 결론지었다. 항해사 헨리 왕자는 15세기 동안 아프리카 해안을 따라다녔다. 1460년 그가 사망했을 때, 헨리의 선원들은 시에라리온까지 대서양 해안을 탐험했다. 그의 후계자인 존 2세는 이 작업을 계속하여, 시에라리온 너머에서 "100개 연속 해안"(644킬로그램)의 해안선을 발견하기 위해 1469년 착수하여 5년간 지속했던 페르난도 고메즈 같은 탐험가/기업가들과 계약을 맺었다(de Barros, 1552). 콜럼버스는 동양으로 가는 가장 짧은 길은 서쪽으로 가는 길이라고 스페인 여왕을 설득했고, 그녀는 1492년 항해에 대한 지지를 보냈다. 이 항해에서 콜럼버스는 우연히 아메리카 대륙에 도착했다. 콜럼버스가 대서양을 가로지르는 획기적인 항해를 서쪽으로 향했을 때, 포르투갈인들은 희망봉을 돌아서 인도양을 건널 준비를 하고 있었다. 바스코 다 가마는 1498년에 인도의 서해안에 도착했다.

1494년, 토르데시야 조약 Treaty of Tordesillas에서 교황은 세계를 이해관계에 따라 반구 두 개로 나누는 데 동의했다. 하나는 아프리카와 인도를 포함한 포르투갈인들을 위한 것이고, 다른 하나는 아메리카와 태평양 상당 부분을 포함한 스페인 사람들을 위한 것이었다(그림 13.3). 그리니치 서쪽의 현재 경도 53도(최초 자오선 또는 제로 자오선은 1884년에 이르러서야 국제표준이 되었다)에 세워진 자오선은 몰루카스 스파이스 제도를 통해 구

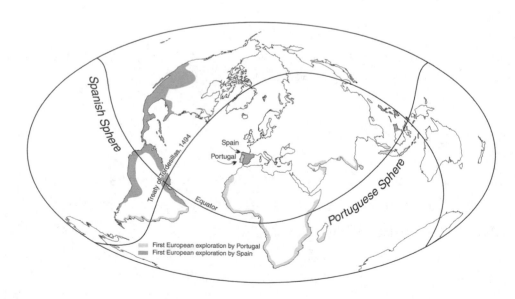

그림 13.3. 1494년 스페인과 포르투갈의 영향권.

의 다른 쪽을 나누었다. 그 결과, 아프리카 연안을 따라 나아가 인도 아대륙, 수마트라, 자바, 몰루카 제도, 일본 남동 해안 등 구세계의 나머지 대륙에 대한 유럽인들의 발견은 포르투갈인들이 지배하게 되었으며, 그동안 스페인 함대는 아메리카 대륙을 탐험했다.

그럼에도 불구하고, 이러한 일반적인 경향에 대한 예외가 일부 나타났다. 1500년 페드로 알바레스 카브랄이 이끄는 포르투갈 탐험대가 동양으로 항해하던 도중 항로를 이탈했고, 카브랄은 브라질 해안가를 항해하고 있었다. 정확한 경도는 몰랐겠지만 토르데시야 조약 경계(브라질의 동쪽 끝은 경도 약 35°W)에서 동쪽으로 한참이나 떨어진 대륙을 마주하게 되었다는 것은 알고 있었다. 그는 포르투갈의 왕관을 걸고 카브랄 해안을 주장하였으며, 배 중 한 척을 보내 이 소식을 알리는 한편 자신은 인도를 향한 항해를 계속했다. 그래서 카브랄 해안은 포르투갈 영토에 속하게 되었다. 스페인 탐험가 중에서는 마젤란이 유일하게 1521년 세계일주 여행을 통해 스페인에게 아시아의 영토에 대한 권리를 주었다. 이는 포르투갈인들의 필리핀 방문이 기록되기 이전에 그의 탐험대가 필리핀에 도착했기 때문이었다. 사실 필리핀은 토르데시야 조약 경계선 서쪽에 위치했음에도 불구하고 스페인은 결국 필리핀을 식민지로 주장할 수 있었다. 이런 우연한 사건들, 즉 알려지지 않은 세계를 나타낸 지도에 선을 그은 교황, 항해상의 불행, "최초 도착" 주장 등은 수세기 후 포르투갈의 티모르(인도네시아 정부 군대가 침략), 필리핀에 대한 스페인의 영향, 마카오에 대한 포르투갈의 영향, 브라질에서 사용되는 포르투갈어 등의 결과로 나타나게 된다.

그림 13.2는 1500년부터 1774년까지 형성된 식민지 대부분은 아메리카 대륙에 집중되었음을 나타낸다. 스페인 정복자들은 아즈텍과 잉카 제국을 정복했다. 그들은 이들 제국의 부를 약탈한 후, 귀금속 채굴에 집중했고, 광산과 식량을 공급하는 농업 지대 모두에서 강제 노동을 사용했다. 1503년부터 1660년 사이 라틴 아메리카에서 스페인 선적이 실어 나른 결과, 유럽의 은은 3배로 증가했다. 1600년부터 1810년까지 은 22,000톤, 금 185톤이 남미(페루)에서 스페인으로 옮겨졌다. 1750년부터 1810년까지 브라질의 포르투갈 광산들은 금 800톤을 생산했다. 한편, 1500년과 1600년 사이에 포르투갈은 아시아 내 무역에서 이익을 얻고, 유럽과 아시아 간 수익이 많이 발생하는 향신료와 직물 거래를 독점하기 위해 전략적으로 위치시킨 무역과 공급을 위한 항구로 구성된 제국을 발전시켰다.

북유럽 연안의 국가들은 스페인과 포르투갈과 동시에 아메리카 대륙을 탐험하고 있었지만(영국은 1497년과 1508년 카봇이, 프랑스는 1534년 카르티에가), 17세기까지는 이베리아의 경쟁국들에게 실질적인 위협을 가하지 않았다. 네덜란드인, 영국인, 프랑스인은 모두 신세계 대륙에 대한 주장과 반론을 제기했다. 그림 13.4는 네덜란드가 다른 유럽 강국과 경쟁했던 곳들을 보여주고 있다. 네덜란드는 결국 거의 모든 곳에서 패배했지만,

그 존재는 여전히 뉴욕주 허드슨 강변, 네덜란드 앤틸리스의 건축, 쿠라사오, 아루바, 보네르 그리고 네덜란드령 기아나(수리남) 등 여러 방면에서 찾아볼 수 있다. 네덜란드는 수마트라, 자바, 남아프리카공화국에 동인도회사(1602년 설립)를 설립함으로써 영향력을 지속했다. 남아프리카공화국 희망봉의 식량 공급 정차역은 나중에 은퇴 중심지와 네덜란드인 정착지가 되었고, 아프리칸스와 아프리칸너 민족주의가 여기서 시작되었다.

모두가 알고 있듯, 대서양 연안을 따라 있는 13개의 식민지가 1776년 대영제국으로부터의 독립을 선언했다. 1789년, 세계를 뒤흔들며 라틴 아메리카와 카리브해 전역에 걸쳐 독립전쟁을 촉발했던 프랑스 혁명이 뒤를 이었다. 1800년부터 1825년까지 식민지 수가 급격히 감소하여, 중부와 남부 아메리카 전체는 탈식민지화의 길을 걸었는데, 거의 모두가 스페인과 포르투갈 식민지였다(De Souza, 1986). 이러한 움직임은 1801년 아이티를 프랑스로부터 해방시키는 데 성공한 뚜쌩 루베르튀르 Toussaint L'Ouverture로 부터 시작되었고 1825년 스페인을 상대로 호세 데 산 마틴 José de San Martin과 시몬 볼리바르 Simon Bolivar가 군사적 승리를 이끌며 볼리비아에 독립을 가져다주었던 사건으로 끝이 났다. 남미의 주요 국가가 이 시기에 부상하여, 1816년 라 플라타(아르헨티나), 1818년 칠레, 1819년 콜롬비아, 1821년 페루, 1822년 브라질 등이 수립되었다.

16세기 이후 유럽 상인 자본주의가 강화되면서 유럽 상인들은 제1차 국제적 노동 분업을 조직하기 시작했다. 아메리카와 동유럽은 원자재를 생산했고, 아프리카는 노동력을 공급했고, 아시아는 사치품을 생산했으며, 서유럽은 이러한 사업을 지휘하고 산업에 점점 더 집중했다(Stavrianos, 1988: 449). 카리브해와 남미의 열대 및 아열대 환경은 규율에 순응하는 대규모 노동력만 제공된다면 농산업적 기반을 조성해 유럽에 수출할 농작물을 생산하는 플랜테이션 농업을 실시하기에 적합했다. 노예들이 이러한 노동력을 제공할 수 있을 테지만, 어디서 구할 것인가? 아메리카 원주민들은 천연두와 이들이 저항력을 지니지 못한 새로 들어온 전염병으로 죽었기 때문에 충분한 노동력을 공급할 수 없었다. 게다가, 신대륙의 토착민들은 그냥 고원으로 피해버릴 수 있으므로 노예로 삼을 수 없을 것이라고 유럽 정착민들은 생각했다. 그러므로, 노동력을 제공하는 가장 싼 방법은 아프리카에서 노예 노동력을 수입하는 것이었다.

노예무역

노예제도는 고대로부터 이어오는 제도이지만, 근대에 이르러서는 1570년부터 노예들을 포르투갈과 바이아로 데려오기 시작한 아프리카 무역에서 발전되어 18세기에 정점에

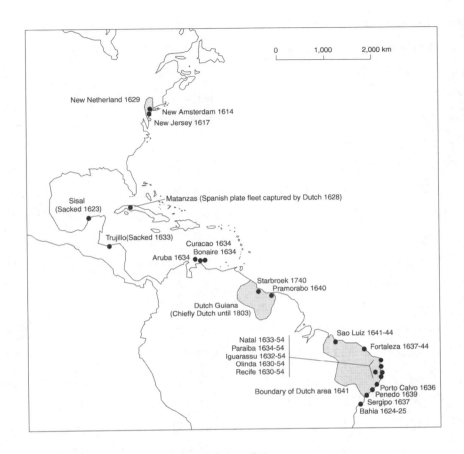

그림 13.4. 17세기와 18세기 신대륙에서의 네덜란드 활동.

이르렀다. 이 섹션에서는 노예무역의 주체, 작동 방식, 중간 통로, 포로로 사로잡힌 자들에게 노예화가 미친 영향, 종국의 무역중단 그리고 아프리카와 세계에 대한 결과 일부를 살펴본다.

주체

유럽 노예거래자들은 아프리카 해안 지역과 협력적인 협정을 맺어 무기, 화약, 무역품 등의 대가로 노예를 받았다. 선원들은 자신의 별도 정착지를 운영했으며, 많은 경우 요새였다(Oliver and Fage, 1962: 112 ff.). 그들은 아프리카인을 시켜 다른 아프리카인을 잡아 노예로 팔도록 했다. 때로 아프리카 국가들은 유럽 노예상인들을 굴종적으로 대했다. 예를 들어, 아이흐주는 다호메이(현 베닌)에서 무역의 중심지였다. 다호메이는 대서양에서 멀리 떨어진 내륙에 위치해있었지만, 전체 무역을 통제하기 위해 해안으로 바로 진출했다. 중재자에 머물기를 원하지 않았던 것이다. 노예무역은 힘의 균형을 해안으로 이동시켰다. 아이흐주에는 프랑스 구역, 네덜란드 구역, 영국 구역이 있었다. 유럽 주민들의 움직임은 제한되었다. 그들은 손님이었기 때문에 음식은 전달받았다. 노예를 검사하고 구입하기 위해 시장에 언제 올 것인지가 이들에게 통보되었다. 지역 주민들도 그 교역 조건 결정에 참여했다.

유럽-아프리카 무역은 오래 전에 금 "온스 무역"으로 시작되었다. 수많은 철 묶음과 헝겊 조각, 총, 기타 제조된 상품이 금 1온스로 치환되었다(Polani, 1964). 주류, 팬, 냄비, 신발, 거울, 소금에 절인 고기 등은 중요한 무역 품목이었다. 유럽 무역업자들은 앙골라 해안을 따라 아칸, 폰, 다호미, 요루바, 베닌, 칼라바르, 콩고 등 보다 조직적인 국가들과 거래했다. 습격은 대부분 엘미나에서 칼라바로 가는 지역에서 발생했지만, 사하라 이남 아프리카의 모든 해안이 영향을 받았다. 북미 식민지 개척자들은 심지어 아프리카의 동쪽 해안에서도 상당한 무역을 발전시켰다.

네덜란드와 영국은 수익이 많이 나는 생산과 무역 단지인 "삼각 무역"을 체계화하여 아프리카, 유럽, 아메리카를 변화시켰다. "삼각 무역"은 신대륙, 유럽, 아프리카 등, 세 지역 간 교통을 통해 성립되었다. 설탕과 담배는 신세계에서 유럽으로 전해졌다. 이들은 삼각 무역에서 가장 가치있는 상품이었지만, 이를 생산하기 위해서는 노동력이 필요했다. 삼각 무역의 두 번째 구간은 유럽에서 아프리카로 앞서 언급한 것과 같이 제조품, 럼주, 총/화약, 기타 물품이 거래되었다. 노예들이 아프리카에서 신세계로 옮겨져 삼각형은 완성되었다. 스페인은 노예를 신대륙 식민지로 인도하는 대가로 1543년 이후 유럽 국가(영국, 포르투갈, 프랑스)에 독점권을 부여한 asiento de negros를 통해 노예무역 지형 형성에 영향을 미쳤다.

네덜란드가 1619년 최초의 노예 선적을 영국 식민지, 아마도 버지니아의 제임스타운으로 가져온 것으로 보인다. 따라서 노예 후손 일부는 메이플라워호가 상륙하기 전에 북아메리카에 왔음을 주장할 수 있다. 영국은 리버풀에 왕립 모험가 회사가 설립된 약 1660년경 노예 공급에 적극적으로 관심을 갖기 시작했다. 리버풀의 부(wealth)는 노예와 삼각 무역을 통해 창출되었는데, 도시의 항구 지역에 있는 오래된 창고, 건물, 거리 이름에서 그 증거를 여전히 찾을 수 있다. 페니 레인(Penny Lane)은 18세기 노예 선박 소유자인 제임스 페니의 이름을 따서 명명되었다.

노예거래는 1660년에서 1780년 사이에 가장 활발하게 일어났다. 막바지로 향해가면서 매년 노예 10만 명이 서아프리카 해안에서 유럽 배에 태워졌다. 약 4,500만 명의 사람들은 잡혔을 수도 있지만 신대륙에 도착한 사람은 1,500만 명도 안 되는 것으로 알

려져있다. 한 문서는 아메리카 대륙에 사육한 노예의 숫자를 세기별로 다음과 같이 추
정한다.

16세기	90만 명
17세기	275만 명
18세기	7만 명
19세기	40만 명
총	1,465만 명

사로잡힌 사람들은 주로 유럽 해상기관, 가끔은 아랍기관을 통해 이동하여 유럽이
나 신대륙, 중동 노예상인들에게 팔렸다. 3분의 1은 해안으로 가는 도중에 사망했고, 다

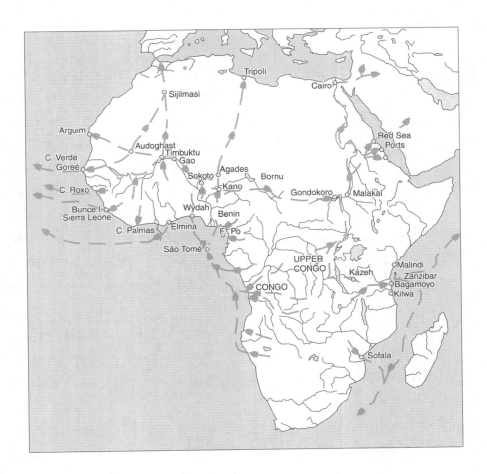

그림 13.5. 아프리카 노예거래를 이해하는 데 있어 중요한 경로와 장소.

른 3분의 1은 중도에서 사망했다(아래 참조). 키스와힐리어 Kiswahili로 "당신의 심장을 부수다"라는 뜻을 지니는 바가모요 Bagamoyo는 콩고 상부에서 시작되는 카라반 항로의 동쪽 종착역이었다. 바가모요의 한 박물관 자료를 통해 해안에 실제로 도착한 것은 5명 중 1명에 불과했다는 것을 알 수 있다. 1800년대 중반, 매년 노예 약 6만에서 7만 명이 수출되었다. 물론 이 모든 추정치는 오차의 가능성이 크다(Curtin, 1969: 5).

　　이 무역은 아프리카 대륙에서 지리적으로 분리되어있었다. 위에서 설명한 바와 같이 서아프리카 해안을 따라 남쪽 방향 앙골라로 향하는 지역의 강력한 아프리카 국가들은 무역을 통제하고 유럽 선박 소유자들과 거래했다(그림 13.5). 사헬과 수단, 북부 아프리카, 모잠비크까지의 건조하고 인구가 많은 아프리카에서는 카라반을 가진 아랍 노예상들이 지배하고 있었다. 중간 거래자들이 일부 통제권을 개입시키는 경우도 있었다(예: Mandingo, Songhay, Fulani/Hausa 등 서아프리카의 무슬림 왕국).

거래 진행 방식

노예 상인들은 주로 강력한 국가들과 거래했지만 기회를 잡기 위해 해안에서 활용이 적은 장소까지 계속해서 왔다 갔다했다. 이들은 또한 프리랜서와 침입자들을 저지하려 했다. 강한 국가들은 베닌, 다호미, 아샨티였다. 이 국가들은 거처, 방공호, 지하감옥, 개방 성채가 있는 공장과 요새를 가지고 있었다. 사람들은 낙인이 찍혀 성채나 임시 쉼터로 보내졌다.

　　동아프리카에서는 노예 침략의 주요 지역인 콩고 분지 내부로 침투하기 위해 여러 루트가 사용되었다. 그중 하나는 홍해에 있는 아랍 항구였다. 홍해 연안을 따라 한때 노예 항구로 번창했던 버려진 마을들의 잔해를 아직도 볼 수 있다. 내륙으로 가는 주요 경로는 육로로 곤도코로와 말라칼 그리고 서쪽과 남쪽은 콩고 상류로 가는 것이었다. 그 경로를 이용했던 카라반들은 경로를 따라 길게 이어진 정착촌 덕에 여행을 지속할 수 있었다.

　　노예거래의 초기와 중기의 중심지는 킬와 Kilwa 섬이었다. 킬와에서의 경로는 현재 탄자니아에서 잠비아 북동쪽 메베루 호수 근처 전 자이르(현 콩고민주공화국)와의 국경지대에 있는 카젬베까지의 남부 고원을 둘러갔다. 그곳에는 스와힐리어를 사용하는 대규모 공동체가 아직있다.

　　잔지바르 Zanzibar는 무역의 또 다른 중심이었다. 포르투갈인들은 1650년경 무스카트와 오만의 아랍인들에 의해 아프리카의 동쪽 해안에서 쫓겨났다. 이들은 남쪽으로 모잠비크까지 밀려났으나 루부머 강 남쪽에서 겨우 멈출 수 있었다. 오만의 술탄 세이드 사이드 바라시 Seyid Said Barhash는 무역과 새로운 기회에 큰 관심을 가지게 되어 1832년에 수도를 잔지바르로 옮겼다.

내륙으로 가는 동아프리카의 주요 경로는 잔지바르에서 바가모요까지, 카제시 (Wanyamwezi 강력한 지도자인 미람보라의 거점지)까지, 탕가니카 호수에 있는 우지지까지 그리고 나서 호수를 가로질러 콩고 상류로 가는 것이었다. 르완다 북서쪽 국경도시이며 전 자이르의 고마로 국경을 넘어갈 수 있는 키부 호수의 북쪽 끝에 있는 도시인 기제니에는 19세기에 노예무역에 종사했던 사람들이 지은 집을 아직도 볼 수 있다. 기제니의 많은 사람들은 상인들의 언어인 키스와힐리어 Kiswahili를 사용한다. 기세니 남쪽에서 카젬베까지 그리고 탕가니카 호수의 서쪽에서 '리알라바 강과 로마미 강'으로 진입하는 이 동아프리카의 내부지역은 티푸 팁으로 더 알려진 하마드 빈 무하마드의 영향권이었다. 상아와 노예무역가인 티푸 팁은 오늘날 타보라 주변의 강력한 아프리카 가문들과 혼인을 통해 연결된 점잖고 학식있는 남자였다(Ingham, 1962: 66). 그는 1895년 사망하기 전 즈음에 생생한 자서전을 통해 자신의 업적을 기록했다(Tip, 1902-1903/1966).

올리버와 매튜(1963: 274-275)의 긴 인용구를 통해 티푸 팁의 무역 범위를 얼마간 알 수 있다. 인용문에 언급된 짐꾼 다수는 여정이 끝나면 노예로 팔릴 운명인 포로를 지칭함을 기억하라.

물론 탐험대가 해안에서 사라진 시간에 따라 규모는 매우 달라졌다. 12년 이상 동안 착취와 무역을 해온 티푸 팁이 잔지바르로 되돌아갈 때, 짐꾼 2,000명 정도가 비슷한 수량의 상아를 운반했고, 경비원 1,000명이 이를 지켰다. 그리고 그 규모와 명성을 고려하면 수백명이 더 따라갔을 것이라 예상할 수도 있다. 수년간 떠났다가 돌아오는 그런 거대한 행렬을 통해 지도자들의 사업과 재산뿐 아니라, 해안에서 이들을 지원하는 광범위한 신용시설이 존재함 역시 알 수 있다. 티푸는 그의 세 번째이자 가장 긴 내륙 탐험을 시작하며 잔지바르의 술탄 마히드 Sultan Majid가 그가 요구했던 5만 달러어치의 무역 상품을 인수받을 준비가 얼마나 되어있었는지에 대해 이야기하고 있다. 그건 확실히 일반적인 규모를 넘어서는 것이었지만, 이를 통해 언제라도 내륙에 갇혀버릴 수 있는 인도 자본의 양이 어느 정도인지에 대해 짐작할 수 있다.

요약하자면, 사람들에 대한 포획과 노예화에 기초한 무역은 무익하고 자기 파괴적이었지만, 지속적으로 확대되었다. 국가는 주변국에 대해 언제나 강하고 지배적이어야만 했다. 그렇지 않으면 국가는 정복되고 사람들은 노예가 될 것이었다. 국가 간의 위태로운 권력 관계는 총기와 화약을 공급한 유럽과 신대륙의 노예무역을 더욱 촉진시켰다.

중간 항로

"중간 구간"은 바다를 통해 아프리카에서 신세계로 향하는 여정이었다. 이는 무분별한 잔학 행위, 지나친 인구 밀집 그리고 이로 인한 질병과 죽음으로 특징지어졌다. 영국의 배인 브룩스의 밀집 사례는 잘 알려져있으며 밀집의 특성을 잘 나타내고 있다(Clarkson, 1836, Vol. 2: 238). 남성의 경우 6피트 × 1피트, 4인치 × 1½−2피트, 여성의 경우 5피트 × 1피트, 4인치 1½−2피트였다. 간단히 말해서, 사람이 정어리처럼 꽉 차있었다. 브룩스는 450명의 노예를 수용하도록 설계되었지만, 어떤 항해에서는 노예 609명을 태웠다. 리버풀 상인들은 그들의 화물이 잘못 취급되고 있으며, 손실이 너무 많다고 불평했다(실제로, 이 문제에 대해 1788년 국회 논쟁이 있었다). 날씨가 좋을 때면 노예들은 갑판에서 운동하도록 허용되었지만, 날씨가 나쁠 때는 그렇지 않았다. 여행은 짧게는 5주 정도 걸릴 수 있지만, 6개월까지 지속될 수도 있었다. 병자는 배 밖으로 내동댕이쳐졌다. 질병, 특히 천연두가 만연했고 신체 간 근접해있었으므로 특히 빠르게 확산되었다. 물이 부족하면 노예 중 일부는 배 밖으로 던져졌다. 노예들은 경제 상품인 화물이었다. 폭동과 자살은 흔했다. 노예 대부분은 서인도 제도(자메이카, 쿠바, 히스패니올라[하이티와 도미니카 공화국])와 브라질로 갔다. 미국과 멕시코로 간 수는 이보다 적었다.

피난민에게 미치는 영향

노예로 체포된 사람의 대다수는 젊었다. 그들은 마을에서 밤 시간에 납치되었다. 배에 태워진 사람들은 쇠사슬이나 나무로 만든 멍에에 묶여 때로는 몇 백 마일에 달하기도 하는 힘들고 혼란스러운 여정을 견뎠다. 가족이 포로로 잡힌 사람들은 서로 분리되었다. 배를 타면 사람들은 또 나뉘어 같은 언어를 사용하는 사람들이 함께 있으면서 의사소통을 하여 문제를 일으키는 것을 차단했다. 신대륙으로 도달하면, 이윤 극대화를 위해 또 나뉘었다. 근래 한 관찰자가 인용했던 인용문 두 개는 노예가 된 사람들이 경험했던 공포와 절망의 감정을 전달해주고 있다.

> 나는 지금까지 노예 250명과 함께 강에서 노예선을 타고 있었다. 남자들은 짝을 지어 묶여있었고, 여자들은 서로 떨어트려져있었다. 그 젊은 노예들은 쾌활했지만 늙은 노예들은 매우 의기소침했다. 식사 시, 그들은 먹기 전에 운동으로 소리를 지르고, 손뼉을 쳐야했다. 나는 나이든 사람들의 얼굴에서 수치와 분노를 볼 수 있었다. 영어를 조금 할 줄 아는 한 여자는 나에게 집에 데려다 달라고 애원했다. 그녀는 강 건너편 해안에서 프리타운까

지 왔으며, 남편이 빚을 지고 그녀를 팔아넘겼고, 아이를 두고 왔다고 말했다(Wadstrom, 1794/1968, 2권: 83).

한 미국인 노예선 선장은 자신이 며칠 전 아주 괜찮은 노예를 잃었다고 부루퉁하게 말했다. 그에 따르면 그 노예는 마호메트족이고, 드물게 잘생겼으며, 중요한 사람으로 보였다고 한다. 처음 승선했을 때 그는 많이 의기소침해있었다. 그러나 자신이 그에게 넓은 곳에서 걸을 수 있도록 허락한 것을 알고는 좀 편안해졌다. 노예들이 많아져 다른 노예처럼 그에게도 쇠사슬이 채워지자 그는 회복할 수 없을 정도로 생기를 잃었다. 그는 심장의 통증을 호소하면서 먹으려 들지 않았다. *평소 사용하던 수단*[즉, 9개의 끈으로 된 채찍으로 태형 가하기]을 써봤지만 헛수고였다. 그 미국인이 옆에 서서 그가 먹도록 하지 않는 한 그는 모든 음식을 거부했다. 미국인은 그를 구하기로 마음을 먹었기에 배에서 가장 좋은 것을 주는 등 갖은 애를 썼다. 신대륙 서부에서 그를 판다면 분명히 300달러는 벌 수 있었을 것이다. 그렇지만 어떤 방책도 통하지 않았다. 그는 처음부터 죽을 각오가 되어있다고 말했고, 9일을 끌다가, 결국 그렇게 하고 말았다(Wadstrom, 1794/1968, 2권: 84호, 원본 강조).

진압

18세기 말까지, 두 가지 요소가 합해져서 먼저 노예무역, 그다음으로 노예제도를 심각하게 제한하게 되었다. 낙태 반대 운동은 노예제도를 반대하는 데 도덕적 기반을 제공했으며, 산업혁명으로 산업자본가들은 해외에서 자유가 없는 노동력보다는 시장을 더 필요로 했기 때문에 노예제도는 낡은 것이 되어가고 있었다. 주로 영국과 미국 해군이 노예거래를 탄압했다. 1807년 영국은 노예무역을 불법화했고, 미국은 미국 선박에 대해 노예무역을 불법화했다. 1819년, 미국은 노예거래를 완전히 불법화하고 미국 해군은 사나포선을 포획하기 시작했다. 1833년, 오랜 의회 토론 끝에 영국은 노예 제도를 불법화했다. 그 시대의 다른 유럽 국가들은 빠르게 선례를 따랐다. 노예제도는 1863년 링컨의 노예해방선언으로 불법화되었다. 브라질은 1895년 노예제도를 마침내 불법화했다.

　이 거래를 막기 위해, 영국과 미국 해군은 서아프리카 해안과 노예거래자들의 활동지 주변을 순찰했다. 그들은 세네갈 다카 바깥쪽 항구에 있는 고레, 시에라리온 프리타운을 벗어난 분스섬과 같이 이전에 노예거래자들이 활동하던 섬에 보통 기반을 두고 작전을 수행했다. 아프리카 해안에서 배가 잡히면, 사람들은 가장 가까운 곳에 있는 해안가에 세워졌다. 그들을 집으로 돌려보내려는 노력은 없었지만, 서부 해안가 케이프 베르데 근처에서 하선한 후 오늘날 나이지리아에 있는 고향 마을을 찾아 육로로 이동하던

노예무역 — 지독한 만행

1832년 2월 아프리카 기록과 식민지 저널 African Repository and Colonial Journal은 '노예무역 -지독한 만행'이라는 제목으로 다음과 같은 뉴스 기사를 실었다.

드라이이드 호위함의 감독관인 페어 로자몬드와 블랙 조크는 노예선 3척을 포획했다. 본래 노예 1,800명을 태웠지만, 그중 306명만 시에라리온으로 데려갈 수 있었다. 페어 레이몬드는 106명을 태운 소형 돛배를 포획하고 얼마 지나지 않아 블랙 조크가 다른 돛배 두 개를 쫓고 있는 것을 목격한 듯 보인다. 페어 레이몬드는 이 추적에 동참했지만 선박들은 보니 강 Bonny River으로 들어가 입찰자들이 차지하기 전에 노예 600명을 착륙시켰다. 배에 남아있는 노예는 200명에 지나지 않았지만, 노예거래자를 지휘하는 악당이 노예 180명을 함께 묶어 바다로 던지고 그중 4명만 데려갔다는 것을 확인했다(아프리카 기록과 식민지 저널, 1832: 388).

사람들에 대한 특이한 이야기 몇 가지는 전해진다.

라이베리아에는 콩고 타운이라 불리는 곳이 있다. 1860년, 미국 해군은 이곳에 콩고에서 온 사람들 천 명을 한꺼번에 상륙시켰다. 실제로, 1860년 중반에 두 달 동안, "탈환된" 아프리카인 4,000명 이상이 라이베리아 해안에 석방되었다. 수립한 지 13년에 지나지 않았던 라이베리아 정부는 미국이 자신들의 주권을 갑작스럽게 침범했다고 미국에 항의했다. 미국이 라이베리아를 주권국가로 인정한 것은 2년이 지나서였지만 말이다.

만약 배가 카리브해에서 체포되면, 노예들은 절차를 위해 플로리다 키스의 센터로 보내졌다. 이들은 결국 아프리카─주로 시에라리온이나 라이베리아─로 송환되었지만, 대부분은 고향으로 돌아가지 않았다.

노예제도가 불법화되자 나머지 노예들은 "변절자 renegades"라고 불렸다. 미국과 영국의 해군이 노예거래를 진압하게 되자 의도치 않게 노예거래는 더욱 잔혹해졌다. 노예선들은 심지어 더 나쁜 상황에서 운행되었고, 질병과 궁핍이 더욱 만연했다. 만약 배가 잡히면, 노예거래자는 무거운 쇠사슬을 이용해 화물을 익사시켜 증거를 없앴다(사이드바: "노예무역─지독한 만행" 참조). 마지막 교역 현장은 카보 록소에서 셔브로 섬으로 향하는 대서양으로 숨어들 수 있는 수천 개의 작은 만, 강어귀, 섬이 있는 곳이었다. 노예거래자들은 밤이면 몰래 밖으로 나와 바다로 떠나거나 동틀 녘까지 순찰자의 범위에서 벗어나려했다.

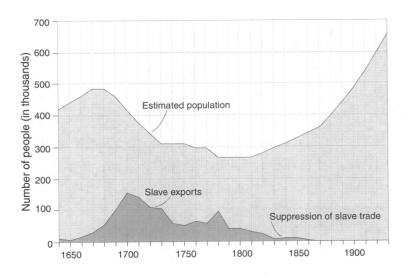

그림 13.6. 1640−1930년 다호메이 아자족의 노예 수출과 추정 인구. 출처: Manning(1982).

노예거래의 결과

일부 학자들은 노예무역으로 서아프리카와 이전의 자이르, 현재 앙골라와 탄자니아 지역에 "인구가 희소한 중간 벨트"가 생겼다고 주장해왔다(Austen, 1987: 96; Oliver and Fage, 1962: 121; Church, 1957: 167; Gleave and White, 1969). 분명히, 일반적으로 서아프리카 해안을 따라 인구밀도가 더 높게 나타나며 사헬 지역에는 인구밀도가 높은 지역이 넓게 분포한다(가장 주목할 만한 예는 고운 황토가 있으며 다곰바어와 모시어를 사용하는 부르키나파소의 사람들이 사는 인구 밀집 지역이 있는 카노 주변 정착지). 남쪽뿐만 아니라 북쪽에서도 강한 국가(다곰바−모시, 콘타고라, 카노와 캣시나 중간에 위치한 풀라니/하우사 국가)들이 노예를 습격한 오랜 역사가 있었다. 다호미의 아자족(현재 베닌)은 노예거래의 영향을 많이 받아 1670년 이후 140년 동안 인구가 감소했으며 20세기 초반에 들어서야 회복했다(Manning, 1982: 343). "중간 벨트"에서 인구가 적어진 원인을 평가함에 있어 학계가 강력한 국가와 다양한 부존자원(현재 인구가 희소한 구역은 희박)의 복잡한 이야기를 풀어낼 수 있을 것 같지는 않아 보인다.

16세기와 17세기 기니만을 따라 활동하던 포르투갈 노예거래자들에게 전략적으로 위치한 섬 몇 개−페르난도 포, 상토메, 프린시페−가 식량 공급과 노예 보관을 위한 구역으로 사용되었다. 실제로, 노예화된 사람들, 즉 1492년 추방 칙령에 의해 스페인에서 추방된 유태인과 추방자, 죄수들이 설탕 생산을 위한 상토메 São Tomé의 초기 정착과 발전을 일구었다. 이러한 섬에서 시작된 식량 재배 농장은 무역지원, 즉 여행 중인 선원들과 노예들을 먹일 식량을 재배하기 위한 것이었다. 이를 위해 식량을 재배할 노동력이 있어야 했는데, 이는 물론 노예들의 초기 목적지가 이 섬들 중 하나라는 것을 의미했다. 아프리카에 소개된 중요한 신대륙 작물 중 많은 종류(예: 옥수수, 콩, 카사바, 고구마, 땅콩, 파인애플, 토마토, 아보카도, 파파야, 홍고추, 카카오, 담배)가 상토메를 거쳐왔을 것이다.

노예거래의 한 가지 결과는 노예무역에 참여했던 유럽과 신대륙이 막대한 부를 창출했다는 것이다. 이는 사람을 인간 노예로 팔아넘김으로써, 그리고 노예와 그 자손의 노동으로 얻게 된 수입 두 가지 모두를 통해 창출되었다. 이를 통해 창출된 부가 얼마나 되는지를 계산하는 것은 불가능하지만, 이 부는 유럽(특히 영국)과 미국의 동부 항구에 대규모 해운 및 상업 회사의 기반이 되었으며, 미국 남부와 카리브해의 작물 재배 경제의 기반도 되었고, 유럽의 산업화에도 기여했다.

노예무역은 유럽, 특히 영국, 프랑스, 포르투갈, 스페인에서 개별적 가족과 기업이 막대한 부를 창출할 수 있도록 했다. 무역 자체는 수익성이 높았지만, 주로 서부제도와 남아메리카에서 유럽의 가문과 회사가 소유한 대규모 농장을 통해 창출되는 부 역시 중요했다. 토머스 Thomas(1994: 28-29)는 16세기부터 19세기까지 유럽으로 이전된 부는 8억 8,400만 파운드로, 이는 1990년 미국 달러로 1,000억 달러 이상에 해당하는 금액이라고 추정했다. 스페인령과 포르투갈령 미대륙에서 온 금과 은 수송품은 이전 총량의 35%를 차지했지만 노예무역은 14%, 노예들의 노동으로 인한 이익은 28%를 차지했다. 나머지 금액은 네덜란드가 동인도제도에서 거둬들인 돈, 영국이 토지세와 아편 강제 매각을 통해 인도와 중국에서 거둬들인 수익이 차지했다(아래 설명 참조).

노예거래의 약탈적인 거래는 구매 시점과 판매 시점 모두를 통해 상인들에게는 이익이 두 배가 되었다. 이들은 쇠사슬, 수갑, 마석, 화약, 화약, 총탄 등 다양한 물품과 공산품, 파코틸 *pacotille*-값싸고 밝은 색의 구슬을 모아 만든 비즈, 팔찌, 보석-등을 주고 노예를 구입했다. 윌리엄스 Williams(1944: 65)가 1878년부터 발췌한 목록은,

> 면과 린넨 제품, 실크 손수건, 청홍을 거칠게 짠 모직 천, 곡식을 담은 진홍색 천, 거칠게/곱게 짠 모자, 소모사 모자, 총, 화약, 산탄, 기병도, 납궤, 철궤, 철제 냄비, 다양한 종류의 공구, 토기와 유리그릇, 털과 금박장식의 가죽 트렁크, 다양한 비즈, 금은반지와 장신구, 종이, 거친/세밀한 체크[체커판 무늬의 직물], 장식이 달린 린넨 셔츠와 모자, 영국과 외국의 양조주, 담배.

　　카리브해와 남미의 유럽 작물 재배 농업은 대규모 산업 생산을 조직하는 경험을 하게 해주었고, 상품 시장을 확보했으며, 대규모 수익을 창출함으로써 산업혁명의 장을 마련했다. "삼각 무역"을 통해 창출된 부가 유럽 산업혁명에 실질적으로 자금을 얼마나 지원했는지를 두고 경제사학자들은 논쟁을 지속해왔다(Blaut, 1993; Robinson, 1987). 부의 일부만이 산업화에 기여했으며, 상당 부분은 대규모 토지소유자들의 토지와 부유한 상인들의 사업 영역을 넓히는 데 기여했다. 그럼에도 불구하고, 노예무역 그 자체, 서인도제도 작물 재배 농장의 이익 그리고 아프리카의 수요에 대응한 제조업이 창출한 수입의 일부는 산업 발전을 위한 투자에 사용되었다. 제임스 와트 James Watt와 매튜 볼튼 Matthew Boulton은 각각 증기기관과 대포 그리고 피스톤을 제조하는 회사에서 이러한 자금을 지원받았다. 이전에 노예무역에 참여했던 앤서니 베이컨 Anthony Bacon은 웨일즈에 철공장을 설립하여 정부와 계약하여 대포를 생산하여 많은 돈을 벌었다(Williams, 1944: 104).

　　유럽의 산업화와 관련된 다른 기관들은 노예무역 기간에 시작되었거나 그 무역이 만들어낸 부를 통해 부상하게 되었다. 은행업에서는, 바클레이스 은행 D.C.O. Barclays Bank D.C.O.(D.C.O.는 오랫동안 지배 Dominions, 식민지 Colonies, 해외 Overseas를 의미했다)는 노예거래에 관여한 퀘이커 가문이 시작했다. 리버풀 노예거래상인 토마스 레이랜드 Thomas Leyland는 훗날 북남 웨일스 은행 주식회사로 발전한 것을 만들었다. 보험에서는, 원래 런던 가제트에 가출된 노예들을 돌려보내야 할 장소로 등록되었던 커피 하우스인 런던 로이즈 Lloyds of London가 노예 위탁과 노예 배들에 대한 보험을 판매하면서 시작되었다(Williams, 1944: 104). 스코틀랜드 전역의 증류소, 글래스고의 담배 산업, 브리스톨과 글래스고의 설탕 정제, 맨체스터의 면직물, 버밍엄의 철과 철강 제조업, 리버풀의 선박 제조 및 선박업에서 보듯 노예무역과 산업 발전 간에 연관성이 있음은 의심할 여지가 없다. 오늘날 밝은 광고에서 볼 수 있는 이름 있는 브랜드 중 어떤 것이 거슬러 올라가면 노예무역에 기반을 두어 초기 자금을 형성했는지 궁금해질 법하다.

　　노예거래의 가장 크게 오랫동안 지속된 효과는 아마도 미국 전역(그리고 최근에는 유럽 도시)에 걸쳐 아프리카계 사람들을 분산시킨 것이었을 것이다. 노예폐지 이후, 인종차별적 탄압, 차별, 기본적인 인권 및 경제적 권리 거부에 직면한 그들의 생존의 역사는 인내력과 깊은 정신력으로 특징지어진다. 이들은 제1세계를 구성하는 인구의 일부이다. 이들이 소속되어있다는 사실과 그들이 가지는 권리는 제1세계 국가들에게 여전히 해결되지 않은 도전을 제기한다. 만약 제1세계 인종차별의 도전이 해결된다면, 제3세계 사람들의 사회적, 경제적 정의를 실현한다는 더 큰 도전도 아마 해결될 것이다.

아시아 지역의 유럽정책과 경제통제 확장

18, 19세기 아시아 내 제국은 주로 영국, 네덜란드, 프랑스의 지배하에 있었으며, 일부 (마카오, 티모르, 고아, 다모)만이 포르투갈의 지배하에 있었다(Palmer, 1957: 133, 169) 프랑스 제국은 프랑스 인도차이나(현 라오스, 캄보디아, 베트남)와 인도 연안 지역 식민지들이 점점이 흩어져있었다. 네덜란드는 후에 인도네시아가 된 광활한 섬(네덜란드 동인도)을 통치했다.

영국은 말레이 반도, 보르네오 섬 북쪽 해안, 홍콩을 장악했지만 인도는 빅토리아 여왕 제국의 "왕좌의 보석"이 될 예정이었다. 18세기 초 인도에는 영국, 포르투갈, 프랑스, 네덜란드, 덴마크의 무역 전초기지들이 점점이 흩어져있었다. 무굴 제국은 쇠퇴하고 산산조각이 나고 있었다. 영국과의 무역으로 이득을 본 상인들의 지원을 받은 영국 동인도 회사는 유럽의 경쟁을 물리치고, 한 지역의 지도자를 다른 지도자로 갈아치우며 군사적으로 정복하면서 19세기 중반에 이르러 점차 방대한 남아시아 아대륙에 대한 정치적, 경제적 지배권을 획득했다. 영국은 인도 내에서 직접, 간접 통치를 모두 하여, 가장 전략적 영토(나중에는 아열대의 60%를 차지)는 영국이 통치하고, 600개 이상의 "번왕국 princely states"은 영국 보호하에 지방 통치자가 관리하게 하여 균형을 이루었다. 1857년에 시작되어 1858년에 잔혹하게 진압된 인도 폭동 후, 영국 의회가 인도를 왕령 식민지 Crown Colony로 만들기 전까지 동인도회사는 영국령 인도를 통치했다. 인도에서 영국은 국제무역뿐 아니라 토지세와 판매되는 모든 소금에 대한 세금을 거두어 이득을 얻었다.

비록 유럽 강대국들에 의해 통치된 적은 없지만, 중국, 일본, 한국도 제국주의적 흐름에서 벗어나지 못했다(Fairbank, Reischauer, and Craig, 1973). 영국보다 군사적으로 약했던 중국은 자국의 상품거래를 통제할 수 없었다. 영국 동인도회사는 인도에서 아편의 생산과 무역을 독점했다. 인구에 대한 자신들의 통제권이 약화되는 것을 원하지 않았던 이들은, 아편을 중국에 수출하여 세계 최대의 국제 마약 거래상이 되었다. 중국인들은 당연히 아편 수입을 금지하고 1839년, 중국 캔턴(현 광저우)에서 영국 상인 소유의 아편 공급상을 파괴했다. 이로 인해 "아편전쟁"이 촉발되어 중국은 자국에 아편을 허용하도록 강요받았으며, 중국 내부뿐 아니라 톤킨만에서 만주까지 해안을 따라 일련의 '조약 항구들'이 형성되었다.

아편전쟁은 또한 "치외법권"(기본적으로 외교관의 면책특권)의 원칙을 확립했다. 중국, 일본, 한국은 공식적인 독립국가였지만 '조약 항구들'에 있는 유럽 거주민들에게 특권을 부여하는 조약에 서명했다(그림 13.7). 그들은 지역법의 적용을 받지 않았으며, 무역, 관세 등을 감면받았다. 오늘날 상하이, 텐진과 같은 중국 도시 주변에 남아있는 네덜란드, 영국, 프랑스 건축 스타일은 이전에 부유한 외국인 거주지가 있던 위치를 나타낸다. 상하이의 한 공원은 오래 전에 철거된 "개나 중국인은 진입 금지"라는 불명예스러운 안내판으로 유명하다.

경제적 통제는 해안 항구에 국한되지 않았다. 외국 정부들은 해외 자본가들에게 지불하는 데 사용되는 세수를 늘리는 다양한 수단을 외부 세력에게 넘기도록 강요했다. 자금을 조달하는 전통적인 방법 한 가지는(기원전 119년 이전에도 사용됨) 과세 대상인 소금에 대한 정부의 독점이었다. 페어뱅크 외 Fairbank et al.,(1973: 588)는 이를 "비탄력적인 수요를 가지는 독점적 중요 상품을 통해 공적 세금을 최대한 사용하고 민간을 쥐어짜기 위한 재정적 장치"라고 설명한다. 1911–1912년 6개 국가 컨소시엄(대영제국, 프

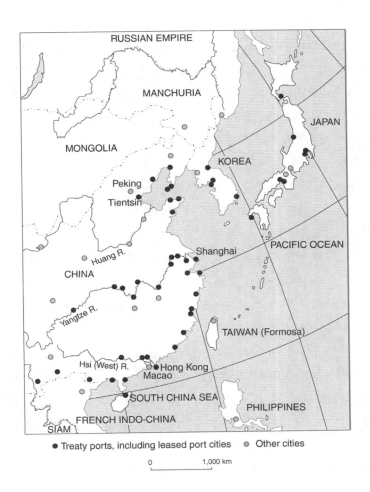

그림 13.7. 1898년 현재 동아시아 조약의 항만.

랑스, 독일, 미국, 일본, 러시아)은 중국이 소금세를 영국 최고 감찰관의 감시하에 근대적 소금 세무청 Salt Revenue Administration을 통해 거두어들여야 한다고 주장했다. 내정 간섭은 소금 세무청에서 멈추지 않았다. 외국인들은 중국 해양 세관과 우편국 요직을 차지했다. 외국 기선들과 함정들이 후난과 쓰촨까지 중국 내륙 강을 건넜다.

일본은 예외적인 사례가 되었다. 1854년 페리 장군의 함정 외교가 일본 무역을 개방한 뒤 일본은 내부 개혁과 계획된 근대화 및 산업화 프로그램에 착수했다. 19세기 말에 이르러 일본은 대만, 한국, 만주로 자국의 제국을 확장하기 시작했는데 이 경로를 통해 후일 이 지역의 다른 제국주의 국가들과 전쟁에 이르게 된다.

유럽의 아프리카 탐험

때로 15세기와 16세기는 "유럽의 위대한 발견의 시대"라고 일컬어진다. 아프리카 내륙에 대한 유럽인의 탐험은 간단히 살펴볼 가치가 있다. 이는 뒤따르는 "아프리카 소용돌이 scramble for Africa의 장을 열었기 때문이기도 하고, 탐험가들이 활발히 활동하던 기간은 노예무역이 탄압을 겪던 시기와 대략적으로 일치하기 때문이기도 하다. 우연까지는 아니지만, 노예무역이 좌절되면서 유럽의 상업과 정부의 엘리트들이 아프리카와의 미래 관계를 다시 생각하고 계획을 재수립하던 때였다.

그림 13.8은 유럽 탐험가들이 아프리카에서 탐험을 시작한 시기를 보여주는 그래프다. 여기에는 두 가지 시대가 있었다는 것이 나타난다. 첫 번째는 주로 16세기에 일어났던 해안 탐험이다. 노예무역의 절정기인 17세기와 18세기에는 탐험이 눈에 띄게 없었다. 18세기 말로 향해가면서 탐험은 다시 재개되어 이번에는 내륙 지역을 향했다.

확실한 이유는 알 수 없지만, 탐험은 주요 하천 시스템의 코스와 배수 유역에 대한 질문을 중심으로 구성되었다. 가장 유명한 질문은 니제르강과 나일강과 관련된 것이었다. 니제르강은 어느 방향으로 흘렀는가? 나일강의 진짜 원류는 무엇으로 형성되었는가? 니제르강과 관련된 문제에 대한 해결이 먼저 시도되었다. 그 탐험은 문고 파크 Mungo Park가 세구에 있는 니제르강에 도달했던 1796년부터 리차드와 존 랜더 Richard and John Lander가 니제르강이 오일강(니제르강 삼각주)을 통해 기니아만으로 들어간다는 것 ─ 지역 거주민은 이미 알고 있던 사실 ─ 을 유럽인들에게 증명해보였던 1830년 사이의 기간에 대해 연구했다(파크의 탐험을 통해 100년간 존재하지 않던 동부에서 서부를 잇는 콩 산맥 Mountains of Kong이 거의 모든 지도에 표시되기 시작한 것은 서부 아프리카 내륙에 대한 이러한 유럽인의 무지를 보여준다)[Bassett and Porter, 1991]. 많은 탐험에서 범위는 최대 2,455마

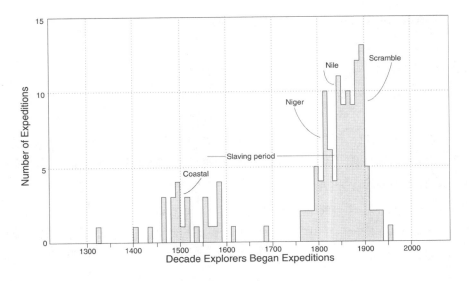

그림 13.8. 아프리카의 1300년대부터 1900년대까지 유럽의 탐험가들.

일[3,950킬로미터]이었고, 상당히 높은 곳에 이르러, 한 가제터 출품작에서는 14,000피트[4,267미터]의 "어마무시한 높이"로 묘사되었다. 두 번째의 중요한 문제는 나일강의 근원과, 데이비드 리빙스톤 David Livingstone의 행방에 관한 것이었다. 그림 13.8은 19세기 후반에 탐험 속도가 증가했음을 보이며, 유럽인이 이끄는 탐험대는 최소 59개가 출범했다.

유럽의 상상력을 자극하는 지리적 퍼즐을 찾아내기 위해 강의 근원을 찾는 탐험은 지금 와서 보면 제국적 야망을 덮은 투명한 덮개였던 듯하다. 아프리카에 처음 도착한 유럽인들은 나중에 도착한 유럽인들에 대한 우선권을 주장할 수 있었다. 프랑스가 프랑스 장교와 세네갈 부대(프랑스 장교 8명, 세네갈 군인 120명이 여행 후 살아남음)로 이루어진 소규모 군사를 나일 강둑의 파쇼다로 파견한 데 대해 영국은 분노했다(아래 참조).

18, 19세기에 새로 형성된 지리적 사회, 새로운 상업과 식민지 사회, 아프리카 탐험에 자금을 지원한 프랑스, 영국, 벨기에의 민간 투자자 그룹들은 모두 지리적 질문에 대한 해답 이상의 것에 관심이 있었다. 이들은 상업, 무역, 광물자원 통제를 통한 수익 창출의 가능성을 보았다. 다음 섹션은 유럽 식민주의의 세계적 팽창 두 번째 단계를 통해 탐험 이야기를 계속한다.

식민주의: 아프리카와 태평양의 두 번째 단계

유럽인(예: 까이에 Caillé, 클레퍼톤 Clapperton, 버톤 Burton, 베이커 Baker, 스펙 Speke, 바쓰 Barth, 리빙스턴 Livingstone, 스테인리 Stanley)이 아프리카를 탐험한 결과, 로열 니제르 사, 독일 식민지화 협회, 유나이티드 아프리카 회사(Unilever), 영국 동아프리카 회사(IBEA)와 같은 회사들이 인가를 받아 설립되었다. 아프리카에 대한 관심이 재개되면서 유럽 강대국 간에 아프리카를 분배하는 규칙을 수립하기 위한 국제회의가 1884－1885년 베를린에서 소집되었다. 1885년, 유럽 전역에는 식민지 확장에 대한 갈증이 있었다. 그해 7월 28일 프랑스 하원 의회에서 행해진 쥘 페리 Jules Ferry의 유명한 연설은 식민지 확장에 대한 일반적 주장에서 진일보하여 무역을 수립하고 인도주의적 임무를 수행하며 ("우수한 인종은 열등한 인종에 대한 권리가 있다고 공개적으로 말해야만 한다", Ferry, Brunschwig, 1966: 78에서 인용), 한 국가의 정치적 특권을 고양하는 것(그러나 실제로는 거친 열정을 불러일으킴)을 포함했다. 흔히 그렇듯, 마지막 주장은 다른 나라들도 이미 그렇게 하고 있다는 것이었다.

> 유럽이 현재 존재하는 것처럼, 이렇게 경쟁이 치열한 대륙에서 어떤 이들은 군대와 해군을 완성해서 그리고 다른 이들은 지속적으로 증가하는 인구가 생산하는 어마어마한 발전을 통해서 우리 주변의 경쟁 상대가 점점 발전하는 것을 우리는 볼 수 있다. 이렇게 발전하는 유럽, 아니 세계에서, 폐쇄와 기원을 위한 정책은 몰락을 향한 넓은 길에 다름이 없다. …모든 유럽 연합과는 다른 편에 서고 아프리카와 극동을 향한 모든 팽창을 음흉하고 경솔한 모험으로 간주하는 것이다. 이것은, 만약 위대한 국가가 실행한다면, 여러분이 생각하는 시간보다 더 짧은 시간 내에 사라지게 할 정책임을 나는 확신한다. 이는 우리가 1등급 강국이 되는 것을 중단하고 대신 3등급 또는 4등급 강국이 되어야 한다는 것을 의미할 것이다. 나나 여기 있는 어느 누구도 우리나라가 그러한 운명에 처하기를 기대할 수는 없다. 프랑스는 다른 국가가 하는 일을 할 수 있는 위치에 스스로를 위치시켜야 한다. 모든 유럽 강대국은 식민지 확장 정책에 관여하고 있다. 우리도 마찬가지로 해야 한다 (Ferry, Brunschwig에서 인용, 1966: 80).

아프리카의 진정한 소용돌이는 1889년 당시 영국 수상인 살리스베리 경 Lord Salisbury이 이집트를 영구적으로 점령해야 한다고 결정하면서 일어났다. 당시 다른 유럽 강대국들은 나일강을 댐으로 막고 이집트에서 물을 빼내는 기술을 가지고 있었다. 영국은 나일강 수원을 장악하기 위해 다른 국가들을 물리쳐야 한다고 결정했다.

1893년 1월 20일, 프랑스 수문학자 빅터 프롬 Victor Prompt은 센세이션을 일으켰던 "나일강 수단 Soudan Nilotique"라는 제목의 논문을 발표했다. 그는 하르툼 강 상류에서 약 600킬로미터 떨어진 화이트 나일강 왼편의 작은 정착지일지라도 누구든 파쇼다를 통치하는 자가 나일강을 댐으로 막고 이를 통해 이집트를 지배할 수 있다고 주장했다. 카노 대통령은 그 후 파쇼다를 점령하기 위한 프랑스 군대를 소집할 것을 허가했다.

영국은 벨기에의 레오폴드 2세와 협약을 맺어 이들에게 나일강 접근권을 허용하고 프랑스를 봉쇄하는 한편 25킬로미터 폭의 케이프-카이로 통로를 영국에게 주도록 했다. 이것은 1894년 앵글로-콩골레스 협정이었다. 독일은 이 행동에 화가 났고 레오폴드는 그 조약을 파기했다. 그에 앞서 살리스베리 경은 헬리골란드(북해의 작지만 유명한 섬으로, 침식이 진행되어 점점 작아지고 있다)를 빅토리아 호수의 동서 경계와 교환함으로써 나일강 수원에 대한 독일의 관심을 매수했다. 빅토리아 호에서 인도양까지 케냐와 탄자니아 간 경계는 독일 영역 내에 킬리만자로산을 포함하기 위해 전략적으로 억지로 그려졌다. 평평하고 눈 덮인 키보(킬리만자로 3개 봉우리에서 가장 두드러진) 형상을 한 일종의 "생일 케이크" 형태가 비스마르크에게 제시되었다.

1896년 6월(당시 사건은 천천히 진행되었다), J. B. 마천드 선장 Captain J. B. Marchand는 오방기 상부와 나일강 지류인 바흐르 엘 가잘 아래까지의 탐험을 수행할 프랑스 부대를 파쇼다로 이끌기 위해 아프리카로 떠났다. 망설이던 살리스베리 경은 허레이쇼 허버트 키치너 Horatio Herbert Kitchener 장군과 그의 영국-이집트 군대를 남부 수단으로 보내 "나일강과 우방기강 사이 동쪽 비탈에 위치한 영토의 모든 부분에서" 프랑스인의 권리를 박탈하라고 명령했다(Salisbury, Uzoigwe 1974: 284에서 인용). 1898년 4월 키치너는 아트바라강에서 마흐디스트 Mahdists(수단의 마흐디 추종자)를 물리치고 옴두르만 Omdurman을 납치하고 11,000명의 데르비쉬 군인을 사살했다. 1898년 9월 19일, 진격하던 그는 2년간의 여정을 마치고 2개월 전 파쇼다에 도착한 8명의 프랑스인과 120명의 세네갈 군대로 구성된 마천드의 탐험대와 마주쳤다. 프랑스 사람들이 먼저 못 본 체 지나쳤다. 유럽 식민지 확장의 역사는, 지배받은 지역에 살고 있는 사람에게 거의 또는 전혀 관심을 기울이지 않은 채, 군사적 모험, 외교적 협상, 유럽의 운세가 달린 국경 만들기로 점철된 파쇼다와 같은 에피소드로 가득하다.

그림 13.9, 13.10, 13.11은 유럽의 식민지 강국이 아프리카에 빠르게 침략한 것을 보여준다. 1880년 유럽의 식민지는 해안을 따라 불연속적 발판의 집합이 형성된 특징을 보인다. 베를린 회의 이후 10년 후인 1895년까지, 아프리카의 대부분의 지역(사하라, 수단, 모로코 그리고 독립국가인 라이베리아와 에티오피아만 제외)은 외부에서 소유권을 주장했다. 1차 세계대전이 시작되던 1914년에 이르러 그 과정은 완성되었다. 식민지 확장은

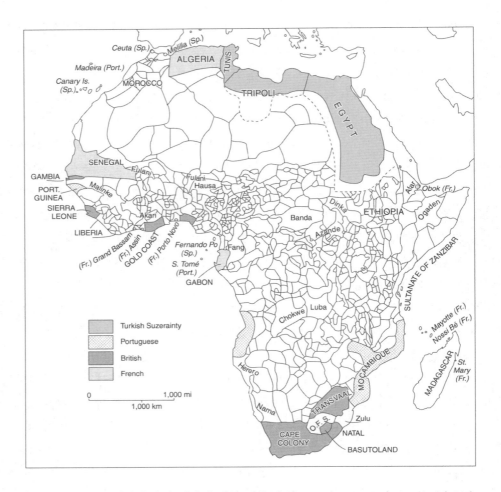

그림 13.9. 1880년 아프리카의 유럽 식민지 팽창 현황. 출처: Fage(1958, 1978), Murdock(1959).

기존의 통치세력이 존재하지 않는 영토와 사람들을 대상으로 하지도 않았으며(아프리카 역사 지도가 백지 지도로 보통 보여지는 것처럼), 어떻게 정의되건 아프리카 정치적 실체를 침범하거나, 예속시키거나(Akan), 지워버리고(Herero), 끌어들이는(Hausa/Fulani) 방식으로 진행되었음을 그림 13.9 – 13.11은 보여준다.

19세기 마지막 20년 동안 아프리카를 향하던 쟁탈전은 태평양의 광대한 무대를 대상으로도 진행되고 있었다(Palmer, 1957: 133). 주로 미국, 영국, 프랑스가 경쟁했다. 이들은 1875년부터 1899년까지 섬 지역을 각각 점령했다. 미국은 1899년 스페인으로부터 강제로 필리핀을 빼앗았고, 하와이, 미드웨이, 괌, 웨이크, 사모아 섬도 일부 점령했다. 영국은, 비록 호주와 뉴질랜드는 후로 여러 번 통제권을 되찾긴 했지만, 길버트, 엘리스, 솔로몬스, 피지, 통가 그리고 많은 다른 작은 섬의 일부를 차지했다.

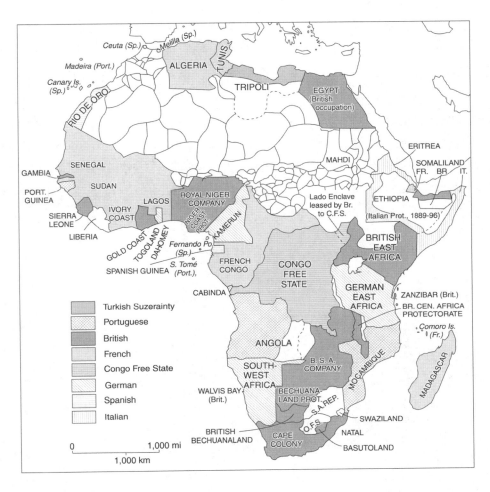

그림 13.10. 1895년 아프리카의 유럽 식민지 확장 현황. 출처: Fage(1958, 1978)와 Murdock(1959).

프랑스는 인도양과 태평양에 있는 많은 섬 그룹을 장악했다. 타히티와 반대 방향으로 바람을 받는 투아모투 제도에 있는 무로와와 상구탄사 섬은 오늘날 프랑스의 핵실험 장소로 중요한 위치를 차지하고 있다. 이 시설은 프랑스가 알제리 독립전쟁에서 알제리/사하라의 테스트 장소인 레지건을 잃은 후 프랑스인에게 훨씬 더 중요해졌다. 19세기 말 뉴칼레도니아, Society and Liberty Islands, 타히티, 마르케사스, 클리퍼턴 그리고 뉴헤브리데스의 일부가 프랑스의 영토에 속했다.

독일인은 태평양 섬을 둘러싼 경쟁에 뒤늦게 진입했다. 1880년대에 그들은 몇몇 태평양 섬, 즉 비스마르크 섬, 누 멕클랜버그 Neu Mecklenberg, 네우 폼머른 New Britain, 마리애나, 펠레우, 캐롤린, 마셜 제도, 사모아의 일부와 같은 태평양 섬 그룹을 주장하였다.

　요약하자면, 열대 지방과 아열대에서 유럽과 미국 헤게모니의 지배하에 속하지 않은 땅과 인구가 있는 곳은 북반구 국가의 배가 상황을 바꾸기 위해 어디선가 곧 도착했다. 주요 식민지 강국들에게 있어 싸워 획득하기에 너무 멀거나 하찮은 곳은 없었다. 경쟁의 일부는 해상력의 원칙(해로 통제와 전략적 지점 통제)과 관련이 있었고, 그중 일부는 우월주의적 민족주의가 주도한 명예 경쟁이었으며, 일부는 새로 확보된 영토에서 귀중한 자원이 발견될 것이라는 추측에서 비롯되었다. 식민지의 팽창에 대한 이러한 이유 중에서, 역사적 중요성 측면에서 가장 흥미로운 것은 아마 "명령과 통제" 지점들, 특히 영국 해로를 따라 점점이 흩어져있는 섬과 곶일 것이다. 영국은 항상 움직임을 전략적으로 통제하기 위해 통행로를 점령하곤 했다. 심지어 2세기 후에도 지브롤터, 말타, 키

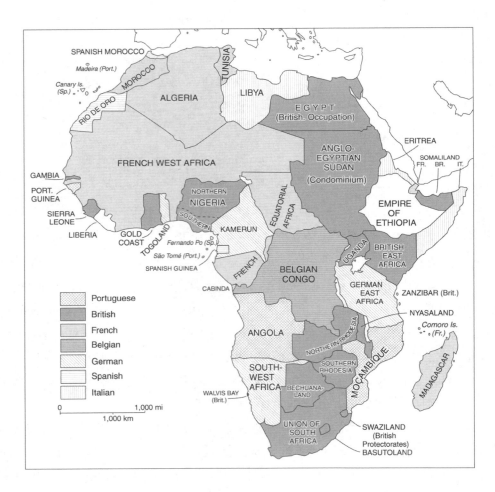

그림 13.11. 1914년 아프리카의 유럽 식민지 확장 현황. 출처: Fage(1958, 1978).

프로스, 포트사이드, 수에즈, 아덴, 싱가포르, 홍콩 등과 같은 장소의 이름이 귀에 여전히 울려 퍼진다.

아프리카 식민주의는 노예제도 폐지에 대한 19세기 유럽의 대응으로 볼 수 있다. 개인에 대한 노예제도와 마찬가지로 식민지화는 사회에 대한 것이다. 한 국가가 운영되는 경제, 정부의 안정성, 최소한의 관료주의 그리고 지역 정치 간섭에 관심이 있다면, 식민지보다 더 효과적인 메커니즘은 없다. 마치 고용주가 직원을 소유하는 것이 "더 나은" 것처럼 말이다(노조, 공정 고용 관행, 숙련된 노동자를 고용하려는 경쟁 회사는 없다). 빅토리아 시대 사람들의 생각에, 식민지는 적절하고, 완벽하게 합리적이며, 방어할 수 있는 제도처럼 보였다. 이는 "종간" 전쟁과 노예거래를 중단시키고, 문해력과 기독교 신앙을 확산시키고, 국가의 경제 발전과 국민들의 복지향상을 가져오는 데 사용될 수 있었다. 이 전반적인 임무에서 빠르게 성장하는 지리적 식민지 사회는 중요한 요소로 간주되었다. 그들의 노력을 통해, "그 광활한 대륙[아프리카] 중심 지도의 척박하고 황량한 쓰레기에는 수천 마일의 수로가 건설되고 거대한 인구가 문명의 탄생과 평화의 올리브 가지를 기다리면서, 풍요의 꽃을 피웠다"(Freeman, 1961: 59).

아프리카에서의 대전략

프랑스인은 영토적 측면에서 아프리카에서 가장 성공적이었다(Oliver and Crowder, 1981: 160-162). 이들은 처음 대륙 진입을 시작한 모든 해안 지점을 연결하는 내부적 연계를 구축했다. 알제리는 사하라 사막을 가로지르는 초원인 사헬/수단과 연결되어있었다. 세네갈, 기니, 코트디부아르, 다호미, 가봉 등은 모두 커다랗고 연속된 제국의 일부가 되었다. 프랑스 계획 중 유일하게 실패한 부분은 나일강에 육교를 건설하여 나일강과 적도 및 서양 제국들과 연결하려던 것이었다.

영국의 서아프리카 제국은 분열되었고, 분열된 조각을 결합하기 위한 시도는 확실히 없었다(Oliver and Crowder, 1981: 163-164; Uziogwe, 1985: 19 ff.). 영국은 아프리카에서 항상 인구가 가장 많으며(그 인구는 2004년 기준으로 1억 3천980만 명으로 추산됨, 세계은행, 2006a) 큰 영토를 차지하는 나라인 나이지리아를 차지했다. 나이지리아는 루가드 경 Lord Lugard, 다섯 남짓한 영국 장교들, 1903년 마침내 이슬람 국가인 소코토, 카노, 카티나를 영국 구역으로 데려온 아프리카 부대(주로 오늘날 가나인 골드 코스트 출신) 등의 노력에 크게 힘입어 규모가 커질 수 있었다. 루가드 경은 모로코 리야테의 행정 정책이나, 인도, 피지에서의 영국의 경험을 빌려 나이지리아 북부에서 "간접 통치"를 택해, 소코토 술탄과 작은 국가 왕에게 지방 행정을 맡겼다.

카이로에서 케이프타운까지의 아프리카 지도를 핑크색(영국 제국을 나타내는 통상적인 색깔)으로 보이도록 하는 영국의 원대한 꿈은 세실 로즈 Cecil Rhodes의 꿈이었다. 이를 위해서 영국은 아프리카의 남북에 걸쳐 지배력을 확장해야 했고, 이는 성공에 매우 가까웠다. 영국인들이 19세기에 어떻게 세계의 나머지 초지를 장악했는지가 흥미롭다. 이들은 아르헨티나를 거의 가지고 있었고, 호주, 동부와 중앙 아프리카, 수단도 가졌다. 이들의 관심은 백인 정착지, 새로운 농산물 공급원, 잠재적인 시장을 위한 새로운 발산처를 수립하는 것이었다. 백인들이 열대 지방에서 살 수 있을지에 대해 실질적이면서 자금이 풍부하게 지원된 연구가 수행되었다. 유럽의 산업화와 발전에 대해 잘 알려지지 않은 특징 한 가지는 세계 다른 부분들이 잉여 인구의 배출구로 이용되었다는 것이다. 이는 오늘날 산업화가 진행되는 국가에게는 더 이상 가용하지 않은 배출구이다. 19세기에 걸쳐, 그리고 20세기 첫 수십 년 동안 유럽에서 아메리카로 대규모의 인구가 이주했다.

아프리카 영토를 주장하는 영국의 성공은 다른 유럽 국가의 실패에 해당했다(Oliver and Crowder, 1981: 164-167). 예를 들어, 남서 아프리카(오늘날 나미비아)의 독일인과 오렌지 자유주와 트랜스발의 불만에 찬 네덜란드인 후손 보어족 간의 화해는 빠른 반응을 얻었다. 즉, 합병을 고려하고 있던 두 민족 사이에 영국령 베추아날랜드 British Bechuanaland가 탄생한 것이다. 영국은 이미 바다 연안에서 보어 공화국을 차단했다. 로즈 Rhodes가 마타벨 사람들과 맺은 광물권 조약은 유니언 잭을 로데시아스에 넣으면서, 앙골라를 포르투갈령 동아프리카(현 모잠비크)에 합병시키려는 포르투갈의 꿈을 중단시켰다. 이는 또한 독일령 동아프리카와 독일령 남서 아프리카를 연결하려던 독일의 계획도 종식시켰는데, 그중 빅토리아 폭포 위 잠베지 강둑에 도달하는 카프리비 스트립 Capabrivi Strip은 탐색을 위한 시도였다.

영국은 동아프리카, 카메룬, 토고랜드 부분을 독일이 차지하는 것을 막지 못했다. 그러나 소용돌이가 모두 끝났을 때, 영국은 사람들과 광물을, 프랑스는 공간을 가졌다. 유럽의 운을 향한 시험을 통해 합의된 식민지 경계는 식민지 피지배자가 된 사람들과의 협의 없이 그려졌고, 이들에게 그 경계는 이해할 수 없는 것이었다. 식민지 아프리카 지도는 임의로 선택된 직선, 경맥, 평행성, 강줄기가 특징이다. 문화적 집단은 때로 고의로 분리되었다. 예를 들어 크루 Kru는 라이베리아 남동부와 코트 디부아르 남서쪽 해안 정착지에 살며, 분리선은 카발리 강이다. 크루 언어를 사용하는 많은 사람은 배에서 일했는데, 프랑스인들은 식민지 내 노동력 공급원을 원했다. 마찬가지로, 요루바어를 사용하는 사람들은 자신이 나이지리아와 다호미(현재의 베닌)로 분리된 것을 알게 되었다. 이러한 사례는 끝이 없다.

제1차 세계대전은 독일인들을 식민지화 사업에서 몰아냈고, 식민지는 분할되어 국제 연맹 League of Nations의 권한 아래 떨어졌다. 토고랜드는 반은 프랑스령, 나머지 반은 영국령이 되었다. 프랑스와 영국 또한 독일의 카메룬을 나누었다. 영국과 벨기에는 독일령 동아프리카를 나누어 탕가니카는 영국으로, 루안다-우룬디는 콩고 지역으로 갈라놓았다. 서남아프리카는 가능성보다 더 많은 문제를 가지고 있다고 잘못 생각되어 통째로 남아프리카연합에 C급 위임통치령으로 주어졌다. 남아프리카 정부를 끝내기 위한 헤이그 국제사법재판소와 세계 공동체의 많은 노력에도 불구하고 남아프리카의 지배는 계속되었다. 1990년 나미비아는 마침내 국민투표를 실시했고 독립했으며, 이는 아프리카 소용돌이 시대의 마지막 식민지 지역이었다.

이탈리아인들의 제국주의적 야망을 잊어서는 안된다. 그들은 오랫동안 지중해 연안에 있는 트리폴리와 키레나리카에 대한 계획을 가지고 있었지만, 그들의 영광의 꿈은 에티오피아를 경유하여 에리트레안 해안과 소말리아 해안을 연결하는 협공 움직임을 통해 동아프리카 뿔을 쓸어버리는 것이었다. 여러 해 동안, 그들의 시도는 완전히 실패했다. 그들은 1896년 아도바에서 에티오피아인의 손에 치욕적인 패배를 당했다. 마침내 이탈리아에게 최고의 순간이 1936년에 왔다. 유럽으로 도망쳐 국제연맹 앞에서 자신의 나라를 서약한 젊고 무서운 하일레 셀라시에 Haile Selassie로부터 이탈리아 군대가 아디스 아바바를 취했던 것이다. 비록 연맹은 이탈리아에 대한 제재에 찬성했지만, 실행되지는 않았다. 이탈리아인들의 성공은 오래가지 못했고, 영국은 2차 세계대전 초기에 이들을 동아프리카에서 쫓아냈다.

아프리카 식민지 지배의 특징

식민지 지배의 특성은 식민 지배자와 피식민 주민 및 장소에 따라 다양했다. 영국은 전체적으로 계획 부재 상태에서 식민지로 들어갔다(Kaniki, 1985: 382). 그들에게는 식민지에 적용할 수 있는 예상 모델이 없었다. 그들이 사랑해 마지않는 길버트 Gilbert와 설리반 Sullivan의 말에 따르면, 그들은 "범죄에 맞춘 형벌"을 고안해냈다. 각각의 상황에는 그 나름의 해결책이 적용되었다. 따라서 그들의 즉흥적인 레시피와 같이(물방울 1디저트 스푼, 설탕 1달걀 컵, 밀가루 3아침식사 컵, 물 1/2파인트), 그들의 식민지 체계는 표준화되지 않았고, 무계획적이었다. 직할식민지, 보호국, 식민지와 보호국, 공동관리지(두 개 이상의 국가가 공동으로 통치하는 영토), 신탁통치 영토, 제국의 자치영토(이후 영연방), 고등판무관 영토 등이 있었다. 남아프리카공화국의 고등판무관 영토는 흥미로운 사례이다. 이들은 원래 1902년에서 1910년 사이 앵글로-보어 전쟁 이후 남아프리카 연합이 설립되던 시기에 조직력이 강한 아프리카 민족 세 개(스와지, 츠와나, 소토)가 주도하여 만들어졌다. 바스톨란드(현재의 레소토), 베추아날란드(보츠와나), 스와질란드는 명시적으로 연합에 포함되지 *않았다*. 소토 왕 모쇼에 1세 Moshoeshoe I는 빅토리아 여왕에게 보낸 감사 편지에서 이를 언급하며, 그 국민들은 "영국의 넓게 접힌 담요 아래에서 휴식을 취하며 살기"를 원한다고 썼다.

이 고등판무관 영토 세 개는 제국(이후 영연방) 관계 사무국의 관할이었으나 다른 식민지와 마찬가지로 식민지 사무국에서 규정한 방식으로 관리되어 고등판무관이 관리하였다. 고등판무관의 주요 업무는 남아프리카연합에 영국 대사 역할을 수행하는 것과 외무부를 책임지는 것이었다. 그의 사무실은 입법 수도인 케이프타운에 있었으며, 북동쪽으로 1,450킬로미터 떨어진 행정 수도 프레토리아 Pretoria에서 사업을 했다. 그 식민 영토 세 곳은 모두 내륙지역이었으며 바스톨랜드와 스와질란드는 거의 전적으로 연방에 속해 있었다. 그 당시 수도인 마페킹 Mafeking은 그 나라 내에 있지도 않았고 남아프리카연합의 8킬로미터 내부에 있었다. 베추아날란드 Bachuanaland를 가로지르는 철도는 남부 로데시아가 소유했지만 운영은 남아프리카 연합이 했다.

간단히 말하자면, 영국은 각 상황을 처리하는 데 어느 정도의 융통성을 보였다. 중요한 점은, 이들은 토착적 정부나 사회구조 제도가 강하게 확립되어있으며 법과 질서를 유지하는 데 활용할 수 있다고 느낄 경우 제도를 건드리지 않았다. 앞서 지적했듯, 루가드 경은 북부 나이지리아의 토후국을 파괴하지 않고 오히려 그들을 통해 통치했다. 간접적 통치는 영국의 "현지 정책 native policy"의 특징이었다.

영국은 파급효과가 큰 결정을 또 내렸다. "백인의 무덤"인 서아프리카가 유럽인 정착에 적합하지 않다는 것이었다. 유럽인의 토지 소유권을 금지하는 법이 제정되었다. 동부와 중앙아프리카 고원지대는 해당되지 않았는데, 많은 토론 끝에 유럽인의 식민지 정착이 허용되고 심지어 장려되기까지 했다(보호국 제외). 프랑스와 비교했을 때 영국은 교육, 내부 정부 수립, 경제 발전을 강조했다. 그러나 도로, 철도, 전기, 사회 서비스 같은 기반 시설은 더디게 진행했다.

프랑스인은 다른 생각을 가지고 있었다(Coquery-Vidrovitch, 1985). 프랑스 혁명의 이상에 영향을 받은 듯하며, 프랑스 문화의 우월성에 대해 깊이 확신한 결과 이들은 흑인 프랑스 남자와 프랑스 여성을 만들어냈다. 문화 흡수-해외지역을 프랑스 문화로 완전 대체-가 이들의 최종 목표였다. 프랑스 지배자들은 지역의 사회구조, 지역 신화의 풍부함, 토착적 정치 조직 등에 전혀 관심이 없었다. 이러한 제도에 대해 기본적으로는 인류학자들이 기록하도록 했지만, 그런 다음에는 기존 제도가 사라지고 프랑스 제도가 대체하도록 했다. 프랑스는 제2차 세계대전 이후 교육, 기술 훈련, 일부 자치, 활발한 노동조합운동의 시작 등을 장려했다. 그러나 프랑스인의 정착도 장려되었다. 식민 지배자들은 모든 짐을 챙겨 프랑스령 아프리카 도시 중심부로 왔다. 영국인들에게 "도시로 올라가기"는 항상 런던이었고, "집"은 영국을 뜻했던 것과 달리 프랑스인들은 머물기 위한 목적으로 왔다. 다카르, 세인트 루이스, 아비잔, 부아케, 코나크리 그리고 작은 내륙 타운에서 이 프랑스 사람들은 작은 백인 petit blancs으로, 가게 주인, 점쟁이, 이발사, 자동차 정비사 등으로 일했다. 또 다른 프랑스 세력권에서 온 다수의 이주민도 여기에 합류했다.

이들은 본국과 강하게 연계되어있었다. 관세 장벽은 빈곤하거나 유치 상태의 농장(예를 들어, 바나나의 재배업 또는 향수 제조에 쓰이는 기름의 원료가 되는 기나아의 작은 오렌지 재배)을 지원하고 보호했다. 프랑스는 항상 파리에서 아래 영토로 내려오는 권력관계의 피라미드를 형성했다. 피라미드는 수평층이 아니라 수직 조각으로 만들어졌다. 세네갈과 기나아, 코트디부아르, 니제르—이 지역들은 서로 관계가 거의 없었는데 이러한 통합과 기존 상호관계의 결여는 놀라운 결과를 가지고 왔다. 드골이 1960년 서부와 적도의 프랑스령 아프리카 식민지에게 독립을 부여하자 통합의 결여가 갑자기 모두에게 확연해졌다. 피라미드를 모아 지탱할 수 있는 것은 없었고, 프랑스령 아프리카는 거의 하룻밤 사이에 여러 작은 지역으로 분열되었다. 기나아는 독립적 노선을 걸었다(드골 장군은 기나아의 비원조 투표 결과에 격분하여 프랑스 거주민들에게 떠나면서 식민지에 있던 가구를 모두 없애라고 명령했다. 전화기들이 계류장에서 뽑혀 운반되어갔다). 말리 연합은 세네갈과 수단(말리)으로 나뉘었다. 코트디부아르는 그 자신과 어퍼 볼타(현 부르키나 파소), 니제르, 다오메이와 별 것 없어 보이는 협약을 체결했다.

프랑스는 미시간주 상류가 미시간주(州)의 일부이고 알래스카주(州)가 미국의 일부인 것처럼 알제리를 프랑스 본국의 필수적인 부분으로 보았다(Kassab, 1985: 420 ff.). 알제리 혁명 이후 한때 드골이 평화를 요구하며 알제리의 독립을 찬성하던 시기에 프랑스인들은 이상한 선동을 획책했다. 석유와 핵실험 시설을 갖춘 "사하라 부서"가 실제 알제리의 일부가 아니라고 주장한 것이다. 이들은 알제리에 관한 소책자를 지도(그림 13.12), 인구와 면적 그림을 새롭게 작성하여 원래부터 그래왔다는 듯이 출판했다(Ambassade de France, 1961: 5). 아무도 이 서투른 계략에 속지 않았고, 그 노력은 곧 중단되었다.

벨기에인들은 경험 부족으로 식민지 경영에 대한 순진한 "비편견"을 지녔다는 장점을 발판으로 출발했지만 죄책감이라는 엄청난 심리적 부담으로 고전했다(Slade, 1961; Ryckmans, 1964; Coquery–Vidrovitch, 1985). 콩고 자유국가 시대(벨기에 왕 레오폴드 2세)에 원주민이 착취되고 살해되던 무자비한 방식에 대해 부끄러움을 느낀 이들은, 토착민이 자신들의 업무를 직접 수행하도록 하기 전에 이들의 복지 수준을 끌어올리겠다고 다짐했다. 교육은 널리 퍼졌으나, 중등 및 기술적 수준으로 유지되었다. 의료용 주문품은 많았으나 콩고 태생 의사들은 거의 없었다. 1958년, 루빈 대학 법학과에 최초의 콩고 학생이 입학했다. 미국과 다른 나라들의 압력으로 벨기에는 1960년, 콩고 독립을 허가하는 데 동의했다. 록키산맥 서쪽 미국 땅과 같은 규모를 지닌 거대하고 파편화된 나라가 얼마 지나지 않아 붕괴된 것은 놀랄 일이 아니었다.

　16세기부터 기니아, 앙골라, 모잠비크에서 포르투갈의 식민지 정책은 문명, 동화, 식민지 지배에 대한 특이한 신비로움에 기반하고 있었다(Duffy, 1964). 프랑스인들처럼, 포르투갈 식민지 개척자들은 원주민이 포르투갈의 문화를 가지길 원했다. 피부색으로 인한 차별은 없었고, 단지 문화를 통해서만 차별이 있었다. 포르투갈 정책은 완전한 고립과 가부장주의에 기반하고 있었다. 이들의 이상은 토착민들이 포르투갈 문화에 동화되도록 하는 것이었다. 성공적으로 동화되었다는 것을 증명하기 위해 사람들은 문해력 시험과 경제적 수단 시험을 통과해야 했다. 카톨릭 신자인 포르투갈인들은 개신교 종파의 선교 활동을 꺼렸고, 활동하던 이들에 대해서는 면밀히 감시했다. 포르투갈의 식민지에서는 경제 발전이 더디게 진행되었는데, 사실 이는 포르투갈 자체의 농촌 대부분도 마찬가지였다. 5천 년에 걸쳐 확산된 식민지의 발전 속도는 확실히 느렸다. 항해사 헨리 왕자 서거 500주년을 기념하던 1960년, 일부 관측통들은 포르투갈이 "제2의 500년 계획"을 시작하고 있다고 비꼬았다.

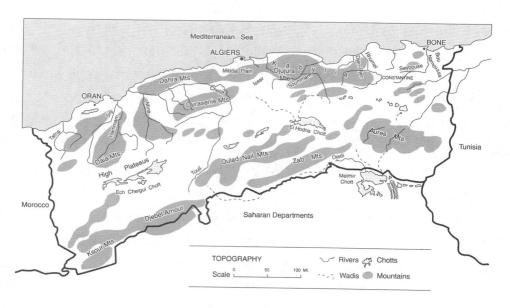

그림 13.12. 프랑스 정부의 홍보부가 표기한 "알제리"(1961). 출처: Ambassade de France(1961).

유산

식민 경험의 유산은 제3세계 국가의 경제와 사회의 많은 측면에 지속적으로 영향을 미치고 있다. 그 유산은 편의상 경계와 국가, 기반시설, 경제적 의존성, 정치와 경제제도, 심리적 잔재 등 다섯 가지 주제로 나눌 수 있다.

경계와 국가

식민 세력이 정한 식민지 경계는 탈식민지화 시대를 통해 국제 경계선이 되었다. 이 과정은 특히 아프리카에서 문제가 있었다. 식민지 경계가 정해지던 당시, 자원과 인구 분

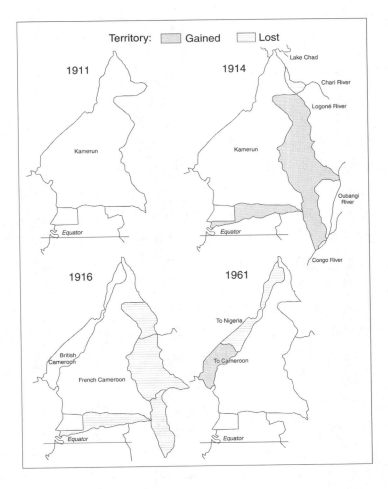

그림 13.13. 카메룬의 국경 변화. 출처: Njeuma(1989), Rudin(1968), Central Intelligence Agency(1961).

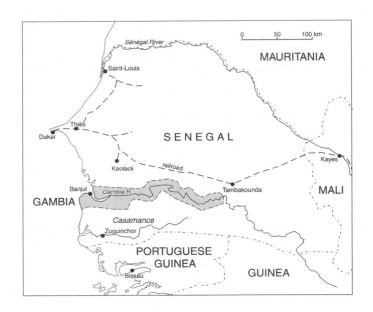

그림 13.14. 감비아. 출처: l'Institut Géographique National(1954).

포가 거의 알려져있지 않았기 때문에 유럽 강대국들은 경계를 결정하는 데 참고할 수 있는 확고한 근거가 없었다. 그럼에도 불구하고, 경계를 형성하는 데 있어 명백한 부조리는 일부 피할 수 있었다. 영토적 기형성과 제대로 기능하지 않는 경계 형성에는 수많은 사례가 있는데, 여기서는 카메룬과 감비아(그림 13.13과 13.14)를 살펴본다.

베를린 회의에서 식민지를 만들 때 중요한 고려 사항으로 항해 가능한 수로에 대한 접근을 강조했기 때문에, 독일인은 그들의 식민지 카메룬 Kamerun 동쪽에 있는 항해 가능한 수로에 대한 권리를 주장하기 원했다(그림 13.13). 그들은 모로코 식민지의 운명을 봉인하는 데 도움을 준 1911년 아가디르 위기를 촉발하면서 마침내 기회를 얻었다. 모로코에서 프랑스를 수용하면서 독일은 우방기강으로, 다른 하나는 콩고강으로 가는 두 개의 육로를 갖게 되었다. 물론 제1차 세계대전은 아프리카의 독일 식민지를 완전히 종식시켰다. 카메룬은 영국과 프랑스 지역으로 나뉘었고, 동부와 남부 지역 다수가 프랑스 적도 아프리카 구역으로 재배치되었다.

감비아는 감비아강 양쪽으로 약 6마일(10킬로미터) 뻗어있으며 대서양 연안 동쪽으로 바투르스트(현 밴줄) 인근에서 야부 텐다까지 약 205마일(330킬로미터) 떨어져있는 나라이다(그림 13.14). 국가로서의 존재는 세네그람비아 해안에서 영국과 프랑스가 1670년대부터 강을 통제하기 위해 "지속적인 전쟁과 조약의 연속"을 반복하며 오랫동안 적대적으로 경쟁했던 시기까지 거슬러 올라갈 수 있을 것이다. 영국은 강 입구에서 20마일 떨어진 제임스 섬에 요새를 가지고 있었고, 프랑스는 하류 2마일 지점에 알브레다를 가지고 있었다. 영국인이 야부 텐다 주변 10킬로미터의 활모양으로 정한 감비아의 동쪽 경계는 항해 방향을 표시해준다. 90만 명이 약간 넘는 인구와 소규모 면적을 가진 감비아는 강력한 국가가 될 가능성이 거의 없다.

영국이 강을 통제하면서 프랑스인은 세네갈과 수단(말리)의 내륙에 도달하기 위한 다른 방법을 찾아야 했다. 그들은 다카르에 있는 좋은 항구에서 탐바쿤다까지(이를 통해 감비아 강줄기를 두 개로 만들었다), 그리고 이어 니제르에 있는 바마코까지 철도를 건설하는 방법을 사용했다. 더 심각한 문제는 감비아 남쪽의 세네갈 지역인 바스카사만스의 고립이었다. 다카르에서 이 지역에 접근하려면 국경을 두 개 넘어야 한다. 그렇지 않으면 아주 먼 길을 가야 한다.

기반시설

14장에서 우리는 식민 지배자들이 만든 불완전하고 파편적이며 양립할 수 없는 철도 운송 시스템이 제3세계 대부분에 있다는 것을 논의할 것이다. 네트워크가 제대로 만들어진 인도, 아르헨티나, 남아프리카는 예외로 할 수 있다. 다른 곳, 특히 서로 다른 유럽 식민지(독일, 프랑스, 영국, 포르투갈 등)로 영토가 분할된 곳에서는 기반 시설이 주로 1차 상품 수출을 위해 건설되었다. 철도 측정기가 국경을 가로지르는 철도와 일치하는 경우는 드물었고, 철도는 경쟁 제국주의 식민지의 경계를 거의 넘지 않았다.

도로, 교량, 급수, 전기, 통신 등 다른 기반시설의 개발 부족에 대해 길게 논의를 지속할 수도 있다. 그러나 한 가지 예면 충분할 것이다. 최근까지도 아프리카에서 전보를 보내거나 전화를 거는 것은 모험이었다. 영국, 프랑스, 벨기에 그리고 다른 식민지 체제 간 상호 분리는 다음의 사례가 잘 설명해준다. 즉, 우간다 남서부 카발레에서 195킬로미터 밖에 떨어져있지 않은 이전 자이르 동부 부카부로 전화하는 것이다. 최근까지 "트렁크 통화" 또는 장거리 통화는 카발레 → 팔라 → 런던 → 브뤼셀 → 킨샤사 → 부카부로 통하는 경로를 통해 전송되어야 했고, 나이로비와 키산가니를 추가적으로 경유할 수도 있었다. 마이크로파는 기술과 위성에 의존하므로 아프리카의 전자통신도 마침내 변화하고 있다. 이에 따라 장소 간 통화를 전송하면서 발생하던 이전의 불합리함은 사라져가고 있다.

경제적 의존성

식민지들이 자신들의 제조업을 발달시키는 것은 허용되지 않았고 산업화된 식민주의 국가로의 수출을 목적으로 좁은 범위의 1차 상품을 특화 생산해야 했다. 식민 권력은 전 세계적으로 농작물을 이동시켜 각 식민지 사람들은 돈을 벌기 위해 몇 가지 현금 작물에 의존하게 된 반면, 식민 지배 국가들은 공급원을 다양화하여 안정적이고 적은 비용으로 그러한 상품을 수입할 수 있도록 했다.

이전 식민지의 경제적 또는 무역 의존성은 수십 년간 지속되어 이전의 식민 지배자들과 밀접하게 연관되었다. 이는 무역양해협정(프랑스와 이전에 그 지배를 받던 아프리카 식민지 간의 전형적인 협정)의 결과일 수도 있고 또는 단지 역사적 관성이나 습관일 수도 있다. 많은 경우 과거 식민지배국으로 향하는 무역의 비율이 매우 높아, 무역 가능한 상품

표 13.1. 특정 제3세계 국가의 수출 집중

국가	HH 지수[n]	주요 수출품	자료시기
앙골라	0.962	원유	2004
나이지리아	0.962	석유	2004
이라크	0.961	원유	2004
적도 기니	0.920	석유	2004
베니수엘라	0.870	석유	2005
시에라리온	0.858	다이아몬드	2004
수단	0.851	석유	2005
리비아	0.848	원유	2004
예멘	0.840	원유	2005
코모로스	0.807	바닐라	2004
바레인	0.795	석유	2005
이란	0.793	석유	2005
사우디아라비아	0.747	석유	2003
콩고	0.743	석유	2004
포클랜드 제도	0.737	울	2004
가봉	0.739	원유	2005
부르키나 파소	0.699	면	2005
뉴 칼레도니아	0.670	니켈철	2005

출처: UNCTAD(United Nations Conference of Trade and Development)(2008b).
[n]허핀달-허시만 지수(Herfindahl-Hirschman Index, HH)는 표준화된 수출의 집중도를 측정. 표준화되어 0(집중 없음)에서 1(완전 집중)까지의 값을 지니며, 계산식은 아래와 같음.

$$\text{HH index} = \frac{(\sum_{i=1}^{N} x_i^2 - N^{-1})}{(1 - N^{-1})}$$

여기서 x_i는 i의 총 수출 수익의 일부, N은 수출된 제품의 수를 의미.

을(광물이건 농작물이건) 거의 생산하지 못하는 나라가 역사적 무역 관계를 깨는 것이 얼마나 어려운지를 보여준다.

1960년, 아프리카 국가 대부분은 저소득층과 중간 소득층에 속했고(세계은행의 정의 사용), 이들 무역의 약 15%에서 20% 사이가 다른 제3세계 국가들과의 무역이다. 이들 무역의 3분의 2 이상은 산업 경제와의 것이다(Hance, 1967: 21). 지역적 수준의 무역기반은 더 적을 것이다. 예를 들어 1980년대에도 서아프리카 무역의 10% 미만이 다른 서아프리카 국가들과의 거래였고, 무역 대부분은 제1세계 경제를 향했다(Ryeetey-Atto, 1997: 253).

특정 국가들에서는 단일 요인 지배, 단일 광물 의존, 또는 외화 획득을 위한 작물 등에 대한 치우침이 극에 달한다(표 13.1).

정치경제 제도

식민지 강국들은 새로운 노동과 재산 제도를 설립했고, 부를 용이하게 추출하기 위해 계급, 성별, 인종 간의 관계를 재조정했다. 예를 들어, 유럽인이 맨 위에, 아시안은 중간 그리고 사하라 아프리카 이남 아프리카인, 아메리카 원주민, 기타 "원주민"들이 맨 아래에 위치하는 인종적 위계가 만들어졌다. 1994년까지 남아프리카공화국 인종차별법에는 이러한 위계가 명시되어있었다. 이를 포함하여 눈에 덜 띄는 다른 피식민지배자 간 사회적 차별이 전 세계적으로 존재하며 기득권에 의해 지속적으로 이용되고 있다.

국제 경제와 연결된 화폐 과세, 토지 재산권, 농업의 상업화의 식민지 입법과 행정은 농촌 사회관계의 특성을 되돌리기 어렵도록 급격하게 변화시켰다(Bernstein, Johnson, and Thomas, 1992: 202). 공동재산 시스템이 사유재산 또는 국유재산으로 대체되었고, 자원에 대한 권리가 전이되었으며, 토지 이용이 변화했다(7장 참조). 지역 수준에서 새로운 지주 계급이 부상하거나 만들어져 식민 통치가 끝난 후에도 사라지지 않았다. 예를 들어, 식민지 통치하에서 라틴 아메리카 토지 소유는 일부 계층에게 치우치게 되어, 불평등, 갈등, 불균등한 개발의 원인이 되고 있다.

식민 체제가 고도로 중앙집권화한 권위주의 국가를 만들었지만, 이들 국가가 항상 유능하거나 책임있는 것은 아니었다. 영국은 인도 독립 후 "철골 틀"이 된 엘리트 인도 시민 서비스 Indian Civil Service를 설립했다. 그러나 이러한 역량이 발전되는 것은 예외적이었다. 독립 이후 아프리카 국가들에게 있어 가장 난제 중 하나는 국가가 약하고 비효율적이라는 점이었다. 각국은 정부를 장악할 준비를 하지 못한 채 독립을 쟁취했다. 인도네시아의 첫 번째 대통령인 수카르노 Sukarno는 숙련된 지질 공학자였다. 콩고(이후 자이르, 현재 콩고공화국) 초대 총리인 파트리스 루뭄바 Patrice Lumumba는 우편사무원이었으며, 콩고 카사부부 Kasavubu 대통령은 로마 가톨릭 성직자 교육의 일부만 이수했다.

스웨덴 정치학자 고란 하이덴 Goran Hydén(1983년)에 따르면, 새로 자유를 얻은 식민지의 공공부문은 *도덕적 토대 moral foundation*가 부재했다. 미국과 유럽의 공공부문은 경제 발전이 이루어짐에 따라 천천히 발전했고, 정직한 시민 서비스의 도덕적 기반인 에토스 ethos가 함께 진화했다. 둘 다 "자생"이었다. 식민지에서는 시민 서비스에 대한 유럽의 모델이 권력을 행사하는 교육받은 엘리트들에게 그대로 전수되었다. 그러나 공공 서비스라는 유사한 전통이 결여된 엘리트들은 많은 경우 부패한 방식으로 행동했다. 독립을 맞은 식민지 대부분에는 사실상 아무런 산업, 상업 분야가 없었고(또는 존재하더라도 세력의 이익에 따라 통제됨), 교육을 받은 엘리트들이 보기에 정부주도가 발전하기 위한 가장 쉬운 길이었다. 사마타와 사마타 Samatar and Samatar(1987)에 따르면, 독립국의 신엘리트들은 '지대 추구자'가 되어 식민지 개발 기업, 원조 기부자, UN 기관, 국제 은행 및 대출원으로부터 자금을 끌어들이는 데 여념이 없었다. 그러한 국가에서 정부 기능은 중지되고 시민들로부터 동떨어지게 되었다. 정부는 농촌 농업 인구의 발전 문제를 특히 무시하여, 그들에게서 **빼앗지도**, 그렇다고 돌려주지도 않았으며, 생산 역량을 향상시키도록 돕지 않았다.

이는 새로운 형태의 개발로 이어졌다. 제3세계 정부의 부패가 너무 심하므로 빈곤 인구에게 발전을 가져다주기 위해서는 정부를 피하는 방법을 찾아야 한다는 인식이 서양의 원조 공여국들과 재단, 국제 대출 기관(예: 세계은행) 사이에서 확산된 것이다. 1980년대 포드 재단과 록펠러 재단이 자조 단체, 교회 단체, 여성 단체, 마을 개발 위원회, 난민 단체, 비정부 단체 등 소규모 지역 주체에 주안점을 둔 것은 정부가 발전의 장애물이라는 견해가 반영된 결과이다. 정부를 피할 수 있다는 생각은 순진하고 잘못된 생각이며, 정부가 도시와 농촌 모두에서 가난한 사람에게 혜택을 주는 정책과 행동을 취할 수 있도록 힘을 실어줄 수 있는 방법을 찾을 필요가 있다.

심리적 잔재

식민제국을 통치하던 국가들은 식민지에 대해 복잡한 마음을 가지고 있었다. 식민지를 관리하기 위해서는 개발 자금이 필요하다. 식민지 스스로 부담하길 원했지만 보통은 자국에서 재정을 유출시켜야 했다. 식민지 내 농장과 광산 운영자들이 이익을 냈을 수도 있지만, 정부도 반드시 같이 혜택을 보는 것은 아니었다. 식민 지배를 먼저 주장하기 위한 경쟁 속에서 식민지를 획득한 유럽 강대국들은 종종 식민지를 제쳐두고 이를 발전시키기 위한 노력은 거의 기울이지 않았다. 1930년대 대공황과 1, 2차 세계대전 당시는 특히 심해, 식민지 관리자들은 자국의 도움 없이 일을 계속하라는 지시를 받았다. 식민지가 자급자족할 것을 기대했다. 식민지에 대한 이러한 무시와 비개발의 특징은 수십 년에 걸친 식민 지배 경험으로 인한 심리적 영향의 배경을 형성한다.

이 부분에서 깊이가 다소 부족할 수 있지만, 제3세계 사람들의 집단적 심리 속에 자리 잡은 요소로는, (1) 어떤 조치가 취해지려면 정부가 해야 하고, 정부만이 *할 수 있을* 것이라는 관점, (2) 식민지 지구 관리의 상명하달식 권위주의적 방식과 다를 바 없는 행정 방식, (3) 산업화된 국가들의 기술적 우위를 감안할 때, 토착적 방법의 실행 방법은 열등할 것이라는 생각, (4) 이전 식민지 내의 그룹(도시 대 시골, 젊은 세대 대 나이든 사람) 간 갈등 등이 있다. 필립 음비티 Philip Mbithi(1977: 30)는 동아프리카 농업 서비스를 묘사하면서 이러한 차이를 잘 포착하고 있다.

동아프리카 개발 주체는 교육을 받은 엘리트들로, 여섯 살에서 여덟 살 사이의 감수성이 예민한 나이에 학교에 입학하면서 문맹 부모로부터 분리되었고, 서양의 가치 체계와 생활 방식을 적어도 15년 동안 "배웠다." 자신의 농촌 친구들과 공유하는 것이 거의 없으며, 그들의 사고 과정에 전혀 공감하지 않는다. 그는 거만하거나 가부장적일수도 있으며, 고향 사람들이 자신의 소유물을 독립적으로 관리할 수 있다고 보지 않는다.

지난 70년간 농촌의 농부는 자신이 덜떨어지고, 교양이 없으며, 무지하고, 문맹이며, "지옥"으로 직진하고 있다는 말을 반복적으로 들어왔다. 이러한 사고방식, 서양 기술의 우월성, 서구 가치 체계와 서구 종교 등은 검소한 농촌 농부의 자신과 자기 정체성을 약화시키고, 심지어는 사물을 감히 다르게 보는 것에 대해 사과하게까지 한다. 이 접근법은 협소하게 짜여진 커리큘럼을 기반으로 한 농업시험을 최근 간신히 통과한 농촌 어른들이 학령기 소년과 같은 멘탈리티를 가지고 자신의 세계관을 기꺼이 버리고 포기한 채 전문가의 의견을 수용하도록 만든다.

결론

유럽인이 다른 모두를 앞지른 지 500년이 조금 넘었다. 1492년부터 구세계 사람 중 신세계인 아메리카 대륙의 자원과 사람들을 제일 먼저 착취한 애초의 이점을 바탕으로 유럽은 세계 역사와 정치 경제를 지배해왔다(Blaut, 1993). 블라웃은 1993년 저서에 '세계의 식민자 모델'이라는 예리한 제목을 붙였다. 이 저서는 유럽인이 근원, 기원, 중심(핵)

이며, 그 우월한 문명이 다양하지만 어쩔 수 없이 열등한 사회나 문명을 지닌 세계 나머지 사람들이 살고 있는 주변부로 퍼져나간다는 유럽인들의 사고방식을 간명하게 요약한 것이다(Blaut, 1993: 8-17 참조). 이 장에서 우리는 그 반 천년의 몇몇 측면, 즉 포르투갈과 스페인이 지배한 첫 번째 식민지 시대, 아프리카 노예무역의 3세기(1570 – 1870년대), 그리고 북유럽 강대국들이 스페인, 포르투갈과 서로 경쟁하고, 19세기와 20세기 초반에 이르러 영국과 프랑스가 열대와 아열대 지방의 식민 지배 세력으로 부상하는 두 번째 식민지 시대를 살펴보았다. 우리는 영토, 자원, 노동, 시장을 통솔하고 통제하는 권리를 얻기 위해 주요 식민지 강국이 추구한 전략을 검토했다. 이러한 경쟁 과정에서 제3세계의 국가들에는 황당한 경계선, 파편화되고 체계 없는 기반 시설, 단일 작물에 대한 높은 의존성, 그리고 단일 대도시권이 나타나게 되었다. 1960년대에는 국가가 아닌 독립 정부와 정부가 아닌 국가가 출현했다. 신국가들은 자국민을 위해 생산적인 자원을 개발할 기관과 훈련된 관리가 제대로 준비되어있지 않았다. 다음 장에서는 유럽의 식민 지배 세력이 제국의 영광을 추구하기 위해 공간과 대상 인구(이들의 움직임, 노동, 심지어 정체성까지)를 통제했던 다양하고 기발한 방법을 살펴본다.

식민주의, 공간과 노동 통제 체계

[그래서] 그들은 4월에 캐리비안을 가지고 갔고, 유잉 대사 Ambassador Ewing의 해군 기술자들은 피처럼 붉은 아리조나주 새벽의 허리케인에서 멀리 떨어진 곳에서 제조하기 위해 조각마다 번호를 붙여 가지고 갔어요. 그것을 가지고 가면서 그 안에 있던 모든 것, 우리 도시에 대한 생각, 우리의 소심한 익사자도 모두 가지고 갔어요. ...해병대 상륙을 허락하기보다는 바다 없이 사는 편이 나았어요. ...어머니, 그들은 성서와 매독을 가져왔으며, 사람들에게 이전에는 삶이 쉬웠고, 돈이면 모든 것을 얻을 수 있다고 생각하게 만들었어요. ...나는 인류와 사람 간 평화를 위해 그들이 가장 좋다는 방식으로 우리 영해를 사용할 수 있는 권리를 그들에게 주었어요.

—Gabriel Garcia Margnéz(1976: 245-246)

과제

유럽의 강대국들은 무엇보다 자신들의 필요를 충족시키기 위해 식민 영토를 점령하고 소유했다. 그러한 필요의 특성, 피식민지 지역민에 대한 통제 방법 및 이에 대한 지역민의 반응은 공간적으로 다양했으며, 시간이 흐르면서 변화했다. 13장에서 설명했듯, 유럽의 강대국들은 식민지 시기가 시작된 3세기 동안 주로 아메리카를 약탈해 부를 축적했다. 즉, 대서양 노예 농장을 중심으로 한 생산과 무역 단지, 아시아 내외부에서의 사치품 거래 확장과 독점화 그리고 나중에는 토지세 징수 등을 통해 부를 축적했다. 부의 유입과 산업혁명 촉진으로 유럽 경제가 재편됨에 따라, 이들의 필요는 변화했다. 특히 아프리카를 향한 쟁탈전이 벌어졌을 때, 유럽 강대국들은 식민 지배 시장체계와 연관되는 삶의 영역을 더욱 확장시킴으로써 식민지를 식민 지배 경제에 더욱 깊숙이 통합시키려는 과제에 직면했다. 이러한 팽창적 시장 관리와 새로운 사회적, 법적 제도 수립을 통해 식민지들은 유럽의 신흥 산업을 위한 원자재 공급처로 그리고 섬유, 철/철강 제품 및 기타 유럽 국가가 생산한 제조품의 시장으로 위치시켜졌다. 이는 (1) 식민지 주민들이 임금, 통화 수단 사용, 상품 가격 책정, 교환 등을 중심으로 하는 서양의 경제관계로 들어가는 것보다 자신이 원하는 대로 생계를 꾸려나가는 것을 얼마나 더 선호하는지, 그리고 (2) 자신의 필요를 충족시킬 수 있는 기존의 생계 체계 정도를 식민지 주민들이 얼마나 갖추고 있는지 등에 따라 그 어려움이 달라졌다.

식민지 주민들이 이전에는 무역이나 통화 사용에 관여하지 않았거나 "교환 가치"라는 개념에 익숙하지 않았다고 주장하는 것은 아니다. 사람들은 항상 어느 정도는 다른 사람들과 교역을 했지만, 비록 그들이 더 큰 나라나 제국에 통합되었다 하더라도 많은 경우 가구와 소규모 공동체의 맥락에서 거의 모든 필요가 충족되었다. 이러한 "자급" 사회를 폐쇄된 집단으로 본다면, 식민주의자들이 해야 할 일은 이러한 체계를 허물고 그 안에 살고 있는 사람들이 그들의 시간과 노동력 그리고 구매력을 유럽 식민 권력의 요구에 부응하는 방향으로 이용하도록 강요하는 것이었다. 이 장에서는 식민 군대, 무역회사, 식민지 관리자, 정착민이 유럽 본국의 예산에 부담을 주지 않기 위해 비용을 적게 들이면서 이 체계에 침입한 방법이 어떻게 변화했는지 살펴본다. 간단히 말해, 이 장은 "그들이 식민 지배를 어떻게 했는지"에 대해 탐구한다.

시작: 라틴 아메리카 식민지화에 대한 원주민의 경험

유럽의 라틴 아메리카 식민지화는 여러 가지로 특징적이었다. 라틴 아메리카는 유럽인이 정복하여 상당한 영토를 통제하게 된 첫 번째 지역이었다. 이러한 식민지화는 충성스런 귀족들과 지도자들이 상당한 토지를 부여받는다는 측면에서 봉건주의적 성격을 지니고 있었다. 라틴 아메리카는 노예무역의 원천지가 아니라 목적지로, 브라질, 카리브해, 중앙 아메리카에서 발달한 농장 노동 시스템에서 노예는 중요한 특징이었다. 문화적으로는 대부분 이베리아와 가톨릭교였다(스페인과 포르투갈이 대부분의 지역과 사람들을 식민지화했는데, 이 과정에서 교회는 사회 통제에 중요한 역할을 담당했다). 19세기 초반 프랑스혁명의 여파로 마침내 유럽으로부터 정치적으로 독립하였지만, 이는 다른 형태의 식민

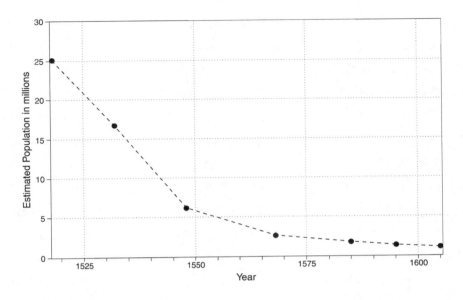

그림 14.1. 16세기 멕시코의 인구 감소. 출처: Cook and Borah(1971).

주의로 이어졌다. 즉, 통치는 지역에서 담당했지만, 산업화하는 유럽 및 북미와 종속적 관계에 놓이게 되었다.

라틴 아메리카 원주민은 1492년 콜럼버스와 그의 부하들이 카리브해 땅에 발을 디딘 순간부터 사실상 식민 통치의 쓰라린 열매를 맛보았다. 멕시코 아즈텍 왕국에 대한 정복은 1519년에 시작되었고, 페루의 잉카 왕국은 1531년에 폭력적으로 침략당했다. 1492년의 남미와 중앙 아메리카는 넓고 인구가 희박하며, 여기저기에 소규모로 인구밀집지역이 분포된 땅이었다. 스페인, 포르투갈 그리고 다른 유럽인들의 등장은 외부의 통제를 가져왔을 뿐만 아니라 엄청난 인구 감소를 촉발시켰다. 특히 천연두, 홍역과 같이 지역 주민들이 저항성을 지니지 못했던 질병들이 전체 인구를 휩쓸었다. 콜럼버스 이전 서반구의 인구는 5,730만 명으로, 절반 이상이 멕시코와 안데스 지역에 있었다고 한 연구는 추정하고 있다(Stearns, Adas, Schwartz, 1992: 398). 일부 카리브해 섬에서는 모든 사람이 사망했으며 본토에서는 인구의 50-80%가 손실되었다(Stearns et al., 1992: 528). 멕시코 인구는 1518년 2,520만 명에서 1609년에는 107만 5천 명으로 추정되어 원래 인구(그림 14.1)의 4.5%에 불과할 정도로 급감했다(Cook and Borah, 1971: viii).

라틴 아메리카에 대한 정복과 식민 지배는 대규모 토지 중심으로 토지 소유권을 집중시켰고, 그 결과 하시엔다 *hacienda*와 플랜테이션이라는 두 가지 주요 농업 시스템이 가능해졌다. 하시엔다는 유럽인이 소유하는 봉건주의와 유사한 토지 시스템으로, 토착 노동자의 가족이 살면서 자신들을 위해 생계 작물을 생산하는 한편 유럽인의 상업적 생산에 노동력을 공급했다. 이들은 내륙에 위치하는 경우가 많았으며, 지역 시장을 위해 가축과 농산물을 생산했다. 일부 학자들은 하시엔다가 비효율적이었으며, 주로 주인의 이익을 강화하는 방향으로 운영되었다고 보기도 한다. 그러나 반드시 그런 것은 아니었다. 멕시코 쿠에나바카 인근 에르난 코르테 Hernán Cortés 가문이 약 4세기 동안(1535년부터 1910년까지) 소유했던 설탕 하시엔다에 대한 워드와 바렛 Ward and Barrett(1970)의 연구는 사업의 수익성을 위해 초창기부터 어떻게 생산의 모든 측면이 기록되고 분석되었는지를 상세히 보여주고 있다. 농장 소유주는 모든 근로자(숙련 및 미숙련)의 작업 기록, 인종적 기원(스페인, 아프리카 노예 후손, 물라토, 인도), 대략적인 나이, 병이 난 일수, 식품 및 의복 배급 제공에 대해 알고 있었다. 게다가 그들은 사탕수수 밭에서의 씨앗 준비, 종자 심기, 관개, 베기, 그리고 제분소 자체에서, 압축실, 난방실, 가공실(purgery, 설탕에서 갈색에서 하얀색으로 만들면서 당밀을 부산물로 남기는 과정이 진행되는 곳)에서, 그리고 목공 점포, 도자기 업소, 가죽쟁이 점포, 마구간에서 등 모든 생산 단계의 비용과 생산성을 알고 있었다. 다른 근로자들로는 장작 패는 일꾼, 경비원 그리고 쟁기질을 담당하면서 다양한 공급품과 완성된 설탕 및 당밀을 나르던 노새꾼과 소몰이 등이 있었다(Barrett, 1970: 50 ff.).

이와는 대조적으로 플랜테이션 농장은 주로 카리브해 섬과 브라질 연안에 노예 노동력을 이용하여 단일 수출 작목을 생산 및 처리하기 위해 설립되었다. 이러한 농장은 거대하고 막대한 수익성을 지닌 생산과 무역 단지를 통해 "삼각 무역"의 농산업 부분을 구성하였으며, 이는 블라웃 Blaut(1976, 1993)에 따르면, 유럽의 산업혁명을 직접적으로 이끈 자본, 산업기술, 경영시스템을 처음으로 완성시켰다. 제임스 James(1938)와 윌리엄스 Williams(1944)와 의견을 같이 하며 블라웃(1993: 204)은 17, 18세기 서인도 노예 기반 플랜테이션 경제가 "산업 시스템의 고도로 발전된 형태로서 그 당시 존재하는 가장 진보된 형태"라 언급했다. 그는 주장을 다음과 같이 이어간다.

> 유럽인들은 노예 노동력을 활용하여 17, 18세기에 자신들이 지배했던 경제 공간 전반에서 대규모의 조직화, 반기계화된 자본주의 산업 생산 시스템을 진전시킬 수 있다는 것을 알게 되었다. 근로자 계급이 생계와 재생산을 할 수 있도록 노동력에게 지불하고도 수익을 낼 수 있을 만큼 전반적 시스템으로서의 산업 생산이 충분히 진화하면, 시스템은 중심을 잡게 되어 그 자체가 유럽으로 수입될 수 있었다(Blaut, 1993: 204).

따라서 16세기 초부터 유럽인 정착 지역에서 토지와 토착민 노동력에 대한 스페인과 포르투갈의 통제는 체계적이고, 확고하고, 광범위했다. 다른 많은 지역은 한참 후까지 점령당하지 않았으며, 다양한 아프리카 원주민들은 유럽의 팽창에 저항하였다. 라틴 아메리카의 역사는 농민 반란, 노예 폭동, 광부와 농장 노동자들의 파업으로 가득 차있다. 광활한 땅이 정착민에 의해 점령되어 대규모 사유지로 전환되고(latifundios) 만들어진 반면, 대부분의 사람들, 특히 토착민은 농부, 소작인 또는 토지를 소유하지 않은 노동자로 살았다. 가진 자와 못 가진 자로 이루어진 분열된 사회가 일찍이 라틴 아메리카에서 시작되었다. 이는 오늘날 대부분의 라틴 아메리카 국가에서 계속되고 있는 빈부 격차의 전조다. 예를 들어, 브라질에서 상위 20%의 소득은 하위 20%의 32.2배이다. 부의 소유(소득이 창출되는 부동산과 자산)에 대한 집중은 훨씬 더 극단적이다. 국가의 소득 격차가 8:1을 훨씬 상회하게 되면 경제 스펙트럼의 밑바닥을 점유하는 사람들이 결국 반란을 일으킬 수 있는 씨가 뿌려진다고 여겨진다. 다른 라틴 아메리카 국가에서도 예를 들어 파나마 25.1:1, 콜롬비아 22.9:1, 온두라스 21.8:1, 칠레 18.8:1와 같이 높은 소득 격차가 나타나는 것을 알 수 있다(UNDP, 2004, 자세한 논의는 2장 참조).

콜럼버스가 상륙한 지 300년이 지난 후 라틴 아메리카가 독립했을 때도(1791–1824년) 원주민, 스페인과 포르투갈 정착민, 식민지 관리자 간 오랜 기간에 걸쳐 형성된 관계는 변하지 않았다. 독립은 해방된 지역 엘리트들에게 혜택을 준 사건이었다. 왜냐하면 이들은 스페인이나 포르투갈의 식민지 지배에서 벗어나 자신의 사업을 운영할 수 있었기 때문이다. 이는 또한 라틴 아메리카에 거래와 투자를 많이 하고 있었으며 이제는 지역의 권력과 함께 일할 수 있게 된 영국에도 큰 도움이 되었다. 독립이 오기 전까지, 종종 20세기가 한참 지나서까지도, 토지와 지역민에 대한 통제 패턴은 방해받지 않고 계속되었다. 지역 주민의 생활 수준과 경험은 지역마다 그리고 국가 내부에서도 매우 다양했다. 예를 들어, 파타고니아 외지의 건조하고 차가운 스텝, 콜롬비아 남부 또는 브라질 열대 우림과 같은 일부 지역에서는 자신에게 상당 부분이 맡겨졌다. 중앙 멕시코와 같은 다른 지역은 심한 통제의 대상이 되었다. 19세기 후반과 20세기 말 라틴 아메리카 국가들은 주요 유럽 식민주의 국가(미국, 캐나다 포함)와 준식민지 또는 적어도 종속적 관계를 가지고 있었다. 농업작물과 광물을 공급하고 공산품을 수입하는 무역을 주로 이러한 국가들과 하였기 때문이다. 토지를 소유한 몇몇 귀족이 통치하던 라틴 아메리카 국가들은 경쟁적인 파벌이 지배권을 차지하기 위해 투쟁함에 따라 자주 쿠데타를 일으킨 결과 정부가 불안정했다. 라틴 아메리카 정치는 권위주의적 통치, 인권과 시민권에 대한 철저한 무시 그리고 군부의 냉혹한 역할을 특징으로 한다. 페니 레르누 Penny Lernoux(1984)는 다음과 같이 설명했다.

군대가 민간 기관에 의해 통제되는 사회에 익숙한 미국인들은 라틴 아메리카에서는 많은 경우 군대가 유일한 정당이라는 것을 잘 이해하지 못한다. 군부는 국가 안보를 보호하기 위해서가 아니라 군부 구성원의 부를 증가시키고 시민에 대한 자신들의 지배를 확실히 하기 위해 정부, 돈줄, 사법 시스템에 대한 거부권 등을 통제한다. 일부 보수적인 사업가들을 포함하여 이러한 억압적이고 부패한 시스템에 반대하는 사람들은 마르크스주의와 아무 관련이 없는 다목적 별칭인 "공산주의자"로 불린다. 따라서 미국의 군사 원조는 토착 군대가 점령군으로 복무하고 그 국민이 적으로 취급되는 반민주적인 정치 체제를 영속시킨다.

라틴 아메리카 및 카리브해 연안과 미국의 관계 역시 식민지/제국주의적 관점에서 해석될 수 있다. 이는 1823년 먼로 독트린(새로 독립한 라틴 아메리카 국가들의 정치에 개입하지 말라고 미국이 유럽에게 경고한 사건)에서 시작되지만, 특히 20세기 들어서는 1898년 스페인-미국 전쟁을 통해 시작되었다고 본다. 미국은 서로 다른 시대를 걸쳐 파나마, 쿠바, 니카라과, 멕시코 일부(1914, 1916), 아이티(두 번), 도미니카 공화국, 그레나다를 점령하고 통치하였다. 또한 브라질, 과테말라, 쿠바, 칠레, 니카라과의 정부를 불안정하게 하거나 쿠데타에 도움을 주었다(Lernoux, 1982). 게다가, 미국의 농업 및 광업 다국적 기업들은 본질적으로 지배 엘리트들을 끌어들여 사업을 운영하여 "바나나 공화국"이라는 용어를 만들어냈다. 20세기 대부분 동안, 유나이티드 프루트 회사 United Fruit Company(이후 유나이티드 브랜즈 United Brands, 그리고 지금은 치키타 브랜즈 인터내셔널 주식회사 Chiquita Brands International, Inc.), 걸프와 서부지역 Gulf and Western 등과 유사한 미국 기업들은 도미니카 공화국의 트루히요 Trujillo, 니카라과의 소모자 Somoza, 온두라스의 카리아스 Carías, 엘살바도르의 마르티네즈 Martínez, 과테말라의 우비코 Ubico 등등 중앙 아메리카와 카리브해 전역의 독재자와 전체주의 정부와 거래를 했다.

인도의 사망과 세금

남아시아가 유럽과 조우하는 과정은 상당히 달랐다. 1498년 포르투갈 탐험가 바스코 다 가마 Vasco da Gama가 유럽인 중 처음으로 바다를 통해 인도에 도착했을 때 아대륙은 여러 지역 왕국으로 나뉘어있었으며, 이들의 사회적 조직과 기술적, 군사적 기량은 유럽인들과 동등하거나 더 우월했다. 포르투갈인은 아시아 내외부 해상 무역을 장악하고자 하는 전략 일환으로 1510년, 고아에 첫 정착지를 만들었다. 당시 인도는 유럽에서 귀한 상품(향신료와 좋은 직물 등)을 생산했지만 유럽 생산품 중 인도의 관심이 될 만한 것은 거의 없었다. 포르투갈 상인들은 아메리카에서 훔친 금을 이용하여 인도 상품들을 사서 유럽에서 엄청난 수익을 만들며 팔았다. 포르투갈, 네덜란드, 프랑스, 덴마크, 영국 모두는 지역 권력 브로커들과 동맹을 맺고, 영향력과 무역의 영역을 넓히고자 무역 항구를 설립하기 시작했다.

그러나 18세기까지 남아시아에서 가장 중요한 주체는 유럽인이 아니었다. 1526년에 바베르는 북서쪽에서 인도를 침략했고 무굴 제국을 건설했다. 무굴은 이후 180년 동안 그들의 지배를 확장했고 마침내 그들의 제국에 아대륙 대부분을 통합했다. 무굴족은 토지와 국내 무역에 대한 과세 제도를 통해 그들의 제국에 자금을 조달했다. 토지세의 비율은 통치자의 세수 필요(예를 들어 전시에는 높은 세금), 풍작 및 흉작에 따라 증가하거나 감소했다. 1707년 오랑제브 천황 Emperor Aurangzeb의 죽음 이후 무굴제국이 쇠퇴하기 시작하면서, 유럽인을 포함한 지역 세력은 영향력을 확대하려 했다. 1757년 벵골에서 벌어진 중요한 전투에서 영국과 인도 동맹국들은 프랑스와 그 동맹국들을 물리쳤고, 이를 통해 영국은 인도에서 지배적인 유럽 세력이 되었다. 영국 동인도회사가 18세기 초부터 지속적으로 통합되고 그 위치를 확대하면서, 그들이 관리하는 지역에서 토지 세수를 징수할 권한을 얻게 되었고, 이 세금은 동인도회사의 가장 중요한 수입원이 되었다. 그래서 "벵골의 약탈 plunder of Bengal"이 시작되었다.

토착 통치자들은 흉작이 든 해나 흉작 작물에 대해 세금을 감면해준 반면, 동인도회사는 국민에게 미치는 영향과 상관없이 세수 규모를 굳건히 유지했다. 따라서 인도의 초대 총독 워렌 헤이스팅스 Warren Hastings와 그의 동료들은 벵골의 약탈과 관련하여 1772년, 다음과 같은 글을 썼다(Hastings, Barker, Aldersey, Lane, Barwell, Harris, and Goodwin, 1772).

1770년 이 지역들에 발생하여 그해 내내 기승을 부리던 끔찍한 기근의 영향을 우리는 이전에 당신들에게 알렸었다. 모든 상황과 언어, 행동이 축적되어 동정을 일으키면서, 자신 동료의 고통에 대한 목격자 및 구경꾼이 된다는 불행에 사로잡힌 당신 하인의 분노를 열심히 기록하여 대중에게 정기적으로 알렸다. 그러나 세수에 대한 기근의 영향은 세금 징수를 당하는 사람들에게는 아직 눈에 띄지 않았고 느낄 수조차 없다. 그 지역 주민의 3분의 1이 감소하면서 경작이 감소하였음에도 불구하고 1771년 순징수액은 1768년을 능가했다. …그렇게 큰 재앙의 결과와 같은 속도로 세수가 감소했어야 했다. 그렇지 않았다는 것은 이전의 기준을 폭력적으로 유지했기 때문이다.

이 인용문은 영국의 동인도회사의 지배 구조는 무엇보다 영국에 있는 회사 주주들의 수입 요구에 부응하는 것에 책임이 있었다는 사실을 강조하고 있다. 인도의 기근에 관계없이 이러한 수입 흐름이 지속적으로 주주들의 주머니로 들어갈 수 있도록 하기 위해 수백만 명의 사람이 경험하게 되는 폭력, 기아, 사망에 대한 책임은 거의 또는 전혀 없었다. 게다가 지역 통치자들이 돈을 지역에서 소비했던 반면, 동인도회사는 수익을 영국으로 송금했고, 인도에 투자할 자본은 거의 남겨두지 않았다.

그 후 몇 년 동안, 동인도회사는 토지 수입 제도를 더욱 엄격하고 체계적으로 만들고 세율을 인상시켰다. 또한 국내 산업을 지원하는 영국의 정책은 인도 산업을 옥죄는데 기여하여, 1840년, 영국 동인도회사는 의회 특별위원회 앞에서 "이 회사는 다양한 방식으로 우리의 뛰어난 제조 능력과 기술을 통해 인도를 제조업의 국가에서 원자재 수출 국가로 전환시키는 데 성공했다"(Chaudhuri, 1971: 27에 인용)라고 언급하였다. 인도 면화가 영국 섬유 공장으로 흘러가면서 인도인들은 점차 영국에서 제조된 천을 구입해야 했다.

19, 20세기 식민통치

식민지 행정

식민 지배의 첫 번째 과제는 영토와 사람들을 효과적으로 통제하는 것이었다. 식민지 세력은 전형적으로 행정단위를 지방, 지역, 지구, 마을 등으로 중첩되도록 만들었다. 영국이 지역 통치자의 섭정을 통해 지역을 통치하는 인도의 "제후국" 또는 이슬람 풀라니족 국가원수가 통치하던 북부 나이지리아와 같이 간접적인 통치 시스템이 사용되지 않는 한, 한 지역은 지역 관리가 거의 단독으로 통치하였으며 관할 경찰이 배정되었다. 이 경찰 지구대는 다른 유럽인 그리고 토착민으로 구성된 소규모 경찰 부대가 지휘했다.

1925년 한때, 유럽인 약 1,000명이 함께 아프리카 거의 전체를 행정적으로 통치했던 것을 알 수 있다. 이는 케냐의 31개 지역의 관리, 오트 볼타 Haute Volta의 43개 써클 cercles, 앙골라의 88개 콘첼로 concelho, 벨기에 콩고의 126개 영토 등등을 더하면 합계가 약 1,000명이 된다. 미국 영토의 거의 4배에 달하는 영토를 기본적으로 통제하기에는 놀랄 만큼 적은 숫자이다.

농업인, 수의사, 산림인, 보건인 등 유럽인 직원 몇몇이 지역 관리를 도왔다. 이 작은 파견단은 그 안에서 자신들의 사회를 만들었다. 동아프리카에서 식민지 행정 정착지에 제일 먼저 세워진 건축물은 보통 클럽 The Club이었는데, 이 클럽에서는 식민지 관리들과 그 가족이 일과 후에 한 잔 하면서 쉴 수 있었으며, 와투 watu(사람들)나 와나치 wanachi(대중)에 대한 그들의 다양한 편견이 강화될 수 있었다. 1920년대부터 착륙지 건설(보안적 목적도 지님)에도 높은 우선순위가 매겨졌다. 식민 행정가들이 자신들을 위해 만든 초기의 기반 시설은 골프 코스였다. 크기가 충분할 경우 테니스 코트, 교회, 스쿼시 코트 등이 추가될 수 있었다.

식민지배에 있어 사회적 거리 개념은 강요와 폭력의 가능성이 항상 존재했던 것과 마찬가지로 식민지 지배의 기본 개념이었다. 식민지 장교들은 유니폼을 입었으며, 행정 구조에 속하는 사람들은 군인, 경찰관, 웨이터, 역무원이건 모두, 즉시 알아볼 수 있는 제복을 입었다. 토착민의 출입이 금지된 곳도 있었다. 식민지 관리자와의 접견은 청원서를 통해 신청해야 했다. 지역 관리는 가장 심각한 문제를 제외하고는 예외적인 행정, 입법, 사법권을 행사했다.

그러나 실제로는 모든 정책이 확실히 준수되도록 함에 있어 강제력만으로는 충분하지 않았다. 유럽 관리들은 목적 달성을 위해 다른 덜 직접적인 방법을 찾아야 했다. 이를 위해 관리들은 지역 지도자를 끌어들이고 권한을 부여했다. 이러한 관행은 엇갈린 결과를 초래했으며, 국민과 정부 사이에 끼어있는 지역 지도자에게 특히 문제였다. 머과이어 Maguire(1969: 7-8)는 이를 잘 설명하고 있다.

> 비록...[간접적인 규칙은] 이론적으로 지방 행정 발전의 토대로서 전통 원주민의 권위를 육성하기 위해 노력했지만, 실제로 초래된 변화들은 전통을 통합하는 만큼 전통을 변화시키기도 했다. 심지어 선거민, 연장자, 청년 지도자의 영향을 받는 리더와 사람들은 선거에 당선되고 권위를 행사하기 위해 그리고 동시에 외국의 식민 지배 구조에 얽매이고 권력을 부여받게 되면서, 자신들이 전통적 맥락에서 점점 멀어지는 것을 느꼈다. 리더의 권력은 이러한 다른 전통적 집단과의 관계를 통해 강화되었다. 리더와 사람들 모두가 보기에 외부 통치의 지역적 화신인 지방 자치구 집행관은 권위와 특권을 행사했다. 동시에 리더는 새로운 고용주인 영국 관리로 인해 누리고 있던 그 명성의 자리를 잃었다.

식민지 시대의 공간 조직

지방과 지역은 사람, 그들의 이동 그리고 자원을 관리할 수 있는 틀이 되었다. 지역 경계는 일반적으로 주어진 문화언어집단을 다른 그룹과 분리하기 위해 그려졌다. 식민지 용어로는 "부족" 간을 서로 분리시킨 것이다. 식민지 관리자는 사람들이 어디에 있고 그들이 누구인지를 알고 싶어했다. 이를 통해 그들을 통제하고, 숫자를 세고, 세금을 부과하고, 그들의 노동을 징집하기가 용이해질 수 있었다. 생계 자체가 고정된 주소가 없는 유목민들은 업무를 체계화시키고 싶어하는 식민지 관리들의 골칫거리였다.

실제로, "부족"이라는 개념은 식민주의자 자신이 사회적으로 구성해낸 유럽의 발명 결과라고 주장되어왔다. 아프리카에서는 민족성이라는 개념이 실질적인 어떤 것이다(길에서 누군가를 만나면 첫 번째 질문은 "어디 가니?"이겠지만, 두 번째 질문은 "출신이 어디니?"이다). 식민지의 개입 이전, 민족 정체성은 일반화된 생각으로 확산적, 개방적, 이완적이었으며 상호 이익이 되는 것이었다. 영국 통치 이전 시대의 아프리카 문화 집단 간 경계는 융통성이 있었다. 지속적인 경쟁이 있긴 했지만 이들은 많은 경우 정의가 잘못되었거나 아예 정의되지 않았다(Ambler, 1988). 레이저 Ranger(1983), 홉스봄과 레이저 Hobsbawm and Ranger(1983), 사우쏠 Southall(1970) 그리고 그 외 학자들은 민족적 구분 자체가 관리를 용이하게 하기 위해 사회구조를 구분, 형성, 안정시키는 데 사용된 영국의 발명품이라 주장하고 있다.

집단 간에는 상당한 교류, 결혼, 무역이 있었다. 한 집단의 영토 영역은 공유된 부분이 혼재하여 보다 개방된 것이었다(Kopytoff, 1987). 영국 식민지 관리자들은 민족 집단을 세고, 세금을 부과하며 치안 감시를 할 수 있으며, 이들의 이동을 감시하고 방지하며, 이들의 노동을 동원 및 통제할 수 있도록 하기 위해 이들을 공간적으로 고정시키기를 원했다. 민족이 아프리카 지도에 새겨진 것은 식민지 시대였다.

"부족"이라는 개념은 프랙털과 같은 특성이 있다. 많은 독자들은 브누아 맨델브로 Benoit Mandelbrot(1977)의 프랙털 기하학을 알 것이다. 이는 검증 스케일과 상관없이 자가 조립되는 형태이다. 다시 말하면, 더 큰 스케일로 이동해서 사물을 더 상세히 보면, 작은 스케일에서 볼 수 있었던 동일한 복잡성이 있다는 것이다(자연에서 찾을 수 있는 예는 별의 패턴, 브라운 운동, 소용돌이치는 흐름, 달의 구불구불한 풍경, 물에 잠긴 해안선, 나뭇가지 또는 배수 대지의 흐름 경로인 수지상형 등이 있다). 맥락에 따라 부족이나 민족 정체성은 서로 다른 사람들이 서로 다르게 정의한다. 그림 14.2는 세 가지 다른 출처(Murdock, 1959; 케냐의 아틀라스, 1959; Goldthorpe and Wilson, 1960)에 따른 서부 중앙 케냐의 부족 분포를 보여준다. 나타내는 면적은 위도 1° × 경도 1° 또는 약 12,300제곱킬로미터(4,750제곱마일)이다.

그림에서 알 수 있듯, 머독 Murdock과 케냐 아틀라스가 지도화한 부족의 분포는 현저하게 다르다. 케냐 아틀라스와 골드소프와 윌슨의 지도는 서로 어느 정도 비슷한 점이 더 있지만, 여전히 중요한 차이점이 존재한다. 게다가, 만약 당신이 이 모든 지도에서 지정된 지역을 방문한다면, 사람들은 자신의 소속 부족을 모두 다르게 이야기할 것이다. 골드소프와 윌슨의 민족 지도를 가이드로 사용한다면 어디로 가기 보다 그 자

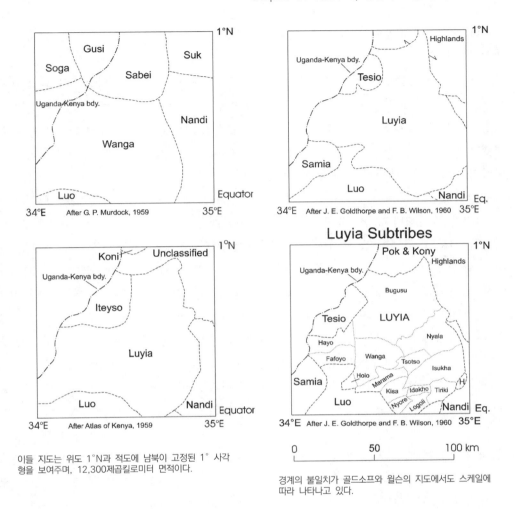

이들 지도는 위도 1°N과 적도에 남북이 고정된 1° 사각형을 보여주며, 12,300제곱킬로미터 면적이다.

경계의 불일치가 골드소프와 윌슨의 지도에서도 스케일에 따라 나타나고 있다.

그림 14.2. 세 가지 서로 다른 출처에서 정의한 서부 케냐의 "부족." 출처: (왼쪽 위) Murdock(1959). 1959년 McGraw−Hill사의 저작권. 허가 후 사용. (왼쪽 아래) Atlas of Kenya(1959). (오른쪽 위와 아래) Goldthorpe and Wilson(1960).

리에 그대로 서 있게 될 것이다. 먼저 당신은 골드소프와 윌슨의 두 지도 사이에 경계선 배치를 두고 약간의 차이가 있다는 것을 알게 될 것이다. 게다가 이 새로운 "부족" 수준의 이름을 케냐 아틀라스에 있는 목록과 비교해본다면 일부만 일치한다는 것을 볼 수 있을 것이다. 케냐 아틀라스에는 14개의 하위 집단이 열거되어있다(위치가 지도에 나타나 있지는 않다). 골드소프와 윌슨의 지도는 또한 루이아 하위 그룹 14개를 보여준다. 14개 사례 중 9개만 이름이 같으며, 케냐 아틀라스에서 Samia, Gwe, Marachi, Kakaklua(또는 Lewi Lunala), Tachioni(또는 Tatsoni)로 나타나는 그룹이 골드소프와 윌슨에서 Nyore,

Isukha, Holo, Fafoyo, Buguus에 해당하는지 궁금할 것이다. 고려해야 할 지역적 스케일이 더 많은 것은 물론이다.

민족 정체성을 둘러싼 느슨함에 대한 이 모든 논의는 "행복한 아프리카"의 이미지를 주장하기 위한 것이 아니다. 식민지 시대 이전에도 일부 아프리카인의 다른 아프리카인을 대상으로 하는 폭력, 분쟁, 노예화가 존재했지만 캄보디아와 동티모르에서도 그러했던 것처럼 독립 이후 일부 아프리카 국가(특히 브룬디, 르완다, 수단)에서 발생한 집단학살과 비교했을 때 폭력과 학살의 수준은 미미했다.

저자 중 한 명은 아메리코 라이베리안이 내륙에 대한 지배권을 확립하면서 각기 다른 시기에 발생했던 "전쟁"을 라이베리아의 지도에 그렸다. 비록 많은 살육을 초래했던 심각한 전투가 있었지만, 특히 라이베리아 북부에서, 전쟁은 종종 "곤란", "문제", "방해", "분쟁", "사소한 사건", "충돌", "적대행위", "작은 문제" 또는 "불복종"으로 묘사되었다(예: African Repository, 1863, 1879). 1893년 제3차 그레보 전쟁은 많은 식민지 이전 시대 전투의 전형이다. 해리 존스턴 경 Sir Harry Johnston은 이 전쟁에 대해, "이 전쟁은 대부분 분쟁으로 양측 모두에게 약간의 인명 상실과, 많은 "난투"로 인한 사소한 충돌이었다. 1896년, 그레보와 관련해 새로운 문제가 발발해 라이베리안인 한 명 이상이 살해되었다." 식민지 시대 역시, 팍스 브리타니카(또는 식민 지배세력에 따라 Eintracht Germanica)가 설립되자 직접적인 살인은 거의 없었고 농촌은 평화로웠다.

1994년 이래로 르완다에서 발생한 대학살과 관련하여, 식민지 정책이 국가의 사회적 형성에 어떤 영향을 끼쳤는지 고려해야 한다. 식민지 정부는 종종 하나의 민족 집단으로 하여금 식민지 관리를 돕게 했다. 부분적으로는 이것은 편의상이었고, 또 부분적으로는 "분단과 통치" 정책이었다. 우간다의 경우, 다수의 바간다인은 20세기의 첫 20년 동안 영국의 대리인으로 일했다. 이집트인은 영국-이집트 수단에서 공무와 군대의 자리를 점했다. 북부 나이지리아의 풀라니족, 인도의 시크교의 경우에도 비슷한 상황이었다.

독일인이 현재 르완다와 부룬디에 해당하는 반야완다 Banyarwanda에 대해 식민통치를 수립했을 때, 그 지역에는 두 그룹이 주군의 관계를 형성하는 일종의 봉건적 사회가 존재한다는 것을 알게 되었다. 즉 소를 많이 소유한 히마 Hima가 주인으로 그리고 후투 Hutu는 백성을 구성하는 사회였다. 이러한 제도는 수백 년 동안 존재했다(d'Hertefelt, 1965; de Heusch, 1964). 식민지 아프리카에서도 흔히 그랬듯 독일 관리들(그리고 1차 세계대전 후 벨기에 통치하에 루안다와 우룬디가 국가연맹 구역이 되었을 때 독일인들을 이어받았던 벨기에인)은 대부분의 지역에서 투치 왕족 지도부를 통해 간접적으로 통치하도록 했다(d'Hertefelt, 1965: 434-435). 따라서 약 60년간 투치가 대리인으로 후투의 삶을 지배하게 되었다. 독립(1962년) 시점에, 식민지 시대 이전 관계가 어땠는지 르완다인들은 거의 기억하지 못했을 것이다. 후투의 여러 세대는 후투족에 대한 소수 통치(벨기에든 투치이든)만을 알고 자랐다. 식민지 시대 동안과 이후에 나타난 계급과 경제적 분화는 그 뒤에 일어난 정치적 투쟁의 관계를 악화시켰다. 히마/투치 그룹은 주군으로 땅과 가축의 대부분을 지배했다. 후투족은 주군의 땅을 경작하고 가축을 관리했다. 그들은 백성으로서, 작물과 가축 생산물을 나누어가졌다. 르완다의 전반적인 빈곤 수준이 높아지면서, 권력과 자원 통제를 둘러싼 계급투쟁은 민족 연합으로 인해 더욱 복잡하게 전개되었다(Olson, 1995).

식민지 주민들의 주거와 활동이 공통적으로 교차하는 지점은 토지 구분이었다. 영국령 아프리카 지역에서는, 당시의 용어를 빌리자면, 근본적으로 "원주민 보호지역 native reserves", "예정 지역 scheduled areas", "왕실 소유지 crown lands" 등 세 가지 분류가 있었다. 원주민 보호지는 토착민이 사용하도록 남겨둔 토지로 구성되었고, 케냐 고원과 같은 예정 지역은 유럽 정착민에게 배당된 땅이었으며, 왕실 소유지는 식민정부 자체가 통제하며 그 궁극적인 용도는 나중에 "왕실의 의사"에 따라 결정될 것이었다. 미국에서의 개념으로 보자면 왕실 소유지는 "연방정부 토지"이다.

그 외 특별한 토지 사용 구분이 다수 있어 정부의 산림 관리, 유역 보호, 하천 흐름과 침식 통제, 방목지 보호, 특정 용도 개발 등을 촉진하였다. 이러한 목적으로 지정된 토지에는 사냥 보호구역, 보전구역, 통제구역, 사냥 제한구역 등이 있었다. 식민지 케냐의 토지 분류 지도에는 "왕실 산림", "토착림", "토착민 임대 지구", "토착 지구", "토착 정착 지역", "임시 토착민 보호구역", "왕립국립공원 및 보호구역" 등이 추가로 표시되어있다.

또한, 때로는 전략적, 양보적, 군사적 목적으로 특별한 토지를 지정했다. 가장 놀라운 것 중 한때 독일령 남서 아프리카였던 디아만게디드 Diamantgebied 1과 2인데 이는 폭이 100킬로미터 이상이고 길이가 600킬로미터 이상인 긴 땅덩이다(그림 14.3). 남아프리카공화국의 통치하에, 나미브 사막을 구성하는 전체 해안지역은 두 개의 "출입금지" 지역으로 지정되었는데, 이는 그 지역 지표와 충적층에서 다이아몬드가 발견되었기 때문이다. 전국을 서쪽에서 동쪽으로 가로질러 달리는 곳은 "경찰 지역"이었다. 기본적으로 비어있는 이 버퍼 영역(게임 공원으로 지정됨)은 오밤볼랜드와 북측의 다른 두 구역을 남서 아프리카로부터 분리했다. 북쪽에서는 유럽의 법이, 남쪽에서는 토착법이 우세했다.

사람들을 장소에 고정시키려는 식민주의의 노력, 즉 그들에게 "이것이 당신이고, 여기가 당신이 사는 곳이다"라고 말한 결과는 땅과 자원에 대해 보다 유연하고 융통성 있는 관계에 기반했던 생계를 붕괴시킨 것이었다. 또한 그것은 식민 피지배자에게 돌아가는 토지의 양을 절대적으로, 심지어 파괴적으로 감소시켰다. 케냐의 키캄바어를 사용

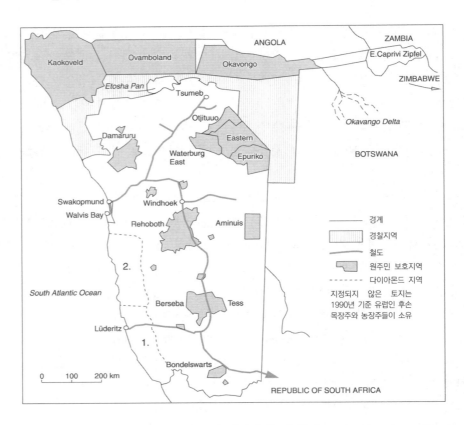

그림 14.3. 서남아프리카 토지 분류(1990년 독립 이전시기). 출처: United Nations(1958b).

하는 우캄바니 지도를 보면 이의 좋은 예를 찾을 수 있다(그림 14.4). 영국인들이 도착하기 전에, 우캄바니 사람들은 서쪽으로는 카피티와 아티 평원, 무아 언덕, 키튀의 동쪽, 야타 고원 전부 그리고 남쪽으로는 출루 언덕 근방에 걸친 대규모 토지에 접근할 수 있었다. 물론 다른 사람(예: 마사이와 오르와 유목민)도 이 지역을 사용했지만, 땅은 넓었고, 방목을 위한 초목도 충분했다. 여기서 그림 14.4에 나타나는 모든 소외의 역사를 다 설명할 수는 없다. 토지 제거, 사람들 축출 및 재정착은 아캄바 주민이 이용하는 토지를 68%까지 감소시켰으며, 이 중 일부는 농사에 매우 적합한 토지였다. 이들의 고향은 두 개의 주요지역, 즉 음부니 Mbooni 주변의 서부 언덕 중 하나와 키튀 타운 Kitui Town 주변의 작은 고원 지대로 제한되었다. 토지 규모가 줄어들면서 아캄바 인구는 1921년 약 20만 명에서 1962년 80만 명, 1979년 148만 7,000명, 1999년 219만 3,611명으로 늘었다. 1930년대, 1940년대, 1950년대에는, 후대 자손의 아들들이 자신의 아버지 땅을 갈라놓으면서 많은 토지 분화가 있었으며, 땅의 붕괴와 토양 침식 또한 대규모로 진행되

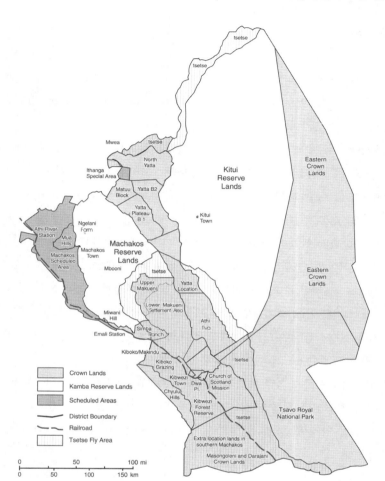

그림 14.4. 케냐 마차코스와 키투이 지역의 토지분류. 출처: Atlas of Kenya(1959).

었다. 그 후, 식민지 정부는 계단식 농지를 강제적으로 건설했다(10장 참조). 주민들은 이러한 작업 프로그램에 저항했으며, 이러한 저항은 독립 투쟁의 한 가지 특징이었다. 케냐인들이 독립하자 토지 소유와 관리에 대한 새로운 태도가 등장하기 시작했다. 우캄바니에서는 많은 땅이 자발적으로 계단식 농지에 포함되었다. 로스톰과 모티모어 Rostom and Mortimore(1991: 11)는 마차코스 지구 Machakos District 내 5개 지역에서 계단식 농지가 1948년 52%에서 1978년 96.3%로 증가했음을 보였다. 우캄바니의 인구 증가에 따른 토지 압박의 이야기는 토지권과 인구로 인한 압박을 공부하는 학생들에게 잘 알려져있다(Munro, 1975; Tiffen, Mortimore, and Gichuki, 1994).

식민지 교통 조직

나이지리아 지리학자 아킨 마보군제 Akin Mabogunje(1968: 143)의 글은 식민지의 운송 시스템이 어떻게 개발되었는지에 대해 서로 다른 합리화가 경쟁하는 것을 알 수 있다.

처음 출현했을 때, 영국은 두 가지 선택이 있었다고 말할 수 있었다. 하나는 유럽과의 교역 활동이 증가할 것이라는 기대를 가지고 내부 교환 체계를 개선하는 것이었고, 다른 하나는 부수적으로 내부 교환에 이로운 효과를 가져다줄 것이라는 기대를 가지고 그들이 그 나라에서 이익을 얻을 수 있는 것에 집중하여 착취 및 수출하는 것이다.

첫 번째를 선택한다면 영국 식민지 건설은 영국인의 이익을 위해서가 아니라 나이지리아 사람의 이익을 위해서임을 의미했을 것이다. 이는 또한 그들이 가지고온 개발과 혁신이 도시 간 전통적인 중요도에 따라 수행되거나 받아들여질 것이라는 것을 의미할 것이다. 예를 들어, 철도가 건설된다면 먼저 기존의 중요 지점을 연결하고 그 후에야 중요성이 덜한 지점을 연결시킬 것이다. 예외라고 한다면 중요한 지점을 직접적으로 연결하는 경로상에 운 좋게 위치한 몇 개 안되는 작은 지점이 될 것이다.

그러나 영국은 전통적인 체계를 지지하거나 강화하기 위해 나이지리아에 온 것이 아니었다. 그들의 관심은 제국주의적 이익에 가장 부합하는 방법으로 국가의 자원을 이용하는 것이었으며, 이에 있어...그들은 당시 "나이지리아인"이 보기에 완전히 임의적인 방식으로 행동했다.

교통의 실제적인 발전에는 일반적으로 서로 연관된 두 가지 사업이 있었는데 가장 비용이 많이 들면서 발전적 형태를 띠는 것은 철도의 건설로, 자국의 철강 산업과 관련이 되면서도 식민지 목표를 달성하기 위한 교통수단을 정교화시키는 과정이었다. 특히 영국의 철/철강 및 중공업은 생산을 위해 해외로의 출구 개발에 관심이 있었으며, 영국이 생산한 철/철강, 기계, 기관차, 철도 객차 등은 대영제국으로 수출되었다. 예를 들어 기관차의 수출은 1870년 16%에서 1913년 59%로 증가하였다(Wolff, 1974: 15). 1857년 인도의 반란 이후 영국 정부는 보조금을 통해 인도 전역에 철도 개발을 촉진했다. 19세기 말로 향하며 독일과 미국의 보호무역주의가 확산되자 영국은 신제국(주로 아프리카에서 상대적으로 새로운 식민지)으로 돌아섰다.

지금은 고전이 된 1963년 *지리학 리뷰 Geographical Review*에서 타프 외(Taaffe et al., 1963: 506)는 "(1) 해안가의 행정 센터를 내부의 정치 및 군사적 통제권을 지닌 지역과 연결하려는 목적, (2) 광물이 추출되는 지역에 닿고자 하는 목적, (3) 잠재적으로 농

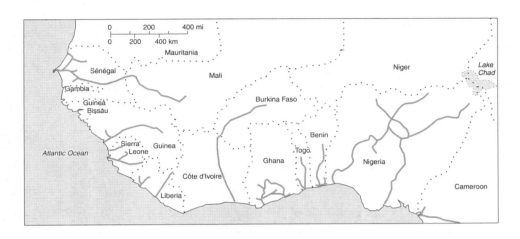

그림 14.5. 서아프리카의 철도. 출처: Church(1980), Chi−Bonnardel(1973).

업 수출 생산이 가능한 지역에 도달하고자 하는 목적" 등 몇 가지 목적을 위해 해안으로부터 침투하는 식민지의 운송 모델을 제안하였다. 본질적으로 목표는 인구를 통제하고 자원을 추출하는 것이었다. 공급 지점은 수출 지점과 연결되었는데, 이는 "종주 도시"라 불리며 일반적으로 도시 위계를 지배하게 된 항구 도시이다. 교통 정책은 식민지 사람들 간 상호 작용과 커뮤니케이션을 강화하는 대신, 왜곡되고 저발전되었으며, 연결성이 나쁘고, 지역의 요구와는 무관한 교통 네트워크가 자리 잡게 되었다.

지역적 요구를 무시하는 운송 개발의 좋은 예는 1963년에 개통된 라이베리아의 미국−스웨덴 광물 회사의 철도 노선이다. 이 노선은 뷰캐넌 Buchanan의 해안 항구와 매우 높은 등급(67%)의 적철석으로 이루어져 기니에서 북부 라이베리아로 국경을 가로질러 돌출하였으며 긴 칼 모양의 산등성이인 님바산 Mount Nimba의 철 생산지를 연결한다. 길이가 약 270킬로미터 철도 노선은 광석 열차가 교대로 지나가, 하나는 해안으로, 다른 하나는 내부로 연결된다. 중간에 기차가 서로 마주치면 지나갈 수 있도록 비켜서는 곳이 있다. 밀집한 정착지 지역을 몇 개 지나는 경로에 그 외 다른 정류장은 없으며, 승객을 위한 시설도 없다. 기차가 우주를 통과한다고 해도 지역 주민과 이렇게 연결이 안되지는 않을 것이다.

그림 14.5는 서아프리카의 철도망을 보여주고 있다. 눈에 띄게 파편적이고, 불완전하며, 상호 연관되어있지 않다. 보통 식민지배 세력에 따라 철도 궤간이 바뀌어 시스템이 연결되어있더라도 화물 자동차는 새로운 바퀴와 하차장에 놓여야 했다는 사실은 지도에 나와있지 않다(Siddall, 1969). 제3세계 지역 중 진정한 네트워크가 구축되었다고 말할 수 있는 지역은 아르헨티나 동부, 인도, 중국 동부, 남아프리카로 인구밀도가 높고

풍부한 자원을 보유하며, 자원 동원과 국가의 다양한 부분을 연결하려는 노력이 일찍이 이루어진 지역들이다. 그 외 아시아, 라틴 아메리카, 아프리카의 교통 체계 대부분은 위에서 설명한 식민지 목표를 반영하며, 따라서 단편적이고 불완전하다.

경제침략의 형태

1차 식민지화에서 그리고 북미와 호주의 고위도 식민지에서 유럽인은 토착민을 소멸시키고 이주시켜 "영토 개방"을 도모하고 정착 노동력을 이용하여 유럽 정착촌 사회를 건설했다. 이후 식민지 시대에, 중요한 문제는 새로운 식민지가 유럽이 영구적으로 정착하기에 적합한지 여부였다. 미국지리학회는 저널 'Geographical Review'와 특별 간행물에서 모두 인간생리학과 다양한 물리적 환경, 즉 저위도 및 저고도 기후에 대한 적응에 상당한 관심을 기울였다. 제퍼슨 Jefferson, 칠레의 최근 식민지화(1921), 제퍼슨 Jefferson, 아르헨티나 팜파에 인간의 정착(1926), 보우만 Bowman, 개척자 실험(1931), 쥬그 Joerg, 개척자 정착(1932), 프라이스 Price, 열대 지방의 백인 정착자(1945), 펠저 Pelzer, 아시아 열대의 개척자 정착(1945), 몬지 Monge, 안데스산맥의 융화(1948년) 등 1920 – 1950년 출판된 연구의 목록을 보면 식민지 적응에 대한 사회적 관심을 잘 보여준다.

또한 정착민과 원주민의 관계에 대한 상당한 우려가 있었다. 그 생각은 매우 오래되었다. "플랜테이션"이라는 단어의 원래 의미는 "새로운 정착지"이다. 프란시스 베이컨 경 Sir Francis Bacon은 1625년에 "나는 순수한 토양에 있는 플랜테이션을 좋아한다. 사람들을 다른 곳에 심기 위해 뽑아 버리지 않은 곳, 이렇지 않다면 플랜테이션이라기보다는 적출이라 할 것이다"라고 썼다(Bacon, 1625/1899: 202). 물론 베이컨의 "순수한 토양"은 존재하지 않았고, 미국, 호주, 뉴질랜드에서는 적출이 통례였다. 300년이 지난 후에도 유럽인들은 여전히 식민지의 모순에 직면해있었다. 피에르 구루 Pierre Gourou (1946/1953)는 20세기 유럽의 열대 지방 정착이 풀릴 수 없는 딜레마에 직면하고 있다고 보았다. 만약 유럽 정착민이 육체노동을 하지 않고 감독관 역할을 했다면 원주민은 착취당했을 것이다. 그러나 유럽인이 현지인과 결혼하면 이들은 "절반 – 카스트가 되어야만 한다"라고 했으며, 이는 그들이 유럽의 문화와 의식을 잃게 될 것이라는 것을 의미했다(Gourou, 1946/1953: 114). 한 길은 착취로 이어졌고, 다른 길은 "쇠퇴"하게 되었다.

인도에서의 착취는 구루가 생각했던 것과는 다른 형태를 취하여 영국 관리들은 노동력을 감독하기보다는 토지 수입을 거두었다. 그러나 유럽인은 아프리카의 여러 지역과 그 외 플랜테이션 지역에서 자신들이 감독하는 경제를 발전시켰다. 이러한 장소에서 중요한 질문은, 지역의 생계 경제에서 생산성에 해를 끼치지 않고 징집할 수 있는 신체

건강한 남성 노동력(일반적으로 여성이 고려되지 않음)의 비율을 어떻게 결정할 수 있을지 였다. 생산성이 떨어지면 지역 주민들에 대한 식량 공급 문제가 발생할 것이었다.

　　벨기에령 콩고에서는 벨기에령 콩고 농경 연구를 위한 국립 연구소 Institut National pour l'Étude Agronomique du Congo Belge(INEAC)에서 노동력 공급과 지역 경제의 붕괴 가능성에 대해 많은 연구를 진행했다. 대규모 노동력을 필요로 하는 조직이 있었으며 (Unilever와 Union Minière), 키부, 핫탕가 지역에는 파견 농부가 많이 있었기 때문이다. INEAC의 추정에 따르면, 지역 경제에 심각한 피해를 주지 않고 노동력을 다른 곳에서 사용하기 위해 남성 인구의 15%를 빼돌릴 수 있었다. 1950년대 중반 이후 미국 국제개발 기구(USAID)가 된 국제협력국 International Cooperation Administration은 건강한 성인 남성의 30%라 하였다.

식민지 노동조직

만약 사회가 거의 전적으로 자급자족(즉, 일상생활에 필요한 것을 위한 무역이나 상업에 의존하지 않음)하는 경우, 지역 주민의 노동력을 활용하기 원하는 식민지 지배 세력에게는 문제가 생긴다. 즉, 지역 주민들이 현 상황에 만족하여 일을 하고 싶어하지 않을 수 있는 것이다. 종종 외국인 이주민에게 강요되는 식민지 관리들의 해결책은 사회 내 자기 만족의 폐쇄적 순환을 분열시켜(이 장 첫 부분에서 언급) 식민 피지배 주민들이 일을 해야 하도록 만드는 것이었다. 이를 위해 다양한 수단이 사용되었다. 즉, 모든 종류의 세금(전세, 오두막세), 현물이 아닌 통화로 세금을 납부해야 한다는 요구 조건(정착민을 위해 일해야만 통화 획득 가능), 부역 또는 강제 노역, 군대나 보급 부대로의 강제 징병, 사회 내 기존 직업의 불법화(예: 전사), 토지 수용, 사람과 가축의 이동 제한 등이다. 전략은 1913년 동아프리카 기준 The East African Standard(그리고 Wolff, 1974: 99)에서 인용한 동아프리카 보호국장(Kenya)의 연설에서 매우 명료하게 요약되어있다. 즉, "세금부과는…원주민이 일을 찾기 위해 자신의 지역을 떠나도록 할 것이다. 이러한 방법을 통해서만 원주민의 생활비가 증가할 수 있으며…이를 통해 노동력의 공급과 가격이 [결정될 수 있다]."

　　남부 로데시아(현 짐바브웨)는 "어떻게 해야 하는가", 즉 어떻게 원주민 노동력을 창출할 것인가에 관한 고전적인 경고를 전한다. 지오바니 아라이 Giovanni Arrighi(1970)의 "노동자 프롤레타리아화"에 관한 논문에서는 아라이에게 프롤레타리아 계급, 즉 전적으로 급여를 통해 생계를 충당하는 인구를 창출하는 것을 의미하기 위해 "프롤레타리아화"라는 용어를 사용했다.

　　1880년 영국의 식민 세력은 토지와 가축의 싸움과 수용에서 상류 계급인 은데벨레족 Ndebele이 하던 역할을 박탈하여 이들을 실직시켰다. 이들은 경제에서 농업부문에 합류하지 않고 구조적인 실직 상태가 되었다. 식민지 지배로 이전에 상류 은데벨레를 섬겼던 하류 은데벨레 또한 방출되었다.

토지는 수용되었지만 사람들은 자신들 조상의 땅에서 이동하지 않았다. 사람들은 그들이 있는 곳에 필요했다. 사람이 없는 땅은 당시 유럽인들에게 가치가 없었다. "이 원주민들을 보호구역으로 제거하는 것은 매우 근시안적인 정책일 것이다. 왜냐하면 그들의 서비스는 미래 유럽 거주자들에게 큰 가치가 있을 것이기 때문이다"라고 원주민 사업조사 위원회 Native Affairs Committee of Enquiry는 1911년 언급하였다(Arrighi가 인용, 1970: 208).

세금이 도입되었다. 처음에는 "현물 지급이 허용되었지만, 아프리카인들이 임금 노동으로 세금을 벌도록 유도하기 위해 곧 중지되었다"(Arrighi, 1970: 208). 정착 초기에는 강제 노동이 활용되었다. 1896년 아프리카 반란의 영향으로 이 관행은 나중에 중단되었지만, 1920년대까지도 원주민 위원들은 비공식적으로 이에 의존했다. 많은 아프리카인에게서 땅을 빼앗은 토지 수용은 로데시아에서 임금에 의존하는 인구를 탄생시킨 주요한 수단이었다.

유럽의 농업을 지원하기 위해 1903년 농업부가 설립되었고, 개선된 씨앗과 식물을 보급하고 물구덩이를 파는가 하면, 농업 실험을 수행하는 등 기술적 작업을 빠르게 확장시켰다. 유럽 농부들은 보조금으로 재정 지원을 받았다. 1905년, 세금 부담 대부분이 유럽인에서 아프리카인으로 옮겨졌다. 1909년 영국 남아프리카 회사는 미개척지에 임대료를 부과했다. 그래서 이 땅에 사는 모든 아프리카인은 임대료를 지불해야 했다. 게다가 유럽의 토지 소유자들은 그들 농장에 살고 있는 아프리카인들로부터 방목, 담금, 그외 "특권"에 대해 다양한 요금을 요구했다.

유럽의 토지 소유자들이 그들 세입자의 생산물을 판매하는 것은 관례가 되었다. 이 관행은 아프리카인들이 유럽인들보다 싸게 파는 것을 막기 위한 것이었다. 유럽인들이 재배한 옥수수는 큰 성공을 거두었다. 생산은 증가하고 가격은 떨어졌다. 가격이 하락하자 아프리카인들이 옥수수를 재배하여 얻는 경제적 이익이 감소했다. 특히 이들은 철도 노선에 가깝지 않아 운송비가 높았기 때문이다. 25마일 내 위치한 아프리카인은 30%밖에 안되었지만 유럽인은 75%였다. 1921년 가격 폭락의 영향으로 아프리카인의 노동시장 참여가 증가했다. 또한, 모잠비크, 로데시아 북부(현 잠비아), 냐살란드(현 말라위)로부터 보내진 노동력이 사용되었으며, 1922년에는 이러한 노동력이 전체 노동력의 68%를 차지했다. 이것은 임금을 낮게 유지하는 데 도움이 되었다.

시장경제에 수십 년간 참여한 결과, 예정 수순으로 처분 가능한 현금이 아프리카인들에게 필수품이 되었다. 아프리카인은 이제 쟁기, 곡괭이, 식기, 담요 의복뿐 아니라 커피, 설탕, 금 시럽, 소금에 절인 소고기와 같은 사치품까지 원하게 되었다. 그러나 유럽 농가에서의 고용이 불안정했으므로 아프리카 남자들은 보호구역에 있는 토지와 친족 집단을 통한 경제활동도 유지했다. 이들은 토지를 보유하며 그곳의 변화에 저항했다. 1931년 제정된 토지 배포법의 조항은 이전과 다르게 아프리카인들이 지정 지역 밖의 토지를 매입하는 것을 금지했다. 1931년부터 1945년까지 10만 명의 아프리카인이 보호구역으로 이주했다.

　　1930년대까지 유럽 농부들은 정치적 영향력을 행사하는 위치에 있었다. 그들은 상품 가격의 차별에 대한 정부의 이전 정책을 뒤집고, 대신 옥수수와 소에 대한 두 가지 가격제를 실시했다. 아프리카 인구는 높은 상승률을 나타냈다. 보호구역에 거주하는 아프리카인의 비율은 1901년 54%에서 1922년 64%로 증가했고, 그 추세는 계속됐다. 질이 낮은 토지를 생산에 활용했으므로 평균 농작물 생산량이 감소했다. "노력 가격"(참여를 위한 비용)으로 아프리카 농부들은 유럽인들과의 경쟁에서 불리한 위치에 있게 되었다.

　　아프리카 농부들이 마차, 옥수수 제분소, 쟁기 등을 통해 생산에 상당한 투자를 했음에도 불구하고(1905년 쟁기 440개 vs. 1945년 133,000개), 이들은 경작하는 땅을 크게 확장해야 했다. 1926년까지, 보호구역의 인구과밀이 주목을 받았다. 1943년, 원주민 농무부는 98개 보호구역 중 62개가 과잉이며, 나머지 19개 지역은 체체파리 구역에 해당하거나 위험하게 가까워 가축 사육에는 적합하지 않다고 추정했다. 1943년경부터 시작하여 유럽 정착민들을 지원하기 위해 만들어진 정부의 우선주의 및 보호주의 정책의 도움을 받아 시장 세력은 확고히 자리를 잡았으며 유럽과 아프리카 생산자 간의 격차는 더 벌어지게 되었다.

　　위에서 설명한 과정의 결과는 지도 두 개와 도표에 잘 나타나 있다(그림 14.6–14.8). 그림 14.6은 1961년 남부 로데시아의 토지 분리를 보여준다(Roder, 1964). 특히 지도 중심 근처에 거의 직사각형인 원주민 영역 두 개(지점 A와 B)와 동쪽의 인구밀집구역(점 C) 그리고 그 옆에 작은 사각형에 가까운 것(지점 D)을 주목하라. 그림 14.6에서 나타난 토지의 잠재적 또는 권장 용도는 I–전문화 및 다양화(과일, 차, 집약적 축산), II–집약적 작물 생산(담배, 옥수수), III–반집약적 작물 생산(가축과 작물), IV–반광역적 목장(가뭄 저항적 사료 작물 약간), V–광역적 목장(XX 표시는 지나치게 망가져 농업에 활용할 수 없는 지형을 가리킴)이다. 점형 지도(그림 14.7)는 동일한 영역의 1956년 인구 분포를 보여준다(Prescott, 1962: 561). 원주민 보호 구역의 경계는 인구 지도에서 쉽게 알아볼 수 있다. 위에서 언급한 바와 같이 이러한 높은 밀도는 이 지역에서 지속 가능하지 않았다.

　　앞서 언급한 오른쪽 사각형 모양 지역(D 지점)은 삼각형 모양의 토지에 북쪽 경계선으로 추가된 것이 분명하며, 그 이후 식생 피복이 벗겨지고 있다. 인구 증가와 토지에 대한 압박의 증가는 식민지 행정의 지속적인 관심사였다. 수년에 걸쳐, 때때로, 남부 로데시아 정부는 왕실 소유지 일부를 아프리카 인구가 사용할 수 있도록 내놓았다 (Prescott, 1961). 이러한 토지의 재분류와 유출에 따라 인구와 토지 간의 균형이 변화되 었다(그림 14.8). 그러나 시간이 지나면서 인구가 지속적으로 증가하여 토착민이 이용할 수 있는 땅의 규모가 감소했다. 구글 어스 Google Earth를 사용할 수 있는 독자는 이 지역의 최근 이미지를 검색해볼 수 있을 것이다. 검색 라인에 "Harare"를 입력한 다음 도시의 남서쪽 일부를 검토해보면 1972년 이후 어떤 변화가 발생했는지 알 수 있다.

토지에 대한 인구의 압박과 토지의 질 저하에 대한 우려로 1930년대 로데시아 북 부 농업 담당 부국장인 윌리엄 앨런 William Allan은 (1) 토착적 농업 시스템에 대한 "수용능력"을 측정하는 기술, (2) "임계 인구밀도" 또는 CPD 개념(토지가 돌이킬 수 없는

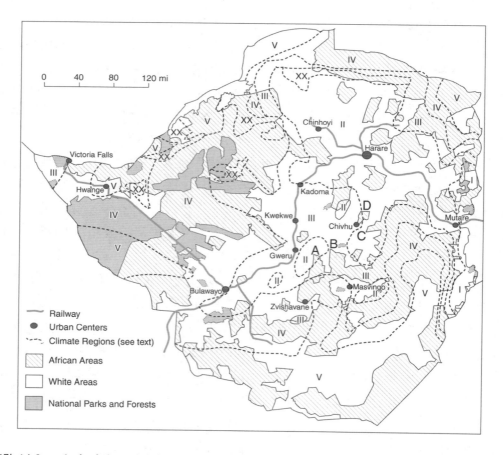

그림 14.6. 1961년 남부 로데시아의 토지 배분과 기후 지역. 오늘날의 도시 이름 사용. 출처: Roder (1964). 미국지리학자협회의 1964년 저작권. Blackwell 출판사의 허가 후 사용.

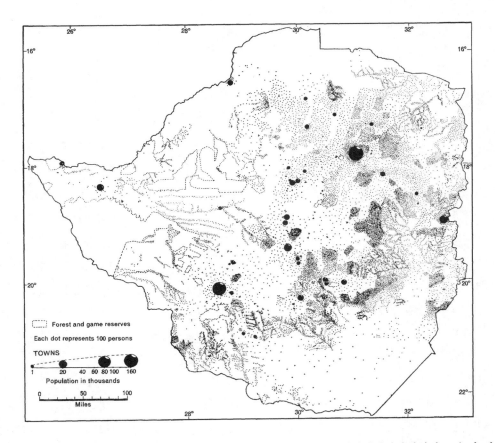

그림 14.7. 1956년 남부 로데시아의 인구 분포. 출처: Prescott(1962). 전미지리학자협회의 1962년 저작권. Blackwell 출판사의 허가 후 사용.

악화의 소용돌이를 시작하게 되는 인구 밀도, 6장과 10장 참조), (3) "정상 잉여"라는 개념, 즉 농부들이 비가 적은 해(낮은 수확량)에도 충분히 자랄 만큼 종자를 심은 이래로 식량의 여분이 발생해 사람들이 팔려 했던 사실을 관찰할 수 있었던 것 등을 발전시켰다(Allan 1965). 그러나 이러한 기술들은 토착적인 생계 체계가 안정적이고 불변하다고 가정했고, 이들이 변화하거나 강화될 가능성은 예상하지 않았다.

케냐: 백인의 나라

로데시아 남부 사례에서 식민지 관리들과 정착민들이 사용했던 많은 방법을 다루지 못했으므로, 케냐의 화이트 하이랜즈 White Highlands 개발에 대해 추가적으로 살펴본다.

이와 함께 주요 임무가 노동력 동원이라는 점을 보여주는 인용문 몇 개를 Wolff(1974)의 훌륭한 연구에서 차용하여 제시한다.

배경

영국은 자국 경제의 요구에 대응하여 케냐에 진출하여 케냐를 당시 "새로운 제국"의 일부로 편입시켰다. 영국은 제조업 취업의 70%를 차지하는 섬유, 의류, 금속, 기계를 수출할 수 있는 시장을 발굴하기 원했다. 그들은 미국에 대한 의존도를 줄이기 위한 생면화 공급원과 브라질에 대한 의존도(커피를 생산하지 않으면서 투기 대상으로 삼았던 미국 포함)를 줄이기 위한 커피 공급원을 대영제국 내에 갖기를 원했다. 또한, 독일과 미국에서는 보호무역주의가 증가하여 영국의 제조업 수출 시장을 위태롭게 했다. 1850년대 철도가 집중적으로 발전했다. 주요 철/철강 산업은 철도 공급을 위주로 돌아가며 지금까지도 우세한 섬유 산업과 함께 성장했다. 초기 투자는 유럽과 미국에서 일어났다. 인도의 1857년 폭동과 미국 남북전쟁 이후, 투자는 인도 그리고 동부와 남부 유럽, 라틴 아메리카, 식민지들을 향했다. 19세기 후반, 영국의 자본은 "새로운 제국"을 중심으로 향해갔다.

　　케냐를 지배하게 된 두 번째 이유는 유럽 무역업자들의 불평에 대한 반응의 일환으로 아랍 노예거래를 억제하기 위해서였다. 아랍 노예 세력에 반대하는 영국의 활동은 1890년대 넘어서까지 계속되었다. 제럴드 포탈 Gerald Portal은 1891년 잔지바르 술탄 Sultan of Zanzibar에게 쿠데타를 일으켜 아랍 행정부를 영국인들로 교체했다. 윌리엄 매키넌 William Mackinnon은 외무부의 지원과 대영제국 동아프리카 회사(Imperial

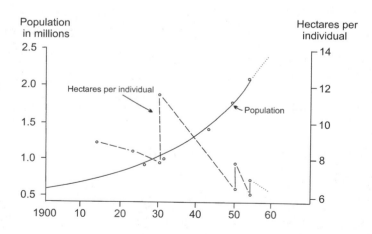

그림 14.8. 남부 로데시아 아프리카 농부 대상의 왕실 소유지 불하. 출처: Prescott(1961). 왕립지리학회의 1961년 저작권. 허가 후 사용.

British East Africa Company[IBEA])의 왕실헌장을 받아, 군사적인 수단으로 노예거래를 탄압하고 우간다로 가는 철도를 건설하는 데 도움을 주도록 영국을 설득했다. 탄압의 이유는 인도적이지도 종교적이지도 않았고, 경제적, 정치적 목적을 위한 은폐도 아니었다. 영국 무역이 최고가 되려면 노예무역에 대한 억제는 그저 *필요한* 것이었다. 억압은 비록 점진적으로 진행되었지만, 수십 년 동안 존재했던 경제 구조의 붕괴를 초래했고, 19세기 말 농업과 무역을 암담한 상태로 만들었다.

화이트 하이랜즈의 시작에 관한 문헌은 또한 유럽인들이 그렇게 비옥한 영토를 점령해서 사람이 거주하지 않았다고 주장할 수 있었는지를 설명하기 위해 1890 – 1901년에 일어난 다른 재난들을 언급하고 있다. 여기에는 1892년과 1898년의 천연두 유행, 1894년, 1895년, 1899년의 가뭄, 1894년, 1895년, 1899년의 메뚜기, 1890년, 1892년, 1894년의 급박한 유행병, 1890년, 1894년의 인플루엔자 전염병 등이 포함된다. 도처에 마을과 들판이 유기되었다는 충분한 증거가 있었다. 더욱이 방목지는 계절에 따라 사용되고 영구적으로는 점유되지 않는 것이 본질적 특성이다.

영국은 식민지를 대영제국 동아프리카 회사로부터 넘겨받은 후 이들 식민지가 본국의 이익에 도움이 되도록 만들기 위해 여러 가지 복잡하고 상호 연관된 조치를 취해야 했다. 정착민을 끌어들이고, 토지를 통제 및 할당하고, 적절한 작물을 고르고, 지역 주민들을 희생시켜 정착민을 보호하며, 교통을 개발하고, 노동력을 동원했다. 이러한 조치를 차례로 고찰한다.

정착민 유인하기

어떤 정착민들이 동아프리카 보호지역을 개발해야 하는가? 대영제국 동아프리카 회사 관계자들은 원주민들이 이를 해야 한다고 생각했다. 그러나 1900년쯤에 유럽 정착민 수십 명이 도착했다. 1901년 찰스 엘리엇 경 Sir Charles Eliot은 인도 정착민의 이민을 승인했다. 1902년, 유럽 이민촉진협회 Society to Promote European Immigration는 1906년까지만 해도 인디언 펀잡에서 수색 작업이 일부 이루어졌음에도 불구하고 엘리엇 경에게 그 정책을 중단시키도록 했다. 대신 엘리엇은 남아프리카로 파견을 보내 1905년에는 250명 이상의 영국인과 네덜란드계 아프리카너 700명이 정착했다. 이로 인해 자본과 정착민이 향후 정책에 영향을 미치게 되었다.

1904년부터 1912년까지 남아프리카 이민자가 영국 이민자보다 수가 많았다. 핀족 Finns과 시오니스트 Zionists(유대인 국가설립 후보지 물색을 위해 서부 고원의 우아신 기슈 Uasin Gishu와 트랜스 응조이아 Trans – Nzoia를 탐색)를 포함한 다른 많은 사람에게도 영향을 미쳤다.

영향력있는 정착민인 존 아인스워스 John Ainsworth는 1906년에 다음과 같이 말했다. "백인은 여기에서 캐나다와 뉴질랜드에서와 같이 노동하는 식민지 주민으로서가 아니라 개발을 하는 원주민들을 감독하는 농장주로서 살 수 있고, 그렇게 할 것이다"(Wolff, 1974: 54에 인용). 따라서 자작농으로서의 정착자 모델은 거부되었고, 대신 토지와 농장 감독관 모델이 채택되었다.

토지 관리

다음 질문은 어느 땅을 선택할 것인가였다. 외무성은 "무지나 그 밖의 이유로 관할권을 행사할 능력이 없는 곳에서 버려지거나 미개간된 토지에 대한 관할권을 원주민 통치자가 주장했다"라고 주장했다(Wolff, 1974: 62에서 인용). 그 결과 1902년 왕령은 영국 식민 통치자들이 토지에 대한 결정권을 내리도록 명했다. 토지 국장은 "자신이 적절하다고 생각하는 조건으로" 토지를 처분할 수 있었다(Wolff, 1974: 62에서 인용). 일부 아프리카 단체들은 유럽의 침략에 저항했다. 이에 따라 비용이 많이 드는 군사적 임무가 필요하게 되었다. 1897 – 1898년, 영국의 동아프리카 보호구역 지출 중 30%가 여기에 사용되었다. 1895년, 1900년, 1902년, 1903년, 1905년에 난디족을 징벌하기 위한 공격이 행해졌다. 1905년 공습은 영국군 왕립 아프리카 소총군단 King's African Rifles 12개와 마사이 "병력"(비자발적으로 병력으로 징집된 개인들) 1,000명이 수행했다. 영국은 정착민에게 포획한 가축을 팔아 징벌을 위한 작전에 소요된 비용을 전액 회수했다(10년 후, 최상급 난디 토지 중 64,000에이커[25,900헥타르]가 병사 정착 계획에 사용되기 위해 수용되었다. 난디족은 한 집당 6실링을 받고 집을 비워줘야 했다. 토지는 미개척지로 취급되어 보상의 대상이 아니었다).

1904년, 엘리엇 경은 런던의 식민지국 상관에게 다음과 같이 썼다. "각하께서 이 보호국을 백인 이민과 식민지화를 위해 개방하셨습니다. 그리고 나는 백인이 흑인과의 접촉을 최소화해야 한다는 분명한 문제를 적어도 비밀서신을 통해 논의해야 한다고 생각합니다. ...마사이를 비롯한 다수 부족을 점령해야 하는 것은 물론입니다. 이것이 내가 차분하고 깨끗한 양심을 가지고 보는 관점입니다"(Wolff, 1974: 66에서 인용).

정착민은 자신이 토지를 물리적으로 개선해야 한다는 의무 사항을 제거해줄 것을 요구했다(정착민이 5년 동안 토지를 개선해야 함을 규정하는 미국토지법 U.S. Homestead Act과 유사한 조항). 1915년 왕실 토지령은 전환점을 맞았다. 임대기간이 99년에서 999년으로 증가했다. 엘리엇 경은 롬바, 난디, 남부 리프트 계곡, 라이키피아, 케냐 주, 키쿠유 영토 그리고 마킨두와 같이 동쪽으로 멀리 위치한 우캄바니 지역 등을 유럽인 정착지로 지정했다.

부유한 영국인들은 그들의 영향력을 사용해 대규모 토지를 획득했다. 1912년, 유럽인에게 할당된 토지의 20%를 다섯 명이 소유했다. 리프트 계곡 지역의 50%는 딜라미어 경 Lord Delamere과 그의 두 형제, 소령 E.S. 그로건 E. S. Grogan, 동아프리카 부동산 주식회사, 동아프리카 연합체 등 연합체 두 개와 개인 네 명이 소유했다. 1908년 6펜스에 팔리던 토지는 1914년에는 1파운드에 팔려 토지 가격은 40배 이상 증가했다. 딜라미어 경은 결국 "예정 지역" 700만 에이커 중 100만 에이커를 축적했다.

1919년의 병사 정착민 계획에 따르면 250만 에이커에 이르는 땅이 기본적으로 무료 농장으로 분류되었다. 궁극적으로, (원래 1,245개의 농장 중) 545가구가 채택되었다. 다른 땅은 오래된 정착민들에게 돌아갔다. 이 모든 단계에서 땅 투기가 개입되었다. 640에이커의 농장은 16년 동안 80파운드를 지불하면 소유할 수 있었다. 목축 농장 5,000에이커는 1년에 10파운드의 비용이 들었다.

1921년, 토착적 토지 소유에 상관없이 모든 토지가 왕족에 귀속된다는 규정이 통과되었다. 아프리카인들은 영국 왕실의 뜻에 따라야 하는 세입자가 되었다. 영국은 마사이족을 리프트 계곡(북부 지역)에서 라이키피아 Laikipia로 이주시킨 후, 마사이와의 조약을 파기하여 이들을 라이키피아에서 우간다 철도 남쪽으로 이동시켰으며, 비워진 땅을 유럽 정착민들에게 주었다. 1922년 토지소유위원회는 "농업 개발이 확장될 수 있는 국가 내 모든 토지는 구분되어 미래에 활용할 수 있도록 해야 한다"라고 말했다(Wolff, 1974: 56에서 인용).

적합한 작물 선별

존 아인스워스는 영향력있는 1906년 기사에서(Wolff, 1974: 72에서 인용) 케냐의 정착민들이 너무 다양해서 몇 가지로부터 여러 가지를 생산해야 할 것이라 경고했다. 케냐의 생산성을 평가하는 구매자에게 케냐를 매력적으로 만들려면 그 과정이 필요했다. 하지만 어떤 작물을 길러야 할까? 그 당시 면화, 커피, 사이잘이 전망이 있어 보였다.

1901-1903년의 면화 위기는 미국의 투기로 인해 랭커셔의 면화 공급을 위태롭게 했다. 이로 인해 200만 파운드의 손실이 발생했다. 1900년대 초는 또한 목화 바구미가 미국 남부 지방의 목화 농장에 큰 피해를 입혔던 해였다. 랭커셔의 사업가들은 왕실헌장을 받고 제국에서 자라는 면화를 육성하기 위해 영국 면화재배협회를 설립했다. 대영제국 일부 지역에서는 면화 재배가 성공했지만, 케냐의 면화는 노동력의 불충분한 공급과 매우 낮은 수확량으로 인해 실패했다.

사이잘은 케냐에서 인기가 있었다. 따라서 영국은 동아프리카에서의 독일 경로를 따라 멕시코-뉴올리언스-뉴욕 간의 헤네켄 *henequen*(멕시코에서 사이잘을 부르는 이름) 독점에 대항했다. 독일인들은 멕시코에서 사이잘을 밀수하여 독일령 동아프리카인 탕가와 모로고로 간 철도 선로를 따라 위치한 거대한 사이잘 농장에서 재배했다. 밀과 옥수수는 정부 보조금으로 개발되었다. 옥수수는 국내 시장을 겨냥하여 들여왔다.

실론섬에서는 커피잎 병으로 생산량이 1874년 1억 파운드에서 1913년 1만 8,000파운드로 감소하여 산업이 근본적으로 전멸했다. 영국이 커피 수입에 매우 의존하였기 때문에(표 14.1) 케냐에서 커피를 생산할 수 있는 가능성은 매력적으로 보였다. 1922년 무렵, 케냐에는 아프리카인 3만 5,000명을 고용하는 커피 농장 700개가 있었다.

지역민을 희생시켜 정착민을 보호

농업부는 가능한 모든 서비스와 기술적 도움을 정착민에게 제공했다. 유럽인의 농사를 돕기 위한 통합적 과정이 도입되었다. 아프리카인이 내는 세금의 상당 부분은 유럽 정착민들의 농업을 개선하는 데 투입되었다. 행정부는 군사 안보를 제공했다. 식민세력연합은 농업 관련 수입과 작물 수출에 필요한 철도 요금을 인하해줄 것을 요청했다. 그들의 수입품에 대해서는 종가세도 면제되었다. 아프리카인 보호구역의 농업은 마우마우 반란(1952-1955년) 이후까지 완전히 무시되었다. 정부 자금을 보호구역 농업에 투자하는 스위너턴 계획이 도입되면서 정책 변화가 있었다. 스위너턴 Swynnerton(1955: 10)은 이 계획을 다음과 같이 모순적으로 요약했다. "이전 정부 정책은 역전될 것이다. 능력 있고, 에너지가 넘치고, 부유한 아프리카인은 토지를 더 획득하는 반면 나쁘고 가난한 농부는 덜 획득할 것이다. 이를 통해 토지 소유와 토지 무소유 계급이 생겨날 것이다. 이는 한 나라의 진화에 있어 정상적인 발걸음이다."

교통개발

뭄바사 Mombasa에서 키수무 Kisumu에 있는 빅토리아 호수로 이어지는 철도의 경제적

표 14.1. 영국 커피 수입: 파운드화로 환산한 가치

시기	영국령 동인도	미국	라틴 아메리카
1884	1,817,000	77,000	548,000
1904	611,000	486,000	1,217,000

출처: Wolff(1974: 75).

근거는 우간다와 영국 사이의 교역이었다. 운행을 시작했을 때, 철도는 화물 운송비를 7실링 6펜스/톤마일에서 2.5펜스/톤마일로 36분의 1로 줄였다. 기차는 또한 머리에 짐을 지고 운반하는 노동 시간을 상당히 단축시켜주었다.

　　우간다 철도와 케냐의 지선 건설과 700만 에이커 규모의 화이트 하이랜드 건설 사이에는 밀접한 관계가 있었다(그림 14.9). 실제로, 예정된 지역은 철도 선로가 나이로비 남동쪽에 위치한 키우 Kiu에 있는 5,000피트(1,524미터) 등고선을 통과하면서 시작되었다. 식민지 시대에 부상한 고원의 도시 지역 대부분은 예정 지역 내에 있었고 이들 대부분에 철도가 닿았다. 1969년까지 도시 지역 13곳(인구 약 898,000명)에 이전 예정 지역의 철도가 운행되었고 운행이 되지 않는 곳은 단 2곳(나이리 Nyeri와 케리코 Kericho, 21,000명)에 불과했다. 반면 아프리카 땅에 있는 8개 도시 지역 중 6곳에 철도가 운행되지 않았고, 빅토리아 호수의 우간다 철도의 종착역인 키수무와 포트홀 Fort Hall(현 무란가 Muranga, 두 개 타운지역 인구 37,000명)만 예외였다.

노동력 동원

유럽인들은 충분한 노동력을 확보하기 위해서는 강제력이 필요하다고 결정했다. 철도 건설 경험을 통해 이런 생각은 강화되었다. 건설에 있어 아프리카 인구가 기반이 되어야 한다고 보았다. 정착민들은 보호 지역의 아프리카인들이 남아프리카의 광산에서 일하는 것을 허용하지 않도록 권했다. 영국 정착민들이 노동 정책을 통해 실현하고자 했던 그 외 목표로는 (1) 정착민이 아시아인과의 경쟁을 두려워했으므로 이들을 배제하는 것, 그리고 (2) 니아살랜드(현재 말라위)의 임금은 너무 높고 근로자들은 높은 임금을 받는 데 익숙하므로 그곳에서 온 노동 이주민을 배제하는 것 등이 있었다.

　　정착민들은 아프리카 농부들이 노동력을 제공하도록 하기 위해 식민지 정부에 세금을 포함한 여러 조치를 지속적으로 새롭게 제안했다. 딜라미어 경은 야자수당 1루피의 과세를 제안하고 아메리카니 *Amerikani*(면화 천)와 담요에도 세금을 부과할 것을 제안했다. 다른 정착민은 담요, 전선, 구슬에 세금을 부과할 것을 제안했다. 1912－1913년 노동위원회에 출석하여 이들은 유럽 농장에서 아프리카인이 일정량의 노동을 하면 이들의 세금을 감면해줄 것을 촉구했다.

　　1902년, 오두막세부터 다양한 종류의 세금이 부과되었다. 1903년, 오두막세 대신 인두세를 실시했고(집안이 너무 과밀했다), 모든 성인은 세금부과 대상이 되었다. 1904년, 종가세는 증가했지만 모든 농기구, 번식용 가축, 상업용 씨앗과 묘목에 대해서는 면제되었다. 물론 이들은 거의 독점적으로 유럽인들이 수입했다. 여러 해에 걸쳐 세율은 증가했다. 1910년에는 3루피였고, 1915년에는 5루피였으며, 1920년에는 10루피 또는 노동 두 달이었다. 영국은 1920년에 루피를 대신하여 화폐제도를 개혁했다. 이는 인도와 관련 없는 영국 화폐에 의존했던 인도와 아랍의 해안 거래자들에게 영향을 미쳤다. 1912년과 1927년 사이, 비아프리카인 18세 이상 남성은 30실링(15루피)의 과세율을 적용받았다. 유럽인에 대한 직접세는 7,500파운드인 반면, 아프리카인에 대한 직접세는 558,044파운드였다. 아프리카인은 유럽인과 같은 관세를 지불했다.

1920년대 중반까지 아프리카인에 대한 직접세는 총소득의 30%였고, 수입에 따른 간접세(종가세)는 상품 가치의 20%였다. 전체적으로 케냐에서 징수하는 세금의 80%, 관세의 85%를 아프리카인이 납부했다. 세금은 아프리카인의 자본 축적을 억제하고 노동력 공급을 증가시키는 데 도움이 되었다.

비록 정부가 그런 활동에 개입해야 하는지의 여부를 두고 엇갈리는 행보가 있었지만, 정부는 세금 외 또 다른 압력을 통해 노동력을 동원했다. 1907년 정부는 "노동공급 관련 업무를 전문적으로 처리하기 위한" 원주민부를 설립했다(Wolff, 1974: 101). 정착민들은 정부가 일상적으로 노동자 고용 업무를 처리해주길 원했다. 정부는 그 역할을 최소화하려고 노력했으며, 이는 큰 갈등을 일으켰다.

1909년 주지사는 일시 거주가 해결책이라고 생각했다. 며칠간(180일) 일을 해줄 경우 토지를 사용할 수 있도록 했다. 이는 또한 농부가 때로 여성과 아이들을 부를 수 있다는 것을 의미했으며, 이를 통해 노동이 연속적으로 공급되었다. 일시 거주자의 수는

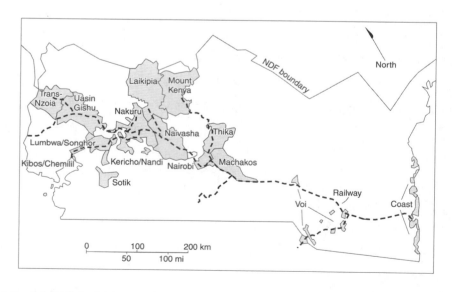

그림 14.9. 케냐의 예정 지역(고원 외곽의 외딴 토지 포함)과 철로와의 관계. 출처: Atlas of Kenya(1959).

증가하여 1930년 초에는 11만 명에 달했다.

남아프리카에서의 100년간의 경험을 바탕으로 통행 허가 제도가 제안되었다. "[통행허가] 제도를 실시하면 훈련받은 원주민들을 구할 수 있을 것이다. 또한 모든 토착민이 어디있으며 봉급이 얼마인지 그리고 어디에 고용되어 있는지 알게 될 것이다"(아인스워스, Wolff, 1974: 105에서 인용). 이 제도는 바로 시행되지는 않았다. 노동력 부족은 계속되었다. 1915년, 원주민 등록 조례가 통과되었다. 이는 남아프리카를 모델로 한 통행 허가 제도였다. 아프리카인들이 운반부대 Carrier Corps(영국군 왕립 아프리카 소총군단을 지원하기 위해 짐을 지어 나르던 대규모 운반부대)로 징집되는 것을 두려워했으므로 정착민들은 노동력을 구하기가 더 쉬워졌다. 정착민을 위해 일할 경우 징집을 피할 수 있었기 때문이다.

통행 허가증에는 평가란이 있었다. 고용주가 "이 사람은 말썽꾼이다"라고 기록할 수 있었다. 통행 허가증을 분실하면 무거운 벌금이 부과되었다. 통행 허가증은 사라진 노동자들을 추적하는 데 도움이 되었다. 이 모든 것을 통해 유럽의 지배력은 강화되었다. 우아신 기슈 철도 증설 Uasin Gishu railway extension에 필요한 노동력이 부족해지자, 식민지 장관은 마지못해 강제 노동을 승인했다.

영국 식민지 정부가 위에서 설명한 모든 노동 동원 기술을 시도하며 통행 허가제, 강제 노동과 같은 심각한 조치까지 취했던 이유 한 가지는 케냐 아프리카인 집단 대부분이 이미 자신의 필요를 충족시키는 생계 수단을 가지고 있었기 때문이다. 그들의 경제가 대부분 자립적이고 자급자족적인 "원"이었다면, 정착민의 재촉을 받던 정부는 그 원을 분열시킬 방법을 찾아야 했다. 그러나 아프리카 농부들에게 경제적 인센티브를 주는 방향으로 하기를 원하지는 않았다.

제1차 세계대전 동안, 도로와 차량이 없는 상태에서 운송부대가 개발되었다. 아프리카인 약 15만 명이 운반부대(kariakoo)에서 복무했다. 아프리카인 1만 4천 명으로 이루어진 무장부대도 있었다. 대규모 노동 동원이었다. 특히 아캄바 Akamba와 기리아마 Giriama에서 군사탐험을 통해 노동력 채용이 이루어졌다. 복무한 16만 4천 명 중 46,618명은 전투 및 시체 관련 질병으로 사망했다. 노먼 레이스 Norman Leys(1925: 287)는 "민족 간의 전쟁을 중단함으로써 우리가 얼마나 큰 혜택을 주었는지를 이전 보고서를 통해 알게 되어 슬프다. 그 이후, 우리가 벌인 전쟁이 한 세대 동안 벌어진 민족 간의 전쟁보다 더 많은 인명피해를 초래했다."

플랜테이션, 농장, 대지에서 일하는 노동자들은 노동으로 인한 후유증으로 고통받았다. 아프리카 근로자의 사망률은 1,000명당 80명이며, 농장을 떠난 해에 발생한 알려지지 않은 사망자 수는 고려하지 않은 것이다. 의료 서비스는 거의 없었다. 케냐의 인구 추정치는 1902년에 400만 명에서 1921년 250만 명으로 감소하였으며, 1923–1924년에는 상승세로 돌아섰다.

요약, 그리고 잔인함에 대한 후기

요약하자면 케냐 식민지 정부는 원주민들에게 다음과 같이 강요했다. 즉, 종합적이고 높은 세금, 모든 것을 포함하는 통행 허가 제도, 아프리카인이 유럽 정착민을 위해 일하도록 하는 정부의 공식적인 압력, 강제 노동, 임시 거주자에 대한 공식적인 지원(유럽 농부들에게 노동력이 가장 필요한 시기에 동원될 수 있는 여성과 자녀를 포함하여 거주하는 노동력 제공) 그리고 보호구역에서의 농업에 대한 철저한 무시 등이 활용되었다. 이 제도는 풍부하고 값싼 임금 노동력을 보장해주었다. 게다가 아프리카인들은 그들 스스로 자신의 경제적 상황을 개선할 방법이 없었다. 그들이 주요 수출품인 차, 커피, 사이잘, 제충국, 유제품을 재배하는 것은 금지되었다. 아프리카인들은 잉여 옥수수에 대해 더 낮은 가격을 받았고(유럽인에게 유리한 이중 가격제가 사용됨), 이들의 가축은 격리되거나 강제 도살되거나, 낮춰진 가격으로 판매해야 했다. 아프리카인은 영국으로부터 마케팅 허가를 받아야 했을 뿐만 아니라, 도시에 가게를 열기 위한 임대도 보통은 받을 수 없었다. 또한 아프리카인은 신용을 가질 수 없었고 자본을 모을 수 없었다. 울프 Wolff(1974: 136-138)는, "[영국은] 임금 노동 외에 유럽인으로부터 충분한 소득을 얻을 수 있는 다른 방법의 가능성을 아프리카 인구에게서 제거함으로써 근대적 노동력을 창출했다"라고 말했다. 영국은 또한 관리직급 직책을 맡기기 위해 유럽 이민을 장려했다. 이들은 아프리카인이 지불한 세금 수입의 상당 부분을 유럽 농업에 직접적으로 투자했다.

유럽인이 케냐에 정착하도록 했던 선택으로 초래될 수 있는 모든 결과가 뒤따랐다. 정착자 계급은 기업가 집단이라기보다는 지주 귀족과 더 비슷했다. 20년 후, 그 식민지는 런던에서의 자본 보조금을 더 이상 필요로 하지 않았다. 값싼 토지와 노동력을 지니고도 정착민들은 간신히 살아남았고, 많은 정착민은 그만두고 떠났다(Wolff, 1974: 145). 이들의 실패 원인의 일부는 경제불황(1929년 주식시장 붕괴 후 10년간의 세계불황) 때문이기도 하고, 또 일부는 토지 소유 귀족처럼 행동했던 다수 정착민의 특성이었던 현저한 과시 행위와 재투자 부족 때문이기도 했다.

케냐에 대한 이번 섹션에서는 식민지 관리자들이 어떻게 행정 비용을 낮게 유지하면서도 식민지가, 특히 자국 정부와 인근 정착민을 위한 생산적 기반으로 기능하도록 했는지에 대해 살펴보았다. 이는 자신과 식민지화된 사람 사이의 사회적 거리를 구축하고, 군사력을 과시하며, 영토와 식민 영토 안에서 허용되는 움직임과 활동을 조직하고

(피식민자의 민족적 정체성을 의도적으로 만들어내는 과정도 수반), 수출과 행정을 위한 교통과 통신을 개발하며, 정착민의 이해를 증진하고 원주민의 노동력 공급을 강제하기 위해 만들어진 방법을 동원하는 등의 수단을 통해 이루어졌다.

그러나 물리적 폭력과 처벌의 수단에 대해서는 지금까지 설명하지 않았다. 이는 아마 포르투갈과 벨기에 식민지에서 더 자주 발생했을 것이지만 모든 프랑스, 영국, 독일 식민지에서도 발생했다. 특히 원주민들이 정말 하고 싶지 않아 하거나 이들이 이해할 수 없는 일을 식민지 관리들이 하도록 만들었을 경우 가장 심각했던 것으로 보인다. 식민지 아프리카 면화의 사회사에 관한 저서 하나는 열대 아프리카에서 면화를 재배하기 위한 과정에서의 강제노역, 투옥, 벌금, 징계성 태형 등에 대한 사례로 가득하다 (Isaacman and Roberts, 1995). 이집트, 스페인, 캘리포니아, 카자흐스탄과 같은 더 높은 위도에서 더 나은 품질의 면화를 재배할 수 있을지를 고려해보면, 어떤 의미에서 면화 사업은 시작부터 암울했다(11장 참조). 앞에서 언급한 면화 관련 책에 기고한 오수마카 리카카 Osumaka Likaka(Isaacman and Roberts, 1995: 209, 원본 초안의 단어 사용)의 인용문을 통해 식민지 노동 과정의 잔인함을 볼 수 있다.

하마의 채찍인 치코테는 감옥과 들판에서 면화 재배자들을 길들이는 데 널리 사용되었으며, 공포 문화의 필수적인 부분이었다. ... "관리가 잘 되지 못한 밭"의 면화 재배자들은 12번까지 채찍질을 당했다. 일반적으로 남자들은 그들의 아내와 아이들이 보는 밭에서 채찍을 맞았다. 경찰에게는 알몸으로 채찍질을 당했다. 채찍질에는 모욕이 동반되곤 했으며, 매우 자주 성관계를 모방하는 등 모욕적인 관행이 수반되었다. 일부 반항자들에게는 옷을 벗긴 후 이들이 사정할 때까지 일부러 허리근육을 매질함으로써 극도의 모욕감과 수치심을 경험하게 하였다.

식민주의의 잔혹성은 아프리카에만 국한된 것이 아니라 식민지 건설에 필수적이다. 토지와 부의 수용 그리고 토지, 농장, 플랜테이션을 위한 지역 노동력 동원에 활용되는 수단은 많은 유사점을 가지고 있었다. 로마, 네덜란드, 일본, 잉카, 스페인, 영국 등 제국들은 식민지배의 과정과 피식민 주민들의 삶에 미치는 빈곤화 및 타락적 영향의 방식에서 공통점이 많았다.

15

식민주의의 종식과 자유무역의 약속

아프리카와 아시아 전역에 걸친 반식민적 저항과 독립운동은 새로운 국제질서를 향한 미국의 압력 및 냉전 발발과 맞물리면서 제2차 세계대전 이후 식민주의의 두 번째 물결이 급작스러운 종말을 맞게 되었다(13장 그림 13.1 참조). 1950년과 1961년 사이, 식민지 수는 134개에서 58개로 줄어들었다. 1990년에 나미비아가 독립할 무렵이 되자 식민통치하의 영토는 소수의 작은 섬들만 남게 되었다. 본서의 나머지 부분에서는 제3세계 국가들이 독립을 이룬 후 1960년을 기점으로 전 세계적 차이와 불평등이 어떻게 변화되었는지를 살펴보겠다. 아프리카와 그 외 지역에서 유럽의 식민주의가 종말하면서 명목상의 주권 국가들이 새롭게 생겨난 시기가 1960년이므로 이를 기준으로 삼았다.

발전주의적 사고가 지배했던 이 시기, 제3세계 정치 지도자들과 제1세계 정책 입안자들은 정치적 독립이 번영을 가져올 것이라 기대했다. 1970년대 중반에 이르자, 이러한 기대는 충족되지 않는다는 것이 확실해졌다. 주변부의 관점에서 보면 정치적 의존은 경제적인 의존으로 단순 대체되었다. 새롭게 독립한 제3세계 국가들은 1945년 이후 자신에게 불리하게 작용하는 세계 질서에 직면했다(4장). 신자유주의적 세계화의 추종자들은 국가 주도의 국가 규제 대신 탈규제화된 국제 시장으로 전환하는 것이 해결책이 될 것이라고 본다(5장). 일반적으로 자유무역의 교리가 이를 정당화시킨다. 즉, 지역 간의 무제한적인 상품 교환이 이들 간 상호 번영을 이루는 가장 좋은 방법이라는 것이다. 제3세계 일부 국가, 특히 동아시아와 동남아 국가들은 세계 시장에 깊숙이 참여함으로써 이익을 누리고 있다. 그러나 다른 다수의 국가에서는 가난이 지속되거나 증가했고, 제1세계, 이전의 제2세계, 제3세계의 여러 국가에서 불평등이 증가했다(2장).

    이 장에서는 식민지 시대가 어떻게 끝났는지 그리고 새롭게 독립한 국가들에게 어떤 발전 가능성이 주어졌었는지 살펴본다. 유럽인들이 그들의 식민지를 쉽게 포기하지 않았으며, 제3세계 내의 단호한 독립운동과 식민지 무역을 파기하길 원하는 신흥강국 미국의 압력에 의해서만 가능하다는 것을 보일 것이다. 그러나 일단 정치적 독립을 이루고 나면, 자유무역이 제3세계의 빈곤을 감소시킬 것이라고 주장되었다. 각 국가는 서로 다른 재화를 특화하여 생산함으로써 세계 경제에서 이익을 취할 수 있다고(그리고 정말로 취해야 한다고) 자유무역 원칙은 역설한다. 상호 의존하는 무역관계의 국가들이 특화와 무역을 통해 발생하는 이익을 공유할 수 있도록 서로 다르지만 평등한 무역 국가 시스템을 가능하도록 하는 것이 "제대로 된(right)" 국제적 노동분업이라는 것이다. 이 장의 후반부는 이러한 원칙을 상세히 검증함으로써 제3세계 국가들이 자유무역을 통해 제1세계를 "따라잡을 수 있을 것"이라고 하는 매우 영향력있는 주장에 대해 고찰할 것이다. 그 다음 장은 자유무역이 실제로 어떻게 작동했는지를 평가한다. 제3세계 국가들이 세계 경제와 연계되어있는 다른 방식들과 이들이 제3세계에서의 삶의 질에 대한 기대에 미치는 영향을 검토한다. 전 세계에서 세계화가 화두이다. 따라서 세계화를 통한 국가 간 연계가 제3세계에 위치한 사람들에게 미치는 영향을 이해하는 것이 중요하다. 동시에 신자유주의적 세계화에 의문을 품고 대안적 원칙들을 추구함으로써 부정적 영향에 대응하기 위한 시도 역시 살펴볼 것이다.

식민 무역 체계의 종식

제2차 세계대전 전에는 세계 무역이 준독립적인 식민지 무역 구역으로 분할되어 식민지들은 식민지 개척자들과 밀접하게, 그러나 불평등한 방식으로 연결되어있었다. 이들 구역들 사이는 식민 세력 간 무역을 통해 연계되었다. 이러한 제한적 구역은 자유무역을 옹호하는 무수한 정치적 노력에도 불구하고 존재했다. 미국은 식민지가 거의 없었으며, 자신부터 이전에는 식민지였으므로 식민주의를 반대했다. 미국은 알렉산더 해밀턴 Alexander Hamilton 시대부터 보호 무역주의 정책을 추구하면서 미국 자본가들이 세계적 경쟁력을 갖춘 기업으로 성장하도록 지원했다. 그 이후 정책 입안자들은 미국의 세기를 계획하여, 미국 기업이 훨씬 더 자유분방한 세계 무역 체제를 이용할 수 있도록 식민지 무역 블록을 해체하기 시작했다.

정치적 독립

제2차 세계 대전은 그런 분열을 위한 조건을 조성했다. 첫째, 독일, 이탈리아, 일본을 축으로 하는 식민세력이 패배함으로써 이들 세력의 식민지배가 붕괴되었다. 독일과 이탈리아는 식민지가 거의 없었지만, 일본은 전쟁 중에 동아시아 및 동남아시아 상당 부분에 대해 식민 지배를 행사하게 되었다. 둘째, 전쟁 기간을 통해 유럽의 다른 식민지 강국들은 미국에 대해 엄청난 부채를 지게 되어 미국은 유럽의 식민 블록을 해체할 수 있게 되었다. 전쟁 수행 자금에 대한 미국의 대출과 전후 복구를 위한 미국의 원조에 대한 대가로 영국, 프랑스, 벨기에, 네덜란드는 자신들의 무역 구역을 열어 미국과 다른 제1세계 국가들이 무역 및 경쟁에 참여하게 되었다.

셋째, 제3세계의 독립운동은 점점 더 효과적으로 전개되었다. 유럽의 식민지배 국가들은 내부적으로나 또는 새롭게 형성된 제1세계와 제2세계 사이에서 발생하는 경제적, 정치적 문제에 골몰한 나머지, 다루기 힘든 식민지를 지배하기 위해 싸울 마음이나 경제적 자원이 고갈된 상태였다. 이들은 식민주의를 통해 경제적 번영을 이룬다는 중상주의적 경제 철학을 기꺼이 포기하려고 했다. 그렇다고 식민지를 쉽게 포기한 것은 아니었다. 예를 들어 네덜란드 군인들은 네덜란드의 식민 지배를 되찾기 위해 인도네시아 게릴라 독립 전쟁에 맞서 싸우면서 영국 그리고 심지어 일본 군대와 동맹을 맺었다(일본인들은 전쟁 동안 인도네시아를 일본의 통치로 만들기 위해 맹렬히 전쟁했었다). 매우 다른 종류의 쓰디쓴 투쟁이 인도, 말레이시아, 케냐 그리고 다른 여러 장소에서 일어났다.

여성들은 독립을 통해 모든 형태의 식민화가 깨질 것이라는 희망과 약속을 가지고 지역 공동체를 동원하고, 활동을 조직하며, 구식 규범과 기대를 깨트리는 등의 활동을 함으로써 반식민 투쟁이 진정한 민중운동이 될 수 있도록 영향을 미쳤다(Johnson-Odim and Strobel, 1999: xxxvii-xlii). 반식민지 운동은 말 그대로 수 세기 동안의 투쟁 끝에 놀랄 만큼 급작스럽게 성공을 거두었다. 이는 식민세력의 관심이 감소한 덕분이기도 했지만, 자신들의 결단력과 창의성의 산물이기도 했다. 이를 통해 자신들을 제3세계라고 부르는 국가들의 그룹이 존재하게 되었다. 그러나 이의 결과로 여성, 특히 소외된 계층이나 지역 공동체 출신의 여성에 대한 해방은 일반적으로 이루어지지 않았다. 민족주의 투쟁 과정에서 여성은 종종 전통적인 지원 역할에서 소외되었다. 여성은 이 투쟁을 가부장적 규범에 도전하기 위한 기회로 삼으려 했으나 남성 지도부는 종종 "실제적(real)" 문제를 벗어난다는 이유로 이를 억압했다. 이러한 현상은 독립 후에 더욱 두드러졌다. 새로운 국가 정체성과 "고안된 전통"을 만드는 과정에서 공공과 민간, 남성과 여성, 현대와 전통이라는 중첩되는 이분법은 식민지 이후의 사회에서 매우 강력한 영향력을 발휘하여 여성이 동등하게 참여할 수 있도록 하는 지위를 확립할 수 없도록 했다 (Chatterjee, 1989; Enloe, 1989; Geiger, 1997). 과거가 동양의 "식민주의 페미니즘"을 통해 소외되었던 시대였다면(3장), 독립 이후에는 비록 "흑백"과 같은 방식은 덜해졌지만 신식민주의적 구조와 네트워크를 통해 권력이 작동함으로써 비슷한 형태로 배제와 포함의 구조가 형성되었다.

새로운 세계 질서?

1945년 이후의 세계 질서는 여러 가지 면에서 전쟁 전의 질서와 달랐다. 첫째, 동유럽, 중국, 북한, 쿠바에서 공산주의 혁명이 성공하여 에그뉴와 콜브리지 Agnew and Corbridge(1995)가 "냉전 지정학적 질서(Cold War geopolitical order)"라고 부른 새로운 지정학적 질서가 수립되었다. 따라서 축의 세력을 물리치기 위해 결성된 동맹은 해체되어 자본주의와 공산주의 간의 새로운 갈등으로 재정립되었으며, 새롭게 부각된 제3세계 국가들은 이 과정에서 자신의 이익을 추구하는 방법을 학습하게 되었다. 새로운 제3세계 체계 다수는 사회주의 정치적 성향이 있었지만, 자본주의 유럽 국가들과 강한 역사적 연계도 가지고 있었다. 이들은 유럽의 자본주의나 소련 공산주의가 아닌 제3의 방식을 추구하는 데 있어 제1세계나 제2세계의 도움을 기꺼이 받았다. 이 과정에서 제1세계와 제2세계 일부에서 제3세계 국가에 대한 영향력을 두고 쟁탈전이 촉발되었다. 이는 받아들일 수 있는 개입의 종류를 결정함에 있어 제3세계 엘리트들이 영향력을 행사할 수 있게 되었다는 점을 제외하고는 아프리카를 향한 쟁탈전과 다르지 않았다.

둘째, 제2세계(및 제3세계 협력국)를 형성한 국가들 외에는, 미국의 주도하에 세계 경제가 조직되어 다국적 기구와 조약이 자본과 재화의 전 세계적 흐름을 촉진하도록 편성되었다. 제2차 세계대전의 결과가 결정되기도 전인 1942년, 영국인들이 변화를 받아들일 것 같았던 때조차 미국 경제학자들은 이 새로운 세계 질서를 계획하기 위해 영국 경제 관계자들(존 메이너드 케인즈 John Maynard Keynes가 이끔)과 만나기 시작했다. 케인즈 정책은 미국이 대공황에서 벗어나게 한 뉴딜정책의 중심에 있었다(4장). 전후 세계에서 국제적 연계가 시장 세력에 의해 형성되어야 하는지 아니면 글로벌 중앙은행과 같은 국제기구가 권력을 지니는 케인즈의 국가 중심 철학을 따라야 하는지에 대해 상당한 논쟁 끝에, 국가가 자신의 국경을 통제할 권리를 가지고 있다는 점을 인정하면서도 전자의 전략이 우위를 점하게 되었다.

이 새로운 구조는 1944년 브레튼우즈 콘퍼런스에서 모습을 드러냈다. 식민지 무역 구역이 해체될 경우 이를 보완하게 될 몇몇 다른 조치와 제안이 논의되었다(비록 이때 식민주의 종식이 실제로 고려된 것은 아니었지만). 참여 국가들은 미국의 압력하에 데이비드 리카르도(3장)가 개발한 비교우위의 자유무역 원칙에 따라 국제무역이 이루어져야 하며, 이 목표를 달성하기 위해서는 국제적으로 거래되는 모든 국가 통화 간의 고정 환율이 필요하다는 데 합의했다. 영국 파운드화 대신 미국 달러화가 국제거래의 원화가 될 것이며 금본위제를 고수해야 한다는 데 합의했다.

투자 자본의 국제적 이동성을 촉진하기 위해 두 개의 초국가적 "다자 간" 국제 금융 기관이 설립되었다. 국제통화기금(IMF)은 정책 자문을 통해 환율 안정을 도모하고, 국제 수지 문제를 해결하기 위해 자금이 필요한 국가에게 단기 대출을 제공함으로써 세계 무역의 균형있는 확대를 촉진하기 위해 고안되었다. 이는 전 세계적 발전은 자유무역과 더불어 통화가 완전히 전환될 수 있어야 한다는 가정에 근거했다. 현재 세계은행의 회원기관인 국제재건개발은행 International Bank for Reconstruction and Development (IBRD)은 재건과 개발을 위한 장기 저금리 대출을 제공하기 위해 설립되었다.

또한 이와 병행하여 상품 거래(국제무역기구)와 국제 노동 이동성(국제노동기구) 두 가지를 조정하는 초국가적 기구 설립에 대한 논의도 있었다. 케인즈 노선을 따라 무역을 규제하는 국제무역기구가 제안되었다. 여기에는 국가가 무역을 협상할 수 있는 권한을 명시하고 있으며 무역을 완전 고용과 노동 기준을 우선시하는 방향으로 계획하고 있었다(Drache, 2002). 이것은 미국 의회의 반대로 인해 제정되지 않았지만, 더 자발적이고 다듬어지지 않은 관세무역협정 General Agreements on Tariffs and Trade(GATT; 16장)을 초래했다. 당시에도 국제 이주를 촉진하는 기관에 대해서는 지금처럼 열의가 거의 없었지만, 국제연맹 League of Nations이 창안한 UN 국제노동기구 UN International Labour Organization(ILO)는 국제 고용 동향과 단체 교섭의 발전을 계속 주시하고 있다.

후기 식민주의 세계

그림 15.1은 1960년 산업과 1차 산업 부문 간의 세계적 노동분업을 나타낸다. 이 지도는 식민주의의 절정을 보여준다. 산업고용은 제1세계와 제2세계에 집중되었고, 제3세계(칠레와 아르헨티나를 제외)의 이전 또는 현재 식민지 대부분은 1차 상품 생산(광물, 화석연료, 농작물, 어류, 목재)의 고용이 지배하고 있다. 이는 세계 경제의 식민조직을 반영한다(13장 참조). 이 지도는 정식 임금을 받는 사람들의 직업만 기록하고 있다는 점에 유의하자. 따라서 대부분의 여성뿐 아니라 농업 및 기타 전통적 고용(서양의 기준에서는 비공식적 고용)에 종사하는 많은 사람은 제외하는 편파적인 그림이다. 그러나 이 그림은 1960년 정책입안자들이 고용과 발전에 대해 어떻게 생각했는지에 대해 정확히 나타내

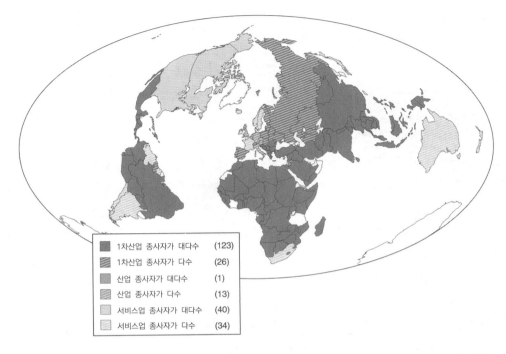

1차산업 종사자가 대다수	(123)	
1차산업 종사자가 다수	(26)	
산업 종사자가 대다수	(1)	
산업 종사자가 다수	(13)	
서비스업 종사자가 대다수	(40)	
서비스업 종사자가 다수	(34)	

그림 15.1. 1960년 세계 노동 분업. 출처: 국제노동기구(ILO, 1977년).

고 있다. 일반적으로 제3세계 독립국가는 제1세계 스타일의 산업화를 발전을 향하는 길로 간주했다. 문제는 이를 어떻게 달성할 것인지였다. 즉, 정치적 독립을 경제적 부로 어떻게 전환할 것인가?

두 가지 국가 전략이 논의되었다. 한 가지 경로는 구소련과 특정 사회민주주의 유럽 국가에서와 같이 국가의 산업 소유권을 본뜨거나 또는 민간 소유의 국내 산업을 국가가 국제 경쟁으로부터 보호하는 등 국가 주도의 직접적 산업화 정책을 실시하는 것이었다. 다른 한 가지는, 자유롭고 개방적인 경쟁의 세계에서의 성장은 전문화와 무역을 통해 달성될 수 있다고 주장하는 경로였다. 자유무역의 이론은 후자의 전략에 대한 근거가 되었다. 이 관점에서 보면 1차 상품 생산에 대해 식민지 국가들이 이미 전문화되어 있는 것은 비교우위를 의미했다. 즉, 그 분야는 산업생산보다 이들이 더 효율적으로 할 수 있는 것이라는 것이다. 따라서 농업, 어업 또는 광업에서의 높은 고용은 낙후나 식민 착취의 상징이 아닌 전문화와 무역을 위한 합리적인 근거로서, 국가가 개입하여 강제적으로 산업화를 이루는 것보다 경제적 번영에 이르는 보다 효율적이고 효과적인 경로로 여겨졌다. 이는 그림 15.1에 묘사된 생산의 공간적 분화가 국가의 개입을 통해 존재하지 않게 되는 것이 아니라 경제 성장의 기반으로 계속되어야 한다는 것을 의미했다. 1차 상품의 수출을 통해 축적된 자본은 국내 시장을 위한 산업 생산과 서비스로 전환될 수 있다고 주장되었다.

공산권 외에서 자유무역은 새로운 세계 질서의 경제 방향으로 제시되었고, 비교우위의 원칙은 국제 노동분업의 결정 요인으로 간주되었다. 특히 미국 정책 입안자들은 자유무역을 미국뿐 아니라 모든 나라에 번영을 가져다주는 것으로 홍보했다. 유럽인들은 처음에는 회의적이었으나, 일단 세계은행과 미국의 마셜 플랜이 유럽의 산업기반 재건에 도움을 주고 나자 일본인들과 같이 무역을 통해 세계 경쟁에 참여할 준비가 되어 있었다. 이로 인해 1960년에 정책적인 합의가 이루어졌는데, 그것은 어쨌든 제3세계 국가들에게는 이미 전문화 되어있던 1차 상품의 지속적인 생산과 수출이라는 더 쉬운 경로를 따르는 데 정당성을 제공해주었다. 중요한 예외도 있었다. 예를 들어 탄자니아와 인도는 1차 상품을 전문화하고 수출하는 대신 국가가 주도하는 산업화를 정당화하는 보다 급진적인 경제이론을 채택했고, 브라질은 자유무역 접근법에 좌절감을 느낀 후 수입대체산업화 정책으로 눈을 돌렸다(17장 참조). 한국, 대만, 싱가포르, 홍콩은 19세기로 거슬러 올라가는 유럽과 미국의 정책을 모방하여 국가가 주도하는 수출 촉진 및 수입 대체 정책을 창의적으로 결합하여 산업화를 뒷받침했다. 그러나 1995년 세계무역기구 (WTO)가 출범한 이후 이러한 전략은 신자유주의적 세계화를 통해 번영을 보장하는 자유시장을 방해한다는 비난을 받게 되었다. 자유무역 원칙은 그 어느 때보다도 더 영향력을 지니고 있다. 따라서 비판적 검증을 받아야 한다.

자유무역모델

기본 원리

만약 국가들이 자급자족하거나 경제학자들의 전문용어로 "경제 자립적"이라면, 자국민들이 요구하는 것만을 생산할 것이다. 공급은 국내 수요를 반영하므로 국제무역은 불필요해진다. 그렇게 되면 국가들은 서로 어느 정도 독립적일 것이다. 생산의 지리적 차이는 국가 간 사람들이 필요로 하거나 원하는 것의 차이(수요 패턴의 지리적 차이)로만 제한될 것이다. 자유무역 원칙에 의하면 이는 비효율적이다. 이 관점에 의하면 각국은 가장 효과적으로 할 수 있는 일에 전문화되어야 하며 잉여가 발생하면 이를 통해 자국민이 필요로 하는 다른 상품을 수입한 대가로 지불할 수 있는 잉여를 생산해야 한다.[1] 그 결과는 상호 의존적이고 훨씬 더 차별화된 국제 경제 시스템이 될 것이다. 각 나라는 경제

자립적이 아니라 서로에게 더욱 의존적이 될 것이며, 특정 활동에 더욱 전문화될 것이다. 자유무역주의는 전문화와 무역이 국가의 자급력을 약화시키지만, 국가들이 무엇을 전문으로 할 것인가를 제대로 선택하는 한, 더 효율적인 시스템이 될 것이라고 결론짓는다. 각 나라의 올바른 선택은 비교우위가 있는 활동을 전문으로 하는 것이다. 만약 각국이 이렇게 한다면, 생산의 효율성이 높아져 전문화와 교역으로 경제 자립보다 더 많은 재화와 서비스가 생산될 수 있다. 이것이 무역에서 얻는 국제적 이익이며, 원칙적으로 모든 나라가 공유할 수 있다. 각국이 이익을 보므로 모든 곳에서 더욱 빠른 경제 성장이 이루어지며, 이는 무역이 경제 자립보다 경제 번영에 이르는 더 빠른 길임을 의미한다. 마지막으로, 한 국가가 산업 제품이든 또는 1차 생산품이든 어떤 것을 전문화하는지는 크게 중요하지 않다. 중요한 것은 해당 국가가 그 상품에 대해 비교우위를 점한다는 것이다.

따라서 세계 경제의 주변부 국가들은 물리적 환경이나 노동력, 자본 등 그들의 독특한 특징을 발전의 장애물로 간주해서는 안된다. 대신, 차이라는 특징을 통해 상호 의존적 경제에서 모두가 이익을 얻을 수 있다. 각 나라는 자신이 잘할 수 있고 세계에 기여할 수 있는 어떤 것을 가지고 있다. 결과적으로 각 나라는 그들 자신의 힘으로 스스로를 끌어올리기 위해 세계 경제로부터 스스로를 고립시켜서는 안 된다. 지역 간의 차이는 바람직하며, 발전을 이루기 위해서는 전문화와 무역을 통해 이를 최대한 활용해야 한다. 노동의 공간적 분리는 모든 공간적 스케일에서 관찰 가능하다는 것을 상기해보면, 무역 패턴은 국가뿐만 아니라 지역, 도시, 심지어 이웃까지도 연결한다. 그러나 국제적 스케일에 무역과 개발 문제의 관심이 대부분 집중되어있다. 게다가 오직 국가만이 무역을 통제할 수 있는 주권을 부여받는다. 그래서 무역 정책에 대한 논쟁은 대부분 국제적 스케일을 다룬다. 지역 전문화, 내부 무역 패턴, 국가 내 개발 가능성의 지리적 차이 등 매력적인 질문도 있지만 여기서는 국제적 스케일에서의 활동을 주로 다룰 것이다.

국제무역 이론의 논리

자유무역주의는 식민주의가 정점에 이르렀을 때 영국에서 등장했는데, 이때 영국은 이미 지정학적 영향력을 사용해 "세계의 중심"으로 부상했다. 한 가지 예면 충분할 것이다. 16세기와 17세기에 인도는 세계 최고의 면직물을 생산했다. 유럽으로 수출되면 매우 가치있는 것으로 여겨졌다. 그러나 영국은 자국의 유치산업인 섬유 산업을 발전시키기를 원했고, 식민지 지배력을 동원해 영국으로 향하는 인도 섬유 수출을 중지시켜 국내 생산자를 보호했다. 대신 영국은 인도산 수출을 유럽 대륙에 싸게 팔아 그 국가들의 국내생산(그리고 그에 따른 경쟁국들)을 감축시켰다. 영국에서 산업이 형성되고 나자, 영국은 인도 섬유 수출에 관세를 부과하여 유럽으로 들어가는 모든 인도 섬유 수출품의 가격을 인상했다. 유럽으로 향하는 인도 면직물 수출은 모두 영국을 통해 선적되었는데, 그곳에서 영국 면직물 수출품보다 5-25배 높은 관세를 부과했다. 인도 면직물 생산자들은 영국 정책이 그들의 비교우위를 약화시켰기 때문에 유럽이나 인도에서의 영국 수출품과 경쟁할 수 없었다. 인도의 면직물 생산은 급격히 감소하여 수출 상품에서 사라졌다(Raffer, 1987: 134-137). 섬유의 실질 가격이 1820년까지 1780년 가치의 20%로 떨어져, 인도 생산자들은 인도의 면화를 전문화하고 거래하는 쪽으로 전환해야 했다(19세기 중반 노예생산의 저비용을 통해 생산된 미국 면화가 인도 면화 수출을 잠식할 때까지).

자유무역 원칙은 정치적인 교리인 동시에 경제 원리로 등장했다(Sheppard, 2005). 정치적으로, 이 교리는 밀 생산 비용(즉, 임금 비용)을 낮추려고 하는 맨체스터의 면화 사업가들의 단체인 반옥수수법 리그 Anti-Corn Law League(ACLL)에 의해 대중화되었다. 이들은 1846년 영국 토리당이 밀 수입에 대한 관세를 폐지하도록 설득하여, 1914년까지 헤게모니를 보유한 세계적 강국이 자유무역 관행을 시작하도록 했다(재무부 관료들은 영국이 유럽의 어느 제조업체보다 경쟁력을 더 갖추었으므로 자유무역으로부터 혜택을 받을 수 있을 것으로 계산했다). 계급 기반 분석 때문에 ACLL에 의해 의도적으로 무시되긴 했지만 데이비드 리카르도(1817/1951)는 국제무역 이론의 기초가 된 그 교리에 대한 경제적 정당성을 확립하였다.

이 이론의 핵심 질문은 지역 간의 지리적 차이가 개발 목표를 실현하는 지역민의 능력 불평등에 기여하는지 또는 불평등을 극복하는 기반을 형성하는지의 여부이다(사이드바: "스포츠—차이가 괜찮은 경우" 참조). 위에서 논의한 바와 같이, 자유무역 원칙은 두 국가가 각국이 비교우위가 있는 활동을 전문으로 하여 잉여를 생산하고, 그 후 다른 상품의 생산을 전문으로 하면서 동일한 원칙을 채택한 다른 국가들과 자유로이 거래한다면 상호 이익을 얻을 수 있다고 명시하고 있다.

현대 국제무역 이론의 논리는 이 주장을 다음과 같이 확대한다.

1. 각 국가는 고유의 특성으로 인해 일부 활동(즉, 다른 어떤 활동보다 더 효율적으로 수행될 수 있는 활동이 있다)에서 특정한 토지, 자원, 노동 및 자본의 이점으로 인한 비교우위가 있다.

2. 자유시장 시스템의 합리적 자본주의 기업가들은 자동적으로 시장 신호에 대응하여 이러한 비교우위를 이용하도록 선택함으로써 적절한 활동의 전문화를 지원하려는 국가의 개입을 불필요하게 만들 것이다.

스포츠 — 차이가 괜찮은 경우

세계 어느 곳에 가든, 지역 신문에는 스포츠 섹션이 있다. 거기에는 축구 경기, 크리켓 경기, 야구 경기, 육상 경기, 볼링 리그 플레이오프 등의 결과가 난다. 뛰어난 선수들과 흥미진진한 경기의 이야기도 담겨있다. 루사카, 방콕, 부다페스트, LA 또는 어느 곳이건 스포츠 경기 결과에 그렇게 많은 언론 공간과 현지 텔레비전, 라디오 시간이 할애되고 있다는 것은 놀랍다. 이 현상의 이면에는 무엇이 있을까?

가장 간단한 대답은 스포츠는 재미있고, 흥미롭고, 사람들에게 중요하다는 것이다. 좀 더 복잡한 대답은, 스포츠에서는 사람들과 집단의 사람들 사이의 차이도 "괜찮다"라는 것이다. 차이는 사회적으로 인정되고 허용될 수 있다. 운동 경기의 구조에 대해 생각해보라. 시작점에서는 양쪽이 모두 평등하고, "게임의 법칙"은 양쪽 모두에게 동등하게 적용되며, 마지막에는 승과 패가 있다(물론 동점이 없는 한). 미국 프로 스포츠를 포함한 일부 경우, 시즌에 진 팀이 최고의 신인 선수들을 선발할 수 있도록 함으로써 경기장을 평평하게 만드는 데 많은 노력을 기울이고 있다.

사람들은 삶을 경쟁으로 여기고 삶을 공정하게 만드는 것에 대해 복잡하고 모순되는 태도를 보인다. 삶의 요구에 대처하기 위한 각자의 개인적 능력은 동등하지 않음을 우리는 알고 있다. 그러나 우리의 기본 문서(헌법 등)는 "모든 사람은 평등하게 창조된다"와 같은 것을 명시하고 있다. 우리는 특정 기본권이 모두에게 적용될 수 있도록 하는 방법을 찾기 시작했다. 정치적 차원에서 현대 민주주의 이상은 법 앞의 평등, 평등한 기회, 시민과 인권 등 다양한 분야에서 기본적인 평등을 지지한다. 혈연기반 사회에서도 평등에 대한 비슷한 관심이 사회적 행동에 나타난다. 많은 경우 사법 절차는 유죄를 선고하는 것보다 피해자에 대한 보상에 더 관심을 갖는다. 개인의 권리와 타인에 대한 개인의 의무는 복잡한 방식으로 균형을 이루고 지켜진다.

따라서 세계무역정책이나 공산품 "덤핑"을 비난하면서 "평준한 경쟁의 장이 있어야 한다"라고 주장한다면 이는 경쟁에서의 평등에 호소하는 것이다. 그 이상이 처음에 명백해보였던 것과는 달리 더 깊은 뿌리를 가지고 있을 수 있으며, 이 장에서는 그 문제가 얼마나 복잡한지를 보여준다. 우리 인간은 확실히 경쟁을 좋아하지만 부유하게 살고 있는 우리는 우리의 경제적 여유가 위태롭게 되면 평등에 대해 상반된 감정을 가지게 된다.

---

3. 각국이 비교우위가 있는 활동을 전문으로 하고 그 흑자를 국제적으로 거래한다면, 세계 경제는 각국이 자급자족할 때보다 더 많은 생산량을 나타낼 것이다.

4. 전문화와 무역은 그러므로 자급자족 국가경제보다 세계 경제의 효율적인 조직이 된다.

5. 국가 간 무역에 유리하게끔 국제가격이 형성되면 (자급자족 보다) 무역 소득이 증가하여 모든 무역참여국에 배분될 것이다. 그러나 이러한 무역 이익의 분배 방식은 상품의 국제 환율(즉, 국제 시장의 상대적 가격)에 의해 좌우된다.

"비교우위"는 자유무역 원칙을 광범위하게 적용함에 있어 필수적인 개념이므로 이해할 필요가 있다. 한 국가가 다른 국가와 비교했을 때 그 국가에서 *다른 상품을 생산하는 비용에 비해* 천을 더 저렴하게 생산할 수 있다면, 그 국가는 천 생산에 비교우위를 가진다. 따라서 국가 간 천 생산의 절대 비용을 비교할 필요가 없이 단지 한 장소에서 다른 상품 가격과 비교한 천 생산 비용을 검토하면 된다. 리카도는 국가 간 금의 흐름을 통해 절대적 가격의 차이가 해결될 것이라 생각했다(그는 다른 상품보다 금에 훨씬 관심이 많았다). 리카도의 고전적 예를 들어보자. 영국에서 섬유를 생산하는 데 100파운드, 와인 생산에는 200파운드, 포르투갈에서는 섬유를 생산하는 데 75파운드, 와인 생산에는 50파운드가 든다고 가정해보자. 절대적 관점에서 영국은 두 상품 모두 더 비싸다. 그러나 영국은 와인보다 섬유를 포르투갈보다 더 싸게 생산할 수 있다. 즉, 영국에서는 섬유 생산 비용이 와인 생산 비용의 절반인데 반해 포르투갈에서 섬유를 생산하는 비용은 와인 생산비용의 1.5배이다. 물론 영국이 섬유에서 비교우위를 갖는다면 포르투갈은 와인에 있어서 비교우위를 가져야 한다(영국에서는 섬유 생산의 두 배인데 반해 포르투갈에서는 섬유 생산의 2/3이므로).

이러한 비교우위의 원칙을 무역이론에 적용하면 영국은 섬유 생산을, 포르투갈은 와인 생산에 특화를 해야 한다. 그다음, 섬유는 포르투갈로, 와인은 포르투갈에서 영국으로 수입되며 두 국가의 총생산량은 각자가 국내 수요를 충족시킬 만큼 생산했을 때보다 더 많을 것이라는 것을 추론할 수 있다. 이것은 영국이 두 상품을 모두 더 비싸게 생산함에도 불구하고 사실이다. 한 국가가 다른 국가에 비해 모든 상품 생산의 비용이 더 비싸다 하더라도 이러한 개발 전략을 이용할 수 있다.

이러한 무역과 개발 모델에 바탕을 두고 리카도의 예를 적용하여 한 국가가 1차 상품을 생산하고 다른 국가는 산업 상품을 생산하는 관계에 대해 다음과 같이 주장할 수 있다. 즉, 자유로운 국제무역을 보장하는 제도적 구조에서 개발도상국이 1차 상품 생산에 대한 그들의 비교우위를 이용한다면, 선진국들과의 격차를 줄일 수 있을 것이다. 그러나, 모든 이론과 마찬가지로 자유무역이론의 최종 결론에 이르기 위해서는 특정한 단순화 가정이 필요하다. 일반적으로 다음과 같은 가정이 전제된다.

- 국제무역을 위한 추가적 운송 비용은 전문화로 인한 편익보다 크지 않다.
- 각 국가는 자국의 경제자원을 최대한 활용한다(즉, 활용되지 않는 노동과 자본은 없다).
- 과도한 이윤을 추구하는 기업은 없다.
- 모든 주체는 충분한 지식을 가지고 이성적이며 자신에게 이익이 되도록 선택을 한다.

무역의 경합적 침입

식민지 시대 이후 제3세계 국가의 농업 상업화는 많은 경우 무역을 고려한 결과였으며, 심지어 수출을 목적으로 하는 작물재배가 아닐 경우도 마찬가지였다. 이는 무수한 예상치 못한 파괴적 결과를 초래했다. 외부 기관과 국가는 쌀 생산량 증가를 목적으로 감비아 강(서아프리카의 국가 감비아의 명칭 유래가 정의됨, 13장 그림 13.14 참조) 주변의 개간된 습지 활용을 촉진했다. 식민지 지배하에서 수출을 목적으로 현금작물 땅콩 재배에 지나치게 집중한 결과 감비아는 엄청난 양의 식량을 수입해야할 지경에 이르게 되었다. 개간지에서의 쌀 생산은 이러한 수입을 대체하여 감비아 경제를 자급자족적으로 전환시키기 위한 조치였다. 이 계획이 실시되기 전 여성은 농업 가구의 생계에 기여하는 방편으로 그 개간지를 이용해 파트타임으로 쌀 재배를 할 수 있는 관습권을 지녔다. 그러나 쌀 생산이 상업화되면서 여성은 지속적으로 더욱 강화된 노동을 하게 되었는데도 불구하고 남성이 주도권을 가지게 되었다. 따라서 여성은 새로운 부담을 떠맡은 동시에 관습적 권리를 잃게 되었다. 이로 인해 사실상 여성의 생계활동뿐 아니라 상업활동과 소득창출에 대한 기여까지 남성의 통제하에 놓이게 되었다. 그것은 여성에 대한 보상 없이 가구 내 남성의 권력을 극적으로 증가시켰다. 여성들은 강화된 이 젠더 불평등에 이의를 제기하기 위해 다양한 방법을 만들어냈다. 이들은 일을 거부하거나 가정에서 제공하던 서비스를 가정 외에서 계약하여 제공했다. 그 결과 여성지식 체계, 농학적 지식, 그리고 쌀 농사 간의 관계가 단절되었다. 가정들이 더 이상 기존의 관행으로 농업을 계속할 수 없게 되자 생산은 감소했다. 수입 대체를 위한 상업화된 농업이 침입하자 기존의 젠더 권력 시스템을 여성에게 불리한 방향으로 바꾸었고, 그 결과 쌀 생산을 저해하고 지역 농업의 지속 가능성을 감소시켰다. 그러나 그 여성들은 지역적 차원에서 이러한 침입에 성공적으로 저항하여 지역 내 관계뿐만 아니라 국가경제에까지 영향을 미칠 수 있음을 보여주었다. 가부장적 쌀 생산 체제에 대한 그들의 저항은 결국 감비아가 내수용 쌀 생산에서 유럽 수출용 과일과 야채의 생산으로 전환하도록 촉진시켰다.

출처: 카니 Carney(1993).

- 무역은 균형상태이다. 즉, 무역에서 흑자나 적자를 나타내는 국가는 없다.
- 주권국가는 추진할 정책을 결정할 수 있다.
- 두 국가 모두 지나치게 크지 않아서 두 상품 모두에 대한 양국의 수요를 충족시킬 수 있다. 예를 들어 포르투갈이 섬유와 와인을 대규모로 생산할 수 있다면, 영국보다 싼 가격에 해당 상품을 공급하여 두 가지 부문에서 영국 산업을 제거할 수 있을 것이다.
- 외국인 직접투자(FDI)는 무시할 수 있다.

• 한 국가가 특화되기 위해 필요한 변화는 쉬워서, 예상되는 이익을 감소시키지 않는다.

물론 제3세계 국가의 실제 상황은 이러한 가정과 크게 다르다. 제3세계 국가들은 일반적으로 경제적 자원을 충분히 활용하지 못하고 있으며(특히 노동력에 대한 저고용), 국경을 가로지르는 대규모의 노동력과 자본의 흐름을 예측하기 어려운 상황이며, 특화 양상을 바꾸는 과정(예를 들어 지주들이 현금작물을 포기하지 않으려 한다거나, 국가의 수출기관이 특정한 경제 부문에 집중하는 등)에서 발생한 상당한 사회적, 정치적 비용을 부담하고 있다(사이드바: "무역의 경합적 침입" 참조). 일부 국내 시장은 값싼 수입품에 쉽게 잠식당할 수 있다. 이러한 가정들이 하나 이상 성립하지 않을 때 이 이론, 즉 자유무역 원칙이 타당한지에 대해 많은 논쟁이 존재하며, 결론이 나지 않은 상태다. 가정이 완화되면서 한 국가가 교역으로 손해를 입는 경우를 경제 이론가들은 점점 더 발견하고 있으므로(특히 무역이 제조업 중심으로 이루어질 때), 이들은 제조업 무역으로 야기된 문제를 해결하기 위한 국가 개입을 이르는 "전략적" 무역 정책을 제안하고 있다(Sen, 2005). 그럼에도 불구하고, 자유무역 원칙은 신자유주의적 세계화의 핵심 원칙으로 그 어느 때보다 광범위하게 받아들여지고 있다. WTO는 자유무역 원칙을 명분 삼아 국제협상을 통해 1947년 체결된 최초의 GATT로 회귀하는 일련의 무역규정을 국가와 지역에 부과할 수 있게 되었다. 그러나 이러한 규칙의 세부 사항은 자유무역 원칙보다 권력 정치와 더 관련이 있다.

자유무역의 실제

영국과 포르투갈의 경우 실제로 일어났던 일을 보면 자유무역 원칙을 실제 상황에 적용하기가 어렵다는 것을 알 수 있다(Raffer, 1987: 140-141). 영국에 비해 18세기 해상 강국으로서의 정치적 중요성이 급격히 쇠퇴하고 있던 작은 나라 포르투갈은 (다른 상품 중에서도) 영국 섬유와 교환할 와인을 극도로 특화시켜 식량조차도 수입해야 할 정도였다. 1786년 영국이 프랑스와 무역협정을 맺어 포르투갈 생산자보다 값싼 가격으로 프랑스 와인을 수입하게 되면서 17세기 영국보다 훨씬 번영했던 포르투갈은 훨씬 더 가난한 상태로 전락했다.

영국이 1846년 자유무역 원칙을 제도화하자, 많은 대륙 국가는 몇 년 안에 같은 방식으로 선례를 따르게 되었다. ACLL의 리더인 리차드 코브든 Richard Cobden은 유럽의 유명인사가 되었다. 그러나 1860년대에 이르러 자유무역이 국내 산업화를 약화시키고 있음을 국가들이 깨닫게 되면서 이들 대부분은 자유무역을 포기했다. 미국과 백인정착 식민지 대부분은 보호주의에 집착하게 되었다. 그 결과 독일과 미국은 19세기 말에 영국 산업을 능가하기 시작했고, 영국은 1918년 이후 자유무역을 포기했다. 제1세계 국가들이 이 정책을 포기했을 때 번영했음에도 불구하고 오늘날 제3세계 국가들은 비교우위에 계속 집중하라는 말을 듣는다. 장 Chang(2002)은 책 제목을 통해 이를, 제1세계 국가들이 번영으로 이르는 데 사용하던 "사다리 걷어차기"라 부른다.

국가들이 어떤 것을 특화하는지는 중요하지 않다는 자유무역 원칙은 경험과 분명히 상충하고 있다. 따라서 비교우위의 개념을 잘 생각해보는 것이 중요할 것이다.

경쟁우위는 어떻게 결정되는가?

가나는 코코아에 대한 생산과 수출에 매우 특화되어있다(2004년 총수출의 1/3, UNCTAD, 2004a). 이는 가나가 코코아에 비교우위를 점하며, (말하자면 바나나 대신) 이를 지속적으로 생산하는 것이 가나의 경제성장을 위한 최선의 선택임을 암시한다. 이 가정은 "현시비교우위지수"(Balassa, 1965)인 발라사 지수(세계 코코아 수출에서 가나의 점유율을 세계 전체 수출에서 가나의 점유율로 나눈 값)를 계산해보면 확인할 수 있다. 일반적으로 비교우위는 고정된 지역 특성에 기반하므로 상당히 영구적인 것으로 간주된다. 따라서 가나의 위치와 기후는 온대 농작물보다 코코아 생산에 유리하다는 것을 알 수 있다(10장 참조). 이것이 사실일지라도, 이것은 모든 열대작물 중 왜 코코아가 가나에서 재배되는지를 설명하지 못하며, 다른 열대 국가 대부분이 왜 코코아를 재배하지 않는지도 설명해주지 못한다. 좀 더 일반적인 주장은 가나의 고질적 자본 부족과 높은 실업률(제1세계 기준으로)로 인해 코코아 생산처럼 노동집약적 활동에서 비교우위를 지닌다는 것이다. 그러나 한 국가는 지역적으로 풍부한 생산요소에 의존하는 생산수단을 특화하기 마련이라는 특화와 관련한 요소 가용성을 주장하는 현대무역이론은 이론적, 실증적 측면 모두에서 비판을 받아왔다는 점을 유념해야 한다. 1950년대 미국의 경제학자 와실리 레온티프 Wassily Leontieff(1953)는 이미 무역이론의 역설에 주목했다. 즉, 자본집약적 수출을 특화할 것으로 예상되던 미국과 여러 다른 국가가 실제로는 노동집약적인 상품을 수출한 것이다. 지금껏 이 역설을 만족스럽게 설명할 수 있는 무역이론가는 없었다.

가나가 어떤 노동집약적 활동을 특화해야 할지에 대한 질문은 여전히 남아있다. 소작농의 코코아 생산에서 외국인 소유 공장의 반도체 조립에 이르기까지 가능성은 방대하다. 코코아 생산이 실제로 가나의 비교우위라는 것을 우리는 어떻게 알 수 있을까? 말하자면, 가나가 드레스를 바느질하는 것보다 코코아를 재배하는 데 더 좋은 장소인가?

현대 무역 이론은 어떤 노동집약적 활동이 개입되어야 하는지 설명하지 않는데, 그것은 자본주의 기업가들이 올바른 선택을 한다고 가정하기 때문이다. 만약 국가에서 가장 수익성이 높은 생산활동을 기업가들이 선택할 수 있다면, 그들은 국가의 비교우위를 반영하는 활동을 선택한다는 것이다. 그러므로 국가는 가장 적절한 활동을 선택하는 것을 시장 세력에 맡길 수 있다. 이 관점에 의하면, 가나의 기업이 코코아를 수출한다는 것은 이에 비교우위가 있기 때문일 것이다. 좀 더 일반화하면, 국가가 개입하지 않는 한, 한 장소에서의 활동은 그들의 비교우위와 일치한다고 추정할 수 있다는 다소 순환적인 주장이다.

가나의 코코아 재배는 가나 정부가 조직한 것이 확실히 아니지만(식민주의 시대에 결정됨) 합리적인 지역 자본가들이 이런 선택을 한다는 원칙을 따르지도 않는다. 특히 제3세계에서는 지역 주체가 선택 과정에 전혀 참여하지 않는 경우가 많다. 우리는 서아프리카의 코코아, 안데스 국가들과 브라질의 커피, 중앙 아메리카의 바나나, 말레이시아의 고무 등을 연결지음으로써 각 장소는 각 토착 상품에 자연적 경쟁우위를 지닌다고 추론하고 싶어하는지도 모른다. 그러나 원래 코코아는 페루에서, 커피는 에티오피아에서, 바나나는 인도네시아에서, 그리고 고무는 아마존에서 발견되었다. 현금 작물로서의 이들의 현재 위치는 생태지리적 기원과는 거리가 멀다. 유럽 기업가들과 협력한 식민세력이 유럽 식민주의 시기 동안 이들이 세계 경제에서 차지하는 부분을 재편성했기 때문이다. 예를 들어, 중국이 아편전쟁에서 패배한 후인 1851년, 영국 동인도회사가 국제 차 시장에 대한 중국의 독점을 깨트린 결과 남아시아 차 산업이 등장하게 되었다(추가적인 사례는 Thomas, 1994 참조). 간단히 말하면, 현재 제3세계 국가가 특화되어 비교우위를 나타내는 것으로 알려진 특정한 1차 생산품은 많은 경우 다른 곳에서 들여온 것이다. 이는 지역민에게 혜택이 돌아갈지에 대해 고민할 필요 없이 공급원을 지리적으로 다변화시켜 값싸고 안정적인 1차 생산품을 확보, 유지하기 위한 세계 식민 전략의 일환이었다.

여기서 더 사고를 전진시킬 수 있다. 산업생산에 비교우위를 가졌던 식민지들의 산업이 식민정책으로 인해 부분적으로 훼손된 사례는 많다. 인도 면직물의 사례는 위에서 설명했다. 영국 식민 정책의 결과로 인도 생산자들은 산업 생산을 포기하고 생면화를 재배해야 했다. 이와 비슷하게, 유럽인이 자신의 생산품을 아프리카로 가져왔을 때, 아프리카인들이 이미 이러한 상품을 생산하고 있음을 알게 되었다. 실제로 아프리카인들은 직물과 심지어 철까지도 유럽에 수출했지만, 식민지 정책이 아프리카 제조업에 피해를 입히고 지역 엘리트들이 유럽 스타일을 선호하게 되면서 중단되었다(Raffer, 1987; Thornton, 1998). 북미와 호주 원주민을 철저하게 제거한 것은 더욱 극단적인 예이다. 이를 통해 유럽의 농업 방식(특히 개인 소유와 농지의 매입)에 유리한 지역 조건을 조성하고, 세계시장에 대한 농산품 공급지로서 이 지역들이 지니는 경쟁우위를 발견하게 되었다. 1960년대부터 미국 식량 프로그램을 통해 아프리카로 식량이 너무 싸게 들어오게 되었다. 경쟁할 수 없게 된 아프리카지역 농부들은 코코아와 같이 외국 시장을 위한 현금작물을 생산하는 쪽으로 방향을 바꾸었다. 국내 소비자들은 빵과 같이 이들이 접할 수 있었던 밀을 기반으로 하는 유럽 스타일 상품을 선호하게 되었다. 이는 카사바나 수수와 같은 열대작물을 취급하는 현지 시장을 약화시키고, 이에 따라 이들 국가의 식품 수입 의존도를 증가시켰다(11장 참조). 보다 최근에는 아프리카 등지의 목화 농가들이 WTO 회의에서 시위를 벌였는데, 그 이유는 미국 목화 농가에 대한 미국의 보조금으로 인해 이들이 파산지경에 이르고 있기 때문이었다.

산업 간 무역으로 관심을 전환하게 되면서 무역 이론가들은 비교우위가 영구적인 지역 자원에 기초하지 않는다는 것을 인식하게 되었다. 그들은 이제 국가 개입 그리고 지방 및 비지방 자본가의 행동을 통해 비교우위가 어떻게 지속적으로 변화하는지를 논의한다. 특정 산업이 한 장소에 집중되면 그 산업의 수익성을 강화하는 지역적 조건 및 지식과 결합하면서 그 비교우위를 변화시키게 된다. 일본이나 한국처럼 자본 축적, 혁신, 보수가 높은 일자리 창출에 가장 적합한 수익을 창출하는 전략적 무역 정책이 수립될 수 있는 장소가 있다는 분석도 나왔다(Krugman and Smith, 1994; Porter, 1990; Scott, 2006). 그럼에도 불구하고 1차 상품을 특화한 제3세계 국가들을 향해 국가의 개입 대신 자유무역, 신자유주의적 세계화, 그리고 시장세력에 의존해야 한다는 충고는 점차 증가하고 있다. 이러한 국가들은 보조금을 지급받은 제1세계 농업과는 자국의 농부들이 경쟁할 수 없는 상황임에도 산업보다는 농업에 특화할 것을 권고받는다.

비교우위의 지형을 형성하는 정치적, 경제적 주체는 토착 자본가 시장의 위치와 규모에도 개입한다. 제3세계를 여행해보면 현지의 소비 규범이 어떻게 서구 선진국 국민들과 점진적으로 닮아가는지를 알아차릴 수 있을 것이다. 그곳의 경관은 코카콜라, 일본 자동차, 할리우드 영화, 서구 디자이너(또는 모조 다자이너)의 의류와 악세사리 등의 광고로 가득 차있다. 만약 당신이 중앙아프리카, 에콰도르 동부 또는 서부 수마트라의 한 마을에서 갈증을 느끼지만 현지 음료가 미덥지 못할 경우("물 마시지 마라"), 콜라나 환타한 병을 미국보다 훨씬 낮은 가격에 항상 살 수 있다. 이러한 상품에 대한 수요는 적극적인 마케팅 캠페인과 서구 문화규범이 제3세계에 보다 미묘하게 확산된 결과이며, 이는 국내 생산자들의 수익성과 비교우위를 해치고 있다.

국가 정책 또한 영향을 미치는데, 전반적인 소득 수준이나 소득 불균형을 형성하는 정책과 국가와 지역의 공급과 수요를 관리하는 정책이 특히 영향을 미친다. 예를 들어 실업률을 줄이기 위해 저임금 제조업을 특화시킨 국가들을 생각해보라(현재 경쟁우위의 양상에 대한 제3세계 국가의 합리적 반응으로 비치는 또 하나의 전략). 많은 제3세계 국가는 투자를 유치하기 위해 임금을 고의적으로 또는 의도하지 않고 낮게 유지해왔다((Lipietz, 1987; Marini, 1973). 그러나 이는 국내 구매력과 수요를 감소시켜, 국내 생산업체들은 해외나 국가 엘리트들 가운데 소비자를 찾아야 한다. 멀리 떨어진 시장에서 경쟁하는 것은 더 힘들고, 국내 엘리트들은 명품과 같이 해외를 향하는 높은 수준의 소비를 요구할 가능성이 높다. 이와 대조적으로 제1세계에서는 임금 계약, 대량생산 전략, 정부 보조금, 생산성 향상 등이 긴밀하게 연계된 포드주의 경제관리 전략을 사용하여 1945년에서 1970년 사이에 생활수준이 급격하게 증가했다(Lipietz, 1987). 이러한 전략으로 이들 국가는 공산품 생산에 유리한 위치를 확보하게 되었다. 따라서 제1세계 위치는 제1세계와 제3세계 간의 상이한 임금 정책을 통해 제조업에 특화된 장소로서의 이점을 더하게 되었다.

이러한 예들을 고려하면 우리가 경험하는 국제적 노동 분업과 특화의 양상을 *최선의 공간적 노동 분업*으로 볼 수 없음을 기억해야 한다. 비교우위는 다양한 지역, 비지역 주체들에 의해 지속적으로 재구성되고 있으며, 그 결과가 모두에게 이익이 된다는 주장은 말할 것도 없거니와, 결과가 어떤 이론적 경제균형모델과 유사하다고 가정하는 것도 실로 용감한 처사일 것이다. 따라서 특화에 대한 결정을 시장에 맡기라는 압력이 국가의 경제계획가들을 상대로 증가할지라도 국가가 개입하여 비교우위를 변경하는 경우를 이용한 반박도 그만큼 강력하게 펼칠 수 있을 것이다. 모든 비교우위가 동등하게 만들어지지 않는다고 믿을 이유가 있는 경우에 특히 그러하다.

한 국가가 무엇을 특화하는지가 중요한가?

자유무역 원칙의 관점에서 보면 정보가 충분한 국가는 경제적 자급자족보다 무역이 더 많은 이익을 가져다줄 것이라 예상되지 않는 이상 무역을 하지 않을 것이다. 이 관점에 따르면 무역을 통해 국가들은 절대적으로 이익을 얻을 것이다. 그러나 세계 발전의 불평등은 같은 장소에서 시간의 경과에 따른 비교뿐 아니라 장소 간의 비교에도 달려있다. 무역이론은 이에 대해서도 쉽게 대답하여, 무역이 경쟁의 장을 평평하게 만들기 때문에 한 국가가 어떤 비교우위를 지녔는지는 중요하지 않다고 주장한다. 그러나 국가들이 무역으로부터 동등하게 이익을 얻을 수 있다는 것을 지금까지의 경험이 확인시켜주는가?

환율과 무역 이익

아래 그림에는 이 장의 앞부분에서 제시한 영국과 포르투갈의 무역 이익을 보여주는 두 개의 그래프가 포함되어있다. 왼쪽 아래 그래프는 포르투갈이 국내에서 3만 파운드에 생산할 수 있는 천과 와인의 조합을 보여준다. 포르투갈에서는 천 한 더미당 75파운드, 와인 한 배럴당 50파운드라는 점을 감안하면(그림 오른쪽의 상자 참조), 3만 파운드로 천 40더미나 와인 600배럴 또는 이 두 가지의 선형 조합 중 하나의 비용을 지불할 수 있다. 그림의 PP'선은 가능한 모든 조합을 나타낸다. 오른쪽 위 그래프(책을 거꾸로 뒤집었을 때 가장 잘 읽을 수 있음)는 영국이 국내에서 3만 파운드에 생산할 수 있는 천과 포도주의 조합을 보여준다. 영국에서 생산되는 비용은 천 한 더미에 100파운드, 포도주 한 배럴에 200파운드이다. 3만 파운드로 영국 제조업체에서 천 300더미나 와인 150배럴 또는 이 두가지의 선형 조합에 대해 지불할 수 있다. EE'선은 가능한 모든 조합을 나타낸다.

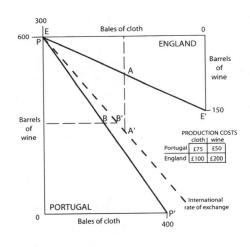

무역이익 계산의 예

　　　선 PP'와 EE'의 기울기는 두 상품의 내부 환율을 나타낸다. 즉, 국제무역이 불가능할 때 포르투갈산 와인이 포르투갈산 천으로 거래되거나 영국산 와인이 영국산 천으로 거래되는 비율을 나타낸다. 포르투갈에서는 천 한 더미의 가격이 와인 1.5배럴과 같으며 PP'의 경사도는 3/2이다. 영국에서는 옷 한 더미의 가격이 와인 반배럴과 같으며 EE'의 기울기는 1/2이다. 더 완만한 영국의 기울기는 영국이 천에 비교우위가 있음을 그림으로 보여준다. 포르투갈의 기울기가 가파른 것은 비교우위가 와인에 있음을 보여준다. 국제시장에서 와인에 대한 천의 교환율이 이 두 가지 국내 비율(즉, 3/2와 1/2 사이) 사이에 있다면 두 나라가 모두 이득을 얻을 수 있는 상황을 나타내지만, 각각이 받는 무역 이익의 정도는 실제 국제 환율이 둘 사이 어디에 있는가에 따라 달라진다. 그림에서 가상적 국제환율의 기울기를 보라. 이 경우에는 영국(EE'의 기울기)보다 포르투갈(PP'의 기울기)의 환율에 훨씬 더 가깝다. 이 경우 영국은 포르투갈보다 무역에서 더 많은 이익을 얻을 것이다.

AA'선의 길이는 영국이 국내에서 와인을 재배하는 대신에 천을 생산하고 그것을 포르투갈과 교역한다면, 영국이 국제 시장에서 구입할 수 있는 여분의 와인을 보여준다. BB'선의 길이는 만약 포르투갈이 와인을 생산하고 국내산 옷감을 생산하는 대신에 이를 영국과 교환한다면 포르투갈이 이 가격으로 국제 시장에서 살 수 있는 여분의 천을 보여준다. 이 두 라인 부문을 어떻게 비교하든, 이 협정을 통해 영국은 포르투갈보다 더 많은 것을 얻을 수 있다. 포르투갈은 예전보다 부유하긴 하지만, 영국과 교역을 계속한다면 이는 영국이 무역으로부터 포르투갈보다 훨씬 더 많은 혜택을 받는다는 것을 의미한다. 만약 무역의 목적 중 하나가 포르투갈이 영국을 경제적으로 따라잡는 것이라면, 무역은 도움이 되지 않는다. 그러나, 영국인들로서 이러한 조건으로 진행하는 것은 매우 좋은 일이다(그들이 그걸 감사할 수 있다면 말이다).

무역 이론에 따르면, 참가국 간 무역에서 얻은 이익은 비교우위 그 자체가 아니라 수입과 수출 간 국제 환율에 의해 분배되어야 한다. 자유무역은 공정무역을 보장하지 않는다. 직관적으로, 특화는 참가자들이 이용할 수 있는 경제적 파이의 규모를 증가시키지만, 한 국가의 파이 점유율이 더 높을 때, 다른 국가의 점유율은 더 작아진다. 두 상품이 서로 거래될 때 (한 국가 내에서 두 상품 생산자들 사이) 국제환율이 국내에서 우세한 환율에 가까울수록 이 나라가 무역에서 기대할 수 있는 이익은 더 적다(사이드바: "환율과 무역 이익" 참조).

특화 및 무역과 관련된 국제 노동 분업이 불균형을 감소시키는 것을 목적으로 한다면, 무역으로 인한 상대적 이익(또는 교역조건 개선)은 제1세계 국가보다 제3세계 국가에 더 크게 돌아가야 한다. 제3세계 국가들은 경제성장에서 얻은 이익을 더욱 많이 투자하여 제1세계와의 격차를 좁힐 수 있을 것이다. 그러나 제3세계 국가들이 제1세계 국가들보다 이익을 더 적게 얻는다면 국가 정책 입안자들은 딜레마에 직면하게 된다. 무역에 참여하는 것이 무역을 안하는 것보다 더 나을 수 있지만, 더 부유한 파트너는 훨씬 더 많은 이익을 얻는다. 그래서 가난한 나라는 무역이 실제로 무역 파트너들 간 부의 격차를 넓힐 것이라는 전망을 마주하고 있다. 이 딜레마는 어렵다. 가난한 나라가 발전 격차를 넓히면서 번영을 추구할 것인가, 아니면 낮은 경제성장을 견디며 자급자족할 것인가? 제3세계 국가들은 서로 다른 선택을 해왔다. 중국, 인도, 기타 국가(예: 브라질)는―특히 내적으로 충분한 인적, 물적 자원을 보유하여 자급자족이 타당한 대안으로 보일 경우― 한때 특화와 무역보다 자급자족에 가까운 정책을 따랐었다.

제4장에서 논의한 것처럼, 라울 프레비쉬 Raúl Prebisch(1959)는 1950년대 중남미에서 생산된 원자재의 수출과 공산품 수입의 무역에 대한 조건을 검토했다. 그는 교역

조건이 꾸준히 하락한 것을 알게 되었다. 같은 양의 공산 수입품을 사기 위해 남미 국가들이 팔아야 했던 원자재 수출품의 양은 꾸준히 증가하고 있었다. 다른 말로 하면, 그의 연구는 어떤 종류의 상품은 특화할 경우 다른 종류보다 더 많은 이익을 가지고 오며, 제3세계는 원자재 생산을 지속적으로 특화함으로써 점점 더 불리한 위치에 서고 있음을 알려주고 있었다. 이것이 맞다면, 특정한 종류의 비교우위가 다른 종류보다 더 유익하다는 것을 시사하며, 비교우위가 역사적으로 어떻게 결정되어왔는지는 매우 중요한 문제가 되는 것이다. 이는 또한 한 국가가 자신의 경쟁우위를 단순히 수용할 것이 아니라 변화시키기 위해 노력해야 한다는 것을 시사한다.

결론

식민주의가 끝나면서 주로 원자재를 생산하는 제3세계와 제조업이 대부분 밀집된 제1세계와 제2세계 간 국제적 경제 분화가 부상했음을 살펴보았다. 이것은 식민지 정책의 직접적 결과였지만, 일단 정치적 독립을 이루고 나면 발생한 불평등을 극복할 수 있을 것으로 생각되었다. 자유무역 원칙에 따르면, 이런 종류의 분화는 제3세계에 꼭 불리한 것은 아니다. 이런 관점에서 자유무역은 자급자족보다 모든 나라에 더 이로우며, 원자재의 비교우위는 제조업에서의 비교우위만큼 좋다. 자유무역 지지자들은(대다수가 제1세계에 위치한) 따라서 제3세계 국가들의 특수한 특화가 사실 좋은 일이며, 그 나라의 이익과 국제 경제의 이익을 위해 특화와 무역을 이용해야 한다고 주장했다.

어떤 의미에서 역사와 지리는 관련이 없을 수 있다. 자유무역은 모든 사람에게 새로운 시작의 기회를 줄 것이므로 비교우위에 어떻게 도달했는지 또는 어떤 특정 국가에서 어떤 상품을 선호했는지는 중요하지 않았다. 그러나 무역에서 얻는 이득이 불공평하게 분배되고, 특정 종류의 특화가 다른 것보다 더 유리하다면, 특화의 역사적 패턴은 매우 중요해진다. 이를 통해 세계 경제의 불평등한 운동장에서의 출발점이 결정된다.

국제무역이론의 이상적 세계와 현실은 상당히 다르다. 국제무역은 공급이 수요에 맞추는 자유시장이 아니다. 무역은 잉여 또는 적자를 보는 국가가 존재하여 전형적으로 불균형적이다. 자유무역에 대한 통화 및 비통화성 장벽은 역사를 통틀어 세계 경제에 만연한 특징이었다. 운송비용으로 인해 비교우위를 정확하게 평가하기 위한 계산이 상당히 복잡해진다. 그리고 무역의 많은 부분은 심지어 시장을 통해 이루어지지도 않는다. 정부 간의 상당한 상품 거래는 시장가격 결정의 대상이 아니며(예: 정부 간 원조 계약 또는 군비 지출), 심지어 민간기업의 무역도 시장의 지배를 받지 않는 경우가 많다. 모든 세계 무역 중 적어도 30%는 시장이 아닌 행정 규칙에 의해 가격이 정해지는 초국가 기업 자회사 간의 국제 물품 수송으로 구성된다. 마지막으로, 무역을 형성하는 데 있어 지정학은 시장 세력만큼이나 중요하다. 국제무역은 GATT와 현재 WTO에서 불평등한 정치적, 법적 협상의 지배를 받고 있으며 북미자유무역협정(NAFTA)이나 유럽연합(EU)과 같은 무역 블록들이 점점 더 중요해지고 있다. 그러나 자유무역 원칙은 그 어느 때보다도 각광을 받고 있다.

노동의 공간적 분업과 비교우위는 역사적으로 강력한 비지역 세력에 의해 조작되어왔고, 이는 오늘날도 마찬가지다. 이 장의 앞부분에서 제시된 예들이 시사하듯, 많은 주변부 국가들은 현재의 비교우위에 대해 발언권이 거의 없다. 영국의 인도에 대한 탈산업화에서부터 제3세계 값싼 공산품이 미국과 유럽연합으로 수입되는 것을 저지하는 무역장벽에 이르는 활동들은, 일부 상품을 특화하는 것이 다른 상품을 특화시키는 것에 비해 훨씬 낫다고 자유무역 지지자들이 생각하고 있음을 보여주고 있다. 실제로 1846년 이래, 자유무역의 가장 열렬한 지지자들이 특히 비교우위를 조종하고 그들 자신의 이익을 위해 무역을 하는 데 적극적이었다. 만약 한 국가가 특화하는 상품의 종류에 따라 무역으로 인한 이익이 불균형적이라면, 우리는 노동의 공간적 분업과 국제무역이 1960년에 형성된 상태와, 그 이후로 발전해온 방식에서 어떤 국가가 이익을 얻는지 물어보아야 한다. 우리는 16장, 제3세계적 관점에서 이를 검토할 것이다.

노트

1) 우리는 1차 생산물(석유 연료, 광물, 농업 생산물)로 용어를 제한하는 다소 좁은 일반적 정의가 아니라 이윤을 내기 위해 생산되는 모든 상품을 지칭하기 위해 "상품"이라는 단어를 사용한다.

16

1차 상품 무역

자유무역 원칙에 따르면 제조업에 특화한 국가뿐 아니라 1차 상품 생산에 특화한 국가에게도 특화와 무역을 통해 발전을 이룰 수 있음을 15장에서 살펴보았다. 이것은 어떤 면에서 과거 식민지였던 국가들에게 위험한 전략으로 보였을 것이다. 자신의 경제적 번영이 과거 식민착취자들과 교역하는 상호 의존적 네트워크를 통해 결정되는 것이기 때문이다. 그러나 동시에 그 원칙은 다른 모든 주권국가와의 동등한 참여를 약속했다. 이는 과거 식민지들이 실제로 독립을 쟁취했다는 표시로 받아들일 수 있었다. 또한 공정한 운동장에서 무역이 이루어질 것이므로 어떤 국가건 자신의 비교우위를 정확히 파악할 수 있으면 이를 통해 정치적 독립을 바탕으로 경제적 독립도 창출할 수 있는 충분한 기회를 갖게 될 것이라는 것을 의미했다. 이 장에서는 1960년 이후 제3세계 국가들이 세계 무역 네트워크에 참여하면서 실제로 어떤 일이 일어났는지 살펴본다. 제3세계 국가들이 공산품 수입의 대가로 1차 상품을 제1세계에 수출한 경험을 검토한 후 그 무역 관계에서 이들이 실제로 동등한 참가자였는지에 대해 질문한다. 그런 다음 왜 무수한 제3세계 국가들은 1차 상품 무역을 통해 경제적 번영을 이룰 수 없는지 그리고 왜 무역이 한 나라의 경제적 의존을 감소시키지 않고 오히려 증가시켜 유럽 식민주의 기간에 구축된 세계 노동분업의 비대칭성을 강화시키는지를 검토한다. 제17장에서는 지속적인 1차 상품 생산 특화에 대한 대안으로 산업화를 검토한다.

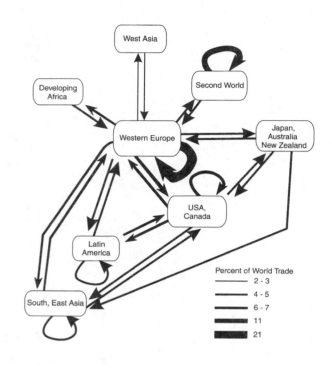

그림 16.1. 1960년 세계 무역 흐름. 출처: UN 무역개발회의(UNCTAD, 1965a).

1차 상품 특화 이익의 종착지[1]

1960년 세계 노동분업과 함께 발생했던 무역 흐름을 다음과 같이 일반화할 수 있다(그림 15.1과 16.1 참조). 첫째, 세계무역은 제1세계와 제2세계로 양분되었다. 이 둘은 전체 수출의 58.7%를 차지했다. 그러나 냉전시기에 제1세계와 제2세계 간의 교역은 거의 없었다. 둘째, 제3세계는 주로 제1세계 국가와 무역했다(전체 수출의 3분의 2, 전체 수입의 5분의 4). 제1세계와 제2세계에서 각각 내부적으로 이루어진 무역이 대부분을 차지했던 것과 달리 제3세계 내 무역은 5%에 불과했다. 이는 무역 패턴이 어떻게 역사적 식민 관계를 여전히 반영하는지를 잘 보여준다. 셋째, 제3세계가 새로이 정치적 독립을 이루었지만 제3세계−제1세계 무역 흐름을 자세히 살펴보면 과거 식민지 영향권과 강하게 연관되어있음이 나타난다. 아프리카와 서아시아의 무역은 과거 자신들을 식민 통치하던 서부 유럽과 주로 이루어졌다. 라틴 아메리카의 주요 무역 파트너는 북미로, 미국이 먼로 독트린을 통해 형성한 정치적 세력의 범위를 나타낸다. 남아시아와 동아시아(중국은 제2세계에 속했으므로 제외)는 유럽, 북미, 일본과 교역하여 유럽과 미국의 식민주의와 외교 정책 그리고 1930년대와 1940년대 일본의 신식민주의 '대동아권' 형성 시도 등이 결합된 복잡한 역사를 반영하고 있다. 제2세계와 제3세계 간 눈에 띄는 무역은 쿠바의 공산정권과 제2세계 간 무역이 유일했다.

　　1차 상품 수출은 제1세계와 제2세계 수입국보다 제3세계 수출국에 훨씬 더 중요하다. 1968년 무렵 아프리카, 아시아, 라틴 아메리카의 신생 독립국들은 제1세계와 달리 1차 상품 수출(식량, 화석연료, 농업 상품, 광물)에 크게 의존하고 있었다. 2001년 무렵 라틴 아메리카 그리고 특히 동아시아와 동남아시아에서는 산업화를 성취하면서 1차 상품 수출에 대한 의존도가 급감했으나 아프리카와 서아시아의 경우 이러한 경향은 크게 변하지 않고 있었다(그림 16.2 위). 수입의 경우(그림 16.2 아래), 제1세계는 1968년 30－70%에서 2001년 20－30%까지 1차 상품 수입 의존도를 감소시켰다. 일본은 중동산 원유,

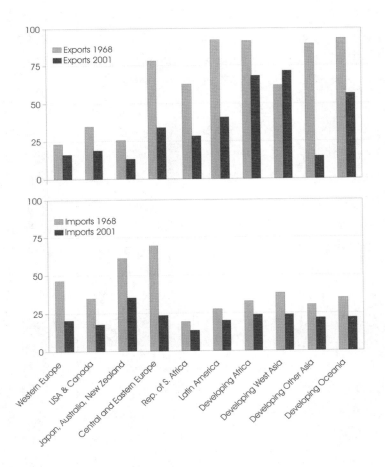

그림 16.2. 1968년과 2001년 세계무역에서 1차 상품의 수출(위)과 수입(아래)의 점유율. 출처: UNCTAD (2003a: 표 3.2).

동남아시아산 목재와 광물 등으로 1차 상품 수입에서 가장 많은 비중을 차지했다. 반면 중국은 산업화로 인해 총수입 중 1차 상품 수요가 21%로 증가했다. 2001년까지 라틴 아메리카, 서아시아, 아프리카의 수출 중 제1세계에 대한 1차 상품 판매는 여전히 20−50%를 차지하고 있었다. 그러나 제1세계 전체 수출 금액 중 이러한 수출에 대한 비용은 3%에 지나지 않았다(세계무역기구, World Trade Organization[WTO]).

자유무역 지지자들은 한 국가가 특정한 상품에 대한 비교우위를 지니고만 있다면 어떤 상품을 수출할 것인지는 중요하지 않다고 주장했다. 그러나 제15장에서 논의한 것처럼 무역을 통한 이익은 경제 불균형을 감소시키기보다 증가시키는 방향으로 참가자에게 불균등하게 배분된다. 공산품을 얻기 위한 1차 상품 수입은 제3세계에 있어 여전히 매우 중요하므로, 제3세계 1차 상품 수출국들과 제1세계 공산품 수출국들 간에 무역으로 인한 이익이 어떻게 나누어졌는지 자세히 검토할 필요가 있다.

이 문제는 매우 논쟁적인 사안이다. 자유무역 원칙은 워낙 광범위하게 받아들여지므로 신봉자들은 이를 반박할 증거를 인정하기 어려워하는 반면 비판자들은 이를 약화시킬 수 있는 증거를 열심히 찾고 있다. 측정법과 비교 시기에 따라 무역 통계는 자유무역 원칙을 "입증"하기도, "반박"하기도 해왔다. 한 국가가 무역에서 얼마나 잘하고 있는지를 알아보기 위한 직접적인 방법은 "무역 조건", 즉 수입품과 대비한 수출품의 가치를 검토하는 것이다. 이것이 시간이 지날수록 증가한다면 그 국가는 무역에서 혜택을 보고 있음을 나타내는 것이고, 감소한다면 무역이 그 국가의 장기적인 이익에 부합하지 않는다는 것을 의미한다. 가능한 한 전체적인 그림을 그리기 위해 식민주의 종식 이후 전체 기간의 무역조건에 대한 몇 가지 측정법을 비교해보도록 한다.

교역조건의 역사를 검토하는 한 가지 방법은, 시간의 경과에 따른 특성의 변화가 없는 상품 중 대표 수입품 대비 대표 수출품의 "가격 비율"을 비교하는 것이다. 바나나와 철강의 국제가격을 예로 들어보자(그림 16.3). 1950년부터 1993년까지 미국산 열연강판의 가격은 중미산 바나나 가격보다 훨씬 빠른 속도로 인상되었다(그림에서 왼편 축에 가격이 표시된 옅은 선 참조). 40년 만에 바나나 가격은 3배 가까이 올랐지만 철강 가격은 6배가 올랐다. 그 결과, 바나나를 수출하여 얻은 수입으로 중미가 구입할 수 있는 철강의 양은 점점 줄어들었다(그림에서 오른편 축에 비율이 표시된 두꺼운 선). 1993년 이후 가격차가 좁혀지면서 바나나의 "구매력"(바나나 한 상자를 수출해 벌어들인 수입으로 수입할 수 있는 철강의 양)은 높아졌지만, 1950년의 3분의 2에도 미치지 못했다. 무역의 역사적 지형에 접근하는 다른 방법으로는 식민지 시기 특정 상품의 전략적 가치가 어떻게 식민세력과 그들의 이전 식민지 사이의 관계를 지속적으로 결정짓는지, 그리고 국제 정치경제 형성에 남성성과 여성성이 어떻게 적극적으로 활용되어왔는지를 검토하는 것이 있다(Enloe, 1989).

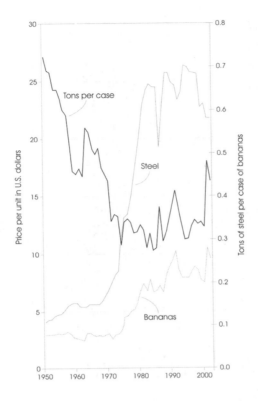

그림 16.3. 1950–2002년 철강을 얻기 위한 바나나 교역. 출처: UNCTAD(2003a), U.S. Bureau of Labor Statistics(2007), Rangajaran(1978).

이러한 변화가 극적이긴 하지만, 이 방법으로는 상품 두 개만을 비교하므로 이들이 전반적 상황을 얼마나 대표할 수 있는지에 대한 질문이 제기될 수 있다. 따라서 "순 물물교환 조건(net barter terms of trade[NBTT])"이 보다 완전한 측정법이다. 이는 수입가격 대비 총수출 가격으로 제3세계 1차 상품의 총수출 가중치를 제3세계 총공산품 수입 가중치로 나눈 값이다. 가중치는 제3세계 국가들의 수출입 목록에 있는 각 상품의 상대적 양을 통해 산출한다. 1950년 자료로 계산한 스프래오스 Spraos(1983)의 연구에 기반하여 2004년 자료로 업데이트한 결과가 그림 16.4에 나타나있다. 1951년에서 2003년 사이 NBTT는 143에서 겨우 45로 급격히 감소했음을 알 수 있다. 이는 공산품 수입 대비 1차 상품 수출가격이 1950년 가치의 3분의 1 이하로 떨어진 것을 의미한다. 원유가격을 포함하게 되면 1970년대 초와 1980년대 초 석유수출국들은 석유수출국기구(OPEC)의 활동을 통해 이러한 추세를 뒤집었다는 것을 분명히 볼 수 있다. 1986년에는 이런 이점이 사라졌고, 최근의 유가 상승이 이 측정치를 다시 상승세로 전환시켰다.

　그러나 NBTT 역시 불완전하여 수출 물량이나 생산 방법의 변화에 따라 무역 조건

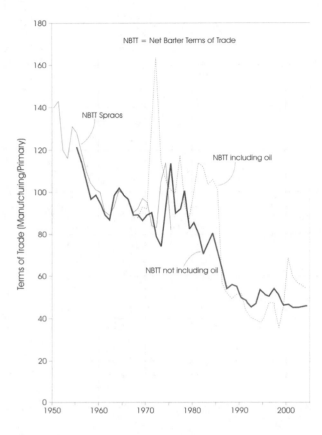

그림 16.4. 무역 조건: 1950－2004년 제3세계 1차 상품 수출을 위한 공산품 수입. 출처: UNCTAD(1985a－2003a), United Nations(1985－2003), Spraos(1983), Griffith－Jones and Harvey(1985).

이 어떻게 영향을 받을 수 있는지를 반영하지 못한다.[2] 만약 제3세계 국가가 수출물량을 늘릴 수 있다면 NBTT가 감소하고 있을 때에도 수입에 대한 지불 능력이나 구매력이 증가할 수 있다. 그림 16.5는 1차 상품 수출로 벌어들인 돈으로 구입할 수 있는 수입품의 양을 측정하는 구매력 추이 또는 "무역의 소득조건"을 보여주고 있다. 석유를 포함하면, 1955년과 2004년 사이 구매력이 거의 8배 증가했는데, 이는 제3세계 국가들의 석유 생산량이 급격히 증가했기 때문이다. 석유를 포함하지 않을 경우 1차 상품을 수출하는 제3세계 국가들이 포함되는데(비 OPEC), 5배가 증가하였다. 여기서 구매력이 높아진다는 것은 제3세계 국가들이 제1세계 공산품을 구매하기 위해 NBTT가 정체되거나 떨어지는 가운데서도 상품을 특화해서 수출하는 데 점점 더 전념하고 있다는 것을 의미한다.

　　제3세계 국가들이 실제로 수입하는 공산품의 가치는 1990년과 2004년 사이에만 거의 4배가 증가(341% 증가)하여 구매력(250% 증가)보다 훨씬 빠르게 성장했다. 따라서 특

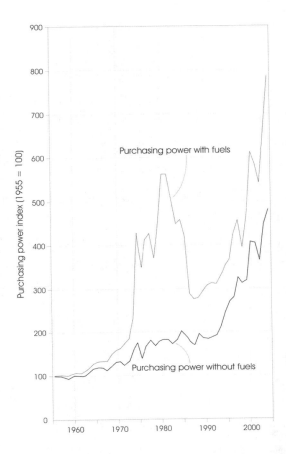

그림 16.5. 1955－2004년 제3세계의 1차 상품 구매력. 출처: United Nations(1960b－2003b).

화와 수출을 증가시켰음에도 불구하고 제3세계 국가들(특히 석유를 보유하지 않았거나 상대적으로 산업화를 이루지 못한)은 공산품 수입에 지불하기 위해 필요한 돈을 벌어들이지 못했다. 아프리카와 중동에서는 1차 상품 수출에 대한 의존도가 지속적으로 높아 제조업 생산과 공산품 수입이 제한되었다. 동아시아, 동남아시아, 중남미의 일부 신흥발전국(NIC)에서는 제조업의 수출입이 폭발적으로 증가했다. 이들 중 일부는 "제3세계 내 제1세계"가 되어가고 있다. 즉, 이들은 여기서 논의된 제1세계와 제3세계 간 연계와 비슷한 방식으로 다른 제3세계 1차 상품 수출국들과 불평등한 무역관계를 발전시키고 있으며, 내부적으로는 노동, 환경, 사회적 비용에 직면하고 있다.

무역조건 변화

제3세계 국가에서 공산품 수입에 대비한 1차 상품 수출의 가치가 장기적으로 하락하고 수출에서 벌어들인 돈으로 수입에 대한 대금을 지속적으로 지불하지 못하는 현상에 대해서는 상세한 연구가 필요하다. 자유무역이 국가 간 불평등을 감소시킨다는 주장의 타당성에 이의를 제기하기 때문이다. 여기에는 시장에 대한 단순한 정치적 조정 외에도 많은 요인이 작용한다. 많은 제3세계 국가가 수출하는 상품의 특성과도 일부 관련이 있으며 이러한 국가들이 세계경제 내에서 처한 상황 또는 그들의 지리적 위치성과도 일부 연관이 있다. 이 두 요인은 서로 연결되어있다. 살펴본 것처럼 제3세계 국가들이 수출하는 상품의 유형은 식민 유산의 결과물이다. 이는 농장 농업, 매춘, 단일 외래작물 재배와 같이 그러한 수출 특화 과정과 함께 나타난 사회적, 환경적 변화의 여러 측면과 마찬가지였다(Enloe, 1989; Mercent, 1989)(농업 수출의 특성이 변화를 맞게 된 몇 가지 방식은 사이드바: "계약농업" 참조).

1차 상품과 공산품

19세기 프러시아 통계학자 에른스트 엥겔 Ernest Engel의 이름을 딴 "엥겔의 법칙 Engel's Law"은 사람들이 부유해질수록 식품에 대한 수요가 공산품에 대한 수요보다 느리게 증가한다고 추정한다(Kindelberger, 1968). 소비할 수 있는 식품의 양은 제한되어 있으나 소유할 수 있는 신발의 수는 제한이 없다는 것이다. 그 결과 부의 증가에 따른 소비의 증가는 식품보다는 공산품이나 서비스에 더 중점을 두고 있으며, 전자의 수요와 가격은 후자에 비해 증가할 것임을 의미한다. 이는 그림 16.3과 16.4에 제시된 가격 추이와 일치한다. 게다가 1차 상품이 공산품에 비해 수요 탄력성이 낮아 가격이 변화해도 수요가 크게 변하지 않는다는 것을 의미한다. 따라서 제3세계가 1차 상품의 가격을 낮춘다고 해도 수요는 극적으로 증가하지 않을 것이며 심지어 가격을 낮춘 탓에 발생하는 수입의 손실도 보충하지 못할 수 있다.

역사적으로 공산품의 생산기술 또한 1차 상품 생산기술보다 더 급격히 향상되었다. 생산원가를 낮추는 생산라인의 혁신이나 기계를 도입하거나, 생산품의 기술적 정교함을 향상시키는 것은 밭이나 광산보다 공장 현장에서 적용하는 것이 용이하다. 다른 변화가 없을 경우 이는 1차 상품과 대비한 공산 제품의 가격이 *하락하여* 제3세계 국가의 무역조건이 개선된다는 것을 의미한다. 그러나 그런 일은 일어나지 않았다. 공산품들이 더 정교해진 점이 일부 원인이다. 트랙터는 예전보다 훨씬 더 비싸지만 기계의 복잡성도

계약농업

제3세계 식민주의와 후기 식민주의의 주된 농업 형태로서 현금작물을 재배하던 타 지역민이나 국가 소유의 대규모 농장은 점차 보다 다양한 수출 작물을 생산하는 다양한 농업 사업으로 보완 또는 대체 되고 있다. 지금은 많은 경우 대규모 토지주에 비해 더 효율적이라고 인식되는 소규모 토지주와 농부 들이 작물을 수출하거나 지역 시장에 내다 팔고 있다. 이들이 재배하는 작물은 커피와 바나나뿐 아니 라 콜롬비아에서 북아메리카로 날아온 갓 자른 꽃 또는 서아프리카에서 프랑스와 유럽연합(EU)으로 날아온 시장용 채소 등도 포함된다. 이런 면에서, 식품 수출은 점점 더 소규모 기업가들의 영역이 되 고 있고 수출 시장에 참여하는 가족은 점점 증가하고 있다.

이러한 성장은 "계약농업"의 빠른 성장과 발맞추어 일어났다. 즉, 구매자는 대개 농부에게 농작 물을 팔 수 있는 시장을 보장하고 몇 가지 투입물과 서비스도 제공한다. 그 대가로 농부가 아닌 구매 자가 작물의 양과 질 그리고 심지어 농사 방법까지 명시한다(Echánove and Steffen, 2005). 계약 은 지역 중개인들과 맺을 수 있다. 이 중개인들은 자신의 국가 내에서의 권력과 가족 네트워크뿐 아 니라 해외 바이어들과 맺은 관계를 활용해 시장을 형성한다. 그런 다음 작물 공급을 위해 지역 농부 를 구한 후 언제 어떤 상태로 농작물이 전달되어야 하는지를 전달한다. 이러한 사업은 많은 경우 위 험하지만, 상당한 수익을 창출할 잠재력이 있다. 지방 정부 또는 제1세계 농업 기업들도 소규모 지역 농부들과 점점 더 많이 계약을 맺고 있다.

농업 기업은 농업 노동력을 소유, 고용, 감독할 필요 없이 생산공정을 계약적으로 통제할 수 있기 때문에 계약을 통해 이익을 얻는다. 이러한 시스템은 생산위험을 도급업자에서 농부에게로 이전하는 동시에 농업 기업이 구매와 품질을 유연하고 안정적으로 조정할 수 있도록 해준다. "계약을 통해 계약 작물에는 특히 까다로운 등급과 품질 기준이 적용되어 신선도, 향기, 외관, 색상, 무게, 수분 함량, 모양, 냄새, 잡티 부재 등의 기준을 통해 상품이 분류, 선별되고 가격이 매겨진다"(Watts 1992: 79). 시장이 침체될 경우 농업기업은 품질 평가를 강화하여 농작물을 평상시보다 더 높은 비율로 거부할 수 있다. 농민들은 다른 대안이 거의 없어 계약 농업에 종사하곤 한다. 신자유주의 경제정책으로 인해 자금, 신기술, 현장지원에 접근할 수 있을 뿐 아니라 합리적으로 안정적인 시장을 제공할 수 있는 수 단은 계약농업밖에 없는 상황이 되었다.

계약농업의 상황은 매우 다양해서 그 효과를 일반화하기 어렵다. 위험과 보상의 균형은 보통 농 부보다는 구매자에게 유리하게 기울어지며, 재배농은 계약농업에 종사함으로써 농업 기업의 통제를 받게 되어 자율성을 상실하는 경우가 많다. 따라서 카리브해의 세인트 빈센트 섬에서 계약을 맺어 바 나나를 재배하는 농부들은 자동차 통행이 가능한 도로에서 10분 이내 거리에서 바나나를 재배해야 하며, 생산품을 해안까지 잡티 없이 운반하기 위해 매우 신중하고 노동집약적인 방법으로 생산품을 골라 운반해야 한다(Grossman, 1998). 잡티가 생기면 그 부분의 과육이 검은 멍처럼 변하는데, 제1 세계 사람들은 이를 불쾌하게 여긴다. 그러나 소규모 농부들이 토지와 물의 공급원을 소유하며 대체적인 수입원을 가지고 있을 경우 이들의 교섭력은 커진다(Porter and Phillips-Howard, 1997). 일부 농부는 제공받은 농업 투입물을 자신 소유의 작물을 재배하는 데 사용하거나 또는 계약한 가격보다 높을 경우 시장에 내다 파는 등의 방법으로 저항할 수 있다. 토지와 노동시간을 두고 계약농업이 지역 내 식량 생산과 경쟁하는 곳에서는 많은 경우 식량 생산량이 줄어드는 결과가 초래되기도 한다. 계약 생산이 남성 중심이고 식량 생산이 여성 중심인 경우에는 종종 성별 갈등이 초래되고 성별 불평등이 증가하는 결과를 낳기도 한다. 토지 소유의 집중도와 사회적 차별도 증가할 수 있다. 마지막으로, 계약농업은 전형적으로 인간과 환경 모두를 위협하는 화학 농약과 생물 다양성을 위협하는 단일 작물재배에 의존한다.

더해졌다. 그러나 무역조건을 계산할 때 생산성 변화를 고려한다고 해도 농업상품과 비교한 공산품의 가격은 여전히 *오르고* 있음을 자료를 통해 알 수 있다. 광물의 경우는 다르지만, 스프래오스 Spraos(1983: 112)가 지적하듯 재생 불가능한 자원의 값싼 공급원이 고갈되어가고 있으므로 광물은 일반적으로 시간이 지남에 따라 생산비용이 증가하게 된다. 이는 광물의 가격과 그에 상응하는 무역조건이 공산품에 비해 증가함을 의미한다. 따라서 농산물과 광물 모두에 있어 새로운 생산기술이 향상되면 우리가 현재 경험하는 것보다 제3세계가 1차 상품을 수출하는 무역조건이 더 긍정적으로 변해야 할 것이다.

　운송 기술이 발전하면 무역을 통한 잠재적 이익은 항상 증가하지만, 상품에 미치는 영향은 그 비용이 얼마나 중요한지에 따라 달라진다. 1차 상품은 부피가 커서 운송비가 생산원가에서 높은 비중을 차지하는 경우가 많다. 반면 공산품은 제품의 가치에 비해 운송비용이 낮은 경향을 보인다. 1차 상품의 가치에서 운송비의 중요성이 더 크기 때문에 1차 상품의 운송비가 싸지면 인도 가격은 공산품의 가격보다 더 빨리 감소할 것이다. 이를 통해 무역조건이 감소하는 것이 일부 설명될 수 있다. 그러나 운송비 하락이 무역조건 감소에 얼마나 영향을 미치는지는 알 수 없다.

　임금 비용에 대한 사회적 규제는 국가마다 크게 다르다. 첫째, 실질임금(개인이 임금으로 구매할 수 있는 금액)은 일반적으로 공산품을 주로 수출하는 나라에서는 상당히 높다. 둘째, 제1세계 국가들에는 보다 적극적이고 영향력있는 노동조합이 있으며, 복지 제도가 보다 광범위하게 발달하여 1945년부터 1970년대 초 사이에 실질 임금이 인상되는 데 기여했다(17장 참조). 셋째, 제1세계와 제2세계의 실업률과 저고용은 제3세계에 비해 낮다. 따라서 제1세계와 제2세계에서는 생산량이 증가하면 노동 부족이 발생하여 실질 임금 상승으로 연결된다. 반면 제3세계 국가에서는 노동력 잉여가 지속되므로 임금이 낮게 유지되는 경향이 있다. 제1세계 기업가들이 임금과 세금의 인상으로 발생하는 비용을 해결하는 방법 한 가지는 가격을 올려 인상된 비용을 고객에게 전가하는 것이다. 이는 제1세계 국가들이 어떤 상품을 수출하건 제3세계에 비해 수출가격이 높은 이유를 설명하기도 한다. 현재 세계무역의 구조를 고려해보면 이를 통해 제1세계 공산 수출품의 무역조건은 제3세계 1차 상품에 비해 개선되는 결과를 가져올 것이다.

"생산 유연성"은 생산자들이 변화하는 시장 상황에 신속하게 대응하는 능력으로, 가격이 높을 때는 더 많이 생산하고, 낮을 때는 덜 생산한다. 1차 상품은 특성상 제조된 상품보다 생산 유연성이 떨어진다. 제3세계에서 수출되는 현금작물을 대표하는 열대나무 작물을 생산하려면 일정 기간이 필요하므로, 제품이 시장에 나오기 위해서는 몇 년 전에 생산을 시작해야 한다. 광물과 연료의 생산도 몇 년 전에 미리 계획해야 한다. 새로운 광산을 개척해야 하고, 광업에 필요한 대규모 선행 비용은 생산을 수년간 지속해야 상각할 수 있다. 이러한 경직성의 결과 중 하나는 여러 1차 상품에서 "붐-버스트" 주기가 나타날 수 있다는 것이다. 생산이 시장 상황에 쉽게 적응할 수 없을 때, 상당한 공급 저하와 가격상승이 일정 기간 나타나다가 공급과잉과 가격하락이 뒤따르는 것이다. 예를 들어 1930년대 브라질은 커피가 너무 많아 커피콩을 기차의 연료로 사용했다. 붐-버스트 사이클은 제3세계의 1차 상품 수출업자들이 그들의 상품을 최대한 활용하기 어렵게 만든다. 가격이 높을 경우 그 상황을 이용할 수 있는 생산자는 거의 없으며, 생산수준이 높을 경우라면 가격은 너무 침체되어 거의 또는 전혀 이윤을 창출하지 못할 수 있다.

제3세계국가의 위치성

위에서 논의된 다섯 가지 요인은 제조업과 1차 상품 간의 차이를 강조한다. 수출되는 상품 유형의 차이로 인해 무역조건이 악화되는 것이 설명된다. 이러한 차이점은 중요하다. 왜냐하면 무역으로부터의 이익은 한 국가가 가지게 되는 비교우위 상품의 유형에 크게 좌우됨을 의미하기 때문이다. 그러나 그 차이점만으로 무역을 통한 이익의 비대칭성을 설명하기에 충분하지 않다. 식민주의 시기와 그 이후의 역사를 거치면서 형성된 제3세계 국가들의 지리적 위치성 또한 중요하다. 심지어 공산품에 특화하여 수출할 수 있었던 제3세계 국가들도 제1세계 공산품 수출과 비교할 때 아무리 잘해도 불리한 무역조건을 갖게 된다. 게다가 이들의 공산품 수입에 대한 수요는 공산품 수출을 통해 벌어들이는 수입을 훨씬 상회한다. 1982년에서 1996년 사이에 무역조건은 7% 감소했지만 구매력은 5배 증가하였다(그림 16.6). 이는 수입대금을 지불하기 위해서는 국내 시장 대신 수출을 위해 생산해야 하는 공산품의 양이 5배 이상 증가해야 한다는 것을 의미한다 (Maizels, 2000; Sarkar and Singer, 1991). 저임금 수출 지향적 공산품 조립을 특화한 제3세

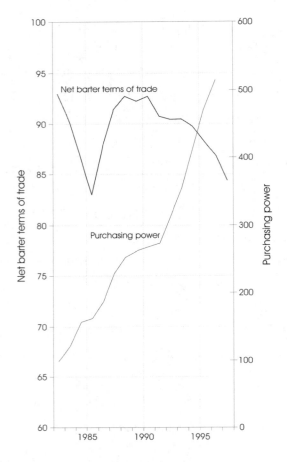

그림 16.6. 1982–1998년의 무역조건: 제3세계 제조수출 대 제1세계 제조수입. 출처: Maizels(2000).

계 제조업은(17장) 제1세계 수출업자들이 아니라 제3세계 수출 제조업과 치열한 경쟁을 벌이고 있다(Razmi and Blecker, 2005)(물론 제3세계 제조업 수출업체 다수는 제1세계 기업이 소유하므로 이들이 궁극적으로 어느 쪽으로든 이익을 거두게 된다).

　　무역이 발생하는 조건에 큰 영향을 미치는 정치적 협상은 국제무역에 다른 교환 분야보다 더 많은 영향을 미친다. 주권국가는 그들의 국경을 넘는 상품의 흐름을 통제하는 권한이 일반적으로 인정된다. 이 권한은 자유무역 원칙에 정면으로 위배되는 것으로 비치며, 자유무역 옹호자들은 이를 보호주의라며 폄하한다. 국제무역 흐름은 두 가지 수준에서 정치적 결정과 협상의 대상이 된다. 첫째, 두 국가 사이에 쌍방적인 협정이 존재한다. 즉, 개별 국가들은 "가장 우호적인 국가"("most favored nation"[MFN])의 지위를 부여할 수도 있다(때로는 이를 철회할 수도 있다. 미국은 1951년부터 1980년까지 중국의 MFN 지위를 철회했고, 1989년 천안문 광장 학살 이후 다시 일시적으로 철회했다). 미국이 쿠바의 공산

혁명 이후 쿠바와의 무역을 금지했던 것처럼 한 국가는 특정 국가와의 무역을 금지할 수도 있다. 그리고 영향력있는 국가들 또한 미국이 2003년 이라크 침공을 주도하기 전에 이라크에 했듯이 UN에 무역 금수조치를 취하도록 압력을 행사할 수 있다.

둘째, 많은 초국가적 단체와 협약은 국가의 무역 통제 권한을 보장하면서도 차별적 관행과 무역장벽 감소를 위해 노력하고 있다. 15장에서 보았듯이 1945년, 미국이 무역 규제의 권한을 세계무역기구에 넘기는 것을 꺼려, 그 대안으로 관세와 무역에 관한 일반협정(General Agreement on Tariffs and Trade[GATT])이 설립되었다. 지금은 WTO에 흡수된 GATT는 국제가격, 관세감면, 무역을 지배하는 원칙에 대한 자발적인 합의를 시도하기 위한 초국가적 포럼이다. 1962년 77그룹 주도로 설립된 UN무역개발회의(The United Nations Conference on Trade and Development[UNCTAD])는 제3세계의 무역과 개발 문제에 초점을 맞추어 4년마다 회의를 개최한다. 또한 국가와 그룹 간 특정 분야의 무역을 규정하는 계약을 형성하기 위한 공식적 협정도 다수 체결되었다. 여기에는 예를 들어 완충주를 설치하여 상품 무역의 단기적 불확실성을 줄이도록 만들어진 국제상품협정, 석유의 가격과 생산량을 통제하기 위해 만들어진 OPEC 카르텔, 미국이 1973년 필요할 경우 자국의 섬유산업을 "파괴적" 경쟁으로부터 보호하기 위해 제1세계 국가가 제3세계 국가로부터의 직물 수입을 제한할 수 있는 권한을 인정하기 위해 시작한 다섬유협정 그리고 인종차별적인 남아프리카에서부터 쿠바, 이라크, 세르비아에 이르는 "불량" 국가들을 규율하기 위해 주기적으로 채택되어온 UN이 지원하는 무역 금수조치 등이 포함된다.

이러한 초국가적 합의와 제도에 "우루과이 라운드" GATT 협상으로 1995년 만들어진 WTO가 최근에 추가되었다. WTO는 제네바에 사무국을 두고 세계 수준의 무역 문제를 다룰 새로운 상설 기구로 설치되었다. GATT가 그랬던 것처럼 각국 정부가 국제무역의 규칙에 대해 협상하고 협정을 체결하는 포럼이다. 또한 관세 3분의 1 인하, 양적 비관세 장벽(nontariff barriers[NTB]) 제거, 기타 다양한 NTB 감축(다음 절 참조) 등 무역장벽 감축을 위한 각종 조치에 서명국들이 합의했던 최신판 GATT를 관리한다. WTO의 가장 새로운 측면은 국가 정부 간 무역 분쟁을 해결하는 곳이라는 점이다. 다른 정부가 이 협정에 따른 자국의 권리를 침해하고 있다고 판단될 경우 한 국가 정부나 정부 다수는 WTO에 제소할 수 있다. 협상은 분쟁 과정의 첫 단계지만 협상으로 분쟁이 해결되지 않으면 양측 변호사와 전문가를 불러와 이 사건에 대한 판결을 내리는 WTO 통상 전문가 패널 앞에 사례를 제시한다. 만약 한 국가가 WTO 무역 규칙에 따라 의무를 이행하지 않고 있다는 것이 발견되면, 그 나라는 법이나 정책을 WTO의 결정에 부합하도록 바꾸어야 한다. 그렇게 하지 않을 경우 문제를 제기한 국가(들)의 보복성 무역제재 대상이

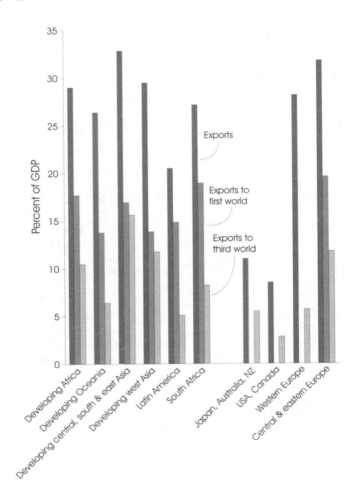

그림 16.7. 지역별 제1세계－제3세계 무역의 중요성(2002년). 출처: UNCTAD(2003a).

될 수 있다.

오늘날까지 무역 관행에 미치는 정치 협상의 영향은, 가격이(따라서 무역으로 얻는 이득) 단순히 수요, 공급, 생산, 유통 기술의 경제적 요인에서뿐 아니라 협상 테이블에서의 정치세력에 의해서도 어떻게 영향을 받는지 보여준다(1930년대 이러한 영향에 대한 분석으로는 Hirschman, 1945 참조). 세계 경제의 상황으로 인해 무역에 더 의존하게 되는 국가는 이와 같은 협상에서 더욱 약한 위치에 서게 될 것이다. 무역이 덜 필요한 나라는 조건이 마음에 들지 않으면 협상 테이블에서 더 쉽게 물러날 수 있고, 따라서 더 강한 힘을 갖게 될 것이다. 이러한 점에서 제3세계와 제1세계의 협상가의 권력은 비대칭적이다(사이드바: "WTO의 권력 위계구조" 참조).

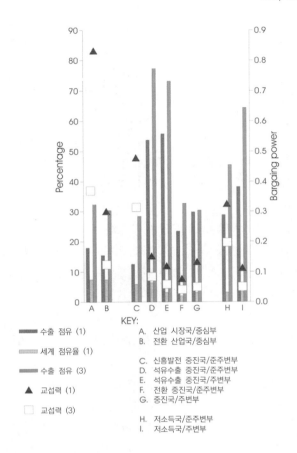

그림 16.8. 2000–2001년, 수출 집중, 세계시장 점유율, 교섭력. 출처: UNCTAD(2003a: 표 4.2D).

첫째, 제3세계 국가는 제1세계 국가로의 수출을 통해 수입에 대한 지불액을 확보해야 하므로 이 수출은 제1세계 국가들에 있어 제3세계 국가들을 대상으로 하는 수출보다 훨씬 중요하다(그림 16.7). 많은 제3세계 국가는 자국에 필요한 공산품, 사치품 그리고 심지어 식량을 위해 제1세계로부터의 수입에 크게 의존하고 있기 때문에─경제성장, 엘리트들을 위한 고급 생활방식 그리고 일반 대중을 위한 영양섭취 등을 지원하기 위해─무역 조건이 악화되어도 제1세계─제3세계 간 무역에서 손을 뗄 수가 없다.

둘째, 제3세계 국가들은 특화 정도가 높아 한정된 수의 상품만을 거래하는 반면 제1세계 국가들은 국제시장에 광범위한 상품을 제공한다. 3대 수출 상품은 세계경제에서 중심국 전체 수출의 3분의 1에도 못 미치지만 주변국 수출의 3분의 1에서 5분의 4를 차지한다(그림 16.8). 그러므로 제3세계 국가들은 경제성장을 육성하기 위해 좁은 범위의 상품 수출과 특화에 의존하는 리카르도 자유무역 원칙을 제1세계 국가들보다 더 잘 따

WTO의 권력 위계구조

WTO 주도로 2001년 시작된 1차 무역 협상인 도하 라운드(Doha Round)는 제3세계 '개발 어젠다' 로 표현된다. 그러나 제1세계 "쿼드 Quad" 협상단은 조건을 싱가포르 문제의 형태로 정해 WTO의 네 가지 새로운 경제정책 영역(투자, 경쟁, 정부조달, 무역촉진)을 포함시키자고 제안했다. 이러한 제 안은 WTO가 외국인 투자를 통제하기 위한 국가 관행을 규제하고, 정부 지출이 국내 기업에 유리한 지의 여부를 판단하고, 국가들이 세계적 경쟁력을 지닌 기업하고만 계약을 맺을 수 있도록 하는 데 힘을 실어줄 것이다. 이 문제를 두고 두 집단이 반발했다. 제3세계 협상가들과 1999년 시애틀 시위 이후 등장한 반 WTO 사회운동이다.

회의는 2003년 칸쿤-도하(카타르)와 마찬가지로 시위를 통해 회의를 방해하기 어려운 지형을 지 닌 이유로 선정-에서 재개되었다. 대부분의 제3세계 국가는 칸쿤 각료회의를 앞두고 싱가포르 문제의 형태로 협상하고 싶지 않다고 말했다. 그럼에도 불구하고, 칸쿤 장관의 문서 초안에는 싱가포르 문제 4개가 모두 포함되어있었다. 통상적인 초안 작성 절차에 따르면 WTO 사무국이 회원국을 만나 초안 문건을 작성해야 하지만, 이는 지켜지지 않았다. 대신, 총회의장의 "재량에 따라" 준비되었다. 이는 "많은 개발도상국 장관이 명확히 밝힌 견해는 무시한 채, 명확한 합의가 있어야만 [새로운 문제에 대 한] 협상이 시작될 수 있다는 도하원칙을 위반했다"(Third World Network, 2003: 1).

선발된 반(反) WTO 사회운동 대표들이 협상에 참여할 수 있도록 허가되었지만(시애틀 이후 취 해진 조치), 이들은 '그린룸'으로 알려진, 협상이 벌어지고 있는 핵심 장소에 접근할 수 없었다. 그곳 은 WTO 사무총장이 GATT 시절부터 수십 년간의 관행을 이어가며 비밀무역협상을 조직해온 곳이었 다. 시위자들은 회의장에서 약 5마일 떨어진 곳에서 대규모 경찰병력이 뒤에 지켜선 가운데 철책으로 가로막혀있었다.

철책 밖의 운동가들은 회의장 내의 대표들과 소통하기 위한 전략을 만들어냈다. 이들은 회의장 맞은편의 공사 크레인에 기어올라가 대형 현수막("Que se vayan todos"—"모두 치워버려라")을 내 걸어 대표들에게 짐을 싸서 집으로 돌아가라고 요구했다. 7천 명의 운동가들이 칸쿤 시내에서 회의장 으로 행진한 끝에 철벽과 경찰선이 막아선 "킬로미터 제로"에 맞닥뜨리자 회의장에 전해질 수밖에 없었던 가장 강력한 신호가 발생했다. 더 이상 앞으로 나아갈 수 없게 되자 대표단을 이끌던 한국 농 민 이경해씨가 구호를 이끌던 곳에서 두 단체 사이에 놓여있던 철조망을 타고 올라가 항의의 표시로 가슴에 칼을 꽂았던 것이다. 이 씨의 죽음은 남은 논의에 대한 당혹감을 안겨주었다.

회의장 내에서는 브라질, 인도, 중국, 남아프리카 공화국이 주도하는 제3세계 주요 20개국(G20+) 블록이 제3세계 수출의 시장접근 확대, 제1세계 농업보조금 폐지, 싱가포르 문제 포기 등을 두고 압박 했다. 쿼드가 싱가포르 문제를 수용할 것을 계속 주장하자 G20+와 동맹국들은 초안을 강제로 거부했 다. 셋째 날 저녁 WTO 사무국은 12개국 대표들에게 그린룸 회의를 소집했는데 거기서 쿼드는 G20+ 가 싱가포르 문제 중 적어도 두 가지를 수용할 것을 계속 주장했다. 다음 날 오후, 어느 쪽도 굴복하지 않을 것이 분명해지자 회담은 결렬되었다.

칸쿤 이후 미국과 EU는 G20+를 약화시키기 위해 노력했다. 미 무역대표부(USTR)는 소규모 국가들을 제치기 위해 잠재적 양자 자유무역협정이라는 인센티브와 원조 및 대 미국시장 접근 감소라는 위협을 활용했다. 이를 통해 콜롬비아와 코스타리카 같은 나라들이 G20+에서 이탈했다. 미국과 EU는 WTO 내에서 5개 이해당사국으로 알려진 새로운 협상 그룹에 미국, EU, 호주와 함께 인도와 브라질이 가입할 것을 제안하여 이들 국가의 호감을 샀다. IMF는 재정 지원에 대한 실질적인 조건으로 도하 라운드에 대한 지원을 제시했는데, 이는 G20+에 가입했을 수도 있는 국가들이 이를 결국 거부했다는 것을 의미한다. 이상을 통해 보면, 도하 협상은 난항을 겪고 있다. 성공적으로 해결될 것이라 예측하는 사람은 거의 없다.

르고 있다. 그림 16.8은 국가 유형별로 교섭력을 추정하고 있다. 교섭력은 세계시장 점유율과 비례하며 특화(수출 점유)와 반비례한다. 제1세계 교섭력에 가까운 제3세계 그룹은 두 개밖에 없다. 소위 NIC와 저소득 반주변부 국가들(급속한 산업화가 진행되는 중국과 인도가 지배)이다. 석유 수출국조차 교섭력이 낮다.

그림 16.9는 총수출에서 3대 수출 상품의 점유율을 나타내고 있다. 몇몇 상품을 특화한 국가는 무역 협상에서 교섭력이 떨어진다. 가격이 불리할 때 특화를 다른 상품으로 옮기는 것이 더 어렵기 때문이다. 이는 새로운 생산에 대한 투자와 생산의 시작 사이에 발생하는 공백기가 길어 유연성이 떨어지게 되므로 1차 상품 수출업자는 더욱 불리해진다.

이러한 분야별 특화는 지리적 특화를 통해 강화되어 제3세계 국가들의 유연성을 더욱 감소시킬 수 있다. 제3세계 국가들은 수출 소비자로 소수의 국가만을 의존하는 경향이 있는 반면, 제1세계 국가들은 수출 대상국을 더욱 확대시킨다. 게다가 제3세계 국가들이 집중하는 특정 국가들은 거의 변하지 않았다. 2002년 현재, 아프리카는 서아시아와 함께 독립 후 약 40년이 지났는데도 서부 유럽에 집중하여 무역을 하고 있다(그림 16.10). 라틴 아메리카는 북미에 초점을 맞추고 있다. 남아시아와 동아시아는 1930년대와 1940년대 일본의 "대동아권"과 같은 역사적인 정치적 영향권을 반영하여 일본, 북미, 유럽과 강한 관계를 유지하고 있다. 따라서 무역은 경제만으로 설명되지 않는다. 비록 이러한 지정학적 집중이 거리가 짧을수록 무역에 용이하다는 사실도 어느 정도 반영하지만 이들에 속하는 제3세계와 제1세계 국가 사이에는 차이가 있다.

셋째, 제3세계 국가들의 무역 흐름이 양분되고 있다. 1960년 이후 남아시아(일부)와 동아시아의 수출이 세계 총무역량의 6%에서 21%로 3배 이상 증가한 반면, 아프리카와 라틴 아메리카는 상대적으로 고립이 심해졌다(그림 16.1과 16.10 비교). 수출량이 커서 국제시장에서 더 큰 점유율을 차지하는 나라들은 무역 협상에서 더 큰 교섭력을 갖게 될 것이다. 시장의 과점기업처럼 이러한 국가들은 수출 물량을 조정해 물가에 영향을 줄 수 있다. 제1세계 국가들은 수출 총액의 큰 비중을 차지하지만 세계 시장에서의 비중은 더 큰 경향이 있다. 2002년 미국의 3대 1차 상품 수출액은 국가 수출의 16%에 불과했으나 이들 상품은 세계시장의 25%를 평균적으로 점유했다. 멕시코에서는 3대 품목이 전체 수출의 25%를 차지하는데 평균 시장 점유율은 4%에 불과했다.

경험상, 세계시장 점유율이 크고 수출이 다양화된 나라일수록 국제무역에서의 교섭력이 크기 마련이다. 이 규칙에 의해 한 국가의 주요 수출품 세계시장 점유율을 총수출의 몫으로 나누어 그 나라의 대략적 "교섭력 지수"로 표현할 수 있다. 미국과 멕시코의 예를 들어보자. 미국 단일 최대 상품(수출 항공기)의 교섭력 지수는 2.8(17%/6%)이지만 멕시코(원유 수출)는 0.5(5%/10%)에 불과하다. 3대 수출의 경우 미국은 여전히 2.8이지만 멕시코는 0.2에 불과하다. 교섭력 지수를 통해 보면 일반적으로 세계경제 주변부에 위치한 국가들은 제1세계 국가의 극히 일부에 지나지 않는 교섭력을 가지고 있다(그림 16.11). 일부 제3세계 반주변부 국가들 – 신흥발전국(17장 참조), 중국, 인도("저소득국/반주변부" 범주의 주요 구성원) – 은 교섭력 지수가 더 높으며, 실제로 1980년 이후 무역에서 큰 혜택을 받았다. 그러나 저소득 주변부 국가들은 교섭력이 매우 낮다(그림 16.8 참조).

넷째, 같은 제품을 생산하는 제3세계 국가 간의 경쟁이 치열할 수 있다. 이 국가들

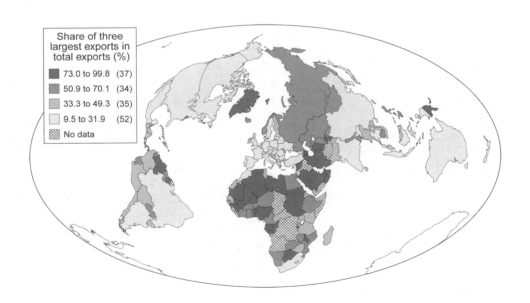

그림 16.9. 2002년 3대 상품 기준 수출 집중도. 출처: UNCTAD(2003a).

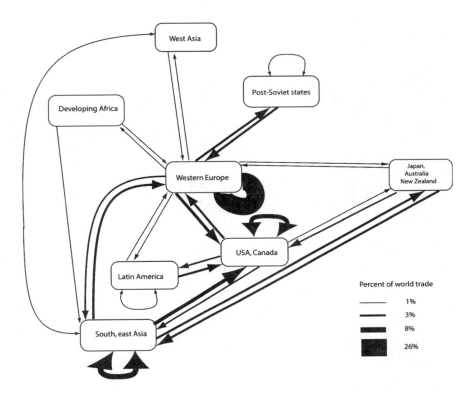

그림 16.10. 2002년 세계무역 흐름. 출처: UNCTAD(2003a).

은 무역 수입이 중요하고 1차 상품 생산수단이 경직되어있으며, 높은 수준으로 특화되어 있기 때문에 수출품의 구성을 바꾸기가 어렵다. 따라서 이들은 대안을 모색하기보다 같은 상품을 두고 지속적으로 경쟁한다. 더욱이 1차 상품은 원산지에 관계없이 공산품보다 훨씬 더 유사하므로 문제가 더 복잡해진다. 독일 트랙터는 미국 트랙터와 상당히 다르지만 가나 코코아는 인도네시아 코코아와 매우 흡사하다(초콜릿 미식가는 제외). 그 결과 세계시장 가격이 전반적으로 증가하면 코코아에 대한 수요가 약간 감소할 수 있지만 만약 개별국가가 가격을 인상한다면 그 나라에서 생산된 코코아에 대한 외부 구매자들의 수요는 급격히 감소할 것이다. 코코아 무역과 초콜릿 생산을 하는 기업들은 다른 나라로 바꾸어 구매할 것이다. 레이퍼 Raffer는 1972년의 가나 추정치를 인용해 코코아의 세계가격이 1% 오르면 수요 감소는 0.4%에 불과하지만 가나의 코코아 가격이 1% 오르면 수요는 2–3% 감소할 것이라고 보았다(Raffer 1987: 124).

코코아 공급원을 다른 것으로 대체할 가능성과 수출을 통해 잉여를 확보해야 하는 제3세계의 필요성으로 인해 가격 인하를 두고 치열한 경쟁이 발생할 수 있다. 그 결과,

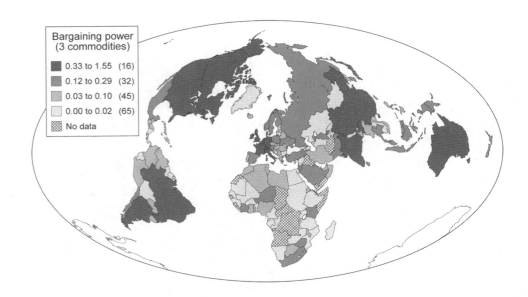

그림 16.11. 2002년 무역 교섭력 지수. 출처: UNCTAD(2003a).

가격이 하락해도 수요는 약간만 증가하지만 개별 국가가 가격을 상승시키면 수요는 현저히 감소하게 된다. 위의 추정치를 사용하면 가나의 경우 가격을 인상하여 증가하는 톤당 수입금액이 판매 감소로 인한 소득 감소로 상쇄되는 것보다 많아지므로, 가격인상 후 무역으로 인한 수입이 이전보다 줄어들게 된다. 생산자 카르텔은 이런 문제를 피하는 방법이 될 수 있지만 아무리 유리한 조건에서도 카르텔은 단기적인 이익만을 가져온다. 제1세계 국가들은 1차 상품의 가격이 오르면 대체물이나 재활용 방법을 찾는다. 그들은 또한 "전략적" 광물과 심지어 농업 상품을 비축하여 국제가격이 너무 비싸졌다고 판단할 경우 활용한다. 1차 상품의 가격이 전반적으로 인상되었을 때의 장기적인 이익은 기껏해야 임시적이고 최악의 역효과를 가져왔다.

　　요약하자면, 제3세계 정책입안자들은 1차 상품을 수출하여 소득을 올리는 데 상당한 문제를 겪고 있다. 가격을 하락시켜도 수요에 미치는 효과는 상대적으로 거의 없다. 제3세계 국가 간의 치열한 경쟁이 있으며 제1세계 고객이 다른 공급자를 찾거나 제품을 대체할 수 있는 능력을 지닌 와중에서 공급량을 제한하거나 단순히 가격을 상승시키려는 시도는 효과가 없다. 대안이 없는 상황에서는 수출을 위한 생산량을 증가시키는 것이 수출을 통한 소득을 증가시키는 가장 효과적인 방법이다(이 방법을 통해 무역조건이 감소하거나 침체된 상황에서도 구매력이 증가할 수 있었다. 그림 16.5 참조). 그러나 특화와 수출량 증가는 만병통치약이 아니다. 국가적 스케일에서 제3세계 국가들이 몇몇 제1세계 국가들을 대상으로 하는 수출에 점점 더 의존하게 만들면 교섭력, 그리고 장기적인 관점에서의 무역 조건 개선에 대한 전망을 감소시킬 수 있다. 생산량 증가와 의존성이 결합되어 가격이 지속적으로 낮아지게 되면 이로 인한 지역적 결과는 매우 차별화된다. 예를 들어 제1세계 소비자들이 인도의 러그를 구입하기 위해 지불하는 비용은 급격히 떨어졌다. 그러자 이 양탄자를 짜는 가구에서는 1990년대 초 아이들은 식사를 하루에 적어도 두 끼 할 수 있었는데 지금은 배가 반쯤 비어서 잠자리에 드는 경우가 많다. 양탄자 짜는 작업이 지역 내에서 통합되고 독점이 생겨나면서 많은 남성이 일자리를 잃거나 적절한 생활을 할 수 없게 된다. 이들의 가정에서 아이들은 아동 노동자가 되고 이들의 어머니들은 비정부기구가 실시하는 권한부여 프로그램의 대상이 된다. 각국이 수출국에 대한 수익률을 개선하기 위해 사용하는 전통적인 방법은 무역장벽을 부과하는 것이었지만 이는 점점 더 논란이 되고 있다.

무역장벽

GATT, UNCTAD 및 기타 포럼에서 국제무역과 관련된 다국적 협상을 하는 주요한 이유 한 가지는 각국 정부가 법적 권한을 이용하여 수입이나 수출에 제한을 가하는 경향을 줄이기 위해서였다. 자유무역 지지자들은 그러한 "무역장벽"이 자유무역 원칙의 약속이 실현되는 것을 막는다고 본다. 이 중 첫 번째는 국경에서 적용되는 장애물인 관세와 NTB이다. 관세는 기본적으로 국경에서 수입이나 수출에 부과되는 세금이다. 수출업자의 실효가격을 높이는 수출관세는 수출기업으로부터 직접 세수를 거둬들이는 방식이다. 그러나 수출관세는 수출의 국제 경쟁력을 떨어뜨리기 때문에 거의 사용되지 않고 수요가 일정 수준이 되는 상품에만 적용된다. 수입 원가를 근본적으로 높이는 수입관세는 국가의 수입원으로 활용될 뿐 아니라 국가 경제정책의 일환으로도 채택된다. 수입비용을 증가시킴으로써 한 국가는 국내 생산자의 상품보다 수입품을 더 비싸게 만들어 외국과의 경쟁을 억제할 수 있다. 자유무역이 세계경제 성장을 촉진하는 데 필수 요소라는 담론과 관세를 제거하기 위한 정치적 협상에도 불구하고 수입관세는 값이 더 싼 수입품이 일자리와 수익을 위협한다고 인식되는 부문에는 선별적으로 계속 활용되고 있다. 2001년 카타르 도하에서 WTO 각료들은 관세와 NTB를 줄이고 없애서 외국산 수입품의 지역시장 접근성을 높이기로 합의했다. 그들은 또한 계약의 범위를 1차 상품과 제조업에서 서비스로 확대하려 했다.

　　두 번째 제한은 무역관계의 지형을 형성한다. 수입국은 다른 나라에 MFN 지위를 부여할 수 있다. 이는 이들 국가에서 수입한 상품에 대해서는 MFN에 적용되는 것보다 낮게 관세가 부과된다는 것을 의미한다. "우선무역협정"은 서로 일률적인 관세와 NTB를 부과하도록 하는 특정 국가 간의 협정으로, 관세 수준은 MFN보다 훨씬 낮으며 때로는 아예 관세를 부과하지 않기도 한다("자유무역구역"). MFN은 영국이 자유무역협정을 제도화했던 19세기까지 거슬러 올라가지만 1945년 GATT에 적용되기 시작한 이후 WTO 협상의 중심축으로 남아있다. PTA가 적용된 것은 훨씬 최근의 일이다. 1957년 유럽에서 처음으로(지금은 유럽연합 European Union[EU]으로 확장된 유럽경제공동체 European Economic Community[EEC]) 형성되었다. EU와 같은 제1세계 그룹도 있지만 1994년 북미자유무역협정(North American Free Trade Agreement[NAFTA])과 같이 제1세계와 제3세계의 연계를 도모하는 그룹도 있으며, 또 1991년에 창설된 남미지역의 남미공동시장(Mercado Común del Sur or Southern Common Market[MERCOSUR])이나 서아프리카 경제통화연합(West African Economic and Monetary Union[WAEMU])과 같이 제3세계 국가로만 구성된 그룹도 있다. 1990년 이후 PTA는 폭발적으로 증가해 중복되는 지역 및 지정학적 네트워크에는 세계 대부분이 포함되어있다. 어떤 상품이 한 국가 내에서 생산된 것으로 간주되어 MFN과 PTA 특혜를 받을 자격이 있는지 여부를 결정하기 위해 매우 복잡한 원산지의 지리적 원칙이 개발되었다(Traub‒Werner, 2007). 이러한 협정이 자유무역을 진전시키는지 또는 벗어나는지를 두고 자유무역 지지자들 간에는 큰 대립을 보이고 있다.

　　관세율은 수입시점의 수입가격을 백분율로 표현한 것으로, 일반적으로 증가한다. 무역 상품은 일반적으로 상품 사슬에 연결되어있으며 1차 상품(예: 생면)부터, 반제품(예: 직물), 완제품(예: 당신이 입은 티셔츠)에 이르는 상품이 포함된다. 관세가 인상된다는 것은 이 사슬상 더 먼 곳에 위치할수록 관세가 더 높다는 것을 의미한다(그림 16.12). 관세상승은 보통 국내 제조업체들이 값싼 수입품으로부터 보호를 요청하는 로비를 벌인 결과이다. 관세가 상승하게 되면 제3세계 국가들이 제1세계 시장으로 진출하는 것은 훨씬 어려워진다. 이런 장벽이 EU와 같은 제1세계 PTA에 적용되면, 침투하기 어려운 유럽 요새를 형성하게 된다. 단, 유럽의 이전 식민지 개척자들과 여전히 밀접하게 연결되어있는 경우는 예외다. 영국이 EEC에 가입했을 때 현재와 이전 영연방 국가와의 무역 우선관계를 없애도록 요구받아 상당한 혼란이 초래되었다, 바나나를 생산하는 해외 식민지(카나리 제도, 과델루프, 마르티니크)를 여전히 소유하고 있는 스페인과 프랑스는 1993년, EU 대상 바나나 수입은 EU 영토와 아프리카, 카리브해, 태평양의 이전 식민지에서만 할 수 있도록 하는 규정을 통과시켰다. 제3세계 국가의 관세는 더 높아져서 남‒남 교역을 저해하는 경우가 많다(아래 참조).

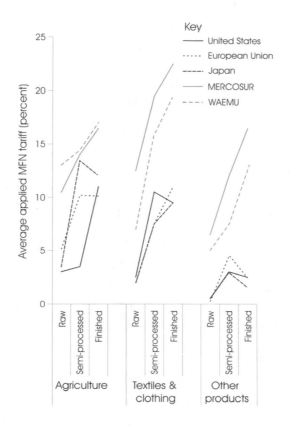

그림 16.12. 수입국가/지역별 제3세계 수출에 대한 관세 인상. MFN − 가장 우호적인 국가, MERCOSUR − 남미공동시장, WAEMU − 서아프리카 경제통 연합. 출처: IMF, World Bank(2001).

　　1968년, 제3세계의 압력으로 관세인상을 인정하는 일반화된 선호체계(generalized system of preferences[GSP])가 합의되었다. GSP에 따라 제1세계와 제2세계 국가들은 선별된 제3세계 국가로부터의 특정한 수입품에 대해 우선적 접근을 허용하여 많은 경우 관세가 인하되었다. 1965년 이를 가장 먼저 시행한 나라는 소련이었다. 2002년에는 러시아, 벨라루스, 불가리아, 에스토니아, 터키와 같이 핵심 산업국가들이 GSP 선호를 부여했다. GSP 협정은 공산품 수입에 초점을 맞추는 경향이 있으며, 수입이 일정 쿼터를 넘지 않아야 한다는 제한을 적용한다. 이를 통해 기존의 무역량을 넘어서지 않도록 수입을 제한할 수 있지만 원래는 값싼 수입품 유입으로 초래될 수 있는 교란으로부터 국내산업을 보호하기 위한 것이었다. 2001년, 제3세계로부터 "쿼드"국(미국·캐나다·일본·EU)으로의 수입 중 63%가 GSP 자격을 얻었지만, 실질적인 우대조치를 받은 것은 42%에 불과했다(UNCTAD, 2003b). GSP는 관세처럼 사용된다. 적용 범위는 국내의 주요부문과 경쟁하지 않는 수입품에 더 관대하다. 예를 들어 미국으로 수입되는 1차 상품의

67 – 100%가 GSP를 받지만 제조업은 38%에서 71% 사이이다(적용 범위가 100%에 근접하는 화학 물질과 정밀 기계 제외).

WTO는 NTB에서 관세로 전환하기 위해 노력했지만(후자가 더 "투명한" 것으로 보이므로) 효과는 거의 없었다. NTB는 많은 형태를 취하는데, 그중 상당수는 규제가 거의 불가능하다(표 16.1). 수치적인 할당량이 보통 적용되지만, 무역을 규제하는 데 있어 인간의 상상력은 제한이 없는 것 같다. 관측통들은 1970년대 중반 이후 관세보다 NTB가 무역에 더 큰 장벽이 됐다는 것에 사실상 이견이 없으며, 연구 결과도 지속적으로 상승하는 것으로 나타났다(Colman & Nixson, 1986 참고). 국제적으로 거래되는 상품의 30%는 1980년대에 양적 규제를 받았다. 여기서 제3세계 수입품을 차별하는 경향이 있었다. 1987년 GATT에 알려진 135개의 주요 NTB 중 64개가 개발도상국, 특히 주요 수출국들을 대상으로 한 것으로, 23개는 제조업 분야에서 가장 성공적인 경쟁국이 된 한국만을 대상으로 했다(Euromonitor, 1989: 표 2.3). 보라 외 Bora, Kuwahara, Laird(2002)는 표 16.1(쿼터, 요금, 무역구제)의 NTB 3종류만을 검토하여, 쿼드 국가들이 2000년 제3세계로부터 수입되는 농산물의 42%, 공산품의 17%에 NTB를 부과했지만 광물과 연료에 대한 부과는 7%에 불과하다고 추정했다.

표 16.1에 나타난 광범위한 범주를 한 번 생각해보라. 명백히 자의적인 제한뿐 아니라 생산과 무역을 구체화하려는 국가의 시도가 거의 모두 포함되어있다. 환경보호나 근로자의 복지를 위한 규정조차 '보호주의'로 WTO에 제소할 수 있고, 또 실제로 제소되

표 16.1. 비관세장벽(NTB)의 종류

유형	국내산업 보호를 위한 조치	생산 및 소비 수준을 통제하는 조치	무역에 간접적 영향을 미치는 경제정책
양적 제한	수입쿼터, "자발적" 수출제한, 금수조치, 관세할당량, 차별적 투입, 상품명 및 포장에 대한 요구	수입금지(예: 불법 마약, 환경친화적이지 않은 상품)	국내 계약을 의무화하는 국가조달정책
규제 조치	기술장벽-규제, 기준적용, 인증과 라벨에 대한 요구	위생과 식물성 위생조치, 잔류물, 특정한 처리, 시험, 인증	국가보조금, 무역촉진기관, 국유 생산 및 운송시설
	수입과 수출에 대한 요금부과, 할증료, 항만세, 보관세, 사전보증금, 면허 등	지적재산권 문제	"국산품 애용" 움직임, 콘텐츠에 대한 국내 제한
	무역구제-반덤핑조치, 상계관세	노동 또는 산업기준, 아동노동이나 착취적 업무환경에서 생산된 제품 불허	"전략적" 무역제한
	세관규정-격식, 원산지 규정, 검사, 면허	보호 조치	환경 및 노동의 안전대책, 규제; 산업 정책

출처: Morton and Tulloch(1977), Organization for Economic Cooperation and Development(OECD)에서 정리.

고 있다. 1999년 시애틀에서 벌어진 반 WTO 시위에 제1세계 농민과 노동자들이 동참한 것도 이 때문이다. 신자유주의자들은 모든 NTB를 제거해야 한다고 본다. 시장이 모든 문제를 해결할 수 있으며 국가의 시장에 대한 모든 "간섭"은 사회적으로 바람직하지 않기 때문이다. 이들에 따르면, WTO 절차가 국경에 관계없이 확장되어 지역 정책을 형성하고 지역 윤리를 다시 생각해보도록 해야 한다고 한다(예로, 식용 고래사냥이 이루어져야할지 또는 말아야할지-사이드바: "국경 너머 WTO" 참조). 이것이 타당한가?

제3세계 수입 중 NTB는 의류, 가공식품, 전기장비, 섬유 등 국내산업을 위협할 수 있는 공산품 수입에 대해 더 많이 적용된다(Morton and Tulloch, 1977: 178)(NTB의 창의적

국경 너머 WTO

사례 1

: 매사추세츠주는 1996년, 미얀마의 잔혹한 군사정권과 거래하는 기업을 매사추세츠주의 대형 공공 계약 입찰에서 제외하는 법을 제정했다. EU는 WTO 규정에 의해 매사추세츠 주의 규제는 "무역과 투자 공동체에 대해" 불공정하며, 정부조달에 관한 현 WTO 규정을 위반한다고 주장했다. 매사추세츠주는 잔인한 군사정권과 거래하는 것이 공정한지 물었다. 이와 비슷한 경제제재가 1980년대 미국의 반(反) 아파르트헤이트 운동에도 적용되어 남아공이 민주주의로 전환하도록 촉진한 공로가 인정되었다.

WTO의 이 도전으로 인권을 지키기 위해 경제제재를 활용하는 사례가 뒤를 이었다. WTO에서의 문제를 피하기 위해 1998년 클린턴 행정부는 메릴랜드주 입법부가 나이지리아에 대한 선택적 구매법을 채택하는 것을 중단시키려고 적극적으로 로비를 벌였다. 결국 한 표 차이로 그 제안은 채택되지 않았다.

사례 2

: 인도법은 식물과 동물을 특허 대상에서 제외시켰다. 이들 생물 형태에 대한 지역적 통제를 유지하기 위해서였다. 이를 통해 일부 의약품이 낮은 가격을 유지할 수 있으며 지역 치료 관행을 합법화한다. 그러나 WTO는 "개발도상국"이 국내 식물품종의 특허권을 외국 기업에게 허용하는 방향으로 나아가야 한다고 규정했다. 미국은 인도가 이를 신속히 준수하지 않아 의무를 위반했다고 WTO에 항의했다. 다른 나라들에게서 받은 특허에 기반해 기업에게 시장독점권을 주도록 인도에게 강요하는 것에 WTO는 동의했다.

출처: Mander and Barker(1999). 1999년 세계화포럼의 저작권. 허가 후 인용.

적용은 사이드바: "WTO, 지적재산권 그리고 식물 특허" 참조). 그러나 이것은 제3세계의 1차 상품 생산자와 수출품에도 피해를 줄 수 있다. WTO 협상에서, 북미, 일본, EU에서 지속적으로 제공되는 국내농업에 대한 국가보조금(2001년 경제협력개발기구(OECD)에서 평균 생산비의 31%에 해당하는 2,310억 달러에 달했다(Lankes, 2002))을 둘러싸고 치열한 공방전이 벌어진다. 예를 들어, 국가보조금으로 인해 서아프리카 목화 농부들은 파산하게 되었다. 생산품에 대해 더 비싼 값을 받는 제1세계 농부들과 경쟁할 수 없었기 때문이다.

규제를 통해 통제하게 되면 제3세계 국가들이 그러한 규제에 대한 정보를 적시에 학습하거나, 규제를 충족시키기 위해 수출을 신속하게 조정하거나 또는 규제 적용에 대한 이견을 수입국들과 효과적으로 협상할 수 있는 여건이 조성되어있지 않을 경우 이들에게 불이익을 줄 수밖에 없다. 예를 들어 EU는 모든 회원국이 준수하도록 제품 지침과 품질 대책을 만드는 데 많은 에너지를 소비했다. 그 결과 EU 내에서 국가가 내부적으로 실시하는 모든 무역 검사가 자동으로 면제되었다. 소규모 수출업자들은 규모가 큰 수출업자들보다 더 불이익을 받는다. 쿼터는 현재의 거래 패턴을 출발점으로 삼는 경향이 있어 규모가 더 큰 수출업자는 더 큰 할당량을 받게 된다. 그러나 경제적으로 영향력 있는 국가들도 더 높은 교섭력을 가진다. 예를 들어, 중국의 섬유수출을 제한하고 중앙아메리카, 카리브해, 아프리카에서의 섬유수출 구역을 창조하기 위한 다섬유협정은 2005년 1월에 종료되어, 저임금 기반 중국기업에게 엄청난 잠재력이 만들어졌다. 게다가 중소 수출기업들은 규제 조치에 대응하기가 더 어렵다. 종합하면, NTB는 관세장벽과 같은 경향을 보여 제1세계로의 수출을 모색하는 제3세계 기업(특히 공산품 특화와 수출을 시도하는 나라들)에게 어려움을 안겨주며, 제3세계 내에서도 이미 공산품을 수출하는 국가들에게 유리하다. 제1세계에 대한 무역장벽은 제3세계 국가들 간의 무역을 증가시키는 동기가 될 수 있으며, 이를 통해 현재의 무역 패턴에서 제1세계로의 집중도를 감소시킬 수도 있을 것이다.

무역체제에 대한 도전

위에서 논의했듯 제3세계 국가들이 제1세계와 제2세계와의 무역에서 어려움에 직면하면서 어떻게 지금까지의 개입을 뛰어넘는 방식으로 제3세계 무역을 재고할 것인지에 대해 많은 제안이 나오게 되었다. 이러한 대안은 이윤을 위한 생산과 교환을 대체할 수 있는 대안적 경제관행을 촉진하고 무역을 국가 간의 교환으로 보는 시각에서 벗어나도록 무역의 지형을 전환시키려 한다.

WTO, 지적재산권 그리고 식물 특허

GATT 협상의 "우루과이 라운드"는 WTO를 만드는 데 그친 것이 아니었다. 처음으로 지적재산권의 무역관련 측면(Trade-Related Aspects of Intellectual Property Rights[TRIPs])을 포함하도록 다자간 무역협정의 범위를 확대했다. 특허 시스템이 취약한 제3세계 기업에 매출과 로열티를 빼앗기는 것을 우려한 서방기업들은 TRIPS 규정을 위해 로비를 벌였고 초안의 대부분을 만들었다. 이 협정에 서명한 국가들은 지적재산권(intellectual property rights[IPRs])을 보호하는 최소한의 법기준과 효과적인 집행 메커니즘을 시행해야 한다. 예를 들어 발명에 대해서는 최소 20년 이상 특허로 보호해야 한다. WTO의 규정을 따르지 않는 국가는 WTO 분쟁 해결 패널에 제소될 수 있으며 이를 준수하지 않을 경우 무역제재의 대상이 된다.

　IPR에 대한 경제적 근거는 생산자들에게 자신들의 기술혁신 사용에 대한 단기적인 독점권을 주어 새로운 지식의 생산자들에게 보상을 해야 한다는 것이다. IPR의 개념은 앵글로색슨 사고의 문화적 산물일 뿐 전 세계적으로 통용되는 것이 아니다. 이 부분이 중요한 이유는 물리적인 것과 달리 지식은 공유할 경우 소비되는 것이 아니라 다양한 사용자들이 상호 작용하고, 재작업하며, 더 멀리 확산시키면서 증가되고 풍부해지기 때문이다. 지식과 혁신의 이러한 협력적이고 광범위한 측면은 지적재산권의 개념 자체를 복잡하게 하므로 TRIPs 협정에서는 인정되지 않는다. 만약 TRIPs가 해적 소프트웨어, 영화, 디자이너 옷과 같은 것들만 다루었다면 이런 측면에 대한 고려를 하지 않는 것이 큰 관심거리가 되지 않을 것이다. 그러나 TRIPs는 IPR의 범위를 살아있는 유기체로까지 대폭 확대한다. 국가는 미생물에 대한 특허를 제공해야 하며, 식물 품종은 사육자의 권리를 보호하는 특허나 특수시스템을 통해 보호되어야 한다. 따라서 지식을 사유화하고 식물 품종이 자유롭게 공유되지 못하도록 함으로써 "WTO 법체제는 생명공학 발견을 민영화하여 큰 수익이 있을 때만 이용할 수 있도록 할 것이며, 단일품종 재배를 촉진(그리고 대가를 지불)하여 생물 다양성을 위협할 수 있다"(Mushita and Thompson, 2002: 74).

　1992년 미국 특허 및 무역사무국은 미국기업(W. R. Grace)에게 모든 형태의 유전자 변형 면화에 대한 특허를, 유럽 특허청은 같은 회사에 유전자 변형 콩에 대한 특허를 각각 부여했다. 이러한 광범위한 특허는 개별 기업이 해당 식물의 유전 공학을 소유할 수 있도록 하는 데 효과적이다. 이것은 말하자면 한 회사가 미니밴의 모든 독점권을 가질 수 있도록 허용하는 것과 같은 것이다. 이로 인해 농부들은 사실상 자신의 환경에 맞도록 식물을 적응시키는 전통적인 관행을 실시할 수 없도록 하고 심지어는 특허권 소유 기업에 로열티를 지불하지 않고 전체 식물 종자의 씨앗을 보관하지도 못하게 한다. 그러나 기업들은 새로운 식물 종자를 생산해내기 위해 생물 다양성을 확보해야 한다. 이 생물 다양성은 공동의 협력을 통해 지식을 활용하는 제3세계 농부들이 발전시키고 풍성하게 만든 것이다. 그들의 협동적이고 자유롭게 공유된 작업이 보상 없이 취해져서 기업의 지적재산이 된 후, 독과점 가격으로 농부들에게 되팔린 것이다. 이는 보통 "바이오 해적"이라 불리는데, 식민지 시대로 거슬러 올라가 제1세계 정부와 기업이 제3세계 주민들이 전통적으로 활용하던 식물과 동물을 상업적으로 통제했던 쟁탈전의 가장 최근 단계일 뿐이다(Juma, 1989).

이러한 바이오 해적에 대항하는 민중의 투쟁이 힘을 얻고 있다. 예를 들어 아누프리타 다스 Anupreeta Das(2006)는 다음과 같이 보고한다.

> 수 세기에 걸쳐 가구의 세대를 통해 보존되고 구두로 전해진 인도의 전통 지식은 이제 디지털화 되고 있다. 앞으로 몇 달 동안 인도는 3천만 페이지에 달하는 최초의 백과사전을 선보이게 될 것이다. 여기에는 수천 가지의 약초 치료법과 토착 건축 기법부터 요가 운동에 이르기까지 모든 것이 포함되어있다. 이 프로젝트는 고대 품종의 지적 재산을 보호하기 위한 21세기 접근법을 나 타낸다. 전통지식 디지털도서관의 목적은... 외국 기업인들이 인도의 전통문화를 새로운 것이라 주장하며 특허를 내는 것을 저지하는 것이다.

하나는 제3세계 국가 간의 무역(남-남 교역, Nyrere, 1983)이 확대되어야 한다는 것 이다. 남아시아와 동아시아에서 이런 현상이 나타났다. 이 지역에서의 남-남 교역은 1960년 세계무역의 1.8%에서 2002년 8.3%로 확대되었다. 이는 EU를 제외하고는 세계 에서 실질적으로 가장 강력한 지역 무역 네트워크가 되었다. 그러나 다른 남-남 교역 의 점유율은 더디게 증가했으며(1960년 3.5%, 1993년 4%, 2002년 5.2%) 남아시아와 동아시 아를 제외한 남-남 교역, 즉 서아시아, 아프리카, 라틴 아메리카 국가 간 교역은 실제 로 감소했다(1960년 2.5%에서 2002년 2.1%). 동시에, 제3세계 국가로부터의 모든 수출의 비율로 본 남-남 교역은 17%에서 39%로 두 배 이상 증가했다.

제3세계 국가들이 남-남 무역장벽을 줄이거나 다른 제3세계 국가로의 무역이 가 져오는 악영향에 대해 고려하기를 꺼려온 것은 사실이다. 관세는 평균적으로 높으며(그 림 16.12), 1970년대 OPEC 주도의 유가 상승은 제1세계 국가보다 제3세계에 훨씬 더 해 로운 영향을 미쳤다(비록 OPEC이 개발기금을 마련하여 원유에서의 소득 1%를 제3세계 개발원 조로 확보하긴 했지만).

협력의 부족 외에도 남-남 무역을 촉진함에 있어 근본적인 어려움은 제3세계 국 가들, 특히 지리적으로 이웃한 국가들은 일반적으로 세계경제에서 유사한 위치성을 지 닌다는 점이다. 제3세계 국가를 연결하는 PTA를 만들어 소규모, 저임금이라는 국내시장 의 고질적인 문제를 극복하려는 시도가 많이 있었다. 동아프리카 공동체(East African Community), 중미공동시장(Central American Common Market), 서아프리카 국가들의 경제 공동체(Economic Community of West African States), 동남아시아국가연합(Association of Southeast Asian Nations[ASEAN]) 등이 그 예이다. 이 중 ASEAN만 상당한 성공을 거두고 있는데, 큰 이유 중 하나는 회원국들이 1차 상품에서 공산품으로 옮겨갔기 때문이다. 다른 남－남 PTA에서는, 남아시아와 동아시아 외의 남－남 무역에서와 같이 국가들은 보통 매우 유사한 상품들을 거래하고, 그들이 필요로 하는 공산품 투입물을 서로 제공해주지 못한다. 다르게 표현하면, 1차 상품은 비록 제1세계와의 무역에서는 비교우위가 될 수 있지만, 일관성 있는 제3세계 무역구역을 형성하기에는 적합하지 않다.

일부 신흥발전국과 남아시아, 동아시아가 공산품 수출로 전환한 것은 이 국가들에게 어느 정도 유리한 것으로 판명되었지만, 이것이 전반적인 남－남 무역으로 일반화되지는 않을 수도 있다. 남－남 무역에서 1차 상품과 공산품을 거래할 경우 우리가 제1세계－제3세계 무역에 대해 논의했던 불평등을 재현할 위험이 있다. 일부 제3세계 국가(신흥발전국)가 다른 제3세계 국가에게 공산품을 공급하면 여기서도 무역으로부터의 이익이 지속적으로 1차 상품을 수출하는 제3세계 국가에 비해 신흥공업국에게로 돌아갈 위험이 있다. 3자 간 세계무역 위계질서가 등장할 수도 있는데, 맨 위는 숙련된 제조 노동력을 가진 산업화된 핵심국가, 중간에는 산업화되고 있으나 종종 저임금이 지배하는 반주변부 국가, 맨 아래는 1차 상품을 수출하는 주변부국가로 구성된다. 이 위계질서의 중간에 있는 국가들이 자유무역보다는 미국, 일본, 독일이 시작했던 국가주도의 발전전략을 따르고 있음을 17장에서 살펴볼 것이다.

간단히 말해 장기간에 걸친 지정학적 과정을 통해 형성된 지리적 불균형의 현실 속에서 자유무역 원칙에 적응하면서 발생하는 어려움을 해결하기에 남－남 무역이 만병통치약은 아닐 것이다. 역시 자유무역에 저항하기 위해 새롭게 만들어진 흥미로운 남－남 합의로 베네수엘라, 쿠바, 볼리비아를 연결하는 미대륙을 위한 볼리비아 대안(Bolivaran Alternative for the Americas[ALBA])이 있다. ALBA는 남－남 교환을 촉진할 뿐아니라 이 교환이 수익이 아닌 국가적 필요에 기반으로 하는 것을 추구한다. 다른 대안으로는 공정거래, 물물교환 그리고 지방환거래제도(local exchange trading systems[LETS]) 등이 있다.

공정무역을 위한 움직임은 제3세계 생산자들이 생산하고 수출하는 상품에 대해 악화되는 국제무역조건을 통해 거래하는 것보다 더 공정한 보상을 받도록 하기 위해 노력한다. 공정무역은 제3세계 다양한 지역의 소규모 생산자들과 공정무역의 이름으로 더 많은 돈을 지불할 용의가 있는 제1세계 소매상 및 소비자들을 연결하는 네트워크를 구축한다. 공정무역 네트워크는 보통 생산자로부터 직접 구입하며, 장기적 무역관계 육성을 모색하고, 생산자들에게 협동조합과 환경에 대한 책임의식을 독려한다. 또한 합의를 통해 최저가격을 결정하며 기술지원과 시장정보를 제공한다(Baratt－Brown, 1993; Nichols and Opal, 2005). 이러한 네트워크에 속한 제3세계 생산자들은 보통 농산물을 재배한다(커피, 차, 코코아, 바나나, 면화). 공정거래는 산업으로 번성하여 제1세계 소비자 행동으로 발전했고, 다양한 NGO의 지원을 받고 있다. 그리고 전문 소매업과 대안 소매업에서 많은 슈퍼마켓 체인점의 선택 사항(유기농 농산품과 함께)으로 전환되었다. 1995년에서 2005년 사이에 공정무역 매출은 다섯 배가 증가해 전 세계적으로 160만 달러까지 이르렀다(Raynolds and Long, 2005). 동시에, 상품을 공정무역 상품으로 분류하고 라벨을 붙일 수 있는 조건과 이러한 모니터링 및 분류 시스템의 효과성에 대한 논쟁이 부상했다. 이 과정에서 공정무역은 국제상품무역의 단순한 틈새시장으로 이 상품을 선호하는 소비자의 또 다른 한 가지 선택-"기분 좋은 소비주의"라 불릴 수 있는-에 지나지 않는 것으로 평가되고 있다.

물물교환은 의사가 의학적 조언을 한 대가로 음식을 먹는 경우처럼 상품과 서비스의 직접적인 상호 교환이다. 물물교환에는 돈이 사용되지 않기 때문에 국내 총생산과 같은 자본주의적 교류를 측정하는 회계 시스템에 잡히지 않는 경우가 많다. 보통 물물교환은 제3세계에서 주로 일어나는 것으로 인식되어있다. 즉, 교환을 위한 "전통적" 수단은 점차적으로 돈을 이용해 "진정한" 상품 교환을 하는 "발전된" 자본주의 사회를 나타내는 방식으로 전환된다는 것이다. 그러나 물물교환은 제1세계에서도 흔하다(중고시장, 가구 내 노동, 이베이, 크레익스리스트, 헛간 집들이를 생각해보라). 물물교환은 또한 지역 교환이라 세계화된 세계에서 비효율적인 것으로 인식되어있다. 그러나 대기업들은 국제무역의 약 15%를 차지하는 '상호 호혜 무역'이라 부르는 물물교환에 참여하고 있다(8,430억 달러, www.irta.com/ReciprocalTradeStatistics.aspx).

LETS는 지역 통화를 개발하여 사용함으로써 장거리 무역을 지역공동체 내 교환으로 대체하고, 돈을 이용한 정기적 상품 교환에 대한 대안을 제공한다(예: 지역에서 인쇄된 노트는 한 시간 노동으로 교환 가능). LETS는 외부 세계와의 무역에 대한 의존도를 줄임으로써 공동체를 더 지속 가능하게 만드는 효과를 지닌다. 지역 통화는 또한 수익을 위한 상품의 생산 및 교환에 대한 대안을 촉진한다. 이와 같은 신용은 지역 교환에만 사용할 수 있고 이자 수익도 발생하지 않기 때문이다. 그들은 심지어 가장 가난한 사람조차 신용을 모아 교환에 참여할 수 있게 해준다. 누구든지 노동력, 기술, 지식을 제공한 대가로 지역 통화 실적을 받을 수 있기 때문이다. 1989년 뉴욕 이타카가 LETS 시스템을 도입한 이후 번창해왔으며, 제1세계의 지역공동체로 급속히 확산되고 있지만 라틴 아메리카를 제외한 제3세계에는 거의 존재하지 않는다. 그러나 공동체에 기여하는 대가로 지역 신용을 얻는다는 LETS 원칙은 역사적 뿌리가 깊으며, 제3세계에서 비공식적인 경제 활동의 중심축으로 남아있다.

결론

변화하는 무역조건에서 볼 수 있듯 제1세계 국가들은 제3세계 국가들로부터 분명히 혜택을 받고 있다. 농산물과 심지어 광물조차 낮은 가격 탄력성을 지니며 제조업의 생산성과 운송 기술의 향상으로 인한 혜택은 주로 제1세계와 그 노동자에게 돌아갔다. 제3세계 국가들이 지역을 기반으로 협력하도록 이끌 요인이 거의 없다. 이들은 매우 비슷한 상품을 생산하고, 무역 규모는 세계무역의 작은 부분밖에 차지하지 않는다. 몇몇 국가에만 수출을 의존하며, 이들의 문제는 양자간, 다자간 협정에서 무시된다. 관세와 NTB를 없애거나 줄이기로 합의하는 등의 주요한 노력을 통해 세계를 자유무역이론의 이상에 근접하게 만들려는 시도가 있어왔다. 이러한 협정을 집행할 권력을 지닌 WTO는 이를 더욱 강화했다. 그러나 남아있는 장벽들은 제3세계 국가들에게 불균형적으로 계속 부담을 주고 있다. 자유무역이 지속된다면 제3세계 국가들은 계속해서 불평등에 시달릴 것임을 자료를 통해 알 수 있다. 1차 상품과 저임금 조립노동에 대한 이들의 특화는 세계경제 내에서의 상대적 상황과 맞물려 제3세계 국가들이 국제무역의 불평등한 운동장에서 불리한 위치를 차지하고 있음을 의미한다.

남—남 무역은 이 상황을 개선하는 데 큰 가능성을 제시하지 못할 수도 있다. 세계경제에서 제3세계 국가 다수가 처한 유사한 상황과 제3세계 중 산업화가 진전된 국가들이 남—남 무역을 통해 불평등하게 혜택을 가져갈 가능성을 고려하면 제3세계 내에(국가 간과 지역 간) 이 장에서 많은 지면을 할애해 논의했던 제1세계와 제3세계 간의 발생했던 차이와 불평등이 재생산될 수도 있다(Nyrere, 1983). 그럼에도 불구하고 무역과 교환을 포기하는 것은 대안이 아니다. 여러 가지 대안적 무역 관행과 지형이 제3세계와 그 너머에서 탐구되고 있다.

노트

1) 본서의 다음 섹션을 집필하기 위한 자료를 수집해준 Jun Zhang, Todd Federenko, and John Benson에게 감사를 표한다.

2) 존 스프래오스 John Spraos(1983)는 생산성과 고용의 변화를 감안하여 또 다른 측정법인 '고용—보정형 이중요인 무역조건'을 개발했다. 농산품은 1960년부터 1978년까지 지속적으로 감소했다. 광물(연료 제외)은 전반적 상승 또는 하락의 추세를 나타내지 않았다. 이 수치의 업데이트는 이루어지지 않았다.

17

주변국의 산업화
경로와 전략

16장에서는 경제성장을 가속화하고 제1세계 국가들과의 부의 격차를 줄이는 데 있어 제 3세계 국가들이 직면한 어려움을 살펴보았다. 한편 비교우위가 고정된 것이 아니라 한 국가가 국가 내외부에서 어떤 행동을 취하는지에 따라 근본적으로 재구성될 수 있다는 것도 보았다. 이를 통해 국제적 고립을 초래하지 않고도 1차 상품 특화의 덫을 벗어날 수 있는 길이 있다는 것을 알 수 있다. 다수 제3세계 국가들에서 산업활동 고용은 제한 적으로 증가했으며, 이는 1960년대 이후 국제노동분업에서 제3세계 사람들 대부분이 담 당하는 역할이 거의 변하지 않았다는 것을 의미한다. 그럼에도 불구하고 일부 국가는 상당한 산업화를 이루었다. 이러한 "신흥발전국(Newly Industrialized Countries[NICs])"들 은 시장가격에 따라 역사적으로 만들어진 비교우위를 받아들이기를 거부하고 특정한 공 산품에서 경쟁우위를 창출하기 위해 협력적인 행동을 취해왔다.

　　이를 위해서는 경제성장을 촉진시킬 가능성이 더 큰 경제부문의 상대적 수익성을 재구성해야 하며, 일반적으로 1차 상품에서 제조업 및 서비스 부문으로의 전환을 추구 하게 된다. 제3세계 정부들은 "신"무역이론가들이 비교우위의 적용성을 발전시키기 전 에 직관적으로 이를 파악했다. 제3세계 국가의 경제발전과 성장 전략에 있어 정부와 국 가 엘리트들이 주도한 산업화 정책은 지속적으로 강조되었다. 제3세계 정부는 제1세계 와 제2세계 국가들의 역사적 경험을 모델로 삼아 다양한 방법으로 비교우위의 국내 여 건을 변화시키기 위해 노력해왔다. 국가의 역할이 제한적이었던 국가는 없다.

그러나 산업화라는 용어는 오해를 불러일으킬 수 있다. 왜냐하면 원자재 가공, 농업에서의 자본 장비 사용 증가, 건설 활동, 서비스, 전력회사 등의 활동을 의미할 수 있기 때문이다. 이들은 모두 중요한 경제활동이지만, 제3세계의 산업화에 대한 논의에서는 제3세계 국가들이 국내외에서 공산품(철강, 기계, 운송 장비, 직물, 냉장고, 종이집게 등)을 제조할 수 있는 능력을 가리킨다. 우리가 "산업혁명"과 결부시키는 이 특정한 활동들은 종종 "제조업"이라고 불린다(이것도 애매한 용어다). 때로는 구체적 정보가 없다는 단순한 이유로 "산업화"에 집중할 수 있지만 본 장에서는 산업화보다 주로 제조업에 대해 검토하기로 한다.

"산업화"와 "제조업"이라는 용어가 지니는 성차별적 특성에 주목할 필요가 있다. 특정한 부문, 장소, 시대에 여성 노동력이 중요했지만(예 - 의류산업, 제2차 세계대전 중 미국의 오늘날 수출촉진구역에 해당하는 로지 더 리베터 Rosie the Riveter) 이들은 남성 노동력이 지배해왔다. 이러한 남성성과 여성성의 정치는 산업과 제조업에 대한 보다 일반적인 담론과 태도를 형성한다. 글로벌-현지와 남성-여성의 이분법은 산업화-비산업화(제조-비제조)가 이분법으로 나누어지도록 연장되기도 한다. 이러한 상호 중첩적인 이분법에서 비산업화된(또는 덜 산업화된) 부문, 도시, 지역, 또는 국가의 이미지는 의존적인 것으로 만들어진다. 이들은 희생자이며, 앞선 산업화를 이루고, 독립적이며 더 강력한 국가들에 의해 일으켜 세워지는(권한이 부여되고 해방되는) 모습으로 그려진다(Nagar, Lawson, McDowell, and Hanson, 2002; Roberts, 2004). 이렇게 구축된 이미지는 산업화가 발전의 필수적 과정으로 그리고 초국가적 산업기업(transnational corporations[TNC])이 제조업 세계화의 매개체로 받아들여지게 되면 그 지배력이 더욱 강화된다.

제3세계 경험을 논의하기 위해 우리는 우선 세계경제에서 제조업의 성장을 검토할 것이다. 그런 다음 제1세계와 제2세계 국가들이 산업화하면서 겪었던 역사적 경험과 제3세계 국가들이 시도했던 다양한 접근 방식을 조사한다. 우리는 특히 산업화를 위한 확실한 마법의 성공 공식이 있는지 그리고 제3세계 국가들이 한국이나 미국처럼 자주 인용되는 성공 스토리를 모방할 것이라 기대할 수 있는지 알아볼 것이다.

전후 제조업 세계 지형의 변화

UN과 세계은행의 측정에 따르면 1960년 이래 제3세계에서 일어나는 제조업의 세계 점유율은 꾸준히 증가했지만 눈에 띄는 극적인 증가는 없었다. 한 국가에 있어 제조업이 차지하는 중요성은 통상적으로 제조업 과정의 "부가가치"(제조업 부가가치, manufacturing

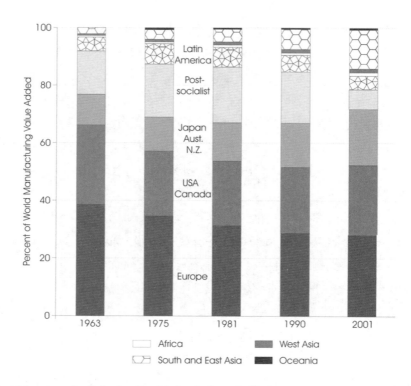

그림 17.1. 1963-2001년 세계 제조업 점유율. 출처: 1963년 자료는 UN산업개발기구(UNIDO, 1985), 1975-1990년 자료는 UNIDO(1992), 2001년 자료는 World Bank(2008).

value added[MVA])로, 이는 비노동 투입 비용과 최종 생산품 원가의 차이로 정의된다. 이 차이는 임금, 이익, 임대료, 이자 지급, 순세 등으로 구성되어 제조 과정에서 실제 시장가치가 상승하는 것을 나타낸다.

　　1960년에서 1975년 사이, 제2세계 사회주의 국가에서 제조가치의 절대적인 증가가 최대 규모로 발생했다. 이 국가들이 자본재 생산을 자극하기 위해 분명히 성공적인 경제정책을 추구하고 있었던 것이다(그림 17.1). 제3세계는 비율로 보면 가장 빠르게 성장하는 지역이었지만(44% 증가), 경제기반 자체가 워낙 작았다. 1975년 이후 제1세계에서는 세계 MVA의 비율이 약간 증가했다(유럽에서 일본으로 이동). (구)소련 제2세계에서 제조업의 세계 점유율은 1990년 이후 18%에서 6%로 떨어졌다. 동시에 제3세계 제조업은 남아시아와 동아시아에 전적으로 집중되어 대폭적으로 증가했다. 라틴 아메리카 NIC는 세계 점유율이 감소했고 다른 곳에서는 제조업이 거의 없다.

　　그러나 1990년대 초만 해도 제3세계에서는 제조업 분야에서 일할 기회가 여전히 매우 제한적이었다. 그림 17.2와 같이 제3세계 국가 대부분의 산업 노동자(광범위하게 정의) 비율은 제1세계, 제2세계와 여전히 차이를 보이고 있었다. 더구나 인구증가로 인해 대부분의 제3세계와 제1세계 간 1인당 MVA는 10배 차이가 지속되고 있다(그림 17.3).

제3세계 내 제조업 분포

제조업은 지리적으로 매우 불균등하게 분포하고 있는데 국가 스케일에서는 더욱 극명하다(그림 17.3). 1인당 MVA는 싱가포르의 경우 4,800달러 이상인데(세계에서 아홉 번째로 높음) 콩고민주공화국은 3.80달러에 불과하다. 제3세계 국가들 중 극소수가 주변부 제조업의 큰 몫을 차지하여 10개 국가가 60%를 점유하며 이 중 3분의 1은 중국과 한국이 차지하고 있다. 표 17.1은 이 엘리트 집단의 회원이 라틴 아메리카에서 동아시아로 현저히 전환되는 과정을 보여준다. 1963년 10위 안에 들었던 중남미 6개국은 1992년 절반으로 줄어든 반면, 남아시아와 동아시아의 숫자는 2개에서 6개로 3배 증가했다. 1992년 이후 10위 안에 든 그 외 나라는 터키가 유일하며 아프리카 회원국은 전혀 없다.[1] 총 MVA는 경제규모에 따라 달라지기 때문에 이 목록은 경제 규모가 더 큰 나라들에게 편중된다. 1인당 기준으로 1992년 세계 주요 제3세계 국가들은 한국, 멕시코, 아르헨티나, 싱가포르, 홍콩 등이다.

　　"신흥발전국(NICs)"은 세계적으로 경쟁력있는 제조업 분야를 성공적으로 개발한 제3세계 국가들을 나타내기 위해 만들어진 용어이다. 어떤 국가가 신흥발전국에 속하는지에 대한 공통된 합의는 없다. 한국, 홍콩, 대만, 싱가포르, 브라질, 멕시코 그리고 현재는 중국과 인도를 포함하는 것이 보편적이다. 이들은 제조부문이 상대적 비중을 크게 차지하는 작은 국가(싱가포르), 국가 전체에서 제조업이 차지하는 비중은 작지만 규모 자체가 커서 세계 제조업에서의 점유율이 큰 국가(인도), 한정된 자원 기반 때문에 항상 제조업에 의존할 수밖에 없었던 국가(도시국가인 홍콩과 싱가포르) 그리고 농업 특화에서 제조 특화로 극적인 전환을 이룬 국가(한국, 대만) 등이 포함된다. 따라서 이 그룹은 이질적이며, 그룹 내에서도 주변부에 속하는 국가들의 산업 변화에 따라 구성원이 변하게 된다. 그러나 제3세계 산업화의 역동성을 이해하려고 할 때 신흥발전국은 좋은 예이므로 검토가 필요하다.

제조업과 서비스

제조업을 논할 때 생기는 어려움 중 하나는 이를 서비스업과 어떻게 구분할 것인가 하는 문제이다(Sayer and Walker, 1992; Walker, 1985). 서비스는 유형재가 아니기 때문에 제

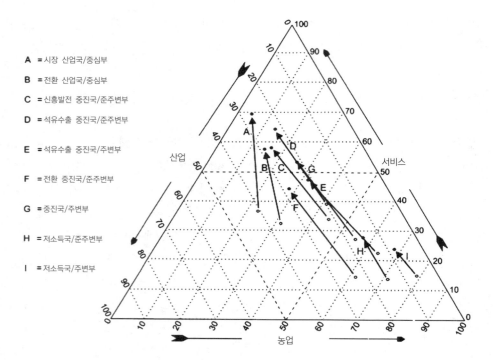

그림 17.2. 1960－2001년 분업지역의 동향. 출처: 1960년 자료는 국제노동기구(ILO, 1977), 가장 최근 자료는 국제노동기구(ILO, 2003).

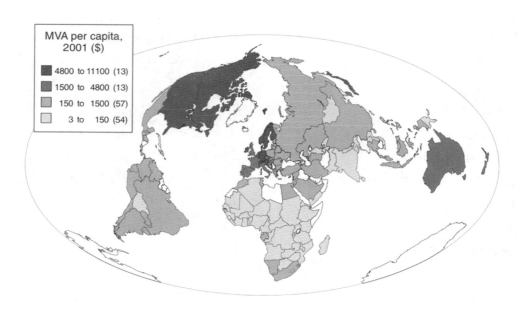

그림 17.3. 2001년 1인당 MVA의 전 세계 분포. 출처: World Bank(2003).

조업과는 통상적으로 분리된다. 대부분의 서비스는 고객의 여가시간에서 분리할 수 없으며, 생산되는 시점에 이익을 소비해야 하는 인간활동이다. 그러나 이 구분은 문제가 있다. 서비스 역시 보통 특정한 근로조건에서 생산되고 이익을 위해 판매되는 상품이며, 많은 경우 유형 상품(이발, 법률 계약, 국 한 그릇 등)을 포함한다. 서비스는 점차 멀리서도 제공할 수 있는 것이 되었다. 인도에서 가장 빠르게 성장하고 있는 비농업활동에는 "콜센터"가 있는데, 이 부문에 약 20만 명의 젊은 인도 여성과 남성이 고용되어 이들은 고객서비스 핫라인에 걸려온 고객의 전화에 응대하거나, 판촉을 위한 전화를 걸고 있다. 이들은 전문 지역의 사투리 영어를 구사하고, 외국인인 것을 알아채기 어려운 비즈니스용 이름을 사용하며, 만약 고객이 잡담을 나누길 원할 경우를 대비해 담당 지역의 최신 이슈에 대한 정보로 무장하고 있다. 이런 전화를 통해 세계의 먼 어느 곳(장거리 전화 요금을 지불하는 것보다 임금이 더 낮은 곳)과 연결되어있다는 것을 알아채기는 쉽지 않다. 더욱이 16장에서 논의했듯, 서비스에서의 국제무역을 논의할 때 점차 제조업을 함께 논의하고 있다. 즉, 서비스와 제조업을 구별하기는 매우 어렵다.

"비공식적" 제조업

위에서 인용한 세계 통계는 제조업에 대한 특정한 정의에 기초하고 있다. 즉, 제1세계 산업화의 전통적인 방식에 따라 제조업 노동자를 고용해서 일반 시장에서 팔릴 상품을 생산하는 공장을 기반으로 하는 산업이다. 따라서 이 부문의 산업 통계는 즉시 수집이 가능한 형태이다. 그러나 브라질, 인도, 인도네시아, 말리를 방문하는 사람들은 그러한 통계가 제대로 표현할 수 없는 작은 상점이나 공공장소에서 수많은 제조 활동이 이루어지는 것을 보고 깜짝 놀랄 것이다. 자카르타의 상점 거리를 걷다 보면 가구 제조업자, 직물 직조사, 자동차 및 자전거 수리업자, 나무 조각가, 다양한 제조품을 생산하는 금속 제조업자들을 볼 수 있다. 여러 측면에서 이러한 활동은 산업 지구에 숨겨져있는 큰 공장들보다 경관에 더 확연하게 나타난다.

이러한 작업은 분명히 국가통계에 계산이 되지만 정확한 생산액을 추정하기는 어렵다. 이 상품은 제조 상품을 생산하는 것은 분명하지만 일반적 시장경로 밖에서 물물교환을 통하거나 구매되기 때문에 국가의 관리, 기록, 세금의 대상이 될 수 없어 "비공식 부문"으로 정의된다. "비공식" 제조업(그리고 소매업) 활동은 미미한 경제 범주로-공식적 제조업에 비해 불완전한 것으로-표현되고 성차별적이고, 인종차별적일 뿐 아니라, 국제개발 프로그램에 참가시켜 도움을 받아야 하는 사람의 범주로 표현된다. 이들은 시골 농민들의 생활과 도시의 산업 및 서비스 노동력 사이에 위치하는 것으로 특정 지어진다. 이 공간은 도시와 시골의 생계전략을 연결하는 회로에 해당하며, 이를 제거할 때 자본주의 개발이 완성되었음을 나타낸다고 간주되기도 한다.

1980년대에는 큰 규모로 성장하고 있는 제3세계 국가들의 비공식적 제조업과 서비스 부문의 활동에 많은 관심이 집중되었다. 이러한 "암시장" 활동은 제1세계에서도 점차 증가하고 있다(이탈리아의 비공식 부문은 국내총생산[GDP]의 20%에 달한다고 하며, 미국의 마약 거래상도 좋은 예가 될 것이다). 그들은 사회주의 국가에 널리 퍼져있었으며 사회주의를 종식한 이후의 사회에서도 일상생활에서 중요한 부분으로 남아있다. 그러나 이는 제3세계에서 특히 주목을 받았다. 어떤 관점에서 그들은 공식적 경제에 기생하는 것으로 여겨져왔다. 이들이 세금을 부과할 수 없는 수입을 흡수해버리고 정상적인 제조업 활동을 훼손시키며, 제3세계 사회의 불완전한 근대화를 반영하는 증상으로 나타난다는 것이다(4장 참조). 최근에는 보다 긍정적인 개발주의적 해석이 등장하여 자본주의 산업화에 대한 비공식 부문의 긍정적 기여를 강조하고 있다. 이 관점에 따르면 비공식 활동은 제3세계 슬럼에서 불가능한 것으로 보이는 경제적 환경 속에서도 기회를 창출하는 개인의 사업가적 재능과 잠재력을 보여주는 것이다(Maloney, 2004). 비공식적인 활동은 또한 저렴한 상품과 서비스를 공급하므로 공식적 부문의 생활비와 생산비를 낮추는 데 기여하는 것으로 여겨지기도 한다. 그러나 이러한 논의의 대부분에서, 분명히 비공식 부문에 속하고 한 사회 노동 시간의 절반을 차지하면서도 비용이 지불되지 않는 (대부분 여성의) 가사노동 문제는 제3세계와 제1세계 모두에서 거의 주목을 받지 못하고 있다.

비공식 부문에는 개발에 대한 상반된 시각을 반영하는 양면성이 존재한다. 개발과 신자유주의 세계화를 지지하는 사람들은 비공식 부문이 자본주의적 경제 성장을 돕는지 또는 방해하는지의 관점에서 평가한다. 이 관점에 따르면 비공식 부문은 자본주의 이전 관행의 잔재이며 공식적인 자본주의 경제로의 전환을 촉진시킬 잠재력을 지니긴 하지만 결국에는 "진정한" 자본주의 기업으로 대체될 것이다. 그러나 이러한 관점은 비공식 부문이 제1세계에는 없는 제3세계의 독특한 특징이라는 잘못된 이중성에 기반하고 있다. 중심부 위주의 이러한 관점에 대해 비판적인 사람들은 비공식 부문이 자본주의와 비자본주의적 관행을 모두 지니며, 정도의 차이만 있을 뿐 세계 어느 곳에서나 존재한다고 본다. 이는 비공식 부문이 비록 많은 경우 착취적이고 불법적 관행이 연관되기는 하지만 그래도 유연하게 저비용 상품과 서비스를 제공함으로써 자본주의 경제의 다양한 틈새를 채운다는 것을 의미한다. 두 번째로, 어떤 이들은 제조업에 대한 대안적 접근을 모색하는 출발점으로 비공식 부문을 본다. 이 관점에 따르면, 비록 비공식 부문 내에서 불합리한 관행이 발생하는 것은 사실이지만 비공식 부문은 기존에 사회적으로 내재된 비자본주의 관행(예: 비시장적, 협력적 생산, 이슬람과 불교의 경제 관행 형태)을 재현하기 때문

에 제1세계 스타일의 자본주의에 대한 대안을 모색하여 실행할 수 있는 공간을 제공한
다(Gibson-Graham, 1996, 2006).

비공식 부문의 중요성에도 불구하고, 특히 제3세계 국가의 평균 가구를 대상으로
하는 국가 산업화 정책은 공식적인 산업부문에 초점을 맞추고 있다. 우리는 그러한 정
책의 진화를 검토하여 주변부 산업화의 성공과 실패를 분석하고 경제발전에 대한 국가
개입의 사례 연구를 제공할 것이다.

제1세계/제2세계의 산업화 경로

많은 신흥발전국에서 산업화 정책이 시행되기 시작한 1950년대, 세계경제에서 제3세계
국가들은 서로 엇비슷하게 불리한 위치를 차지하고 있었다. 제1세계 국가들은 전후 재

표 17.1. 1963-2001년 제3세계 10대 제조국(제3세계 MVA의 %)

나라	1963년	1975년	1981년	1992년	2001년
중국				18.0	22.2
대한민국	—	2.9	4.9	12.0	10.3
브라질	19.6	22.7	22.7	14.5	8.0
인도	13.5	9.1	8.6	5.6	4.1
멕시코	10.7	12.4	13.9	10.4	4.1
태국	—	—		4.8	3.1
인도네시아	—	—	2.8	4.0	3.1
아르헨티나	9.0	8.4	4.9	8.0	2.3
터키	3.4	4.2	3.7	3.2	1.9
말레이시아	—	—	—	—	1.8
이란	—	2.1	—	2.4	—
필리핀	2.8	2.5	2.6	—	—
홍콩	—	—	2.3		
베네수엘라	3.8	3.1	2.5	—	—
페루	2.8	2.3		—	—
칠레	2.4				
이집트	2.1	—	—	—	—
10위	70.1	70.0	68.6	83.9	59.1

노트. 표에는 10위 안에 드는 제3세계 국가는 모두 한 번 이상 포함되어있음. 표의 순서는 1992년 MVA의
규모에 따른 것. 1992년 이전의 중국, 그리고 한국만큼 제조업 규모가 큰 대만에 대한 자료는 없음. 즉, 해
당 연도의 상위 10위 이내에 들지 않았음을 의미함.
출처: 1963-1981년 자료는 UNIDO(1985); 1992년 자료는 World Bank(1994: 표 3); 2002년 자료는 World
Bank(2008).

건에 힘을 쏟고 있었다. 특히 미국은 임박한 냉전에 직면하여 유럽과 동아시아에서 연합국과 추축국 사이의 경제적 연계를 재건하려고 시도하고 있었다. 마찬가지로 소련은 제2세계 무역블록을 건설 중이었는데 이는 상호경제원조위원회(COMECON)로 알려진 협약이다(소련에 중점을 두고 동유럽 공산국가들 간의 생산과 무역을 조정하는 협정). 제3세계 개발에는 거의 관심을 기울이지 않았고(실제로 많은 경우 산업강국은 독립운동을 반대하고 있었다. 15장 참조), 이를 위한 지출은 매우 미미했다. 1946년 유럽 채무자들에게는 10억 달러가 배정된 반면, 미국수출입은행을 통한 중남미 대출은 전쟁 당시 연평균 7,000만 달러에서 3,000만 달러로 감소했다(Ballance and Sinclair, 1983: 21). 이러한 불리한 위치를 변화시킬 방법을 산업 정책은 제공할 수 있었을까?

산업국가들의 산업화 경험은 제3세계 국가들이 참고할 수 있는 유일한 예가 된다. 그런데 많은 경우 옳지 않게 전달되기 때문에 관심을 기울일 필요가 있다. 19세기 유럽의 산업혁명과 전후 기간 유럽과 일본에서 산업기반 재건에 많은 중점을 둔 것이 성공하면서 이들이 제3세계가 모방할 수 있는 성공적 산업화의 경로를 제시하게 되었다. 제3세계가 직면한 상황과 가장 분명하게 유사점을 지니는 것은 19세기 미국과 독일의 경우였다. 오늘날의 제3세계와 마찬가지로, 이들은 한때 세계경제의 핵심을 차지하던 영국에 비해 산업화 진행이 훨씬 덜 되었다. 그러나 1870년에서 1913년 사이에 산업생산 면에서 영국을 추월하고 1957년에 이르러 제조업 수출규모가 더 커지면서 영국이 세계 핵심으로 지니던 장점을 극복할 수 있었다(그림 17.4). 일본의 경우도 이와 비슷하며 보다 최근의 성공 스토리를 제공한다.

앞서 영국이 산업생산을 발전시키기 위해 어떻게 가격과 무역을 조작했는지의 사례—인도 면직물과의 경쟁을 약화시키기 위해 비교우위를 조작—를 살펴보았다(15장 참조). 독일과 미국 또한 국내 산업에 대한 국가의 개입을 중심으로 하여 산업국가로서 영국을 따라잡을 수 있었다. 이러한 정책을 통해 국내 산업이 국제적 경쟁력을 갖출 때까지 이들을 보호 및 육성하기 위한 무역장벽이 만들어졌고, 그 후 자유무역의 복음이 채택되었다(Chang, 2002). 일본도 핵심 산업에서 외국 수입업체가 자국의 시장에 접근하는 것을 꾸준히 제한했고, 아이러니하게도 미국인과 유럽인들로부터 이런 행동을 했다는 비난을 최근 몇 년 동안 받고 있다. 신흥발전국 또한 이제는 "수입대체산업화(import substitution industrialization[ISI])"로 알려진 이 방식을 도입했으며, 이로 인해 제1세계 산업강국들로부터 널리 비난을 받아왔다.

국가 주도의 산업화 정책에는 제조업 부문에서 생산된 상품을 위한 시장을 확보하기 위한 조치도 포함된다. 흔히 시장이 수요와 공급을 조절하고 국가의 도움은 필요 없다고 주장하지만, 사실 대부분의 산업화 경로는 기업이 반응하는 인센티브를 구조화하는 수요와 공급 정책을 조정하고 규제하기 위한 국가의 정책에 크게 의존해왔다. 부분적으로 그러한 정책들은 국내외에서 시장을 어느 정도까지 허용할 것인지를 다루고 있다. 나중에 설명하겠지만 이것이 전후 제3세계 산업화 정책의 핵심적 차이이다. 또한 부분적으로, 이러한 정책들은 소비자 수요 또는 "자본재" 수요(주로 다른 기업이 구매하는 상품) 중 어떤 종류의 내수시장을 강조해야 하는지를 다룬다. 1945년 이후 제1세계와 제2세계에서 추진했던 전략을 비교해보면 도움이 된다. 이들은 모두 국내시장을 위한 산업

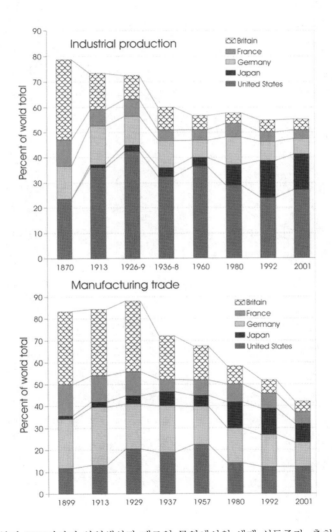

그림 17.4. 1870년부터 2001년까지 산업생산과 제조업 무역에서의 세계 선두주자. 출처: A—1870—1938년 자료는 Hilgert(1945)의 자료를 인용한 Dicken(1992); 1960-1992년 자료는 World Bank(1994); 2001년 자료는 World Bank(2003: 표 4.2); B—1899-1980년 자료는 Dosi, Pavitt, and Soete(1990: 표 3.6); 1992년 자료는 UNCTAD(1994a: 표 4.1, A.13); 2001년 자료는 UNCTAD(2003a: 표 3.2.1A와 4.1A).
노트. 1930-1935년(A)과 1930-1936년(B) 자료는 대공황으로 인해 자료가 왜곡되므로 포함시키지 않음.

화를 강조했지만 제1세계는 소비재에, 제2세계는 자본재에 더 중점을 두었다.

제1세계 포디즘과 그 이후

4장에서 논의했던 것처럼 1970년대 중반 이전 제1세계는 국가의 수요와 공급을 중심으로 경제가 운용되었던 케인즈식 정책하에서 부의 창출과 경제성장 간의 "선순환"이 이루어졌다. 상기하면, "포디즘"은 소비재의 대량 생산에 구매력 증가가 맞물려 국가 경제성장을 촉진했다(Lipietz, 1987). 후자는 제조사가 생산하는 소비재를 구매하기 위한 수요가 충분하도록 하기 위해 필요했다. 예를 들어 미국에서는 연방정부가 주택건설과 교외화의 확산에 보조금을 지급해 건설산업, 자동차, 가전제품에 대한 수요를 촉발시켰다(Walker, 1981). 유럽에서는 복지 국가의 범위가 확대됨에 따라 가장 취약한 계층이라도 적어도 세계 기준으로는 편안한 수준에서 소비할 수 있게 되었다. 두 경우 모두에서 소비자 신용의 가용성이 높아진 것도 소비를 자극했다. 냉전시대와 이로 인한 한국과 베트남의 전쟁에 힘입어 방위 산업에 대한 국가 지출도 군사 산업에 대한 수요를 창출했다(Markusen, Hall, Campbell, Dietrick, 1991). 1950년대와 1960년대는 대량생산의 커다란 기술적 진보의 시기로, 제1세계 (주로 남성) 블루칼라 노동자가 더 높은 임금을 받을 수 있게 되었고, 이들의 적자 지출이 극심해지는 것을 방지할 수 있었다.

제3세계에서 수입되는 1차 제품의 원가가 제조업체의 비용에 비해 갈수록 낮아지면서 제조원가를 낮게 유지하며 임금인상의 여지가 생기게 되었다. 그러나 1973년 이후, 실질임금과 소비자 구매력은 정체됐다가 감소하고 실업률은 증가했다. 국가 정책도 소비와 복지국가를 지원하는 것에서 시장 규제 철폐와 많은 국영 서비스의 민영화(5장)를 포함하는 "공급부문" 주도로 바뀌었다. 대량생산의 경제적 이점은 유연한 생산과 새로운 통신기술로 인해 약화되어 소규모 공장이 대형 공장보다 경쟁력을 지니게 되었다. 포드주의에서 현재의 "신자유주의"로의 중요한 전환이 제1세계에서는 1973년 이후에 일어났다는 데는 일반적인 합의가 있지만, 제3세계 국가들의 경험은 달랐다(Amin, 1994; Boyer and Durand, 1997; Leitner, Peck, and Sheppard, 2007a; Leitner, Sziarto, Sheppard, and Maringanti, 2007b).

사회주의와 중공업화

제2세계 사회주의 국가(일명 공산주의), 특히 동유럽과 소련의 보다 산업화된 국가에서는 전후 수요관리 과정이 매우 다르게 시작되었다. 제2차 세계대전 중 중공업의 상당 부분이 파괴되어 공급 부족으로 냉전의 군비 증강에 지장이 초래되었다. 따라서 자본재 생산을 장려하는 데 주로 중점을 두었다. 자본재 생산에 집중하게 되면서 소비재 생산을 위한 역량은 거의 남아있지 않게 되었다. 또한 COMECON은 상대적으로 자급자족이 가능했는데, 이는 소비재가 거의 수입되지 않는 것을 의미했다. 그 후 전반적으로 성장은 소비자보다 생산자의 구매력에 더 의존하게 되었고 소비자 수요는 무시되었다. 따라서 전후 제조업이 급속히 성장했던 데 반해(그림 17.1) 소비자의 부는 그만큼 증가하지 않았다. 이로 인해 개인의 번영에 있어 제1세계와 제2세계 간의 격차는 증가하게 되었다. 같은 맥락에서 중공업화의 사회적, 환경적 결과에 거의 관심을 기울이지 않아 사회, 환경적 폐해가 도시 및 산업 경관에 나타나기 시작하여 19세기 서유럽과 북미의 산업혁명 시기의 최악에 달했던 경관을 연상시키도록 했다.

생산성 증가도 더뎠으며, COMECON을 가능한 한 자급자족적으로 만들려는 시도의 결과로 값싼 제3세계 수입에 대한 의존도 적었다. 마지막으로 제품, 특히 농산물의 보관과 유통이 상당히 비효율적이었다. 이러한 정책의 결과 서유럽과 동유럽 간 소비재와 물질적 삶의 질이 극명하게 차이를 보이게 되었고, 이는 1980년대 말 대중적으로 사회주의를 거부하게 된 주요 원인이 되었다. 1989년 이후 제1세계와 브레튼우즈 체제의 조언과 압력으로 이들 국가는 자본주의로의 전환을 시작했다.

산업화를 고려하는 제3세계 국가가 직면한 요인

1950년대와 1960년대에는 제3세계에서의 산업화가 국가적 시책으로 여겨져, 이를 추구하는 가운데 국내 목표를 촉진시킬 수 있었다. 보다 번영한 국가들의 사례를 본받아 산업화가 발전의 경로로 제시되었다. 그뿐만 아니라 제3세계 국가들의 내부 여건과 세계 경제에서의 역사적 상황을 고려해보면 산업화는 합리적으로 보였다. 국내적으로는 소규모 엘리트 집단과 압도적인 수의 극빈층 간에 부가 매우 불평등하게 분배되어있었다. 산업화는 더 큰 경제적 파이를 약속했기 때문에 증가한 부에서 적어도 작은 조각 하나를 빈곤층에게 주어도 엘리트의 경제적 이익을 훼손하지 않을 수도 있을 것처럼 보였다. 이후 재분배를 약속하고 현재의 산업화를 강조하면 부자와 빈곤계층 모두에게서 정치적 지원을 받을 수 있었다. 특히 재분배할 것이 거의 없는 현재의 재분배보다 훨씬 더 구미가 당기는 정책이 될 수 있었다(Ballance and Sinclair, 1983). 대외적으로, 정부들은 1차 상품의 특화를 통해 경제적 번영을 달성하는 것이 어렵다는 것을 매우 잘 알고 있었다. 그들은 또한 산업화된 국가들의 경제적 영향력이 식민주의로부터의 정치적 독립을 해칠 수 있음을 우려하였다. 또한 제1세계의 재정자원은 당시 유럽과 일본의 재산업화에 집중되고 있었으므로 제3세계 국가들은 외부의 도움에 의존할 수 없었으며 독자적으로 산업화를 추진할 수밖에 없었다.

그러므로 산업화는 부와 번영, 경제적 독립 그리고 1차 상품 특화와 무역의 덫에서 벗어날 수 있는 방법을 약속했다. 문제는 어떻게 농업이나 해외에 대한 투자보다 산업에 대한 투자를 선호하도록 내부적 경제 조건을 변화시킬 것인가였다. 비록 미국, 독일, 일본의 경험이 제3세계 정책의 모델을 제시했지만, 신흥발전국으로 발돋움하고자 하는 국가들이 처한 상황은 세 나라가 직면했던 것보다 더 어려웠다.

첫째, 세계 경제에서 무역의 지위가 서로 달랐다. 독일과 미국은 식민지화된 제3세계에서 수입된 값싼 1차 상품(그리고 미국의 경우 값싼 이민 노동력과 풍부한 지하자원)을 이용할 수 있었던 반면, 제3세계 국가들에게는 바로 *그들이* 제3세계이기 때문에 착취할 무역관계가 없었다. 둘째, 19세기에는 산업화된 경쟁자들의 글로벌 파워가 훨씬 적었다. 1870년 영국의 경제력이 최고조에 달했을 때, 부상하는 산업 강대국들은 영국과 프랑스라는 기성 산업경제와 경쟁해야 했다. 이들은 세계 제조업의 약 40%를 생산했으며 이들의 수출이 세계 제조업 무역의 약 47%를 차지하고 있었다. 반면, 1960년에 제3세계가 경쟁해야 했던 기성 산업국가들은 제조업 생산량의 90% 이상을 생산하고 있었고 세계 제조업 수출의 88%를 담당하고 있었다(Dicken, 1992; World Bank, 1994b; Dosi, Pavitt, and Soete, 1990).

경제 상황의 차이는 이와 밀접한 관련이 있었다. 미국, 독일 그리고 후에 일본의 소득은 글로벌 기준으로 높았던 반면, 제3세계는 그때나 지금이나 일반적으로 매우 낮은 소득을 유지하고 있다. 이것은 중요하다. 왜냐하면 소득이 낮으면 산업용 제품을 위한 내수시장이 발전하기 어렵기 때문이다. 기술 노하우의 엄청난 차이도 존재했다(그리고 여전히 존재한다). 암스덴 Amsden(1989, 1990)은 한국을 분석하여, 선진국에서 기술적 진보가 이루어지고 연구개발에 지속적으로 투자했기 때문에 제3세계 국가들은 새로운 생산방법과 제품을 발명하거나 혁신하여 제1세계와 경쟁하는 것이 거의 불가능해졌다고 주장했다. 19세기 독일과 미국에게는 훨씬 더 실현 가능한 전략이었다. 마지막으로, 제3세계 국가에는 제1세계 위주의 외국 지사가 더 널리 분포하고 있다. 19세기 대규모 다국적 기업은 무역회사로, 이들의 관심사는 주로 북미와 아시아를 개방하여 이들의 상품을 유럽으로 운송하는 것이었다. 독일이나 미국에서 산업 생산의 발전은 국내 기업인들의 손에 맡겨졌다. 이와는 대조적으로, 제3세계 국가 대부분에서의 산업화는 국내 기업뿐 아니라(그리고 많은 경우에 이들보다는) 외국 기업에 의해 수행되어왔다.

물론 이러한 내부적 조건들은 서로 간 그리고 세계경제에서 제3세계 국가들의 상대적 위치와 밀접하게 연관되어있다. 예를 들어 이미 산업화된 국가들의 기술적 패권은 그들의 경제력과 밀접하게 관련되어있다. 이 패권은 제3세계에서 저임금 정책을 강화한다. 이것이 그들의 기술적 낙후성을 보완할 수 있는 유일한 방법이기 때문이다. 이러한 기술적 낙후성은 또한 제3세계 국가들이 기술 노하우의 혜택을 받기 위해 외국인 투자자를 유치하도록 유도한다. 역사적으로 인건비 증가 압력에 대한 대응으로 기술진보가 이루어져왔으므로, 임금이 낮다는 것은 결국 토착기업들이 새로운 기술을 개발할 인센티브가 거의 없다는 것을 의미한다. 저임금 지역의 투자자들은 일반적으로 첨단 생산 방식을 도입하기보다 미숙련 노동력을 집중적으로 필요로 하는 낡은 대량생산 기술을 활용하는 경향이 있다. 몇몇 저자는 산업 수명주기의 특정 단계에서 대량 생산을 위해 값싼 노동력을 이용하는 경향을 기록하였다(사이드바: "수익/상품 주기와 저임금 위치" 참조).

이러한 조건에서 새로 독립한 제3세계 국가들은 산업화 전략을 선택함에 있어 생산되는 상품에 대한 적절한 시장을 확보하는 한편 산업생산을 어떻게 자극할지를 결정해야 했다. 산업화된 국가들의 경험과 경제발전 이론에 따라 생산 촉진과 관련하여 (1) 토착적 사업가 계층의 발전을 촉진하는 방향으로 국내 엘리트들이 산업에 투자하도록 장려, (2) 국내 산업에 외국인 투자를 장려 (3) 국가가 산업생산의 소유권을 갖도록 하는 것 등의 세 가지 가능성이 제시되었다. 첫 번째 접근법은 유럽과 북미에서 가장 성공적인 산업화 사례의 특징이지만 성취하기 어려운 것으로 판명되었다. 제3세계에서 1차 상품 특화를 통한 부의 창출은 매우 양극화되었고, 엘리트들이 소비하지 않는 그들의 재산 일부를 해외에 투자하는 것을 단념시키기는 어려웠다.

제1세계 기업들이 해외로 진출하면서 일부 국가는 투자 자금을 신속하게 확보할 수 있는 두 번째 가능성에 관심을 갖게 되었다. 그러나 외국 기업들은 특정한 제3세계 국가에만 투자하려 했으며, 외국 기업이 제3세계 사업화와 부의 창출에 도움이 되는지 또는 방해가 되는지에 대한 중요한 의문이 여전히 존재한다. 외국인 소유권은 또한 다른 국가에 대한 지나친 의존이 바람직한지에 대한 질문도 제기한다. 이러한 질문은 무역정책을 논의하면서 우리가 검토했던 질문과 비슷한 것이다(15, 16장 참조). 자율에 대한 욕구와 외국 기업의 동기에 대한 의심은 제3세계 국가들이 외국인 투자를 일시적인 해결책으로 보는 경향이 있다는 것을 의미한다.

제1세계는 산업에 대한 국가의 소유권에 대해 정치적, 경제적 제재를 가하기까지 하면서 지속적으로 심각하게 반대해왔다. 결과적으로 이 정책은 정치적 이념이나 경제적 불균형이 이러한 반대 의견을 무시할 수 있을 정도로 강할 때 그리고 그러한 외부 압력을 견딜 수 있고 그럴 의지가 있는 국가에서만 활용되었다. 특히 중국, 인도, 쿠바, 북한, 베트남, 니카라과, 짐바브웨, 탄자니아 등 일부 국가는 사회주의 개발 철학의 영향

수익/상품 주기와 저임금 위치

산업 대부분은 아래 표에서 나타난 것과 같이 산업 활동을 위해 활용되는 위치가 바뀌는 전형적 주기를 거친다고 알려져있다. 이것은 이론가가 주요 변동 요인을 기술적 변화 또는 수익성으로 보는지에 따라 "상품 주기"(Vernon, 1966)나 "수익 주기"(Markusen, 1985) 등으로 다양하게 불려왔다. 특히 시장이 지리적으로 광범위한 산업에서 하나의 산업이 일단 대량생산을 발전시켜 기성 시장에 기여하게 되면(미숙련, 노동집약적 대량생산에 따른 비용절감이 큰 경우), 대량생산 과정을 저임금 지역으로 이전하는 것이 이익이 된다. 프뢰벨 Fröbel 외 연구진(1980) 역시 '신 국제노동분업'이란 책에서 이를 설명하고 있다.

산업 주기

주기 단계	수익성	기술	위치
1. 초창기 발명	제한적/불확실	수공업 집약적	창의적이고 발명적 활동에 유리한 조건을 지닌 장소 또는 실험실
2. 혁신, 틈새시장 확립	대규모 수익	숙련 노동의 집약적 이용 소량생산	숙련된 노동, 공급체, 초기 시장, 벤처자금 등에 대한 접근 용이한 위치
3. 시장 비중 및 인지도 확립	보통의 수익	대량생산 설비 비숙련 노동과 조립생산라인 활용	비숙련 노동 집약적 생산을 수행하기 위해 임금이 낮은 지역으로 공장 이전
4. 쇠퇴(다른 상품 및 앞선 기술로 대체)	낮은, 또는 (-) 수익	생산비용 정당화 공장 폐쇄, 더욱 집약적인 업무 과정, 일자리의 숙련도 저하	수익성 낮은 곳의 사업 폐쇄 및 저렴한 노동력이 풍부하고 노동과 환경규제가 적은 곳으로 이전; 공장 가동이나 이전을 방지하기 위한 정부의 역할 요구
4b. 재생(이전 상품의 판매가 감소하면서 신상품을 통한 혁신)	1,2 단계 거침	1,2 단계 거침	2단계와 같이 연구 및 개발 시설과 가까운 곳으로 위치

4단계에서는 저임금 지역에 투자한다고 해도 임금이 더 싼 지역의 상품과의 경쟁에서 취약할 수 있어 낮은 수익에 직면한 기업들이 이전할 수 있다는 것을 암시한다. 지난 15년을 보면 전자제품부터 의류에 이르는 저임금 조립생산 산업에서 1980년대에 중미와 남아메리카의 저임금을 이용하기 위해 제1세계를 떠났던 많은 회사가 중국과 같은 곳으로 다시 이전했다. 이제는 중국에서도 임금이 더욱 낮은 베트남 같은 곳으로 기업이 이전하고 있다. 한마디로 3단계 산업(즉, 제3세계 국가들이 가장 쉽게 경쟁할 수 있는 산업)은 장기적인 고용을 확실히 보장해주지 못한다.

이 "바닥을 향한 경주"는 저임금 지역을 관할하는 정부가 인건비를 낮게 유지하고 3단계 산업을 유치 및 유지하기 위해 민간 부문에 다른 보조금을 제공한다는 것을 의미한다. 하지만 바닥을 향한 경주는 다른 요인까지 겹쳐 더욱 복잡해진다. 저임금 지역이 모두 제3세계 국가는 아니라는 점을 기억해야 한다. 제1세계 내 저임금 지역, 특히 현재 동유럽에서 더 생산적인 기술을 적용할 수 있고 공장 업무에서의 사회성이 더 뛰어난 반숙련 노동자들을 고용할 수 있다면 생산은 마찬가지로 효율적일 수 있다. 체코와 같은 나라들은 현재 많은 제3세계 국가들보다 더 매력적이다. 체코는 제3세계보다 인건비가 다소 비싸지만 유럽연합(EU)의 회원국으로서 주요 유럽시장에 근접해있으며 강력한 산업 전통을 지녀 매우 생산적인 노동력을 제공한다.

을 받아 이러한 정책을 적극적으로 추진했다. 그 외 대부분의 국가는 1960년대에 외국 소유 기업에서 혜택이 발생하지 않는 것으로 보이면 국유화(선택된 기업의 소유권을 민간 기업으로부터 국가로 이전)를 통해 외국인 소유권을 급격히 감소시켰다. 제2세계가 해체되면서 국가 소유권에 우호적인 외부 파트너를 찾는 것이 매우 어려워졌다. 따라서 첫 번째와 두 번째 옵션이 더 많이 활용되게 되었다. 첫 번째인 토착적 자본주의가 실패하면 외국인 투자라는 두 번째 옵션으로 방향을 틀었다.

제조업체를 위한 시장을 확보하려면 국내와 해외시장 중 선택을 해야 한다. 특히 국가 규모가 작거나 부가 매우 불균등하게 분포되어있는 경우 대다수 인구의 낮은 소득으로 인해 내수 시장은 매우 제한적이다. 게다가 외국 수입품이 오랜 기간 국내 시장을 지배해왔고, 국내 소비자들이 외국산을 선호하게 되면서 국내 기업들이 경쟁하기가 더 어렵게 됐다. 해외 시장을 위해 생산하는 것은 상당한 구매력을 지닌 제1세계 시장에 수출을 시도하는 것을 의미해왔다. 그러나 제3세계 기업들은 자국 내에서 제1세계 생산국들과 경쟁하는 것이 훨씬 더 어려웠다. 더욱이 제1세계 국가들이 자국 산업을 위협하는 제조업체들을 대상으로 높은 관세나 비관세 장벽을 부과하면서 이런 어려움은 더욱 가중되었다. 1950년대 이후 제3세계 산업화 정책에 대한 논의에서 이러한 전략이 지닌 상대적 장점은 중요한 주제가 되어왔다. 이 과정에서 두 가지 광범위한 부류의 정책이 부상했다. ISI(앞서 언급)는 국내시장을 위한 제조업을 장려해서 경쟁적 수입을 억제하는 것을 목표로 하며, 수출지향적 산업화(export–oriented industrialization[EOI])는 해외 시장을 위한 산업생산에 초점을 맞추고 있다.

주변부의 산업화 전략

수입대체

ISI는 국내 시장을 위한 국내 생산을 장려하는 국가의 개입을 이르며, 국내 산업 경쟁력을 향상시켜 수입품을 대체하는 전략이다. 정부는 국내시장에 서비스를 제공하는 제조업체에 지원과 인센티브를 제공하는 한편, 효율성이 더 높은 외국 기업과의 경쟁을 제한한다. 그 결과 공산품 수입이 감소하여 무역수지가 개선되는 것을 기대할 수 있다. 따라서 그 국가가 1차 상품을 계속 수출한다고 해도 수입대체를 통해 수입에 대한 지출이 감소하므로 1차 상품 수출로 발생하는 미미한 수익을 보상하여 무역수지가 개선되는 것이다. ISI는 2차 세계대전과 대공황 중 무역에 차질이 생기자 라틴 아메리카가 공식적인 산업화 정책으로 처음 시행하였다. 프레비쉬 Prebisch와 라틴 아메리카 경제위원회(Economic Commission for Latin America[ECLA])는 이 정책을 불균형적인 무역관계에서 벗어나는 방법으로 보았다(4장 참조). 1950년대에 이 정책은 제3세계로 널리 퍼졌으며, 아시아 신흥발전국에서 산업화 초기에 실시하는 정책이 되었다.

ISI 정책은 다음과 같은 수단을 통해 국내 시장에 서비스를 제공하는 국내 생산자의 수익성을 높이거나 비교우위를 개선을 꾀했다. 즉, ISI에 선택된 제품에 대해 수입관세를 부과하여 경쟁 수입품의 가격이 비싸지도록 만들었고, 비록 국내 산업이 세계적으로 경쟁력이 떨어지더라도 국내 시장에서는 경쟁력을 가질 수 있도록 효과적으로 보호막을 쳐주었다. 이와는 대조적으로, ISI에서 지원되는 산업에서 사용하는 투입품에 대한 수입관세는 폐지되었다. 국내 통화의 환율은 상승시킴으로써 다른 통화에 대한 상대적 가치를 높였다. 이 방법은 또한 관세부과 대상이 아닌 수입품을 더 싸게, 수출은 더 비싸게 만들어 1차 상품 수출업자에게 불이익을 주고(동시에 산업에 대한 투자를 암묵적으로 지원) ISI를 위한 수입품을 더 싸게 만들었다. 정부는 이렇게 재구성된 인센티브에 시장이 반응하기를 기다리지 않고 국내산업 보호를 확대하기 위해 ISI에 선정된 상품의 생산자나 잠재적 생산자에게도 직접적인 지원을 했다.

ISI의 대표적인 사례로 거론되는 브라질에서는 정부가 ISI에 종사하는 기업이 필요로 하는 수입에 대한 관세를 인하했다. 국내 산업에 대한 자금조달을 용이하게 하기 위한 개발은행을 설립하고 환율을 높였다. 또한 일부 부문에서는 국가 소유권, 다른 부문에서는 외국 기업의 ISI 생산을 장려하는 혼합적인 정책을 시행했다. 브라질에서 이 정책을 적용한 부문은(1950년대 ISI를 채택한 대부분의 국가와 마찬가지로) 소비재 산업으로 특히 현재 내수의 패턴을 반영한 부문이었다. 1970년대 후반까지 브라질은 철강, 섬유,

운송장비, 의약품에 대한 국내 수요를 대부분 공급할 수 있었다(Evans, 1979).

인도는 이러한 소비재 산업 중심에 있어 예외적인 경우이다. 이 국가는 독립 전에 이미 소비재에 중점을 둔 산업부문을 발전시켰다. 제1차 세계대전 이후, 식민지 ISI 정책이 영국의 승인을 받아 적용되었으며, 그 결과 인도에서는 소비재 생산이 증가하고 있었다. 독립 후 인도는 1950년대 5개년 계획을 두 번 실시하면서 특히 에너지, 철/철강, 시멘트 등의 자본재 생산을 강조하는 방향으로 전환했다(Kemp, 1983). 그러나 자본재 부문의 생산은 1970년대까지 침체되었고, ISI 하의 산업 성장은 소비재 부문에서 대부분 일어나고 있었다.

ISI를 적용했을 때 경제성장의 규모와 성격은 국내 시장의 규모와 구성 그리고 생산량이 수익성에 미치는 영향에 따라 달라진다. ISI는 규모가 크고 부유하며 불평등도가 낮을수록 성공 확률이 높다. 왜냐하면 국내 시장이 커질수록 국내 생산시설이 대량생산을 할 수 있을 만큼 충분한 판매를 달성하기 쉽기 때문이다. 브라질은 시장이 컸기 때문에 ISI가 시작된 후 미국과 유럽 기업들이 관세장벽을 피하기 위해 브라질에 지점을 설립하기까지 했다. 작고, 가난하고, 불평등도가 높은 국가들은 국내 생산자가 효율적으로 국내시장에 공급하는 것이 더 어려웠으며 외국 기업들에게 매력도도 떨어졌다. 효율적인 대량 생산을 지원하기에는 총수요가 너무 적은 것으로 보였기 때문이다.

생산된 소비재는 현재 내수 패턴에 맞추어 구성되었다. 소득 분배가 매우 불평등한 나라라면 주요시장은 엘리트 집단에게 있을 것이다. 결과적으로 ISI는 TV, 자동차, 냉장고 등 중산층을 위한 서구식 소비재 생산에 주로 집중했다(제1세계 포디즘과 매우 유사하게). 이러한 상품들은 생산과정에서 상대적으로 복잡한 기술력이 필요해 국내 생산자들의 기술력을 향상시킬 수 있는 기회가 되기도 하므로 국가산업에 이익이 된다. 산업 확대 과정에서 이러한 엘리트 계층이 혜택을 가장 많이 받기도 했으므로, 생산량 증가가 한정된 사회집단의 구매력 상승을 이끌고, 이를 통해 해당 상품에 대한 수요가 증가하는 "선순환"이 형성되었다. 이 순환은 엘리트 계층과 나머지 인구 사이의 사회적 불평등을 증가시켰다.

대부분의 제3세계 국가들은 미숙련의 매우 저렴한 노동력이 풍부하므로 생산 방법에 있어 개별 노동자들이 반복적으로 수행할 수 있는 일련의 간단한 과정으로 작업이 나누어지는 조립라인 생산과 같은 노동집약적인 기술 활용이 선호된다. 이는 좀 더 복잡한 제품(예: 자동차)의 경우 적어도 처음에는 제3세계 공장들이 기술개발보다는 제품 조립에 집중하므로 기술적 노하우 개발과 학습이 상당히 제한된다는 것을 의미했다. 그러나 시간이 흐르면서 일부 산업 및 장소에서는 근로자와 경영자들이 보다 정교한 생산 방법에 관여할 수 있는 전문지식을 습득했다. 이런 산업과 장소는 또한 노동이 조직화되어 상대적으로 높은 임금을 받는 남성 노동력을 중심으로 초기 중산층을 형성하는 장이 되기도 했다. 예를 들어 멕시코에서는 ISI가 멕시코시티를 중심으로 집중되어 형성되었다. 이러한 산업들을 중심으로 정치적으로 적극적인 남성 노동력이 발달하였고 복지, 보건, 주택, 교육에 대한 국가 지출이 확대되었다. 이는 남자들이 일하고 여성들이 집에 머무는 핵가족의 발달을 촉진시켰다(이 시기 미국도 마찬가지였다. Cravey, 1998).

ISI는 주변국들이 1차 수출에 의존하다가 산업 발전으로 전환할 수 있는 수단으로 1950년대에 널리 환영받았지만, 지금으로서는 실용적 측면과 이념적 측면 모두에서 그렇지 않다. 실용적 측면에서 수입을 감소시킨다는 주요한 목적을 달성하지 못했다. 실제로 많은 경우 정반대의 효과를 가져왔다. ISI에 선정된 상품의 수입을 감소시키자 이러한 상품 제조에 필요한 투입품 수입 증가로 이어졌다. 이러한 수입에 대한 관세가 감소한 덕에 조립라인을 가동시켜 생산하기 위해 필요한 기계, 조립라인 장비, 반가공 제품에 대한 수입의 비중이 증가했다. 사실 더욱 정교한 소비재에 ISI가 적용되면 기본적 소비재보다 수입한 투입물에 대한 의존도가 더 높은 경향이 있다. 따라서 ISI가 시행되어 의존도가 줄어들기는커녕 역설적으로 공산품 수입에 대한 의존도를 증가시킨 것이다. 이로 인한 문제는 미국, 독일, 일본에서보다 제3세계에서 더 컸다. 왜냐하면 제1세계에서 그런 투입품을 수입하기 용이했으므로 국내에서 생산할 필요성과 인센티브가 감소했기 때문이다.

둘째, 정교한 소비재를 생산하는 분야 이외에서 ISI가 지원하는 분야의 다양화가 거의 이루어지지 않았다. 이론적으로 자본재 수입 증가 문제는 수입되는 중간과 기초 자본재 생산산업까지 ISI 정책을 확대 적용하여 극복할 수 있었지만 이러한 전환은 어려운 것으로 판명되었다. 제3세계 국가 대부분은 상품시장이 너무 작아 국내소비를 효율적으로 할 수 없다. 브라질과 인도와 같이 규모가 큰 제3세계 국가라 할지라도 일부 기초산업(예: 철/철강산업)의 성공이 ISI의 실질적인 다변화로 이어지지 못했다. 한 가지 이유는 첨단기계산업 등을 발전시키기 위해 필요한 복잡한 노하우를 획득, 발전, 적용시키기 어려웠던 데 있다. 독일과 미국은 일련의 혁신과 화학, 에너지, 전기 장비 및 운송 장비의 집중적인 연구 개발과 생산수단 향상을 통해 자본재에서 ISI로 성공적으로 전환하면서 궁극적으로 영국에 치중되었던 국제시장 비중을 증가시킬 수 있었다. 반면 제3세계 국가들은 이를 성공하기가 훨씬 어려웠다.

국가가 지원할 사업을 선정함에 있어 당시의 소비자 수요 구조를 우선시하는 "시장 기반" ISI정책도 ISI의 다변화를 억제했다(Colman and Nixson, 1986: 281). 중산층과 엘리트를 위해 소비재를 생산하는 것은 시장 신호에 대한 합리적 대응으로 보이긴 하지만, 대부분의 인구는 구매할 수 없는 상품을 생산하는 것이었다. 게다가 생산수단이 반드시 대규모 산업고용을 촉진시키는 것도 아니었다. 필수품 생산부문을 우선시하는 ISI 정책을 사용했다면 비숙련 노동력을 더욱 집중적으로 고용할 수 있었을 것이다. 제3세계 국가에 그러한 필수적 소비재 산업이 존재했고 성장해왔지만, ISI 대상에 포함되지 않아 국가로부터 우대조치를 받지 못했다. ISI 부문에 취업한 사람들은 실제로 소득이 증가해 생활수준이 향상되면서 정교한 소비재도 어느 정도 소비할 수 있게 되었지만, 인구의 대부분은 여전히 소외되었다. 따라서 시장 신호에 대응하는 과정에서 ISI는 신호에 반영된 경제적 불평등을 재생산하는 경향이 있었다.

셋째, ISI는 사회적, 지역적 불평등을 감소시키지 않았다. ISI 공장에 고용된다는 것은 라틴 아메리카 기준에 비추어 예외적으로 좋은 근로조건을 의미했고, 노조가 조직화된 산업에서는 합리적인 임금을 받았다. 그러나 ISI가 산업화를 다른 상품으로 다양화하지 않았기 때문에 상대적으로 소수이지만 큰 영향력을 지닌 노동자와 그 가족이 이러한 공장에서 일함으로써 혜택을 누리게 되었다. 이들은 "노동귀족"으로 알려지게 되었다. 공장 소유주, 이러한 산업 정책에 관련된 국가기관 종사자, 국가의 보조금을 받아 생산되는 소비재에 대한 구매력이 있는 부유한 소비자들 또한 ISI의 주요 수혜자였다. ISI가 중점적 산업 정책으로 추진되던 1950년대와 1960년대에 브라질과 멕시코(1950－1963년) 그리고 아르헨티나(1953－1961년)에서 소득불평등이 증가했다. 보통 시골 농민에 해당하는 극빈층은 소득 비중이 감소한 반면 도시 중산층은 때로 소득 비중이 증가했다(Bennoldt－Thomsen, Evers, Müller－Plantenberg, Müller－Plantenberg, and Schoeller, 1979: 223; Colman and Nixson, 1986: 78).

ISI가 지원하는 산업은 식민지와 다른 외부 영향으로 발전된 대도시들에 불균형적으로 집중되었다. 따라서 이들은 잠재적 노동시장이 이미 대규모로 존재하고, 중산층과 엘리트 소비자들이 불균형적인 비중을 차지하며, 지역적으로는 국가 정치권력의 중심과 세계적으로는 필수 투입품 수입을 위한 국제시장에 즉각적으로 접근할 수 있는 곳에 위치해 있었다. 이는 지역 및 도시－농촌의 경제적 불평등을 악화시키고 농촌－도시 이주를 촉진시켰다. 이를 통해 이들 도시에서의 상품생산이 더욱 유리하도록 만들었으며, 제3세계 사회의 "전통적인" 농촌과 "근대적인" 도시 지역 사이의 이중성이 더욱 심화되었다.

이 세 가지 문제는 서로를 강화시켰다. 내수 침체로 인해 다변화가 어려워졌고, 이는 수입 비용을 증가시켰으며, 이는 다시 사회와 공간적 불평등을 강화했다. 따라서 ISI는 제1세계에서는 성공했을지라도 제3세계에서는 국내 지향적 산업을 지속시키기 위해 필요한 광범위한 수입 증가로 이어지지 않았다. 간단히 말해서, 더 큰 파이를 통해 모두가 혜택을 누리도록 하겠다는 ISI의 약속은 이행되지 않았다. 시장 메커니즘을 제3세계 발전의 열쇠로 보고, 이념적으로 국가주도 발전과 무역장벽에 반대한 이들은 이러한 실패를 이용해 ISI의 전면적인 포기를 촉구했다. ISI와 같은 정책이 많은 제1세계 국가들의 성공적인 산업화에 얼마나 중요했는지 잊어버렸거나 무시한 채, 이들은 제3세계 국가들이 국가개입을 통해 산업구조 변화를 꾀할 것이 아니라 자원 및 노동 집약적인 생산에서의 비교우위를 수용하고 이용해야 한다고 상당한 힘과 영향력을 가지고 주장해왔다. ISI가 기대에 부응하지 못하자 신자유주의 사상의 영향력은 증가했으며, 라틴 아메리카를 비롯한 ISI 옹호자에게 수출지향적 접근으로 전환하라는 압력이 가중되었다. 특히 홍콩, 싱가포르, 한국, 대만의 성공은 ISI가 실패했던 제3세계 산업화에 EOI가 어떻게 성공할 수 있었는지를 보여주는 사례로 지적되어왔다.

수출지향

남미 NIC에서 추구한 정책과 구별되는 이들 네 개 아시아 국가의 산업정책의 한 가지 특징은 ISI를 시도하기보다는 해외시장에서의 판매를 강조하는 자본재 부문(EOI의 한 형태)으로 일찍이 전환했다는 점이다. 여기서는 한국과 대만에 중점을 두고 검토한다. 이 국가들은 1차 상품 생산에서 제조업 생산으로 전환하려는 제3세계 국가 대부분이 직면하는 문제를 전형적으로 지녔기 때문이다. 1950년대 초 홍콩과 싱가포르가 1차 상품을 특화한 적이 없었던 것과 달리 한국과 대만은 농산물 수출에 특화해있었다. 한국과 대만은 모두 처음에 ISI를 적용했지만 대만은 1957년, 한국은 1960년에 EOI로 전환했다. 1981년, 한국은 제3세계 공산품 생산량의 5%, 제3세계 공산품 수출의 16%를 차지했다. 대만은 각각 3%, 18%를 차지했다.

이러한 주목할 만한 성공담은 비교우위에 기초한 특화와 특화한 상품의 수출을 통한 성장의 원칙을 수용하게 되면 어떻게 경제성장이 이루어질 수 있는지를 보여주는 사례로 널리 환영받아왔다. 즉, 자유시장원칙을 엄격하게 적용했을 경우 어떻게 경제적 번영으로 귀결되는지의 사례로 회자되어왔다. 세계은행(World Bank)과 세계통화기금(IMF)은 차관을 제공받기 위한 선제조건으로 제2세계와 제3세계 국가들에게 구조 조정을 이행할 것을 요구한다. 이 주장은 시장세력에 대한 반응으로 EOI를 추구해야 한다는 생각에 근거하는 경우가 많다. 그러나 한국이나 대만을 자세히 검토해보면 이런 주장을 의심하게 된다.

EOI는 내수에 의존하기보다는 세계시장에서의 경쟁에서 성공함으로써 산업성장을 이루려 한다. 비록 한국과 대만이 세계시장에 성공적으로 침투한 것이 경제성장에 필수적이었음은 의심할 여지없이 사실이지만 이것이 당시의 비교우위를 수용하여 활용한 결과라고 보기는 어렵다. 수출지향적 생산자에게 인센티브를 제공하는 국내 여건을 조성함에 있어 양국 모두 국가가 적극적인 역할을 함으로써 새로운 비교우위를 창출하였다 (Webber and Rigby, 1996). 이는 신자유주의적 세계화의 지지자들 사이에서 현재 맹위를 떨치고 있는 보다 자유방임적인 국가의 역할(5장)과는 매우 다르게, 계획된 산업정책에 따라 국가가 민간부문 기업들과 긴밀히 협력하고 이들을 이끈 결과로 달성되었다. 대만과 한국의 정책은 구조 조정에서 제안하는 정책에서 한참 벗어난다. 미국은 규제가 가장 덜한 경제에 속한다고 널리 인식되지만 동시에 수출 주도가 가장 낮은 경제에 속하기도 한다. 한국과 대만은 국가 주도 경제개발과 극단적 EOI를 결합한 정반대의 사례이다.

한국에서는, 국가와 밀접한 관계를 맺고 있는 대기업(재벌)이 생겨나고, 금융기관을 국가가 통제함으로써 금융자본의 이익이 산업자본에 종속되게 되었다. 또한 노조와 다른 사회운동의 통제 및 억압, 식량가격 안정 등의 정치적 활동을 통해 인건비를 낮게 유지하기 위해 국가가 개입했다(Amsden, 1989). 1960년부터 1967년, ISI에 대한 국가의 지원이 감소하면서 EOI로 전환되었다. 관세장벽은 예외로 지정되도록 바뀌었고(1984년 전체 수입의 68%가 여전히 관세의 대상이었지만) 환전 규제는 대대적으로 완화되었다. 그러나 동시에 EOI로 전환됨에 있어 국가의 개입이 결정적인 역할을 했다. 국가는 수출 지향적인 철/철강, 화학, 전자산업에 실질적인 보조금을 지원했고, EOI 산업의 부품에 부과되는 관세를 낮추었으며, EOI 산업에 유리하도록 보조금을 지원하는 자본대출을 운영했다. 그리고 수출을 통해 벌어들인 통화의 사용처를 결정하는 외환의 수요와 공급 계획을 엄격히 통제했다.

대만에서는 1951년부터 1980년까지 국유기업이 국민총생산(GNP)의 10% 이상을 차지했다(Wade, 1990). 이러한 기업들은 특히 가장 성공적인 수출 부문(조선업, 압연강, 석유화학, 기계, 자동차부품)이 포함된 중공업에 집중되어있다. 국가는 1960년대와 1970년대 산업 수입의 평균 11%를 수출 장려금으로 제공함으로써 기업을 수출 부문으로 유도했다. 수출부문 기업이 대만의 국내 기업으로부터 구할 수 없는 물량을 수입해야 할 경우 이들은 그런 수입품에 대한 관세를 지불할 필요가 없도록 했다. 그러나 국내 기업이 만든 제품과 경쟁하는 수입품에 대해서는 수입관세의 계단식 구조가 그대로 유지되고 있다(16장에서 논의한 종류로 그림 16.12 참조). 명목관세율은 1981년 평균 31%를 기록했다(UNCTAD, 1990a).

따라서 한국과 대만은 다른 제품과의 상대적 가격을 통해 계산된 비교우위에 의존하는 대신 국가가 이러한 가격을 조작하여 이전에 전혀 이점을 갖지 않았던 산업에서 새로운 비교우위성을 창출했다. 성공적인 수출이 산업성장의 열쇠였지만, 세계시장보다는 국가정부에 의해 좌우되었다. 이런 유형의 EOI는 "수출촉진 산업화"라고 명명하는 것이 더 나을 것이다. 하지만 아무리 한국과 대만이라 해도 이들이 사용한 전략을 수출

촉진적이라 규정하는 것은 부정확한 것이 될 것이다. 이들은 실제로 수입 대체와 수출 촉진을 동시에 추구하여 특정 부문과 시점에서 국가경제성장에 효과적인 것인지에 대한 판단에 따라 수입 대체와 수출 촉진 간, 그리고 이들이 적용되는 부문 간 강조점을 변화시켜왔다.

자유무역 처방에 가까운 EOI의 형태는 다른 제3세계 국가에서 찾아볼 수 있다. 일반적으로 해외 수출을 목적으로 노동집약적인 제품(섬유 등)을 생산하거나 노동집약적인 생산 과제(컴퓨터 조립 등)를 수행하기 위해 미숙련 노동자를 대규모로 고용하는 공장을 건설하는 형태를 보인다. 관련 기업들은 항상 그런 건 아니지만 대개 외국인이 소유하며 저고용으로 인해 임금이 매우 낮게 유지되는 장소에 노동집약적 생산 시설을 위치시킴으로써 낮은 인건비라는 실질적 비교우위를 이용한다. 수출 촉진을 통해 새로운 토착산업의 경쟁우위를 지원하고 조정하는 한국이나 대만의 전략과 달리, 이 국가주도 전략은 수출촉진을 위한 장소를 만들어 현재의 위치적 이점을 이용(및 강화)한다(사이드바: "수출촉진구역" 참조). 이들 지역은 외국인 투자를 유치하여 해외 수출을 위한 상품을 생산한다. 분명하게 구분된 이 공간 내에서 정부는 임금을 억제하고, 작업장 보건 및 안전 공급을 차단하며, 모든 종류의 환경규제를 완화시킨다. 목적은 그러한 위치를 활용하여 다국적 기업들의 추가적 운송비용과 조직비용을 보상해줄 수 있을 만큼 비용을 낮추고 수익을 높이는 것이다. 노동력 착취에 대항하는 학생연합(United Students Against Sweatshops)과 같은 조직들은 제1세계 소비자들을 위해 값싼 물건을 생산하는 EPZ의 잔혹한 노동조건에 반대해왔다.

멕시코에서는 1976년 이후 ISI에서 EOI로의 전환이 커다란 지리적·사회적 영향을 초래했다(Cravey, 1998). 지리적 영향으로, 미국-멕시코 국경의 멕시코 쪽 마끼아도라에서 미국시장으로의 수출을 위해 저임금 조립생산이 성행하면서 멕시코시티 주변의 내수시장을 위한 대량생산이 감소했다. 미숙련 여성을 대상으로 한 마끼아도라의 저임금 일자리는 내륙에서 더 나은 임금을 받는 남성 일자리를 대체한 것이었다. 사회적 영향으로, 정부는 모든 종류의 사회적 지출을 대폭적으로 감소시켰고, 이전의 생산지역에서 노조가 협상하여 얻어냈던 고용 혜택은 마끼아도라 노동자들에게는 제공되지 않았다. 구공업 지역에서의 "가정주부화"(Cravey, 1998: 45)가 마끼아도라의 여성 노동자화로 전환되면서 가족관계의 성역할이 재설정되었다. 이전의 체제에서는 여성을 가정에 한정시키고 노동시장에서 배제시키는 사회세력과 여성들이 싸워야 했다. 현재 체제에서 젊은 여성들은 일자리를 얻게 되지만 이 노동력에서 배제되어 저고용된 남성들의 분노도 함께 받게 되었다. 이 여성들은 양날의 검을 마주하고 있다. 한편으로 그들은 유급고용의 기회뿐 아니라 시골 농민가정에서 산업도시 노동으로 옮겨오면서 수반되는 모순되는 형태의 권한 부여와 해방의 기회도 갖게 된다. 반면 자기개발의 기회는 매우 제한적이며 작업 환경은 잔인하고 억압적이다. 더욱이 마끼아도라 여성이 고향을 떠나면서 소속된 곳이 없는 사람들로 인식되는 상황이므로 강간살인 등 신변의 큰 위험에 직면하기도 한다 (Wright, 2004). 그러나 멕시코 여성들은 다른 EPZs에서 대항운동이 일어나는 것과 같이 노동사회운동의 전통에 기반을 두고 그러한 근로조건과 공공장소로부터의 배제에 항의한다. 이들은 저임금 EOI 고용과 관련하여 부상하고 있는 논쟁의 일부에 불과하다.

수출촉진구역

수출촉진구역(EPZ)은 국가기관, 특히 제3세계 국가들에 의해 설립된 지리적 지역으로서 수출용 제품을 생산하는 산업만을 위해 확보된 공간이다. 제품은 국내 시장에서 판매되지 않아 (1) 수출용 상품 생산에 필요한 투입품에 대한 수입 규제 완화, (2) 관세 및 외환통제가 없으며 이익 송출의 일반적 자유, (3) 보조금 혜택을 통해 인프라 및 공장 건물 제공, (4) 세금 휴일 및 기업에 대한 기타 보조금 등 네 가지 유형의 혜택을 국가가 제공하게 된다(Thrift, 1989). 아일랜드는 1956년 최초로 셰넌 공항 옆에 EPZ를 개설했다. 이를 이어 1962년부터 1970년 사이에 아시아와 라틴 아메리카의 제3세계 8개국도 개설했지만, 실질적 성장은 1970년대에 시작되었다. 1975년, EPZ는 18개국에 31개가, 1990년에는 대부분 개발도상국으로 구성된 68개국에서 110개 이상 이상으로 확대되어 50만 명 이상을 고용했다. 2003년까지 EPZ는 5천 개 이상에 이르렀다. 이 중 90%가 제3세계에 있으며, 4천 2백만 명의 근로자를 고용하고 있다. EPZ는 지리적으로 매우 불균등하게 분포되어있다. 중남미가 가장 많으며(중앙아시아에 3,200개) 250만 명을 고용하는 반면 아시아는 750여 개의 EPZ에서 전체 EPZ 고용의 4분의 3을 차지하고 있다(중국만으로도 3천만 명). 아프리카의 비중은 세계 총계의 1%에 불과하다(Boyenge, 2003).

아래 그림은 1990년 정보를 바탕으로 작성된 EPZ의 위치를 나타낸다. 이 지도는 EPZ가 한 개라도 있는 국가를 모두 나타내며, EPZ가 여러 개 있는 국가의 경우 점이 집중되어있다. EPZ는 중국 해안가, 동남아시아 신흥발전국, 미국 국경 바로 아래의 멕시코, 도미니카 공화국(카리브해 중심위치) 등에 집중되어있다. 인도, 중앙 아메리카, 남아메리카 북쪽 그리고 북부 아프리카에도 산발적으로 분포하고 있다. 이들은 모두 해안가에 위치하지는 않으며 일부는 공항에 근접해있다. 그러나 이러한 분포는 제1세계 국가와의 근접성과 세계경제로의 관문 역할을 하는 제3세계에서의 위치라는 두 가지 특징을 보인다. 특히 후자는 과거 식민지 강대국들이 무역항구(trading entrepôt)로 선호했던 장소들과 일치한다.

1990년 수출촉진구역. 출처: Thrift(1989), Wilson(1989), World Bank(1992).

EPZ는 저임금에 다루기 쉬운 노동력을 기반으로 경쟁하며, 산업의 수명주기 3단계에 해당하는 대량생산에 특히 적합하다(사이드바: "수익/상품 주기와 저임금 위치" 참조). 이 범주에 속하는 섬유 제조업과 전자 및 전기 제품 조립산업이 지배적이었다. EPZ에 고용된 근로자들은 오랜 시간 저임금을 받으면서 반복적이고 숙련이 필요 없는 업무를 기꺼이 수행해야 한다. 1980년 미 달러 기준 시간당 임금은 17센트(필리핀)에서 1달러(멕시코)의 범위였고 주당 근로시간은 45–55시간인 경우가 많았다. 순하고 손재주가 뛰어나 조직에서 근무하기에 적합하다고 인식되는 젊은 여성 노동자를 압도적으로 많이 채용하고 있다. 특히 17세에서 23세 사이의 여성들이 전 세계 EPZ 노동력의 약 4분의 3을 차지한다. 초과근무 없이 장시간 근무해야 하고 근로환경이 위험하며, 건강상태와는 관계없이 빠르게 일하도록 강요받는 것에 대해 근로자들은 지속적으로 불평하고 있다.

국가와 외국 기업이 긴밀하게 협력하고 있어 근로자들이 근로환경을 개선하기 위해 조직화하기가 매우 어렵다. 많은 경우, 조직화는 가혹하게 억제되고 있다.

투쟁과 괴롭힘을 피하면서 힘을 기르려는 1년간의 비밀 캠페인이 끝난 후, 2001년 7월 9일, 한국 기반 기업이 소유한 초이신과 씨마섬유 공장에서 노동조합을 조직한 노동자들이 공개되었다. 노조운동이 처음에는 회사의 허를 찔렀지만 48시간 이내에 노조원 1명에 대한 사망 위협, 노조원 감시, 노조 회의장 돌팔매질 등 폭력적 협박 운동이 시작됐다고 노동자들은 전한다. 18, 19일 이틀간은 절정에 달해 노조가 축출되지 않으면 공장 문을 닫겠다고 한 감독관들이 선언하고 조직폭력배들이 노조 지지자들을 공격해 바위와 병, 음식을 던지며 린치를 가하겠다고 위협한 것으로 알려졌다. 공격이 진행되는 동안 노조 지지자들은 사임하거나 더 많은 폭력에 직면해야 했다(미국의 미주 노동교육 프로젝트[미국/LEAP, 2001]).

EPZ가 국가의 경제성장에 기여하는 것은 다른 EPZ 그리고 더 효율적이고 자본 집중적인 기술, 더 높은 임금이 적용되는 지역과의 경쟁에서의 EPZ의 장기적 생존능력, EPZ의 외환창출 능력, EPZ 밖에 위치한 국내 산업의 상품과 서비스에 대한 EPZ의 수요(또는 그들의 "지역적 승수 효과"), EPZ 내의 고용으로 창출되는 수입 그리고 결국 국내 산업으로 이전될 수 있는 EPZ 근로자들이 습득한 기술과 지식 등 여러 가지 요인에 따라 달라진다. EPZ의 순이익은 상당한 논쟁거리가 될 수 있다. 비록 때로는 명목상으로 상당할 수 있지만 추정치에 따르면 EPZ 회사 대부분이 자신의 투입물을 운송하고(종종 세계 다른 지역에 자신들이 소유한 공장에서), 조립하고, 상품을 다시 선적하여 보내야 하기 때문에 이들의 외환수익은 많이 감소하게 된다. EPZ를 제외한 국내 기업으로부터 구매한 투입물 비율은 말레이시아는 3%, 멕시코는 2%에 불과했지만 1970년대 후반 아시아 신흥발전국은 30~40% 수준이었다. 또한 수익은 본국으로 송환될 수도 있다. EPZ에서의 고용은 일부 국가에서는 상당하지만 많은 경우 실업이나 부의 창출에는 거의 영향을 미치지 않았다(Thrift, 1989). EPZ가 확산되면서 또한 EPZ에 대한 투자자를 찾는 나라 간의 경쟁이 고조되어 잠재적 투자자에게 제공해야 하는 보조금을 증가시키는 동시에 주최국들에 대한 순혜택은 감소시켰다.

결론

최근 몇 년 동안 전 세계적으로 제3세계 산업화를 추진하기 위해 선호되는 전략이 ISI에서 EOI로 전환되었다. 그러나 제3세계의 국가산업화 정책에 대해 세밀히 검토한 결과 이러한 전환이 자연적 순서에 따라 나타나는 것이 아니라는 것을 알 수 있다. 성공한 국가들은 꼭 시장의 힘에 의존하지 않고도 조건 변화에 적응하면서 두 가지 전략을 유연하게 혼합해왔다. 산업화에 어느 정도 성공한 제3세계 국가는 모두 민간기업에 유리한 국내 사회여건을 조성(특히 노조화와 파업을 통제하고 식량 가격과 임금을 낮게 유지)하는 것은 물론 국내 산업에 대한 인센티브를 조정하고 구조 조정에 적극적으로 개입한 정부를 이르는 "개발국가"의 혜택을 누렸다고 일반화할 수 있다(Evans, 1995). 그러나 산업화 달성에 실패한 제3세계 개발국가도 다수 존재한다. 따라서 왜 일부는 성공하고 나머지는 그렇지 못했는지에 대한 어려운 질문이 남게 된다.

한국과 대만과 같은 나라가 왜 성공했는지에 대해서는 많은 논란이 있다. 이 국가에서 산업화를 가능하게 했던 조건을 꼽을 수 있는데, 1950년대부터 시작된 미국의 광범위한 원조 유입(냉전 초기 공산주의에 대한 아시아의 "거점"이라는 지정학적 상황 때문에), 조기 토지개혁 프로그램을 성공적으로 실시해 토지소유 엘리트를 정치경제적 세력으로부터 제거(농민저항운동을 약화시키기 위해 미국이 장려), 외부의 정치경제적 위협(한국의 경우 일본, 북한, 중국, 대만의 경우 중국, 1997년까지는 홍콩)에 대한 강한 독립의식, 세계 무역 및 투자 네트워크상에서의 전략적 위치(홍콩, 싱가포르), 국내외로부터의 군사 외교적 지원, 강력한 국가적 일체감 그리고 장기적 성장을 위한 희생 의지 등을 통해 정당성을 유지했던 권위주의 국가 등이 포함된다.

또 다른 요인은 고도로 집중된 국가산업정책을 활용했다는 점이다. 국가는 부분적인 자율권을 사용하여 보다 효율적인 기업에 보상을 해주고 덜 효율적인 기업에 불이익을 주는 방식으로 산업에 보조금을 지급했다. 한국은 공장 현장에서 작업팀과 생산 자동화를 발전시켜 상당한 비용 절감이 가능하도록 작업장 체계를 조성함으로써 제1세계에 비해 뒤처진 기술을 보완하는 데 상당한 성공을 거두었다고 암스텐 Amsden(1990)은 주장했다. 그녀는 이를 기술향상이라고 표현하는데, 이는 새로운 기술을 개발하는 것이 아니라 기존의 기술을 어떻게 더 잘 적용할지를 학습함으로써 이룬 성과라고 설명한다.

그러나 중요한 문제는 이런 성공 스토리가 제3세계를 위한 이상적인 "최고의 관행"으로서 산업화 정책으로 일반화될 수 있느냐 하는 점이다. ISI든 EOI든 또는 자유경쟁이든 국가가 운영하는 산업이든, 제3세계에서 산업화에 대한 단일 접근법을 찾으려는 시도는 국가 경제정책에 대한 동일한 비전을 가지고 있다. 이 관점에 따르면 적절한 내부 여건과 그에 맞는 정책이 실시된다면 충분히 산업화를 이룰 수 있다. 분석가나 컨설턴트의 철학에 따라 국가는 규제완화와 민영화를 통해 시장을 개방할 것을, 또는 산업, 노동자, 국가 간 사회적 동반자 관계를 발전시킬 것을, 또는 국가가 산업화를 조정하거나 민간 산업을 국유화할 것을 요구받을 것이다. 개발주의적인 세계관에 따라 위에서 제시한 정책의 모델로 이미 산업화된 국가 중 어느 하나의 사례를 참고하는 것이 일반적이다(각각 미국, 독일, 일본 또는 영국). 그러나 제조업 발전이 뒤처진 국가들에게 다른 나라를 모방하도록 촉구함에 있어 산업화와 경제성장을 형성하는 복잡한 요소들을 "자유시장" 정책과 같은 일부 단순한 공식으로 잘못 대체해버리는 경향이 있음을 기억해야 한다. 사실 초기 산업화 국가들은 기술 저작권 침해와 제국주의를 활용했고, 이들 모두는 빠짐없이 한때 유치산업을 보호했었다.

이런 조언은 성공보다 실패에 더 주목해야 한다. 실패는 일반적으로 국가 기관이 제안된 정책을 면밀히 따르지 못했을 경우 또는 좀처럼 변하지 않으면서 산업화의 장벽이 되는 다양한 내부적 조건("기업가 정신" 문화의 부족, 부패 또는 국가의 지리적 조건)에 기인한다. 그러나 산업화의 경로는 세계경제는 물론 내부 여건에 따라서도 달라지므로 보편적 해법이 별 의미가 없음을 시사한다. 이 장에서는 독일, 미국, 일본이 성공적으로 극복한 것과는 매우 다르고 훨씬 더 어려운 상황에 오늘날 제3세계 국가들이 직면해있음을 살펴보았다. 제3세계 내에서도 나라마다 상황이 다르므로 적절한 정책도 모두 달라진다. 예를 들어 한국과 대만 기업들은 현재 자국보다 임금이 낮은 제3세계 일부 지역에서 조립공장을 운영하려 하며, 이를 통해 제3세계 내에서 새롭고 비대칭적인 상호의존성을 만들고 있다. 한국과 대만은 사하라 사막 이남의 아프리카 국가들에게서 나타나는 내부적 특징도 가지고 있었지만, 각자가 직면하는 조건에 국가가 창의적으로 대응하는 과정에서 우연히 성공한 독특한 정책조합을 진화시킨 점이 많은 아프리카 국가들과 구분된다. 또한 세계 경쟁체제에서 모든 국가가 산업발전과 번영을 달성하는 것이 가능한지 또는 월러스타인 Wallerstein(1979)이 제시한 것처럼 일부 국가의 번영이 다른 나라의 빈곤에 좌우되는지에 대한 어렵고 해결되지 않은 의문도 남아있다(4장 참조).

노트

1) 남아프리카공화국은 2001년 11위를 기록했다.

18

도시화, 이주, 공간적 양극화

지금의 이라크, 이집트, 중국, 파키스탄, 나이지리아, 멕시코에서 약 5천 년 전 영구적인 도시정착의 형태가 나타난 이래 도시와 이민은 밀접하게 상호 연관되어왔다. 이 독특한 정착 패턴은 이전에는 여기저기 흩어져 거주했던 사람들─처음에는 엘리트들과 그 가족─이 공간적으로 모여 사는 형태를 띠었다. 도시는 종교적, 군사적, 정치적, 경제적 힘의 중심이었다. 도시가 형성되면서 도시화된 엘리트 및 관련 그룹과 이들이 번영을 누릴 수 있도록 공급을 담당하는 농촌 주변부와의 양극화가 야기되었다. 이러한 도시─주변부 간의 역동성보다, 이 과정을 통해 형성된 현대적 지형은 훨씬 더 복잡해졌다. 그럼에도 불구하고 도시화, 사회적 변화, 이주, 공간적 양극화는 서로 밀접하게 연관되어 있다. 이 장에서는 이러한 관계와 제3세계에 대한 그 의미를 탐구한다. 특히 이러한 관계가 산업화와 비재생적 자원 추출과 함께 어떻게 진화해왔는지 그리고 식민주의 이후 제3세계의 독특한 지정학적 상황에 의해 어떻게 형성되었는지의 두 가지 측면에 주목한다. 또한 이러한 과정이 제3세계 도시 내에서 제3세계 사회의 독특한 사회경제적 과제를 상징하는 장소뿐 아니라, 제3세계 내에서 제1세계 생활양식인 축적, 소비, 첨단 생활의 세계적 중심지가 된 것을 검토한다.

　제3세계 공간적 양극화의 특성과 도전은 글로벌 스케일에서의 과정과 연관되어있다. 소수의 유럽인이 대규모 식민지를 조직하고 관리하는 데 있어 타운과 도시는 필수적이었다. 식민주의는 많은 경우 제3세계 사회의 공간적 지향점과 정착 패턴을 외부로 전환하여 이들이 내부 지향적이기보다는 외부적으로 의존하게 되었다. 도시는 필요한 노동력과 기반시설에 접근할 수 있기 때문에 산업화와 도시화는 밀접한 관련이 있다.

오래전부터 제1세계에서는 산업화와 도시화로 공간적 차이 및 불평등이 초래되었다. 도시와 농촌의 차이는 일단 농업과 비농업 활동 간 노동 형태가 다른 것에서 차이가 나타나지만, 부의 불평등, 인구 변화, 규범과 가치 그리고 국가 정치에 대한 영향에 있어서도 차이가 난다. 식민지 이후 제3세계 국가들이 발전을 추구함에 따라 식민주의로부터 물려받은 외부 지향적 정착 지형은 식민지 시대 종식 후 제3세계 국가들이 발전을 추구하는 과정에서 공간적 양극화를 더욱 촉진시켰으며, 이로 인해 이주가 발생했다. 제3세계 도시들은 정치 및 경제 엘리트들의 거주지와 권력의 원천이 되었고, 많은 경우 특혜의 대상이 되었다(Lipton, 1977; Walton, 1977). 예를 들어, 한국에서 산업화는 서울과 부산시에 극심한 집중화 문제를 가져옴과 동시에 이들 도시와 많은 농촌 지역 간의 발전과 기회의 불평등을 더욱 심화시켰다. 이처럼 도시화와 산업화를 통해 국가 간 불균등한 경제발전에 도전하기 위한 노력은 국가 내의 공간적 불평등을 심화시키는 결과를 초래했다. 산업화가 상대적으로 이루어지지 않은 나라조차 비도시 지역에서는 비농업 부문 일자리에 대한 접근이 매우 불평등하게 나타나는데, 이는 이런 활동이 도시에 집중되기 때문이다. 보다 많은 기회를 누리기 위해 제3세계 농촌에서 제3세계 "대도시"로, 그리고 제1세계 도시들로 이주하는 사람의 숫자는 지속적으로 증가하고 있다.

국가 도시 체계에서의 도시는 크기, 구성, 성장 속도 면에서 서로 매우 다르다. 이러한 차이는 제3세계 도시화에 대한 논의의 중심 주제로서, "도시 양극화"(한 나라의 대도시들이 경제 및 인구 성장의 대부분을 차지하는 현상)는 특히 시급한 주제로 논의된다. 이러한 국가 간 차이는 다시 이러한 도시들이 세계 도시체계에 어떤 식으로 다르게 연결되었는지를 반영한다. 즉, 대도시는 국가 도시체계보다는 다른 국가의 유사한 도시들과 더 밀접하게 연결되어있다. 제3세계 주요 도시 대부분은 식민주의하에 유럽으로 자원을 선적하던 항구(entrepôt)로 성장했고, 오늘날에도 제3세계 국가와 세계 경제가 교류하는 주요 창구로 기능하고 있다. 도시 내에서도 생계의 불평등이 극적으로 존재한다. 인도네시아 수도인 자카르타는 인도네시아에서 1인당 평균 소득이 가장 높지만 동시에 소득과 부의 차이가 가장 크며 영양실조율도 가장 높다. 이러한 불평등은 제1세계 도시에서보다 제3세계 도시에서 더 뚜렷하게 나타난다. 서로 다른 사회 계층이 도시에서 공간적으로 구분되지 않고 나란히 거주하고 일하기 때문이다. 신자유주의적 세계화는 그러한 불평등을 더욱 심화시켰으며, 번영과 기회의 세계적인 중심지가 되고 있는 제3세계 대도시들은 동시에 국가 내에서 빈곤과 절망의 중심지가 되기도 한다.

도시의 규모와 인구구조

도시화의 역사적 지형

도시는 흔히 근대성의 상징으로, 제1세계에서 발달해서 제3세계로 전파된 산업자본주의의 동력으로 간주된다. 그러나 인류에서 처음 도시에 기반한 사회는 자본주의보다 훨씬 이전에 제3세계에서 출현했음을 기억해야 한다. 기원전 3800년에서 2800년 사이, 티그리스와 유프라테스 계곡(현대의 이라크), 황허 계곡(중국), 인더스 계곡(파키스탄), 나일 계곡(이집트)의 정교한 문명에서 최초의 도시들이 발달했다. 이후 서기 14세기 아즈텍과 중앙 아메리카 마야 문명에서도 도시생활의 효율성을 구현한 거주 형태가 독립적으로 만들어졌다. 코르테즈가 서기 1519년 테노치티틀란의 아즈텍 수도에 도착했을 때, 그는 15만－20만 명이 거주하던 그 도시가 당시 유럽에서 가장 큰 도시였던 파리와 비견되는 규모를 가진 점에 충격을 받았다(Sanders, 1976). 아프리카에도 원주민 도시에 기반을 둔 문명들이 존재했다. 특히 지금의 나이지리아와 베닌의 요루바 문명(Mabunje, 1962)의 가장 큰 도시의 인구는 서기 1500년경 5－6만 명으로 추산되었으며, 이는 일부 도시를 제외한 유럽 대부분의 도시보다 더 큰 규모였다.

처음 출현한 시기부터 도시는 부와 인구를 축적하는 데 효율적인 체계였다. 최초의 도시를 연구하는 학자들은 도시가 종교적, 군사적 권력의 중심지였으며, 이 권력을 통해 도시는 농업 노동으로부터 부를 축적할 수 있게 되었다고 지적한다(Sjoberg, 1960; Wheatley, 1971). 이러한 지역의 농업 인구는 오랜 기간 비옥한 자연환경과 농업혁신(특히 씨앗 활용, 동물 가축화, 관개) 덕에 생계를 충족하고도 그 이상의 농업 잉여를 생산할 수 있는 능력을 가지고 있었다. 그러나 잉여 생산 능력이 반드시 잉여 축적으로 연결된 것은 아니다. 우리가 본 것과 같이 생계형 사회는 이러한 능력을 필요한 경우를 위해 저장하지 성장을 위해 투자하지 않는다. 초기 도시에 정착한 종교, 군사 엘리트들은 농업 인구를 더 열심히 일하도록 조직화해서 자신들의 능력을 농업 생산을 더욱 높이는 데 사용하도록 만든 세력이었던 것으로 추정된다. 이는 독특한 도시－농촌 무역을 통해 이루어졌다. 즉, 농촌의 잉여(도시로 보내진 십일조와 제공 식량의 형태로)를 공유하는 대가로 도시는 종교적, 군사적 "보호막"을 제공했다. 농촌인구가 거절할 수 없는 제안을 하여 이 엘리트들은 농업 생산량을 늘릴 수 있었다. 농업 생산은 증가하는 비농업 활동과 도시 거주자 수를 지원하고 도시의 부를 축적하는 수단이 되었던 것이다. 이런 체계를 통해 자본주의 이전 아시아와 중동의 여러 광범위한 제국이 태동했던 것으로 보인다.

14세기에 이르자 도시화는 유럽으로 확산되었지만, 구세계는 집적된 도시 사회를 형성하지 못했다. 도시는 지역 수준에서 통제와 축적의 중심으로 발전했다. 그뿐만 아니라 중앙아시아를 경유하여 유럽과 중국을, 그리고 중동을 경유하여 남, 동 아시아를 연결하며 점차 제3세계라 불리는 산발적 지역 간 장거리 무역망의 중심으로 발전했다(Abu-Lugod, 1989). 상대적으로 잘 발달된 시장 시스템과 지역 내 상품생산의 섬으로 그리고 대륙 간 상품순환의 중심지로 기능하며 도시는 상업적 자본주의의 중심지가 되어가고 있었다(Blaut, 1993). 요컨대 도시들은 지속적으로 진화하는 국가 및 세계 체제 속에서 지역공동체, 문화, 경제를 연결하는 오늘날 도시가 맡는 역할을 담당하기 시작했다.

유럽에서는 식민주의와 자본주의의 발전이 겹치면서 역사적으로 유례없는 도시화를 촉발시켰다. 유럽의 산업혁명이 일어나기 전, 혁신적인 농업과 토지 인클로저 관행의 집적으로 농업 생산량이 대규모로 증가했던 농업 혁명이 먼저 일어났다. 많은 농촌인구는 농업 생산에 불필요하게 되어 도시로 쫓겨나거나 이주했다. 그렇다고 모든 산업 활동이 도시적인 것은 아니었다. 그러나 도시들은 값싼 노동력을 필요로 하는 산업활동과, 더 이상 토지를 이용해 살아갈 수 없게 되어 일자리를 구하러 도시로 이주한 농촌인구를 끌어들였다.

산업자본주의와 관련된 공간적 구조 조정은 유럽 내 여러 도시와 지역에 엇갈리는 운명을 초래했다. 일부 도시는 농업생산에서 이익을 얻기에 이상적인 위치에 있어 번영을 누렸지만 산업생산과 무역에 관련된 새로운 활동을 끌어들이지 못하고 침체되었다. 이전에는 작은 마을에 지나지 않았던 일부 장소는 새로운 산업에 있어 위치성이 뛰어난 것으로 드러나 폭발적으로 성장했다. 또 국가 수도나 무역 중심지와 같은 지역은 농업에서 산업경제로 전환되는 와중에서도 굳건히 지속적으로 성장했다. 도시가 상품생산과 무역의 국가체계에 점점 연결되면서 도시의 규모에 따른 위계적 구조가 나타나, 한 도시의 규모와 영향력은 정치경제적 중요성을 반영하게 되었다. 국가체계는 다시 세계도시 체제의 일부분이 되었다. 상품, 사람, 돈의 이동경로가 된 도시들은 특별한 지위를 차지하여, "세계" 또는 "글로벌" 도시로 불리게 되었다(Beaverstock, Smith, and Taylor, 2000; Friedmann, 1986; Knox and Taylor, 1995; Sassen, 2002).

도시의 활동성, 그리고 도시 외부와의 순환과정 및 이를 원활히 하기 위해 창출된 지정학적 공간에 따라 도시의 규모와 중요성이 결정되어왔다. 이러한 활동을 통해 도시는 인접한 지역에서 만들어지는 것보다 훨씬 큰 규모로 인구를 유인하고 부를 축적할 수 있었다. 유럽 도시들의 운명은 서기 1000년에 아시아에 기반한 무역과 정복의 체계에서 이미 나타났었다(Tilly, 1994: 7). 유럽 각국과 장거리 무역망의 우세지역의 명운이 오르락내리락함에 따라 브뤼스, 베네치아, 앤트워프, 암스테르담과 같은 유럽 도시들은 유럽 10대 도시 목록에 진입했다가 누락되는 과정을 겪었다(Bariroch, 1988; Braudel, 1986). 이 목록의 맨 윗부분은 보다 장기적인 경향을 나타냈는데, 초기에는 고도의 중앙집권국가를 이룬 프랑스의 지역 내 중요성을 반영하여 파리가 자리를 차지했다.

　　전 지구적 스케일에서는 유럽 자본주의와 식민주의 이전, 오스만, 중국, 일본, 무굴제국이 성공하여 가장 큰 도시규모를 나타냈다. 1700년 파리와 런던은 세계 기준으로 볼 때 유일하게 큰 유럽 도시였으며, 유럽 여행객들은 페킹(현재의 베이징), 콘스탄티노플(현 이스탄불), 델리의 번영에 경외심을 갖고 있었다. 그러나 1900년에 이르자 프랑스와 영국이 다른 유럽 식민지배권을 밀어내면서 파리와 런던은 세계 3대 도시 중 두 개가 되었다. 세계 규모에서 제1세계 경제의 중심을 차지하게 된 런던은 파리와 격차를 넓히면서 세계에서 가장 큰 도시로 자리 잡았다. 그 후 미국이 영국의 뒤를 이어 세계적인 패권국가가 되면서 미국의 뉴욕을 비롯한 도시들이 유럽 도시들을 따라잡고 추월하게 되었다. 그 후 1945년까지 세계도시의 규모와 인구성장은 도시의 지정학적 영향력에 따라 좌우되었다(Chase-Dunn, 1985).

　　그러나 인구규모를 통해 도시의 경제적 역동성과 정치적 영향력을 가늠하는 기준은 식민주의 이후 제3세계 도시들의 인구가 폭발적으로 증가하면서 깨지게 되었다. 1990년을 기준으로 세계 최대의 도시집적에서 제1세계 도시는 세 개에 지나지 않아(2003년에는 두 개) 도시화의 무게중심이 제3세계로 전환됨을 예고하고 있다(표 18.1; 그림 18.1). 제3세계 도시의 성장률은 역사상 유례가 없는 일이다. 1950년, 제3세계 도시에는 3억 4천만 명이 거주해 전체 도시인구의 36%를 차지했다. 1990년에 이르자 인구는 다섯 배로 증가해 15억 인구가 전체 도시인구의 62%를 차지하게 되었다. 요컨대 세계 도시인구는 제1세계 위주에서 제3세계 위주로 전환되었으나 이와 함께 세계경제의 정치경제적 중심이 제3세계로 이동하지는 않았다. 실제로, 제3세계 도시인구를 부풀린 농촌-도시 이주자에게 고용의 기회가 부족하게 되자, 많은 이가 제3세계를 "과도시화"라 묘사하고 있다. 제1세계 사회 또한 대도시 중심에 가난하고 소외된 이주민들(종종 소수민족 구성원들)이 모여 살게 되었는데, 이들이 그곳에서 자신의 삶을 개선할 수 있는 기회는 제한적이다. 그러나 빈곤이 차지하는 범위는 더 좁으며, 대도시는 전체적으로 제1세계에서 경제적으로 역동적이고 영향력이 있다.

도시화와 이주

18세기 산업 자본주의가 탄력을 받으면서 유럽에서는 도시화 수준이 거의 변하지 않았으며 도시 거주자는 전체 인구의 평균 12%(러시아는 더 낮음)를 기록했다. 그러나 19세기 동안 도시 거주 인구의 비율은 3배로 증가했고, 전체 도시인구는 1,900명에서 1억 8천

표 18.1. 1700−2003년, 세계에서 가장 큰 도시(인구 단위: 백만)

1700	1800	1900	1925	1960	1990	2003
이스탄불 (0.7)	베이징 (1.1)	런던 (6.4)	뉴욕 (7.7)	뉴욕 (14.2)	도쿄 (25.0)	도쿄 (35.0)
예도(도쿄) (0.7)	런던 (0.9)	뉴욕 (4.2)	런던 (7.7)	도쿄 (11.0)	상파울루 (18.1)	멕시코 시티 (18.7)
베이징 (0.65)	광저우 (0.8)	파리 (3.3)	도쿄 (5.3)	런던 (9.0)	뉴욕 (16.1)	뉴욕 (18.3)
런던 (0.6)	예도 (0.7)	베를린 (2.7)	파리 (4.8)	상하이 (8.8)	멕시코 시티 (15.1)	상파울루 (17.9)
파리 (0.5)	이스탄불 (0.6)	시카고 (1.7)	베를린 (4.0)	파리 (7.2)	상하이 (13.4)	뭄바이 (17.4)
아마다바드 (0.4)	파리 (0.5)	비엔나 (1.7)	시카고 (3.6)	부에노스 아이레스 (6.8)	봄베이 (12.2)	델리 (14.1)
오사카 (0.4)	나폴리 (0.4)	도쿄 (1.5)	루르 주 (3.4)	로스앤젤레스 (6.5)	로스앤젤레스 (11.5)	캘커타 (13.8)
이스파한 (0.4)	행초 (0.4)	상트페테르부르크 (1.4)	부에노스 아이레스 (2.4)	루르 주 (6.4)	부에노스 아이레스 (11.4)	부에노스 아이레스 (13.0)
교토 (0.4)	오사카 (0.4)	맨체스터 (1.4)	오사카 (2.2)	베이징 (6.3)	서울 (11.0)	상하이 (12.8)
행초 (0.3)	교토 (0.4)	필라델피아 (1.4)	필라델피아 (2.1)	오사카와 모스크바 (동위) (6.2)	리우데자네이루 베이징 (동위) (10.9)	자카르타 (12.3)

출처: 1700-1925; Chandler(1987), 1960/1990: UN(1993a), 2003: UN(2003d).

800만 명으로 증가했다(Bariroch, 1988). 여기에는 농촌−도시 이주가 큰 기여를 했다. 도시인구 증가의 3분의 2 가량은 농촌 지역으로부터의 이주자들과 그 자손들이 차지했다(나머지는 자연적 증가). 이러한 움직임은 단거리 간 이동이 대부분이었지만 유럽 자본주의가 점차 세계로 범위를 넓혀감에 따라 다른 대륙으로의 이주를 촉발시켰다. 점점 더 많은 유럽 농촌 지역 이주민들은 신세계와 유럽 식민지에서의 기회를 찾아 떠났다. 1840년에서 1930년 사이에 약 5,000만 명이 유럽을 떠났고, 유럽 내의 농촌−도시 이주도 그만큼의 규모로 이루어졌다. 밖으로 나가는 이주가 없었다면 유럽의 인구는 12억 명으로, 현재 인구의 거의 두 배에 달했을 것으로 추정된다(Davis, 1974). 예를 들어 아일랜드의 영국 지주들이 세계시장을 목적으로 밀 생산을 지나치게 특화시켜 감자가 소작농의 주요 식량 작물이 된 후 1845년에서 1850년까지 발생했던 감자 기근으로 인해 수많은 사람들이 쫓겨나지 않았다면, 아일랜드 인구는 현재의 300만 명이 아니라 1,200만 명이 되었을 것이다. 18세기와 19세기 동안 서로 다른 대륙 간 이주 흐름 역시 노예무역(1620-1850년 4,500만 명, 13장)과 동아시아와 남아시아에서 아프리카, 카리브해, 동남아시아의 유럽 식민지로 계약노동자 이주(1850-1940년 1,200-3,700만 명) 등의 식민주의 과정을 통해 형성되었다(Castles and Miller, 2003).

유럽 대륙 간 이주자 다수는 농촌지역에 정착했지만, 이들 역시 북아메리카, 호주, 남아메리카의 도시 성장에 엄청난 영향을 미쳤다. 1850년에서 1910년 사이에 북아메리카의 도시인구는 12배(유럽의 도시 성장보다 거의 4배 빠른 속도) 증가했고, 도시화 수준은 3배 증가하여 유럽 수준인 40%에 달했다. 1850년에서 1930년 사이(유럽에서의 유출이 국제 이주의 대부분을 차지하던 시기) 북아메리카, 오스트레일리아, 남아메리카의 도시화 비율은 유럽 이민자들의 이민율과 거의 비슷했다(Berry, 1993). 실제로 영국의 이주, 도시화, 자본투자의 사이클과 미국, 캐나다, 호주에서 관찰된 사이클 사이에는 밀접한 관계가 있었다. 영국을 떠나는 이주민이 다른 기간에 비해 많았던 1870년에서 1910년 사이 영국에서는 자본의 상당한 유출과 도시화의 둔화가 발생했으며 북아메리카에서는 도시 건설과 인구 증가의 붐이 나타났다(Thomas, 1972). 요컨대, 한편에서의 국제 이주와 다른 한편에서의 유럽의 자본 흐름 및 경제 조건이 서로 밀접하게 연관되어, 유럽에서 성장과 도시화가 급속하게 증가하면 유럽인 백인 정착 식민지 지역에서의 증가율이 감소했고, 그 반대의 경우도 마찬가지였다는 것을 의미한다.

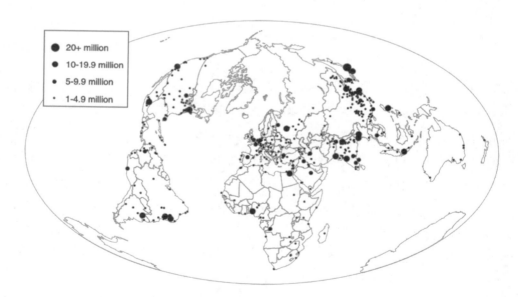

그림 18.1. 2003년 100만 명 이상의 주민이 살고 있는 도시의 집적. 출처: UN(2003d).

a. 1960–1964

1% 미만 이주와 유럽 내 이주(전체의 약 50%)는 제외

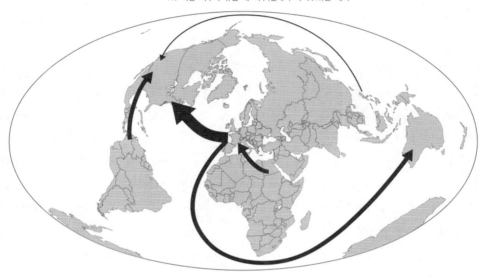

b. 1970–2000

1% 미만 이주와 유럽 내 이주는 제외

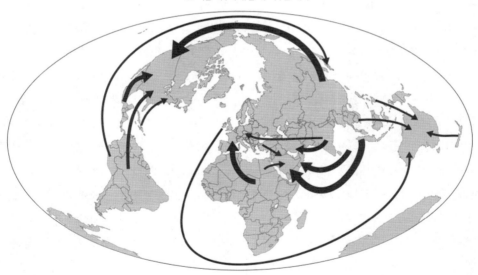

그림 18.2. 대륙 간 인구 이동 흐름: (a) 1960-1964; (b) 1970-2000. 출처: a – Mazur(1994); b – Castles and Miller(2003).

1930년대 대공황 기간 동안, 국제이주는 급격히 감소했다. 1920년 1,300만 명에서 1930년에는 200만, 1940년에는 500만으로 감소했다. 1950년에 이르자 국제 이주는 1910년대 수준까지 다시 상승했지만, 식민지 시대 말기 이주와 그에 따른 도시화 지형이 변하기 시작했다. 1960년대 이전까지 3대 주요 목적지 국가(미국, 캐나다, 호주)의 이민 규정은 영국과 다른 유럽 이민자들을 선호하여 명백히 인종차별적인 의도를 지니고 있었다. 국제 이주는 유럽의 (이전) 정착식민지를 향해 주로 이루어졌으며, 중앙 아메리카와 동아시아에서 북아메리카로의 이주가 일부 포함되어있었다(그림 18.2a). 국내 수요를 충족할 만큼 유럽 이민자가 충분하지 않게 되자 이러한 공식적 규제와 할당량은 축소되었다(Castles and Miller, 2003). 따라서 대륙 간에는 제3세계에서 제1세계로 그리고 남아시아와 동남아시아에서 중동의 선택된 석유부국들(현재 번영하는)로의 이동이 주를 이루었다(그림 18.2b). 미국에서는 유럽인이 75%였던 1950년대 이민 패턴이 1980년대에 이르자 라틴 아메리카와 아시아인이 75%가 되었다(대부분은 기존 이민자의 친족 자격으로 이민). 이러한 변화는 미국이 베트남과 중앙아메리카에서 장기간 영향력을 지니고 있었으며 유럽 이민자를 선호하는 할당제에 변화가 있었기 때문이었다. 같은 기간 호주에서는 영국인 55%에서 영국인 18%와 아시아인 45%로 바뀌었다. 영국, 프랑스, 네덜란드와 같은 이전의 식민지배 국가에서는 처음으로 유럽 외의 지역에서 문화적으로나 민족적으로 구별되는 인구 상당수가 이주해오게 되었다. 식민지 시민권정책(이전 식민지 거주자에게 특정한 권리 부여), 도덕적 의무, 정치경제적 상황의 악화 등이 복합적으로 작용하여 북아프리카인과 서아프리카인(프랑스), 동아프리카인, 카리브해인, 남아시아인(영국), 아시아인과 멜라네시아인(네덜란드)들이 이 시기에 집중적으로 이주했다. 이주가 이렇게 점차 국제적 수준으로 전환된 것과 함께 이주민의 수의 증가 가속화와 국제 이주의 여성화가 이루어졌다. 또한 국가들은 국제 이주를 제도화해 임시 노동력 유치(유럽, 북미, 중동), 저고용된 근로자의 해외 송출(예: 필리핀), 해외에서 성공한 자국출신 이주자와의 관계 유지(비거주 인도인) 등을 추구했다(Leitner, 2000). 세계화와 함께 생계 기회에 대한 격차가 증가하자 1980년과 1990년 사이에 남반구-북반구 이주자는 두 배 이상(4천8백만 명에서 1억 1천만 명으로) 증가했다. 1990년대 동안 국제이주자(최소한 1년 이상 해외에 거주하는 자로 정의)는 13% 증가했다(세계 인구의 6%인 1억 7천4백만 명). 이들 중 절반가량은 여성이었다(United Nations, 2006a).

이주의 제도화는 특히 중요해졌다. 1945년 이전에는 유럽에서는 다른 곳에서 더 나은 삶을 추구하고자 하는 욕구를 추구하도록 이주를 장려했다. 죄수들의 강제 이주를 제한하긴 했지만 이를 제외하고는 식민지들은 이주할 유럽인들을 적극적으로 구하고 이주를 환영했다. 따라서 산업화되는 도시에서 일자리를 구할 수 없었던 유럽의 잉여 농촌인구는 해외로 이주할(또는 보내질) 수 있었다. 1945년 이후 (특히 제2세계에서) 이주를 제한하려 했던 나라들은 더 나은 삶을 추구하는 개인의 자유를 방해하여 이들의 인권을 침해했다는 이유로 비난을 받았다. 제3세계 국가들은 다양한 노동력 수출 정책을 사용하여 최소한 일시적으로라도 잉여인구에게 해외에서 일자리를 찾도록 권장했다. 이는 국내에서의 실업을 줄이고 해외 노동자로부터의 송금을 강화시키기 위한 목적으로 추진되었다(2002년 추정 송금액은 공식개발원조[ODA]를 상당히 초과함). 그러나 잠재적인 제1세계와 석유부국 OPEC은 이민 정책을 통해 제도적 장벽을 점점 정교화시켰다.

해외를 향한 이주가 유럽에서 제3세계로 전환되면서 영구적인 이주는 점차 어려워지고 있다. 대신에 국내 자본가들의 노동수요에 부응하여 다양한 초청 및 임시 노동자 정책을 개발하여 제1세계의 특정 산업부문으로 이주자들을 유치하고 일정기간 체류 후 귀국하도록 하고 있다. 북유럽은 1960년대에 국내의 노동력 부족을 보충하기 위해 "초청 노동자" 프로그램을 통해(1940년대 미국이 멕시코 농장 노동자들을 대상으로 시행했던 브라세로 정책과 유사) 남부 유럽인, 북아프리카인, 터키인을 고용하여 공장 조립라인에서 거리 청소까지 다양한 직업에 종사하게 했다. 이 밖에도 주요한 초청 노동자 흐름으로 1973년 이후 남아프리카 국가들과 고국에서 아파르트헤이트 남아프리카로의 흐름 그리고 남아시아, 동남아시아, 인구가 많은 북아프리카, 중동 국가들에서 중동 OPEC 국가로의 흐름을 들 수 있다. 이를 통해 이주한 인구는 대체로 비교적 숙련되고 활동적이면서, 더 나은 보수를 받는 대가로 고국보다 낮은 지위를 기꺼이 감내하려고 하는 남성과 여성을 선택적으로 유치했다(이들의 정치사회적 권리는 영구 이주자나 시민에 비해 제한되었다). 시간이 지나면서 특히 유럽에서 이러한 임시 이주자 중 많은 수가 사실상 영구적이 되었다. 이들을 통해 그 가족들이 다시 이주했는데, 이는 초청 노동자에 대한 수요가 지속되었으며 초청 노동자를 고국으로 돌려보내는 것에 대한 국내외적 반대의 결과였다. 이와 같은 문제는 유럽, 북아메리카, 호주, 뉴질랜드와 같은 백인 정착민 식민지에서 여전히 활발하게 논의되고 있다.

다른 이주민들은 망명 신청자와 난민으로 들어오는데, 이들은 인권상의 이유로 예외적인 지위를 부여받았다. 국제난민의 수는 1975년 2백만 명에서 1995년 1천5백만 명으로 증가했다가 이후 10년간 1천만 명으로 줄었다. 해외로 이주하지 않는 난민인 내부 축출 이주민은 6백만 명에 이른다. 이들을 규제, 통제, 추방하는 정책은 제1세계, 특히 유럽에서 정치적 논쟁의 중심이 되고 있다. 유럽은 망명 신청자와 난민들의 유럽 연합 진입을 통제하는 초국가적인 규제 체제를 수립하면서 전후 지켜오던 공정한 대우라는 유산이 타격을 입게 되었다(Leitner, 1997). 그런데 사실, 난민과 망명 신청자들을 관리하는 부담은 제3세계에서 훨씬 크다. 전쟁, 정치적 갈등, 기근, 경제 위기로 인해 제3세계 내에서 국경을 넘는 수많은 난민 및 망명 신청자가 생겨났다. 전 세계 난민 중 북아메리카로 향한 것은 4%에 불과하며, 24%는 유럽으로 향했다(United Nations, 2006a). 나머지 61%는 수많은 내부 축출 이주민과 더불어 아프리카와 아시아에 남아있다. 제1세계의 30분의 1에 해당하는 경제 규모인 아프리카는 제1세계의 거의 두 배가 되는 책임을 떠안아, UN과 자선단체들은 이 짐을 경감시키기 위해 노력하고 있다. 난민들은 제1세계로의 진입에 상당한 장벽을 마주하고 있다. 이들은 목적지 국가에서 제시하는 기준에 따라 난민 지위를 증명해야 하며, 종종 경제적 기회에 대한 접근은 제한된 채 수용소나 분리된 주택에 거주해야 한다.

요컨대, 북미로 이주했던 유럽인들과 같은 "개척자 정신"을 가지고 더 나은 삶의 기회를 찾기 위해 해외로 이주하려는 사람들은 점차 높아지는 제도적 장벽에 직면해있다. 이에 대한 대응 한 가지는 불법 이주, 즉 법적으로 허가되지 않은 이주이다(미국 원주민들은 북아메리카 백인 정착자들을 허가 없이 원주민 땅에서 울타리를 치는 불법 이민자로 간주했지만, 그러한 움직임을 막기 위한 정치적 자치권이나 군사력은 없었다는 점을 상기). 불법 이주민은 이동 중에 생명의 위협을 포함한 커다란 위험들을 극복해야 한다. 여행 도중과 도착 후 인신매매범에 의해 착취당할 수 있으며 즉시 고국으로 돌려보내질 수도 있다. 고국에서나 자격 조건에 비해 신분이 낮은 직업을 택해야 하는 것은 합법적 이주자에 비해 더 심하다. 그럼에도 불구하고 이들은 더 나은 삶에 대한 열망으로 그러한 위험과 장애물을 무시한다. 제1세계에서는 불법이주자에 대한 인신매매를 예방, 차단, 탐지, 축출하기 위해 점점 많은 투자를 하고 있지만 인신매매는 오히려 증가하고 있다. 인신매매자들은 상당한 비용을 받고 불법 이주자들을 밀입국시켜주겠다고 한다. 이주자들은 세 가지 위험에 처하게 된다. 이주하기로 계약한 국가로 보내지지 않을 수 있으며, 운송수단이 극도로 열악하여 도중에 사망할 수도 있으며, 계약 노동이나 강제 노동에 구금될 수도 있다. 마지막 위험은 특히 여성에게 점점 더 많이 발생하고 있다. 목적지에 도착한 이주민들은 인신매매범들의 통제 아래 놓여, 신분증을 받지 못한 채 노예 같은 조건에서 일하여 이주 과정에서 발생한 빚을 갚을 것을 강요받을 수 있다.

이주의 여성화는 다양한 과정으로 나타난다. 위에서 언급한 바와 같이 영구적이거나 초청을 통한 모든 이주의 절반은 현재 여성으로 이루어져있다. 이들은 기존에 이주해온 배우자나 친척에 합류하는 여성과, 벌이를 향상시키기 위해 스스로 나선 여성으로 구성되어있다. 이들이 거주하는 국가의 가구, 마을, 국가 단위에서의 가부장적 관계가 여성의 삶의 기회를 제한시키기 때문에 이들이 가질 수 있는 생계기회는 같은 국가 출신 남성과 매우 비교된다. 여성 이주자들은 가사도우미, 간호사, 웨이트리스, 노동 착취적 공장, 매춘 등에 종사한다. 이는 남성 이주자들이 담당하는 직종보다 덜 바람직한 직종이다. 난민 인구의 50%도 여성이다(18세 미만 소녀가 25%, 전체 난민의 절반은 어린이). 고국을 탈출한 여성들은 많은 경우 더욱 강화된 학대의 악순환에 사로잡혀 "탈출 과정에서 성적 착취에 노출된다. 성적, 또는 성차별적 폭력은 성희롱, 가정폭력, 강간에서부터 성적 노동으로 지불하지 않을 경우 음식물과 기타 필수품을 지급하지 않는 등 다양한 형태를 띤다"(UN 2006a: 66). 인신매매범들에 의해 계약되거나 노예와 같은 근로조건에서 일하는 노동자 중 77%가 여성이며 이들 중 거의 90%가 성매매에 갇혀있는 것으로 추정된다(UN, 2006b). 국제 이주자가 처한 조건은 여성일수록 더 나빠진다.

이주자 다수는 검소하게 살면서 나머지 돈을 저축하여 가족을 돕기 위해 보낸다. 이러한 송금은 이주자들 출신국에 상당한 수입원이 되었다(Russell, 1992). 종류를 통틀어 이민자들이 제3세계로 보낸 국제 송금액은 1990년 320억 달러에서 2005년 1670억 달러로 증가했다(미국 달러). 이는 제3세계로의 외국인 직접투자(FDI) 규모와 거의 동일하며 전체 ODA의 2배에 달하는 금액이다. 인도와 중국에 대한 송금액은 각각 210억 달러를 넘어섰으며, 레소토의 토고(아파르헤이트 기간 남아프리카로 이주를 보낸 주요 국가)와 요르

방글라데시의 이주

프라이어 Pryer(1992: 148–149)는 방글라데시 남서부 카히마리 마을에서 태어난 모메나의 이야기를 다룬다. 모메나는 16세에 인근 토지 소유자와 결혼하여 6년 동안 그의 대가족과 함께 살았다. 이들은 그녀를 가혹하게 대했다. 모메나는 하루 한 번만 먹을 수 있도록 허용되었고 자주 맞았다. 마침내 그녀는 세 아이를 데리고 아버지에게로 도망나왔고, 아버지는 이혼을 추진했다. 그 후 그녀는 땅이 1에이커밖에 없는 농부와 다시 결혼했고, 그와의 사이에 네 번째 아이를 낳았다. 그녀는 가난했지만 행복했다. 그러나 그녀의 두 번째 남편이 죽었고, 남편의 형제들은 그녀가 모르는 사이 남편의 땅을 차지했다. 수확 기간이 되자 이들은 그녀의 가족에게 한 달 분량의 곡식만 주고 말았다. 그녀는 그곳을 떠나 쿨나 타운 시장의 남부에서 자신 형제의 가족과 석 달을 살았다. 그 후 그녀는 빈민촌의 거주지를 한 개 구해 가사도우미 일자리를 구하게 되면서 이사를 나와야 했다.

모메나는 하루 종일 일한 임금조로 받은 세 끼 식사를 집으로 보내 어린 아이들이 먹도록 했다. 그녀의 고용주와 형제들도 수시로 식량이나 다른 것들로 도움을 주었다. 그녀의 아들은 14살에 인력거꾼으로 일하러 나갔다. 모메나의 고용주가 자신의 고향 출신 고아 소녀를 가사도우미로 채용하면서 모메나는 실직했다. 고용주가 쥐어준 약간의 돈을 자금삼아 그녀는 인도 사리 암거래와 밀수에 투자했고, 소득이 늘어났다. 그러나 6개월 후 인도 국경에서 돈이 압수되고 말았다. 그 후 그녀는 신용거래를 했지만 방글라데시가 인도산 사리 판매를 금지시켜 수입이 대폭 감소했다. 1986년 10월까지 그녀의 가족은 극심한 가난과 높은 부채에 시달렸고, 가족의 영양상태도 위험한 수준이었다. 영양실조 상태에서 탈출한 사람은 그녀의 아들뿐이었다.

단(축출된 팔레스타인인의 주요 정착지)에서는 해당국의 국내총생산(GDP)의 20%를 초과했다(World Bank, 2006b).

국제이주 패턴은 매우 복잡하므로 이들이 제1세계나 제3세계에 미치는 광범위한 영향을 설명하기 어렵다. 이주민의 상당수는 농촌에서 도시지역으로 이동하며 특정 기간 동안 개별적 도시와 국가에 적지 않은 영향을 초래했지만 이를 일반화시키긴 어렵다. 국제적 추정치에 따르면 국제이주의 흐름이 다양화되고 이주 목적지로서 유럽이 지닌 중요성이 증대되면서 제1세계 여러 곳에서 도시화가 더욱 촉진되었다(Berry, 1993). 이를 통해 국제이주로 유럽과 그 외 제1세계 간 서로 상반되는 도시화 역사가 만들어졌던 이전의 경향은 사라졌다. 국제이주가 일반적으로 제1세계 도시인구를 증가시키면서 이제 국내 이주는 더 이상 도시화 수준에 큰 영향을 미치지 않는다. 제1세계 인구 중 25% 미만이 농촌 지역에 거주한다. 따라서 농촌—노동 이주는 더 이상 도시화의 동력이 되지 못한다. 국내 이주는 대부분 도시—도시 이동이다. 이는 인구 상당수를 한 도시에서 다른 도시로 이동시킬 수는 있지만 정의에 따른 도시인구의 총규모에는 영향을 미칠 수 없다. 실제로 일부 분석가는 제1세계 도시체계에는 이전에 인구통계학적 전환이 나타났던 것과 같은 "도시화 전환"이 일어나고 있다고 주장한다(6장 참조). 이 해석에 따르면 도시는 농촌—도시 이주를 유인하므로 도시화에 있어 자연적 증가 외의 이주는 중요성이 증가하고 있다. 그러나 농촌—도시 이주가 감소하면서 자연적 증가 대비 이주의 기여도는 줄어들었다(Ledent, 1982).

제3세계에서는 지속적인 국내 농촌—도시 이주가 도시인구 증가의 주요 원인이 되고 있다. 1950년에서 2005년 사이 제3세계에서 도시인구는 거의 8배 증가했고(2억 8천5백만 명에서 22억 명) 전체 도시인구 중 제3세계 거주민은 2배 이상 증가했다(17%에서 41%, 그림 18.3). 상대적, 절대적 측면 모두에서 이는 인류 역사상 40년 기간 동안 인구가 가장 급속히 증가한 것이며, 큰 도시의 경우 증가율은 더 높았다. 이러한 급속한 증가는 거의 전적으로 이주로 인한 것이며, 도시화 전환의 초기 단계에도 부합하지 않아 보인다. 예를 들어 인도는 이와 같은 전환을 보일 기미를 전혀 나타내지 않고 있으며 이집트의 경우 제1세계 모델의 반대 경향을 보이는 것 같다(그림 18.4). 도시가 새로운 이주민들에게 제공하는 기회가 제한적이라는 것이 명백하게 나타났는데도 농촌인구는 광범위하게 축출되고 있으며 비참하고 억압적인 생계 환경을 벗어나고자 하는 이들의 욕구가 증가하는 것을 반영하여 농촌—도시 이주는 지속적으로 급속히 증가하고 있다. 이러한 경향은 유럽의 경우에 들어맞지 않아, 연구자와 정책 입안자들이 광범위하게 논의하는 주제가 되었다.

2005년에 이르자 라틴 아메리카 인구의 76%가 도시에 거주하여 제1세계 비율과

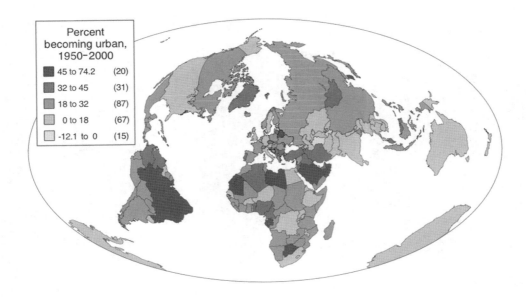

그림 18.3. 1950−2000년 도시화의 변화. 출처: UN(2003d).

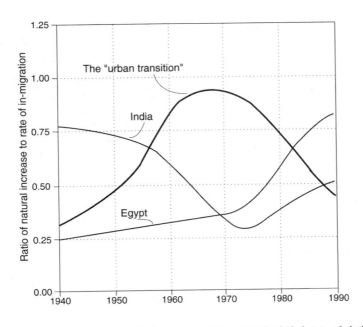

그림 18.4. 이집트와 인도의 "도시 전환?" 출처: Ledent(1982). 1982년 지역연구소 저작권, 허가 후 사용.

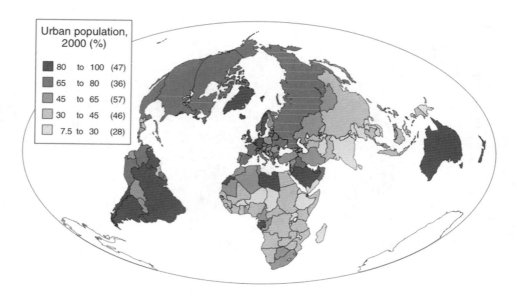

그림 18.5. 2000년 도시화 수준. 출처: UN(2003d: 123).

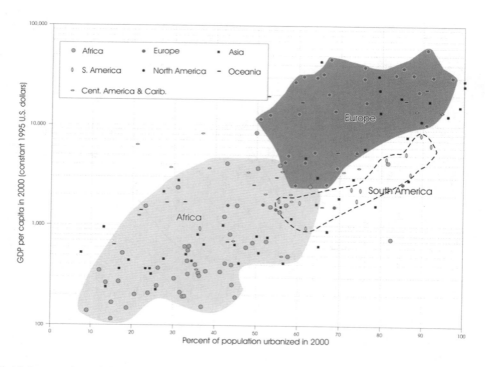

그림 18.6. 2000년 도시화 수준과 1인당 GNP. 출처: World Bank(2008), UN(2003d).

비슷하게 되었다(그림 18.5). 이렇게 높은 수준으로 도달하자 라틴 아메리카의 도시화는 둔화되었다. 그러나 인구가 작은 도시에서 더 큰 도시로 이주하면서 가장 큰 도시로의 인구 집중은 계속되고 있다. 아시아와 아프리카의 도시화 수준은 이의 절반에 불과하다(37%). 아프리카의 도시인구는 매년 5%씩 증가하고 있다. 1인당 GNP와 도시화 수준 간 관계를 검토해보면(그림 18.6), 아프리카 국가들은 도시화 수준에 비해 1인당 국민총생산(GNP)이 낮은 반면, 유럽은 그 반대이다.

제3세계 도시와 공간적 개발의 양극화

이주와 도시 성장 간의 관계를 검토해보면 과거 제1세계의 도시화와 현재 진행되는 제3세계 도시화는 위에서 설명한 인구학적 변화를 뛰어넘는 중요한 차이점이 있음을 알 수 있다. 첫째, 국제 이주의 패턴은 제3세계 도시가 제1세계 도시와는 다른 방식으로 세계 경제와 연결되어있음을 나타낸다(Berry, 1976; Vining, 1982). 둘째, 제1세계 도시들은 도시 이민자들이 일자리를 얻을 수 있는 기회를 제공할 수 있었던 것으로 보인다. 비록 계층과 인종에 따라 도시가 빈곤과 도시 거주자의 양극화된 생계 기회의 중심지가 되었지만, 그럼에도 불구하고 이 도시에서는 인구증가와 전반적 경제 역동성이 어느 정도의 균형이 있었다. 그러나 제3세계에서는 경제상황에 관계없이 대도시의 도시인구 증가가 지속되고 있다. 셋째, 이러한 불균형은 도시 시스템 전체의 특징일 뿐만 아니라, 도시인구증가의 대부분을 차지하는 것으로 보이는 대도시에 특히 문제가 된다. 제1세계 도시 시스템은 이와 달리 1970년대 이후 반도시화의 단계가 상당히 진행되어 대도시와 먼 곳으로 성장 동력이 전환되었다. 이 세 가지 중 첫 번째 차이점은 다른 두 가지의 중요한 근본적 원인이 되어왔다. 따라서 제3세계 내에서 도시 사이를 연결하고 글로벌 시스템으로 연결되는 경제적 상호 의존성을 검토해봐야 한다. 이 절에서는 이러한 연결성이 자국 경제에서 제3세계 도시들이 수행하는 역할에 어떤 영향을 미치는지 그리고 국가 도시 시스템 내에서의 도시 간 분화에 어떤 영향을 미치는지 검토한다.

유럽식 기원: 식민지 도시와 불평등 개발

제3세계 전체에 걸쳐 특정한 지역에서 식민시대 이전에 도시화가 광범위하게 진행되었음에도 불구하고, 제3세계 도시들의 두드러진 특징이라면 아마 대부분의 경우 유럽의 식민지 영향력이 이들의 위치와 특성을 결정지었다는 점일 것이다. 토착화된 도시화가 거의 없던 지역의 경우 정복되어 식민 운영을 거치면서 공간 조직이 극적으로 변화되었다. 기존에 도시 시스템이 존재하던 지역이라 할지라도 식민지 이전 정착 형태 다수는 위치가 외부 지향적인 새로운 식민지 공간 경제에 적합하지 않았기 때문에 버려지거나 중요성이 감소되었다. 예를 들어 페루에서는 스페인의 식민지 개척자들이 해안에 새로운 도시를 건설하고 경제의 공간 구조를 외부 지향적으로 바꾸면서 잉카의 고지대 도시들은 버려졌다. 페루 내 정착지들 간의(잉카인들이 정착한 안데스의 다른 지역도 마찬가지) 상호 의존성은 유럽과의 연결에 비해 중요성이 감소했다. 이는 중앙과 내부 지향적 정착지는 해안가나 외부 지향적 정착지에 비해 추진력을 잃게 되었음을 의미한다.

일반적으로 식민지 공간 경제는 내부 자원에 효율적으로 접근하고, 이들 자원을 식민지 세력에서 사용할 수 있도록 추출하기 위해 조직되었다. 이는 상호 의존적 시스템에서 식민지가 처한 상황 및 담당한 역할을 반영하고 있었다. 강은 자연적 흐름을 활용해 내륙 침투에 용이했으므로 이를 활용한 것 외에도 식민세력은 내륙으로 철도와 고속도로를 건설하여 광물자원, 노동력, 토양, 기후 조건이 식민지 목적에 부합하는 지역으로의 접근성을 개선했다. 그 결과 형성된 돌출적인 운송 네트워크는 내부 지향적이고 유기적으로 연결된 무역 시스템을 외부 지향적인 추출 시스템으로 변형시켰다(14장 참조).

식민도시들은 이러한 네트워크의 주요 분기점과 입구에 만들어져 식민지역과 그 지역이 소속된 광범위한 세계 시스템 간의 정치경제적 항구(entrepôt) 역할을 수행했다. 다시 말해서 영토를 관리하고 그 자원의 추출을 용이하게 하기 위해서였다. 식민세력이 선택한 전형적 위치로는 상품을 대양을 오가는 선적으로 실을 수 있는 연안 환적 지점, 국가 및 국제 운송 시스템에 대한 방어가 필요한 전략적 위치 그리고 열대 식민지에서 유럽인의 정착과 농업에 적합한 시원한 고지대 등을 포함했다.

이러한 변신은 외부 세력이 부분적으로 국내 사회를 통제하는 경우에도 일어났다. 예를 들어 네덜란드 동인도(인도네시아)에서는 토착 엘리트들이 식민세력의 목적을 충족시킬 수 있을 경우 이 엘리트들에게 지역에 대한 통제권이 주어졌다. 특히 주목할 만한 사례는 식민화된 적이 없는 중국이다. 중국이 대외 무역에 점점 더 의존하게 됨에 따라 오래 지속되어오던 내부 지향과 자급자족 역사는 외부 지향적으로 변했다. 중국 대상 아편 수출에 대한 통제권을 영국이 가지게 된 계기였던 중국의 아편전쟁 패배는 이러한 무역 의존 과정에서 결정적인 순간이었다. 그 결과 중국은 중국 해안을 따라 유럽이 운영하는 일련의 "조약 항구"를 수용하였으며, 이에는 각 항에서 내륙으로 운행하는 각 항구에서 내륙으로 운행하는 분기점이 포함되어있었다(13장과 14장, 그림 13.7 참조). 경제성장 동력은 내륙에서 해안지역으로 전환되어 오늘날까지 그대로 남아있다. 최근 중국에서 급속한 산업화의 혜택을 받고 있는 주요 지역은 광저우(廣州)로, 마지막 조약항구 중 하나이면서 1997년 7월 1일 중국의 지배하로 복귀된 홍콩과 가까운 남해안에 위치하고 있다. 중국의 사례는 한 나라가 정치적 독립을 유지하더라도 외부 지향과 경제적 의존이 일어날 수 있음을 분명히 보여준다.

식민지 도시들은 많은 의미에서 자신 주변의 부속지역보다 국제 식민지 시스템에 더 밀접하게 연결되어있었으며, 많은 경우 이 패턴은 오늘날까지 지속되어왔다. 문화적 생활과 규범은 외국의 영향력에 의해 지배되었으며, 정치는 외부의 문제에 따라 결정되었다. 또한 식민지의 수입/수출 거래와 식민관리 및 이들의 고용인이 원하는 상품의 거래가 공식적 경제를 지배했으며, 도시의 하층 거주민 다수는 여기서 제외되었다(14장 참조). 따라서 외부의 관점에서 보면 식민지 도시들은 낙후된 사회의 근대적 전초기지를 대표했던 반면(아더 루이스 Arthur Lewis의 "이중경제", 4장 참조), 지역적 관점에서 보면 이러한 도시들은 고립된 경제였다. 호세리츠 Hoselitz(1955)는 그러한 도시를 "기생적"이라고 정의했다. "생성적" 도시와는 반대로 이 도시들은 자신의 주변부의 희생을 기반으로 성장한다는 것을 의미한다. 외부 지향이 지나치게 강한 경우 대개 기생적이라고 그는 주장했다. 종속이론과 세계체제이론을 빌려 설명하자면 기생적 식민도시들은 자신의 주변부에서 잉여를 추출하여 일부는 흡수하지만 대부분은 중심부("대도시") 국가들과 관련 무역도시로 보냈다.

1960년대 초 아프리카의 상당 부분이 독립을 선언하고 있을 때, 서구의 분석가들은 이러한 기생적 역할을 인정하면서도 정치적 독립이 근대화 과정을 가지고 올 것이며 이를 통해 이러한 도시들은 지역발전을 위해 생성적으로 전환될 것이라고 주장했다(Taaffe et al., 1963). 이들 국가들이 따라야 할 사례로 미국의 경험이 제시되었다(그림 18.7). 독립으로 내부 지향성과 연결성이 강화된 공간 경제가 형성될 것이며, 이를 통해 토착 도시 간의 상호 작용이 강화되고 보다 균형적인 공간 개발 패턴이 촉진될 것이라는 가설이 세워졌다. 그러나 독립을 맞은 제3세계에서 외부 지향적이고 기생적인 식민 도시들이 몇 개 존재한다는 것은 제3세계 신생 독립국가 대부분이 높은 도시 종주성을 물려받았음을 의미했다. 즉, 제1세계 국가들의 도시 발달 패턴과 달리, 가장 큰 도시와 다른 중심지역 간의 격차가 커서 가장 큰 도시 한두 개에 도시인구가 불균형적으로 집중되었다는 것이다(Berry, 1961; Sheppard, 1982).

독립 이후 도시화

제3세계 대부분에서 정치적 독립은 내부 지향적이고 지리적으로 균형 잡힌 공간 체계를 가지고 오지 않았다. 오늘날까지도 제3세계 국가 다수는 여전히 외부와의 무역에 의존

중상주의 모델
외부세력이 제공한 기본구조 기반

중심지 모델
내성적 순위모형으로 시작한 "농업주의" 기반

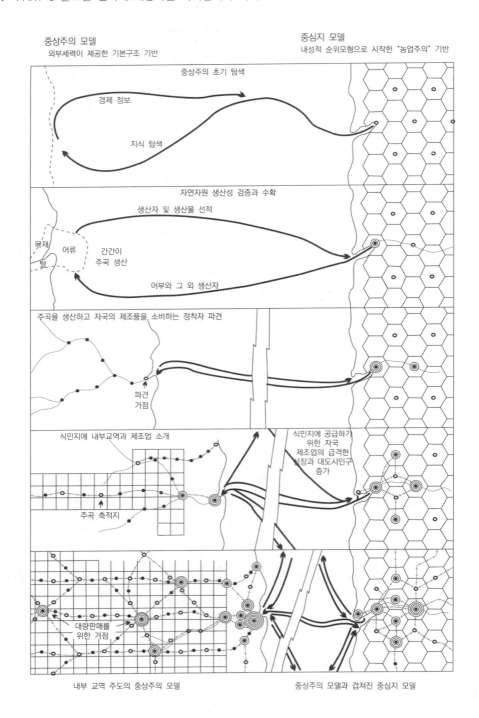

중상주의 초기 탐색

경제 정보

지식 탐색

자연자원 생산성 검증과 수확

생산자 및 생산물 선적

묶재
틸
어류
간간이
주곡 생산

어부와 그 외 생산자

주곡을 생산하고 자국의 제조품을 소비하는 정착자 파견

파견
거점

식민지에 내부교역과 제조업 소개

식민지에 공급하기 위한 자국 제조업의 급격한 성장과 대도시인구 증가

주곡 축적지

대량판매를 위한 거점

내부 교역 주도의 중상주의 모델

중상주의 모델과 겹쳐진 중심지 모델

그림 18.7. 기생도시에서 생성도시로: 중상모형과 중심가 모델. 출처: Vance(1970). J. Vance(1970)의 저작권, 허가 후 사용.

하고 있으며 많은 경우 식민주의하에서 수출하던 것과 비슷한 상품을 이용해 경제성장을 위한 수입을 창출하고 있다. 특히 수입대체산업화(ISI; 17장 참조)가 실패하면서 산업화 역시 외부 지향적 경향을 유지하고 있다. 저임금과 자본의 해외유출 방지의 어려움 등은 제3세계의 경제성장이 시장, 필수적 투입품, 기술 측면에서 여전히 제1세계에 의존하고 있음을 의미한다. 이러한 국가의 물리적 기반은 지속적 외부 지향성을 반영하고 있다(그림 14.5 참조).

마찬가지로 제3세계 가장 큰 도시들은 강력한 외부 지향성을 유지하여, 도시의 활동이 자국 영토 내의 발전 이상으로 국제무역과 금융에 영향을 받는 도시로 기능하고 있다. 비록 독립으로 수도인 도시들은 새로운 정치적 지위를 가지게 되었지만 대도시가 지속적으로 기생적 역할을 하는지에 대한 우려가 감소하지는 않았다. 이러한 우려를 해소하기 위해서는 대도시와 국가 도시체계의 나머지 부분을 구성하는 작은 도시 간의 차이를 강화시키거나 감소시킬 수 있는 정치적, 문화적, 경제적 과정에 주의를 기울일 필요가 있다. 그뿐만 아니라 한 국가의 지리와 도시 및 지역 간 의사소통의 발전이 이 과정에 어떻게 영향을 미칠 수 있는지 역시 고려해야 한다.

대도시는 무엇보다 국가 정치 및 경제력의 집중체이다. 국가의 정치적 수도는 대부분 가장 큰 도시이기도 하지만 이 원칙에는 물론 예외가 존재한다. 따라서 탄자니아와 브라질은 내륙 지역을 새로운 국가 수도로 선택하여, 이전에 주요 해안도시가 수행하던 역할을 없애버렸다. 이는 공간 경제의 외부 지향성을 없애기 위해 의도적으로 중요한 기능을 내륙으로 이전한 것이었다. 그러나 이 전략은 성공을 거두지 못했다. 정치적 엘리트들이 시간을 최대한 적게 소비하고 다른 활동의 집적은 거의 이루어지지 않았던 19세기 워싱턴 디씨와 같이 도도마와 브라질리아는 명목상의 수도로 남아있는 상태다. 인도와 중국에서는 유럽의 영향력이 정교한 내부 지향적 도시 체계를 완전히 훼손한 것이 아니라 외부 지향성을 그 위에 중첩시켰다. 그 결과 이들의 수도는 가장 큰 도시도 아니며 해안에 위치하지도 않는다. 19세기 중국 제국 통치의 중심지였던 베이징은 영국 조약항구인 해안도시 상하이에 추월당하기 전까지 가장 큰 도시였다. 인도의 수도인 뉴델리는 1921년 무슬림 인도의 내륙 수도 델리의 변두리에 영국이 세웠다. 델리는 1700년에 가장 큰 도시였으나 1800년에 이르러 새로운 식민지 해안도시인 뭄바이와 콜카타(구 봄베이와 캘커타)로 대체되었다. 오늘날 두 나라는 모두 다른 제3세계 국가들(그리고 실제로 대부분의 제1세계 국가들)에 비해 도시 종주성이 매우 낮은 것이 특징이다.

제3세계 국가의 정치경제적 엘리트들은 도시와 그 주민들을 지속적으로 선호해왔다(Lipton, 1977). 정부는 배후지의 농부들을 희생시켜 식량 가격을 낮게 유지하여 저소득 도시인구의 정치적 지지를 확보했다. 이는 사실상 제조업과 서비스를 거래하는 도시

와 농산물을 교환하여 얻는 시골지역 사이의 지역 간 교역조건이 도시에 유리하게 형성
되었다는 것을 의미했다. 여러 해외 원조 정책과 마찬가지로 공공 서비스에 대한 국가
지출 역시 일반적으로 도시인구를 선호했고 도시인구는 더 나은 시설과 건강을 위한 환
경을 통해 혜택을 누린다. 과도기 국가(표 18.2)에서는 사회주의 체제가 농촌과 도시의
조건을 평준화하기 위해 상당한 노력을 기울였으며, 쿠바, 탄자니아, 코스타리카 등 사
회주의나 사회민주주의 국가정책을 가진 제3세계 국가에서도 정부가 도시와 농촌의 격
차를 줄이기 위한 정책을 추진했다. 도시들이 권력의 중심이기 때문에 도시인구가 선호
되어왔다면, 정치적으로 중요하고 권위있는 도시의 경우 특히나 그러하다. 국가 수도는
중요한 상징적 가치를 지니며 항상 관심의 대상이 된다. 따라서 정부는 수도의 시장 및
의회와의 긴밀히 협력하에 자신들이 이룬 성공의 상징을 만들어내기 위해 수도에 대한
투자에 매우 적극적이다. 지역 중심지는 활용 가능한 자원이 매우 제한적인 지방정부의
책임으로 맡겨진다. 물론, 강력한 지역 엘리트가 있는 제2의 도시는 이를 지니지 못한
도시보다 유리할 수 있다(Smith, 1985).

　　역사적 과정에서 외부 지향적인 교통 체계에 전략적으로 위치하게 된 식민지 도시
가 신생 독립국에서 주요 도시로 기능하게 되면서 이 도시들에서 정치적 이점과 경제적
이점의 결합이 이루어졌다. 이 도시들은 대규모의 다양한 노동력, 대규모 지역시장, 도
시 서비스와 시설, 대학과 기타 교육 및 연구 시설을 갖춘 대도시이다. 이들은 대도시로
서 다른 지역이 지니지 못한 집적이익을 제공한다. 상황적 이점이 이러한 장소적 이점
을 강화한다. 교통 체계에서 전략적으로 위치한다는 것은 이러한 도시들이 국가 내 다
른 지역과 세계경제로 향하는 접근성에 있어 이상적 위치임을 의미하기도 한다. 경제에
서 국가의 역할이 강한 나라들이 외국인이나 국내 투자자를 규제하기 위해 영향력을 행

표 18.2. 1995년 도시 및 농촌 지역의 가구 보건 실태

국가 유형	안전한 식수(%)		위생시설 이용률(%)	
	도시	농촌	도시	농촌
시장 산업국/중심부	98.2	94.3	97.5	93.6
전환 산업국/중심부	97.8	97.0	94.2	91.7
신흥발전 중진국/준주변부	90.8	56.8	94.6	51.4
석유수출 중진국/준주변부	93.6	72.2	95.9	54.4
전환 중진국/준주변부	100.0	98.4	100.0	99.4
저소득국/준주변부	97.3	95.4	91.4	74.0
석유수출 중진국/주변부	81.5	55.0	66.8	44.2
중진국/주변부	85.7	56.0	79.0	56.8
저소득국/주변부	64.7	47.9	65.2	28.6

출처: World Resources Institute(1996a).

사할 때, 수도는 정치권력에 대한 접근이라는 추가적인 정치적 이점을 제공한다.

이러한 부지, 상황, 정치의 요소들이 수도와 다른 대도시들이, 다른 도시와 경쟁함에 있어 얼마나 결정적인 이점을 주는지는 역사적, 지리적 맥락에 따라 달라진다. 그러나 많은 경우 이러한 요소들은 대도시들이 광범위한 경제적, 정치적 변화에 직면했을 때도 번영할 수 있도록 해주었다. 국내 시장을 선호하는 ISI와 해외시장 수출을 선호하는 수출지향 산업화(EOI)를 예로 들어 생각해보자(17장 참조). 원칙적으로 ISI는 국가 시장 내에서 중심적인 도시를, EOI는 해외시장에 접근할 수 있는 도시를 선호해야 한다. 이의 극적인 예는 마끼아도라 지역과 도시이다. 이들은 미국시장을 대상으로 한 수출가공을 담당하므로 멕시코시티에서 멀리 떨어져 멕시코 국경 북쪽을 따라 위치한다. 멕시코시티는 ISI 산업화의 중심지로, 이전에는 이 도시를 기반으로 조직화된 남성중심적 노조와 핵가족이 발달했었다. 반면 마끼아도라는 여성 중심의 저임금 노동력과 여성 단독 가구나 여성이 가구주인 가구가 주를 이루게 되었다(Cravey, 1998). 따라서 마끼아도라는 기존의 노동과 젠더관계의 사회공간적 시스템을 뒤집었다. 그러나 이러한 전환이 이루어지지 않은 경우도 많았다. 리우데자네이루와 상파울루(브라질), 서울과 부산(한국), 방콕(태국)은 ISI나 EOI가 산업정책을 지배하든 상관없이 산업 및 서비스 활동과 인구를 지속적으로 유인하고 있다. 이는 부분적으로 접근성보다 정치적, 장소적 요소가 더 중요하기 때문일 수도 있다. 그뿐만 아니라 많은 제3세계 사회의 외부 지향적 공간 구조로 인해 주요 도시는 외부 시장에 대한 접근성이 높아질 뿐 아니라 국내시장에도 근접하게 될 수 있기 때문이기도 하다.

실제로 근대화 이론에서 제시한 것처럼 통신 네트워크를 확충하려 해도(그림 18.7에서 형상화) 공간경제가 외부 지향적이며, 인구 밀도가 낮고, 지형이 어려운 곳에 새로운 교통 기반을 구축하고 유지하는 데 요구되는 비용이 높음으로 인해 많은 경우 성사되지 못했다. 여기에는 누적 인과관계의 순환이 존재한다. 통신 시스템이 외부 지향적인 관계로 다른 도시들은 전략적 위치를 점하는 주요 도시와 떨어져 별개의 축으로 발전하기가 어렵다. 이렇게 대안을 발전시키지 못하게 되면 외부 지향성이 다시 강화된다. 따라서 특정 활동에 대해 뚜렷한 이점을 가질 수 있는 다양한 위치에서 도시가 발전되지 못한 채 한 곳 또는 극소수 지역이 모든 종류의 활동에 유리해진다. 그 결과 국가의 다른 지역에서 대도시로 개발의 역류나 잉여유출이 발생할 수 있다.

도시 경제학자들은 조만간 폭발적 규모로 인해 대도시가 불리해질 것이라고 주장한다. 즉, 집적 불이익이 주변지의 역류효과를 압도하면서 새로운 성장축이 주변적 위치에서 부상하는 기회가 창출될 것이라는 것이다. 실제로 이러한 대도시들은 엄청난 혼잡, 과밀, 오염에 시달리고 있다. 그러나 이런 명백한 문제들은 사람들과 활동이 대도시로 집중되는 것을 막는 데 거의 영향을 미치지 않는 것 같다. 실제로 교통과 통신시설의 개선으로 대도시의 유인 효과는 증가하고 있으며 이는 개발의 양극화를 강화시키고 있다는 증거가 많다. 이주 관련 연구에 따르면 대도시로의 이주는 농촌에서 직접적으로 이루어지지 않고 디딤돌 패턴을 따른다. 농촌 주민은 먼저 지방 도시로 이주하고, 그다음 지방 도시로, 그 후 가장 큰 도시로 이주한다. 그런데 지금은 정보 흐름과 대중교통이 개선되어 많은 경우 사람들이 먼 농촌에서 대도시로 직접 이동하도록 촉진시키고 있다.

도시로 이주한 이주민들이 "좋은 삶"을 누릴 기회가 거의 없음에도 불구하고 농촌－도시 이주는 지속된다. 이는 제3세계 도시화의 뿌리가 제1세계 도시에 적용되는 전통적인 경제 설명과 다르게 보이는 이유를 나타낸다. 도시와 농촌지역 간에는 총소득이 분명히 차이가 난다. 그러나 이주자들이 새로운 직업을 가질 수 있는 기회는 이러한 이주를 경제적으로 보상해줄 만큼 충분하지가 않다는 것을 많은 연구 결과는 시사하고 있다. 다른 메커니즘을 고려해야 한다. 첫째, 사실 이주는 형태가 매우 다양한 과정이다. 젊은 독신 남성이 돈을 벌 목적으로 도시로 갈 수 있는 반면, 젊은 여성은 사회적 문화적 기회의 장소로 도시를 볼 수도 있고, 나이든 여성은 친척의 아이들을 돌보는 것을 돕기 위해 이주할 수도 있다(Chant, 1992). 둘째, 이주자들이 이주를 결정함에 있어 농촌 거주지를 떠나도록 유도하는 "유출 요인"이 수도권에서 누릴 수 있는 이점보다 더 중요할 수도 있다. 예를 들어 가정 내에서 자원에 대한 접근이 거부되는 가부장적인 상황에 직면하거나, 그들이 피하고 싶어하는 가족적인 전통을 강요당하거나, 문화적 규범에 도전할 기회가 거부된 여성은 목적지에 아무리 어려운 경제 상황이 있더라도 이주를 바람직한 대안으로 여길 수 있다(사이드바: "방글라데시의 이주" 참조).

셋째, 이주는 고립된 행동이 아니다. 전형적으로 같은 목적지로 가구원과 친구들이 먼저 이전한 후 순차적으로 발생하는 이주의 일부로, "연쇄 이주"라고 불리는 현상이다. 이주에는 역사가 있다. 이전 이주자들은 도시에서 누릴 수 있는 기회에 대한 (실제적이거나 오해의 소지가 있는) 정보나 새로운 이주민을 위한 (실제적이거나 약속된) 고용 기회를 가지고 돌아온다. 도시에서 자신이 성공했음을 보여주려는 의도로 이들은 종종 남겨진 사람들에게 삶의 기회를 지나치게 긍정적으로 그려낸다. 비록 특권적 접촉처를 가진 개인이 활용할 수 있는 틈새가 존재할 수 있지만, 많은 경우 선행적 이주자들의 실현 불가능한 도움에 대한 약속을 믿거나 도시의 기회에 대한 잘못된 믿음을 근거로 새로운 이주자들은 이주를 실행한다.

넷째, 이주는 흔히 개별적으로 이루어지는 영구적 이주의 행위가 아니라 집합적 가구 단위 전략의 일부분이다. 이것은 모든 곳에서의 이주에 해당하는 일이지만, 특히 친족 간의 유대가 더 강하고 개인에게 주어진 기회가 상대적으로 적은 제3세계에서는 특히 그렇다. 이주를 개별적 행동으로 봤을 때 거의 의미가 없을 수 있지만 가구 전략의 일부분으로는 상당한 의미가 있을 수 있다. 농촌-도시 이주는 구성원을 직접적으로 지원하는 데 따르는 농촌가구의 부담을 경감시켜주는 동시에 가구는 소득원과 고용원을 다양화할 수 있다(12장의 포콧 농업 관행과 유사). 초청 근로자의 경우와 같이 이주자들은 농촌에 남아있는 가구원에게 어떤 소득이라도 송금할 희망과 의무를 가지고 떠난다(물론 가구를 어떻게 정의할 것인지는 시간과 공간에 따라 다양하며 가구는 일반적으로 이질적이다. 즉, 나이, 성별, 가족적 위치에 따라 가구들은 서로 다른 상황에 처해있다. 따라서 집합적 행동이 있는 만큼 갈등도 있을 수 있으며, 이에 따라 사람들은 친족을 돕기 위해서가 아니라 가족 간 갈등에서 벗어나기 위해 이주할 수도 있다). 이주는 또한 일시적인 전략으로 간주될 수 있다. 이는 "순환적 이주"라고 알려진 현상이다(Standing, 1985). 농촌에서 노동력이 필요하거나 합리적인 고용과 수입원을 찾지 못할 경우 돌아올 계획을 세우고 이주민들이 한철 동안 도시로 이주하는 경우이다.

가구 단위 이주는 도시 거주자의 수를 인위적으로 부풀리는 동시에(임시 거주자를 포함하므로) 가구 수준에서 도시와 농촌 지역 간의 유대를 강화한다. 이러한 유대를 통해 잠재적 이주자는 이주라는 위험을 더 쉽게 감수하게 되고 도시에서 보수가 낮고 불규칙한 고용을 적어도 단기적으로는 기꺼이 받아들이게 된다. 이주가 성공적이지 못했을 경우 이주자들은 더 큰 규모의 가구로부터 지원을 받을 수 있다. 도시 영역 내의 활동을 포함하게 됨으로써 농촌 가구의 활동이 지리적으로 확장되므로 농촌 공동체의 명운은 도시 지역과 더욱 단단하게 묶이게 된다.

제3세계에 있는 도시들을 통해 세계 시스템의 정치적, 경제적, 인구학적 변화가 지역사회의 변화와 연결된다. 그뿐만 아니라 이들은 문화적 항구(entrepôts)로 중요한 역할을 한다. 제1세계로부터의 문화적 영향은 패션, 대중음악, 사회규범, 영화, 음식, TV 등의 형태로 제1세계와 가장 강하게 직접적으로 연결된 대도시에서 먼저 나타난다. 그러나 이러한 문화적 규범은 정치적, 경제적 역동성이 그에 못 미치는 제2의 도시에서 가장 강력한 영향력을 가지고 있는 것일 수도 있다(Armstrong and McGee, 1985). 사람들이 도시와 그 주변 지역을 순환하면서 서구문화의 가치와 소비 규범은 제2의 도시와 마을, 농촌 지역까지의 위계구조를 통해 제3세계 멀리까지 확산되었다. 코카콜라, 야구모자, 그리고/또는 TV는 제3세계 농촌의 개념에서 적절한 임금을 받을 수 있는 일자리를 얻지 않는 한 가질 수 없는 좋은 삶을 상징하게 되었다. 생산과정에서의 고용 기회는 수도권에 집중된 채 제1세계 소비 규범은 도시 위계구조를 따라 아래로 확산되었다. 이에 따라 제2의 도시들은 한계가 없을 것으로 보이는 농촌에서의 기대와 매우 제한적인 도시에서의 가능성이라는 모순된 위치에 놓이게 되었다. 좋은 삶에 대한 제1세계의 이미지를 실현시키기 위해 이주민들이 인근에서 임금을 받는 일자리를 찾게 되면서 제2의 도시들은 농촌-도시 이주를 가속화시키고 있다. 동시에 제2의 도시들은 이주민들의 목표를 충족시키지 못하여 제3세계 대도시의 인구증가를 더욱 가속화하므로 공간적 양극화는 강화된다.

제3세계 도시 내에서의 차이

제3세계에서 도시 전체의 발전에서 나타나는 차별화와 양극화는 도시화, 이주, 경제성장의 역사적 지형을 통해 그리고 제3세계 도시들이 세계와 지역 간 항구(entrepôts) 역할을 해오는 과정에서 형성되었다. 이러한 차별화와 양극화는 도시 간 스케일에서도 볼 수 있다. 카오스 이론의 차원 분열 패턴에 따르면 하나의 구조를 면밀히 검토해보면 상위 스케일에서와 동일한 차이의 패턴이 나타난다고 한다. 이와 같이 제3세계 도시들과 주변 지역과의 차별화는 제1세계와 제3세계 국가와의 관계에서도 동일하게 나타난다. 물론 이것이 제3세계 도시에만 적용되는 현상은 아니다. 이러한 차별화는 제1세계 중심에서 가장 번영하는 "글로벌 도시"에서도 관찰되며, 증가하고 있다(Sassen, 1991). 이러한 차이가 제3세계 대도시와 소도시에서 동일하게 나타나는 것도 아니다. 그러나 이 중요한 지리적 복잡성을 다룰 공간이 부족한 관계로 여기서는 저자 중 한 명이 인도네시아 자카르타에서 관찰한 것을 직접적으로 묘사하여 제3세계 대도시의 도시 형태와 그곳에서의 삶을 살펴보기로 한다.[1]

공간구조

유럽 식민주의자들은 제3세계 도시에 독특한 공간 구조를 도입했다. 심지어 토착적 도시를 식민도시로 채택한 경우도 마찬가지였다(14장 참조). 유럽식 도시계획에 의해 거주지와 상업 구역에 넓은 거리 네트워크가 만들어졌다. 이는 식민생산과 운영에 반드시 필수적인 대규모의 기계적 교통수단을 운영하기 위해서였다. 또한 철도역, 주지사 사무실, 막사 등 도시에 새로운 중심지를 만들었다. 도시계획은 식민지배 세력, 상인(인구 대다수와 다른 민족), 토착민을 도시의 다른 부분에 공간적으로 배치하여 분리시켰다. 또한 상업과 거주 활동의 유형에 따라서도 서로 다른 구획으로 분리시켰다. 이는 도시 형태에 유럽의 최첨단 사상을 반영하여 식민지 도시의 기능에 따라 적용시킨 것이었지만 토착적인 도시 형태와는 크게 달랐다. 통치자와 종교적 의식을 위한 중심을 제외하고 토착적 도시들은 훨씬 유기적인 형태를 지니고 있었다. 활동과 계층이 도시의 다른 구획으로 나누어지지 않았으며 거리의 네트워크는 구불구불하고 좁고 표시가 없어 지역 주민만 쉽게 길을 찾을 수 있었다.

독립 후 새로운 정치적 엘리트는 도시공간구조에 대한 유럽의 사상을 채택하여 자신들이 선전하고자 하는 이미지에 적용했다. 예를 들어 인도네시아 정부는 자카르타에서 이전 네덜란드 항구였던 바타비아의 내륙 변두리에 새로운 도시 중심을 만들었다(그림 18.8). 이 지역의 중심은 독립광장의 모나스 오벨리스크를 중심으로 한 정부종합청사로, 대통령궁과 다른 국가기관의 건물이 이를 둘러싸고 있다. 워싱턴 디씨를 연상시키는 이 새로운 도심은 인도네시아 전통 위에 해방된 근대사회를 건설함으로써 근대성과 독립성의 상징으로 디자인되었다. 또한 동시에 국민 통합을 상징하기도 했다. 인도네시아의 새로운 5대 원칙(pancacila)을 구체화하여 "다양성 안에서의 통일성"을 보장함으로써, 300개 이상의 언어와 민족으로 구성되어 1만3천여 개의 섬에 거주하는 광범위한 집단이 통합되는 것을 나타냈다(민족 그룹 다수는 이를 자바인의 "제국주의" 구현으로 보기도 했다).

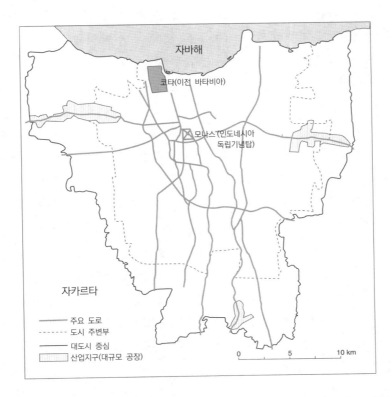

그림 18.8. 인도네시아 자카르타. 출처: Browder, Bohland, and Scarpacci(1995). 미국계획가협회의 1995년 저작권. 허가 후 사용.

이 중심에서 시작하여 항구로 연결되는 동시에 도시가 남향으로 확장될 수 있는 틀로 기능하도록 하는 것은 광범위한 서구식 도로 형태 계획에서 제시하는 구성이다. 도시계획가들은 또다시 서구 계획을 모방해서 상업, 산업, 주거 활동을 위한 구역을 지정했다. 세부 내용은 다르지만 제3세계는 리마에서 마닐라, 카이로에서 케이프타운에 이르기까지 전체적으로 비슷한 접근법을 취했다. 그러나 근대 독립도시에 적용된 이런 틀은 제3세계 대도시의 빠른 성장과 개발 과정에서 나타난 사회적 모순이라는 두 가지 주요한 원인으로 인해 지워지게 되었다. 어떤 계획을 세워도 혼잡과 과밀, 오염을 야기하는 급속한 성장이 이를 앞지를 수 있다. 자카르타 수도권의 경우 1970년대 200만 명, 1980년대 270만 명이 증가하여 현재 인구는 920만 명에 이른다. 20년 동안 매일 평균 650명씩 인구가 증가한 것인데(거의 절반은 이주민), 이는 최고 재정 여력을 지닌 제1세계 도시계획으로도 감당할 수 없는 성장 비율이다.

이러한 급속한 성장의 문제를 넘어서, 제1세계가 제3세계 주변부를 바탕으로 발전하는 데 있어 제3세계 도시들이 접촉 지점으로 기능하면서 빈곤과 부, 친족과 자본주의, 토착경제와 시장경제가 모두 제3세계 도시로 모이게 되었다. 이는 이들 대도시를 구성하는 건조환경의 물리적 구조뿐 아니라 공간적 배치에서도 볼 수 있다. 국가 정치, 경제, 군사적 엘리트들이 거주하는 백색의 밝은 냉방 주택에서 계획에 따라 개발되어 소규모 중산층이 거주하는 연립주택, 빈민가와 무허가 주택에 이르기까지 주택의 범위는 다양하다. 자카르타 인구의 약 80%가 도시 곳곳에 흩어져 있는 캄풍 *kampungs*("마을")에 살고 있다. 제3세계 곳곳과 유사하게 캄풍은 새로운 이주자에게 거주지를 제공할 수 없거나 제공할 의지가 없는 도시에서 이들이 거주를 위해 무허가 거주지를 짓게 되면서 시작되었다. 이런 정착자들은 많은 경우 무허가 거주민으로 시작하여 국가나 부재자가 소유한 토지 또는 계획가들이 주거용으로 개발하지 않을 부지를 점유했다. 자카르타에서는 철로를 따라 또는 범람원이나 말 그대로 도시의 운하와 연못 위에 축조된 것을 볼 수 있다(표 18.1, 18.2 참조). 리마, 페루, 마나구아, 니카라과 같이 언덕에 위치한 타운을 가보면 거주지로는 지나치게 가파르거나 위험한 곳에 위치하고 있다. 다른 공식적인 활동에 적합하지 않은 장소를 점유할 수밖에 없게 된 결과 무허가 정착민들은 실제로 다른 인구에 비해 환경 재해(홍수, 산사태, 지진)에 노출된 위험이 훨씬 크다.

이런 정착촌의 공간 구조는 유기적인 진화 과정과 무허가 정착민 대다수의 출신지인 농촌지역의 정착 구조를 반영하고 있다. 좁고, 구불구불하며, 표지판도 없어 제1세계의 눈에는 혼란스러운 주택의 군집처럼 보인다. 골목은 사륜차량이 다니기에 너무 좁아, 모든 교통수단이 뒤엉켜 거의 서있다시피 하는 교통 정체를 보이는 주요 도로와는 외관과 교통 사용량에 있어 극명한 대조를 이룬다.

사진 18.1. 철로를 따라 위치한 무허가 주택은 자카르타로 향하는 새로운 이주자의 관문이다. 무허가 상인들이 물건을 기차가 지나는 선로 옆에 놓아두었다.

사진 18.2. 가라앉아버려 묘사도 불가능한 북부 자카르타의 운하들은 소유자가 없어 무허가 주택이 점유할 수 있는 공간이다. 수로를 따라 라탄이 가구 제조를 위해 하역되고 있다.

사진 18.3. 캄풍 주택은 무허가 주택보다 더 공간이 넓다. 또한 주택 소유주는 토지에 대해 법적 권리, 또는 적어도 비공식적 권리를 갖게 된다. 주택 재료는 나무, 시멘트, 타일에 이르기까지 다양하다. 작지만 견고하게 지어진 상점이 있어 급한 필수품과 간단한 일자리를 구할 수 있다. 세탁은 상점 뒤에서 하는데 수도 시설은 없다.

비공식적으로 시작되었고 정부가 때로 이를 제거하려 함에도 불구하고 무허가 정착지는 많은 경우 판지와 골판지 철골로 시작했던 모습에서 변형을 거치고 있다. 개별 거주자는 자신들을 쫓아내려는 시도에 저항했고, 불법적으로 전기선을 절취했으며, 임금노동을 구하여 주택을 개선시킬 수 있었다(사진 18.3 참조). 정착촌에서는 풀뿌리운동이 형성되어 매우 성공적으로 공동체에 서비스를 제공하고 공동체 거버넌스를 조직해왔다. 어떤 경우에는 지역공동체의 모든 구성원이 의사결정에 최대한 참여할 수 있도록 했다. 시간이 흐르면서 일부 정착촌은 사실상의 영속적 지위를 얻게 되었고, 정부와 외국 원조 단체들은 이런 정착지의 물리적 환경을 개선하는 데 상당한 투자를 기꺼이 하게 되었다.

자카르타에서는 시설이 양호한 지역에서 20년 동안 캄풍 개선 프로그램이 시행되어 홍수 위험 기준보다 높이 도로가 건설되고 포장도 되었다. 또한 배수구, 화장실, 샤워시설 등이 설치되었다. 이제 캄풍의 주택은 서로 겹치게 지어진 판자촌부터 정원이 딸린 안락한 중산층 주택까지 다양한 범위가 존재한다. 홍수 빈도가 감소하였고 건강 및 교육은 향상되었다. 그러나 이런 정착지는 여전히 법적 보호가 부족하며 시설도 열악하다. 거주자 대부분은 자신들의 거주지가 위치한 토지에 대한 법적 권리가 없어, 원칙적으로 이들은 하룻밤 사이에 쫓겨날 수도 있다. 거주민 대다수는 공동 화장실 및 샤워 시설을 사용한다. 이런 시설은 때로 끔찍할 정도로 불결하며, 물은 펌프를 통해 제공된다. 자카르타 북부(이전의 네덜란드 식민세력의 항구로 현재 캄풍 지역)에서는 지금까지 공급되는 지하수를 지나치게 사용하여 바다의 소금물이 도시 북부의 3분의 1의 식수원으로 범람했다. 이곳 캄풍 주민들은 5갤런 통에 담긴 물을 구입해야 하는데, 도시 남부지역 부유층이 지불하는 수돗물 사용료의 최대 30배나 많은 돈을 내야 한다(사진 18.4 참조).

그러나 일부 캄풍이 제도권에 수용되면서 새로운 이주민은 살 장소를 새롭게 찾아야 한다. 플라스틱 시트와 판지 상자를 재질로 하는 주택이 기찻길을 따라, 또는 심지어 기찻길을 사이, 운하에서 더 높은 곳, 투기꾼이나 도시계획가들이 향후 개발을 위해 보유하는 토지에 지어진다. 정부가 공공주택을 제공하여 판자촌 정착지를 일반적인 주택으로 대체하는 옵션은 제3세계에서는 거의 채택되지 않는다. 홍콩과 싱가포르는 대규모 공공주택 프로그램을 실시하여 인구의 절반 이상을 수용하고 있다. 이와는 달리 자카르타에서는 공공자금을 조달하여 건설된 주택은 수량이 제한적이며 정부에 충성하는 공무원들만 이용할 수 있다.

도시 내 공간은 일반적으로 고소득층과 저소득층의 주택을 분리하도록 조직되어있다. 하지만 실질적으로는 소득 계층이 상당히 뒤섞여 거주하고 있다. 캄풍 거주지에는 소득 계층이 넓게 분포하고 있어 거주민 간 수년에 걸친 엇갈린 운명을 보여주고 있다. 그뿐만 아니라 고소득층 거주지에도 저소득 주택의 집적이 존재한다. 이 판자촌 거주민은 작은 땅에 모여 살거나, 고소득층 주택이 아직 건설되지 않은 땅을 점유하고 있다. 이렇게 계층이 혼재하며 도시 내 소득 격차가 엄청나기 때문에(인도네시아에서 자카르타의 소득 격차가 가장 큼) 고소득층의 주택은 매우 방어적으로 건축된다. 전면에는 높은 철망 울타리가 둘러쳐져있으며 뒤편에는 높이 4미터에 이르는 콘크리트 벽에 깨진 유리가 올려져있다.

주택구조를 통해 명백히 드러나는 사회적 차이와 불균형은 제조, 서비스, 사무실 활동에서도 나타난다. 도시 경관에서 가장 눈에 띄는 제조업 활동은 산업 단지에 위치한 공장의 형태로 나타난다. 이 공장들은 국내 사업가와 해외기업이 소유하며 ISI, EOI와 관련된 활동(보통 노동집약적)을 한다(그림 18.8 참조). 그러나 동시에 소규모 제조업체 다수가 주요 도로를 따라 또는 거주지 주변에 산재하고 있다. 이들은 소규모의 임대 공간, 자신의 거주지, 소유주 미상의 나대지 등에서 섬유, 의류, 가구, 장식품 등과 같은 작은 제품을 생산한다. 소매점은 엘리트들이 메르세데스를 타고 방문하는 냉방 완비된 새 건물에 위치한 고급 패션 상점부터(사진 18.5), 장사꾼을 거리에서 몰아내기 위해 정부가 건설한 시장 건물 그리고 거실, 집 앞 정원, 길모퉁이에서나 걸어 다니며 물건을 파는 장사꾼까지(사진 18.6) 범위가 다양하다. 사무실 활동도 마찬가지로 국내 대기업, 해외기업, 정부 등을 대상으로 활동하며 5성급 호텔과 같은 거리에 위치하는 30층짜리 오피스 타워에서 거리 안팎에서 이용 가능한 모든 공간에 위치한 의사, 공증인, 회계사의 작은 사무실에 이르기까지 다양하다.

    뉴욕 건축가들의 포트폴리오에서 바로 나왔을 법한 건물과 작은 마을에 있을 법한 작업 및 생활 공간의 차이는 제3세계 대도시 경제의 양극화된 특성, 특히 비공식 부문의 중요성을 나타낸다(아래 참조). 제1세계에서는 더 이상 찾아볼 수 없는 농촌 활동을 포함하여 서로 다른 토지 이용이 공간적으로 혼재하면서 이런 대조는 더욱 고조된다. 새 건물 사무실 건물의 그림자는 인근에 낮게 위치한 캄풍 집적지로 떨어지고, 염소 떼가 주택 부지를 가로질러 걷고 있으며, 노점상들은 다수의 소매상이 위치한 건물 바로 앞에서 장사를 하며, 카사바 밭은 일본 호텔과 도시 골목의 밀집지 사이에 끼어서 위치하고 있다(사진 18.7 참조). 이렇게 비농업적 활동이 서로서로, 또 농업적 활동과 복잡하게 얽혀 고유한 도시 형태를 만들어낸다. 이는 제1세계 도시 거주자들이 알고 있는 것과는 너무 달라 테리 맥기 Terry McGee(1991)는 도시화에 대한 제1세계적 개념이 아시아 도시를 이해하는 데 적합한지에 대해 회의적인 의견을 나타냈다. 도시 "근대화"를 통

사진 18.4. 자카르타 북부의 캄풍 대부분 지역의 지하수(민물) 과용과 열악한 하수도 시스템으로 바닷물로 대체되었다. 물장수들이 좁은 골목 사이를 거쳐 가구들에게 물을 배달하는데, 가격은 자카르타 남부 중산층 가정이 수돗물에 지불하는 것보다 몇 배 높다.

사진 18.5. 라투 플라자는 스테인리스 스틸로 만들어진 쇼핑센터이다. 사교계 엘리트들에게 최신 유럽 패션을 제공한다. 밖에서는 이들의 운전수가 메르세데스를 대기시키고 있다.

해 제1세계 도시와 비슷한 모양새를 갖추고자 하는 제3세계 정부 관리들에게 이와 같은 패턴은 지속적으로 골칫거리가 되고 있다.

근대성과 비공식 부문

딱 보기에 제3세계 대도시의 도시 생활은 많이 부분이 현대 생활에 잘 들어맞지 않아 보인다. 제1세계에서 방문객의 눈에는 도처가 무질서와 혼돈인 것처럼 보인다. 새로운 문화를 마주했을 때 여행객이 직면하기 마련인 어려움뿐 아니라 겉보기에는 매우 다른 생활양식이 서로 혼재하고 있다. 공항에서 들어오는 길에 낡아빠졌으면서 바가지를 씌우는("지역" 물가에 비해) 택시는 레인지 로버, 트럭, 자전거, 자전거 택시, 걸어가는 가족들 사이를 비켜가며 운전한다. 이건 모퉁이를 돌 때마다 사고가 날 것 같은 교통 혼란이다. 도로변에서 호텔 접수처까지 30미터를 가는 동안에도 여행자는 음식을 파는 손수레, 구걸하는 여성과 아이, 환전을 제안하는 사람, 500달러짜리 양복 입고 이자율에 대

사진 18.6. 손질한 과일과 채소를 파는 무허가 상인은 어깨에 걸치는 형식에서 바퀴가 달린 형태로 수레를 용케 개조했다. 뒤의 천막에서는 또 다른 무허가 상인이 손님에게 소토 아얌(닭국수)을 팔고 있다.

사진 18.7. 1980년대 초 전 세계적으로 부동산 자본의 잉여가 풍부했던 기간에 건설된 많은 현대식 호텔과 사무실 건물들이 주요 도로에 늘어서있다. 이 유리와 콘크리트로 된 탑 사이에는 카사바, 파파야, 바나나를 재배하는 밭과 캄풍 정착지가 있다. 또한 자카르타는 이슬람 교도가 대다수를 차지하여, 이들을 위한 다양한 크기의 모스크도 있다.

해 갑론을박하고 있는 공무원 두 명과 협상해야 한다. 저녁 산책을 위해 호텔을 빠져나와 모퉁이를 돌면 방문객은 불빛이 어두운 구불구불한 길에 묻혀 금방이라도 길을 잃을 것만 같고 자신이 다른 행성에서 온 것처럼 보이게 되고 만다.

사실 이런 대조와 대칭은 근대성의 또 다른 차원에 불과하다. 19세기 유럽 소설가들은 파리와 런던 모더니즘의 특징으로 도시 거리 생활의 혼란을 묘사하였다(Harvey, 1989). 이러한 혼란은 전후 호황기에 거리가 보행자가 아닌 차로 덮이면서 제1세계 대부분에서 사라진 것처럼 보였다. 이제는 제3세계 대도시에서 나타나지만 이들 도시의 위치성을 반영하여 특정한 형태로 나타나게 된다. 즉, 국가 공간 경제의 핵심을 차지하면서 동시에 세계 체제의 변두리에 위치하게 된다. 제3세계 대도시에서 근대성이 나타나는 형태에는 비공식 부문이 큰 역할을 차지한다. "비공식 부문"의 정의는 다양하지만, 무면허, 미등록, 불법적인 경제 활동뿐만 아니라, 상품을 돈으로 교환하는 것이 아니라 물물교환을 하는 활동을 지칭하는 것으로 일반적으로 간주된다. 비공식 부문 활동으로는 길모퉁이에서 채소를 팔거나, 배달부로 활동하거나, 매춘과 마약 관련 업종에 종사하거나, 집집마다 플라스틱 통을 팔러 다니거나, 진료를 위해 물물교환하거나, 주차된 차를 지키거나, 자신의 차를 임시 택시로 이용하는 등의 활동이 있다. 비공식 부문은 기존의 일자리가 거의 없는 대도시 경제에서 발판을 마련하기 위해 애쓰고 있는 새로운 거주자나 장기 거주자 모두에게 있어 유일하게 종사할 수 있는 활동을 다수 포함하고 있다. 그러나 기존의 일자리를 지닌 사람들도 다수가 보조 수입을 위해 비공식 부문의 수입을 활용한다. 공공부문 하위직 근로자(학교 및 대학 교사 포함)는 가족을 부양하기에는 너무 낮은 급여를 받으므로 비공식 부문에 참여하여 수입을 보충하는 경우가 많다.

이런 활동이 제3세계 도시에서만 나타나는 것은 아니다. 지난 20년간 제1세계 도시에서도 중요성이 증가하고 있다. 주류 경제가 제1세계 도시 거주자에게 일자리와 피난처를 제공할 수 있는 능력이 현저히 감소했기 때문이다. 흔히 "암시장" 또는 단순히 "범죄활동"으로 불리는 비공식 부문은 제2세계 도시(베를린 장벽과 동유럽 공산주의 정부를 무너뜨린 1989년의 "조용한 혁명" 전후)의 토착적 특성이었으며, 제1세계 도시에서도 점점 보편화되고 있다. 그럼에도 불구하고 비공식 부문 활동은 특히 제3세계 도시에 특히 광범위하게 퍼져있다. 이는 농촌가구와 농촌-도시 이주자 간의 긴밀한 연계, 친족과 자본주의하에서 전통적으로 매우 다른 경제 활동의 특성, 도시 및 농촌 거주자 모두에게 부족한 주류의 기회 등을 반영한다.

비공식 활동은 오랫동안 제3세계 엘리트들과 개발 이론가 다수가 보기에 바람직하지 않은 것으로 여겨졌다. 이는 어떤 의미에서 현대 경제가 아닌 전통 경제의 부분으로 보였고, 주류 경제활동에 잘 맞지 않고 심지어 저해했으며, 사회적으로 바람직하지 않거나 위험했고, 무엇보다 세금 징수에 도움이 되지 않았다. 실제로 대부분의 경우 도시 경제에 대한 비공식 부문의 기여분을 수치화하는 것도 불가능하다. 기존 통계에 기록되지 않기 때문이다.

그 결과 비공식 부문을 제거하고 이를 통해 도시를 근대화하려는 시도가 무수하게 이루어졌다. 예를 들어, 자카르타에는 여러 층으로 구성된 콘크리트 시장이 건설되어 허가받은 소매상이 임대받을 수 있도록 했다. 이는 장사꾼들을 길거리에서 몰아냄으로써 도시의 소매부문을 근대화하기 위한 시도의 일환이었다. 그러나 이런 건물에서 지불해야 하는 임대료는 소규모 소매상의 능력 범위를 벗어나며, 감당하는 소매상들은 가격을 올릴 수밖에 없다. 더욱이 거리 장사꾼은 상품을 캄풍으로 또는 하인이 구매할 수 있도록 엘리트 거주지로 가지고 갈 수 있기 때문에 시장의 소매상보다 위치적인 이점을 누리게 된다. 마지막으로 기존 일자리를 얻을 수 없는 많은 도시 거주자에게 있어 거리에서 장사하는 것은 소중한 소득원이다. 이러한 이유로 거리에서의 장사는 필수적인 사회적 역할을 담당하면서 경제적 틈새를 유지하고 있으므로 근대적 소매업이라는 이름으로 없애기 어렵다. 실제로 자카르타 당국은 이제 국영시장 입구 주변에 모여 가족 농장에서 재배한 과일, 쓰레기 더미에서 추려낸 비닐봉지, 위탁 판매로 구매한 티셔츠 등을 파

사진 18.8. 최대 세 명과 이들의 쇼핑 짐을 실을 수 있는 비쿅은 캄풍 거리를 오갈 수 있을 만큼 작다. 생계를 유지하는 방법으로 비쿅을 운전하는 것은 힘든 일이지만 한편으로 새로 이주해온 젊은 남성에게는 최고의 기회가 되기도 한다. 이 일을 하면서 운전자의 종아리는 금방 튼튼해지지만 이들의 건강 유지를 위해 필요한 영양분은 충분히 얻기 힘들다.

는 거리의 상인들에게 별다른 조치를 취하지 않게 되었다.

근대화의 관점에서 눈살을 찌푸리게 하는 것은 비공식 활동에 그치지 않는다. 예를 들어, 자카르타에서 비켁 *becaks*(자전거 택시, 사진 18.8 참조)은 낡고 비효율적인 교통수단으로 거듭 비판받아왔다. 이들이 거리를 봉쇄하고 자동차와 트럭의 흐름을 느리게 만들기 때문이다. 당국은 1984년, 비켁이 주요 도로에서 운행하는 것을 금지하여 3년 동안 약 4만 개를 몰수하여 바다에 버렸다. 그러나 도시에 있어 비켁의 중요성으로 인해 제거할 수 없게 되었다(사이드바: "비켁 운전사: 비공식성과 불평등성" 참조). 비켁은 새로 이주해온 젊은 남성이 처음 직장을 잡기 전에 수입원이 되며, 이를 소유한 중산층 내 하층 거주민에게는 자본의 원천이 되어준다. 또한 물론 경로상 주요 도로를 거치긴 하지만 이처럼 캄풍의 골목을 오갈 수 있을 정도로 작은 교통수단은 거의 없다. 실제로 사업가 정신이 투철한 사람들은 비켁을 바다에서 건져내 다시 칠한 후 자카르다 거리에서 다시 운행할 수 있도록 팔기도 한다.

최근 분석에 따르면 비공식 부문은 자카르타와 같은 도시가 기능하도록 하는 데 필수적인 역할을 한다. 자유시장 분석가들은 비공식 부문이 자유시장 기업가 정신의 전형이라고 치켜세운다. 이런 "소규모 기업"을 소유한 사람들은 작은 자본가로, 위험을 기꺼이 감수하며 새로운 상품과 서비스를 제공할 수 있는 틈새를 찾아내는 데 있어 상상력을 발휘하고 있다는 것이다. 이 관점에 의하면 비공식적인 활동은 지원되어야 한다. 제3세계 경제를 저개발과 과도한 국가통제의 침체에서 벗어나게 할 수 있는 초기적 자본주의를 나타내기 때문이다. 정치경제적 관점에서 비공식 부문은 물가와 임금을 낮게 유지하는 데 도움이 된다는 주장도 제기된다. 상품을 생산하고 유통하는 데 가족과 비공식 부문의 노동이 무급으로 동원되므로 가격이 낮게 유지될 수 있다. 또한 물가가 낮으면 임금도 낮게 유지할 수 있다. 이러한 견해에 따르면 비공식 부문은 저임금 고용과 저고용의 순환을 강화하여 제3세계 국가 다수의 저개발에 기여한다. 그러나 이는 저임금 경제에 필수적인 바로 그 이유로 관행적으로 용인될 것이다.

비공식 부문 활동의 형태는 시기 및 도시별로 다양하다. 공식 도시경제에서의 기회 여부, 도시 이주자의 비율 및 필요, 국가 및 세계 체제에서 도시의 역할, 비공식 활동을 대체하거나 억제할 수 있는 정부의 공공 서비스 제공 여부 등에 따라 달라진다. 예를 들어 한국의 경우 산업화 성공과 상대적으로 낮은 소득 불평등으로 도시 거주자들이 비공식 부문에 생계를 의존할 필요성이 줄어들었다. 태국에서는 매춘이 매우 중요한 비공식 부문 활동이 되었다. 고국에 매춘 활동이 없거나 이를 감당할 여력이 부족한 제1세계 남성을 대상으로 섹스 관광 마케팅을 벌인 결과였다. 농촌 빈곤으로 인해 가구 단위에서는 어린 소녀(와 일부 소년)를 방콕으로 보내 가구 생계 전략의 일환으로 활용하기도

비켁 운전사: 비공식성과 불평등성

사라는 자카르타에서 외국인의 하녀로 일한다. 그녀와 남편은 캄풍에 작은 집을 가지고 있고, 돈을 저축한 끝에 비켁을 하나 겨우 살 수 있었다. 이들은 운하 판자촌에 사는 젊은 새로운 이주자인 수파노와 비공식적 계약을 맺어, 자신들의 비켁을 운전하도록 하고 하루 단위로 수수료를 받는다. 열심히 일할 경우 수파노는 손님에게 받는 요금으로 수수료를 지불하고 겨우 살아갈 수 있는 돈을 벌 수 있다. 수파노에게 이 방법이 비공식 부분에서 단기간 일자리를 갖고 일하는 것보다 낫다. 그의 종아리 근육은 거대하다. 그러나 영양 부족, 저질 휘발유를 사용한 트럭과 버스가 내뿜는 매연 흡입, 최대 3명의 손님과 이들의 짐을 움직이는 데 드는 육체적 노동으로 인해 머지않아 그의 건강은 악화될 것이다.

　　사라와 수파노 간의 계약은 양측 모두에게 이익이 된다. 그러나 이러한 방식은 이들 간의 불평등을 지속시킨다. 수파노의 친구들 다수와 달리 수파노는 비공식 부분에서 어느 정도 안정적인 일자리를 얻을 수 있었다. 그러나 수입은 그가 굶지 않을 정도에 그친다. 사라의 가족은 비켁을 바자쥐(인도에서 수입한 바퀴가 세 개 달린 미니 택시로 잔디 기계와 같은 모터가 장착됨)로 바꾸기 위해 수파노가 지불하는 수수료를 열심히 저축하고 있다. 바자쥐는 비켁만큼 빠르지는 않지만 운반량이 더 많아 수입을 늘릴 수 있다. 사라 가족의 경제 상황은 여전히 매우 취약하다. 그녀나 남편이 실직하거나, 누군가가 아프면 돈을 모아 더 나은 수입원으로 전환하려는 이들의 계획은 수포로 돌아갈 것이다. 그러나 이들이 상황을 개선할 가능성은 수파노보다 훨씬 높다. 게다가 수파노의 미래 전망은 매우 제한적이어서 그는 사라 가족을 위해 기꺼이 일할 것이므로 사라 가족의 수입은 증가했다.

하는데, 많은 경우 치명적 결과를 초래한다. 태국 북부 지역에서는 세계에서 HIV/AIDS 감염률이 가장 빠르게 증가하고 있다(8장).

　　리오와 보고타에서는 비공식 주택으로 이루어진 정착지가 마약 거래의 중심지가 되었다(미국 도시의 도심 지역처럼). 이들 지역에서는 다른 기회가 부족하고, 정규 고용에 접근할 수 없는 젊은 남성들이 남아돌며, 경찰의 통제와 감시가 불가능하기 때문이다. 토지가격이 높은 싱가포르와 홍콩에서는 오랫동안 정부가 고층 공공주택을 건설한 덕에 비공식 주택이 최소한으로 유지되고 있다. 그러나 이런 다양성에도 불구하고 비공식 부문은 제3세계 도시에서 필수적인 부분이다. 이런 의미에서 비공식 활동은 자본주의가 발전하면서 사라질 전통적인 토착 활동의 잔여물이 아니다. 이는 도시 내 근대성의 필수적인 부분으로 사회적으로 고도로 세분화되어있으며 많은 경우 주변 지역과 공생적 관계보다는 기생적 관계를 맺고 있다.

신자유주의적 세계화와 제3세계 도시의 화려함

세계화에 수반하여 시장 논리와 국토 개방은 몇몇 제3세계 도시를 극적으로 변화시키기 시작하고 있다. 이런 변화를 살펴보기 위해 여기서는 몇 가지 예만 들어본다. 말레이시아에서 쿠알라룸푸르는 빛나는 유리와 콘크리트의 다운타운으로 발전해왔다. 최근까지만 해도 세계에서 가장 높은 빌딩이었던 페트로나스 트윈 타워를 포함하여(페트로나스는 말레이시아 국영석유회사임) 현대적이고 포스트모던적인 오피스 빌딩이 지배하고 있다. 정부는 쿠알라룸푸르와 신국제공항 사이 신도시 두 곳에 투자를 했다. 1999년 개방한 사이버자야는 정보기술과 통신(ITC)에 있어 제3세계의 중심지가 되기 위해 경쟁하고 있다. 그 옆에 아직 개발 중인 푸트라자야는 말레이시아 정부청사 대부분과 사무직 종사자들의 새로운 보금자리이다. 인공호수 주변으로 포스트모더니즘과 이슬람의 특징을 골고루 결합한 건축물이 세워지는 새로운 수도에 가깝다(비록 의회는 아직 쿠알라룸푸르에 있지만). 세계 각국에서 인도로 향하는 ITC 투자 유치에 나선 방갈로르는 새로운 야심찬 계획을 수립했다. 대도시 규모를 50% 늘려 파리보다 면적을 다섯 배로 늘린다는 계획이다. 대만의 수도인 타이페이에는 현재 세계에서 가장 높은 빌딩(500미터에 달하는 101 타이페이로, 엠파이어 스테이트 빌딩보다 50미터 높음)이 있으며, 그 주변으로 가장 잘나가는 유럽, 미국, 일본 디자이너 상점으로 가득 찬 쇼핑 단지 여섯 개가 위치하고 있다. 파리에서도 부유층 소비자에게 이렇게 풍부한 선택권은 찾아볼 수 없다. 타이페이의 신축 콘도는 맨해튼만큼 비싸다. 중국이 세계경제에서 재탄생한 이후 중국 도시화의 진원지인 상하이의 옛 식민지 번트강 건너편에는 그야말로 맨땅에서 상업과 주거용 건물의 야심찬 새로운 지구가 부상하고 있다. 여기에는 30제곱킬로미터 규모의 경제특구(17장 참고)가 포함되어 있다. 푸동의 서쪽 가장자리에 위치한 루자쭈이 재정 및 무역 지구는 중국의 세계적 금융허브로 계획되어 약 2천만 제곱피트의 면적에 A급 사무실 공간을 보유하고 있다. 이는 맨해튼 다운타운과 중심가에 위치한 사무실 공간의 약 80%에 달하는 규모이다. 이곳에 위치한 상하이 세계금융센터는 492미터로 세계에서 여섯 번째로 높은 건물이다.

다음으로 두바이가 있다. 페르시아 만의 이 작은 황무지는 장기간에 걸친 개발 계획에 석유 재원을 투자해 유럽인과 미국인이 휴가용 콘도를 구입하는 장소가 되기 위해 애쓰고 있다. 지금은 대부분 완성된 마리나와 페르시아 만에 건설되는 섬들(이 중 섬 세 개는 야자나무 형상을 하는데다 함께 보면 세계지도의 형태를 띤다)을 합해 맨해튼의 전체 면적에 필적하는 용적 공간을 갖출 계획이다. 705미터에 달하는 버즈 두바이를 건설하여 세계에서 높은 빌딩 순위에 넣을 계획도 있다. 이러한 계획을 실현시키기 위해 2006년 현재, 세계 고층건설 크레인의 약 6분의 1이 두바이에 반입되었다. 이 사막 영토에는 넓은 해변, 따뜻하고 잔잔한 물, 값싼 성형 및 치과 수술, 워터파크, 골프장, 승마장, 고급 소매, 최첨단의 축구 및 크리켓 시설(국제 크리켓위원회가 런던에서 이곳으로 이전), 빙상, 스키 슬로프 등이 있다. 두바이는 또한 유럽 식민주의가 출현하기 전 유럽과 아시아를 연결했던 주요 항구(entrepôt)로서의 역사적 역할을 복원하려 한다. 두바이의 드래곤 마트는 동아시아 밖 최대의 중국 도매시장으로 중국인 종업원 1,200명을 고용하고 있다. 두바이는 또한 세계에서 가장 빠르게 성장하는 항공사 중 하나인 에미레이트 항공의 중심지로, 적재량에 있어 세계에서 18번째로 큰 화물 공항(뉴욕과 런던과 필적 가능)의 허브이다.

그러나 이런 현대성의 화려함 뒤에는 매우 다른 형태로 생계가 유지되는 도시의 다른 부분과 농촌 주변부가 존재하기 마련이다(Benjamin, 2000). 생활 방식, 부, 더 나은 삶을 추구하는 힘 등에서 엄청난 차이가 지속된다. 신축 건물에는 제1세계 형식의 재산권이 공식적으로 적용된다. 애매하지 않은 토지권이 만들어지고 지리정보시스템에 기록된다. 이를 통해 토지를 재개발을 목적으로 청구할 수 있다. 빈민가에는 새로운 교통로가 건설된다. 토지는 구역으로 지정되어 거주지로 신규로 지정된 곳에서 소규모 상인과 길거리 장사꾼을 몰아낸다. 거리 자체는 야외시장에서 고속 이동 회랑으로 탈바꿈한다. 이 과정에서 매우 가난하고 새로운 이주자들이 집을 찾고 생계를 꾸려나갈 수 있는 도시 공간 주변부는 만들기가 점점 어려워진다. 동시에 민영화 정책으로 주민들은 필수 시설이나 심지어 자녀를 국립학교에 보내는 데도 더 높은 가격을 지불해야 하며, 지불하지 못했을 경우 서비스는 끊어진다. 도시 정책의 허점을 파고들어 자조적 조직, 그러한 정책에 항의하는 활동가 이니셔티브 및 저항운동, 빈민 등은 대안적인 생존 전략을 추구할 수 있는 공간을 만들어낸다(Bond and McInnes, 2007; Oldfield and Stokke, 2007). 그러나 더 많은 사람들이 대도시의 불빛과 흥분에 이끌리면서 이런 활동은 점점 더 어려워지고 있다.

결론

세계적으로 공통적 과정이 도시화를 촉진한다. 도시와 주변 농촌지역 간 노동의 공간적 분업과 비농업상품 대 1차 상품의 교환으로 도시는 정의된다. 또한 산업화와 무역에 영향을 미치는 보다 광범위한 과정 역시 도시의 경제 건전성에 필수적이다. 건물로 이루어진 지역에 대한 인구의 집적지로서의 도시는 지역에서 발생하는 농촌-도시 간 이주뿐 아니라 도시 간, 국제 규모로 이루어지는 인구 이동까지 인구통계학 패턴 변화의 결과이기도 하다. 마지막으로 도시는 정치적 권력과 영향력이 축적되고 종종 새로운 문화사회적 규범이 만들어지는 장소이다. 이런 공통점이 있긴 하지만, 도시화 과정은 세계 각국에서 서로 다른 양상으로 진화하여 특별한 사회적, 공간적 결과를 수반하고 있다.

제3세계 도시화는 인류 역사상 유례가 없는 규모와 속도로 진행되면서 사회는 이러한 변화에 대응해야 하는 과제를 지니게 되었다. 게다가 도시화가 제3세계 국가 내 하나 또는 극소수에 극도로 집중되면서 해결은 더욱 어려워진다. 이렇게 인구와 경제가 급속히 성장하는 지역에서 나머지 국토 대부분에서는 동시에 정체와 저개발이 진행되어 극명한 대조를 이룬다. 도시는 국제적 과정(영향력이 점차 증가)과 지역적 생계 과정의 항구 역할을 한다. 제3세계 여러 경제 및 정치 시스템이 극단적 외부 지향성을 보인다는 것은 대도시가 자국 영토보다 세계 곳곳의 다른 도시와 더 밀접하게 연계되어있다는 것을 의미한다. 이로 인해 도시는 주변 지역의 성장에 기생하게 된다. 따라서 외부 지향성, 과도한 도시화 속도, 공간적으로 양극화된 변화 패턴, 도시－농촌 불균형 증가 등이 많은 제3세계 국가에서 나란히 진행되어왔다.

제1세계 국가에서는 상황이 다르다. 이들 국가의 대규모 도시들에는 세계 "메가시티"가 포함된다. 이들은 무역, 자본 흐름, 인구이동 등을 통해 국제 정치경제와 크게 연결되어 국제도시체제가 기능하는 데 중요한 역할을 한다. 그러나 이러한 국제적 연결에도 불구하고, 이들의 국가 경제는 더 자급자족적이며, 반드시 주변부의 희생을 기반으로 가장 큰 도시가 성장하는 것은 아니다. 제3세계 국가에서는 교통과 통신이 개선되면 종종 대도시의 인구와 경제활동이 더욱 집중되어 공간적 양극화를 가속화한다. 제1세계 국가에서는 보통 그 반대이다. 뉴욕, 런던, 파리와 같은 장소들이 전국에서 가장 큰 도시의 지위를 유지하고 있지만 공간적 구조 조정으로 성장의 동력이 다른 도시들과 지역들 사이에서 여러 번 바뀌었다. 따라서 미국에서는 1970년대에 걸쳐 성장 동력이 북동부 "러스트벨트"의 오래된 공업 도시들에서 남부와 서부의 "썬벨트" 도시로 상당 부분 전환되었다. 심지어 충분한 연구기록이 이루어진 "교외화" 사례도 발생했다. 즉, 인구와 일부 경제 활동이 수도권을 넘어 농촌으로 옮겨간 것이다. 이런 변화의 결과로 제1세계 도시와 지역 간 복지와 기회가 균등화된 것은 아니었다. 그러나 불평등과 지속적인 공간 개발의 차이는 제3세계에 비해 훨씬 덜하다.

지속적인 이주가 이루어지는 중에 공식적 경제 내에서 기회가 제한적이었던 탓에 제3세계 도시에서는 다른 곳에서 찾아보기 힘든 극도의 부와 빈곤이 형성되었다. 이 도시들에서는 기업의 범위 또한 극단적이다. 더 큰 제1세계 도시들에서도 사회경제적 양극화가 유사하게 나타나고 있다. 모두에게 일자리를 제공할 수 없었고 빈곤 계층을 대

쿠리치바와 포르토 알레그레

150만 명의 주민이 거주하는 브라질의 도시 쿠리치바는 환경친화적인 도시주의의 세계적인 모델로 주목받고 있다. 토지이용계획을 통해 주민들이 고속 경전철을 이용해 직장과 다른 곳으로 연결될 수 있도록 했다. 인구의 3분의 2(대부분 중산층)는 자동차보다 이 교통수단을 활용하고 자발적으로 재활용에 참여한다. 약 2만 2천 명의 가난한 가정은 재활용을 하면 대가로 식량을 받는다. 이를 통해 건강과 아동 사망률이 급격히 개선되었다.

130만 명이 거주하는 브라질 남부의 도시 포르토 알레그레는 도시 참여예산 과정을 통해 세계적인 명성을 얻었다(세계사회포럼 개최). 16개 구의회는 매년 공개 토론을 통해 지역 지출의 우선순위를 결정한다. 이들 "대집회" 16개는 각 구에서 개최되어 시 공무원들이 전년도 보고를 하고 투자계획을 설명한다. 각 지역은 순위를 정한 12개 주요 산업 목록을 추린다. 또한 도시 전체에 영향을 미칠 수 있는 범분야적 추진 과제들도 결정한다. 이후 도시 전체 규모에서 주제별로 집회가 열려 다시 보완을 거친다. 마지막으로 대표자 42명(각 구와 주제별 집회에서 한 명씩 추출)으로 구성된 시예산위원회가 전반적인 지출의 우선순위를 결정한다. 이 과정에는 약 4만 명의 도시 거주자들이 참여하며, 특히 빈곤계층이 높은 비율을 차지하고, 9개월이 소요된다. 시민참여를 통해 참여예산은 시 예산이 더 많은 분야를 포함할 수 있도록 확장시켰으며, 회의를 지도하고 설계하는 책임은 집행하는 공무원에서 시민과 선출직 대의원들에게로 전환되었다. 포르토 알레그레 시는 인구의 98%에게 물과 하수도를 공급하고 있다. 또한 전체 예산의 40%를 건강과 교육에 썼으며, 공공주택을 5배 늘렸다(Baiocchi, 2002; de Sousa Santos, 1998).

출처: 쿠리치바는 Rabinovitch(1992), 포르토 알레그레는 Goldsmith(n.d.)에 기반함.

상으로 하는 국가의 사회 서비스 지원이 없어졌기 때문이었다. 이런 양극화는 타격을 받는 계층이 유색인종이나 여성이라는 사실로 인해 더욱 복잡해진다. 제1세계 "글로벌 도시"에서 이런 양극화가 가장 극심하다(Sassen, 1991). 이 도시에는 제1세계를 향하는 국제이주 인구 다수가 유입되면서 유색인종의 토착적 공동체가 형성되었다. 이들 중 다수는 근로조건에 대한 정부 규제가 완화시던 시기에 제1세계 도시 내부의 임대료가 낮은 공간에서 성업 중인 노동집약적 산업에(섹스 산업은 물론이고) 종사하게 되었다. 이를 통해 낮은 임금을 지급받으며 자기 개선을 위한 기회를 거의 갖지 못하는 제2의 노동시장이 번성하게 되었다. 이런 도시에는 또한 비공식 부분도 확장되었다. 뉴욕, 로스앤젤레스, 런던을 지켜본 사람들은 길모퉁이 유리창 청소부, 주간 노동시장, 불법 택시, 혼잡, 거리 사람들, 마약업, 뒷골목 노동집약적 산업 등에 주목하면서 이러한 도시를 멕시코 시티와 자카르타에 점점 더 비교하고 있다.

유사한 점에도 불구하고 제3세계 도시들은 세계경제 내 지니는 상대적인 위치를 반영하여 독특한 특성을 나타낸다. 제1세계 도시도 너무 많은 사람이 힘들게 살아가야 하는 절박한 조건을 가지지만, 제3세계에서 도시 빈곤은 훨씬 극심하다. 이런 도시의 공간 구조를 통해 극단은 더욱 심해진다. 빈곤과 부가 함께 밀접하게 발전되기 때문이다. 반면 제1세계 도시에서는 도시의 토지 시장과 정부 정책이 결합하여 부유한 계층을 빈곤 계층에게서 분리시켜 배치시킨다. 부유한 계층과 빈곤 계층이 일상적으로 마주치게 되면 서로에 대한 각 집단의 좌절감은 더욱 강화된다. 부자들은 가난한 사람이 자신의 상황을 개선시킬 능력이 없다고 생각하는 것을 참지 못한다. 따라서 근대화를 강요하고 빈곤의 현상을 적어도 부유층의 일상생활에서 먼 곳으로 배치시키기 위해 엄격한 방법을 사용하는 것에 동의하게 된다. 판자촌이 파괴되고 길거리 장사꾼들은 괴롭힘을 당했으며 노숙자들은 도시 밖으로 이송되었다. 가난한 사람들은 자신의 가난과 다른 사람의 부에 밀접히 연관된 것을 경험한다. 국가, 국제적 기업, 금융기구가 자신들이 처한 곤경에 무관심함을 인식하고 이런 경향에 대해 다양한 방법으로 이의를 제기한다. 소극적인 저항에서 사소한 시위까지 다양한 형태이다. 정부가 도시 대중의 삶을 향상시키기 위한 사업에 자원을 적게 동원하고 관심을 덜 보이는 경우 더욱 시위에 의존하게 된다. 그러나 제3세계 도시들도 긍정적인 사회 실험의 장소가 될 수 있다(사이드바: "쿠리치바와 포르토 알레그레" 참조). 따라서 제3세계 도시들이 다양한 스케일에서 개발과 저개발의 세계적 과정에서 항구로 기능하면서 야기되는 양극화로 인해 이 도시들의 대중적 불안정은 더욱 고조되고 있다. 농촌지역은 20세기에 제3세계 내에서 혁명적, 반식민주의적 운동의 주요 원천이었다. 그러나 팔레스타인과 이라크의 도시, 최근 프랑스의 교외 이주민 정착촌에서의 불안 등을 통해 볼 수 있었던 것과 같이 향후에는 점차 이런 활동의 중심지로 도시가 기능하게 될 수 있다.

노트

1) 자카르타에 대한 설명은 1986–1987년에 주로 실시된 헬가 레이트너 Helga Leitner와 에릭 셰퍼드의 현장연구를 기반으로 한다. 헬가 레이트너가 여기 실린 사진 중 몇 장을 촬영하기도 했다.

19

다국적 기업

20세기 동안, 특히 브레튼우즈 이후, 제3세계와 제1세계 인구의 일상생활에 새로운 주체가 진입했다. 이 주체는 다른 국가들이 정치적으로 독립적인 상태인데도 이 나라들의 생산에 대한 통제권을 행사할 수 있었다. "다국적기업(transnational corporation[TNC])"은 산업활동의 입지와 대도시의 성장을 포함하여 제3세계의 경제적 과정을 형성하는 주요한 주체가 되었다. TNC는 둘 이상의 국가에서 설비(예: 공장, 광산, 판매 사무소)를 소유하여 자사 제품을 생산하고 보급한다(Jenkins, 1987). TNC가 다른 국가에서 설비를 개설하게 되면 한 국가에서의 생산을 축소하여 다른 국가로 자본을 옮기는 과정을 거치게 된다. 또한 다른 국가에서 행해지는 생산과정을 조직하는 데 있어 국가가 직접적으로 통제를 행사하게 된다. 이런 의미에서 TNC에서 생산하는 것은 실로 범위가 초국가적이며, 국가의 정치적 경계로 형성된 생산지형의 한계를 초월한다.

TNC가 관여하는 투자활동을 "외국인 직접투자(FDI)"라고 하며, 투자자가 직접적인 지배력을 가지게 되는 설비에 대한 해외의 자금투자를 일컫는다. 여기서는 TNC의 본사가 위치한 국가는 "본국(home country)"으로, FDI가 투입되는 국가는 "개최국(host country)"으로 지칭하겠다. 본 장과 다음 장에서와 같이 초국가적 생산과 FDI에 초점을 맞추는 것은 무엇을 중요하게 볼 것인가에 있어 남성적이고 젠더적인 설명이다. 공식적 경제와 세계화의 대규모 경제주체가 지니는 위로부터의 영향을 우선시하기 때문이다 (Freeman, 2001; Nagar et al., 2002; Roberts, 2004). 그러나 이들은 전 세계 남성과 여성의 생계 가능성에 구조적으로 영향을 미치므로 우리는 관심을 가져야 한다.

초국가적 생산의 성장은 경제성장을 추구하는 국가정부에게 일련의 질문을 제기한다. 한편으로 이는 빠르고 효과적인 투자원이 될 수도 있다. 예를 들어, 동유럽 국가들은 1989년 혁명 이후 경제를 빠르게 성장시키기 위해 FDI 유치를 적극적으로 추진했다. 반면에 외국자본은 국가 정체성과 자율성을 위협한다. 외국인 소유가 과도한 것은 낮은 발전과 의존을 나타낸다고 간주되며, 초국가적 투자가 국제적으로 이동하기 때문에 국가가 민간기업의 행위를 규제하기가 더 어려워진다. 외국 기업들은 국내 사업을 자극할 수도 있지만 국내 사업가들을 파산시킬 자원도 가지고 있다. 이는 FDI를 활용해 국내 산업을 시작해보려는 제3세계 정부들에게 문제가 된다(17장 참조). 이런 엇갈리는 입장이 존재함에도 불구하고 TNC는 세계 경제의 주요 주체가 되었다. 본 장에서는 초국가적 생산의 성장과 지리적 패턴을 살펴보고 이러한 성장과 확산의 원인을 설명해보도록 한다. 다음 장에서는 외국인 소유 생산이 제3세계 경제에 미치는 영향의 요인을 살펴본다.

초국가적 생산의 성장

19세기 3/4분기까지 특정 국가, 특히 영국은 자본축적으로 발생한 잉여금을 해외에 나가있는 개인 사업가와 그 기업이 해외에서 상품생산을 확대할 수 있도록 빌려주었다. 레닌(1916/1970)은 비록 그가 글을 쓰던 당시 이렇게 돈을 직접적으로 수출하는 형태는 FDI에 비해 중요성이 감소하고 있긴 했지만, 이를 "제국주의"라 불렀다(4장 참조). 1914년 이전, 동인도 회사(영국과 네덜란드가 각각 하나씩 보유) 또는 허드슨 베이 회사라고 하는 또 다른 형태의 국제적 기업이 유럽 식민제국에서 영향력을 행사하고 있었다. 무역기업들은 해외에서 생산에 종사하기보다 이국적이고 1차적인 상품을 유럽에 공급하여 이익을 얻었으며, 식민지나 공해상에서 이러한 목표를 추구하기 위해 본국으로부터 상당한 정치적, 군사적 힘을 부여받았다. TNC와 마찬가지로 그들이 상당한 규모를 지니게 되면서 사업상의 위험은 낮았으며, 본국에서의 지원을 받고 있었다. 이러한 지원이 있었기에 민간기업으로서는 참여할 매력이 별로 없는 사업 분야에 무역회사들이 참여하게 되었다(3장 참조). 유럽열강들이 식민지를 직접 지배하게 되면서 이들의 운명은 기울었는데, 이를 기점으로 이들은 1차 상품 추출을 위한 사업을 조직하여 FDI의 수익성이 증가하게 되었다.

더닝 Dunning(1988)은 초국가적 생산의 성장에 대한 간결한 역사를 제시하고 있다. (영국의 80년 자유무역 정책이 마무리되면서) 1914년 영국의 TNC는 세계 경제를 지배했다(그림 19.1). 그들은 주로 대영제국 내에서 1차 상품 생산(55%)과 철도 건설(20%)에 많은 투자를 했다. 2위는 미국으로, 캐나다와 라틴 아메리카에서 1차 상품 생산에 대부분(72%)

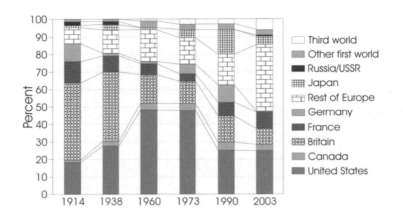

그림 19.1. 1914–2003년, 투자국별 외국인 직접투자(FDI). 출처: 1914–1973년 자료는 Dunning(1988: 표 3.1), 1983년 자료는 UN(1992c), 1994년 자료는 UN(1995), 2003년 자료는 UN(2004).

을 투자하고 있었다. 전체적으로 외국인 소유 생산의 약 5분의 3은 식민지역에 집중되어 오늘날의 제3세계에서 이루어졌다(14장 참조). 두 차례의 세계 대전(1914–1938년)을 거치면서 유럽 TNC에서 FDI의 중요성은 감소했다. 반면 미국 기업들은 해외 주문을 늘렸다. FDI는 현재 우리가 제3세계라고 부르는 곳에서의 1차 상품에 대한 투자가 대부분을 차지했으며, 이 지역은 현재 외국인 소유 생산의 거의 3분의 2의 본거지가 되고 있다.

　　FDI는 전후 제1세계 포드주의 붐(1945–1960년) 동안 두 배 이상 증가해 세계 무역보다 빠르게 성장했다. 이러한 팽창은 미국의 TNC가 이끈 것으로 세계경제 지배가 영국에서 미국으로 전환된 것을 보여주고 있었다. 이 기간 신규 투자와 신규 외국 지사 공장의 약 3분의 2가 미국 소유였다. TNC에 대한 외국인 투자가 지니는 중요성은 1914년 영국이 우세했지만 1960년에 이르러 미국이 역전했다(그림 19.1). 최고조에 달한 미국의 이런 영향력은 1973년까지 지속되었다.

　　FDI가 이렇게 성장했지만 이 기간 동안 외국인 투자자들의 투자국으로서 제3세계가 지닌 이점은 급격히 떨어졌다. 새로운 FDI의 95%가 제1세계에 있었기 때문에 외국인 소유 생산에서 제3세계의 점유율은 1945년 3분의 2에서 1960년 3분의 1로 급격히 떨어졌다. 영국은 신생독립 식민지를 포기하고 그 대신 캐나다, 호주, 남아프리카에 중점적으로 투자했다. 미국과 유럽의 TNC는 수입 관세를 피하기 위해 유럽 내에 투자함으로써 유럽에서의 확장에 집중했다. FDI가 1차 제품에서 제조업으로 전환하여 부문도 변화했다(표 19.1). 일본 TNC는 예외적으로 이러한 추세를 따르지 않고 제3세계 지역의 1차 상품 생산에 계속 투자했는데, 이러한 지역 중 아시아가 2/3를 차지했다. 해외 생산을 인수하는 방식으로 인수합병(M&A)이 보편화되면서 새로운 위치에 신규로 공장을 건설하는 방식의 투자에 대한 관심이 감소하기도 했다.

1960년대 후반부터 1980년대 초까지 국가 주도의 개발이 우세를 차지하며 세계경제에서 FDI의 중요성은 상대적으로 감소하였다. 제3세계 국가로 유입되는 FDI는 1980년이 되자 3%에 불과하게 되었다. 여기에는 1960년대와 1970년대 초, 제3세계 국가들이 외국인 소유의 1차 상품 생산을 국유화한 것에도 일부 기인했다. FDI가 정체되면서 국제은행 대출이 번창했지만 1980년대 초 제3세계 채무 위기로 은행 대출이 붕괴되면서 FDI는 유례없이 빠르게 확대되었다. 5년 동안(1985–1990년) FDI는 네 배로 증가하고 1996년에는 여기서 다시 두 배가 증가했다. 이 과정에서 미국의 FDI 점유율은 상당히 감소하고(1983년 40%에서 1996년 20%로) 독일, 일본 및 기타 유럽 TNC의 비중이 증가했다. 신규 FDI는 대부분 제1세계, 특히 미국과 유럽으로 계속 투입되었지만, 제3세계 투입의 점유율이 증가하고 있었다(특히 동남아시아의 신흥 공업국들). 1997년에 이르자 FDI는 제3세계로 향하는 모든 자본의 절반 이상을 차지하게 되었다.

1997년 아시아 금융위기 이후 FDI가 다시 전 세계적인 붐을 맞았다. 1997년부터 2001년까지 350%가 증가하여 1조 2천억 달러에 이르렀다가 제1세계 닷컴기업 파산으로 2003년 6천억 달러로 감소했으며 2005년에는 9천억 달러로 다시 증가했다. 이렇게 전례 없이 변동을 보인 직후 금융시장은 변동을 맞게 되었다. 미국의 대외 FDI 흐름 비율은 16%까지 계속 하락하고 있다. 1997년 위기 기간에 FDI는 제3세계와 거리를 두었으나 그 후 다시 돌아와 제3세계를 향한 신규 FDI는 전 세계 총액의 36%를 차지한다. 광물과 화석연료 가격과 수익이 다시 호황을 누리고 있는 1차 부문에서 대부분의 성장이 이루어졌다. 제3세계 국가들은 FDI를 완화시키고 유치할 목적으로 새로운 규제를 개발하는 데 많은 노력을 기울였다. 단, 라틴 아메리카는 새로운 진보정권이 규제를 구축하여 (볼리비아 가스생산의 국유화 포함) 예외였다. 지난 10년 동안은 제3세계로부터의 FDI 투자가 호황을 이루기도 했다(제3세계에 본부를 둔 제3세계 TNC의 성장, 아래 참조).

FDI 흐름은 점차 신규 공장 건설이나 일자리 창출로 이어지지 않고 있다. 해외 인수합병(M&A)은 최근 FDI 유출을 주도하고 있다. 이 경우 외국인 소유가 신규로 나타나 FDI의 흐름은 통계에 기록되지만, 이는 단순한 소유권의 변화일 뿐이다. 보통 그 결과는 새로운 일자리가 아니라 실업이다. 새로운 소유자가 새로운 자산 형성을 "합리화"하고 공장을 닫기 때문이다. 뮤추얼펀드와 헤지펀드도 점차적으로 FDI형 투자에 돈을 넣고 있다. 돈을 본국으로 다시 돌아오게 할 목적으로 해외로 송금하여 직접투자로 기록이 남게 만드는 "라운드 트립핑(round tripping)"도 여기에 포함된다. 또한 FDI 자금이 선택된 장소로 흘러들어가는 것으로 기록되어 "특별목적기업"에 배치된 후 이 회사가 다른 곳으로 송금하는 "갈아타기"(trans–shipping)도 여기 포함된다. 이번에도 이런 흐름

표 19.1. 1962─2003년 10대 TNC

기업(본국)	활동	매출액 (백만 달러)	투자국	GDP (백만 달러)
1962				
제너럴 모터스(미국)	자동차	14,660	아르헨티나	14,430
스탠더드 오일(인도)	석유	9,480	베네수엘라	8,290
포드자동차(미국)	자동차	8,090	터키	7,660
셸(네덜란드)	석유	6,020	필리핀	6,010
제너럴 일렉트릭(미국)	전기	4,790	페루	4,900
유니레버(네덜란드/영국)	식품	4,140	나이지리아	4,190
모빌/소코니(미국)	석유	3,930	태국	4,050
미제철(미국)	강철	3,470	인도네시아	3,630
텍사코(미국)	석유	3,270	알제리	3,170
걸프(미국)	석유	3,100	대한민국	3,000
1972				
제너럴 모터스(미국)	자동차	30,435	아르헨티나	32,000
엑슨(미국)	석유	20,309	스위스	22,000
포드(미국)	자동차	20,194	덴마크	16,500
셸(네덜란드)	석유	14,060	베네수엘라	15,000
제너럴 일렉트릭(미국)	전기	10,239	인도네시아	11,000
크라이슬러(미국)	자동차	9,759	한국	10,000
IBM(미국)	전자	9,532	페루	9,000
모빌 석유(미국)	석유	9,166	칠레	9,000
유니레버(네덜란드)	화학, 식음료	8,864	태국	8,500
텍사코(미국)	석유	8,692	필리핀	8000
1983				
엑슨(미국)	석유	88,561	멕시코	145,130
셸(네덜란드)	석유	80,550	인도네시아	78,320
제너럴 모터스(미국)	자동차	74,582	한국	76,640
모빌(미국)	석유	54,607	나이지리아	64,570
브리티시 석유(영국)	석유	49,195	터키	47,840
포드(미국)	자동차	44,455	페루	47,640
IBM(미국)	전자	40,180	태국	40,430
텍사코(미국)	석유	40,068		
두퐁(미국)	화학	35,378	필리핀	34,640
스탠더드 석유(인도)	석유	27,635	홍콩	27,500
1993				
제너럴 모터스(미국)	자동차	133,622	인도네시아	126,364

포드(미국)	자동차	108,521	이란	110,258
엑손(미국)	석유	97,825	터키	99,696
셸(네덜란드)	석유	95,134	우크라이나	94,831
도요타(일본)	자동차	85,283	홍콩	77,828
히타치(일본)	전자	68,581	이스라엘	69,762
IBM(미국)	전자	62,716	그리스	67,270
마쓰시타(일본)	전자	61,385	베네수엘라	61,137
제너럴 일렉트릭(미국)	전기	60,823		
다임러-벤츠(독일)	자동차	59,102	말레이시아	57,568
2003				
월마트 매장(미국)	소매점	246,525	터키	237,972
제너럴 모터스(미국)	자동차	18,6763	사우디아라비아	188,479
엑손모빌(미국)	석유	182,466	사우디아라비아	188,479
로열 더치/셸(영국/네덜란드)	석유	179,431	그리스	173,045
BP(영국)	석유	178,721		
포드 자동차(미국)	자동차	163,871	핀란드	161,549
다임러크라이슬러(독일)	자동차	141,421	태국	143,163
도요타 자동차(일본)	자동차	131,754	이란	136,833
제너럴 일렉트릭(미국)	전자	131,698	아르헨티나	129,735
미쓰비시(일본)		109,386	이스라엘	103,689

출처: 1962년 – Dunning and Pearce(1985), 1973년, 1983년, 1993년 – 포춘 잡지(1973a, 1973b, 1984, 1994, 2003). 국가 관련 자료는 World Resource Institute(1996a), World Bank(2008).

이 새로운 공장과 일자리를 창출하는지는 의문이다. 실제로, 전통적인 TNC들조차 투자에 대한 즉각적 수익을 요구하는 주주들에 대응하여 장기 투자 전략보다 단기 이익을 취하는 데 더 관심을 갖게 되었다(UN, 2006c).

　　UN(2006c)의 집계에 따르면, 약 7만 천여 개의 TNC가(1993년의 거의 두 배) 전 세계 77만 개 해외 계열사(1993년의 세 배)를 통해 6천 2백만 명을 고용했으며(1993년의 두 배 이상) FDI 주식의 총 누적가치는 10조 달러 이상이다. 이들 외국 계열사의 총 매출액은 22조 2천억 달러(1993년 이래 4배 증가)에 달했다. 세계 생산가치의 약 10%를 TNC가 생산하며, 전 세계 총수출의 3분의 2가 그들의 손에 달렸다(Dicken, 2003). 이 중 약 3분의 1은 기업 내 무역이다. 즉, 같은 TNC의 지점 간 상품 수송으로, 이는 자유무역교리에 따른 시장세력의 적용을 받지 않는다(15장).

　　100대 TNC는 전 세계 FDI의 10%를 보유하며 1천 5백만 명에 가까운 인력(해외 생산에 740만 명)을 고용하고, 6조 달러 이상의 매출(절반은 해외사업부에서 발생)을 올리고 있다. 표 19.1은 1962년부터 2003년까지 10대 TNC를 추적하여 선별된 투자국의 국내총생산 대비 매출액을 보여준다. 여기에는 몇 가지 추세가 나타난다. 첫째, 이런 대규모 TNC의 매출액은 제3세계에서 가장 큰 국가들을 제외하고 일관되게 모든 국가의 GDP와 거의 일치한다(이 표의 오른쪽 열 참조). 1962년에서 1983년 사이에 최대규모 TNC의 매출액보다 GDP가 더 많은 국가는 네 개에 그쳤다. 그 주된 이유는 거대한 인구규모 때문이다(중국, 인도, 브라질, 멕시코). 1993년에 이르자 이 그룹에 한국과 아르헨티나도 속하게 되었다. 둘째, 자동차와 석유추출 기업을 전기 및 전자 생산 기업이 점차적으로 대체하면서 이런 최대규모 TNC의 조합이 변화했다. 가장 최근에는 세계적인 "대규모" 상점 체인인 월마트가 매출 면에서 1위로 도약했다(자산 제외). 셋째, 전통적으로 미국, 영국, 네덜란드 기업들이 지배하던 TNC의 엘리트 그룹에 일본과 독일 기업들이 진출하기 시작하고 있다.

초국가적 생산의 지형

전반적으로 제2차 세계 대전 이후 FDI는 급속히 성장했고, 1차 생산에서 제조업 및 서비스로 전환했다가 이제 다시 1차 산업으로 이동했다. 또한 제3세계에서 제1세계 투자국으로 일정 부분 이전되었다가 제3세계로 다시 돌아오기 시작하고 있으며, 제3세계가 투자하기도 한다. TNC가 본부를 두고 있는 본국도 이에 상응하는 변화가 있었다. 영국에서 미국으로(1945–1973년), 그 이후 유럽연합으로 전환되었다(그림 19.1).

FDI 흐름과 재고

국제무역에 비해 FDI 소유 네트워크의 지형에서(그림 19.2) 북–북 흐름이 훨씬 지배적이며(그림 16.10), 이런 경향은 1980년 이후 더 강화되었다. 유럽 내부에서와 유럽과 북아메리카 간 흐름이 대부분 이루어진다. 지역 간 FDI는 남아시아와 동아시아에서 중요해졌다. 여기에는 대만, 한국 홍콩의 FDI가 중국의 저임금 수출촉진구역(EPZ)으로 들어가고, 중국 FDI는 홍콩과 한국으로 흘러가고 있다. 세계적인 관점에서 보면, 아프리카와 서아시아는 (최근에 현저히 증가했음에도 불구하고) "지도에서 벗어나"있다. 이들은 1980년에 상당한 FDI를 받았지만, 2003년까지 아프리카의 전체 FDI(대부분 남아프리카공화국, 이집트, 나이지리아)는 전 세계 총액의 1%에도 미치지 못했다. 전 세계적 FDI에서 라틴 아메리카와 구소련 세계가 차지하는 비중은 극히 적다.

독립 후 거의 반세기 동안 지정학과 식민지 역사는 여전히 제1세계에서 제3세계로

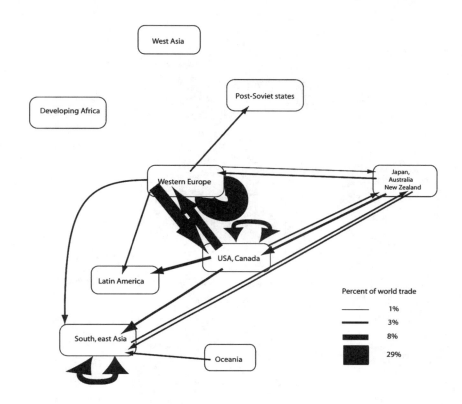

그림 19.2. 2003년 세계 FDI 흐름. 출처: UNCTAD(2008a).

들어가는 FDI를 형성한다. 그림 19.3은 2002년 각 투자국에 가장 많은 투자를 한 본국이 어느 국가인지를 보여준다. 위쪽 지도는 북미와 유럽이 우세한 국가들을, 아래 지도는 그 외 지역들이 우세한 국가들을 보여준다. 미국 TNC는 쿠바, 니카라과, 베네수엘라, 볼리비아를 제외한 리오그란데 남부와 서아시아를 여전히 지배하고 있다. 영국은 동아프리카, 프랑스는 서아프리카에서 우세하다. 동남아시아 국가들은 남아시아와 동아시아, 남부 아프리카 몇 개국에서 우세하다(FDI가 다른 곳에서 인도를 거쳐가므로 인도에서는 모리셔스가 우세).

　　FDI의 흐름에 대한 데이터는 매년 크게 변한다. FDI의 장기 지표로 보다 신뢰할 수 있는 지표는 "축적 재고", 즉 한 국가가 과거로부터 투자한 총액의 현재가치를 살펴보는 것이다(그림 19.4). 이를 보면 미국은 라틴 아메리카(쿠바 제외), 사하라 이남 아프리카, 중동, 남아시아와 동남아시아에서 확실히 우세를 나타낸다. 이는 1945년에서 1975년 사이에 미국에서 유출되는 FDI가 우세했으며, 미국이 석유생산지역과 지정학적 중요성을 지닌 아시아 국가에게 관심을 유지하고 있었기 때문이다. 미국이 부랑자 국가라

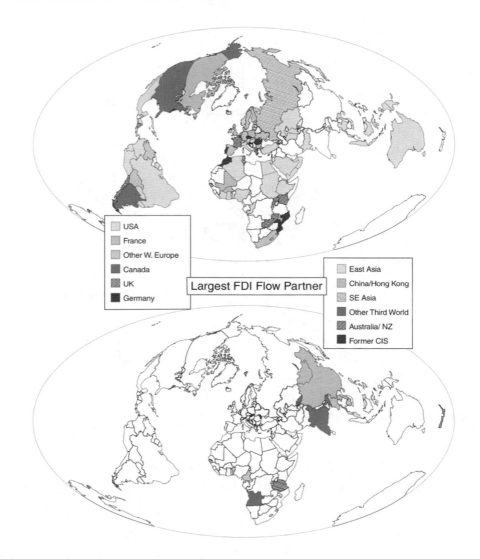

그림 19.3. 2002년 FDI 흐름에서 큰 규모를 차지하는 투자국들. 출처: UNCTAD(2008a).

칭하는 리비아, 이라크, 북한, 시리아, 이란 등에는 미국 FDI가 거의 투입되지 않았다. 영국은 동아시아와 남아시아의 몇몇 국가에서만 우세를 보이며, 독일은 튀니지와 리비아에서만 지배적이다. 동남아시아에서 FDI의 흐름은 전반적인 흐름과 비슷하다. 최근의 투자가 우세하기 때문이다. 일본이나 프랑스가 우세를 점하는 지역은 없다.

1990년, 미국 FDI는 제3세계 중 중남미(62%)와 남아시아 및 동아시아(28%)를 선호한 반면, 일본의 FDI는 아시아를 선호했다. 서유럽은 다른 제3세계 지역 전반에 상당히 균등하게 투자했다. 영국은 남아시아와 동아시아에 대한 투자 중 거의 절반(48%)을 보

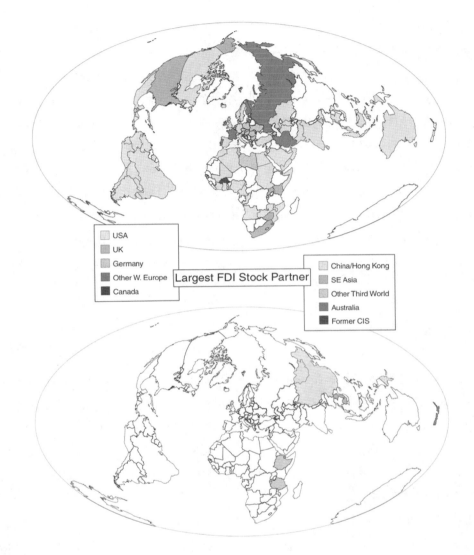

그림 19.4. 2002년 FDI 축적금에서 큰 규모를 차지하는 투자국들. 출처: UNCTAD(2008a).

유하고 있었고, 프랑스는 가장 광범위한 식민지 영토인 아프리카에 제3세계 계열사의 64%를 보유하고 있었으며, 독일은 독일 이민자들의 주요 정착 지역인 라틴 아메리카가 56%를 차지하고 있었다. 호주와 뉴질랜드는 거의 전적으로 남아시아와 동아시아에 집중하였다(Porter and Sheppard, 1998).

이러한 지리적 패턴을 통해 제3세계 전반에 걸친 FDI의 분포를 잘 알기는 어렵다. FDI는 투자 매력을 지닌 것으로 간주되는 브라질, 멕시코, 아르헨티나, 중국, 홍콩, 말레이시아, 터키, 한국, 대만 등 몇몇 제3세계 국가에 압도적으로 집중되어있다(아프리카는 아예 없음을 유의하라. 이 대륙으로 향하는 약간의 투자도 남아프리카, 이집트, 니카라구아, 모로코, 수단에 집중되어있다). 이들은 모두 신흥발전국이다.

제3세계 경제에 대한 FDI의 중요성을 검토해보자. 제3세계를 대상으로 하는 FDI는 1990년 이후 거의 세 배로 증가했다. 국내총생산(GDP) 대비 유입된 누적 FDI의 주식가치는 9.8%에서 24%로 제1세계(21%)보다 높아졌다(UN, 2006c). 제1세계에서는 유럽 국가들의 FDI(대부분 유럽 내 흐름)가 가장 큰 반면, 미국 경제에서는 13%, 일본에서는 2%에 불과하다. 카리브해에서는 유입 FDI가 GDP를 초과하며, 동남아시아에서는 GDP의 43%이다. 서아시아(12%), 남아시아(6%)에서 가장 낮다. 그러나 같은 지역에서도 국가마다 매우 다르다. 라이베리아와 홍콩에서는 국내총생산(GDP) 대비 몇 배나 크지만 리비아, 소말리아, 쿠바, 이란, 이라크, 쿠웨이트, 아프가니스탄, 부탄, 네팔에서는 거의 0에 가깝다. 이러한 패턴을 이해하려면 TNC의 다양한 지리적 투자전략을 검토해볼 필요가 있다.

제3세계 TNC

위에서 언급한 것처럼 제1세계가 여전히 TNC 대다수의 본거지이지만, 제3세계에 기반을 둔 TNC(아시아에 본부를 둔 대형)의 숫자와 영향력이 증가하고 있다. 현재 전체 FDI의 약 12%는 제3세계, 특히 홍콩, 대만, 싱가포르, 중국, 남아프리카, 말레이시아, 멕시코, 한국에서 나온다. 세계 200대 TNC 중 15개는 주로 아시아에 있는 제3세계에 본사를 두고 있다. 표 19.2에는 이들 중 대규모인 것들이 수록되었으며, 이들이 1990년 이후 어떻게 변화했는지를 보여주고 있고 표 19.1과의 비교도 가능하다. 1990년부터 중국 TNC들이 이 무대에 극적으로 등장했다. 가장 규모가 큰 제3세계 TNC 두 개는 석유회사로, 다양한 다른 제3세계 정부의 동의를 얻어 해외 석유 탐사에 관여하고 있다. 실제로 제3세계 TNC 상위 8개 기업 중 6개가 석유회사인데, 모두 민간기업이 아니라 국영기업이다. 이러한 경향을 통해 아시아에서 급속한 산업화가 이루어지면서 FDI가 1차 상품으로 전환했다는 것을 확인할 수 있다.

핵심질문은 제3세계 TNC들이 다른 제3세계 국가(남남미 무역과 나란히 FDI를 조성)에 투자하려는 의향이 더 있는지 여부, 그리고 그렇다고 하면 이를 통해 제3세계에 어떤 결과가 나타날지 하는 것이다. 제1세계 TNC와 마찬가지로 제3세계 TNC는 미국, 영국, 네덜란드(유럽 최대의 FDI 투자국)에 막대한 투자를 하고 있지만 홍콩, 중국, 싱가포르, 일본, 말레이시아에도 투자를 하고 있다. 카리브해 OFC에도 상당한 FDI의 흐름이 나타난다(United Nations, 2006c). 따라서 남－남 FDI가 일부 나타나지만 주로 제1세계

표 19.2. 1993년과 2003년 제3세계 최대 비금융 TNC

포춘 순위(2003)	기업	본국	산업 종류	매출(백만 미달러)
1993	삼성	한국	전자	51,531
	대우	한국	전자	30,893
	페트로레오 브라실리에로	브라질	석유	15,263
	현대	한국	자동차	10,544
	중국 석유	대만	석유	10,075
	쟈딘 메더슨	홍콩	다양	8,424
	엘지전자	한국	전자	7,565
	유공	한국	석유	6,901
	소자 크루즈	브라질	담배	3,721
	허치슨 와포아	홍콩	다양	3,202
	타퉁	대만	전자	3,121
2003				
69	중국국영석유	중국	석유	44,864
70	중국석유화공	중국	석유	44,503
94	현대자동차	한국	자동차	38,459
95	멕시코 석유공사	멕시코	석유	37,974
115	삼성	한국	무역	32,960
189	페트로브라스	브라질	석유	22,612
191	인도 석유	인도	석유	22,506
204	페트로나스	말레이시아	석유	21,430
205	LG 인터내셔널	한국	무역	21,394
230	중국이동통신	중국	이동통신	19,783
248	중국화공그룹	중국	무역	18,763
261	LG전자	한국	전자	17,836
275	SK글로벌	한국	무역	17,152
279	한국전력	한국	에너지	17,075

출처: UN(1995c; Box I.1)과 Fortune(2003).

FDI의 목적지와 일치한다. 최근 남-남 FDI의 성장에서는 세 가지 추세를 파악할 수 있다. 첫째, 대만과 한국 같은 신흥발전국의 TNC들은 해외 저임금 조립작업의 글로벌 체인을 특히 글로벌 상품사슬에 연결되는 섬유와 전자 제품에서 운용하는 데 전문화되어 있다(아래 참조). 이 기업들은 조립작업을 저임금에서 심지어 더 낮은 임금지역으로 전환시키고 있다. 즉, 신흥발전국에서 중앙아메리카로, 다시 중국으로 그리고 이제는 베트남과 라오스 같은 장소로 이동시켰다. 두 번째 추세는 제3세계 FDI가 1차 부문, 특히 석유 부문에서 투자 호황을 보인다. 특히 중국은 국내 산업화와 도시화에 필요한 석유공급을 확보하기 위해 아프리카, 중남미, 서아시아에서 석유시추를 허가 받으려 하고 있다. 그 대가로 세계은행 같은 기관이 부과하는 조건 없이 해외 원조와 인프라 개발에 대한 전문 지식을 제공하고 있다. 세 번째 추세는 역외 금융지점을 통한 FDI 전송이다.

제3세계 TNC를 지배하는 몇몇 국가들은 제1세계 TNC와 유사한 전략을 사용하고 있는데, 이들을 통해 제3세계 전반에 걸친 부의 창출을 촉진하게 될 것인지는 확실하지 않다. 제3세계 TNC 소유주와 임원들은 번창하지만 그곳의 근로자들은 형편없는 보수를 받으므로 현재 진행되는 제3세계 내의 소득 양극화는 심화될 것이다(소유주들은 제3세계와 제1세계 대도시의 엘리트를 위한 공간에 모여있다. 그러나 이들의 노동자는 EPZ에 흩어져있다. 다른 각도에서 보면 제3세계 FDI 본국들은 해외에서 발생한 수익을 본국으로 순환시켜 번영하지만, 개최국들은 저임금 고용, 건강/안전 문제, 채취된 광물과 연료의 다른 제3세계로의 반출 등을 겪게 된다). 예를 들어, 타이페이는 저임금 조립고용이 중국으로 이전해갔음에도 불구하고 번영했는데 이는 대만 TNC를 위한 생산자 서비스와 R&D의 중심지로서 새로운 역할을 담당했기 때문이었다. 실제로 한국과 대만과 같은 국가는 국내 기업이 성장하면서 발생하는 경제적 번영으로 심지어 제1세계 일부를 값싼 FDI의 투자처로 만들고 있다(사이드바: "앨라배마의 비밀" 참조). 그러나 중국, 동남아시아, 중앙 아메리카의 대만 소유 공장은 때로 생명을 위협할 정도의 근로환경과 잔인한 반노조 행동주의로 명성을 얻었다.

남－남 FDI가 본국의 이익을 위해 운용된다면, 제3세계 TNC의 성장은 신흥발전국과 다른 제3세계 국가 간에 이미 존재하는 불평등을 심화시킬 수 있고 이 불평등은 제1세계와 제3세계의 분리를 더욱 강화할 것이다. 이러한 시나리오가 과연 실현될 것인지 여부를 판단하기 위해 제3세계 TNC가 제1세계 TNC와 다르게 행동하는지를 알아볼 필요가 있다. 이들이 제3세계 투자국의 성장에 더 긍정적인 기여를 하게 될 것인가? 설비가 더 소규모이며, 지역 소유주와의 공동벤처를 보다 광범위하게 실행하고, 최대 규모 도시 밖의 지역에 입지하는 경향이 더 크며, 지역의 투입물에 대해 더 의존하는 등 다른 점이 몇 가지 확인되었다. 그러나 현재까지 증거가 거의 없다. 또한 이러한 차이가 해외 공장의 본국이 제3세계라는 점 때문인지 또는 제3세계 TNC의 규모가 더 작아 세계시장의 특정한 틈새를 활용할 수 있었기 때문인지도 명확하지 않다. 모든 TNC는 수익성과 성장이라는 동일한 자본주의 목표를 공유하고 있기 때문에 후자의 설명은 확실히 그럴듯하다. 따라서 무역과 산업화의 비대칭성이 제3세계 내에서 투자국과 본국 간의 불평등을 심화시킬 수 있다는 가능성을 심각하게 생각해보아야 한다.

초국가적 생산의 개념화

초국가적 생산에 대한 설명

FDI를 설명하려면 세 가지 질문에 답할 수 있어야 한다(Dunning, 1988). 첫째, 한 국가에 위치한 외국계 자회사가 국내소유 기업과 경쟁해서 어떻게 성공할 수 있을 것인지 대답해야 한다. FDI가 토착 사업가와의 경쟁에서 이길 수 있어야만 외국인 투자는 확대될 것이다. 보통은 외국계 TNC 자회사와 국내에 설비를 많아봐야 몇 개 보유한 지역기업과 비교를 하게 된다. 여기서 TNC 자회사들은 활동이 지리적, 부문적으로 훨씬 더 다양한 대규모 조직의 자원을 활용할 수 있기 때문에 국내 기업에 비해 내재적으로 몇 가지 이점을 지니게 된다. TNC는 대규모 자본조달을 위한 은행, 혁신, 지식 등을 보유하므로 TNC 자회사들은 이를 활용하여 새로운 사업체의 재정, 설비, 운영을 용이하게 진행할 수 있다. 반면 국내 기업은 이러한 자원을 구매하거나 획득해야 한다. 대규모인 점도 TNC에게 유리하다. 대규모 조직은 투입물을 더 싸게 구매할 수 있다. 또한 자회사들이 세계적으로 알려진 브랜드를 사용하도록 하고(매출 증가), 독점 권력을 통해 가격에 영향을 미칠 수 있으므로 시장에서 이점을 지닌다. 다른 개별적 회사를 상대할 필요 없이 TNC 자회사 간 장기간에 걸친 계약을 맺음으로써 불확실성을 감소시키기도 한다.

　　세계에서 TNC의 지리적 범위가 제공하는 이점은 더 많다. 이들은 시장, 신기술, 제품에 대한 전 세계적인 정보에 더 용이하게 접근한다. 이를 통해 자회사의 가격을 일시적으로 국내 생산비용보다 낮추어 국내 기업을 파산에 이르게 할 수 있다. 이것이 가능한 이유는 다른 국가에서 발생한 수익으로 해당 국가에 진출한 자회사에게 보조금을 지

앨라배마의 비밀

2005년 5월 25일, 서울의 영어 신문인 코리아 헤럴드는 앨라배마주에 신규 개설된 현대 조립공장 관련 사설을 통해 현대차가 미국에서 최첨단 자동차를 생산할 수 있게 한 비결이 무엇인지 물었다. "비결은 간단하다. 중국과 동남아시아로 가는 수만 개의 한국 제조시설과 마찬가지로 더 낮은 비용 때문이다." 이 사설은 앨라배마주에서 시간당 14달러의 비노조 임금, 1,744에이커의 부지, 앨라배마주에서 제공하는 2억 5천만 달러의 세금 감면, 최소 의료비, 비노조 근로자에 대한 연금계획 부재 등을 열거한 사설은 "압도적으로 높은 이곳의 부동산 가격과 강력한 노조가 경제에 미치는 해로운 영향을 상기시키는 슬픈 사건이다"라며 토지, 노동, 건강보험, 연금 등의 비용이 한국에서 더 높다고 주장했다(코리아 헤럴드, 2005).

급할 수 있기 때문이다. 또한 TNC는 활동을 다른 국가로 쉽게 이전할 수 있기 때문에 지역 내 정치적, 사회적 조건에 영향을 덜 받는다.

둘째, 왜 기업들이 해외에 자회사를 두는 것을 선호하는지 설명해야 한다. 비록 외국 법인이 국내 기업을 능가할 수 있다 해도, 해외에서 생산하는 것이 그 법인에게 가장 이익이 되지 않을 수도 있다. TNC는 자국에서 생산한 후 그냥 다른 나라로 수출하거나, 해외에서 생산시설을 설치하지 않고 해외산 투입물을 해외기업으로부터 구매하는 것이 더 낫다고 결정할 수도 있다. 한 가지 동기라면 전 세계적 영향력을 강화하여 수익과 성장을 증가시키는 것이다(Hymer, 1976). 해외 자회사를 통해 기업은 세계시장 점유율을 높일 수 있고, 따라서 가격을 결정하고, 자신보다 작은 경쟁자를 차단하며, 소비자의 기호에 영향을 미칠 수 있는 경제적 권력을 증가시킬 수 있게 된다. 지리적으로 다양한 기업은 특정한 국가에서 예상치 못한 일이 발생해도 그에 따른 영향이 상대적으로 적다. 한 장소에서 환경오염 감소를 위한 규제, 노조의 임금인상 요구 등 원하지 않는 일이 발생하여 생산비용이 증가하면 생산시설을 이런 "문제"가 없는 장소로 이전(또는 이전하겠다고 위협)하여 대처할 수 있다.

자본주의는 새로운 지역과 새로운 장소로 확장함으로써 번창한다. 국내 시장을 지배하는 대규모 기업은 국내 다른 영역으로 확장하거나 해외로 확장함으로써 성장할 수 있다. 지리적으로 확장하게 되면 신규 고객이 고갈되던 기업이 새로운 시장으로 접근하는 기회가 되기도 하고, 해외시장에서 현재의 입지를 유지하는 데 도움이 될 수도 있다. 마지막으로, 소유권을 확대하면 시장기반 경제에서의 거래에 따라 발생하는 불확실성과 거래비용을 감소시킬 수 있다. 기업 내에서 생산하게 되면 필요할 때 다른 사람들이 적절한 품질 및 가격의 투입물을 배달해주는 데 의존할 필요 없이 거래에 대한 기업의 통제력을 더 높일 수 있고, 위험과 비용을 줄인다(일부에서는 유연생산과 공급 측면의 경제 정책의 시대에는 이점이 덜하다고 주장함. 예 - Scott, 1988). TNC가 본부를 두고 있는 국가 또한 해외로의 확장을 통해 국내로 돌아오는 수익을 증가시킬 수 있도록 외향적인 FDI를 강조할 것이다. 14장에서 언급한 것처럼 식민주의를 통해 유럽기업들은 식민지배 지역 기반시설을 건설하고 필요한 투입물을 공급하는 계약을 체결할 수 있었다(이라크에서 아무 계약도 체결하지 않았던 미국 기업들처럼). 1945년 이후, 전후 서유럽과 일본을 재건하기 위한 미국 주도의 프로그램들은 미국의 수출을 촉진했다(15장). 그뿐만 아니라 미국 기업들은 이들 국가에 용이하게 해외투자를 확장할 수 있었다.

셋째, TNC가 토착기업들과의 경쟁에서 이길 수 있고, 그것을 목적으로 한다면 해외기업 자회사의 위치를 어떻게 선택해야 할지에 대해 생각해봐야 한다. FDI는 상대적으로 소수의 국가, 특히 이들 국가 내의 도시에 매우 집중되어있다. 다른 지역은 못하는 데 어떻게 일부 지역은 외국계 자회사를 유치할 수 있는지 이해하는 것이 중요하다. TNC는 투자자들에게 이익이 될 수 있는 특정한 특징을 지닌 장소를 찾는다. TNC의 특성에 따라 특정 천연자원이나, 지역에서의 생산을 수익으로 연결시킬 수 있는 큰 시장으로의 접근성, 값싼 노동력이나 다른 투입물의 가용성, 정치적, 사회적 안정, 또는 단순히 기반시설의 적합성일 수도 있다. 이런 조건을 하나 이상 충족시키는 한 국가의 입지로는 자원이 있는 곳, EPZ(17장 참조), 대도시 등이 있다. 국가의 행동도 FDI의 입지에 영향을 미친다.

TNC의 지리적 전략

TNC가 추구하는 전략은 복제와 지리적 특화의 두 가지 광범위한 그룹으로 나눌 수 있다. "복제"는 국내에서 투자되는 것과 정확히 같은 활동을 해외에서 단순히 복제하는 것을 의미한다. 미국 석유회사들이 오클라호마에서 중동으로 석유 시추 작업을 이전할 때나 제너럴모터스(GM)가 수입대체산업화(ISI) 시대에 관세장벽의 적용을 받지 않고 브라질에 자동차 조립공장을 건설할 때처럼 복제는 동일한 생산활동을 반복해야 할 수도 있다. 소매업과 서비스 시설에도 복제는 점차 적용이 확산되고 있다. 월마트 스타일의 "빅박스"가 전 세계적으로 유통되거나 유럽, 아시아, 중남미의 글로벌 도시에 프라이스 워터하우스가 개설되는 것에서 그 예를 찾아볼 수 있다(Beaverstock et al., 2000).

복제가 행해지는 이유 한 가지는 해외지역에서 낮은 생산비용을 누리면서도 동시에 이전과 같은 시장에서 제품을 판매할 수 있기 때문이다. 이것은 서부 석유회사들이 1930년대 중동으로 확장할 때 활용한 전략이었다. 자원의 풍부함 또는 용이한 접근성을 통해 절감되는 비용은 제품을 생산해서 국내로 다시 선적하는 데 소요되는 추가 비용을 초과했다. 오늘날도 같은 이유로 공장을 EPZ로 이전시킬 수 있다. 더 낮은 비용과 지역에서 제공하는 보조금이 다른 고려사항보다 우선할 수 있다는 것이다. 두 번째 이유는 해외시장에서 경쟁하는 것이다. 이는 국내시장 포화와 같은 투자국 상황으로 발생할 수 있다. 국내의 한계에 대한 공간적 해결책(spatial fix)으로 해외의 새로운 시장을 활용하는 것이다. 그러나 유출 요인도 존재한다. 활발하고 대규모인 시장은 그들 나름대로 매력적이다. 해외에 판매사무소를 설립하여 수출을 촉진함으로써 매출이 증가할 수 있지만 많은 경우 이것으로는 불충분하다. 한 국가가 수입을 제한하는 비관세장벽을 설치하거나 관세를 부과하는 경우 또는 국내에서 정치적 상황으로 인해 외국산 제품에 대한 인기가 낮을 경우 해외시장 자체의 영토 내에서 생산하는 것이 해외 판매를 할 수 있는 유일한 방법일 수 있다. 시장개척을 위한 지리적 확장은 주문설계 제품을 생산하거나 상품을 신속하게 배송해야 할 경우와 같이 다른 이유로도 발생한다(Shangenberger, 1988). 어떤 국가로 진입할 것인지 선택하는 데 있어 TNC가 해당지역에 대해 인식하는 어려움과 위험, 정치적 차이 그리고 기존의 경제적, 지정학적 연결 등 무형적 요인 역시 영향을 미친다.

1950년, 1960년대 중남미 국가들이 ISI에 참여했을 때, 관세부과로 수입품의 가격이 너무 비싸지자 미국 기업들이 경쟁할 수 있는 방법은 해당 지역에서 생산시설을 운영하는 것뿐이었다. 토착기업들이 국내시장에 공급함에 있어 노하우와 경험이 부족했던 것도 이러한 활동이 장려된 이유였다. 최근에는 아시아 자동차 생산기업들이 북미와 유럽연합에 조립라인을 건설하고 있다. 자국 근로자의 일자리를 빼앗아가는 외국 기업이라는 인식으로 불이익을 받지 않기 위해서이다. 1980년대 유럽에 대한 미국 FDI는 비슷한 전략을 활용해 확대되었다(Dunning, 1988). 영국은 자국에서의 임금이 더 싸고 노조가 길들이기 쉽다고 광고해서 FDI를 유인했다. 지금은 이전 제2세계의 유럽연합 신진 회원국들의 저임금 숙련 노동시장이 등장하면서 영국의 상대적 매력도는 감소하고 있다.

"지리적 특화"는 TNC 운영의 지리적 분리로, 이를 통해 장소별로 다른 업무를 수행한다. 글로벌, 국가, 지역, 부문별 본부는 일반적으로 주요 도시에 위치한다. 이를 통해 전문화된 생산 서비스, 글로벌 통신 네트워크, 숙련된 노동력, 정치적 연계에 대한 접근이 가능해진다. 또한 운영, 통제, 장기계획을 용이하게 만들며 기업 간부를 유인할 수 있는 라이프 스타일에 대해서도 쉽게 접근할 수 있도록 한다. 연구개발에 집중된 활동은 연관활동이 집적된 곳에 위치하여 기술노동인력이 결집할 수 있고, 지역 경쟁과 "버즈 buzz"(Bathelt et al., 2004)가 지식의 순환을 가속화할 수 있도록 한다(Silicon Valley를 생각하라; Saxenian, 1994 참조). 생산설비는 정치적, 경제적 리스크의 지형을 고려하여, 생산비용을 최소화할 수 있는 장소에 분리하여 위치시킬 수 있다. 마지막으로 영업소는 가장 수익성이 좋은 시장에 가까이 위치한다. 이 결과로 기업 내 노동의 공간적 분업이 형성된다.

이와 같은 기업 네트워크를 조정하고 운영하는 데 발생하는 어려움은 지난 20년 동안 감소했다(Dicken et al., 2001). 실질 에너지의 낮은 비용과 기술진보(항공 화물, 컨테이너 운송)로 인해 운송비용이 절감되었다. 글로벌 사이버 공간에서 기업 "인트라넷"(독점적 컴퓨터 네트워크)을 운영해 거의 즉각적으로 글로벌 운영을 조정할 수 있다. 지역 기업 운영에 대한 규제에 있어 국가 간 차이는 감소했다. 제3세계 국가들이 FDI를 유치하기 위해 시장 친화적인 "좋은 거버넌스" 원칙과 기업의 재산권에 대한 보호를 적용하고 있기 때문이다. 예를 들어, 무역관련 지적재산권 Trade-Related Aspects of International Property Rights(TRIPS)은 1994년 관세 및 무역에 관한 일반협정(GATT)의 "우루과이 라운드" 말미에 체결된 후 세계무역기구(WTO)에 편입되었다. 이 협약에 서명한 국가들은 수행자의 권리, 원산지 표시, 산업 및 집적회로 설계, 특허 및 상표, 식물과 동물의 유전자 변형 개발자의 독점권 등과 같이 공동으로 정의된 저작권법을 적용해야 한다. 협정은 또한 시행 절차와 구제책도 명시하고 있다. 이러한 조치를 통해 기업 내에서의 지리적 장벽을 줄이고 규제지형이 완화된 결과 기업은 "적시" 생산이 용이해졌다. 생산부품이 한 공장에서 다른 공장으로 정확히 필요한 시간에 도착하여 폐기물 처리, 보관, 재고에 따른 비용을 절감할 수 있게 된 것이다(이는 필요할 경우를 대비하여 모든 물품을 대량으로 길게는 몇 달간 창고에 보관하는 "만약" 접근법을 대체하게 됨, Sayer and Walker, 1992 참조).

TNC는 전형적으로 수평적 다양화와 수직적 통합의 조합으로 구성된다. "수평적 다양화"는 세계경제에서 한 부문이 차지하는 위치에 지나치게 의존하지 않도록 다양한 경제부문에 투자하는 것을 일컫는다. 일부 TNC는 매우 다양화하여 광업부터 패스트푸드까지 모든 분야에 투자하는 것처럼 보일 정도이다. "수직적 통합"은 특정한 상품생산을 담당하는 상품사슬에 대한 통제를 확장하는 것을 말한다. "상품사슬"은 자연에서 시작해 소비자에게 판매될 때까지 순차적인 생산활동을 나타내준다(Gereffi, 1996). 석유의 상품사슬은 시추를 통한 석유탐사에서 정제와 석유화학 생산, 타파웨어 용기 제조에서 주유소 운영까지 이어진다. 또는 목화밭에서 섬유공장, 재봉틀 그리고 마지막으로 옷가게까지 이르는 사례도 있겠다. 일부 상품체인은 수요중심으로 소매업 측에서 시작하여 월마트가 목화농업까지 거슬러 올라가 주문을 하게 된다. 반면 위의 석유와 같은 경우는 생산자 주도이다. 이 구분은 대체적으로 상품사슬을 따라 경제적 권력이 어디에 가장 크게 있는지에 따라 결정된다. 모든 TNC는 하나 이상의 상품 사슬에 관여한다. 전체적 상품사슬이 단일 TNC에 속한 경우도 있고, 복수의 TNC가 서로 다른 측면에서 전문화를 하기도 한다. 예를 들어 위에서 살펴봤듯 한국과 대만의 직물 TNC는 의류조립 단계에 전문화되어 인건비를 최소화할 수 있는 곳이라면 어디든지 위치한다. 이를 통해 월마트와 같은 기업이 제3세계 여성들을 착취한다는 비판을 받지 않으면서도 값싼 의류를 판매할 수 있도록 한다. 이들은 제3세계 다른 기업이 그런 비난받을 행위에 책임이 있다고 주장하면서 책임을 피할 수 있다.

지리적 특화를 위한 기업전략은 상품사슬을 따라 두 가지 접근법을 활용한다. TNC의 공장을 "글로벌 생산라인"으로 연결하는 경우가 있다. 이는 생산이 생산과정의 단계에 따라 한 위치에서 다음 위치로 옮겨가는 것이다. 따라서 패션 디자이너와 최신 패션 트렌드에 대한 이들의 지식을 활용할 수 있는 뉴욕에서 의류는 디자인된다. 그 후 이 디자인은 이탈리아 북동부로 옮겨져, 세계적으로 유명한 소규모 섬유공예 기업에서 천으로 짜지거나 인쇄될 수 있다. 다음으로 이 천은 매우 낮은 임금의 노동력이 풍부하게 공급되는 중국으로 운송되어 천의 절단 및 재봉을 통해 의류로 생산하는 노동집약적 과정의 비용을 감소시킬 수 있다. 그리고 나서 최종 제품은 블루밍데일 백화점에서 판매하기 위해 뉴욕으로 다시 보내진다. 이는 무게에 비해 가치가 높은 상품(컴퓨터 등)에 공통적으로 적용되는 전략이다. 다른 경우, "글로벌 조립라인"과 같은 형태로 운영된다. 세계 서로 다른 국가와 지역에서 생산된 부품을 사용해 한 장소에서 조립함으로써 상품이 생산된다. 이는 자동차나 항공기와 같이 더 큰 상품에 공통적으로 적용된다.

어떤 전략을 추구하건, 결과는 서로 다른 위치에 있는 공장이 생산과정의 서로 다른 측면에 특화한다는 것이다. 지리적 특화를 통해 TNC는 많은 혜택을 누린다. 첫째, 노동집약적 활동을 인건비와 근린수당이 낮은 곳으로 옮기고(그리고 노동자의 권리는 인정되지 않음), 환경적 비용이 많이 소요되는 활동을 환경 규제가 거의 없는 외딴 장소로 이동시킴으로써 글로벌 생산비용을 최소화할 수 있다. 둘째, 국가 규제를 대폭 줄일 수 있다. TNC는 전 지구적으로 뻗어있기 때문에 특정 영토와 그 정부에 대한 의존도를 낮출 수 있다. 심지어 미국 정부조차 해외에서 활동하는 미국 기업들에게 미국의 규범과 법률을 준수하거나 미국의 대외 정책(경제 보이콧 등)을 따르도록 설득하는 것이 점점 어려워지고 있다. FDI 유치를 위한 국가 간 경쟁이 더욱 치열해짐에 따라 "바닥으로의 경주"가 초래될 수 있다. 즉, FDI가 절박한 제3세계 국가들이 인건비와 환경규제를 최소화하게 되면 이는 제1세계에서 임금을 낮추고 노조를 무력화시키며 환경규제를 완화하라는 압박으로 이어질 수 있다. 셋째, TNC는 다양한 위치에서 공장 다수를 운영한다. 이를 통해 특정한 지역에서 생산을 위협하는 상황이 발생했을 때 "글로벌소싱"을 함으로써 평상시의 패턴으로 생산을 지속할 수 있는 TNC의 능력은 강화된다. 한 지점의 근로자들이 파업에 들어가거나 국가기관이 환경규정 위반을 이유로 시설을 폐쇄하려 할 경우 TNC는 다른 곳에서 대체 공급처를 찾을 수 있는 것이다. 마지막으로, 전 지구적으로 뻗어있는 TNC는 전 세계의 정보와 정치적 영향력에 접근할 수 있으므로 내부 회계규칙을 조작하여 환율의 차이를 통해 이익을 얻거나 높은 세금 체제를 피할 수 있다.

외국인 소유와 지역경제 발전

TNC가 특히 제3세계에서 지역경제발전에 도움을 주는지 방해하는지 여부에 대해 많은 연구가 이루어졌다. 다음 장에서는 FDI와 관련된 신규 투자가 지역에 미칠 수 있는 다양한 종류의 영향을 검토한다. 그러나 개발, 세계화, 제3세계에서 나타나는 중심국과 주변국 간 차이가 여기서도 적용된다는 점에 주목해야 한다. 예를 들어 세계사회포럼은 TNC가 제3세계에 초래하는 부정적 결과를 집중적으로 논의했다(마지막 장 "다른 세계는 가능하다" 참조).

외국인 소유 기업이 국내 개발에 미치는 영향에 대한 개념화는 두 가지로 나눌 수 있다. 첫째는 TNC가 경쟁을 저해하는 독점적 관행의 전형이라는 관점이다. 이러한 견해에 따르면 독점기업들은 자유경쟁의 장벽을 없애지 않고 오히려 창출하고, 수요를 창출하고 가격을 부풀리기 위해 권력을 남용하며, 지역의 기업이 발전하는 것을 방해하고, 기생적 카스텔을 형성하며, 과도한 독점적 수익을 불평등한 교환의 형태로 본국으로 추출시키는(Baran and Sweezy, 1966; Barnet and Müller, 1974; Eichner, 1976) 등 여러 방식을 통해 발전을 위한 경제활동을 왜곡시킨다. 이를 통해 TNC는 이익을 얻는 반면 이들의 공장이 위치한 지역의 발전은 저해되므로 FDI는 개최국의 저개발을 강화하는 동시에 본국의 발전을 가속화시켜 개최국과 본국 사이의 격차를 더욱 증가시킨다는 주장이 제기된다. 제3세계 국가들은 본국보다는 개최국이 될 확률이 훨씬 높기 때문에 해외, 또는 제1세계 자본에 대한 제3세계 일반 사람들의 종속성을 강화시킨다. 이를 주장하는 분석가들은, 몇몇 대규모 기업이 한 지역을 지배하게 되면서 초래되는 이런 "독점 자본주의"는 경쟁적 자본주의보다 더 나쁘다는 데 모두 동의한다. 일부는 정부 규제를 통해 이를 통제해야 한다고 주장한다. 다른 일부는 외국계 자회사를 국가나 근로자의 통제하에 두는 것이 유일한 해결책이라고 주장하기도 한다. 국가 주도 개발이 유행하던 시대(4장)에 제3세계에서는 이런 견해가 광범위하게 제기되었다.

이러한 의견과 대조적으로 FDI가 근본적으로 긍정적이라고 믿는 학자들도 있다. 여기에는 신고전주의 및 신제도 경제학자와 특정 마르크스주의자가 포함되며, 이들은 공통적으로 기업에게 좋은 것은 그 기업이 위치하는 지역에도 좋다고 주장한다(Dunning, 1988; Warren, 1980). 신고전주의와 신자유주의적 관점에서 보면 기업은 시장세력이 작동하는 데 있어 장애가 되는 국경, 국가규제, 지리적 거리 등을 극복하기 위해 FDI를 활용한다. 이러한 장애가 경제발전을 저해한다는 것이다. 결과적으로 전 지구적으로 자본을 이동시켜 기업 내 투자에 대한 이런 장벽을 피하거나 무력화시킬 수 있는 능력을 통해 TNC는 실제 세계 경제가 작동하는 방식보다 더 효율적이 된다. 따라서 TNC는 경제번영의 긍정적 동력으로 작용하는 것이다. 이런 긍정적인 시각을 가진 마르크스주의자들은 자본주의를 진보를 향해 한층 나아가기 위한 필수적인 전제조건으로 본다. 여기서 TNC는 토착 자본주의의 발전을 자극하는 "자본주의의 개척자"에 해당한다. TNC는 경쟁력있는 자본주의를 육성하고, 활동 장소에서 개발을 촉진하기 때문에 장려되어야 한다는 것이 일반적인 결론이다. 제3세계에서는 세계화에 대한 신자유주의적 시각이 대두됨에 따라 1980년 이후 국가 엘리트와 UN 내에서는 이전의 관점 대신 이 관점을 수용하게 되었다(5장). 그러나 제3세계의 일반인과 제1세계의 많은 사람은 FDI가 유익하다는 것에 대해 여전히 회의적이다.

유입되는 FDI를 지역주민의 발전 가능성을 높이기 위해 활용하는 지역의 능력에 대해서도 의견은 나누어진다. 특정 장소의 결과는 두 가지 핵심과정이 지역에서 어떤 영향을 미치는지에 따라 달라질 것이다. 기업이 집적할 때 생기는 이점과 세계 경제에서 더 유리한 지역이 나타날 경우 신속히 투자를 회수하는 TNC의 능력이 증가하는 과정이다. 집적 이익은 일반적으로 한 지역이 특히 특정산업을 중심으로 산업화를 이루었을 때 추가적인 경제성장을 촉진시키는 일련의 특성이 누적되는 것을 의미한다(양극화된 발전이라는 아이디어와 매우 유사함. 4장 참조). 역사적으로 이런 이점은 산업생산의 중심으로서 번영의 역사를 이미 누려왔던 지역의 특징이었다. 그러나 최근에는 서울, 타이페이, 상하이와 같은 도시나 정보통신기술을 기반으로 개발이 진행되고 있는 방갈로르와 하이데라바드와 같은 새로운 중심지가 부상하는 것으로 보인다. 이러한 관점에서 보면 점점 평평해지는 세계에서 자신의 비교우위(가장 잘 수행할 수 있는 활동)를 규명할 수 있는 모든 장소는 성장하며, 서로 밀접한 관련성을 지니면서도 기술적으로 역동적인 산업의 조합을 자신에게 이익이 되도록 끌어들일 수 있다(Porter, 1990; Scott, 2006; Storper, 1997). 그러나 바로 이러한 성장은 그곳에 집중된 산업이 지속적으로 번영하는지에 달려 있는데 이는 보장할 수 없는 것이다. 지역적 조건의 변화(예: 점점 더 조합화되는 노동력, 낡은 건물과 기반시설, 오염된 환경 또는 단순히 변화하는 지역적 요구)가 점점 더 부담이 될 수 있다. 그렇게 되면 두 번째 과정인 자본의 이동과 초국가적 생산시스템의 유연성이 활용된다. 이동성을 통해 산업은 이런 부담이 없는 곳으로 쉽게 이전할 수 있게 하고, 새로운 산업이 완전히 새로운 장소에서 발전할 수 있게 해준다.

이는 개별기업의 성공과 이러한 성공의 혜택을 받는 중심 산업지역의 경제적 번영은 확실히 오랜 기간 지속될 수 있지만 영원하지는 않다는 것을 의미한다. 이들은 새로운 기업, 새로운 성장산업, 새로운 생산 입지와의 경쟁으로 계속해서 도전을 받게 될 것이다. 투자흐름의 이동성이 증가하면서 중심지역과 주변지역은 경쟁 압력을 더 많이 받을 것이다. 이로 인해 FDI 패턴의 경제 및 공간적 구조조정이 더욱 빈번해지고 예측할 수 없게 된다. 산업성장의 경제적, 지리적 중심지에서 주기적인 변화가 나타나긴 했지만, 이와 같은 도전이 세계경제에 걸쳐 산업발전이 균등하게 확산되는 결과를 초래하지는 못했다. 중심부와 주변부는 녹아 없어지는 것이 아니라 새로운 장소에서 다시 나타난다.

적절한 조건하에서 초국가적 생산이 투자국의 실질적 산업발전을 촉진시킬 수 있다는 암묵적 가능성에도 불구하고 제3세계 대부분은 산업화에 성공하지 못했다. 많은 정책입안자에게 FDI는 경제개발 촉진에 가장 매력적인 "빠른 해결책"으로 간주되었지만, 예상되는 FDI의 혜택은 계속해서 제3세계 거주자 대부분을 피해가고 있다. 예를 들어 위에서 언급한 바와 같이 방갈로르와 하이데라바드는 ITC 활동의 글로벌 중심지로 폭발적으로 발전하며 실리콘 밸리에 도전하고 있다. 인도와 외국 소유의 기업들은 현재 제1세계 소비자들을 위한 전화 안내를 운영하는 것에서 소프트웨어 개발과 심지어 제1세계 병원을 대상으로 의료 컨설팅까지 지원하는 것까지 모든 종류에서 사업을 벌이고 있다. 그러나 이런 도시의 거주자 대부분은 여전히 매우 빈곤한 상태이며, 이런 지역을 기술 면에서 최첨단 글로벌 도시로 재탄생시키려는 지역 정책으로 인해 많은 경우 희생자가 되곤 한다. 실제로 지역 ITC 운영의 이익과 도시 경쟁우위의 강화를 위해 이들의 절박함이 이용될 수 있다. 빈곤한 주민들은 유독성의 전자 쓰레기를 재가공하는 등 바람직하지 못한 부분의 작업을 기꺼이 수행하는 노동력의 원천이 될 수 있다. 가난한 사람들의 신체가 건강하지 못한 노동 및 생활환경에 노출되는 인적 비용을 치른 결과 주요 투자자들이 지역에 투자하는 비용은 감소한다. 제3세계 정부가 외국인 투자자를 유치하기 위해 공격적으로 세계를 샅샅이 뒤지고 있는 환경에서, 이런 전략의 성공 가능성을 가늠하기 위해서는 FDI로 누가, 어떤 방식으로, 어떤 상황에서 이익을 얻는지를 더 잘 알아야 한다. 이를 이해하면 FDI를 유치할 것인지 그리고 어떤 형태로 유치할 것인지라는 간단하지 않은 중요한 질문에 대한 결정을 내릴 수 있을 것이다.

20

해외 자회사 생산과 경제발전

제너럴 모터스 회장은 일전에 "제너럴 모터스 General Motors에 좋은 것은 미국에도 좋다"라고 잊지 못할 말을 했다. 이것은 대규모 기업의 성장은 이들이 운영되는 국가에게도 좋다는 아이디어를 나타낸다. 이 장에서는 제3세계 국가에 대한 이 명제의 적용 가능성을 검토한다.

외국인 직접투자 승수

"개최국"(자회사가 위치한 곳)에 있는 "본국"(TNC 본부가 위치한 곳)의 외국인 직접투자(FDI) 수준은 재고나 FDI 흐름으로 측정할 수 있다. "재고"는 모든 형태의 이전 투입물(공장, 설비, 미사용 투입물, 미판매 제품)의 경제적 가치로, 투자국에 대한 TNC의 누적된 점유를 나타낸다. FDI의 "흐름"은 FDI 재고의 연간 순 변화로, 양의 값이나 음의 값으로 나타낼 수 있다. 본국에서 유출되는 신규 FDI와 본국에서 재투자된 전년도 FDI에서의 수익은 FDI의 양의 흐름을 나타내며 FDI 재고에 추가된다(그림 20.1). FDI의 재고를 감소시키는 음의 FDI 흐름은 TNC가 본국으로 수익을 소환하거나 자회사의 소유권을 주최국의 개인 거주자나 정부에게 일부나 전부를 전환시켜 투자를 회수하는 경우 발생한다. 이들은 FDI가 본국에서 개최국으로 흘러간 것으로 기록된다.

본국과 개최국 관리들은 모두 FDI가 자국 내에서의 승수효과를 통해 더 많은 경제성장을 창출할 수 있기를 희망한다. FDI의 유입을 장려하면 외부 자원을 끌어들임으로

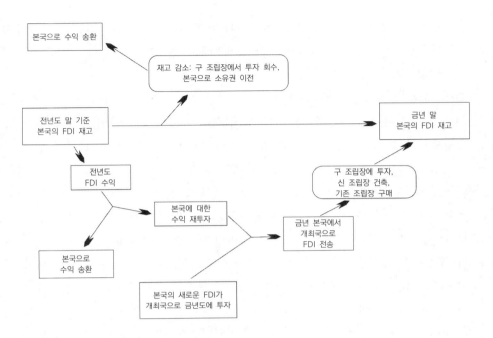

그림 20.1. FDI의 연간 흐름.

써 급속한 성장을 촉진할 수 있다. 그러나 이 유입이 추가적으로 유익한 영향을 가지고 올 경우에만 개발의 도구로서 효과적일 수 있다. 이런 간접적인 영향은 초기 투자의 영향을 배가시키기 때문에 "승수효과"라 불린다. 승수-고용과 다른 지역기업에 단기간의 영향이건 또는 장기적으로 보다 광범위한 개발영향이건-는 확실히 존재한다. 그러나 승수가 지역 발전에 영향을 미치는 정도는 승수가 지리적, 사회적으로 어떻게 분포되는 지에 따라 달라진다.

발전의 "엔진"으로서 TNC 투자를 지지하는 사람들은 지역의 많은 그룹에 승수효과가 누적되면 지역 경제적 번영이 달성되어 FDI를 유인하는 데 소요된 비용과 노력을 보상하고도 남는다고 주장한다. TNC 비판론자들은 잠재적으로 이익이 되는 이러한 효과는 지역에서 유출되어 해외의 다른 장소에게 혜택이 돌아간다고 주장한다. 또는 지역에서 발생하는 이익이 지역에 누적된다고 해도 FDI를 유인하는 데 소요된 비용과 노력을 보상하지는 못할 것이라고 주장한다. 제3세계 국가들은 제네럴 모터스와 같은 FDI를 유인하려 할 때 자신들이 이익 유출을 억제시킬 수 있으며 지역의 순승수효과는 양적으로나 질적으로 충분해서 노력을 보상해줄 수 있을 것이라 믿는다. 기대가 충족되지 않을 경우 제네럴 모터스에게 좋은 건 이익이 향하는 미국에 좋을 수 있다는 것이며, 제네럴 모터스를 유치하려 했던 멕시코와 같은 개최국에게는 혜택이 돌아가지 않는 것이다. 제

3세계 국가에게 악화되는 무역조건과 같이 FDI의 이익을 본국으로 되돌리는 불균형적 흐름으로 멕시코 내 특정 사회집단과 지역은 혜택을 받을 수 있겠지만 국제적 불균형은 감소되지 않고 강화될 것이다.

FDI의 주요 본국들은 미국의 해외 민간투자공사나 일본의 수출입은행과 같은 기관을 통해 자국기업의 해외활동을 적극적으로 장려해왔다. 이는 본국이 개최국에서 유출되는 승수효과를 통해 이익을 누릴 수 있을 것이라고 믿기 때문이다. TNC의 전략이 더욱 초국가적, 전 지구적이 되어가면서 개최국의 승수효과 유출이 자동적으로 본국으로 돌아오지 않는다는 우려가 크게 제기되었다. 전 세계 많은 장소에 투자되면서 개최국 한 곳에서 승수효과가 유출되면 다른 개최국으로 옮겨진다는 것이다. 따라서 점차 본국들조차 FDI를 통해 자국이 이익을 받는지에 대해 의문을 제기하고 있다. 미국 소비자들은 세틴 제품을 구매하면 정말 미국에 기여하게 되는 것인지, 아니면 그런 구매가 사실은 테네시에서 생산된 토요타를 구매하는 것보다 해외 근로자에게 더 이익이 되도록 하는 것이 아닌지 궁금해하고 있다(Wright, 2006).

제3세계 FDI의 영향에 대해 한때 회의적이었던 UN은(UNCTAD, 1983) 최근 "초국가적 기업은 전 세계적으로 자원을 배분하고, 새로운 세계경제에서 본국과 개최국의 경쟁력을 향상시키며, 경제적 통합과정을 촉진하는 데 중요한 역할을 담당하고 있다"(UN, 1992b: 5)라고 주장했다. 여기서는 제3세계 국가에서 초기 FDI를 통해 초래될 수 있는 승수효과의 유형과 이것이 어디서 끝났는지를 살펴봄으로써 이 주장을 검토해본다. 본국에 있어 극적인 성공이나 완전한 실패를 대표하는 FDI의 실증적 사례를 선택하는 건 얼마든지 가능하지만, 지역승수효과의 영향과 유출 간의 상대적 중요성을 일반화시키는 것은 훨씬 어렵다. 그러나 서로 다른 가능성을 검토해보면 특정한 사례를 평가하는 데 쓸 수 있는 검토 항목을 뽑아낼 수 있다.

통화 흐름

FDI의 가장 분명한 영향은 돈의 흐름 그 자체다. 실제로 경제학자들이 FDI의 영향을 판단하는 데 많이 사용하는 방법 한 가지는 "지불균형" 효과를 측정하는 것이다. FDI 유입이 FDI 유출을 초과했는가? 통화의 흐름은 FDI 자체보다 훨씬 방대한 영역이지만 일단 거기서 시작하기로 한다.

국가/지역의 이익과 손실

먼저 초기 자본흐름을 생각해보자(그림 20.1). 유입과 유출의 차는 한 국가가 FDI의 개최국의 역할을 수행하면서 발생한 투자의 순흐름이다. 본국을 대상으로도 비슷하게 계산할 수 있다. 해외 FDI 재고에서 본국으로 송환되는 소득에서 본국에 남아 있는 신규 FDI 유출과 해외 FDI 재고의 이익을 빼면 된다. 표 20.1은 FDI 붐 이전인 1970년대 말 자본 흐름을 보여준다. 표 아래쪽의 총합을 보면 본국으로 수익을 송환하는 흐름이 강하게 나타났지만 개최국이 전반적인 FDI에서 자본투자에서 양의 결과를 나타낸 반면 본국은 손실을 나타냈다. 그런데 여기에는 중요한 지역적 차이가 있었다. 중남미는 제3세계 중 유일하게 FDI를 유치하여 이익을 본 나라였고 제1세계 개최국으로서 손실을 본 국가로는 일본과 호주뿐이었다. 개별적으로 보면 캐나다와 서독이 개최국으로서는 순유출을 나타냈는데 이는 주로 대규모 FDI가 본국으로 송환된 것이 신규 FDI 유입보다 많았기 때문이다. 브라질, 아르헨티나, 멕시코는 개최국으로서 예외적으로 이익을 얻었는데 수익의 절반도 안되는 규모가 이들 국가에서 유출되었기 때문이었다(UNCTC, 1983: Annex Table II.13). 인도네시아와 서아시아는 서구의 석유기업들이 두 번째 석유파동에서 막대한 이익을 누리고 있었던 때 높은 손실을 보였다.

　본국과 개최국의 순이익을 합하면(표 20.1의 오른쪽 열의 전체 잔액) 미국은 FDI에서 이익을 얻은 반면 유럽은 손실을 나타냈다. 전체적으로 이 시기에는 제3세계에서 제1세계로 FDI 자본의 순유동이 나타났다. FDI 순유동 대부분은 유럽과 캐나다에서 미국으로 제1세계 간 부의 재분배가 일어난 것을 반영하고 있다.

　둘째, 한 국가로 흘러들어가는 것으로 기록된 돈이 어떻게 되었는지를 분석하려면 FDI 흐름보다 많은 것을 고려해야 한다. 한 국가로 들어간 것으로 기록된 신규 FDI가 실제로는 본국에서 개최국으로 흘러가지 않았을 수도 있다. 예를 들어 1966년부터 1972년 사이에 제3세계 개최국에 미국 기업이 투자한 자본금 중 미국에서 조달된 것은 3분의 1도 안되었다(Jenkins, 1987: 96). 게다가 한 나라로 흘러들어간 것으로 기록된 자본이 그곳, 특히 제3세계에 머물지 않을 수도 있다. FDI 유입은 일반적으로 임금, 기계, 건물 그리고 생산에 사용되는 기타 고정 장비에 사용된다. 건축 도급업자들은 지역업자일 수 있지만 제3세계 국가 대부분은 자신이 기계를 생산하지 않는다. 돈이 수입된 생산설비를 구매하는 데 사용된다면 자본은 아마 그것이 왔던 바로 그 나라로 다시 유출될 것이다. 한 국가에 진입하는 신규 FDI는 또한 개발을 위한 새로운 출처의 투자금이 아닐 수도 있다. 만약 그 돈이 기존 기업을 인수하는 데 쓰인다면 국가의 순이익은 FDI 흐름의 크기보다 훨씬 적어진다. 이 과정은 1980년대 이후 나타난 세 가지 추세로 더욱 가속화

표 20.1. 1978−1980년 FDI 자본흐름(연간 평균, 백만 미국 달러)

국가/지역	투자국			본국			
	FDI 유입	송환된 수익	잔액	송환된 수입	FDI 유출	잔액	총잔액
미국	10,205	−2,398	7,807	17,766	−19,547	−1,781	6,026
캐나다	1,138	−1,976	−838	747	−2,617	−1,870	−2,708
영국	3,756	−1,761	1,995	2,571	−5,756	−3,185	−1,190
서독	1,257	−2,275	−1,018	434	−4,262	−3,828	−4,846
프랑스	2,902	−184	2,718	294	−2,359	−2,065	653
유럽 나머지	4,914	−2,525	2,389	2,225	−4,053	−1,828	561
일본	173	−509	−336	1,015	−2,552	−1,537	−1,873
호주/뉴질랜드/남아프리카 공화국	1,644	−1,920	−276	443	−417	26	−250
라틴 아메리카	4,902	−2,828	2,074	145	−229	−84	1,990
브라질	2,118	−617	1,501	—	—	—	—
멕시코	1,376	−349	1,027	—	—	—	—
아르헨티나	366	−224	142	—	—	—	—
아프리카	1594	−1,861	−267	36	−51	−15	−282
서아시아	−1,074	−4,173	−5,247	63	−250	−187	−5,434
동남아시아, 오세아니아	2,468	−3,994	−1,526	88	−160	−72	−1,598
말레이시아	688	−84	604	—	—	—	—
인도네시아	229	−2,526	−2,297	—	—	—	—
대한민국	44	−56	−12	—	—	—	—
총합	33,879	−26,404	7,475	25,827	−42,253	−16,426	−8,951

출처: UNCTC(United Nations Centre on Transnational Corporation), 1983: 표 II.2.

되었다. 첫째, TNC를 비롯한 기업들에게 인수합병은 직접투자의 매우 인기있는 형태가 되었다. 둘째, 제3세계, 이전 제2세계, 유럽연합에서 국유기업이 광범위하게 민영화(특히 이동통신, 재정, 석유생산에서)되면서 많은 경우 소유권이 TNC로 넘어갔다. 셋째, 출자전환, 외국 은행에 대한 미지급 채무가 채권자에게 부분적인 소유권을 인정함으로써 해결하는 출자전환이 제3세계 채무위기에서 널리 쓰이는 해결책이 되었다.

기업의 손익

위의 논의에서 FDI의 영향을 받는 지역의 금전적 손익을 살펴보았다. 이제 FDI 기업의 손익에 대한 사례를 검토해볼 차례다. 기업은 수익성에 대한 판단 없이 FDI를 수행하지 않을 것이며, 대규모 TNC가 확실히 성공적이었던 걸 보면 이들의 판단은 대개 옳았다.

수익성 비율에 대한 자료는 기업이 좀처럼 공개하지 않기 때문에 구하기가 어렵다. 그러나 접근이 가능한 자료를 검토해보면 개발도상국에서 FDI를 통해 상당한 이익이 발생했다는 것을 알 수 있다(표 20.2). 석유수출국기구(OPEC) 회원국에 대한 미국의 석유투자는 예외적으로 높은 수익을 보였기 때문에 이 표가 어느 정도 왜곡되는 것은 사실이다. 그러나 한 가지 사례를 제외하고는 개발도상국 내의 수익률이 상당히 더 높다. 여기서 1970년대 후반 제3세계에서 미국기업에 높은 수익률을 주기 시작한 제조업은 예외이다.

기업도 실수를 할 수 있다. TNC는 특히 국가정부가 그 공장을 국유화하기 위해 움직였을 때 막대한 손실을 입었던 사례도 있었다. 다수 TNC는 제3세계에 대한 투자가 제1세계에 대한 투자보다 더 위험한 것으로 간주한다. 부적절한 기반시설과 시장에서 먼 곳에 입지하는 데 따른 비용과 같은 실질적 어려움 때문이기도 하고 정치적 위험에 대한 추정과 인식 때문에도 그렇다. 위험에 대한 인식은 국유화와 정치적 갈등을 겪었던 과거의 나쁜 경험뿐 아니라 다른 문화 및 정치적 특성을 가진 국가에 대한 정보의 부족과 편견 때문에 형성된다. 정확하건 그렇지 못하건 이런 인식으로 인해 TNC는, 수익이 위험을 상회할 것이라고 합리적으로 확신할 수 없는 한 또는 해당 국가의 정부가 TNC가 생각하는 적절한 수익률을 보장해주기 위해 보조금을 지급할 준비가 되어있지 않은 한, 특정한 장소에 대한 투자를 보류하게 된다.

FDI가 실행되기 이전에 TNC는 대개 지역 관리들과 협상이 진행하여 투자조건과 개최국의 보조금을 결정한다. 이를 통해 TNC 대표는 더 나은 거래를 할 수 있는 기회를 많이 가진다. 보통 제3세계 관리자들은 그러한 협상에 대한 경험이 적은 반면 기업의 이익과 필요성에 대한 정확한 정보는 기업만이 가진다. 따라서 예상되는 위험을 보상하기 위해 필요한 수익에 대한 자체 추정치를 초과하여 기업에 유리하게 협상이 진행되리라 기대하는 것이 타당할 것이다. 달리 말하면, 개발도상국이 나타내는 더 높은 이익(표 20.2)은 제3세계 자회사의 효율성만큼이나 수익을 낼 수 있는 조건을 협상해내는 TNC의 능력에 달려있다.

이전가격

위에서 요약한 것과 같은 통계를 분석할 수 있지만 그 정확성은 매우 의심스럽다. "이전가격"을 행하는 기업의 능력 때문이다. 지난 장에서 많은 자회사 거래와 일반적 국제무역의 상당한 비중이 동일 기업의 자회사와 이루어진다는 것을 보았다. 이런 거래는 자회사가 교환되는 상품과 서비스에 대해 서로 지불하게 되는 가격에 따라 좌우된다. 이런 이전, 즉 행정적 가격은 원칙적으로 어떤 방식으로든 기업이 원하는 대로 설정될 수 있으며 시장의 가격과 비슷해야 할 필요가 없다. 이전가격에 대한 자료를 얻는 것은 매우 어렵지만 제3세계에서 이를 어렵게 추정한 결과를 보면 자유시장 가격과 상당한 차이를 보였다. 벳소스 Vaitsos(1974)는 평균적으로 TNC의 콜롬비아 자회사가 같은 법인 소속 다른 지사에서 수입한 투입물에 대해 지불한 가격은 제약 투입물의 경우 시장가격의 250%, 다른 투입물의 경우 125 – 150%라고 계산했다. 일부 투입물의 경우 시장가격보다 무려 3,000배나 높았다.

기업들이 스스로에게 시장가격보다 더 높은 가격을 부과하는 것이 비합리적으로 보일 수 있다. 같은 투입물이면 외부기업에서 더 싸게 얻을 수 있기 때문이다. 그러나 기업 전체에 좋은 것은 기업에 속한 개별적 자회사나 그 자회사가 위치한 장소에 좋은 것과 매우 다를 수 있다. 이전가격은 여러 상황에서 발생할 수 있다(Jenkins, 1987).

이전가격을 부풀려 한 지점에서 다른 지점에 더 높은 가격을 지불하도록 하면 기업은 한 지점에서 발생한 수익을 수익으로 신고하지 않고도 다른 지점으로 이전할 수 있다. 내부 회계시스템은 이를 이전하는 지사의 비용으로 책정하므로 이 지사가 신고하는 수익률은 실제 수익률보다 적어진다. 한 국가 내에서 수익률이 얼마나 발생하는지에 대해 위장해야 할 이유가 있다면, 해외에 위치한 지사의 이런 거래는 수익이 기록되지 않고도 유출되도록 하는 수단이 될 수 있다. 만약 한 지사가 기업 수익에 대한 세금이 높거나, 수익 송금을 제한하거나, 과도한 수익에 대한 반감이 존재하는 국가에 위치해있다면 이런 거래가 유리할 것이다(사이드바: "포드 폐쇄(네덜란드)" 참조).

기업들이 투자국과 맺는 계약의 일부는 생산비용에 묶여있다. 따라서 이전가격을 통해 생산비용을 조작하는 것은 자회사가 이런 계약을 최대한 활용할 수 있는 방법이다. 투자국 하나가 잠재적 해외 투자자에게 보조금을 지급하여 지역 내 생산비용을 낮춰주어 다른 곳에서의 생산비용과 경쟁할 수 있도록 해주었다고 가정해보자. 여기서 기

표 20.2. 미국 FDI의 수익률(%)

경제부문	1974		1981	
	제1세계	제3세계	제1세계	제3세계
모든 부문	13.4	53.6	11.5	22.5
석유	11.0	133.3	19.8	49.0
제조	14.0	13.9	8.2	12.5
기타	14.2	20.9	10.6	18.0
전 세계 평균	23.0		14.4	

출처: UNCTC(1983: 부록 표 II.5).

업이 이전가격을 부풀리면 지역 내 생산가격을 실제보다 높게 만들 수 있으며, 따라서 투자국이 보조금을 실제로 필요한 것보다 더 많이 제공하도록 할 수 있다. 정부는 일반적으로 기업의 내부 가격 관행을 독립적으로 판단할 수 있는 권력이나 정보가 없다. 따라서 그런 행위를 막기가 어렵다.

마지막으로 국제 이전가격은 지불에 쓰이는 통화와 공급자가 쓰는 통화의 환율을 적용해야 하는데 이는 기업이 내부적으로 설정하며 공식적 환율과 다르다. 이를 통해 자금이 서로 다른 통화를 오가며 환율변화를 이용할 수 있고, 통화의 수입과 수출에 적용되는 제한을 피할 수도 있다.

자국 내 외국 기업의 영업을 규제하려는 한 국가의 시도를 저해할 잠재력이 있는 이전가격은 매우 일반적인 관행이다. 논쟁점은 그런 가격이 "합리적" 가격(일반적으로 시장가격으로 정의)과 얼마나 편차를 지니며 그런 편차의 원인은 무엇인지이다. FDI 지지자들은 이전 가격이 시장가격과 크게 다르지 않으며, 이전가격이 다르다면 그건 국가규제

포드 폐쇄(네덜란드)

영국 일간지 맨체스터 가디언(Boyle, 1981)은 1981년 4월 29일 자를 통해 4월 25일에 암스테르담 포드 조립공장의 근로자들이 9월 30일 공장 폐쇄를 통보받았다고 보도했다. 전무이사는 이 결정이 디트로이트에 있는 본사의 영향력과는 상관없이 내려진 것이라 주장하며, 1976년에는 수익이 5백만 달러에 달했는데 1980년과 1981년에는 손실이 2천만 달러가 되었기 때문이라고 말했다. 네덜란드 다국적기업 연구재단은 업무협의회와 기업문서를 검토하여 다음과 같은 사실을 발견했다.

- 세금 혜택으로 인해 수익을 영국에서는 최대로, 네덜란드에서는 최소로 신고하는 것이 포드에게 이익이 되었다.
- 1970년대 후반 디트로이트 본사에 지급된 배당금 중 포드(네덜란드)의 비중은 39%에서 75%로 증가했다.
- 영국 포드에서 암스테르담으로 선적된 부품에 대해 벨기에 포드를 통과하는 과정에서 23%의 취급료가 부과되었다.
- 독일 포드에서 공급한 부품의 가격은 1년 만에 20%가 상승했다(인플레이션의 4배).
- 네덜란드 포드에서 발생한 수익은 전부 디트로이트 포드로 송환되었다. 반면 투자금은 네덜란드 은행에서 구할 수 있는 것보다 최대 50% 높은 금리로 디트로이트 포드로부터 차용되어야 했다.
- 네덜란드 포드는 대중적인 차량을 단기간동안 생산하는 데 활용되어 비용이 많이 소요되는 재냉각이 자주 필요했는데, 이 사실은 공장의 효율을 추정하는 단계에서 고려되지 않았다.

로 인해 시장가격을 적정가치에서 왜곡시켰기 때문이며 기업은 단순히 그런 왜곡을 시정하는 것이라고 주장한다. FDI를 비판하는 사람들은 벳소스 Vaitsos(1974)의 연구 결과가 전형적이라고 주장한다. 그들은 또한 이전가격 관행이 자본의 이동성을 강화시키고, FDI의 이익이 투자를 수행하는 기업뿐만 아니라 투자가 발생한 지역의 주민들에게도 영향을 미치도록 보장하는 정책을 국가가 설계하는 것을 훨씬 어렵게 만든다고 주장한다.

　　이 논쟁은 거의 해결이 불가능하다. 보통 이전가격에 대한 필요한 정보를 수집하는 것조차 불가능하다. 시장가격 또한 측정이 어렵다. 그리고 시장가격이 적절한 표준인지에 대해서도 의견이 분분하다. 그러나 우리는 이전가격으로 인해 기업 자회사의 수익성 그리고 이익의 축적과 흐름을 정확하게 판단할 수 없도록 만든다고 결론지을 수 있다. 이런 관행이 만연해있는 것을 감안하면 기업의 이전가격에 대한 비판이나 규제가 없는 상황에서 국가들이 국제적인 "덤핑" 관행(수출가격을 인위적으로 낮추는 것)을 저지른다고 비난하는 것은 위선적일 수 있다.

현지 기업에 미치는 영향

FDI 승수는 두 가지 방법으로 투자국의 토착기업과 자본가에게 영향을 미친다. 첫째, 자회사가 있음으로 해서 그 회사로 납품하거나 거기서 구매하는 현지 기업에 대한 수요와 투자가 촉진될 수 있다. 둘째, FDI는 동일한 상품을 생산하는 자회사와 경쟁하는 현지 기업에게 영향을 미칠 것이다. 외부 소유 자회사 공장이 지역 소유 기업에 비해 지역 활동에 더 많은 영향을 미치는지 그리고 외국인 소유 공장이 지역 경쟁자들에게 지역소유 공장과는 다른 영향을 미치는지에 대해 알아보기로 한다.

　　첫 번째 문제에 대답을 하려면 자회사가 특히 자회사에게 투입물과 서비스를 제공하는 현지 기업과 맺는 연계의 강도를 검증해야 한다. 만약 자회사가 투입물 대부분을 현지에서 구한다면 자회사가 현지회사를 촉진시키는 것을 의미할 것이다. 반대로 투입물과 서비스가 대량으로 수입된다면 승수효과는 그 국가를 빠져나가 지역이 FDI에서 받게 되는 혜택은 적어질 것이다. 자회사 공장이 개최국 영토 내에서 폐쇄적으로(enclaves) 운영되는 유명한 사례가 몇 개 있다. 이는 그 자회사가 자신이 위치한 지역과 최소한의 상호 작용만을 한다는 것을 의미한다. 이러한 "사막 내 성곽"은 대개 자원채취를 목적으로 하거나 수출촉진구역(EPZ)에 위치한다.

　　외국 TNC는 광산 건설에 투자할 수 있지만, 모든 장비와 기술 노하우를 수입할 수 있으며(작업자를 위한 조립식 주택까지), 생산품은 다른 곳에서 가공하기 위해 수출될 수 있다(나중에 마감된 형태는 더 높은 가격에 다시 수입될 수 있다). 칠레의 외국인 소유 구리광산은 1920년대, 임금과 세금을 포함해 자본의 17%만을 현지에서 소비했다. 물론 1950년대에 70%까지 오르긴 했다. 카리브해 국가에 위치한 알루미늄 생산 자회사는 1960년대에 25－40%만 현지에서 소비했다(Jenkins, 1987: 104-108). EPZ의 경우, 자회사는 수입된 부품을 조립하고 이를 수출하는 플랫폼에 지나지 않아 청소, 보안, 가솔린 구매 등 기본적인 서비스만 현지에서 구매하게 될 수 있다. 1970년대 멕시코의 수출지향적 자회사가 사용한 부품 중 현지에서 구매한 것은 0.3%에 지나지 않았다(UN, 1991c: 49). 그리고 아시아에 있는 일본 전자제품 지점은 1987년, 현지에서 36%만을 구매했다(Jenkins, 1987: 108).

폐쇄적 경제(enclave economies)와 외국인 소유권의 연관성을 예측하기는 어렵다. 제품을 수출하지 않고 국내시장을 목표로 하는 FDI 부문은 일반적으로 폐쇄적이라는 이미지와는 달리 지역적 연계가 훨씬 강하다. 또한 특정한 부문과 위치에서는 그 장소와 산업의 위치적 특성으로 인해 현지 자본이 폐쇄적으로 기능할 수도 있다.

많은 연구가 제1세계 주변부 지역과 제3세계 모두를 대상으로 자회사와 현지 기업 간 현지에서 구매하는 경향을 비교했다. 이들 중 다수는 외부 소유 기업이 지역 소유 기업에 비해 지역적 연계가 적다는 것을 보여준다(따라서 유출효과가 더 큼). 이는 외부 소유와 지역소유 기업 간에 명확한 차이를 보이는 몇 개 안 되는 특징 중 하나이다(Jenkins, 1987). 지점 공장은 한 기업의 일부인데, 이 기업이 제공하는 광범위한 투입물과 전문지식은 현지 기업으로서는 보통 접근하지 못하는 것이다. 게다가 지점 공장은 모기업의 국제전략의 일부로, 그 기업 전체에 있어 최선의 이익은 지점과는 상당히 다를 수 있다. 현지 자본가도 현지 기업이 아닌 외국 기업을 활용할 수 있다. 그러나 지점 공장이 이렇게 하는 편이 더 쉽다. 실제로 지점 공장은 현지에서 동일 투입품을 구할 수 있는 경우에도 소속 법인의 다른 자회사로부터 투입품을 구매해야 한다. 특정한 투입품을 현지에서 구매하는 것이 공장에게 있어 경제적으로 이익이 된다면 현지 자본가들은 그렇게 할 것이다. 그러나 지점 공장의 우선순위는 다를 수 있다.

중요한 연계가 현지에 확립된 경우라 할지라도 현지의 거주민 모두가 혜택을 누리게 되는 것은 아니다. 만약 그 연계가 현지 기업들이 최소한의 임금과 비참한 근로환경을 조건으로 근로자를 고용하도록 만든다면 또는 그 연계가 자회사의 지속적인 사업을 보장하기 위해 현지 관리에게 보상한 결과로 형성되었다면(이는 제3세계 국가 관리에게만 해당하는 것은 분명히 아니다. 1970년대 룩히드가 일본 관리들에게 제공한 보상과 같은 유명한 사례를 생각해보라), 혜택은 지역 엘리트들에게 돌아가 전반적 번영이 아니라 소득 불평등 심화를 초래하게 될 것이다. 연계로 인해 관련 기업들이 환경을 과도하게 이용하거나 위해한 상품을 생산하게 된다면 즉각적인 이익에는 긍정적으로 보일 수 있지만 장기적으로는 이익이 되지 않는다. 따라서 이러한 연계가 어디서 일어나는지 뿐 아니라 이를 통해 누가 이익을 얻는지를 검토해봐야 한다.

이번에는 지점 공장과 직접적으로 경쟁하게 되는 현지 기업에게 FDI가 미치는 영향을 생각해보자. FDI를 옹호하는 관점에서 보면 지점 공장은 효율적이면서 기술적으로 우위에 있는 TNC의 구성원으로, 현지 자본가에게 새롭고 더 엄격한 경쟁 기준을 제시하여 비효율적인 현지 기업을 폐업시킬 것이다. FDI는 시장경쟁의 장벽을 허문다. 경쟁이 심할수록 효율성은 향상되기 때문이 이런 장벽을 무너뜨리는 것은 어떤 것이든 유익할 것이다. FDI에 비판적인 관점에 따르면, 더욱 치열해진 이 경쟁으로 현지 자본가들은 더욱 불리해질 것이다. 이들은 TNC와 경쟁할 자원이 없기 때문이다. 결과적으로 지점 공장이 모기업의 과점적 권력을 활용하여 현지의 경쟁을 제거하면서 효율적인 현지 기업들조차 파산하게 될 것이다. 실증 연구는 FDI 수준이 높으면 일반적으로 투자에 국내 저축을 활용하는 수준이 낮다는 것을 보여준다. 이는 외부 소유의 공장이 국내 공장을 폐업으로 내몬 결과일 수 있다(United Nations, 1992c: 115). 그렇게 되면 지역은 거주민들의 복지에 거의 관심이 없는 외국 기업에 의존하게 될 것이다.

TNC의 지점 공장은 국내 기업보다 규모가 크고, 자본 집약적인 기술을 적용하며, 높은 생산성을 나타내는 경향이 있다. 이런 모든 요소를 보면 정말 이들이 국내 기업을 능가할 것이라는 생각이 강해진다. 그러나 많은 경우 이런 비교는 사과와 오렌지를 비교하는 것과 같이 어려운 것이다. TNC는 성장 전망이 좋은 자본집약적이고 과점적인 부문에 투자하는 경향이 있으며, 경제 내 같은 틈새에서 운영되는 국내 기업들과 비교하는 것이 맞다. 그렇게 정확한 비교가 가능했을 때 국내 및 외부 소유 공장 간의 시스템상 차이가 거의 나타나지 않았다(Jenkins, 1987). 그러나 이것이 TNC가 장점이 없어서인지 또는 국내 기업들이 TNC의 관행에 적응해야 했기 때문인지는 명확하지 않다.

TNC의 진입과 성장을 역사적으로 연구해보면 이러한 가능성 간의 차이를 구별할 수 있다. 실제로 케냐와 같은 일부 국가에서는 TNC가 지역 생산자를 제거한 것으로 밝혀졌다(Langdon, 1981). 그러나 여기서도 지역에 미치는 영향은 쉽게 설명되지 않는다. 따라서 이는 (1) 권력을 이용해 토착산업을 제거한 "무심한" 외국자본에 대한 의존도 증가, (2) 현지 자본가들이 외국 소유주들과 유사한 행동을 취하면서 지역발전에 영향을 미치는 변화 초래, (3) 비효율적 현지 기업을 제거하고 다른 곳에 더욱 효율적으로 투자될 수 있는 자본을 불러내는 경쟁의 건전한 과정 등으로 다양하게 해석될 수 있다(UN 1992c: 124).

기술 전수

기술 변화(즉, 새로운 생산방식과 신제품의 개발)는 장기적인 경제성장을 촉진하는 근본적인 수단 중 하나로 인정받고 있다. 신기술 및 제품의 연구개발(R&D)에 대한 민간지출에서 TNC는 큰 부분을 차지하고 있다. 그러므로 FDI가 투자국에서의 기술변화를 촉진시키는지를 검토해볼 필요가 있다. 한 장소의 기술발전은 연구개발에 대한 투자, 개최국으로의 기술이전, 현지 요구에 대한 도입된 기술의 적응 등 몇 가지 방식으로 이루어질 수 있다. 이러한 각 영역에서 TNC의 영향을 검토하도록 한다.

TNC가 제3세계 개최국에서 연구개발을 많이 수행한다는 증거는 거의 없다. TNC는 다른 기업보다 연구개발에 2-3배 더 많은 노력을 투자하지만 미국과 유럽 TNC의 연구개발 투자액 중 67-90%는 본국에서 이루어지며 나머지 부분은 거의 전부 다른 제1세계로 투자된다. 제3세계에서 연구개발을 수행하는 외국 기업과 국내 기업의 상대적 경향을 조사한 연구는 극소수이다. 외부 소유 지점 공장들은 비록 연구개발에 대한 관여도가 증가하고 있긴 하나, 수입에서 연구개발에 소비하는 비중이 이들이 위치한 개최국에 비해 낮다는 것을 이 연구들은 보여준다(United Nations, 1992c: 146). 지점 공장들은 또한 연구개발보다 수입한 기술을 현지조건에 맞게 적응시키는 데 더 많은 노력을 기울이는 것으로 보인다.

TNC는 세 가지 방법으로 국제적 기술전수에 기여한다. 첫째, 해외에 지사를 설립하면 기술은 자본 설비, 공장현장의 생산 방법, 설비와 수단을 적용하는 관리 시스템 등의 형태로 개최국으로 수입된다. 제3세계 현지 기업과 비교했을 때 TNC는 화학, 기계, 전기 장비 등 "연구 집약적" 부문에 훨씬 더 많은 투자를 하고 있다. 이는 토착기업이 사용하는 기술보다 더 나은 기술을 TNC가 개최국에 도입하고 있다는 것을 의미할 수 있지만, 이런 통계는 오해를 불러일으킬 수 있다. 예를 들어 연구집약적인 컴퓨터 기계에 투자한다고 해도 개최국이 수행하는 활동이 비숙련 근로자가 반도체를 조립하는 것 뿐이라면 새로운 기술을 대폭적으로 들여오지는 않을 것이다.

국내 기업이 외국 기업과 계약을 맺을 때도 기술이전은 발생한다. 이런 협정의 종류로는 먼저 하청 생산이 있다. 하청 생산을 통해 현지 기업이 외국인 기업의 필요에 맞게 상품을 적응시키는 과정에서 현지 기업이 습득할 수 있는 기술적 지식은 거의 없을 것이다. 협정의 다른 종류는 국내 기업이 외국 법인의 제품을 생산할 수 있는 허가를 받는 라이센스 계약이나, 개발을 위한 협력적 전략 협정까지 다양한 형태가 있다. 전략적 협정은 TNC가 기술 노하우의 개발을 공유하고 가속화시키는 데 특히 중요한 글로벌 전략이 되었다. 그러나 1980년대에 이루어진 전략적 협정에 제1세계 이외의 기업이 참여한 경우는 3% 미만이었다. UN은 전략적 협정이 사실상 제1세계에서 제3세계로 기술이 이전되는 것을 지연시키고 있다고 언급했다(UN 1992c: 155–156).

기술이전의 어려움과 소요되는 비용으로 제3세계는 공통적으로 제3의 전략을 추구하게 되었다. 즉, 저작권법을 무시하고 다른 국가에서 개발되고 특허를 받은 상품과 과정을 불법적으로 복제하는 것이다. 이러한 경향은 특히 전자부문에서 많이 나타난다. 1980년대 동남아에서는 음악 녹음과 컴퓨터 소프트웨어 해적판이 대량으로 생산되었다. 의류, 향수, 시계와 같은 유행에 민감한 패션 제품도 복제되어 진짜 상품보다 훨씬 낮은 가격으로 판매되고 있다. 저작권법은 이를 방지하기 위해 만들어졌다. 이 법은 개발에 투자한 비용과 노력을 보상하기 위해 혁신가에게 한 상품에 대해 수년간 독점적인 권리를 보장한다. 새로운 기술의 연구개발을 촉진하기 위해 시장원리 적용을 중단시키는 것이다. 최근까지 제3세계 국가 다수는 국제저작권협정에 서명하기를 거부했다. 이를 통해 이들은 암묵적으로 외국 상품에 대한 기술적 복제를 장려하고 특정 기술에 대해 TNC가 전 세계적인 독점권을 유지할 수 없도록 만들었다.

이런 종류의 복제는 특정 유형의 상품에만 효과가 있으며, 경쟁은 제3세계 국가 내의 외국인 투자자들에 국한되어 이루어진다. 물론 이런 불법 복제는 제1세계에서도 이루어지고 있다는 것을 잊어서는 안된다. 그러나 1980년대 후반, 지적재산권 보호조약(intellectual property rights[IPR])에 서명하라는 상당한 국제적 압력이 제3세계 국가들에게 가해졌다. 제3세계는 딜레마에 직면해있다. 이런 협정은 기술이전의 속도를 늦추고 비용이 더 많이 들게 하며, 외국 기업의 지배권력을 강화시킨다. 그러나 협정에 서명하는 것을 거부하면 TNC와 이들 본국의 보복을 불러온다. 이런 보복은 이제 국제법적 기반을 확보했다. 1994년 무역관련 지적재산권 Trade–Related Aspects of Intellectual Property Rights(TRIPS)이 발효된 것이다.

기술이전은 역방향으로도 발생할 수 있다. TNC가 제3세계에서 제1세계로 신상품과 공정을 수입할 경우이다. 이는 비교적 드물지만 특정 지역에서는 필수적이다. 가장 잘 알려진 사례는 의약품이다. 식물의 약효에 대한 토착민들의 지식을 바탕으로 제1세계 TNC는 열대우림에서 신약의 기초를 형성할 수 있는 유기체를 찾아내왔다. TNC는 이러한 유기체에서 개발된 신상품에 독점권을 부여하는 특허를 신청할 수 있다. 개최국에서 나오는 생물다양성과 토착 지식의 필수적인 기여에 대해서는 보상할 필요가 없다. 이와는 대조적으로 현지 사람들은 특허를 신청하고 싶어도 그럴 수 있는 자원이나 전문지식이 없다. 이런 형태의 기술이전은 유전공학이 발전하면서 더욱 확대되었다. 기업들은 제3세계 생태계 시스템에서 들여온 소량의 유전자를 활용해 새로운 유전자를 만들어낼 수 있으며, 이를 다시 그들의 소유로 특허를 낼 수 있다. 이것이 IPR을 시행하여 방지해야 하는 관행, 즉 다른 사람의 지식을 제재 없이 전용하는 것과 같은 종류에 해당한다고 해도 세계무역기구(WTO)나 다른 곳에서는 이런 역방향의 기술이전을 방지할 법적 제도가 존재하지 않는다.

이런 종류의 기술이전은 도입된 기술이 현지에서 변형, 적응될 때 발생한다. 여기에는 지역시장에 맞게 수량을 더 적게 생산할 수 있도록 기계장치를 바꾸는 것에서부터 제품이나 생산 방법을 지역 조건에 더 맞도록 적응시키기 위해 공장 현장에서 이루어지는 관행에 이르기까지 다양하다. 이 과정에서 TNC의 영향력은 고사하고 이것이 발생하는 정도를 측정하는 것도 매우 어렵다. 그러나 제3세계의 외부 소유 공장은 새로운 기술을 개발하는 것보다 낡은 기술을 적응시킬 가능성이 더 높다는 증거가 있다. 이런 적응은 별것 아닌 것처럼 보일 수 있지만 개발에 있어 장기적인 영향을 초래할 수 있다. 암스덴 Amsden(1990)은 한국 기업이 제1세계 국가들과의 기술적 격차를 해소할 수 있는 역량을 확보하는 데 있어 이런 적응이 열쇠가 되어 성공적인 산업화를 촉진시켰다고 주장한다. 그러나 이러한 진전은 한국 소유의 산업단지에서 발생하였기 때문에 FDI로 인한 결과라기보다는 토착산업정책의 결과라는 점에 유의할 필요가 있다.

기술이 한 국가로 이전될 때 그 기술이 지역에 적합한지는 고려되지 않는다. TNC가 적용하는 생산수단은 보통 국내 기업보다 자본집약적인데, 이러한 기술이 노동력의 잉여가 존재하는 지역에 적합한지에 대해 많은 논쟁이 있었다. 또한 제품 자체가 판매되는 국가에 적합한지에 대한 많은 논쟁도 있었다. 이런 문제에 대해서는 일반적인 결론이 도출될 수 없으며, 따라서 사례를 중심으로 검토해야 한다.

투자국이 기술에 지불하는 가격 또한 중요하다. 가격이 높을수록 기술을 획득하는 데 소비된 비용과 대비해 얻을 수 있는 혜택은 감소할 것이다. 가격은 FDI를 통제하는 협상의 일환으로 결정된다. 협상 조건은 협상자의 상대적인 힘에 달려 있으며, TNC의 협상력이 더 클 것이다. 추가적인 제한도 보통 이러한 협상의 일부분으로 다루어진다. 기술을 제공하는 외국 기업에게서 장비, 서비스, 다른 투입물 등을 구매해야 한다고 명시할 수 있으며, 이는 효과적으로 기술의 가격을 상승시킨다. 구매한 기술을 사용해 생산한 모든 형태의 제조품에 제한을 가해 현지 기업이 기술을 제공한 기업과 해외에서 경쟁할 수 없도록 만들 수도 있다. 1970년대에 라틴 아메리카에서 이루어진 계약 중 14–83%는 전자와 같은 제한을 두었고, 21–99%는 후자와 같은 제한을 두었다(Jenkins, 1987: 81).

요컨대 매우 불완전한 그 정보는 TNC가 본국과 투자국 간의 기술 가용성을 평준화한다는 주장을 제대로 뒷받침하지 못하고 있다.

노동

FDI가 노동력에 영향을 미치는 방식은 고용자 수, 일자리 형태와 개발기회, 개선된 근로조건을 얻을 수 있는 능력 등 세 가지이다. TNC는 1992년 제3세계에서 약 700만 명의 근로자를 고용했다. 이 규모가 경제활동인구의 5% 이상인 국가는 극소수였다. 이는 비록 FDI가 도입된 영향으로 지역 기업에서 창출된 일자리도 고려해야겠지만, TNC가 고용자 수에 미치는 직접적인 영향은 작다는 것을 의미한다. 앞서 지적했듯이 이런 일자리 수는 지점 공장과 토착기업 간 연계의 강도에 따라 다르다. 외부 소유 공장은 일반적으로 외국인을 상당수 고용하는데, 이들은 보통 보수가 좋은 위치에 있다. 많은 경우 모기업에서 기업경영을 돕기 위해 이런 국가들로 파견된 인력의 규모는 점차 줄고 있지만 여전히 미국 해외계열사 고용의 0.5%, 일본 기업에서는 3%를 차지하고 있다(United Nations, 1992c: 178). 외부 소유 기업들의 단위 투자금액 대비 근로자 고용 규모는 토착회사보다 작다. 그렇다면 지점 공장은 지역 소유 기업에 비해 현지 사람들을 고용하는 경향이 낮다고 결론지을 수 있다. 외부에서 소유권을 가지게 되어도 대개 고용 규모는 감소하지 않지만, 이 증거를 보면 동일한 자본량이라면 일반적으로 지역 소유 기업들이 초래하는 고용 효과가 더 크다는 것을 알 수 있다.

TNC가 제3세계 국가들의 고용률에 미친 긍정적인 영향 중 하나는 여성을 고용하는 경향이 강하다는 것이다. 1980년대 중반 제3세계 외부 소유 기업의 직원 중 약 29%가 여성이었으며, 이들 대부분은 제조업에 종사했다. 실제로 EPZ에 위치한 TNC 계열사에 고용된 200만 명의 대부분은 여성이다(United Nations, 1992c: 184). 이는 TNC가 이전에 공식적인 고용 시장에서 소외되었던 그룹으로 고용 기회가 확장되는 데 역할을 했다는 것을 의미한다. 그러나 이러한 일자리에서 승진 기회와 근로조건은 제한적이었음을 기억해야 할 것이다.

창출된 일자리의 유형과 직원의 경력개선 및 숙련기술 개발기회의 측면에서 FDI의 영향은 지역적 맥락에 따라 크게 달라진다. 미숙련, 저임금, 일상적 고용은 극단적인 경우의 한가지이다. 이런 직종에는 일반적으로 EPZ에 위치하면서 의류, 직물 또는 전자장비를 조립하는 노동집약적 산업과 "백오피스"를 통해 일상적인 데이터 처리 활동(즉, 항공권 발행 시스템과 같은 글로벌 컴퓨터 정보 기반에 자료 입력)을 수행하는 서비스 산업이 해당된다. 제3세계는 임금이 낮으므로 외국 기업은 상당한 비용을 절감할 수 있다. 아메리칸 항공은 백오피스 활동을 중국과 바베이도스로 이전해서 연간 350만 달러를 절약했다고 추정된다(United Nations, 1992c: 186). 저임금은 사회경제에 대한 근로자 1인당 소비여력에 거의 도움이 되지 못하며 기술향상과 사회적 개선에 대해 예상되는 기여도 제한적이다. 일자리가 창출되긴 하지만 고용된 노동자들에게 밝은 미래를 약속하지는 않으며, 개최국에도 많은 기여를 하지 않는다.

이렇게 발전성 없는 일자리가 성차별적 특성을 지니고 있는 점도 중요하다. 이러한 일자리는 여성이 압도적으로 차지하고 있다. 여성 우세는 여성이 더 능란하고, 유순하며, 반복적이면서 저임금인 작업을 장시간에 걸쳐 기꺼이 수행한다고 하는 성 고정관념을 통해 정당화된다. 이런 일자리를 통해 경력개발이나 사회적 이동성으로 이어질 수 있는 것은 거의 배우지 못한다. 그러므로 경제에 대한 여성의 참여 증가는 여성의 기회가 지속적으로 제한적인 현실을 감추는 경우가 많다. 저임금 지역에서 그런 일자리를 창출하여 미숙련 일자리를 수출하는 한편 숙련된 일자리를 세계경제의 중심에 계속 유지하는 것이 글로벌 기업전략의 일환으로 활용될 경우 FDI로 인해 근로자에게 주어지는 가장 큰 혜택—즉, 기술과 높은 임금—은 FDI의 본국 내에 그리고 투자자와 최고 경영자의 소유로 돌아가게 된다(사이드바: "수출 처리에 종사하는 여성" 참조. 5장 및 17장 역시 참조).

다른 극단에는 숙련된 근로자가 있다. 이들에게는 보수가 좋고, 기술과 새로운 환경에 대한 적응성을 향상시키기 위한 훈련이 정기적으로 주어지며, 기업 내에서 승진하거나 다른 곳에서 시장성있는 기술을 취득할 수 있는 기회도 주어진다. TNC가 라틴 아메리카의 수입 대체 분야에서 활동하면서 어떤 경우에는 노동조합이 조직되고 보수가 좋으며 대부분은 남성으로 이루어진 노동력이 창출되었다. 이는 제1세계 유사한 산업에서 나타나는 특징이다. 이런 근로자들은 다른 분야의 노동자들보다 부유해졌고 개최국의 부에 더 많이 기여했지만 개발적 효과는 여전히 논쟁에 있다. 어떤 사람들은 20세기 제1세계에서 나타났던 현상과 같이 이런 근로자가 부유층과 빈곤층을 잇는 신중산계층을 대표한다고 주장한다. 또 다른 사람들은 그들이 외국 자본과 FDI를 장려한 국가 정권 덕에 번영할 수 있었던 "노동 귀족"이라고 주장한다. 성공하게 되면서 이들은 대다수 인구의 관심 사항과는 멀어져버렸다는 것이다. 또 다른 이들은 이러한 근로자들이 국가 정부에 압력을 가해 더 나은 근로조건과 전체 인구를 위한 사회 프로그램을 만들도록 할 수 있다고 믿는다.

창출된 일자리의 종류가 지역 소유 기업에서 제공되는 일자리와 얼마나 다른지 구분하는 것은 매우 어렵다. 숙련된 근로자와 관리자들은 더 집중적인 훈련을 받게 되며 TNC는 토착 기업보다 더 많은 돈을 교육과 훈련에 쓸 수 있다(United Nations, 1992c: 175 -176). 그러나 훈련을 받은 인력이 이런 기업 내에 머무르는 경향이 있다면(예를 들어 터키에서 나타난 사례처럼) 이러한 기술이 지역 기업에게 퍼지지 않아 투자 지역이 누리는 혜택은 더 적어질 것이다. 대기업 직원들은 떠날 가능성이 더 적다. 따라서 TNC가 교육에 대한 투자를 늘리면서 발생하는 혜택은 이 기술이 개최국 내에서 보다 광범위하게 퍼질 가능성이 적어지기 때문에 저감될 것이다. 개최국 거주자들이 TNC 내에서 일할 때 이들은 그 기업문화를 부분적으로 흡수하는 경향이 있는데 이는 관행상 그 회사가 본국 내에서 발전시킨 사업 문화이다. 여기에는 공장 현장의 관행(예: 시간 엄수, 목표 달성, 타인과의 경쟁)에서 관리 방법, 근로자−직원 관계, 기업가적 태도, 시장 및 생산의 사적 소유에 대한 철학에 이르기까지 다양할 수 있다. 확산주의자와 TNC 우호적 관점에서 본다면 서구의 비즈니스 태도가 제3세계로 확산되는 것이 발전을 위해 좋은 것이다. 그러나 비판적인 관점에서 본다면 이는 일종의 문화적 확산으로, 한 국가를 적절하지 못한 발전

수출 처리에 종사하는 여성

1993년 7월 아시아 여성 노동자 뉴스레터(Asian Women Workers Newsletter)가 다음 해 익명의 저널 연구에 인용되어(Connexions, 1994) 중국에서 수출 처리에 종사하는 여성의 상황을 묘사하고 있다. 중국 남부의 경제특구 중 하나인 주하이에 있는 일본 소유의 산메이 전자공장 조립라인에서 여성들은 한 달에 49달러를 번다. 이는 주 7일 근무로 월평균 38달러를 받고 여기서 19달러는 식량에, 추가로 5달러는 기숙사비로 내야 하는 다른 지역에 비해 상대적으로 높은 임금이다. 전중국무역연합은 노동자의 권리를 침해하는 것이 흔한 일이라고 인정하고 있다. 근로 환경은 많은 경우 위험하고 유독성이 있다. 작업 속도는 매우 빠르게 유지되며, 근로자들은 가혹하게, 때에 따라 폭력적으로 다루어진다. 그리고 많은 외국 기업은 노조를 금지한다. 추가적 생산성을 보이면 보너스가 지급되지만 하루만 결근해도 보너스 전체가 없어진다. 1993년 4월, 캐논공장 600여 명의 여성이 3일간 파업에 들어간 것은 그들의 임금(월 62.50달러)이 국영 기업에서 지불한 임금(100달러에 육박)에 훨씬 못 미쳤기 때문이다. 산메이 노동자 2천 명도 5월, 16%의 임금 인상은 주하이의 치솟는 인플레이션과 맞지 않는다고 주장하며 파업을 벌였다. 캐논 노동자의 요구는 수용되었다. 비록 정부가 강제적으로 일자리에 복귀하도록 만들고 12명에게 사직을 강요했다고 불평했지만 말이다. 산메이 노동자들은 성공하지 못했다.

 멕시코의 EPZ에서 일하는 여성의 조건은 비슷하다. 멕시코의 마끼아도라 지역에서 참여적 현장 연구를 수행한 미국 인류학자는 자신의 경험을 다음과 같이 묘사한다(Fernandez-Kelly, 1984: 238).

> 평일 저녁 근무는 3시 45분에 시작해서 11시 30분에 끝났다. 30분간의 저녁식사 휴식을 알리는 벨이 7시 30분에 울렸다. 우리는 시간당 최저임금 0.60달러를 받으며 일주일에 총 48시간을 일했다. 내가 새로 하는 작업은 남자 셔츠의 커프 오프닝에 좁은 바이어스를 바느질하는 것이었다. 나에게 주어진 시간당 162쌍이라는 할당량은 2.7초마다 한 개씩을 의미했다. 직접 생산자로 6주를 일한 후에도 나는 이 목표의 절반에도 미치치 못한다고 느꼈다.

경로로 밀어 넣을 수 있다. 이는 제3세계 국가들에게 딜레마를 안겨주고 있다.

　　TNC가 개최국의 노동력에 영향을 미치는 세 번째 방법은 국가가 제공하는 사회적 복지뿐 아니라 보상과 근로조건에 대한 그들의 영향을 통해서다. 제1세계에서는 전통적으로 노동조합이 이런 분야에서 중요한 역할을 해왔으며, 유사한 조직들이 대부분의 나라에 존재한다. 이런 과정에 FDI의 존재가 어떤 영향을 미치는지 검토해본다. 다시 말하지만, 잠재적 영향은 두 방향으로 작용한다. 한편으로 외부 소유 지점 공장은 조직 구조가 대규모이므로 노조 조직에 좋은 조건을 제공한다. 제3세계 국가에서 가장 규모가 크고 호전적인 노조 중 일부는 그러한 공장, 특히 광산이나 시장지향적 수입대체산업에서 발전했다. 따라서 FDI의 존재는 조합화를 촉진할 수 있다. 이는 TNC가 의도한 것이 아니라 적용된 노동 절차에 따른 부작용이다.

　　대규모 TNC들은 노동단체와 협력하는 데 상당한 전문성을 발전시켜왔다. 어떤 경우에는 제1세계 국가에서의 긍정적인 경험을 바탕으로 이들은 토착 기업가보다 더 기꺼이 노조를 지지한다. 그러나 다른 경우, 이들은 권력을 이용해 노조화를 막는다. 후자는 특히 이념적 이유로 노조화를 허용한 적이 없거나 아니면 저임금 조립활동에 중점을 둔 기업에게서 나타난다. 이 경우 조직화하거나 근로조건에 저항할 가능성이 낮다는 이유로 특정 근로자 집단이 선택된다.

　　노동조합화를 저해하는 FDI의 가장 중요한 측면은 FDI가 가진 초국가적 범위일 것이다. 노동 조건을 개선하고 사회 프로그램을 제공하기 위해 정부가 적용하는 노동조합과 법률은 대부분 국가적인 규모로 운영된다. FDI의 국제적 이동성과 유연성은 TNC가 "발로 투표(vote with their feet)"할 수 있다는 것을 의미한다. 즉, 그 투자국이 지닌 다른 위치적 이점의 맥락에서 평가하여 조합활동과 노동조합이 지나칠 경우 그 국가에서 생산시설을 철수하는 것이다. TNC의 국제적인 이동성은 노동자 운동의 국가적 권력을 언제나 약화시킬 수 있는 잠재력을 가지고 있다. 이 잠재력의 실현 여부는 FDI 필요성에 대한 개최국의 인식에 달려있다. 이것은 정부의 모든 외국인 투자 규제가 직면하는 문제인데, 최근 정부는 외국인 투자자들의 요구에 점점 더 기꺼이 적응하고 있다. 때로 미국정부의 노골적인 지원과 함께 순응적인 정부는 정치적, 군사적 권력을 이용해 노동자 권리를 통제하거나, 노동조합화를 억압하거나 또는 그런 권리가 적용되지 않는 EPZ를 만들어왔다. 멜리사 라이트 Melissa Wright(2006)가 멕시코 마끼아도라에서 보여주었듯 그리고 전 지구적 조립라인(Da Art Video, 1986), 차이나 블루(Bullfrog Films, 2005)와 같은 비디오에 기록되었듯, 노동자(특히 여성)는 공장에서 일을 할 수 있다는 것만으로도 감사해야 한다는 가정에 도전한다는 이유로 핍박을 받고 있다.

FDI와 국가

FDI를 지배하는 협약 사항과 조건을 변화시키고, 국가 발전을 위해 승수효과를 활용할 수 있는 정치적 권력을 지닌 기관으로 국가가 있다. 국가는 자국 영토 내에서 외국과 국내 기업의 운영을 규제할 수 있다. 그러나 동시에 초국가적 생산이 성장하면서 이 권력을 행사할 수 있는 국가의 능력을 약화시키고 있다. 그리고 국가는 FDI를 규제하기보다는 장려하기 위해 이 권력을 사용할 가능성이 점점 높아지고 있다.

제3세계 국가 대부분은 FDI의 허용을 위한 승인을 받아야 하는 국가기관을 가지고 있다. 전통적으로 승인을 받는 것은 어려웠다. 승인은 외국인 소유의 FDI가 가능한 부문과 장소를 통제하는 데 활용되어왔다. 경제적이나 정치적으로 전략적이라고 간주되는 부문이나 또는 외국인이 소유함으로써 국익에 위협을 받을 수 있다고 간주되는 부문에 대해 국가는 투자 허가를 거부할 수 있다. 또한 국가는 많은 경우 외국계 자회사의 소유권의 상당 부분을 국내 소유로 할 것을 요구해왔다. 즉, 완전한 외부 소유가 아니라 국내와 외부 소유주 사이의 공동 사업을 장려해왔다. 여기서 가장 중요한 논쟁부분은 통제권 대부분이 외국인 손에 들어갈 수 있는지이다.

국가는 또한 기존의 지점 공장 운영도 통제할 수 있다. 이 중 가장 극단적인 것은 "국유화"(즉, 외국인 소유주로부터 시설의 소유권을 수용하여 국가의 손에 넣는 것)이다. 외국 기업의 국유화는 제1세계에서는 매우 드물었지만, 1970년대 제3세계, 특히 천연자원 산업에서는 TNC가 직면한 실질적인 위험이었다. 국유화의 물결이 1975년에 절정에 달해 세계적으로 국유화는 85건이 이루어졌다. 그러나 1970년대 말에는 일 년에 약 16개로 감소했다(UNCTC, 1983: 11). 1985년 이후 국유화는 사실상 중단되었다(United Nations, 1992c: 287). 국유화가 그 단어의 의미만큼 극단적인 것만은 아니라는 점에 주목해야 한다. 첫째, 보통 외국인 소유자에게 상당한 보상이 주어진다. TNC가 보상이 불충분하다고 판단할 경우, 국제법 법원에 상환청구하거나 또는 다른 TNC 또는 본국과 협력하여 공격적인 행동을 한 투자국을 보이콧할 수 있다. 둘째, TNC는 자체적으로 국유화를 추구할 수 있다. 1969년, 사회주의 정부의 당선이 임박한 것을 우려한 칠레 아나콘다 구리 광산은 기독교 민주 정부가 제시한 합작법안 대신 보상이 주어질 수 있는 국유화를 요청했다. 이를 통해 칠레에서 자본을 철수한 후 호주와 미국에 재투자했다(Jenkins, 1987: 183).

국유화는 다른 접근법이 부적절하게 보일 때 국가 정체성을 주장하거나 사회주의로의 전환을 촉진시키기 위해 많이 사용되는 마지막 수단이다. 외부 소유 공장의 운영을 규제하고, 승수 효과의 해외 유출을 줄이기 위한 다양한 다른 조치들도 이용할 수 있다. 여기에는 지역 소유 증가, 수익의 더 많은 부분을 지역 수중으로 돌리려는 노력, 실적 제한 등이 포함된다. 실적 제한에는 외부 소유 기업의 제품에서 최소 수준의 현지 콘텐츠를 요구하는 법률, 기술 이전을 명시하는 규제, 수입 감소나 수출 증가를 위한 규제 등이 포함된다.

국내 시설에서 FDI를 차별하는 조치는 공통적인 문제 두 가지에 직면한다. 첫째, 지역 소유주들이 지점 공장과 다르게 행동한다고 가정한다(즉, 지역경제 복지를 촉진하기 위해 승수효과의 더 큰 비중을 지역에 유류시킬 것이다). 위에서 제시한 바와 같이 이 가정을 뒷받침하는 증거는 너무 빈약하다. 둘째, 국가와 TNC가 영토권을 행사하는 지리적 규모는 근본적으로 다르기 때문에 국내 규제를 적용하기가 상당히 어렵다. 국가 정부는 자신의 영토 외의 운영에 대한 통제권이 없으며, 이에 따라 이들이 TNC를 규제하는 정도는 상한선에 묶여있을 수밖에 없다. 국가가 FDI의 수익성에 대한 정확한 정보를 얻는 것조차 매우 어렵다. TNC는 이전가격을 통해 이익을 숨겨 그 공장이 실제보다 수익성이 낮은 것처럼 만들어서 국가의 규제로 인해 지점 공장이 폐업할 수밖에 없을 것이라고 주장할 수 있게 만든다. 더 중요하게는, 불쾌한 개최국에서 투자를 철수하고 다른 곳에 생산을 이전함으로써 과도한 규제의 불편함을 피할 수 있다. 투자 철수의 위협은 FDI에 대한 규제를 더 어렵게 만드는 중요한 협상 카드이다.

투자자본의 이동성이 높아지고, 고용과 성장을 촉진함에 있어 국가 정부가 FDI에 더 의존하게 되면서 TNC는 국가 정책에 대한 영향력을 더욱 확대하게 되었다. 사실 국가와 TNC간의 협상에서 판이 바뀌었다. 국가정책은 1970년대 초 국유화의 물결에서 1980년대와 특히 1990년대 이후 FDI 규제에서 장려로 점진적으로 전환되었다. 1991년에 제3세계 20개국, 이전 제2세계 10개국, 일본과 스웨덴 등은 모두 FDI의 현행 규제를 줄이거나 새로운 FDI를 장려하기 위한 법적 조치를 설치했다. 국내 기업인을 육성하기 위해 40년간 FDI를 엄격히 통제했던 인도조차 이를 뒤집어 34개의 우선순위가 높은 산업에서 FDI가 지점 공장에서 사용하기 위해 수입된 자본 장비의 비용을 부담하면 FDI를 자동 승인으로 허용하는 정책을 실시했다(United Nations, 1992c: 82-83). FDI 규제를 강화한 나라는 두 개에 불과했다. 이들은 미국과 스위스로 FDI의 주요한 본국이라는 점은 중요하다.

또한 본국과 FDI를 촉진하는 개최국 간의 양자협정이 확산되어 1970년대 92개에서 1980년대 162개로 늘어났으며, 1990년대와 1991년에만 54개가 추가되었다(United Nations, 1992c: 77). 이들 중 다수는 남아시아, 동아시아, 동유럽과 구소련의 전환경제 등과 제1세계 모든 부분 간, 아프리카 국가와 유럽 간, 그리고 라틴 아메리카 국가와 미국 간에 맺은 것이다. 유럽연합은 회원국과 유럽경제지역 관련국 간에 투자자본이 자유롭게 이동하도록 허용하는 규정을 도입하여 제1세계 간 FDI를 촉진하고 있다. 마지막으로, 국가가 운영하는 경제활동을 민영화시키려는 국가들의 의지가 세계적으로 빠르게 증가하고 있다. 제3세계에서 TNC는 종종 대규모 국책사업을 구매할 수 있는 자원을 가진 유일한 기관이다. 따라서 민영화는 종종 국유화와 정반대로 FDI를 증가시킨다. 민영화는 1985년에서 1990년 사이에 다섯 배로 확대되었다(130건)(United Nations, 1992c).

이와 동시에 TNC와 FDI에 대한 초국가적 기관의 태도가 변화했다. 경제협력개발기구(OECD)의 국제투자 및 다국적 기업에 대한 선언은 TNC에 대한 윤리적 행동을 규정한 행동강령인 1976년 합의로부터 발전하여(1977년 OECD 투자선언 및 법령 워크숍) OECD 회원국이 다른 OECD 국가의 FDI에 대한 규제를 최소화하는 것을 의무화하는 보다 광범위한 구속력있는 정책 수단으로 진화했다(1991년에는 주기적으로 국가별 평가를 받는 것을 의무화하는 조항을 포함하여 더욱 강화되었다). 1983년, UNCTC는 초국가적 기업의 행동 강령을 설계했다. TNC가 토착 기업을 능가하고 지역발전을 왜곡하고 있다는 믿음에 기초한 이 행동 강령은 서명국들이 허용할 수 있고 적절하다고 간주하는 행동의 종류를 명시하고 있다(UNCTC, 1983: 110). 1992년, UN 초국가적 기업 및 운영 부서 (United Nations Transnational Corporations and Management Division)로 이름을 바꾼 이 UN기관은 FDI와 무역이 국익을 위협한다는 명확한 근거가 없는 한 이들에 대한 모든 제한을 제거할 것을 권고하고 있었다. 이는 전반적으로 자유경쟁, 특히 FDI가 경제 성장에 이롭다는 믿음에 기초한 것이다(United Nations, 1992c).

이는 TNC가 불공정한 관행을 추구하기 위해 권력을 사용한다는 정책 입안자들의 이전 우려(예: 가격이전이나 또는 동일 법인으로부터 다른 투입물을 구매하기 위한 합의에 기술 판매를 끼우는 것 등)가 효력을 잃었음을 의미한다. 대신 무역과 투자 정책, 지역 콘텐츠에 대한 요구 등이 FDI의 혜택을 방해하는 정부의 부적절한 간섭이라는 담론이 지배하게 되었다. TNC의 관행이 바뀌었건 또는 그렇지 않건 간에 이들을 향한 태도는 확실히 변했다. 이에 따라 국가정책은 이제 "세무휴일"(일정기간 모든 세금의무 면제), 무역장벽 면제, 인프라 제공, 투자 보조금 등 FDI를 유치하기 위한 다양한 대책을 강조하고 있다. 이들은 일반적으로 장래 외국인 투자자에게 패키지 딜로 제공된다. 또한 국내 민간투자자 모두를 대상으로 국가 규제를 낮추기 위한 전반적인 조치도 취해졌다. 재정 및 상품 시장에 대한 규제가 완화되었고 국가 소유 기업들이 민영화되었다. 각국은 FDI가 "투자환경"이 가장 유리한 곳으로 갈 것을 우려해 이런 정책을 경쟁적으로 도입하고 있다.

이런 조치로 인해 FDI가 한 국가에서 다른 국가로 전환된 사례는 분명히 있다. 그러나 그 노력이 가치있을 만큼 이런 조치가 효과적이었는지 그리고 그 조치로 FDI가 이전보다 더 많은 제3세계 국가로 들어갔는지는 논란의 여지가 있다. 이 경쟁에 참여하는 국가가 증가하면서 FDI를 유치하기 위한 입찰 경쟁이 전개되고 있다. 이에 따라 FDI를 장려하는 국가가 제공해야 하는 패키지의 규모와 비용은 점점 증가하고 있다. 패키지가 TNC에게 더욱 이익이 되어가면서 개최국의 순이익은 TNC의 이익과 일치하지 않는 범위 내에서 감소하게 된다. 결국 지역 소유 기업을 장려하는 것이 더 현명해질 지경에 이르게 되겠지만 언제 그렇게 될지는 불확실하다. 게다가 그런 정책을 사용해도 가장 빈곤한 국가들이 FDI를 유치하는 것이 쉬워지지는 않는다. 이런 국가들은 가장 널리 활용되고 너그러운 협정을 제안할 수 있지만 그렇게 되면 자신의 재정 건전성이 심각하게 위협받으면서도 효과는 거의 없게 된다. 따라서 FDI의 국제경쟁을 지배하는 경기장은 평평하지 않다.

사회주의가 무너지고 FDI의 상당량이 동유럽으로 빠져나가면서 제3세계와 멀어진 상황에서 이런 정책이 제3세계 국가에게 주는 전망은 어떤 것인가? 일부 FDI 우호자이면서 시장 친화적 분석가들은 이런 조치들이 자유경쟁을 방해한다는 이유로 이를 비판한다. 그러나 많은 사람은 이러한 정책이 추구되는 역사적, 지리적 맥락과는 상관없이 시장세력과 투자행위에 대한 규제를 완화하는 것이 모두를 위한 경제성장과 번영으로 향하는 최선의 경로라고 본다. FDI 및 시장에 반대하는 분석가들은 이들이 국부를 대규모의 외국 민간 기업의 손에 넘겨주어 근본적으로 경제발전을 저해하는 것으로 본다. 그러나 많은 비평가들도 실용적인 이유로 FDI를 지지한다. 국내 자본 및 소비자의 부족, 해외원조 부족, 민간시장에서 돈을 빌리는 데 따른 어려움 등을 모두 고려하면 FDI가 유일한 대안으로 남게 된다. 제3세계 국가 다수는 이제 FDI가 자본, 저축, 기술적 노하우 축적을 가능하게 하며 이러한 축적은 국내 사업가들을 자극할 것이며, 이들이 성공하게 되면 궁극적으로 외국인 투자자의 중요성은 감소할 것이라고 주장하고 있다.

사례 연구: 관광과 개발[1])

제3세계 대량 관광은 대부분 외국 소유의 "지점"이 지배하고 있다. 전형적으로 미국, 유럽, 일본(이제는 싱가포르와 홍콩도 포함)의 글로벌 호텔 체인점들이 소유하고 있는 대형 호텔과 리조트들이다. 이런 관광이 경화 투자의 대안이 되어 제3세계 국가 발전의 원동력이 될 수 있을까?(McMichael, 1996: 82). 지금까지 제3세계 관광에 유리했던 요인은 선진국의 대부분에서 찾아보기 어려운 기후, 바다, 모래 해변, 황야 그리고 홍적세 동물종 등이 있는 지역들이 지닌 "비교우위"이다.

관광은 세계에서 가장 큰 사업으로 알려져 있다. 미에츠코프스키 Mieczkowski(1990)에 따르면 관광은 1988년 국내 및 국제관광을 합해 세계 경제의 12%를 차지했으며, 그

가치는 2조 달러를 넘어섰다. 2003년, 세계 수출에서 교통, 여행, 기타 상업 서비스는 전체 무역의 30%를 차지했고 가치는 거의 1조 8천억 달러로 평가되었다(세계관광기구 World Tourism Organization, 2006). 이 수치에는 국내 관광은 포함되어있지 않다. 2000년, 국제 관광객의 수는 6억 6,680만 명이었다가 2001년 9월 11일 이후, 소폭(0.6%) 감소하였다(Infople, 2006).

관광은 경제지리학에서 입지이론의 일반적 논리를 뒤집는다. 일반적으로 경제상품을 생산할 때 하나 이상의 위치에서 원자재가 채취된 후 가공할 장소로 보내지고, 시장으로 운반된 후 상품이나 서비스 구매를 위해 특정 거리를 이동하고자 하는 소비자에게 배포된다. 우리는 매일 아침 배달된 신문을 가지러 현관으로, 빵 한 덩어리를 사러 모퉁이 식료품점으로, 새 옷을 사기 위해 시내로 그리고 카메라의 특별한 장비를 사거나 관절경 무릎 수술을 하러 대도시로 갈 것이다. 관광을 예로 들자면 사파리 관광이라는 상품은 원래부터 "완제품"이며 고객을 원자재가 나는 장소로 보냄으로써 판매된다. 즉, 소비자는 제품을 향해 또는 통해 이동한다. 관광의 특수성으로 인해 여기서 공격적인 마케팅은 필수이다. 따라서 이 산업에서 대다수 업체는 태양, 모래, 바다, 섹스라는 "4S"의 유혹적인 이미지로 잠재적인 방문객들의 마음을 끌며 상품을 광고하는 데 특별한 노력을 기울인다.

국제 관광에는 다수의 주체가 연계되어있다. 세 가지 주요 주체는 관광 사업자, 항공 사업자, 호텔 사업자이다. 산업의 이 세 부문 간에는 "수직적 통합"을 통해 상당한 상호 작용이 이루어진다. 예를 들어 여행사, 항공권 업자(항공권을 단체로 구입하는 사람), 항공사, 호텔, 지역 업체는 서로 밀접하게 연결되어있다. 여행 및 호텔 시설은 종종 특별 할인이 제공되며, 이러한 할인은 주요 운송회사와 대규모 호텔 체인점을 선호하는 경향이 있다. 1993년, 국제정기항공이 운항하는 총 "승객 킬로미터"(국내선 및 국제선 모두) 중 제1세계 항공사가 운항한 거리가 약 75%였다. 상위 25개 항공사가 승객의 75.3%를 수송했다. 관광객이 이용한 호텔은 주로 제1세계에 있다(표 20.3 참조). 1992년, 아프리카, 남아시아, 중동 지역은 전 세계 호텔 객실의 5.7%를 차지했다. 1992년 국제 관광객 중 이 세 지역이 유치한 비중은 약 6%에 불과했지만 여행객 숫자로 하면 거의 2,900만 명이나 되므로 주요한 수입원이 되었다(World Tourism Organization, 1994: 190, 198). 외국인 관광객이 사용하는 객실 및 서비스는 다국적 호텔 체인이 주로 공급한다. 상위 20개 호텔 체인은 세계 호텔 객실 1,100만 개 중 450만 개를 점유해 41%를 차지했다(Lundberg and Lundberg, 1993: 108).

제3세계 각국의 정부는 일반적으로 관광산업을 구축하려면 교통, 숙박, 관광 등 필요한 기반시설 제공자를 유치해야 한다고 간주한다. 이에 따라 개최국 정부는 호텔 체인, 항공사, 여행사가 투자에 참여하도록 유인하기 위한 인센티브를 늘리기 위해 우호적

표 20.3. 1992년 전 세계 호텔 객실

지역	객실 수(천 개)	호텔 객실 총수에서의 비율
아프리카	361	3.2
아메리카	4,427	39.1
동아시아/태평양	1,344	11.9
유럽	4,906	43.3
중동	164	1.4
남아시아	120	1.0
합계	11,323	100.0

출처: World Tourism Organization(1994: 206).

인 조건을 제공할 수 있다. 인센티브 패키지는 무상 토지, 수입관세 면제, 자율적 감가
상각수당, 세금 공휴일, 장기대출 및 대출보증, 이자율 보조금, 장비 보조금 등 여러 가
지 경제적 이점이 포함될 수 있다. 정부는 잠재적 호텔 개발자에게 인센티브 패키지를
제공하면서 보통 일련의 기반시설 부분을 책임진다. 도로, 호텔 부지 준비, 전기, 수도,
하수구 및 하수 처리, 공항 확장 및 업그레이드, 통신, 항만 시설, 의료 시설 등 관광객
의 보조 요건들이 이에 해당한다. 이런 모든 기반시설은 수입된 장비와 인력을 활용해
건설할 수 있다.

관광의 비용과 편익을 계산하는 것은 어렵다는 것은 잘 알려져있다. 케냐에 대한
한 연구에서 연구원들은 해변과 사파리를 위한 공휴일 패키지에서 발생하는 "누수", 즉
케냐에 머물지 않는 금액을 추정하려 했다(Sinclair and Stabler, 1991). 1990년 케냐 관광
산업에서 해외자본이 가장 이익을 많이 거둔 두 가지 관광 형태는 사파리 관람과 인도
양의 해변 휴가 두 가지였다. 외국인이 항공사와 호텔을 소유한 개발도상국에서는
75–78%의 누수가 발생했으며 외국인 소유 항공사와 지역 소유 호텔이 결합한 경우는
55–60%가 발생했다"라고 브리튼 Britton은 주장했다(1982, Sinclair and Stabler, 1991: 200
에서 재인용). 일부 제3세계 국가는 관광산업에 크게 의존하고 있다. 관광은 때로 한 국
가의 경화 수입원의 큰 부분을 차지한다. 예를 들어 바베이도스에서는 60.1%, 자메이카
에서는 33.5%를 차지한다(Harrison, 1992: 12). 더 복잡한 문제는 관광의 계절성이다. 관
광객이 거의 방문하지 않는 시즌이 있다. 호텔 투숙률은 낮고, 식당과 나이트클럽은 거
의 비어있으며, 직원들은 해고된다. 호텔은 성수기와 비수기를 고려하여 수익을 맞추어
야 한다. 객실당 투숙률과 요금으로 특정 임계값에 도달할 수 없으면 그 호텔은 손해를
보고 운영되는 것이다. 고정비용과 가변비용을 모두 충족시키기 위해 유지되어야 하는
투숙률은 평균 60% 정도이다(Gee et al., 1989: 309).

관광산업을 통해 발생되는 다른 경제적 이익 한 가지는 지역민들을 위한 직접적 일자리 창출과, 지원산업에서 공식적, 비공식적 일자리를 창출하는 관광의 "승수효과"이다. 웨이터/웨이트리스, 바텐더, 주방직원, 청소부, 음악가, 짐꾼, 운전기사, 경비원 등 관광산업 자체에서 제공되는 일자리는 보통 낮은 직급의 미숙련 직종이다. 그러나 그런 일자리는 시골에서 농사를 짓는 것과 같은 다른 방법보다 임금이 더 높은 경우가 많다(Gartner, 1996). 저숙련 직원(예: 호텔 사환)이 건설근로자보다 10배 정도 더 벌 수 있다(Gartner의 개인서신). 관광산업은 또한 사냥꾼, 투우사, 무면허 가이드, 해변과 거리의 행상인들, 포장 판매자, 매춘부, 마약 거래자, 환전 종사자 등 비공식 부문을 통해 사람들이 산업에 참여할 수 있는 기회를 제공한다. 승수효과는 관광산업이 반복적으로 필요로 하는 2차 상품과 서비스, 즉 신선한 야채와 과일, 고기, 생선, 꽃, 음료, 가구, 세탁물, 드라이클리닝 등(실로 사회가 제공하는 거의 모든 서비스)을 제공하는 과정에서 창출되는 일자리까지 확대된다.

국제 관광객에 있어 가장 논란이 되는 측면은 문화 접촉, 문화적 오해, 문화적 변화 등이다(Nash, 1996; Rossel, 1988). 평등한 관계에서 관광객과 관광지 주민이 상호 존중을 기반으로 사회적 만남이 이루어지는 것이 이상적인 관광의 형태일 것이다. 그러나 제3세계 관광에서는 일반적으로 그렇지 않다. 관광객은 앞서 언급한 "4S"에 굴종이라는 한 가지를 추가할 수 있다. 터너와 애쉬 Turner and Ash(1975: 207)에 따르면 관광객의 영역인 "쾌락 주변부"는 토를 달지 않는 굴종을 돈으로 사는 장소이다. 제3세계 국가 대부분에서 이루어지는 관광무역은 주로 TNC나 파견인력이 운영한다. 지역 사람들은 대부분 호텔이나 다른 관광 관련 회사에서 낮은 수준의 직위에 있는 직원의 입장에서 국제 관광객과 접촉하게 된다. 일단 관광지가 만들어지면 오가는 사람들을 자주 통제하고 제한하여 "이상적이지 못한 가난한 사람들"이 접근하지 못하도록 한다. 관광산업이 성장하면서 공통적으로 사회적 차별이 증가한다. 관광지 주민들에 대한 또 다른 결과는 상품화, 즉 시장관계가 불가피하게 증가할 것이다. 전통사회에서 기능적 또는 심지어 신성한 역할을 담당했던 토착예술, 춤, 조각, 미술, 직조, 바구니, 기타 수공예품들은 관광객에게 단순한 오락거리나 호기심거리로 제공되도록 강요받으면서 변화하게 되고 값싼 취급까지 받게 된다.

원래 질문으로 돌아가자. 관광이 발전을 촉진하는 방법이 될 수 있을까? 관광이 제3세계 사람들의 사회적, 경제적 수준을 향상시키는 수단이 될 수 있을까? 관광의 글로벌 구조와 제1세계 주요 주체(관광사업자, 항공사업자, 호텔사업자)의 권력을 고려하면 이는 어려운 과제가 될 것이다. 이 과제를 달성하려면 관광사업의 운영에 있어 지역이 더욱 강하고 광범위하게 통제할 수 있어야 한다. 또한 기술과 책임의 모든 수준에서 지역민이 고용되어야 하며, 다른 곳에서 온 관광객을 유치하여 발생하는 이익이 한 국가 내에서 최대한 머물도록 해야 한다. 제3세계 관광산업과 정부의 관광위원회에 종사하는 개인이 이러한 문제를 이해하고 지역의 경제와 사회에 혜택을 돌리기 위해 관광을 변화시킬 방법을 찾고 있다는 징후가 있다. 그러나 이를 위해 노력하는 것은 길고 힘든 과정이 될 것이다.

결론

FDI의 편익과 비용에 대한 일반화는 매우 어렵다는 것을 살펴보았다. 이는 산업 유형, 승수효과의 지리적, 사회적 분포, 정부의 정보 범위, 잠재적 투자자와 개최국가 간의 실질적 협상 등에 지나치게 좌우된다. 그럼에도 불구하고 정부는 보다 자유주의적인 FDI 정책을 채택하고 있다. FDI가 국민에게 도움이 된다고 생각할 수 있다. 그러나 외국인 투자로부터 이득을 얻는 국내 엘리트들도 자신이 글로벌 시장과 가진 관계와 국내 영향력을 활용하여 정부가 FDI를 장려하도록 압박할 수 있다. 그런 조치는 보통 외국인 투자자와 이들의 본국 그리고 FDI에 대한 장벽을 제거하고자 하는 다국적 기관이 가하는 외부적 압력과 일치한다.

 FDI를 더 많이 유치하여 얻게 되는 이익을 측정하는 것은 자유무역을 증진하고자 하는 제3세계 국가가 직면하게 되는 딜레마를 연상시킨다. 일부 신규 FDI는 투자가 아예 없는 것보다 개최국에 이익이 된다. 그러나 만약 이익이 개최국에서 불균형적으로 축적되거나 또는 제3세계 내에서 이미 이익을 얻고 있는 일부 선별된 국가에게로 돌아간다면 FDI는 제3세계 국가 내에서, 그리고 제3세계 국가 간 불평등을 확대시킬 수 있다. 그러나 FDI가 유일한 대안이라는 담론이 팽배하지만 사실 그렇지 않다. 이런 믿음은 자신의 영토 내에서 투자를 통제하는 정부의 권력과 이 권력을 사용하고자 하는 일부 제3세계 국가를 적절히 고려하지 않은 결과이다. 한국, 대만, 브라질은 국가경제 내에서 FDI가 작고 선별적인 역할만을 담당할 수 있도록 통제하면서도 상당한 경제성장을 이루었다(Webber and Rigby, 1996). 산업화와 마찬가지로 성공적인 정책은 다른 정책을 모방하는 것이 아니라 국민의 광범위한 이익을 고려하는 혁신적인 국가 이니셔티브에서 나올 것이다.

노트

1) 본 저서의 초판에서는 한 장 전체(24장)를 관광과 발전에 대해 다루고 있으니 참조할 수 있다.

21

차이의 세계를 향하여

게으름뱅이는 역사를 만들지 않는다. 역사로 고통받는다!

—PETER KROPOTKIN (1887/1993: 119)

"공공"이라는 개념 자체가 위협받고 있는 세상에서 교육자들이 중립을 가장하는 것은 무책임한 것이다. ...세계에 대한 비판적 식견을 개발하기 위해서는 다양한 아이디어를 직접적으로 접하는 방법 밖에 없다. ...다양한 관점을 무시하고, 가르침에 필요한 가정과 선제조건을 검증하지 않고 가르친다는 것은 무책임한 것이다. 반면 가르침은 다양한 의견을 논의하지만 학생에게 세계적인 불의를 경고하고, 설명하기 위해 노력하며 행동주의를 장려하는 등과 같은 교과과정의 목적을 망각하지 않아야 한다.

—BILL BIGELO and BOB PETERSON(2002: 5)

홀로코스트, 히로시마, 나가사키는 말할 것도 없고 제2차 세계대전에서 가장 피비린내나는 전투(Iwo Jima, the Bulge Battle 등)가 벌어진 지도 60년이 넘었다. 그리고 프랑스 전장에서 더 큰 학살이 자행된 지도 90년 이상이 지났다(예를 들어 버둔에서는 사상자가 하루에 61,000명이 발생하기도 했다). 그러나 회고해보면 20세기건 21세기 초건, 제1세계는 자신이 평화, 정의, 경제적 번영을 세계에 확산시키는 도구였다는 만족감을 조금도 가질 수 없다(Eliot, 1948; Steiner, 1971). 지난 60년간 전 지구적 범위에서 국가 간 전쟁은 피했지만 폭력은 피하지 못했다. 폭력은 서로 연관성을 지니는 다양한 형태로 나타난다. 글로벌 경제적, 환경적, 문화적 변화는 특히 지구 남반구에서 지역의 생계, 관행, 신념의 지속 가능성을 훼손한다. 생태계와 비인간 생계는 인간진보의 이름으로 변형되고 파괴된다. 여성은 가정폭력과 성적 폭력에 시달리며, 다른 사람들과 함께 강제이주와 인신매매에 시달린다. 영토, 자원, 사람들을 통제하기 위한 "새로운 전쟁"(다소 완곡한 표현)에 군대, 경찰, 준군사조직, 게릴라군이 동원된다. 반기업 활동가들은 사업장, 공장 현장, 연구실을 공격한다. 일부는 종교의 이름으로 자신들의 가치와 신념을 위협하는 것으로 보이는 다른 사람들에게 보복을 가한다.

폭력성이 덜한 다른 세상은 불가능해보인다. 그러나 놀라운 일들은 일어난다. 1945년 이후, 아시아, 아프리카, 카리브해 전역의 사람들은 한 세기 전 남미에서 전개된 독립운동의 영향을 받아 변하지 않을 것처럼 보이던 식민주의의 폭력을 자신들의 힘으로 뒤집었다. 1980년대 후반에는 이와 유사한 "벨벳 혁명"이 제2세계를 휩쓸었다. 2003년 2월 15일 그리고 다시 3월 15일(미국이 주도한 이라크 침공이 시작되어 적어도 9만 명[100만 명 이상까지도 추정됨]으로 추정되는 이라크 민간인의 사망에 직간접적으로 영향을 미침), 수백만 명이 거리로 나와 이 전쟁에 반대하는 시위를 벌였다. 한 가지 전쟁이 시작되기 전에 전쟁을 중단시키기 위해 이렇게 많은 사람이 모여든 적은 없었다(Retort, 2005: 3). 케이블 뉴스 네트워크(CNN)는 98개국 2,000개 도시에서 시위가 벌어졌다고 보도했다. 시위는 유럽, 북아메리카, 호주 전역에서 벌어졌다. 중동에서는 터키, 이집트, 시리아, 레바논, 요르단, 팔레스타인, 모로코, 예멘 그리고 시위가 불법이었던 카이로와 라바트에서까지 시위가 발생했다. 아시아 전역에 걸쳐 일본, 한국, 태국, 인도네시아, 방글라데시, 네팔, 인도, 파키스탄에서 시위가 있었다. 아프리카에서는 수단과 남아프리카에서 시위가 일어났고, 중남미에서는 멕시코, 온두라스, 콜롬비아, 브라질, 아르헨티나, 에콰도르, 칠레에서 일어났다. 시위자들은 샌프란시스코, 마드리드, 자카르타, 라호르, 요하네스버그, 멕시코시티와 같은 대도시들의 주민이 포함되어있었다. 그뿐만 아니라, 온두라스의 산간지역 또는 인도 북부의 아잠가르와 발리아의 소위 "백워터" 시내에서 시위에 참가하기 위해 몇 시간을 여행해 도시로 온 "토착" 농촌공동체의 농부와 노동자들도 포함되어있었다(Faust and Nagar, 2003).

이들은 모두 보통 사람들이 강력한 세력의 세계적 어젠다에 도전한 경우이다. 각각의 사건에서는 지배적 어젠다를 통해 추진되던 발전상 위로 대안적 세계에 대한 무수한 서로 다른 꿈들이 쏟아졌다. 분명 이들은 전쟁에 대한 대안을 매우 다르게 보는 사람들이었지만 미국의 이라크 침공에 대한 전 세계적 저항에 참여했다. 시위가 거듭되는 동안 사람들은 이라크전쟁이 시민전쟁이 아니며, 군사적 전쟁은 경제적 전쟁과 분리될 수 없다고 반복적으로 말했다. 제3세계 시위대는 미국의 외교정책과 자국 내 정책을 연결시키면서 소위 "지정학적 안정"을 군사적으로 실행하던 미국의 역할에 대해 역사적으로 이해하려 했다. 이라크 전쟁은 제5차 아프간 전쟁 그리고 팔레스타인 점령과 분리해서 볼 수 없다고 이들은 주장했다(Faust and Nagar, 2003).

풀뿌리 봉기를 자극하는 꿈들은 실현되기 어렵다는 것이 항상 증명된다. 많은 경우 우리는 우리가 스스로 선택한 미래를 만들지 못한다. 식민주의에서 독립했을 때도, 유럽 사회주의가 몰락했을 때도 행동을 통해 변화를 촉진시켰던 시위자들에게 유토피아적 비전이 확립되어 동기를 부여하는 결과로 나타나지 못했었다. 마찬가지로 미국이 이라크를 점령한 후 발생한 유혈사태와 공포에 낙담할 수밖에 없었다. 그러나 이런 시위는 희망을 만들어냈다. 그 와중에 부상한 정치적 비판은 사그라들지 않았다. 서로 다른 세계에 대한 꿈들이 계속되고 있다.

냉전이 끝난 후, 서로 상반되는 두 가지 과정이 진행되었다. 하나는 다국적 기업의 관리하에 재정과 경제적 생산이 글로벌 범위에서 전체적으로 통합된 것이고, 다른 하나는 민족적, 인종적, 정치적 그리고 계급 간 갈등이 분출되면서 다문화적 정체성과 갈등이 지역적으로 파편화된 것이었다. 모든 스케일의 세계를 하나로 묶는 그 효과로 부유하고 권력을 지닌 엘리트 소수와 빈곤하고 사회정치적으로 권한을 갖지 못한 대다수 간의 분열이 심화되었다. 유럽 식민지가 공식적으로 독립을 달성한 이후 수십 년 동안 제3세계에서는 경제적, 사회적 삶의 세계화가 증가하면서 부와 소득의 격차가 증가했으며, 수억 명 인구의 궁핍과 빈곤 그리고 심각한(경우에 따라 되돌릴 수 없는) 환경파괴가 초래되었다(Johnston, Taylor, and Watts, 2002). 또 이 수십 년간 미국이 전례 없는(일부에서는 제국주의라고 말할 수 있는) 권력을 획득하기도 했다(Hardt and Negri, 2000; Harvey, 2003; Smith, 2005). 이는 인류 또는 인간 공동체가 지속되는 환경에 도움이 되는 차이의 세계가 아니다.

군사적, 사회경제적, 생태적 폭력에 반대하는 사람들 수백만 명의 희망을 지탱하려면, 글로벌 시스템 내에서의 그런 분리적인 경향을 상쇄시키기 위해 어떤 조치를 취해야 할까? 얼핏 보기에 그런 가능성이 실현되기는 어려워 보인다. 여러분은 "모든 것은 사회적으로 구성되어있다"라는 말을 접해본 적이 있을지 모르겠다. 구성된다는 단어에서 암묵적이면서도 실제로 보이는 것은 "구조"이다(constructed/structure). 우리는 이 책 대부분을 통해 인간이 자신의 관행에 무수한 형태와 의미를 부여하는 다양한 구조를 살펴보았다. 여기에는 사회/문화적 구조, 생물물리 자원의 구조, 경제/정치적 구조 등이 포함된다. 문화적 영역에서 사회적 세계는 놀랄 만큼 다양하고 오랫동안 지속된다. 언어 공동체가 3,000 - 4,000개에 달하고, 문화는 그보다 무수한 세계에서, 사람들이 자신을 정의하는 방법, 관심사, 자신과 다른 사람에 대한 분류법 등은 매우 다양하게 나타난다.

그러나 그런 다양성은 공동체가 살 수 있고 지속 가능한 생계를 유지할 수 있는 환경이 있어야 존재한다는 것을 기억해야 한다. 넷틀과 로메인 Nettle and Romaine(2000: 5)이 세계 언어를 두고 지적하듯, "공동체가 번영할 수 없는 곳에서는 그들의 언어가 위험에 처한다. 언어는 화자를 잃으면 죽는다." 실제로 호주와 미국 원주민의 언어 300개가 소멸된 것은 과거의 일이 아니다. 이런 언어를 구사하는 사람들의 목소리가 계속 소멸되면서 지난 500년 동안 세계적으로 알려진 언어의 절반가량이 사라졌다는 추정이 나오고 있다(Nettle and Romaine, 2000: 2). 크리스탈 Crystal(2000)에 따르면 언어는 2주마다 한 개씩 사라지고 있다. 개발정책의 직간접적 결과로 토착민과 농촌민들이 사용하는 언어가 가장 많이 소멸되고 있다. 우공 Ugong의 사례를 보자(Netle and Romaine, 2000: 10).

> 1970년대 후반 태국 전기발전 당국은 콰이강 지류 두 개에 수력발전 댐을 두 개 건설했다. 이 댐들은 우공 마을 두 곳을 침수시켰고 거주자들은 다른 곳으로 이주되었다. 마을의 단결력이 파괴되고 언어를 말하는 사람들이 뿔뿔이 흩어지면서...우공은 말 그대로 늪에 빠졌고 언어의 화자들은 태국 마을에서 사라졌다.

사회문화적 세계처럼 열대 지방과 아열대의 생물 물리적 세계는 복잡하고 쉽게 상처를 입는다. 그곳에 사는 사람들은 환경에 대해 어렵게 습득한 지식을 보유하고 있으며 환경에 돌이킬 수 없는 해를 끼치지 않으면서도 생계를 이어갈 수 있는 환경관리 관행을 발전시켜왔다. 이들의 지식은 리차트 노가드 Richard Norgaard(1994: 27-28, 35 ff., 81-103)가 "공존진화 과정"이라 부른 것을 보여준다. 이는 인간을 포함한 모든 자연이 오랜 기간 참여하는 과정으로, 여기서는 행동과 사건의 결과를 예측할 수 없다. 불행히도 자본주의 생산과 기본 자원에 대한 민영화가 급속히 증가하면서 생물권을 향한 수요가 새롭게 창출되고, 더욱 심화되었다. 이 수요는 다른 곳의 사람들을 위해 수출되는 것을 포함해 더 많은 소비에 대응하는 생산물을 내도록 요구한 결과 열대 지방과 아열대의 토양, 식물, 물은 엄청난 스트레스에 처하게 되었다. 실제로 볼리비아의 코차밤바와 인도의 나르마다 계곡[1]과 같은 곳에서 일어난 물을 둘러싼 굵직한 갈등을 생각해보면 "다음 세계대전은 물을 둘러싼 전쟁이 될 것"이라는 널리 표출되어온 두려움이 특별히 멀리있는 것 같지 않다. 동시에 "토착지식"의 효능, 우수성 또는 순수성을 지속적으로 낭만적으로 생각하기는 어렵다. 또는 많은 경우 권력구조로 자리 잡은 "서구과학"에 대해서도 마찬가지다. "자연의 사회적 구성"이라는 용어는 인간관행의 변형적 힘을 과대평가하며...조작이 불가능한 자연의 중요성을 과소평가한다"라고 했던 피트와 와츠 Peet and Watts(1996: 262)의 의견에 우리는 동의한다. 이 저자들이 주장하듯, "이유는 거부할 것이 아니고 다시 만들어야 하며, 과학은 버릴 것이 아니고 변화시켜 다르게 사용해야 한다"(Peet and Watts, 1996: 261).

경제적, 정치적 구조로 돌아오면, 세계화가 개인이 그리고 심지어 국가가 취할 수 있는 행동의 가능성을 제거하는지에 대해 많은 이야기를 듣게 된다. 일반적으로 권력이라 하면 국가를 쉽게 연상시킨다. 그러나 신자유주의를 지나며 국가의 역할은 국내 정책을 바꾸고 기업의 무역권, 투자권, 재산권을 확대하는 국제협정에 참여함으로써 기업관리자의 욕망을 촉진시켜 경제성장을 확대시키는 것이라는 생각이 지속적으로 확산되어왔다.

> 1990년, 미국 수출과 수입의 절반 이상의 가치는 글로벌 기업 *내에서* 상품과 서비스를 단순히 이전시켜 발생한 것이었다. 이런 조건하에서 진행되는 세계화의 결과는 보편적일 수 없다. 세계화는 공동체, 지역, 국가들에게 새로운 틈새나 특화된 역할을(한계화 포함) 할당한다(McMichael, 1996: 112, 117; 원문 강조).

현재 경제 세계화의 중심적 특징은 사회적 노동분업(특정 국가의 경제부문 내)에서 기술적 노동분업(여러 국가에서 운영되는 산업들 내)으로 변화한 것이다. 제조업이 제3세계 국가로 이전되었다. 특히 세금, 관세, 인건비가 적은 중국과 수출촉진구역(EPZ)으로 이전되었다. 이런 변화로 제1세계에서는 기업규모 축소, 인수, 근로자 임금 삭감 및 해고, 건강과 퇴직 수당 실종, 실업과 노동 불안 그리고 노동력의 숙련도 저하가 초래되었다.

세계 금융시장은 범위가 전 지구적으로 확장되었으며 연중무휴로 영업을 한다. 통화 거래자들은 "전 세계에 걸쳐 거래소 모니터 20만 개를 앞에 두고 있으며", 이를 통해 "돈을 발행하는 정부의 통화 및 재정 정책에 대한 일종의 글로벌 국민투표"가 실시되는 것이라는 시티코프 전 회장의 말을 필립 맥마이클 Philip McMichael(1996: 116)은 인용하고 있다. 이는 자금 시장과 다국적 기관들이 앉아서, 국가의 정책이 자신들의 시장 기반적 사고와 부합하지 않는 경우 금융위기가 닥칠 것이라 위협하면서 국가 정책을 심판하고 있는 것처럼 보인다. 세계 다국적 기업이 더욱 강력해지는 것으로 보이는 것과 대조적으로 개인은 더 약해진다. 이 과정에서 국가는 약화된 방관자가 아니라 게임의 규칙을 기업의 힘을 지원하는 방향으로 적극적으로 변화시켜왔다. 정치는 점점 자본의 노예로 작동하며 입찰에 참여하고 있다. 투자를 보호하거나 보장하기 위해 국내의 평온을 보장하며, 계약을 준수할 것을 약속한다. 간단히 말해서, 국가들은 초국가적 기업(TNC)과 세계 금융의 대리인이 되어 그들의 책임에서 더 멀어지게 되었다.

1976년 영화 "네트워크"에는 선견지명과 재치가 돋보인 장면이 있었다. 각본을 쓴 패디 차예프스키 Paddy Chayefsky는 비즈니스 거인인 아서 젠슨 Arthur Jensen을 등장

아더 젠슨이 미스터 빌에게 글로벌 시스템을 설명하다

패디 차예프스키가 쓴 네트워크의 각본에서, 비즈니스 거인인 아서 젠슨이 글로벌 경제에 대한 자신의 관점을 "지옥처럼 미친"이라는 TV 뉴스 방송인인 하워드 빌에게 설명한다.

젠슨: 당신은 자연의 원시적 힘에 대응해왔지요, 미스터 빌, 나는 안그럴 겁니다. 무슨 말인지 알겠나요? 그저 사업 거래 하나를 중단시켰다고 당신은 생각하지만, 사실 그렇지 않아요. 아랍인들은 이 나라에서 수백만 달러를 가지고 나갔고, 이제는 되돌려 놓아야 해요. 그건 썰물과 흐름의 과정입니다. 생태적 균형이죠! 당신은 국가와 국민을 중심으로 생각하는 노인네지요. 국가는 없어요! 국민도 없어요! 러시아인들은 없어요! 아랍인은 없어요! 제3세계는 없어요! 서구는 없어요! 그저 거대하고 광대하며, 서로 얽혀있고, 상호 작용하며, 다변량의, 다국적이며, 달러가 지배하는 하나의 전체적인 시스템이 있을 뿐입니다. 석유 달러, 전자 달러, 다중적 달러, 라이히마크, 루블, 린, 파운드 그리고 셰켈 말이죠! 이 지구 상에서 삶의 질을 결정하는 것은 국제통화 시스템이에요! 그게 오늘날 사물의 자연스런 질서입니다! 그게 오늘날 사물의 원자, 아원자, 은하구조인 겁니다! 그런데 당신은 자연의 원시적 힘에 대응해왔으니, 후회할겁니다! 무슨 말인지 알겠어요, 미스터 빌? 당신은 21인치 화면에 나타나서 미국과 민주주의에 대해 울부짖지요. 미국은 없습니다. 민주주의는 없어요. 그저 IBM과 ITT, AT&T와 듀퐁, 다우, 유니언 카바이드, 엑손만 있어요. 이런 것들이 오늘날 세계의 국가입니다. 러시아인들이 국가평의회에서 무슨 이야기를 한다고 생각해요? 칼 마르크스? 선형 프로그래밍 차트, 통계적 의사결정 이론, 최소 솔루션 같은 걸 가지고 나가 우리가 하는 것처럼 거래와 투자의 가격-비용 확률을 계산해요. 우리는 이제 국가와 이데올로기의 세계에 살지 않습니다, 미스터 빌. 이 세상은 기업의 대학으로, 불변하는 기업 법칙에 따라 가차 없이 결정돼요. 이 세계는 비즈니스라구요, 미스터 빌! 인간은 그 진흙탕에서 기어나왔고 우리 아이들은 살면서 전쟁과 기아, 억압과 잔혹함이 없는 완벽한 세계를 보게 될 겁니다, 미스터 빌. 이건 하나의 거대하고 생태학적인 지주회사로, 이 회사의 공통의 수익을 위해 모든 사람이 일하게 될 것입니다. 모든 인간이 주식을 가지며, 모든 필수품이 제공되고, 모든 걱정거리가 없어지고, 모든 지루함이 즐거움으로 바뀔 겁니다. 이 복음을 전할 대상으로 나는 당신을 선택했어요, 미스터 빌.

하워드(겸손하게 소곤거리며): 왜 저인가요?

젠슨: 네가 텔레비전에 나오니까, 이 바보야.

출처: Chayefsky(1976/1995: 205–206). Metro-Goldwyn-Mayer Inc.와 United Artists의 1976년 저작권. Applause Books의 허가 후 재인쇄.

시켜 TV 속 불행한 등장인물인 하워드 빌 Howard Beale에게 세계 경제가 어떻게 돌아가는지를 설명하게 했다(사이드바: "아더 젠슨이 미스터 빌에게 글로벌 시스템을 설명하다" 참조). 아서 젠슨이 묘사하는 글로벌 시스템은 환상이다. 실제 글로벌 시스템은 그렇지 않고 그렇게 양성적인 것도 아니다. 그러나 "주체(agency)"와 "구조(structure)"의 변증법적 관계 안에서 주체(개인적으로나 집단적으로나)는 넓은 범위에서 효과적으로 행동하여 변화를 일으킬 수 있다고 우리는 믿는다. 이 마지막 장에서는 차이의 세계와 그 미래에 있어 이런 측면을 탐색해본다. 이를 통해 여성, 남성, 트랜스젠더, 어린이가 개별적으로 그리고 협력적으로 21세기 자본주의의 패권적 권력에 공간을 만들어 대안적인 경제 시스템 -생산, 소비, 다른 사람과의 관계, 환경의 지속 가능한 이용 등에 있어서의 대안적 방법-을 구상하고 구축할 수 있는 방법을 밝힐 수 있기를 희망한다.

근대화/개발 프로젝트나 현재 진행 중인 신자유주의적 세계화 프로젝트는 장기적으로는 지속 가능하지 않다. 제1세계와 제3세계에 수백만에 달하는 인구에게 "중산층 라이프 스타일"이 가능하도록 하기 위해 필요한 자원의 양을 고려해보면, 자원 활용과 라이프 스타일이 비교 가능한 수준으로 세계 모든 인구에게 주어지는 건 분명히 불가능하다(기술개선이 이루어진다고 가정해도). 인류가 재생 가능한 자연자원의 부존량과 균형을 이루며 살아야 한다는 것을 인정한다면 그리고 2050년 세계 인구가 100억 명에 가까울 것이라는 인구학적 전망을 인정한다면 우리 자신에 대한 생각과 우리가 "좋은 삶"이라고 여기는 것은 분명히 변화할 필요가 있다. 세계가 정의롭게 될 때 궁극적으로 안전한 세상이 될 수 있다. 자연과 인류가 조화롭게 살려면, 즉 쉽지 않은 "지속 가능성 전환"을 협상해내려면, 인간의 의식과 사고방식을 재구성해야 한다(Kates, 1995).

신자유주의적 세계화와 개발주의

미국 정부는 사회의 부유한 계층의 이익을 인간의 삶보다 우선시할 용의가 있다. 이것이 석유와의 전쟁이라고 하는 것은 전적으로 사실이 아니다. ...학교가 무너지고, 의료보험이 무너지는 등 끔찍한 국내 정책을 펴는 대통령이 있을 때 전쟁은 비판을 피할 수 있는 방법이다. 이번 경우는 사담 후세인으로 낙점된 "악의 화신"에게 누구라도 일어서 맞서면 그 사람은 상대적으로 더 나아보일 수밖에 없다. 이것이 냉전 이래 미국의 국가 정책이었다. 대중이 해외의 적들을 두려워하도록 만들어 국내 정치 지도자들을 지탱시키고 지원했다. 이 방법은 실제로 사람들의 두려움을 없애준다. ...우리는 세계 다른 나라들에게 지금 일어나고 있는 일에 반대하고 그에 맞서 싸우는 미국인들이 있다는 것을 보여줄 의무가 있다. ...당신의 사회가 현재 일어나고 있는 최악의 학살을 지지할 때 침묵하고 권력에 굴복하는 것은 비윤리적이다. 침묵하는 것은 범죄다.

—JAMIE, KAY(2003)에서 인용

제이미는 2003년 미국의 이라크 침공 직후의 학생 파업 기간에 정치를 정교하게 분석하여 미국을 놀라게 만들었던 고등학생 수천 명 중 한 명이었다. 제이미는 가난한 사람들의 빈약한 자원과 특권을 낚아채면서 부자들의 이익을 위해 봉사하는 정치권력을 비판했다. 그러면서 "국내"나 국가적 스케일에서의 과정은 석유가 풍부한 제3세계 국가를 제국주의적으로 침략하는 과정과 분리될 수 없다고 지적했다. 제이미는 또한 침묵은 공모하는 것과 같다고 했다. 실제로 2003년 3월 미국 고등학생들의 행동은, 자신들이 기업 세계화의 혜택을 여러 측면에서 누리고 있음에도 불구하고 자신들은 폭력과 부정에 대해 비판적으로 반성하고 맞서 일어설 수 있으며, 이 권력을 사용할 기회와 책임은 우리 모두에게 있다는 분명한 메시지를 전 세계에 보냈다. 본서를 마무리하면서, 전 세계 사람들이 대안적 관행을 집합적으로 개념화하여 실행하고, 서로 다른 세계가 신자유주의적인 "군사-산업-엔터테인먼트 복합체"(Retort, 2005: 37)에 직면해서도 번영할 수 있도록 하는 창조적인 힘을 보여주고 있는 여러 사례 중 몇 가지를 엿보도록 한다(Retort, 2005: 37). 그러나 대안적 관행의 사례를 살펴보기 전에 "논쟁(contestation)"이라는 개념과, 이 개념이 이러한 실행과 비전을 평가하는 데 유용한 분석틀을 어떻게 제공할 수 있을지를 살펴보는 것은 도움이 될 것이다.

신자유주의적 세계화와 개발주의에 맞서거나 논쟁하는 것은 무엇을 의미할까? 목소리를 내는 행동은 모두 시스템에 대한 저항으로 간주되는가? 아니면 지배적인 시스템을 비판, 도전 또는 변혁하려는 다양한 종류의 행동을 분석적으로 구분하는 것이 말이 되는가? 그런 구분은 다소 자의적이지만, 분석적 명확성을 위해 집합적 세력이 신자유주의적 개발과 세계화 의제에 이의를 제기했던 방법을 세 가지 꼽을 수 있다(cf. Katz, 2004). 먼저 저항이다. 이는 1999년 시애틀, 2003년 칸쿤, 2005년 홍콩에서 있었던 반 WTO 시위, 2001년 G8 회의와 제노바 이후 토론에서의 시위 등에서 볼 수 있었다. 이런 저항은 신자유주의의 "상상과 관행"2)과, 특히 빈곤한 계층과 지역에게 미치는 해로운 영향에 모두 반대하며 직접적으로 저항한다(Leitner et al., 2007b). 이런 반대 행동주의는 가치있는 목표지만, 이 형태를 주로 또는 전적으로 활용하여 논쟁하게 될 경우 두 가지 문제가 발생한다. 첫째, 신자유주의적 세계화의 특징으로 지적되는 것과 동일한 인위적 이분법을 일부 적용하게 된다.

일반적으로 "글로벌"이 "지역"에 미치는 영향이라는 측면에서 틀지어진 이런 담론은 피할 수 없는 시장과 기술의 힘이 글로벌 경제 중심부에서 형성된 후 밖으로 뻗어나가는 것을 떠올리게 만든다. 글로벌/지역 이분법 위에 다른 여러 이분법을 또 표시할 수 있다. 여기에는 적극적/수동적과 역동적/정적이라는 것 외에도 경제/문화, 일반/특정, 추상적/구체적 등이 포함된다. 또한 매우 중요한 것으로 시간과 공간에 대한 이분법적 이해가 있다. 시간은 능동적 주체로, 공간은 수동적 그릇으로 나타난다. 이렇게 "지구적"이라는 용어는, 지구를 쉴 새 없이 이동하는 역동적이고 기술적인 경제적 힘으로 묘사하면서 그 불가피한─그리고 불가피하게 남성적인─특성을 정의한다. 같은 맥락에서 "지역"은 글로벌 세력을 수동적이면서 암묵적으로 여성적으로 받아들이면서 한 가지 옵션이 있다면 그저 최대한 매력적으로 보이도록 하는 것으로 묘사된다(Hart, 2002: 12-13).

둘째, 깁슨─그레이엄 Gibson─Graham(1996, 2006)과 캣츠 Katz(2004)가 지적하듯, 모든 논쟁이 직접적으로 지배적 세력을 약화시키는 것을 목적으로 하는 것은 아니다. 대신에, 세계화 프로젝트에 직면하여 자신들의 회복탄력성(resilience)을 발휘해 살아남는 대안을 실천하려 한다. 이런 대안들은 세계화를 공격하는 대신 이념적 의미, 문화적 관행, 지배관계에 내재된 가치 등 한마디로 "헤게모니"라 부를 수 있는 것을 아래로부터 재구성할 것을 추구한다. 그런 회복탄력성을 확립하고 헤게모니를 재구성하는 것에는 상상력과 실천력이 모두 동원되며, 실제로는 신자유주의 옹호자와 비판가 양측이 인정하는 것보다 훨씬 광범위하게 분포되어있다(Leitner et al., 2007b).

안타깝게도 학문적, 운동가적 문헌뿐 아니라 진보적 매체들도 지속적으로 세계화와 이를 저지하려는 노력 모두를 하향식 과정으로 표현하고 있다. 이리하여 우리는 무정부 혁명적 이슬람에서 사회주의, 불교(사이드바: "불교경제" 참조), 계급투쟁, 군중주의(Hardt and Negri, 2000, 2004; Harvey, 2000)에 이르기까지 다양한 색채와 음영으로 이루어진 대안적인 글로벌에 대한 상상을 듣게 된다. 우리는 제4차 세계운동, 세계사회포럼(사이드바: "또 다른 세계는 가능하다"), 시민 대상 원조거래세를 위한 협회(Association pour la Taxation des Transactions pour l'Aide aux Citoygens[ATTAC]) 그리고 성별, 폭력, HIV/AIDS, 지속 가능한 미래와 환경에 대한 다양한 콘퍼런스 등 여러 세계적 이니셔티브가 벌어지고 있음을 접한다. 우리는 또한 노동 운동가들과 소비자 운동가들의 초국가적인 동맹에 대해서도 알고 있다(예: 저임금 노동에 반대하는 학생연합 United Students Against Sweatshops). 그러나 세계에 걸쳐 다양한 형태와 수준의 대안적 관행을 확립하기 위해 지역이 집합적으로 이끄는 이니셔티브와 투쟁에 대해서는 거의 알지 못한다. 때로 이들은 빗물 수확을 위한 지역 소규모 기술이나, 소외된 공동체의 관점에서 과학적 지식을 되짚어보려는 지역민들의 과학 운동의 형태를 취하기도 한다. 때로는 국제공여기금을 자신에게 맞는 조건으로 협상하여 공동 소유나 근로자 소유의 생산시설, 지역교환, 물물교환 체계 등의 새로운 형태를 만들어내기도 한다. 또 다른 이들은 지식생산의 대안적 방식을 추구하여 빈곤화와 박탈이라는 지역적 문제를 해결하려 한다. 이를 위해 지역의 빈곤화와 박탈을 지역, 국가, 글로벌 과정과의 관계에서 검토하고, 지역공동체들이 영어를 사용하는 글로벌 엘리트와 동떨어진 언어를 사용해 소비, 평가, 행동에 대한 지식을 생산하는 등의 방법을 활용한다(사이드바: "상틴의 여행" 참조). 그리고 이와 같은 매우 글로벌한 스케일에서 매우 지역적인 스케일의 스펙트럼 중간 어딘가에 국가 및 지역 스케일이 존재하여 거기서 베네수엘라(사이드바: "텔레비전에 방영되지 않은 베네수엘라 혁명" 참조), 쿠바, 치아파스, 멕시코(사파티스타의 본산지), 인도의 민중운동 국가동맹, 공정무역 등이 일어났다. 이들 각각은 대안적인 정치경제, 사회제도 그리고 교환체제를 만들어낼 것을 추구하고 있다.

　　신자유주의의 단순한 희생자로 그리고 "지나치게 지역적"이고 하찮아서 국가, 기업, 제국주의적 국가들에게는 아무런 영향을 미칠 수 없다고 보통 간주되는 장소와 사람들이 "세계화"와 "반세계화"를 하향식 과정으로 간주하는 압도적인 경향에 대해 반격을 시작할 수 있다. 사이드바 "나이지리아 여성들이 쉘을 충격에 빠트리다"의 사례는 몇 가지 단서를 줄 수 있다. 우리에게 알려졌던 2002년 8월 워리강에서 일어난 저항 이면에는 수년에 걸친 회복탄력성과 재구성을 통해 이조, 일라제, 이세키리 여성들이 (1) 석유 시추과정에서 발생하는 생태학적, 사회경제적 악영향에 대처하는 법, (2) 다국적 석유기업, 나이지리아 정부, 경제적 엘리트에게 주로 이익이 되는 "국가" 경제발전에 대한 비용을 자신들의 공동체가 치를 수밖에 없게 되는 사회경제학적 과정에 대해 이해하고 비판하는 법, (3) 식민주의적, 신식민주의적 "분열을 통한 통치" 정책에 맞서기 위해 어떤 종류의 동맹을 수립할 것인지, 어떻게 자신들의 입장을 전달할 것인지, 어떤 협상과 양보를 할 수 있을지, 언제 그리고 어떻게 자신들의 생명과 안전을 앞세울 것이지 등에 대해 결정하는 방법을 알게 되었다. 여기서의 요점은 유사한 형태의 저항을 전개해야 한다는 것이 아니다. 오히려 우리는 다양한 지역적, 비지역적 주체의 상상과 관행을 고려하게 되면 저항이 다수의, 맥락에 맞는 방법으로 효력을 발휘할 수 있도록 하는 길을 향한 통찰력이 나타날 것이라고 믿는다. 그렇게 되면 글로벌과 지역 간 상호를 구성하는 관계를 이해할 수 있게 될 것이고, 이런 관계를 재구성하고 재조명하여 다른 세계를 구상하고 만드는 데 도움이 될 것이다.

불교경제

불교는 무엇보다 인간의 고통과 불행을 줄인다는 실용적이고 적용적인 목적을 지니는 윤리적이고 철학적인 시스템이다. 불교에서는 존재가 슬픔이며, 슬픔은 욕망에서 비롯된다. 그리고 욕망이 멈출 때 슬픔이 중단되며, 이 단계는 '8 정도'(바른 신념, 바른 결심, 바른 말, 바른 행동, 올바른 직업, 올바른 노력, 올바른 사색, 올바른 명상)를 따르면서 달성된다고 주장한다. 이 논리는 필연적으로 비폭력과 채식의 철학으로 이어진다. 우리의 욕구 중 많은 부분은 필요(음식, 피난처, 존경)가 아니라 욕구(롤러 블레이드, 아이패드)를 지향한다고 주장할 수 있다. 독일의 경제학자 에른스트 슈마허 Ernst Schumacher(1973)는 "작은 것이 아름답다"라는 책 중 한 단원에서 "불교경제"를 논의해 8 정도 중 한 가지인 바른 직업 또는 생계를 확장시키고 있다. 삶을 단순화시키고 그 삶에 쓰이는 자원의 양을 줄이는 방법을 제시하고 있다.

다음은 자원 사용, 노동, 기계화, 운송(이들은 슈마허 주장의 가장 매력적인 특징을 무시해야 나타날 수 있는 것들)에 대한 반대 견해(즉, 신고전주의경제에 대한 반대)를 제시하는 대표적인 인용문이다.

해방을 가로막는 것은 부(富)가 아니라 부에 대한 집착이다. 즐길 법한 것을 즐기는 것이 아니라 이를 갈망하는 것이다. ...소비는 인간 존재의 수단일 뿐이므로 최소한의 소비로 최대의 행복을 얻는 것이 목적이 되어야 한다(57).

불교의 관점에서 보면 일은 최소한 세 가지의 기능이 있다. 즉, 한 사람이 자신의 능력을 활용하고 발전시킬 기회를 주는 것, 다른 사람들과 함께 공통의 일에 참여함으로써 그의 자아 중심성을 극복할 수 있게 하는 것, 실존적인 존재가 되기 위해 필요한 상품과 서비스를 가져다주는 것이다(54–55).

분명한 구분이 필요한 기계화 유형 두 가지가 있다. 즉, 인간의 기술과 권한을 향상시키는 것이 한 가지이고 다른 한 가지는 인간의 일을 기계적 노예의 부분으로 만들어 인간이 그 노예를 섬기는 위치에 있도록 만드는 것이다. 카펫 직조기는 도구로서 장인의 손가락을 활용해 짤 수 있도록 실을 늘여 붙잡아주는 장치이다. 그러나 전동 직조기는 기계로, 본질적으로 인간의 역할을 함으로써 문화를 파괴한다(5).

[근대 경제학자의] 성공에 대한 근본적 기준은 단순히 주어진 시간 동안 생산된 상품의 총량일 뿐이다. ...불교적 관점에서 볼 때 이것은 재화를 사람보다 더 중요하게 여기고 소비를 창조적 활동보다 더 중요하게 간주하므로 본래 목적을 정면으로 위배하고 있다(56).

그러므로 불교경제학의 관점에서 볼 때, 지역의 필요를 위해 지역의 자원을 활용하여 생산하는 것이 경제생활의 가장 합리적인 방법인 반면, 멀리서 온 수입품에 의지하고, 그 결과로 미지의 먼 민족에게 수출하기 위해 생산해야 하는 것은 매우 비경제적이며, 예외적인 경우와 작은 스케일일 때만 정당화될 수 있다. ...불교경제학자라면 가까운 곳이 아니라 먼 곳에서 오는 것을 통해 인간의 욕구를 충족시키는 것은 성공이 아니라 실패를 의미한다고 할 것이다(59).

또 다른 세계는 가능하다

제1차 세계사회포럼(포르토 알레그레, 2001년 1월 25–30일)을 구상하고 조직한 브라질 조직위원회는 그 포럼의 결과와 포럼으로 형성된 기대를 평가한 후, 그 이니셔티브를 지속적으로 추구할 수 있도록 이끌어줄 원칙헌장을 작성했다. 2001년 4월 9일 상파울루에서 세계사회포럼 조직위원회를 구성하는 단체들이 승인 후 채택한 이 헌장은 2001년 6월 10일 세계사회포럼 국제협의회의가 수정을 거쳐 승인했다. 다음은 헌장에서 발췌한 몇 가지 사항이다.

1. 세계사회포럼(World Social Forum)은 신자유주의, 자본의 세계지배, 모든 형태의 제국주의에 반대하고 인류와 지구 간 결실있는 관계를 맺는 행성적 사회 건설을 지향하는 시민사회 집단과 운동을 위한 열린 회의 장소이다. 이곳에서는 반성적 사고, 아이디어에 대한 민주주의적 논쟁, 제안서 작성, 경험의 무상 교환, 효과적 행동을 위한 상호 연계 등이 이루어진다.

3. 세계사회포럼은 세계적 과정이다. 이 과정의 일부로 진행되는 회의 모두는 국제적 측면을 지닌다.

4. 세계사회포럼에서 제시된 대안은 국가정부가 순응하는 가운데 대규모 다국적 기업과, 이런 기업의 이익에 종사하는 정부와 국제기관이 지휘하는 세계화 과정에 맞서 반대한다. 이 대안은 연대의 세계화가 세계사의 새로운 단계를 지배하도록 하기 위해 만들어졌다. 이것은 모든 국가와 환경에 있는 남성과 여성 모든 시민의 보편적 인권을 존중한다. 그리고 민주적 국제 체제와 기관으로서 사회정의와 사람들의 평등 및 주권을 위해 기능할 것이다.

5. 세계사회포럼은 세계 모든 나라의 시민사회의 조직과 운동만을 한데 모아 상호 연계시킬 뿐, 세계 시민사회를 대표하는 주체가 될 의도는 없다. ...

8. 세계사회포럼은 다원적이고, 다양하며, 고백을 강요하지 않으며, 비정부적, 비당파적 맥락에서 분권화된 방식으로 지역부터 국제 수준에 이르기까지 다른 세계를 만들기 위해 실천되는 구체적 행동을 수행하는 기구와 운동을 상호 연계한다. ...

10. 세계사회포럼은 경제, 발전, 역사에 대한 모든 전체주의적이고 환원주의적인 견해와, 국가가 사회적 통제를 위한 수단으로 폭력을 사용하는 것에 반대한다.

11. 세계사회포럼은 토론의 장이다. 여기서는 자본의 지배를 위한 메커니즘과 도구, 이런 지배에 저항하고 극복하기 위한 수단과 행동, 자본주의적 세계화가 인종차별적, 성차별적, 환경 파괴적 측면을 통해 국제적으로 그리고 국가 내에서 만들어내고 있는 배제와 사회적 불평등의 문제를 해결하기 위해 제시된 대안 등에 대한 생각을 모아 이를 반추하고 그 결과를 투명하게 공유하는 것을 촉진시키는 운동이다.

13. 세계사회포럼은 상호 관계를 위한 맥락으로, 사회의 조직과 운동 간에 새로운 국가적, 국제적 연계를 강화하고 창출하는 것을 추구한다. 이를 통해 공공과 사생활을 막론하고 세계에서 진행되고 있는 비인간화 과정과 국가가 자행하는 폭력에 대해 비폭력적 사회저항을 전개할 수 있는 역량을 증가시키고 이러한 운동과 조직이 취하는 행동에서 인간적인 수단을 더욱 강화할 것이다.

14. 세계사회포럼은 지역적 차원에서 국가적인 수준에 이르기까지의 참여조직과 운동이 국제적인 맥락에 적극적으로 참여할 것을 추구하면서 자신들의 행동을 행성적 시민권의 이슈로 위치시킬 것을 장려한다. 또한 새로운 연대의 세계를 구축하기 위해 이들이 실험하는 변화 유도적 관행을 글로벌 어젠다에 도입할 것을 장려한다.

출처: World Social Forum(2002).

상틴의 여행

아와디(아래 노트 참조)에서 상틴은 연대, 상호주의, 여성 간 지속적 우정을 가리키는 용어이다. 한 여성이 인생의 시련과 고난을 거칠 때 옆을 지켜봐주는 여성 동반자를 가리킬 때 사용한다. 인도 우타르

프라데시주의 시타푸르 지역에서 현지 여성단체가 1998년 설립한 상틴은 2006년 상틴 키사안 마즈 도어 상다이어던(상틴 농민과 노동자 단체) 또는 SKMS로 이름을 바꾸었다. SKMS는 농촌 농민과 노동자의 사회경제적, 정치적, 지적 권한강화를 위해 활동하며, 시타푸르의 60개 마을 여성과 남성으로 구성되어있다(Sangtin, 2005; Sangtin Writers, 2006; Sangtin Writers and Nagar, 2006).

《상틴 야트라》(2004)를 집필, 출판하면서 SKMS는 지적으로 성장했고 정치적 비전을 수립하게 되었다. 상틴 야트라는 시타푸르에서 가장 소외된 여성들에게 이 조직이 어떻게 진정한 상틴이 될 수 있을지를 상상해보려는 열망으로 시작되었다. 서로 다른 사회경제적, 제도적 위치 출신의 상틴 여섯 명이 공동으로 집필한 이 저서를 통해 SKMS는 가장 힘없는 개인과 집단의 능력을 향상시키고자 하는 자신들의 목적을 구체화시키게 되었다. 이 능력을 통해 힘없는 이들은 자신을 경제적, 사회적, 정치적으로 복종하게 만드는 기존의 권력관계에 도전하고 변화시킬 것이다. 동시에 상틴 야트라는 지역 공동체의 지적 주체성을 강화하여 누가 주변부적 상황에 있는지에 대한 바로 그 생각에 의문을 제기하도록 하는 것을 목표로 한다. SKMS는 사회에서 주변부 상황에 내몰린 사람들은 주류 사회 바깥에서 사는 사람들이 아니라고 믿는다. 이들은 사실 사회의 핵심이다. SKMS는 소외된 지역사회를 주류와 연결되어야 할 사람으로 생각하기보다는 구조 자체를 제거하기 위해 일한다. 아래에서는 상틴 야트라의 마지막 부분을 "Play with Fire"(Sangtin Writers and Nagar, 2006)이라는 제목으로 영문 번역한 것을 소개한다.

농촌 빈곤층이 이용할 수 있는 자원은 낙타 입의 쿠민 씨앗에 비유할 수 있다. 이 씨앗은 너무 작아서 영향을 미치지 못한다. 이러한 상황에서 살고 죽는 사람들에게 할당되는 최소한의 상품과 시설조차 시스템의 여러 수준으로 나누어지다 보니 점점 줄어든다. 마찬가지로 세계화, 개발 그리고 NGO화의 과정과 정치 사이의 상호 관계로 인해 우리는 우리 자신의 마음속에 있는 이런 매듭과 같은 퍼즐을 적극적으로 풀 수밖에 없다. 가장 외딴 마을에서 사는 한 사람도 어떻게, 왜 그리고 누구를 위해 지구 전체가 마을 하나가 되었는지, 그리고 지구 전체는 누구를 위해 마을, 거주지, 지역으로 구성되고 있는지에 대해 자신을 위해 판단할 권리가 있다. 이런 두 세계가 존재한다는 것은 어떤 종류의 불평등성과 사회적 폭력을 나타내는가?

우리나라의 정신을 흔들었던 폭력의 추악한 얼굴을 잠시 생각해보자. 바브리 모스크와 람 얀범호미에 대한 논쟁이 정점에 달해 4백 년 된 낡은 모스크 모양의 구조물을 파괴한 후 전국적인 공동 소요로 발전한 것 그리고 십몇 년 후 기차 한 칸에서의 폭력적 사건이 구자라트의 대량 학살로 변모한 후 그런 비극에 대한 인식과 이해를 발전시키게 되는 것 또한 우리의 작업과 사회적 책임의 필수적 부분이 된다. 우리가 이 문제를 우리의 안건으로 올려놓을 때 비로소 우리 국민은 만디르-마스지드 논쟁과 구자라트에서의 이슬람교도 학살과 같은 사건이 어떻게 우리 자신의 지역과 마을의 공동적 정치를 형성하는지 파악할 수 있을 것이다. 이를 위해 우리는 공산주의를 역사적으로 이해해야 할 것이다. 1947년 인도의 창설을 잠시 생각해보자. 당시 인도와 별도로 파키스탄이 만들어졌고, 이후 파키스탄이 분할되어 방글라데시가 만들어졌다. 이러한 사건의 배경과 다차원적 역사를 이해하지 못한 채, 우리가 어떻게 인도-파키스탄 분할과 공동의 정치의 복잡성을 이해하기 시작할 수 있을까? 우리 마을의 평범한 여성과 남성에게 이러한 문제에 대해 명확하고 심도있게 이해할 수 있는 기회를 주어야 할 때다. 우리 사회가 이렇게 이해를 개선시키는 데 있어 우리가 중요한 역할을 해야 한다고 믿는다.

　　…우리가 이렇게 이해와 반성을 도모하는 주된 목적이 가장 가난한 농촌 여성들의 삶에 구체적이고 의미 있는 일을 하는 것이라면 우리는 또한 여성과 페미니즘에 관련된 글과 성찰 그리고 카스트와 계급, 종교 등 다양한 여성운동을 통해 때때로 부상하는 문제에 대한 다양한 논쟁과 대화에 대한 우리의 지식을 심화시켜야 한다. 그래야만 지식 생산의 정치에 끊임없이 개입할 용기와 자신감을 포기하지 않고 현장에서 계속 일을 할 수 있는 입장이 될 것이다.

그리고 마지막에는…

2002년 12월의 미지근한 태양 속에서 펜촉 아홉 개가 종이에 쏟아져나오기 시작해 이 연대기로 변모되어갈 때, 우리의 눈은 젖어들었고 우리의 심장은 고통과 동요로 가득 찼다. 우리가 암마스, 바부스, 다디스에서 발생했던 눈물, 꾸짖음, 구타를 기억하고 이해하는 것으로 시작된 여행이 우리가 생계와 사회운동을 구분하도록 이끌 줄은 상상도 하지 못했다. 그러나 오늘 우리는 개인적인 삶의 이야기를 나란히 놓고 새로운 렌즈로 보았을 때 비로소 우리가 우리의 작업 영역에 만연해있는 불평등을 정직하게 재평가할 수 있게 되었다는 것을 매우 잘 알고 있다.

　　다시 말해서 어린이인 가리마의 배고픔이 라다의 배고픔과 다르다는 것에 대해 우리가 함께 이해하지 못했다면, 어쩌면 우리는 불가촉천민과 억압된 여성들과 함께 일하겠다고 공언한 우리 조직의 운영권 전부가 사와른의 손에 집중되어버린 것을 보지 못했을지도 모른다. 그리고 만일 우리가 불가촉성과 푸르다에 대한 뿌리 깊은 이중잣대에 대해 우리 마음속으로 고심하지 않았다면 어떻게 되었을까? 이 고민을 통해 우리는 NGO와 학계의 유명한 인물들의 생각과 행동 속에 있는 그 이중잣대에 대해 의문을 제기할 수 있는 통찰력과 확신을 찾을 수 있었다.

　　우리를 잉크에서 눈물로 이동시켰던 강한 유대감은 오늘날 우리를 눈물에서 이 먼 곳에 있는 꿈까지 데려다주었다. 이런 꿈의 새로운 형태와 색상을 따라 새로운 희망이 있다면 함께 따라오는 복잡성, 어려움과 위험에 대해서도 우리는 알고 있다. 또한 창조를 위한 이 집합적 여행은 적어도 우리를 단단히 결속시켰다는 것을 우리는 알고 있다.

　　우리는 이 결속이 계속 강해지기를 바란다. 그리고 우리와 같은 무수한 결속으로부터 지지와 강인함을 얻게 되길 바란다. 그래야 우리처럼 작은 집단이 자신의 행복을 추구하는 평범한 사람들과 함께 우리만의 조건과, 생각의 힘 그리고 언어로 큰 꿈을 꾸는 마음을 가질 수 있는 세상을 만들 수 있을 것이다.

노트

아와디 또는 아와드의 언어는 우타르 브라데시의 중앙 및 동부 농촌지역에서 사용된다. 이러한 지역에는 바흐라이히, 바라반키, 페이자바드, 곤다, 하도이, 라켐푸르, 럭나우, 라이바렐리, 시타푸르, 술탄푸르, 우나오 등이 있다.

출처: Sangtin Writers and Nagar(2006: 129–131). 미네소타 대학의 저작권. 허가 후 재인쇄.

텔레비전에 방영되지 않은 베네수엘라 혁명

독립 아일랜드의 영화 제작자인 킴 바틀리 Kim Bartley와 도나차 오브라이언 Donnacha O'Briain의 영화인 *혁명은 텔레비전에 방영되지 않을 것이다* 라는 역사상 가장 수명이 짧은 쿠데타 중 하나를 기록한다. 1998년 베네수엘라 대통령으로 선출된 우고 차베스 대통령은 자국 노동계급의 사랑을 받는 국민의 영웅으로, 그리고 자신이 물러나는 것을 바라는 권력구조에 대한 돈키호테적 반대자로 떠오른다. 바틀리와 오브라이언은 2002년 4월 11일 그가 공직에서 강제로 물러날 때 대통령 궁 안에 있었다. 그들은 또한 차베스 대통령이 48시간 후 참모들의 환호 속에 권좌로 복귀했을 때도 있었다. 이 영화는 월스트리트 저널이 베네수엘라를 "오랜 대기상태였던 쿠바 이후 중남미의 가장 큰 골칫거리"라 평하게 만든 인물의 정치적 근육과 특이한 초상화를 기록하는 다큐멘터리이다.

신자유주의는 1989년, 카라카스에 앙갚음을 초래했다. 불경기를 맞아 당시 정부는 전형적인 긴축정책으로 대응했다. 즉, 건강과 교육에 대한 지출은 삭감되었고, 필수품과 식품의 가격을 상승시켰다. 이 조치는 대중의 분노를 불러일으켰다. 휘발유 가격이 두 배로 오르고, 버스 소유주들이 차례로 요금을 인상하자, 그 격분은 광범위한 폭동으로 번져 300명 이상이 사망했다. 이러한 대격변적인 사건들은 당시 젊은 육군 장교였던 우고 차베스에게 심오한 영향을 미쳐 그를 변화시켰다.

1998년 차베스의 당선으로 베네수엘라는 전환점을 맞이했을 뿐만 아니라, 1980년대 후반과 1990년대 동안 동일한 경제모델이 적극적으로 적용되던 중남미 전역에 변화의 파문을 일으켰다. 차베스에 앞서 중남미 정부는 신자유주의의 '미신경제학'을 묵인하거나 열렬히 지지해왔다. 이 지역 다른 나라 정부들이 공공재(물, 에너지)를 민영화로 전환하는 법률을 제정하는 동안, 차베스 행정부는 민간기업이 중요한 자산에 손을 댈 수 없도록 하는 새로운 헌법을 도입했다(베네수엘라의 부유층은 다른 중남미의 엘리트들이 그랬던 것처럼 베네수엘라 석유 국영회사 같은 것을 민영화하여 혜택을 누릴 것을 기대하고 있었을 것이다). 새 헌법은 또한 퇴직금과 같이 과거 정권이 폐지했던 권리를 회복시켰다. 또한, 베네수엘라 역사상 처음으로 의료와 교육이 무상화되었다. 차베스 행정부는 중남미

신자유주의 프로젝트를 사실상 뒤집었다.

최근 몇 년 동안 멕시코, 페루, 볼리비아에서도 민영화를 뒤집는 데 성공했다. 그러나 중남미의 신자유주의 프로젝트는 여전히 중요한 안건 하나, 즉 미주자유무역협정(Free Trade Agreement of the Americas[FTAA])을 의제로 두고 있다. FTAA 실현은 조지 W. 부시 행정부의 핵심 정책 목표였다. 차베스 행정부는 FTAA에 반대한다고 밝혔다. 이는 이 지역에서 유일한 목소리가 아닐 수도 있다. 실제로 브라질의 루이스 이그나시오 다 실바("룰라")와 에콰도르의 루치오 구티에레스, 볼리비아의 에보 모랄레스가 잇따라 선거에서 당선되면서 라틴 아메리카의 수백만 명에게 신자유주의는 오래전에 지나간 발상이라는 분명한 신호를 전 세계에 보냈다.

출처: Jones(2007), and Power, Bartley, O'Briain, and Zoido(2002).

나이지리아 여성들이 쉘을 충격에 빠트리다

> 쉘과 셰브론 텍사코의 가스불과 기름 유출은 우리의 강과 대기를 오염시켰다. 잇세키리, 이조, 일라제 출신의 여성들은 이런 문제에 대해 처음으로 종지부를 찍기로 결정했다. ...우리 잇세키리, 이조, 일라제는 하나이며, 분리도 없고, 분열을 통한 통치도 없다.
>
> —BIMPE EBELEYE, 일라제 여성(VOLHEIM에서 인용, 2004b: 282)

> 그들의 화학물질이 우리의 지붕을 파괴했다. 우리의 강에 수질 좋은 식수는 없고...우리가 우리의 강에서 잡는 물고기도...석유 냄새가 난다. ...그들은 군인, 경찰, 해군을 통해 우리를 위협하고, 우리가 기름유출을 초래한 것이라고 우리에게 말한다. 이 넓은 벌판에서 시끄러운 소음을 내는 온갖 종류의 기계들 말고 쉐브론이 한 다른 어떤 것을 보여주어야 할까?
>
> —FELICIA ITSERO, 이자우 어머니와 할머니(VOLHEIM에서, 2004b: 283)

나이지리아는 세계에서 여섯 번째로 큰 석유 수출국으로 미국이 수입하는 석유 중 약 12분의 1을 차지하고 있다. 미국은 중동 의존도를 낮추기 위해 나이지리아산 원유 수입을 두 배로 늘리려 하고 있다. 원유 판매는 나이지리아 정부 수입의 85% 이상을 차지한다. 나이지리아 국영석유회사와 협력하여 운영되는 다국적 기업은 영국/네덜란드 쉘, 이탈리아 아지엔다 제네랄 이탈리아 페트롤리, 프랑스 엘프 아퀴텐느 그리고 미국의 거대기업인 쉐브론 텍사코와 엑손 모빌 등 다섯 개다. 이 석유회사들은 자신들의 활동이 가장 높은 환경적 기준에 따라 수행된다고 주장하는데, 이 주장에 대해 오고니족 생존을 위한 운동의 열정적 대변인인 사로 위와 Saro-Wiwa는 큰 목소리로 저항했다. 사로 위와는

1995년, 목소리를 높였다는 이유로 교수형을 당했다. 그러나 그의 처형은 더 큰 항의를 초래했다.

2002년 8월 8일 새벽녘, 나이지리아 워리의 잔잔한 수변에는 다양한 모양과 크기의 배가 살아났다. 각 배들은 노래를 부르는 여성들로 가득 차 있었고 이들은 다양한 방언의 슬픈 만가를 통해 니제르 삼각주의 슬픈 상황을 한탄했다. 그날 늦게 이조, 잇세키리, 일라제 공동체에서 온 여성 3,000명은 셰브론 텍사코와 셸의 오군누 운영본부를 점거하여 현관에 바리케이드를 치고 강제로 작업을 중단시켰다. 일라제 지도자 한 명이 "우리 지역의 석유회사들이 우리를 좋은 삶을 살 자격이 있는 인간으로 대우하기 전까지는 모든 것이 좋지 않을 것"이라고 말했다. 이어 무장한 군인과 경찰이 투입된 폭력적인 접전이 벌어져 수십 명의 여성이 중상을 입었고, 한 명은 구타로 의식을 잃었으며, 한 명은 총에 맞아 사망하고, 다른 이들은 최루탄의 공격을 받았다.

그러나 이 폭력은 불에 기름을 부을 뿐이었다. 8월 14일에서 23일 사이에 100명의 일라제 여성들이 더 작은 규모의 이완 오일 플랫폼을 점거했다. 이 시위는 7월 8일 시작되어 워리 인근 에스크라보스에 있는 셰브론 텍사코의 사무실을 열흘간 포위했던 모든 여성 시위의 마지막 시위였다. 연안 석유 터미널을 점거한 후 잇세키리 여성들은 전통적으로 효력을 보였던 문화적인 수치라는 전략을 사용했다. 즉, 옷을 벗겠다고 위협했다. 나체를 대중에게 노출했더라면 이 나이든 여성들을 존경하는 터미널 노동자 1,000명을 당혹스럽게 만들었을 것이다. 7월 16일, 이조우 여성들은 에스라보스에서 남동쪽으로 50마일 떨어진 4개의 유정기지를 점령했다. 이러한 행동들로 쉐브론 텍사코는 3백만 달러의 손실을 입었다.

출처: Volheim(2004a, 2004b). Eddie Yuen, Daniel(버튼-로즈), George Katsiaficas의 2004년 저작권 허가 후 사용.

다른 세계를 향해 함께 나아가기

전 세계적으로 운동가들은 글로벌 기업이 공급하는 기성 인프라를 지지한다. 이것은 국경을 초월한 연합을 의미할 수 있지만, 또한 근로자, 환경운동가, 소비자 그리고 심지어 죄수까지 모두 하나의 다국적 기업과 서로 다른 관계를 맺고 있는 부문 간의 조직화를 의미할 수 있다. ...몬산토 덕분에 인도 농부들은 전 세계의 환경 운동가, 소비자와 협력하여 유전자 조작 식품을 밭과 슈퍼마켓에서 차단시키는 직접적 행동 전략을 마련하고 있다. 셸 석유와 쉐브론 덕분에 나이지리아의 인권 행동가, 유럽의 민주주의자, 북미 환경 운동가가 단결하여 석유산업의 지속 불가능성과 싸울 수 있게 되었다. 급식업계의 거인인 소덱쇼-메리엇이 미국 교정공사에 투자하기로 한 결정 덕분에 대학생들은 캠퍼스 식당에서 음식을 거부함으로써 미국에서 수익기반 교도소 사업이 폭발적으로 확장하는 것에 저항할 수 있다. 이 밖에 저가 AID[S] 약품의 생산과 보급을 억제하려는 제약회사 그리고 패스트푸드 체인점 등이 대상이 된다. 최근에는 플로리다의 학생들과 근로자들이 힘을 합쳐...대학 캠퍼스에서 타코 벨을 보이콧했다. ...나이키와 같은 기업이 대학을 인수하려 하자 학생들은 근로자뿐 아니라 청년의 상업화를 우려하는 학부모들, 아동 노동에 대한 반대운동을 전개하는 교회 그룹들과 연계하여 캠퍼스 의류 자체 브랜드를 만들었다. 이들은 모두 공통의 전 지구적 적과 서로 다른 관계를 통해 연합하고 있다.

—KLEIN(2004: 222-223)

우리는 몇몇 다국적 기업에게 감사하는 것으로 이 책을 끝낼 생각은 없다. 위에서 나오미 클라인을 인용한 이유는 각각의 캠페인이나 동맹이 자신들만의 특정한 논리, 요건, 네트워크, 관계를 통해 진화한다는 것을 그 예시들이 보여주기 때문이다. 그들은 또한 신자유주의적 세계화에 의해 창출된 가능성을 이용하고 서로 다른 이니셔티브를 연결하는(이들을 하나의 운동으로 압축시키지 않으면서) 공간적 전략을 통해 지역 문제가 얼마나 더 광범위한 영향을 미칠 수 있는지를 보여준다. "차이의 세계" 전반에 걸쳐 우리는 다양하게 존재하는 살아가는 방식, 인간이 존재하는 방식 그리고 자연이 존재하는 방식 등을 균질화시켜 차이를 없애버리는 경향을 지니는 구조, 규칙, 관계에 대해 논의했다. 보편적 규범과 기준은 문명화, 근대화, 발전, 자유무역 또는 해방 등 어떤 이름으로 불리건 위로부터 정의되고 부여될 때 거의 항상 엘리트와 특권을 지닌 계층이 직간접적으로 비엘리트나 비특권 계층을 지배하고, 침묵시키고, 일방적으로 소통하여 우세를 점하게 되는 관계가 만들어진다.

저항의 영역에서도 마찬가지다. 서로 다른 스케일이나 지역공동체가 신자유주의에 어떻게 저항할 것인지에 대한 청사진, 방법론 또는 공식을 만들어내려고 시도하게 되면 새로운 보편주의를 생산하는 프로젝트가 되어버릴 위험이 있다. 이것은 교사, 학생, 전문가, 소비자, 운동가로서 상대적으로 특권을 누리는 공간인 제1세계에 살고 있는 우리에게 진정한 위험이다. 그러나 수많은 집합적 사례가 시사하는 것과 같이 하나의 운동이 자신만의 필요와 고유의 방법을 사용하여 유기적으로 진화하게 되면, 그땐 저항을 위한 전략, 분석, 비전이 체계적이고 지속 가능한 운동으로 변형될 수 있다(예: 위의 "상틴의 여행" 참조). 이것은 어떤 식으로든 장소, 지리적 규모, 사회경제적, 문화적 또는 제도적 차이에 걸친 동맹의 범위를 제한하지 않는다. 오히려, 우리가 세계에서 가치를 부여하게 된 많은 언어, 의류, 요리, 음악, 예술, 자연 등의 많은 차이점을 "보존"하기 위한 헌신은 그저 인간과 다양한 동식물종을 위한 공간을 만들기 위해 투쟁하는 것에 그치지

시작을 위한 한 가지 방법...

개인으로서나 서로 다른 공동체 또는 집합체의 구성원으로서 인식의 부담에 대해 시작할 수 있는 방법이 많이 있다. 물론 우리 각자가 하는 개인적인 선택이 있다. 예를 들어, 스포츠 유틸리티 자동차를 살 것인지, 하이브리드 자동차를 살 것인지, 카풀을 할 것인지, 아니면 자동차 없이 살 것인지 같은 선택 말이다. 이와 비슷하게 미국과 같은 나라에서는 음식이 소비되기 전에 평균 1,000마일 이상을 이동한다. 이때 우리는 우리가 어떻게 먹어야 할지 선택한다. 이런 선택은 특정한 결과를 초래한다. 미국에 본부를 둔 다국적 기업을 위해 생산을 담당하는 공장에서 노동집약적 근로환경에 대항하여 격렬한 항의가 벌어졌다. 이로 인해 1990년대 수천 명의 학생들은 이런 노동집약적 환경에서 만들어진 옷을 보이콧했다. 이 시위자들 중에서 많은 사람들은 주로 중고 옷을 사용하는 쪽을 선택했다.

다양한 지역공동체의 일원으로서 우리는 이웃, 동료들과 어떻게 연결하거나 상호 관계를 구축할지 끊임없이 선택한다. 사회 일원으로서 우리는 불법 이민자, 빈곤자, 난민(그리고 우리 가족, 친구, 동료, 선생님들의 이들을 향한 태도) 그리고 우리 주변에서 벌어지는 폭력의 여러 형태(국가안보, 개발, 지구평화 등의 이름으로 벌어지는 지역적, 국제적 전쟁부터 가정 폭력, 계급주의, 인종차별주의, 동성애 혐오 등까지)를 취급하고 표현하는 정책과 이슈에 대해 다양한 행동과 입장을 취할 수 있는 힘을 가지고 있다. 이런 행동에는 직접 행동, 투표 그리고 권력과 차이, 우리와 그들, 발전과 후진성, 테러와 애국주의 등 논쟁적 이슈에 대한 상식적 관점에 의문을 제기하는 대화나 토론 만들기 등이 포함된다.

당신이 새로운 대화를 시작하여 창의적으로 당신 자신의 인식에 대한 부담을 포용할 수 있는 당신만의 여정을 시작하는 것은 어떤가?

않는다. 우리가 평등하고, 비폭력적이며, 비지배적인 조건에서 살며 번영할 수 있는 사회적 카테고리와 정체성, 문화와 경제를 위한 공간 역시 창출하게 된다. 또한 좋은 삶에 대한 다수의 비전이 제시되고, 풍부해지며, 실행되어 많은 차이의 세계를 만들어낼 수 있는 공간 역시 창출해낸다.

이 책 전반에 걸쳐 제3세계의 특정한 인물들이 등장하였다. 제3세계의 사람들이 이 책에서 등장하고 있다. 우리는 첫 장에서 왐부아 뮤아테 Wambua Muathe와 그의 친척들을 만났다. 제9장과 그 이후에서 카이테무 와 응굴라이 Kitemu Wa Nguli와 그의 가족은 자신들이 사용하는 환경의 측면을 설명하였다. 그들은 어떻게 농작물을 심고, 까다로운 비를 다루며, 토양을 분류하고 평가하는지 이야기했다. 카이테무는 농업 해충을 가족의 어려움으로 이야기했다. 카이테무의 아내인 음베케 Mbeke와 음불라 Mbula는 끊임없이 물과 땔감을 얻기 위해 일한다. 다른 장에서는 니에리 왕가티 Njeri Wang'ati와 레베카 니요 Rebeka Njau 사이의 친족 관계를 추적했다. 탄자니아 북동부의 므테마이 Mtemi Alahu Maswumale 박사로부터 구할 수 있는 약들을 조사했다. 그리고 자카르타의 베크 운전자인 사라 Sarah와 수파노 Suparno를 만났다. 12장에 포콧 사람들 10여 명이 소개됐다. 우리가 이 책에서 다룬 자료에 대한 그들의 생각을 완전히 "알 수 있다"라고 생각하는 것은 순진한 일일 것이다. 그러나 이 책에서 그들의 존재는 개발을 마주치고 저항하는 것에 대해 우리가 생산하고 배우는 지식은 그들의 비판적 검증과 평가 역시 거쳐야 한다는 것을 상기시켜주는 역할을 한다. 이들이 제3세계의 삶을 사는 사람들이며, 우리는 이들과 함께 정의롭고 공평한 세상을 위해 노력하는 방법을 찾아야 한다.

만약 이 책이 당신의 인식에 대한 부담―즉 이러한 세력이 제3세계에 초래하는 복잡성과 불평등한 결과들 그리고 더 나은 세상을 향해 함께 일할 수 있는 가능성에 대한 부담―을 증가시켰다면, 이제 시작이다. 이런 과정에서 당신 자신의 위치성에 대해 숙고해보라. 세계의 다른 부분과 함께 있는 당신 자신에 대해 배워보라. 그리고 당신이 무엇을, 누구와, 어떻게 할 수 있는지 자문해보라(사이드바: "시작을 위한 한 가지 방법..." 참조).

노트

1) 2000년 4월, 물가로 인해 코차밤바 시에서 민중봉기가 발발하여 볼리비아가 세계의 이목을 끌었다. 1999년, 볼리비아는 세계은행의 조언에 따라 50만 명 이상의 사람이 생존을 위해 사용하는 물을 베첼사가 40년 동안 운영하도록 허가했다. 허가가 떨어지자마자 베첼사는 남아메리카 가장 가난한 가정의 수도 요금을 두 배, 세 배로 올렸다. 이 투쟁에 대한 자세한 내용과 보고는 민주주의 센터(Democracy Center, n.d.)를 참조할 수 있다.

2) "상상과 실천"은 특정한 시간과 장소에서 주어진 사회구조에 대한 정당성과 지지를 함께 부여하는 가치관, 신념, 제도적, 대중적 수사, 일상적 규칙, 규정, 활동 등을 포함하여 광범위하게 정의된다.

참고 문헌

이 QR코드를 스캔하면 『차이의 세계』의
참고 문헌을 열람할 수 있습니다.

역자 소개

남수연

서울대학교 농경제사회학부에서 지역개발학을(경제학 석사), 미국 Texas A&M 대학교에서 정치생태학을 전공했다(지리학 박사). 세계은행 컨설턴트, 서울대학교 지역개발 연구실 연구원, Texas A&M 대학교 강사 등을 거쳐 현재 성결대학교 국제개발협력학부 객원교수로 근무하고 있다. 지역공동체 삶의 질을 궁극적으로 향상시킬 수 있는 방안에 관심을 가지고 있으며, 특히 환경과 인간의 관계가 정치화되어 사회 취약계층을 포함한 풀뿌리 민중과 이들이 구성하는 공동체를 소외시키는 결과를 초래할 수 있음을 경계한다. 국내외 농촌지역을 중심으로 지역공동체 리질리언스, 지속 가능한 생계, 생태관광을 활용한 지역개발 등에 대한 연구를 진행하고 있다.

차이의 세계: 비판 지리학의 시선이 개발을 묻다

초판발행   2019년 10월 25일
지은이   Eric Sheppard, Philip W. Porter, David R. Faust, and Richa Nagar
옮긴이   남수연
펴낸이   안종만·안상준

편 집   황정원
기획/마케팅   김한유
표지디자인   이미연
제 작   우인도·고철민

펴낸곳   (주) 박영사
                 서울특별시 종로구 새문안로3길 36, 1601
                 등록 1959. 3. 11. 제300-1959-1호(倫)
전 화   02)733-6771
f a x   02)736-4818
e-mail   pys@pybook.co.kr
homepage   www.pybook.co.kr
ISBN   979-11-303-0779-4   93350

* 잘못된 책은 바꿔드립니다. 본서의 무단복제행위를 금합니다.
* 역자와 협의하여 인지첩부를 생략합니다.

정 가   35,000원